TAGUNGSBAND HERBSTAKADEMIE 2020

herausgegeben von

Univ.-Prof. Prof. h. c. Dr. Jürgen Taeger

Jürgen Taeger (Hrsg.)

Den Wandel begleiten –
IT-rechtliche Herausforderungen
der Digitalisierung

OlWIR   Oldenburger Verlag für Wirtschaft, Informatik und Recht

Bibliografische Information Der Deutschen Nationalbibliothek

Die Deutsche Nationalbibliothek verzeichnet diese Publikation in der Deutschen Nationalbibliografie; detaillierte bibliografische Daten sind im Internet über http://dnb.d-nb.de abrufbar.

Gedruckt auf alterungsbeständigem säurefreiem Papier.

Oldenburger Verlag für Wirtschaft, Informatik und Recht
Rudolf-Kinau-Str. 54, 26188 Edewecht
mail@olwir.de

Edewecht 2020

ISBN: 978-3-95599-069-5

VORWORT

Dieser Tagungsband dokumentiert die Konferenzvorträge der virtuellen 21. DSRI-Herbstakademie. Aufgrund der Corona-Pandemie war es bedauerlicherweise nicht möglich, das die Tagung wie geplant in Oldenburg stattfinden konnte. Der Schlosssaal mit seiner prunkvollen Innenausstattung im Oldenburger Schloss sowie die Konferenzräume waren gebucht, eine Vorstellung im wunderbaren ‚Theater Laboratorium' war exklusiv für die DSRI-Herbstakademie reserviert worden – und dann musste die Tagung abgesagt werden. Es gab infolgedessen keine unmittelbaren sozialen Kontakte und keine Begegnungen mit direktem Meinungsaustausch. Die ‚Niedersächsische Verordnung über infektionsschützende Maßnahmen gegen die Ausbreitung des Corona-Virus' ließ eine große öffentliche Veranstaltung wie die DSRI-Herbstakademie nicht zu.

Erfreulicherweise fiel die Veranstaltung aber nicht einfach aus – die Vorträge wurden stattdessen auf der Webseite der DSRI als Videodatei in das Netz gestellt. Es ist großartig, dass diejenigen, deren Paper angenommen worden waren, sich überwiegend bereit erklärten, ihre Beiträge für diesen Tagungsband zu schreiben und Videodateien mit ihren Vorträgen herzustellen.

Wie zu erwarten, befassen sich zahlreiche Verfasserinnen und Verfasser auch in diesem Jahr wieder mit Datenschutz. Mehr als 30 Beiträge zu diesem Schwerpunkt zeigen, dass in der Praxis immer noch Rechtsunsicherheit und Beratungsbedarf bestehen und grundlegende Auslegungsfragen zur DSGVO dem EuGH zur Vorabentscheidung vorgelegt werden. Mit dem Datenschutzrecht sind häufig Aspekte der (mangelhaften) Datensicherheit verknüpft, die uns die Verletzlichkeit der Systeme in der digitalisierten Welt vor Augen halten.

Im Vordringen begriffen sind rechtliche Auseinandersetzungen mit Einsatzszenarien von Legal Tech, Blockchain-Technologien und Cyberphysischen Systemen. Außerdem finden sich im Programm Beiträge aus dem IT-Recht, dem TK-Recht, dem Immaterialgüterrecht, dem Strafrecht und dem Steuerrecht. Es ist abzusehen, dass die Beiträge dieses „Tagungsbands" wieder häufig in wissenschaftlichen Beiträgen zitiert werden, weil sie innovativ neue Entwicklungen aufgreifen, rechtliche Bewertungen zur Diskussion stellen und Lösungen präsentieren.

Der Stiftungsrat und der Vorstand der Deutschen Stiftung für Recht und Informatik freuen sich, dass ihre Tätigkeit auf so gute Resonanz stößt und offenbar über die Jahre mit der Herbstakademie ein Format entwickelt wurde, das großen Zuspruch findet. Es wird sich zeigen, ob die die Tagung im bisherigen Format mit der physischen Anwesenheit an einem attrakti-ven Tagungsort mit einem die persönlichen Begegnungen fördernden Rah-menprogramm angesichts auch positiver Erfahrungen mit virtuellen Ver-anstaltungen eine Zukunft hat. Die Reaktionen auf die Absage der Veran-staltung, die auch aufgrund der Niedersächsischen Corona-Verordnung un-ausweichlich wurde, zeigen, dass die Begegnungen und Gespräche an ei-nem realen Tagungsort doch vermisst werden.

Die Arbeiten an dem Tagungsband und die Organisation der ‚virtuellen' 21. DSRI-Herbstakademie waren trotz der Absage der Vor-Ort-Veranstal-tung nicht weniger aufwändig als sonst. Deswegen gilt es, allen Beteiligten in einem großartigen Team wieder einen herzlichen Dank auszusprechen. Obwohl ich nach der sogenannten ‚Versetzung in den Ruhestand' nicht mehr an der Universität Oldenburg tätig bin, ist das Lehrstuhlteam noch immer mit der Organisation der Veranstaltung befasst, was bisweilen her-ausfordernd ist. *Angela Fröhlich* hält alle Fäden in der Hand und meistert alle Herausforderungen. Sie erhält dabei die Unterstützung von *Anna Mans-holt, Marie Peters, Melanie Schultz* und *Jule Stabel. Björn-Hendrik von der Linde* hat sich erfolgreich um die Technik gekümmert.

Zu danken haben wir dem interdisziplinären wissenschaftlichen ‚*Zentrum für Recht der Informationsgesellschaft'* der Universität Oldenburg, das der Mit-veranstalter der DSRI-Herbstakademie in diesem Jahr ist.

Auch für die virtuelle Tagung und die Herstellung eines umfangreichen Tagungsbands sind nicht unerhebliche Kosten entstanden, für die unsere Sponsoren aufgekommen sind, denen dafür unser Dank gilt. Es sind BHO Legal, CBH Rechtsanwälte, CSW Rechtsanwälte, DLA Piper, JBB Rechtsan-wälte, Kremer Rechtsanwälte, Meinicke und Berthel, Scheja & Partner Rechtsanwälte, Schürmann Rosenthal Dreyer Rechtsanwälte, SCHUFA, TaylorWessing, tecLEGAL Habel Rechtsanwälte und Dr. Widmer und Part-ner Rechtsanwälte.

Vorstand und Stiftungsrat freuen sich auf den Eröffnungsabend zur 22. DSRI-Herbstakademie am 1. September 2021 im Oldenburger Schloss.

Oldenburg, im September 2020

Univ.-Prof. Prof. h. c. Dr. Jürgen Taeger
Vorsitzender des Vorstands der DSRI

INHALT

▨ DATENSICHERHEIT

RECHT DER DIGITALISIERUNG

▬ STEUERRECHT

BESTIMMT UNBESTIMMT – VORSCHLÄGE ZUR AUSLEGUNG UND ANWENDUNG UNKLARER FORMULIERUNGEN IN DER DATENSCHUTZ-GRUNDVERORDNUNG

Dr. Carlo Piltz/Philipp Quiel, LL.M.

Reusch Rechtsanwaltsgesellschaft mbH, Berlin
carlo.piltz@reuschlaw.de/philipp.quiel@reuschlaw.de

Zusammenfassung

Bei der Anwendung der Vorgaben der Datenschutz-Grundverordnung fällt häufiger auf, dass viele in der Verordnung verwendet Begriffe unbestimmt sind und zum Teil etwas ganz anderes meinen, als man beim ersten Lesen vermuten mag. Dieser Beitrag macht Vorschläge zur Auslegung ausgewählter unbestimmter Begriffe und zusammenhängender Formulierungen, deren Regelungsinhalt nicht auf den ersten Blick erkennbar ist. Im Rahmen dessen werden zunächst kurz einige Grundsätze der Anwendung des Unionsrechts dargestellt. Sodann werden die von den Autoren ausgewählten Begriffe und Formulierungen vorgestellt, eingeordnet und daran anschließend aus verschiedenen Blickwinkeln interpretiert.

1 Unbestimmte Begriffe in der Datenschutz-Grundverordnung

"Bestimmt unbestimmt" könnte eine Aussage einer Person sein, die zum ersten Mal einen Blick in die Vorgaben der Datenschutz-Grundverordnung wirft und feststellt, dass der Regelungsinhalt einiger Bestimmungen nicht auf den ersten Blick erkennbar ist. Wir möchten in diesem Beitrag Vorschläge zur Auslegung und Anwendung ausgewählter unklarer Formulierungen in der Datenschutz-Grundverordnung unterbreiten, die für die Rechtsanwendung dienlich sind. Im Rahmen der Untersuchung werden zunächst einige Eigenheiten[1] der Auslegung von Unionsrecht knapp dargestellt, die sodann im Rahmen der Interpretation unbestimmter Formulierungen beachtet werden.

---

[1] Obwohl die Auslegungsmethoden im Wesentlichen mit denjenigen zum deutschen Recht identisch sind, ist vor allem die Gewichtung einzelner Methoden unterschiedlich; siehe hierzu *Gaitanides*, in: von der Groeben/Schwarze/Hatje, Europäisches Unionsrecht, Art. 19 EUV Rn. 42.

2 Eigenheiten der unionsrechtlichen Auslegungsmethodik

Das für die hier vorgenommene Untersuchung maßgebliche unionale Datenschutzrecht ist in einer Verordnung geregelt. Dies hat zur Folge, dass die datenschutzrechtlichen Bestimmungen unmittelbar anwendbar sind. In den Zuständigkeitsbereichen der Union gilt für unionsrechtliche Vorgaben ein Anwendungsvorrang.[2] Bei einer unionsrechtlich autonom erfolgenden Interpretation können rein nationale Rechtsverständnisse in der Regel nur sehr begrenzt zur Klärung des Regelungsinhalts einer Norm hinzugezogen werden.[3]

Die Mitgliedstaaten der Europäische Union haben insgesamt 23 Amtssprachen. Die Datenschutz-Grundverordnung gibt es in all diesen unterschiedlichen Sprachen. Im Unionsrecht kann deswegen das Wortlautargument faktisch nicht dieselbe Bedeutung zukommen, wie im deutschen Recht.[4] Durch die Übersetzung in viele verschiedene Sprachen sind Unterschiede im Wortlaut der einzelnen Sprachfassungen nicht selten.[5] Es ist jedoch notwendig, dass Unionsrecht in jeder Sprachfassung im Regelungsinhalt einheitlich gilt.[6] Nach ständiger Rechtsprechung des EuGH schließt die einheitliche Anwendung und damit Auslegung des Unionsrechts aus, eine Vorschrift in einer ihrer Sprachfassungen isoliert zu betrachten, sondern gebietet vielmehr, im Licht ihrer Fassung in allen Sprachen ausgelegt zu werden.[7] Trotz der Unterschiede im Wortlaut, ist der Regelungsinhalt demzufolge in allen Sprachen übereinstimmend. Zur Auslegung der von den Autoren ausgewählten unbestimmten Begriffe und Formulierungen werden die deutsche, englische, französische und spanische Sprachfassung an einigen Stellen verglichen. Es ist möglich, dass der Wortlaut in anderen Sprachen abweicht. Der Vergleich soll daher nicht als abschließend verstanden werden, sondern als Anhaltspunkt und Hilfe zur Interpretation dienen.

---

[2] Siehe zum Vorrang bespielhaft *Streinz*, in: Streinz, EUV AEUV, Art. 4 EUV Rn. 35 f.

[3] In diesem Kontext warnt *Wegener*, in: Calliess/Ruffert, EUV AEUV, Art. 19 EUV Rn. 14 vor einer einfachen Übertragung nationaler Auslegungsergebnisse; siehe auch *Pache*, in: Vedder/Heintschel von Heinegg, Europäisches Unionsrecht, Art. 19 EUV Rn. 17.

[4] Zur eingeschränkten Bedeutung des Wortlautarguments siehe *Wegener*, in: Calliess/Ruffert, EUV AEUV, Art. 19 EUV Rn. 13.

[5] Ebenda.

[6] Siehe zur einheitlichen Geltung und Auslegung *Gaitanides*, in: von der Groeben/Schwarze/Hatje, Europäisches Unionsrecht, Art. 19 EUV Rn. 43.

[7] Siehe beispielhaft EuGH, Urt. v. 3.4.2014 – C-515/12, MMR 2014, 814 – „4finance"/Nationales Amt für Verbraucherschutz.

Der Auslegung nach Sinn und Zweck einer bestimmten Regelung kommt im Unionsrecht eine große Bedeutung zu.[8] In diesem Rahmen spielen vor allem die Erwägungsgründe (ErwG) eine wichtige Rolle. Allerdings ist es ständige Rechtsprechung des EuGH, dass ErwG nicht verbindlich sind und weder herangezogen werden können, um von den Bestimmungen des betreffenden Rechtsakts abzuweichen, noch, um diese Bestimmungen in einem Sinne auszulegen, der ihrem Wortlaut offensichtlich widerspricht.[9] Wenngleich die historische Auslegung im Unionsrecht wegen des Verhandlungscharakters europäischer Normgebung grundsätzlich eine geringe Rolle zukommt,[10] fällt speziell mit Blick auf die Datenschutz-Grundverordnung und die DatenschutzRL auf, dass viele Gemeinsamkeiten bestehen. Bereits zur Richtlinie ergangenen Urteile können vielfach nach herrschender Meinung in der Literatur auch auf die aktuelle Rechtslage übertragen werden.[11] Daher werden nachfolgend an ausgewählten Stellen Vergleiche zur alten Rechtslage gezogen und im Rahmen der historischen Auslegung auch verschiedene Entwürfe des Verordnungstextes betrachtet.

3 Ausgewählte unbestimmte Rechtsbegriffe

Die von den Autoren ausgewählten Begriffe und Formulierungen entstammen Bestimmungen aus den Kapiteln zwei (Grundsätze) und drei (Rechte der betroffenen Person) der Datenschutz-Grundverordnung. Sie wurden deswegen ausgewählt, weil auch in der Kommentarliteratur keine Einigkeit über den Regelungsinhalt besteht.

3.1 „Treu und Glauben" (Art. 5 Abs. 1 lit. a DSGVO)

Nach Art. 5 Abs. 1 lit. a DSGVO müssen personenbezogene Daten auf rechtmäßige Weise, nach Treu und Glauben und in einer für die betroffene Person nachvollziehbaren Weise verarbeitet werden („Rechtmäßigkeit, Verarbeitung nach Treu und Glauben, Transparenz"). Die praktische Bedeutung und das Verständnis für die Datenschutzgrundsätze ist unter anderem deswegen relevant, da Verstöße gegen Art. 5 Abs. 1 DSGVO nach

---

[8] Hierzu *Gaitanides*, in: von der Groeben/Schwarze/Hatje, Europäisches Unionsrecht, Art. 19 EUV Rn. 44.

[9] Vgl. hierzu EuGH, Urt. v. 19.6.2014, C-345/13, GRUR Int. 2014, 861 (863) – Karen Millen Fashions/Dunnes Stores; EuGH, Urt. v. 24.11.2005, C-136/04, BeckRS 2005, 70929, Rn. 32 – Deutsches Milchkontor /Hauptzollamt Hamburg-Jonas.

[10] Hierzu *Gaitanides*, in: von der Groeben/Schwarze/Hatje, Europäisches Unionsrecht, Art. 19 EUV Rn. 47.

[11] Beispielhaft sei an dieser Stelle auf die Übertragbarkeit der Rechtsprechung zur gemeinsamen Verantwortlichkeit verwiesen; siehe wie die überwiegende Mehrheit nur *Arning/ Rothkegel*, in: Taeger/Gabel, DSGVO BDSG, Art. 4 Rn. 159.

3

Art. 83 Abs. 5 lit. a DSGVO potentiell in die höchste Bußgeldkategorie fallen, die die Datenschutz-Grundverordnung kennt.

3.1.1 Verständnis beim ersten Lesen

Der Begriff „Treu und Glauben" könnte beim ersten Lesen auf eine „ordentliche" und eventuell auch nach der allgemeinen Lebensanschauung redliche Datenverarbeitung hindeuten.

3.1.2 Vertiefte Auslegung unter Zuhilfenahme unionrechtlicher Auslegungsmethoden

Dem deutschen Recht ist der Begriff „Treu und Glauben" in verschiedenen Bereichen bekannt (vgl. nur § 242 BGB). Aufgrund des Vorrangs des Unionsrechts und der unmittelbaren Anwendung der Datenschutz-Grundverordnung, wäre es aber verfehlt, der Formulierung in Art. 5 Abs. 1 lit. a DSGVO einfach dieselbe Bedeutung zuzumessen, wie etwa in § 242 BGB.[12] Der Datenschutzgrundsatz „Treu und Glauben" muss für die Datenschutz-Grundverordnung autonom als Unionsrecht ausgelegt werden.[13]

3.1.2.1 Wortlaut

Andere Sprachfassungen nutzen eine Begrifflichkeit, die eher verdeutlicht, was der Verordnungsgeber bei „Treu und Glauben" angedacht hat: Fairness zwischen dem Verantwortlichen und dem Betroffenen. So spricht die englische Fassung von „fairly" und dem Grundsatz „fairness". Die französische Fassung nutzt das Wort „loyauté". Beide Begriffe übersetzt man im Deutschen eher im Sinne von „fair" oder auch „gerecht". Dieser vergleichende Blick spricht dafür, dass die deutsche Fassung mit „Treu und Glauben" wohl nicht ganz die ansonsten angedachte Formulierung widerspiegelt. Beim Vergleich mit der englischen und auch französischen Sprachfassung wird deutlich, dass im Rahmen des Art. 5 Abs. 1 lit. a DSGVO eher die Gewährleistung einer „fairen" Datenverarbeitung gemeint ist.[14] Daher wird in der Literatur auch zu Recht angemerkt, dass die deutsche Fassung wohl weniger missverständlich wäre, wenn sie hier den Begriff „fair" verwenden würde.[15] Geht man davon aus, dass eher eine „faire" Datenverarbeitung gemeint ist, stellt sich freilich die Frage, was dies konkret bedeutet. Auch diese Begrifflichkeit ist mit Leben zu füllen und muss bei weiteren Pflichten der Datenschutz-Grundverordnung verortet werden. „Fair" wird in der Verordnung eher bei den Vorgaben zur Transparenz verwendet. Beispielsweise

---

[12] Siehe *Herbst*, in: Kühling/Buchner, DSGVO BDSG, Art. 5 Rn. 13; siehe im Allgemeinen zum Rückgriff auf das nationale Rechtsverständnis *Gaitanides*, in: von der Groeben/Schwarze/Hatje, Europäisches Unionsrecht, Art. 19 EUV Rn. 43.

[13] Ebenda; siehe auch *Voigt*, in: Taeger/Gabel, DSGVO BDSG, Art. 5 Rn. 13.

[14] Ebenda.

[15] *Jaspers/Schwartmann/Hermann*, in: Schwartmann/Jaspers/Thüsing/Kugelmann, DSGVO BDSG, Art. 5 Rn. 27; *Heberlein*, in: Ehmann/Selmayr, DSGVO, Art. 5 Rn. 9.

in Art. 14 Abs. 2 DSGVO, um eine „faire und transparente Verarbeitung zu gewährleisten". Die Auslegung nach dem Wortlaut lässt mithin ein Ergebnis zu, nach dem die Verarbeitung vor allem nicht unbemerkt oder heimlich und den Betroffenen unzulässig benachteiligend erfolgen soll.

3.1.2.2 Historische Auslegung

Betrachtet man die historische Entwicklung der Norm, wird ebenfalls deutlich, dass auch im unionalen „Gesetzgebungsverfahren" die Konturen des Begriffs „Treu und Glauben" nicht ganz klar waren. Bereits 2014 hat die deutsche Delegation im Rat gefordert, das hinter „Treu und Glauben" stehende Konzept näher zu beschreiben. Die Kommission verwies als Antwort darauf, dass dies schon in dem damaligen ErwG 30 des Entwurfs (jetzt ErwG 39 DSGVO) geschehen würde.[16]

Die deutsche Delegation gab sich mit dieser Antwort jedoch nicht zufrieden und schlug einen zusätzlichen erläuternden Satz in dem damaligen ErwG 30 DSGVO vor.[17] Hier sollte der Begriff „Treu und Glauben" also konkret um- und beschrieben werden. Nach dem Vorschlag Deutschlands sollte unter anderem herausgestellt werden, dass die angedachte Fairness gerade nicht nur mit Blick auf den einzelnen Betroffenen zu beurteilen ist, sondern auch mit Blick auf die Gesellschaft an sich und die Rolle des Einzelnen in der Gemeinschaft. Der Einzelne muss daher, zum Wohle Vieler, in Bezug auf den Umgang mit seinen Daten zurückstecken. Der deutsche Vorschlag zielte unter anderem darauf ab, dass die Datenverarbeitung unter Berücksichtigung des Nutzens eben dieser in einer freien, offenen und sozialen Gesellschaft zu erfolgen hat. Letztlich wurde der Vorschlag aus Deutschland jedoch gestrichen,[18] dürfte aber für das Verständnis des Begriffs dennoch erhellend sein.

Auch bietet sich ein Blick in die Vorgängernorm der Datenschutzrichtlinie an. Dort war als Teil der Grundsätze in Art. 6 Abs. 1 lit. a DSRL vorgegeben: „Die Mitgliedstaaten sehen vor, daß personenbezogene Daten nach Treu und Glauben und auf rechtmäßige Weise verarbeitet werden". In ErwG 38 DSRL existierte sogar ein eigener Erwägungsgrund, der nur den Begriff „Treu und Glauben" konkretisierte: „Datenverarbeitung nach Treu

---

[16] Ratsdokument 17072/14, S. 16, dort Fn. 14, http://data.consilium.europa .eu/doc/docu ment/ST-17072-2014-INIT/en/pdf (letzter Abruf am 29.6.2020).

[17] "The principle of fairness also means being able to use data within a free, open and social community reliant on communication and innovation, insofar as data subjects must accept this in the overriding public interest because of an individual's relatedness and connectedness to the community"; Ratsdokument 17072/1/14 REV 1, S. 8, https://data.consilium. europa.eu/doc/document/ST-17072-2014-REV-1/en/pdf (letzter Abruf am 29.6.2020).

[18] Ratsdokument 17072/2/14 REV 2, S. 8, http://data.consilium.europa.eu/doc/document /ST-17072-2014-REV-2/en/pdf (letzter Abruf am 29.6.2020).

und Glauben setzt voraus, daß die betroffenen Personen in der Lage sind, das Vorhandensein einer Verarbeitung zu erfahren und ordnungsgemäß und umfassend über die Bedingungen der Erhebung informiert zu werden, wenn Daten bei ihnen erhoben werden". Auch hieraus lässt sich ableiten, dass es dem Gesetzgeber bei Verwendung des Begriffs „Treu und Glauben" wohl vor allem darum geht, heimliche oder unbemerkte Datenverarbeitungen zu verhindern. Die betroffene Person soll, unabhängig von den zu erteilenden Informationen, zunächst einmal wissen, dass Daten verarbeitet werden.

3.1.2.3 Sinn und Zweck

Von besonderer Bedeutung für die Anwendung des Begriffs „Treu und Glauben" ist der hinter dieser Formulierung stehende Zweck. Zum Grundsatz „Treu und Glauben" unter der alten Rechtslage hatte sich in der Vergangenheit schon der EuGH geäußert. Zu Art. 6 DSRL urteilte der Gerichtshof: „Folglich verpflichtet das in Art. 6 der DSRL vorgesehene Erfordernis der Verarbeitung personenbezogener Daten nach Treu und Glauben eine Verwaltungsbehörde, die betroffenen Personen davon zu unterrichten, dass die personenbezogenen Daten an eine andere Verwaltungsbehörde weitergeleitet werden, um von dieser in ihrer Eigenschaft als deren Empfänger verarbeitet zu werden".[19]

Der EuGH stellt mithin auf die Transparenz der Verarbeitung (hier konkret der Übermittlung der Daten) für den Betroffenen ab. Es geht bei dem Grundsatz von „Treu und Glauben" aber noch nicht um die einzeln zu erteilenden Informationen (wie etwa jetzt in Art. 13 DSGVO), sondern allgemeiner darum, dass insbesondere heimliche Verarbeitungen ausgeschlossen werden und die betroffene Person über die Verarbeitung informiert ist.[20] Wichtig ist, die Trennung des Grundsatzes von „Treu und Glauben" von dem Grundsatz der „Transparenz" zu erkennen. Dies ergibt sich bereits aus der Aufzählung in der Klammer am Ende des Art. 5 Abs. 1 lit. a DSGVO, und auch der erläuternde ErwG 39 DSGVO trennt klar zwischen beiden Grundsätzen. ErwG 39 S. 1 und 2 DSGVO befassen sich mit „Treu und Glauben". Die Trennung erfolgt in Satz 3 („Der Grundsatz der Transparenz setzt voraus, …"). Ab dort beschreibt der Gesetzgeber dann den Grundsatz der „Transparenz" nach Art. 5 Abs. 1 lit. a DSGVO. Versteht man die Aufzählung in ErwG 39 DSGVO in dieser Weise, so ergibt sich der Sinn und Zweck des Grundsatzes „Treu und Glauben" aus ErwG 39 S. 2 DSGVO: „Für natürliche Personen sollte Transparenz dahingehend bestehen, dass sie betreffende personenbezogene Daten erhoben, verwendet, eingesehen

---

[19] EuGH, Urt. v. 1.10.2015 – C-201/14 (Smaranda Bara u.a./Preşedintele Casei Naţionale de Asigurări de Sănătate), EuZW 2015, 844 (845).

[20] *Herbst*, in: Kühling/Buchner, DSGVO BDSG, Art. 5 Rn. 15.

oder anderweitig verarbeitet werden und in welchem Umfang die personenbezogenen Daten verarbeitet werden und künftig noch verarbeitet werden". Auch diese Beschreibung spricht dafür, „Treu und Glauben" allgemein im Sinne einer Kenntnis der Datenverarbeitung zu verstehen. Betroffene sollen von dieser nicht (negativ) überrascht sein.

Klar ist aber auch, dass eine haarscharfe Trennung zwischen den Grundsätzen von Treu und Glauben und Transparenz wohl praktisch nur schwer
möglich sein wird. Denn die Bereitstellung der Betroffeneninformationen
nach den Art. 12, 13 und 14 DSGVO (als Teil des Grundsatzes der „Transparenz") wird zwangsweise Auswirkungen auf die Kenntnis der Verarbeitung und damit auf die Erfüllung von „Treu und Glauben" haben. Für diese
Auslegung spricht auch die Nennung des Grundsatzes von „Treu und Glauben" in Art. 8 Abs. 2 S. 1 Charta der Grundrechte der Europäischen Union
(GRC), wonach personenbezogene Daten nur nach Treu und Glauben verarbeitet werden dürfen.[21] Die Erwähnung in der Grundrechtecharta verdeutlicht den allgemeinen, wenn man so will, fast schon datenschutz-global
zu verstehenden Charakter des Grundsatzes. Es geht dem Verordnungsgeber bei der Vorgabe „Treu und Glauben" nicht um einzelne, spezielle Informationspflichten, sondern um die oben bereits erwähnte Fairness der Verarbeitung gegenüber Betroffenen. Dennoch bleibt der Grundsatz von Treu
und Glauben auch vor dem Hintergrund dieser Konkretisierung relativ
schwierig zu fassen.[22]

3.1.3 Zusammenfassung des Regelungsinhalts

Welche Handlungspflichten konkret an den Grundsatz „Treu und Glauben"
geknüpft werden, erschließt sich auch nach der oben vorgenommenen Auslegung letztlich nicht abschließend.[23] Aus diesem Grund wird man die Bußgeldandrohung unter Art. 83 Abs. 5 lit. a DSGVO für Verstöße gegen Art. 5
Abs. 1 lit. a DSGVO auch kritisch sehen können. Destillat der Interpretation von „Treu und Glauben" dürfte wohl sein, dass damit eine faire Datenverarbeitung bezweckt ist, die vor allem auf der Transparenzebene zu
beachten ist, jedoch nicht mit dem Grundsatz der „Transparenz" und den
spezifischen Informationspflichten gleichgesetzt werden sollte. Die Datenverarbeitung erfolgt nach „Treu und Glauben", wenn sie mit Wissen der

---

[21] Zur Bedeutung des Gebots der Datenverarbeitung nach Treu und Glauben in Art. 8 GRC
siehe *Wolff*, in: Pechstein/Nowak/Häde, Frankfurter Kommentar zu EUV, GRC und
AEUV, Art. 8 GRC Rn. 34 f.

[22] *Schantz*, in: Wolff/Brink, BeckOK Datenschutzrecht, Art. 5 Rn. 7; *Frenzel*, in: Paal/Pauly,
DSGVO BDSG, Art. 5 Rn. 18.

[23] *Wolff*, in: Pechstein/Nowak/Häde, Frankfurter Kommentar zu EUV, GRC und AEUV,
Art. 8 GRC Rn. 34 schrieb dazu, dass das Merkmal aus Art. 8 Abs. 2 S. 1 GRC noch nicht
wirklich mit Substanz gefüllt wurde.

Betroffenen und gerade nicht durch den Verantwortlichen bewusst heimlich erfolgt. Zudem ergibt sich aus diesem, die Datenschutz-Grundverordnung generell umspannenden Fairnessprinzip, dass es bei verschiedenen Pflichten zu beachten ist und in jene Normen der Datenschutz-Grundverordnung einstrahlt, in denen es um die Kenntnis von der Datenverarbeitung geht, wie etwa auch den „vernünftigen Erwartungen" der Betroffenen im Rahmen der Interessenabwägung nach Art. 6 Abs. 1 UAbs. 1 lit. f DS-GVO.

3.2 „Identifizierung der betroffenen Person durch den Verantwortlichen nicht oder nicht mehr erforderlich" (Art. 11 Abs. 1 DSGVO)

Gemäß Art. 11 Abs. 1 DSGVO sind Verantwortliche nicht zur bloßen Einhaltung von Vorschriften der Verordnung verpflichtet, weitere personenbezogene Daten zu speichern, einzuholen oder in anderer Weise zu verarbeiten, wenn für die Verarbeitungszwecke eine Identifizierung der betroffenen Person durch den Verantwortlichen nicht oder nicht mehr erforderlich ist. Ergänzend dazu sieht Abs. 2 der Vorschrift vor, dass die Betroffenenrechte aus Art. 15 bis 20 DSGVO keine Anwendung finden, wenn die betroffene Person nicht weitere personenbezogene Daten bereitstellt, mit denen der Verantwortliche diese Person identifizieren kann.

3.2.1 Verständnis beim ersten Lesen

Bei unbedarftem ersten Lesen der Norm mag man meinen, dass Art. 11 Abs. 1 DSGVO Vorgaben zu anonymen Daten enthalten würde, weil der Verantwortliche Betroffene nicht oder nicht mehr identifiziert.[24] Da das Datenschutzrecht ausweislich Art. 2 Abs. 1 DSGVO jedoch nur auf die Verarbeitung personenbezogener Daten anzuwenden ist, stutzt der zunächst unbedarft Lesende. Es ist auch besonders auffallend, dass im Anwendungsbereich der Norm Verantwortliche einige Pflichten der Verordnung und Betroffenenrechte in Bezug auf solche Verarbeitungen nicht oder nur eingeschränkt erfüllen müssen.

3.2.2 Vertiefte Auslegung unter Zuhilfenahme unionrechtlicher Auslegungsmethoden

3.2.2.1 Wortlaut

Die deutsche, englische und spanische Sprachfassung ist dem Wortlaut nach identisch. Die französische Fassung weicht ab, denn dort wird vorgegeben, dass „vom Verantwortlichen nicht oder nicht mehr verlangt werden kann, dass er eine betroffene Person identifiziert." Die Unterschiede im Wortlaut offenbaren aber keine Unterschiede im Regelungsinhalt, da letztendlich die Verarbeitungssituation identisch bleibt. In jedem Fall erfolgt

---

[24] Siehe in diesem Kontext auch zur Änderung des Wortlautes von „bestimmen" auf „identifizieren" *Hansen*, in: Simitis/Hornung/Spiecker gen. Döhmann, DSGVO, Art. 11 Rn. 6.

keine Identifizierung einzelner Betroffener durch den Verantwortlichen für einen bestimmten Verarbeitungszweck. Trotzdem könnte man die französische Fassung des Art. 11 Abs. 1 DSGVO so verstehen, dass „nicht verlangt werden kann" auch meint, dass von Verantwortlichen in einigen anders gelagerten Fällen verlangt werden kann, dass sie betroffene Personen identifizieren. Allerdings gilt auch, dass in Fällen, in denen eine Identifizierung nicht mehr erforderlich ist, diese auch nicht vom Verantwortlichen verlangt werden kann. Deshalb sollte die französische Fassung so verstanden werden, dass in Fällen, in denen eine Identifizierung nicht verlangt werden kann, diese auch nicht für den Verarbeitungszweck des Verantwortlichen erforderlich ist.

Eine Identifizierung muss nach Art. 11 Abs. 1 DSGVO nicht oder nicht mehr für den Verarbeitungszweck des Verantwortlichen erforderlich sein. Die Norm regelt also zwei Fälle. Es kommt jeweils darauf an, dass ein Verantwortlicher für einen bestimmten Verarbeitungszweck nicht zu wissen braucht, welche Daten sich auf welche Person beziehen, um diesen Zweck zu erreichen. Der Begriff „Identifizierung" ist von zentraler Bedeutung für das Verständnis des Regelungsinhalts. Mit Blick auf die Begriffsdefinition zu personenbezogenen Daten aus Art. 4 Nr. 1 DSGVO wird deutlich, dass personenbezogene Daten auch dann vorliegen können, wenn ein Verantwortlicher die Person, auf welche sich Informationen beziehen, nicht selbst identifizieren kann.[25] Das Datenschutzrecht kennt sowohl Daten, die einerseits einer identifizierbaren Person als auch andererseits einer identifizierten Person zuzuordnen sind. Wenn eine betroffene Person zwar identifizierbar ist, aber nicht vom Verantwortlichen identifiziert werden kann, liegen trotzdem personenbezogene Daten vor.[26] Dies wird auch an einem Urteil des EuGH deutlich, in dem der Gerichtshof entschieden hat, dass dynamische IP-Adressen personenbezogene Daten sind, selbst wenn ein Webseitenbetreiber nur in berechtigten Fällen bei Internetzugangsanbietern zusätzliche Informationen einholen kann, die ihm erst selbst die Identifizierung einer bestimmten Person ermöglichen.[27]

Für die Eröffnung des Anwendungsbereiches des Art. 11 Abs. 1 DSGVO ist es also notwendig, dass ein Verantwortlicher zwar personenbezogene

---

[25] Art. 4 DSGVO bezeichnet diesen Fall als Daten zu einer „identifizierbaren" Person, die aber nicht von einem Verantwortlichen selbst „identifiziert" wird.

[26] Siehe auch *Hansen*, in: Simitis/Hornung/Spiecker, DSGVO, Art. 11 Rn. 23.

[27] EuGH, Urt. v. 19.10.2016 – C-582/14, NJW 2016, 909 (911 f.) – Breyer/Bundesrepublik Deutschland.

Daten verarbeitet, selbst jedoch nicht herausfinden kann, welche Information sich auf welche konkrete Person bezieht.[28] In der Literatur besteht bislang keine Einigkeit darüber, ob Art. 11 Abs. 1 DSGVO ein Anwendungsfall für pseudonyme Daten ist.[29] Wenn Verantwortliche selbst – entsprechend der Begriffsdefinition aus Art. 4 Nr. 5 DSGVO – zusätzliche Informationen gesondert aufbewahren, könnte man davon ausgehen, dass eine Zusammenführung der Daten zur Einhaltung von Pflichten vorgenommen werden muss. Dann wäre Art. 11 Abs. 1 DSGVO nur dann ein Anwendungsfall für die Verarbeitung von pseudonymen Daten, wenn Verantwortliche den Pseudonymisierungsschlüssel nicht selbst besitzen oder die dafür erforderlichen weiteren Informationen zwar bei Dritten einholen könnten, aber nicht eingeholt haben (sog. faktische Pseudonymisierung).[30] Allerdings spricht gegen eine solche Interpretation, dass Art. 11 Abs. 1 DSGVO eindeutig an einen Zweck einer Datenverarbeitung anknüpft,[31] für dessen Erfüllung keine Identifizierung betroffener Personen erforderlich ist. Solange also für einen bestimmten Zweck eine Identifizierung nicht erforderlich ist, können Verantwortliche sich auf Art. 11 Abs. 1 DSGVO berufen. Letztendlich kommt es also nicht darauf an, ob der Verantwortliche die Pseudonymisierung selbst aufheben kann, sondern ob für seinen Verarbeitungszweck eine Identifizierung erforderlich ist.

3.2.2.2 Historische Auslegung

Eine vergleichbare Vorschrift gab es in der DatenschutzRL nicht, und in der Datenschutz-Grundverordnung wird an keiner anderen Stelle des Verordnungstextes auf die Situation verwiesen, in der eine Identifizierung der betroffenen Person durch den Verantwortlichen nicht oder nicht mehr erforderlich ist. Daher werden die Regelung in Art. 11 DSGVO und die darin enthaltenen Ausnahmen von Pflichten wegen einer nicht notwendigen Identifizierung betroffener Personen im Schrifttum überwiegend als Novum bezeichnet.[32] Innerhalb des Verordnungsgebungsverfahrens wurden

---

[28] Siehe hierzu auch *Wirtz*, in: Taeger/Gabel, DSGVO BDSG, Art. 11 Rn. 6.

[29] Dafür argumentieren unter anderem *Wolff*, in: Wolff/Brink, BeckOK Datenschutzrecht, Art. 11 DSGVO Rn. 5 unter Verweis auf „faktische" Pseudonymisierung; *Weichert*, in: Kühling/Buchner, DSGVO BDSG, Art. 11 Rn. 12; dagegen argumentiert *Klabunde*, in: Ehmann/Selmayr, DSGVO, Art. 11 Rn. 12 und 13; differenzierend *Hansen*, in: Simitis/Hornung/Spiecker gen. Döhmann, DSGVO, Art. 11 Rn. 20 f.

[30] Dies entspricht der Ansicht von *Wolff*, in: Wolff/Brink, BeckOK Datenschutzrecht, Art. 11 DSGVO Rn. 6.

[31] Siehe zu diesem Anknüpfungspunkt *Hansen*, in: Simitis/Hornung/Spiecker gen. Döhmann, DSGVO, Art. 11 Rn. 14.

[32] Siehe beispielhaft *Wirtz*, in: Taeger/Gabel, DSGVO BDSG, Art. 11 Rn. 1; *Hansen*, in: Simitis/Hornung/Spiecker gen. Döhmann, DSGVO, Art. 11 Rn. 6; *Wolff*, in: Wolff/Brink, BeckOK Datenschutzrecht, Art. 11 DSGVO Rn. 1.

in den Entwürfen zu Art. 11 DSGVO vor allem Begrifflichkeiten angepasst. Aus „eine betroffene Person bestimmen" wurde „identifizieren" und entgegen des Entwurfs des Europäischen Parlamentes wurde nicht geregelt, dass der Verantwortliche betroffene Personen nicht mehr identifizieren darf („nicht gestattet"),[33] sondern eine Identifizierung Betroffener für einen bestimmten Verarbeitungszweck nicht mehr erforderlich ist oder von vornherein nicht erforderlich war.[34]

3.2.2.3 Sinn und Zweck

Sofern ein Verantwortlicher Betroffene nicht oder nicht mehr identifizieren kann, ist die Verarbeitung dieser Daten durch den Verantwortlichen in der Regel mit einem geringen Eingriff in Rechte und Freiheiten der Betroffenen verbunden.[35] Der Verordnungsgeber wollte wohl in solchen Fällen diesem Umstand Beachtung schenken, in dem Verantwortliche von einigen Pflichten befreit werden oder der Umfang dieser sich verringert. Das scheint auch sachgerecht, denn der Begriff des personenbezogenen Datums ist sehr weit zu verstehen[36] und trotzdem sollen Verantwortlichen keine Pflichten auferlegt werden, die nicht in einem ausgewogenen Verhältnis zu den Eingriffen stehen.

In einigen Fällen mag es auch nicht möglich sein, dass Verantwortliche beispielsweise Betroffenenrechte erfüllen, wenn für einen Verarbeitungszweck eine Identifizierung Betroffener nicht erforderlich ist. *Hansen*[37] beschreibt anschaulich, dass man ohne die Vorgabe aus Art. 11 Abs. 1 DSGVO – überspitzt ausgedrückt – einen Verantwortlichen immer dazu verpflichten müsste, eine Identifizierung Betroffener vorzunehmen und entsprechend genügend Daten von vornherein hierfür zu speichern, damit Verantwortliche bei jeder Verarbeitung personenbezogener Daten die Betroffenenrechte erfüllen können. In der Literatur wird Art. 11 Abs. 1 DSGVO auch als Ausprägung der Grundsätze der Speicherbegrenzung (Art. 5 Abs. 1 lit. e DSGVO) und der Datenminimierung (Art. 5 Abs. 1 lit. c DSGVO) verstanden.[38] Dies überzeugt, da der Rechtsgedanke des Art. 11 DSGVO darin besteht, dass Verantwortliche nicht mehr Daten zu einer Person

---

[33] Siehe die Fassung des Entwurfs des Europäischen Parlamentes bei *Wolff*, in: Wolff/Brink, BeckOK Datenschutzrecht, Art. 11 DSGVO Rn. 2.2.

[34] Zu den Veränderungen im Verordnungsgebungsverfahren siehe *Wolff*, in: Wolff/Brink, BeckOK Datenschutzrecht, Art. 11 DSGVO Rn. 2 f.

[35] Ebenso *Wolff*, in: Wolff/Brink, BeckOK Datenschutzrecht, Art. 11 DSGVO Rn. 8.

[36] Siehe beispielhaft EuGH, Urt. v. 20.12.2017, NJW 2018, 767 (767 f.) – Nowak/Data Protection Commissioner.

[37] *Hansen*, in: Simitis/Hornung/Spiecker gen. Döhmann, DSGVO, Art. 11 Rn. 3.

[38] Anstelle Vieler *Wirtz*, in: Taeger/Gabel, DSGVO BDSG, Art. 11 Rn. 6.

speichern sollten, als es für einen Zweck erforderlich ist. Wenn eine Identifizierung nicht mehr erforderlich ist, möchte das Datenschutzrecht nicht zur weiteren Speicherung von Daten verpflichten und akzeptiert aufgrund der niedrigen Eingriffsintensität eine Pflichtenreduzierung.

3.2.3 Zusammenfassung des Regelungsinhalts

Wenn eine Identifizierung einer einzelnen betroffenen Person durch den Verantwortlichen für einen Verarbeitungszweck nicht erforderlich ist, greift Art. 11 Abs. 1 DSGVO. Dabei kommt es vor allem auf den einzelnen Zweck an, für den eine Identifizierung nicht erforderlich ist. Selbst wenn eine Identifizierung durch einen Verantwortlichen nicht erfolgt, bleibt die Information personenbeziehbar. Dem Verordnungsgeber ist es in Art. 11 DSGVO gelungen, die niedrige Eingriffsintensität zu würdigen und Anreize dafür zu schaffen, dass Verantwortliche Betroffene nicht identifizieren. Zu den Anwendungsfällen von Art. 11 Abs. 1 DSGVO gehören beispielsweise die Verarbeitung von IP-Adressen, KFZ-Kennzeichen, personenbezogenen Daten aus Cookies, Datenpools mit Daten zu einer großen Anzahl an Personen und ohne dass gespeichert ist, auf wen sich welche Daten innerhalb des Pools beziehen. Bisher scheint die Regelung aus Art. 11 Abs. 1 DSGVO noch weniger beachtete, als ihr Anwendungsbereich dies eigentlich hergeben würde.

3.3   „Unverzüglich gelöscht werden" (Art. 17 Abs. 1 DSGVO)

Vorgaben mit einer zeitlichen Komponente spielen in der Verordnung vielmehr als im alten Datenschutzrecht eine wichtige Rolle. Beispiele hierfür sind die Monatsfrist des Art. 12 Abs. 3 S. 1 DSGVO oder auch die Pflicht zur Informationserteilung im Falle der Dritterhebung innerhalb eines Monats nach Art. 14 Abs. 3 lit. a DSGVO. Mit Unsicherheiten belastet sind in der Praxis vor allem solche Vorgaben, die zwar klar eine zeitliche Komponente enthalten, jedoch keine konkrete Frist. Hierzu gehört auch der Begriff der „Unverzüglichkeit", den die Datenschutz-Grundverordnung an verschiedenen Stellen[39] verwendet. Nachfolgend geht es um die Auslegung der Vorgabe in Art. 17 Abs. 1 2. HS DSGVO, wonach der Verantwortliche unter bestimmten Voraussetzungen verpflichtet ist, personenbezogene Daten unverzüglich zu löschen.

3.3.1   Verständnis beim ersten Lesen

Beim ersten Blick auf diese Vorgabe wird man vermuten können, dass es dem Verordnungsgeber um eine schnelle Löschung ging. Laut Duden sind Synonyme für „unverzüglich" etwa „auf dem schnellsten Weg", „auf der Stelle", „geradewegs" und „ohne Aufschub". Anders als in anderen Vor-

---

[39] Vgl. Art. 12 Abs. 3 S. 1, Art. 16 S. 1, Art. 17 Abs. 1 oder auch Art. 33 Abs. 1 S. 1 DSGVO.

schriften hat der Verordnungsgeber hier wohl bewusst keinen festen zeitlichen Rahmen vorgegeben. Dies führt dann aber gleichzeitig auch zu der Annahme, dass es keine starre zeitliche Grenze zur Erfüllung des Unverzüglichkeitskriteriums geben kann. Denn ansonsten hätte man – wie etwa in Art. 33 Abs. 1 DSGVO – zusätzlich eine konkrete Frist (dort: 72 Stunden) aufnehmen können. Dies spricht für eine bewusste Entscheidung, „unverzüglich" mit einer gewissen Flexibilität anzuwenden.

3.3.2 Vertiefte Auslegung unter Zuhilfenahme unionrechtlicher Auslgungsmethoden

3.3.2.1 Wortlaut

In Deutschland ist der Begriff „unverzüglich" bereits lange Zeit Gegenstand zivilrechtlicher Rechtsprechung zu § 121 Abs. 1 S. 1 BGB und wird in diesem Zusammenhang als „ohne schuldhaftes Zögern" verstanden. „Unverzüglich" nach Art. 17 Abs. 1 DSGVO ist jedoch unionsrechtlich autonom auszulegen.[40] Dies bedeutet freilich nicht, dass am Ende einer unionsrechtlichen Auslegung kein Ergebnis stehen kann, das sich mit dem deutschen Verständnis des Begriffs deckt. Erhellend für die Schärfung des Begriffs wirkt auch hier zunächst ein Blick in andere Sprachfassungen der Verordnung. Die englische Fassung verwendet den Begriff „without undue delay". Diese Formulierung beschreibt, ganz ähnlich dem deutschen Verständnis im Rahmen des § 121 BGB, dass ein schuldhaftes Zögern zu vermeiden ist.[41] Es soll eine unangemessene Verzögerung unterbunden werden. Versteht man die englische Fassung in dem Sinn „ohne unangemessene Verzögerung", dürfte dies auch bedeuten, dass über das Merkmal der „Unangemessenheit" die jeweiligen Umstände des Einzelfalls in der Form einer Verhältnismäßigkeitsprüfung Berücksichtigung finden können.

3.3.2.2 Historische Auslegung

Eine entsprechende Vorgabe zur Löschung von Daten innerhalb eines bestimmten Zeitraums sah die vormalige Datenschutzrichtlinie nicht vor. Art. 6 Abs. 1 lit. d DSRL enthielt nur die generelle Löschpflicht. Aus den verfügbaren Dokumenten zu den Verhandlungen im Rat ergibt sich kein konkreter Hinweis, welche minimalen oder maximalen Fristen die Mitgliedstaaten zugrunde legten, als sie den Begriff „unverzüglich" als Vorgabe zur Löschpflicht aufnahmen.

3.3.2.3 Sinn und Zweck

Da Art. 17 Abs. 1 DSGVO Teil des dritten Kapitels ist und damit den allgemeinen Vorgaben in Art. 12 DSGVO zur Erfüllung der Betroffenenrechte

---

[40] A. A. *Herbst*, in: Kühling/Buchner, DSGVO BDSG, Art. 17 Rn. 45.

[41] *Kamann/Braun*, in: Ehmann/Selmayr, DSGVO, Art. 17 Rn. 40.

unterfällt, ist zunächst eine Einordnung der in Art. 17 Abs. 1 DSGVO enthaltenen Pflichten und der für sie aus Art. 12 DSGVO fließenden prozessu-
alen Vorgaben wichtig. Nach Art. 12 Abs. 3 S. 1 DSGVO stellt der Verantwortliche der betroffenen Person Informationen auch über die auf Antrag
gemäß Art. 17 DSGVO ergriffenen Maßnahmen unverzüglich, in jedem Fall
aber innerhalb eines Monats nach Eingang des Antrags, zur Verfügung.
Art. 17 Abs. 1 S. 1 DSGVO enthält zum einen im 1. HS ein Recht der Betroffenen, die Löschung zu verlangen. Andererseits befasst sich der 2. HS
der Vorschrift mit einer, unabhängig von einer Betroffenenanfrage, bestehenden Löschpflicht des Verantwortlichen.[42]

Die Fristenvorgabe des Art. 12 Abs. 3 S. 1 (innerhalb eines Monats) gilt
ausweislich des Wortlauts allein für solche Maßnahmen, die auf Antrag des
Betroffenen ergriffen wurden. Wenn also die betroffene Person einen Löschungsantrag stellt, werden die Anforderungen an den zeitlichen Ablauf
durch Art. 12 Abs. 3 DSGVO konkretisiert.[43] In diesem Fall gilt für die Mitteilung dann auch die grundsätzliche Frist von einem Monat. Die spezifischen Vorgaben des Art. 12 Abs. 3 DSGVO gelten aber nicht (zumindest
nicht unmittelbar), wenn der Löschung kein Antrag des Betroffenen zugrunde liegt. Wenn also der Verantwortliche von sich aus prüft, ob Daten
zu löschen sind und ein Löschungsgrund vorliegt.[44]

Dies bedeutet, dass das Unverzüglichkeitserfordernis sich im Hinblick
auf das Löschungsrecht (1. HS) der betroffenen Person auf den Zeitraum
zwischen Löschungsantrag und Löschungshandlung bezieht. Im Hinblick
auf die Löschungspflicht (2. HS) des Verantwortlichen auf den Zeitraum
zwischen Eintritt des Löschungsgrundes und der Löschungshandlung.[45]
Hinsichtlich des Löschungsrechts gelten die zusätzlichen Anforderungen
des Art. 12 Abs. 3 DSGVO. Hinsichtlich der Löschungspflicht wird man –
um zumindest irgendeinen Anhaltspunkt zu haben – auch auf die Monatsfrist des Art. 12 Abs. 3 DSGVO verweisen können, um die „Unverzüglichkeit" zu konkretisieren.[46] Das Argument wäre: wenn der Verantwortliche
schon im Fall des Antrages des Betroffenen bis zu einem Monat Zeit hat,
warum sollte er im Fall der antragsunabhängigen Löschverpflichtung eine
kürzere Frist beachten müssen. Jedoch ist andererseits zu beachten, dass
für den Fall der Löschpflicht die spezifische Vorgabe nach Art. 12 Abs. 3
DSGVO eben gerade nicht unmittelbar Anwendung findet. Dies erlaubt es,

[42] *Meents/Hinzepeter*, in: Taeger/Gabel, DSGVO BDSG, Art. 17 Rn. 22; *Peuker*, in: Sydow, DSGVO, Art. 17 Rn. 43.

[43] *Herbst*, in: Kühling/Buchner, DSGVO BDSG, Art. 17 Rn. 46.

[44] Eine solche Prüfpflicht bejaht *Herbst*, in: Kühling/Buchner, DSGVO BDSG, Art. 17 Rn. 47.

[45] *Kamann/Braun*, in: Ehmann/Selmayr, DSGVO, Art. 17 Rn. 40 (m. w. N.).

[46] *Peuker*, in: Sydow, DSGVO, Art. 17 Rn. 38.

„unverzüglich" im Fall der antragsunabhängigen Löschung auch anders zu verstehen.

Unabhängig von festen Zeitrahmen sollte bei der Anwendung des Kriteriums „unverzüglich" im Zuge der Auslegung nach Sinn und Zweck beachtet werden, dass es dem Verordnungsgeber offensichtlich darum ging, Verantwortliche zum Handeln anzuhalten. Die Löschung soll gerade nicht auf die „lange Bank" geschoben werden können. Daher wird zu Recht gefolgert, dass die Löschung nach Eintritt des Löschungsgrundes nicht länger als unvermeidlich hinausgezögert werden darf.[47] Aufgrund der Offenheit des Begriffs, erlaubt „unverzüglich" aber auch die Berücksichtigung der Umstände und Schwierigkeiten des Einzelfalls (vgl. bereits zuvor bei der wörtlichen Auslegung). Hierzu können etwa Faktoren zählen, wie: Datenmenge; vorhandene IT-Infrastruktur; Internationalität der Datenverarbeitung; beteiligte Akteure; rechtliche Vorgaben hinsichtlich ggfs. entgegenstehender Aufbewahrungsfristen.[48] Auch die Literatur geht davon aus, dass dem Verantwortlichen jedenfalls die Prüfung der Begründetheit eines Löschverlangens oder auch der Löschverpflichtung an sich möglich ist.[49] Für die Bestimmung des Begriffs „unverzüglich" ist demzufolge grundsätzlich eine subjektive Betrachtung erforderlich.[50]

In anderen Rechtsgebieten hat der EuGH die Begrifflichkeit auf unionaler Ebene bereits einer konkretisierenden Einordnung zugeführt. Im Rahmen der Verwendung des Kriteriums „unverzüglich" in einem Durchführungsbeschluss, der sich an die Mitgliedstaaten richtet und diese zu Maßnahmen zum Schutz von bestimmten Pflanzen verpflichtet, urteilte der EuGH, dass der Begriff „unverzüglich" angesichts seiner gewöhnlichen Bedeutung im allgemeinen Sprachgebrauch nicht mit einer Frist von mehreren Wochen oder sogar – wie im vorliegenden Fall – mehreren Monaten vereinbar ist.[51] Der EuGH stellt für seine Interpretation auf den allgemeinen Sprachgebrauch ab. Dies deckt sich mit der Annahme, dass „unverzüglich" im Sinne einer „unangemessenen Verzögerung" zu verstehen ist. Konkrete zeitliche Vorgaben stellt der Gerichtshof in diesem Fall jedoch auch nicht auf, sondern tendiert zu einer Einschätzung von Wochen. In einem weiteren Urteil des EuGH, in dem es um Handlungspflichten der Kommission geht und

---

[47] *Herbst*, in: Kühling/Buchner, DSGVO BDSG, Art. 17 Rn. 45.

[48] Im Ergebnis ebenso *Meents/Hinzepeter*, in: Taeger/Gabel, DSGVO BDSG, Art. 17 Rn. 79; *Paal*, in: Paal/Pauly, DSGVO BDSG, Art. 17 Rn. 31.

[49] *Meents/Hinzepeter*, in: Taeger/Gabel, DSGVO BDSG, Art. 17 Rn. 79.

[50] *Meents/Hinzepeter*, in: Taeger/Gabel, DSGVO BDSG, Art. 17 Rn. 79.

[51] EuGH, Urt. v. 5.9.2019 – C-443/18 (Europäische Kommission/Italienische Republik), BeckRS 2019, 20124, Rn. 34.

diese verpflichtet ist, „dem Rat unverzüglich die zu treffenden Maßnahmen" vorzuschlagen, befand das Gericht, dass mit der Verwendung des Ausdrucks „unverzüglich" der Kommission zwar ein zügiges Handeln geboten ist, ihr jedoch ein gewisser Spielraum belassen wird.[52] Auch diese Auslegung des EuGH macht deutlich, dass der Begriff „unverzüglich" bewusst keine festen zeitlichen Grenzen setzen möchte, sondern zwar einerseits ein schnelles Handeln verlangt, andererseits aber einzelfallabhängig Umsetzungsgegebenheiten berücksichtigt werden können.

3.3.3 Zusammenfassung des Regelungsinhalts

Was genau mit „unverzüglich" im Rahmen des Art. 17 Abs. 1 S. 1 2. HS DSGVO gemeint ist, lässt auch nach obiger Auslegung nur umschreiben. Insbesondere feste zeitliche Grenzen können weder der Datenschutz-Grundverordnung selbst, noch dem Willen des Verordnungsgebers entnommen werden. Es erscheint vielmehr angebracht, die Offenheit des Begriffs gerade als gewollt anzunehmen. Die Löschung darf nicht länger als unbedingt notwendig hinausgezögert werden.[53] Sie darf nicht unangemessen lange aufgeschoben werden. Was jedoch jeweils „notwendig" ist oder „unangemessen", kann nur anhand der Umstände des Einzelfalls und verschiedener rechtlicher und faktischer Kriterien berücksichtigt werden, die im Rahmen der Löschung zu beachten sind.

3.4 „Zum Zeitpunkt der Festlegung der Mittel für die Verarbeitung" (Art. 25 Abs. 1 DSGVO)

Eine Neuheit[54] in der unionalen datenschutzrechtlichen Regulierung ist das Prinzip Datenschutz durch Technikgestaltung aus Art. 25 Abs. 1 DSGVO. Innerhalb dieser Norm wird geregelt, dass Verantwortliche auch zum Zeitpunkt der Festlegung der Mittel für die Verarbeitung geeignete technische und organisatorische Maßnahmen ergreifen müssen. „Zum Zeitpunkt der Festlegung der Mittel für die Verarbeitung" ist ein Zeitpunkt, der in der Datenschutz-Grundverordnung an anderer Stelle nicht erwähnt wird.

3.4.1 Verständnis beim ersten Lesen

Beim ersten Lesen würde man wohl dazu neigen, den Zeitpunkt der Festlegung der Mittel einer Datenverarbeitung als den Moment zu verstehen,

---

[52] EuGH, Urt. v. 18.11.1999 – C-151/98 P, EuZW 2000, 62 (64) – Pharos/Europäische Kommission.

[53] *Kamann/Braun*, in: Ehmann/Selmayr, DSGVO, Art. 17 Rn. 40.

[54] Siehe hierzu *Nolte/Werkmeister*, in: Gola, DSGVO, Art. 25 Rn. 5; *Hartung*, in: Kühling/Buchner, DSGVO BDSG, Art. 25 Rn. 10, kritisiert – nach hier vertretener Ansicht zu Recht –, dass Art. 25 Abs. 1 DSGVO mangels eines eigenständigen Regelungsgehalts nicht als Innovation bezeichnet werden könne.

an dem eine finale Entscheidung über Mittel einer künftigen Datenverarbeitung vorgenommen wird. Dabei fällt auf, dass die Bestimmung an einen Zeitpunkt und nicht an die Verarbeitung personenbezogenen Daten anknüpft. Da die Datenschutz-Grundverordnung jedoch nur auf die Verarbeitung personenbezogener Daten Anwendung findet,[55] stutzt man – ähnlich wie in Bezug auf Art. 11 Abs. 1 DSGVO – beim ersten Lesen.

3.4.1.1 Wortlaut

Die deutsche, englische, spanische und französische Sprachfassung stimmen im Wortlaut überein. *Baumgartner*[56] merkt zu Recht an, dass der sehr häufig verwendete Mode-Begriff „Privacy by Design" im Hinblick auf den Schutzzweck irreführend ist. Art. 25 Abs. 1 DSGVO gilt nur für Verantwortliche und insbesondere nicht für Hersteller von Systemen und Produkten,[57] mit denen Daten durch einen anderen Verantwortlichen verarbeitet werden.

Innerhalb der Datenschutz-Grundverordnung werden Entscheidungen über Zwecke und Mittel einer Datenverarbeitung erwähnt, die durch Verantwortliche getroffen werden.[58] Den Zeitpunkt der Festlegung der Mittel wird man daher als den Moment verstehen können, zu dem die Entscheidung über zu verwendende Mittel einer Datenverarbeitung durch Verantwortliche getroffen wurden.[59] Es ist grundsätzlich nachvollziehbar, wieso der Verordnungsgeber davon ausgeht, dass ein Schutz personenbezogener Daten am wirksamsten erfolgt, wenn bereits in der Phase der Entscheidungsfindung datenschutzrechtliche Vorgaben beachtet werden.[60] Allerdings scheint höchst fraglich, wie die Datenschutz-Grundverordnung einen

---

[55] Vgl. Art. 2 Abs. 1 DSGVO.

[56] *Baumgartner*, in: Ehmann/Selmayr, DSGVO, Art. 25 Rn. 2, weist treffend darauf hin, dass im Gegensatz zur Datenschutzrichtlinie, die Datenschutz-Grundverordnung nicht primär das Recht auf Privat- und Familienleben aus Art. 7 GRC schützt, sondern das Recht auf Schutz personenbezogener Daten aus Art. 8 GRC und die Grundrechte und Grundfreiheiten natürlicher Personen bei der Verarbeitung personenbezogener Daten.

[57] Siehe für die überwiegende Mehrheit in der Literatur nur *Hansen*, in: Simitis/Hornung / Spiecker gen. Döhmann, DSGVO, Art. 25 Rn. 21.

[58] Vgl. in diesem Sinne Art. 4 Nr. 7 DSGVO und Art. 26 Abs. 1 S. 1 DSGVO.

[59] So auch *Nolte/Werkmeister*, in: Gola, DSGVO, Art. 25 Rn. 13; *Lang*, in: Taeger/Gabel, DS-GVO BDSG, Art. 25 Rn. 53; ebenfalls ausdrücklich auf einen einer Datenverarbeitung vorgelagerten Moment abstellend *Hansen*, in: Simitis/Hornung/Spiecker Döhmann, DSGVO, Art. 25 Rn. 19.

[60] Zu den Erwägungen siehe beispielhaft *Baumgartner*, in: Ehmann/Selmayr, DSGVO, Art. 25 Rn. 1.

Zeitpunkt regulieren könnte, sofern dazu keine personenbezogenen Daten verarbeitet werden.[61]

Der Wortlaut „zum Zeitpunkt der Festlegung" lässt nicht zu, dass man diesen Zeitpunkt als den Beginn einer Datenverarbeitung interpretiert, denn dann wäre – wie in den meisten Regelungen der Verordnung erfolgt – eine ausdrückliche Benennung eines Moments nicht erforderlich gewesen.[62] Die Analyse des Wortlautes mündet daher darin, dass Art. 25 Abs. 1 DSGVO tatsächlich auf einen Moment abstellt, zu dem eine Festlegung der Mittel erfolgt. Dieser Moment ist denklogisch einer eigentlichen Datenverarbeitung vorgelagert[63] und hat als Anknüpfungspunkt den Moment einer Entscheidungsfindung und keine Datenverarbeitung. Würde man Art. 25 Abs. 1 DSGVO in Hinblick auf „Zeitpunkt der Festlegung der Mittel" nur nach dem Wortlaut interpretieren, wäre das Ergebnis, dass an dieser Stelle der Verordnung etwas geregelt werden sollte, was in der Anwendung jedoch nie zum Tragen kommen kann. Dies ist auch deswegen beachtlich, weil Verstöße gegen Art. 25 Abs. 1 DSGVO nach Art. 83 Abs. 4 lit. a DS-GVO bußgeldbewehrt sind und daher auch ein Verstoß zum Zeitpunkt der Festlegung von Mitteln einer Datenverarbeitung nach Willen des Verordnungsgebers bußgeldbewehrt sein soll.[64]

3.4.1.2 Historische Auslegung

Die Regelung aus Art. 25 Abs. 1 DSGVO hat in Bezug auf den hier vordergründig thematisierten Zeitpunkt, ab dem die Pflicht besteht, kein Regelungsvorbild. Im Rahmen des Verordnungsgebungsverfahrens war in dem Entwurf des Europäischen Parlamentes noch vorgesehen, dass zum Zeitpunkt der Festlegung von Zwecken und Mitteln geeignete Maßnahmen ergriffen werden sollen.[65] Ebenfalls interessant ist, dass der Entwurf des Rates keinen spezifischen Zeitpunkt erwähnt hatte.[66] Hieraus kann man ei-

---

[61] Ebenda, Rn. 7.

[62] Zur beabsichtigten Wahl eines Zeitpunktes, der von dem Moment abweicht, zu dem die anderen Vorgaben der DSGVO gelten sollen, siehe *Hartung*, in: Kühling/Buchner, DSGVO BDSG, Art. 25 Rn. 23.

[63] Siehe hierzu auch *Baumgartner*, in: Ehmann/Selmayr, DSGVO, Art. 25 Rn. 16.

[64] Mit guten Argumenten bezweifeln einige Stimmen der Literatur, ob die Vorgaben aus Art. 25 Abs. 1 DSGVO bestimmt genug sind und ob ein Verstoß gegen Art. 25 Abs. 1 DS-GVO vorliegen kann, wenn zum Zeitpunkt einer Festlegung eine Handlung unterlassen wurde; hierzu zählen unter anderem *Hartung*, in: Kühling/Buchner, DSGVO BDSG, Art. 25 Rn. 31; *Lang*, in: Taeger/Gabel, DSGVO BDSG, Art. 25 Rn. 54.

[65] Siehe hierzu Ratsdokument 7427/1/14 REV 1, S. 122 http://data.consilium.europa.eu/do c/document/ST-7427-2014-REV-1/de/pdf (letzter Abruf am 29.6.2020).

[66] Siehe hierzu Ratsdokument 9565/15, S. 110, http://data.consilium.europa.eu/doc/docu ment/ST-9565-2015-INIT/de/pdf (letzter Abruf am 29.6.2020).

nerseits ableiten, dass der Verordnungsgeber sich bewusst dafür entschieden hat, lediglich auf den Zeitpunkt der Festlegung von Mitteln abzustellen. Andererseits wird auch deutlich, dass absichtlich der Zeitpunkt der Festlegung von Mitteln und nicht – wie sonst in allgemeinen Vorgaben der Datenschutz-Grundverordnung üblich – kein spezifischer Zeitpunkt als Anknüpfungspunkt einer Regelung gewählt wurde. Andernfalls hätte man dem Vorschlag des Rates ohne zeitlichen Anknüpfungspunkt Vorzug gewähren können.

3.4.1.3 Sinn und Zweck

Da die Auslegung entlang des Wortlautes in Bezug auf den Zeitpunkt der Festlegung der Mittel ein Stück weit ins Leere läuft, lohnt es sich, vor allem Überlegungen zum Sinn und Zweck der Vorschrift anzustellen. In diesem Zusammenhang wird in der Kommentarliteratur häufiger darauf verwiesen, dass durch die Formulierung „zum Zeitpunkt der Festlegung von Mitteln" verhindert werden sollte, dass es einen Moment gibt, in dem der Verantwortliche nicht verpflichtet ist, die Vorgaben der Verordnung einzuhalten.[67] Das führt jedoch nicht dazu, dass eine datenschutzrechtliche Vorgabe ohne die Vornahme einer Datenverarbeitung anwendbar ist. Sofern in irgendeiner Konstellation einmal eine Regelungslücke bestünde, könnte man ggf. den Bestandteil des Art. 25 Abs. 1 DSGVO hinzuziehen, der zum Zeitpunkt der Festlegung von Mittel gelten soll, und dabei vor allem auf die Intention des Verordnungsgebers hinweisen, dass es keine Regelungslücke geben solle. In jedem Fall kann „zum Zeitpunkt der Festlegung der Mittel" nicht so ausgelegt werden, dass Art. 25 Abs. 1 DSGVO tatsächlich ohne Vorhandensein einer Verarbeitung personenbezogener Daten im Vorfeld Anwendung finden kann.[68]

3.4.2 Zusammenfassung des Regelungsinhalts

In Hinblick auf die explizite Nennung des Zeitpunktes der Festlegung von Mitteln ist Art. 25 Abs. 1 DSGVO missglückt, da auf einen Zeitpunkt einer Entscheidungsfindung und nicht auf eine Datenverarbeitung abgestellt wird. Das Datenschutzrecht gilt aber nur für die Verarbeitung personenbezogener Daten. Es ist auch unklar, inwiefern vermeidliche Verstöße gegen eine solch unbestimmte Vorgabe tatsächlich sanktionierbar wären. Eine nähere Betrachtung der Formulierung hat im Wesentlichen keine Unterschiede im Verständnis beim ersten Lesen der Norm offenbart. Man kann auch hinterfragen, ob Datenschutzrecht ein taugliches Rechtsgebiet ist, um die vom Verordnungsgeber gewollte Wirkung zu erzielen.

---

[67] *Hansen*, in: Simitis/Hornung/Spiecker gen- Döhmann, DSGVO, Art. 25 Rn. 33, schreibt von einer Geltung für den gesamten Lebenszyklus.

[68] Ebenso *Baumgartner*, in: Ehmann/Selmayr, DSGVO, Art. 25 Rn. 7; *Lang*, in: Taeger/Gabel, DSGVO BDSG, Art. 25 Rn. 54.

4 Erkenntnisse aus der Untersuchung unbestimmter Formulierungen

Die Betrachtung der ausgewählten Formulierungen hat gezeigt, dass einige der untersuchten Begriffe Flexibilität aufweisen und im Gesamtkontext der Situation zu interpretieren sind, für die sie Vorgaben machen. Die Datenschutz-Grundverordnung enthält viele unbestimmte Begriffe und Formulierungen. Für die Klärung des Regelungsinhalts ist eine Betrachtung von verschiedenen Sprachfassungen, der Entstehungsgeschichte und des Sinnes und Zweckes der Vorgabe im Gesamtkotext der Verordnung sehr hilfreich. Einerseits ist festzustellen, dass die – auch nach erfolgter Auslegung vorhandene – Unbestimmtheit der Formulierungen ihre praktische Handhabung erschwert. Andererseits ermöglicht dies dem Rechtsanwender eine gewisse Flexibilität bei der Umsetzung.

Literatur

Calliess, Christian/Ruffert, Matthias (Hrsg.): Das Verfassungsrecht der Europäischen Union mit Europäischer Grundrechtecharta, Kommentar, 5. Aufl., München 2016.

Ehmann, Eugen/Selmayr, Martin (Hrsg.): Datenschutz-Grundverordnung, Kurzkommentar, 2. Aufl., München 2018.

Gola, Peter (Hrsg.): Datenschutzgrundverordnung: DS-GVO, Kommentar, 2. Aufl., München 2018.

von der Groben, Hans/Schwarze, Jürgen/Hatje, Armin (Hrsg.): Europäisches Unionsrecht: Vertrag über die Europäische Union – Vertrag über die Arbeitsweise der Europäischen Union – Charta der Grundrechte der Europäischen Union, Kommentar, 7. Aufl., Baden-Baden 2015.

Kühling, Jürgen/Buchner, Benedikt (Hrsg.): Datenschutz-Grundverordnung /Bundesdatenschutzgesetz, Kommentar, 2. Aufl., München 2018.

Paal, Boris P./Pauly, Daniel A.: Datenschutz-Grundverordnung Bundesdatenschutzgesetz, Kommentar, 2. Aufl., München 2018.

Pechstein, Matthias/Nowak, Carsten/Häde, Ulrich (Hrsg.): Frankfurter Kommentar zu EUV, GRC und AEUV, Kommentar, Tübingen 2017.

Schwartmann, Rolf/Jasper, Andreas/Thüsing, Gregor/Kugelmann, Dieter (Hrsg.): Datenschutz-Grundverordnung mit Bundesdatenschutzgesetz, Kommentar, Heidelberg 2018.

Simitis, Spiros/Hornung, Gerrit/Spiecker gen. Döhmann, Indra (Hrsg.): Datenschutzrecht, Kommentar, Baden-Baden 2019.

Streinz, Rudolf/Michl, Walter (Hrsg.): Vertrag über die Europäische Union, Vertrag über die Arbeitsweise der Europäischen Union, Charta der Grundrechte der Europäischen Union, Kurzkommentar, 3. Aufl., München 2018.

Sydow, Gernot (Hrsg.): Europäische Datenschutzgrundverordnung, Kommentar, 2. Aufl., Baden-Baden 2018.

Taeger, Jürgen/Gabel, Detlev (Hrsg.): DSGVO – BDSG, Kommentar, 3. Aufl., Frankfurt/M. 2019.

Vedder, Christoph/Heintschel von Heinegg (Hrsg.): Europäisches Unionsrecht – EUV AEUV GRCh EAGV, Kommentar, 2. Aufl., Baden-Baden 2018.

Wolff, Heinrich Amadeus/Brink, Stefan (Hrsg.): BeckOK Datenschutzrecht, Online-Kommentar, 32. Ed., München 2020.

VERARBEITUNG PERSONENBEZOGENER KOLLATERALDATEN UNTER DER DSGVO

RA Martin Kilgus

CMS Deutschland
martin.kilgus@cms-hs.com

Zusammenfassung

Die DSGVO folgt an vielen Stellen bei der Regulierung der Datenverarbeitung dem Bild einer direkten Verbindung zwischen betroffener Person und dem für die Verarbeitung Verantwortlichen. In der Praxis besteht jedoch häufig das Bedürfnis, personenbezogene Daten auch ohne eine solche direkte Verbindung zum Betroffenen zu verarbeiten. Der Beitrag untersucht, unter welchen Voraussetzungen dies zulässig sein kann.

1 Einleitung

Daten werden als Gold des digitalen Zeitalters angesehen.[1] Insofern liegt es auf der Hand, Daten aus allen nur denkbaren Quellen zu schürfen. Es besteht daher seitens der Datenverarbeiter das Interesse, zur Datenerhebung nicht nur dort anzusetzen, wo die Daten entstehen – z.B. an einer Industriemaschine, die ihren Zustand erfassen und melden kann –, sondern auch auf andere Quellen wie beispielsweise Zulieferungen Dritter oder bereits vorhandene Datenbanken zuzugreifen. Während dies bei rein technischen Daten vor allem wirtschaftlich relevante Fragen des „Dateneigentums"[2] aufwirft, stellt sich bei personenbezogenen Daten die Frage nach der Zulässigkeit der Verarbeitung. Denn das Datenschutzrecht folgt dem althergebrachten Grundsatz des „Verbots mit Erlaubnisvorbehalt",[3] jede Verarbeitung personenbezogener Daten bedarf einer auf die konkrete Verarbeitung bezogenen Erlaubnis.

1.1 Problemstellung

Im ersten Zugriff ist es naheliegend, die Erlaubnis zur Verarbeitung personenbezogener Daten als Frage zwischen dem Verarbeiter und dem Betroffenen zu betrachten. Naheliegend deswegen, weil man damit den Betroffenen ins Zentrum der Betrachtung rückt, ihn gleichsam zum Handelnden oder

---

[1] *Baumhaus*, Daten: Das Gold der postindustriellen Gesellschaft, WiWo Online, 22. Januar 2016, https://www.wiwo.de/unternehmen/it/daten-gold-des-digitalen-zeitalters/128440 90-3.html, zuletzt abgerufen am 28.6.2020.

[2] Vgl. hierzu *Grützmacher*, CR 2016, S. 485.

[3] Statt vieler *Buchner/Petri*, in: Kühling/Buchner, DSGVO, Art. 6 Rn. 11.

zumindest Steuernden erhebt. Dieses Leitbild liegt dem Datenschutz zugrunde, es soll (auch) die „informationelle Selbstbestimmung" des Einzelnen geschützt werden.[4] Bis zum Inkrafttreten der DSGVO war der Fokus auf den Betroffenen hierzulande sogar gesetzlich explizit verankert: Es galt der sogenannte Direkterhebungsgrundsatz: Personenbezogene Daten mussten, wo immer möglich, unmittelbar beim Betroffenen selbst erhoben werden, nur in Ausnahmefällen bei Dritten.[5] Die DSGVO enthält eine solche Vorgabe dagegen nicht mehr.[6]

Die Realität sieht in der heutigen arbeitsteiligen Wirtschaft freilich anders aus: Eine Vielzahl von Akteuren wirkt zusammen, um ihre Dienste anbieten zu können. So ist der Versandhändler darauf angewiesen, zur Warenlieferung die Adressdaten des Empfängers an den Versanddienstleister weiterzugeben, Anwälte können Ihrer Tätigkeit vielfach nur dann nachkommen, wenn sie neben den Informationen über ihren Mandanten auch die – regelmäßig personenbezogenen – Informationen der Gegenseite verarbeiten. Auch die Presse – und erst recht die „sozialen Medien" – leben davon, dass der jeweilige Autor nicht nur über sich berichtet, sondern auch Informationen zu und über Dritte einbindet.

1.2 Begriff der Kollateraldaten

Neben der leitbildhaften Punkt-zu-Punkt-Verbindung zwischen betroffener Person, auf die sich die Daten beziehen, und dem Verantwortlichen, der die Daten verarbeitet, kommt mithin auch in Betracht, dass weitere Dritte als Verantwortliche[7] die Daten verarbeiten bzw. die Verarbeitung veranlassen. Um die jeweiligen Beziehungen unterscheidbar zu machen, soll das Verhältnis zwischen dem Betroffenen und dem unmittelbar mit diesem in Kontakt tretenden Verantwortlichen hier als „Grundverhältnis" bezeichnet werden und der Verantwortliche in diesem Verhältnis als „veranlassender Verantwortlicher". Die Verbindung zum weiteren Verantwortlichen wird hier als „Verarbeitungsverhältnis" bezeichnet, der weitere Verantwortliche selbst als „Drittverantwortlicher".

---

[4] *Martini*, in: Paal/Pauly, DSGVO, Art. 32 Rn. 14a; vgl. auch ErwG 1 und 2 DSGVO sowie Art. 1 Abs. 2 DSGVO.

[5] Vgl. § 4 Abs. 2 S. 1 BDSG a. F.: „Personenbezogene Daten sind beim Betroffenen zu erheben".

[6] *Paal/Hennemann*, in: Paal/Pauly, DSGVO, Art. 13 Rn. 36a.

[7] Der Fall, dass Dritte als Auftragsverarbeiter eingeschaltet werden, soll hier nicht betrachtet werden.

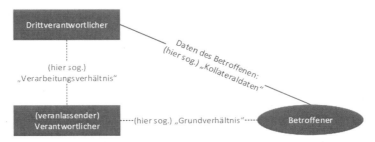

Abb. 1 Beziehungen zwischen Verantwortlichen und Betroffenem

Die Verbindung des veranlassenden Verantwortlichen mit dem Betroffenen im Grundverhältnis kann dabei sehr lose sein – beispielsweise, wenn der veranlassende Verantwortliche eine freundschaftlich überlassene Handynummer in die Datenbank eines Messenger-Dienstes wie WhatsApp speichert oder auf einem Bewertungsportal die bei einem Besuch gewonnenen Eindrücke über Mitarbeiter eines Restaurants schildert. Denkbar ist aber auch, dass das Grundverhältnis vertraglich überformt ist und der Betroffene selbst darin eingebunden ist. Dies wäre z.B. der Fall, wenn der Betroffene im Online-Shop des veranlassenden Verantwortlichen einkauft und sich für die Lieferung mit einem bestimmten Paketdienst – dem (hier sog.) Drittverantwortlichen – entscheidet.

In jedem Fall werden die Daten im (hier sog.) Verarbeitungsverhältnis an den Drittverantwortlichen weitergegeben und durch diesen verarbeitet. Der Drittverantwortliche steht damit „seitlich" neben dem Grundverhältnis und hat selbst keine unmittelbare Beziehung zum Betroffenen. Die Daten, die von diesem Drittverantwortlichen verarbeitet werden, sollen hier als „Kollateraldaten" bezeichnet werden.

Gleichwohl benötigt auch die Verarbeitung der Daten durch den veranlassenden Verantwortlichen aufgrund des Verbots mit Erlaubnisvorbehalt eine Rechtsgrundlage. In diesem Verhältnis besteht jedoch gerade die „typische" direkte Verbindung zum Betroffenen, sodass insoweit keine „Kollateraldaten" verarbeitet werden. Die hierfür in Betracht kommenden Rechtsgrundlagen sollen daher hier nicht weiter betrachtet werden.

1.3 Fallbeispiele

Auftreten kann das Bedürfnis zur Verarbeitung von Kollateraldaten in zahlreichen Konstellationen. Neben den bereits benannten Beispielen kommen noch zahlreiche weitere Fälle in Betracht, etwa:

- Versicherung zugunsten Dritter: Der Versicherungsnehmer (hier sog. veranlassender Verantwortlicher) schließt mit dem Versicherer (hier sog. Drittverantwortlicher) einen Vertrag zugunsten des Betroffenen als vom Versicherungsnehmer verschiedene Person – z.B. im Rahmen einer Lebensversicherung zur Absicherung des Familienunterhalts.[8]

- Weitere Verträge (auch) zugunsten Dritter, z.B. bei Reisebuchungen: Hier kommt in Betracht, dass eine Person als veranlassender Verantwortlicher die Reise bucht, der Reiseveranstalter als Drittverantwortlicher aber auch Daten der weiteren Reiseteilnehmer verarbeiten muss, z.B. zur Inanspruchnahme von Rabatten (wie z.B. aufgrund einer Bahn-Card) durch diese.[9]

- Bewertungsportale: Die bewertende Person als veranlassender Verantwortlicher liefert dem Betreiber des Bewertungsportals (Drittverantwortlicher) personenbezogene Informationen über einen Wirt, Arzt, Richter oder Kleingewerbetreibenden bzw. deren jeweilige Mitarbeiter.[10]

- Soziale Netzwerke: Ein Benutzer erwähnt einen anderen Nutzer oder veröffentlicht Informationen über andere Nutzer oder sonstige Dritte, z.B. im Rahmen eines Posts auf der jeweiligen Plattform und übermittelt dem Plattformbetreiber (Drittverantwortlicher) darin personenbezogene Daten.

- Zahlungsaufträge: Ein Zahler weist seinen Zahlungsdienstleister an, an einen Zahlungsempfänger bzw. dessen Hausbank einen bestimmten Betrag zu transferieren. Hierzu verarbeiten sowohl der Zahlungsdienstleister des Zahlers als auch die Hausbank des Empfängers sowohl die Daten des Zahlers als auch des Zahlungsempfängers.

- Postdienste: Ein beliebiger Absender als veranlassender Verantwortlicher adressiert einen Brief an einen Empfänger. Der bzw. die Postdienstleister verarbeiten die Adressdaten des Empfängers.

2 Zulässigkeit der Verarbeitung

Aufgrund des Verbots mit Erlaubnisvorbehalt bedarf gerade auch der (hier sog.) Drittverantwortliche einer Rechtsgrundlage.

2.1 Vertragserfüllung

Denkbar erscheint zunächst, dass sich auch der Drittverantwortliche darauf berufen kann, dass die Verarbeitung der Daten für die Vertragserfüllung erforderlich und deswegen nach Art. 6 Abs. 1 S. 1 lit. b DSGVO ist.

---

[8] *Simitis*, in: Simitis, BDSG, § 28 Rn. 62.

[9] *Taeger*, in: Taeger/Gabel, DSGVO, Art. 6 Rn. 61.

[10] *Heckmann/Scheurer*, in: Heckmann, jurisPK-Internetrecht, Kap. 9 Rn. 821 ff.

Dies setzt voraus, dass „die Verarbeitung [...] für die Erfüllung eines Vertrags, dessen Vertragspartei die betroffene Person ist, [...] erforderlich" ist. Der Wortlaut statuiert somit zwei Voraussetzungen: (i) Es muss ein Vertrag mit dem Betroffenen bestehen und (ii) die Verarbeitung durch den Drittverantwortlichen muss zur Erfüllung dieses Vertrages erforderlich sein.

2.1.1 Erfüllung eines Vertrags mit dem Betroffenen

Es genügt also für Kriterium (i), dass die Verarbeitung für die Erfüllung „eines" Vertrags mit dem Betroffenen erfolgt. Nicht verlangt ist dagegen, dass das Vertragsverhältnis gerade zwischen dem Drittverantwortlichen und dem Betroffenen besteht.[11] Bestellt nun der Betroffene selbst in einem Online-Shop und lässt die Ware an sich selbst liefern, so muss der Versanddienstleister als Drittverantwortlicher die Empfängerdaten des Bestellers „zur Erfüllung des Vertrages mit dem Betroffenen" verarbeiten.

Ebenso wenig sieht der Wortlaut des Art. 6 Abs. 1 UAbs. 1 lit. b DSGVO Beschränkungen hinsichtlich der Zahl der eingeschalteten Dritten vor. Denkbar ist daher auch, die Verarbeitung der Daten des Zahlers im Rahmen von Zahlungsvorgängen als „zur Vertragserfüllung erforderlich" zu rechtfertigen. Erteilt der Betroffene als Zahler im Rahmen seines Girovertrags mit seiner Hausbank (Grundverhältnis) einen Zahlungsauftrag zugunsten eines dritten Zahlungsempfängers, so wird dieser Auftrag regelmäßig dadurch erfüllt, dass der Betrag an die Hausbank des Zahlungsempfängers weitergeleitet und dort dem Konto des Zahlungsempfängers gutgeschrieben wird. Parallel wird ein Datensatz mit Informationen zum Zahler und zum Verwendungszweck von der Hausbank des Zahlers (als veranlassendem Verantwortlichen) an die Hausbank des Zahlungsempfängers (Drittverantwortlicher) und von dieser auch an den Zahlungsempfänger selbst (weiterer Drittverantwortlicher) übermittelt und dort jeweils zur Zuordnung der Zahlung verarbeitet. Soweit nun Daten des Zahlers in diesem Datensatz betroffen sind, stellen diese aus Sicht des Zahlungsempfängers und dessen Hausbank Kollateraldaten dar. Deren Verarbeitung ist zur Erfüllung des Zahlungsauftrags zwischen Zahler und dessen Hausbank erforderlich, weil nur so eine zweifelsfreie Zuordnung der Zahlung bei der Empfängerbank und beim Empfänger möglich ist.

Nicht aus diesem Grundverhältnis – also dem Vertrag zwischen dem Zahler und dessen Hausbank – als zur Vertragserfüllung erforderlich zu rechtfertigen dürfte dagegen die Verarbeitung der Daten des Zahlungsempfän-

---

[11] Siehe auch *Britz/Indenhuck*, in: Taeger, Rechtsfragen digitaler Transformationen, S. 231 (233) m. w. N.

gers sein. Dies schon deswegen, weil der Zahlungsempfänger nicht Vertragspartner dieses Grundverhältnisses ist.[12] Denkbar erscheint allerdings durchaus, auch im Hinblick auf die Daten des Empfängers auf die Vertragserfüllung abzustellen.

Zum einen könnte auf ein separates Grundverhältnis zwischen Zahler und Zahlungsempfänger abgestellt werden, das den Zahler zur Leistungserbringung per Überweisung verpflichtet. Dann wäre die Datenverarbeitung durch die beteiligten Banken (und zwar sowohl mit Blick auf die Daten des Zahlers als auch des Zahlungsempfängers) zur Erfüllung dieses Grundverhältnisses erforderlich. Dies erscheint aber jedenfalls aus Sicht der beteiligten Banken mit Blick auf deren Rechenschaftspflicht nicht unproblematisch. Denn nach Art. 5 Abs. 1, Abs. 2 DSGVO müssen die Banken als Verantwortliche die Rechtmäßigkeit der Verarbeitung nachweisen können. Dies erscheint praktisch ausgeschlossen, müssten sich die Banken hierfür auf ein Grundverhältnis zwischen Zahler und Zahlungsempfänger stützen, dessen Ausgestaltung ihnen regelmäßig nicht bekannt sein wird.

Daher bietet es sich an, die Verarbeitung der Empfängerdaten auf das Vertragsverhältnis zwischen dem Zahlungsempfänger und dessen Hausbank zu stützen. Hier ist der Zahlungsempfänger Vertragspartner seiner Hausbank im Rahmen des Girovertrags, sodass ein „Vertrag mit dem Betroffenen" vorliegt. Auch benötigen sowohl die Bank des Zahlers als auch des Zahlungsempfängers diese Daten, um die Überweisung empfängerseitig richtig zuzuordnen, also um den Zahlungsdienstevertrag mit dem Empfänger erfüllen zu können.

2.1.2 Erforderlichkeit zur Vertragserfüllung

Neben der Vertragsbeziehung zum Betroffenen wird als Kriterium (ii) eine Konnexität zum Grundverhältnis dergestalt verlangt, dass die Datenverarbeitung durch den Drittverantwortlichen „zur Erfüllung des Vertrages" (also des Vertrags im Grundverhältnis mit dem Betroffenen) „erforderlich" sein muss.

2.1.2.1 Maßgeblichkeit des Vertragszwecks

Die Erforderlichkeit ist dabei anhand des Vertragszwecks zu bestimmen. Vorausgesetzt wird, dass die Datenverarbeitung objektiv für die Erfüllung des konkreten Vertrags (bzw. zur Durchführung vorvertraglicher Maßnahmen) erforderlich ist.[13] Mindestens zu verlangen ist insofern ein unmittel-

---

[12] Unklar insofern *Britz/Indenhuck*, in: Taeger, Rechtsfragen digitaler Transformationen, S. 231 (234).

[13] *Buchner/Petri*, in: Kühling/Buchner, DSGVO, Art. 6 Rn. 38.

barer sachlicher Zusammenhang zwischen dem Vertrag im Grundverhältnis und der beabsichtigten Datenverarbeitung.[14] Maßgeblich sind hierfür der konkrete Vertragsinhalt und die vertragscharakteristische Leistung. Dabei sind die Parteien allerdings nicht frei, durch entsprechende Vertragsgestaltung beliebige Datenverarbeitungen „bei Gelegenheit" der Vertragsdurchführung für erforderlich zu erklären.[15] Vielmehr ist das Merkmal der Erforderlichkeit europarechtlich unter Berücksichtigung der Ziele des Datenschutzrechts auszulegen.[16] Daher sind bei der Auslegung auch die in Art. 5 niedergelegten Datenschutzgrundsätze wie Datensparsamkeit, Fairness und Transparenz zu berücksichtigen.[17] Insofern ist im Ausgangspunkt zunächst erforderlich, dass die Zwecke im Vertrag klar geregelt und dem Betroffenen bekannt sind.[18]

Berücksichtigt werden sollen ferner die Natur und die spezifischen Charakteristika des zu erbringenden Dienstes, die essentiellen Vertragselemente, die gegenseitigen Erwartungen der Vertragsparteien sowie die vernünftigen Erwartungen eines durchschnittlichen Nutzers[19] Vor diesem Hintergrund dürfte es für die Erforderlichkeit im Rahmen der Vertragserfüllung regelmäßig nicht genügen, wenn die Datenverarbeitung lediglich im Rahmen der Vertragserfüllung „nützlich" oder für andere Geschäftszwecke des Verantwortlichen erforderlich ist.[20] Insofern dürften auch Verarbeitungstätigkeiten, die lediglich der Optimierung der Geschäftsprozesse dienen, nicht durch Art. 6 Abs. 1 UAbs. 1 lit. b DSGVO gerechtfertigt werden können.[21]

---

[14] *Simitis*, in: Simitis, BDSG, § 28 Rn. 57.

[15] Leitlinien 2/2019 des Europäischen Datenschutzausschusses (EDSA) zur Verarbeitung personenbezogener Daten gem. Art. 6 Abs. 1 S. 1 lit. b DSGVO im Kontext der Bereitstellung von Onlinediensten an Betroffene, Version 2.0, 8. Oktober 2019, Rn. 27.

[16] Leitlinien 2/2019 des EDSA (oben Fn. 15), Rn. 23; EuGH, Urt. v. 16.12.2008 – C□524/06 (Huber/BRD), EuZW 2009, 183 (185), Rn. 52 (noch zur DS-RL).

[17] *Schaffland/Holthaus*, in: Schaffland/Wiltfang, DSGVO/BDSG, Art. 6 Rn. 6a.

[18] Leitlinien 2/2019 des EDSA (oben Fn. 15), Rn. 24, 32.

[19] *Albers/Veit*, in: Wolff/Brink, DSGVO, Art. 6 Rn. 32; Leitlinien 2/2019 des EDSA (oben Fn. 15), Rn. 33.

[20] *Buchner/Petri*, in: Kühling/Buchner, DSGVO, Art. 6 Rn. 42; Leitlinien 2/2019 des EDSA (oben Fn. 15), Rn. 25.

[21] Freilich muss dies nicht zur Unzulässigkeit der Verarbeitung führen. Zu erwägen wäre je nach Konstellation, ob ggf. eine Rechtfertigung im Wege der Interessenabwägung nach Art. 6 Abs. 1 UAbs. 1 lit. f DSGVO oder eine Einwilligung nach Art. 6 Abs. 1 UAbs. 1 lit. a DSGVO in Betracht kommen kann. So auch ausdrücklich die Leitlinien 2/2019 des EDSA (oben Fn. 15), Rn. 34.

2.1.2.2 Verbleibende Gestaltungsspielräume

Gleichwohl steht den Verantwortlichen in den Grenzen des Vertragsrechts und des Verbraucherschutzrechts ein Spielraum zu, ihr Geschäftsmodell auszugestalten und auch verschiedene Dienste miteinander zu verbinden. Allerdings ist in diesem Fall für jede Verarbeitungstätigkeit getrennt zu untersuchen, ob diese im vorstehenden Sinne für die Vertragserfüllung erforderlich ist. Fehlt es daran, kann Art. 6 Abs. 1 UAbs. 1 lit. b DSGVO die Datenverarbeitung nicht rechtfertigen; allerdings kommt in Betracht, auf andere Rechtsgrundlagen wie z.B. die Einwilligung oder eine Interessenabwägung zurückzugreifen.[22]

Umgekehrt verlangt das Kriterium der Erforderlichkeit nicht, dass die Datenverarbeitung „unverzichtbar" sein muss.[23] Insbesondere können auch solche Verarbeitungstätigkeiten als zur „Vertragserfüllung erforderlich" angesehen werden, die nicht bei jeder Vertragsdurchführung auftreten, gleichwohl aber typischerweise im Zusammenhang damit auftreten können. Dies betrifft z.B. Verarbeitungstätigkeiten, soweit diese erforderlich sind zur Nacherfüllung bei Mängeln, zum Versand von Mahnungen[24] oder für die Tätigkeit eines Inkassodienstleisters,[25] denn der Vertragszweck ist erst erfüllt, wenn beide Seiten ihren vertraglichen Verpflichtungen nachgekommen sind.[26] Nicht mehr zur Erfüllung des Vertrags erforderlich sind dagegen Verarbeitungstätigkeiten, mit denen über den ursprünglichen Vertragszweck hinaus eigenständige Zwecke verfolgt werden, vgl. Art. 6 Abs. 4 DSGVO.

2.1.3 Ausdehnung auf Kollateraldaten auch ohne Vertragsbeziehung?

Erwogen wurde jedenfalls in der Vergangenheit, dass unter bestimmten Umständen die Verarbeitung von Kollateraldaten auch dann als „zur Vertragserfüllung erforderlich" gestattet sein sollte, wenn kein direkter Vertrag mit dem Betroffenen besteht, dagegen aber das Kriterium der Erforderlichkeit besonders klar erfüllt ist. So wurde zum alten BDSG vertreten, dass die Verarbeitung der Daten einer vom Versicherungsnehmer verschiedenen versicherter Personen „selbstverständlich" Teil der Vertragserfüllung sei,[27] auch wenn sie sich auf Dritte bezieht. Gleichsam dürften bei einem Vertrag zugunsten Dritter jeweils die Daten des Dritten zur Vertragserfüllung von den Vertragspartnern verarbeitet werden; im Ergebnis

---

[22] Leitlinien 2/2019 des EDSA (oben Fn. 15), Rn. 36 f.

[23] *Albers/Veit*, in: Wolff/Brink, DSGVO, Art. 6 Rn. 32.

[24] Leitlinien 2/2019 des EDSA (oben Fn. 15), Rn. 38.

[25] *Abel/Djagani*, ZD 2017, S. 114 (118).

[26] *Taeger*, in: Taeger/Gabel, DSGVO, Art. 6 Rn. 62.

[27] *Simitis*, in: Simitis, BDSG, § 28 Rn. 62.

gelte dies für alle Vertragsverhältnisse, die ohne die Daten Dritter nicht sinnvoll durchgeführt werden könnten.[28] Andere Autoren wollen auch solche Datenverarbeitungen als zur Vertragserfüllung erforderlich rechtfertigen, die die Vertragserfüllung lediglich erleichtern – beispielsweise, indem als Empfänger eines Pakets direkt die Adresse des Nachbarn angegeben wird.[29]

Eine derartige erweiternde Auslegung dürfte unter Zugrundelegung des Wortlauts von Art. 6 Abs. 1 UAbs. 1 lit. b DSGVO und der in Art. 5 DSGVO niedergelegten Grundprinzipien schwerlich Bestand haben,[30] selbst wenn der Vertrag ohne die Daten Dritter nicht sinnvoll durchgeführt werden kann.

2.1.3.1 Entgegenstehender Wortlaut, keine analoge Anwendung

So spricht schon der klare Wortlaut gegen eine solche Auslegung. Denn Art. 6 Abs. 1 UAbs. 1 lit. b DSGVO verlangt, dass die Verarbeitung zur Erfüllung eines Vertrages erfolgt „dessen Vertragspartei die betroffene Person ist". Hieran fehlt es in der Betrachteten Konstellation aber gerade.

Insofern käme allenfalls eine analoge Anwendung der Vorschrift in Betracht. Allerdings wäre dafür nicht nur eine planwidrige Regelungslücke erforderlich, sondern die Interessenlage der Betroffenen müsste vergleichbar sein. Keines der Kriterien dürfte hier erfüllt sein, sodass eine analoge Anwendung ausscheiden dürfte.[31] Zum einen ist schon nicht ersichtlich, dass überhaupt eine Regelungslücke vorhanden ist. Neben der „Erforderlichkeit zur Vertragserfüllung" sieht die DSGVO selbst weitere Rechtsgrundlagen vor, wie z.B. die Einwilligung nach Art. 6 Abs. 1 S. 1 lit. a DSGVO oder die Interessenabwägung nach Art. 6 Abs. 1 UAbs. 1 lit. f DSGVO. Eine Ausweitung des Anwendungsbereichs des Art. 6 Abs. 1 UAbs. 1 lit. b DSGVO im Wege der Analogie führte hier vielmehr dazu, dass die besonderen Voraussetzungen dieser Rechtfertigungstatbestände unterlaufen würden. Auch dürfte die Interessenlage des als Vertragspartei Betroffenen nicht mit der Situation des Drittbetroffenen vergleichbar sein. Denn die Vertragspartei hat Einfluss auf den Vertragsinhalt und die damit einhergehende Datenverarbeitung und kann sich auch gegen den Vertragsschluss entscheiden. Diese Möglichkeit fehlt dem Dritten regelmäßig.

2.1.3.2 Unvereinbarkeit mit den Grundprinzipien der DSGVO

Darüber hinaus dient die DSGVO gerade auch der informationellen Selbstbestimmung des Betroffenen. Dies spiegelt sich auch in den in Art. 5

---

[28] *Simitis*, in: Simitis, BDSG, § 28 Rn. 62.

[29] *Taeger*, in: Taeger/Gabel, DSGVO, Art. 6 Rn. 61.

[30] *Cebulla*, ZD 2015, S. 507 (508).

[31] So auch *Britz/Indenhuck*, in: Taeger, Rechtsfragen digitaler Transformationen, S. 231 (237).

DSGVO niedergelegten Grundsätzen der Verarbeitung nach Treu und Glauben bzw. der Fairness der Verarbeitung und der Transparenz wider.[32] Danach muss dem Betroffenen die Möglichkeit zur Kontrolle der Datenverarbeitung verbleiben und im Rahmen der Besonderheiten des jeweiligen Verarbeitungskontexts die Möglichkeit zur Einflussnahme auf die Datenverarbeitung bestehen. Eine erweiternde Auslegung der Erlaubnisnorm für die Datenverarbeitung zur Vertragserfüllung auch auf die Verarbeitung von Kollateraldaten stünde damit im Widerspruch. Besonders deutlich wird dies im Kontext der Verträge zugunsten Dritter: Hier wird dem Dritten die Verarbeitung seiner Daten gleichsam „aufgedrängt". Zwar ist dies – wie die Erlaubnisnorm der Interessenabwägung nach Art. 6 Abs. 1 UAbs. 1 lit. f DSGVO zeigt – nicht gänzlich ausgeschlossen, der Eingriff wird dort aber z.B. durch die Widerspruchsmöglichkeit des Betroffenen abgemildert. Die Regelungen zur Sicherung der informationellen Selbstbestimmung des Drittbetroffenen würden daher unterlaufen, würde die Erlaubnisnorm für die Vertragserfüllung über den Wortlaut hinaus ausgedehnt.

2.2 Einwilligung

Als weitere denkbare Rechtsgrundlage für die Verarbeitung von Kollateraldaten auf Basis einer Einwilligung in Betracht. Gestattet ist die Verarbeitung danach, wenn der Betroffene in informierter Art und Weise für die konkrete Verarbeitung und den konkreten Zweck freiwillig der Verarbeitung seiner Daten zustimmt (Art. 6 Abs. 1 UAbs. 1 lit. a DSGVO, Art. 7 DSGVO). Für die Konstellation der Kollateraldaten mag dies in praktischer Hinsicht nicht in allen Fällen die geeignete Rechtsgrundlage sein. So wird z.B. ein Paketdienst schwerlich im Vorfeld erkennen können, ob der Empfänger seine eigene Lieferanschrift angegeben hat oder die eines Nachbarn und mithin schon gar keinen Anlass sehen, eine Einwilligung einzuholen. Ferner müsste die Einwilligung vor Beginn der Verarbeitung eingeholt werden, was ebenfalls praktisch häufig ausgeschlossen sein dürfte. Auch ist die Einwilligung wegen ihrer Widerruflichkeit[33] regelmäßig für den Verantwortlichen unattraktiv.[34] Gesteigert wird die Unattraktivität dadurch, dass – auch wenn dies nicht unumstritten ist[35] – jedenfalls nach Auffassung der

---

[32] *Roßnagel*, in: Simitis/Hornung/Spiecker gen. Döhmann, Datenschutzrecht, DSGVO, Art. 5 Rn. 47.

[33] Art. 7 Abs. 3 DSGVO.

[34] *Cebulla*, ZD 2015, S. 507 (510).

[35] *Schulz*, in: Gola, DSGVO, Art. 6 Rn. 11.

Behörden im Falle eines Widerrufs die Datenverarbeitung auch nicht auf eine andere Rechtsgrundlage gestützt werden kann.[36]

2.3 Interessenabwägung

Art. 6 Abs. 1 UAbs. 1 lit. f DSGVO sieht vor, dass die Datenverarbeitung auch dann zulässig ist, wenn die Verarbeitung zur Wahrung der berechtigten Interessen des Verantwortlichen oder eines Dritten erforderlich ist und nicht die Interessen oder Grundrechte und Grundfreiheiten der betroffenen Person überwiegen. Zur Ermittlung der Zulässigkeit der Verarbeitung können mithin auf Seiten des Verantwortlichen sowohl die Interessen des Verantwortlichen selbst als auch die Interessen eines Dritten eingestellt werden. Diesen gegenüber stehen die Interessen des Betroffenen. Voraussetzung der Zulässigkeit ist ferner, dass die Datenverarbeitung zur Verwirklichung der Interessen des Verantwortlichen „erforderlich" ist. Ist dies gegeben, scheidet die Zulässigkeit schließlich dann aus, wenn nach Abwägung der beiderseitigen Interessen diejenigen des Betroffenen überwiegen.

2.3.1 Berechtigte Interessen auf Seiten des Verantwortlichen

Als Ausgangspunkt für die Rechtfertigung der Verarbeitung kann grundsätzlich jedes legitime rechtliche wie auch tatsächliche, wirtschaftliche oder ideelle Interesse herangezogen werden.[37] Bei Ermittlung möglicher Interessen kann dabei insbesondere bei den Grundrechten angesetzt werden. Einschlägig kann dabei insbesondere die Berufsfreiheit sein, abhängig vom Verarbeitungszweck auch die Meinungs-, Presse- und Rundfunkfreiheit.[38]

Für die Verarbeitung der Kollateraldaten durch den Drittverantwortlichen ist dabei zu beachten, dass nach dem Wortlaut des Art. 6 Abs. 1 UAbs. 1 lit. f DSGVO auch die Interessen eines Dritten eingestellt werden können.[39] In der hier betrachteten Konstellation können also insbesondere auch die Interessen und Grundrechte des veranlassenden Verantwortlichen Berücksichtigung finden. Dementsprechend können z.B. bei Posts in sozialen Medien oder auf Bewertungsplattformen neben der Berufsfreiheit des Plattformbetreibers auch die Meinungsfreiheit des Nutzers, der den Beitrag oder die Bewertung veröffentlicht, berücksichtigt werden.

---

[36] Kurzpapier Nr. 20 der Datenschutzkonferenz: „Einwilligung nach der DSGVO", Stand: 22.2.19, S. 3; *Buchner/Kühling*, in: Kühling/Buchner, DSGVO, Art. 7 Rn. 18.

[37] *Buchner/Petri*, in: Kühling/Buchner, DSGVO, Art. 6 Rn. 146.

[38] *Schantz*, in: Simitis/Hornung/Spiecker gen. Döhmann, Datenschutzrecht, DSGVO, Art. 6 Rn. 91; *Buchner/Petri*, in: Kühling/Buchner, DSGVO, Art. 6 Rn. 147.

[39] *Heberlein*, in: Ehmann/Selmayr, DSGVO, Art. 6 Rn. 27.

2.3.2 Berechtigte Interessen des Betroffenen

Auf Seiten des Betroffenen sind dessen Grundrechte, Grundfreiheiten und sein Interesse am Ausschluss der Verarbeitung einzustellen. Basierend auf dem Ziel der DSGVO – Schutz der informationellen Selbstbestimmung – sind die ebenfalls breit zu fassenden Betroffeneninteressen grundsätzlich als schutzwürdig einzustufen.[40]

2.3.3 Erforderlichkeit

Zur Beurteilung der Erforderlichkeit ist auch hier auf den Zweck der Verarbeitung abzustellen. Eine Leitlinie findet sich in den Erwägungsgründen der DSGVO. Danach müssen die Daten für die Zwecke, für die sie verarbeitet werden, angemessen und erheblich sowie auf das für die Zwecke notwendige Maß beschränkt sein.[41] Ferner darf der Zweck der Verarbeitung nicht in zumutbarer Weise durch andere Mittel erreicht werden können.[42]

2.3.4 Abwägung im engeren Sinne

Für die eigentliche Abwägung der Interessen bietet die DSGVO selbst keine näheren Leitlinien. Im Ergebnis ist daher eine Betrachtung des konkreten Einzelfalls erforderlich. Es haben sich jedoch Aspekte herauskristallisiert, die im Rahmen der Abwägung herangezogen werden können.

2.3.4.1 Auswahl allgemeiner Kriterien

So soll insbesondere die Art der verarbeiteten Daten zu beachten sein, wobei den Betroffeneninteressen bei missbrauchsanfälligen Daten – wie z.B. Kontodaten – ein besonders hohes Gewicht zukommt.[43] Entsprechend herangezogen werden könnte ferner auch die zur Konkretisierung der Rechtfertigungsanforderungen an staatliche Eingriffe in das Allgemeine Persönlichkeitsrecht entwickelte Sphärentheorie.[44] Danach sind Verarbeitungstätigkeiten, die Informationen mit Bezug zur Sozialsphäre betreffen, in der Abwägung geringer zu gewichten als Daten, die der Privatsphäre oder gar der Intimsphäre zuzuordnen sind. Eingestellt werden kann auch, ob die betroffene Person die personenbezogenen Daten selbst öffentlich gemacht und sie damit als weniger schutzbedürftig eingestuft hat.[45] Berücksichti-

---

[40] *Buchner/Petri*, in: Kühling/Buchner, DSGVO, Art. 6 Rn. 148.

[41] ErwG 39 S. 7 DSGVO.

[42] ErwG 39 S. 9 DSGVO.

[43] *Buchner/Petri*, in: Kühling/Buchner, DSGVO, Art. 6 Rn. 150.

[44] *Di Fabio*, in: Maunz/Dürig/Di Fabio, Grundgesetz, Art. 2 Abs. 1, Rn. 157 ff.

[45] *Schantz*, in: Simitis/Hornung/Spiecker gen. Döhmann, Datenschutzrecht, DSGVO, Art. 6 Rn. 110.

gung finden sollen zur Bewertung der Eingriffsintensität auch die möglichen Fernwirkungen[46] und die Frage, wie leicht bzw. ob es überhaupt möglich ist, die Verbreitung der Daten ggf. später wieder einzuschränken. Vor diesem Hintergrund wird man insbesondere zur Rechtfertigung von Verarbeitungstätigkeiten, die zur Veröffentlichung der Daten – beispielsweise auf Bewertungs- oder Social-Media-Plattformen oder auch in der Presse – führen, besonders gewichtige Argumente auf Seiten des Verantwortlichen verlangen müssen.

2.3.4.2 Berücksichtigung von Grund- und Verarbeitungsverhältnis

Auch wenn es bei der Abwägung nicht um die subjektiven Befindlichkeiten von Einzelpersonen geht, sondern um objektivierbare Interessen der Betroffenen,[47] so sind doch auch die „vernünftigen Erwartungen der betroffenen Person, die auf ihrer Beziehung zu dem Verantwortlichen beruhen"[48] zu berücksichtigen. Dieser Gedanke lässt sich insbesondere im Kontext der Verarbeitung von Kollateraldaten zur Abwägung heranziehen. Denn die „vernünftigen Erwartungen" des Betroffenen werden gerade auch durch die einleitend dargestellten Bindungen zwischen Betroffenem und veranlassendem Verantwortlichen einerseits und durch das Maß an Nähe zwischen Grund- und Verarbeitungsverhältnis andererseits beeinflusst.

So besteht beispielsweise bei einem mitreisenden Familienangehörigen, dessen Daten bei der Reisebuchung durch einen anderen Familienangehörigen als Kollateraldaten mitverarbeitet werden, im Grundverhältnis eine enge Bindung. Gleichzeitig profitiert der mitreisende Angehörige von der Buchung beim Drittverantwortlichen, so dass auch eine enge Verknüpfung zum Verarbeitungsverhältnis und dem Drittverantwortlichen besteht. In dieser Konstellation erscheint wenig zweifelhaft, dass die Verarbeitung der Kollateraldaten durch den Drittverantwortlichen im Rahmen der Interessenabwägung bereits unter diesen Gesichtspunkten zulässig ist.

Demgegenüber dürfte zur Rechtfertigung beispielsweise einer Rezension eines Restaurants auf einer Bewertungsplattform die Bezugnahme auf Grund- und Verarbeitungsverhältnis nicht genügen. Hier besteht das Grundverhältnis zwischen Restaurantinhaber und dem Gast lediglich in einem zeitlich begrenzten Kontakt. Auch die inhaltliche Verknüpfung dieses Grundverhältnisses (Bewirtungsvertrag) zum Verarbeitungsverhältnis und der Datenverarbeitung durch den Plattformbetreiber ist sehr lose. Dement-

---

[46] *Schantz*, in: Simitis/Hornung/Spiecker gen. Döhmann, Datenschutzrecht, DSGVO, Art. 6 Rn. 105.

[47] *Taeger*, in: Taeger/Gabel, DSGVO, Art. 6 Rn. 113.

[48] ErwG 47 S. 1 Hs. 1 DSGVO.

sprechend hängt die Zulässigkeit der Verarbeitung hier von weiteren Aspekten ab, die für den Verarbeiter streiten müssen, wobei z.b. dessen Grundrechte, etwa die Berufsfreiheit eingestellt werden können.

2.3.5 Erfüllung der Rechenschaftspflicht

Schwierigkeiten können sich aus Sicht des Drittverantwortlichen insofern ergeben, als dass dieser im Rahmen seiner Rechenschaftspflicht (Art. 5 Abs. 2 DSGVO) die Zulässigkeit der Datenverarbeitung nachweisen können muss – regelmäßig aber von den Beziehungen in Grund- und Verarbeitungsverhältnis keine Kenntnis hat.

Insofern scheinen zwei Ansätze denkbar. Zum einen könnte der Drittverantwortliche sich in der Art eines „Know-Your-Customer"-Prozesses weitere generalisierende Informationen zu Grund- und Verarbeitungsverhältnis und der Einbindung des Betroffenen bestätigen lassen, etwa im Falle einer Restaurantbewertung die Tatsache, dass der Bewertende als veranlassender Verantwortlicher im bewerteten Restaurant auch tatsächlich gegessen und das Grundverhältnis damit eine gewisse Festigung erfahren hat. Zum anderen erscheint auch denkbar, fruchtbar zu machen, dass Maßstab für die Zulässigkeit gerade die objektivierbaren Interessen der Betroffenen sind (oben 2.3.4.2). So ließe sich argumentieren, dass z.b. bei einer Reisebuchung, bei der weitere Mitreisende hinzugebucht werden, typischerweise eine enge Verbindung zwischen dem Buchenden und dem als Mitreisender Betroffenen besteht.

2.4 Bereichsspezifische Regelungen

Für einzelne Bereiche kommen weitere Rechtsgrundlagen zur Rechtfertigung der Verarbeitung von Kollateraldaten in Betracht. Neben spezialgesetzlichen Regelungen, z.B. auf Basis der §§ 67 ff. SGB X im Gesundheitsbereich, kommt auch in Betracht, dass die Verarbeitung im Einzelfall deswegen gerechtfertigt werden kann, weil sie erforderlich ist, um eine rechtliche Verpflichtung des Verantwortlichen zu erfüllen (vgl. Art. 6 Abs. 1 UAbs. 1 lit. c DSGVO), um lebenswichtige Interessen des Betroffenen zu schützen (vgl. Art. 6 Abs. 1 UAbs. 1 lit. d DSGVO) oder um Aufgaben im öffentlichen Interesse wahrzunehmen (vgl. Art. 6 Abs. 1 UAbs. 1 lit. e DSGVO).

2.4.1 Postdienste

Beispielhaft sei hier die die Datenverarbeitung durch Postdienstleister herausgegriffen. Insbesondere im Bereich der Briefpost werden in Form der Empfängeradresse durch den Postdienstleister regelmäßig Kollateraldaten verarbeitet. Dabei besteht die Besonderheit, dass der Anlass für den Briefversand in vielen Fällen auch durch den Versender als veranlassenden Verantwortlichen nicht zur Erfüllung eines Vertrages mit dem Betroffenen erfolgt. Jedenfalls ist dies für den Postdienst nicht erkenn- und damit auch nicht im Sinne des Art. 5 Abs. 2 DSGVO nachweisbar, so dass sich hieraus keine verlässliche Rechtsgrundlage ergibt. Zwar könnte hier auf Basis der Interessenabwägung verfahren werden. Auch insofern bestehen aber Ungewissheiten, weil zum einen die Bindung im Grundverhältnis zwischen Absender und Empfänger überaus lose sein kann, so dass nach den vorstehend beschriebenen Ansatzpunkten weitere Argumente für die Zulässigkeit gefunden werden müssen. Ein Rückgriff auf die Interessenabwägung dürfte hier indes ohnehin deswegen entbehrlich sein, weil sich die Datenverarbeitung durch Postdienste jedenfalls für die Universaldienste nach § 11 PostG, § 1 PUDLV als im öffentlichen Interesse liegend nach Art. 6 Abs. 1 UAbs. 1 lit. e DSGVO rechtfertigen lässt.[49]

2.4.2 Erstreckung der Haushaltsausnahme auf Social-Media-Dienste?

Vereinzelt wird auch erwogen, ob bestimmte personenbezogene Daten vom Anwendungsbereich der DSGVO ausgenommen sein könnten. Insbesondere im Bereich sozialer Netzwerke, die von Privatpersonen mit Daten „versorgt" werden – bei denen es sich häufig um Kollateraldaten handelt –, soll nach vereinzelter Meinung auf die sog. „Haushaltsausnahme" (Art. 2 Abs. 2 lit. c DSGVO) zurückgegriffen werden können.[50] Danach findet die DSGVO keine Anwendung auf die Datenverarbeitung durch natürliche Personen zur Ausübung ausschließlich persönlicher oder familiärer Tätigkeiten. Nach dem Willen des Verordnungsgebers soll dies auch die Nutzung sozialer Netzwerke umfassen.[51]

Auf dieser Grundlage die Unanwendbarkeit der DSGVO auf die Betreiber der sozialen Netzwerke zu rechtfertigen, erscheint allerdings nicht mit der DSGVO vereinbar. Zum einen hat der EuGH zur Vorgängervorschrift der DS-RL entschieden, dass die Veröffentlichung personenbezogener Daten im Internet, die damit einer unbegrenzten Zahl von Personen zugänglich gemacht werden, nicht zum Privat- oder Familienleben einer Person gehöre.[52] Selbst wenn man die Übertragbarkeit dieser Entscheidung auf die DSGVO in Zweifel zieht, macht ErwG 18 S. 2 DSGVO gleichwohl klar, dass die Ausnahme lediglich für die *Nutzung* der sozialen Netzwerke gelten soll, d.h. allenfalls für den (hier sog.) veranlassenden Verantwortlichen, der Daten in einem sozialen Netzwerk als Privatperson veröffentlicht. Daraus lässt sich der Umkehrschluss ziehen, dass die Betreibergesellschaften gerade

---

[49] *Gramlich/Kreul*, DuD 2020, S. 469 (471).

[50] *Meyerdierks*, in: Moos/Schefzig/Arning, Kapitel 3, Rn. 22.

[51] ErwG 18 S. 2 DSGVO.

[52] EuGH, Urt. v. 6.11.2003 – C-101/01 (Lindqvist/Schweden), MMR 2004, 95 (96), Rn. 47 (m. Anm. Roßnagel).

nicht unter die Haushaltsausnahme fallen sollen. Dies hält auch ErwG 18 S. 3 DSGVO ausdrücklich fest, wonach die DSGVO auf die Verantwortlichen oder Auftragsverarbeiter, die die Mittel (d.h. z.b. das soziale Netzwerk) bereitstellen, Anwendung finden soll. Soweit nun der Versuch der Argumentation unternommen wird, die Betreiber sozialer Netzwerke seien keine Verantwortliche, weil nicht sie die Zwecke der Verarbeitung festlegen,[53] dürfte dies schon zu Zeiten der DS-RL nicht haltbar gewesen sein. Denn Verantwortlicher ist nicht nur, wer über die Zwecke der Verarbeitung entscheidet, sondern auch, wer über wesentliche Aspekte der Mittel entscheidet.[54] Und eine Entscheidung über die Mittel wird sich bei einem Anbieter, der ein soziales Netzwerk in technischer Hinsicht entwickelt und betreibt, schwerlich verneinen lassen. Schließlich beschränkt sich die Haushaltsausnahme nach dem Wortlaut von Art. 2 Abs. 2 lit. c DSGVO auf die Verarbeitung durch „natürliche Personen", so dass auch insofern eine Anwendung auf die Betreiber sozialer Netzwerke ausscheidet.

Im Ergebnis ist damit auch auf den Betreiber eines sozialen Netzwerks die DSGVO anzuwenden[55] und die Datenverarbeitung bedarf einer Rechtsgrundlage – die sich unter Zugrundelegung der o.g. Grundsätze abhängig von der konkreten Verarbeitungstätigkeit z.B. in der Interessenabwägung nach Art. 6 Abs. 1 UAbs. 1 lit. f DSGVO finden lassen kann.

3 Fazit

Für einzelne Verarbeitungskonstellationen von Kollateraldaten kann sich die Rechtsgrundlage für die Datenverarbeitung daraus ergeben, dass die Verarbeitung zur Erfüllung eines Vertrags mit dem Betroffenen erforderlich ist, denn eine unmittelbare Vertragsbeziehung zwischen Betroffenem und Verantwortlichem setzt die DS-GVO hierfür nicht voraus.

Der Rekurs auf eine Einwilligung scheidet dagegen aus praktischen Gründen häufig aus, weil der Drittverantwortliche oftmals mangels direktem Kontakt zum Betroffenen keine Einwilligung vor Beginn der Verarbeitung einholen kann.

Die Verarbeitung von Kollateraldaten kann aber auf Basis einer Interessenabwägung gerechtfertigt werden. Dabei können sich Argumente zur Rechtfertigung der Verarbeitung von Kollateraldaten auch aus dem Beste-

---

[53] *Meyerdierks,* in: Moos/Schefzig/Arning, Kapitel 3 Rn. 26 und Fn. 198.

[54] WP169 der Art. 29 Datenschutzgruppe – Stellungnahme 1/2010 zu den Begriffen „für die Verarbeitung Verantwortlicher" und „Auftragsverarbeiter" vom 16. Februar 2010, S. 17.

[55] So auch *Plath,* in: Plath, DSGVO/BDSG, Art. 2, Rn. 28; *Heckmann/Scheurer,* in: Heckmann, jurisPK-Internetrecht, Kap. 9 Rn. 169, 742.

hen eines typisierten Näheverhältnisses zwischen Betroffenem und veranlassendem Verarbeiter und dem Grund- und dem Verarbeitungsverhältnis ergeben.

Literatur

Abel, Ralf B./Djagani, Wida: Weitergabe von Kreditnehmerdaten bei Forderungskauf und Inkasso, ZD 2017, S. 114-120.

Britz, Thomas/Indenhuck, Moritz: Die Daten der Dritten – Verarbeitung Drittbezogener Daten im Vertragsverhältnis, in: Jürgen Taeger (Hrsg.), Rechtsfragen digitaler Transformationen, Edewecht 2018, S. 231-245.

Cebulla, Manuel: Umgang mit Kollateraldaten – Datenschutzrechtliche Grauzone für verantwortliche Stellen, ZD 2015, S. 507-512.

Ehmann, Eugen/Selmayr, Martin: Datenschutz-Grundverordnung, Kommentar, 2. Aufl., München 2018.

Gola, Peter (Hrsg.): Datenschutz-Grundverordnung, Kommentar, 2. Aufl., München 2018.

Gramlich, Ludwig/Kreul, Kerstin: Novellierung des Post-Datenschutzes in Deutschland, DuD 2020, S. 469-474.

Grützmacher, Malte: Dateneigentum – ein Flickenteppich: Wem gehören die Daten bei Industrie 4.0, Internet der Dinge und Connected Cars?, CR 2016, S. 485-495.

Heckmann, Dirk (Hrsg.): jurisPK-Internetrecht, Kommentar, 6. Aufl., Saarbrücken 2019.

Klink-Straub, Judith/Straub, Tobias: Vernetzte Fahrzeuge – portable Daten: Das Recht auf Datenübertragbarkeit gem. Art. 20 DSGVO, ZD 2018, S. 459.

Kühling, Jürgen/Buchner, Benedikt (Hrsg.): Datenschutz-Grundverordnung /BDSG, Kommentar, 2. Aufl., München 2018.

Maunz, Theodor/Dürig, Günter (Begr.): Grundgesetz, Kommentar, Loseblattsammlung München, Stand: 90. EL, Februar 2020.

Moos, Flemming/Schefzig, Jens/Arning, Marian (Hrsg.): Die neue Datenschutz-Grundverordnung, Berlin 2018.

Paal, Boris P./Pauli, Daniel A. (Hrsg.): Datenschutz-Grundverordnung/Bundesdatenschutzgesetz, Kommentar, 2. Aufl., München 2018.

Plath, Kai-Uwe (Hrsg.): DSGVO/BDSG, Kommentar, 3. Aufl., Köln 2018.

Schaffland, Hans-Jürgen/Wiltfang, Noeme (Hrsg.): Datenschutz-Grundverordnung/Bundesdatenschutzgesetz, Loseblattsammlung Köln, Stand: 2020.

Schwartmann, Rolf/Jaspers, Andreas/Thüsing, Gregor/Kugelmann, Dieter (Hrsg.): DSGVO/BDSG, Kommentar, München 2018.

Simitis, Sipros (Hrsg.): Bundesdatenschutzgesetz, Kommentar, 8. Aufl., Baden-Baden 2014.

Simitis, Sipros/Hornung, Gerrit/Spiecker gen. Döhmann, Indra (Hrsg.): Datenschutzrecht – DSGVO mit BDSG, Kommentar, Baden-Baden 2019.

Taeger, Jürgen/Gabel, Detlef (Hrsg.): DSGVO – BDSG, Kommentar, 3. Aufl., Frankfurt/M. 2019.

Wolff, Heinrich A./Brink, Stefan (Hrsg.): BeckOK Datenschutzrecht, Onlinekommentar München, Stand: 32. Ed. 1.5.2020.

MITGEFANGEN, MITGEHANGEN – JOINT CONTROL UND BUSINESS PROCESS OUTSOURCING

RA Jan Spittka

DLA Piper UK LLP, Köln
jan.spittka@dlapiper.com

Zusammenfassung

Werden im Rahmen eines Business Process Ooutsourcing (BPO) Geschäftsprozesse oder sogar ganze Abteilungen auf einen konzerninternen oder externen Dienstleister verlagert, stellt sich nicht nur die Frage nach dem Vorliegen einer Auftragsverarbeitung. Praktisch bedeutsamer ist die Problematik, inwieweit zwischen dem outsourcenden Unternehmen und dem BPO-Dienstleister eine gemeinsame Verantwortlichkeit entsteht und welche Folgen und Risiken sich hierdurch ergeben.

1 Überblick

In der heutigen Geschäftswelt ist es wenig effizient, wenn ein Unternehmen sämtliche Aufgaben und Prozesse mit eigenem Personal selbst wahrnimmt. Insbesondere wenn das Unternehmen Teil eines Konzerns ist, würde dieser Ansatz unweigerlich zur Schaffung von Doppelstrukturen führen. Viele der im Rahmen der Digitalisierung erforderliche Leistungen können ohnehin nur von spezialisierten externen Dienstleistern erbracht werden.[1] In vielen Fällen ist es daher wirtschaftlich sinnvoll, bestimmte Tätigkeiten im Wege des Outsourcing durch darauf spezialisierte Unternehmen erledigen zu lassen. Diese können sowohl externe Dienstleister sein als auch konzernangehörige Unternehmen, in denen Ressourcen und Know-how für die gesamte Gruppe gebündelt werden. Sofern im Folgenden also von „Dritten" die Rede ist, können dies sowohl konzernangehörige also auch externe Dienstleister sein.

Hinsichtlich der Art des Outsourcings wird häufig grob zwischen IT Outsourcing (ITO) und Business Process Outsourcing (BPO) unterschieden. Während beim reinen ITO allein IT-Services (z.B. Hosting, Betrieb und Wartung der Anwendungen und Systeme) durch spezialisierte Dienstleister erbracht werden, werden beim BPO ganze Geschäftsprozesse oder gar

---

[1] *Spittka*, in: Specht/Mantz, Handbuch Europäisches und deutsches Datenschutzrecht, § 12 Rn. 65.

gesamte Abteilungen ausgelagert.[2] Häufige Fälle für ein BPO ist die Auslagerung des Finanz- und Rechnungswesens, der Buchhaltung, des Personalwesens, der Beschaffung, der Logistik und Callcenter,[3] aber auch der Compliance-Abteilung und der Rechtsabteilung. Bestimmte Branchen, wie z.B. die Versicherungswirtschaft, sind stärker als viele andere auf Outsourcing angewiesen. Dies liegt daran, dass im Versicherungskonzern viele der mit Kunden kontrahierenden Risikoträger wenig bis kein eigenes Personal haben.[4] BPO findet aber auch in anderen Bereichen statt, wie beispielweise bei der Auslagerung der Durchführung einer klinischen Studie zur Zulassung eines Arzneimittels oder Medizinprodukts auf eine Clinical Research Organisation (CRO).

Im Rahmen des Outsourcing erhalten die Dienstleister häufig, wenn nicht sogar in der Regel, (Zugriff auf) personenbezogene Daten (z.B. von Beschäftigten oder Kunden), weshalb sich die Frage nach dem datenschutzrechtlichen Verhältnis zwischen dem outsourcenden Unternehmen und dem Dienstleister und den sich hieraus ergebenden Folgen stellt.

Während sich ITO in der Regel relativ einfach als Auftragsverarbeitung nach Artt. 4 Nr. 8, 28 Datenschutz-Grundverordnung (DSGVO) einordnen lässt,[5] ist dies bei BPO komplizierter, da es hier in der Regel an einer engen Weisungsgebundenheit fehlt. Sinn und Zweck des BPO ist gerade, dass der BPO-Dienstleister die ausgelagerte Tätigkeit im eigenen Ermessen wahrnimmt und sich das outsourcende Unternehmen, außerhalb der geschäftsüblichen Kontrollrechte, so wenig wie möglich um diesen Prozess kümmern muss. Betriebsrisiken und Prozesskontrolle werden auf den BPO-Dienstleister verlagert.[6] Ist der BPO-Dienstleister jedoch selbst datenschutzrechtlich Verantwortlicher i. S. d. Art. 4 Nr. 7 DSGVO, stellt sich mit Blick auf das outsourcende Unternehmen aber auch die Frage nach einer gemeinsamen Verantwortlichkeit *(Joint Controllership)*.[7]

---

[2] *Pohle/Ghaffari*, CR 2017, S. 489.

[3] *Grützner/Jakob*, Compliance von A-Z, Stichwort „Business-Process-Outsourcing (BPO)".

[4] *Spittka*, in: Specht/Mantz, Handbuch Europäisches und deutsches Datenschutzrecht, § 12 Rn. 65.

[5] Ebenda, Rn. 66.

[6] *Grützner/Jakob*, Compliance von A-Z, Stichwort „Business-Process-Outsourcing (BPO)".

[7] *Thalhofer/☐danowiecki*, in: Auer-Reinsdorff/Conrad, Handbuch IT- und Datenschutzrecht, § 19 Rn. 151 ff.

Die Rechtfigur der gemeinsamen Verantwortlichkeit existierte zwar bereits unter der EU-DatenschutzRL 95/46/EG,[8] hat aber seit Geltung der DSGVO erheblich an Bedeutung gewonnen. Diente die gemeinsame Verantwortlichkeit unter der EU-Datenschutzrichtlinie in erster Linie dazu, Akteure in die datenschutzrechtliche Verantwortlichkeit mit einzubeziehen, die selbst keinen (vollen) Zugriff auf die relevanten personenbezogenen Daten hatten, sind nunmehr in Art. 26 DSGVO konkrete, bußgeldbewehrte Pflichten für gemeinsam für die Verarbeitung Verantwortliche festgelegt. Zudem besteht jedenfalls für die Rechte der betroffenen Personen und deren Schadenersatzansprüche eine gesamtschuldnerische Haftung.

Vor diesem Hintergrund wird nachfolgend eine Einordnung des BPO in die Systematik der datenschutzrechtlichen Verantwortlichkeit versucht („mitgefangen"). Zudem werden die Auswirkungen einer gemeinsamen Verantwortlichkeit auf der Rechtsfolgen- und Haftungsseite beleuchtet („mitgehangen").

2 Mitgefangen? - BPO und datenschutzrechtliche Verantwortlichkeit

Um eine Einordnung des BPO in die Systematik datenschutzrechtlicher Verantwortlichkeit vornehmen zu können, müssen zunächst die Kategorien relevanter Akteure abgegrenzt werden. Anschließend wird die ermittelte Systematik auf das BPO angewendet.

2.1 Kategorien datenschutzrechtlicher Verantwortlichkeit

Im europäischen Datenschutzrecht wird zwischen Verantwortlichen (Art. 4 Nr. 7, 1. Var. DSGVO),[9] gemeinsam für die Verarbeitung Verantwortlichen (Art. 4 Nr. 7, 2. Var. DSGVO)[10] und Auftragsverarbeitern (Art. 4 Nr. 8 DSGVO)[11] unterschieden. Der Auftragsverarbeiter gilt im Verhältnis zum Verantwortlichen nicht als Dritter i. S. d. Art. 4 Nr. 10 DSGVO, weshalb der

---

[8] *Artikel-29-Datenschutzgruppe*, WP 169 (00264/10/DE), v. 16.2.2010, S. 18; EuGH, Urt. v. 5.6.2018, C-210/16 (Wirtschaftsakademie Schleswig-Holstein), NJW 2018, 2537 (2538 f.); Urt. v. 10.7.2018, C-25/17 (Jehovan todistajat), NJW 2019, 285 (290); Urt. v. 29.7.2019, C-40/17 (Fashion ID), NJW 2019, 2755 (2757 f.).

[9] Für Beispiele: Datenschutzkonferenz (DSK), Kurzpapier Nr. 13 – Auftragsverarbeitung, Art. 28 DS-GVO, v. 17.12.2018, S. 4; Bayerisches Landesamt für Datenschutzaufsicht (BayLDA), FAQ zur DS-GVO, Was ist Auftragsverarbeitung und was nicht?, v. 20.7.2018, S. 2 f.

[10] DSK, Kurzpapier Nr. 16 – Gemeinsam für die Verarbeitung Verantwortliche, Art. 26 DSGVO, v. 19.3.2018, S. 4 f.

[11] Kurzpapier Nr. 13 – Auftragsverarbeitung, Art. 28 DS-GVO, v. 17.12.2018, S. 4; Bayerisches Landesamt für Datenschutzaufsicht (BayLDA), FAQ zur DS-GVO, Was ist Auftragsverarbeitung und was nicht?, v. 20.7.2018, S. 1 f.

Austausch personenbezogener Daten zwischen dem Verantwortlichen und dem Auftragsverarbeiter in der Form privilegiert ist, dass kein gesonderter Erlaubnistatbestand erforderlich ist.[12] Verantwortliche, auch gemeinsam Verantwortliche, gelten demgegenüber im Verhältnis zueinander als Dritte, jeder Datenaustausch mit Personenbezug muss daher gerechtfertigt werden.[13] Die Auffassung, dass gemeinsame Verantwortliche zwar untereinander, aber nicht nach außen Dritte sind und der Datenaustausch damit privilegiert sei,[14] ist vom Wortlaut des Art. 4 Nr. 7 DSGVO nicht gedeckt. Auch der EuGH verlangt für den Datenaustausch zwischen gemeinsam Verantwortlichen das Vorliegen eine gesonderte Rechtfertigung.[15] Die gilt auch für das Verhältnis zwischen Konzerngesellschaften, da die DSGVO kein Konzernprivileg kennt.[16]

2.2 Einordnung des BPO

Die Einordnung des BPO in das System datenschutzrechtlicher Verantwortlichkeit stellt sich wie folgt dar:

2.2.1 Abgrenzung Auftragsverarbeiter und Verantwortlicher

Im ersten Schritt muss geprüft werden, ob es sich bei dem BPO-Dienstleister um einen Auftragsverarbeiter oder einen Verantwortlichen handelt. Während es sich bei dem Verantwortlichen gemäß Art. 4 Nr. 7 DSGVO um die natürliche oder juristische Person, Behörde, Einrichtung oder andere Stelle, die allein oder gemeinsam mit anderen über die Zwecke und Mittel der Verarbeitung von personenbezogenen Daten entscheidet, handelt, ist der Auftragsverarbeiter nach Art. 4 Nr. 8 DSGVO eine natürliche oder juristische Person, Behörde, Einrichtung oder andere Stelle, die personenbezogene Daten im Auftrag des Verantwortlichen verarbeitet. Der Auftragsverarbeiter grenzt sich also dadurch negativ vom Verantwortlichen ab, dass er nicht über die Zwecke und Mittel der Verarbeitung entscheidet.

---

[12] DSK, Kurzpapier Nr. 13 – Auftragsverarbeitung, Art. 28 DS-GVO, v. 17.12.2018, S. 2; *Spittka*, Between a rock and a hard place, in: Taeger, Recht 4.0, S. 73 (73 f.).

[13] DSK, Kurzpapier Nr. 16 – Gemeinsam für die Verarbeitung Verantwortliche, Art. 26 DSGVO, v. 19.3.2018, S. 1.

[14] *Lang*, in: Taeger/Gabel, DSGVO BDSG, Art. 26 DSGVO Rn. 56 f.

[15] EuGH, Urt. v. 29.7.2019, C-40/17 (Fashion ID), NJW 2019, 2755 (2759 f.).

[16] *Schantz*, in: Simitis/Hornung/Spiecker gen. Döhmann, Art. 6 Abs. 1 DSGVO Rn. 116.

Die zentrale Frage für die Abgrenzung des weisungsgebundenen Auftragsverarbeiters von einem Verantwortlichen ist, welche Entscheidungsspielräume ein Auftragsverarbeiter haben kann.[17] Obwohl die Entscheidung über die Zwecke der Verarbeitung und die Entscheidung über die Mittel nach dem Wortlaut des Art. 4 Nr. 7 DSGVO gleichrangig sind, kommt es maßgeblich auf die Entscheidung über die Verarbeitungszwecke an, während die Entscheidung über die technisch-organisatorischen Fragen der Verarbeitung auch an den Auftragsverarbeiter delegiert werden kann.[18]

Bei Outsourcing ganzer Geschäftsprozesse kann das Modell der Auftragsdatenverarbeitung an seine Grenzen stoßen, wenn dem Auftragnehmer im Rahmen des Outsourcings weitreichende Entscheidungsbefugnisse hinsichtlich der Verarbeitung personenbezogener Daten eingeräumt werden sollen.[19] Unter dem BDSG a. F. wurde BPO meistens unter die „Funktionsübertragung" gefasst, eine Rechtsfigur, die es jedoch unter der DS-GVO nicht mehr gibt.[20] Fälle der Funktionsübertragung können nun, abhängig von der Weisungsgebundenheit des BPO-Dienstleisters, Auftragsverarbeitung, gemeinsame Verantwortlichkeit oder eine „normale" Übermittlung an einen anderen Verantwortlichen/Dritten sein. Welche der drei Fallgruppen bei einem BPO einschlägig ist, muss zwar im Einzelfall bewertet werden, eine Auftragsverarbeitung dürfte jedoch in den seltensten Fällen einschlägig sein, z.B. bei Verarbeitung von Kundendaten durch ein Callcenter ohne wesentliche eigene Entscheidungsspielräume.[21] Beim BPO übernimmt der Dienstleister intern gegenüber dem Auftraggeber die Betriebsrisiken und Prozesskontrolle.[22] Hiermit sind in der Regel erhebliche Entscheidungsspielräume hinsichtlich der Verarbeitung personenbezogener Daten verbunden. Das outsourcende Unternehmen möchte in der Regel jenseits der Gesamtsteuerung seiner Geschäftsprozesse so wenig wie mög-

---

[17] Die Landesbeauftragte für Datenschutz und Informationsfreiheit Saarland (LfDI Saarland), 28. TB (2019), v. 11.3.2020, S. 54; AG Mannheim, Urt. v. 11.9.2019, 5 C 1733/19 WEG, ZD 2020, 206 (207).

[18] DSK, Kurzpapier Nr. 13 – Auftragsverarbeitung, Art. 28 DS-GVO, v. 17.12.2018, S. 1 m. w. N.

[19] *Plath*, in: Plath, DSGVO/BDSG, Art. 28 DSGVO Rn. 54.

[20] DSK, Kurzpapier Nr. 13 – Auftragsverarbeitung, Art. 28 DS-GVO, v. 17.12.2018, S. 1; a. A. offenbar für das Outsourcing eines Whistleblowing-Systems DSK, Orientierungshilfe der Datenschutzaufsichtsbehörden zu Whistleblowing-Hotlines: Firmeninterne Warnsysteme und Beschäftigtendatenschutz, v. 14.11.2018, S. 12 f.

[21] DSK, Kurzpapier Nr. 13 – Auftragsverarbeitung, Art. 28 DS-GVO, v. 17.12.2018, S. 4.

[22] *Grützner/Jakob*, Compliance von A-Z, Stichwort „Business-Process-Outsourcing (BPO)"; *Thalhofer/□danowiecki*, in: Auer-Reinsdorff/Conrad, Handbuch IT- und Datenschutzrecht, § 19 Rn. 9.

lich in die täglichen Entscheidungsabläufe eingebunden sein und hier Ressourcen binden. Dies ist gerade der Grund, warum der Geschäftsprozess auf einen spezialisierten Dienstleister übertragen wird.

2.2.2 Abgrenzung eigenständig Verantwortliche und gemeinsam Verantwortliche

Da bei einem BPO in der Regel keine Auftragsverarbeitung vorliegt, sondern der BPO-Dienstleister als Verantwortlicher agiert, stellt sich die Frage, ob der Dienstleister allein für die Verarbeitung personenbezogener Daten im Zusammenhang mit dem übertragenen Prozess verantwortlich ist oder ob eine gemeinsame Verantwortlichkeit mit dem outsourcenden Unternehmen besteht. Grund hierfür ist, dass der BPO-Dienstleister zwar intern gegenüber dem Auftraggeber die Verantwortung für diesen Geschäftsprozess übernimmt, die Gesamtverantwortlichkeit bzw. die Gesamtsteuerung aller Geschäftsprozesse jedoch grundsätzlich beim Auftraggeber verbleibt.[23] Das outsourcenden Unternehmen bleibt auch nach außen Vertragspartner der betroffenen Kunden bzw. Beschäftigten.

2.2.2.1 EuGH

Weder Art. 4 Nr. 7 DSGVO noch Art. 26 DSGVO geben konkrete Kriterien vor, wann eine gemeinsame Verantwortlichkeit vorliegt, außer dass eine der in Art. 4 Nr. 7 DSGVO genannten Stellen gemeinsam mit anderen über die Zwecke und Mittel der Verarbeitung von personenbezogenen Daten entscheidet. Allerdings können die EuGH-Urteile *Wirtschaftsakademie Schleswig-Holstein*, *Jehovan todistajat* und *Fashion ID* als Orientierung herangezogen werden. Diese Entscheidungen sind zwar noch zur mittlerweile außer Kraft getretenen EU-Datenschutzrichtlinie ergangen, die Wertungen können aber auf die DS-GVO übertragen werden, da sich die Definition des (gemeinsam) Verantwortlichen nicht geändert hat.[24]

Auch wenn die vorgenannten Entscheidungen denkbar unterschiedliche Fälle betreffen (Betrieb einer Facebook-Fanpage, Datenverarbeitung durch eine Religionsgemeinschaft, Implementierung eines Social Plugins in einer Website), wird deutlich, dass der EuGH ein denkbar weites Verständnis der gemeinsamen Verantwortlichkeit zugrunde legt, um ein hohes Niveau des Schutzes der Grundfreiheiten und Grundrechte natürlicher Personen, insbesondere ihres Privatlebens, bei der Verarbeitung personenbezogener Daten zu gewährleisten.[25] Die Auswirkungen dieses weiten Verständnisses zeigen sich bereits daran, dass es für eine gemeinsame Verantwortlichkeit

---

[23] Siehe *Thalhofer/⬚danowiecki*, in: Auer-Reinsdorff/Conrad, Handbuch IT- und Datenschutzrecht, § 19 Rn. 9.

[24] *Golland*, K&R 2019, S. 533 (534); *Rothkegel/Strassemeyer*, CRi 2019, S. 161; *Specht-Riemenschneider/Schneider*, GRUR Int. 2020, S. 159; *Spittka/Mantz*, NJW 2019, S. 2742 (2745).

[25] EuGH, Urt. v. 29.7.2019, C-40/17 (Fashion ID), NJW 2019, 2755 (2757 f.) m. w. N.

nicht einmal erforderlich ist, dass jeder der Akteure Zugang zu den betreffenden personenbezogenen Daten hat.[26] Eine Stelle kann also selbst dann (gemeinsam) Verantwortlicher sein, wenn sie selber keine personenbezogenen Daten verarbeitet, sofern sie mit einer anderen Stelle, die die Daten verarbeitet, über die Zwecke und Mittel der Verarbeitung der personenbezogenen Daten entscheidet.[27] Die Definition des Verantwortlichen verlangt gerade nicht, dass eine Stelle selbst Daten verarbeitet, sondern nur, dass sie über die Zwecke und Mittel der Verarbeitung (mit-)entscheidet.[28] Das outsourcende Unternehmen kann sich einer gemeinsamen Verantwortlichkeit daher nicht mit dem Argument entziehen, die Verarbeitung personenbezogener Daten erfolge allein durch den BPO-Dienstleister.

Das weite Verständnis der gemeinsamen Verantwortlichkeit zeigt sich auch an der niedrigen Hürde, welche der EuGH für das Vorliegen einer gemeinsamen Entscheidung über die Zwecke und Mittel der Verarbeitung aufstellt.[29] Der Kernpunkt der Entscheidung *Fashion ID* ist, dass ein wirtschaftlicher Vorteil bzw. ein wirtschaftliches Interesse im Zusammenhang mit der Verarbeitung personenbezogener Daten für eine gemeinsame Entscheidung über die Zwecke der Verarbeitung ausreicht.[30] Die verfolgten Zwecke müssen dabei nicht kongruent sein, vielmehr genügt das "gegenseitige wirtschaftliche Profitieren".[31] Es reicht auch aus, dass ein Verantwortlicher zur Erreichung des eigenen Zwecks einem Dritten Daten für dessen Zwecke zuliefert.[32] Ein solches wirtschaftliches Interesse und gegenseitiges wirtschaftliches Profitieren wir sich bei einem BPO nicht verneinen lassen. Ziel des Outsourcings ist gerade eine wirtschaftliche Effizienzsteigerung. Jedenfalls externe BPO-Dienstleister werden in der Regel nicht kostenlos tätig werden. Dies gilt aufgrund konzerninterner Verrechnungsregelungen auch für viele Fälle des gruppeninternen Outsourcings. Konzerngesellschaften profitieren zudem allgemein von Synergieeffekten.

Die Entscheidungen *Wirtschaftsakademie Schleswig-Holstein*, *Jehovan todistajat* und *Fashion ID* machen auch deutlich, wie schnell ein Anknüpfungspunkt für eine gemeinsame Entscheidung über die Mittel der Verarbeitung

---

[26] EuGH, Urt. v. 5.6.2018, C-210/16 (Wirtschaftsakademie Schleswig-Holstein), NJW 2018, 2537 (2539); Urt. v. 10.7.2018, C-25/17 (Jehovan todistajat), NJW 2019, 285 (290); Urt. v. 29.7.2019, C-40/17 (Fashion ID), NJW 2019, 2755 (2757).

[27] *Spittka/Mantz*, NJW 2019, S. 2742 (2744).

[28] *Spittka/Mantz*, NJW 2019, S. 2742 (2744).

[29] Für eine Aufschlüsselung der jeweiligen Beiträge hinsichtlich der Zwecke und Mittel *Rothkegel/Strassemeyer*, CRi 2019, S. 161 (163 ff.).

[30] EuGH, Urt. v. 29.7.2019, C-40/17 (Fashion ID), NJW 2019, 2755 (2758 f.).

[31] *Golland*, K&R 2019, S. 533 (535); *Moos/Rothkegel*, MMR 2019, S. 579 (585).

[32] *Gierschmann*, ZD 2020, S. 69 (71).

gefunden ist, sobald eine gemeinsame Entscheidung über Zwecke begründet ist. Letztendlich genügt es, dass die Datenverarbeitung durch eine Vorgabe ausgelöst wird.[33] Dies dürfte bei einem BPO bereits durch die Beauftragung des Dienstleisters erfüllt sein. Zudem verliert das outsourcende Unternehmen nicht die vollständige Kontrolle über die entsprechenden Verarbeitungstätigkeiten. Verarbeitungstätigkeit ist hierbei laut der DSK als Geschäftsprozess zu verstehen.[34] Der Auftraggeber übergibt zwar die Verantwortung für die Durchführung des outgesourcten Geschäftsprozesses an den BPO-Dienstleister, behält aber die Gesamtverantwortlichkeit bzw. die Gesamtsteuerung.[35] Das BPO darf das Unternehmen gerade nicht kontrollunfähig machen.[36] Durch die Vorgabe eines Rahmens für den Auftrag sowie entsprechende vertragliche Konkretisierungen nimmt der Auftraggeber Einfluss auf die Mittel der Verarbeitung. Die Praxis der Vertragsgestaltung zeigt, dass dies häufig, insbesondere in regulierten Bereichen wie dem Versicherungssektor,[37] durch spezifische Vorgaben an die Kontrollrechte und IT-Sicherheit weiter konkretisiert wird.

Die Frage einer datenschutzrechtlich gemeinsamen Verantwortlichkeit bleibt zwar immer eine Einzelfallbetrachtung unter Berücksichtigung der konkreten Gestaltung.[38] Bei einer Gesamtbetrachtung dürfte es jedoch mehr als unwahrscheinlich sein, dass der EuGH ein Unternehmen, dass Geschäftsprozesse aus Gründen der wirtschaftlichen Effizienzsteigerung auf konzerninterne oder externe Dienstleister verlagert und damit die Verarbeitung der jeweiligen Kunden- bzw. Beschäftigtendaten durch den BPO-Dienstleister verursacht, aus der datenschutzrechtlichen Verantwortlich-

---

[33] EuGH, Urt. v. 29.7.2019, C-40/17 (Fashion ID), NJW 2019, 2755 (2759).

[34] DSK, Hinweise zum Verzeichnis von Verarbeitungstätigkeiten, Art. 30 DS-GVO, v. Februar 2018, S. 1.

[35] *Thalhofer/Zdanowiecki*, in: Auer-Reinsdorff/Conrad, Handbuch IT- und Datenschutzrecht, § 19 Rn. 151 ff.

[36] *Grützner/Jakob*, Compliance von A-Z, Stichwort „Business-Process-Outsourcing (BPO)".

[37] Siehe für die Versicherungswirtschaft *Spittka*, in: Specht/Mantz, Handbuch Europäisches und deutsches Datenschutzrecht, § 12 Rn. 70 ff.

[38] DSK, Kurzpapier Nr. 16 – Gemeinsam für die Verarbeitung Verantwortliche, Art. 26 DS-GVO, v. 19.3.2018, S. 4; ein guter Ansatz für eine Checkliste ist bei *Gierschmann*, ZD 2020, S. 71 f. zu finden.

keit entlassen wird. Auch wenn die gemeinsame Verantwortlichkeit vielleicht nicht die „neue Auftragsverarbeitung"[39] wird, bietet sich das BPO als Anwendungsfall geradezu an.[40]

2.2.2.2 AG Mannheim

Eine erste Indikation, wie die vom EuGH vorgegebene Linie eines weiten Verständnisses der gemeinsamen Verantwortlichkeit auf deutsche Gerichte wirkt, bietet eine Entscheidung des AG Mannheim aus September 2019 zum datenschutzrechtlichen Verhältnis zwischen einer Wohnungseigentümergemeinschaft (WEG) und ihrem Verwalter.[41] Bei der Bestellung eines Verwalters für eine WEG handelt es sich um eine Form des BPO. Eine WEG ist nicht verpflichtet einen Verwalter zu bestellen, vgl. § 21 Abs. 1 WEG. Wird ein Verwalter bestellt, nimmt dieser als Dienstleister der WEG effektiv das Management des gemeinschaftlichen Eigentums war, vgl. § 27 WEG.

Das Gericht bejahte eine gemeinsame Verantwortlichkeit nach Art. 4 Nr. 7, 26 DSGVO unter Verweis auf die Entscheidungen *Wirtschaftsakademie Schleswig-Holstein* und *Jehovan todistajat* (*Fashion ID* wurde noch nicht berücksichtigt) mit folgendem Kerngedanken: „*Der EuGH legt zum Schutz der Betroffenenrechte Art. 26 DS-GVO jedoch sehr weit aus. Die Betroffenen sollen im Außenverhältnis ggü. allen einen Anspruch haben, die für Datenerhebung und Verarbeitung personenbezogener Daten verantwortlich sind, wenn ihr Handeln über das eines Auftragsverarbeiters, also ihr Handeln über eine bloße Hilfsfunktion bei der Erhebung und Verarbeitung personenbezogener Daten hinausgeht.*"[42]

Die weitere Begründung des AG Mannheim ist dabei stringent. Die Mitverantwortlichkeit der WEG für die Verarbeitung personenbezogener Daten (z.B. von Mietern oder Handwerkern) durch den Verwalter resultiere daraus, dass die WEG die Datenverarbeitung durch die Bestellung des Verwalters veranlasst habe.[43] Die WEG entscheide mit der Bestellung eines Verwalters über das (abstrakte) „Wie" und „Warum" der Datenverarbeitung. Der Verwalter bestimme dann in der Folge über das (konkrete) „Wie" und „Warum" der Erhebung und Verarbeitung.[44] Der Verwalter werde auch nicht als Auftragsverarbeiter tätig, da es sachfremd und in der Praxis kaum

---

[39] *Kremer*, CR 2019, S. 225.

[40] Für die externe Lohnbuchhaltung *Härting*, DB 2020, S. 490; für den Versicherungskonzern *Lehmann/Rettig*, VersR 2020, S. 464; allgemein zur Arbeitsteilung im Konzern *Hörl*, ITRB 2019, S. 118, und *Jung/Hansch*, ZD 2019, S. 143.

[41] AG Mannheim, Urt. v. 11.9.2019, 5 C 1733/19 WEG, ZD 2020, S. 206.

[42] AG Mannheim, Urt. v. 11.9.2019, 5 C 1733/19 WEG, ZD 2020, S. 206 (207 f.).

[43] AG Mannheim, Urt. v. 11.9.2019, 5 C 1733/19 WEG, ZD 2020, S. 206 (208).

[44] AG Mannheim, Urt. v. 11.9.2019, 5 C 1733/19 WEG, ZD 2020, S. 206 (207).

vorstellbar sei, dass der Verwalter im Rahmen seiner Pflichten gem. § 27 WEG sowie den vertraglich festgelegten Pflichten für jede Maßnahme die Weisung seines Auftragsgebers einhole. Die Leistungen, welche der Verwalter erbringe, gingen in der Praxis zudem regelmäßig hinaus über die bloße Datenverarbeitung i.R.e. datenverarbeitenden Hilfsfunktion hinaus.[45]

In der Entscheidung des AG Mannheim manifestieren sich genau die Risiken, welche die Argumentation des EuGH mit sich bringt. Die Erwägungen des AG Mannheim lassen sich auf viele weitere Fälle des BPO übertragen. Kern dieser Form des Outsourcings ist, dass die Verarbeitung personenbezogener Daten, welche grundsätzlich vom Auftraggeber selbst vorgenommen werden würde, zusammen mit der Auslagerung des Geschäftsprozesses auf einen Dienstleister übergeht, der den Geschäftsprozess im eigenen Ermessen wahrnimmt, obwohl der Auftraggeber die Verträge mit den betroffenen Personen hält. Dass die Aufgaben des WEG-Verwalters (teilweise) gesetzlich bestimmt sind (§ 27 WEG), dürfte jedenfalls nicht den entscheidenden Unterschied machen. Das Gericht stellt ausdrücklich auch auf die vertraglich festgelegten Pflichten des Verwalters ab.[46]

3 Mitgehangen? – Folgen der gemeinsamen Verantwortlichkeit

Eine gemeinsame datenschutzrechtliche Verantwortlichkeit zwischen outsourcendem Unternehmen und BPO-Dienstleister wirkt sich zum einen auf die Anforderungen an die vertraglichen Regelungen zwischen den Parteien und die Transparenz nach außen aus, zum anderen aber auch auf die Risikoverteilung bei Datenschutzverstößen.

3.1 Vertragliche Ausgestaltung und Transparenz

Gem. Art. 26 Abs. 1 S. 2 müssen gemeinsam Verantwortliche in einer Vereinbarung in transparenter Form festlegen, wer von ihnen welche Verpflichtung gem. der DSGVO erfüllt, insbesondere was die Wahrnehmung der Rechte der betroffenen Person angeht, und wer welchen Informationspflichten gem. Art. 13, 14 DSGVO nachkommt. Es steht den Parteien dieses *Joint Controller Agreements* (JCA)[47] frei, hierin eine Anlaufstelle für die betroffenen Personen zu benennen. Verbindlich ist dies für die betroffenen Personen jedoch nicht. Gem. Art. 26 Abs. 3 DSGVO können sie ihre Rechte

---

[45] AG Mannheim, Urt. v. 11.9.2019, 5 C 1733/19 WEG, ZD 2020, S. 206 (208).

[46] AG Mannheim, Urt. v. 11.9.2019, 5 C 1733/19 WEG, ZD 2020, S. 206 (208).

[47] *Hörl*, ITRB 2019, S. 118 (119) – mit Blick auf die englische Fassung des DSGVO eigentlich Joint Controller Arrangement.

aus der DSGVO weiterhin bei und gegenüber jedem einzelnen der Verantwortlichen geltend machen. Der Aufgabenzuweisung im JCA steht auch nicht im vollen Ermessen der Parteien. Vielmehr muss es die jeweiligen tatsächlichen Funktionen und Beziehungen der gemeinsam Verantwortlichen gegenüber betroffenen Personen gebührend widerspiegeln, Art. 26 Abs. 2 UAbs. 1 DSGVO.

Anders als im Rahmen einer Auftragsverarbeitungsvereinbarung (AVV) nach Art. 28 Abs. 3 DSGVO, muss bei einer gemeinsamen Verantwortlichkeit zudem gem. Art. 26 Abs. 2 UAbs. 2 DSGVO den betroffenen Personen das „Wesentliche der Vereinbarung" zur Verfügung gestellt werden. Der Landesbeauftragte für Datenschutz und Informationsfreiheit Baden-Württemberg (LfDI Baden-Württemberg) hat ein (nicht verbindliches) Muster für eine solche Information zur Verfügung gestellt.[48] Die Informationen nach Art. 26 Abs. 2 S. 2 DSGVO müssen nicht zwingend separat zur Verfügung gestellt werden, sondern können beispielsweise auch in die Informationen nach Art. 13, 14 DSGVO integriert werden, wenn dies in hinreichend transparenter Weise geschieht. Eine Kopie des JCA muss den betroffenen Personen hingegen nicht zur Verfügung gestellt werden. Die Pflichten nach Art. 26 DSGVO treffen alle gemeinsam Verantwortlichen gleichermaßen. Verstöße gegen diese Mindestvorgaben an den Inhalt des JCA und die Transparenz können gem. Art. 83 Abs. 4 lit. a DSGVO mit Geldbußen in der Kategorie von bis zu € 10 Millionen/2 % des gesamten weltweit erzielten Jahresumsatzes geahndet werden.

Darüber hinaus bietet es sich an, unter Berücksichtigung des jeweiligen konkreten Risikos der Datenverarbeitung weitere Regelungen in das JCA aufzunehmen. Hierbei kann man sich an den Vorgaben des Art. 28 Abs. 3 DSGVO für eine AVV orientieren,[49] allerdings nur soweit dies sachgerecht ist. Spezifische Weisungsrechte sind zwischen gemeinsam Verantwortlichen sicher fehl am Platz. Restriktionen für den Einsatz von Auftragsverarbeitern dürften nur bei risikobehafteten Verarbeitungstätigkeiten in Frage kommen. Sinnvoll sind in jedem Fall Regelungen zur Sicherheit der Verarbeitung nach Art. 32 DSGVO und für den Fall von Meldepflichten nach Artt. 33, 34 DSGVO.[50] Klare vertragliche Datenschutzregelungen sprechen darüber hinaus dafür, dass im Rahmen des Erlaubnistatbestands nach

---

[48] LfDI Baden-Württemberg, Mehr Licht! – Gemeinsame Verantwortlichkeit sinnvoll gestalten, v. 22.5.2019.

[49] So wohl auch AG Mannheim, Urt. v. 11.9.2019, 5 C 1733/19 WEG, ZD 2020, S. 206 (208).

[50] *Spittka*, in: Specht/Mantz, Handbuch Europäisches und deutsches Datenschutzrecht, § 12 Rn. 68 m. w. N.; siehe auch das Muster des LfDI Baden-Württemberg für eine Vereinbarung gemäß Art. 26 Abs. 1 S. 1 DSGVO, Mehr Licht! – Gemeinsame Verantwortlichkeit sinnvoll gestalten, v. 22.5.2019.

Art. 6 Abs. 1 UAbs. 1 lit. f DSGVO die Abwägung zugunsten des Daten-austauschs zwischen den gemeinsam Verantwortlichen den Ausschlag gibt.[51]

3.2 Haftung und Sanktionen

Kommt es im Rahmen einer gemeinsamen Verantwortlichkeit zu Daten-schutzverstößen jenseits der Anforderungen des Art. 26 DSGVO durch zu-mindest einen der Verantwortlichen, stellt sich die Frage, inwieweit die üb-rigen Verantwortlichen Haftung und Sanktionen fürchten müssen. Der An-satz einer abgestuften gemeinsamen Verantwortlichkeit, den der EuGH noch in *Fashion ID* verfolgte,[52] dürfte aufgrund der ausdrücklichen Regelun-gen der DSGVO grundsätzlich überholt sein.[53] In Teilen dürfte der Gedanke jedoch weiter relevant bleiben.

3.2.1 Rechte der betroffenen Personen und Schadensersatz

Im Fall eines Datenschutzverstoßes durch eine unrichtige oder unzulässige Verarbeitung personenbezogener Daten kann die betroffene Person ihre korrektiven Rechte auf Berichtigung (Art. 16 DSGVO) und Löschung (Art. 17 DSGVO) – wie alle anderen Betroffenenrechte aus Kapitel III der DSGVO – gegenüber jedem der gemeinsam Verantwortlichen geltend ma-chen. Dies ergibt sich unproblematisch aus Art. 26 Abs. 3 DSGVO. Es liegt dann beim jeweils in Anspruch genommenen Verantwortlichen die Rechte der betroffenen Person intern gegenüber den anderen gemeinsam Verant-wortlichen umzusetzen. Diesbezüglich empfehlen sich klare und durch-setzbare vertragliche Regelungen.

Aus der Vorschrift des Art. 26 Abs. 3 DSGVO folgt jedoch keine gesamt-schuldnerische Haftung für materielle und immaterielle Schadensersatzan-sprüche der betroffenen Person gem. Art. 82 Abs. 1 DSGVO. Dies richtet sich vielmehr nach Art. 82 Abs. 2 UAbs. 1, Abs. 4 DSGVO, weil dort von „jedem an einer Verarbeitung beteiligten Verantwortlichen" und „mehr als ein Verantwortlicher" die Rede ist und gemeinsam Verantwortliche in die-ser Kategorien fallen.[54] Es besteht also eine gesamtschuldnerische Haftung der gemeinsam Verantwortlichen, sofern es dem jeweiligen Verantwortli-chen nicht gelingt, sich gem. Art. 82 Abs. 3 DSGVO zu exkulpieren. Im Fall der gesamtschuldnerischen Haftung sieht Art. 82 Abs. 5 DSGVO einen In-nenregress nach dem Verantwortungsbeitrag vor. Hier könnte der Gedanke

[51] *Spittka*, in: Specht/Mantz, Handbuch Europäisches und deutsches Datenschutzrecht, § 12 Rn. 68.

[52] EuGH, Urt. v. 29.7.2019, C-40/17 (Fashion ID), NJW 2019, 2755 (2758).

[53] *Moos/Rothkegel*, MMR 2019, S. 579 (588).

[54] *Hartung*, in: Kühling/Buchner, DS-GVO BDSG, Art. 82 DSGVO Rn. 29 m. w. N.

der abgestuften gemeinsamen Verantwortlichkeit aus *Fashion ID* gegebenenfalls fortleben. Nach richtiger Auffassung ist der Innenausgleich nach Art. 83 Abs. 5 DSGVO der vertraglichen Haftungsbeschränkung zugänglich, da der Schutz der geschädigten betroffenen Person nicht unterlaufen wird.[55] Sofern dies beabsichtigt ist, sollte ausdrücklich vereinbart werden, dass Haftungsbeschränkungen unter dem Outsourcing-Vertrag auch hier gelten.

3.2.2 Geldbußen und sonstige behördliche Maßnahmen

Eine gesamtschuldnerische Haftung unter gemeinsam Verantwortlichen für etwaige Geldbußen nach Art. 58 Abs. 2 lit. i DSGVO i. V. m. Art. 83 DSGVO besteht nicht, da es in Art. 83 DSGVO an einer dem Art. 82 Abs. 4 DSGVO entsprechenden Regelung fehlt.[56] Gegebenenfalls können die gemeinsam Verantwortlichen aber direkt für eine rechtswidrige Datenverarbeitung, an der sie beteiligt sind, bebußt werden.[57] Auch hier könnte die graduelle Verantwortlichkeit aus *Fashion ID* weiterhin eine Rolle spielen. Sofern man den Verweis aus § 41 Abs. 1 UAbs. 1 BDSG auf das OWiG für wirksam hält,[58] käme auch ein Bußgeld wegen einer Beteiligung an der Ordnungswidrigkeit des anderen gemeinsam Verantwortlichen in Frage. In jedem Fall sind vertragliche Regelungen zum Innenausgleich bei Bußgeldzahlungen empfehlenswert.,[59] alldieweil es derzeit noch nicht abschließend geklärt ist, inwieweit Bußgeldzahlungen überhaupt ein erstattungsfähiger Schaden sein können.[60]

Die sonstigen Abhilfebefugnisse aus Art. 58 Abs. 2 DSGVO stehen der zuständigen Datenschutzbehörde grundsätzlich gegen alle gemeinsam für die Verarbeitung Verantwortlichen zur Verfügung.[61] Hierbei kann es das Gebot einer effektiven und wirkungsvollen Gefahrenabwehr rechtfertigen, denjenigen Verantwortlichen heranzuziehen, dessen Pflichtigkeit sich ohne weiteres bejahen lässt und dem effektive Mittel zum Abstellen des Verstoßes zur Verfügung stehen.[62] Diese Wertung unter der dem BDSG a. F. gilt

---

[55] *Sackmann*, ZIP 2017, S. 2450 (2453).

[56] *Moos/Rothkegel*, in: Moos, Datenschutz- und Datennutzungsverträge, § 5 Rn. 94.

[57] *Spittka*, Der Unternehmensbegriff der DSGVO, in: Taeger, Rechtsfragen digitaler Transformationen, S. 117 (127).

[58] Siehe hierzu *Spittka*, Si tacuisses... – Nemo tenetur und die DSGVO, in: Taeger, Macht der Daten und der Algorithmen, S. 141 (149).

[59] *Moos/Rothkegel*, in: Moos, Datenschutz- und Datennutzungsverträge, § 5 Rn. 94.

[60] Siehe für die Organhaftung *Spindler*, in: Münchener Kommentar zum Aktiengesetz, § 93 Rn. 194.

[61] *Petri*, in: Simitis/Hornung/Spiecker gen. Döhmann, Datenschutzrecht, Art. 26 Rn. 31.

[62] BVerwG, Urt. v. 11.9.2019, 6 C 15.18, ZD 2020, 264 (267).

auch unter der DSGVO weiter. Auch hier sollten vertragliche Regelungen zur Kostentragung im Outsourcing-Vertrag vorgesehen werden.

4 Fazit

Die Rechtsprechung des EuGH der letzten Jahre und die Reflektion durch das AG Mannheim zeigen deutlich, dass die Annahme einer gemeinsamen Verantwortlichkeit zwischen outsourcendem Unternehmen und BPO-Dienstleister keine theoretische Frage, sondern sehr wahrscheinlich ist. Auftragsverarbeitung oder eine getrennte Verantwortlichkeit dürften die Ausnahme werden. Unternehmen sind daher gut beraten, ihre BPO-Vorgänge auf eine gemeinsame Verantwortlichkeit hin zu überprüfen. Nur so können die formalen Anforderungen nach Art. 26 DSGVO umgesetzt und eventuelle weitere Regelungen zu einer interessegerechten internen Risikoverteilung getroffen werden. Nur so kann verhindert werden, dass das outsourcende Unternehmen für Datenschutzverstöße des BPO-Dienstleisters mitgehangen wird.

Literatur

Auer-Reinsdorff, Astrid/Conrad, Isabell (Hrsg.): Handbuch IT- und Datenschutzrecht, 3. Aufl., München 2019.

Gierschmann, Sibylle: Gemeinsame Verantwortlichkeit in der Praxis – Systematische Vorgehensweise zur Bewertung und Festlegung, ZD 2020, S. 69-73.

Grützner, Thomas/Jakob, Alexander: Compliance von A-Z, 2. Aufl., München 2015.

Härting, Niko: Externe Lohnbuchhaltung: ein Fall der gemeinsamen Verantwortlichkeit i.S.d. Art. 26 DSGVO, DB 2020, S. 490-493.

Hörl, Bernhard: Arbeitsteilige Datenverarbeitung im Konzern – Group Data Protection Agreement als Vertragsrahmen für Auftragsverarbeitung und Joint Controllership, ITRB 2019, S. 118-119.

Jung, Alexander/Hansch, Guido: Die Verantwortlichkeit in der DS-GVO und ihre praktischen Auswirkungen – Hinweis zur Umsetzung im Konzern- oder Unternehmensumfeld, ZD 2019, S. 143-148.

Kremer, Sascha: Gemeinsame Verantwortlichkeit: Die neue Auftragsverarbeitung?, CR 2019, S. 225-234.

Kühling, Jürgen/Buchner, Benedikt (Hrsg.): DS-GVO BDSG, 2. Aufl., München 2018.

Lehmann, Jochen/Rettig, Sören: Zusammen kommen wir weiter – Gemeinsame Verantwortlichkeit in Datenschutz und Versicherungsaufsichtsrecht, VersR 2020, S. 464-468.

Moos, Flemming (Hrsg.): Datenschutz- und Datennutzungsverträge, 2. Aufl., Köln 2018.

Moos, Flemming/Rothkegel, Tobias: „Gefällt mir"-Button von Facebook – Fashion ID, MMR 2019, S. 579-587.

Münchener Kommentar zum Aktiengesetz: AktG, 5. Aufl., München 2019.

Pohle, Jan/Ghaffari, Sheila: Die Neufassung des § 203 StGB – der Befreiungsschlag für IT-Outsourcing am Beispiel der Versicherungswirtschaft?!, CR 2017, S. 489-495.

Rothkegel, Tobias/Strassemeyer, Laurenz: Joint Control in European Data Protection Law – How to make Sense of the CJEU's Holy Trinity, CRi 2019, S. 161-171.

Sackmann, Florian: Die Beschränkung datenschutzrechtlicher Schadensersatzhaftung in Allgemeinen Geschäftsbedingungen, ZIP 2017, S. 2450-2454.

Simitis, Spiros/Hornung, Gerrit/Spiecker gen. Döhmann, Indira (Hrsg.): Datenschutzrecht, Baden-Baden 2019.

Specht, Louisa/Mantz, Reto: Handbuch Europäisches und deutsches Datenschutzrecht, München 2019.

Specht-Riemenschneider, Louisa/Schneider, Ruben: Stuck Half Way: The Limitation of Joint Control after Fashion ID (C-40/17), GRUR Int. 2020, S. 159-163.

Spittka, Jan: Between a rock and a hard place – Der Auftragsverarbeiter in Multi-Tier-Processing-Szenarien, in: Jürgen Taeger (Hrsg.), Recht 4.0, Edewecht 2017, S. 73-86.

Spittka, Jan: Der Unternehmensbegriff der DSGVO, in: Jürgen Taeger (Hrsg.), Rechtsfragen digitaler Transformationen, Edewecht 2018, S. 117-130.

Spittka, Jan: Si tacuisses… – Nemo tenetur und die DSGVO, in: Jürgen Taeger (Hrsg.), Die Macht der Daten und der Algorithmen, Edewecht 2019, S. 141-154.

Spittka, Jan/Mantz, Reto: Datenschutzrechtliche Anforderungen an den Einsatz von Social Plugins, NJW 2019, S. 2742-2745.

Taeger, Jürgen/Gabel, Detlev (Hrsg.): DSGVO BDSG, 3. Aufl., Frankfurt/M. 2019.

ZWEI SIND BESSER ALS EINER: FÜHRT DIE GEMEINSAME VERANTWORTUNG ZU EINEM MEHR AN DATENSCHUTZ?

Varinia Iber

MENOLD BEZLER Rechtsanwälte Steuerberater Wirtschaftsprüfer
Partnerschaft mbB
varinia.iber@menoldbezler.de

Zusammenfassung

Gerade aufgrund der fortschreitenden Digitalisierung und der damit einhergehenden Vielfältigkeit von Datenflüssen und Komplexität von Verarbeitungsszenarien, in denen personenbezogene Daten eine Rolle spielen, bereitet die Definition der gemeinsamen Verantwortlichkeit große Schwierigkeiten.

Der EuGH hat sich bereits in mehreren Entscheidungen zur Rechtsfigur der gemeinsamen Verantwortung geäußert und (vermeintlich) deren rechtliche Konturen festgelegt. In diesen Entscheidungen stellte das Gericht einen „gemeinsamen Zeck" der Beteiligten fest, wobei dieser nicht zwingend gleich, sondern auch divergierend sein konnte. Die „gemeinsamen Mittel" als weitere Voraussetzung wurden jedoch jeweils stiefmütterlich behandelt. Man fragt sich, wo sind bei dieser weiten Auslegung die Grenzen einer gemeinsamen Verantwortung zu ziehen?

Die Entscheidungen des EuGH basieren noch auf der „alten" Datenschutz-Richtlinie, die die gemeinsame Verantwortung gleichlautend definierte, unter der diese jedoch deutlich weniger Beachtung fand, als nun unter der „neuen" Datenschutz-Grundverordnung (DSGVO). Neu ist, dass die DSGVO neben den Voraussetzungen nun auch die Rechtsfolgen der gemeinsamen Verantwortung festlegt. Die unbestimmte gesetzliche Definition durch die DSGVO sowie die weite und kaum gemeinsame Kriterien festlegenden EuGH-Entscheidungen in Verbindung mit den immer komplexer werdenden Datenverarbeitungstechnologien führen jedoch zur erheblichen Rechtsunsicherheit in der Praxis. Eine saubere Abgrenzung von anderen arbeitsteiligen Datenverarbeitungsvorgängen ist jedoch wichtig, um die aus dem Gesetzt folgenden Anforderungen in sachlich richtigem Umfang und mit interessengerechten Inhalten umzusetzen.

Regelungsziel der gemeinsamen Verantwortung ist, durch die Zuweisung von Verantwortlichkeiten und gemeinsamen Pflichten einen besseren Schutz natürlicher Personen zu erreichen. Wer Einfluss auf Zwecke und Mittel der Datenverarbeitung hat, soll auch zur Verantwortung gezogen werden können. Ob dieses Ziel mit der vorliegenden Regelung und deren Auslegung in der Praxis erreicht werden kann und wie die Anforderungen in der Praxis sind, soll daher im Folgenden beleuchtet werden.

1 Status Quo – Die Gesetzeslage

Die gesetzlichen Voraussetzungen der gemeinsamen Verantwortung sind seit dem 25. Mai 2018 in der DSGVO[1] festgelegt. Art 4 Nr. 7 DSGVO definiert den „Verantwortlichen" im Sinne der Verordnung als „die natürliche oder juristische Person, Behörde, Einrichtung oder andere Stelle, die allein oder **gemeinsam mit anderen über die Zwecke und Mittel** der Verarbeitung von personenbezogenen Daten **entscheidet**". Art. 26 Abs. 1 DSGVO bestimmt sodann wiederholend: „Legen zwei oder mehr Verantwortliche gemeinsam die Zwecke der und die Mittel zur Verarbeitung fest,[2] so sind sie gemeinsam Verantwortliche".

1.1 Auslegung des Wortlauts

Weder definiert die DSGVO die Begriffe „Zwecke" und „Mittel" der Verarbeitung. noch existiert eine Definition des Begriffs „gemeinsam".

Als Zweck kann ein erwartetes Ergebnis oder Ziel, das mit der Verarbeitung beabsichtigt ist, angesehen werden.[3] Es muss also zwischen den Verantwortlichen abgesprochen werden, aus welchem Grund und mit welchem Ziel eine Verarbeitung personenbezogener Daten durchgeführt wird.[4] Dabei wird der Zweck sich üblicherweise wohl mit einer der in Art. 6 Abs. 1 DSGVO aufgeführten Rechtsgrundlagen der Verarbeitung decken.[5]

Mittel meint hingegen die Art und Weise, wie ein bezwecktes Ergebnis erzielt wird.[6] Dies erfordert, dass die Beteiligten über die Techniken und sonstigen Methoden entscheiden, mit denen und durch die personenbezogene Daten verarbeitet werden.[7]

Aus dem Wortlaut der gesetzlichen Normierung der DSGVO lässt sich folglich ableiten, dass bei der gemeinsamen Verantwortung mindestens zwei oder mehr Verantwortliche bestimmen, was Zwecke und Mittel der Verarbeitung sind. Der Wortlaut des Art. 26 Abs. 1 DSGVO ist insoweit eng gefasst, als er verlangt, dass Zwecke **und** Mittel von den Beteiligten

---

[1] VO (EU) 2016/679 des Europäischen Parlaments und des Rates vom 27. April 2016 zum Schutz natürlicher Personen bei der Verarbeitung personenbezogener Daten, zum freien Datenverkehr und zur Aufhebung der RL 95/46/EG.

[2] Gemeint ist wohl auch hier „entscheiden". Die englische Sprachfassungen der Verordnung differenziert hier nicht, sondern spricht in beiden Normen übereinstimmend von „jointly determine".

[3] Artikel 29-Datenschutzgruppe, WP 169, S. 16.

[4] *Piltz*, in: Gola, DSGVO, Art. 26 Rn. 5.

[5] *Monreal*, CR 2019, S. 797 (801).

[6] Artikel 29-Datenschutzgruppe, WP 169, S. 16.

[7] *Piltz*, in: Gola, DSGVO, Art. 26 Rn. 7.

gemeinsam festgelegt werden müssen. Die gemeinsame Verantwortlichkeit zwischen zwei unabhängigen Rechtssubjekten kann folglich nur dann vorliegen, wenn kumulativ Zwecke und Mittel der Verarbeitung zusammen festgelegt werden.[8] Eine gemeinsame Verantwortlichkeit kann im Umkehrschluss gerade nicht vorliegen, wenn zwei Verantwortliche alternativ nur gemeinsame Zwecke verfolgen oder gemeinsame Mittel zur Datenverarbeitung nutzen.[9]

Für das Vorliegen einer gemeinsamen Verantwortung sind nach dem Gesetzeswortlaut die objektiven tatsächlichen Gegebenheiten ausschlaggebend, nicht die Bezeichnung der Zusammenarbeit durch die Parteien, wobei durch das Merkmal „entscheiden" auch ein subjektives Element gegeben ist. Eine Beurteilung erfolgt daher anhand eines konkreten Verarbeitungsvorgangs oder -komplexes und der zugrundeliegenden Umstände als „Objekt" der gemeinsamen Kontrolle und somit Verantwortung.[10]

1.2 Abgrenzung zu anderen arbeitsteiligen Datenverarbeitungen

Die DSGVO kennt neben der gemeinsamen Verantwortung noch zwei weitere Formen des arbeitsteiligen Zusammenwirkens bei Datenverarbeitungsvorgängen: Zum einen die Auftragsverarbeitung gemäß Art. 28 DSGVO, bei der der an der Verarbeitung Beteiligte lediglich im Auftrag und nach Weisung des Verantwortlichen personenbezogene Daten erhebt, verarbeitet oder nutzt. Dem Auftragsverarbeiter steht keine eigene Entscheidungsbefugnis über Zwecke und Mittel der Verarbeitung zu. Ein eigener Ermessensspielraum des Auftragsverarbeiters in der Wahl der technischen und organisatorischen Maßnahmen als „Mittel" der von ihm im Auftrag vorgenommenen Verarbeitung wird jedoch als unschädlich angesehen, solange die wesentlichen Entscheidungen beim Verantwortlichen verbleiben.[11]

Abgrenzungsmerkmal zur gemeinsamen Verantwortung ist daher die Weisungsgebundenheit und Abhängigkeit von einem für die Datenverarbeitung Verantwortlichen.[12] Dahingegen steht im Rahmen der gemeinsamen Verantwortung allen Beteiligten die Entscheidungsbefugnisse über

---

[8]   Piltz, in: Gola, DSGVO, Art. 26 Rn. 3.

[9]   Ebenda, Rn. 13.

[10] So bereits die Artikel-29-Datenschutzgruppe, Stellungnahme 01/2010 zu den Begriffen „für die Verarbeitung Verantwortlicher" und „Auftragsverarbeiter", WP 169, S. 22.

[11] *Kremer*, CR 2019, S. 225 (229), Rn 25; *Schreiber*, ZD 2019, S. 55; a. A. *Härting*, ITRB 2018, S. 167 (168).

[12] *Martini*, in: Paal et al., DSGVO BDSG, Art. 26 Rn. 3; *Spoerr*, in: Wolff et al., BeckOK DSGVO, Art. 28 Rn. 18.

und Einflussnahme auf die Datenverarbeitungsvorgänge und deren Zwecksetzung zu.

Zudem kann ein Verantwortlicher an einen anderen Verantwortlichen Daten übermitteln. Die Verantwortlichen bestimmen lediglich über Zwecke und Mittel der jeweils bei Ihnen stattfindenden Verarbeitungsvorgänge. Diese Art des Zusammenwirkens wird daher als getrennte Verantwortung bzw. Übermittlung von Verantwortlichem zu Verantwortlichem bezeichnet.[13] Bei einer Datenübermittlung von Verantwortlichem zu Verantwortlichem, wie etwa bei dem Austausch von personenbezogenen Daten zu vertraglichen Zwecken, muss jeder Verantwortliche die Vorgaben der DSGVO beachten sowie umsetzen und so den Schutz der Daten, die in seiner Sphäre liegen, gewährleisten. Die gemeinsame Verantwortung muss also mehr sein als bloße Übermittlung an einen anderen Verantwortlichen, der die Daten zu eigenen Zwecken mit eigenen Mitteln weiterverarbeitet.

1.3 Auslegung am Zweck der Norm

Erkenntnisse über die Auslegung der Norm einer EU-Verordnung lassen sich zudem grundsätzlich aus den die Verordnung begleitenden Erwägungsgründen, die den rechtlich bindenden Normen vorangestellt sind, entnehmen. Besonders bei der Ermittlung von Sinn und Zweck einer Vorschrift geben diese Aufschluss über die Zielorientierung und die Hintergründe des Rechtsetzungsvorhabens.[14] Aus ErwG 79 der Verordnung lassen sich Erkenntnisse über den Zweck der Regelungen zur gemeinsamen Verantwortung nach Art. 26 Abs. 2 DSGVO herauslesen: Ziel ist es, durch die klare Zuteilung der Verantwortlichkeiten den Schutz der Rechte und die Freiheiten der betroffenen Personen zu gewährleisten. Dies soll insbesondere auch dadurch erreicht werden, dass die Verantwortung und dahingehende Haftung bei arbeitsteiligen Verarbeitungen festgelegt wird.

Daraus lässt sich folgern, dass derjenige, der **faktisch** Einfluss auf Zwecke und Mittel der Verarbeitung hat, bei Rechtsverstößen auch zur Verantwortung gezogen werden kann. Aus der tatsächlichen Einflussnahme folgt die rechtliche Verantwortlichkeit. Wer an einer Datenverarbeitung bestimmend mitwirkt, muss sich deshalb – jedenfalls gegenüber dem Betroffenen – ein etwaiges Fehlverhalten des anderen Verantwortlichen zurechnen lassen. Eine Verantwortlichkeit im Rahmen einer gemeinsamen Verarbeitung

---

[13] Artikel-29-Datenschutzgruppe, WP 169, S. 24; siehe auch EDPS Guidelines on the concepts of controller, processor and joint controller under Regulation EU 2018/1725 v. 7.11.2019, S. 24.

[14] *Wegener*, in: Calliess et al., EUV/AEUV, EU-Vertrag (Lissabon), Art. 19, Rn. 16.

kann daher nur ein Beteiligter haben, der auch die Verfügungs- und Entscheidungsgewalt über die Verarbeitung hat.[15]

1.4 Fazit

Eine gemeinsame Entscheidung über Zwecke und Mittel der Verarbeitung und die daraus folgende gemeinsame Verantwortung nach Art. 26 DSGVO mit Ihren Plichten kann daher nur vorliegen, wenn

a) bei einer Verarbeitung personenbezogener Daten unter Beteiligung von zwei Verantwortlichen sowohl die Zwecke als auch die Mittel der Verarbeitung in dem Sinne übereinstimmen[16] und

b) jeder der Beteiligten tatsächlich die Verarbeitung bezogen auf Ob, Warum und Wie beeinflussen kann.[17]

2 Auslegung der deutschen und europäischen Aufsichtsbehörden

Bereits im Jahr 2010 hat die Artikel-29-Datenschutzgruppe[18] eine Stellungnahme zu den Begriffen „für die Verarbeitung Verantwortlicher" und „Auftragsverarbeiter" unter der Datenschutz-Richtlinie veröffentlicht.[19] Die einschlägigen Tatbestandsvoraussetzungen einer gemeinsamen Verantwortung sind mit der DSGVO wortgleich. Die deutsche Datenschutzkonferenz (DSK) hat ein Kurzpapier zur gemeinsamen Verantwortlichkeit unter der DSGVO veröffentlicht, welches im Wesentlichen die Grundsätze der Artikel 29-Datenschutzgruppe aufgreift.[20]

Die Artikel 29-Datenschutzgruppe schlägt vor, bei der Beurteilung einen sachbezogenen funktionellen Ansatz zu wählen: Wer rechtlich oder tatsächlichen Einfluss auf die Zwecke und Mittel der Verarbeitung hat, soll als (Mit-)Verantwortlicher angesehen werden.[21] Für die Beurteilung der

---

[15] So auch *Schreiber*, ZD 2019, S. 55 (56).

[16] Der Generalanwalt Bobek beim EuGH spricht von „Identität der Zwecke" vgl. Schlussanträge des Generalanwalts *Bobek* v. 19.12.2018, Rs. C-40/17, Rn. 100.

[17] Artikel-29-Datenschutzgruppe, WP 169, S. 23; übereinstimmend *Piltz*, in Gola, DSGVO, Art. 26 Rn. 3.

[18] Artikel 29-Datenschutzgruppe, Stellungnahme 1/2010 zu den Begriffen „für die Verarbeitung Verantwortlicher" und „Auftragsverarbeiter" v. 16.2.2010, WP 169.

[19] RL 95/46/EG des Europäischen Parlaments und des Rates vom 24. Oktober 1995 zum Schutz natürlicher Personen bei der Verarbeitung personenbezogener Daten und zum freien Datenverkehr.

[20] Datenschutzkonferenz (DSK), Kurzpapier Nr. 16, Gemeinsam für die Verarbeitung Verantwortliche, Art. 26 DSGVO, Stand: 19.3.2018.

[21] Artikel-29-Datenschutzgruppe, WP 169, S. 22.

Einflussmöglichkeit sind Kriterien wie der Grad der tatsächlich von den Parteien ausgeübten Kontrolle, der den betroffenen Personen vermittelte Eindruck und die berechtigten Erwartungen der betroffenen Personen aufgrund dieser Außenwirkung zu berücksichtigen.[22]

Die Unfähigkeit, alle Verpflichtungen des Verantwortlichen zu erfüllen (z.B. Auskunft zu gewährleisten), soll die gemeinsame Verantwortlichkeit allerdings nicht ausschließen.[23]

Entgegen dem Wortlaut sei zudem eine Entscheidung entweder über die Zwecke oder die Mittel ausreichend.[24] Die Beteiligung der Parteien an den gemeinsamen Entscheidungen kann sehr verschiedene Formen aufweisen und muss nicht notwendigerweise gleichmäßig verteilt sein. Wenn mehrere Akteure an Entscheidungen beteiligt sind, kann ihre Beziehung sehr eng (z.B. vollständig übereinstimmende Zwecke und Mittel der Verarbeitung) oder eher locker sein (es stimmen z.B. nur die Zwecke oder nur die Mittel oder nur Teile davon überein).[25] Erst durch eine Bewertung der vertraglichen Beziehung von mehreren in eine Datenverarbeitung involvierten Beteiligten kann unter Umständen eine eindeutige Festlegung des bzw. der Verantwortlichen möglich sein.[26]

Hinweise zur Auslegung des Art. 26 DSGVO auf europäischer Ebene hat bisher lediglich der Europäische Datenschutzbeauftragte (EDSB), dessen Zuständigkeit die Organe und Einrichtungen der EU umfasst, im Rahmen einer Orientierungshilfe veröffentlicht.[27] Der Europäische Datenschutzausschuss hat sich zur Auslegung des Begriffs der gemeinsamen Verantwortlichkeit bisher nicht geäußert.

Der EDSB geht anders als die Artikel 29-Datenschutzgruppe davon aus, dass sowohl der Zweck als auch die (wesentlichen Elemente der) Mittel der Verarbeitungsoperation bestimmt werden müssen.[28] Die gemeinsame Entscheidung erfordere allerdings auch nach dem EDSB nicht, dass ein Beteiligter diese gleichermaßen oder gleichberechtigt bestimmt, um als für die Verarbeitung personenbezogener Daten Verantwortlicher zu gelten. Es

---

[22] Artikel-29-Datenschutzgruppe WP 169, S. 14.

[23] Artikel-29-Datenschutzgruppe, WP 169, S. 27.

[24] Artikel-29-Datenschutzgruppe, WP 169, S. 23.

[25] Artikel-29-Datenschutzgruppe, WP 169, S. 23.

[26] *Monreal*, CR 2019, S. 797 (802).

[27] EDPS Guidelines on the concepts of controller, processor and joint controller under Regulation EU 2018/1725, Brussels, 7.11.2019.

[28] Artikel-29-Datenschutzgruppe, WP 169, S. 23.

hänge nämlich auch von dem spezifischen Kontext ab, in dem die Verarbeitung stattfinden würde, welcher Grad des Einflusses auf Zwecke und Mittel die Einordnung als gemeinsam Verantwortliche bestimme.[29]

Daher ist nach den europäischen Institutionen die entscheidende Frage, bis zu welchem Detaillierungsgrad eine Partei die Zwecke und Mittel (mit-) entscheiden muss, um als für die Datenverarbeitung Verantwortlicher zu gelten. Was kann noch als „bestimmen" angesehen werden, und folglich, welcher Grad an Einfluss und Beteiligung an den Zwecken und Mitteln hierfür notwendig ist. Die Feststellung der gemeinsamen Verantwortlichkeit basierend auf tatsächlichem oder auch rechtlichem Einfluss könnte problematisch sein, da unklar ist, was den Einfluss indiziert und welcher Grad an Einfluss erforderlich ist.

Nach dem EDSB ist gemeinsame Bestimmung nicht nur die kontrollierende Einflussnahme, sondern auch bereits die Entscheidung über die Beteiligung an einem Verarbeitungsprozess oder die Ermöglichung desselben, die zu einer gemeinsamen Verantwortung führen kann.[30]

3 Die Rechtsprechung des EuGH

Die bisherigen Entscheidungen des EuGH zur gemeinsamen Verantwortung sind alle auf Grundlage der Datenschutz-Richtlinie ergangen. Aufgrund der wortgetreuen Übernahme der einschlägigen Tatbestandsvoraussetzungen wird vielfach angenommen, dass die Auslegung der Norm durch die EuGH-Entscheidungen grundsätzlich auf die DSGVO übertragen werden kann. Der EuGH bekräftigt in seinen Urteilen, dass der Begriff der Verantwortlichkeit unter Berücksichtigung eines umfassenden Schutzes der betroffenen Personen grundsätzlich weit verstanden werden müsse.[31] Auch der EuGH stellt darauf ab, ob und inwieweit die an einer Verarbeitung Beteiligten einen „Beitrag zur Entscheidung" über die Zwecke und Mittel der Verarbeitung der personenbezogenen Daten leisten.[32]

3.1 Facebook-„Fanpages" (Rs. C-210/16)

Die Entscheidung des EuGH in Sachen Facebook-Fanpages hatte einen Streit zwischen der Datenschutzbehörde in Schleswig-Holstein und der

---

[29] EDPS Guidelines, S. 23.

[30] EDPS Guidelines, S. 23.

[31] EuGH, Urt. v. 29.7.2019 – C-40/17 (Fashion-ID/Verbraucherzentrale), Rn. 65,66; EuGH, Urt. v. 5.6.2018 – C-210/16 (ULD Schleswig-Holstein/Wirtschaftsakademie) Rn. 26,27; EuGH, Urt. v. 10.7.2018 – C-25/17 (Zeugen Jehovas), Rn. 66.

[32] EuGH, Urt. v. 5.6.2018 – C-210/16, Rn. 31.

Wirtschaftsakademie über die Verantwortlichkeit für Datenverarbeitungs-vorgänge auf dem Social Network Facebook. Der EuGH stellte klar, dass im konkreten Fall sowohl Facebook als auch der Fanpage-Betreiber gemein-sam für die Datenverarbeitung verantwortlich seien.[33]

Die zu beurteilende Datenverarbeitung umfasste das Setzen von Cookies durch Facebook auf den Geräten der Besucher einer Facebook-Fanpage. Der Fanpage-Betreiber selbst wiederum kann in seinem Facebook-Account so-genannte Insights-Daten einsehen. Dabei handelt es sich um eine statisti-sche Auswertung, die keine Rückschlüsse auf einen konkreten Nutzer er-möglicht. Der Betreiber der Fanpage kann allerdings Parametrierungen vor-nehmen, die sich auf die zur Erstellung der Statistik erhobenen Daten aus-wirkt.[34]

Die (Mit-)Verantwortung begründet der EuGH zunächst damit, dass der Betreiber einer Fanpage über die einfache Nutzung des Netzwerks hinaus mit der Einrichtung einer Fanpage erst die Möglichkeit gebe, auf dem Gerät der jeweiligen Nutzer der Fanpage Cookies zu platzieren, die sich auf diese Fanpage beziehen – und zwar unabhängig davon, ob diese Person über ein Facebook-Konto verfügt oder nicht.[35] Es reicht aus, dass der Fanpage-Be-treiber die Datenverarbeitung veranlasst, indem er eine Fanpage eröffnet und somit den Nutzer auf Facebook „lockt". Die Entscheidung des Betrei-bers ist quasi conditio sine qua non für die spätere Verarbeitung der Daten Dritter, weshalb eine datenschutzrechtliche Verantwortlichkeit bejaht wer-den kann.

Daneben erhält der Fanpagebetreiber im Rahmen der Daten-Insights von Facebook demographische Daten über seine Zielgruppe und deren Interes-sen. Dieser kann selbst die Kriterien festlegen, nach denen diese Statistiken erstellt werden[36] und verfolgt damit auch einen eigenen Zweck mit der Da-tenverarbeitung. Dies ist zwar nicht identisch mit dem Interesse von Face-book, mit der Teilnahme am Netzwerk unter diesen Voraussetzungen gebe der Betreiber aber wohl seine Zustimmung an der Datenverarbeitung zu beiden Zwecken.

Es sei ausreichend, wenn die beteiligten Verantwortlichen in unter-schiedlichen Phasen der Verarbeitung nicht gleichwertig beteiligt sind. Es

---

[33] EuGH, Urt. v. 5.6.2018 – C-210/16, Rn. 39.

[34] EuGH, Urt. v. 5.6.2018 – C-210/16, Rn. 35 ff.

[35] EuGH, Urt. v. 5.6.2018 – C-210/16, Rn. 35.

[36] EuGH, Urt. v. 5.6.2018 – C-210/16, Rn. 36 u. 37.

sei daher unschädlich, dass der Fanpage-Betreiber auf die weitere Verarbeitung keinen Einfluss hat. Nicht jeder der gemeinsam Verantwortlichen müsse Zugang zu den personenbezogenen Daten haben.[37]

3.2 „Zeugen Jehovas" (Rs. C-25/17)

In der Entscheidung „Zeugen Jehovas" bestätigte der EuGH, dass es für eine gemeinsame Verantwortung nicht notwendigerweise auf die Zugriffsmöglichkeit auf die verarbeiteten personenbezogenen Daten ankomme.[38] Der EuGH sah als relevante Beteiligung und die daraus folgende Verantwortlichkeit bereits die aus Eigeninteresse mögliche Einflussnahme auf die Datenverarbeitung an.[39] So kann die von einem Beteiligten tatsächlich ausgeübte Kontrolle sowie bloß hintergründige Organisations- und Koordinationsaufgaben eine Verantwortlichkeit begründen.[40]

3.3 „Fashion-ID" (Rs. C-40/17)

Auch in seinem Urteil „Fashion-ID"[41] befasste sich der EuGH unter anderem mit der Frage der gemeinsamen Verantwortung. Grundlage der Beurteilung waren die Einbindung eines Social PlugIns auf einer Webseite und die Frage, ob eine gemeinsame Verantwortung zwischen Webseitenbetreiber und Plugin-Anbieter vorliegt.

Der EuGH nimmt auch in dieser Entscheidung eine weite Auslegung der Vorschrift vor. Es läge schon deswegen ein gemeinsames Mittel vor, da die Webseitenbetreiber das Plugin in dem Wissen, dass dieses als Werkzeug zum Erheben und zur Übermittlung von personenbezogenen Daten der Besucher dieser Seite dient, eingebunden hätten.[42] Den gemeinsamen Zweck sieht das Gericht darin, dass beide Parteien ein wirtschaftliches Interesse an der Verarbeitung der Daten haben, auch wenn dieses nicht identisch sei.[43]

Sodann konstatiert der EuGH, dass allerdings lediglich bezüglich der Erhebung und Übermittlung durch das Plugin, nicht aber der weiteren Verarbeitung der Daten durch Facebook, eine gemeinsame Verantwortung vorliege.[44] Die gemeinsame Verantwortung setzte nicht zwangsläufig eine

---

[37] EuGH, Urt. v. 5.6.2018 – C-210/16, Rn. 38.

[38] EuGH, Urt. v. 10.7.2018 – C-25/17, Rn. 68.

[39] EuGH, Urt. v. 10.7.2018 – C-25/17, Rn. 69.

[40] EuGH, Urt. v. 10.7.2018 – C-25/17, Rn. 73.

[41] EuGH, Urt. v. 29.7.2019 – C-40/17.

[42] EuGH, Urt. v. 29.7.2019 – C-40/17, Rn. 75 u. 77.

[43] EuGH, Urt. v. 29.7.2019 – C-40/17, Rn. 80.

[44] EuGH, Urt. v. 29.7.2019 – C-40/17, Rn. 76.

gleichwertige Verantwortlichkeit voraus, sondern könne sich auf bestimmte Phasen der Verarbeitung beschränken oder in unterschiedlichem Ausmaß vorliegen.[45] Die gemeinsame Verantwortung ist folglich auf die Vorgänge der Verarbeitung beschränkt, bei denen beide Beteiligte tatsächlich Einfluss auf Zwecke und Mittel haben.

3.4 Fazit

Es müssen stets der konkrete Verarbeitungskomplex sowie dessen tatsächliche Gegebenheiten betrachtet und geprüft werden, um beurteilen zu können, ob eine gemeinsame Bestimmung von Mitteln und Zwecke im Sinne des Artikel 26 DSGVO vorliegt. Unter Analyse der Gesetzesmaterialien konnte herausgefunden werden, dass zwei Beteiligte sowohl bei übereinstimmenden Zwecken und Mitteln der Verarbeitung als auch der Beeinflussung des Ob, Warum und Wie derselben als gemeinsame Verantwortliche anzusehen sind. Mit den vorliegenden Entscheidungen des EuGH lassen sich die aus dem Wortlaut des Art. 26 DSGVO festgelegten Kriterien zur „Bestimmung über gemeinsame Zwecke und Mittel" folgendermaßen konkretisieren:

- Hinsichtlich der gemeinsamen Bestimmung der Zwecke und Mittel ist die tatsächliche Einflussnahme ausreichend (z.B. Steuerung im Hintergrund, die sich gegenseitige bedingende Beteiligung bei komplementären Zwecken).

- Die gemeinsame Verantwortung setzte keine gleichwertige Beteiligung voraus.

- Die Reichweite kann auf konkrete Phasen der Verarbeitung beschränkt sein.

Für die gemeinsame Festlegung von Zwecken und Mitteln von zwei oder mehr Beteiligten wird durch die Rechtsprechung eine geringe Schwelle angesetzt. Dies mag im Hinblick auf den Schutz der betroffenen Personen zu einem effektiven Ergebnis führen, allerdings muss bei der Übertragung der Rechtsprechung des EuGH berücksichtigt werden, dass die Datenschutz-Richtlinie bezüglich einer gemeinsamen Verantwortung keine Rechtsfolgen vorsah. Vielmehr ging der EuGH wohl davon aus, dass jeden Beteiligten die „normalen" Anforderungen der DSGVO treffen.[46]

4 Rechtsfolgen der gemeinsamen Verantwortung

Nachdem die Voraussetzungen für das Vorliegen einer gemeinsamen Verantwortung weder trennscharf sind und durch die Rechtsprechung des

---

[45] EuGH, Urt. v. 29.7.2019 – C-40/17, Rn. 70.

[46] EuGH, Urt. v. 5.6.2018 – C-210/16, Rn. 29.

EuGH die Tendenz zu einer rein effektivitätsgetriebenen Auslegung der Norm erkennbar wird, soll nun betrachtet werden, welche Folgen bei Vorliegen einer gemeinsamen Verantwortung für die Beteiligten entstehen. Neu ist, dass die DSGVO im Gegensatz zur Datenschutz-Richtlinie ausdrückliche Regelungen zu den Rechtsfolgen der gemeinsamen Verantwortlichkeit trifft.

4.1 Privilegierung des Data Sharing durch die gemeinsame Verantwortung?

Jede Verarbeitung personenbezogener Daten bedarf einer sie legitimierenden Rechtsgrundlage. Fraglich ist daher, ob die gemeinsame Verantwortung von zwei Beteiligten auch zur generellen Rechtmäßigkeit der Verarbeitung zwischen diesen führt.

Die DSGVO enthält auf den ersten Blick keine Aussage dazu, ob die gemeinsam Verantwortlichen im Verhältnis zueinander Dritte gem. Art. 4 Nr. 10 DSGVO oder Empfänger gem. Art. 4 Nr. 9 DSGVO sind. Art. 26 DSGVO selbst enthält lediglich die die Verantwortlichen treffenden Pflichten, schweigt jedoch über die Legitimation der betreffenden Verarbeitungsvorgänge.

Begrifflich liegen bei der gemeinsamen Verantwortlichkeit mindestens zwei voneinander unabhängige Stellen vor, was zunächst dafür spricht, die gemeinsam Verantwortlichen im Verhältnis zueinander als Dritte gem. Art. 4 Nr. 10 DSGVO einzuordnen.[47] Dies wiederum spricht dafür, dass von keiner Privilegierung auszugehen ist und sich jeder von mehreren gemeinsam Verantwortlichen bei der gemeinsamen Verarbeitung von personenbezogenen Daten auf eine eigene Rechtsgrundlage i.S.v. Art. 6 Abs. 1 UAbs. 1 DSGVO stützen können muss.[48] Die Rechtsgrundlagen müssen allerdings nicht zwingend identisch sein.[49] Dies ist insoweit konsequent, als die gemeinsam Verantwortlichen nicht jeder für sich, sondern nur arbeitsteilig und insgesamt mit ihren unterschiedlichen Beiträgen gewährleisten können müssen, dass alle Pflichten aus der DSGVO bezogen auf die gemeinsame Verarbeitung erfüllt werden.[50]

Die gemeinsame Verantwortlichkeit ist somit keine Privilegierung. Ein Verantwortlicher kann sich nicht einfach an die Verarbeitung eines anderen „dranhängen", sondern jeder verantwortliche Beteiligte muss dafür sorgen,

---

[47] *Kremer*, CR 2019, S. 225 (231).

[48] EuGH, Urt. v. 29.7.2019 – C-40/17, Rn. 96; *Monreal*, ZD 2014, S. 611 (616).

[49] *Petri*, in: Simitis et al., Datenschutzrecht, Art. 26 Rn. 1.

[50] Artikel-29-Datenschutzgruppe, WP 169, S 127; EuGH, Urt. v. 29.7.2019 – C-40/17, Rn. 101.

dass er die Daten rechtmäßig, also aufgrund einer Rechtsgrundlage oder Einwilligung verarbeitet.

Für die Einwilligung, die nur wirksam ist, wenn der Betroffene vorab transparent über die Datenverarbeitung informiert wird, bedeutet dies, dass es auch Hinweise auf eine gemeinsame Verantwortlichkeit geben muss. Problematisch ist es allerdings, wenn sich die beiden gemeinsam Verantwortlichen auf unterschiedliche Rechtgrundlagen stützen. Bei der Einbindung eines Plugins könnte zu erwägen sein, dass die Übermittlung der IP-Adresse als personenbezogenes Datum erforderlich ist, um dem Webseitennutzer den Dienst zur Verfügung zu stellen und daher auf das berechtigte Interesse nach Art. 6 Abs. 1 UAbs. 1 lit. f DSGVO gestützt werden kann. Sollte der Anbieter des Plugin wie in dem EuGH entschiedenen Fall für die weitere Verarbeitung, für die keine gemeinsame Verantwortung mehr besteht, die Rechtfertigung über eine Einwilligung benötigen, führt dies zu fast unlösbaren Problemen der praktischen Umsetzung und letztlich dazu, dass die Beteiligten sich auch hinsichtlich der gemeinsamen Verantwortung bei nachgelagerten Verarbeitungsvorgängen abstimmen müssen.

4.2   To Do der Verantwortlichen: Handlungspflichten

Art. 26 DSGVO regelt, welche Handlungspflichten entstehen, wenn die Verarbeitung personenbezogener Daten durch mehrere Verantwortliche gemeinsam erfolgt. Durch diese Pflichten sollen die Transparenz und Rechtsdurchsetzung für die Betroffenen verbessert werden.[51]

Nach Art. 26 Abs. 1 S. 2 i. V. m. Abs. 2 S. 1 DSGVO haben die gemeinsam Verantwortlichen eine Vereinbarung zu schließen, die „die jeweiligen tatsächlichen Funktionen und Beziehungen der gemeinsam Verantwortlichen gegenüber betroffenen Personen gebührend widerspiegeln". Hinsichtlich des Inhalts einer solchen Vereinbarung werden Vorgaben gemacht, was in dieser Vereinbarung als Minimum an Regelungen enthalten sein muss.

Zudem muss den betroffenen Personen die Information über das „Wesentliche der Vereinbarung" zur Verfügung gestellt werden. Die Zurverfügungstellung ergänzt die eigentliche Pflicht zur Information der betroffenen Personen nach Art. 13 und 14 DSGVO.[52]

In einigen Fällen gemeinsamer Verantwortlichkeit kann der eine Beteiligte die Informationsverpflichtung ohne die Mithilfe eines oder mehrerer anderer gemeinsam Verantwortlicher nicht erfüllen. Zur Vermeidung von

---

[51] DSK, Kurzpapier Nr. 16, Gemeinsam für die Verarbeitung Verantwortliche, Art. 26 DSGVO, Stand: 19.3.2018, S. 4.

[52] DSK, Kurzpapier Nr. 16, Gemeinsam für die Verarbeitung Verantwortliche, Art. 26 DSGVO, Stand: 19.3.2018, S. 4.

möglichen Sanktionen und Ansprüchen sind daher beide gemeinsam Verantwortliche aufgefordert, konstruktiv zusammenzuarbeiten und hierüber eine Vereinbarung zu treffen.[53]

4.3 Auswirkungen auf die Betroffenenrechte

Nach Art. 26 Abs. 3 DSGVO kann ein Betroffener seine Rechte bei und gegenüber jedem einzelnen der Verantwortlichen geltend machen. Es spielt für den Betroffenen folglich keine Rolle, wie die gemeinsamen Verantwortlichen diese Verpflichtung intern in der Vereinbarung festgelegt haben. Der Betroffene kann seine Rechte gegenüber jedem an der Datenverarbeitung Beteiligten geltend machen und muss sich nicht mit den Einzelheiten der Vereinbarung auseinandersetzen.

Theoretisch kann der Betroffene seine Rechte folglich gegenüber jedem an einer gemeinsamen Verantwortung beteiligten Verantwortlichen geltend machen. Faktisch ist der datenschutzrechtlich verantwortliche Nutzer von digitalen Infrastrukturen wie Facebook allerdings gar nicht in der Lage, diese Verpflichtung zu erfüllen, da dieser weder das Wissen, noch die entsprechende Einflussmöglichkeit auf die Verarbeitungsprozesse zur Erfüllung dieser Verpflichtung hat.

Die Durchsetzung dieser Rechte sollte daher von den durch die gemeinsame Verarbeitung erfassten Verarbeitungsvorgängen abhängen. Der Umfang der von gemeinsam Verantwortlichen zu gewährleistenden Betroffenenrechte muss folgerichtig auch rechtlich limitiert sein, so beispielsweise in dem Fall „Fashion-ID".[54] Wenn und soweit die Speicherung personenbezogener Daten nicht zu den gemeinsam verantworteten Verarbeitungsvorgängen gehört, kann es weder ein Auskunfts-, Berichtigungs- noch ein Löschungsrecht geben.[55]

4.4 Behördliche Maßnahmen einschließlich Bußgelder

Nach Art. 58 DSGVO können behördliche Maßnahmen durch die Aufsichtsmaßnahmen an „den Verantwortlichen" adressiert werden, es existiert keine gesonderte Reglung bzgl. des Vorgehens gegenüber gemeinsamer Verantwortlichen.

Der Verstoß gegen Pflichten des Art. 26 DSGVO, namentlich das Fehlen einer Vereinbarung, eine inhaltlich mangelhafte Vereinbarung sowie das nicht zur Verfügung Stellen des wesentlichen Inhalts kann nach Art. 83

---

[53] *Monreal*, CR 2019, S. 797 (806).

[54] Ebenda.

[55] Schlussanträge des Generalanwalts *Bobek* v. 19.12.2018, Rs. C-40/17, Rn. 136.

Abs. 4 lit. a DSGVO mit einem Bußgeld belegt werden. Diese formalen Verstöße gehören zu den weniger schwerwiegenden Verstößen des Art. 83 Abs. 4 DSGVO, die mit einem geringeren Bußgeldrahmen belegt sind.

Nach der DSGVO verhängt die Datenschutzbehörde ein Bußgeld oder erlässt eine Maßnahme immer gegen denjenigen, der auch selbst (bzw. zurechenbar) die DSGVO verletzt hat. Es gelten die allgemeinen Zurechnungsregeln des Ordnungswidrigkeitenrechts. Der Behörde steht insoweit ein Auswahlermessen zwischen den beteiligten Verantwortlichen zu, welches sich am Maßstab der Verhältnismäßigkeit orientiert.[56] Die Behörde kann daher grundsätzlich jeden der beteiligten Verantwortlichen mit Maßnahmen oder einem Bußgeld belegen.

4.5 Haftung auf Schadenersatz

Fraglich ist, ob die Haftung auf Schadenersatz eine differenzierte Regelung hinsichtlich der gemeinsamen Verantwortlichkeit vorsieht. Nach dem Wortlaut kommt der Begriff „gemeinsame Verantwortung" nicht vor, es gibt auch keinen Verweis auf Art. 26 DSGVO. Nach Art. 82 Abs. 1 UAbs. 1 DSGVO haftet „jeder an einer Verarbeitung **beteiligte** Verantwortliche […] für den Schaden, der durch eine nicht dieser Verordnung entsprechende Verarbeitung verursacht wurde".

Anders als bei der alleinigen Verantwortung und somit der bloßen Übermittlung zwischen zwei getrennt Verantwortlichen haftet bei der gemeinsamen Verantwortung ein Verantwortlicher aufgrund seiner Beteiligung unabhängig vom Ausmaß seiner Beteiligung nach Art. 82 Abs. 4 DSGVO als Gesamtschuldner. Das bedeutet, dass der Inanspruchgenommene zunächst den gesamten Schaden ersetzen muss, er aber nach Art. 82 Abs. 5 DSGVO abhängig von dem Anteil seiner Verantwortung für den Schaden den Innenregress gegenüber den anderen Beteiligten vornehmen kann.

Somit ist in Art. 82 DSGVO eine gesamtschuldnerische Haftung angelegt, die sich insbesondere bei der gemeinsamen Verantwortung realisiert. Um das Vorliegen einer gemeinsamen Verantwortung anzunehmen, sollte daher auch die Frage entscheidend sein: Wann ist diese „gemeinsame Veranlagung" gerechtfertigt, die aufgrund der gesetzlich normierten Verantwortungsvermutung zunächst zu einer Gesamthaftung führt? Denn auch der EuGH führt in den besprochenen Entscheidungen dazu immer wieder aus, dass die gemeinsame Verantwortlichkeit nicht zwangsläufig zu einer gleichwertigen Verantwortung führt und der Grad der Verantwortlichkeit

---

[56] BVerwG, Urt. v. 11.9.2019, Az. 6 C 15.18, Rn. 30, 31; *Schreiber*, ZD 2019, S. 55 (59).

des jeweils Beteiligten nach den Umständen des Einzelfalls beurteilt werden muss.[57] Eine Zuweisung von einer (Gesamt-)Haftung ohne tatsächlichen Einfluss muss zudem als unangemessen gewertet werden.[58] Durch die Beschränkung der Verantwortung auf die Phasen des Verarbeitungsprozesses auf die auch tatsächlich Einfluss genommen werden kann, wird auch eine angemessene Beschränkung der Gesamthaftung erreicht.

5 Fazit zur „Zielerreichung"

Regelungsziel des Art. 26 DSGVO ist es, durch die Zuweisung von Verantwortlichkeiten und **gemeinsamen Pflichten** einen besseren und umfassenden Schutz natürlicher Personen zu erreichen.

Mit der gemeinsamen Entscheidung über Zwecke und Mittel der Verarbeitung ist nach einer weiten Auslegung am Zweck der Norm nicht lediglich nur die Absprache und Festlegung durch vertragliche Regelungen gemeint. Auch bereits die tatsächliche Einflussnahme in dem Sinne genügt, dass nicht nur einer alleine Zwecke und Mittel der Verarbeitung festlegt.

Im Rahmen der Rechtsfolgen konnte gezeigt werden, dass die gemeinsam Verantwortlichen keine Privilegierung erfahren, sondern diese vielmehr mit zusätzlichen Pflichten sowie der gesamtschuldnerischen Haftung konfrontiert sind. Diese müssen durch transparente Gestaltung der ihnen auferlegten Verantwortung die Erfüllung derselben gewährleisten.

Eine angemessene Beschränkung der Rechtsfigur der gemeinsamen Verantwortung wird durch die einschränkende Auslegung auf die beeinflussten Phasen der Datenverarbeitung erreicht. Dies führt dazu, dass auch im Rahmen der durch die DSGVO neu eingeführten Gesamthaftung keine Benachteiligung der Beteiligten zu befürchten ist.

Die durch die DSGVO und die Rechtsprechung festgelegte Ausformung der gemeinsamen Verantwortung ist daher in der Lage, einen Beitrag zur Gewährleistung der Rechte von betroffenen Personen zu leisten, was gerade bei komplexen Verarbeitungsvorgängen in digitalen Infrastrukturen zur Stärkung deren Rechte führen kann.

---

[57] EuGH, Urt. v. 5.6.2018 – C-210/16, Rn. 43.

[58] So auch die Schlussanträge des Generalanwalts *Bobek* v. 19.12.2018, Rs. C-40/17, Rn. 91.

Literatur

Callies, Ruffert (Hrsg.): EUV/AEUV Das Verfassungsrecht der Europäischen Union mit Europäischer Grundrechtecharta, Kommentar, 5. Aufl., München 2016.

Gola, Peter (Hrsg.): Datenschutz-Grundverordnung VO (EU) 2016/679, Kommentar, 2. Aufl., München 2018.

Kremer, Sascha: Gemeinsame Verantwortlichkeit: Die neue Auftragsverarbeitung?, CR 2019, S. 225-234.

Kühling, Jürgen/Buchner, Benedikt (Hrsg.): Datenschutz-Grundverordnung/ BDSG, 2. Aufl., München 2018.

Monreal, Manfred: Der Rahmen der Verantwortung und die klare Linie in der Rechtsprechung des EuGH zu gemeinsam Verantwortlichen, CR 2019, S. 797-808.

Monreal, Manfred: „Der für die Verarbeitung Verantwortliche" – das unbekannte Wesen des deutschen Datenschutzrechts, ZD 2014, S. 611-616.

Kristina, Schreiber: Gemeinsame Verantwortlichkeit gegenüber Betroffenen und Aufsichtsbehörden Anwendungsbereiche, Vertragsgestaltung und Folgen nicht gleichwertiger Verantwortung, ZD 2019, S. 55-60.

Simitis, Spiros/Hornung, Gerrit/Spiecker gen. Döhrmann, Indra (Hrsg.): Datenschutzrecht DSGVO mit BDSG, Kommentar, Baden-Baden 2019.

Paal, Boris P./Pauly Daniel A. (Hrsg.): Datenschutz-Grundverordnung, Beck'sche Kompakt-Kommentare, 2. Aufl., München 2018.

Wolff, Heinrich Amadeus/Brink, Stefan (Hrsg.): BeckOK Datenschutzrecht, Kommentar, 32. Aufl., München 2020.

DYNAMISCHE PERSONALE IDENTITÄTEN ALS SCHUTZGEGENSTAND DER DSGVO UND TECHNISCHE GESTALTUNGSVORGABE

Dr. iur. Anne Steinbrück, LL. M., Mag. Iur.

Zentrum für Angewandte Rechtswissenschaft (ZAR),
Karlsruher Institut für Technologie (KIT)
anne.steinbrueck@kit.edu

Zusammenfassung

Die Legaldefinition der personenbezogenen Daten gemäß Art. 4 Nr. 1 DSGVO erstreckt sich auf den Ausdruck der physischen, physiologischen, genetischen, psychischen, wirtschaftlichen, kulturellen oder sozialen Identität der natürlichen Person. Damit wird ein dynamischer Identitätsbegriff nahegelegt. Ebenso sieht der Schutzbereich des europäischen Datenschutzgrundrechts aus Art. 7, 8 Charta der Grundrechte der Europäischen Union einen Identitätsschutz vor, der auch die Identitätsbildung im online-Kontext schützt. Zudem wird der rechtliche Identitätsbegriff mit einem philosophischen Modell erweitert, das zwischen statischen *Idem*- und dynamischen *Ipse*-Anteilen unterscheidet. Folglich ist für die DSGVO das Verständnis einer „dynamischen Identität" heranzuziehen, welches als Vorgabe für *privacy by design*-Konzepte gemäß Art. 25 DSGVO dienen soll.

1 Einführung

In Zeiten ubiquitärer Datenverarbeitung erscheint das bestehende datenschutzrechtliche Schutzregime mit der Anknüpfung an personenbezogene Daten unbefriedigend. Denn wie Untersuchungen gezeigt haben, lässt sich mit der Nutzung der „Gefällt-mir"-Funktionsschaltfläche bei Facebook unmittelbar der Beziehungsstatus ableiten,[1] was zu unerwünschten Erkenntnissen führen kann. Ebenso konnte über die Facebook-Nutzung die korrelierende politische Orientierung festgestellt werden, wie es sich in dem *Cambridge Analytica/Facebook*-Fall[2] zugespitzt hat. Dabei konnten die Profile dafür eingesetzt werden, dass Feeds auf Facebook sich unmittelbar auf die Meinungsbildung auswirken. Hieraus lässt sich der Bedarf feststellen, über die personenbezogen Daten hinaus Kenntnis und Einfluss auf die hinter den Profilen stehenden Identitäten zu erlangen.

---

[1] *Kosinski/Stillwell/Graepel*, PNAS 2013, S. 5802 f.

[2] www.faz.net/aktuell/wirtschaft/diginomics/fragen-und-antworten-zu-facebook-und-cambridge-analytica-15505321.html (zuletzt aufgerufen 18.6.2020).

Die datenschutzrechtliche Kontrollmöglichkeit des Einzelnen mit der rechtfertigenden Einwilligung wirkt dabei nur selten als wirksamer Schutzmechanismus. Denn der Betroffene erteilt die Einwilligung aufgrund einer Vielzahl von Einwilligungsmöglichkeiten „matt vom Nicken, zu allem Ja sagen(d)"[3] ohne Bewusstsein über die zukünftigen Erkenntnismöglichkeiten. Hierbei könnte der datenschutzrechtliche Identitätsbegriff aus Art. 4 Nr. 1 DSGVO aufschlussreich sein, wonach die „physischen, physiologischen, genetischen, psychischen, wirtschaftlichen, kulturellen oder sozialen Identität(en)" geschützt werden. Da es sich um Ausdrucksformen der personalen Identität handelt, wird ein pluralistisches und dynamisches Verständnis der Identität deutlich, das sich auch am Verhalten des Betroffenen orientiert. Folglich könnte ein Paradigmenwechsel weg von den personenbezogenen Daten hin zu einem Schutz „dynamischer personaler Identitäten" für einen effektiven Schutz erforderlich sein.

2 Begriff der dynamischen personalen Identitäten

2.1 Fachübergreifenden Perspektive

Der Begriff „Identität" sieht zunächst den Vorgang des Vergleichens vor, um die vollkommene Gleichheit zwischen zwei Objekten festzustellen. Damit wird aus *informationstechnischer Perspektive* unter Identität primär die Identifizierung verstanden, die infolge der Registrierung mit der anschließenden Anmeldung als Zugangsgewährung an die „richtige" Person erfolgt. Dies wird etwa mit dem elektronischen Personalausweis gemäß § 18 PAuswG und der damit verbundenen „digitalen Identität" ermöglicht. Damit erhält die natürliche Person eine bestimmte Kennung (Identifizierer), mit der die Funktionalität der vertraulichen und rechtssicheren Identifizierung ermöglicht wird. Weiter könnten etwa mit der *Berechtigungsverwaltung* eines Mitarbeiters der Personalabteilung der Zugang zu bestimmten Datensätzen und Dokumenten eingeräumt werden. Damit geht es aus der informationstechnischen Perspektive bei der Identität vielmehr um die Verwaltung von Berechtigungen als um die konkrete inhaltliche Ausgestaltung einer personalen Identität.[4]

Demgegenüber wird aus der *philosophischen Perspektive* nach *Ricœur* zwischen einem statischen Teil der Gleichheit *(Idem)* und einem verhaltensbezogenen Teil der Selbstheit *(Ipse)* einer personalen Identität differenziert.[5] Beide stehen zueinander in einem dialogischen Verhältnis und begründen

---

[3] *Wieduwilt*, FAZ vom 20.10.2018, S. 17.

[4] *Windley*, Digital identity, S. 9-13.

[5] *Ricœur*, Oneself as another, S. 116; ebenso auf *Ricœur* abstellend, vgl. *Hildebrandt*, Smart technologies and the end(s) of law, S. 81 f.

den Charakter einer Person.[6] Der *Idem*-Anteil einer personalen Identität stellt etwa der Name, eine Kennung oder die Steueridentifikationsnummer dar. Der *Ipse*-Anteil einer Identität knüpft an die temporäre Aktion einer natürlichen Person in einer kommunikativen Beziehung zur Außenwelt an. Damit unterliegt ein *Ipse*-Anteil der personalen Identität dem zeitlichen Wandel und ist folglich dynamisch, da äußerlich wahrnehmbare und vorübergehende („*contingent*")[7] Handlungen erfolgen. Diese Handlungen wirken sich auf die Identität konstituierend aus[8] und sorgen für einen Facettenreichtum[9] über die dynamischen *Ipse*-Anteile einer personalen Identität. Die Eigenschaft als Mitarbeiter in einer Personalabteilung tätig zu sein, hat somit konstituierende Wirkung für den *Ipse*-Anteil „HR-Mitarbeiter" der personalen Identität.

In dieser Differenzierung zwischen *Idem*- und *Ipse*-Anteilen personaler Identitäten liegt der maßgebliche Anknüpfungspunkt für den dynamischen Identitätsbegriff. Indem das temporäre Verhalten in Kommunikationsbeziehungen einzuordnen ist, sind die Regeln der Kommunikation für den Identitätsbegriff ebenso entscheidend. Hierzu gehören die *Instruktionen*, aus denen sich der Bedeutungsgehalt der Informationen über eine Identität ergibt.[10] Bei der Profilbildung stellen etwa die Algorithmen die Regeln und *Instruktionen* dar, da mit ihnen die Daten und Informationen in einen bestimmten Erkenntnisgehalt über eine Identität überführt werden. Diese Erkenntnismöglichkeiten sollen vom dynamischen Identitätsbegriff erfasst sein.

2.2 Dynamische Erkenntnisse über personale Identitäten

Die personalen Identitäten sind dynamisch, da ihre Erscheinungsformen aus Kommunikationsbeziehungen erwachsen und von der Betrachtungsperspektive abhängen. Folglich können personenbezogenen Daten aus der Perspektive des Freundeskreises, des Arbeitgebers, der Strafverfolgungsbehörden und der eigenen Familie ganz unterschiedliche Erkenntnisse mit sich bringen. Somit bestehen personale Identitäten aus Informationen und Erkenntnissen, die Interpretations- und Lernregeln in Gestalt von *Instruktionen* unterliegen. Nach dem Erkenntnismodell von *Aamodt/Nygård* geht es

---

[6] *Ricœur*, Oneself as another, S. 124, 143.

[7] *Korsgaard*, Self-Constitution, S. 12.

[8] *Korsgaard*, Self-Constitution, S. 35-37.

[9] Aus der sozialpsychologischen Perspektive wird von „Patchwork-Identitäten" ausgegangen, die sich in das Verständnis von Identität als ein „Ich bin viele" zusammenfassen lässt, vgl. *Lippmann*, Identität im Zeitalter des Chamäleons, S. 31 ff.; ebenso auf *Lippmann* abstellend, vgl. *Kieck*, Der Schutz individueller Identität als verfassungsrechtliche Aufgabe.

[10] *Watzlawick/Beavin/Jackson*, Menschliche Kommunikation, S. 46-50.

dabei primär um die Interpretations- und Erkenntnismöglichkeiten und sekundär um die zugrundeliegenden (personenbezogenen) Daten (Abbildung 1).[11]

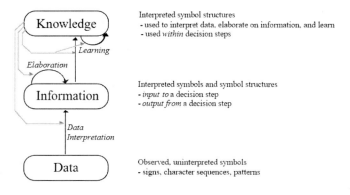

Figure 2: The Data-Information-Knowledge model.

Abb. 1: Aamodt/Nygård[12]

Somit gehören zum Schutzgegenstand die Maßgaben der Informations- und Erkenntniserlangung in Gestalt von *Instruktionen*. Diese ermöglichen es, dass der Betrachter nur unter den *Instruktionen* über eine Identität die Erkenntnisse erlangt. Ein besonders prägnantes Beispiel bilden hierbei die besonderen Kategorien personenbezogener Daten gemäß Art. 9 Abs. 1 DSGVO und die Identifizierung über die DNA gemäß § 81g StPO. Bei den besonderen Kategorien personenbezogener Daten sind Informationen und Erkenntnisse über die rassische und ethnische Herkunft, die politischen Meinungen, religiöse oder weltanschauliche Überzeugungen oder die Gewerkschaftszugehörigkeit und genetische Daten (Art. 4 Nr. 13 DSGVO), biometrische Daten (Art. 4 Nr. 14 DSGVO) und Gesundheitsdaten (Art. 4 Nr. 15 DSGVO) von natürlichen Personen untersagt. Ebenso sieht § 81g StPO eine Beschränkung der DNA-Analyse auf die Identifizierung vor und schließt damit weitere Erkenntnismöglichkeiten aus der DNA aus. Daraus ergeben sich spezifische rechtliche *Instruktionen* an den Verantwortlichen dahingehend, was dieser aus den Daten über eine personale Identität lernen darf und was nicht.

---

[11] *Aamodt/Nygård*, Data & Knowledge Engineering 16, S. 191 (199 f.).

[12] *Aamodt/Nygård*, Data & Knowledge Engineering 16, S. 191 (198).

2.3   Ergebnis

Aus der fachübergreifenden Begriffsbestimmung der dynamischen personalen Identität ist die Differenzierung zwischen *Idem-* und *Ipse-*Anteilen einer personalen Identität besonders aufschlussreich. Damit wird einerseits der statische *Idem-*Anteil in Gestalt des Namens oder eines Identifizierers deutlich und andererseits der dynamische verhaltensbezogene *Ipse-*Anteil. Indem bei der Datenverarbeitung der Betroffene mit dem Verantwortlichen in einer Kommunikationsbeziehung steht, wurde zwischen den Daten, Informationen und Erkenntnissen über eine personale Identität differenziert. Diese sind Gegenstand von Regeln und *Instruktionen* über die möglichen Erkenntnisse, die etwa von Algorithmen ausgeführt werden und sich unmittelbar auf die Identität auswirken. Demnach soll der Schutz der dynamischen personalen Identität aus der grundrechtlichen und datenschutzrechtlichen Perspektive nachvollzogen werden.

3   Schutz dynamischer personaler Identitäten

Der Schutz dynamischer personaler Identitäten lässt sich aus den Grundrechten und dem Datenschutzrecht ableiten. Dafür soll das grundrechtliche Schutzregime aus der Charta der Grundrechte der Europäischen Union (GRC) und den nationalen Grundrechten herausgearbeitet (3.1) werden. Anschließend soll der Schutz dynamischer personaler Identitäten im Datenschutzrecht beleuchtet werden (3.2). Damit lassen sich die grundlegenden Anforderungen von dynamischen personalen Identitäten an die technische Gestaltung von Datenverarbeitungen für einen effektiven Schutz bestimmen.

3.1   Grundrechtlicher Schutz

Der grundrechtliche Schutz personenbezogener Daten und des Privatlebens erfolgt gemäß Art. 7, 8 GRC und umfasst den Schutzgegenstand der dynamischen Identitäten (3.1.1). Gleichzeitig soll das Schutzregime über dynamische Identitäten aus dem allgemeinen Persönlichkeitsrecht gemäß Art. 2 Abs. 1 GG nachvollzogen werden (3.1.2). Denn wie das Bundesverfassungsgericht jüngst in der Entscheidung „Recht auf Vergessen I" festgestellt hat, wird das Schutzniveau der Charta der Grundrechte der Europäischen Union ebenso durch die nationalen Grundrechte in einer „föderativen Balance" gewährleistet.[13] Folglich ist ein Nebeneinander beider Schutzregime für die dynamische personale Identität anzunehmen.

---

[13] BVerfG, Urt. v. 6.11.2019 – 1 BvR 16/13, Recht auf Vergessen I, Rn. 53.

3.1.1 Schutz personenbezogener Daten, Art. 8 GRC

Der Wortlaut gemäß Art. 8 Abs. 1 GRC umfasst den Schutz personenbezogener Daten. Mit der Definition der personenbezogenen Daten wird ein Rückgriff auf das sekundäre Gemeinschaftsrecht der Art. 2a) RL 95/46/EG und Art. 4 Nr. 1 DSGVO vorgenommen, so dass zum grundrechtlichen Schutz die identifizierbare und identifizierte natürliche Person gehören.[14] Weiter werden primärrechtlich die *Ausdrucks*formen der physischen, kulturellen oder sonstigen Identität geschützt, so dass die Konkretisierung des Begriffsumfangs zum Gegenstand sekundärrechtlicher Rechtsauslegung werde.[15] Somit lässt sich aus dem Schutzbereich ein dynamisches Verständnis über personale Identitäten ableiten, welches die Einflussmöglichkeit zum Schutz der Identität und die „Selbstbestimmung des Einzelnen über seine Daten"[16] ermöglichen soll.

Darüber hinaus schützt Art. 7 GRC das Privatleben und die Kommunikation. Dies erfasst den Schutz, seine Identität selbst zu konstituieren und zu bestimmen.[17] Folglich gehören zum Schutzgegenstand neben dem Namen als Identität der dynamische Anteil der Persönlichkeitsentwicklung und Identitätsbildung. Zudem hat der Konvent für den Wortlaut des Art. 7 GRC den Begriff der „Identität" diskutiert aber aufgrund seiner Seltenheit in den mitgliedstaatlichen Verfassungen abgelehnt.[18] Somit lässt sich aus den historischen Betrachtungen ein impliziter dynamischer Identitätsschutz aus Art. 7 GRC entnehmen. Dies lässt sich in den Schutzbereich des europäischen Datenschutzgrundrechts aus Art. 7, 8 GRC übertragen und aus ihm der Schutz dynamischer personaler Identitäten ableiten.

3.1.2 Allgemeines Persönlichkeitsrecht, Art. 2 Abs. 1 GG

Der Schutz dynamischer personaler Identitäten lässt sich aus den Grundrechten als Ergänzung zu dem Schutz aus der Charta der Grundrechte der Europäischen Union ebenfalls ableiten. Dazu soll die Identitätsgenese im Rahmen des allgemeinen Persönlichkeitsrechts gemäß Art. 2 Abs. 1 GG dargestellt werden. Diese umfasst die Ausprägungen des Rechts auf Selbstbestimmung, Rechts auf Selbstbewahrung und des Rechts auf Selbstdarstellung.[19] Mit dem Recht auf Selbstbestimmung wird der innere Raum für die Selbstwahl, Selbstdistanzierung, Selbstvergewisserung und erneute

---

[14] *Jarass*, Kommentar, Charta der Grundrechte der EU, Art. 8 GRC Rn. 5.

[15] *Marsch*, Das europäische Datenschutzgrundrecht, S. 146.

[16] *Bernsdorff/Borowsky*, Die Charta der Grundrechte der Europäischen Union, S. 195 f.

[17] *Jarass*, Kommentar, Charta der Grundrechte der Europäischen Union, Art. 7 GRC Rn. 3, 14.

[18] *Bernsdorff/Borowsky*, Die Charta der Grundrechte der Europäischen Union, S. 155.

[19] *Kingreen/Poscher*, Grundrechte: Staatsrecht II, Rn. 442.

Selbstannahme geschützt.[20] Hierbei findet gerade der innere Dialog zwischen den *Idem-* und *Ipse*-Anteilen statt, der nach dem Modell von *Ricœur* ein Bestandteil des Charakters darstellt.

Das Recht auf Selbstbewahrung schützt demgegenüber die Situationen, in denen sich die Person zurückzieht, abschirmt und für sich alleine bleiben will.[21] Hiervon erfasst ist die vom Bundesverfassungsgericht entwickelte Sphärentheorie, wonach zwischen Intims-, Privat- und Sozialsphäre differenziert wird.[22] Darin zeigen sich die Identitätsausprägungen in dem höchstpersönlichen Intimbereich, der sich etwa in Tagebuchaufzeichnungen äußern kann, die Privatsphäre in der Beziehung zur Familie und die Sozialsphäre im Zusammenhang mit den Freunden. Gleichwohl wurde im Urteil des Bundesverfassungsgerichts „Recht auf Vergessen II" festgestellt, dass im online-Kontext die Wechselwirkungen zwischen Privat- und Sozialsphäre eine Unterscheidung erschweren.[23]

Das Recht auf Selbstdarstellung sieht den Schutz gegen herabsetzende und verfälschende Darstellungen der eigenen Identität vor.[24] Es geht dabei um den Schutz der Identität in ihrer öffentlichen Darstellung, damit fremde Identitätsbilder die Selbstdarstellung nicht erschweren oder ausschließen. Zu dem Recht auf Selbstdarstellung gehört das Recht auf informationelle Selbstbestimmung, was im Volkszählungsurteil aus dem allgemeinen Persönlichkeitsrecht und in der Menschenwürde abgeleitet wurde, Art. 2 Abs. 1 i. V. m. Art. 1 GG.[25] Von dem Recht auf informationelle Selbstbestimmung ist die Befugnis erfasst, über die Offenbarung persönlicher Lebenssachverhalte selbst zu entscheiden. Folglich ist die Offenbarung persönlicher Identitäten in ihren statischen *Idem-* und dynamischen *Ipse*-Anteilen vom Schutzbereich erfasst. Dabei ist die Abschätzbarkeit des erlangbaren Wissens des Kommunikationspartners über eine personale Identität eingeschlossen. Dazu gehören insbesondere die infolge einer Datenverarbeitung erstellten Profile als Identitätszuschreibung durch den Verantwortlichen.

Zur wirksamen Wahrnehmung des Rechts auf informationelle Selbstbestimmung gehört das Recht auf Vergessen als *tabula rasa*-Recht,[26] was einen

---

[20] *Britz*, Freie Entfaltung durch Selbstdarstellung, S. 28 f.

[21] *Kingreen/Poscher*, Grundrechte: Staatsrecht II, Rn. 444.

[22] *Kingreen/Poscher*, Grundrechte: Staatsrecht II, Rn. 446.

[23] BVerfG, Urt. v. 6.11.2019 – 1 BvR 276/17, Recht auf Vergessen II, Rn. 128.

[24] *Kingreen/Poscher*, Grundrechte: Staatsrecht II, Rn. 447.

[25] BVerfGE 65, 1 (43).

[26] *Edwards/Veale*, Duke L. & Tech. Rev. 2017, p. 18 (31).

Neuanfang der Identität ermöglicht. Dies hat in den jüngsten Entscheidungen des Bundesverfassungsgerichts „Recht auf Vergessen I & II"[27] seine nationale Konkretisierung erfahren. Danach werden über das Rehabilitationsinteresse mit den Tilgungsfristen gemäß § 46 BZRG hinaus die langfristigen Auswirkungen von Stigmatisierungen aufgrund eines Strafurteils erfasst. Demnach gehört es zu dem Recht auf Vergessen, dass archivierte Medienberichte über einen weit in der Vergangenheit liegenden Mordfall zwar vom Informationsinteresse der Allgemeinheit schützenswert sind aber das Interesse auf eine reelle „Chance eines Neuanfangs" überwiege.[28] Ein unbegrenztes Vorhalten von Irrtümern und Fehltritten aus der Vergangenheit würde die freie Persönlichkeitsentfaltung beeinträchtigen und der Betroffene solle von einer „Reaktualisierung seiner Verfehlung verschont"[29] bleiben.[30] Darin kommt der Schutz verhaltensbezogener dynamischer Identitäten zum Ausdruck.

3.1.3 Zwischenergebnis

Der Schutz dynamischer personaler Identitäten ist aus dem europäischen Datenschutzgrundrecht gemäß Art. 7, 8 GRC, wie auch aus dem allgemeinen Persönlichkeitsrecht gemäß Art. 2 Abs. 1 GG ableitbar. Dieser Schutz kommt dem sozialpsychologischen Identitätsverständis der über den Lebenszyklus kontinuierlichen Persönlichkeitsentwicklung und Identitätsbildung am nächsten. Somit liegt bereits in dem grundrechtlichen Schutzregime ein wesentlicher Anhaltspunkt für einen dynamischen Identitätsschutz.

3.2 Einfachrechtlicher Schutz in der DSGVO

3.2.1 Personenbezogenen Daten, Art. 4 Nr. 1 DSGVO

Der primärrechtliche Schutz der personenbezogenen Daten leitet sich aus der Legaldefinition gemäß Art. 4 Nr. 1 DSGVO ab. Danach sind die physische, physiologische, psychische, wirtschaftliche, kulturelle oder sonstige Identität als Ausdrucksformen vom Schutz personenbezogener Daten erfasst. Aus diesem Wortlaut des „Ausdrucks" wird deutlich, dass es sich um eine exemplarische Aufzählung von Erscheinungsformen der personalen Identität handelt. Somit unterscheiden sich die Identitätsausprägungen nach dem Datenverarbeitungszusammenhang und sind zeit- und kontextbezogen. So hat das Nutzungsverhalten bei einer online-Einkaufsplattform zu Beginn einen anderen Bedeutungsgehalt als nach jahrelanger Nutzung.

---

[27] BVerfG, Urt. v. 6.11.2019 – 1 BvR 16/13, Recht auf Vergessen I.

[28] BVerfG, Urt. v. 6.11.2019 – 1 BvR 16/13, Recht auf Vergessen I, Rn. 148.

[29] BVerfG, Urt. v. 6.11.2019 – 1 BvR 16/13, Recht auf Vergessen I, Rn. 7.

[30] BVerfG, Urt. v. 6.11.2019 – 1 BvR 16/13, Recht auf Vergessen I, Rn. 105-107.

3.2.2 Schutz gegen Profile, Art. 4 Nr. 4 DSGVO

Bei der Erstellung von Profilen werden bestimmte persönliche Aspekte einer Person bewertet, analysiert und vorhergesagt, Art. 4 Nr. 4 DSGVO. Diese Profile stellen dynamische personale Identitäten dar, weil sie eine natürliche Person in einem bestimmten Datenverarbeitungszusammenhang darstellen und damit den *Ipse*-Anteil einer Identität abbilden. Die profilbasierte Identität einer natürlichen Person wird hinsichtlich ihrer Arbeitsleistung, der wirtschaftlichen Lage, der Gesundheit, den persönlichen Vorlieben, den Interessen, der Zuverlässigkeit, das Verhalten, den Aufenthaltsort oder den Ortswechsel gemäß Art. 4 Nr. 4 DSGVO begründet. Diese Bewertungsaspekte machen deutlich, dass es sich um verhaltensbezogene Eigenschaften einer personalen Identität handelt und somit die Profile dynamische Identitäten darstellen.

Da die Datensätze der Profile aus der Vergangenheit stammen haben die generierten personalen Identitäten kaum einen Bezug zur natürlichen Person in der Gegenwart oder Zukunft. Demnach erscheint es umso wichtiger, dass die personalen Identitäten aus Profilen dynamisch bleiben und dem Einfluss der betroffenen Person unterliegen. Damit würde es dem Betroffenen ermöglicht werden, seine Persönlichkeit im online-Kontext weiter zu entwickeln, obwohl es sich um Profile aus vergangenen Merkmalen handelt. Maßgeblich sind dabei das Recht auf Löschung und (Art. 17 Abs. 1 DSGVO) Berichtigung (Art. 18 DSGVO). Dies würde zu einem einfachrechtlichen Schutz der dynamischen personalen Identität führen.

3.2.3 Schutz von Pseudonymen, Art. 4 Nr. 5 DSGVO

Die dynamische personale Identität kann sich auch in Pseudonymen gemäß Art. 4 Nr. 5 DSGVO abbilden. Mit den Pseudonymen wird die Identifizierbarkeit erst durch die Hinzuziehung weiterer Informationen möglich. Grundsätzlich soll mit der Pseudonymisierung die Zuordnung zu der natürlichen Person erschwert werden und dem Grundsatz der Datenminimierung gemäß Art. 5 Abs. 1b) DSGVO entsprochen werden. Der Einsatz von Pseudonymen kann etwa bei einer bestimmten Rolle als „HR-Mitarbeiter des Betriebes X" erfolgen, um mit einer Kennung interne Statistiken über Gehälter, Arbeitszeiten, Betriebszugehörigkeit unter Wahrung der Datenminimierung vornehmen zu können. Gleichzeitig ist der Einsatz von Pseudonymen zeitlich beschränkt. In dieser zeitlichen Beschränkung kommt der dynamische *Ipse*-Anteil eines an sich statischen *Idem*-Pseudonyms zum Ausdruck.

3.2.4 Zwischenergebnis

Die dynamische personale Identität lässt sich im Datenschutzrecht aus den personenbezogenen Daten, den Profilen und den Pseudonymen ableiten. Diese Rechtsinstitute machen deutlich, dass die personale Identität sich bei einer Datenverarbeitung zu unterschiedlichen Zeitpunkten realisiert und Veränderungen unterliegt. Mit den Betroffenenrechten wird der Einfluss auf die personalen Identitäten gesteigert. Damit wird im datenschutzrechtlichen Zusammenhang die Persönlichkeitsentwicklung und Identitätsbildung ermöglicht.

3.3 Definition der „dynamischen personalen Identität"

Aus der begrifflichen Einordnung der dynamischen personalen Identitäten in das grundrechtliche und datenschutzrechtliche Schutzregime geht folgende Definition hervor:

Die dynamische personale Identität realisiert sich vorübergehend als Ausdruck der Selbstbestimmung, Selbstbewahrung und Selbstdarstellung einer natürlichen Person infolge von Datenverarbeitungen und umfasst die Informationen und Erkenntnisse aus den personenbezogenen Daten aufgrund von Instruktionen.

3.4 Ergebnis

Der Schutz dynamischer personaler Identitäten ist primärrechtlich in Art. 7, 8 GRC und sekundärrechtlich in Art. 4 Nr. 1, 4, 5 DSGVO geregelt. Das grundrechtliche Schutzregime und das Datenschutzrecht sehen einen dynamischen Schutz der Identität in ihrem *Ipse*-Anteil vor. Dies könnte einen Paradigmenwechsel weg vom Schutz personenbezogener Daten hin zum Schutz der dynamischen personalen Identitäten verlangen. Insofern soll die dynamische personale Identität im Datenzyklus nach den Regeln der DSGVO untersucht werden.

4 Dynamische personale Identitäten im Datenzyklus der DSGVO

Der Datenzyklus im Rahmen der DSGVO lässt sich in die Phasen *ex ante* zur Rechtfertigung, der Rechtfertigung und *ex post* zur Rechtfertigung einteilen. Die personale Identität kann bereits *ex ante* zur Rechtfertigung in Gestalt der Informationspflichten gemäß Art. 12, 13 DSGVO in Erscheinung treten. Denn die Informationen über die Datenverarbeitung stellen die Grundlage für die Entscheidungsfindung über die Einwilligungserteilung und die Nutzung des Dienstes dar. Mit den Informationen werden auch die Risiken für die personale Identität für den Betroffenen antizipierbar. Zudem hat der Verantwortliche *ex ante* zur Rechtfertigung die Grundsätze der Datenverarbeitung gemäß Art. 5 Abs. 1 DSGVO zu implementieren. Dazu gehört auch die datenschutzkonforme Wahrung der technischen und organisatorischen Maßnahmen gemäß Art. 25 DSGVO.

Das Verbot mit Erlaubnisvorbehalt verlangt die Rechtfertigung der Datenverarbeitung gemäß Art. 6, 5 Abs. 1a) DSGVO. Sobald die rechtfertigende Einwilligung erteilt wird oder der Dienst aufgrund des Vorliegens eines anderen Rechtfertigungsgrundes gemäß Art. 6 Abs. 1b)-f) DSGVO genutzt wird, geht mit der Datenverarbeitung die mögliche Entstehung personaler Identitäten einher. Insofern stellt die rechtfertigende Einwilligung die Erlaubnis zur Begründung personaler Identitäten dar und hat eine weichenstellende Funktion im Datenzyklus. Denn nach der Rechtfertigung der Datenverarbeitung entstehen vielfältige Informations- und Erkenntnismöglichkeiten über eine personale Identität.

Diese personalen Identitäten werden dynamisch sobald von den Betroffenenrechten *ex post* zur Rechtfertigung Gebrauch gemacht wird. Dazu gehören die grundrechtsunmittelbaren Rechte der Auskunfts- und Berichtigung nach Art. 8 Abs. 2 S. 2 GRC, mit denen der Einfluss auf die personalen Identitäten ermöglicht wird. In einfachrechtlicher Hinsicht räumt das Recht auf Auskunft gemäß Art. 15 DSGVO die Transparenz über die vorgenommene Datenverarbeitung ein. Dabei handelt es sich zugleich um ein Zugangsrecht zu den verarbeiteten personenbezogenen Daten, um auch eine inhaltliche Grundlage über die Ausübung des geeigneten Betroffenenrechts zu haben. Weiter handelt es sich bei dem Berichtigungsrecht gemäß Art. 8 Abs. 2 S. 2 GRC um einen exemplarischen Sammelbegriff für das Recht auf Sperrung und Löschung der Daten.[31] Einfachrechtlich ermöglicht das Recht auf Löschung gemäß Art. 17 DSGVO die Löschung personaler Identitäten. Darin liegt der dynamische Gehalt personaler Identitäten, indem die Chance auf einen Neubeginn im Rahmen der Persönlichkeitsentwicklung und Identitätsbildung geregelt wird. Weiter ermöglicht das Recht auf Datenübertragbarkeit gemäß Art. 20 DSGVO den dynamischen Umgang mit bereitgestellten Daten an einen neuen Verantwortlichen, indem die Daten über eine interoperable Infrastruktur übertragen werden. Dies könnte neben den personenbezogenen Daten auch die personalen Identitäten betreffen und damit ein effektiver Schutzmechanismus für den Betroffenen eingerichtet werden. Schließlich hat der Betroffene ein Recht, gegen die automatisierte Einzelentscheidung gemäß Art. 22 DSGVO vorzugehen.

5 Technische Gestaltungsvorgabe

Die dynamischen personalen Identitäten als Schutzgegenstand der DSGVO und Gegenstand des Datenzyklus sollten in die technische und organisatorische Planung der Datenverarbeitung aufgenommen werden. Gemäß Art. 25 DSGVO ist grundsätzlich der Stand der Technik bei der Datenver-

---

[31] *Marsch*, Das europäische Datenschutzgrundrecht, S. 231.

arbeitung zu berücksichtigen. Dem unbestimmten Rechtsbegriff des „Standes der Technik" kommt ein Verweisungsgehalt zu, wonach die aktuell im Markt verfügbaren technischen Entwicklungsstandards insgesamt den Maßnahmenbündel bilden und die Bestleistung davon gewählt werden soll.[32] Hierbei bilden auch die subjektiven Fähigkeiten des Verantwortlichen den Bewertungsmaßstab dahingehend, das technisch Mögliche und wirtschaftlich Zumutbare umzusetzen.[33]

Die datenschutzrechtliche Vorgabe, den Stand der Technik einzubeziehen, geht mit der Forderung einer datenschutzkonformen Technikgestaltung weiter. Danach ist im ErwG 78 S. 2 vorgesehen, dass die verantwortliche Stelle bei der Technikgestaltung die Maßgaben des *„privacy by design"* und *„privacy by default"* berücksichtigen soll. Somit könnte die Einbeziehung dynamischer personaler Identitäten als ein *„dynamic identity by design"* in die technische und organisatorische Gestaltungsvorgabe vorgenommen werden. Dies würde einer Schutzsteigerung dienen, da der Betroffene wirksamer die Ergebnisse der Datenverarbeitung in Gestalt von personalen Identitäten mit dem Auskunftsrecht gemäß Art. 15 DSGVO einsehen könnte. Darüber hinaus würde die Ausübung der Betroffenenrechte gemäß Art. 16-22 DSGVO erleichtert werden. Zudem würde damit eine weitere Differenzierung des rechtlichen Schutzes geschaffen werden, indem das Spannungsfeld zwischen Recht und Technik mit einem Schutz dynamischer personaler Identitäten eine weitere Konkretisierung erfährt.

Neben dem Verantwortlichen sind die Hersteller von datenverarbeitenden Diensten und Produkten gemäß dem ErwG 78 S. 4 „ermutigt", eine datenschutzkonforme Technikgestaltung bei der Produktentwicklung zu berücksichtigen. Jedoch handelt es sich bei der Ermutigung in den Erwägungsgründen um eine sehr schwache Vorgabe, so dass eine effektive Regelung wünschenswert erscheint. Dahingehend kommt *de lege ferenda* neben einer rechtlichen Verpflichtung mit einer „Muss"-Regel die Erweiterung des Produkthaftungsrechts hinsichtlich des Schutzgutes der personenbezogenen Daten in Betracht. Danach wäre etwa ein datenverarbeitendes Produkt oder ein Dienst, der die datenschutzkonforme Technikgestaltung nicht enthält ein „fehlerhaftes Produkt" nach § 3 ProdHG. Dies würde einen rechtlichen Anreiz mit einer unmittelbaren wirtschaftlichen Auswirkung an die Verantwortlichen und Hersteller bedeuten, bestehende Geschäftsstrategien deutlicher an datenschutzrechtliche Vorgaben auszurichten.

---

[32] *Bartels/Backer*, DuD 2018, S. 214.

[33] *Baumgartner*, in: Ehmann/Selmayr, DS-GVO, Art. 25 DSGVO Rn. 15.

6 Ausblick

Für einen effektiven Datenschutz in Zeiten ubiquitärer Datenverarbeitungen erscheint ein Paradigmenwechsel weg vom Schutz der personenbezogenen Daten hin zu einem Schutz dynamischer personaler Identitäten wünschenswert. Die verantwortlichen Stellen und Hersteller wären dazu gehalten, ihre technischen und organisatorischen Maßnahmen grundlegend zu überarbeiten und ein *„dynamic identity by design"* zu implementieren. Dieses würde den Zugang nicht nur zu den personenbezogenen Daten, sondern zu den generierten personalen Identitäten ermöglichen und damit eine gesteigerte Einflussmöglichkeit eingeräumt werden. Folglich würde der Persönlichkeitsentwicklung und der Identitätsbildung über den Datenzyklus hinweg entsprochen und eine „Kontrolle von Intransparenz"[34] ermöglicht werden. Das Recht auf Vergessen und die Chance auf Neubeginn würde somit auf die personalen Identitäten erweitert werden. Durch die Transparenz der personalen Identitäten würden die Anforderungen aus Art. 12, 13 DSGVO konkretisiert und schließlich eine wirksame Einflussmöglichkeit geschaffen werden. Diese müsste *iterativ* ausgestaltet sein, damit die personalen Identitäten zwischen Betroffenen und Verantwortlichem im Rahmen der datenschutzrechtlichen Vorgaben *dynamisch verhandelbar* werden.

Literatur

Aamodt, Agnar/Nygård, Mads: Different roles and mutual dependencies of data, information, and knowledge – An AI perspective on their integration, Data & Knowledge Engineering 16 (1995), S. 191-222.

Bartels, Karsten/Backer, Merlin: Die Berücksichtigung des Stands der Technik in der DSGVO, DuD 2018, S. 214-219.

Bernsdorff, Norbert/Borowsky, Martin: Die Charta der Grundrechte der Europäischen Union – Handreichungen und Sitzungsprotokolle, Baden-Baden 2002.

Britz, Gabriele: Freie Entfaltung durch Selbstdarstellung – Eine Rekonstruktion des allgemeinen Persönlichkeitsrechts aus Art. 2 I GG, Tübingen 2007.

Edwards, Lilian/Veale, Michael: Slave to the algorithm: Why a right to an explanation is probably not the remedy you are looking for, Duke L. & Tech. Rev. 2017, S. 18-84.

---

[34] *Luhmann*, in: Baecker, Die Kontrolle von Intransparenz, 96.

Ehmann, Eugen/Selmayr, Martin (Hrsg.): DS-GVO – Datenschutz-Grundverordnung: Kommentar, 2. Aufl., München/Wien 2018.

Hildebrandt, Mireille: Smart technologies and the end(s) of law – Novel entanglements of law and technology, Cheltenham, UK/Northampton, MA, USA 2015.

Jarass, Hans D.: Kommentar, Charta der Grundrechte der EU, 3. Aufl., München 2016.

Kieck, Annika: Der Schutz individueller Identität als verfassungsrechtliche Aufgabe – Am Beispiel des geschlechtlichen Personenstands, Berlin 2019.

Kingreen, Thorsten/Poscher, Ralf: Grundrechte: Staatsrecht II, 35. Aufl., Heidelberg 2019.

Korsgaard, Christine M.: Self-Constitution – Agency, Identity, and Integrity, Oxford 2009.

Kosinski, Michal/Stillwell, David/Graepel, Thore: Private traits and attributes are predictable from digital records of human behavior, PNAS 2013, S. 5802-5805.

Lippmann, Eric: Identität im Zeitalter des Chamäleons – Flexibel sein und Farbe bekennen, 2. Aufl., Göttingen/Bristol 2014.

Luhmann, Niklas: in: Dirk Baecker (Hrsg.), Die Kontrolle von Intransparenz, Frankfurt/M. 2017.

Marsch, Nikolaus: Das europäische Datenschutzgrundrecht – Grundlagen, Dimensionen, Verflechtungen, Tübingen 2018.

Ricœur, Paul: Oneself as another, Chicago 1994.

Watzlawick, Paul/Beavin, Janet H./Jackson, Don D.: Menschliche Kommunikation – Formen, Störungen, Paradoxien, 13. Aufl., Bern 2016.

Windley, Phillip J.: Digital identity – Unmasking identity management architecture (IMA), Beijing 2005.

DATENSCHUTZRECHTLICHE VERANTWORTLICHKEIT BEIM BETRIEB VON VOICE APPS IN SPRACHASSISTENTEN WIE ALEXA, CORTANA, GOOGLE ASSISTANT ODER SIRI

RA Thorsten Mehl/RA Ilan Leonard Selz, LL.M. (Minnesota)

SCHÜRMANN ROSENTHAL DREYER Rechtsanwälte, Berlin
mehl@srd-rechtsanwaelte.de/selz@srd-rechtsanwaelte.de

Zusammenfassung

Digitale Sprachassistenten wie Alexa, Cortana, Google Assistant oder Siri sowie dazugehörige Voice Apps von Drittanbietern finden immer größere Verbreitung. Die datenschutzrechtlichen Verantwortungsbereiche der Anbieter der Sprachassistenten und der Betreiber von Voice Apps lassen sich häufig nicht klar voneinander abgrenzen. Vielmehr sprechen gewichtige Gründe für das Vorliegen einer gemeinsamen Verantwortlichkeit im Sinne des Art. 26 DSGVO, zumindest hinsichtlich bestimmter Verarbeitungsvorgänge. Dies führt zu nicht unerheblichen datenschutzrechtlichen Risiken sowohl für die Anbieter von Sprachassistenten als auch für die Betreiber von Voice Apps.

1 Überblick über die Datenverarbeitung bei der Nutzung von Sprachassistenten und Voice Apps

1.1 Datenverarbeitung bei Sprachassistenten

Um eine rechtliche Einordnung von Voice Apps vornehmen zu können, ist es zunächst notwendig, die Datenverarbeitungsprozesse bei der Nutzung von Sprachassistenten an sich nachzuvollziehen. Im Anschluss wird auf die technische Anbindung der Voice Apps eingegangen.

Auf dem Markt stehen mittlerweile zahlreiche Sprachassistenten zur Verfügung, die von diversen Endgeräten abgerufen und genutzt werden können. Der weit überwiegende Teil der Nutzer verwendet dabei aber die Sprachassistenten der großen US-amerikanischen Anbieter: Apple Siri, Google Assistent, Amazon Alexa sowie Microsoft Cortana (vgl. Ab. 1). In diesem Beitrag soll daher das Augenmerk auf die Funktionsweise der Sprachassistenten der genannten großen Anbieter gelegt werden.

Which digital assistants are people using?

19%	36%	36%	25%	1%
Microsoft Cortana	Apple's Siri	Google Assistant	Amazon Alexa	Other

Verbreitung von Sprachassistenten nach dem Microsoft Voice Report 2019, S. 9.[1]

Die marktführenden Sprachassistenten sind sämtlich als Cloud-Dienste ausgestaltet. Mithin findet die Analyse eingegebener Sprachbefehle grundsätzlich in der Infrastruktur und damit im Einflussbereich des Sprachassistentenanbieter statt. Auch sind die Sprachassistenten grundsätzlich so ausgestaltet, dass sie auch ohne die Hinzuziehung zusätzlicher Voice Apps vielfältige Funktionalitäten (z.B. die Beantwortung von Fragen oder die Steuerung von Smart Home Geräten) für ihre Nutzer bereitstellen.[2]

Neben der unmittelbaren Bereitstellung der Funktionalitäten, die Sprachassistenten ihren Nutzern bieten, dient die Datenverarbeitung durch Sprachassistenten auch eigenen Zwecken der Anbieter.[3] Darunter fällt insbesondere:

- die Auswertung von Spracheingaben für (werbliche) Empfehlungen,
- die Betrugs- und Missbrauchsprävention,
- die Dokumentation der Eingaben zur Beweissicherung,
- die Erstellung von Stimmprofilen,
- die Analyse sämtlicher Daten zur Verbesserung der Spracherkennungs- und Sprachverständnissysteme.

Besonders die zuletzt erwähnte Sprachanalyse spielt eine zentrale Rolle für die Sprachassistenten, erlaubt doch die Verarbeitung großer Mengen an Spracheingaben die kontinuierliche Weiterentwicklung und Verbesserung

---

[1] Microsoft Voice Report 2019, https://about.ads.microsoft.com/en-us/insights/2019-voice-report (Stand: 26.6.20).

[2] Zur Beantwortung von Fragen greifen die Sprachassistenten auf externe Quellen (z.B. Wikipedia) zu. Damit ist typischerweise aber keine Verarbeitung personenbezogener Daten des Nutzers durch den externen Anbieter verbunden.

[3] Siehe die Datenschutzhinweise der jeweiligen Anbieter: https://www.amazon.de/gp/help /customer/display.html?nodeId=GA7E98TJFEJLYSFR (Stand: 26.6.20); https://support. microsoft.com/de-de/help/4468233/cortana-and-privacy-microsoft-privacy (Stand: 26.6. 20); https://support.apple.com/de-de/HT210657 (Stand: 26.6.20); https://support.googl e.com/googlenest/answer/7072285?hl=de (Stand: 26.6.20).

des jeweiligen Sprachassistenten. Sie ist unverzichtbar für die Qualität und Treffgenauigkeit der Spracherkennung, welche ein Hauptkriterium für die Attraktivität des jeweiligen Sprachassistenten darstellt.

1.2 Technische Anbindung von Voice Apps

Typischerweise erlauben die Sprachassistenten zusätzlich zu ihrem regulären Funktionsumfang aber auch die Anbindung der Dienste Dritter in Form von Voice Apps. Bei Alexa und Cortana werden diese als „Skills" bezeichnet, im Fall von Google Assistant lautet die Bezeichnung „Actions" und im Rahmen von Siri wird von „Shortcuts" gesprochen. Die Voice Apps externer Betreiber werden so an die Sprachassistenten angebunden, dass den Betreibern nur der vom jeweiligen Assistenten erkannte Inhalt eines Sprachbefehls (als Text) zugänglich gemacht wird, nicht aber die Sprachaufzeichnung selbst.[4] Mit der Anbindung der Voice Apps an die Sprachassistenten sind jedoch rechtliche Risiken für die Voice App Betreiber verbunden, auf die im Folgenden näher eingegangen wird.

2 Datenschutzrechtliche Verantwortlichkeit

Das Hauptaugenmerk dieser rechtlichen Bewertung liegt auf der datenschutzrechtlichen Verantwortlichkeit der Betreiber der Voice Apps. Die Datenschutzgrundverordnung (DSGVO) sieht grundsätzlich drei Formen der Rollenverteilung bei mehreren beteiligten Akteuren vor: die eigenständige (getrennte) Verantwortlichkeit, die Auftragsverarbeitung und die gemeinsame Verantwortlichkeit. Anhand konkreter Beispiele wird im Folgenden untersucht, welche der genannten Formen der Verantwortlichkeit am ehesten geeignet ist, das Verhältnis des Anbieters des jeweiligen Sprachassistenten zum Betreiber der Voice App zu beschreiben.

2.1 Auftragsverarbeitung

Eine pauschale Annahme eines Auftragsverarbeitungsverhältnisses ist bei den gängigen Sprachassistenten nicht überzeugend. Das wesensprägende Merkmal der Auftragsverarbeitung ist die Entscheidungs- und Weisungsbefugnis des verantwortlichen Auftraggebers gegenüber dem Auftragsverarbeiter hinsichtlich der Zwecke und Mittel der Verarbeitung personenbezogener Daten.[5] Die Analyse der Sprachaufnahmen hingegen findet, wie bereits erwähnt, in geschlossenen Systemen in den Clouds der Anbieter der

---

[4] Vgl. etwa die Datenschutzhinweise zu Alexa im Abschnitt „Dienste von Dritten" https://www.amazon.de/gp/help/customer/display.html/ref=hp_left_v4_sib?ie=UTF8&nodeId = GA7E98TJFEJLYSFR (Stand: 26.6.20) bzw. der Abschnitt „Dienste" in den Datenschutzhinweisen des Google Assistant https://support.google.com/googlenest/answer/7 0 72285?hl=de&ref_topic=7173611 (Stand: 26.6.20).

[5] Vgl. Artikel-29-Datenschutzgruppe, WP 169, S. 15 ff.

Sprachassistenten statt. An die Betreiber der Voice Apps werden im Regelfall nur die erkannten Sprachbefehle in Textform weitergeleitet. Auf die Verarbeitung der tatsächlichen Audio-Dateien mit den Spracheingaben der Nutzer haben die Voice Apps keinen Zugriff, geschweige denn sind sie in der Lage, diese Verarbeitung der Audio-Dateien maßgeblich zu beeinflussen. Auch im Übrigen bestimmen die Anbieter der Sprachassistenten, ob und nach welchen Kriterien sie personenbezogene Daten an Voice Apps weiterleiten und verarbeiten die Daten auch zu eigenen Zwecken (s.o.).

Zudem sieht der europäische Verordnungsgeber im Fall einer Auftragsverarbeitung gem. Art. 28 Abs. 3 DSGVO den Abschluss eines Auftragsverarbeitungsvertrags vor. In den Datenschutzhinweisen vieler Voice App Betreiber finden sich allerdings keine Hinweise auf das Vorhandensein eines Auftragsverarbeitungsvertrags mit den Anbietern der Sprachassistenten.[6] Auch in den Datenschutzhinweisen von Amazon Alexa und anderer Sprachassistenten finden sich derzeit keine Hinweise auf ein Auftragsverarbeitungsverhältnis.

2.2 Getrennte Verantwortlichkeit

Im Gegenteil deuten die Aussagen in den Datenschutzhinweisen der Anbieter von Sprachassistenten auf eine Verarbeitung in getrennter Verantwortlichkeit im Verhältnis zu den Betreibern von Voice Apps hin, ohne dass dies allerdings explizit thematisiert wird.[7] Amazon sieht sich an anderer Stelle beim Betrieb von Alexa jedoch ausdrücklich als eigenständig verantwortliche Stelle an.[8] Die Datenschutzhinweise der beispielhaft herangezogenen Voice Apps deuten ebenfalls auf die Annahme einer getrennten Verantwortlichkeit hin.[9] Für die korrekte Einordnung der datenschutzrechtli-

---

[6] Vgl. exemplarisch etwa Datenschutzhinweise Deutsche Bahn Skill für Amazon Alexa https ://www.bahn.de/p/view/home/datenschutz/vertrieb/datenschutz-alexa.shtml (Stand: 26.6.20); Datenschutzhinweise Bosch Smart Home App, Abschnitt 3.5.2, https://www.b osch-smarthome.com/de/de/datenschutz (Stand: 26.6.20); Datenschutzerklärung für den Persil Fleckenratgeber für Amazon Alexa https://www.persil.de/de/sta rtseite/additional-content/datenschutzerklaerung-fleckenratgeber-alexa-skill.html (Stand: 26.6.20).

[7] Vgl. die Datenschutzhinweise zu Apple Siri – https://support.apple.com/de-de/HT210657 (Stand: 26.6.20): „Interagiert Siri für dich mit einer Drittanbieter-App, gelten für dich die Bestimmungen und Datenschutzrichtlinien dieser App."; bzw. die Datenschutzhinweise von Amazon Alexa: https://www.amazon.de/gp/help/customer/display.html?nodeId=G A7E98TJFEJLYSFR (Stand: 26.6.20): „Informationen, die Sie einem Alexa Skill eines Dritten zur Verfügung stellen, unterliegen den Datenschutzbestimmungen des jeweiligen Skill-Entwicklers.".

[8] https://forums.developer.amazon.com/questions/170566/is-alexa-gdpr-compliant.html (Stand: 26.6.20).

[9] Vgl. Fn 6.

chen Verantwortlichkeit sind aber nicht das Selbstverständnis oder die vertraglichen Vereinbarungen zwischen den jeweiligen Betreibern, sondern die tatsächlichen Verhältnisse der Verarbeitung maßgeblich. Gem. der knappen Definition in Art. 4 Nr. 7 DSGVO kommt es darauf an, wer über die Zwecke und Mittel der Verarbeitung entscheidet. Die Außendarstellung in Datenschutzhinweisen und vertragliche Vereinbarungen können lediglich als Hinweis auf die tatsächliche Rollenverteilung dienen.[10]

Die getrennte Verantwortlichkeit wird zwar in der DSGVO nicht ausdrücklich geregelt, liegt jedoch (auch nach Ansicht der Aufsichtsbehörden) vor, wenn die Verantwortlichen unabhängige Zwecke verfolgen und jeweils mit eigenem Entscheidungsspielraum über die eigenen Zwecke und Mittel der Datenverarbeitung, z.B. in Verarbeitungsketten, entscheiden.[11] In der Regel verfolgen die Betreiber der Voice Apps und die Anbieter der Sprachassistenten teilweise unterschiedliche Zwecke und bestimmen auch über die Mittel der Verarbeitung in gewissem Maße selbst. Dies spricht grundsätzlich für eine getrennte Verantwortlichkeit. Abgegrenzt werden muss diese allerdings von einer gemeinsamen Verantwortlichkeit. Soweit die Voraussetzungen der gemeinsamen Verantwortlichkeit gegeben sind, kann keine getrennte Verantwortlichkeit angenommen werden. Im folgenden Abschnitt wird daher das Vorliegen der gemeinsamen Verantwortlichkeit geprüft.

2.3 Gemeinsame Verantwortlichkeit

Im Verhältnis der Sprachassistenten zu den Voice Apps ist die Annahme einer gemeinsamen Verantwortlichkeit aufgrund der neueren Rechtsprechung des Europäischen Gerichtshofs (EuGH) nicht fernliegend. Diese ist gem. Art. 4 Nr. 7 und Art. 26 Abs. 1 S. 1 DSGVO im Fall einer gemeinsamen Festlegung der Zwecke und Mittel der Datenverarbeitung gegeben. Nach der Auffassung des EuGH und der Aufsichtsbehörden sind zum Schutz der Betroffeneninteressen nur relativ geringe Anforderungen an das Vorliegen einer gemeinsamen Verantwortlichkeit zu stellen:

Entscheidendes Abgrenzungskriterium gegenüber anderen datenschutzrechtlichen Rollenverteilungen ist nach Ansicht der Aufsichtsbehörden, dass jeder der Beteiligten einen *„bestimmenden tatsächlichen Einfluss"* auf die Datenverarbeitung nimmt.[12] Der EuGH geht in zwei neueren und durchaus umstrittenen Entscheidungen von einem weiten Verständnis der gemeinsamen Verantwortlichkeit aus.

---

[10] Datenschutzkonferenz, Kurpapier Nr. 16, S. 3.

[11] Vgl. Artikel-29-Datenschutzgruppe, wp169, S. 24, 25, 36, 38; Datenschutzkonferenz, Kurzpapier Nr. 13, S. 4.

[12] Vgl. Datenschutzkonferenz, Kurzpapier Nr. 16, S. 2.

In seiner Entscheidung zu *„Facebook-Fanpages"* stellte der EuGH für die gemeinsame Verantwortlichkeit maßgeblich auf zwei Kriterien ab: Zum einen ermöglichte eine Stelle erst die Verarbeitung personenbezogener Daten durch die andere Stelle (Kausalität für die Datenverarbeitung).[13] Zum anderen nahm eine Stelle über Auswahlkriterien auf die Datenverarbeitung der anderen Stelle Einfluss (Mitbestimmung der Zwecke und Mittel).[14] Diese vom EuGH aufgestellten Kriterien überzeugen für sich genommen nicht umfassend, da sie die Abgrenzung zur getrennten Verantwortlichkeit (s.o.) beinahe unmöglich machen und die Konstellation der gemeinsamen Verantwortlichkeit uferlos zu werden droht.[15]

Die Besonderheiten der gemeinsamen Verantwortlichkeit wurden in der Rechtssache *„Zeugen Jehovas"* aus unserer Sicht überzeugender herausgearbeitet. In der Entscheidung stellte der EuGH für die Annahme einer gemeinsamen Verantwortlichkeit darauf ab, dass eine Stelle *„aus Eigeninteresse"* auf die Verarbeitung Einfluss nimmt und damit an der Entscheidung für die Zwecke und Mittel mitwirkt.[16] Entscheidend sei, dass eine Stelle die Verarbeitung durch die andere Stelle *„organisiert und koordiniert"* und zu dieser *„ermuntert"* hatte.[17] Es kam insofern aus Sicht des EuGH nicht bloß auf die Kausalität an. Vielmehr wurden als zusätzliches Korrektiv die Interessen und Absichten (bzw. intendierten Zwecke) der Parteien berücksichtigt. Danach ist für eine gemeinsame Verantwortung zumindest eine gewisse Überschneidung der Verarbeitungszwecke erforderlich.

Beiden zuvor genannten Entscheidungen ist allerdings gemein, dass der EuGH grundsätzlich von einem weiten Anwendungsbereich der gemeinsamen Verantwortlichkeit ausgeht. Dabei ist es bemerkenswerter Weise nach beiden Entscheidungen für eine gemeinsame Verantwortlichkeit nicht erforderlich, dass alle Verantwortlichen tatsächlich Zugang zu den verarbeiteten personenbezogenen Daten haben.[18] Diese Ansicht hat der EuGH in seiner neusten Entscheidung in der Sache *„Fashion ID"*, auf die unten noch näher eingegangen wird, nochmal ausdrücklich bestätigt.[19] Da die Rechtsprechung im Bereich des Datenschutzrechtsrechts grundsätzlich (noch) e-

---

[13] EuGH, Urt. v. 5.6.2018 – C-210/16, K&R 2018, 475, Rn. 35.

[14] EuGH, Urt. v. 5.6.2018 – C-210/16, K&R 2018, 475, Rn. 39.

[15] So auch *Jung/Hansch*, ZD 2019, S. 143 (144).

[16] EuGH, Urt. v. 10.7.2018 – C-25/17, ZD 2018, 469, Rn. 68.

[17] EuGH, Urt. v. 10.7.2018 – C-25/17, ZD 2018, 469, Rn. 70, 73, 75.

[18] EuGH, Urt. v. 5.6.2018 – C-210/16, K&R 2018, 475, Rn. 38.

[19] EuGH, Urt. v. 29.7.2019 – C□40/17, K&R 2019, 562, Rn. 64 ff.

her rar gesät ist, kommt beiden Entscheidungen eine relativ hohe Bedeutung zu. Es ist jedoch auch zu beachten, dass die gemeinsame Verantwortlichkeit letztlich am Einzelfall festgemacht werden muss.[20]

Zumindest für Teile der Datenverarbeitung durch Sprachassistenten und Voice Apps sprechen danach gute Argumente für die Annahme einer gemeinsamen Verantwortlichkeit: Schon die Einbindung der Voice Apps auf den Sprachassistenten weist auf eine gemeinsame Verantwortlichkeit hin. So können die Voice Apps nicht frei programmiert werden, vielmehr machen die Anbieter der Sprachassistenten weitgehende Vorgaben hinsichtlich der Softwareentwicklung und der Anbindung der Voice Apps. Außerdem müssen Voice Apps vor ihrer Veröffentlichung in der Regel auch noch einen Zertifizierungsprozess durchlaufen.[21] Diese Form der Anbindung zeugt von einem Mitspracherecht der Anbieter der Sprachassistenten hinsichtlich der Wahl der Zwecke und Mittel der Datenverarbeitung auf den Voice Apps. Auch erfüllt diese Vorgehensweise die Kriterien der Organisation und Koordination durch eine verarbeitende Stelle, wie vom EuGH in der zuvor erwähnten Rechtssache *„Zeugen Jehovas"* gefordert. Ohnehin werden die Sprachassistenten nach den typischen Vorgaben der Anbieter als zentrale Plattform für diverse Voice Apps zur Verfügung gestellt. Der jeweilige Sprachassistent wird somit zur entscheidenden Schaltstelle für sämtliche Kommunikationsvorgänge mit den betroffenen Personen, denen in den meisten Konstellationen nicht sofort ersichtlich sein dürfte, an wen sie sich mit Beschwerden oder Fragen oder zur Geltendmachung von Betroffenenrechten in Bezug auf die Datenverarbeitung bei Verwendung spezifischer Voice Apps wenden können. Derartige Konstellationen sprechen nach Ansicht der Aufsichtsbehörden grundsätzlich für die Annahme einer gemeinsamen Verantwortlichkeit.[22] Dem liegt eine teleologische Überlegung zugrunde: Ein zentraler Zweck des Instituts der gemeinsamen Verantwortlichkeit ist es, dass die betroffenen Personen bei komplexen Verarbeitungen nicht im Unklaren darüber gelassen werden, an wen sie sich mit ihren Belangen wenden können. Nach dem Prinzip der gesamtschuldnerischen Haftung aus Art. 82 Abs. 2 DSGVO können sich die Betroffenen mit ihren Ansprüchen grundsätzlich an alle gemeinsam Verantwortlichen halten.

Zudem deutet auch die Funktionsweise der eingesetzten Sprachsysteme auf eine gemeinsame Verantwortlichkeit hin. Wie oben bereits angedeutet, übernimmt der Sprachassistent in der Regel nicht nur die Spracherkennung (speech to text – STT), sondern auch die sog. Intent-Erkennung sowie nach

---

[20] So auch *Jung/Hansch*, ZD 2019, S. 143 (144).

[21] https://developer.amazon.com/en-US/alexa/alexa-skills-kit/get-deeper (Stand: 26.6.20).

[22] Artikel-29-Datenschutzgruppe, wp169, Beispielfall 15, S. 29.

Übermittlung der Text- und Intent-Daten an die Voice App auch die Sprachsynthese (text to speech – TTS).[23] Diese Verarbeitungsvorgänge setzen erhebliche Abwägungsprozesse nach von den Entwicklern der Sprachassistenten vorgegebenen Kriterien und den von der eingesetzten KI erlernten Erkenntnissen voraus. Fehlerhafte Verarbeitungsvorgänge wirken sich daher wesentlich für die betroffenen Personen aus. Dabei beschränken sich die Sprachassistenten gerade nicht auf eine wörtliche Übersetzung der Sprachbefehle; vielmehr werden im Rahmen einer Plausibilitätskontrolle teilweise (vermeintlich) fehlerhafte Anfragen der betroffenen Personen automatisch korrigiert.[24] Die zuvor genannten Aspekte müssen als Indizien für einen bestimmenden tatsächlichen Einfluss des Anbieter von Sprachassistenten auf die Voice Apps herangezogen werden. Die nachfolgende Abbildung 2 verdeutlicht, wie umfassend z.B. Amazon in jede Verarbeitung mittels Alexa eingreift.

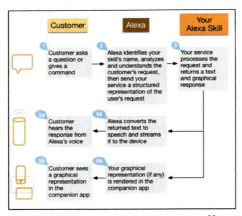

User Interaction Flow für Amazon Alexa[25]

Auch im konkreten Beispiel der Voice App der Deutschen Bahn für Amazon Alexa heißt es von der Deutschen Bahn: „Soweit wir eine passende Antwort auf Ihre uns übermittelte Frage oder Aufforderung haben, geben

---

[23] Vgl. https://developer.amazon.com/en-US/docs/alexa/custom-skills/create-intents-utterances-and-slots.html (Stand: 26.6.2020).

[24] Beispielsweise kann die Song-Anfrage „Play Good for What" automatisch in „Play Nice for What" korrigiert werden, vgl. https://developer.amazon.com/de/blogs/alexa/post/3ac41587-f262-4fec-be60-2df2f64b9af9/the-role-of-context-in-redefining-human-computer-interaction (Stand: 26.6.20).

[25] https://developer.amazon.com/de-DE/docs/alexa/custom-skills/understanding-custom-skills.html (Stand: 26.6.20).

wir diese in Textform an Amazon weiter. Im Rahmen von Alexa erfolgt sodann die Umwandlung des Textes in eine akustische Sprachausgabe, die Ihnen über Ihr Alexafähiges Gerät abgespielt wird."[26] Die hier beschriebene Vorgehensweise illustriert anschaulich das arbeitsteilige Ineinandergreifen von Voice App und Sprachassistent, um Anfragen möglichst zufriedenstellend beantworten zu können. Ein weiteres Indiz für das Zusammenwirken der Deutschen Bahn App mit Amazon Alexa stellt die Berechtigung dar, die die Voice App bei der Installation abfragt.[27] Dabei wird der App Zugang zu der für die jeweiligen Alexa Geräte konfigurierten Postleitzahl gewährt. Auch hier wird wieder deutlich, wie die Datenverarbeitungsvorgänge von Sprachassistent und Voice App ineinander verschränkt sind und Anfragen erst durch das Zusammenwirken beider Systeme bearbeitet werden können.

Für eine gemeinsame Verantwortlichkeit der Voice App Betreiber und der Anbieter von Sprachassistenten spricht außerdem die teilweise Überschneidung der verfolgten Zwecke und die gemeinsamen Interessen der Parteien. Dabei ist insbesondere zu berücksichtigen, dass alle Anfragen auch dazu genutzt werden, um die Spracherkennungs- und Sprachverständnissysteme der Sprachassistenten zu verbessern. Es liegt dabei im Interesse beider Parteien, die Genauigkeit der Transkriptionen zu verbessern. Beide Parteien nehmen auch tatsächlich bestimmenden Einfluss darauf, ob und welche Daten analysiert werden. Die Betreiber der Voice Apps üben ihren Einfluss über die Art und Weise, wie sie ihre Anwendungen in die Plattform des jeweiligen Anbieters integrieren, aus. Die Anbieter der Sprachassistenten üben ihren Einfluss über die Funktionsweise der eingesetzten STT-Anwendungen aus. Zu einer Überschneidung der Zwecke bzw. Mittel der Datenverarbeitung kommt es auch, sofern der Voice App die Möglichkeit eingeräumt wird, eine Verarbeitung von Daten auszulösen, die in den Datenbanken des Anbieters des Sprachassistenten hinterlegt sind. So kann der Betreiber einer Voice App diese in Cortana beispielsweise so gestalten, dass der Sprachassistent auf in Cortana hinterlegte Nutzerprofile zugreift und den Nutzer beim Namen nennt.[28] Wie in den oben zitierten Entscheidungen des EuGH klargestellt, ist es für die Annahme einer gemeinsamen

---

[26] Vgl. den Abschnitt „Welche Daten erheben wir und wie und warum verarbeiten wir Ihre Daten?" in den Datenschutzhinweisen der Deutschen Bahn: https://www.bahn.de/p/view/home/datenschutz/vertrieb/datenschutz-alexa.shtml (Stand: 26.6.20).

[27] Vgl. https://www.amazon.de/Deutsche-Bahn/dp/B01M31NLJD (Stand: 26.6.20).

[28] https://docs.microsoft.com/de-de/cortana/skills/mva52-using-profile-data (Stand: 26.6. 20).

Verantwortlichkeit unerheblich, dass eine Partei dabei keinen Zugriff auf die personenbezogenen Daten erhält.[29]

Schließlich bieten die Sprachassistenten üblicherweise umfangreiche (nicht optionale) Analyse-Funktionen an, mit denen die Nutzung der Voice Apps ausgewertet wird.[30] Auch wenn es sich bei den Auswertungen um (vermeintlich) anonyme, statistische Daten handelt, basieren diese ursprünglich auf konkreten Nutzungsdaten, die nach dem Begriffsverständnis der DSGVO personenbezogen sind. Wenn man die Behördenmeinungen und die Rechtsprechung im Fall „Facebook Fanpages"[31] zugrunde legt, kann bezüglich dieser Verarbeitung ebenfalls von einer gemeinsamen Verantwortlichkeit der Anbieter von Sprachassistenten und der Voice App Betreiber ausgegangen werden. Für eine gemeinsame Verantwortlichkeit ist es, wie erwähnt, unerheblich, dass nur eine Partei Zugang zu personenbezogenen Daten erhält, solange beide Parteien die Verarbeitung veranlassen. Hinzu kommt, dass der Voice App Betreiber mit der Veröffentlichung der Voice App nicht nur auf das „Ob" der Datenverarbeitung zu Analysezwecken Einfluss nimmt, sondern über die von ihm vorgegebenen Funktionen und Intents auch den konkreten Umfang der Analyse vorgibt. Dies kann mit der sog. „Parametrierung" durch Betreiber von Facebook-Fanpages verglichen werden, die der EuGH als ein entscheidendes Argument für eine gemeinsame Verantwortlichkeit herangezogen hat.[32]

Es sprechen gute Argumente für eine gemeinsame Verantwortlichkeit der Voice App Betreiber und der Anbieter der marktüblichen Sprachassistenten. Zu nennen sind dabei vor allem die Vorgaben hinsichtlich der Programmierung der Voice Apps, die ineinandergreifende Datenverarbeitung von Sprachassistenten und Voice Apps, die Überschneidung von Zwecken und Interessen bei der Datenverarbeitung sowie die durch die Anbieter von Sprachassistenten bereitgestellten Analysefunktionen. Diese Feststellung bedarf allerdings einer Einschränkung nach den Grundsätzen, die der EuGH in seinem jüngsten Urteil „Fashion ID" zur gemeinsamen Verantwortlichkeit aufgestellt hat. Danach ist die gemeinsame Verantwortlichkeit auf die bestimmten Verarbeitungsvorgänge beschränkt, bei dem tatsächlich eine gemeinsame Entscheidung in Bezug auf Zwecke und Mittel der Verarbeitung getroffen wird.[33] In erster Linie unterfallen damit vorliegend die

---

[29] EuGH, Urt. v. 5.6.2018 – C-210/16, K&R 2018, 475, Rn. 38; EuGH, Urt. v. 10.7.2018 – C-25/17, Rn. 68.

[30] https://developer.amazon.com/de-DE/docs/alexa/devconsole/measure-skill-usage.html (Stand: 26.6.20).

[31] EuGH, Urt. v. 5.6.2018 – C-210/16, K&R 2018, 475, Rn. 38.

[32] Vgl. EuGH, Urt. v. 5.6.2018 – C-210/16, K&R 2018, 475, Rn. 39.

[33] EuGH, Urt. v. 29.7.2019 – C‑40/17, K&R 2019, 562, Rn. 85.

Datenverarbeitungsvorgänge der gemeinsamen Verantwortlichkeit, die sich konkret mit der Kundenkommunikation befassen. Im Beispiel der Deutschen Bahn Voice App wäre dies zunächst die Sprach- und Intent-Erkennung der jeweiligen Anfrage durch Amazon Alexa sowie die darauf basierende Auskunft durch die Deutsche Bahn Voice App. Nicht von der gemeinsamen Verantwortlichkeit betroffen wäre hingegen voraussichtlich die nachgelagerte Weiterverarbeitung der Daten durch die Verantwortlichen, etwa zu Zwecken der Geschäftsplanung und -steuerung. Hinsichtlich dieser Verarbeitungsvorgänge liegt es nahe, auch weiterhin von einer getrennten Verantwortlichkeit auszugehen.

2.4 Rechtliche Folgen

Die im vorherigen Absatz beschriebene Abgrenzung der datenschutzrechtlichen Verantwortlichkeit wird insbesondere hinsichtlich der Rechtsfolgen der gemeinsamen Verantwortlichkeit relevant. Nicht alle im Folgenden beschriebenen rechtlichen Risiken gelten spezifisch nur für die gemeinsame Verantwortlichkeit, sie werden allerdings durch deren Vorliegen weiter verschärft.

2.4.1 Vereinbarung über die gemeinsame Verantwortlichkeit

Zunächst ist dabei die Notwendigkeit zum Abschluss einer Vereinbarung über die gemeinsame Verantwortlichkeit zu nennen. Der Abschluss dieser Vereinbarung ist nach Art. 26 Abs. 1 DSGVO rechtlich zwingend. Ein Verstoß gegen diese Vorgabe kann nach Art. 83 Abs. 4 lit. a DSGVO mit einer Geldbuße geahndet werden. Tatsächlich aber bieten die Anbieter der verbreiteten Sprachassistenten nach unserem Kenntnisstand bisher nicht den Abschluss einer solchen Vereinbarung an. Wie bereits aufgezeigt, vertreten sie demgegenüber die Ansicht, es läge eine getrennte Verantwortlichkeit hinsichtlich sämtlicher Verarbeitungsvorgänge im Zusammenhang mit den Voice Apps vor.

2.4.2 Informationspflichten

Nach Art. 26 Abs. 2 S. 2 DSGVO ist betroffenen Personen auch der wesentliche Inhalt der Vereinbarung über die gemeinsame Verantwortlichkeit zugänglich zu machen. Auch diese gesetzliche Vorgabe ist nach Art. 83 Abs. 4 lit. a DSGVO bußgeldbewehrt, lässt sich allerdings ohne entsprechende Kooperationsbereitschaft seitens der Anbieter der gängigen Sprachassistenten nicht umsetzen.

Tatsächlich ist es in der Praxis bei den Betreibern von Voice Apps schon um die Umsetzung der grundlegenden Informationspflichten nach Art. 13 bzw. 14 DSGVO schlecht bestellt. So fehlen bei den meisten Voice Apps spezifische Informationen hinsichtlich der Datenverarbeitung im Zusammenhang mit der Nutzung von Sprachassistenten. Diese Informationspflichten bestehen aber auch bei der Annahme einer getrennten Verantwortlichkeit. Die meisten Betreiber von Voice Apps beschränken sich darauf, die Datenschutzerklärung ihrer Website oder Smartphone App wiederzugeben, obwohl sich die dort beschriebene Verarbeitung und datenschutzrechtliche Verantwortlichkeit deutlich von der bei der Nutzung des Sprachassistenten unterscheidet.[34] Die in diesem Artikel referenzierten Datenschutzhinweise von Voice App Betreibern stellen eher die Ausnahmen dar, bei der für die Nutzung von Voice Apps gesonderte Datenschutzhinweise vorgehalten werden.[35]

2.4.3 Aufsichtsbehördliche Verfahren

Die Verwirklichung der unter den Punkten 2.4.1 und 2.4.2 aufgezeigten Risiken kann schon für sich genommen zu erheblichen Bußgeldern und anderen Sanktionen durch die Datenschutzaufsichtsbehörden führen. Beim Vorliegen einer gemeinsamen Verantwortlichkeit kommt erschwerend hinzu, dass einem der Verantwortlichen unter Umständen auch die datenschutzrechtlichen Versäumnisse des anderen zugerechnet werden können.[36] Dies gilt umso mehr, wenn keine Vereinbarung über die gemeinsame Verantwortlichkeit geschlossen wurde, in der die jeweiligen datenschutzrechtlichen Verantwortlichkeiten der Beteiligten explizit geregelt sind.[37] An dieser Stellen wird dann wieder die unter Punkt 2.3 angesprochene Differenzierung des EuGH hinsichtlich der einzelnen Verarbeitungsvorgänge relevant. Es muss also für jeden Datenverarbeitungsvorgang gesondert festgestellt werden, ob eine gemeinsame Verantwortlichkeit vorliegt und die Zurechnung datenschutzrechtlicher Versäumnisse auf diesem Weg möglich ist.

2.4.4 Haftung

Zuletzt stellt sich die Frage, welches Haftungsrisiko gegenüber betroffenen Personen bei dem Betrieb von Voice Apps auf Sprachassistenten droht.

Maßgebliche Vorschrift für die Haftung ist Art. 82 DSGVO. Danach ist die Beteiligung eines Verantwortlichen an einer Verarbeitung ausreichend, um eine Haftung für diesen zu begründen.[38] Zweck der Norm ist es, Be-

---

[34] Vgl. etwa die auf Amazon Alexa hinterlegte Datenschutzrichtlinie von Spotify https://ww w.spotify.com/de/legal/privacy-policy/ (Stand: 26.6.20).

[35] Vgl. Fn 6.

[36] *Nink*, in: Spindler/Schuster, Recht der elektronischen Medien, Art. 26 DSGVO, Rn. 21.

[37] *Hartung*, in: Kühling/Buchner, DS-GVO BDSG, Art. 26 DSGVO, Rn. 31.

[38] *Boehm*, in: Simitis/Hornung/Spiecker gen. Döhmann, Datenschutzrecht, Art. 82 DSGVO, Rn. 16.

troffenen einen möglichst umfassenden Schadenersatzanspruch zu gewähren, weshalb der Begriff der Beteiligung weit auszulegen ist und eine Zurechnung der schädigenden Handlung nicht notwendig ist.[39] Diese Norminterpretation legt nahe, dass die Haftung der Anbieter von Sprachassistenten und der Betreiber von Voice Apps für Datenschutzverletzungen des jeweils anderen nicht nur auf Verarbeitungen in gemeinsamer Verantwortlichkeit beschränkt ist, sondern selbst bei der Annahme einer getrennter Verantwortlichkeit in Betracht kommt. Wer Daten an einen Dritten übermittelt, ist demnach ebenfalls an der Datenverarbeitung des Dritten beteiligt.[40]

Diese sehr weitgehende Haftungsregelung wird zwar wieder durch die Exkulpationsmöglichkeit nach Art. 82 Abs. 3 DSGVO eingeschränkt, allerdings setzt diese voraus, dass der Verantwortliche *„nachweist, dass er in keinerlei Hinsicht für den Umstand, durch den der Schaden eingetreten ist, verantwortlich ist."* Der Verantwortliche muss also nachweisen, dass er sämtliche Sorgfaltsanforderungen vollumfänglich erfüllt hat und ihm nicht die geringste Fahrlässigkeit vorzuwerfen ist.[41] Dieser Nachweis dürfte vorliegend nicht ohne Weiteres zu erbringen sein, soweit sich die Mittel und Zwecke der Datenverarbeitung von Sprachassistenten und Voice Apps überschneiden. Dies gilt insbesondere für die Sprach- und Intent-Erkennung sowie die Analyse der jeweiligen Anwendungen. Wie oben aufgezeigt, gehen die Betreiber der Sprachassistenten und der Voice Apps regelmäßig vom Nichtvorliegen einer gemeinsamen Verantwortlichkeit aus und unterlassen daher sowohl den Abschluss einer dahingehenden Vereinbarung als auch die entsprechende Information der Betroffenen, vgl. Art. 26 Abs. 2 DSGVO. Sollte aufgrund der hier aufgezeigten Argumente gerichtlich nichtsdestotrotz eine gemeinsame Verantwortlichkeit festgestellt werden, so kann bereits in diesen Versäumnissen eine vorwerfbare Fahrlässigkeit liegen, die für den jeweiligen Verantwortlichen im Einzelfall zu einer Haftung gegenüber betroffenen Personen führt.

---

[39] *Quaas*, in: *Wolff/Brink*, Art. 82 DSGVO, Rn. 39.

[40] *Bergt*, in: Kühling/Buchner, DS-GVO BDSG, Art. 82 DSGVO, Rn. 22.

[41] *Moos/Schefzig*, in: Taeger/Gabel, DSGVO BDSG, Art. 82 DSGVO, Rn. 76.

Literatur

Wolff, Heinrich Amadeus/Brink, Stefan (Hrsg.): BeckOK Datenschutzrecht, Online-Kommentar, 32. Ed., München, Stand: 1.5.2020.

Jung, Alexander/Hansch, Guido: Die Verantwortlichkeit in der DS-GVO und ihre praktischen Auswirkungen, ZD 2019, S. 143-148.

Kühling, Jürgen/Buchner, Benedikt (Hrsg.): Datenschutz-Grundverordnung /BDSG, Kommentar, 2. Aufl., München 2019.

Simitis, Spiros/Hornung, Gerrit/Spiecker gen. Döhmann, Indra (Hrsg.): Datenschutzrecht, Kommentar, Frankfurt/Kassel 2019.

Spindler, Gerald/Schuster, Fabian (Hrsg.): Recht der elektronischen Medien, Kommentar, 4. Aufl., München 2019.

Taeger, Jürgen/Gabel, Detlev (Hrsg.): DSGVO – BDSG, Kommentar, 3. Aufl., Frankfurt 2019.

ZULÄSSIGKEIT VON HAFTUNGS-BESCHRÄNKUNGEN IM INNEN-VERHÄLTNIS IN AUFTRAGS-VERARBEITUNGSVERTRÄGEN (AVV)

RA Ulf Haumann, LL.M.
FA IT-Recht/Fachkraft für Datenschutz

BHG Datenschutz Consulting
datenschutz@bhg-datenschutz.de

Zusammenfassung

Der vorliegende Beitrag befasst sich mit der datenschutzrechtlichen Prüfung der Rechtmäßigkeit von Haftungsbeschränkungen im Innenverhältnis in Auftragsverarbeitungsverträgen nach der Datenschutzgrundverordnung (DSGVO) und dem Bundesdatenschutzgesetz (BDSG). Im deutschen Zivilrecht ist die Vertragsfreiheit eine wichtige Ausgestaltung der im Grundgesetz geschützten Privatautonomie. Grundsätzlich können auch Haftungsbegrenzungen in Verträgen z.B. in AGB aufgenommen und vereinbart werden. Der vollständige Ausschluss der Haftung in AGB ist generell nie erlaubt. Das liegt daran, dass sich ein Geschäftspartner niemals komplett von seinen gesetzlichen Pflichten befreien kann. Jede Klausel, die die Haftung zu stark einschränkt, ist nach § 306 BGB ungültig.

1 Einführung

In der Beratungspraxis sind in letzter Zeit vermehrt Auftragsverarbeitungsverträge (AVV) zur Prüfung vorgelegt worden, die zu Gunsten des Auftragsverarbeiters im Innenverhältnis die Haftung gegenüber dem Verantwortlichen beschränken sollen. Unternehmen sind in der Regel darauf bedacht, ihre Muster-Verträge bei Vertragsverhandlungen durchzusetzen. Dies gilt auch für die AVV. Bei „Global-Playern" sollen idealerweise die Muster-Verträge weltweit verwendet werden. Insbesondere bei US-amerikanischen Unternehmen findet man immer wieder Haftungsbeschränkungsklauseln in AVV. In denen heißt es sinngemäß:

„Die gesamte Haftung der Parteien unterliegt den Haftungsbeschränkungen des Hauptvertrags."

Im Hauptvertrag ist in der Regel eine Haftungsobergrenze niedergeschrieben. Das kann dazu führen, dass die Haftung im Innenverhältnis auf etwa 1/10 eines etwaigen Bußgeldes, wobei ein etwaiger Schadensersatz noch gar nicht mit einbezogen worden ist, beschränkt würde. Von den Auftragsverarbeitern bzw. Klauselverwendern wird vertreten, dass die Haftungsbegrenzung sich nicht auf das Außenverhältnis gegenüber Betroffenen erstrecke und auch in Art. 28 DSGVO nicht explizit niedergeschrieben sei, dass eine Haftung im Innenverhältnis rechtswidrig wäre. Das ist zu prüfen. Zudem muss man hinterfragen, ob die Haftungsbeschränkung auf Bußgelder überhaupt anwendbar ist. Nach einer Entscheidung des BGH[1] steht es den betroffenen Gesamtschuldnern frei, vor oder nach Entstehung des Gesamtschuldverhältnisses Vereinbarungen über die Ausgleichspflicht zu schließen. Es wird zwar in der Literatur[2] vertreten, dass die Parteien auch im Rahmen einer AVV im Innenverhältnis die Haftungsverteilung gestalten können. Problematisch ist eine Haftungsbegrenzung jedoch, weil vorliegend das Rechtsfolgenregime in Art. 82 Abs. 4 und 5 DSGVO ausgehebelt würde. Dort ist eine Wahlfreiheit und eine Art Gesamtschuldnerausgleich geregelt. Dies wird durch Art. 82 Abs. 5 DSGVO gestützt. Denn die streitgegenständliche Haftungsbegrenzung hebelt das Ausgleichsrecht im Innenverhältnis faktisch aus. Auch der zur DSGVO erlassene ErwG 146 Satz 9, welcher zum Innenausgleich bei geleisteten Schadensersatzansprüchen erläutert, verlangt:

„Jeder Verantwortliche oder Auftragsverarbeiter, der den vollen Schadenersatz geleistet hat, kann anschließend ein Rückgriffsverfahren gegen andere an derselben Verarbeitung beteiligte Verantwortliche oder Auftragsverarbeiter anstrengen."

2 Datenschutzrechtliche Haftungsbeschränkungen

Unbeschadet der Artt. 82, 83 und 84 DSGVO gilt ein Auftragsverarbeiter, der unter Verstoß gegen diese Verordnung die Zwecke und Mittel der Verarbeitung bestimmt, in Bezug auf diese Verarbeitung als Verantwortlicher (Art. 28 Abs. 10 DSGVO). Damit ist der Auftragsverarbeiter grundsätzlich haftbar für eigene Verstöße im Rahmen der Auftragsverarbeitung.

Fraglich ist, ob der Auftragsverarbeiter die Haftung für Schäden nach der DSGVO im Rahmen seiner Auftragsverarbeitung vertraglich begrenzen kann. Unbeschadet der Interessenlage, die auf Seiten des Verantwortlichen eine solche Beschränkung grundsätzlich ausschließt, ist daher zu prüfen,

---

[1] BGH, Urt. v. 18.11.2014 – KZR 15/12, WRP 2015, 201 – Calciumcarbid-Kartell II, Rn. 50. „Dieser Aspekt betrifft lediglich die Haftung im Außenverhältnis. Wenn feststeht, dass ein Unternehmen eine Geldbuße in bestimmter Höhe verwirkt hat, ist es im Wesentlichen eine Frage der Zweckmäßigkeit, ob die Kommission diese Geldbuße nur gegen eine der zum Unternehmen gehörenden Gesellschaften festsetzt oder ob sie weitere Gesellschaften als Gesamtschuldner heranzieht. Sofern der festgesetzte Betrag von den Adressaten der Bußgeldentscheidung beigetrieben werden kann, ist es im Ergebnis bedeutungslos, ob wegen desselben Betrags noch weitere Schuldner zur Verfügung stünden".

[2] https://www.datenschutzbeauftragter-info.de/verantwortlicher-und-auftragsverarbeiter-wie-ist-die-haftung-untereinander/.

ob eine Beschränkung der Haftung im Rahmen des Datenschutzes überhaupt rechtlich zulässig ist, wen der Auftragsverarbeiter in die AVV eine Haftungsbegrenzung im Innenverhältnis aufnehmen will.

2.1 Haftung nur für Vorsatz und grobe Fahrlässigkeit

Die Haftung des Verantwortlichen nach der DSGVO wird gemäß Artt. 82 bis 84 DSGVO i. V. m. §§ 41 ff. BDSG durch jegliche Verstöße gegen die datenschutzrechtlichen Bestimmungen ausgelöst. Die DSGVO kennt keine anderen haftungsbegründenden Merkmale, was zur Folge hat, dass auch leichte Fahrlässigkeit nicht ausgeschlossen werden kann.

„Artikel 82 DSGVO und § 83 BDSG sehen Schadensersatz- und Entschädigungsansprüche im Falle immaterieller und materieller Schäden des Betroffenen vor. Hierbei geht die Regelung in Artikel 82 DSGVO als allgemeine, unmittelbar geltende Schadensersatznorm der nationalen Vorschrift im BDSG vor. Dieser kommt ein Anwendungsbereich primär nur für Schäden zu, die durch rechtswidrige Datenverarbeitungen der Sicherheits- und Strafverfolgungsbehörden entstehen, für die die Regelungen der DSGVO gem. Artikel 2 Absatz II d nicht gelten. Die DSGVO beinhaltet damit ein eigenes System eines datenschutzrechtlichen Schadensersatzrechts, welches die Regelungen des BGB insoweit überlagert. Verletzende und den Anspruch begründende Handlung ist nach dem Wortlaut des Artikel 82 Abs. I DSGVO jeder Verstoß gegen die DSGVO. Als Beispiele immaterieller und kompensationspflichtiger Schäden werden etwa durch Offenbarung personenbezogener Daten erlittene Diskriminierung, Identitätsdiebstahl oder -betrug, Rufschädigung oder die Aufhebung einer Pseudonymisierung genannt. Ein Verschulden ist für den Anspruch auf Schadensersatz materieller Schäden ebenso wie für den Ersatz immaterieller Schäden nicht notwendig, wobei der in Anspruch Genommene in Form einer rechtsvernichtenden Einwendung gem. Artikel 82 Absatz III DSGVO von seiner Einstandspflicht befreit wird, wenn er nachweist, ‚dass er in keinerlei Hinsicht für den Umstand, durch den der Schaden eingetreten ist, verantwortlich ist.‘ Allerdings kann sich der Verantwortliche nicht darauf berufen, dass ein fehlerhaftes Handeln eigener Mitarbeiter erfolgte.“[3]

Die Haftung des Auftragsverarbeiters regelt Art. 28 Abs. 10 i. V. m. Art. 82 bis 84 DSGVO i. V. m. §§ 41 ff. BDSG explizit. Die Verantwortung ergibt sich aus der dem Auftragsverarbeiter auferlegten Pflichten. Die Erfüllung der dem Auftragsverarbeiter zukommenden Obliegenheiten ist für diesen – schon im Hinblick auf den Bußgeldkatalog und die ihm in Art. 82 Abs. 2 S. 2 DSGVO auferlegten Pflichten essentiell.[4] Diesen hat er nachzukommen. Allerdings auch nur diesen.

---

[3] *Fuhlrott*, NZA 2019, S. 649.

[4] So auch *Gabel/Lutz*, in: Taeger/Gabel, DSGVO/BDSG, Art. 28 Rn. 75.

"Zu beachten ist jedoch, dass eine Haftung des Auftragsverarbeiters gemäß Art. 82 Abs. 2 S. 2 DSGVO nur dann besteht, wenn er seinen speziell den Auftragsverarbeitern auferlegten Pflichten aus dieser Verordnung nicht nachgekommen ist.[5]"

Eine Unterscheidung zwischen grober und leichter Fahrlässigkeit findet sich also in der DSGVO nicht. Die DSGVO stellt allein auf die Erfüllung der Pflichten nach der DSGVO ab. Hiermit wird ein weitgehender Schutz der Rechte der betroffenen Personen bezweckt. Der mit den vorgesehenen negativen Sanktionen in Form von Bußgeld und Schadensersatzansprüchen bezweckte Anreiz für den Auftragsverarbeiter, alle datenschutzrechtlichen Bestimmungen zu beachten und seine Pflichten zu erfüllen, würde jedoch mit jedweder Begrenzung der Haftung konterkariert. Somit ist ein vertraglich vereinbarter Haftungsausschluss auch für leichte Fahrlässigkeit nicht zulässig.

2.2 Haftungsbegrenzung gegenüber Dritten

Gemäß Art. 82 Abs. 4 DSGVO i. V. m. § 41 BDSG haftet, wenn mehr als ein Auftragsverarbeiter bzw. sowohl ein Verantwortlicher als auch ein Auftragsverarbeiter an derselben Verarbeitung beteiligt sind, jeder Verantwortliche oder jeder Auftragsverarbeiter für den gesamten Schaden, damit ein wirksamer Schadensersatz für die betroffene Person sichergestellt ist. Eine Haftung nach der DSGVO kann daher gegenüber den Betroffenen im Außenverhältnis nicht ausgeschlossen werden.

2.3 Haftungsbegrenzung im Innenverhältnis

Fraglich ist, ob die Haftung nach der DSGVO überhaupt ausgeschlossen werden kann. Wenn nicht, ist auch keine Haftungsbegrenzung möglich, die ja naturgemäß einen Teil der Haftung ausschlösse.

Die DSGVO legt gemäß Art. 82 Abs. 3 fest, unter welchen Voraussetzungen eine Befreiung von der Haftung festzustellen ist. Nämlich grundsätzlich nur dann, wenn der Verantwortliche – in diesem Sinne gemäß Art. 28 Abs. 10 DSGVO auch der verantwortlich arbeitende Auftragsverarbeiter – belegen kann, dass er alles unternommen hat, um Datenschutzverstöße zu verhindern.

„Art. 82 Abs. 3 regelt die Darlegungs- und Beweislast und schreibt vor, dass eine Haftungsbefreiung ausschließlich dann vorliegen kann, wenn die Beteiligten nachweisen können, für die den Schaden verursachenden Umstände in keinerlei Hinsicht verantwortlich zu sein, d.h. sie jeder Sorgfaltspflicht nachgekommen sind, und nicht

---

[5] *Gabel/Lutz*, in: Taeger/Gabel, DSGVO/BDSG, Art. 28 Rn. 76.

die geringste Fahrlässigkeit begangen haben. Damit wird das Verschulden widerleglich vermutet und es obliegt dem Verantwortlichen bzw. Auftragsverarbeiter, den Entlastungsbeweis zu führen."[6]

Erwägungsgrund 146 Schadenersatz*: Der Verantwortliche oder der Auftragsverarbeiter sollte Schäden, die einer Person aufgrund einer Verarbeitung entstehen, die mit dieser Verordnung nicht im Einklang steht, ersetzen. Der Verantwortliche oder der Auftragsverarbeiter sollte von seiner Haftung befreit werden, wenn er nachweist, dass er in keiner Weise für den Schaden verantwortlich ist. Der Begriff des Schadens sollte im Lichte der Rechtsprechung des Gerichtshofs weit auf eine Art und Weise ausgelegt werden, die den Zielen dieser Verordnung in vollem Umfang entspricht. Dies gilt unbeschadet von Schadenersatzforderungen aufgrund von Verstößen gegen andere Vorschriften des Unionsrechts oder des Rechts der Mitgliedstaaten. Zu einer Verarbeitung, die mit der vorliegenden Verordnung nicht im Einklang steht, zählt auch eine Verarbeitung, die nicht mit den nach Maßgabe der vorliegenden Verordnung erlassenen delegierten Rechtsakten, Durchführungsrechtsakten und Rechtsvorschriften der Mitgliedstaaten zur Präzisierung von Bestimmungen der vorliegenden Verordnung im Einklang steht. Die betroffenen Personen sollten einen vollständigen und wirksamen Schadenersatz für den erlittenen Schaden erhalten. Sind Verantwortliche oder Auftragsverarbeiter an derselben Verarbeitung beteiligt, so sollte jeder Verantwortliche oder Auftragsverarbeiter für den gesamten Schaden haftbar gemacht werden. Werden sie jedoch nach Maßgabe des Rechts der Mitgliedstaaten zu demselben Verfahren hinzugezogen, so können sie im Verhältnis zu der Verantwortung anteilmäßig haftbar gemacht werden, die jeder Verantwortliche oder Auftragsverarbeiter für den durch die Verarbeitung entstandenen Schaden zu tragen hat, sofern sichergestellt ist, dass die betroffene Person einen vollständigen und wirksamen Schadenersatz für den erlittenen Schaden erhält. Jeder Verantwortliche oder Auftragsverarbeiter, der den vollen Schadenersatz geleistet hat, kann anschließend ein Rückgriffsverfahren gegen andere an derselben Verarbeitung beteiligte Verantwortliche oder Auftragsverarbeiter anstrengen."

ErwG 146 Satz 9 zum Schadensersatz sieht ein Rückgriffsverfahren im Innenverhältnis vor. Die Haftungsbegrenzung im Innenverhältnis ist eine weitergehende Haftungsbegrenzung. Jede – über die im Verhältnis der jeweiligen Verantwortung anteilmäßigen Haftung hinaus - weitergehende Haftungsbegrenzung würde aber den bezweckten Drittschutz über die Androhung negativer Sanktionen bedeuten und wäre damit nach der DSGVO rechtlich unzulässig.

Die Klauselverwender bzw. Auftragsverarbeiter sind allerdings der Auffassung, dass die DSGVO eben nicht festlege, unter welchen Voraussetzun-

---

[6] *Spindler/Horváth*, in: Spindler/Schuster, Recht der elektronischen Medien, Art. 82 DSGVO, Rn. 11.

gen im Innenverhältnis eine Befreiung der Haftung bestehen könne. Vielmehr dürfe die Haftung vertragsfreiheitlich eingeschränkt werden, solange die Betroffenenrechte im Außenverhältnis unangetastet blieben.

In der Literatur[7] hat man sich mit der „umgekehrten" Thematik beschäftigt, ob der Verantwortliche gegenüber dem Auftragsverarbeiter die Haftung im Innenverhältnis abwälzen bzw. die eigene damit faktisch ausschließen kann:

> *„...Doch letztendlich ist die Grenze der Vertragsfreiheit erreicht, wenn im Innenverhältnis alles auf eine Partei geschoben wird. Die Begründung folgt daraus, dass der europäische Gesetzgeber bei Erlass des Gesetzes neben dem Individualschutz auch den Schutz der Allgemeinheit im Blick hatte. Damit sind der Vertragsfreiheit hier durch zwingendes Recht die Grenzen gesetzt. Von zwingendem Recht kann nicht durch individuelle, vertragliche Regelungen abgewichen werden.*
>
> *Der Schutz der Allgemeinheit durch die Garantie eines hohen Datenschutzniveaus würde auf ein vergleichsweise niedriges Level herabsinken, wenn tatsächlich nicht alle Beteiligten irgendwie oder zumindest nach ihrem Verschuldensgrad haften. Denn das Datenschutzniveau ist in seiner Höhe auch davon abhängig, inwiefern einzelne Datenverarbeitende für Fehler haftbar gemacht werden, frei nach der Erkenntnis: Ohne Konsequenzen auch kein Bedürfnis für ein Einhalten der Vorschriften."*

Auch wenn auf die Begrenzung des Verantwortlichen abgestellt wird, kann für einen gegenteiligen Fall nichts anderes gelten, so dass eine Haftungsbegrenzung, die eine Partei über Gebühr bevorteilt, unwirksam ist.

2.4 Haftungsbegrenzung für Geldbußen

Gemäß Art. 83 Abs. 1 DSGVO stellt jede Aufsichtsbehörde sicher, dass die Verhängung von Geldbußen gemäß diesem Artikel für Verstöße gegen diese Verordnung gemäß den Absätzen 4, 5 und 6 in jedem Einzelfall wirksam, verhältnismäßig und abschreckend ist. Fraglich ist vor diesem Hintergrund, ob die Haftung für Geldbußen im Innenverhältnis vertraglich begrenzt bzw. auf Bußgelder überhaupt anwendbar ist. Schon das allgemeine Ordnungswidrigkeitsrecht, welches gemäß § 41 BDSG anzuwenden ist, sanktioniert bestimmte – Verantwortlichen zuzuordnende – Verstöße. Damit verbunden ist immer auch ein verantwortliches Handeln oder Unterlassen. Die Verantwortung für eigenes Fehlverhalten Dritten zuzuweisen, verstieße schon gegen das allgemeine OWIG, auch wenn es vertraglich vereinbart würde.

---

[7] https://www.datenschutzbeauftragter-info.de/verantwortlicher-und-auftragsverarbeiter-wie-ist-die-haftung-untereinander/.

Art. 83 DSGVO wird dahingehend noch sehr viel deutlicher. Sinn und Zweck soll gerade sein, Verantwortliche über die mögliche Verhängung von Geldbußen zu veranlassen, den Datenschutz einzuhalten.

„Damit wird ein negativer Anreiz gesetzt, datenschutzrechtliche Bestimmungen nicht nur zur Kenntnis zu nehmen und sie als Anregungen zu werten, sondern sicher- zustellen, dass sie dauerhaft eingehalten werden. Durch diese Innovation wird Da- tenschutzrecht zu einem ernstzunehmenden Thema für Compliance."[8]

Dabei wird allein auf die Verantwortung für einen Datenschutzverstoß abgestellt. Diese trifft jeden Verantwortlichen für die Missachtung daten- schutzrechtlicher Bestimmungen in seiner Verantwortungssphäre. Die Frage, ob vorsätzlich oder fahrlässig gehandelt wurde, wird allein bei der Bemessung der Geldbuße berücksichtigt (Art. 83 Abs. 2 lit. b DSGVO).

„Ein Argument für diese Sicht ist das Verschuldenserfordernis. Art 83 Abs. 3 DSGVO stellt nicht auf schleichende Rechtsverstöße ab, die zwischenzeitlich gar nicht aufgedeckt werden können, sondern auf schuldhaftes Verhalten, bei dem der Verantwortliche immer wieder erkennt bzw. erkennen könnte, dass gegen Regelungen der DSGVO verstoßen wird."[9]

Gleiches gilt gemäß Art. 83 Abs. 4 DSGVO auch für den Auftragsverar- beiter.

„Art 83 Abs.4 betrifft die Verletzung bestimmter Pflichten von Personen oder Stel- len, die als oder für den Verantwortlichen tätig sind. Anders als die im Vergleich zu Abs.5,6 niedrigere Obergrenze vermuten lässt, handelt es sich dabei nicht um minder schwere Verstöße.[10] *Diese Regelung ist am Verantwortlichen orientiert: Sanktioniert wird der Verstoß gegen die Verpflichtung von Personen oder Stellen zu einem be- stimmten Verhalten oder zu bestimmten Maßnahmen; diese stehen jedoch nur für einzelne Instrumente zur konzertierten Durchsetzung des Datenschutzrechts. Ad per- sonam wirken diese Sanktionen auch mit der gegebenen Obergrenze nicht per se we- niger schwer als die Sanktionen nach Abs.5."*[11]

„Art.83 ist nicht das Allheilmittel für die Durchsetzung des Datenschutzrechts. Er dient auch nicht der Refinanzierung der Tätigkeit der Aufsichtsbehörden. Geldbußen sollen die Wirksamkeit des Datenschutzrechts erhöhen. Ihr Ziel ist nicht in erster Linie der Schutz des Betroffenen – dafür sind die Anordnungsbefugnisse vorgesehen. Geldbußen sind damit nur ein notwendiges Instrument im Einsatz gegen eine Praxis, die die Einhaltung der gesetzlichen Vorgaben nicht ernsthaft betreibt."[12]

---

[8] *Frenzel, in:* Paal/Pauly, DSGVO, Art. 83 Rn. 1.

[9] *Frenzel, in:* Paal/Pauly, DSGVO, Art. 83 Rn. 16.

[10] *Spindler,* DB 2016, S. 937 (947).

[11] *Frenzel, in:* Paal/Pauly, DSGVO, Art. 83 Rn. 22.

[12] *Frenzel, in:* Paal/Pauly, DSGVO, Art. 83 Rn. 32.

2.5 Auswirkungen von haftungsbegrenzenden vertraglichen Vereinbarungen

Es stellt sich die Frage, ob rechtswidrige Haftungsbegrenzungen, Einschränkungen der Weisungsgebundenheit und der Kontrollmöglichkeiten zur Unwirksamkeit der gesamten AVV insgesamt führen. Ohne einen wirksamen Vertrag wäre keine ordnungs- und rechtmäßige Auftragsverarbeitung und damit auch keine Verantwortungszuweisung möglich.

„Art. 28 ermöglicht dem Verantwortlichen, den eigenen Handlungsradius dadurch zu verlängern, dass er eine Datenverarbeitung im Auftrag vornehmen lässt. An die Gestaltung der Rechtsbeziehung zu dem Auftragsverarbeiter knüpft er zugleich strikte Anforderungen. Er implementiert sowohl formelle (Abs.9) als auch materielle Anforderungen (Abs. 3). Der DSGVO ist es dabei ein bes. Anliegen, die Risiken zu minimieren, die mit der Einbeziehung Dritter in den Datenverarbeitungsvorgang einhergehen. Entspr. steckt sie gleich im ersten Abs. des Art. 28 den Kreis zulässiger Auftragsverarbeiter ab, indem sie dem Verantwortlichen eine bes. Auswahlverantwortung auferlegt."[13]

Eine Unwirksamkeit bzw. Gesamtnichtigkeit der AVV hätte zur Folge, dass die Weitergabe personenbezogener Daten vom Verantwortlichen an den Auftragsverarbeiter ohne Rechtfertigungsgrund erfolgt wäre. Die Übermittlung personenbezogener Daten, ohne die erforderliche Rechtsgrundlage aus einem AVV nach Art. 28 DSGVO, begründete einen bußgeldbewährten Datenschutzverstoß.

„Noch zum Ende des ersten DSGVO-Jahres hat die Hamburgische Aufsichtsbehörde ein Bußgeld iHv EUR 5.000 gegen ein kleines Versandunternehmen aufgrund des Fehlens eines Auftragsverarbeitungsvertrags verhängt. Die Behörde ist durch eine Anfrage des Versandhauses auf den Fall aufmerksam geworden, da dieses trotz mehrfacher Nachfrage keinen Auftragsverarbeitungsvertrag vom Dienstleister erhielt."[14] *Der fehlende Abschluss eines (rechtswirksamen) Auftragsverarbeitungsvertrages und einem nicht weisungsgebundenen Handeln des Auftragsverarbeiters führte zu einem Verstoß nach Art. 83 Abs. 5 lit. a) DSGVO für den Verantwortlichen.*[15]

3 Fazit

Zusammenfassend ist festzustellen, dass die Bestimmungen der DSGVO durch vertraglich vereinbarte Haftungsbegrenzungen unterlaufen werden und vor allem wird der Zweck der Bußgeldbestimmungen ausgehebelt. Denn wer von vornherein seine Haftung im Innenverhältnis, z.B. auf ca. 1/10 begrenzen kann, sieht sich dem negativen Anreiz von Geldbußen

---

[13] *Frenzel, in:* Paal/Pauly, DSGVO, Art. 28 Rn. 1.

[14] *Nink, in:* Spindler/Schuster, Recht der elektronischen Medien, Art. 82 DSGVO, Rn. 30.

[15] So auch *Moos/Schefzig, in:* Taeger/Gabel, DSGVO/BDSG, Art. 83 Rn. 78.

nicht mehr ausgesetzt. Im Ergebnis sind Haftungsbegrenzungen im Rahmen von Auftragsverarbeitungsverträgen (AVV) zwischen Verantwortlichem und Auftragsverarbeiter im Außen- und Innenverhältnis rechtswidrig, wenn diese eine Partei über Gebühr begünstigen.

Literatur

Fuhlrott, Michael: Data Incident Management, Rechtlicher Umgang mit „Datenpannen", NZA 2019, S. 649-653.

Paal, Boris/Pauly, Daniel (Hrsg.): DS-GVO BDSG, 2. Aufl., München 2018.

Plath, Kai-Uwe (Hrsg.): Kommentar zum BDSG sowie den Datenschutzbestimmungen des TMG und TKG, Köln 2013.

Spindler, Gerald: Die neue Datenschutzgrundverordnung, DB 2016, S. 937-947.

Spindler, Gerald/Schuster, Fabian: Recht der elektronischen Medien, 4. Aufl., München 2019.

Taeger, Jürgen/Gabel, Detlev (Hrsg.): Kommentar zum BDSG und zu den Datenschutzbestimmungen des TMG und TKG, 3. Aufl., Frankfurt/M. 2019.

CORONA APPS – DATENSCHUTZRECHTLICHE HERAUSFORDERUNGEN BEI DER UNTERBRECHUNG DER INFEKTKETTE

RA Maximilian Kessemeier*

Schürmann Rosenthal Dreyer Rechtsanwälte PartmbB
kessemeier@srd-rechtsanwaelte.de

Zusammenfassung

In immer mehr Staaten stehen Apps zur Verfügung, die es Nutzern ermöglichen, zu prüfen, ob sie mit Personen Kontakt hatten, die Träger des Coronavirus sind. Die Apps helfen dabei, ein individuelles Infektionsrisiko auf Grundlage dieser Kontakte zu ermitteln. Technische und wissenschaftliche Grundlage ist das sogenannte Contact Tracing, also die Nachverfolgung von Kontakten mit Personen, die positiv auf das Coronavirus getestet wurden. Google und Apple haben mit dem Expositionsbenachrichtigungswerkzeug eine Funktion geschaffen, die ein datensparsames Contact Tracing erlaubt. Der vorliegende Beitrag untersucht die datenschutzrechtliche Zulässigkeit von Contact Tracing Apps unter Berücksichtigung der technischen und rechtlichen Voraussetzungen des von Apple und Google entwickelten Kontaktbenachrichtigungswerkzeugs.

1 Einführung

Die deutsche Contact Tracing App, die Corona-Warn-App des Robert Koch-Instituts, wurde bereits in den ersten Tagen nach Veröffentlichung Mitte Juni millionenfach heruntergeladen.[1] Der Erfolg der App zeigt, dass in der Bevölkerung einerseits eine große Bereitschaft besteht, die gegenwärtige Epidemie im Zaum zu halten, andererseits, dass das Vertrauen in die die App anbietenden Institutionen weiterhin groß ist.

Die Corona-Warn-App setzt, wie auch die in mehreren anderen Ländern eingesetzten Contact Tracing Apps, technisch auf einer von Google und Apple entwickelten Lösung, dem Kontaktbenachrichtigungswerkzeug (engl. Exposition Notification Framework, im Folgenden ENF), auf. Das ENF nutzt die Bluetooth Low Energy Technik, um mit anderen Endgeräten, bei denen ebenfalls das ENF aktiviert ist, Bluetooth-IDs auszutauschen. Wird ein Nutzer positiv auf das Coronavirus getestet, kann über einen Abgleich der im ENF gespeicherten Bluetooth-IDs derjenigen Personen,

---

* Transparenzhinweis: Der Autor war beratend für das Robert Koch-Institut bei der Entwicklung der Corona-Warn-App tätig.

[1] RKI, Aktuelle Download-Zahlen Corona-Warn-App: Downloads knacken 14-Millionen-Marke, v. 1.7.2020, https://www.connect.de/news/corona-warn-app-download-zahlen-32 00860.html (abgerufen am 1.7.2020).

mit denen aufgrund der räumlichen Nähe ein automatischer Austausch der Bluetooth-IDs stattgefunden hat, ein individuelles Infektionsrisiko ermittelt werden.

Die Nutzung des ENF bietet dem Anbieter der Contact Tracing App verschiedene Vorteile, die die Effektivität der Kontaktverfolgung steigern und somit zu einer höheren Akzeptanz in der Bevölkerung führen können:

- Durch die Kooperation von Google und Apple bei der Entwicklung des ENF ist die Kompatibilität der App mit den beiden am weitesten verbreiteten mobilen Betriebssystemen gewährleistet. Daneben ist die Interoperabilität zwischen den Apps auf beiden Betriebssystemen sichergestellt, das heißt, dass auch Kontakte zwischen Android- und Apple-Geräten aufgezeichnet werden können.

- Durch die betriebssystemseitige Implementierung des ENF können Einschränkungen vermieden werden, die die Betriebssysteme herkömmlichen Apps auferlegen (zum Beispiel in Zusammenhang mit der Hintergrundaktivität einer App).[2]

Mit dem Einsatz des ENF begibt sich der Anbieter einer Contact Tracing App jedoch weitgehend auch seiner Entscheidungshoheit darüber, welche Daten erhoben und wie diese verarbeitet werden. Die Hersteller der Betriebssysteme haben erheblichen Einfluss auf die Verarbeitung der Daten im Rahmen des Contact Tracings unter Verwendung des ENF. In diesem Beitrag soll dargestellt werden, welche Rahmenbedingungen dies sind und wie sich diese auf die datenschutzrechtliche Bewertung auswirken.

2 Die Rahmenbedingungen bei Nutzung des Kontakt-benachrichtigungswerkzeugs für Anbieter von Contact Tracing Apps

Maßgeblich für die datenschutzrechtliche Bewertung von Contact Tracing Apps ist einerseits die technische Funktionsweise und andererseits die rechtliche Ausgestaltung der Apps durch die jeweiligen Anbieter. Neben den gesetzlichen und politischen Rahmenbedingungen sind von den Anbietern der Contact Tracing App dabei auch die technischen und vertraglichen Vorgaben von Apple und Google als Anbieter des ENF zu berücksichtigen. Diese Vorgaben sind von den App-Anbietern miteinander in Einklang zu bringen.

---

[2] Apple und Google veröffentlichen Schnittstellen für Corona-Warn-Apps, 21.5.2020, https://www.heise.de/news/Apple-und-Google-veroeffentlichen-Schnittstellen-fuer-Corona-Warn-Apps-4726167.html (abgerufen 1.7.2020).

2.1 Die technischen Rahmenbedingungen[3]

Bei Aktivierung des ENF senden die Smartphones der Nutzer in regelmäßigen Abständen Bluetooth-IDs aus. Wenn die Smartphones sich in der Nähe von anderen Smartphones mit aktiviertem ENF befinden, empfängt das ENF die von diesen Geräten ausgesendeten Bluetooth-IDs und speichert sie. Gleichzeitig speichert das ENF die vom eigenen Smartphone versendeten Bluetooth-IDs.

Wenn sich ein Nutzer der App mit COVID-19 infiziert, kann er dies dem Betreiber der App mitteilen, um die Übermittlung seiner Bluetooth-IDs der letzten 14 Tage an die Endgeräte der anderen Nutzer der App zu initiieren. Das ENF übergibt dabei die Bluetooth-IDs des Nutzers an die App, die diese an ihre zentrale Infrastruktur übermittelt, die sie wiederum weiter an die Apps der übrigen Nutzer verteilt.

Die App empfängt die Bluetooth-IDs der positiv getesteten Nutzer der App und übergibt diese über eine Schnittstelle an das ENF. Das ENF gleicht die empfangenen Bluetooth-IDs mit den gespeicherten Bluetooth-IDs ab. Sofern hierbei eine Übereinstimmung festgestellt wird, werden verschiedene Metadaten (wie Signalstärke und Dauer der Exposition) vom ENF zurück an die App übergeben. Die App erhält jedoch nicht die zugehörigen Bluetooth-IDs. Auf dieser Grundlage berechnet die App das voraussichtliche Risiko des Nutzers, sich mit dem Coronavirus infiziert zu haben. Die Anbieter der Contact Tracing Apps können an dieser Stelle ihre Expertise einbringen und festlegen, welche Faktoren mit welchem Gewicht in die Risikoermittlung einfließen. Wenn aufgrund dieser Faktoren ein relevantes Risiko ermittelt wird, benachrichtigt die Contact Tracing App den Nutzer und teilt ihm die entsprechenden Handlungsempfehlungen des Anbieters der App mit.

Contact Tracing Apps auf Basis des ENF haben daher nur unter bestimmten Voraussetzungen (und tatsächlich wahrscheinlich nur in verhältnismäßig wenigen Fällen) Zugriff auf Bluetooth-IDs der Nutzer. Eine Übergabe von Daten durch das ENF an die App findet nur in zwei Fällen statt:

- Der Nutzer einer App ist an COVID-19 erkrankt und teilt seine Bluetooth- ID mit dem Anbieter der App, damit dieser sie an andere Nutzer der App verteilen kann. Die App erhält dann Bluetooth-IDs aus dem ENF, um diese über die zentrale Infrastruktur an andere Nutzer der App verteilen zu können.

- Der Nutzer der App war in Kontakt mit einem anderen positiv getesteten Nutzer der App. Das ENF übergibt die Bluetooth-ID des infizierten

---

[3] Die Darstellung der technischen Funktionsweise in diesem Beitrag ist stark vereinfacht.

Nutzers an die Contact Tracing App, damit diese das Risiko des Kontakts berechnen und den zu warnenden Nutzer entsprechend benachrichtigen kann. Bluetooth-IDs des warnenden oder anderer Nutzer werden in diesem Fall jedoch nicht an die App übergeben.

Der größere Teil der Datenverarbeitungen findet somit außerhalb der Contact Tracing Apps, nämlich im ENF, statt. Dies betrifft die Erzeugung, Versendung und den Empfang von Bluetooth-IDs, die Protokollierung von Kontakten und den Abgleich von Bluetooth-IDs.

Zukünftig soll das ENF zudem noch weiter von den Contact Tracing Apps getrennt arbeiten. Das ENF wird in zwei Phasen entwickelt.[4] In der ersten Phase lässt sich das ENF nur aktivieren, wenn eine von einer nationalen Gesundheitsbehörde herausgegebene Contact Tracing App auf dem Smartphone installiert ist. In der zweiten Phase wird sich das ENF auch ohne installierte Contact Tracing App aktivieren lassen und den Austausch von Bluetooth-IDs zwischen Smartphones sowie den Abgleich von Kontakten ermöglichen. Im Fall, dass ein Kontakt festgestellt wird, soll das ENF dem Nutzer die Installation der nationalen Contact Tracing App empfehlen.[5] Details dazu, auf welche Weise Bluetooth-IDs von positiv getesteten Personen ohne installierte Contact Tracing App an das ENF übermittelt werden, haben Apple und Google indes noch nicht bekannt gegeben.

2.2 Die vertraglichen Rahmenbedingungen

Apple und Google geben für die Nutzung des ENF bzw. die entsprechenden APIs daneben auch vertragliche Rahmenbedingungen vor,[6] die sich ebenfalls auf die datenschutzrechtliche Bewertung von Contact Tracing Apps auswirken können.

- Der Betreiber der Contact Tracing App wird als Verantwortlicher für die „Verarbeitung personenbezogener Daten in Zusammenhang mit der Nutzung der App"[7] bestimmt. Der Umfang der Verarbeitung, für die der

---

[4] Apple/Google, Exposure Notification Frequently Asked Questions, May 2020, https://covid19-static.cdn-apple.com/applications/covid19/current/static/contact-tracing/pdf/ExposureNotification-FAQv1.1.pdf (abgerufen 29.6.2020), S. 3. f.

[5] Apple/Google, Exposure Notification Frequently Asked Questions, May 2020, https://covid19-static.cdn-apple.com/applications/covid19/current/static/contact-tracing/pdf/ExposureNotification-FAQv1.1.pdf (abgerufen 29.6.2020), S. 3. f.

[6] "in your capacity as controller of any personal data processed in connection with the use of your App", Google COVID-19 Exposure Notications Service Additional Terms, v. 4.5.2020, https://blog.google/documents/72/Exposure_Notifications_Service_Additional_Terms.pdf (abgerufen 29.6.2020).

[7] Google COVID-19 Exposure Notications Service Additional Terms, v. 4.5.2020, https://blog.google/documents/72/Exposure_Notifications_Service_Additional_Terms.pdf (abgerufen 29.6.2020), Punkt 3.a.ii.

Betreiber der App verantwortlich sein soll, wird jedoch nicht näher spezifiziert.

- Der Betreiber der Contact Tracing App wird aufgefordert, bei Start der App eine Einwilligung der Nutzer einzuholen.[8] Der genaue Umfang der Einwilligung, also etwa für welche Verarbeitungen personenbezogener Daten diese gelten soll, wird jedoch nicht vorgegeben.

- Zudem wird festgelegt, dass die Contact Tracing App keine Daten außer der Bluetooth-IDs von positiv getesteten Nutzern, die diese von sich preisgeben oder die Nutzer der App von anderen erhalten, erfassen darf.[9]

- Im Übrigen wird geregelt, dass generell keine personenbezogenen Daten erhoben werden dürfen, die den Endnutzer unmittelbar identifizieren. Erlaubt ist nur diejenige Verarbeitung, die erforderlich ist, um den technischen Betrieb der App zu gewährleisten. Insbesondere dürfen keine Analyse-Dienste in der App integriert werden.[10]

2.3   Zwischenfazit

Die Freiheiten der Anbieter zur Ausgestaltung ihrer Contact Tracing Apps sind durch die von Apple und Google als Betreiber des ENF vorgegebenen Rahmenbedingungen erheblich eingeschränkt. Wesentliche Teile der Verarbeitung im Rahmen des Contact Tracing werden nicht durch die Contact Tracing App vorgenommen, sondern laufen im Hintergrund im ENF ab. Zwar ist die Installation einer Contact Tracing App durch den Nutzer (derzeit noch) erforderlich, um das ENF aktivieren zu können. Darüber hinaus können die Anbieter der Contact Tracing Apps die Verarbeitung von Daten im ENF derzeit indes nicht beeinflussen oder auf diese Daten zugreifen. Die Expertise der Anbieter kommt vor allem bei der Ermittlung des Infektionsrisikos sowie der Verteilung der Bluetooth-IDs von infizierten Nutzern zum Tragen.

---

[8] Google COVID-19 Exposure Notications Service Additional Terms, v. 4.5.2020, https://b log.google/documents/72/Exposure_Notifications_Service_Additional_T erms.pdf (abgerufen 29.6.2020), Punkt 2.a.

[9] Google COVID-19 Exposure Notications Service Additional Terms, v. 4.5.2020, https://bl og.google/documents/72/Exposure_Notifications_Service_Additional_Terms.pdf (abgerufen 29.6.2020), Punkt 3.b.iv.

[10] Google COVID-19 Exposure Notications Service Additional Terms, v. 4.5.2020, https://b log.google/documents/72/Exposure_Notifications_Service_Additional_Terms.pdf (abgerufen 29.6.2020), Punkt 3.b.ii.

3 Die Anwendbarkeit des Datenschutzrechts

Ausgehend von den beschriebenen technischen und vertraglichen Bedingungen bei Nutzung des ENF ist keinesfalls selbsterklärend, für welche Datenverarbeitungen das Datenschutzrecht für die Anbieter der Contact Tracing Apps anzuwenden ist. Zum einen bestehen schon hinsichtlich des Personenbezugs der im Rahmen der Contact Tracing Apps verarbeiteten Daten teilweise Zweifel. Aber auch inwieweit die Betreiber der Contact Tracing Apps für die Verarbeitung datenschutzrechtlich Verantwortliche sind, bedarf einer näheren Betrachtung.

3.1 Der Personenbezug von in der Contact Tracing App verarbeiteten Daten

Die durch das ENF sowie die Contact Tracing Apps verarbeiteten Daten sind in hohem Maße pseudonymisiert. Fraglich ist daher bereits, ob und in welchem Umfang für die Anbieter von Contact Tracing Apps von personenbezogenen Daten ausgegangen werden kann.

Gemäß Art. 4 Nr. 1 DSGVO sind nur solche Daten personenbezogen, „die sich auf eine identifizierte oder identifizierbare natürliche Person" beziehen. Entscheidend für die Frage des Personenbezugs ist daher, inwieweit den Anbietern der Contact Tracing Apps bzw. den Betreibern des ENF die Identifizierung der hinter einer Bluetooth-ID stehenden Person möglich ist. Dabei müssen alle Mittel berücksichtigt werden, die von dem Betreiber der Contact Tracing App oder einer anderen Person „nach allgemeinem Ermessen wahrscheinlich genutzt werden, um die natürliche Person direkt oder indirekt zu identifizieren", ErwG 26 S. 4 DSGVO. Maßgeblich dafür, ob Mittel nach allgemeinem Ermessen zur Identifizierung eingesetzt werden, sind alle objektiven Faktoren, also neben den „Kosten der Identifizierung" und dem dafür „erforderlichen Zeitaufwand" auch die rechtliche Möglichkeit, diese Mittel zum Einsatz zu bringen.[11]

Wie oben beschrieben, haben die Betreiber der Contact Tracing Apps keinen eigenen technischen Zugang zu den im ENF verarbeiteten Daten. Sie haben auch keine Möglichkeit, die Nutzer der Contact Tracing Apps dazu zu verpflichten, ihnen Zugriff auf diese Daten einzuräumen. Das Gegenteil ist der Fall. Die Betreiber des ENF verbieten den Anbietern der Contact Tracing Apps den Zugriff auf die im ENF gespeicherten Daten. Mangels einer Möglichkeit der Zusammenführung handele es sich hierbei für die

---

[11] EuGH, Urt. v. 19.10.2016, C-582/14 (Breyer), Rn. 47.

Betreiber der Contact Tracing Apps daher nicht um personenbezogene Daten.[12] Dies gilt jedenfalls für die lokale Verarbeitung von Bluetooth-IDs.

Zugleich sei aber auch zu berücksichtigen, dass Nutzer, wenn sie Bluetooth-IDs übermittelt bekommen, aufgrund der übermittelten Daten Personen identifizieren könnten. Wenn beim Abgleich der Bluetooth-IDs ein Kontakt festgestellt wird, ist das Risiko, dass der Nutzer der Contact Tracing App eine Risikomeldung einer Person zuordnen kann, umso größer, je geringer die Zahl der durch die App erfassten Kontakte ist. Das Risiko, dass der App-Nutzer in der Lage ist, die Risikomeldung einer Person zuzuordnen, lässt sich nicht vollends ausschließen. Das führt zu dem Ergebnis, dass Daten, die sich für den Betreiber der Contact Tracing App als anonym darstellen, für die Nutzer der Contact Tracing App dagegen personenbezogen sein können. Wenngleich sich der Betreiber der Contact Tracing App das Wissen der Nutzer nicht zurechnen lassen muss, da er keine Möglichkeit hat, auf dieses Wissen zuzugreifen, sei es dennoch sachgemäß, von einem Personenbezug der Daten auch für die Anbieter der Contact Tracing Apps auszugehen. Hierdurch werde der gesamte Datensatz kontaminiert.[13] Diese Schlussfolgerung scheint jedoch zweifelhaft.

Dies ändert sich, wenn die Nutzer ihre Bluetooth-IDs mit der Contact Tracing App teilen. In diesem Fall übermittelt ein Nutzer zusammen mit den Bluetooth-IDs auch seine (dynamische) IP-Adresse, die in Deutschland als personenbezogenes Datum qualifiziert wird. Insoweit ist die Möglichkeit nicht auszuschließen, dass ein Zusammenhang zwischen den übermittelten Bluetooth-IDs und den IP-Adressen der Nutzer hergestellt wird.[14] Daher ist jedenfalls insoweit von einem personenbezogenen Daten der Nutzer auszugehen.

3.2 Die Verarbeitung von Gesundheitsdaten

Bei den übermittelten Bluetooth-IDs von infizierten Nutzern handelt es sich zudem um Gesundheitsdaten gem. Art. 4 Nr. 15 DSGVO. Denn zu diesem Zeitpunkt hat sich der Nutzer gegenüber dem Anbieter der App als positiv auf COVID-19 getestet und somit infiziert zu erkennen gegeben.

Gesundheitsdaten gehören gem. Art. 9 Abs. 1 DSGVO zu den besonderen Kategorien personenbezogener Daten, für die ein gegenüber Art. 6 DSGVO

---

[12] Wissenschaftlicher Dienst des Bundestages, Einzelfragen zum Handy-Tracking in Deutschland im Zusammenhang mit der Corona-Pandemie, 22.4.2020 – WD 3 – 3000 – 098/20, S. 11.

[13] *Kühling/Schildbach*, NJW 2020, S. 1545 (1549).

[14] *Kühling/Schildbach*, NJW 2020, S. 1545 (1548).

strengerer Maßstab für die Rechtmäßigkeit der Verarbeitung gilt, Art. 9 Abs. 2 DSGVO.

3.3 Die Verantwortlichkeit für die Verarbeitung von Daten im Kontaktbenachrichtigungswerkzeug

Aufgrund des eingeschränkten Einflusses der Anbieter von Contact Tracing Apps auf Funktionalitäten des ENF ist zudem auch die Verantwortlichkeit der Anbieter für die Datenverarbeitung fraglich.

3.3.1 Die datenschutzrechtliche Verantwortlichkeit der Contact Tracing App Anbieter

Während die Verarbeitung von personenbezogenen Daten in den zentralen Komponenten eindeutig dem Anbieter der Contact Tracing App als Verantwortlichem gem. Art. 4 Nr. 7 DSGVO zugeordnet werden kann, ist diese Frage hinsichtlich der dezentralen bzw. lokalen Verarbeitung auf den Smartphones der Nutzer schwieriger zu beantworten.

Entscheidend für die Festlegungen der Verantwortlichkeit ist gem. Art. 4 Nr. 7 DSGVO, wer die Zwecke und Mittel der Verarbeitung festlegt. Über die Mittel der Verarbeitung bestimmt nach ständiger Rechtsprechung des EuGH, wer „aus Eigeninteresse auf die Verarbeitung personenbezogener Daten Einfluss nimmt".[15]

Ein entsprechendes Eigeninteresse der Betreiber der Contact Tracing App ist auch hinsichtlich der lokalen Datenverarbeitung im ENF anzunehmen. Im Ergebnis geht es den Anbietern der Contact Tracing Apps darum, den Nutzern der App möglichst schnell Informationen zu ihrem persönlichen Ansteckungsrisiko zu geben, entsprechende Handlungsempfehlungen aussprechen zu können und so die Infektketten frühzeitig zu unterbrechen. Bereits der Austausch von Bluetooth-IDs zwischen den Endgeräten durch das ENF ist vorbereitend für den späteren Abgleich mit Bluetooth IDs von positiv getesteten Nutzern erforderlich und dient daher diesem Ziel.

Der Austausch der Bluetooth-IDs findet in der ersten Entwicklungsphase des ENF zudem nur statt, wenn bereits eine Contact Tracing App installiert ist und in dieser das ENF aktiviert wurde. Insoweit ist auch davon auszugehen, dass die Anbieter der Contact Tracing App den Austausch von Bluetooth-IDs ermöglichen.[16]

---

[15] EuGH, Urt. v. 13.5.2014 – C-131/12, K&R 2014, 502 – Google Spain, Rn. 34; EuGH, Urt. v. 5.6.2018 – C-210/16, K&R 2018, 475 – Wirtschaftsakademie Schleswig-Holstein, Rn. 28; EuGH, Urt. v. 10.7.2018 – C-25/17, ZD 2018, 469 – Zeugen Jehovas, Rn. 68; EuGH, Urt. v. 29.7.2019 – C-40/17, K&R 2019, 562 – Fashion-ID, Rn. 68.

[16] EuGH, Urt. v. 29.7.2019 – C-40/17, K&R 2019, 562 – Fashion-ID, Rn. 75.

Spätestens in der zweiten Entwicklungsphase des ENF, in der die Installation der Contact Tracing App nicht mehr erforderlich ist, um den Austausch der Bluetooth- IDs zwischen Smartphones zu ermöglichen, liegt es jedoch nahe, die Verantwortlichkeit der Anbieter der Contact Tracing Apps insoweit neu zu bewerten.

Dagegen könnte vorgebracht werden, dass die Anbieter der Contact Tracing Apps nur dann Zugriff auf die Bluetooth IDs von positiv getesteten Nutzern erhalten, wenn der Nutzer der App diese freigibt. Das steht der Annahme der Verantwortlichkeit jedoch nicht entgegen. Denn nach mittlerweile etablierter Rechtsprechung des EuGH ist es hierfür gerade nicht erforderlich, dass der Verantwortliche selbst auf die Daten zugreifen, diese einsehen oder verwenden kann.[17]

Im Ergebnis ist daher von einer Verantwortlichkeit der Anbieter von Contact Tracing Apps auch für die lokale Verarbeitung personenbezogener Daten auszugehen.

3.3.2 Die datenschutzrechtliche Verantwortlichkeit der ENF-Betreiber

Inwieweit auch eine Verantwortlichkeit der Betreiber des ENF für die Verarbeitung personenbezogener Daten in Betracht kommt, ist bisher nicht Gegenstand näherer Untersuchungen gewesen. Die Artikel-29-Gruppe äußerte bereits 2013 die Auffassung, dass der Hersteller eines Betriebssystems für die Verarbeitung von personenbezogenen Daten durch dieses verantwortlich ist.[18]

Dem kann aktuell nur entgegengehalten werden, dass Google und Apple nicht zentral auf die Daten im ENF zugreifen. Auch hier gilt jedoch, dass der Zugriff für die Annahme der Verantwortlichkeit nicht erforderlich ist.[19] Für die Verantwortlichkeit von Google und Apple spricht indes, dass diese die Speicherdauer von Bluetooth-IDs, die Voraussetzungen der Bewertungseinstellungen im Rahmen der Risikoermittlung sowie die Verfügbarkeit des ENF insgesamt einseitig vorgeben.[20] Die Contact Tracing Apps

---

[17] EuGH, Urt. v. 5.6.2018, C-210/16, K&R 2018, 475 – Wirtschaftsakademie Schleswig-Holstein, Rn. 38; EuGH, Urt. v. 10.7.2018, C-25/17, ZD 2018, 469 – Zeugen Jehovas, Rn. 69.

[18] Artikel-29-Gruppe, Stellungnahme 02/2013 zu Apps auf intelligenten Endgeräten, Angenommen am 27.2.2013, S. 13 f.

[19] EuGH, Urt. v. 13.5.2014, C-131/12, K&R 2014, 502 – Google Spain, Rn. 34; EuGH, Urt. v. 5.6.2018, C-210/16, K&R 2018, 475 – Wirtschaftsakademie Schleswig-Holstein, Rn. 28; EuGH, Urt. v. 10.7.2018, C-25/17, ZD 2018, 469 – Zeugen Jehovas, Rn. 68; EuGH, Urt. v. 29.7.2019, C-40/17, K&R 2019, 562 – Fashion-ID, Rn. 68.

[20] Robert Koch-Institut, Corona-Warn-App Bericht zur Datenschutz-Folgenabschätzung für die Corona-Warn-App der Bundesrepublik Deutschland, v. 18.6.2020, http s://www.coro nawarn.app/assets/documents/cwa-datenschutz-folgenabschaetzung.pdf (abgerufen 29.6.2020), S. 76.

können zudem nur dann auf die Funktionalitäten des ENF zugreifen, wenn die einseitigen technischen und vertraglichen Vorgaben von Apple und Google eingehalten werden. Insoweit bestimmen Apple und Google den Zweck und die wesentlichen Mittel der Verarbeitung durch das ENF. Im Ergebnis ist daher von einer Verantwortlichkeit von Apple und Google in Bezug auf die Verarbeitung personenbezogener Daten im ENF auszugehen.

4 Die Rechtsgrundlage der Verarbeitung

In der politischen, juristischen und öffentlichen Diskussion in Deutschland wurde von verschiedenen Seiten die Unzulänglichkeit der derzeit verfügbaren Rechtsgrundlagen für die Datenverarbeitung in Zusammenhang mit Contact Tracing Apps attestiert. Teilweise wird daher die Schaffung eines Spezialgesetzes für die Datenverarbeitung in Zusammenhang mit Contact Tracing Apps gefordert.[21] Eine gesonderte spezialgesetzliche Rechtsgrundlage ist jedoch nur insoweit erforderlich, wie die derzeit bereits vorhandenen Rechtsgrundlagen die Verarbeitung tatsächlich nicht rechtfertigen können.

4.1 Die Nutzung gesetzlicher Rechtsgrundlagen

Für die Verarbeitung „einfacher" personenbezogener Daten kommen insbesondere Art. 6 Abs. 1 Abs. 1 lit. c und e DSGVO, für besondere Kategorien personenbezogener Daten insbesondere Art. 9 Abs. 2 lit. g und lit. i DSGVO als Rechtsgrundlage in Betracht. Alle diese Regelungen stehen jedoch mit Öffnungsklauseln der DSGVO in Zusammenhang und bedürfen daher einer Spezifizierung im mitgliedstaatlichen Recht.

Soweit bei Contact Tracing Apps keine besonderen Kategorien personenbezogener Daten verarbeitet werden, kommt in Deutschland § 3 BDSG als Rechtsgrundlage in Betracht. Demnach ist die Verarbeitung personenbezogener Daten durch eine öffentliche Stelle zulässig, wenn sie zur Erfüllung der in der Zuständigkeit des Verantwortlichen liegenden Aufgabe erforderlich ist. Entsprechende konkrete Aufgabenzuweisungen an das Robert Koch-Institut im Zusammenhang mit Contact Tracing Apps sind indes nicht ersichtlich.

Daneben gibt das Infektionsschutzgesetz dem Robert Koch-Institut mit § 4 Abs. 3 S. 4 IfSG eine Rechtsgrundlage für die Verarbeitung personenbezogener Daten zum Zwecke der Nachverfolgung von Kontaktpersonen an die Hand. Der Anwendungsbereich der Regelung ist jedoch auf die Zu-

---

[21] Vgl. Grüne Justizminister beharren auf Gesetz für Corona-Warn-App, Meldung der beck-aktuell Redaktion v. 3.6.2020, becklink 2016485.

sammenarbeit des Robert Koch-Instituts mit internationalen Organisationen beschränkt (§ 4 Abs. 3 S. 4 Hs.2 IfSG), sodass auch diese Regelung die Verarbeitung von Daten in Zusammenhang mit Contact Tracing Apps nicht trägt.

Als Rechtsgrundlage der Verarbeitung, insbesondere besonderer Kategorien von personenbezogenen Daten, stehen in Deutschland zudem §§ 22 Abs. 1 Nr. 1 lit. a, lit. c und lit. d sowie Nr. 2 lit. b BDSG zur Verfügung. Mit Blick auf europarechtliche Vorgaben sowie das grundgesetzliche Bestimmtheitsgebot werden diese Vorschriften jedoch kritisch gesehen. Dies rührt zum einen daher, dass die Regelungen die Formulierung der Öffnungsklauseln aus Art. 9 Abs. 2 lit. g und lit. i DSGVO zum großen Teil wiederholen, ohne konkretere Vorgaben zu machen. Die Öffnungsklauseln verlangten jedoch eine spezifische Umsetzung.[22] Zudem seien die Vorschriften nicht bestimmt genug und verstießen daher gegen das Bestimmtheitsgebot aus Art. 20 GG. Da § 22 BDSG die Verarbeitung von besonders schützenswerten besonderen Kategorien personenbezogener Daten legitimiert, wäre ein möglichst konkreter Tatbestand der Norm erforderlich.[23]

4.2 Die Einwilligung als Rechtsgrundlage im Rahmen von Contact Tracing Apps

In Deutschland hat sich das Robert Koch-Institut (wie von Apple und Google gefordert) für die Nutzung der Einwilligung als Rechtsgrundlage entschieden. Die Einwilligung stelle aufgrund der „mit ihr verbundenen höheren Transparenz gegenüber den Benutzern und der Warnfunktion im Ergebnis [die] datenschutzfreundlicher[e]"[24] Rechtsgrundlage gegenüber gesetzlichen Erlaubnisnormen dar. Gleichwohl ergeben sich auch aus dem Rückgriff auf die Einwilligung datenschutzrechtliche Schwierigkeiten.

4.2.1 Die Freiwilligkeit der Einwilligung

Grundlegende Voraussetzung der Wirksamkeit einer datenschutzrechtlichen Einwilligung ist deren Freiwilligkeit, Art. 4 Nr. 11 DSGVO. Gegen die Freiwilligkeit der Einwilligung bei Contact Tracing Apps werden teilweise Befürchtungen vorgebracht, dass die Nutzung der Contact Tracing App von Dritten zur Voraussetzung der Teilnahme am öffentlichen Leben gemacht

---

[22] *Petri*, in: Simitis/Hornung/Spiecker gen. Döhmann, Art. 9 Rn. 71; *Schiff*, in: Ehmann/Selmayr, DS-GVO, Art. 9 Rn. 53.

[23] Vgl. nur *Rose*, in Taeger/Gabel, DSGVO BDSG, § 22 Rn. 38; *Schiff*, in: Ehmann/Selmayr, DS-GVO, Art. 9 Rn. 53.

[24] Robert Koch-Institut, Corona-Warn-App Bericht zur Datenschutz-Folgenabschätzung für die Corona-Warn-App der Bundesrepublik Deutschland, v. 18.6.2020, https://www.coronawarn.app/assets/documents/cwa-datenschutz-folgenabschaetzung.pdf (abgerufen 29.6.2020), S. 85.

werden könnte (etwa zur Teilnahme an Reisen oder zum Zutritt zu den Räumlichkeiten von Behörden).[25] Andere argumentieren, dass Drohkulissen wie die Verlängerung von Kontaktverboten, die Einführung eines Nutzungszwangs für den Fall, dass zu wenige die App nutzen, oder ganz generell die weitere Verbreitung des Coronaviruses die Freiwilligkeit der Einwilligung in Frage stellen.[26]

Überzeugend sind diese Zweifel jedoch nicht. Richtig ist, dass die Freiwilligkeit tatsächlich faktisch gewahrt sein muss. Insbesondere die Anwendung von Zwang oder Drohung bei Einholung der Einwilligung ist auszuschließen.[27]

Zum einen führt jedoch nicht allein das Szenario einer möglichen Zweckentfremdung der Verarbeitung durch Dritte zur Unfreiwilligkeit der Einwilligung. Denn jedenfalls müsste sich ein solches Risiko zunächst tatsächlich konkretisieren, um sich im Sinne einer Zwangswirkung auf die Entscheidung einer einzelnen Person auswirken zu können. Wenn die bloße Behauptung eines solchen Risikos ausreichen würde, um die Freiwilligkeit in Frage zu stellen, könnte die Einwilligung auch in vielen anderen Fällen als Rechtsgrundlage versagen.

Auch die Befürchtung, dass bei Nichtnutzung von Contact Tracing Apps Kontaktbeschränkungen oder ein Zwang zur Nutzung von Contact Tracing Apps eingeführt oder verlängert würden, stellt die Wirksamkeit der Einwilligung nicht in Frage. Denn die Einführung solch einschneidender Maßnahmen kann allein auf Grundlage sachlicher Erwägungen und Indikatoren erfolgen, etwa dem relativen Anteil der mit dem Coronavirus infizierten Personen in der Bevölkerung. Zwar kann sich die Nutzung von Contact Tracing Apps positiv auf diese Indikatoren auswirken. Dann würde der App jedoch ihre Wirksamkeit zum Vorwurf gemacht. Die Eignung und damit die Wirksamkeit ist jedoch zugleich Voraussetzung für die Zulässigkeit der Datenverarbeitung.[28] Die Wirksamkeit gegen die Zulässigkeit der Datenverarbeitung in Verbindung mit der App zu verwenden, wäre daher widersprüchlich. Dies gilt auch, wenn gegen die Freiwilligkeit vorgebracht wird, dass sich das Coronavirus bei Nichtnutzung schneller verbreite.

---

[25] DSK, Pressemitteilung der Konferenz der unabhängigen Datenschutzaufsichtsbehörden des Bundes und der Länder v. 16.6.2020, Datenschutzfreundliches Grundkonzept der Corona-Warn-App –Freiwilligkeit darf nicht durch zweckwidrige Nutzung untergraben werden!.

[26] NRV: Keine Corona-Warn-App ohne gesetzliche Absicherung, Meldung der beck-aktuell-Redaktion v. 10.6.2020, becklink 2016548.

[27] *Schild*, in: BeckOK DatenschutzR, Art. 4 Rn. 127.

[28] *Herbst*, in: Kühling/Buchner, DS-GVO BDSG, Art. 5 Rn. 57; *Pötters*, in: Gola, DS-GVO, Art. 5 Rn. 15.

Zu berücksichtigen ist andererseits, dass grundsätzlich kongruente Interessenlagen zwischen dem Anbieter der Contact Tracing App und dem Nutzer vorliegen. Beide möchten einen möglichen Kontakt zwischen dem Nutzer und einer infizierten Person frühzeitig aufdecken und die gegebenenfalls gefährdeten Personen hierüber informieren.

Die Einwilligung ist daher geeignete Rechtsgrundlage für die Datenverarbeitung in Zusammenhang mit Contact Tracing Apps.

4.2.2 Die Einwilligung durch Kinder

Eine weitere Herausforderung stellt die Einholung der Einwilligung von Kindern dar.

Bei der Nutzung von Diensten der Informationsgesellschaft durch ein Kind ist gem. Art. 8 Abs. 1 DSGVO grundsätzlich bis zur Vollendung des 16. Lebensjahres, die Einwilligung des Trägers der elterlichen Verantwortung oder dessen Zustimmung zur Erteilung der Einwilligung durch das Kind erforderlich. Die Contact Tracing Apps stellen jedoch regelmäßig keinen Dienst der Informationsgesellschaft dar. Denn gem. Art. 4 Nr. 25 DSGVO sind Dienste der Informationsgesellschaft nur solche im Sinne des Art. 1 Nr. 1 lit. b der RL (EU) 2015/1535 des Europäischen Parlaments und des Rates. Darunter werden jedoch nach allgemeiner Ansicht nur Leistungen verstanden, die normalerweise gegen Entgelt erbracht werden.[29] Das ist bei den Contact Tracing Apps nicht der Fall.

Andererseits kann die Minderjährigkeit und die damit gegebenenfalls fehlende Einsichtsfähigkeit für die Reichweite der gegenüber dem Anbieter der Contact Tracing App abgegebenen Willenserklärungen auch nicht völlig außer Acht bleiben. Zwar legt ErwG 38 S. 3 DSGVO nahe, dass eine Einwilligung des Trägers der elterlichen Verantwortung im Falle von „Präventions- oder Beratungsdiensten, die unmittelbar einem Kind angeboten werden, nicht erforderlich" sei. Das kann jedoch nur im Kontext von Art. 8 DSGVO gelten und nicht generell über die gegebenenfalls fehlende Einsichtsfähigkeit eines Minderjährigen hinweghelfen.

Daher gibt es bei Contact Tracing Apps für die Einwilligung keine feste Altersgrenze. Vielmehr kommt es auf die individuelle Reife und Einsichtsfähigkeit des Kindes bei Abgabe der Einwilligung an. Die individuelle Einsichtsfähigkeit kann jedoch im Rahmen der Nutzung von Contact Tracing Apps durch den Anbieter kaum überprüft werden. Eine pragmatische Lösung für dieses Problem gibt es bisher nicht.

---

[29] *Ernst*, in: Paal/Pauly, DS-GVO BDSG, Art. 4 Rn. 143; *Schild*, in: BeckOK DatenschutzR, Art. 4 Rn. 172.

Auch eine Möglichkeit der sachgerechten Einbindung der Träger der elterlichen Verantwortung in den Einwilligungsprozess ist nicht ersichtlich.

Hier hätte ein Spezialgesetz gegebenenfalls Abhilfe schaffen können. Der Weg des Robert Koch-Instituts, die Nutzung der Corona-Warn-App erst ab 16 Jahren zu eröffnen, ist *de lege lata* daher konsequent.

4.3 Zwischenfazit

Grundsätzlich lässt sich die Verarbeitung personenbezogener Daten in Zusammenhang mit Contact Tracing Apps auf verschiedenen Rechtsgrundlagen stützen. Die in Deutschland bestehenden gesetzlichen Rechtsgrundlagen sind jedoch kritisch zu sehen. Gegen die Einwilligung als Rechtsgrundlage bestehen im Ergebnis dagegen keine durchgreifenden Bedenken.

Die Schaffung eines Spezialgesetzes hätte aus verschiedenen Gründen Vorteile mit sich gebracht, etwa weil die zweckentfremdende Nutzung der Contact Tracing Apps, etwa im Rahmen einer Einlasskontrolle in einem Restaurant, ausdrücklich hätte untersagt werden können. Zwingend erfoderlich ist ein solches Gesetz jedoch nicht.

5 Fazit

Der Betrieb von Contact Tracing Apps auf Basis des Kontaktbenachrichtigungswerkzeugs von Apple und Google ist datenschutzkonform möglich. Das Kontaktbenachrichtigungswerkzeug erlaubt im Ergebnis eine datensparsame Umsetzung des Contact Tracing und eine frühzeitige Benachrichtigung der Nutzer über mögliche Risikokontakte. Zugleich ergeben sich dadurch jedoch andere datenschutzrechtliche Herausforderungen:

1. Die Verarbeitung von Daten in Zusammenhang mit Contact Tracing Apps ist in weiten Teilen durch Apple und Google als Betreiber des Kontaktbenachrichtigungswerkzeugs determiniert. Wenn Apple und Google ihre Ankündigungen zur nächsten Entwicklungsstufe des Kontaktbenachrichtigungswerkzeugs umsetzen und einen Austausch von Bluetooth-IDs ohne Installation einer Contact Tracing App ermöglichen, müsste dies bei der datenschutzrechtlichen Ausgestaltung berücksichtigt werden.

2. Der Personenbezug der im Rahmen der Contact Tracing Apps verarbeiteten Daten ist für die Anbieter der App in weiten Teilen fraglich. Aufgrund der starken Pseudonymisierung der Bluetooth-IDs durch das Kontaktbenachrichtigungswerkzeug besteht für die Anbieter der Contact Tracing App keine Möglichkeit, die Daten mit den dahinterstehenden natürlichen Personen zusammenzuführen. Eine Identifizierung

wird erst bei Verbindung mit anderen Metadaten, wie etwa der IP-Adresse des Nutzers, möglich, wenn dieser seine Diagnoseschlüssel an den Anbieter übermittelt.

3. Die rechtliche und tatsächliche Ausgestaltung der Datenverarbeitung legt eine Verantwortlichkeit sowohl der Betreiber des Kontaktbenachrichtigungswerkzeugs sowie der Anbieter der Contact Tracing Apps nahe.

4. Die Heranziehung der Einwilligung als Rechtsgrundlage der Verarbeitung personenbezogener Daten in Zusammenhang mit Contact Tracing Apps ist überzeugend. Die Schaffung einer spezialgesetzlichen Rechtsgrundlage würde verschiedene Vorteile mit sich bringen, ist jedoch für einen rechtmäßigen Betrieb der App nicht erforderlich.

5. Eine besondere Herausforderung ergibt sich für die Nutzung von Contact Tracing Apps auf Grundlage einer Einwilligung bei der Nutzung durch Kinder. Die starre Altersgrenze von 16 Jahren für die Einwilligung in die Datenverarbeitung in Zusammenhang mit den Diensten der Informationsgesellschaft gem. Art. 8 Abs. 1, 2 DSGVO findet auf Contact Tracing Apps keine Anwendung. Zugleich ist nicht davon auszugehen, dass Kinder Contact Tracing Apps ohne Einwilligung der Träger der elterlichen Verantwortung (oder deren Zustimmung) nutzen können. Daher kommt es entscheidend auf die individuelle Einwilligungsfähigkeit des Kindes an. Diese kann jedoch von Anbietern der Contact Tracing Apps nicht geprüft werden. Es ist daher folgerichtig, die Nutzung von Contact Tracing Apps auf Grundlage einer Einwilligung erst ab Vollendung des 16. Lebensjahres zu erlauben.

Literatur

Wolff, Heinrich Amadeus/Brink, Stefan (Hrsg.): BeckOK Datenschutzrecht, 32. Ed., München 2020.

Gola, Peter (Hrsg.): Datenschutz-Grundverordnung VO (EU) 2016/679, Kommentar, 2. Aufl., München 2018.

Kühling, Jürgen/Buchner, Benedikt (Hrsg.): Datenschutz-Grundverordnung/ BDSG, Kommentar, 2. Aufl., München 2018.

Kühling, Jürgen/Schildbach, Roman: Corona-Apps – Daten- und Grundrechtsschutz in Krisenzeiten, NJW 2020, S. 1545-1550.

Ehmann, Eugen/Selmayr, Martin (Hrsg.): DS-GVO Datenschutz-Grundverordnung, Kommentar, 2. Aufl., München 2018.

Paal, Boris P./Pauly, Daniel A. (Hrsg.): Datenschutz-Grundverordnung Bundesdatenschutzgesetz, 2. Aufl., München 2018.

Simitis, Spiros/Hornung, Indra/Spiecker gen. Döhmann, Indra (Hrsg.): Datenschutzrecht DSGVO mit BDSG, Frankfurt/Kassel 2019.

Taeger, Jürgen/Gabel, Detlev (Hrsg.): Kommentar, DSGVO – BDSG, 3. Aufl., Frankfurt 2019.

DATENSCHUTZRECHTLICHE HERAUSFORDERUNGEN FÜR ÄRZTE BEIM EINSATZ VON GESUNDHEITS-APPS

Dr. Christopher Jones, LL.M. (Eur)

Taylor Wessing
c.jones@taylorwessing.com

Zusammenfassung

Gesundheits-Apps werden bei der Behandlung von Patienten durch Ärzte zunehmend an Bedeutung gewinnen. Der deutsche Gesetzgeber hat hierfür mit dem Gesetz für eine bessere Versorgung durch Digitalisierung und Innovation (DVG) einen wichtigen Grundstein gelegt. Datenschutzrechtlich stehen die Ärzte jedoch weiterhin vor einigen Herausforderungen. Ärzte haben zahlreiche datenschutzrechtlichen Pflichten, die sie beim Einsatz von Apps erfüllen müssen. Die größte Herausforderung dürfte für Ärzte sein, als datenschutzrechtlich Verantwortliche die Rechtmäßigkeit der Datenverarbeitungen zu gewährleisten. Dies umfasst insbesondere die Sicherstellung einer geeigneten Rechtsgrundlage für die damit einhergehenden Datenverarbeitungen, aber auch die Prüfung, ob hinreichende Maßnahmen zur Sicherheit der personenbezogenen Daten getroffen wurden.

1 Einleitung

Die Digitalisierung verdrängt im Gesundheitswesen zunehmend analoge Prozesse. Dies reicht von der digitalen Rezeptvergabe über die Teleberatung von Patienten, von der elektronischen Patientenakte[1] bis zum Einsatz von Robotern für die Krankenhauslogistik. Der Gesetzgeber hat die Bedeutung der Digitalisierung im Gesundheitssektor erkannt, weshalb er einerseits den Einsatz von Digitalisierungsmaßnahmen durch entsprechende Gesetze ermöglicht und fördert, andererseits regulierend eingreift, indem er bestimmte Mindestanforderungen für Marktteilnehmer aufstellt.[2]

Von großer Bedeutung für den Einsatz von Apps im Gesundheitssektor ist das am 19.12.2019 in Kraft getretene Digitale-Versorgung-Gesetz (DVG).[3] Der Gesetzgeber hat durch das DVG einen Anspruch auf Versorgung mit sogenannten „digitalen Gesundheitsanwendungen" in § 33a

---

[1] Vgl. das Terminservice- und Versorgungsgesetz, BGBl. 2019 I, S. 646, am 11.5.2019 in Kraft getreten.

[2] Prominentes Beispiel ist etwa die Einführung der Videosprechstunde nach § 291g SGB V sowie das vereinfachte Verfahren hierzu aufgrund der Verbreitung des Coronavirus SARS-CoV-2, vgl. https://www.kvb.de/praxis/it-in-der-praxis/videosprechstunde/ (Stand: 28.6.2020)

[3] BGBl. 2019 I, S. 2562.

SGB V geschaffen. Bei diesen Anwendungen handelt es sich gem. § 33a Abs. 1 S. 1 SGB V um Medizinprodukte niedriger Risikoklasse, „deren Hauptfunktion wesentlich auf digitalen Technologien beruht und die dazu bestimmt sind, bei den Versicherten oder in der Versorgung durch Leistungserbringer die Erkennung, Überwachung, Behandlung oder Linderung von Krankheiten, Verletzungen oder Behinderungen zu unterstützen".

Das DVG enthält aber nur vereinzelte Regelungen zum Datenschutz. Die Gesundheits-App muss insbesondere gemäß § 139e Abs. 2 Nr. 2 SGB V den Anforderungen an den Datenschutz entsprechen und die Datensicherheit nach dem Stand der Technik gewährleisten. Darüber hinaus wurden lediglich einzelne Sonderbestimmungen geschaffen, etwa Art. 1 Nr. 23 DVG, welcher zur Einführung eines Verzeichnisses für digitale Gesundheitsanwendungen führte (§ 139e Abs. 2 Nr. 2 SGB V), oder Art. 1 Nr. 39 DVG, welcher die Datenzusammenführung und -übermittlung von Krankenkassen an Datensammelstellen bzw. Forschungsdatenzentren regelt (§§ 303b, 303e SGB V).[4]

Dies betrifft jedoch nicht die datenschutzrechtlichen Pflichten behandelnder Ärzte im Hinblick auf die mit der Nutzung von Gesundheits-Apps einhergehenden Datenverarbeitungen. Hierfür gelten somit die allgemeinen Regelungen der Datenschutzgrundverordnung (DSGVO)[5] und des Bundesdatenschutzgesetzes (BDSG)[6] unmittelbar, flankiert durch weitere bereichsspezifische Regelungen auf Bundes- und Landesebene.[7] Ärzte müssen diese Anforderungen bei dem Einsatz von Gesundheits-Apps in der Regel selbst erfüllen. Im Folgenden werden, nach Eingrenzung des Begriffs der Gesundheits-Apps, die wesentlichen datenschutzrechtlichen Herausforderungen für Ärzte dargestellt.

---

[4] Vgl. dazu: *Kühling/Schildbach*, NZS 2020, S. 41.

[5] VO (EU) 2016/679 des Europäischen Parlaments und des Rates vom 27.4.2016 zum Schutz natürlicher Personen bei der Verarbeitung personenbezogener Daten, zum freien Datenverkehr und zur Aufhebung der RL 95/46/EG.

[6] BGBl. 2017 I, S. 2097.

[7] Insbesondere für Krankenhäuser sehen manche Landeskrankenhausgesetze strengere Regelungen vor. Bemerkenswert ist etwa das Erfordernis der Genehmigung jedes Auftragsverarbeiters in § 33 Abs. 8 S. 2 SächsKHG.

2 Was sind Gesundheits-Apps?

Der Begriff der „Gesundheits-App" ist nicht einheitlich definiert.[8] Dieser wird weithin als Oberbegriff für Apps mit Gesundheitsbezug verwandt. Dabei wird zwischen „Lifestyle"-, serviceorientierten und medizinischen Apps unterschieden.[9]

Bei „Lifestyle"-Apps handelt es sich um Anwendungen wie Fitness-Tracker oder solche Anwendungen, die den Nutzer allgemein bei seiner Lebensführung unterstützen, z.b. durch das Nachverfolgen und Verbessern seines Ernährungs- oder Bewegungsverhaltens. Unter serviceorientierten Apps werden meist solche verstanden, mit denen organisatorische Belange im Patienten-Arzt-Verhältnis abgebildet werden können, z.B. die Kontaktaufnahme oder Terminbuchungen.

Von zunehmender Bedeutung sind medizinisch eingesetzte Gesundheits-Apps. Diese werden insbesondere zur Diagnose und Therapie von Krankheiten eingesetzt. So können diese Apps den Arzt z.B. bei der Auswertung von Blutzuckerwerten unterstützen.[10] Denkbar ist auch, dass Apps Therapievorgänge überwachen, diese unterstützten oder zur Steuerung medizinischer Geräte eingesetzt werden. Zudem können diese Apps als Tagebuch zur Symptom- oder Verlaufskontrolle bei einer Krankheit eingesetzt werden.

Was die technische Umsetzung betrifft, werden die Apps in aller Regel von externen Softwareherstellern angeboten und setzen zur Bereitstellung bestimmter Funktionen oft cloudbasierte Technologien ein. Dies führt dazu, dass an den damit verbundenen Datenverarbeitungsvorgängen in der Regel eine Vielzahl unterschiedlicher Parteien und Systeme beteiligt sind.

In den Anwendungsbereich der §§ 33a, 139e SGB V werden in erster Linie medizinische Apps fallen, da in der Regel nur diese Apps zur Erkennung, Überwachung, Behandlung oder Linderung von Krankheiten eingesetzt werden. Bei der Darstellung der datenschutzrechtlichen Herausforderungen geht es nachfolgend nur um diese Gesundheits-Apps im „engeren

---

[8] Vgl. https://www.uniklinik-freiburg.de/fileadmin/mediapool/09_zentren/studienzentrum/pdf/Studien/150331_TK-Gesamtbericht_Gesundheits-und_Versorgungs-Apps.pdf, S. 6, (Stand: 28.6.2020).

[9] Vgl. *Holzner*, Kap C. Rn. 147 ff.; https://www.verbraucherzentrale.de/wissen/gesundheit-pflege/aerzte-und-kliniken/gesundheitsapps-medizinische-anwendungen-auf-rezept-41241, (Stand: 28.6.2020); https://www.uniklinik-freiburg.de/fileadmin/mediapool/09_zentren/studienzentrum/pdf/Studien/150331_TK-Gesamtbericht_Gesundheits-und_Versorgungs-Apps.pdf, S. 7, (Stand: 28.6.2020).

[10] Etwa implantierbare Sensoren zur Blutzuckermessung im Zusammenhang mit einer Smartphone-App, vgl. https://www.ukr.de/service/aktuelles/06132.php (Stand: 28.6.2020).

Sinne". Es wird daher vom typischen Fall einer App auf einem mobilen Endgerät mit dem Betriebssystem Apple iOS oder Google Android ausgegangen, welche im Rahmen einer ärztlichen Behandlung Gesundheitsdaten lokal und im Zusammenhang mit Cloud-Leistungen verarbeitet.

3 Datenschutzrechtliche Herausforderungen für Ärzte

3.1 Personenbezogene Daten und Gesundheitsdaten in Gesundheits-Apps

In Gesundheits-Apps werden unweigerlich personenbezogene Daten (Art. 4 Nr. 1 DSGVO) der Patienten verarbeitet. Dabei wird es sich in der Regel auch um Gesundheitsdaten handeln, für welche die DSGVO besondere Pflichten für die Verarbeitung vorsieht (siehe näher dazu unten, Abschnitt 3.3). Gesundheitsdaten sind nach Art. 4 Nr. 15 DSGVO Daten, „die sich auf die körperliche oder geistige Gesundheit einer natürlichen Person, einschließlich der Erbringung von Gesundheitsdienstleistungen, beziehen und aus denen Informationen über deren Gesundheitszustand hervorgehen." Nach ErwG 35 der DSGVO umfasst dies frühere und künftige körperliche oder geistige Gesundheitszustände sowie sämtliche Diagnose- und Behandlungsdaten, unabhängig von der Herkunft der Daten. Umfasst sind daher auch solche Informationen, aus denen sich indirekt Rückschlüsse oder gar nur Vermutungen[11] auf den Gesundheitszustand ziehen lassen.[12] Ebenso umfasst sind solche Daten, die im Zuge der Anmeldung und Erbringung von Gesundheitsdienstleistungen im Sinne der Patientenmobilitätsrichtlinie[13] verarbeitet werden.[14]

Nicht darunter würde hingegen der rein informatorische Gebrauch einer App fallen. Zu denken ist an das Nutzen einer App mit Beispieldaten oder als Nachschlagewerk zur Anzeige von nicht auf eine konkrete Person bezogene Informationen, etwa Fachartikel zu bestimmten Erkrankungen oder ein Pollenflugkalender.

Schwierigkeiten können sich bei der Abgrenzung des Merkmals der „Gesundheit" ergeben. Zu denken ist etwa an Apps, welche anhand von Bewegungssensordaten eine Schrittzahl errechnen, ohne jedoch einen Bezug zum Gesundheitszustand einer Person herzustellen. Ebenso können solche Daten nicht auf die Gesundheit bezogen sein, die nicht zumindest im Kern auf wissenschaftlichen Erkenntnissen beruhen. So dürften dem Nutzer

---

[11] *Ernst*, in: Paal/Pauly, DS-GVO, Art. 4 Rn. 108, 110.

[12] Vgl. entsprechend zu Art. 8 Abs. 1 der RL 95/46/EG (Datenschutzrichtlinie) bereits EuGH, EuZW 2004, 245, Rn. 50.

[13] RL 2011/24/EU des Europäischen Parlaments und des Rates vom 9.3.2011 über die Ausübung der Patientenrechte in der grenzüberschreitenden Gesundheitsversorgung.

[14] *Schild*, in: Wolff/Brink, BeckOK Datenschutzrecht, Art. 4 Rn. 142.

nachempfundene Spielercharaktere oder gesundheitsbezogene Aussagen von Horoskop-Apps regelmäßig keine Gesundheitsdaten darstellen.

Erfasst sind Daten aus jeder Datenquelle. Dies umfasst solche, die ein Nutzer selbst eingibt, die durch Sensorik erfasst werden oder die eine App durch Berechnung ermittelt.[15] Umfasst sind daher auch Daten von Fitness-Apps, Wearables, Smart-Watches usw., die beispielsweise Puls, Blutdruck, Fettanteil, Bewegungsprofile oder Leistungsdaten einer Person messen.[16]

Sobald ein Arzt eine App im Rahmen einer Diagnose oder Therapie im weitesten Sinne einsetzt, dürfte somit in der Regel eine Verarbeitung von Gesundheitsdaten vorliegen. Der Arzt hätte ohnehin keinen Grund – und nach dem Prinzip der Datenminimierung (Art. 5 Abs. 1 lit. c DSGVO) regelmäßig auch keine Berechtigung – Daten von Patienten zu verarbeiten, wenn sich diese nicht wenigstens mittelbar auf dessen Gesundheitszustand beziehen.[17]

3.2 Verantwortlichkeit des Arztes im Sinne des Datenschutzes

Für die Beurteilung der Pflichten von Ärzten beim Einsatz von Gesundheits-Apps ist entscheidend, ob der Arzt ein Verantwortlicher i.S.v. Art. 4 Nr. 7 DSGVO ist. Verantwortlicher ist die natürliche oder juristische Person, Behörde, Einrichtung oder andere Stelle, die allein oder gemeinsam mit anderen über die Zwecke und Mittel der Verarbeitung von personenbezogenen Daten entscheidet. Im Zusammenhang mit Gesundheits-Apps ist daher zur Bestimmung der datenschutzrechtlichen Stellung als Verantwortlicher darauf abzustellen, ob die Gesundheits-App aufgrund der Entscheidung und Anweisung des Arztes eingesetzt wird.

Bei Gesundheits-Apps, die ein Arzt selbst unmittelbar an, mit oder gegenüber Patienten in seiner Stellung als Behandler nutzt, ist der Arzt Verantwortlicher. Dasselbe gilt, wenn der Patient eine Gesundheits-App auf Anweisung und unter Kontrolle des Arztes einsetzt, da der Arzt über den Einsatz der App bzw. über die Verwendung der darüber erhobenen Daten des Patienten bestimmt. Zwar hat der Arzt in der Regel keine unmittelbare Kontrolle über Details der Verarbeitung, etwa die einzelnen Datenflüsse,

---

[15] *Vgl. Weichert*, in: Kühling/Buchner, DS-GVO BDSG, Art. 4 Nr. 15 Rn. 3; *Kampert*, in: Sydow, EU-DSGVO, Art. 4 Rn. 189.

[16] *Ernst*, in: Paal/Pauly, DS-GVO, Art. 4 Rn. 110; *Kampert*, in: Sydow, EU-DS-GVO, Art. 4 Rn. 189; *Schild*, in: Wolff/Brink, BeckOK Datenschutzrecht, Art. 4 Rn. 144; *Weichert*, in: Kühling/Buchner, DS-GVO BDSG, Art. 4 Nr. 15 Rn. 3; *Kremer*, in: Auer-Reinsdorff/Conrad, Hdb. IT- und Datenschutzrecht, § 28 Rn. 68; *Jandt/Hohmann*, in: Taeger, Internet der Dinge, S. 17, 24.

[17] Vgl. BlnDSB, Materialien zum BDSG Nr. 30, § 9; *Gola*, in: Gola, DS-GVO, Art. 4 Rn. 97; dennoch ist bei der Beurteilung stets auf den konkreten Einzelfall abzustellen.

und oft auch keinen unmittelbaren Zugriff auf die verarbeiteten Daten. Jedoch entscheidet der Arzt zumindest über Auswahl und Umfang des Einsatzes der App, und damit nach dem Verständnis der DSGVO auch über die Datenerhebung.[18] Eine Kenntnis der technischen Details der Verarbeitung – insbesondere in Bezug auf die konkrete Hardware und Software – ist keine Voraussetzung für die Stellung als datenschutzrechtlich Verantwortlicher.[19]

Initiiert der Patient selbst die Verwendung der Gesundheits-App, etwa um seinen Gesundheitszustand vor einem ersten Arztbesuch zu überwachen, beginnt die Verantwortlichkeit des Arztes erst mit dem Empfang der Daten bzw. der Einbeziehung der Gesundheits-Apps in die ärztliche Behandlung. Beispielhaft sei hier die Übermittlung des Ergebnisses einer vom Patienten ohne Anweisung selbsttätig vorgenommenen EKG-Messung über die Apple-Watch zu nennen, deren Ergebnis der Patient dem Arzt per E-Mail übermittelt.[20] In diesem Fall ist der Arzt nicht als Verantwortlicher für die eingesetzte Gesundheits-App anzusehen. Erst mit dem Empfang der Daten wird der Arzt Verantwortlicher für die empfangenen Daten.

3.3 Datenschutzrechtliche Rechtfertigung der Verarbeitung

Die DSGVO sieht ein grundsätzliches Verbot mit Erlaubnisvorbehalt für die Verarbeitung personenbezogener Daten vor (Art. 5 Abs. 1 lit. a i. V. m. Art. 6 Abs. 1 DSGVO).[21] Der konkrete Rechtfertigungsgrund für den Einsatz einer Gesundheits-App ergibt sich aus dem jeweiligen Zweck der Datenverarbeitung, der daran beteiligten Parteien sowie der konkreten technischen Ausgestaltung.

Art. 9 Abs. 1 DSGVO stellt darüber hinaus ein grundsätzliches Verbot der Verarbeitung von Gesundheitsdaten auf. Eine Verarbeitung kann nur zulässig sein, wenn ein Ausnahmetatbestand des Art. 9 Abs. 2 DSGVO bzw. des § 22 BDSG vorliegt.[22] Diese sind grundsätzlich restriktiv auszulegen.[23] Für Gesundheits-Apps im Praxisalltag kommen dabei nur der Erlaubnistatbestand einer Einwilligung (Art. 9 Abs. 2 lit. a DSGVO) sowie die

---

[18] Vgl. *Hartung*, in: Kühling/Buchner, DS-GVO BDSG, Art. 28 Rn. 30; *Martini*, in: Paal/Pauly, DS-GVO, Art. 28 Rn. 36.

[19] Vgl. Artikel-29-Datenschutzgruppe, Stellungnahme 1/2010 zu den Begriffen „für die Verarbeitung Verantwortlicher" und „Auftragsverarbeiter", WP 169, 17.

[20] Zur Funktionsweise s. https://support.apple.com/de-de/HT208955 (Stand: 28.6.2020).

[21] Außer Betracht bleiben an dieser Stelle mögliche Sondertatbestände im Zusammenhang mit dem Sozialgesetzbuch.

[22] Diese Ausnahmen vom Verbot stellen für sich alleine keine Rechtfertigungsgründe für die Verarbeitung dar, *Albers/Veit*, in: Wolff/Brink, BeckOK Datenschutzrecht, Art. 9 Rn. 25.

[23] *Frenzel*, in: Paal/Pauly, DS-GVO, Art. 9 Rn. 18.

medizinische Diagnostik bzw. ein Vertrag mit einem Angehörigen eines Gesundheitsberufs (Art. 9 Abs. 2 lit. h DSGVO, § 22 Abs. 1 Nr. 1 BDSG) in Betracht.

Wird eine Datenverarbeitung auf eine Einwilligung des Nutzers gestützt, so ist sie nach Art. 6 Abs. 1 UAbs. 1 lit. a i. V. m. Art. 9 Abs. 2 lit. a DSGVO gerechtfertigt. Die Einwilligung muss den Anforderungen des Art. 7 DSGVO genügen, ausdrücklich (Art. 9 Abs. 2 lit. a DSGVO) sowie freiwillig und in informierter Weise erfolgen. Diese Anforderungen sind in der Praxis oft schwierig umzusetzen, da der Patient eindeutig, d.h. weder stillschweigend noch konkludent,[24] in vorher konkret bezeichnete Datenverarbeitungsvorgänge einwilligen muss. Dies verlangt für die Dokumentation mitunter einen hohen Verwaltungsaufwand seitens des Arztes. Praktisch würde der Arzt für jede eingesetzte Gesundheits-Apps ein unterzeichnetes Einwilligungsformular des Patienten benötigen. Zudem ist die Einwilligung jederzeit widerruflich, was sich zwar nicht auf vergangene Verarbeitungen auswirkt (Art. 7 Abs. 3 S. 2 DSGVO), jedoch für zusätzliche technische Komplexität und Dokumentationsaufwand sorgt.

Praktikabler wird es für Ärzte sein, die Verarbeitung auf einen Behandlungsvertrag zu stützen, welcher ohnehin zwischen dem Patienten und dem Arzt geschlossen wird. Die dazu notwendige Datenverarbeitung ist nach Art. 9 Abs. 2 lit. h DSGVO, § 22 Abs. 1 Nr. 1 BDSG und Art. 6 Abs. 1 UAbs. 1 lit. b DSGVO gerechtfertigt. Zu beachten ist hier allerdings, dass der Vertrag vor Beginn der Verarbeitung geschlossen worden sein muss, da vorvertragliche Maßnahmen nicht umfasst sind. Dies folgt aus Art. 9 Abs. 2 lit. h DSGVO, § 22 Abs. 1 Nr. 1 BDSG, da diese Vorschriften anders als Art. 6 Abs. 1 UAbs. 1 lit. b DSGVO eine Verarbeitung zur Durchführung vorvertraglicher Maßnahmen nicht ausreichen lassen.[25]

Außerhalb der Verarbeitung von Gesundheitsdaten können Datenverarbeitungen gegebenenfalls auf den Rechtfertigungsgrund der berechtigten Interessen (Art. 6 Abs. 1 UAbs. 1 lit. f DSGVO) gestützt werden. Eine solche Rechtfertigung bringt geringere organisatorische Hürden mit sich, insbesondere hinsichtlich des Dokumentationsaufwandes.[26] Zu denken ist

---

[24] *Albers/Veit*, in: Wolff/Brink, BeckOK Datenschutzrecht, Art. 9 Rn. 51; *Petri*, in: Simitis/ Hornung /Spiecker gen. Döhmann, Datenschutzrecht, Art. 9 Rn. 33.

[25] *Petri*, in: Simitis/Hornung/Spiecker gen. Döhmann, Datenschutzrecht, Art. 9 Rn. 85.

[26] Anhaltspunkte für die Frage, ob ein berechtigtes Interesse vorliegt, bietet die Orientierungshilfe der Konferenz der unabhängigen Datenschutzaufsichtsbehörden des Bundes und der Länder, welche klare Grenzen für berechtigte Interessen bietet: Datenschutzkonferenz, Orientierungshilfe der Aufsichtsbehörden für Anbieter von Telemedien, Stand: März 2019, S. 11 ff.

etwa an Verarbeitungen zur Überwachung der Funktionalität oder Optimierung der Dienste oder zur Steigerung der Gebrauchstauglichkeit und Nutzerfreundlichkeit.[27] Dies wird für Gesundheits-Apps jedoch eher in Ausnahmefällen in Betracht kommen, da Gesundheitsdaten nicht auf dieser Rechtsgrundlage verarbeitet werden können.

3.4 Einbeziehung von Dritten bei Datenverarbeitungsvorgängen

Daten im Zusammenhang mit Gesundheits-Apps werden oft nicht lokal auf den Computern der Ärzte, sondern „in der Cloud", d.h. auf den Servern der App-Anbieter verarbeitet werden. Dies ist insofern von Bedeutung, als die App-Anbieter hier entweder als Auftragsverarbeiter i.S.v. Art. 4 Nr. 8, Art. 28 DSGVO[28] oder ebenfalls als Verantwortliche gem. Art. 4 Nr. 7 DSGVO eingeordnet werden müssen. Dies hängt davon ab, inwieweit die App-Anbieter ebenfalls über die Zwecke und Mittel der Verarbeitung der personenbezogenen Daten entscheiden.

Die Verarbeitung durch Dritte für eigene Zwecke ist, wie für den Arzt selbst, nach Art. 6 DSGVO rechtfertigungsbedürftig. Hierzu ist also ebenfalls eine ausdrückliche Einwilligung des Patienten oder ein eigener Behandlungsvertrag erforderlich. Abgrenzungsschwierigkeiten ergeben sich hier insbesondere, wenn Daten anonymisiert oder pseudonymisiert übermittelt werden sollen.[29]

In der Praxis wird beim Einsatz von Gesundheits-Apps zumeist ein Auftragsverarbeitungsverhältnis vorliegen, da keine eigenen Verarbeitungszwecke der App-Anbieter bestehen. In diesem Fall muss der Arzt einen Auftragsverarbeitungsvertrag nach Art. 28 Abs. 3 DSGVO mit dem jeweiligen App-Anbieter abschließen, in welchem sich der App-Anbieter bestimmten datenschutzrechtlichen Pflichten unterwirft.[30]

Kein Auftragsverarbeitungsverhältnis, sondern eine eigene Verantwortlichkeit der App-Anbieter liegt vor, wenn diese durch die Gesundheits-Apps erhobenen Daten auch zu eigenen Zwecken nutzen. Zu denken ist

---

[27] Vgl. Datenschutzkonferenz, Fn. 24, S 12.

[28] *Hartung*, in: Kühling/Buchner, DS-GVO BDSG, Art. 28 Rn. 28; *Klug*, in: Gola, DS-GVO, Art. 28 Rn. 5; *Martini*, in: Paal/Pauly, DS-GVO BDSG, Art. 28 Rn. 28; *Spoerr*, in: Wolff/Brink, BeckOK Datenschutzrecht, Art. 28 Rn. 18.

[29] Hierbei ist zu beachten, dass die Anonymisierung selbst ein rechtfertigungsbedürftiger Verarbeitungsvorgang ist, vgl.: *Hansen*, in: Simitis/Hornung/Spieker gen. Döhmann, Datenschutzrecht, Art. 4 Rn. 23; *Hornung/Wagner*, ZD 2020, S. 223.

[30] Außer Betracht bleiben an dieser Stelle mögliche zusätzliche Voraussetzungen aus dem Sozialgesetzbuch, etwa die Anzeigepflicht nach § 80 SGB X. Eine Genehmigung der Aufsichtsbehörde ist in der Regel nicht erforderlich, vgl. aber die Pflicht sächsischer Krankenhäuser nach § 33 Abs. 8 S. 2 SächsKHG.

etwa an die Nutzung der Patientendaten zu Forschungszwecken. Hier ist, wie dargestellt, ein eigener Rechtfertigungsgrund erforderlich.

Ist der App-Anbieter auch Verantwortlicher, kann ein Fall der gemeinsamen Verantwortlichkeit zusammen mit dem Arzt vorliegen. Denn bereits die Auswahl der App durch den Arzt, und somit dessen Einfluss auf die Verarbeitung durch den App-Anbieter, kann zur Gemeinsamkeit der Verantwortlichkeit führen.[31] In dem Fall ist eine Vereinbarung über die gemeinsame Verantwortlichkeit nach Art. 26 Abs. 1 S. 2 DSGVO abzuschließen und dies dem Nutzer mitzuteilen.

Weder eine gemeinsame Verantwortlichkeit noch eine Auftragsverarbeitung liegt vor, wenn die personenbezogenen Daten nur lokal auf den Systemen des Arztes, nicht jedoch auf den Servern des App-Anbieters verarbeitet werden.[32] Denn durch die reine Zurverfügungstellung der App findet noch keine Verarbeitung durch den App-Anbieter statt.

3.5 Datenschutzrechtliche Geheimhaltungspflichten

Die Personen, welche Zugriff auf die Gesundheitsdaten erhalten, müssen einer Geheimhaltungspflicht unterliegen (Art. 9 Abs. 3 DSGVO).[33] Es stellt sich bereits die Frage, ob eine vertragliche Geheimhaltungspflicht ausreichen kann. § 22 Abs. 1 Nr. 1 lit. b BDSG spricht, abweichend von Art. 9 Abs. 3 DSGVO, von einer dem ärztlichen Personal „entsprechenden Geheimhaltungspflicht".[34] Nach einer Ansicht sollen daher nur gesetzliche Geheimhaltungspflichten ausreichen.[35] Diese restriktive Auslegung dürfte jedoch zu weitgehend sein. Sinnvoller erscheint es, einen Gleichlauf mit § 203 StGB herzustellen und entsprechende vertraglich vereinbarte Geheimhaltungspflichten ausreichen zu lassen. Sollten Ärzte daher ihren Mitarbeitern Zugang zu den Daten im Zusammenhang mit den Gesundheits-

---

[31] Die Verantwortlichkeit erstreckt sich dann jeweils auf die Bereiche, für die der Verantwortliche tatsächlich über die Zwecke und Mittel der Verarbeitung entscheidet, EuGH, Urt. v. 29.7.2019, C-40/17, GRUR 2019, 977 – Fashion-ID.

[32] Vgl. *Weber/Suter*, in: Forgó/Helfrich/Schneider, Betrieblicher Datenschutz, Teil XV, Kap. 5 Rn. 162.

[33] Umstritten ist auch, ob die datenschutzrechtliche Befugnisregelung eine Legitimation der Offenbarung von Berufsgeheimnissen darstellt. Dies dürfte nur der Fall sein, wenn sich eine Norm ausschließlich auf Daten bezieht, die einem Berufsgeheimnis unterliegen (vgl. *Weichert*, in: Kühling/Buchner, DS-GVO BDSG, Art. 9 Rn. 147 ff.). Dies ist jedenfalls bei Art. 9 Abs. 3 DSGVO nicht der Fall.

[34] Dies stellt eine zusätzliche Beschränkung durch nationales Recht auf Grundlage der Öffnungsklausel des Art. 9 Abs. 4 DSGVO dar.

[35] *Petri*, in: Simitis/Hornung/Spiecker gen. Döhmann, Datenschutzrecht, Art. 9 Rn. 85; *Frenzel*, in: Paal/Pauly, DS-GVO, Art. 9 Rn. 47; *Albers/Veit*, in: Wolff/Brink, BeckOK Datenschutzrecht, Art. 9 Rn. 80; a. A. *Jaspers/Schwartmann/Mühlenbeck*, in: Schwartmann/Jaspers/Thüsing/Kugelmann, DS-GVO, Art. 9 Rn. 207.

Apps verschaffen, müssen sie sicherstellen, dass die Geheimhaltungsvereinbarungen ihrer Angestellten auch diese Daten umfassen.

3.6 Informationspflichten gegenüber den Betroffenen

Den Arzt treffen gegenüber seinen Patienten datenschutzrechtliche Informationspflichten aus Art. 13 DSGVO. So muss der Arzt seine Patienten Informationen über die sie betreffende Datenverarbeitungen sowie ihre Rechte als Betroffene zur Verfügung stellen. Dazu gehören insbesondere die Zwecke, für die die personenbezogenen Daten verarbeitet werden sollen, sowie die Rechtsgrundlage für die Verarbeitung (Art. 13 Abs. 1 lit. c DSGVO), gegebenenfalls die Empfänger oder Kategorien von Empfängern der personenbezogenen Daten (Art. 13 Abs. 1 lit. e DSGVO) sowie die Dauer, für die die personenbezogenen Daten gespeichert werden oder, falls dies nicht möglich ist, die Kriterien für die Festlegung dieser Dauer (Art. 13 Abs. 2 lit. a DSGVO). Hat der App-Anbieter seinen Sitz außerhalb der EU, muss der Arzt den Patienten gem. Art. 13 Abs. 1 lit. f DSGVO auch darüber sowie über getroffene Sicherungsmaßnahmen informieren.

Setzt der Arzt Gesundheits-Apps ein, muss der Patient spezifisch über diese Aspekte der Gesundheits-App informiert werden. Dies kann etwa über ein gesondertes Informationsblatt für den Einsatz der App geschehen.[36]

3.7 Gewährleistung der Sicherheit der Verarbeitung

Weitere entscheidende datenschutzrechtliche Pflichten ergeben sich aus Art. 32 DSGVO. Danach muss der Verantwortliche technische und organisatorische Maßnahmen treffen, um ein dem Risiko der Datenverarbeitung entsprechendes Schutzniveau zu gewährleisten. Da nur der Entwickler der jeweiligen App die Möglichkeit hat, Maßnahmen in der App technisch umzusetzen, kann der Arzt die an ihn gestellten Anforderungen nur erfüllen, indem er selbst organisatorische Maßnahmen trifft und prüft, ob der Anbieter der App wiederum geeignete technische und organisatorische Maßnahmen getroffen hat.

Insoweit könnte hierfür der in § 139e SGB V enthaltene Ansatz, ein Verzeichnis von Gesundheitsanwendungen zu führen, die von der gesetzlichen Krankenversicherung gefördert werden, eine Erleichterung darstellen. Für die Aufnahme in das Verzeichnis für digitale Medizinprodukte muss der Hersteller Sicherheit, Funktionstauglichkeit, Qualität sowie den positiven Versorgungseffekt bestätigen und gemäß § 139e Abs. 2 Nr. 2 ggf. Nachweise darüber einreichen, dass die Gesundheits-App „den Anforderungen

---

[35] Art. 12 Abs. 1 DSGVO sieht vor, dass die Übermittlung der Informationen „schriftlich oder in anderer Form, gegebenenfalls auch elektronisch" zu erfolgen hat.

an den Datenschutz entspricht und die Datensicherheit nach dem Stand der Technik gewährleistet" ist.

Konsequent wäre es, den Arzt insoweit von eigenen Prüfpflichten, Sicherheitsanforderungen und eigener Haftung freizustellen. Eine solche ausdrückliche Regelung existiert bislang jedoch nicht. Der Umstand der Aufnahme in das Verzeichnis kann allenfalls im Rahmen der Bewertung der ärztlichen Prüfpflichten Berücksichtigung finden. Eine ausdrückliche gesetzliche Regelung wäre im Interesse der Ärzteschaft begrüßenswert. Ob ein vom Gesetzgeber für den Gesundheitssektor geplante „Datenschutzgesetz" eine solche Regelung enthalten wird, ist bisher unklar.[37]

3.8 Einhaltung weiterer datenschutzrechtlichen Anforderungen

Darüber hinaus müssen Ärzte beim Einsatz von Gesundheits-Apps auch die weiteren datenschutzrechtlichen Anforderungen einhalten. So sind die Verarbeitungstätigkeiten im Zusammenhang mit Gesundheits-Apps in das Gesamtgefüge des Datenschutzkonzepts des Arztes einzugliedern. Dies schließt die Beachtung der Grundsätze der Datenverarbeitung aus Art. 5 DSGVO mit ein, wobei aufgrund der Verarbeitung von Gesundheitsdaten jeweils ein höheres Maß an Sorgfalt erwartet wird.

Des Weiteren treffen den Arzt zusätzliche Pflichten im Hinblick auf die Aufnahme der Datenverarbeitung in das Verzeichnis von Verarbeitungstätigkeiten nach Art. 30 DSGVO. Die Führung eines solchen Verzeichnisses wird in der Regel aufgrund der Verarbeitung von Gesundheitsdaten auch für einzelne Ärzte nach Art. 30 Abs. 5 DSGVO notwendig sein.[38]

Zudem müssen Ärzte sicherstellen, dass die Betroffenenrechte der Patienten nach Art. 15 bis 20 DSGVO effektiv umgesetzt werden können. Dazu gehört unter anderem, dass den Patienten ein Auskunftsrecht über die sie betreffenden Datenverarbeitungen zusteht, sowie die Rechte auf Berichtigung und Löschung sowie das Recht auf Datenübertragbarkeit. Der Arzt muss daher sicherstellen, faktisch oder vertraglich, dass er diese Ansprüche auch auf Daten im Zusammenhang mit den Gesundheits-Apps effizient umsetzen kann. So muss ein umfassender Zugriff auf die App bzw. deren Daten möglich sein, um das Recht auf Datenlöschung umsetzen zu können. Von besonderer Schwierigkeit kann das Recht auf Datenübertragbarkeit gem. Art. 20 DSGVO sein. Demnach hat der Patient einen Anspruch da-

---

[37] „Gesundheitsminister Spahn plant eigenes Datenschutzgesetz", https://www.handelsblat t.com/politik/deutschland/digitalisierung-im-gesundheitswesen-gesundheitsminister-sp ahn-plant-eigenes-datenschutzgesetz-/24524234.html (Stand: 28.6.2020).

[38] Vgl. *Laue*, in: Spindler/Schuster, Recht der elektronischen Medien, Art. 30 Rn. 22.

rauf, die ihn betreffenden Daten in einem strukturierten und maschinenlesbaren Format zu erhalten. Der Arzt muss insoweit darauf achten, dass eingesetzte Gesundheits-Apps entsprechende Funktionen vorsehen.

Soweit die Verarbeitung von Daten auf Einwilligungen gestützt werden, können Betroffene ihre Einwilligung zur Datenverarbeitung widerrufen (Art. 21 Abs. 1 DSGVO). In diesem Fall muss der Arzt die Verarbeitung der Daten für die Zukunft einstellen. Hierzu muss er sicherstellen, dass die Gesundheits-App entsprechende technische Funktionen vorsieht.

Darüber hinaus kann es sein, dass Ärzte beim Einsatz von Gesundheits-Apps eine Datenschutzfolgenabschätzung nach Art. 35 Abs. 1 S. 1 DSGVO durchführen müssen. Danach führt der Verantwortliche vor der Verarbeitung eine Abschätzung der Folgen der vorgesehenen Verarbeitungsvorgänge für den Schutz personenbezogener Daten durch. Allgemein besteht für einzelne Ärzte eine solche Pflicht nicht, da die Verarbeitung personenbezogener Daten für diese nicht als umfangreich gilt (ErwG 91). Gem. Art. 35 Abs. 3 lit. b DSGVO ist eine solche Abschätzung aber insbesondere dann erforderlich, wenn es zu einer umfangreichen Verarbeitung von besonderen Kategorien von personenbezogenen Daten i.S.v. Art. 9 Abs. 1 DSGVO kommt.[39] Ärzte müssen somit eine Datenschutzfolgenabschätzung durchführen, wenn sie Gesundheits-Apps umfangreich einsetzen.

Ärzte müssen zudem beachten, dass sie sich gem. § 42 Abs. 2 Nr. 1 BDSG und § 203 Abs. 1 Nr. 1 StGB strafbar machen, wenn sie ohne eine Berechtigung personenbezogene Daten bzw. ein zum persönlichen Lebensbereich gehörendes Geheimnis an Dritte weiterleiten.[40] Darüber hinaus sieht die DSGVO in Art. 83 DSGVO sehr hohe Bußgelder für Verstöße gegen datenschutzrechtliche Pflichten vor. Von der Möglichkeit der Bußgeldverhängung machen deutsche Aufsichtsbehörden mittlerweile regen Gebrauch. Ärzte sollten daher bei dem Einsatz von Gesundheits-Apps unbedingt ihren datenschutzrechtlichen Pflichten nachkommen und insbesondere für die erforderliche Dokumentation bei der Einholung von Einwilligungen und dem Abschluss von Behandlungsverträgen sorgen.

4 Ausblick/Fazit

Ärzte müssen beim Einsatz von Gesundheits-Apps eine Vielzahl datenschutzrechtlicher Anforderungen erfüllen. Sie sind bei der Umsetzung und

---

[39] Vgl. zur Datenübertragung in eine Cloud: *Hansen*, in: Wolff/Brink, BeckOK Datenschutzrecht, Art. 35 Rn. 37.

[40] I.E. tritt § 42 BDSG bei einer Verwirklichung beider Vorschriften hinter § 203 StGB zurück: *Weidemann*, in: BeckOK StGB, § 203 Rn. 66; vgl. zum Spannungsfeld zwischen Datenschutzrecht und Strafrecht auch *Fechtner/Haßdenteufel*, CR 2017, S. 355 (364).

Einhaltung dieser Anforderungen bisher weitgehend auf sich allein gestellt. Da manchen Ärzten sowohl das technische als auch das rechtliche Know-how zur Umsetzung fehlen dürfte, während die dargestellten umfangreichen Pflichten und damit einhergehend beträchtliche rechtliche Risiken bestehen, ist ein zögerlicher Einsatz von Gesundheits-Apps – oder Nichtbeachtung gesetzlicher Anforderungen – zu befürchten.

Gesetzliche Neuerungen könnte die geplante ePrivacy-Verordnung mit sich bringen. Ursprünglich sollte diese nach den Plänen der Europäischen Kommission zeitgleich mit der DSGVO in Kraft treten. Nachdem die Umsetzung zum Jahresende 2019 gescheitert war, ist allerdings unklar, wann und ob dies noch erfolgt.[41] Spezifische Regelungen für Gesundheits-Apps wird die ePrivacy-Verordnung jedoch voraussichtlich nicht enthalten.

Die Medical Device Regulation (MDR) wird das Medizinproduktegesetz (MPG) ab dem 26.5.2021 weitestgehend ersetzen. Der deutsche Gesetzgeber hat am 25.5.2020 das Medizinprodukte-Anpassungsgesetz-EU (MPEU-AnpG) beschlossen, welches das deutsche Medizinprodukterecht an die neuen EU-Vorgaben anpassen soll.[42] Das MPG und die MDR enthalten zahlreiche Vorschriften zu Anforderungen an Medizinprodukte. Diese können auch für Gesundheits-Apps von Bedeutung sein, da auch Software gem. § 3 Nr. 1 MPG und Art. 2 Nr. 1 MDR ein Medizinprodukt sein kann.[43] Datenschutzrechtliche Vorgaben enthalten sie jedoch nicht, sodass auch hierdurch keine Erleichterung für Ärzte zu erwarten sein dürfte.

Es wäre begrüßenswert, wenn das vom Bundesgesundheitsministerium angekündigte „Datenschutzgesetz" für das Gesundheitswesen auch Vorschriften zu Gesundheits-Apps enthält,[44] da dies zu einer begrüßenswerten Entlastung der Ärzte im Bereich datenschutzrechtlicher Compliance führen könnte.

Ebenso würde es Ärzte beim Einsatz von Gesundheits-Apps unterstützen, wenn in der Zukunft Standards, Zertifikate und verbindliche Leitlinien

---

[41] Denkbar ist auch, dass die Europäische Kommission ihren Vorschlag ganz zurückzieht. Zum aktuellen Stand s. https://www.bvdw.org/themen/recht/kommunikationsrecht-epri vacy/ (Stand: 28.6.2020).

[42] Vgl. https://www.bundesgesundheitsministerium.de/medizinprodukte-eu-anpassungsge setz.html (Stand: 28.6.2020).

[43] Vgl. zu der Frage wann Software als Medizinprodukt eingeordnet werden kann: *v. Czettritz/Strelow*, PharmR 2017, S. 433 434; *Weber/Suter*, in: Forgó/Helfrich/Schneider, Betrieblicher Datenschutz, Kap. 5 Rn. 162.

[44] https://www.handelsblatt.com/politik/deutschland/digitalisierung-im-gesundheitswese n-gesundheitsminister-spahn-plant-eigenes-datenschutzgesetz-/24524234.html (Stand: 28.6.2020).

entwickelt und etabliert werden würden, die Ärzte hinsichtlich ihrer umfangreichen datenschutzrechtlichen Pflichten entlasten. Hier sind insbesondre die Politik und App-Hersteller gefragt, bei der Entwicklung von verbindlichen Standards mitzuwirken.

Literatur

v. Czettritz, Peter/Strelow, Tanja: „Beam me up, Scotty" – die Klassifizierung von Medical Apps als Medizinprodukte, PharmR 2017, S. 433-435.

Dregelies, Max: Wohin laufen meine Daten – Datenschutz bei Sportuhren und Fitnesstrackern, VuR 2017, S. 256-262.

Forgó, Nikolaus/Helfrich, Marcus/Schneider Jochen (Hrsg.): Betrieblicher Datenschutz, 3. Aufl., München 2019.

Holzner, Claudia: Datenschutz, Dokumentations- und Organisationspflichten in der ärztlichen Praxis, München 2020.

Jandt, Silke/Hohmann, Carolin: Life-Style-, Fitness- und Gesundheits-Apps – Laufen Datenschutz und Vertraulichkeit hinterher?, in: Jürgen Taeger (Hrsg.), Internet der Dinge – Digitalisierung von Wirtschaft und Gesellschaft, Edewecht 2015, S. 17-34.

Paal, Boris P./Pauly, Daniel A. (Hrsg.): Datenschutz-Grundverordnung, Bundesdatenschutzgesetz, 2. Aufl., München 2018.

Auer-Reinsdorff, Astrid/Conrad, Isabell (Hrsg.): Handbuch IT- und Datenschutzrecht, 3. Aufl., München 2019.

Kühling, Jürgen/Buchner, Benedikt (Hrsg.): Datenschutz-Grundverordnung/BDSG, Kommentar, 2. Aufl., München 2018.

Kühling, Jürgen/Schildbach, Roman: Die Reform der Datentransparenzvorschriften, NZS 2020, S. 41-50.

Sachs, Gunnar: E-Health – Chancen und Herausforderungen bei der digitalen Transformation des Gesundheitsmarktes, MPR 2018, S. 24-28.

Schwartmann, Rolf/Jaspers, Andreas/Thüsing, Gregor/Kugelmann, Dieter (Hrsg.): DS-GVO BDSG Datenschutz-Grundverordnung Bundesdatenschutzgesetz, Heidelberg 2018.

Spindler, Gerald/Schuster, Fabian (Hrsg.): Recht der elektronischen Medien, 4. Aufl., München 2019.

Sydow, Gernot (Hrsg.): Europäische Datenschutzgrundverordnung, 2. Aufl., Baden-Baden 2018.

Wolff, Heinrich Amadeus/Brink, Stefan (Hrsg.): Beck'scher Online Kommentar Datenschutzrecht, 30. Ed., Stand: 1.11.2019, München 2019.

v. Zezschwitz, Friederike: Neue regulatorische Herausforderungen für Anbieter von Gesundheits-Apps, MedR 2020, S. 196-201.

AUTOMATISIERTE SPRACHANALYSEN – IHR EINSATZ IN PERSONALWESEN, BEI DER KUNDENBETREUUNG ODER IM GESUNDHEITSWESEN

Štěpánka Havlíková

Kinstellar
stepanka.havlikova@kinstellar.com

Zusammenfassung

Automatisierte Sprachanalysen basierend auf künstlicher Intelligenz ermöglichen es durch die Aufnahme der Stimme einer natürlichen Person, ihre aktuelle Stimmung, ihre Persönlichkeit und Charaktereigenschaften, aber auch eventuelle schwere Erkrankungen wie Alzheimer zu analysieren. Sprachanalysesoftwares analysieren Hunderte und Tausende von Parametern und Merkmalen wie beispielsweise Sprechgeschwindigkeit, Sprachflüssigkeit, Stimmlage, Pausen, Wortnutzung, Satzbau, Wortkategorien, Sprachvielfalt usw. und vergleichen die Daten der konkreten natürlichen Person mit bestehenden Datasets.[1]

Der Einsatz von Sprachanalysen kommt damit insbesondere in Bereichen wie Personalwesen, Kundenbetreuung oder Gesundheitswesen in Betracht. Der Einsatz von Sprachanalysen bringt jedoch viele rechtliche Fragen mit sich, insbesondere im Zusammenhang mit der Verarbeitung personenbezogener Daten. Aus datenschutzrechtlicher Sicht ergeben sich vor allem Fragen zur Rechtmäßigkeit der Verarbeitung von Sprachanalysedaten, Verarbeitung von biometrischen Daten und besonderen Kategorien personenbezogener Daten, zur Sicherstellung von Datenminimierung und der Datenrichtigkeit, zu ausschließlich automatisierten Entscheidungen, aber auch nach geeigneten technischen und organisatorischen Maßnahmen.

1 Sprachanalysen in der Kundenbetreuung

1.1 Überblick über den Verlauf von Sprachanalysen in der Kundenbetreuung

Bereits heute sind Sprachanalysen mit Speech-to-Text-Funktion weit verbreitet. Sie ermöglichen es, gesprochene Sprache in Text zu verwandeln, um weitere Suchfunktionen zur schnellen Identifizierung und Einstufung der Bedürfnisse des Kunden einzusetzen. Fortgeschrittene automatisierte Sprachanalysen ermöglichen auf Grundlage einer Aufnahme der Kundenstimme, seine Emotionen, die aktuelle Stimmung, aber auch Stress oder Frustration zu analysieren. Sprachanalysen helfen dabei, die Erwartungen und Bedürfnisse der Kunden zu verstehen, und können die Kundenbetreuung beschleunigen und verbessern; aber auch potenzielles Kundeninteresse

---

[1] *Stulle*, Psychologische Diagnostik durch Sprachanalyse: Validierung der PRE-CIRE®-Technologie für die Personalarbeit.

für neue Produkte oder Dienstleistungen identifizieren. Besonders relevant ist der Einsatz von Sprachanalysen für Call-Center oder große Unternehmen mit eigener telefonischer Betreuung. Sprachanalysen könnten voraussichtlich bei so genannten Inbound-Telefonaten (Annahme von eingehenden Kundenanrufen), aber auch Outbound-Telefonaten (aktive telefonische Kontaktaufnahme) Anwendung finden. Sprachanalysen ermöglichen weiterhin, auf Grundlage der Stimme den Sprecher am anderen Ende der Leitung eindeutig zu identifizieren. Diese Funktion könnte besonderes Potenzial für Banken oder Kreditinstitute anbieten.[2]

Die Aufnahme der Stimme sowie die durch die Sprachanalyse produzierten Daten sollen als personenbezogene Daten i. S. d. DSGVO betrachtet werden, sofern sie die Identifizierung des Betroffenen ermöglichen. Dies gilt ebenfalls für die durch die Sprachanalysesoftware produzieren Daten, insbesondere die Auswertung von Emotionen, und jegliche Datenausgabe, welche die Sprachanalysesoftware dem Verantwortlichen zur Verfügung stellen würde. Die Verarbeitung wird höchstwahrscheinlich auch die Verarbeitung der Stimme des jeweiligen Mitarbeiters des Verantwortlichen umfassen. Wenn die Stimme der Mitarbeiter im Rahmen des analysierten Gesprächs aufgenommen und verarbeitet wird, müssen auch die Mitarbeiter als Betroffene in Betracht gezogen werden.

Sprachanalysen ermöglichen ebenfalls die eindeutige Identifizierung der Kunden am anderen Ende der Leitung und die Erkennung, ob der Kunde bereits angerufen hat. Die Stimme einer natürlichen Person könnte die Definition der biometrischen Daten erfüllen. Wenn biometrische Daten zur eindeutigen Identifizierung einer natürlichen Person verarbeitet werden, muss den strengen Voraussetzungen für die Verarbeitung besonderer Kategorien personenbezogener Daten in Art. 9 DSGVO nachgekommen werden.

1.2 Voraussichtliche Zwecke des Einsatzes von Sprachanalysen in der Kundenbetreuung

Wenn überlegt wird, ob Sprachanalysen zum Einsatz kommen sollen, muss der Verantwortliche zunächst den Zweck klar formulieren. Aus diesem Zweck werden sich nämlich die weiteren Überlegungen über die Zulässigkeit, Einstellungen, aber auch entsprechende einzusetzende Maßnahmen ableiten.

---

[2] Sprachanalysen könnten eine breite Palette von Funktionen anbieten, die für verschiedene Zwecke angewendet werden können (beispielsweise zur Mitarbeiterüberwachung bei der Analyse der Sprache der Call-Center-Mitarbeiter, aber auch zur eindeutigen Identifizierung der anrufenden Kunden). Dieser Beitrag wird sich der grundlegenden Nutzung widmen und zwar dem Einsatz zur komplexen Analyse der Sprache des anrufenden oder angerufenen Kunden.

In der Praxis können Sprachanalysen voraussichtlich zu den folgenden Zwecken eingesetzt werden. Einerseits geht es um die Nutzung von fortgeschrittenen Suchinstrumenten auf der Grundlage der Speech-to-Text-Transkription – beispielsweise zur schnellen Einstufung von eingehenden Anfragen, die Durchsuchung der Aufnahmen nach Key-Words, Archivierung der Gesprächsinhalte, Kontrolle der Erfüllung von gesetzlichen Informationspflichten, Kontrolle und Gewährleistung der Compliance (beispielsweise bei potenziellem Versicherungsbetrug usw.). Weiterhin ist die Identifizierung der Kundenstimmung des Kunden bei Inbound-Telefonaten zur schnellen Erkennung der Kundenbedürfnisse und zur schnellen Verbindung mit dem richtigen und geeigneten Call-Center-Mitarbeiter denkbar; auch die Identifizierung der Stimmung und des potenziellen Interesses seitens des Kunden bei Outbound-Telefonaten gehört in diesen Bereich.[3] Drittens ermöglicht die Sprachanalyse die eindeutige Identifizierung des Anrufers (beispielsweise zur Aufdeckung von Betrügen oder zur Verifizierung des anrufenden Kunden). Sprachanalysen dürfen nur für die festgelegten Zwecke genutzt und nicht in einer mit diesen Zwecken nicht zu vereinbarenden Weise weiterverarbeitet werden.

1.3 Einwilligung als Rechtsgrundlage für den Einsatz von Sprachanalysen

Die Einwilligung ist ein Instrument, das der betroffenen Person die Kontrolle über die Verarbeitung ihrer Daten an die Hand gibt.[4] Eine wirksame Einwilligung zur Verarbeitung personenbezogener Daten muss freiwillig und in informierter Weise abgegeben werden und ist durch den Betroffenen jederzeit frei widerruflich. Dies bedeutet, dass der Betroffene die freie Wahl hat, ob er die Einwilligung erteilt und eventuell widerruft. Die Zulässigkeit der Verarbeitung und damit auch die Zulässigkeit der Nutzung der Sprachanalysen ist völlig vom Willen der Betroffenen abhängig. Der Verantwortliche muss außerdem Sorge dafür tragen, die Informiertheit und tatsächliche Freiwilligkeit der Einwilligung zu gewährleisten und zwar angesichts des klaren Ungleichgewicht zwischen den Betroffenen als (in den meisten Fällen) Verbraucher und dem Verantwortlichen als dem Unternehmer.

In der Praxis muss der Einsatz von Sprachanalysen auf Grundlage der Einwilligung Folgendes berücksichtigen und durchführen:

- Der Kunde muss die aktive Erklärung über die Einwilligung abgeben (beispielsweise ein klares – aber auch informiertes – „Ja" am Anfang bzw. vor dem Telefonat).

---

[3] *Zoebisch*, DuD 2011, 394.

[4] *Artikel-29-Datenschutzgruppe*, Stellungnahme 6/2014 zum Begriff des berechtigten Interesses, vom 9.4.2014, WP 217. S. 21.

- Der Betroffene muss vor der Erhebung (d.h. Durchführung der Sprach-analyse) klar über die Datenverarbeitung informiert werden und zwar in einem Umfang, der dem Betroffenen ermöglicht, eine qualifizierte Ent-scheidung über Erteilung oder Nichterteilung der Einwilligung zu tref-fen. Der Betroffene sollte zumindest darüber informiert werden, auf welchem Prinzip die Sprachanalysen das Gespräch auswerten, welche Ergebnisse sie dem Verantwortlichen bereitstellen können und auch wie, zu welchen Zwecken und wie lange der Verantwortliche diese Da-ten verarbeiten wird.

- Der Verantwortliche muss in der Lage sein, auf Sprachanalysen zu ver-zichten, wenn die Einwilligung nicht erteilt wird, aber gleichzeitig darf er die Erbringung der Dienstleistungen nicht wegen der Nichterteilung der Einwilligung ablehnen (d.h. wenn das Telefonat beendet wird, so-bald der Kunde nicht einwilligt).

Die Einwilligung könnte beispielsweise mündlich während des Telefona-tes erteilt werden. Eine so erteilte Einwilligung wird jedoch nur unter Er-füllung der oben beschriebenen Voraussetzungen wirksam. Im Gegenzug heißt das: Wenn der Betroffene ohne weiteren Informationen kurz gefragt wird, ob er mit der Durchführung von Sprachanalysen einverstanden ist, und ohne Erteilung der Einwilligung würde das Telefongespräch nicht fort-gesetzt werden und dem Betroffenen würde auch keine Alternative der Kontaktaufnahme angeboten, wäre eine so erteilte Einwilligung auch bei einem klaren „Ja" seitens der Betroffenen wahrscheinlich nicht wirksam. Die Einwilligung könnte weiter schriftlich im Voraus erteilt werden – z.B. durch Kunden, die in Zukunft die telefonische Auskunftsstelle anrufen möchten.

Bei der Nutzung der Sprachanalysen zur eindeutigen Identifizierung des Anrufers müssen die strengen Voraussetzungen des Art. 9 DSGVO erfüllt werden, insbesondere muss mindestens einer der Tatbestände in Art. 9 Abs. 2 DSGVO Anwendung finden. Wenn nationales Recht keine beson-dere Regelung der Nutzung vorsieht, die einen solchen Einsatz der Sprach-analysen rechtfertigen würde, kommt der Einsatz der Sprachanalysen zur eindeutigen Identifizierung des Anrufers nur auf Grundlage der ausdrück-lichen Einwilligung i. S. d. Art. 9 Abs. 2 DSGVO in Betracht.

1.4 Einsatz von Sprachanalysen auf Grundlage der berechtigten Interessen des Verantwortlichen

1.4.1 Legitimer Zweck und berechtigte Interessen

Die grundlegenden Interessen des Verantwortlichen sind von den verfolgten Zwecken abhängig.[5] Wie oben beschrieben, können die konkreten Zwecke des Einsatzes wiederum unterschiedlich sein. Insbesondere sind folgende Interessen des Verantwortlichen zu berücksichtigen: Verbesserung der Kundenbetreuung, weil eingehende Anfragen effektiver eingestuft, schneller erledigt und besser erfüllt werden können; Kosteneinsparung; Umsatzsteigerung durch bessere Identifizierung von neuen Sales-Möglichkeiten; Monitoring der Compliance mit verschiedenen gesetzlichen Anforderungen usw.

Im Einklang mit den Empfehlungen der Artikel-29-Datenschutzgruppe[6] und der Kommentarliteratur[7] muss ein berechtigtes Interesse rechtmäßig, nicht gegen das Gebot von Treu und Glauben verstoßend; gegenwärtig, tatsächlich; klar formuliert und hinreichend konkretisiert und im Einzelfall unter Berücksichtigung aller Umstände geprüft werden.

Allgemeine unternehmerische Interessen wie die Verbesserung der Kundenbetreuung und das damit zusammenhängende Ziel der Verbesserung der Kundenbeziehungen sowie Interessen an Kosteneinsparung und Umsatzsteigerung können generell als berechtigt betrachtet werden (jedoch unter Vorbehalt bis zur Prüfung seiner Berechtigung im Einzelfall unter Berücksichtigung aller Umstände).[8]

1.4.2 Erforderlichkeit von Sprachanalysen für die berechtigten Interessen

1.4.2.1 Tauglichkeit von Sprachanalysen

Die Rechtmäßigkeit und Erforderlichkeit der Datenverarbeitung hängt unter anderem davon ab, ob der Einsatz einer Sprachanalysesoftware für die festgelegten Zwecke tauglich ist, d.h., ob die Sprachanalyse das verfolgte Ziel – etwa die Auswertung der Emotionen oder eine Transkription des Gesprächs – überhaupt erreichen bzw. unterstützen kann.

---

[5] Der Begriff „Interesse" ist von dem Begriff „Zweck" zu unterscheiden: Der Begriff „Interesse" soll breit ausgelegt werden. Es umfasst damit nicht nur das konkrete Ziel, für das die Daten verarbeitet werden sollen, sondern beinhaltet auch jeden Einsatz oder Vorteil des Verantwortlichen/Arbeitgebers.

[6] *Artikel-29-Datenschutzgruppe*, Stellungnahme 6/2014 zum Begriff des berechtigten Interesses, vom 9.4.2014. S. 25.

[7] *Gola*, in: Gola, DSGVO, Art. 6 Rn. 51.

[8] Hinsichtlich der Outbound-Telefonate ist zu erwähnen, dass die Datenverarbeitung im Einklang mit EG 47 DSGVO zum Zwecke der Direktwerbung als eine einem berechtigten Interesse dienende Verarbeitung betrachtet wird.

Die Frage der Tauglichkeit hängt hingegen mit der tatsächlichen Zuverlässigkeit der Sprachanalysen zusammen. Hinsichtlich der Sprachanalysen mit bloßer Speech-to-Text-Transkription kann die Tauglichkeit exakt gemessen werden. Soweit die Speech-to-Text-Funktion eine zuverlässige Transkription bereitstellt, wird sie als tauglich betrachtet. Die Zuverlässigkeit fortgeschrittener Sprachanalysen, die Emotionen analysieren, ist bislang noch stark umstritten. Manche Experten legen nahe, dass Sprachanalysen relativ zuverlässige Ergebnisse liefern können und somit ein nützliches Mittel darstellen, wobei andere Experten die mangelnde Zuverlässigkeit von Sprachanalysen kritisieren.[9] Diese potenziell fehlende Tauglichkeit wegen der ungenügenden oder zumindest nicht nachweisbaren Zuverlässigkeit der Sprachanalysesoftware könnte die Rechtmäßigkeit der Sprachanalysen verhindern. Tauglichkeit bedeutet dabei nicht unbedingt, dass die Software den Zweck völlig erreichen und eine gänzlich richtige und zuverlässige Auswertung der Parameter liefern muss. Die Sprachanalysesoftware sollte jedoch für die Zielerreichung förderlich sein. Beispielsweise wäre laut *Betz* eine solche Persönlichkeitsanalyse bereits bei einer überwiegenden Wahrscheinlichkeit der Richtigkeit des Ergebnisses als geeignet zu betrachten.[10] Die Tauglichkeit der fortgeschrittenen Sprachanalysen für die verfolgten Zwecke hängt deswegen überwiegend von der technischen Entwicklung ab, ob die Sprachanalyse hinreichend zuverlässig Informationen über Stimmung und Emotionen der natürlichen Personen ermitteln kann.

Die umstrittene bzw. ungenügende Zuverlässigkeit von Sprachanalysen wird in der Praxis wahrscheinlich das dringlichste Problem bei dem Einsatz der Sprachanalysen darstellen.

1.4.2.2 Keine zumutbaren, weniger belastenden Alternativen zur Sprachanalyse

Die Datenverarbeitung ist nicht als erforderlich zu betrachten, soweit dem Verantwortlichen zumutbare Alternativen vorliegen, die das Ziel gleich ef-

---

[9] Ein gutes Beispiel ist die Software Precire der deutschen Firma Precire Technologies GmbH: Laut der Hochschule Fresenius ist die Software Precire in der Lage, relevante Ergebnisse bereitzustellen. Der Big-Brother-Award 2019 wiederum wurde der Precire Technologies GmbH in der Kategorie Kommunikation für ihre wissenschaftlich zweifelhafte, wahrscheinlich rechtswidrige und gefährliche Sprachanalyse zugesprochen. Siehe *Stulle*, Psychologische Diagnostik durch Sprachanalyse: Validierung der PRECIRE®-Technologie für die Personalarbeit; siehe Big Brother Awards 2019, www.bigbrotherawards.de/2019/kommunikation-precire-technologies-gmbh#sdfootnote3sym (abgerufen 29.6.2020).

[10] *Betz*, ZD 2014, S. 148.

fektiv erreichen können und gleichzeitig die Rechte der betroffenen Personen weniger beeinträchtigen würden.[11] Hinsichtlich der Sprachanalysen mit bloßer Speech-to-Text-Transkription kann diese Voraussetzung relativ leicht erfüllt werden, denn die Alternative, das manuelle Abspielen und Abtippen der Aufnahmen, ist wesentlich zeitaufwändiger und dabei nicht weniger belastend für den Betroffenen. Hinsichtlich der fortgeschrittenen Sprachanalysen, die Emotionen analysieren, müsste jedoch im Einzelfall geprüft werden, ob die effektive Erkennung der Emotionen nicht durch andere weniger einschneidenden Mittel ersetzt werden könnte – beispielsweise während des persönlichen Gesprächs mit dem Operator.

1.4.3 Interessenabwägung

Die Verarbeitung von personenbezogenen Daten zur Wahrung der berechtigten Interessen des Verantwortlichen oder eines Dritten ist nur dann zulässig, sofern nicht die Interessen oder Grundrechte und Grundfreiheiten der betroffenen Person übermäßig darunter leiden. Gegen die oben genannten Interessen des Verantwortlichen stehen die Rechte der Betroffenen, insbesondere das Recht auf informationelle Selbstbestimmung und Schutz der Privatsphäre.[12]

Bei Sprachanalysen wird insbesondere die Aufnahme der Sprache des Betroffenen verarbeitet und analysiert. Auch wenn die Sprachaufnahme unverzüglich gelöscht wird und danach nur produzierte Sprachanalysedaten (wie Ergebnisse der Analyse) verarbeitet werden, muss man in Betracht ziehen, dass sensible und potenziell biometrische Daten verarbeitet werden. In diesem Bezug ist notwendig, besondere Maßnahmen wie unverzügliche Löschung, Pseudonymisierung und Verschlüsselung zu ergreifen und außerdem die Verarbeitung zur eindeutigen Identifizierung natürlicher Personen entweder auszuschließen oder im Einklang mit Art. 9 DSGVO zu verarbeiten.

---

[11] *Artikel-29-Datenschutzgruppe*, Stellungnahme 6/2014 zum Begriff des berechtigten Interesses, vom 9.4.2014, WP 217. S. 22; *EDSA*, Guidelines 2/2019 on the processing of personal data under Article 6(1)(b) GDPR in the context of the provision of online services to data subjects, Version 2.0, vom 8.10.2019.

[12] Bei der Einschätzung der Folgen für den Betroffenen sollten vor allem folgende Faktoren berücksichtigt werden: der Charakter der personenbezogenen Daten; die Art und Weise, in der Informationen verarbeitet werden; die Relevanz der personenbezogenen Daten für den verfolgten Zweck; die vernünftigen Erwartungen der betroffenen Personen; die Stellung des für die Verarbeitung Verantwortlichen und der betroffenen Person; potenzielle Gefahrenquellen und der Schweregrad der potenziellen Risiken für die Betroffenen und auch die positiven und negativen Auswirkungen der Datenverarbeitung *Artikel-29-Datenschutzgruppe*, Stellungnahme 6/2014 zum Begriff des berechtigten Interesses, vom 9.4.2014, WP 217. S. 47; *Kühling/Buchner*, in: Kühling/Buchner, Art. 6 Rn. 149-152.

Eine wichtige Rolle spielen auch die vernünftigen Erwartungen des Betroffenen, d.h. ob er vernünftigerweise absehen konnte, dass eine Verarbeitung zu diesem Zweck erfolgen konnte.[13] Dieser Aspekt ist bei Sprachanalysen besonders problematisch, denn zurzeit werden die fortgeschrittenen Sprachanalysen nicht standardmäßig genutzt und soweit keine besonderen Informierungsmaßnahmen ergriffen werden, kann der Betroffene eine solche Analyse seiner Stimme nicht vernünftig bzw. verlässlich einschätzen. Der Verantwortliche sollte deswegen besondere Maßnahmen zur Sicherung der Transparenz realisieren, um die Erwartungen der betroffenen Person in eine realistische Richtung zu lenken und ihr eine vernünftige Einschätzung zu ermöglichen. Dies gilt ebenfalls gegenüber der Beschäftigten des Verantwortlichen, soweit ihre Stimme im Rahmen eines Gesprächs aufgenommen würde.

Der Einsatz der Sprachanalysen kann verschiedene positive Auswirkungen für die Betroffenen mit sich bringen –insbesondere die schnelle Erledigung der Anfragen der Betroffenen. Auf der anderen Seite – abhängig vom Nutzungszweck – gibt es auch ein gewisses Risiko des Missbrauchs der Daten über die Stimmung und Emotionen der Kunden. Unter negativen Auswirkungen kann man bestimmt auch die möglichen emotionalen Auswirkungen anführen – der Einsatz von Sprachanalysen könnte das Gefühl der invasiven Überwachung und einem unangemessenen Eingriff in die Privatsphäre wecken und zwar sowohl bei den Kunden als auch bei den Mitarbeitern des Verantwortlichen, weil die Verarbeitung von Mitarbeiterdaten höchstwahrscheinlich unvermeidbar wird.

1.4.4 Technische und organisatorische Maßnahmen bei dem Einsatz von Sprachanalysen in der Kundenbetreuung

Der Verantwortliche soll spezifische Maßnahmen durchführen, um ein angemessenes Gleichgewicht zwischen dem berechtigten Interesse seinerseits und den Grundrechten und Grundfreiheiten der betroffenen Person zu gewährleisten. Beispielsweise kommen folgenden Maßnahmen in Betracht:

- Begrenzung der ausgewerteten Parameter auf das absolut notwendige Minimum – beispielsweise nur, um festgelegte kritischen Emotionen zu erkennen;

- Sprachanalysedaten (wie Daten über Emotionen und Stimmung) gegenüber den Verantwortlichen nicht zugänglich zu machen und dem Verantwortlichen bloß die Information über einen Redflag zu übergeben;

---

[13] EG 47 der EU-DSGVO; *Wolff/Brink*, in: Wolff/Brink, DSGVO, Art. 6 Rn. 48; *Gola*, in: Gola, DSGVO, Art. 6 Rn. 55.

- Die zugrundeliegende Tonaufnahme unverzüglich und idealerweise innerhalb von Sekunden nach der Auswertung zu löschen;[14] auch die Sprachanalysedaten und die Auswertung der Tonaufnahme unverzüglich zu löschen;

- Den Betroffenen über den Einsatz von Sprachanalysen und ihre elementaren Funktionen klar und transparent zu informieren;

- Die Zuverlässigkeit und Tauglichkeit der Sprachanalysen regelmäßig überprüfen, um die potenzielle mangelnde Zuverlässigkeit in Betracht zu ziehen;

- Datenschutz-Folgenabschätzung im Einklang mit Art. 35 DSGVO durchführen;

- Sprachanalysen zur eindeutigen Identifizierung der Betroffenen nur dann zu verwenden, wenn die Anforderungen in Art. 9 DSGVO erfüllt sind;

- Allgemeines und nicht an Bedingungen geknüpftes Recht auf Verweigerung der Verarbeitung gewährleisten[15] – beispielsweise die direkte Verbindung zum Operator ohne die Sprachanalyse zu ermöglichen.

1.5 Fallbeispiele

Die potenzielle Zulässigkeit des Einsatzes von Sprachanalysen kann man an folgenden zwei Beispiele zeigen:

Fallbeispiel 1: Einsatz der Speech-to-Text-Transkription und Durchsuchung der Abschriften nach Key-Words zur Kontrolle der Erfüllung von gesetzlichen Informierungspflichten. Bei den Verantwortlichen, die besonderen gesetzlichen Informierungspflichten nach dem lokalen Recht unterliegen (beispielsweise im Versicherungs- oder Banksektor), wäre der Einsatz der Sprachanalysen mit Speech-to-Text-Funktion zur Durchsuchung der Abschriften nach Key-Words zur Kontrolle der Erfüllung von gesetzlichen Verpflichtungen zulässig.

Fallbeispiel 2: Erkennung der Emotionen zur Identifizierung potenziellen Interesses an neuen Produkten und Angeboten. Call-Center, die sog. Leadgenerierung anbieten, d.h. neue Kunden wegen Produkten und Angeboten ansprechen, könnten die fortgeschrittenen Sprachanalysen mit Emotionserkennung voraussichtlich zur Erkennung des potenziellen Interesses und

---

[14] Soweit nicht andere Zwecke der Speicherung und entsprechende Rechtgrundlagen Anwendung finden

[15] Dem Betroffenen sollte ermöglicht werden, den Sprachanalysen einfach zu widerzusprechen und bei dem Widerspruch werden die Sprachanalysedaten nicht mehr verarbeitet.

zur Anpassung der Verkaufsmethoden nutzen. Eine solche Datenverarbeitung wäre jedoch höchstwahrscheinlich nicht erforderlich und unverhältnismäßig und deswegen nicht zulässig.

Fallbeispiel 3: Einsatz der Sprachanalysen durch Versicherungsunternehmen zur Identifizierung von besonderen Stresslevel. Versicherungsunternehmen betreiben telefonische Hot-Lines und voraussichtlich könnten Sprachanalysen zum Zweck der Identifizierung von Emotionen wie eines besonderen Stresslevels zur schnellen Verbindung mit zuständigen Mitarbeitern führen. Solche Verarbeitung hätte positiven Auswirkungen auf die Betroffenen und wäre nur auf einen sehr begrenzten Umfang und Zweck beschränkt.[16] Der Verantwortliche müsste besondere Transparenzmaßnahmen ergreifen. Der Einsatz der Sprachanalyse in einem solchen Fall müsste deswegen im Einzelfall näher geprüft werden.

1.6 Zwischenergebnis

Automatisierte Sprachanalysen könnten unter den oben beschriebenen Voraussetzungen auf Grundlage der Einwilligung oder der berechtigten Interessen des Verantwortlichen gestützt werden. Jede der Rechtsgrundlagen bringt jedoch besondere Anforderungen und Beschränkungen mit sich. Neben den Rechtsgrundlagen der Verarbeitung sind weiter die Grundsätze der Verarbeitung nach DSGVO einzuhalten, insbesondere der Grundsatz der Datenminimierung und Zweckbindung.

Bei dem Einsatz von Sprachanalysen auf der Grundlage der Einwilligung musste der Verantwortliche eine tatsächlich freiwillige, informierte und aktiv abgegebene Einwilligung erwerben. Eine so gestützte Verarbeitung würde verlangen, den Betroffenen vor oder am Anfang des Telefonats (d.h. vor der Durchführung der Sprachanalysen) ausreichend zu informieren und seine Einwilligung zu erlangen. In Bezug auf Inbound-Telefonate kommt in Betracht, eine solche Einwilligung von bestehenden Kunden im Voraus zu erlangen (z.B. beim Vertragsschluss).

Der Einsatz der Sprachanalysen auf Grundlage der berechtigten Interessen ist nur in Ausnahmefällen denkbar. Die ausgewählte Sprachanalysesoftware müsste zuverlässige Ergebnisse liefern, um als taugliches Mittel betrachtet zu werden. Dem Verantwortlichen dürfen keine weniger einschneidenden Alternativen zur Verfügung stehen oder zumutbar sein; der Verantwortliche muss das Gleichgewicht zwischen seinen Interessen und der Rechte und Freiheiten der Betroffenen gewährleisten.

---

[16] Auf der anderen Seite musste berücksichtigt werden, dass trotz begrenztem Umfang der auswerteten Daten im ersten Moment der Analyse alle Daten erhoben und analysiert werden, was aus datenschutzrechtlicher Sicht problematisch wäre.

2 Sprachanalysen im Bewerbungsverfahren

2.1 Überblick über den Verlauf von Sprachanalysen im Bewerbungsverfahren

Automatisierte Sprachanalysen ermöglichen auf der Grundlage einer Aufnahme der Stimme des Stellenbewerbers, die überwiegend im Rahmen eines Telefon- oder Videogesprächs mit dem Computer aufgenommen wird, Persönlichkeit und Charaktereigenschaften des Bewerbers zu analysieren. Das Ergebnis der Sprachanalyse ist die Auswertung der verschiedenen Charaktereigenschaften des Bewerbers oder die Auswertung seiner Eignung für die ausgewählte Stelle. Diese Daten können dem Arbeitgeber eine Vorstellung von den Softskills des Bewerbers und dessen Eignung für die ausgewählte Stelle geben.

Wie bereits erwähnt wurde, sind sowohl die Aufnahme der Stimme als auch die durch die Sprachanalyse produzierten Daten (die Ergebnisse der Sprachanalysen inkl. Auswertung der Eigenschaften) als personenbezogene Daten i. S. d. DSGVO zu betrachten. Standardmäßig werden keine besonderen Kategorien personenbezogener Daten i. S. d. Art. 9 Abs. 1 DSGVO im Rahmen der Sprachanalysen verarbeitet, und zwar unter der Voraussetzung, dass keine besonderen Tools beispielsweise zur Identifizierung des Kandidaten auf Grundlage seiner Stimme oder Verarbeitung von Gesundheitsdaten aus den Sprachanalysen usw. eingeführt werden.

2.2 Grundsätze der Zweckbindung und Datenminimierung

Die verarbeiteten personenbezogenen Daten müssen dem festgelegten Zweck angemessen sein sowie auf das für die Zwecke notwendige Maß beschränkt werden. In Bezug auf die Sprachanalysen bedeutet dies, dass nur die Daten, die zum Zwecke der Entscheidung über die Tauglichkeit des Kandidaten für die zu besetzende Stelle, und nur im erforderlichen Umfang verarbeitet werden dürfen. Das führt dazu, dass sowohl die Eingabe- als auch die Ausgabedaten (d.h Ergebnisse der Sprachanalysen) auf das notwendige Minimum eingegrenzt werden sollen. Der Arbeitgeber sollte deswegen nur diejenigen Eigenschaften auswerten, die mit dem zu besetzenden Arbeitsplatz zusammenhängen. Vor dem Einsatz der Sprachanalyse sollte der Arbeitgeber überlegen, für welche Stellen im Rahmen des Einstellungsprozesses die Sprachanalysen einzusetzen sind und welche Personaleigenschaften der Kandidaten ausgewertet werden sollen. Nur diejenigen Personaleigenschaften, die im Zusammenhang mit der angebotenen Stelle stehen, dürfen im Rahmen der Sprachanalyse ausgewertet werden.

2.3 Einsatz von Sprachanalysen auf Grundlage der Einwilligung des Stellenbewerbers

Eine wirksame Einwilligung zur Verarbeitung personenbezogener Daten muss freiwillig und in informierter Weise abgegeben werden. Eine Einwilligung ist nur dann freiwillig gegeben, wenn die betroffene Person eine echte oder freie Wahl hat und somit in der Lage ist, die Einwilligung zu verweigern oder zurückzuziehen, ohne Nachteile zu erleiden. Bei der Beurteilung der Freiwilligkeit der Einwilligung sollte unter anderem das potenzielle Ungleichgewicht zwischen dem Verantwortlichen und dem Betroffenen berücksichtigt werden. Die Freiwilligkeit der Einwilligung in Beschäftigungsverhältnissen ist angesichts der sich aus dem Beschäftigungsverhältnis ergebenden Abhängigkeit unwahrscheinlich, jedoch nicht per se ausgeschlossen und kann in Ausnahmefällen, wenn die Verweigerung oder der Widerruf der Einwilligung zu überhaupt keinen Nachteilen führen, wirksam erteilt werden. Im Einklang mit der Leitlinien der EDSA und der Artikel-29-Datenschutzgruppe sowie der Kommentarliteratur gilt die Einwilligung als nicht freiwillig und wirksam erteilt, sobald der Betroffene zu Recht vermuten würde, dass die Nichterteilung oder der Widerruf der Einwilligung seine Chancen in dem Einstellungsverfahren verschlechtern würde oder wenn die Einwilligung (ob direkt oder indirekt) als Einstellungsvoraussetzung präsentiert würde.[17]

Aus diesen Gründen ist es nur schwer vorstellbar, Sprachanalysen als eine Phase des Einstellungsprozesses auf Grundlage der Einwilligung einzusetzen, ohne Druck auszuüben oder beim Kandidaten das Gefühl zu wecken, dass die Nichterteilung der Einwilligung Nachteile oder negative Folgen im Einstellungsprozess mit sich bringen wird.

Der Betroffene sollte weiterhin vor der Erteilung der Einwilligung ausreichend über die Datenverarbeitung und ihre Zwecke informiert werden, er eine qualifizierte Entscheidung über die Erteilung oder Verweigerung der Einwilligung treffen kann. Der Arbeitgeber sollte deswegen die unten beschriebenen Maßnahmen zur Sicherung der Transparenz einzusetzen.

2.4 Einsatz von Sprachanalysen auf Grundlage der Durchführung vorvertraglicher Maßnahmen

Sprachanalysen würden voraussichtlich mit dem primären Zweck eingesetzt, die psychologische Eignung des Kandidaten für die ausgewählte Position auszuwerten und die Entscheidungsgrundlage für die Anbahnung des Arbeitsverhältnisses auszubauen bzw. zu unterstützen. Deswegen

---

[17] *EDSA*, Guidelines 5/2020 on consent under Regulation 2016/679, vom 4.5.2020; *Artikel-29-Arbeitsgruppe*, Stellungnahme 8/2001 zur Verarbeitung personenbezogener Daten von Beschäftigten, vom 13.9.2001, WP 48.

kommt in Betracht, die Datenverarbeitung auf die Durchführung vorvertraglicher Maßnahmen zu stützen,[18] jedoch unter der Voraussetzung, dass die Datenverarbeitung für die Zwecke der Durchführung vorvertraglicher Maßnahmen erforderlich ist.

Laut der Rechtsprechung der EUGH, der Kommentarliteratur und den Leitlinien der Datenschutzbehörde sowie der Artikel-29-Datenschutzgruppe, EDSA und EDSB ist die Verarbeitung als erforderlich zu betrachten, wenn sie für die Erreichung der verfolgten Zwecke objektiv tauglich ist und unter Berücksichtigung der Interessen von Betroffenen und Verantwortlichen eine für die betroffene Person weniger invasive Alternative fehlt oder für den Verantwortlichen nicht zumutbar ist. Soweit solche Alternativen existieren, ist die Verarbeitung nicht als erforderlich zu betrachten; die Erforderlichkeit ist jedoch weder als absolute Notwendigkeit noch als eine bloße Dienlichkeit für den Verantwortlichen zu interpretieren.

2.4.1 Tauglichkeit von Sprachanalysen im Einstellungsverfahren und Auswahl der geeigneten Sprachanalysesoftware

Die Rechtmäßigkeit und Erforderlichkeit der Datenverarbeitung hängt unter anderem davon ab, ob der Einsatz einer Sprachanalysesoftware für die Zwecke der Einstellungsprozesse tauglich ist, d.h., ob die Sprachanalyse das verfolgte Ziel – die Auswertung der Charaktereigenschaften – überhaupt erreichen bzw. unterstützen kann. Wie oben beschrieben, hängt die Frage der Tauglichkeit im Unterschied dazu vielmehr mit der tatsächlichen Zuverlässigkeit der Sprachanalysen zusammen, die bislang umstritten ist.

In der Praxis wäre generell empfehlenswert, Sprachanalysesoftware mit wissenschaftlicher Anerkennung oder Zertifizierungen oder anderen Nachweisen der Zuverlässigkeit auszuwählen. Es ist nicht ausgeschlossen, dass auch eine Sprachanalysesoftware, die weder wissenschaftlich anerkannt noch in der Praxis etabliert ist, tatsächlich tauglich für die verfolgten Zwecke sein könnte. Beim Einsatz einer solchen Sprachanalysesoftware wäre es jedoch für den Arbeitgeber wesentlich schwieriger, die Rechtmäßigkeit der Verarbeitung (anhand von Tauglichkeit und Erforderlichkeit) im Einklang mit Art. 5 Abs. 2 DSGVO nachzuweisen.

Kann die Richtigkeitsgewähr nicht zuverlässig sichergestellt werden, könnte sich der Arbeitgeber den Einsatz weiterer Schutzmaßnahmen überlegen, um die Interessen der Betroffenen zu schützen und die Verarbeitung von unrichtigen personenbezogenen Daten zu vermeiden. Beispielsweise könnte der Arbeitgeber dem Bewerber die Auswertung der Sprachanalyse

---

[18] Das deutsche Recht konkretisiert die Rechtsgrundlage der Verarbeitung der Beschäftigtendaten in § 26 Abs. 1 BDSG im Einklang mit Art. 88 Abs. 1 DSGVO. Das tschechische Recht enthält in diesem Bereich keine spezifische Verarbeitungsgrundlage oder verschärfte Regelung.

mitteilen mit der Möglichkeit, sich zu den Ergebnissen der Sprachanalysen zu äußern und bei häufigem negativem Feedback eventuell den Einsatz der Software erneut abzuschätzen.

2.4.2 Keine zumutbaren, weniger belastenden Alternativen zur Sprachanalyse

Die Erforderlichkeit der Datenverarbeitung ist nur dann gegeben, wenn keine zumutbaren Alternativen vorliegen, die das Ziel vergleichbar erreichen und gleichzeitig die Rechte der betroffenen Personen weniger beeinträchtigen würden. Die zumutbaren Alternativen sind unter Berücksichtigung der konkreten Umstände und der Besonderheiten der konkret zu besetzender Stelle zu überlegen. Der Arbeitgeber muss vor dem Einsatz der Sprachanalyse nämlich geprüft haben, ob beispielsweise ein Vorstellungsgespräch oder der Einsatz von standardmäßigen und etablierten psychologischen Tests (ohne Sprachanalyse) den verfolgten Zweck gleichermaßen effektiv erreichen könnte.

In diesem Zusammenhang kann man analogisch die Diskussion der Datenschutzbehörden zur Frage des Einsatzes von aufgezeichneten Videointerviews mit zeitversetzter Auswertung (jedoch ohne weitere Analyse von Personaleigenschaften) im Bewerbungsverfahren erwähnen. Der BfDI Berlin (und ebenfalls BfDI NRW)[19] haben solche Videointerviews als nicht notwendig und entsprechend rechtswidrig eingeschätzt, während das Bayerisches Landesamt für Datenschutzaufsicht die Zulässigkeit von Videointerviews bei Personalentscheidungen eindeutig bejaht.[20]

2.4.3 Interessenabwägung

Der Arbeitgeber hat generell ein Interesse daran, den am besten geeigneten Bewerber für die vakante Stelle auszuwählen, also den Bewerber vor dem Einstieg entsprechend zu testen und seine Eignung für die Stelle zu prüfen. Generell ist es für den Arbeitgeber zeit- und kostenaufwändig, ungeeignete Mitarbeiter einzustellen und später zu kündigen. Für diese Zwecke ist es unbestreitbar, dass der Arbeitgeber bestimmte Persönlichkeitsmerkmale des Bewerbers in bestimmtem Umfang erfahren darf; fraglich ist, welche Methoden und welcher Umfang mit diesem Recht zugestanden werden. Dem entgegen steht nämlich das Recht des Bewerbers auf informationelle Selbstbestimmung und Wahrung seiner Privatsphäre. Nicht erforderliche intensive Eingriffe in die Persönlichkeitsrechte der Betroffenen können nicht auf Grundlage des allgemeinen Interesses des Arbeitgebers an einer

---

[19] Berliner Beauftragte für Datenschutz und Informationsfreiheit, Datenschutz und Informationsfreiheit: Jahresbericht 2016. S. 117 ff.

[20] Bayerisches Landesamt für Datenschutzaufsicht, Tätigkeitsbericht 2017/2018, S. 89.

möglichst effizienten Gestaltung des Auswahlverfahrens gerechtfertigt werden.

Mithilfe von Sprachanalysen werden die Persönlichkeitseigenschaften und die persönliche Eignung des Kandidaten für die ausgewählte Position ausgewertet; Sprachanalysen sind deswegen primär nur dann erforderlich, wenn die psychische Eignung des Kandidaten eine wesentliche Rolle für die berechtigten, billigenswerten und schutzwürdigen Interessen der Arbeitgeber spielt. Sprachanalysen sollten nur im Rahmen von Einstellungsverfahren für diejenigen Stellen eingesetzt werden, wo ein spezifisches Interesse an der Überprüfung der psychischen Eignung für die konkrete Stelle besteht. Dies ist beispielsweise der Fall, wenn eine unternehmenskritische Stelle im Unternehmen zu besetzen ist, wo die Persönlichkeit des Bewerbers eine besondere Rolle spielt ist (Führungskräfte, HR-Manager usw.). Als erforderlich wird die Datenverarbeitung angesehen, die in unmittelbarem Zusammenhang mit der Entscheidungsgrundlage für die konkret angebotene Stelle und einem potenziellen Arbeitsvertrag steht.[21]

Ein flächendeckender Einsatz von Sprachanalysen im Rahmen des Einstellungsverfahrens bei einem konkreten Arbeitgeber kann wegen fehlender Erforderlichkeit nicht über die Durchführung vorvertraglicher Maßnahmen gerechtfertigt werden.[22]

2.5 Technische und organisatorische Maßnahmen bei dem Einsatz von Sprachanalysen in Bewerbungsverfahren

Neben den erforderlichen angemessenen technischen und organisatorischen Maßnahmen ist empfehlenswert, besondere Maßnahmen in Bezug auf Sprachanalysen zu ergreifen wie beispielsweise:

- Zutritt zu der Sprachanalysedaten ausschließlich auf ausgewählte Führungsmitarbeiter oder Mitarbeiter aus den Personalabteilungen zu beschränken;

- Sprachanalysen lieber in einem späteren Stadium des Einstellungsprozesses statt als ersten Schritt einzusetzen, um den Kreis der Betroffenen auf die kleinere Gruppe von Kandidaten zu beschränken;

- Die Entscheidung im Bewerbungsprozess sollte nicht allein durch die Sprachanalysensoftware getroffen werden;[23] Sprachanalysen sollten

---

[21] *Kühling/Buchner*, in: Kühling/Buchner, DSGVO, Art. 6 Rn. 30; *Betz*, ZD 2014, S. 148.

[22] Es sei denn, es würde sich um einen spezifischen Arbeitgeber handeln, bei welchem wegen einer spezifischen Tätigkeit oder anderen spezifischen Umständen diese Erforderlichkeit bei allen Positionen gegeben wäre.

[23] In einem solchen Fall wäre die Regelung in Art. 22 DSGVO anwendbar.

nicht die einzige Entscheidungsgrundlage im Bewerbungsprozess bilden, und zwar auch nicht bei der Ablehnung eines Bewerbers;

- Nur gezielte Informationen bzw. Eigenschaften, die eine enge Zusammenhang mit der angebotenen Stelle haben, zu verarbeiten und analysier;

- Den Bewerber über die Sprachanalysen in präziser, transparenter, verständlicher und leicht zugänglicher Form zu informieren; der Arbeitgeber sollte den Bewerber zumindest darüber aufklären, mit welchem Prinzip die Sprachanalyse das Gespräch auswerten, welche Beurteilungskriterien betrachtet werden, welche Ergebnisse die Sprachanalysen liefern, wie der Arbeitnehmer diese Daten verarbeiten wird und welche Rolle die Sprachanalyse im Einstellungsprozess spielt;

- Sprachanalysedaten unverzüglich spätestens bei der Beendigung des Einstellungsverfahrens zu löschen, die Aufnahmen des Gesprächs nicht zu speichern und unverzüglich nach der Durchführung der Sprachanalyse zu löschen;

- Sprachanalysedaten zu pseudonymisieren und zu verschlüsseln, beispielsweise durch Verknüpfung der Sprachanalysedaten mit einem Pseudonym (z.B. mit einem Code) anstatt der konkreten Identifikationsdaten, wobei eine Zuordnung der Daten zum konkreten Bewerber nur dem engen Kreis der berechtigten Personen möglich wäre;

- Pseudonymisierten Daten ohne Identifikationsdaten an potentielle Auftragsverarbeiter (z.B. Sprachanalysesoftwareanbieters) zu übergeben;

- Tauglichkeit der Sprachanalysen regelmäßig prüfen und die potenziell mangelnde Zuverlässigkeit in Betracht nehmen;

- Datenschutz-Folgenabschätzung im Einklang mit Art. 35 DSGVO durchführen.

- Maßnahmen zur Sicherung der Datenrichtigkeit[24] – beispielsweise Vorlage der Auswertung der Sprachanalysen mit der Möglichkeit für den Bewerber, sich dazu äußern.

2.6 Automatisierte Entscheidungen

Im Einklang mit Art. 22 DSGVO sollte der Betroffene nicht einer ausschließlich auf einer automatisierten Verarbeitung beruhende Entscheidung unterworfen zu werden, mit der Ausnahme der in Art. 22 Abs. 2 DSGVO genannten Tatbestände. Sollte die Sprachanalyse automatisch die Bewerberauswahlentscheidung treffen, d.h. sollte die Entscheidung völlig

---

[24] Wie oben beschrieben wurde, sind die Ergebnisse von Sprachanalysen nicht vollkommen zuverlässig und es gibt ein gewisses Risiko, dass die Sprachanalysen nicht völlig wahrheitsgetreue Ergebnisse liefern werden.

automatisch ohne menschliche Einflussnahme getroffen werden, mussten die Anforderungen des Art. 22 Abs. 2 DSGVO erfüllt werden. Entweder musste eine solche automatisierte Verarbeitung für den Abschluss des Vertrags tatsächlich erforderlich werden oder der Bewerber musste dieser Datenverarbeitung ausdrücklich einwilligen. Bei der Erforderlichkeit zum Vertragsabschluss muss die automatisiert erzeugten Ergebnis für den Abschluss des Vertrags notwendig sein. Bei der Bei der Einwilligung könnte die mangelnde Freiwilligkeit ihre Unwirksamkeit verursachen. Aus diesen Gründen ist es empfehlenswert, auf den menschlichen Entscheidungsschritt im Bewerbungsverfahren nicht zu verzichten.

2.7 Zwischenergebnis

Einsatz der Sprachanalysen im Bewerbungsverfahren könnte unter bestimmten Voraussetzungen auf Grundlage der Durchführung vorvertraglicher Maßnahmen oder theoretisch Einwilligung der Betroffenen gerechtfertigt werden. Im Einklang mit dem Grundsatz der Datenminimierung sind die ausgewerteten Daten auf das absolut notwendige Maß zu beschränken.

Bei der Grundlage der Einwilligung wird besonders kompliziert, die tatsächliche Freiwilligkeit der Einwilligung zu gewährleisten. Bei der Grundlage der vorvertraglichen Maßnahmen müssen die ausgewerteten Eigenschaften in direktem Zusammenhang mit dem abzuschließenden Vertrag stehen. Bei der Prüfung der Erforderlichkeit und Interessenabwägung spielen weiter die konkreten Interessen und Alternativen und die besonderen Maßnahmen des Verantwortlichen eine wichtige Rolle. Ein flächendeckender Einsatz von Sprachanalysen im Rahmen des Einstellungsverfahrens bei einem konkreten Arbeitgeber könnte wegen fehlender Erforderlichkeit nicht über die Durchführung vorvertraglicher Maßnahmen gerechtfertigt werden.

Die Zuverlässigkeit der Sprachanalysesoftware stellt einen der wichtigsten Aspekte bei der Bestimmung ihrer Zulässigkeit dar, denn solange die Sprachanalysen unzuverlässige Ergebnisse liefern, können sie nicht als tauglich und dadurch nicht als erforderlich betrachtet werden.

3 Fazit

Dieser Beitrag kommt zu dem Schluss, dass der Einsatz von Sprachanalysen nicht generell unzulässig ist und unter den beschriebenen Voraussetzungen rechtmäßig sein kann. Dabei geht es nicht nur darum, ein klares Ja oder Nein zur Zulässigkeit des Einsatzes solcher Analysen auszusprechen, sondern den Parametern ihres Einsatzes und die notwendigen Maßnahmen zum Schutz der Rechte der Betroffenen zu identifizieren. Damit ist in diesem Bereich kein Schwarz-Weiß-Denken, sondern eine Diskussion der Graustufen dazwischen geboten. Bei dem Einsatz von Sprachanalysen muss deswegen neben der Frage der grundsätzlichen Zulässigkeit auch die richtige Nutzung und Einstellung der Sprachanalysesoftware beachtet werden.

Sprachanalysen bergen großes Potenzial sowohl in der Kundenbetreuung als auch im Personalwesen. Ihr Einsatz und die Einstellungen müssen jedoch auf die Interessen beider Parteien Rücksicht nehmen, um eine ausgewogene Lösung in Übereinstimmung mit den Datenschutzvorschriften zu finden. Die künftige Verbreitung und Nutzung von Sprachanalysen hängt überwiegend von der technischen Entwicklung und der potenziell steigenden Zuverlässigkeit der Ergebnisse ab, und zwar, um tauglich und effektiver als andere Mittel zu werden. Schließlich ist die Zukunft der Sprachanalyse ebenfalls von der allgemeinen Etablierung und Akzeptanz künstlicher Intelligenz im Personalwesen, Kundenbetreuung und im Alltagsleben der Europäer abhängig.

Literatur

Bausewein, Christoph: Arbeitgeber-Persönlichkeitstests – datenschutzrechtlich zulässig? Bewerberauswahl und Personalentwicklung mittels psychischer Eignungstests, ZD 2014, S. 443-447.

Bausewein, Christoph: Bewerberauswahl und Personalentwicklung mittels psychologischer Eignungstests, DuD 2016, S. 139-143.

Betz, Christoph: Automatisierte Sprachanalyse zum Profiling von Stellenbewerbern, ZD 2019, S. 148-153.

Carpenter, Doreen: Assessment Center generell rechtlich unbedenklich?, NZA 2015, S. 466-469.

Ehmann, Eugen/Selmayr, Martin (Hrsg.): Datenschutz-Grundverordnung, Kommentar, 2. Aufl., München 2018.

Eßer, Martin/Kramer, Philipp/Lewinski, Kai (Hrsg.): Auernhammer – Datenschutz-Grundverordnung/ Bundesdatenschutzgesetz, Kommentar, 6. Aufl., Köln 2018.

Epping, Volker/Hillgruber, Christian (Hrsg.): BeckOK Grundgesetzkommentar, 41. Aufl., München 2019.

Franzen, Martin: Rechtliche Rahmenbedingungen psychologischer Eignungstests, NZA 2013, S. 1-5.

Gola, Peter (Hrsg.): Datenschutz-Grundverordnung, Kommentar, 2. Aufl., München 2018.

Kessler, Oliver: Intelligente Roboter – neue Technologien im Einsatz, MMR 2017, S. 589-594.

Kort, Michael: Eignungsdiagnose von Bewerbern unter der Datenschutz-Grundverordnung (DS-GVO), NZA-Beilage 2016, S. 62.

Kühling, Jürgen/Buchner, Benedikt (Hrsg.): Datenschutz-Grundverordnung, Bundesdatenschutzgesetz, Kommentar, 2. Aufl., München 2018.

Kuner, Christopher/Bygrave, Lee A./Docksey, Christopher (Ed.): The EU General Data Protection Regulation (GDPR), A Commentary, Oxford 2020.

Mätzig, Sarah: Erfolgsfaktor Anonymität? – Eine rechtliche Einordnung anonymisierter Personalauswahlverfahren, RdA 2017, S. 185-189.

Morávek, Jakub: Ochrana osobních údajů podle obecného nařízení o ochraně osobních údajů (nejen) se zaměřením na pracovněprávní vztahy, Prag 2019.

Paal, Boris P./Pauly, Daniel A. (Hrsg.): Datenschutz-Grundverordnung, Bundesdatenschutzgesetz, Kommentar, 2. Aufl., München 2018.

Pattynová, Jana/Suchánková, Lenka/Černý Jiří: Obecné nařízení o ochraně osobních údajů (GDPR); Zákon o zpracování osobních údajů, Komentář, 2. Aufl., Prag 2019.

Rockstroh, Sebastian/Leuthner, Christian: Nutzung von cloud-basierten Recruiting-Management-Plattformen – Datenschutzkonformer Einsatz im Konzern, ZD 2013, S. 497-505.

Schantz, Peter/Wolff, Amadeus: Das neue Datenschutzrecht, München 2017.

Simitis, Spiros/Hornung, Gerrit/Spiecker gen. Döhmann, Indra (Hrs.): Datenschutzrecht, Baden-Baden 2019.

Stulle, Klaus P.: Psychologische Diagnostik durch Sprachanalyse: Validierung der PRECIRE®-Technologie für die Personalarbeit, Wiesbaden 2018.

Sydow, Gernot (Hrsg.): Europäische Datenschutzgrundverordnung, 2. Aufl., Baden-Baden 2018.

Taeger, Jürgen/Gabel, Detlev (Hrsg.): DSGVO BDSG, Kommentar, 3. Aufl., Frankfurt/M. 2019.

Veil, Winfried: Einwilligung oder berechtigtes Interesse? – Datenverarbeitung zwischen Skylla und Charybdis, NJW 2018, S. 3337-3344.

Voigt, Paul/von dem Bussche, Axel: The EU General Data Protection Regulation (GDPR): A Practical Guide, Berlin 2017.

Wolff, Heinrich Amadeus/Brink, Stefan (Hrsg.): BeckOK Kommentar Datenschutzrecht, 29. Aufl., München 2019.

Zoebisch, Michael: Stimmungsanalyse durch Call-Center – Datenschutzrechtliche Zulässigkeit der Analyse der emotionalen Verfassung anhand der Stimme, DuD 2011, S. 394-397.

DIE ZUKUNFT DER COOKIES: DIE NUTZUNG VON ONLINE-TRACKINGTECHNOLOGIEN

Philippa Eggers

DLA Piper UK LLP
Philippa.Eggers@dlapiper.com

Zusammenfassung

Mit Onlinetracking ist die Nachverfolgung und Auswertung von Nutzerverhalten online gemeint. Dies muss nicht zwangsläufig über Cookies erfolgen, so wie auch Cookies an sich nicht zwingend und stets zum Zwecke des Onlinetracking genutzt werden. Ausgehend von einer Klärung dieser Begrifflichkeiten – und durchaus am anschaulichen Beispiel von Cookies – untersucht dieser Beitrag die derzeit geltenden rechtlichen Anforderungen an ein Onlinetracking, das mit einer Verarbeitung personenbezogener Daten einhergeht. Dabei stellen sich insbesondere Abgrenzungsfragen der in Betracht kommenden derzeit geltenden Rechtsgrundlagen. Außerdem wird ein Blick in die Zukunft gewagt, nämlich auf die ePrivacy-Verordnung, die für mehr Klarheit sorgen könnte, auch wenn diesbezüglich eine baldige Einigung nicht in Sicht ist.

1 Zwischen Telemediengesetz, Datenschutz-Grundverordnung und ePrivacy-Verordnung: Anhaltende Unsicherheiten beim Onlinetracking

Bei dem Besuch nahezu jeder Website werden die Nutzer über die Verwendung von Cookies und die damit verfolgten Zwecke informiert. Dies geschieht meist über sogenannte Cookie-Banner, die auf unterschiedliche Weise ausgestaltet sein können und die zunächst meist als eher lästig empfunden werden. Manchmal erst dann, wenn bei einem späteren Aufruf weiterer Websites beispielsweise Werbeanzeigen mit unmittelbarem Bezug zu vorherigem Onlineverhalten geschaltet werden, wird das Onlinetracking wirklich greifbar und die Nutzer werden sich der Auswertung ihres individuellen Onlineverhaltens bewusst. Spätestens hier wird deutlich, dass Onlinetracking mit mehr oder weniger tiefgreifenden Eingriffen in die Privatsphäre des Einzelnen einhergehen kann.[1]

Daraus ergibt sich insbesondere die Frage nach der Anwendbarkeit der Regelungen zum Schutz personenbezogener Daten. Gerade im Bereich der elektronischen Kommunikation herrscht diesbezüglich aber weiterhin eine gewisse Unsicherheit, welche Vorschriften denn überhaupt einschlägig sind. Dies betrifft vor allem die seit dem 25.5.2018 geltende Datenschutz-

---

[1] *Conrad/Hausen*, in: Auer-Reinsdorff/Conrad, Teil F, § 36 Rn. 78, Fn. 84.

Grundverordnung[2] und ihr Verhältnis zu den datenschutzrechtlichen Vorschriften in §§ 11 bis 15a des Telemediengesetzes (TMG). In engem Zusammenhang dazu steht die geplante ePrivacy-Verordnung,[3] welche die derzeit geltende ePrivacy-Richtlinie[4] ersetzen soll, und inwieweit wiederum diese Regelungen zum Schutz elektronischer Kommunikation denen der Datenschutz-Grundverordnung vorgehen. Das Zusammenspiel der derzeit geltenden Bestimmungen muss also in jedem Fall berücksichtigt werden, während die voraussichtlichen künftigen und unmittelbar anwendbaren Vorschriften der ePrivacy-Verordnung nicht außer Betracht bleiben dürfen, auch wenn ein Zeitpunkt deren Inkrafttretens derzeit noch nicht absehbar ist.

Hilfestellungen geben insoweit die im März 2019 veröffentlichte Orientierungshilfe der deutschen Aufsichtsbehörden für Anbieter von Telemedien,[5] ferner die Ausführungen des EuGH in seinem Planet49-Urteil vom 1.10.2019[6] sowie das daraufhin erfolgte Urteil des BGH vom 28.5. 2020 (Cookie-Einwilligung II).[7]

2 Anforderungen an ein rechtskonformes Onlinetracking

Solange die ePrivacy-Verordnung nicht in Kraft ist, ist ein rechtskonformes Onlinetracking anhand der derzeit geltenden anwendbaren nationalen und

---

[2] VO (EU) 2016/679 des Europäischen Parlaments und des Rates vom 27.4.2016 zum Schutz natürlicher Personen bei der Verarbeitung personenbezogener Daten, zum freien Datenverkehr und zur Aufhebung der RL 95/46/EG (Datenschutz-Grundverordnung, DSGVO).

[3] VO des Europäischen Parlaments und des Rates über die Achtung des Privatlebens und den Schutz personenbezogener Daten in der elektronischen Kommunikation und zur Aufhebung der RL 2002/58/EG (Verordnung über Privatsphäre und elektronische Kommunikation, ePrivacy-Verordnung oder auch ePrivacy-VO).

[4] RL 2002/58/EG des Europäischen Parlaments und des Rates vom 12.7.2002 über die Verarbeitung personenbezogener Daten und den Schutz der Privatsphäre in der elektronischen Kommunikation, zuletzt geändert durch Art. 2 ÄndRL 2009/136/EG vom 25. November 2009 (die sogenannte Cookie-Richtlinie) (Datenschutzrichtlinie für elek- troni- sche Kommunikation, ePrivacy-Richtlinie oder auch ePrivacy-RL).

[5] Konferenz der unabhängigen Datenschutzaufsichtsbehörden des Bundes und der Länder („Datenschutzkonferenz" oder auch „DSK"), Orientierungshilfe der Aufsichtsbehörden für Anbieter von Telemedien, Stand: März 2019 (nachfolgend DSK-Orientierungshilfe für Anbieter von Telemedien), https://www.datenschutzkonferenz-online.de/media/oh/201 90405_oh_tmg.pdf (abgerufen 6.7.2020).

[6] EuGH, Urt. v. 1.10.2019 – C-673/17, Planet49, BeckRS 2019, 22831.

[7] BGH, Urt. v. 28.5.2020 – I ZR 7/16 – Cookie-Einwilligung II, https://juris.bundesgerichtshof.de/cgi-bin/rechtsprechung/document.py?Gericht=bgh&Art=en&Datum=Aktuell&Sort=12288&nr=107623&pos=6&anz=672 (abgerufen 6.7.2020).

europäischen Vorschriften zu beurteilen. Hierfür muss zunächst bestimmt werden, welche dies sind und welche speziellen Anforderungen gelten. Auf dieser Grundlage können sodann Rückschlüsse auf die voraussichtlichen Regelungen der ePrivacy-Verordnung gezogen werden. Kurz, um einen Blick in die Zukunft des Onlinetracking wagen zu können, muss dessen Gegenwart verstanden werden.

2.1 Die Gegenwart der Cookies: Anforderungen an ein zulässiges Onlinetracking nach aktueller Rechtslage

Onlinetracking beschränkt sich keineswegs auf die Nutzung von Cookies, sondern kann aufgrund vielerlei weiterer Methoden und Technologien erfolgen.

Als eines von vielen Beispielen (wie z.B. auch die Verwendung von Common-IDs, eTags)[8]lässt sich Onlinetracking auch aufgrund des sogenannten Canvas-Fingerprinting durchführen. Dabei geht es darum, mit Hilfe von JavaScript-Grafiken aus Hard- und Softwarekombinationen (z.B. Betriebssystem, Browsertyp, Browserversion) einen einzigartigen Fingerabdruck eines bestimmten Endgeräts zu erstellen. Dies passiert auf Grundlage von Canvas-Elementen, d.h. einer Art virtuellen Leinwand (*canvas*), auf der je nach Konfiguration ein im Binärcode einzigartiges „Bild", der Fingerabdruck, entsteht.[9] Dieser Fingerabdruck kann beim erneuten Aufruf einer Website (oder eben auch über mehrere Websites hinweg) wiedererkannt und somit „getrackt" werden.

Eine weitere Technik, mit der sich sogar ein sogenanntes *cross-device tracking*, d.h. ein Erkennen und Verfolgen über mehrere Geräte hinweg, bewerkstelligen lässt, ist der Einsatz von Sound-Beacons. Hier werden hochfrequente Töne zwar vom Menschen nicht wahrgenommen, wohl aber unter bestimmten Voraussetzungen von Endgeräten in der Nähe, die folglich einem bestimmten Nutzer zugeordnet werden können.[10]

Diese Beispiele veranschaulichen, dass die Problematik noch durchaus komplexer ist. Denn solche alternativen Tracking-Technologien unterliegen zwar denselben rechtlichen Voraussetzungen. Diesbezüglich besteht

---

[8] Siehe insgesamt zu alternativen Tracking-Technologien: Bundesverband Digitale Wirtschaft (BVDW) e.V., Browsercookies und alternative Tracking-Technologien: Technische und datenschutzrechtliche Aspekte, Whitepaper v. 8.9.2015, https://www.bvdw.org/filea dmin/bvdw/upload/dokumente/recht/e_privacy_verordnung/whitepaper_targeting_bro wsercookies-und-alternative-trackingtechnologien_2015-3.pdf (abgerufen 6.7.2020).

[9] Bundesverband Digitale Wirtschaft (BVDW) e.V., Browsercookies und alternative Tracking-Technologien, Fn. 8, Ziffer 4.1.1, S. 14 ff.; *Conrad/Hausen*, in: Auer-Reinsdorff/Conrad, Teil F, § 36 Rn. 161 f.; *Jandt*, in: Jandt/Steidle, Kapitel A, Abschnitt I, Ziffer 4, Rn. 37.

[10] *Jandt*, in: Jandt/Steidle, Kapitel A, Abschnitt I, Ziffer 4, Rn. 39.

aber bei den Nutzern ein weitaus weniger großes Bewusstsein als bei Cookies; zudem sind auch die Möglichkeiten der Einschränkung oder Verhinderung einer solchen Art von Onlinetracking begrenzt. Cookies lassen sich recht einfach löschen oder bereits das Setzen von Cookies verhindern.

Dennoch wird der Begriff des Onlinetracking meist mit der Verwendung von Cookies verbunden, was auch daran liegen dürfte, dass dies auch für technisch unerfahrene Nutzer noch am ehesten nachvollzogen werden kann und damit auch die Erwägungen zum Onlinetracking.

2.1.1 Veranschaulichung des Onlinetracking anhand der Nutzung von Cookies

Es gibt unterschiedliche Arten von Cookies, so wie Cookies auch zu anderen Zwecken als zu Onlinetracking eingesetzt werden können. Das bedeutet aber, dass nicht jede Nutzung von Cookies gleich kritisch ist im Hinblick auf mögliche Eingriffe in die Privatsphäre der Nutzer. Auch Onlinetracking kann verschiedene Formen und Ausprägungen annehmen, abhängig vor allem von den damit verfolgten Zwecken und beteiligten Akteuren.

Mit Verweis auf die Vorlageentscheidung des BGH definiert der EuGH Cookies als *„Textdateien, die der Anbieter einer Website auf dem Computer des Nutzers der Website speichert und bei ihrem erneuten Aufruf durch den Nutzer wieder abrufen kann, um die Navigation im Internet oder Transaktionen zu erleichtern oder Informationen über das Nutzerverhalten zu erlangen".*[11] Cookies nutzen also die Speicherfunktion der Endgeräte aus, um so ein Wiedererkennen des jeweiligen Nutzers zu ermöglichen. Dies kann durch den Anbieter der jeweiligen Website bzw. über den Webserver geschehen, wobei es sich dann um sogenannte First-Party-Cookies handelt. Sobald die Setzung von Cookies durch Dritte erfolgt, spricht man dagegen von Third-Party-Cookies. Schon mit dieser Unterscheidung sind in der Regel bereits verschiedene Zielsetzungen verbunden. So kann der Anbieter eines Webshops z.B. mittels First-Party-Cookies sicherstellen, dass von Nutzern in den Warenkorb gelegte Produkte dort auch bis zum Abschluss des Kaufes (oder bis zum Verlassen der Website) gespeichert bleiben.[12]

Dagegen geht es bei der Nutzung von Cookies zum Zwecke von Onlinetracking darum, das Nutzungsverhalten von Website-Besuchern zu erfassen und nachzuverfolgen. Auch dies kann wiederum in unterschiedlichen Ausprägungen erfolgen, je nachdem, über welche Dauer ein solches Tracking erfolgt, und ob dieses wirklich die Erfassung der individuellen Onlinenutzung eines Einzelnen ermöglichen soll, oder lediglich einer generelleren

---

[11] EuGH, Urt. v. 1.10.2019 – C-673/17, Planet49, BeckRS 2019, 22831, Rn. 31.

[12] *Jandt*, in: Jandt/Steidle, Kapitel A, Abschnitt I, Ziffer 4, Rn. 36; *Wehling*, InTeR 2019, S. 160 (161).

Reichweitenanalyse dient.[13] Je genauer die Analyse des Onlineverhaltens eines bestimmten Nutzers ist – womöglich über mehrere Websites und über einen längeren Zeitraum hinweg, desto größer ist der Eingriff in die Privatsphäre der Nutzer. Denn so werden letztlich Nutzungsprofile gebildet, welche dem Diensteanbieter ein umfassendes Bild über den Einzelnen geben und auch sehr sensible persönliche Informationen beinhalten können.[14] In Abgrenzung zu technisch notwendigen Cookies, wozu z.B. Cookies zur Bereitstellung der oben beschriebenen Warenkorbfunktion gehören dürften, werden solche Cookies als Tracking-Cookies bezeichnet.[15]

Gerade bei einer Bildung solcher weitreichenden Nutzerprofile unter Nutzung von Tracking-Cookies steht außer Frage, dass dies mit einer Verarbeitung personenbezogener Daten im Sinne des Art. 4 Nr. 1 und 2 DSGVO einhergeht. Ein Personenbezug muss ansonsten bei der Setzung von Cookies an sich nicht zwangsläufig gegeben sein. Dieser folgt aber gerade bei Onlinetracking in aller Regel aus der Zuordnung von eindeutigen Kennungen und Kombination mit weiteren Informationen, wodurch der Einzelne identifizierbar wird (vgl. ErwG 30 DSGVO).[16] Wenn somit im Weiteren davon ausgegangen wird, dass Onlinetracking mit einer Verarbeitung personenbezogener Daten verbunden ist, ist insbesondere zu untersuchen, auf welche Rechtsgrundlage(n) diese gestützt werden kann und welche Anforderungen hierfür erfüllt sein müssen.

2.1.2 Anwendbarkeit der Erlaubnistatbestände der Datenschutz-Grundverordnung auf Onlinetracking

Art. 95 DSGVO regelt das Verhältnis der Datenschutz-Grundverordnung zur ePrivacy-Richtlinie. Soweit es danach um den Schutz personenbezogener Daten in der elektronischen Kommunikation geht, ist die ePrivacy-Richtlinie (bzw. die auf ihr beruhenden nationalen Umsetzungsakte) spezieller als die Datenschutz-Grundverordnung und damit vorrangig.[17] Dies ergibt sich auch aus Art. 1 Abs. 2 ePrivacy-RL, wonach diese die Datenschutz-Grundverordnung (vgl. Art. 94 Abs. 2 S. 1 DSGVO) detaillieren und ergänzen soll.

Beim Onlinetracking über Cookies ist daher zunächst Art. 5 Abs. 3 S. 1 ePrivacy-RL zu berücksichtigen, wonach die Speicherung von oder der Zu-

---

[13] *Conrad/Hausen*, in: Auer-Reinsdorff/Conrad, Teil F, § 36 Rn. 83 f.

[14] *Jandt*, in: Jandt/Steidle, Kapitel A, Abschnitt I, Ziffer 4, Rn. 34 f.; *Conrad/Hausen*, in: Auer-Reinsdorff/Conrad, Teil F, § 36 Rn. 78 f.; *Hanloser*, ZD 2019, S. 287.

[15] *Diercks*, DSB 2020, S. 41 (42); *Wehling*, InTeR 2019, S. 160 (161).

[16] *Hanloser*, ZD 2019, S. 287; *Kessler/Oberlin*, CB 2020, S. 63 (65).

[17] *Kühling*, CR 2020, S. 199 (201).

griff auf Informationen in Endgeräten nur aufgrund einer informierten Einwilligung des Nutzers zulässig ist. Dies betrifft also zunächst die Nutzung von Cookies als solche und den damit verbundenen Eingriff in die elektronische Kommunikation bzw. den mit der ePrivacy-RL bezweckten Schutz von Informationen auf Endgeräten. Insoweit ist Art. 5 Abs. 3 S. 1 ePrivacy-RL vorrangig vor der Datenschutz-Grundverordnung. Das mit Hilfe der gesetzten Cookies anschließend stattfindende Onlinetracking (ggf. unter Zusammenführung weiterer Informationen) kann sich dann wiederum durchaus nach der Datenschutz-Grundverordnung richten.[18]

Gemäß § 15 Abs. 3 TMG darf der Diensteanbieter *„für Zwecke der Werbung, der Marktforschung oder zur bedarfsgerechten Gestaltung der Telemedien Nutzungsprofile bei Verwendung von Pseudonymen erstellen, sofern der Nutzer dem nicht widerspricht."*

Anders als die Datenschutzkonferenz hält der Bundesgerichtshof eine richtlinienkonforme Auslegung des § 15 Abs. 3 S. 1 TMG für möglich. Dies ergibt sich aus dem Urt. vom 28.5.2020, wonach der Grundsatz der richtlinienkonformen Auslegung eine richtlinienkonforme Rechtsfortbildung im Wege einer teleologischen Reduktion fordere.[19] Eine solche richtlinienkonforme Auslegung sei mit dem Wortlaut des § 15 Abs. 3 S. 1 TMG noch vereinbar: Im Fehlen einer (wirksamen) Einwilligung könne der nach § 15 Abs. 3 S. 1 TMG der Zulässigkeit der Erstellung von Nutzungsprofilen entgegenstehende Widerspruch gesehen werden. Denn der Gesetzgeber habe die bestehende Rechtslage als richtlinienkonform erachtet und deshalb bisher keinen Umsetzungsakt vorgenommen.[20]

Die Datenschutzkonferenz sieht dagegen in § 15 Abs. 3 S. 1 TMG allein eine Widerspruchslösung und stellt diesbezüglich den grundlegenden Unterschied zwischen einem Opt-in und einem Opt-out klar: Bei einer erforderlichen Einwilligungserklärung darf eine Verarbeitung personenbezogener Daten nicht erfolgen, bis diese wirksam vom Nutzer abgegeben wurde (Opt-in oder verkürzt gesagt *„nein bis Einwilligung"*). Dagegen darf eine Verarbeitung personenbezogener Daten bei Geltung einer bloßen Widerspruchslösung erfolgen, bis der Nutzer dem widerspricht (Opt-out oder eben *„ja bis Widerspruch"*).[21]

---

[13] EDSA, Stellungnahme 5/2019 zum Zusammenspiel zwischen der e-Datenschutz-Richtlinie und der DSGVO, insbesondere in Bezug auf die Zuständigkeiten, Aufgaben und Befugnisse von Datenschutzbehörden, angenommen am 12.3.2019, Rn. 38 ff., https://edpb. europa.eu/sites/edpb/files/files/file1/201905_edpb_opinion_eprivacydir_gdpr_interplay _en_de.pdf (abgerufen 6.7.2020).

[19] BGH, Urt. v. 28.5.2020 – I ZR 7/16 – Cookie-Einwilligung II, Fn. 7, Rn. 53.

[20] BGH, Urt. v. 28.5.2020 – I ZR 7/16 – Cookie-Einwilligung II, Fn. 7, Rn. 54 f.

[21] DSK-Orientierungshilfe für Anbieter von Telemedien, Fn. 5, S. 4 f.

Selbst bei einer dem BGH folgenden richtlinienkonformen Auslegung des § 15 Abs. 3 S. 1 TMG betrifft diese ja aber erst einmal „nur" den Einsatz von Cookies an sich. Nachdem das anhand von Cookies erfolgende Onlinetracking aber auch weitergehende und fortlaufende Verarbeitungsvorgänge personenbezogener Daten umfasst,[22] könnten im Hinblick auf solche Verarbeitungen durchaus die generellen Vorgaben der Datenschutz-Grundverordnung an eine zulässige Datenverarbeitung herangezogen werden, wie von der Datenschutzkonferenz dargestellt.[23]

2.1.3 Relevante Erlaubnistatbestände der Datenschutz-Grundverordnung für Onlinetracking

Die für das Onlinetracking relevanten Rechtsgrundlagen der Datenschutz-Grundverordnung sind Art. 6 Abs. 1 UAbs. 1 lit. a DSGVO (Einwilligung) und Art. 6 Abs. 1 UAbs. 1 lit. f DSGVO (berechtigte Interessen). Auch hier wird es ganz maßgeblich wiederum um den Unterschied zwischen einem Opt-in (Einwilligung) und einem Opt-out (Interessenabwägung, jedenfalls bei qualifiziertem Widerspruch oder unbedingtem Widerspruchsrecht) gehen.

Bei technisch notwendigen Cookies kommt auch die Rechtsgrundlage der Durchführung eines (vor-)vertraglichen Verhältnisses gemäß Art. 6 Abs. 1 UAbs. 1 lit. b DSGVO in Frage, z.B. bei der besagten Warenkorbfunktion.[24] Dabei handelt es sich ja aber gerade nicht um ein Onlinetracking in dem hier vertieft betrachteten Sinn, sondern um die Nutzung von Cookies zur Erfüllung eines bestimmten angeforderten Dienstes.[25]

Ob Onlinetracking aufgrund berechtigter Interessen des Anbieters erfolgen darf oder eine Einwilligung der Betroffenen eingeholt werden muss, hängt in erster Linie davon ab, wie sehr ein solches Tracking in die Privatsphäre des Nutzers eingreift, was insbesondere anhand der konkreten Ausgestaltung der Verarbeitung sowie deren Auswirkungen auf die Betroffenen zu bewerten ist.[26]

Die Datenschutzkonferenz hat für die Prüfung, ob eine bestimmte Form des Onlinetracking auf berechtigte Interessen des Anbieters gemäß Art. 6

---

[22] EDSA, Stellungnahme 5/2019 zum Zusammenspiel zwischen der e-Datenschutz-Richtlinie und der DSGVO, Fn. 18, Rn. 38 ff.

[23] DSK-Orientierungshilfe für Anbieter von Telemedien, Fn. 5, S. 6; siehe außerdem *Wehling*, InTeR 2019, S. 160 (163); *Diercks*, DSB 2020, S. 41; *Sesing*, MMR 2019, S. 347 (348); *Spittka, DB 2019, S. 2850 (2853)*.

[24] *Diercks*, DSB 2020, S. 41 (42); anders dagegen wohl DSK-Orientierungshilfe für Anbieter von Telemedien, Fn. 5, S. 12, welche die Warenkorbfunktion als grundsätzlich in Frage kommendes berechtigtes Interesse des jeweiligen Anbieters nennt.

[25] Siehe dazu auch *Wyderka*, ZD-Aktuell 2019, 06697.

[26] Siehe dazu DSK-Orientierungshilfe für Anbieter von Telemedien, Fn. 5, S. 14.

Abs. 1 UAbs. 1 lit. f DSGVO eine dreistufige Prüfungsreihenfolge aufgestellt, wonach zunächst das Vorliegen eines berechtigten Interesses des Anbieters festzustellen ist (1. Stufe), wobei die Datenverarbeitung zur Wahrung dieses berechtigten Interesses erforderlich sein muss, insbesondere also keine milderen, aber gleich effektiven Mittel zur Verfügung stehen dürfen (Stufe 2).[27] Das Kernstück der Prüfung ist sodann in Stufe 3 die eigentliche Abwägung des berechtigten Interesses mit den Interessen, Grundrechten und Grundfreiheiten der betroffenen Person im konkreten Einzelfall.[28] Dieser Prüfungsaufbau entspricht im Wesentlichen dem der Artikel-29-Datenschutzgruppe (WP29), dem Vorgänger des Europäischen Datenschutzausschusses (EDSA), unter der vor der Datenschutz-Grundverordnung geltenden Datenschutz-Richtlinie.[29] Die WP29 hatte lediglich eine zusätzliche Unterteilung in eine vorläufige und eine letztendliche Herstellung eines Gleichgewichts der Interessen nach Berücksichtigung zusätzlicher Schutzmaßnahmen vorgenommen.[30] Solche vom Anbieter getroffenen zusätzlichen Schutzmaßnahmen (wie z.B. ein unbedingtes Widerspruchsrecht oder besondere technische und organisatorische Maßnahmen), welche über die ihn nach der Datenschutz-Grundverordnung ohnehin treffenden Pflichten hinausgehen, berücksichtigt indes auch die Datenschutzkonferenz positiv in der Interessenabwägung.[31]

In die dritte Stufe der Interessenabwägung stellt die Datenschutzkonferenz verschiedene Kriterien ein, nämlich die vernünftigen Erwartungen der betroffenen Personen und deren Vorhersehbarkeit einer Datenverarbeitung, sowie Interventionsmöglichkeiten, die Verkettung von Daten, beteiligte Akteure und den Umfang sowie die Dauer der Verarbeitung wie auch die konkreten Datenkategorien und der Kreis der Betroffenen.[32] Daraus ergibt sich im Wesentlichen, dass ein Onlinetracking dann nicht auf berechtigte Interessen gestützt werden kann, je umfangreicher und überraschender die diesem zugrundeliegende Verarbeitung personenbezogener

---

[27] DSK-Orientierungshilfe für Anbieter von Telemedien, Fn. 5, S. 11 bis 13.

[28] DSK-Orientierungshilfe für Anbieter von Telemedien, Fn. 5, S. 13 bis 21.

[29] RL 95/46/EG des Europäischen Parlaments und des Rates v. 24.10.1995 zum Schutz natürlicher Personen bei der Verarbeitung personenbezogener Daten und zum freien Datenverkehr (Datenschutz-Richtlinie oder auch Datenschutz-RL).

[30] Artikel-29-Datenschutzgruppe, Stellungnahme 06/2014 zum Begriff des berechtigten Interesses des für die Verarbeitung Verantwortlichen gemäß Art. 7 der RL 95/46/EG, angenommen am 9.4.2014, WP 217, S. 71, https://ec.europa.eu/justice/article-29/documentation/opinion-recommendation/files/2014/wp217_de.pdf, (abgerufen 6.7.2020).

[31] DSK-Orientierungshilfe für Anbieter von Telemedien, Fn. 5, S. 17, 19; dagegen *Hanloser*, ZD 2019, S. 287 (289); siehe auch *Ettig/Lachenmann*, ZD-Aktuell 2019, 06643.

[32] DSK-Orientierungshilfe für Anbieter von Telemedien, Fn. 5, S. 16 ff.

Daten ist; insbesondere sobald Dritte Daten zu eigenen Zwecken verarbeiten, mit denen der Einzelne in aller Regel nicht rechnet, oder Daten über eine längere Dauer aus verschiedenen Quellen zusammengeführt und daraus individuelle Nutzerprofile gebildet werden.[33] Dann wird in aller Regel nur eine Einwilligung des Nutzers in Frage kommen.[34]

Beabsichtigt dagegen ein Anbieter die Verarbeitung von Daten zur Auswertung der generellen Reichweite und bedarfsgerechten und nutzerfreundlichen Gestaltung seines Angebots, wobei es ihm nicht auf die konkrete Nutzung eines Einzelnen ankommt, sondern allein um statistische Aussagen, z.B. wie und von welchen Kundengruppen seine Website besucht wird, kommt Art. 6 Abs. 1 UAbs. 1 lit. f DSGVO als Rechtsgrundlage durchaus in Betracht. Soweit hierfür zwar zunächst personenbezogene Daten verarbeitet werden, diese aber nicht weitergegeben und lediglich zu statistischen Aussagen aggregiert werden, ist hiermit auch keine besondere Beeinträchtigung der Rechte und Freiheiten der Nutzer verbunden.[35]

Anders sieht es dagegen aus, wenn Analysetools von Drittanbietern eingesetzt werden, welche sich die Verarbeitung der darüber gewonnenen personenbezogenen Daten auch zu eigenen Zwecken vorbehalten (z.B. Google Analytics). Hier kann es mitunter schon für den jeweiligen Website-Anbieter selbst schwierig werden, über eine solche Datenverarbeitung und -weitergabe in transparenter Weise zu informieren, wenn diesem die relevanten Informationen darüber selbst nicht vorliegen.[36]

2.1.4 Anforderungen an ein wirksames Onlinetracking aufgrund Einwilligung

Sollen Datenverarbeitungsvorgänge zu Zwecken des Onlinetracking auf eine Einwilligungserklärung der Nutzer gemäß Art. 6 Abs. 1 UAbs. 1 lit. a DSGVO gestützt werden, muss diese den Anforderungen des Art. 4 Nr. 11 DSGVO und des Art. 7 DSGVO entsprechen, um wirksam zu sein. Das bedeutet, dass eine Einwilligung freiwillig für den bestimmten Fall, in informierter Weise und in unmissverständlicher Form abgegeben werden muss. Ferner ist die jederzeitige einfache Widerruflichkeit der Einwilligung zu gewährleisten, wobei der Widerruf genauso einfach möglich sein muss wie die Erteilung. Sind die Anforderungen erfüllt und gibt der Nutzer seine

---

[33] DSK-Orientierungshilfe für Anbieter von Telemedien, Fn. 5, S. 16, 18 bis 20.

[34] *Kessler/Oberlin*, CB 2020, S. 63 (67).

[35] DSK-Orientierungshilfe für Anbieter von Telemedien, Fn. 5, S. 17; *Diercks*, DSB 2020, S. 41 (42).

[36] *Conrad/Hausen*, in: Auer-Reinsdorff/Conrad, Teil F, § 36 Rn. 156; Siehe zu Google Analytics auch die Hinweise der DSK zum Einsatz von Google Analytics im nicht-öffentlichen Bereich, Beschl. der DSK v. 12.5.2020, https://www.datenschutzkonferenz-online.de/media/dskb/20200526_beschluss_hinweise_zum_einsatz_von_google_analytics.pdf (abgerufen 6.7.2020).

Einwilligung, kann von einer wirklich selbstbestimmten Entscheidung gesprochen und die Verarbeitung als fair bezeichnet werden.[37] Sowohl die Datenschutzkonferenz als auch der EuGH im Planet49-Urteil sowie entsprechend auch der BGH in seinem „Cookie-Einwilligung II"-Urteil haben diesbezüglich genauer ausgeführt, wie eine Einwilligung ausgestaltet sein muss, um damit das Setzen von Cookies und entsprechende Auswertung der Nutzerinformationen zu Zwecken des Onlinetracking rechtfertigen zu können.

Hierzu ist zunächst klarzustellen, dass der EuGH nur auf die ihm gestellten Vorlagefragen antwortet. In dem Vorlagebeschluss des BGH ging es aber nicht um die Frage nach der richtigen Rechtsgrundlage, sondern darum, welche Anforderungen an die Einwilligung erfüllt sein müssen, insbesondere ob ein voreingestelltes Ankreuzkästchen hierfür ausreichend ist.[38] Die Rechtsgrundlage als solche stand in dem zugrundeliegenden Fall also bereits fest.[39] Das Planet49-Urteil des EuGH ist daher gerade nicht so zu verstehen, dass jegliche Nutzung von Cookies einer Einwilligung der betroffenen Person bedarf.[40] Daher steht es nicht im Widerspruch zu der DSK-Orientierungshilfe und der darin geprüften Anwendbarkeit anderer Rechtsgrundlagen (insbesondere berechtigter Interessen) für Onlinetracking (z.B. unter Nutzung von Cookies).[41] Mit dem nun anschließend erfolgten BGH-Urt. vom 28.5.2020 ergibt sich nicht zwingend etwas anderes, soweit unterschieden wird zwischen der Nutzung von Cookies einerseits, welche laut BGH außer bei technisch notwendigen Cookies eine Einwilligung erfordert,[42] und den anschließend erfolgenden weiteren Verarbeitungsvorgängen von personenbezogenen Daten anhand Cookies zum Zwecke des Onlinetracking andererseits.

Bei einer einwilligungsbedürftigen Datenverarbeitung ist ein aktives Verhalten des Nutzers erforderlich und ein bloßes passives Untätigbleiben – z.B. in Form eines nicht erfolgten Abänderns eines bereits voreingestellten Ankreuzkästchens – gerade nicht für eine wirksame Einwilligung ausreichend.[43] Der EuGH hatte diesbezüglich anhand der Art. 5 Abs. 3 ePrivacy-

---

[37] *Kühling*, CR 2020, S. 199 (205).
[38] BGH, Beschl. v. 5.10.2017 – I ZR 7/16, BeckRS 2017, 132193.
[39] *Spittka*, DB 2019, S. 2850 (2851 f.).
[40] Siehe z.B. *Holst*, IR 2019, S. 284.
[41] So aber z.B. *Kessler/Oberlin*, CB 2020, S. 63 (65, 67); *Thiel*, GRUR-Prax 2019, S. 492.
[42] BGH, Urt. v. 28.5.2020 – I ZR 7/16 – Cookie-Einwilligung II, Fn. 7, Rn. 49.
[43] EuGH, Urt. v. 1.10.2019 – C-673/17, Planet49, BeckRS 2019, 22831, Rn. 49 ff.; DSK-Orientierungshilfe für Anbieter von Telemedien, Fn. 5, S. 8.

RL sowie Art. 2 lit. h und 7 lit. a Datenschutz-RL einen etwas höheren Begründungsaufwand, nachdem dem Planet49-Sachverhalt die Datenschutz-Richtlinie zugrunde lag, auf welche die ePrivacy-Richtlinie hinsichtlich des Begriffs der Einwilligung verweist (siehe Art. 2 lit. f ePrivacy-RL). Insofern argumentiert der EuGH aber anhand des Wortlauts einer Willensbekundung und der *Abgabe* einer Einwilligung, die *ohne jeden Zweifel* (siehe Art. 7 lit. a Datenschutz-RL) erfolgt sein muss, dass sich daraus ein aktives Verhalten ergebe.[44] Bei bloßer Untätigkeit könne des Weiteren auch nicht mit Sicherheit geklärt werden, ob damit der Nutzer sein Einverständnis mit der bereits vorangekreuzten Checkbox zum Ausdruck bringe, insbesondere nicht, ob er überhaupt die Informationen zu der beabsichtigten Datenverarbeitung gelesen habe.[45]

Unter der Datenschutz-Grundverordnung ist bereits in ErwG 32 DSGVO klargestellt, dass Stillschweigen, bereits angekreuzte Kästchen oder Untätigkeit der betroffenen Person explizit keine Einwilligung darstellen. Demnach ist gerade eines der Definitionsmerkmale des Art. 4 Nr. 11 DSGVO die *unmissverständlich abgegebene Willensbekundung* in Form einer *Erklärung* oder einer sonstigen *eindeutigen bestätigenden Handlung*.[46] Im Umfeld der Nutzung von Cookies und Onlinetracking kommen für die Abgabe eines solchen eindeutigen Einverständnisses mit der Datenverarbeitung das aktive Setzen eines Häkchens oder Kreuzchens, das Anklicken eines Zustimmungs-Buttons oder die Auswahl technischer Einstellungen in Betracht.[47]

Ein weiteres entscheidendes Merkmal an eine wirksame Einwilligung als Rechtsgrundlage für die Datenverarbeitung ist, dass diese freiwillig sowie für den bestimmten Fall abgegeben werden muss. Tatsächlich hatte sich der EuGH mit der Frage der Freiwilligkeit (bzw. unter Art. 2 lit. h) Datenschutz-RL mit der Anforderung, dass die Erteilung der Einwilligung ohne Zwang erfolgt) nicht beschäftigen müssen, da dies nicht Gegenstand der Vorlagefragen war. Der EuGH hebt dies jedoch in seinem Planet49-Urt. ausdrücklich hervor, denn in dem zugrundeliegenden Fall ging es gerade darum, dass eine Teilnahme des Nutzers an einem Gewinnspiel ohne Einwilligung in die Verarbeitung seiner personenbezogenen Daten nicht möglich war.[48] Dies betrifft die Problematik des in Art. 7 Abs. 4 DSGVO zum Ausdruck kommenden Kopplungsverbots. Im Zusammenhang mit Online-

---

[44] EuGH, Urt. v. 1.10.2019 – C-673/17, Planet49, BeckRS 2019, 22831, Rn. 49, 52, 54, 56.

[45] EuGH, Urt. v. 1.10.2019 – C-673/17, Planet49, BeckRS 2019, 22831, Rn. 55.

[46] Siehe hierzu auch EuGH, Urt. v. 1.10.2019 – Rs. C-673/17, Planet49, BeckRS 2019, 22831, Rn. 61 f.; DSK-Orientierungshilfe für Anbieter von Telemedien, Fn. 5, S. 8.

[47] *Spittka*, DB 2019, S. 2850 (2851 f.).

[48] EuGH, Urt. v. 1.10.2019 – C-673/17, Planet49, BeckRS 2019, 22831, Rn. 64.

tracking und Cookies ist dies mit Blick auf sogenannte Tracking- oder Cookie-Walls relevant, wobei der Zugang zu einer Website durch Cookie-Banner verweigert wird, wenn der Nutzer nicht in die Verarbeitung seiner personenbezogenen Daten einwilligt, welche jedoch für die Anzeige der Website nicht erforderlich wäre.[49] Die Datenschutzkonferenz betont diesbezüglich, dass es an einer wirksamen Einwilligung mangels Freiwilligkeit fehle, wenn keine Möglichkeit bestehe, Cookies abzulehnen und dabei die jeweilige Website weiter zu besuchen. Gleichermaßen müssen einzelne Verarbeitungsvorgänge auch einzeln an- oder eben abwählbar sein, damit eine Einwilligung wirklich freiwillig erteilt wird.[50]

Schließlich betonen sowohl EuGH und BGH als auch Datenschutzkonferenz, dass eine Einwilligung nur dann wirksam in voller Kenntnis der Sachlage erteilt werden kann, wenn den Nutzern vorab klare und umfassende Informationen zur beabsichtigten Verarbeitung ihrer personenbezogenen Daten gegeben werden. Nur so können die Nutzer eine fundierte Entscheidung treffen, ob sie mit der Verarbeitung ihrer personenbezogener Daten einverstanden sind oder nicht.[51]

2.1.5 Zwischenfazit: Unterschiedliche Anforderungen an wirksames Onlinetracking je nach Rechtsgrundlage für Datenverarbeitung

Transparenz ist eines der wesentlichen Datenschutzprinzipien nach Art. 5 Abs. 1 lit. a DSGVO. Transparente Informationen über die Verarbeitung personenbezogener Daten sind den betroffenen Personen gemäß Art. 12 Abs. 1 S. 1 DSGVO immer in einer präzisen, verständlichen und leicht zugänglichen Form sowie in einer klaren und einfachen Sprache zu übermitteln, unabhängig davon, auf welcher Rechtsgrundlage die Verarbeitung beruht. Das heißt also, nicht nur bei einem Onlinetracking aufgrund einer Einwilligungserklärung, sondern auch, wenn sich der Anbieter auf berechtigte Interessen (oder eben Vertragsdurchführung) stützen will, sind die Nutzer hierüber zu informieren. Bei einer Direkterhebung der Daten (z.B. bei der Setzung von Cookies), hat dies gemäß Art. 13 Abs. 1 DSGVO zum Zeitpunkt der Erhebung der Daten zu geschehen.

Hier muss berücksichtigt werden, dass bei einer Einwilligung die Datenverarbeitung erst dann beginnen darf, wenn diese – bei vollständiger Kenntnis über die Verarbeitung – gegeben wurde (*„nein bis Einwilligung"*). Dies ist durch technische und organisatorische Maßnahmen sicherzustellen.[52]

---

[49] Siehe hierzu im Hinblick auf die Vertragsfreiheit des Anbieters *Wyderka*, ZD-Aktuell 2019, 06697.

[50] DSK-Orientierungshilfe für Anbieter von Telemedien, Fn. 5, S. 8.

[51] EuGH, Urt. v. 1.10.2019 – C-673/17, Planet49, BeckRS 2019, 22831, Rn. 73 bis 81; DSK-Orientierungshilfe für Anbieter von Telemedien, Fn. 5, S. 8.

[52] DSK-Orientierungshilfe für Anbieter von Telemedien, Fn. 5, S. 10.

Hierzu werden bei einer Einwilligung in die Nutzung von Cookies zu Zwecken eines einwilligungsbedürftigen Onlinetracking weiterhin Cookie-Banner erforderlich sein, über welche die Nutzer ihre Entscheidung aktiv treffen können.

Mit dem durch das BGH-Urteil klargestellten Einwilligungserfordernis für Cookies in Deutschland ergibt sich etwas anderes erst einmal nur für technisch zwingend erforderliche Cookies. Hier würde es ausreichen, dass die Informationen zur Nutzung von Cookies leicht mit einem Klick zugänglich sind. Die französische Datenschutzbehörde (Commission nationale informatique & libertés, (CNIL)) schlägt hierfür eine entsprechende einfache Zugriffsmöglichkeit z.B. in der Navigationsleiste vor, wo die Nutzer ihre Einstellungen zu Cookies treffen können.[53] Dies könne beispielsweise auch durch entsprechende Icons – in Form von Cookies– veranschaulicht werden. Je nach objektiver Erforderlichkeit bzw. Rechtsgrundlage und Verwendungszweck der Cookies ist dies bereits ausreichend und ein Cookie-Banner nicht erforderlich.[54]

2.2 Die Zukunft der Cookies: Anforderungen an ein zulässiges Onlinetracking unter der ePrivacy-Verordnung

Der Schutzbereich der ePrivacy-Verordnung beschränkt sich nicht nur auf die Verarbeitung personenbezogener Daten, sondern bezweckt einen umfassenden Schutz der elektronischen Kommunikation (vgl. Art. 7 der Charta der Grundrechte der Europäischen Union sowie auch ErwG 1 sowie Art. 1 Abs. 1 ePrivacy-VO[55]). Das bedeutet insbesondere hinsichtlich der Nutzung von Cookies, dass sich der Schutz auch auf nicht-personenbezogene Daten in Endgeräten erstreckt.[56] Dies hat auch der EuGH im Planet49-

---

[53] _Votteler_, ZD 2020, S. 14 (16 f.).

[54] Commission nationale informatique & libertés (CNIL): Draft recommendation on the practical procedures for collecting the consent provided for in Article 82 of the French Data Protection Act, concerning operations of storing or gaining access to information in the terminal equipment of a user (recommendation „cookies and other trackers"), 14.1.2020, Rn. 28-30, https://www.cnil.fr/sites/default/files/atoms/files/draft_recommendation_co okies_and_other_trackers_en.pdf, (abgerufen 6.7.2020); siehe auch DSK-Orientierungshilfe für Anbieter von Telemedien, Fn. 5, S. 10.

[55] Verweise auf die Erwägungsgründe und Artikel der ePrivacy-Verordnung beziehen sich auf den Vorschlag der EU-Kommission v. 10.1.2017 (2017/0003 (COD)), soweit nicht ausdrücklich auf die Entwürfe insbesondere der legislativen Entschließung des Europäischen Parlaments vom 23.10.2017 (A8-0324/2017) sowie des letzten Vorschlags des Rats der Europäischen Union vom 21.2.2020 (5979/20) Bezug genommen wird.

[56] _Kühling_, CR 2020, S. 199 (204); _Wehling_, InTeR 2019, S. 160 (161).

Urteil[57] – allerdings noch mit Bezug auf die derzeit geltende ePrivacy-Richtlinie – sowie auch der BGH in der „Cookie-Einwilligung II"-Entscheidung[58] bestätigt.

Wie bereits dargestellt, wird es jedoch beim Onlinetracking um die Verarbeitung personenbezogener Daten gehen. Daher stellt sich vielmehr die Frage, inwieweit die Vorschriften der Datenschutz-Grundverordnung (insbesondere die Erlaubnistatbestände des Art. 6 Abs. 1 DSGVO) neben der ePrivacy-Verordnung noch Anwendung finden könnten.[59]

Aufgrund des *lex-specialis* Charakters der ePrivacy-Verordnung ist davon auszugehen, dass die in Art. 8 ePrivacy-VO enthaltene Regelung zum Schutz der Informationen in Endgeräten (z.B. vor der Setzung von Cookies durch Ausnutzen der Speicherfunktion) abschließend ist. Danach ist die Verarbeitung von Informationen in Endgeräten, abgesehen von erforderlichen Verarbeitungen zum Zweck der Kommunikationsdurchführung (Art. 8 Abs. 1 lit. a ePrivacy-VO) und zur Bereitstellung eines vom Endnutzer gewünschten Dienstes der Informationsgesellschaft (Art. 8 Abs. 1 lit. c ePrivacy-VO),[60] insbesondere mit Einwilligung des Nutzers zulässig (Art. 8 Abs. 1 lit. b ePrivacy-VO). So wird eine größtmögliche Kontrolle und Selbstbestimmung des Einzelnen über seine elektronische Kommunikation gewährleistet.[61]

Ferner soll eine Einwilligung gemäß Art. 9 Abs. 2 ePrivacy-VO auch über passende technische Einstellungen einer Software, die den Zugang zum Internet ermöglicht, gegeben werden können, soweit dies technisch möglich und machbar ist.[62] Die CNIL sieht den aktuellen Stand der Technik noch nicht so weit, als dass eine wirksame Einwilligung über entsprechende Einstellungen im Browser gegeben werden könnte.[63] Hier ist in näherer Zukunft eher davon auszugehen, dass lediglich entsprechende Einstellungen zu einer Einschränkungen der Verarbeitung getroffen werden können, wäh-

---

[57] EuGH, Urt. v. 1.10.2019 – C-673/17, Planet49, BeckRS 2019, 22831, Rn. 68 bis 71; siehe auch *Spittka*, DB 2019, S. 2850 (2852).

[58] BGH, Urt. v. 28.5.2020 – I ZR 7/16 – Cookie-Einwilligung II, Fn. 7, Rn. 61.

[59] Siehe hierzu *Kühling*, CR 2020, S. 199 (202), der die Erlaubnistatbestände des Art. 6 Abs. 1 DSGVO für ausreichend flexibel hält, um auch die Besonderheiten elektronischer Kommunikation regeln zu können.

[60] Siehe auch *Schleipfer*, ZD 2017, S. 460 (464), wonach hierunter z.B. Verarbeitungen zur Bereitstellung der Warenkorbfunktion oder mehrseitige Dateneingaben fallen würden.

[61] *Wehling*, InTeR 2019, S. 160 (165).

[62] Kritisch hierzu *Schleipfer*, ZD 2017, S. 460 (464 f.).

[63] *Votteler*, ZD 2020, S. 14 (16); Commission nationale informatique & libertés (CNIL): recommendation „cookies and other trackers", Fn. 54, Rn. 71 bis 73.

rend dagegen Einstellungen wie *„alle Cookies zulassen"* nicht den Anforderungen einer wirksamen Einwilligung genügt. Dies ist bereits heute in allen gängigen Browsern möglich.[64]

Der letzte Kompromissvorschlag der kroatischen Ratspräsidentschaft[65] enthält in Art. 8 Abs. 1 lit. g ePrivacy-VO auch berechtigte Interessen als Rechtsgrundlage für eine zulässige Nutzung von Informationen in Endgeräten, wobei beispielhaft aufgezählt wird, wann die Interessen der Nutzer die des Anbieters überwiegen. Dies wäre insbesondere bei Bildung individueller Nutzungsprofile der Fall.

In den Vorschlägen der Kommission und des Parlaments ist die Rechtsgrundlage der berechtigten Interessen so ausdrücklich nicht vorgesehen. Lediglich die Reichweitenmessung durch den Anbieter (oder dessen Auftragsverarbeiter) ist gemäß Art. 8 Abs. 1 lit. d ePrivacy-VO zulässig, wobei insbesondere die weiteren Voraussetzungen im Parlamentsvorschlag an eine mit Art. 6 Abs. 1 UAbs. 1 lit. f DSGVO vergleichbare Interessenabwägung denken lassen.[66] Gerade die Beschränkung auf eine Durchführung der Reichweitenmessung durch den Anbieter sowie auf aggregierte Aussagen steht im Einklang mit den Erwägungen der Datenschutzkonferenz.

3   Fazit

Auch wenn mit dem BGH-Urteil vom 28.5.2020 nun auch für Deutschland klar ist, dass die Nutzung von Cookies, die nicht zwingend technisch erforderlich sind, der Einwilligung bedarf, werden daraus insbesondere die Ausführungen der Datenschutzkonferenz zu einem Onlinetracking aufgrund berechtigter Interessen nicht zwangsläufig gegenstandslos. Entsprechend des *lex specialis – lex generalis* Verhältnisses von ePrivacy(-Verordnung oder Richtlinie) und Datenschutz-Grundverordnung können an das Setzen von Cookies anschließende Verarbeitungsvorgänge personenbezogener Daten durchaus an den Rechtsgrundlagen der Datenschutz-Grundverordnung gemessen werden. Inwieweit dies nach der aktuellen Rechtslage in der Praxis tatsächlich in Betracht kommt und von Diensteanbietern genutzt werden könnte, ist eine andere Frage. Wahrscheinlich scheint eher, dass generell Einwilligungen sowohl in die Nutzung von Cookies als auch anschließende

---

[64] *Conrad/Hausen*, in: Auer-Reinsdorff/Conrad, Teil F, § 36 Rn. 133.

[65] Proposal for a Regulation of the European Parliament and of the Council concerning the respect for private life and the protection of personal data in electronic communications and repealing Directive 2002/58/EC (Regulation on Privacy and Electronic Communication), 21.2.2020, (2017/0003(COD)), https://data.consilium.europa.eu/doc/document/S T-5979-2020-INIT/en/pdf, (abgerufen 6.7.2020).

[66] Siehe hierzu *Schleipfer*, ZD 2017, S. 460 (464); *Wehling*, InTeR 2019, S. 160 (165).

Datenverarbeitungen eingeholt werden. Dabei werden stets die Anforderungen an eine wirksame Einwilligung zu beachten sein. Insofern ist mit einer Eindämmung der Zahl an Cookie-Bannern erst einmal nicht zu rechnen.

Dies könnte mit der ePrivacy-Verordnung anders aussehen. Während eine Einwilligung über entsprechende Cookie-Banner insbesondere für ein nutzerspezifisches Tracking und eine Profilbildung unumgänglich sein wird, könnte die Nutzung von Cookies für eigene statistische Auswertungen wie Reichweitenmessungen und andere Maßnahmen, die keine tieferen Eingriffe in die Privatsphäre der Einzelnen darstellen, auch auf berechtigte Interessen des Anbieters gestützt werden. Hier bleibt vor allem abzuwarten, ob dieser Erlaubnistatbestand in einer DSGVO-entsprechenden Formulierung in die finale Fassung der ePrivacy-Verordnung aufgenommen, oder ob dies auf die für die elektronische Kommunikation einschlägigen Fälle – wie explizit auf die Reichweitenanalyse – beschränkt werden wird.

Literatur

Auer-Reinsdorff, Astrid/Conrad, Isabell (Hrsg.): Handbuch IT- und Datenschutzrecht, 3. Aufl., München 2019.

Diercks, Nina: Einsatz von Google Analytics, DSB 2020, S. 41-43.

Ettig, Diana/Lachenmann, Matthias: Stellungnahme der deutschen Datenschutzaufsichtsbehörden zum Tracking im Internet, ZD-Aktuell 2019, 06643.

Hanloser, Stefan: DSK-Orientierungshilfe für Anbieter von Telemedien – Datenschutzrechtliche Fragen zum Online-Tracking, ZD 2019, S. 287-290.

Jandt, Silke/Steidle, Roland (Hrsg.): Datenschutz im Internet, Baden-Baden 2018.

Kessler, Rainer/Oberlin, Jutta Sonja: DSGVO-konforme Verwendung von Cookies und anderen Trackingmethoden, CB 2020, S. 63-69.

Kühling, Jürgen: Rechtliche Rahmenbedingungen für Zulässigkeitstatbestände in einer künftigen ePrivacy-VO – sinnvolle Werbemöglichkeiten für Inhalteanbieter?, CR 2020, S. 199-208.

Rauer, Nils/Ettig, Diana: Rechtskonformer Einsatz von Cookies – Aktuelle Rechtslage und Entwicklungen, ZD 2018, S. 255-258.

Schleipfer, Stefan: Datenschutzkonformes Webtracking nach Wegfall des TMG – Was bringen die DS-GVO und die ePrivacy-Verordnung?, ZD 2017, S. 460-466.

Sesing, Andreas: Eine Bestandsaufnahme zum bereichsspezifischen Datenschutz für Telemedien – die Anwendbarkeit der §§ 11-15a TMG unter Geltung der DS-GVO, MMR 2019, S. 347-350.

Spittka, Jan: Erfordert der Einsatz von Cookies immer eine Einwilligung?, DB 2019, S. 2850-2854.

Thiel, Linda: Einwilligung in Cookies erfordert aktive Einwilligung, GRUR-Prax 2019, S. 492.

Votteler, Moritz: Neue CNIL-Richtlinien zum Einsatz von Cookies und zum digitalen Fingerprinting, ZD 2020, S. 14-18.

Wehling, Elisa: Der Einsatz von Cookies nach dem Kommissions-Entwurf der EU – E-Privacy-Verordnung – ein Fortschritt im Vergleich zur aktuellen Rechtslage?, InTeR 2019, S. 160-165.

Wyderka, Myriam-Sophie: Reaktionen auf DSK-Orientierungshilfe: Verhaltensunabhängige Werbung oder Tracking Walls?, ZD-Aktuell 2019, 06697.

TRACKING: ZUR SINNHAFTIGKEIT DER EINWILLIGUNG ALS RECHTSGRUNDLAGE

RA Dr. Michael Funke

JBB Rechtsanwälte Jaschinski Biere Brexl Partnerschaft mbB
funke@jbb.de

Zusammenfassung

Die Einwilligung ist beim Tracking in vielen Fällen und soweit die Verarbeitungen nicht in den Anwendungsbereich der E-Privacy-Richtlinie fallen nicht der passende Erlaubnistatbestand. Die Verarbeitung aufgrund berechtigter Interessen führt zu insgesamt angemesseneren Ergebnissen soweit die Anonymisierung von personenbezogenen Daten und die Verarbeitung von pseudonymen Daten betroffen ist.

1 Einleitung

Nach der Entscheidung des BGH in Sachen Planet49[1] scheint die Einwilligung das unausweichliche Schicksal für Verantwortliche zu sein, die Trackingmaßnahmen durchführen wollen. In der Praxis wird dies zu einer massenhaften Umstellung führen, die bereits begonnen hat. Aus rechtsdogmatischer Sicht ist die Lage gleichwohl erheblich komplexer – selbst wenn man die sich in der Pressemitteilung[2] zum Urteil abzeichnende und hier glücklicherweise nicht vom Thema umfasste „Auslegung" von § 15 Abs. 3 TMG nicht berücksichtigt.

Mein Beitrag zur diesjährigen Herbsttagung ist ein Versuch, diese Komplexität in verständlicher Weise darzustellen und gleichzeitig zu zeigen, dass die „Cookie Einwilligung" nur der Anfang der im Rahmen von Tracking stattfindenden Datenverarbeitungen ist und sich dahinter weiterhin der DSGVO[3] unterfallende Verarbeitungen verbergen. Für diese Verarbeitungen stellt sich die – wie sich zeigen wird berechtigte – Frage danach, ob die Einwilligung oder nicht vielmehr das berechtigte Interesse den passenden Erlaubnistatbestand darstellt. Auch wenn diese Erwägungen für die

---

[1] BGH, Urt. v. 28.5.2020 – I ZR 7/16 (Cookie-Einwilligung II); bei Redaktionsschluss unveröffentlicht.

[2] Pressemitteilung Nr. 067/2020 v. 28.5.2020 – Bundesgerichtshof zur Einwilligung in telefonische Werbung und Cookie-Speicherung, https://www.bundesgerichtshof.de/SharedDocs/Pressemitteilungen/DE/2020/2020067.html (5 Cookies werden gesetzt).

[3] VO (EU) 2016/679 des Europäischen Parlaments und des Rates vom 27.4.2016 zum Schutz natürlicher Personen bei der Verarbeitung personenbezogener Daten, zum freien Datenverkehr und zur Aufhebung der RL 95/46/EG (Datenschutz-Grundverordnung /DSGVO), ABl. EU L 119/1 v. 4.5.2016.

Praxis nur von bedingter Bedeutung sind, solange für die Erhebung eine Einwilligung erforderlich ist, sind sie doch nützlich, da sie das Verständnis für die Dogmatik und die hinter den Verarbeitungen stehenden Interessen schärft.

Um dies im Folgenden darstellen zu können, werden in einem ersten Schritt in gebotener Kürze die für den Beitrag relevanten Grundlagen des Trackings dargestellt *(2 Tracking)*, sodann wird auf die rechtlichen Grundlagen eingegangen *(3 Rechtliche Grundlagen)*, um danach die Rechtsgrundlagen anhand des Sachverhalts zu beurteilen *(4 Tracking unter den Erlaubnistatbeständen der DSGVO)* und abschließend die Frage nach dem passenden Erlaubnistatbestand zu beantworten *(5 Zusammenfassung und Ausblick)*.

2 Tracking

Im ersten Schritt soll beleuchtet werden, was unter Webtracking zu verstehen ist, welche Erscheinungsformen es gibt und wie sich diese systematisieren lassen. Mit Blick auf die rechtliche Einordnung erfolgt die Systematisierung anhand der für die Verarbeitung ganz grundlegenden Beurteilungskriterien:[4] dem gem. Art. 5 Abs. 1 lit. b DSGVO jede Verarbeitung prägenden Verarbeitungszweck, der Sensitivität der personenbezogenen Daten, ob sie also anonymisiert, pseudonym oder „einfach" personenbezogen sind.

2.1 Definition und Erscheinungsformen

2.1.1 Tracking

Webtracking ist rechtlich kein feststehender Begriff. Üblicherweise werden als Tracking solche Handlungen bezeichnet, die dazu dienen, das Nutzungsverhalten des Nutzers einer Internetseite oder eines anderen Telemediums, beispielsweise einer E-Mail oder einer App, zu verfolgen, insbesondere, wie der Nutzer sich in diesen Angeboten oder Telemedien bewegt, was er sich ansieht, auf welche Elemente er zugreift und wie er allgemein interagiert. Dabei kann je nach eingesetzter Technologie das Verhalten des Nutzers über mehrere Nutzungsvorgänge oder auch Gerätegrenzen („Cross-Device-Tracking) hinweg beobachtet werden.[5] Auch die deutschen Aufsichtsbehörden in Form der Konferenz der unabhängigen Datenschutzaufsichtsbehörden des Bundes und der Länder (DSK) formulieren kurz und

---

[4] Was ausdrücklich nicht heißen soll, dass es daneben nicht noch weitere Kriterien geben kann. Einen Überblick, aus dem sich Honig saugen lässt, bietet die *DSK*, Orientierungshilfe der Aufsichtsbehörden für Anbieter von Telemedien, S. 16 (nachfolgend „Orientierungshilfe Telemedien").

[5] *Jandt*, in: Jandt/Steidle, Datenschutz im Internet, I. Technische und strukturelle Grundlagen des Internets, Rn. 34; *Schulz*, in: Gola, DS-GVO, Art. 6 Rn. 90.

knapp: „Nach dem Verständnis der Aufsichtsbehörden handelt es sich bei „Tracking" um Datenverarbeitungen zur – in der Regel websiteübergreifenden – Nachverfolgung des individuellen Verhaltens von Nutzern."[6]

2.1.2 Erscheinungsformen

Tracking wird auf der Grundlage vieler verschiedener Technologien betrieben. Dazu gehören vor allem die notorischen Cookies, bei deren Einsatz Informationen auf dem Endgerät des Nutzers gespeichert und abgerufen werden,[7] sowie der sog. Local Storage[8] als Teil des Browser Caches. Es gibt aber auch Technologien, die ohne eine Speicherung oder einen Zugriff auf dem Endgerät des Nutzers gespeicherte Informationen auskommen. Diese Technologien nutzen Daten, die beim Verbindungsaufbau mit dem Nutzer automatisch übermittelt werden und können aus diesen Daten eine Art Fingerabdruck des Nutzers erstellen und ihn hieran wiedererkennen (sog. „Fingerprinting").[9]

Beim Fingerprinting wird zwischen passivem und aktivem Fingerprinting unterschieden. Beim passiven Fingerprinting werden ausschließlich solche Informationen verwendet, die bei Nutzung eines Internetdienstes ohnehin übertragen werden, wie beispielsweise IP-Adresse, Browsererkennung, sprachliche Präferenzen und Netzwerkparameter.[10] Beim aktiven Fingerprinting werden dagegen vom Anbieter mittels Techniken wie JavaScript bewusst Übermittlungen veranlasst, um anhand dieser Übermittlungen weitere technische Daten zu erhalten und den Fingerprint zu verfeinern.[11] Eine Spielart hiervon ist auch das sog. „Canvas Fingerprinting", bei welchem eine besondere Bilddatei auf einer Website eingebunden wird und aus der daraus resultierenden Abfrage bestimmte Informationen abgeleitet werden.[12]

---

[6] *DSK*, Orientierungshilfe Telemedien, S. 6.

[7] *Jandt*, in: Jandt/Steidle, Datenschutz im Internet, I. Technische und strukturelle Grundlagen des Internet, Rn. 34.

[8] S. dazu *Völtz*, MMR 2013, S. 619 (622).

[9] S. dazu den Überblick bei *Jandt*, in: Jandt/Steidle, Datenschutz im Internet, I. Technische und strukturelle Grundlagen des Internet, Rn. 37; *Karg*, in: Jandt/Steidle, Datenschutz im Internet, III. Internetspezifische Datenverarbeitungen, Rn. 142; *Conrad/Hausen*, in: Auer-Reinsdorf/Conrad, Handbuch IT- und Datenschutzrecht, § 36 Rn. 161 f.; *Karg/Kühn*, ZD 2014, S. 285; *Voigt*, in: Taeger, Law as a Service (LaaS), S. 157.

[10] *Karg/Kühn*, ZD 2014, S. 285 (286).

[11] *Karg/Kühn*, ZD 2014, S. 285 (286 f.).

[12] S. dazu *Conrad/Hausen*, in: Auer-Reinsdorf/Conrad, Handbuch IT- und Datenschutzrecht, Rn. 162; *Dieterich*, ZD 2015, S. 199 (201).

2.2 Zwecke

Die Zwecke von Tracking können vielfältig sein. Um aber auch hier in einem im Rahmen dieses Beitrags sinnvollen Umfang zu bleiben, lassen sich im Wesentlichen drei Zwecke unterscheiden. Dies sind Reichweitenmessung, Nutzungsmessung und Werbezwecke.[13]

2.2.1 Reichweiten- und Nutzungsmessung

Ein wesentlicher Zweck des Einsatzes von Tracking ist die Erstellung von Analysen oder Statistiken, um beispielsweise die Reichweite einer Seite zu ermitteln, also wieviele Nutzer sie besuchen, oder aber, um die Seite zu optimieren.[14] Bei letzterem wird die Nutzung daraufhin untersucht, welche Elemente viel oder wenig genutzt werden, in welcher Abfolge der Nutzer sich auf dem Angebot bewegt oder wann ggf. eine Nutzung abgebrochen wird. Der dahinterstehende Zweck ist klar: Die Betreiber wollen ihre Seiten möglichst attraktiv gestalten und die Nutzer dazu bringen, die Funktionen oder auf dem Angebot enthaltenen Inhalte wahrzunehmen.

2.2.2 Werbezwecke

Der weitere große Bereich, in dem Tracking in erheblichem Umfang eingesetzt wird, ist das Ausspielen von zielgruppenspezifischer Werbung. Dies geschieht vor allem unter der Einbeziehung von externen Dritten in Form von Werbenetzwerken und Werbedienstleistern,[15] um nur Google als ein besonders prominentes Beispiel zu nennen. Soweit ein Unternehmen aber ein entsprechend umfangreiches Angebot hat, ist es durchaus möglich, dass keine externen Empfänger eingesetzt werden.

2.3 Sensitivität

Beim Tracking können eine Vielzahl von verschiedenen Datenkategorien erhoben werden. Mit Hinblick auf die Sensitivität der Daten lassen sich aber vor allem drei Kategorien unterscheiden. Von Relevanz ist die Sensitivität insbesondere für die spätere Abwägung im Rahmen von Art. 6 Abs. 1 UAbs. 1 lit. f DSGVO. Besondere Kategorien personenbezogener Daten nach Art. 9 Abs. 1 DSGVO sollen hierbei außer Betracht bleiben, da eine Verarbeitung in den hier untersuchten Fällen ohne Einwilligung nicht in Betracht kommen wird (Art. 9 Abs. 2 DSGVO).

---

[13] *Jandt, in:* Jandt/Steidle, Datenschutz im Internet, I. Technische und strukturelle Grundlagen des Internet, Rn. 35.

[14] *Schleipfer*, ZD 2017, S. 460 (461).

[15] *Schleipfer*, ZD 2017, S. 460 (461); *Schulz*, in: Gola, DS-GVO, Art. 6 Rn. 87.

2.3.1 Personenbezogene Daten

Die DSGVO verfolgt bei dem Schutz der Rechte der Betroffenen einen besonders breiten Ansatz und erfasst in ihrem Anwendungsbereich alle personenbezogenen Daten unabhängig von ihrem Informationsgehalt (Art. 2 Abs. 1 DSGVO). Personenbezogene Daten sind nach Art. 4 Nr. 1 DSGVO alle Informationen, die sich auf eine identifizierte oder identifizierbare natürliche Person beziehen. Es werden von dieser Definition alle personenbezogenen Daten unabhängig von ihrer Sensitivität erfasst. Im Folgenden wird von „normalen" personenbezogenen Daten gesprochen, wenn Daten gemeint sind, die weder pseudonym sind noch anonymisiert werden.

2.3.2 Pseudonyme und pseudonymisierte Daten

Die DSGVO kennt darüber hinaus pseudonyme und pseudonymisierte Daten (Art. Nr. 5 DSGVO), welche die Risiken für die Betroffenen bei der Verarbeitung senken können (ErwG 28 DSGVO) und damit im Rahmen von Normen, die eine Risikobeurteilung (z.B. Art. 32 und Art. 35 DSGVO) oder eine Interessenabwägung enthalten (Art. 6 Abs. 1 UAbs. 1 lit. f DSGVO), berücksichtigt werden können.[16]

2.3.2.1 Arten von Pseudonymisierungen

Gerade pseudonyme Daten spielen beim Tracking eine erhebliche Rolle und stoßen auf großes Interesse bei den Verantwortlichen, da für den Verantwortlichen häufig nicht die tatsächliche Identität der betroffenen Person relevant ist, sondern ein beliebiges Merkmal, wie eine zufällige ID, genügt. In der Realität kommen pseudonyme Daten in unterschiedlichen Ausprägungen vor. So lässt sich zum Beispiel danach unterscheiden, ob Daten von vornherein nur pseudonymisiert erhoben werden oder erst im Nachhinein pseudonymisiert werden.[17] Zudem lässt sich danach unterscheiden, ob die Zuordnungsinformation außerhalb des Zugriffsbereichs des Verantwortlichen liegt und nur mit weiteren Informationen wie beispielsweise zusätzlich gesammelten Kontextinformationen aufgehoben werden kann oder aber innerhalb seines Zugriffsbereichs liegt.[18] Dass die DSGVO die letztgenannte Form umfasst, zeigt sich in ErwG 29.

---

[16] *Klar/Kühling*, in: Kühling/Buchner, DS-GVO BDSG, Art. 4 Nr. 5 Rn. 13 f.; *Schleipfer*, ZD 2020, S. 284 (290).

[17] *Schleipfer*, ZD 2020, S. 284 (286); *Schild*, in: BeckOK Datenschutzrecht, Art. 4 Rn. 74; siehe auch *Hansen*, in: Simitis/Hornung/Spiecker gen. Döhmann, Datenschutzrecht, Art. 4 Nr. 5 Rn. 34; *Aning/Rothkegel*, in: Taeger/Gabel, DSGVO BDSG, Art. 4 Rn. 135 ff.

[18] *Schleipfer*, ZD 2020, S. 284, 286 f.: „starke" bzw. „schwache" Pseudonymisierung; siehe ferner zum Thema *Schild*, in: BeckOK Datenschutzrecht, Art. 4 Rn. 74; *Aning/Rothkegel*, in: Taeger/Gabel, DSGVO BDSG, Art. 4 Rn. 115 ff.; *Gola*, in: Gola, DS-GVO, Art. 4 Rn. 37; *Ernst*, in: Paal/Pauly, DS-GVO, Rn. 40 ff.; ausführlich zur Pseudonymisierung unter der DSGVO *Roßnagel*, ZD 2018, S. 243.

2.3.2.2 IDs beim Tracking als Pseudonym

Nach Ansicht der Aufsichtsbehörden sollen Identifikatoren („IDs") wie beispielsweise Cookie-IDs im Rahmen des Tracking von vornherein keine pseudonymen Daten darstellen, da sie nicht verhindern würden, dass betroffene Personen unterscheidbar und adressierbar seien und daher keine Schutzwirkung eintrete.[19] Diese Ansicht verkennt jedoch den Zurechnungspunkt derartiger IDs, die nicht auf eine Person, sondern auf technische Einrichtungen verweisen. Soweit der Verantwortliche diese Daten nicht mit identifizierenden Daten verknüpft, kann er keinen Bezug zu einer natürlichen Person herstellen, weshalb auch diese Daten Pseudonyme sind.[20] Es scheint, dass die DSK an dieser Stelle die allgemeine Definition des Personenbezugs mit der des Pseudonyms vermischt.[21]

Wo auch die Identität des Betroffenen beim Tracking eine Rolle spielen kann, ist z.B. im E-Commerce, wenn ein Händler beispielsweise die auf der Website gesammelten Trackingdaten einem konkreten Nutzer zuordnen will, um ihm beispielsweise anhand zuletzt angesehener Produkte Werbe-E-Mails zusenden zu können.

2.3.3 Anonymisierte Daten

Die niedrigste Stufe stellen anonymisierte Daten dar. Bei diesen wird nachträglich der Personenbezug beseitigt, sodass die DSGVO auf nachfolgende Verarbeitungen keine Anwendung mehr findet (ErwG 26 DSGVO). Gleichwohl können sie nicht unberücksichtigt bleiben, da auf die Erhebung die DSGVO Anwendung findet. Es wird zudem diskutiert, inwieweit der Vorgang der Anonymisierung eine Verarbeitung darstellt und damit ebenfalls eine Rechtsgrundlage benötigt.[22] Richtigerweise wird man dies bejahen müssen, da der Verarbeitungsbegriff nach Art. 4 Nr. 2 DSGVO jeden Vorgang im Zusammenhang mit personenbezogenen Daten erfasst, insbesondere auch die der Anonymisierung gleichstehende Löschung und Vernichtung (Art. 4 Nr. 2 DSGVO). Anonyme Daten spielen vor allem im Bereich der Analyse und Statistik eine Rolle. Für das Ausspielen von zielgruppenspezifischer Werbung eignen sie sich – naturgemäß – nicht.

---

[19] *DSK*, Orientierungshilfe Telemedien, S. 15.

[20] *Schulz*, in: Gola, DS-GVO, Art. 6 DSGVO Rn. 89; im Ergebnis auch: *Aning/Rothkegel*, in: Taeger/Gabel, DSGVO BDSG, Art. 4 Rn. 139.

[21] Dafür spricht auch der Verweis auf ErwG 26 S. 3 DSGVO, *DSK*, Orientierungshilfe Telemedien, S. 15.

[22] Ausführlich dazu *Hornung/Wagner*, ZD 2020, S. 223.

3 Rechtliche Grundlagen

Bei der rechtlichen Beurteilung stellt sich als erstes die Frage, ob es sich überhaupt noch lohnt, über Erlaubnistatbestände neben der Einwilligung nachzudenken, da die E-Privacy-Richtlinie[23] für die Speicherung und den Zugriff auf Informationen, die auf dem Endgerät des Nutzers gespeichert sind, ausdrücklich eine Einwilligung verlangt und zudem der BGH[24] mit seinem Urteil in der Sache Planet 49 den deutschen Sonderweg weitgehend beseitigt hat. Danach soll erläutert werden, welche Rechtsgrundlagen der DSGVO für die Rechtfertigung von Tracking in Betracht kommen.

3.1 Relevanz der DSGVO für Tracking

Es bleibt auch weiterhin die Frage nach einem Erlaubnistatbestand für Tracking nach der DSGVO relevant, da die E-Privacy-Richtlinie einen engen Anwendungsbereich hat, der nur die Erhebungsphase des Trackings erfasst und es auch Tracking geben kann, welches nicht der Richtlinie – und in Konsequenz nicht der durch den BGH vorgenommenen europarechtskonformen Auslegung des § 15 Abs. 3 TMG – unterfällt. Schließlich ist auch noch nicht absehbar ist, ob die zukünftige E-Privacy-Verordnung nicht doch eine Lockerung der derzeitigen Regeln vornehmen wird.

3.1.1 Anwendungsbereich E-Privacy Richtlinie

3.1.1.1 Erfassung nachgelagerter Verarbeitungen

Art. 5 Abs. 3 E-Privacy-Richtlinie erfasst nur zwei spezifische Verarbeitungsvorgänge, namentlich das Speichern und den Zugriff auf Informationen, die im Endgerät des Nutzers gespeichert sind. Beim Tracking ist dies aber nur der Anfang der Verarbeitung. Die datenschutzrechtlich wesentlichen Vorgänge der Analyse der gesammelten Daten oder das Ausspielen von personalisierter Werbung sind damit nicht erfasst.[25]

Dass die E-Privacy-Richtlinie und damit das Einwilligungserfordernis nicht weiter gehen, zeigt sich in Art. 1 Abs. 2 E-Privacy-Richtlinie, nach

---

[23] RL. 2002/58/EG des Europäischen Parlaments und des Rates v. 12.7.2002 über die Verarbeitung personenbezogener Daten und den Schutz der Privatsphäre in der elektronischen Kommunikation (Datenschutzrichtlinie für elektronische Kommunikation), ABl. EG L 201/37 v. 31.7.2002, in der Fassung, die sie nach der Änderung durch die RL 2009/136/EG des Europäischen Parlaments und des Rates v. 25.11.2009 zur Änderung der RL 2002/22/EG über den Universaldienst und Nutzerrechte bei elektronischen Kommunikationsnetzen und -diensten, der RL 2002/58/EG über die Verarbeitung personenbezogener Daten und den Schutz der Privatsphäre in der elektronischen Kommunikation und der VO (EG) Nr. 2006/2004 über die Zusammenarbeit im Verbraucherschutz, ABl. EU L 337/11 vom 18.12.2009 gefunden hat (E-Privacy-Richtlinie).

[24] Jedenfalls nach der Pressemitteilung. BGH, Urt. v. 28.5.2020 – I ZR 7/16, Cookie-Einwilligung II. Der Volltext lag bei Redaktionsschluss für diesen Beitrag noch nicht vor.

[25] So auch *Schleipfer*, ZD 2017, S. 460 (461).

dem die Bestimmungen „[...] eine Detaillierung und Ergänzung der RL 95/46/EG [...]" darstellen sollen. Es wird damit ersichtlich, dass die Regelungen des Datenschutzrechts bezüglich von der E-Privacy-Richtlinie nicht erfasster Verarbeitungen auch nicht berührt werden sollen. Dies spiegelt sich in den Erwägungsgründen wieder, die besagen, dass die „Verwendung solcher Instrumente [...] nur für rechtmäßige Zwecke mit dem Wissen der betreffenden Nutzer gestattet sein" (ErwG 24) solle und nur je „nach verwendeter Technologie [...] die Einwilligung der Nutzer gemäß der RL 2002/58/EG [...] erforderlich" (ErwG28) sein soll. Dies wird auch durch das technologiebezogene Verständnis des EuGH deutlich.[26]

3.1.1.2 Insbesondere: Fingerprinting

Es stellt sich zudem die Frage, ob auch Fingerprinting Art. 5 Abs. 3 E-Privacy-Richtlinie unterfällt. Nach Ansicht der Artikel-29-Datenschutzgruppe ist dies dann der Fall, wenn ein Verantwortlicher mittels „web-bugs, pixel tags and JavaScribt code" Informationsübertragungen veranlasst, also ein aktives Fingerprinting erfolgt.[27] Ob die Artikel-29-Datenschutzgruppe auch das passive Fingerprinting unter Art. 5 Abs. 3 E-Privacy-Richtlinie subsumiert, geht dagegen nicht eindeutig aus der Stellungnahme hervor, da an den relevanten Stellen der Stellungnahme stets die Einschränkung erfolgt, dass Fingerprinting dann erfasst sei, wenn es die Speicherung von oder den Zugriff auf gespeicherte Informationen auf dem Endgerät des Nutzers erfordere.[28] Eine Interpretation dieser konsequent verwendeten Formulierung ist, dass es Fingerprinting geben muss, welches nicht Art. 5 Abs. 3 E-Privacy-Richtlinie unterfällt, da andernfalls diese Ergänzung überflüssig wäre. Dies erscheint auch angemessen, da die Wortlautgrenze eines „Zugriff auf Informationen, die bereits im Endgerät eines Teilnehmers oder Nutzers gespeichert sind",[29] bei der nicht aktiv veranlassten Übermittlung

---

[26] EuGH, Urt. v. 1.10.2019 – C-673/17, K&R 2019, 705 – Planet49, Rn. 68 ff.

[27] *Artikel-29-Datenschutzgruppe*, Opinion 9/2014 on the application of Directive 2002/58/EC to device fingerprinting v. 25.11.2014, WP 224, S. 9; speziell zum Canvas Fingerprinting: *Conrad/Hausen*, in: Auer-Reinsdorf/Conrad, Handbuch IT- und Datenschutzrecht, Rn. 163; *Dieterich*, ZD 2015, S. 199 (201).

[28] *Artikel-29-Datenschutzgruppe*, Opinion 9/2014 on the application of Directive 2002/58/EC to device fingerprinting v. 25.11.2014, Wp 224, S. 8: „*Thus it is important for a third-party to remember that where device fingerprinting requires the storage of, or access to, (a set of) information on the user's device then consent will be required*"; und S. 9: „*Where the network provisioning requires information elements which store or gain access to information on the user's device then this will fall within scope of Article 5(3).*" und S. 11: "*Therefore, parties who wish to process device fingerprints which are generated through the gaining of access to, or the storing of, information on the user's terminal device must first obtain the valid consent of the user*".

[29] Oder im englischen Text der Richtlinie "*access to information already stored*".

durch den Betreiber überschritten sein dürfte,[30] wenngleich er auch schon bei der Erfassung durch aktives Fingerprinting stark gedehnt wird. Demzufolge ist jedenfalls passives Fingerprinting von dem Anwendungsbereich der E-Privacy-Richtlinie ausgenommen.[31]

3.1.2 Verarbeitungen außerhalb E-Privacy Richtlinie

Daraus ergibt sich, dass Verarbeitungen außerhalb des eben dargestellten Anwendungsbereiches, nicht von der Richtlinie erfasst werden. Dies betrifft erstens, Tracking, welches auf passivem Fingerprinting beruht. Zweitens, betrifft es die für das Tracking besonders relevanten und der Erhebung zeitlich nachgelagerten Verarbeitungen. § 15 Abs. 3 TMG kann, soweit er nicht die E-Privacy-Richtlinie umsetzt, mit Inkrafttreten der DS-GVO nicht mehr angewendet werden.[32]

3.1.3 Zukunft E-Privacy Verordnung

Abschließend ist mit Hinblick auf die Zukunft die Frage nach einer Verarbeitung ohne Einwilligung relevant, da im jüngsten Entwurf vom 21.2.2020 in Art. 8 Abs. 1 lit. g E-Privacy-VO-E[33] auch die Möglichkeit eines Speicherns bzw. Zugriffs aufgrund des berechtigten Interesses vorgesehen ist. Wann, ob und in welcher Fassung die Verordnung verabschiedet wird, steht freilich in den Sternen.

3.2 Erlaubnistatbestände der DSGVO

Dementsprechend sind die Vorschriften der DSGVO und deren Erlaubnistatbestände nach Art. 6 Abs. 1 DSGVO im dargestellten Umfang weiter von Bedeutung. Es wird zunächst das Verhältnis der Erlaubnistatbestände untereinander untersucht und dann kurz auf die einzelnen relevanten Tatbestände, namentlich die Einwilligung und das berechtigte Interesse selbst eingegangen.[34]

---

[30] Die Einschränkung der Artikel-29-Datenschutzgruppe ohne Kommentar übernehmend: *Rücker/Brandt*, in: Bräutigam, E-Commerce, D. Datenschutz, Rn. 247.

[31] So auch mit Hinblick auf die E-Privacy-VO-E: *Schleipfer*, ZD 2017, S. 460 (461); *Walter*, in: Taeger, Rechtsfragen digitaler Transformationen, 2018, S. 15 (24 f.).

[32] So auch *DSK*, Orientierungshilfe Telemedien, S. 5 f.; siehe auch *Brandt*, in: Taeger, Rechtsfragen digitaler Transformationen, 2018, S. 1 (7).

[33] *Rat der Europäischen Union*, Proposal for a Regulation of the European Parliament and of the Council concerning the respect for private life and the protection of personal data in electronic communications and repealing Directive 2002/58/EC (Regulation on Privacy and Electronic Communications) v. 21.2.2020, 2017/0003(COD), https://eur-lex.europa.eu/legal-content/EN/TXT/PDF/?uri=CONSIL:ST_5979_2020_INIT, nachfolgend: E-Privacy-VO-E.

[34] Man kann in gewissen Sondersituationen durchaus auch Art. 6 Abs. 1 UAbs. 1 lit. b DSGVO in Betracht ziehen; aus Platzgründen wird hierauf in diesem Beitrag aber verzichtet.

3.2.1 Verhältnis der Erlaubnistatbestände untereinander

Es stellt sich daher zunächst die Frage des Verhältnisses der Erlaubnistatbestände untereinander und sodann, welche Anforderungen die Erlaubnistatbestände an eine Verarbeitung stellen. Es ist unter der DSGVO ganz herrschende Ansicht, dass die Erlaubnistatbestände gleichranging sind.[35] Es können also prinzipiell auf jeden Sachverhalt alle Erlaubnistatbestände Anwendung finden. Teilweise wird versucht, aus den Äußerungen der DSK eine Nachrangigkeit bzw. eine „datenschutzimmanente Präferenz" für die gesetzlichen Erlaubnistatbestände herauszulesen.[36] Richtigerweise müssen die Äußerungen aber im Kontext der Erkenntnis gesehen werden, dass die Erlaubnistatbestände für spezifische Verarbeitungssituationen unterschiedlich gut geeignet sein können.[37]

3.2.2 Einwilligung (Art. 6 Abs. 1 UAbs. 1 lit. a DSGVO)

Nach der Definition in Art. 4 Nr. 11 DSGVO ist die Einwilligung jede freiwillig für den bestimmten Fall, in informierter Weise und unmissverständlich abgegebene Willensbekundung in Form einer Erklärung oder einer sonstigen eindeutigen bestätigenden Handlung, mit der die betroffene Person zu verstehen gibt, dass sie mit der Verarbeitung der sie betreffenden personenbezogenen Daten einverstanden ist.[38]

Zudem muss die Einwilligung nachweisbar sein (Art. 7 Abs. 1 DSGVO). Die Nachweisbarkeit muss sich hier auf den konkreten Betroffenen beziehen. Es muss also nachgewiesen werden können, dass die spezifische Person eingewilligt hat.[39] Ein abstrakter Systembeweis ist demzufolge nicht zulässig.[40]

---

[35] Siehe nur *Schulz*, in: Gola, DS-GVO, Art. 6 Rn. 10 m. w. N.; *DSK*, Orientierungshilfe Telemedien, S. 7; dies allerdings aufgrund von Art. 5 Abs. 1 lit. c DSGVO anzweifelnd *Hanloser*, ZD 2019, S. 287 (289).

[36] *Hanloser*, ZD 2019, S. 287 (289), unter Verweis auf *DSK*, Orientierungshilfe Telemedien, S. 9.

[37] So schon die Artikel-29-Datenschutzgruppe, Stellungnahme 15/2011 zur Definition von Einwilligung, WP 187 vom 13.7.2011, S. 8; https://ec.europa.eu/justice/article-29/documentation/opinion-recommendation/files/2011/wp187_de.pdf.

[38] Siehe zu den vielbesprochenen Voraussetzungen der Einwilligung nur *Schulz*, in: Gola, DS-GVO, Art. 7 Rn. 21 ff.; *Funke*, Dogmatik und Voraussetzungen der datenschutzrechtlichen Einwilligung im Zivilrecht, S. 115 ff. je m. w. N.

[39] *EDSA*, Guidelines 5/2020 on consent under Regulation 2016/67 9, Version 1.1 v. 4.5. 2020, S. 22, https://edpb.europa.eu/sites/edpb/files/files/file1/edpb_guidelines_202005_consent_en.pdf.

[40] *Hanloser*, ZD 2019, S. 287 (288).

3.2.3 Berechtigtes Interesse (Art. 6 Abs. 1 UAbs. 1 lit. f DSGVO)

Daneben kommt Art. 6 Abs. 1 UAbs. 1 lit. f DSGVO in Betracht, der eine Verarbeitung gestattet, wenn sie zur Wahrung der berechtigten Interessen des Verantwortlichen oder eines Dritten erforderlich ist und nicht die Interessen oder Grundrechte und Grundfreiheiten der betroffenen Person, die den Schutz personenbezogener Daten erfordern, überwiegen. Berechtigtes Interesse erfasst dabei jedes rechtliche, tatsächliche oder wirtschaftliche Interesse des Verantwortlichen oder eines Dritten.[41]

Das „Herzstück" von Art. 6 Abs. 1 UAbs. 1 lit. f DSGVO ist die Interessenabwägung,[42] bei der die berechtigten Interessen den Interessen oder Grundrechten und Grundfreiheiten der betroffenen Person gegenübergestellt und abgewogen werden. Eine Verarbeitung ist dann nicht zulässig, wenn die Interessen des Betroffenen die berechtigten Interessen des Verantwortlichen oder des Dritten überwiegen.

Auch an eine Verarbeitung gem. Art. 6 Abs. 1 UAbs. 1 lit. f DSGVO werden formale Anforderungen gestellt. Insbesondere muss die Abwägung gem. Art. 5 Abs. 2 DSGVO dokumentiert werden, was bei komplexen Verarbeitungen wie Tracking vom Sachverhalt als auch der rechtlichen Beurteilung nicht trivial ist. Gleichwohl ist im Gegensatz zur Einwilligung kein Nachweis im Einzelfall erforderlich.

4 Tracking unter den Erlaubnistatbeständen der DSGVO

Im Folgenden sollen eine Einordnung von Verarbeitungen zu Trackingzwecken unter die Erlaubnistatbestände erfolgen und die Zweckmäßigkeit beleuchtet werden.

4.1 Einwilligung

Eine Einwilligung ist zweckneutral und eignet sich daher, jedenfalls im nicht-öffentlichen Bereich, grundsätzlich dafür, alle denkbaren Verarbeitungen zu legitimieren. Gleichwohl gibt es aufgrund der spezifischen Anforderungen der DSGVO an die Wirksamkeit und Nachweisbarkeit Bedenken, ob dies auch sinnvoll ist.

4.1.1 Grundsätzliche Eignung

Die Einwilligung ist insbesondere bei der Verarbeitung „normaler" personenbezogener Daten eine Option. Für den Verantwortlichen, der sie wählt, stellen sich jedoch einige Hürden. Wie oben dargestellt, hat die Einwilligung konkrete und strenge Wirksamkeitsvoraussetzungen, die im Einzelfall genau und rechtskonform umgesetzt werden müssen, da ansonsten der

---

[41] Siehe nur statt aller *Schulz*, in: Gola, DS-GVO, Art. 6 Rn. 57.

[42] *Schulz*, in: Gola, DS-GVO, Art. 6 Rn. 59; *Taeger*, in: Taeger/Gabel, DSGVO, Art. 6 Rn. 96 ff.

Erlaubnistatbestand entfiele und der Verantwortliche die Kardinalsünde beginge, Daten ohne Rechtsgrundlage zu verarbeiten. Insbesondere von den europäischen Behörden werden die Anforderungen an eine wirksame Einwilligung besonders streng ausgelegt.[43]

4.1.2 Zweifel an der Geeignetheit

Während die Voraussetzungen aber trotz strenger Anforderungen umsetzbar sind, bestehen in den Fällen der Anonymisierung von personenbezogenen Daten sowie der Verarbeitung pseudonymer Daten Probleme in Bezug auf die Nachweisbarkeit, die an der Eignung der Einwilligung als Erlaubnistatbestand zweifeln lassen.

So setzt die Nachweisbarkeit voraus, dass der Nachweis in Bezug auf den einzelnen Nutzer erbracht werden muss. Es werden daher zu Recht Bedenken in Bezug auf die Datensparsamkeit vorgebracht.[44] Das Argument ist hier, dass allein für die Nachweisbarkeit den Nutzer identifizierende Daten vorgehalten werden müssen. Die DSK führt zu diesem Punkt zwar an, dass es genüge, wenn der Nutzer indirekt identifiziert werden könne und es ausreiche, dass der Nachweis der Einwilligung auf dem Endgerät des Nutzers gespeichert werde,[45] z.B. durch das Opt-In-Cookie.

Dies würde aber dazu führen, dass der Verantwortliche im Streitfall darauf angewiesen wäre, dass der Nutzer das entsprechend gesetzte Cookie nicht aus seinem Browser gelöscht hat. Zudem ist auch zu beachten, dass es zum Nachweis einer Einwilligung nicht genügen dürfte, den bloßen Akt zu protokollieren, sondern ebenfalls die zeitlichen Umstände sowie ggf. weitere personenbezogene Daten wie die IP-Adresse, von der die Einwilligung aus abgegeben wurde und den damit verbundenen Einwilligungstext.[46] Gerade bei stark frequentierten Seiten dürfte dies zu einer großen Menge an Daten führen, die alleine aus Zwecken der Nachweisbarkeit gespeichert werden müssten. Dies dürfte in der Tat nicht im Sinne der DSGVO und dem Grundsatz der Datensparsamkeit nach Art. 5 Abs. 1 lit. c DSGVO sein.[47]

---

[43] *EDSA*, Guidelines 5/2020 on consent under Regulation 2016 /679, Version 1.1 v. 4.5. 2020, S. 22, https://edpb.europa.eu/sites/edpb/files/files/file1/edpb_guidelines_202005 _consent_en.pdf; siehe auch die Meldungen zu der Stellungnahme der dänischen Datenschutzbehörde zu Cookie-Einwilligungen: https://www.datenschutzbeauftragter-info.de/ aufsichtsbehoerde-erklaert-viele-cookie-banner-fuer-rechtswidrig/.

[44] *Hanloser*, ZD 2019, S. 287 (288).

[45] *DSK*, Orientierungshilfe Telemedien, S. 9.

[46] So wird es im Wettbewerbsrecht vorausgesetzt: *Micklitz/Schirmbacher*, in: Spindler/Schuster, Recht der elektronischen Medien, § 7 UWG Rn. 128.

[47] *Hanloser*, ZD 2019, S. 287 (288).

4.2   Berechtigtes Interesse

Die Zweckmäßigkeit des berechtigten Interesses zu überprüfen ist ein komplexeres Vorhaben, da es sich um einen Abwägungstatbestand handelt. Für eine systematische Darstellung des Abwägungsvorgangs erscheint es in diesem Rahmen zweckmäßig, die Einflüsse auf die Abwägung nach Faktoren zu ordnen, die der Verarbeitung immanent sind, insbesondere Zweck und Eingriffstiefe aufgrund der Sensitivität der verarbeiteten Daten, und dann in einem zweiten Schritt zu beurteilen, was als Korrektiv erforderlich ist, um die Eingriffsintensität in die Rechte des Betroffenen auszugleichen und die Abwägung so ins Gleichgewicht zu bringen.

4.2.1   Berechtigtes Interesse des Verantwortlichen und Gegenläufige Interessen der Nutzer

Ein berechtigtes Interesse des Verantwortlichen stellen sowohl die Reichweiten- und Nutzungsmessung (ErwG 29 DSGVO), als auch die Interessen an einer Bewerbung (ErwG 47 DSGVO) dar.[48] Zudem können auch – je nach spezifischem Anwendungsfall – Interessen Dritter bestehen. Komfortinteressen der anderen Nutzer wird man nicht einbeziehen können, da man insoweit einen Zirkelschluss tätigen würde. Der Rückgriff auf „Kollektivinteressen der Gemeinschaft" wie die Meinungs- und Informationsfreiheit scheinen in diesem Zusammenhang weit hergeholt.[49]

Als gegenläufiges Recht der Nutzer kommt hier vor allem das Recht auf Schutz personenbezogener Daten (Art. 8 GRCh) in Betracht, für die vorliegenden Sachverhalte konkret in der Form, dass ein Nutzer nicht nachverfolgt und auf seine Interessen hin analysiert werden möchte. Weitere Rechte sind in der Regel nicht ersichtlich.[50]

4.2.2   Erforderlichkeit zur Wahrung der berechtigten Interessen

Die pseudonyme Verarbeitung und Anonymisierung dürften in aller Regel auch die Voraussetzung der Erforderlichkeit erfüllen. Die Verarbeitung „normaler" personenbezogener Daten müsste an dieser Stelle im Einzelfall gleichwohl einer genauen Prüfung unterzogen werden, da hier stets in Rede steht, ob eine pseudonyme Verarbeitung nicht ein gleichgeeignetes Mittel ist. Soweit man dies bejaht, wäre die Verarbeitung nicht mehr aufgrund des berechtigten Interesses gerechtfertigt und es muss auf die Einwilligung zurückgegriffen werden, was aber in diesem Fall auch nicht problematisch wäre, da insbesondere die Bedenken an die Nachweisbarkeit nicht mehr

---

[48] Mittlerweile auch von der *DSK*, Orientierungshilfe Telemedien, S. 11 f.

[49] So aber *Hanloser*, ZD 2019, S. 287 (288 f.).

[50] Es ist insbesondere nicht klar, weshalb die *DSK*, Orientierungshilfe Telemedien, S. 13, in diesem Zusammenhang das Recht auf Freiheit der Meinungsäußerung und das Recht auf Freiheit der Kommunikation heranziehen will, deren Anwendungsbereich nicht eröffnet ist.

durchgreifen würden. Ein gesonderter Punkt ist, ob die Einschaltung Dritter erforderlich ist.[51] Die Erforderlichkeit ist jedoch nicht der richtige Ort, um diese Thematik zu adressieren, da es sich um einen weiteren Verarbeitungsvorgang handelt, der aus dogmatischer Sicht einer weiteren separaten Erlaubnisnorm bedarf.

Eine erste Erkenntnis ist damit, dass die Geeignetheit zwischen Einwilligung und berechtigtem Interesse bei der Verarbeitung „normaler" personenbezogener Daten wenigstens gleichauf ist.

4.2.3 Interessenabwägung bei anonymisierten Daten

Der Kern der Prüfung liegt in der Abwägung. Diese sollte wie oben dargestellt zweigeteilt erfolgen, indem zunächst die der Verarbeitung immanenten Faktoren berücksichtigt werden und anschließend überprüft wird, inwieweit ein Korrektiv erforderlich ist, um die Abwägung ins Gleichgewicht zu bringen.

4.2.3.1 Verarbeitungsimmanente Faktoren

Verarbeitungsimmanente Faktoren ist an dieser Stelle insbesondere die Sensitivität der Daten, welche über die Eingriffstiefe in die Rechte des Betroffenen bestimmt.

Bei Informationen, die zwar Anfangs einen Personenbezug aufweisen, aber in unmittelbarer zeitlicher Nähe zur Erhebung der Daten anonymisiert werden, ist die Eingriffsintensität in Art. 8 GRCh minimal. Es ist in diesen Fällen auch ganz ohne Korrektiv nur schwer vorstellbar, dass am Ende der Abwägung die Rechte und Interessen des Betroffenen hier überwiegen können

Bei der Interessenabwägung für pseudonymisierte Verarbeitungen das Recht aus Art. 8 GRCh stärker berührt, da eine kontinuierlich personenbezogene Verarbeitung vorliegt. Gleichzeitig geht mit der pseudonymen Verarbeitung in aller Regel die Profilbildung einher, da andernfalls auch eine anonymisierte Verarbeitung genügen würde. Dennoch ist die Pseudonymisierung immer noch von der Eingriffstiefe als niedriger als eine „normale" personenbezogene Verarbeitung anzusehen, was in ErwG 28 DSGVO ausdrücklich anerkannt wird. Dies wird letztendlich auch so von den Aufsichtsbehörden anerkannt, wenn sie sich auch gleichwohl in diesem Punkt missverständlich und widersprüchlich ausdrücken.[52]

Die Eingriffsintensität kann daneben auch von anderen Faktoren beeinflusst werden. So wird von der DSK insbesondere die Übermittlung an

---

[51] Anders aber *DSK*, Orientierungshilfe Telemedien, S. 13.

[52] Man sehe sich dazu nur *DSK*, Orientierungshilfe Telemedien, S. 14 und S. 19, an.

Empfänger als weiterer Faktor angesehen.[53] Bei der Verarbeitung zur Reichweiten- und Nutzungsmessung werden Daten häufig an Empfänger übermittelt, die als Auftragsverarbeiter tätig werden. Da Art. 28 DSGVO hier zwingende Regelungen vorsieht, besteht keine Veranlassung, deren Einsatz per se zugunsten oder zulasten einer Partei zu werten. Auch das Argument, dass durch weitere Beteiligte das Risiko von Datenschutzverletzungen steigt, kann nicht durchgreifen,[54] da der Einsatz von Auftragsverarbeitern in den meisten Fällen substituierend erfolgt, also ohnehin geplante Verarbeitungen ersetzt und nicht zusätzliche hinzufügt. Auch findet in vielen Fällen des Trackings keine Übermittlung im technischen Sinne zum Auftragsverarbeiter statt, sondern es erfolgt eine direkte Erhebung, so dass auch kein gefahrerhöhender Übermittlungsvorgang hinzukommt. Eine Übermittlung an andere Empfänger sollte nicht per se ausgeschlossen werden. Sie bedarf aber eines gesonderten Erlaubnistatbestands.

Ähnliches gilt, wenn für Werbezwecke Dritte, wie beispielsweise Werbenetzwerke, eingeschaltet werden. Solange auch hier nur eine pseudonyme Verarbeitung stattfindet, wird man nicht von einer erheblichen Erhöhung der Eingriffstiefe ausgehen können, da auch hier keine Duplizierung der Verarbeitungsvorgänge, sondern eine Verlagerung stattfindet. Dass ein detaillierteres Profil erstellt wird, ist auf der Ebene des Korrektivs zu berücksichtigen, kann aber, solange die Pseudonymisierung beibehalten wird, nicht per se zu einem Überwiegen der Rechte des Betroffenen führen. Die Formulierung der Aufsichtsbehörden, dass detailliertere Profile zu einem „umfassenden, tiefgreifenden und langanhaltenden Eingriff in die Privatsphäre des Nutzers führen." und dass bei „einer umfangreichen Verarbeitung Risiken für die Rechte und Freiheiten der Nutzer [entstehen], die zu einem physischen, materiellen oder immateriellen Schaden führen könnten", „die erstellten Nutzungsprofile zu einer Diskriminierung, einem Identitätsdiebstahl, einem finanziellen Verlust, einer Rufschädigung oder anderen erheblichen wirtschaftlichen oder gesellschaftlichen Nachteilen führen"[55] können, ist sehr dramatisch formuliert[56] und dürfte in einem Großteil der heutzutage üblichen Fälle des Trackings zu Werbezwecken, insbesondere eben aufgrund der Pseudonymisierung, nicht zutreffen. Normativ werden diese Wertungen durch eine Gesamtschau der ErwG 29 und ErwG 47 DSGVO und letztlich auch Art. 21 Abs. 2 DSGVO unterfüttert, die mit etwas Mut zur Auslegung auf eine prinzipielle Zulässigkeit auch

---

[53] *DSK*, Orientierungshilfe Telemedien, S. 19.

[54] *DSK*, Orientierungshilfe Telemedien, S. 19.

[55] *DSK*, Orientierungshilfe Telemedien, S. 19 f.

[56] Irritiert auch *Hanloser*, ZD 2019, S. 287 (290).

von anbieterübergreifenden Werbemaßnahmen schließen lassen könnten.[57]

Anders ist dies gleichwohl zu beurteilen, wenn der Bereich der pseudonymen Verarbeitung verlassen wird, beispielsweise, weil der Nutzer dem Werbenetzwerk namentlich bekannt ist. Dies ist plastisch bei Werbemaßnahmen durch Facebook zu sehen. In der Realität muss jedoch hier auch beachtet werden, dass sich das Werbenetzwerk, bei dem der Nutzer registriert ist, dann möglicherweise selbst auf eine Rechtsgrundlage zur Verarbeitung dieser Daten in dieser Form, zum Beispiel aufgrund einer Einwilligung, berufen kann.

4.2.3.2 Korrektiv

Im nächsten Schritt soll betrachtet werden, welche Maßnahmen als Korrektiv in Betracht kommen. Als Korrekturmaßnahmen können hier insbesondere die Erwartungssteuerung aufgrund von Transparenz und die Erhöhung des Einflusses des Nutzers auf das „ob" und „wie" der Verarbeitung in Frage kommen.

Es besteht nach dem eben Gesagten ein Stufenverhältnis Auf der untersten Stufe stehen die Fälle, in denen Daten anonymisiert werden. Ein Korrektiv sollte hier in aller Regel nicht erforderlich sein. Auf der nächsthöheren Stufe stehen pseudonyme Verarbeitungen, die beim Betroffenen stattfinden. Auch sie haben eine geringe Eingriffsintensität. Wiederum eine Stufe höher stehen anbieterübergreifende, aber immer noch pseudonyme Verarbeitungen zu Werbezwecken. An oberster Stelle folgen schließlich „normale" personenbezogene Verarbeitungen, bei denen aber –wie oben schon gezeigt – ohnehin in Rede steht, ob nicht die Einwilligung in diesen Fällen das geeignetere Mittel ist.

Die Transparenzmaßnahmen dürfen sich selbstverständlich nicht darin erschöpfen, die Pflichtangaben nach Art. 13 DSGVO bereitzustellen.[58] Für eine überobligatorische Information sind der Fantasie jedoch keine Grenzen gesetzt. Ein bekanntes – gleichwohl nicht sehr fantasievolles Mittel – können Informationsbanner an prominenter Stelle sein.

Die Erhöhung des Einflusses können in Bezug auf Reichweiten- und Nutzungsanalyse beispielsweise einfache und bedingungslose Widerspruchsmöglichkeiten sein. Bei Werbemaßnahmen sind diese jedoch ohnehin nach Art. 21 Abs. 2 DSGVO obligatorisch. Hier käme aber eine Verlagerung der Entscheidung vor dem Beginn der Verarbeitung in Betracht. Insbesondere

---

[57] So hergeleitet von *Schulz*, in: Gola, DS-GVO, Art. 6 DS-GVO Rn. 87; ebenso: *Bierekoven*, in: Forgó/Helfrich/Schneider, Betrieblicher Datenschutz, Adresshandel und Direktmarketing, Rn. 86.

[58] *DSK*, Orientierungshilfe Telemedien, S. 16.

wäre dies für anbieterübergreifende Maßnahmen sinnvoll und zu empfehlen, um die Interessenabwägung in ein Gleichgewicht zu bringen. Man
würde so eine einwilligungsähnliche Situation schaffen, jedoch mit dem
Vorteil, dass nicht die nur schwer zu erfüllende Anforderung der Nachweisbarkeit erfüllt werden müsste.

4.2.4 Geeignetheit des berechtigten Interesses

Aus den Erörterungen wird sichtbar, dass sowohl für die Anonymisierung
als auch für die Verarbeitung von pseudonymen Daten zu den hier behandelten Zwecken der Reichweiten- und Nutzungsmessung sowie für Werbezwecke das berechtigte Interesse der geeignetere Erlaubnistatbestand ist.
Dies ergibt sich vor allem aus den strengen Anforderungen an die Nachweisbarkeit. Die abstrakte Vorabbeschreibung eignet sich daher vom Ansatz her besser, um massenhafte und pseudonyme Verarbeitungen DS-
GVO-konform zu dokumentieren, da sie nicht den Nachweis einzelner,
konkreter Zustimmungshandlungen verlangt, sondern lediglich die im Vorfeld – gleichwohl anspruchsvolle – Dokumentation der Interessenabwägung. Dies zwänge insbesondere auch die Verantwortlichen dazu, sich intensiver mit den von ihnen eingesetzten Technologien zu beschäftigen, da
sie ohne diese gar nicht in der Lage wären, die gesetzliche geforderte Dokumentation anzufertigen.

Dieses Ergebnis geht auch nicht zu Lasten der Betroffenen, da mittels der
Korrektive in Bezug auf die Transparenz und die Freiwilligkeit an der Teilnahme eine aus Nutzersicht fast einwilligungsähnliche Situation geschaffen werden könnte.

5 Zusammenfassung und Ausblick

Zusammenfassend lässt sich damit festhalten, dass das berechtigte Interesse in Fällen anonymer und pseudonymer Verarbeitungen die geeignetere
Grundlage gegenüber der Einwilligung ist. Wo hingegen berechtigtes Interesse und Einwilligung gleichauf liegen, ist die Verarbeitung „normaler"
personenbezogener Daten zu den genannten Zwecken. Hier kann für die
Verantwortlichen die Einwilligung vorteilhaft sein, da sie auch nicht zur
Wahrung berechtigter Interessen erforderliche Verarbeitungen rechtfertigen kann.

Es zeigt sich damit auch als ein Nebenergebnis, dass das strenge Einwil-
ligungsregime der E-Privacy-Richtlinie nicht immer – und vor allem in seinem Hauptanwendungsbereich des pseudonymen Trackings – zu angemessenen Ergebnissen führt. Es steht zu hoffen, dass dies auch vom europäischen Verordnungsgeber in den zukünftigen Beratungen zur E-Privacy-VO
so gesehen wird.

Für den Moment bleibt jedoch festzuhalten, dass – ob passend oder nicht – jedenfalls in den Fällen, in denen Cookies oder andere Mittel, die der E-Privacy-Richtlinie unterfallen, für Tracking genutzt werden, die Einwilligung das in der Praxis vorherrschende Mittel der Wahl bleiben wird.

Literatur

Auer-Reinsdorf, Astrid/Conrad, Isabell (Hrsg.): Handbuch IT- und Datenschutzrecht, 3. Aufl., München 2019.

Brandt, Alexander: Webshops unter DSGVO und ePrivacy-VO, Tracking, Werbung und Informationspflichten, in: Jürgen Taeger (Hrsg.), Rechtsfragen digitaler Transformationen – Gestaltung digitaler Veränderungsprozesse durch Recht, Edewecht 2018, S. 1-14.

Bräutigam, Peter/Rücker, Daniel (Hrsg.): E-Commerce, München 2017.

Breyer, Patrick: Datenschutz im Internet, Zwangsidentifizierung und Surfprotokollierung bleiben verboten, ZD 2018, S. 302-303.

Brink, Stefan/Wolf, Heinrich Amadeus (Hrsg.): BeckOK Datenschutzrecht, 32. Ed., München 2020.

Dieterich, Thomas: Canvas Fingerprinting – Rechtliche Anforderungen an neue Methoden der Nutzerprofilerstellung, ZD 2015, S. 199-204.

Forgó, Nikolaus/Helfrich, Marcus/Schneider, Jochen (Hrsg.): Betrieblicher Datenschutz – Rechtshandbuch, 3. Aufl., München 2019.

Funke, Michael: Dogmatik und Voraussetzungen der datenschutzrechtlichen Einwilligung im Zivilrecht, Baden-Baden 2017.

Gola, Peter (Hrsg.): Datenschutz-Grundverordnung, 2. Aufl., München 2018.

Hanloser, Stefan: DSK-Orientierungshilfe für Anbieter von Telemedien, ZD 2019, S. 287-290.

Hornung, Gerrit/Wagner, Bernd: Anonymisierung als datenschutzrelevante Verarbeitung? Rechtliche Anforderungen und Grenzen für die Anonymisierung personenbezogener Daten, ZD 2020, S. 223-228.

Jandt, Silke/Steidle, Roland (Hrsg.): Datenschutz im Internet – Rechtshandbuch zu DSGVO und BDSG, München 2018.

Karg, Moritz/Kühn, Ulrich: Datenschutzrechtlicher Rahmen für „Device Fingerprinting" – Das klammheimliche Ende der Anonymität im Internet, ZD 2014, S. 285-290.

Kühling, Jürgen/Buchner, Benedikt (Hrsg.): Datenschutz-Grundverordnung/BDSG, 2. Aufl., München 2018.

Paal, Boris P./Pauly, Daniel A. (Hrsg.): Datenschutz-Grundverordnung Bundesdatenschutzgesetz, 2. Aufl., München 2018.

Roßnagel, Alexander: Pseudonymisierung personenbezogener Daten, ZD 2018, S. 243-247.

Simitis, Spiritos/Hornung, Gerrit/Spiecker gen. Döhmann, Indra (Hrsg.): Datenschutzrecht – DSGVO mit BDSG, München 2019.

Taeger, Jürgen/Gabel, Detlev (Hrsg.): DSGVO – BDSG, 3. Aufl., Frankfurt/M. 2019.

Schleipfer, Stefan: Pseudonymität in verschiedenen Ausprägungen – Wie gut ist die Unterstützung der DS-GVO?, ZD 2020, S. 284-291.

Schleipfer, Stefan: Datenschutzkonformes Webtracking nach Wegfall des TMG, ZD 2017, S. 460-466.

Spindler, Gerald/Schuster, Fabian (Hrsg.): Recht der elektronischen Medien, 4. Aufl., München 2019.

Voigt, Paul: Webbrowser Fingerprints – Tracking ohne IP-Adressen und Cookies?, in: Jürgen Taeger (Hrsg.), Law as a Service (LaaS) – Recht im Internet- und Cloud-Zeitalter, Edewecht 2013, S. 157-172.

Völtz, Gregor: HTML5 – neuer Standard, neue Probleme? – Ein Überblick über Neuerungen und rechtliche Fragen, MMR 2013, S. 619-623.

Sämtliche Internetquellen wurden zuletzt am 30. Juni 2020 abgerufen.

GRENZEN DER EINWILLIGUNG BEI HOCHKOMPLEXEN UND TECHNISIERTEN DATENVERARBEITUNGEN

RAin Frederike Kollmar, MLE/Maya El-Auwad

HÄRTING Rechtsanwälte Berlin
kollmar@haerting.de/el-auwad@haerting.de

Zusammenfassung

Die Einwilligung zählt nach wie vor zu den favorisierten Verarbeitungsgrundlagen im Datenschutz, haftet ihr doch der Ruf an, die Interessen und Rechte der Betroffenen dank der Freiwilligkeit am besten zu schützen. Zugleich ermöglicht die Einwilligung den datenschutzrechtlich Verantwortlichen, personenbezogene Daten über gesetzlich legitimierte Zwecke hinaus zu verarbeiten. Sie wird daher gern als Schlüssel zu einem unbegrenzten Datenzugang verstanden und als solcher auch von Verantwortlichen gegenüber vermeintlich strengeren gesetzlichen Erlaubnistatbeständen bevorzugt.

Bei neuen und komplexen technologischen Entwicklungen, bei denen die Verantwortlichen mitunter selbst nicht genau vorhersagen können, welchen Zwecken die Verarbeitung dient (Stichwort Big Data), kann sich die notwendige Informiertheit von Einwilligungen als problematisch erweisen. Daneben scheint ein Abstellen auf die Einwilligung auch deshalb verfehlt, weil ein ausschließlicher Fokus auf die Entscheidungsfreiheit des Individuums weder dem Gemeinwohlgedanken des Grundrechtsschutzes, noch den Interessen des Verantwortlichen hinreichend Rechnung tragen kann.

Die DSGVO selbst bietet wegen der deklarierten Technikneutralität auf den ersten Blick wenig Antworten auf komplexe hochtechnisierte Verarbeitungsszenarien. Bei genauerer Betrachtung lassen sich in ihr aber durchaus Instrumente ausmachen, die bei risikoorientierter Betrachtung auch Datenverarbeitungen unter Einsatz innovativer Technologien ermöglichen. Zudem bieten neue technische Lösungen zur Stärkung der Datensouveränität den Betroffenen Möglichkeiten, den Selbstdatenschutz zu stärken. Geht all' dies Hand in Hand, wird Europa als Technologiestandort insgesamt gestärkt.

1   Historie und Grundlagen der Einwilligung

Die datenschutzrechtliche Einwilligung kann in Deutschland wie in Europa auf eine mehrere Jahrzehnte andauernde Geschichte zurückblicken. Bereits im „Gesetz zum Schutz vor Missbrauch personenbezogener Daten bei der Datenverarbeitung"[1] von 1977, dem ersten Bundesdatenschutzgesetz, fand sich in § 3 eine Regelung zur Einwilligung, allerdings lediglich für Datenverarbeitungen öffentlicher Stellen. Unternehmen konnten sich nur auf berechtigte Interessen oder die Vertragserfüllung als Erlaubnistatbestände

---

[1] BGBl Teil I Nr. 7 vom 1.2.1977.

berufen (§ 22). Mit dem Volkszählungsurteil des Bundesverfassungsgerichts[2] und der Entwicklung des Rechts auf informationelle Selbstbestimmung ist der Gedanke der aktiven Betätigung der Grundrechtsausübung in Form der Einwilligung entstanden.[3]

Die EU-Grundrechte-Charta (EU-GRCh) erkennt die Einwilligung in Art. 8 Abs. 2 S. 1 für den Schutz personenbezogener Daten explizit an. Sie soll als Ausdruck des Selbstbestimmungsrechts des Einzelnen im Zeitalter der Digitalisierung wirken.[4] Jedoch war Sie bereits zuvor fester Bestandteil auch des europäischen Datenschutzrechts, war sie doch schon in der „Richtlinie zum Schutz natürlicher Personen bei der Verarbeitung personenbezogener Daten und zum freien Datenverkehr" 95/46/EG (Datenschutz-Richtlinie bzw. DS-RL) anerkannt.

Schließlich löste die VO (EU) 2016/679 des Europäischen Parlaments und des Rates vom 27.4.2016 zum Schutz natürlicher Personen bei der Verarbeitung personenbezogener Daten, zum freien Datenverkehr und zur Aufhebung der RL 95/46/EG (Datenschutzgrundverordnung bzw. DS-GVO) die Datenschutz-Richtlinie ab. Ziel der DSGVO war es, auf die zunehmenden Massen an Datenverarbeitungen personenbezogener Daten durch technologische Entwicklungen und Globalisierung zu reagieren und den technologischen Fortschritt zu begleiten, um das Risiko der Betroffenen, durch übermäßigen und unzulässigen Datenumgang benachteiligt zu werden, abzufedern. Dabei sollte vor allem der Grundsatz der Technikneutralität eine bedeutende Rolle spielen mit dem Ergebnis, dass die Verordnung Fragen zu aktuellen Themen wie Big Data, „Internet of things" oder Machine Learning augenscheinlich offenlässt – auch im Hinblick auf die Einwilligung in diese Phänomene betreffende Datenverarbeitungen. Art. 7 DSGVO normiert die grundlegenden Erfordernisse, die an eine wirksame Einwilligung zu stellen sind.

Eine Art. 7 DSGVO vergleichbare Regelung gab es in der DS-RL und der entsprechenden deutschen Umsetzung im BDSG zuvor nicht.[5] Grund dafür war vor allem die Rechtsnatur als Richtlinie, die den Mitgliedstaaten die Konkretisierung und Umsetzung der Regelungsinhalte – und damit auch

---

[2]   BVerfG, Urt. v 15.12.1983 – BvR 209/83, BVerfGE 65, 1.

[3]   Vgl. dazu *Geiger*, NVwZ 1989, S. 35 (37).

[4]   *Albrecht*, in: Simitis/Hornung/Spiecker gen. Döhmann, Datenschutzrecht, Art. 6 Rn. 4. Umstritten ist allerdings, ob es sich bei Art. 8 Abs. 2 EU-GrCh um eine Konkretisierung der Schutzgewährleistung des Abs. 1 handelt, die Einwilligung also bereits einen Eingriff ausschließt, oder ob es sich bei Abs. 2 um eine Schrankenregelung handelt, die Einwilligung also einen Grundrechtseingriff rechtfertigt.

[5]   *Kühling/Buchner*, in: Buchner/Kühling, DS-GVO, Art. 7 Rn. 3.

der Einwilligung – und der auf ihr beruhenden Datenverarbeitungsvorgänge überließ. Nichtsdestotrotz waren auch schon in der DS-RL die zentralen Wirksamkeitsvoraussetzungen der Freiwilligkeit, Bestimmtheit und Informiertheit einer Einwilligung vorgegeben. Mit der DSGVO, die als europäische Verordnung Anwendungsvorrang gegenüber den nationalen datenschutzrechtlichen Regelungen genießt, war der europäische Gesetzgeber im Bereich des Datenschutzrechts erstmalig aufgefordert, alle als wesentlich erscheinenden Anforderungen an die Wirksamkeit einer Einwilligung selbst zu definieren.

Auch aktuell stehen die Gesetzgebungsaktivitäten auf europäischer Ebene nicht still. Nachdem die ePrivacy-Richtlinie die Notwendigkeit einer Einwilligung ausdrücklich im Bereich des Online-Marketings etabliert hat, wobei in Deutschland mangels wirksamer Umsetzungen Besonderheiten gelten, wird auch an einer unmittelbar in den Mitgliedstaaten geltenden ePrivacy-Verordnung gearbeitet – allerdings mit ungewissem Ausgang.

2 Anforderungen an die Einwilligung

Soll eine Verarbeitung personenbezogener Daten auf eine Einwilligung gestützt werden, sind die Voraussetzungen aus Art. 6 Abs. 1 UAbs. 1 lit. a i. V. m. Art. 7 und Art. 4 Nr. 11 DSGVO zu erfüllen. Art. 4 Nr. 11 DSGVO definiert die Einwilligung als eine

„freiwillig für den bestimmten Fall, in informierter Weise und unmissverständlich abgegebene Willensbekundung in Form einer Erklärung oder einer sonstigen eindeutigen bestätigenden Handlung, mit der die betroffene Person zu verstehen gibt, dass sie mit der Verarbeitung der sie betreffenden personenbezogenen Daten einverstanden ist".

Mit Wirksamwerden der DSGVO haben sich die gesetzlichen Anforderungen an die Einwilligung verschärft. Das gilt einmal in formaler Hinsicht: So stellen nach ErwG 32 zur DSGVO ein stillschweigendes Einverständnis, vorangekreuzte Kästchen, oder die Untätigkeit keine wirksame Abgabe einer Einwilligungserklärung dar. Gänzlich ausgeschlossen ist die konkludente Einwilligung im Rahmen der Verarbeitung von Gesundheitsdaten, vgl. Art. 9 Abs. 1 lit. a DSGVO. Soll die Einwilligung mit anderen Erklärungen zusammen abgegeben werden, ist sie besonders hervorzuheben (Art. 7 Abs. 2 DSGVO). Weiter hat der Verantwortliche die betroffene Person bereits vor Abgabe der Einwilligungserklärung deutlich auf die jederzeitige Widerrufsmöglichkeit hinzuweisen und dieser Widerruf muss ebenso leicht möglich sein, wie die Abgabe der Einwilligungserklärung selbst (Art. 7 Abs. 3 DSGVO). Der Nachweis der Abgabe einer diesen Anforderungen genügenden Einwilligung obliegt dem Verantwortlichen (Art. 7 Abs. 1 DSGVO, ErwG 42 DSGVO).

In materieller Hinsicht sind die Freiwilligkeit und die Informiertheit besonders hervorzuheben. Sie sollen dem Gedanken der Selbstbestimmung des Betroffenen Rechnung tragen. Für die Einwilligungsfähigkeit ist Art. 8 maßgeblich, der die Einwilligung von Kindern normiert. Beachtung verdient daneben vor allem Art. 9 DSGVO. Dieser fordert ein besonderes Maß an Bestimmtheit und Zweckgebundenheit, was sich jedoch dann faktisch kaum erfüllen lässt, wenn es sich um sensitive Daten der ersten Kategorie gemäß Art. 9 Abs. 1 DSGVO handelt. So lässt sich im Zusammenhang mit Big Data-Anwendungen, selbst im Falle einst anonymisierter Daten, kaum gänzlich ausschließen, dass aus dem verarbeiteten Datenbestand Rückschlüsse, z.B. auf die politische Meinung, auf die religiöse oder weltanschauliche Überzeugung hervorgehen.

Art. 7 Abs. 2 Satz 2 DSGVO stellt klar, dass eine Einwilligung unwirksam ist, wenn sie unter Verstoß gegen die Vorgaben der Verordnung eingeholt worden ist.

Die zunehmenden Verschärfungen an die Anforderungen der Einwilligung und die Zulässigkeit von Datenverarbeitungsprozessen zeigt sich auch in der höchstrichterlichen Rechtsprechung sowie in der Bußgeldpraxis der Datenschutzbehörden. Die niederländische Datenschutzbehörde verhängte kürzlich ein 725.000-Euro-Bußgeld[6] gegen ein Unternehmen, das für die Zutrittskontrolle Fingerabdrücke seiner Mitarbeiter nutzte. Im Rahmen der Wirksamkeitsprüfung der Einwilligung nach Art. 9 Abs. 2 lit. a DSGVO (Verarbeitung biometrischer Daten) kam die Behörde zu dem Schluss, dass das Unternehmen seine Arbeitnehmer nicht ausreichend über die Rechtsgrundlage, die Möglichkeit des Widerrufs und die Freiwilligkeit der Einwilligung informiert hatte.

2.1 Kritik

Seit jeher steht die Einwilligung daher als Erlaubnistatbestand im datenschutzrechtlichen Diskurs in der Kritik.[7] Bereits vor der DSGVO gab es daher auf europäischer Ebene eine breite Diskussion zu der Frage, wo die Grenzen der Einwilligung zu ziehen seien. Teilweise wurde beispielsweise bestritten, dass die Einwilligung eine Übermittlung in ein Drittland legitimieren könne, indem kein gleichwertiges Datenschutzniveau bestünde. Dadurch käme es im Übermittlungsland gem. Art. 52 Abs. 1 EU-GRCh zu

---

[6] https://autoriteitpersoonsgegevens.nl/nl/nieuws/boete-voor-bedrijf-voor-verwerken-vin gerafdrukken-werknemers (abgerufen 29.6.2020).

[7] *Buchner/Kühling*, in: Kühling/Buchner, DSGVO, Art. 7 Rn. 10.

einer Verletzung des Wesensgehalts von Artt. 7, 8 EU-GRCh.[8] Vergleichbare Diskussionen fanden auch in Deutschland statt, wo die Einwilligung als Ausdruck des Grundrechts auf informationelle Selbstbestimmung gesehen wird[9] und der Betroffene demnach gar nicht befugt sei, über eine Verletzung in den Wesensgehalt seines Grundrechts zu disponieren.[10]

Auch die DSGVO hat diese Entwicklungen im Auge gehabt und zumindest mit den Erfordernissen der Eindeutigkeit und Unmissverständlichkeit der Einwilligung der Opt-Out-Einholung von Einwilligungen eine Absage erteilt, was der EuGH und der BGH nun auch in den „Planet49"-Entscheidungen[11] bestätigt haben. Mit Wirksamwerden der DSGVO muss eine Verarbeitung personenbezogener Daten aufgrund einer Einwilligung zudem die in Art. 5 DSGVO niedergelegten Grundsätze erfüllen. Auch hier kann sich der Verantwortliche nicht von seinen datenschutzrechtlichen Pflichten einer Abwägung der sich gegenüberstehenden Interessen entledigen.

Trotzdem stellt sich insbesondere bei hochkomplexen und technisierten Datenverarbeitungsprozessen zunehmend die Frage, ob die Anforderungen an die Einwilligung faktisch überhaupt erfüllt werden können oder ob die Einwilligung als Grundlage für eine Datenverarbeitung von vornherein fragwürdig ist.

Denn gerade die vielbeschworene Datensouveränität des Einzelnen, der sich ein klares Bild über die Bedeutung und das Ausmaß seiner Einwilligung machen können soll und anschließend selbstbestimmt und frei von jeglichen Zwängen eine Entscheidung treffen soll, stellt in vielen Konstellationen nur noch eine „Fiktion"[12] dar: Immer häufiger sind sich die Betroffenen der Tragweite ihrer Entscheidungen und der Auswirkungen, die diese auch auf ihr Persönlichkeitsrecht haben, nicht mehr bewusst und können es auch gar nicht mehr sein.

2.2 Freiwilligkeit

Die Freiwilligkeit der Einwilligung ist nicht erst seit Geltung der DSGVO eine der zentralen Voraussetzungen für die Wirksamkeit der datenschutzrechtlichen Einwilligung. Sie setzt voraus, dass die Einwilligung ohne

---

[8] Positionspapier des ULD zum Safe-Harbor-Urteil des Gerichtshofs der Europäischen Union vom 6.10.2015, C-362/14 v. 14.10.2015 unter 3.a.

[9] *Kühling*, in: Wolff/Brink, BDSG a. F., § 4a Rn. 1; *Gola*, BDSG a. F., § 4 Rn. 5.

[10] Positionspapier des ULD zum Safe-Harbor-Urteil des Gerichtshofs der Europäischen Union vom 6.10.2015, C-362/14, K&R 2015, 710, v. 14.10.2015 unter 3.a.

[11] EuGH, Urt. v. 1.10.2019 - C-673/17, K&R 2019, 705.

[12] *Simitis*, in: Simitis, BDSG a. F., § 4a Rn. 1 ff.

Druck oder Zwang auf den Betroffenen erklärt werden soll.[13] ErwG 42 S. 5 zur DSGVO konkretisiert dieses Erfordernis, indem er festhält, dass *„nur dann davon ausgegangen werden (soll), dass (die betroffene Person) ihre Einwilligung freiwillig gegeben hat, wenn sie eine echte oder freie Wahl hat und somit in der Lage ist, die Einwilligung zu verweigern oder zurückzuziehen, ohne Nachteile zu erleiden."*

ErwG 43 zur DSGVO benennt als Ausschlusskriterium für die Freiwilligkeit der Einwilligung *„ein klares Ungleichgewicht"* und zeigt beispielhaft die Konstellation auf, dass es sich bei dem für die Verarbeitung Verantwortlichen um eine Behörde handelt. Doch ist die Grenze, welche Druck oder Zwang konstituiert, nicht immer sofort ersichtlich. Das Kriterium des Ungleichgewichts kann etwa auch bei übermäßigen finanziellen Anreizen zum Tragen kommen.[14] Auch selbstbestimmte Einwilligungserklärungen können nicht „freiwillig" erfolgen und damit als unwirksam gelten, wenn die betroffene Person keine wirkliche Wahlmöglichkeit in Form einer vernünftigen Alternative hat, etwa den Verzicht auf die Abgabe der Einwilligung. Gleichzeitig scheint es unangemessen, für bestimmte Konstellationen stets und pauschal von einem die Unwirksamkeit auslösenden Ungleichgewicht auszugehen. Dagegen spricht auch die Tatsache, dass nach ErwG 155 zur DSGVO gerade für das Paradebeispiel eines Über-/Unterordnungsverhältnisses, nämlich das Arbeitsverhältnis, die Einwilligung als zulässiger Verarbeitungstatbestand gesehen wird.

Ergänzende Vorgaben zur Bestimmung der Freiwilligkeit finden sich in Art. 7 Abs. 4 DSGVO und dem sogenannten Kopplungsverbot, das jedoch nicht absolut gilt, sondern lediglich eine besondere Prüfpflicht für Fälle fordert, in denen eine vertragliche Leistung von der Abgabe einer Einwilligung abhängig gemacht werden soll.[15] Auch ErwG 43 zur DSGVO stellt für die Beurteilung der Freiwilligkeit der Einwilligung konsequenterweise auf den *„speziellen Fall"* ab und etabliert damit die Einzelfallprüfung. Damit spielen verschiedene Faktoren bei der Beurteilung der Freiwilligkeit eine Rolle, so etwa auch die konkrete Ausgestaltung der Einwilligung.[16]

---

[13] *Schulz*, in: Gola, DS-GVO, Art. 7 Rn. 21.

[14] Ebenda; zum Kopplungsverbot in der DSGVO auch *Spindler/Dalby*, in: Spindler/Schuster, DS-GVO, Art. 7 Rn. 14.

[15] *Schulz*, in: Gola, DS-GVO, Art. 7 Rn. 26.

[16] *Buchner/Kühling*, in: Kühling/Buchner, DSGVO BDSG, Art. 7 Rn. 45.

2.3 Informiertheit

Das Erfordernis der Informiertheit greift das grundrechtliche Konzept der Selbstbestimmtheit auf – ohne Eingriff.[17] Die Umstände der Datenverarbeitung sollen so verständlich aufgearbeitet werden, dass eine Willensbildung möglich ist. Die Betroffen müssen abschätzen können, welche Auswirkungen die Erteilung einer Einwilligung für sie hat, sie müssen die Umstände der Datenverarbeitung und die Tragweite ihrer Einwilligung eindeutig und klar erkennen können.[18] Denn nur so ist es Betroffenen überhaupt erst möglich, zu einer freiwilligen Entscheidung zu gelangen. Während etwa im Rahmen der Interessenabwägung allein der oder die Verantwortlichen ihre Grundrechtspositionen mit denen der betroffenen Personen abzuwägen und für diese die Verantwortung zu tragen haben, ist für die Erreichung eines gleichwertigen Schutzniveaus unter Rückgriff auf die Einwilligung zwingend, die betroffene Person vor Abgabe der Erklärung in die Lage zu versetzen, sich ein klares Bild über Bedeutung und Ausmaß der Entscheidung machen, um diese Abwägungsentscheidung für sich selbst vornehmen zu können. Dazu benötigt sie zumindest Kenntnis von der Identität der Verantwortlichen, Informationen zum Zweck sowie zum datenschutzrechtlichen Widerrufsrecht. Ebenso sind Angaben über die Risiken und möglichen Folgen, wie zum Beispiel eine Datenübermittlung an Dritte, erforderlich.

Der Grundsatz der Einwilligung „*in informierter Weise*" (Art. 4 Nr. 11 DS-GVO) ist dabei eng mit dem Transparenzgebot aus Art. 7 Abs. 2 S. 1 DS-GVO verbunden, wonach „*das Ersuchen um Einwilligung in verständlicher und leicht zugänglicher Form in einer klaren und einfachen Sprache so erfolgen (hat), dass es von den anderen Sachverhalten klar zu unterscheiden ist*". Die Informationen müssen also auch für einen durchschnittlichen Verbraucher ohne besondere juristische Vorbildung verständlich sein.[19]

Für den Fall, dass besondere Kategorien personenbezogener Daten, wie etwa Gesundheitsdaten, im Sinne des Art. 9 Abs. 1 DSGVO verarbeitet werden, müssen zudem auch dieser Umstand und die konkreten Daten der betroffenen Person deutlich kommuniziert werden. Das folgt schon aus der Tatsache, dass Art. 9 Abs. 2 lit. a DSGVO die „ausdrückliche" Einwilligung in die Verarbeitung dieser Daten vorsieht.

---

[17] *Simitis*, in: Simitis/Hornung/Spiecker gen. Döhmann, Datenschutzrecht, Art. 7 Rn. 72.

[18] *Heckmann/Paschke*, in: Ehmann/Selmayr, DS-GVO, Art. 7 Rn. 58.

[19] *Buchner/Kühling*, in: Kühling/Buchner, DSGVO BDSG, Art. 7 Rn. 60.

3 Grenzen individueller Entscheidungsfreiheit bei hoch komplexen und technisierten Verarbeitungsvorgängen

Grundsätzlich liegt der Einwilligung also die Wertung zugrunde, dass der Betroffene im konkreten Fall selbst entscheiden können soll, ob er das Risiko des Zugriffs auf seine personenbezogenen Daten tragen möchte. Die Einwilligung soll ja gerade auch solche Datenverarbeitungsvorgänge legitimieren, für die keine gesetzliche Erlaubnis vorliegt. Die Herausforderung liegt darin, den Betroffenen in die Lage zu versetzen – wenn die sonstigen Wirksamkeitsvoraussetzungen erfüllt sind – eine Entscheidung nach seinen Präferenzen und seiner Risikobereitschaft zu treffen. Trotz der zentralen Rolle der Selbstbestimmung der betroffenen Person für den Schutz personenbezogener Daten, die sich auch in der Erwähnung an erster Stelle in Art. 8 Abs. 2 der EU-GRCh widerspiegelt, können die Anforderungen der Freiwilligkeit und Informiertheit in der Praxis aber allzu häufig faktisch nicht erfüllt werden. Gerade bei komplexen Datenverarbeitungsprozessen, die von unverständlichen und überlangen Datenschutzerklärungen begleitet werden und selten die Transparenzanforderungen der Klarheit und Einfachheit erfüllen, wird das Selbstbestimmungselement der betroffenen Person ernsthaft in Frage gestellt. Anzahl und Komplexität der dem Einzelnen abverlangten Entscheidungen, sowie die Unabsehbarkeit der Auswirkungen dieser Entscheidung, drohen bei neuen, hochtechnisierten Anwendungen dazu zu führen, dass der Einzelne mit dieser Entscheidung überfordert wird, und Verantwortliche vergessen bei einem Rückgriff auf die Einwilligung allzu oft, dass sowohl die europäische Grundrechtecharta als auch die DSGVO fordern, jeden Grundrechtseingriff, unabhängig von der gewählten Rechtsgrundlage, einer Verhältnismäßigkeitsprüfung zu unterziehen.

Auch die Datenethikkommission der Bundesregierung hat in ihrem Gutachten vom 23. Oktober 2019 angemahnt, dass *„dass der Einzelne durch Anzahl und Komplexität der ihm abverlangten Entscheidungen bezüglich einer datenschutzrechtlichen Einwilligung ebenso wie durch die Unabschätzbarkeit aller Auswirkungen einer Datenverarbeitung systematisch überfordert wird“*.[20] Konsequenz sei ein dadurch entstehender „Vertrauensverlust" in der Bevölkerung darin, dass der Staat hinreichende rechtliche Rahmenbedingungen schaffe, in denen er sich jeder „sicher und relativ sorglos bewegen" könne, ohne die Zufügung erheblicher Schäden zu befürchten. Ein unsachgemäßer Umgang

---

[20] *Datenethikkommission*, Gutachten vom 23.10.2019, S. 96, https://www.bmi.bund.de/Share dDocs/downloads/DE/publikationen/themen/it-digitalpolitik/gutachten-datenethikkom mission.html (abgerufen 29.6.2020).

mit dem Rechtsinstitut der Einwilligung kann damit letztlich innovations-hemmend wirken. Sie fordert dann aber nur eine AGB-ähnliche Prüfung der Einwilligung.[21]

Gleichzeitig droht bei einem ausschließlichen Rückgriff auf die Einwilli-gung als Ausdruck individueller Entscheidungsfindung das Datenschutzni-veau insgesamt abzusinken, da sie zwar zu einer Vielzahl von Individual-entscheidungen führt, jedoch wegen des alleinigen Fokus auf Individualin-teressen nicht auch zwingend dazu, dass eine Entscheidung auch dem In-teresse der kollektiv Betroffenen dient. Denn der Einzelne, der eine Ent-scheidung für sich selbst treffen muss, wird dadurch noch nicht in die Lage versetzt, deren Auswirkungen für potenziell von der individuellen Ent-scheidung beeinträchtigte Dritte zu erkennen. Das hat auch der Gesetzge-ber erkannt und in Art. 9 Abs. 2 lit. a 2. HS DSGVO einen vollständigen bzw. teilweisen Ausschluss eines Rückgriffs auf die Einwilligung auf Grundlage europarechtlicher oder nationaler Rechtsvorschriften vorgese-hen. Das ist jedenfalls denkbar, wenn die Verarbeitung besonderer Katego-rien personenbezogener Daten diskriminierende Wirkung für andere hat oder sonst Rechte Dritter beeinträchtigt. Verbindet sich damit eine auto-matisierte Entscheidung im Sinne von Art. 22 DSGVO, ist wegen Art. 9 DSGVO zugleich der Rückgriff auf vertragliche Zwecke (als weitere Form des Ausdrucks individueller Entscheidungsfindung), wie ansonsten von Art. 22 Abs. 2 DSGVO vorgesehen, versperrt, wenn die Entscheidung auf besonderen Kategorien personenbezogener Daten fußt.[22]

Daran ändert auch die als Teil der „Strategie für einen digitalen Binnen-markt" verabschiedete „RL (EU) 2019/770 des Europäischen Parlaments und des Rates vom 20.5.2019 über bestimmte vertragsrechtliche Aspekte der Bereitstellung digitaler Inhalte und digitaler Dienstleistungen"[23] (Digi-tal-RL) nichts, die den Ansatz einer europäischen Harmonisierung im Be-reich von Verträgen über die Bereitstellung digitaler Inhalte oder digitaler Dienstleistungen zum Ziel hat und ihrem Anwendungsbereich nach auch solche Verträge umfasst, bei denen die Gegenleistung des Verbrauchers aus personenbezogene Daten besteht (Art. 3).[24] Gemäß ErwG 24 zur Richtlinie soll mit der Erweiterung der Gegenleistung auf personenbezogene Daten

---

[21] Ebenda.

[22] *Schneider*, ZD 2017, S. 303 (306).

[23] https://eur-lex.europa.eu/legal-content/DE/TXT/?uri=CELEX:32019L07 70 (abgerufen 29.6.2020).

[24] *El-Auwad*, Gewährleistung beim Download von Musik, Videos, Apps – Folgen der EU-Richtlinie zur Bereitstellung digitaler Inhalte und Dienstleistungen, https://www.haerting .de/neuigkeit/gewaehrleistung-beim-download-von-musik-videos-apps-folgen-der-eu-ric htlinie-zur (abgerufen 29.6.2020).

lediglich sichergestellt werden, dass Verbraucher im Zusammenhang mit solchen Geschäftsmodellen Anspruch auf vertragliche Rechtsbehelfe haben. Die datenschutzrechtliche Rechtfertigungsgrundlage für die Verarbeitung der personenbezogenen Daten wird dadurch aber nicht vorweggenommen. Eine Verarbeitung personenbezogener Daten im Zusammenhang mit einem Vertrag, der in den Anwendungsbereich der Digital-RL fällt, ist daher weiterhin nur rechtmäßig, wenn sie mit den Be-stimmungen der DSGVO im Einklang steht (ErwG 38).

4 Antworten der DSGVO

4.1 Anonymisierung

Eine absolute Anonymisierung mit der Folge, dass eine Verarbeitung gänzlich aus dem Anwendungsbereich der DSGVO fällt, dürfte schon wegen der technischen Möglichkeiten der De-Anonymisierung praktisch in nur wenigen Konstellationen möglich sein.

4.2 Ausweichen auf sonstige Rechtsgrundlagen

Wie gezeigt, stellt die Einwilligung den Verantwortlichen gerade in komplexen Verarbeitungskonstellationen vor die kaum zu bewältigende Herausforderung, umfassend, aber zugleich in einer für den Betroffenen verständlichen Weise zu informieren. Gelingt ihm dies nicht, ist die Einwilligung unwirksam (Art. 7 Abs. 2 S. 2 DSGVO). Aber selbst wenn eine Einwilligung sämtliche Anforderungen erfüllt, ist sie doch gemäß Art. 7 Abs. 3 DSGVO stets frei widerrufbar. Die Widerruflichkeit gilt zwar nur ex tunc, also erst ab dem Zeitpunkt, an dem der Widerruf erfolgt. Allerdings ist mit erfolgtem Widerruf die Verarbeitung unverzüglich zu beenden, was oft nur schwer umzusetzen, denkt man an Machine Learning, sogar unmöglich sein kann.[25] Je komplexer und technisierter die Verarbeitung also ist, desto weniger eignet sich die Einwilligung als taugliche Rechtsgrundlage.[26]

Die Einwilligung ist jedoch nach dem Gesetz weder die vorzugswürdige,[27] noch die einzige mögliche Rechtsgrundlage. Das ergibt sich bereits aus Art. 8 Abs. 2 EU-GrCh, aber auch der Wortlaut von Art. 6 DSGVO geht dahin. Der Verantwortliche ist also grundsätzlich erst einmal frei, ob er eine Einwilligung einholen oder die Verarbeitung personenbezogener Daten auf eine sonstige Rechtsgrundlage aus Art. 6 DSGVO stützen will. Geht

---

[25] *Niemann/Kevekordes*, CR 2020, S. 17 (23).

[26] *Veil*, NVwZ 2018, S. 686 (688).

[27] A. A. *Frenzel*, in: Paal/Pauly, DSGVO, Art. 6 Rn. 10; wie hier *Schulz*, in: Gola, DSGVO, Art. 6 Rn. 10; *Schantz*, in: Simitis/Hornung/Spiecker gen. Döhmann, Datenschutzrecht, Art. 6 Rn. 11 f; *Taeger*, in: Taeger/Gabel, DSGVO BDSG, Art. 6 Rn. 23; *Plath*, DSGVO, Art. 6 Rn. 5; *Veil*, NVwZ 2018, S. 686 (688); jeweils m. w. N.

es um innovative Technologien kommen dann berechtigte Interessen und Vertrag in Betracht, die zudem eher geeignet sind, einen schonenden Ausgleich zwischen den Interessen der Betroffenen und der Verantwortlichen sowie sonstiger Dritter zu ermöglichen.

4.3 Zweckänderung und Kumulation von Rechtsgrundlagen

Der Wortlaut von Art. 6 Abs. 1 DSGVO deutet zudem darauf hin, dass die Rechtsgrundlagen in Art. 6 Abs. 1 UAbs. 1 DSGVO nicht nur gleichrangig zueinander sind, sondern auch gleichzeitig nebeneinander verwirklicht werden können.[28] Dass ein aus Sicht des Betroffenen einheitliche Verarbeitungsvorgang zugleich auf mehrere Rechtsgrundlagen gestützt werden kann, dürfte spätestens seit dem Urteil des EuGH in der Rechtssache Fashion-ID[29] als geklärt gelten. Denn auf die Vorlage, auf wessen berechtigte Interessen bei einer gemeinsamen Verantwortlichkeit abzustellen ist, konstatierte der EuGH, dass jeder an einer Verarbeitung Beteiligte seine Rechenschaftspflichten selbst erfüllen müsse. Für die Frage der Rechtmäßigkeit der Verarbeitung folgert er daraus, dass jeder Akteur einer gemeinsamen Verarbeitung jeweils ein eigenes berechtigtes Interesse nachweisen müsse. Das Urteil, das sich allerdings noch auf die Datenschutz-Richtlinie bezieht, zeigt zudem, dass es in bestimmten Konstellationen durchaus auf eine phasenweise Betrachtung von Verarbeitungsvorgängen, auch bei gleichbleibenden Zwecken, ankommen kann. Denn hieran sind Umfang und Reichweite der gemeinsamen Verantwortlichkeit zu messen.[30] Sofern hierüber vorab transparent informiert wird, ist daher auch eine Kumulation von beispielsweise Einwilligung und berechtigten Interessen möglich.

Zwar ist es möglich, die Einwilligung auch für mehrere Verantwortliche zugleich abzufragen. Um der Nachweispflicht zu genügen, sollten sich Verantwortliche aber nicht auf vertragliche Zusicherungen anderer, ebenfalls an einer Verarbeitung beteiligten Akteure zum Einholen einer solchen Einwilligung, verlassen. Denn eine solche vertragliche Zusicherung begründet allenfalls Ausgleichsansprüche im Innenverhältnis, lässt die gesamtschuldnerische Haftung im Außenverhältnis aber nicht entfallen, wenn die Einwilligung entgegen der vertraglichen Abrede nicht ordnungsgemäß eingeholt wird. Auch deshalb kann es ratsam sein, Verarbeitungen nicht nur auf eine einzige Rechtsgrundlage zu stützen.

---

[28] *Krusche*, ZD 2020, S. 232 (233 f.).

[29] EuGH, Urt. v. 29.7.2019 – C-40/17, NVwZ 2019, 1749.

[30] Vgl. insgesamt dazu *Kollmar*, NVWZ 2019, S. 1740 ff.

In komplexen Verarbeitungskonstellationen, in denen Daten zu einem anderen Zweck weiterverarbeitet werden, als zu dem sie ursprünglich erhoben wurden, kommt Art. 6 Abs. 4 DSGVO und dem Kompatibilitätstest besondere Bedeutung zu.

4.4 Risikobasierter Ansatz

Die begrenzte Eignung der Einwilligung, hochkomplexe Verarbeitungskonstellationen zu rechtfertigen, stellt Systemarchitekten wie Rechtsanwender vor die Herausforderung, Potenzial und Risiken angemessen auszutarieren.

Vor diesem Hintergrund kommt auch dem Gedanken des Datenschutzes durch Technikgestaltung, insbesondere den Grundsätzen des privacy by design und privacy by default, kaum zu unterschätzende Bedeutung zu. Daher sollten angesichts der Schwierigkeiten hinsichtlich der Verteilung der Verantwortlichkeit und der Durchsetzung von Betroffenenrechten die Nutzung pseudonymisierter Daten und der Einsatz von DSGVO-konformen Datenspeicheroptionen angestrebt werden. Ein risikobasierter Ansatz, wie in der DSGVO formuliert, ist für eine innovationsoffene Gesamtbetrachtung notwendig. Andernfalls droht Europa, seine Chancen und seine Einflussmöglichkeit in dem Zukunftsmarkt langfristig zu verlieren.

Aus verfahrensrechtlicher Sicht bieten schließlich Konsultationen, Erarbeitung von Verhaltensregeln und Prüfverfahren der Kommission geeignete Instrumente, Grundrechtsschutz und Innovationsinteresse jeweils zu mehr Wirksamkeit zu verhelfen.

5 Antworten der Praxis

Derzeitige technische Bestrebungen haben im Blick, dass Betroffene den Schutz ihrer personenbezogenen Daten und ihrer Privatsphäre in der Theorie hochschätzen, tatsächlich aber wenig unternehmen, um die eigenen Daten aktiv zu schützen und diese häufig leichtfertig und freiwillig preisgeben. Dieses widersprüchliche, unter dem Begriff „privacy paradox"[31] bekannte Verhalten spricht unter anderem dafür, dass viele Betroffene die langfristigen Risiken ihrer Zustimmung nur schwer bewerten können bzw. häufig gar nicht wissen, ob und in welchem Umfang ihre Daten tatsächlich verarbeitet werden. Hinzu kommen wahrscheinlich eine Scheu vor dem Aufwand, sich mit datenschutzrechtlichen Risiken für die eigene Privatsphäre ernsthaft auseinanderzusetzen sowie die Unkenntnis darüber, welche datenschutzfreundlichen Alternativen bestehen.

---

[31] *Forschungsgruppe Security/Usability/Society (SECUSO)*, Privacy Paradox, https://secuso.aifb.kit.edu/951.php (abgerufen 29.6.2020).

Erwähnenswert im Rahmen einwilligungsbasierter Datenverarbeitungsprozesse sind die – zumeist technischen – Möglichkeiten für die Betroffenen, selbst Maßnahmen zum Datenschutz zu treffen. In Rede stehen dabei vor allem Datenmanagement- und Datentreuhandsysteme. Etwaige Bedenken, dass dadurch die Verantwortung für den Datenschutz unsachgemäß verlagert werden könnte, sind unberechtigt: Die Datenschutzgesetze sind eindeutig, was die Adressaten der datenschutzrechtlichen Pflichten betrifft.

Zu den Datenmanagementsystemen werden Anwendungen zur vereinfachten Einwilligungsverwaltung gezählt, wie z.b. Dashboards, aber auch KI-Tools, die individuelle Nutzerpräferenzen automatisch umsetzen (sog. Datenagenten). Daneben spielen vor allem Personal Information Management-Systeme (kurz „PIMS") eine Rolle, bei denen die Dienstleistung im Vordergrund stehen. Diese zwischengeschalteten Systeme ermöglichen in der Regel die lokale Speicherung sowie die individuelle Verwaltung der eigenen personenbezogenen Daten, indem die betroffene Person auswählen kann, mit wem und wann sie welche Daten teilen möchte. Dadurch soll Dritten für konkrete Zwecke und bestimmte Zeiträume vorbehaltlich der von den natürlichen Personen selbst festgelegten Bedingungen und aller vom anzuwendenden Datenschutzrecht vorgesehenen Garantien die Verwendung personenbezogener Daten erlaubt werden.[32] Einige PIMS bieten die Möglichkeit, Daten über die Online-Präsenz des Nutzers (wie Browserverlauf, Lesezeichen, Adressbücher, Anmeldedaten, Ortungsdaten, Finanzdaten, Aktivitäten in sozialen Netzwerken) aufzuspüren und sie im PIMS zu organisieren.[33]

Einige dieser Anwendungen reichen bis zur vollständigen Fremdverwaltung der Daten der Nutzer (sog. Treuhand-Modelle), wie sie etwa im Bereich der Mobilitätsdaten[34] diskutiert werden. Treuhand-Modellen liegt der Gedanke zugrunde, dass diese Systeme kein über die Verwaltung hinausgehendes Eigeninteresse an den Daten haben und damit neutral und professionell agieren können.

Ziel aller sog. „Selbstschutz-Systeme" ist die Befähigung des Einzelnen, seine personenbezogenen Daten zu kontrollieren und die Entlastung von

---

[32] *EDSB*, Stellungnahme 9/2016, https://edps.europa.eu/sites/edp/files/publication/16-10-20_pims_opinion_de.pdf, Rn. 53 (abgerufen 29.6.2020).

[33] *EDSB*, ebenda, Rn. 16 (abgerufen 29.6.2020).

[34] *Brockmeyer*, ZD 2018, S. 258 (259).

Entscheidungen, die ihn überfordern.[35] Derzeit steckt diese Entwicklung allerdings noch in den Kinderschuhen.

6 Fazit

Die Komplexität technisierter Verarbeitungsvorgänge führen bei alleinigem Abstellen auf eine Einwilligung zu einer unsachgemäßen Verlagerung von Abwägungs-Entscheidung auf den Betroffenen und zu Überforderungen. Die DSGVO bietet wegen der deklarierten Technikneutralität nur augenscheinlich zu wenig Antworten. Unter gebotener risikoorientierter Betrachtung sind bei genauerer Betrachtung auch hoch komplexe Datenverarbeitungen unter Einsatz innovativer Technologien möglich. Verantwortliche sollten sich dabei nicht vorschnell unter Rückgriff auf die Einwilligung ihrer Verpflichtungen aus Art. 5 DSGVO entledigt sehen. Das schon deshalb, weil sie gut beraten sind, vorab zu prüfen, ob ein ergänzender Rückgriff auf solche Rechtsgrundlagen, die einen angemessenen Ausgleich der betroffenen Grundrechtspositionen erlauben (vor allem Vertrag und berechtigte Interessen) möglich ist. Durch ein hohes Maß an Transparenz, Verteilung der Entscheidungshoheit zwischen Betroffenen und Verantwortlichen, unter Zuhilfenahme technischer Lösungen zur Stärkung der Datensouveränität sowie risikominimierende Technikgestaltung lassen sich so Fehleranfälligkeit und Widerruflichkeit der Einwilligung abfedern. Zugleich bieten Techniklösungen den Betroffenen heute neue Möglichkeiten, den Selbstdatenschutz zu stärken.

Zu wünschen ist freilich auch, dass die Aufsichtsbehörden ihre Skepsis berechtigten Interessen und dem Gedanken der Kumulation von Rechtsgrundlagen gegenüber ebenso überdenken, wie eine allzu strenge Interpretation des Kopplungsverbotes.

Geht all' dies Hand in Hand, wird Europa als Technologiestandort insgesamt gestärkt.

---

[35] *DEK*, Abschlussgutachten, S. 133 (Handlungsempfehlung Nr. 46) sowie S. 99 f., https:// datenethikkommission.de/wp-content/uploads/191028_DEK_Gutachten_b f.pdf (abgerufen 29.6.2020).

Literatur

Brockmeyer, Henning: Treuhänder für Mobilitätsdaten – Zukunftsmodell für hoch- und vollautomatisierte Fahrzeuge?, ZD 2018, S. 258-263.

Ehmann, Eugen/Selmayr, Martin (Hrsg.): DS-GVO Datenschutz-Grundverordnung, Kommentar, 2. Aufl., München 2018.

Geiger, Andreas: Die Einwilligung in die Verarbeitung von persönlichen Daten als Ausübung des Rechts auf informationelle Selbstbestimmung, NVwZ 1989, S. 35-38.

Gola, Peter (Hrsg.): Datenschutz-Grundverordnung, Kommentar, 2. Aufl., München 2018.

Kollmar, Frederike: Umfang und Reichweite gemeinsamer Verantwortlichkeit im Datenschutz, NVwZ 2019, S. 1740-1743.

Krusche, Jan: Kumulation von Rechtsgrundlagen zur Datenverarbeitung, ZD 2020, S. 232-237.

Kühling, Jürgen/Buchner, Benedikt (Hrsg.): Datenschutz-Grundverordnung /BDSG, Kommentar, 2. Aufl., München 2018.

Niemann, Fabian/Kevekordes, Johannes: Machine Learning und Datenschutz (Teil 1), CR 2020, S. 17-25.

Paal, Boris P./Pauly, Daniel A. (Hrsg.): Datenschutz-Grundverordnung/Bundesdatenschutzgesetz, Kommentar, 2. Aufl., München 2018.

Schneider, Jochen: Schließt Art. 9 DS-GVO die Zulässigkeit der Verarbeitung bei Big Data aus?, ZD 2017, S. 303-308.

Simitis, Spiros/Hornung, Gerrit/Spiecker gen. Döhmann, Indra: Datenschutzrecht, DSGVO mit BDSG, Kommentar, Baden-Baden 2019.

Simitis, Spiros (Hrsg.): Bundesdatenschutzgesetz, 8. Aufl., Baden-Baden 2014.

Spindler, Gerald/Schuster, Fabian (Hrsg.): Recht der elektronischen Medien, Kommentar, 4. Aufl., München 2019.

Taeger, Jürgen/Gabel, Detlev (Hrsg.): DSGVO – BDSG, Kommentar, 3. Aufl., Frankfurt/M. 2019.

Veil, Winfried: Die Datenschutz-Grundverordnung: Des Kaisers neue Kleider, NVwZ 2018, S. 686-696.

Wolff, Amadeus/Brink, Stefan: Datenschutzrecht, Kommentar, 19. Aufl., München 2017.

WEITERVERARBEITUNG ZU ANDEREN ZWECKEN: PRAKTISCHE KOMPATIBILITÄTSPRÜFUNG BEI ZWISCHENSPEICHERUNG FÜR ZWECKFREMDE DATENANALYSEN

Nils Wehkamp

LVM Versicherung
n.wehkamp@lvm.de

Zusammenfassung

Bei der Durchführung von statistischen Analysen auf Basis von Bestandsdaten, z.B. im Rahmen von KI-Anwendungen, ist es aufgrund der Größe der verarbeiteten Datenmenge nötig, dass transformierte Daten aus dem Operativsystem in einer Datenbank zwischengespeichert werden. Für die hier vorgenommene Weiterverarbeitung ist eine Zweckkompatibilitätsprüfung zur Begründung der Zulässigkeit notwendig. Praktisch ergibt sich hier die Herausforderung, dass die Datenquellen und demnach auch der Zweck der Ursprungsverarbeitung vielfältig sind. Zur praktischen Umsetzung einer Zweckkompatibilitätsprüfung ist es demnach notwendig, konkrete Anforderungen auf Basis der in Art. 6 Abs. 4 DSGVO aufgezählten Kompatibilitätskriterien zu formulieren und im technischen Betrieb umzusetzen.

1 Einleitung

Schon im Entstehungsprozess der DSGVO wurde diskutiert, ob eine Zweckbindung weitestgehend im Widerspruch zum Grundgedanken von Big Data-Anwendungen steht.[1] Big Data-Analysen, Künstliche Intelligenz, Business Intelligence oder auch Data- und Text-Mining, dies sind zwar alles weit gefasste Oberbegriffe, die eine Vielzahl an konkreten Anwendungsfällen umfassen, jedoch haben sie gemein, dass sie zur Lösung ihrer jeweiligen Aufgabenstellung auf große Datenmengen angewiesen sind. Die Datenbasis für diese Analysen ist jedoch selten explizit für den konkreten Anwendungsfall selbst erhoben worden, sondern besteht aus aufbereiteten Daten, meist aus operativ genutzten Systemen, welche in gewisser Weise „wiederverwertet" werden.[2] Die DSGVO beinhaltet, bezogen auf derartige Weiterverarbeitungsszenarien, in Art. 6 Abs. 4 DSGVO eine Kompatibilitätsprüfung, auf deren Basis eine Weiterverarbeitung ermöglicht werden kann. Praktisch ergeben sich hier jedoch einige Herausforderungen.

---

[1] Vgl. *Albrecht*, CR 2016, S. 88 (97).

[2] Vgl. *Paal/Hennemann*, NJW 2017, S. 1697 (1697 f.); vgl. *Culik/Döpke*, ZD 2017, S. 226 (227 f.).

In der Natur vieler Anwendungen, die auf die Verarbeitung großer Datenmengen angewiesen sind, liegt es, dass die Sammlung sowie die Aufbereitung der hierzu genutzten Daten nicht erst im Rahmen der Anwendung selbst geschehen. Aufgrund des mit der Sammlung einhergehenden Aufwands müssen Daten bereits vorher in aufbereiteter Form in eine hierfür geeignete Datenbank übertragen werden. Eine „ad hoc" Sammlung und Verarbeitung der Daten ist trotz steigender technischer Ressourcen aufgrund der ebenfalls steigenden Datenmenge nicht umsetzbar. Aufgrund des hiermit einhergehenden technischen und wirtschaftlichen Aufwandes werden derartige Datenbanken meist nicht nur für einen einzigen Anwendungsfall aufgebaut, sondern dienen als Datenbasis für eine Vielzahl, zum Teil noch gar nicht konkret formulierten Anwendungsszenarien. Letzteres liegt vor allem daran, dass viele Anwendungsfälle zum Zeitpunkt der Erstellung einer solchen Datenbank fachlich noch nicht angedacht wurden und die Idee hierzu erst im Laufe des Lebenszyklus der Datenbank aufkommen. Desweitern bietet der Art. 6 Abs. 4 DSGVO aufgrund seiner offenen Formulierung kein konkretes Prüfungsgerüst, anhand dessen die Zweckkompatibilität einer Weiterverarbeitung gemessen werden kann. Eine einzelfallbezogene Argumentation auf Basis der in Art. 6 Abs. 4 DSGVO aufgezeigten Orientierungspunkte ist jedoch aufgrund der Vielzahl an möglichen und vielseitigen Datenquellen und der damit zusammenhängenden Heterogenität der Zwecke der Ursprungsverarbeitung praktisch kaum umzusetzen. Wie kann in großen Systemen mit einer Vielzahl an Datenquellen und einer ebenso heterogenen Menge an potenziellen Analyseszenarien die Zweckkompatibilität durchgehend sichergestellt werden?

Ziel dieses Beitrags ist es zu erörtern, wie eine praktische Umsetzung einer Kompatibilitätsprüfung beim Aufbau einer solchen Datenbasis aussehen kann. Hierzu soll in Abschnitt 2 zunächst der technische Hintergrund erläutert werden. Hier werden vor allem der technische Prozess verbildlicht und Gründe für die Notwendigkeit des Aufbaus einer im Voraus aufbereiteten Datenbasis verdeutlicht. In Abschnit 3 wird dann zunächst ein Überblick über die rechtliche Vorrausetzung der Weiterverarbeitung innerhalb der DSGVO vermittelt. Abschnitt 4 wird dann konkret auf die Zulässigkeit der Weiterverarbeitung zum Zweck der Speicherung und Aufbereitung in einer Spezialdatenbank zur zukünftigen Auswertung eingegangen. Hierbei werden Kriterien für die Zweckkompatibilitätsprüfung von potenziellen Datenquellen hergeleitet und Anknüpfungspunkte für eine praktische Implementierung der Prüfung aufgezeigt.

2 Technischer Hintergrund

2.1 Definition Statistische Analysen auf Basis von operativ genutzten Daten

Künstliche Intelligenz, Big Data oder selbst fachlich spezifischere Bezeichnungen wie Business Intelligence sind aktuell viel beachtete Schlagworte, welche sich teils jedoch einer trennscharfen Definition entziehen und eine Vielzahl an heterogenen Anwendungsfällen beschreiben.[3] Künstliche Intelligenz ist ein Wort, welches im weiteren Sinne jegliche technische Nachahmung menschlicher Intelligenz einschließt.[4] Konkret werden aktuell hiermit jedoch meist Anwendungen bezeichnet, welche für die Lösung ihres gestellten Problems Techniken des maschinellen Lernens nutzen.[5] Diese Techniken können auf Basis mathematischer Methoden bei der Betrachtung einer in Kategorien eingeteilten Menge (mathematisch abstrakte) Bedingungen herleiten, welche zur fraglichen Einteilung geführt haben. Auf dieser Basis ist die Anwendung in der Lage, weitere Objekte in die fraglichen Kategorien einzuteilen.[6] Wird etwa eine Anwendung benötigt, welche die Bilder von Pferden erkennt, wird dem Algorithmus eine bereits kategorisierte Menge an Bilden (mit und ohne Pferd) bereitgestellt. Dieser Algorithmus „trainiert" anhand der Bilder solange, bis er Bilder mit Pferden zuverlässig erkennt. Wird diesem nun ein für ihn unbekanntes Bild präsentiert, kann er aufgrund seines Trainings hier erkennen (mit einer bestimmten Wahrscheinlichkeit), ob das Motiv ein Pferd enthält oder nicht.[7]

Techniken wie Business Intelligence sind dagegen spezielle Geschäftsanwendungen. Hierbei geht es darum, die in einem operativen System generierten Daten derart aufzubereiten, dass in einem zweiten Schritt hieraus geschäftlich nützliche Schlüsse bzw. Informationen gezogen werden können, welche etwa die Grundlage für Managemententscheidungen bieten.[8]

Gleich ist allen diesen Techniken eines: zur Lösung ihres Problems sind sie auf große Datenmengen angewiesen. Um eine ausreichend große Datenmenge zur Verfügung zur haben, ist es meist nicht möglich (oder sinnvoll), diese Daten dezidiert zu erheben oder zu genieren. Daher werden Daten aus operativen Systemen genutzt, welche ursprünglich zu anderen

---

[3] *Kolany-Raiser/Heil/Orwat/Hoeren*, Big Data, S. 4.

[4] Vgl. *Weizenbaum*, Die Macht der Computer und die Ohnmacht der Vernunft, S. 13-21.

[5] Vlg. *Kirste/Schürholz*, in: Wittpahl, Künstliche Intelligenz, S. 21 (21 f.).

[6] *Schmidhuber*, Neural Networks 2015, S. 85 (85 ff.).

[7] Vlg. *Kirste/Schürholz*, in: Wittpahl, Künstliche Intelligenz, S. 21 (30 f.).

[8] Siehe etwa die Produktinformationen zu SAP Business Objects BI: https://blogs.sap.com /2019/12/06/extend-analytics-enabling-sap-businessobjects-bi-customers-to-extend-and -expand-bi-predictive-and-planning-with-sap-analytics-cloud/ (abgerufen am 28.6.2020).

Zwecken erhoben wurden.[9] Als Oberbegriff für die hier beschriebenen Methoden soll für diesen Beitrag hierfür die Bezeichnung *statistische Analyse auf Basis von operativ genutzten Daten,* oder kurz *statistische Analysen,* genutzt werden.

Obwohl, wie oben bereits erwähnt, eine Vielzahl an Anwendungsfällen unter Nutzung verschiedener Techniken denkbar ist, soll zur Veranschaulichung in diesem Beitrag ein Beispielszenario betrachtet werden:

In einer Versicherung soll zur Unterstützung der Sachbearbeitung die Verarbeitung von Posteingangsdokumenten automatisiert/unterstützt werden. Hierbei sollen sowohl der Anlass des Schreibens (Schadenmeldung, Kündigung, allgemeine Beschwerde etc.) erkannt werden, als auch bestehende, bisher manuell durchgeführte Prozesse automatisiert werden. Dies kann etwa die automatische Übernahme von neuen Adressen in die Kundenstammdaten sein, oder das Erkennen von Nebenprozessen, wenn etwa in einer Schadenmeldung gleichzeitig eine Kündigung mitgeteilt wurde. Ebenfalls denkbar ist das optische Hervorheben sehr wahrscheinlich wichtiger Dokumententeile, um dem Sachbearbeiter seine Arbeit zu erleichtern. Als Grundlage, um die hierfür notwendigen Werkzeuge zu entwickeln, werden die im operativen Betrieb eintreffenden Posteingangsdokumente verwendet.

2.2 Eingrenzung

Im Rahmen dieses Beitrags wird vorausgesetzt, dass personenbezogene Daten i. S. d. Art. 4 Nr. 1 DSGVO verarbeiten und somit der Anwendungsbereich der DSGVO nach Art. 2 DSGVO eröffnet ist. Sollten in diesem Beitrag Beispiele benannt werden, bei denen keine personenbezogenen Daten verarbeitet werden, dient dies lediglich zu Anschaulichkeitszwecken.

Ebenso soll davon ausgegangen werden, dass sie einen im weitesten Sinn geschäftlichen Zweck verfolgen und es sich beim Verantwortlichen um einen nicht öffentlichen Akteur handelt.

2.3 Prozess

In diesem Abschnitt werden der technische Prozess bei der Durchführung von statistischen Analysen und die hierfür notwendigen Verarbeitungsschritte beschrieben und ihre jeweilige Funktion erklärt. Hierbei soll ein Verständnis für die technischen Herausforderungen und Anforderungen an den technischen Prozess an sich gewonnen werden. Die Darstellung der

---

[9] *Maheshwari,* Business Intelligence and Data Mining, S. 22 f.

Verarbeitungsabfolge sowie die Einteilung der Gesamtanwendung in einzelne Verarbeitungsabschnitte soll auch in Abschnitt 4 als Grundlage dienen, Verarbeitungsschritte im juristischen Sinn einzuteilen.

2.3.1 Identifizierung der Datenquellen

Der Prozess beginnt mit einer Identifikation der aus dem operativen Betrieb potenziell als aufschlussreich vermuteten Datenquellen. Diese können höchst unterschiedlicher Natur sein. Grundsätzlich fallen in jedem operativ genutzten System Daten an, seien es Buchungssätze in der Buchhaltung oder Bestellvorgänge in einem Online-Shop.[10] Ebenfalls können Daten aus externen Systemen, etwa von Datenhändlern, erworben werden, was in diesem Beitrag jedoch nicht bearbeitet werden soll. Der Grundgedanke vieler Anwendungen ist gerade, dass durch statistische Auswertungen vorher unerkannte Zusammenhänge erkannt werden können. Eine komplett undifferenzierte Übernahme jeglicher Daten nach dem Prinzip „je mehr Daten, umso besser" ist jedoch weder technisch noch fachlich sinnvoll. Um aus den Daten später nutzenbringende Erkenntnisse zu generieren, muss bereits ein grobes Verständnis bzw. ein grobes Ziel bestehen. Ein aufgeblähter Datenbestand, aus dem jedoch kein effektiver Nutzen gezogen werden kann, ist aufgrund ungenutzter Potentiale bei bestehenden Kosten ökonomisch unattraktiv.[11]

2.3.2 Transformation und Speicherung

Im nächsten Schritt müssen die Daten aus dem operativen Betrieb in ein für die Analyse geeignetes Format umgewandelt werden. Dies ist notwendig, da das Format der Daten, wie sie im operativen System verarbeitet werden, generell auf den jeweiligen Anwendungsfall zugeschnitten ist (sowohl fachlich als auch technisch).[12] Zur Veranschaulichung eignet sich hierbei beispielsweise das Führen von Personalakten in Papierform als Metapher. In diesem Beispiel werden jegliche Unterlagen, z.B. die Bewerbung, Protokolle von Mitarbeitergesprächen oder auch Arbeitsunfähigkeitsbescheinigung, in einer Akte (hier ein Papierreiter) aufbewahrt, welche jeweils zu einem Mitarbeiter gehören. Diese Art der Sortierung wurde durch den bearbeiteten Sachbearbeiter der Personalabteilung eingeführt, denn sie ist für

---

[10] *Maheshwari*, Business Intelligence and Data Mining, S. 40.

[11] Während die Datensammlungen im Zusammenhang bestimmter Anwendungen auch „Data Lake" bezeichnet wird, ist die verächtliche Bezeichnung für unzureichend gepflegter Sammlung „Data Swamp". Siehe hierzu etwa *Luber/Nitzel*, Was ist ein Dataswamp, v. 8.11.2018, https://www.bigdata-insider.de/was-ist-ein-data-swamp-a-774006/ (abgerufen am 28.6.2020); vgl. *Bitter/Uphues*, in Kolany-Raiser/Heil/Orwat/Hoeren, Big Data, S. 71 (81).

[12] *Maheshwari*, Business Intelligence and Data Mining, S. 41 f.

die Bedürfnisse seiner täglichen Arbeit zugeschnitten. Muss er neue Dokumente einordnen, sucht er die Personalakte des entsprechenden Einreichers. Muss er eine Frage zu einem bestimmten Mitarbeiter beantworten, kann er die entsprechende Akte aus dem Schrank nehmen und hat jegliche benötigte Informationen auf einen Blick. Der Chef der Personalabteilung möchte nun jedoch eine Auswertung über die Krankheitstage der Mitarbeiter des Unternehmens durchführen, um bspw. zu erfahren, ob die Corona-Krise hierauf Auswirkungen hatte. Nun müssten theoretisch jede Mitarbeiterakte geöffnet und jeweils die Krankheitstage notiert werden. Die für das Tagesgeschäft angemessene Sortierung erweist sich hier als nicht geeignet, sodass eine derartige Analyse nur mit einem erheblichen Arbeitsaufwand durchgeführt werden kann. Wäre hingegen parallel eine zusätzliche Ablage, welche etwa Kopien der Krankschreibungstagen nach Datum sortiert, erfolgt, könnte eine derartige Analyse bedeutend schneller durchgeführt werden.

Die zeitliche Differenz zwischen einer Verarbeitung der ineffizienten Methode (Ablage in Mitarbeiterakte) zur effizienten Methode (Sortierung der Krankschreibungstage nach Datum) würde bei einer maschinellen Verarbeitung wahrscheinlich nur wenige Nanosekunden ausmachen.[13] Dies relativiert sich jedoch, wenn es um die Verarbeitung von großen Datenmengen und komplizierteren Umformungen geht. Dies führt dazu, dass trotz Vervielfachung der Rechenleistung aufgrund einer ebenfalls erfolgenden Vervielfachung der Datenmenge und Steigerung der Komplexität der Umformungsprozesse, statistische Analysen auf eine Form der Zwischenspeicherung angewiesen sind.

Dies lässt sich anhand des Beispiels aus Abschnitt 2.1 verdeutlichen, welches im Gegensatz zu dem aus Anschaulichkeitsgründen simpel gestaltendes Personalaktenbeispiel deutlich praxisnäher ist. Posteingangsdokumente werden im produktiven System in einer Form verarbeitet, die es dem Sachbearbeiter ermöglicht, seine Aufgaben zu erfüllen. Konkret kann es sein, dass der eigentliche Textinhalt eines Papierschreibens nicht komplett erfasst wird, sondern bspw. nur als Bilddatei an den Sachbearbeiter weitergesendet wird. Die Erfassung des eigentlichen Textes ist nach dem derzeitigen Stand für die Bearbeitung gar nicht nötig, da der Inhalt vom Sachbearbeiter interpretiert wird. Eine Identifizierung des Textinhalts bspw. mittels Texterkennungssoftware (als Abwandlung der Bilderkennungssoftware) wäre folglich ein im operativen Geschäft unnötiger, aber technisch aufwändiger Schritt.[14] Soll der Inhalt des Schreibens jedoch für die geplanten Analysen genutzt werden, wird dieser in einem technischen Textformat

---

[13] *Moore*, Electronic, S. 114(114 ff.).

[14] Vgl. *Vijayarani/Sakila*, IJU 2015, S. 19(19 ff.).

benötigt, eine Form, in dieser das Schreiben im operativen System so nicht existiert. Texterkennung ist nach heutigem Stand technisch noch ein sehr aufwändiger Prozess, sodass eine Durchführung dieser „nach Bedarf" oder „ad hoc" meist nicht möglich ist. Bei Durchführung eines entsprechenden Trainings eines Machine-Learning Algorithmus würde die Verarbeitung einer entsprechend große Datenmenge innerhalb eines annehmbaren Zeitrahmens nicht möglich sein. Dementsprechend muss eine Datenbank aufgebaut werden, indem der Inhalt der Dokumente in entsprechender Form zwischengespeichert wird. Die Umwandlung kann dabei entweder im laufenden Betrieb (beim Eintreffen eines neuen Dokuments) oder periodisch (etwa einmal am Tag in der Nacht) als Stapelverarbeitung ablaufen.[15]

2.3.3 Anwendungsfälle

Grundsätzlich ist jede Art von Anwendungsfall denkbar, der von einer automatischen Mustererkennung profitiert. Dies ist im Grunde jegliche Form der Automatisierung (siehe Abschnitt 2.1).

3 Zweckfremde Weiterverarbeitung innerhalb der DSGVO

Bevor in Abschnitt 4 die Zulässigkeit der Zwischenspeicherung behandelt werden soll, wird in diesem Abschnitt ein Überblick über die Behandlung der zweckfremden Weiterverarbeitung im Rahmen der DSGVO vermittelt. Dabei wird auch auf die hierbei bestehenden Auslegungsfragen, vor allem das Verhältnis zwischen den Abs. 1 und Abs. 4 des Art. 6 DSGVO eingegangen.

3.1 Voraussetzungen des Art. 6 Abs. 4 DSGVO

Die DSGVO formuliert als eines der zentralen Verarbeitungsgrundsätze das Prinzip der Zweckbindung in Art. 5 Nr. 1 DSGVO. Doch bereits in dieser Legaldefinition wird auf ein vollumfassendes Weiterverarbeitungsverbot verzichtet, zugunsten eines Verbots von lediglich mit dem Ursprungszweck inkompatiblen Weiterverarbeitungen.[16] Diese Kompatibilitätsanforderung wird in Art. 6 Abs. 4 DSGVO weiter konkretisiert.

Nach Art. 6 Abs. 4 DSGVO ist eine Weiterverarbeitung zu anderen Zwecken als zu denen, zu denen die Daten ursprünglich erhoben wurden, zulässig, sofern diese auf einer Einwilligung des Betroffenen beruht, eine gesetzliche Erlaubnis hierzu vorliegt oder der Zweck der Weiterverarbeitung

---

[15] Vgl. *Klostermann/O'Leary/Merz/Klein*, Praxishandbuch SAP BW, S. 293 ff.

[16] *Herberlein*, in: Ehmann/Selmeyer, DSGVO, Art. 5 Rn. 16.

mit dem, zu dem die Daten ursprünglich erhoben wurden, vereinbar ist (Kompatibilitätsprüfung).[17]

Die gesetzliche Erlaubnis spielt für die in diesem Beitrag behandelte Anwendung eine untergeordnete Rolle. Grundsätzlich dürften vereinzelt Anwendungen denkbar sein, auf die spezialgesetzlichen Regelungen oder unter der § 24 BDSG[18] angewendet werden können. Da der Fokus dieses Beitrags jedoch vor allem auf Anwendungen aus dem geschäftlichen Umfeld liegt, soll dies hier nicht weiter vertieft werden (siehe Abschnitt 2.2).

Desweitern muss keine Zweckkompatibilitätsprüfung vorgenommen werden, sofern für die Weiterverarbeitung eine Einwilligung vorliegt. Neben systematischen Unklarheiten[19] muss eine Einwilligung vor allem den Anforderungen aus Art. 7 DSGVO genügen. Dieser setzt voraus, dass die Einwilligung in informierter und transparenter Art und Weise geschieht. Eine grundlegende Einwilligung für künftig noch nicht festgelegte Zwecke (oder einer abstrakt formulierten Art künftiger Zwecke) ist demnach nicht möglich.[20]

Sofern weder eine Einwilligung noch eine gesetzliche Ermächtigung vorliegt, muss nach Art. 6 Abs. 4 DSGVO festgestellt werden, ob der Zweck der Weiterverarbeitung (Sekundärzweck) mit demjenigen, zu dem die Daten ursprünglich erhoben wurden (Primärzweck), kompatibel ist. Ein nicht abschließender Katalog, der bei dieser Kompatibilitätsprüfung zu berücksichtigenden Kriterien, werden in Art. 6 Abs. 4 lit. a-f DSGVO dargelegt. Die hier dargelegten Kriterien sind aber nach der offenen Formulierung des Abs. 4 dabei weder zwingend, noch abschließend zu interpretieren.[21]

Nach Art. 5 Abs. 2 i. V. m. Art. 89 Abs. 1 DSGVO ist darüber davon auszugehen, dass eine Weiterverarbeitung, für im öffentlichen Interesse liegenden Archivzwecken, für historische oder wissenschaftliche Forschungszwecke oder statistische Zwecke die Zweckkompatibilität zu bejahen ist.[22] Derartige Anwendungen werden in diesem Beitrag nicht behandelt. Die hier behandelten Analysen nutzen dabei lediglich statistische Mittel zur Erfüllung geschäftlicher Zwecke.

---

[17] Etwa *Heberlein*, in: Ehman/Selmayr, DSGVO, Art. 6 Rn. 48.

[18] *Bucher/Petri*, in: Kühling/Buchner, DSGVO, Art. 6 Rn. 180; *Heckmann/Scheurer*, in: Gola/ Heckmann, BDSG, § 24 Rn. 16.

[19] Sofern eine Einwilligung vorliegt, ist unklar, ob es sich hier nicht doch um eine Rechtsgrundlage i. S. d. Art. 6 Abs. 1 UAbs. 1 lit. f DSGVO handelt. Siehe hierzu *Schulz*, in: Gola, DSGVO, Art 6 Rn. 214.

[20] *Bucher/Petri*, in: Kühling/Buchner, DSGVO, Art. 6 Rn. 179.

[21] Etwa *Heberlein*, in: Ehman/Selmayr, DSGVO, Art. 6 Rn. 49.

[22] Etwa *Bucher/Petri*, in: Kühling/Buchner, DSGVO, Art. 6 Rn. 192.

Unberührt von einer bestehenden Zweckkompatibilität sind die weiteren Verarbeitungsgründe der DSGVO, vor allem die Datenminimierung sowie die Speicherfrist. Ebenso ist der Betroffene über die Weiterverarbeitung nach Art. 14 DSGVO zu informieren.[23]

3.2 Kompatibilität als eigenständige Rechtsgrundlage?

Ungeklärt ist jedoch, ob die Kompatibilitätsprüfung aus Art 6 Abs. 4 DS-GVO eine eigenständige Rechtsgrundlage für die Verarbeitung darstellt (bzw. dann die Rechtsgrundlage der Ursprungsverarbeitung hierzu ausreicht), oder diese nur eine zusätzliche Bedingung für die Zulässigkeit einer Verarbeitung darstellt, während weiterhin eine Rechtsgrundlage i. S. d. Art 6 Abs. 1 DSGVO o.a. bestehen muss.

Für erstere Ansicht spricht der Wortlaut des ErwG 50 der DSGVO, welcher im Fall zu bejahender Kompatibilität der Zwecke den Bedarf einer weiteren Rechtsgrundlage explizit ausschließt.[24] Dagegen führt die Literatur die Systematik und den Wortlaut des Art. 6 Abs. 1 DSGVO auf, wonach eine Verarbeitung grundsätzlich verboten ist, es sei denn, es besteht ein Erlaubnistatbestand i. S. d. der Art. 6 Abs. 1 UAbs. 1 lit. a – lit. f DSGVO. Die Formulierung des ErwG 50 wird hier als redaktioneller Fehler im Laufe der Entstehung der DSGVO gewertet.[25] In ihrem Positionspapier zur Entwicklung und zum Betrieb von KI Systemen formuliert die Datenschutzkonferenz der deutschen Aufsichtsbehörden (DSK), dass Daten zu anderen Zwecken genutzt werden dürfen, sofern „die Voraussetzungen einer Zweckänderung oder eine ausdrückliche Rechtsgrundlage"[26] vorliegt. Dem ist zu entnehmen, dass die DSK davon ausgeht, dass die Erfüllung der Kompatibilitätsprüfung ohne weitere Rechtsgrundlage für die Weiterverarbeitung ausreicht. Dieser Ansicht soll sich in diesem Beitrag angeschlossen werden.

4 Praktische Zulässigkeitsprüfung

4.1 Einteilung der Einzelverarbeitungen im juristischen Sinn

Der Begriff der Verarbeitung ist in Art. 4 Nr. 1 DSGVO legaldefiniert und bezeichnet jeden mit oder ohne Hilfe automatisierte Verfahren ausgeführt-

---

[23] *Heberlein,* in: Ehman/Selmayr, DSGVO, Art. 6 Rn. 54.

[24] ErwG 50 der DSGVO; *Bucher/Petri,* in: Kühling/Buchner, DSGVO, Art. 6 Rn. 181.

[25] *Bucher/Petri,* in: Kühling/Buchner, DSGVO, Art. 6 Rn. 181; *Albrecht,* CR 2016, S. 88 (92).

[26] *DSK,* Positionspapier der DSK zu empfohlenen technischen und organisatorischen Maßnahmen bei der Entwicklung und dem Betrieb von KI-Systemen, S. 9.

ten Vorgang oder jede solche Vorgangsreihe im Zusammenhang mit personenbezogenen Daten.[27] Der Begriff der Verarbeitung ist Anknüpfungspunkt für das Bestehen einer Rechtsgrundlage sowie für die Formulierung des jeweiligen Verarbeitungszwecks. Welche einzelnen Prozessschritte aus Abschnitt 4 hierbei als einzeln zu betrachtende Verarbeitung i. S. d. der DSGVO interpretiert werden, hat demnach zum einen Einfluss auf die Zulässigkeitsprüfung an sich, ist aber vor allem für die in der Kompatibilitätsprüfung verglichenen Verarbeitungszwecke entscheidend.[28]

Eindeutig als einzeln zu betrachtende Verarbeitung ist die der Daten im operativen System. In diesem Beitrag wird deren Zulässigkeit vorausgesetzt. Aufgrund der Vielzahl an verschiedenen potenziellen Datenquellen werden die Daten hier jeweils auf Basis verschiedener Rechtsgrundlagen und vor allem zu einer Vielzahl verschiedener Zwecke verarbeitet. In diesem Beitrag wird vorausgesetzt, dass die Daten für die Verarbeitung im operativen System erhoben wurden, der Zweck der Verarbeitung also den Primärzweck darstellt.

Die Transformation und die Speicherung sind als eine zusammenhängende Verarbeitung zu sehen, da der eine Vorgang ohne den anderen nicht auszuführen ist. Diese Verarbeitung wird im Folgenden verkürzt nur als Zwischenspeicherung bezeichnet. Der Prozess des Zwischenspeicherns und der des hierauf aufbauenden Anwendungsfall, können sowohl jeweils einzeln als Verarbeitung oder als gemeinsame Verarbeitung als Vorgangsreihe interpretiert werden. Entscheidend für zweiteres ist, dass für die entsprechenden Daten bereits ein konkreter Anwendungsfall existiert. Wie in Abschnitt 2.3.2 beschrieben geht es beim Aufbau einer entsprechenden Datenbank gerade darum „Vorarbeit" für potenziell bestehende, jedoch teils noch nicht identifizierte Anwendungsfälle zu leisten. Sofern kein konkreter Anwendungsfall vorliegt, muss die Zwischenspeicherung demnach als in sich geschlossene Verarbeitung betrachtet werden. Bei der Frage der Zulässigkeit der Datenverarbeitung innerhalb der Zwischenspeicherung muss demnach eine Rechtsgrundlage bestehen oder die Zweckkompatibilität mit dem Zweck der Zwischenspeicherung und dem Primärzweck der verschiedenen Datenquellen sichergestellt werden.

---

[27] *Herbst*, in: Kühling/Büchner, DSGVO, Art. 4 Nr. 2 Rn. 12.

[28] *Herbst*, in: Kühling/Büchner, DSGVO, Art. 4 Nr. 2 Rn. 1; vgl. *Bieker/Bremert*, ZD 2020, S. 7 (11).

Aus dem Rechenschaftsprinzip aus Art. 5 Abs. 2 DSGVO folgt, dass die Zulässigkeit der Verarbeitung, d.h. das Vorhandensein einer Rechtsgrundlage oder die bestehende Zweckkompatibilität durch den Verantwortlichen nachgewiesen werden muss.[29]

4.2 Zulässigkeit der Zwischenspeicherung

4.2.1 Rechtgrundlage der Verarbeitung

Grundsätzlich kann die Zwischenspeicherung auch über eine Rechtsgrundlage nach Art. 6 Abs. 1 DSGVO sichergestellt werden, sodass es sich dann nicht um eine Weiterverarbeitung i. S. d. Art 6 Abs. 4 DSGVO handelt. Das Vorliegen dieser ist dann jedoch bereits bei Erhebung sicherzustellen und hierüber zu informieren, da sonst ohne Kompatibilitätsprüfung oder deren negativen Ausgang eine erneute Erhebung der Daten vorausgesetzt wäre.[30] Das Verarbeiten, auf Basis einer Rechtsgrundlage gem. Abs. 1, könnte demnach praktisch nur die Zwischenspeicherung von Daten ab Einführung dieser begründen. Ebenfalls würde dies nur die Verarbeitung der Zwischenspeicherung betreffen und nicht die künftigen Anwendungsfälle, da deren Verarbeitungszweck zum Zeitpunkt noch nicht konkretisiert sind.[31]

4.2.2 Praktische Kompatibilitätsprüfung

Bei der Zwischenspeicherung von Bestandsdaten wird es sich demnach in der Regel um eine Weiterverarbeitung i. S. d. Art. 6 Abs. 4 DSGVO handeln, deren Anforderungen entsprechend erfüllt sein müssen.

Wie bereits in Abschnitt 3.1 dargelegt, umfasst dieser Beitrag keine Anwendungen zu Archiv-, Statistik- oder Forschungszwecken sowie keine, für die anderweitige gesetzliche Erlaubnisse bestehen. Abgesehen hiervon wäre nur bei Vorliegen einer Einwilligung von einer Kompatibilitätsprüfung abzusehen. Dies ist grundsätzlich möglich, jedoch ist das Einholen einer solchen mit erheblichen praktischen Hürden verbunden.[32]

Muss eine Kompatibilitätsprüfung durchgeführt werden, besteht hier die praktische Herausforderung in der Vielzahl und Heterogenität an Primärzwecken. Der Sekundärzweck hingegen lässt sich als Speicherung und Aufbereitung in einer Spezialdatenbank zur zukünftigen Auswertung formulieren. Die Formulierung eines übergreifenden Primärzwecks ist jedoch aufgrund der potenziellen Vielzahl an Datenquellen nicht generell möglich.

---

[29] Etwa *Frentzel*, in: Paal/Pauly, DSGVO, Art. 5 Rn. 50.

[30] Vgl. *Spindler/Dalby*, in: Spindler/Schuster, Recht der elektronischen Medien, Rn. 31.

[31] Zu den Bestimmtheitsanforderung an die Einwilligung siehe etwa *Klement*, in: Simitis/Hornung/Schuster, DSGVO, Art. 7 Rn. 67-71.

[32] Vgl. *Uecker*, ZD 2020, S. 248 (248).

Folglich muss praktisch für jede Datenquelle eine dedizierte Zweckkompatibilitätsprüfung durchgeführt werden. Veranschaulicht werden kann dies anhand der Beispielanwendung aus Abschnitt 2.1. Der Primärzweck der hier verarbeiteten Posteingangsdokumente kann von Schadenanzeigen, Vertragsunterlagen oder allgemeinen Beschwerden potenziell eine unendliche Menge an verschiedenen Zwecken umfassen. Im Falle einer undifferenzierten Speicherung jeglicher Posteingangsdokumente könnte eine zulässige Verarbeitung zum einen so nicht sichergestellt und zum anderen der aus Art. 5. Abs. 2 DSGVO folgende Rechenschaftspflicht nicht nachgekommen werden.

Demnach muss für jede potenzielle Datenquelle eine dedizierte Zweckkompatibilitätsprüfung durchgeführt werden. Der Art. 6 Abs. 4 DSGVO gibt hierfür jedoch weder eine Reihe zwingender noch abschließender Prüfungspunkte vor, sondern gibt lediglich einen Orientierungsrahmen, welche Aspekte bei der Bewertung grundlegend eine Rolle spielen können. Hiervon unabhängig ist demnach immer auch eine überzeugende Argumentation im Einzelfall unter Berücksichtigung individuell angemessener Kriterien möglich, wobei der Abs. 4 hier restriktiv auszulegen ist.[33] Eine solche Einzelfallargumentation ist bei der Einbindung vielfältiger Datenquellen sowohl eine quantitative als auch qualitative Herausforderung. Ohne eine zumindest abstrakt einheitliche Begründungslinie ist es dabei schwierig, die Zweckkompatibilität verschiedener Datenquellen konsistent zu begründen.[34] Um eine geeignete Kompatibilitätsprüfung durchführen zu können, müssen aus Abs. 4 lit. a-e auf den Sachverhalt zugeschnittene Kriterien abstrahiert werden, anhand derer die Primär- und Sekundärzwecke verglichen werden können.

Hierbei sind zwei Arten von Kriterien denkbar. Eine Art von Kriterien muss dabei grundsätzlich unabhängig vom Primärzweck bei Weiterverarbeitung in Form der Zwischenspeicherung vorliegen. Aus diesen Kriterien ergeben sich Anforderungen, welche bei der grundlegenden Architektur der Umsetzung der Zwischenspeicherung implementiert werden müssen. Da diese grundsätzlich gelten, muss bei korrekter Umsetzung die Einhaltung nicht mehr individuell pro Datenquelle geprüft werden. Die zweite Art von Kriterium wiederum ist abhängig von der konkreten Ausprägung des Primärzwecks. Hier müssen in der praktischen Umsetzung Mechanismen implementiert werden, anhand derer die Erfüllung der Voraussetzungen jeweils pro Datenquelle bzw. pro Primärzweck geprüft wird.

---

[33] Vgl. *Bucher/Petri*, in: Kühling/Buchner, DSGVO, Art. 6 Rn. 186.

[34] Vgl. *Dammann*, ZD 2016, S. 307 (313).

4.2.2.1 Primärzweckunabhängige Kriterien

Nach lit. d sollen durch die Weiterverarbeitung für den Betroffenen möglichst keine negativen Folgen entstehen. Risiken hierfür können insbesondere entstehen, sofern der Personenkreis, der Kenntnis über die Daten erlangt, vergrößert oder gar um Dritte erweitert wird, da hier die entstehenden Folgen bedeutend schlechter abgeschätzt werden können.[35] Hiervon ist im Fall der Zwischenspeicherung nicht auszugehen. Da es sich um Bestandsdaten handelt, liegen diese dem Verantwortlichen bereits in seinem Informationssystem vor, wenn auch in anderer Form. Jedoch lässt sich hieraus ableiten, dass technische und organisatorische Maßnahmen (TOM), welche im operativen System umgesetzt werden, ebenso in vergleichbarer Form in der Zwischenspeicherung übertragen werden, um das Risiko unabsichtlicher Datenweitergaben ebenso gering zu halten, und auch innerbetrieblich den Personenkreis, denen die Daten neu zugänglich gemacht werden, zu begrenzen.[36] Dies betrifft im Grunde jegliche TOMs nach Art. 32 DSGVO, welche für die Weiterverarbeitung das Niveau derer, der zum Schutz der Ausgangsdaten umgesetzten, nicht in unangemessener Weise unterschreiten sollten. Ebenso nachteilhaft anzusehen wäre es, wenn dem Betroffenen ein Nachteil bei der Durchsetzung seiner Betroffenenrechte aus Kapitel III DSGVO entsteht. Dies betrifft vor allem das Recht auf Löschung (Art. 17 DSGO), Berichtigung (Art. 16 DSGVO) sowie die Einschränkung der Verarbeitung (Art. 18 DSGVO).[37] Der Aufwand und das Ergebnis für den Betroffenen sollte dabei gleich sein, gleichgültig ob seine personenbezogenen Daten sich im Zwischenspeicher befinden oder nicht.

Folgen, die durch den konkreten Anwendungsfall bestehen, müssen grundsätzlich auch erst bei der hierzu durchzuführenden Zweckkompatibilitätsprüfung berücksichtigt werden. Da hierbei jedoch ebenfalls Anforderungen an die Zwischenspeicherung entstehen können, müssen diese Punkte bereits hier berücksichtigt werden. Der Aufbau einer Zwischenspeicherung, welche schlussendlich für keinen zulässigen Anwendungsfall genutzt werden kann, kann folglich ebenfalls nicht zweckkompatibel sein. Ein wesentlicher Punkt ist hier die Nachvollziehbarkeit von bestimmten Ergebnissen der Anwendung, um ggf. unzulässige Ergebnisse (bspw. Diskriminierung aufgrund von nach AGG unzulässigen Merkmalen) prüfen und ggf.

---

[35] *Buchner/Petri*, in: Kühling/Buchner, DSGVO, Art. 6 Rn. 190.

[36] Vgl. *DSK*, Positionspapier der DSK zu empfohlenen technischen und organisatorischen Maßnahmen bei der Entwicklung und dem Betrieb von KI-Systemen, S. 11; vgl. *Hoeren/Niehoff*, EdpL 2018, S. 308 (313).

[37] Siehe hierzu *Gündel*, ZD 2020, S. 493.

korrigieren zu können. Die Herkunft, Entstehung und Form der zwischen-gespeicherten Daten muss demnach ausreichend nachvollziehbar sein.[38]

Geeignete Garantien wie sie in lit. e erwähnt sind, wie Verschlüsselung oder Pseudonymisierung, können je nach Art der Ausgangsdaten umge-setzt werden, dann jedoch meist für alle Datenquellen umfassend.[39]

4.2.2.2 Primärzweckabhängige Kriterien

Abhängig von der jeweiligen Datenquelle zu betrachten ist die nach lit. c zu beachtende Sensibilität der Daten. Hier sind vor allem besondere Arten von personenbezogenen Daten i. S. d. des Art. 9 DSGVO auszuschließen, sofern die Vorrausetzungen aus § 24 BDSG i. V. m. Art. 9 Abs. 2 DSGVO nicht vorliegen.[40] Doch auch nicht besondere Arten von personenbezoge-nen Daten sind anhand ihrer Sensibilität zu unterscheiden. Ist ein be-stimmtes Maß an Sensibilität überschritten, sollte die Kompatibilitätsprü-fung zu einem negativen Ergebnis führen.

Nach lit. a ist jeder Zusammenhang des Primär- und Sekundärzwecks zu berücksichtigen. Der Sekundärzweck hier, die Speicherung und Aufberei-tung in einer Spezialdatenbank zur zukünftigen Auswertung, setzt jedoch ein zumindest potenzielles Vorhandensein eines zulässigen Anwendungs-fall voraus. Bei einer Zwischenspeicherung ohne jeglichen denkbaren An-wendungsfall dürfte eine logische Verbindung zwischen Primär und Sekun-därzweck nicht mehr begründbar sein und die Kompatibilitätsprüfung demnach negativ ausfallen. Demnach muss für jede Datenquelle ein min-destens abstrakt formulierter denkbarer Anwendungsfall dokumentiert werden.

4.2.3 Technische Umsetzung

Im praktischen Betrieb müssen nun die im vorherigen Abschnitt aufgestell-ten Prüfungskriterien durchgesetzt und dokumentiert werden. Entspre-chende Prüfungen müssen demnach in den betriebswirtschaftlichen und technischen Prozessen integriert werden.[41]

Die in Abschnitt 4.2.2.1 formulierten Kriterien müssen dabei bei der ini-tialen Umsetzung der Datenbank für die Zwischenspeicherung umgesetzt werden. Die Kriterien müssen im Rahmen des Projektmanagement, bei der

---

[38] *DSK*, Positionspapier der DSK zu empfohlenen technischen und organisatorischen Maß-nahmen bei der Entwicklung und dem Betrieb von KI-Systemen, S. 9 f.; vgl. *Hoeren, MMR* 2016, S. 8 (11).

[39] Siehe hierzu *Winter/Battis/Halvani*, ZD 2019, S. 489.

[40] *Bucher/Petri*, in: Kühling/Buchner, DSGVO, Art. 6 Rn. 180; *Herbst*, in: Kühling/Buchner, DSGVO, § 24 Rn. 15.

[41] Zur Datenschutzorientierten Implementierung IT-Dienste siehe *Rösch/Schuster/Waidelich/ Alpers et. al*, ZD 2020, S. 129.

Umsetzung als Anforderungen aufgenommen und bei der Implementierung entsprechend umgesetzt werden.

Technische Anforderungen, die hierbei umgesetzt werden müssen, sind u.a.:

- Nach dem Prozess der Transformation muss eine Verknüpfung des Ausgangsdokuments/der Ausgangsdaten, mit den in der Datenbank gespeicherten Informationen bestehen bleiben. Hierdurch wird die Durchsetzung der Betroffenenrechte, Einhaltung der Speicherfrist sowie die Transparenz der Verarbeitung sichergestellt.

- Die TOMs i. S. d. Art. 32 DSGVO dürfen auch für die Daten in der Datenbank diejenigen, welche für die Ausgangsdokumente umgesetzt werden, nicht unterschreiten. Dies betrifft vor allem Maßnahmen zur Zugriffs- und Zugangskontrolle. Entsprechende Berechtigungssysteme müssen daher auch in der neu geschaffenen Datenbank umgesetzt werden.

Die in Abschnitt 4.2.2.2 formulierten Kriterien hingegen sind im Tagesgeschäft zu prüfen. Hierzu muss ein Prozess geschaffen werden, der jedes Mal, wenn eine neue Datenquelle in die Datenbank aufgenommen werden soll angestoßen werden muss. Dieser muss u.a. beinhalten:

- Es muss ein System implementiert werden, welches die Sensibilität der Ausgangsdaten bewertet. Da dies ein aufwändiger Vorgang ist, lohnt es sich, auf ggf. vorhandene Systeme zurückzugreifen. Grundsätzlich sollten auch für die Ausgangsdokumente bereits angemessene TOMs umgesetzt sein, wozu auch entsprechende Berechtigungs- und Zugriffskonzepte, wie z.B. Bestimmung von Leserechten zu bestimmten Daten, zählen können. Bei der Umsetzung solcher Berechtigungskonzepte sollte bereits die Sensibilität der Daten berücksichtigt sein, sodass auf diese Einschätzung auch für die Kompatibilitätsprüfung zurückgegriffen werden kann. Dies setzt natürlich voraus, dass die hier stattgefundene Einschätzung in geeigneter Form stattgefunden hat, da sonst hier entstandene Fehleinschätzung übernommen werden.

- Des Weiteren muss für die jeweilige Datenquelle zumindest ein abstrakter Anwendungsfall formuliert werden. Dieser ist entsprechend zu dokumentieren.

5 Fazit

Aufgrund der erforderlichen Zweckkompatibilität bei der Weiterverarbeitung von Bestandsdaten ergeben sich sowohl an die grundlegende Architektur einer Datenbanklösung zur Zwischenspeicherung als auch bei der

Einbindung entsprechender Datenquellen Anforderungen, die sowohl technisch als auch organisatorisch umgesetzt werden müssen. Aufgrund der Vielzahl und Heterogenität der Verarbeitungszwecke der Ausgangsdaten, ist eine individuelle Argumentation der Zweckkompatibilität schwerlich möglich, sodass die Aufstellung abstrakter Kriterien nötig ist.

Literatur

Albrecht, Jan Philipp: Das neue EU-Datenschutzrecht – von der Richtlinie zur Verordnung, CR 2016, S. 88-98.

Bieker, Felix/Bemert, Benjamin: Identifizierung von Risiken für die Grundrechte von Individuen, ZD 2020, S. 7-14.

Bitter, Phili/Uphues, Steffen: Finanzen und Versicherungen, in: Barbara Kolany-Raiser/Reinhard Heil/Carsten Orwat/Thomas Hoeren (Hrsg.), Big Data, München 2019, S. 71-122.

Culik, Nicolai/Döpke, Christian: Zweckbindungsgrundsatz gegen unkontrollierten Einsatz von Big Data-Anwendungen, ZD 2017, S. 226-230.

Dammann, Ulrich: Erfolge und Defizite der EU-Datenschutzgrundverordnung – Erwarteter Fortschritt, Schwächen und überraschende Innovationen, ZD 2016, S. 307-314.

Dukino, Claudia/Friedrich, Michaela/Ganz, Walter/Hämmerle Moritz/Kötter, Falko/Meiren, Thomas/Neuhüttler, Jens/Renner, Thomas/Sven, Schuler/Zaiser, Helmut: Künstliche Intelligenz in der Unternehmenspraxis, Stuttgart 2019.

Ehmann, Eugen/Selmayr, Martin (Hrsg.): Datenschutz-Grundverordnung (DSGVO), Kommentar, 2. Aufl., München 2018.

Gola, Peter/Heckmann Dirk (Hrsg.): Datenschutz-Grundverordnung (DSGVO), Kommentar, 13. Aufl., München 2020.

Gündel, Achim: Ermittlung des Löschbedarfs bei unstrukturierten Datenbeständen, ZD 2020, S. 493-498.

Hoeren, Thomas/Niehoff, Maurice: Artificial Intelligence in Medical Diagnoses and the Right to Explanation, EdpL 2018, S. 308-319.

Hoeren, Thomas: Thesen zum Verhältnis von Big Data und Datenqualität, MMR 2016, S. 8-12.

Kirste, Moritz/Schürholz, Martin: Eintwicklungswege für KI, in: Juergen Wittpahl, (Hrsg), Künstliche Intelligenz, Heidelberg Berlin 2019, S. 21-35.

Klostermann, Olaf/O'Leary, Joseph/Merz, Matthias/Klein, Robert: Praxishandbuch SAP BW, Bonn 2015.

Kolany-Raiser, Barbara/Heil, Reinhard/Orwat Carsten/Hoeren, Thomas (Hrsg.): Big Data, München 2019.

Kühling, Jürgen/Buchner Benedigt (Hrsg.): Datenschutz-Grundverordnung/ Bundesdatenschutzgesetz (DSGVO BDSG), Kommentar, 2. Aufl., München 2018.

Maheshwari, Anil: Business Intelligence and Data Mining, New York 2014.

Matejek, Michael/Mäusezahl, Steffen: Gewöhnliche vs. sensible personenbezogene Daten, ZD 2019, S. 551-556.

Moore, Gorden: Cramming more components onto integrated circuits, Electronics 1965, S. 114-117.

Paal, Boris/Pauly, Daniel (Hrsg.): Datenschutz-Grundverordnung Bundesdatenschutzgesetz (DSGVO BDSG), Kommentar, 2. Aufl., München 2018.

Paal, Boris/Hennemann, Moritz: Big Data im Recht, NJW 2017, S. 1697-1701.

Rösch, Daniel/Schuster, Thomas/Waidelich, Lukas/Alpers, Sascha/Beskorovajnov, Wasilij/Gröll, Roland/Tran, Hoa: Muster zur datenschutzorientierten Implementierung von IT-Diensten, ZD 2020, S. 129-135.

Saporta, Gilbert: Conventional Data Analysis Methods to Big Data Analytics, in: Marine Corlosquet-Habart/Jaques Janssen, Big Data for Insurance Companies, London 2018, S. 27-41.

Schmidhuber, Juergen: Deep Learning in Neural Networks: An Overview, Neural Networks 2015, S. 85-117.

Schürholz, Martin/Spitzner, Eike Christian: Hardware für KI, in: Juergen Wittpahl: Künstliche Intelligenz, Berlin Heidelberg 2019, S. 21-35.

Simitis, Spiros/Hornung, Gerrit/Spiecker gen. Döhmann, Indra (Hrsg): Datenschutzrecht (DSGVO BDSG), Baden-Baden 2019.

Spindler Gerald/Schuster, Fabian (Hrsg.): Recht der elektronischen Medien, 4. Aufl., München 2019.

Sydow, Gernot (Hrsg.): Europäische Datenschutzgrundverordnung (DSGVO), 2. Aufl., Baden-Baden 2018.

Uecker, Philip: Die Einwilligung im Datenschutzrecht und ihre Alternativen, ZD 2020, S. 248-251.

Vijayarani, S./Sakila, A.: Performance Comparison of OCR Tools, IJU 2015, S. 19-30.

Weizenbaum, Joseph: Die Macht der Computer und die Ohnmacht der Vernunft, Frankfurt/M. 1978.

Winter, Christian/Battis, Battis/Halvani, Oren: Herausforderungen für die Anonymisierung von Daten, ZD 2019, S. 489-493.

DIE VERKNÜPFUNG VON DATENBANKEN – EINE ANALYSE AUS DATENSCHUTZRECHTLICHER SICHT

Marlene Delventhal/Marten Gerjets/Kai Korte/Nelli Schlee/
Jonathan Stoklas

Institut für Rechtsinformatik
sekretariat@iri.uni-hannover.de

Zusammenfassung

Die Verknüpfung von Datenbanken ist ein immer wichtiger werdendes Mittel, um die Potentiale moderner IT-Systeme voll ausnutzen zu können. Gleichzeitig wird dabei der u.a. durch die DSGVO und JI-RL garantierte Schutz personenbezogener Daten zunehmend aufgeweicht. Dies erhöht das Risiko für Betroffene, in ihren Grundrechten verletzt zu werden. Der Beitrag befasst sich mit den datenschutzrechtlichen Implikationen interoperabler Systeme anhand von drei beispielhaften Bereichen: Im Rahmen der gemeinsamen europäischen Sicherheitspolitik, auf nationaler Ebene durch Behörden in Deutschland, und im privatwirtschaftlichen Bereich.

1 Einleitung

Große Datensätze haben sich zu Begehrlichkeiten entwickelt, spätestens seitdem die technischen Komponenten ausreichend Rechenleistung und effiziente Algorithmen zur Auswertung bieten. Bisher lag der Schwerpunkt insbesondere auf der Analyse der eigenen Datensätze (Stichwort: Big Data), mit der Intention die eigenen Systeme zu optimieren.

Dieser Ansatz scheint sich verstärkt zu wandeln, da die eigenen Datensätze in der Regel nur eine begrenzte Informationsmenge beinhalten; zur weiteren Optimierung der Datenverarbeitung, z.B. durch KI oder zur Berechnung von Vorhersagen, würde jedoch eine hohe Anzahl verschiedener Daten in höchstmöglicher Qualität benötigt. Die Verknüpfung von Daten aus unterschiedlichen Datensätzen bietet hier eine Möglichkeit, den Datenbestand zu verbessern. Gleichzeitig steigt das Risiko der Datenverarbeitung für das einzelne Individuum erheblich. Dieser Beitrag soll insbesondere die datenschutzrechtlichen Implikationen der Interoperabilität von Datenbanken erläutern. Dabei werden exemplarisch verschiedene Bereiche analysiert: Sicherheit und Migration auf EU-Ebene, Sicherheits-Systeme in Deutschland, sowie der privatwirtschaftliche Bereich.

2 EU-Sicherheitspolitik: Der Informationsaustausch und die Verknüpfung von EU-Informationssystemen

2.1 Problemaufriss

Insbesondere mit Blick auf die sicherheitspolitischen Bedrohungen der vergangenen Jahre kam es zu einer Vielzahl an Reformen innerhalb der Europäischen Union, um die Sicherheitsbehörden bestmöglich aufzustellen. So wurden zunächst neue EU-Systeme etabliert, wie etwa das Entry-/Exit-System (EES), das European Travel Information and Authorization System (ETIAS) sowie ein reformiertes Europäisches Strafregisterinformationssystem für Drittstaat-Angehörige (ECRIS-TCN). Darüber hinaus wurde durch neue Verordnungen auch der Informationsaustausch zwischen den Sicherheitsbehörden gestärkt. Das nachfolgende Kapitel soll einen Überblick über einige der damit einhergehenden Änderungen bieten und die datenschutzrechtlichen Aspekte analysieren.

2.2 Die Interoperabilitäts-Verordnungen

2.2.1 Allgemeines

Der Europäische Gesetzgeber hat am 20.5.2019 zwei Verordnungen erlassen, die die Interoperabilität zwischen den verschiedenen EU-Informationssystemen stärken sollen: VO (EU) 2019/817 (Grenzen und Visa) sowie VO (EU) 2019/818 (polizeiliche und justizielle Zusammenarbeit). Die Verordnungen scheinen auf den ersten Blick zwei komplett unterschiedliche Anwendungsbereiche zu adressieren, dennoch besteht strukturell eine deutliche Nähe, viele Formulierungen sind auch wortgleich.[1] Insofern sind auch die vorgeschlagenen Ansätze zur Stärkung der Interoperabilität gleich: Sie sehen beide die Einrichtung der nachfolgend vorgestellten Funktionalitäten vor, die jeweils aus einer zentralen Infrastruktur und einem sicheren Kommunikationsnetz zwischen den involvierten Stellen bestehen.

2.2.2 Das Europäische Suchportal

Gemäß Art. 6 Abs. 1 soll das ESP den Sicherheitsbehörden einen „raschen, unterbrechungsfreien, effizienten, systematischen und kontrollierten Zugang" zu den EU-Informationssystemen, den Europol-Daten und den Interpol-Datenbanken ermöglichen. Das ESP ermöglicht die gleichzeitige Abfrage des EES, des VIS, des ETIAS, von Eurodac, des SIS, des ECRIS-TCN, der Europol-Daten und der Interpol-Datenbanken.[2] Die Berechtigung, das ESP zu nutzen ergibt sich aus Art. 7 der Verordnungen. Dabei werden so-

---

[1] Soweit nicht anders angegeben, beziehen sich Verweise auf die Rechtstexte jeweils auf beide Verordnungen („Interoperabilitäts-VOen").

[2] Art. 6 Abs. 2 der Interoperabilitäts-VOen.

wohl die zugriffsberechtigten Stellen festgelegt (Abs. 1), als auch die Zwecke, für die eine Abfrage erfolgen darf (Abs. 2-5). Das ESP sieht dabei auch die Nutzung eines Rollenkonzeptes vor: Um unterschiedliche Zugriffsberechtigungen auf die angebundenen Systeme abzubilden, werden Benutzerprofile angelegt.[3] Das Verfahren für Abfragen im ESP sieht vor, dass Nutzer alphanumerische und/oder biometrische Daten in das ESP eingeben,[4] auf deren Basis das ESP sodann, nach Maßgabe des jeweiligen Benutzerprofils, die Datenbestände durchsucht. Bezüglich der Abfragekategorien verweisen die Verordnungen auf die bereits bestehenden Rechtsinstrumente, ohne die Abfragemöglichkeiten in Bezug auf die genutzten Kategorien zu erweitern.

2.2.3 Der gemeinsame Dienst für den Abgleich biometrischer Daten

Der gemeinsame Dienst für den Abgleich biometrischer Daten (Shared Biometric Matching Servive, kurz "BMS") soll den Abgleich biometrischer Templates über verschiedene Systeme hinweg ermöglichen, insbesondere dem neu anzulegenden gemeinsamen Identitätsregister (CIR) und dem Schengener Informationssystem (SIS).[5] Ferner sollen die Ziele anderer EU-Systeme - insbesondere EES, Visa-Informationssystem (VIS), Eurodac, E-CRIS-TCN – unterstützt werden. Das BMS soll dabei die die einzelnen Zentralsysteme des EES, VIS, SIS und von Eurodac sowie ECRIS-TCN für die Verarbeitung biometrischer Templates ersetzen.[6] Die Templates werden dabei logisch voneinander getrennt nach den EU-Systemen, aus denen sie stammen, gespeichert.[7] Die zu speichernden Daten ergeben sich aus Art. 13 Abs. 1 der Interoperabilitäts-VO, wo auf bereits existierende Rechtsgrundlagen verwiesen wird. In der Regel handelt es sich bei den zu erfassenden Daten um Fingerabdrücke sowie biometrische Gesichtsbilder. Zur Abfrage biometrischer Daten in CIR und SIS sollen sodann diese im gemeinsamen BMS gespeicherten Templates verwendet werden.[8]

2.2.4 Das gemeinsame Identitätsregister

Das gemeinsame Identitätsregister verfolgt den Zweck, für jede in EES, VIS, ETIAS, Eurodac oder ECRIS-TCN erfasste Person eine individuelle Datei anzulegen.[9] Wie das BMS soll das CIR die einzelnen oben genannten

---

[3] Art. 8 der Interoperabilitäts-VOen.

[4] Art. 9 Abs. 1 der Interoperabilitäts-VOen.

[5] Art. 12 Abs. 1 der Interoperabilitäts-VOen.

[6] Art. 12 Abs. 2 lit. a Interoperabilitäts-VOen.

[7] Art. 13 Abs. 1 der Interoperabilitäts-VOen.

[8] Art. 14 Abs. 1 der Interoperabilitäts-VOen.

[9] Art. 17 Abs. 1 S. 1 der Interoperabilitäts-VOen.

Zentralsysteme insoweit ersetzen, als dort jeweils die in Art. 18 der Interoperabilitäts-VOen genannten Daten gespeichert werden.[10] Zu den zu speichernden Informationen gehören insbesondere Name und ggf. frühere Namen, Geburtsdatum und -ort, Staatsangehörigkeit(en), Geschlecht, ggf. Pseudonyme und/oder Aliasnamen sowie ggf. Informationen zu Reisedokumenten, sowie ggf. biometrische Daten. Art. 20 der Interoperabilitäts-VO enthält Vorgaben, wie der Zugang zum CIR gestaltet ist. Zu den in Abs. 1 genannten Zwecken (z.B., wenn Zweifel an der Identität einer Person vorliegen) darf eine Abfrage des CIR anhand der biometrischen Daten oder Identitätsdaten in Verbindung mit Reisedokumentendaten erfolgen.[11] Ferner darf es im Falle von Naturkatastrophen, Unfällen oder Terroranschlägen nicht identifizierbarer Personen[12] sowie zur Aufdeckung etwaiger Mehrfachidentitäten[13] und zur Verhinderung, Aufdeckung oder Untersuchung von terroristischen oder sonstigen schweren Straftaten genutzt werden.[14]

Das CIR wird darüber hinaus durch einen Detektor für Mehrfachidentitäten (MID) unterstützt. Die Prüfung ist unter den Voraussetzungen des Art. 27 der Interoperabilitäts-VO möglich und erfolgt zweistufig (automatisiert und im Falle von Unstimmigkeiten manuell). Die Ergebnisse werden in Farb-Codes klassifiziert.[15]

2.2.5 Datenschutzrechtliche Implikationen

Die angestrebte Interoperabilität der EU-Informationssysteme zieht diverse datenschutzrechtliche Implikationen nach sich. Allerdings ist in den Verordnungen durchaus erkennbar, dass der Gesetzgeber bemüht war, dem Datenschutz einen hohen Wert beizumessen.

Der Grundsatz der Zweckbindung stellt einen Eckpfeiler des Datenschutzrechts dar.[16] Dabei ist zwischen der Zweckfestlegung und der Zweckbindung im engeren Sinne – also dem Verbot der Verarbeitung zu Zwecken, die mit dem Erhebungszweck unvereinbar sind – zu unterscheiden.[17] Wie in den vorherigen Kapiteln dargestellt wurde, beinhalten die für die jewei-

---

[10] Art. 17 Abs. 2 der Interoperabilitäts-VOen.

[11] Art. 20 Abs. 2 und 3 der Interoperabilitäts-VOen.

[12] Art. 20 Abs. 4 der Interoperabilitäts-VOen.

[13] Art. 21 der Interoperabilitäts-VOen.

[14] Art. 22 der Interoperabilitäts-VOen.

[15] Vgl. Art. 30 – 33 der Interoperabilitäts-VOen.

[16] *Schantz*, in: Wolff/Brink, BeckOK Datenschutzrecht, Art. 5 Rn. 12.

[17] Ebd.

ligen Systeme geltenden Vorschriften bereits Klauseln zur Zweckbindung.[18] Dies kann jedoch nicht darüber hinwegtäuschen, dass vorliegend bereits erhobene Daten verknüpft werden sollen. Im Zeitpunkt der Erhebung war mitunter der nunmehr verfolgte Zweck noch nicht gegeben, sodass die ursprünglichen Erwägungen zur Zweckbindung, die den jeweiligen Rechtsinstrumenten zugrunde lagen, unterlaufen werden. Dies stellt jedoch kein absolutes Hindernis dar. So sieht beispielsweise die DSGVO eine Zweckänderung explizit vor, wenn eine Kompatibilität der Zwecke gegeben ist.[19] Wenn eine Zweckänderung bereits auf Basis einer Abwägung des Verantwortlichen möglich ist, muss dies umso mehr für den Gesetzgeber gelten. Entscheidend ist jedoch, dass die neuen Verarbeitungszwecke auch der Zweckbindung im engeren Sinne entsprechen, also Kompatibilität gegeben ist. Dies dürfte vorliegend anzunehmen sein: Die Zwecke der Interoperabilitäts-VO decken sich soweit denen der Systeme, die verknüpft werden sollen.

Als weitere datenschutzrechtliche Garantie sehen die Verordnungen vor, dass über die Abfragen von ESP, BMS und CIR Protokolle geführt werden.[20] Für das CIR, das im Vergleich zu ESP und BMS die wohl weitgehendste Verarbeitung personenbezogener Daten vorsieht, gelten dabei erweitere Protokollpflichten, die neben abfragender Stelle, Zeitstempel und Zweck der Abfrage auch die Art der für die Abfrage verwendeten Daten sowie die Ergebnisse der Abfrage erfassen. Die erstellten Protokolle werden für ein Jahr vorgehalten und sollen dabei ausschließlich der datenschutzrechtlichen Kontrolle dienen, einschließlich der Prüfung der Zulässigkeit einer Abfrage und der Rechtmäßigkeit der Datenverarbeitung sowie zur Sicherstellung der Datensicherheit und -integrität.[21] Die Verordnungen enthalten zudem Anforderungen an die Datenqualität. Damit wird der Kritik der Art. 29-Datenschutzgruppe Rechnung getragen, wonach insbesondere bei minderer Qualität biometrischer Daten zur Erzeugung von Templates[22] Insgesamt dürfte eine Konsolidierung der Datenbestände sogar dazu führen, dass unrichtige Daten besser erkannt und korrigiert werden können.

In Art. 39 der Verordnungen ist zudem die Schaffung eines Speichers für Berichte und Statistiken (CRRS) vorgesehen, in dem anonymisierte Informationen enthalten sein sollen, um Statistiken sowie analytische Berichte für politische und operative Zwecke sowie für die Zwecke der Datenqualität

---

[18] Vgl. z.B. jeweils Art. 7, 14 und 20 der Interoperabilitäts-VOen.

[19] Siehe Art. 6 Abs. 4 DSGVO.

[20] Art. 10, 16 und 24 der Interoperabilitäts-VOen.

[21] Art. 24 Abs. 7 der Interoperabilitäts-VOen.

[22] Art. 29 WP, Opinion on Commission proposals on establishing a framework for interoperability – wp266, S. 7.

bereitzustellen. Dies schafft die Voraussetzung, die Effektivität der neuen Systeme messen und die Rechtsinstrumente ggf. nachjustieren zu können.

Zuletzt enthält Kapitel VII der Verordnungen explizite datenschutzrechtliche Regelungen: Mit Blick auf die Verantwortlichkeit wird für den Betrieb von BMS und CIR durch Verweis auf andere Rechtsgrundlagen auf die jeweils dort genannten verantwortlichen mitgliedstaatlichen Behörden verwiesen.[23] Die technisch zuständige Behörde eu-LISA wird zur Auftragsverarbeiterin deklariert.[24] Während eine gesetzliche Zuweisung der Verantwortlichkeiten mit Blick auf die Verfügbarkeit datenschutzrechtlicher Definitionen[25] zunächst seltsam anmuten mag, ist eine klare Zuweisung durchaus wünschenswert: Gerade bei interoperablen Systemen ist es für die betroffene Person sonst durchaus schwierig, etwa Betroffenenrechte geltend zu machen. Da die Verordnungen jedoch nur Verweise auf die nach anderen Rechtsinstrumenten zuständigen Stellen enthalten, ergibt sich ein insgesamt sehr schwammiges und undurchsichtiges Bild. Bezüglich der Betroffenenrechte finden sich keine nennenswerten Einschränkungen in den Verordnungen, vielmehr wird auf die DSGVO und die JI-Richtlinie verwiesen.[26] Um die effiziente Wahrnehmung von Betroffenenrechten trotz der undurchsichtigen Lage bzgl. der Verantwortlichen zu ermöglichen, soll ein Web-Portal eingerichtet werden, das die Ausübung von Betroffenenrechten erleichtert.[27]

Ferner enthalten die Verordnungen Vorgaben zur IT-Sicherheit, zu Sicherheitsvorfällen, zur Eigenkontrolle, zu Sanktionen,[28] sowie zur Haftung gegenüber Betroffenen für Verstöße. Außerdem erfolgt eine Kontrolle durch die Aufsichtsbehörden[29] und den Europäischen Datenschutzbeauftragten. Hierbei sind die Verarbeitungsvorgänge nach den einschlägigen internationalen Prüfungsstandards mindestens alle vier Jahre neu zu bewerten. Der daraus resultierende Prüfbericht des Europäischen Datenschutzbeauftragten wird unter anderem dem Europäischen Parlament, dem Rat und der Kommission vorgelegt.[30] Die Interoperabilitäts-Verordnungen enthalten neben neuen Möglichkeiten zur Verarbeitung personenbezogener Daten auch verschiedene Mechanismen zur Stärkung des Datenschutzes,

---

[23] Art. 40 der Interoperabilitäts-VOen.

[24] Art. 41 der Interoperabilitäts-VOen.

[25] Vgl. Art. 4 Nr. 7 und 8 der DSGVO; sowie Art. 3 Nr. 8 und 9 der JI-Richtlinie.

[26] Siehe Art. 47 und 48 der Interoperabilitäts-VOen.

[27] Art. 49 der Interoperabilitäts-VOen.

[28] Art. 45 der Interoperabilitäts-VOen.

[29] Art. 51 der Interoperabilitäts-VOen.

[30] Vgl. Zu diesem Abschnitt die Art. 42-46 sowie 51, 42 der Interoperabilitäts-VOen.

was, ebenso die fortlaufende Evaluation der Systeme, grundsätzlich zu begrüßen ist. Gleichwohl stellt sich die Frage nach der übergeordneten Verhältnismäßigkeit.[31] Der tatsächliche Nutzen dieser Systeme lässt sich im Vorfeld kaum abschätzen. Gleichzeitig scheint es unwahrscheinlich, dass – nachdem diese Systeme einmal etabliert wurden – nennenswerte Anpassungen erfolgen. Auch mit Blick auf die Vielzahl der Reformen im Bereich der Sicherheit und Grenzkontrollen sind weitere Verschärfungen in diesem Bereich kritisch zu betrachten.

3 Der Informationsaustausch und die Verknüpfung von behördlichen Datenbanken auf nationaler Ebene

3.1 Problemaufriss

Im öffentlich-rechtlichen Bereich stellen Daten und Datenbanken bereits seit Jahrzehnten eine wichtige Entscheidungsgrundlage dar. Die Nutzung von IT-Systemen und die damit einhergehenden verbesserten Möglichkeiten zur Verarbeitung personenbezogener Daten erhöht jedoch auch das Risiko eines unsachgemäßen oder unnötigen Gebrauchs.[32] Das nachfolgende Kapitel soll dabei zwei aktuelle Entwicklungen bezüglich Interoperabilität bei deutschen Behörden aus datenschutzrechtlicher Sicht näher beleuchten: Das Ausländerzentralregister (AZR), für das u.a. die Hürden für andere Behörden, auf die im AZR gespeicherten Daten zuzugreifen zu können, gesenkt wurden,[33] sowie die Datenbanken der Polizeibehörden, die über das Informationsnetz Polizei (INPOL) ebenfalls stark verknüpft sind.

3.2 Das "Informationsnetz Polizei"

Zur Erfüllung ihrer gesetzlichen Aufgaben unterhält die Polizei ein überregionales Informationssystem (Informationsnetz Polizei, kurz INPOL), welches vom Bundeskriminalamt (BKA) betrieben wird. Dabei handelt es sich um eine länderübergreifende Datenbank bzw. Verbunddatei,[34] welche insbesondere aus Personen- und Sachfahndungsdateien, Haftdateien, Kriminalaktennachweisen, DNA-Analyse-Dateien sowie Dateien, die erkennungsdienstliche Daten beinhalten, besteht und auf die neben dem BKA,

---

[31] So auch Art. 29 WP, Opinion on Commission proposals on establishing a framework for interoperability – wp266.

[32] Vgl. zu § 10 BDSG a. F. *Ehmann,* in: Simitis, Bundesdatenschutzgesetz, § 10 Rn. 3.

[33] *Hofmann,* in: Taeger, Die Macht der Daten und der Algorithmen, S. 639 (643).

[34] Abzugrenzen davon sind die Zentral- und Amtsdateien. Bei der Zentraldatei werden die Daten nur vom BKA eingegeben, bei Amtsdateien handelt es sich um interne Dateien des BKA die zur Erfüllung von spezifischen Aufgaben geführt werden, vgl. dazu *Kehr,* Datei Gewalttäter Sport, S. 58.

auch die Bundespolizei, die Zollbehörden und die Landespolizeidienststellen Zugriff haben.[35] Die Besonderheit besteht darin, dass z.b. die von den Ländern in eigener Zuständigkeit erhobenen Daten dezentral in das Verbundsystem eingespeist werden können und sodann für alle Teilnehmer des Verbundsystems zum Abruf bereitgehalten werden.[36] Problematisch an all diesen Datenbanken sind insbesondere die unterschiedlichen, zum Teil nicht kompatiblen Datenformate, Erhebungsregeln und Eigenentwicklungen.[37] Daneben werden z.t. auch datenschutzrechtliche Anforderungen an die Zweckbindung und Speicherfristen problematisiert. Aus diesen Gründen verständigten sich die Innenministerien der Länder und des Bundes u.a. auf das „Polizei 2020"-Programm, welches das polizeiliche Verbundsystem reformieren soll.[38] Im Rahmen des Projekts wurde die Einrichtung des Polizeilichen Informations- und Analyseverbund (PIAV) beschlossen, welcher bis dato als Teil des INPOL-Verbundes betrieben wird und aus einer operativen und strategischen Komponente besteht, welche zu einem umfangreichen Datenaustausch zwischen den polizeilichen Behörden insbesondere zum Zwecke der Aufklärung von überregionalen Straftaten werden soll[39] Durch das Projekt „Polizei 2020" soll dem Ziel einer Interoperabilität staatlicher Datenbanken – auch mit Verknüpfung von Datenbeständen aus europäischen Polizei- und Migrationsdatenbanken[40] - nähergekommen werden.

---

[35] https://www.bka.de/DE/UnsereAufgaben/Ermittlungsunterstuetzung/ElektronischeFahndungsInformationssysteme/polizeilicheInformationssysteme_node.html, (abgerufen 26.6.20).

[36] *Kehr*, Datei Gewalttäter Sport, S. 57 f.

[37] *Aden/Fährmann*, ZRP 2019, S. 175 (177); https://www.bmi.bund.de/DE/th emen/sicherheit/nationale-und-internationale-zusammenarbeit/polizei-2020/polizei-2020-node.html (abgerufen 22.6.20).

[38] *Aden/Fährmann*, ZRP 2019, S. 175 (177); https://www.bmi.bund.de/Share dDocs/downloads/DE/veroeffentlichungen/2018/polizei-2020-white-paper.pdf;jsessionid=9F4D420 FC5D6360F870802D5C96A3C52.1_cid364?__blob=publicationFile&v=1, S. 2 (abgerufen 28.6.20).

[39] *Aden/Fährmann*, ZRP 2019, S. 175 (177); https://www.bka.de/DE/UnsereAufgaben/Ermi ttlungsunterstuetzung/ElektronischeFahdungsInformationssysteme/polizeilicheInform ationssysteme_node.html (abgerufen 26.6.20).

[40] Siehe auch Kapitel 2.2, VO 2019/817, und VO 2019/818.

3.2.1 Rechtsgrundlagen der Datenverarbeitung

Die Rechtmäßigkeit der Verarbeitung von Daten in polizeilichen Datenbanken richtet sich nach spezialgesetzlichen Normen.[41] Das INPOL wird durch das BKA betrieben. Da das BKA i. S. d. § 2 Abs. 1 BKAG als Zentralstelle für das polizeiliche Auskunfts- und Nachrichtenwesen und für die Kriminalpolizei die Polizeibehörden des Bundes und der Länder fungiert, unterstützt es diese bei der Verhütung und Verfolgung von Straftaten mit länderübergreifender, erheblicher, aber auch internationaler Bedeutung. Als Rechtsgrundlage fungieren für das INPOL die § 13 i. V. m. §§ 29, 30 BKAG. Nach § 29 Abs. 1 BKAG ist das BKA im Rahmen seiner Aufgaben nach § 2 Abs. 3 BKAG Zentralstelle für den polizeilichen Informationsverbund zwischen Bund und Ländern und stellt zu diesem Zweck ein einheitliches Verbundsystem zur Verfügung. Grundsätzlich richtet sich die initiale Datenerhebung nach dem für die am Verbund teilnehmende Stelle geltenden Bundes- oder Landesrecht: so enthalten z.B. auch die Regelungen in der Strafprozessordnung (StPO) und im Bundespolizeigesetz (BPolG) Vorgaben zur Datenerhebung.[42] Eine allgemeine Rechtsgrundlage für die Datenverarbeitung findet sich auch, neben partiellen Regelungen zu spezielleren Befugnissen in den Abschnitten 4 bis 8, in § 9 BKAG. Da es sich bei den Dateien im INPOL um Mischdateien handelt, richtet sich die Verarbeitung personenbezogener Daten nach §§ 483 Abs. 3, 484 Abs. 4 StPO und die Rechte der Betroffenen nach dem für die speichernde Stelle geltenden Polizeirecht.[43]

3.2.2 Datenschutzrechtliche Implikationen

Bei der Verarbeitung von personenbezogenen Daten in nationalen öffentlich-rechtlichen Datenbanken sind die Grundsätze der Verarbeitung zu beachten. Durch die Verknüpfungen von Datenbanken und der damit einhergehenden Weiterverarbeitung könnte dem Grundsatz der Zweckbindung mitunter nicht immer gerecht werden: in erster Linie muss nämlich die

---

[41] Neben diesen spezialgesetzlichen Normen finden subsidiär jedoch auch die allgemeinen datenschutzrechtlichen Normen Anwendung. Hier stellt sich jedoch die Frage nach dem konkret anwendbaren Rechtsrahmen: Insbesondere beim AZRG verarbeiten nämlich sowohl Sicherheitsbehörden, die eigentlich dem Anwendungsbereich der JI-Richtlinie unterlägen, als auch andere Behörden (z.B. das BAMF), die dem Anwendungsbereich der DSGVO unterliegen, personenbezogene Daten. Daher ist im Einzelfall fraglich, ob die DSGVO, das BDSG oder Anwendung finden. Für den vorliegenden Beitrag, der sich auf die datenschutzrechtlichen Garantien in den zugrundeliegenden Rechtsgrundlagen beschränkt, ist diese Unterscheidung jedoch zunächst nicht relevant, sodass auf weitere Ausführungen verzichtet wird.

[42] WD 3 – 3000 – 063/19, S. 4, https://www.bundestag.de/resource/blob/648408/e063928 03509a6ef4fc8f434a3affbf5/WD-3-063-19-pdf-data.pdf (abgerufen 29.6.20).

[43] WD 3 – 3000 – 063/19, S. 4, https://www.bundestag.de/resource/blob/648408/e063928 03509a6ef4fc8f434a3affbf5/WD-3-063-19-pdf-data.pdf (abgerufen 29.6.20).

zweckändernde Datenverarbeitung von dem Erlaubnistatbestand gedeckt sein.[44] Aufgrund der Tatsache, dass verschiedene Stellen Daten in das IN-POL einspeisen können, ist für die Beurteilung der primären Datenerhebung und deren Zwecke auf die spezialgesetzlichen Rechtsgrundlagen der erhebenden Stelle zu achten.[45] So erheben bspw. die Landespolizeibehörden Daten zu repressiven Zwecken (etwa aufgrund von begangen Straftaten) und speisen diese in der Verbunddatei ein, was zumindest auch einem präventiven Zweck dienen kann und einen weiteren Verarbeitungsschritt darstellt.[46] Im Bereich der polizeilichen Tätigkeiten spielt der Zweckbindungsgrundsatz eine große Rolle: so hatte sich 2016 das Bundesverfassungsgericht[47] bereits mit den verfassungs- und datenschutzrechtlichen Anforderungen an Zweckbindung und Zweckänderung befasst und ausgeführt, dass sich die Anforderungen an die Verarbeitung und insbesondere an die Übermittlung personenbezogener Daten an dem Grundsatz der Zweckbindung messen lassen müssen und die Verhältnismäßigkeitsanforderungen sich am Grundsatz der hypothetischen Datenneuerhebung orientieren müssen.[48] Nach dem Grundsatz der hypothetischen Datenneuerhebung aus § 12 Abs. 1 BKAG können die durch die jeweiligen Stellen selbst erhobenen Daten, zur Erfüllung derselben Aufgabe und zum Schutze derselben Rechtsgüter oder zur Verfolgung oder Verhütung derselben Straftaten grundsätzlich in INPOL weiterverarbeitet werden. Nach § 16 BKAG kann insbesondere das BKA nach Maßgabe des § 12 BKAG personenbezogen Daten im Informationssystem weiterverarbeiten. Jedoch werden durch das BKAG als Garantien Regelungen zur Zugriffsberechtigung aufgestellt sowie Vorgaben zur Weiterverarbeitung und -übermittlung der Daten.[49]

Im Rahmen des „Polizei 2020"-Vorhabens soll deshalb durch die neue Informationsarchitektur den Anforderungen an den Datenschutz Genüge getan werden – etwa durch die vollumfängliche Umsetzung der Anforderungen aus dem Urt. des BVerfG und auch durch eine datenschutzfreund-

---

[44] *Roßnagel,* in: Simitis, Datenschutzrecht, Art. 5 Rn. 96.

[45] Ebd.

[46] Ebd., S. 323.

[47] BVerfG v. 20.4.2016, Az. BvR 966/09, NJW 2016, 1781.

[48] https://www.bmi.bund.de/SharedDocs/downloads/DE/veroeffentlichungen/2018/polizei-2020-white-paper.pdf?__blob=publicationFile&v=1, S. 3 (abgerufen 28.6.20); kritisch zur Frage der Zweckbindung *Aden/Fährmann,* ZRP 2019, S. 175 (177 f.); https://www.bfdi.bund.de/SharedDocs/Publikationen/GesetzeVerordnungen/BfDIStellungnahme_8075_2017.pdf?__blob=publicationFile&v=2, S. 3 (abgerufen 28.6.20).

[49] Siehe insbesondere Abschnitt 2, Unterabschnitt 2 und 3.

liche technische Umsetzung von Berechtigungskonzepten und damit einhergehender umfassender Protokollierung.[50] Als weitere zentrale Maßnahme soll auch die „Datenhaltung" in den Verbundsystemen optimiert werden: so sind die Daten momentan phänomenologisch in verschiedenen geschlossenen Dateien sortiert, mit der Folge, dass sofern ein Zugriffsrecht besteht, der gesamte Inhalt der jeweiligen Datei eingesehen und verarbeitet werden kann – unabhängig von der Maßnahme.[51] Dieser Umstand ist insbesondere nach dem Urteil des BVerfG und Beachtung des Zweckbindungsgrundsatzes nicht mehr sachgerecht, sodass im Rahmen des „Polizei 2020"-Projekts ein Konzept zur veränderten Datenhaltung vorgestellt wurde.[52] Fraglich ist allerdings, wie dieses Konzept in der Praxis umzusetzen ist und ausgestaltet wird: Mit Hinblick auf die zahlreichen Daten, welche in den polizeilichen Verbundsystemen in verschiedenen Kontexten gespeichert werden, bedarf es einer umfassenden Reformation, insbesondere durch datenschutzfreundliche Technikgestaltung.[53]

Auch der Grundsatz der Datenminimierung, Richtigkeit und Integrität spielen in einem sensiblen Bereich des polizeilichen Informationsaustauschs eine fundamentale Rolle. An dieser Stelle besteht durch das „Polizei 2020"-Projekt für die polizeilichen Verbundsysteme eine bedeutende Chance die Datenqualität zu erhöhen.[54]

Bezüglich der Verantwortlichkeit finden sich in § 31 BKAG spezialgesetzliche Präzisierungen zu der Frage der Verantwortlichkeit. Für das INPOL und die darin gespeicherten Daten trifft die Verantwortung für die Rechtmäßigkeit der Erhebung, die Zulässigkeit der Eingabe und die Richtigkeit und Aktualität der Daten, die Stelle, welche die Daten in die Datenbank eingespeist hat.[55] Die datenschutzrechtliche Verantwortung im automatisierten Abrufverfahren trägt nach § 31 Abs. 2 S. 3 BKAG hingegen die emp-

---

[50] https://www.bmi.bund.de/SharedDocs/downloads/DE/veroeffentlichungen/2018/polze i-2020-white-paper.pdf?__blob=publicationFile&v=1, S. 10 (abgerufen 28.6.20).

[51] Ebd., S. 11.

[52] Ebd., S. 11 ff.

[53] *Aden/Fährmann*, ZRP 2019, S. 175 (178).

[54] Vgl. auch https://www.datenschutzkonferenz-online.de/media/en/Entschließung_99_DS K_TOP%2012_final.pdf (abgerufen 28.6.20).

[55] § 31 Abs. 2 S. 1 BKAG.

fangende Stelle. Das BKA trifft nach diesem Konstrukt der abgestuften Verantwortlichkeit[56] die Schlüsselfunktion für der Überwachung der Einhaltung dieser Vorschriften.[57]

Für die Daten im INPOL gibt es keine festen Löschfristen.[58] Jedoch werden die Daten in regelmäßigen Abständen gelöscht, wobei sich die Höchstspeicherdauer nach der betroffenen Person richten. So werden in der Regel nach den Aussonderungsprüffristen die Daten von Erwachsenen nach zehn Jahren gelöscht, für Jugendliche nach fünf und Kinder nach zwei Jahren.[59] Das Fehlen fester Löschfristen kann zu einem Problem hinsichtlich der Transparenz der Verarbeitung führen.

3.3 Das Ausländerzentralregister

Beim Ausländerzentralregister (AZR) handelt es sich um eine Datenbank, welche mit rund 26 Millionen personenbezogenen Datensätzen zu 10,6 Millionen Menschen,[60] zu den größten automatisierten Registern der öffentlichen Verwaltung der Bundesrepublik zählt.[61] Dabei dient es mehr als 14.000 Behörden und Organisationen „als konstante und innovative Informationsquelle".[62]

Das AZR wird insbesondere hinsichtlich des Datenschutzes vielfach kritisiert. So zeigen sich ebenfalls Probleme mit dem Grundsatz der Zweckbindung. Zwar wird nur eine zentrale Datenbank genutzt, allerdings haben eine größere Anzahl an Behörden Zugriffsmöglichkeiten. Insbesondere erfolgt dabei auch eine Vermischung von Verwaltungsbehörden wie dem BAMF, Aufnahmeeinrichtungen oder der Agentur für Arbeit sowie Sicherheitsbehörden inklusive der Nachrichtendienste.[63] Allein dieser Umstand macht bereits eine genaue Beurteilung der Verarbeitungszwecke schwierig.

---

[56] WD 3 – 3000 – 063/19, S. 7, https://www.bundestag.de/resource/blob/648408/e06392 803509a6ef4fc8f434a3affbf5/WD-3-063-19-pdf-data.pdf (abgerufen 27.6. 20).

[57] § 31 Abs. 1 BKAG.

[58] WD 3 – 3000 – 063/19, S. 8, https://www.bundestag.de/resource/blob/648408/e063928 03509a6ef4fc8f434a3affbf5/WD-3-063-19-pdf-data.pdf, (abgerufen 27.6.20).

[59] § 77 Abs. 1 S. 2 BKAG.

[60] Zur Zulässigkeit der Speicherung s. § 2 AZRG und zu dem allgemeinen Inhalt des Registers § 3 AZRG.

[61] https://www.bva.bund.de/DE/Das-BVA/Aufgaben/A/Auslaenderzentralregister/azr_no de.html (abgerufen 28.6.20); *Hofmann*, in: Taeger, Die Macht der Daten und Algorithmen, S. 639 (641).

[62] https://www.bva.bund.de/DE/Das-BVA/Aufgaben/A/Auslaenderzentra lregister/azrno de.html (abgerufen 24.6.20).

[63] Vgl. § 6 AZRG.

Hinzu kommt, dass nicht in allen Konstellationen der Zweck einer Übermittlung festgelegt werden muss.[64] Bezüglich der Grunddaten muss auch eine Zweckänderung nicht mitgeteilt werden.[65] Auch im automatisierten Verfahren abgerufene Daten sind von der Pflicht, einen Verwendungszweck anzugeben, ausgenommen, sofern es sich um Grunddaten handelt.[66]

Im AZRG findet sich keine Vorschriften hinsichtlich der Datenqualität. Es unterscheidet sich damit auch deutlich von den im vorherigen Kapitel erörterten Interoperabilitäts-VOen, die eine Verbesserung der Datenqualität explizit fordern[67] und unter anderem Datenqualitätskontrollmechanismen vorsehen.[68] Da sich die Struktur des AZR und der europäischen Interoperabilitäts-Lösung durchaus ähnlich sind (viele Stellen, die auf ein zentrales System zugreifen), wären entsprechende Regelungen durch den deutschen Gesetzgeber wünschenswert gewesen.

Auch wirksame Monitoring-Mechanismen sind im AZRG nicht ersichtlich. Zwar werden zur Erstellung von Statistiken Daten an das statistische Bundesamt[69] und die Bundesagentur für Arbeit übermittelt.[70] Diese werden jedoch nicht explizit zur Evaluation des Systems verwendet, anders als etwa in den Interoperabiltitäts-VOen, die eine Statistik für politische und operative Zwecke sowie für die Zwecke der Datenqualität vorsehen.[71] Ein Kontrollmechanismus durch Aufsichtsbehörden ist im AZRG zwar vorgesehen, enthält jedoch keine genaueren Vorgaben über Umfang und Zuständigkeiten. Auch hier hat der europäische Gesetzgeber durchaus engere Vorgaben aufgestellt: So sollen die Systeme mindestens alle vier Jahre nach den einschlägigen internationalen Prüfungsstandards durch den Europäischen Datenschutzbeauftragten evaluiert werden, wobei der Bericht dem Europäischen Parlament, dem Rat, eu-LISA, der Kommission, den Mitgliedstaaten und der betreffenden Stelle der Union übermittelt wird.[72] Wenngleich auch hier durchaus der politische Wille der involvierten Akteure eine gewichtige Rolle spielt, ist jedenfalls die Schaffung eines Mechanismus zur regelmäßi-

---

[64] Beispielsweise bei der Übermittlung von Grunddaten, vgl. § 10 Abs. 1 S. 2 ARZG.

[65] Vgl. § 11 Abs. 1 S. 2 und 3 ARZG.

[66] Vgl. § 22 Abs. 4 ARZG.

[67] Die Verbesserung der Datenqualität ist u.a. Ziel der VO normiert, vgl. Art. 2 Abs. 2 lit. c sowie ErwG 10.

[68] Vgl. Art. 37 sowie die ErwG 48 und 52.

[69] § 23 AZRG.

[70] § 23a AZRG.

[71] Art. 39 der VOen.

[72] Art. 52 der Interoperabilitäts-VOen.

gen Evaluation sinnvoll. Auch werden explizit alle relevanten Aufsichtsbehörden bei Kontrollmaßnahmen involviert.[73] Das AZRG enthält diesbezüglich ebenfalls keine genaueren Ausführungen und verweist stattdessen auf die jeweils für die betreffenden Behörden geltenden Vorschriften des AZRG.[74] Insbesondere für die Zusammenarbeit zwischen Aufsichtsbehörden sind keine weiteren Regelungen enthalten, sodass hier auf die jeweils einschlägigen, allgemeinen Datenschutzgesetze abgestellt werden muss.

4 Interoperabilität von Datenbanken und vergleichbaren Systemen im privatwirtschaftlichen Bereich

Der Interoperabilität kommt auch im privatwirtschaftlichen Bereich, insbesondere bei der Anlage und Verknüpfung von Datenbanken durch große Wirtschaftskonzerne, ein immer größer werdendes Interesse zu. Auch für die Wirksamkeit der zur Eindämmung der Covid-19-Pandemie entwickelten Tracing-Apps als verknüpfbare Systeme, welche neben den Telematik-Tarifen in der KFZ-Versicherung als Praxisbeispiel dienen, ist ein interoperables Daten-Netzwerk unerlässlich.

4.1 Datenschutzrechtliche Anforderungen an Geschäftsmodelle mit der Verknüpfung von Datenbanken de lege lata

4.1.1 Rechtsgrundlagen für Interoperabilität

Für die Eröffnung des Anwendungsbereichs des Datenschutzrechts muss das Herstellen von Interoperabilität bzw. das Abrufen und/oder Verknüpfen von Datenbanken eine Verarbeitung personenbezogener Daten nach Art. 4 Nr. 2 DSGVO darstellen.[75] Sowohl das Abrufen von personenbezogenen Daten[76] als auch das Bearbeiten von Datensätzen für die Herstellung von Interoperabilität sowie das Zusammenführen von Datenbanken stellen

---

[73] Art. 51, 53 der Interoperabilitäts-VOen.

[74] § 39 AZRG.

[75] Vgl. *Arning/Rothkegel*, in: Taeger/Gabel, DSGVO/BDSG, Art. 2 Rn. 58; der sachliche Anwendungsbereich ergibt sich eigentlich aus Art. 2 DSGVO.

[75] *Reimer*, in: Sydow, DSGVO, Art. 4 Rn. 63 f., wobei die Unterscheidung zwischen "Auslesen" (Var. 7) und "Abfragen" (Var. 8) hier dahinstehen kann, da die genannten Varianten letztlich nicht abschließend sind (*"wie* das Erheben, das Erfassen, [...]*"*).

letztlich eine Datenverarbeitung dar, für die eine Rechtsgrundlage erforderlich ist.[77]

Besonders relevanter für die Verknüpfung von Datenbanken im privatwirtschaftlichen Bereich ist dabei die Frage nach der Rechtsgrundlage.[78] Im Falle der Einwilligung der betroffenen Person (Art. 6 Abs. 1 UAbs. 1 lit a, Art. 7 DSGVO) wird regelmäßig nicht von vornherein klar sein, ob eine Verknüpfung stattfinden soll, sodass davon auszugehen ist, dass ohne weitere Mitwirkung der Betroffenen nicht alle Daten zusammengeführt werden können. Damit erscheint es in vielen Fällen sinnvoller, direkt auf Art. 6 Abs. 1 UAbs. 1 lit. f DSGVO abzustellen. Liegt eine Zweckänderung zugrunde, sind zusätzlich (oder auch stattdessen)[79] die Voraussetzungen des Art. 6 Abs. 4 DSGVO zu beachten. Die Zusammenführung muss also dem berechtigten Interesse des Verarbeiters und den Anforderungen des Art. 6 Abs. 4 DSGVO entsprechen. Voraussetzungen von Art. 6 UAbs. 1 Abs. 1 lit. f DSGVO sind, dass die Verarbeitung dem berechtigten Interesse des Verantwortlichen entspricht, dafür erforderlich ist und die Interessen oder Grundrechte und Grundfreiheiten der betroffenen Person nicht überwiegen,[80] wobei berechtigt jedes ideelle oder wirtschaftliche Interesse des Verantwortlichen ist.[81] Dieses muss einzelfallbezogen[82] gegen das der betroffenen Person abgewogen werden.[83] Hierbei sind insbesondere die erhöhten Risiken, die von der Verknüpfung von Datenbanken ausgehen, zu beachten.

---

[77] Das Zusammenführen kann dabei wohl als "Offenlegung" oder als "Organisation" bzw. am wahrscheinlichsten als "Verknüpfung" personenbezogener Daten zu verstehen sein; Letzteres wird als "Zusammenführung" von personenbezogenen Daten verstanden (*Ernst*, in: Paal/Pauly, DSGVO/BDSG, Art. 3 Rn. 21) und kann etwa erfolgen, indem ein Datensatz mit einem anderen zusammengelegt wird (*Arning/Rothkegel*, in: Taeger/Gabel, DSGVO/BDSG, Art. 4 Rn. 92).

[78] Vgl. Art. 6 Abs. 1 DSGVO, Art. 5 Abs. 1 lit. b DSGVO.

[79] So etwa *Roßnagel*, in: Simitis/Hornung/Spiecker gen. Döhmann, Datenschutzrecht, Art. 6 Abs. 4 Rn. 12, nachdem eine zusätzliche Rechtsgrundlage neben Art. 6 Abs. 4 DSGVO nicht nötig ist, wenn der Zweck der Weiterverarbeitung mit dem ursprünglichen Zweck vereinbar ist, a. A. etwa *Buchner/Petri*, in: Kühling/Buchner, DSGVO/BDSG, Art. 6 Rn. 183 f., zum Streit s. *Reimer*, in: Sydow, Europäische Datenschutzgrundverordnung, Art. 5 Rn. 24 f.

[80] *Taeger*, in: Taeger/Gabel, DSGVO/BDSG, Art. 6 Rn. 96.

[81] *Reimer*, in: Sydow, Europäische Datenschutzgrundverordnung, Art. 6.

[82] Daneben stellt sich natürlich immer aufgrund des Grundsatzes der Datenminimierung die Frage, ob die Ziele des Verantwortlichen nicht auch mit pseudonymisierten oder sogar anonymisierten Daten möglich ist.

[83] Ebd., Rn. 58 ff.

Art. 6 Abs. 4 DSGVO postuliert verschiedene andere Anforderungen für die Prüfung, ob der Verarbeitungszweck mit dem ursprünglichen Erhebungszweck vereinbar ist, die sich vor allem um die Vorhersehbarkeit sowie die Sicherung eines gewissen Datenschutzniveaus drehen. Für die verschiedenen Buchstaben kann dabei von einer Art „Je-desto"-Zusammenhang ausgegangen werden, durch den die Prüfung strukturiert wird.[84]

4.1.2 Interoperabilität als Betroffenenrecht

Im Rahmen der Interoperabilität soll auch Art. 20 DSGVO (Datenportabilität) nicht unerwähnt bleiben: Ohne das Konzept "Interoperabilität" zu nennen, wird es doch hier ein Stück weit vorausgesetzt (insb. in ErwG 68 S. 1, das Format der Daten muss demnach nicht nur "strukturiert", "gängig", "maschinenlesbar", sondern auch "interoperabel" sein). Die Norm, eine durch die DSGVO geschaffene Neuerung im Datenschutzrecht,[85] ermöglicht es den Betroffenen, Zugang zu den eigenen Daten zu erhalten und diese ggf. bei einem anderen Verantwortlichen durch Übertragung weiter zu nutzen. Dabei geht es weniger um Datenschutz an sich, sondern um verbraucherschützende und marktregulierende, Intentionen.[86] Liegen die Voraussetzungen des Art. 20 Abs. 1 DSGVO vor,[87] ist dessen Rechtsfolge, dass dem Betroffenen die Daten in einer Weise übermittelt werden, die einem u.a. "interoperablen" Format entspricht. Dies wird so verstanden, dass die betroffene Person die Möglichkeit haben soll, "ohne größeren Aufwand ihre Daten vom ersten Verantwortlichen zu erhalten und an einen zweiten Verantwortlichen zu übermitteln".[88] Es geht hierbei erkennbar nur darum, die Daten in einem Format zu übermitteln, das häufig vorkommt und damit "standardmäßig" ist.[89] Um den Ansatz der Technikneutralität der DSGVO gerecht zu werden,[90] ist der Begriff damit insgesamt wenig spezifisch und

---

[84] *Reimer*, in: Sydow, Europäische Datenschutzgrundverordnung, Art. 6 Rn. 75.

[85] *Piltz*, in: Gola, DSGVO, Art. 20 Rn. 1; vgl. zum grundrechtlichen Hintergrund *Dehmel/Hullen*, ZD 2013, S. 147 (153).

[86] *Kühling/Martini*, EuZW 2016, S. 448 (450); *Schantz*, NJW 2016, S. 1841 (1845). Dabei wird jedoch auch darauf hingewiesen, dass der Anspruch auf Datenportabilität durchaus wettbewerbsverzerrend wirken kann, vgl. *Engels*, Nicht immer gut: Datenportabilität zwischen Online-Plattformen, IW-Kurzbericht, No 56.2016.

[87] Vgl. etwa *Herbst*, in: Kühling/Buchner, DSGVO, Art. 20 Rn. 9 ff.; *Kamann/Braun*, in: Ehmann/Selmayr, Datenschutzgrundverordnung, Art. 20 Rn. 12 ff.; *Schürmann*, in: Auernhammer, DSGVO/BDSG, Art. 20 Rn. 7 ff.

[88] *Herbst*, in: Kühling/Buchner, DSGVO, Art. 20 Rn. 20.

[89] Vgl. *Piltz*, in: Gola, DSGVO, Art. 20 Rn. 23 ("Das Format darf nicht besonders speziell oder außergewöhnlich sein").

[90] Ratsdokument 5879/14, v. 31.1.2014, S. 3; vgl. zum Konzept ErwG 15 zur DSGVO; kritisch dazu *Bieker/Hansen*, DuD, S. 285 (287) auch mit Verweis auf *Birnhack*, YJoLT 2012, S. 24-91.

stellt nur einen Ausschnitt der Behandlung eines datenschutz*fördernden* Konzeptes dar. Dies ist darauf zurückzuführen, dass hierbei gerade nicht mehrere Stellen gleichzeitig Zugriff auf die personenbezogenen Daten haben sollen, sondern lediglich die Portabilität gewährleistet werden soll, um etwaigen Abhängigkeiten entgegen zu wirken.

Im Hinblick auf Interoperabilität könnte mittelbar auch Art. 20 Abs. 2 DSGVO relevant sein. Darin wird der Spezialfall geregelt, dass die personenbezogenen Daten nicht der betroffenen Person selbst, sondern einem dritten Verantwortlichen unter dem Vorbehalt der "technischen Machbarkeit" direkt übermittelt werden.[91] Die Norm könnte i.E. dazu führen, dass ganze Systeme interoperabler gestaltet werden, was u.U. zu einem Absinken des Datenschutzniveaus führen könnte (Stichwort: Big Data), wenn auch gleichwohl für diese Vorgänge eine Rechtsgrundlage zur Datenverarbeitung vorhanden sein muss.

4.2 Die Verknüpfung von Datenbanken und Interoperabilität im Anwendungsfall

4.2.1 Tracing-Apps

Ein besonders prominentes Beispiel für die avisierte Interoperabilität von IT-Systemen im privaten Bereich sind die Tracing-Apps im Zusammenhang mit dem Ausbruch von Covid-19. Diese werden zwar durch staatliche Institutionen entwickelt und betrieben, gleichwohl obliegt die Entscheidung, ob der Verarbeitung personenbezogener Daten zugestimmt wird, letztlich dem Nutzer selbst. Dieser Ansatz findet sich auch in vielen Geschäftsmodellen der Privatwirtschaft wieder: Die allermeisten angebotenen Apps und damit einhergehenden Geschäftsmodelle basieren auf einer Einwilligung des Nutzers.

Bezüglich Tracing-Apps regt der Europäische Datenschutzausschuss (EDSA) an, dass ein interoperabler Rahmen geschaffen werden soll, um z.B. eine effiziente Benachrichtigung für reisende Personen zu gewährleisten.[92] Dieser zeichne sich durch die Möglichkeit aus, die "erforderliche Mindestmenge an Informationen" unter Berücksichtigung der Daten-

---

[91] Zum Gesetzgebungsverfahren siehe *Piltz*, in: Gola, DSGVO, Art. 20 Rn. 25.

[92] *Europäischer Datenschutzausschuss*, Leitlinien 4/2020 für die Verwendung von Standortdaten und Tools zur Kontaktnachverfolgung im Zusammenhang mit dem Ausbruch von COVID-19.4.2020, S. 17, https://edpb.europa.eu/sites/edpb/files/files/file1/edpb_guidelines_20 200420_contact_tracing_covid_with_annex_de.pdf (abgerufen 28.6.20).

schutzbestimmungen auszutauschen, um App-Nutzer mit Hilfe von Warn-meldungen zu informieren.[93] Interoperabilität dürfe laut EDSA nicht dafür genutzt werden, über das erforderliche Maß heraus personenbezogene Daten zu erfassen.[94] Vielmehr könne sie die Effektivität der Anwendungen für die Unterstützung bereits vorhandener Maßnahmen erhöhen, wenn dadurch mehr Nutzer, insbesondere in Grenzregionen oder auf beruflichen oder privaten Reisen gewarnt werden könnten,[95] was bislang aufgrund fehlender Kompatibilität nicht möglich ist. Wenngleich die Umsetzung technische Herausforderungen bedeuten möge, die zu einer zusätzlichen Verarbeitung und Offenlegung von Daten bei weiteren Verarbeitenden führen, jede betroffene Person über diese Verarbeitung und ihre Details aufgeklärt werden müsse, dafür gegebenenfalls eine zusätzliche Einwilligung einzuholen sei und u.U. grundlegende Änderungen bereits bestehender Apps erfolgen müssen, so könne die Berücksichtigung all dieser Voraussetzungen jedoch zu einer Stärkung des Vertrauens führen und so die Bereitschaft erhöhen, die Anwendung zu nutzen.[96] Die Interoperabilität bietet in diesem Anwendungsfall tatsächlich einen konkreten Mehrwert, der die datenschutzrechtlichen Risiken aufwiegen kann. Gleichwohl müssen relevante Fragen, z.B. hinsichtlich der Verantwortlichkeit der Verarbeitung und der Betroffenenrechte, vorab geklärt werden.

4.2.2 Telematik-Tarife in der KFZ-Versicherung

Bei Telematik-Tarifen, die aktuell noch mit durch die Versicherer bereitgestellten Sensoren umgesetzt werden, die das Fahrverhalten der Nutzer analysieren, kommt perspektivisch, insbesondere mit Blick auf vernetzte Fahrzeuge, ein Transfer von Daten direkt aus dem Fahrzeug in Betracht. Dies ließe sich etwa durch eine Schnittstelle umsetzen, mittels derer die Hersteller die Daten direkt an den Versicherer übermitteln können, der diese dann weiterverarbeitet. Entsprechende Ansätze werden beispielsweise derzeit in den Forschungsprojekten CampaNEO[97] und SmashHit[98] erforscht.

---

[93] *Netzwerk für elektronische Gesundheitsdienste*, Interoperabilitätsrichtlinien für genehmigte mobile Anwendungen zur Ermittlung von Kontaktpersonen in der EU, Mai 2020, S. 5 ff., https://ec.europa.eu/health/sites/health/files/ehealth/docs/contacttracing_mobileapps_guidelines_en.pdf (abgerufen 28.6.20).

[94] *Europäischer Datenschutzausschuss*, Erklärung über die Datenschutzfolgen der Interoperabilität von Kontaktverfolgungs-Apps, Juni 2020, S. 2 Nr. 5, https://edpb.europ a.eu/sites/edpb/files/files/file1/edpb_statementinteroperabilitycontacttracingapps_de.pdf (abgerufen 28.6.20).

[95] Ebd., S. 2 Nr. 6.

[96] Ebd., S. 2 ff.

[97] Vgl. zum Projekt https://www.l3s.de/de/projects/campaneo.

[98] Finanziert unter dem H2020 Rahmenprogramm der Europäischen Union, GA 871477; vgl. zum Projekt https://www.l3s.de/de/projects/smashhit.

Aus datenschutzrechtlicher Sicht kann sich aufgrund der Komplexität der genutzten IT-Systeme ein diffuses Bild bezüglich der involvierten Stellen zeigen: Durch die Vielzahl an Automobilherstellern und Versicherern sowie zwischengeschaltete Plattformen und technische Dienstleister kann sich eine datenschutzrechtliche Einordnung in der Praxis schwierig gestalten, insbesondere mit Blick auf mögliche gemeinsame Verantwortlichkeiten (Art. 26 DSGVO) und Auftragsverarbeiter (Art. 28 DSGVO). Anders als im öffentlichen Bereich sind die Verantwortlichen im nicht-öffentlichen Bereich nicht gesetzlich zugeordnet,[99] sondern bestimmen sich nach der Legaldefinition des Art. 4 Nr. 7 DSGVO.[100] Da die Feststellung der Verantwortlichkeit insbesondere im Hinblick auf ihre Betroffenenrechte der Person (Artt. 12 ff. DSGVO) wichtig ist, liegt bei der Zusammenführung von Datenbanken hier ein besonderes Augenmerk,[101] auch um für eine klare Zuteilung von Verantwortlichkeit und Haftung zu sorgen (vgl. ErwG 79), z.B. im Zuge einer Vereinbarung gem. Art. 26 DSGVO.

Als Rechtsgrundlage für Telematik-Tarife könnte vorliegend insbesondere Art. 6 Abs. 1 UAbs. 1 lit. b DSGVO in Betracht kommen, da die Verarbeitung von Daten bezüglich des Fahrverhaltens gerade Kerngegenstand der Vertragsbeziehung ist. Ob die Vertragsbeziehung jedoch auch Dritte zur Verarbeitung von personenbezogenen Daten legitimiert (z.B. den Autohersteller), ist grundsätzlich wohl möglich,[102] muss aber im Einzelfall kritisch geprüft werden und insbesondere dem Dritten, der für die Übermittlung verantwortlich ist, hinreichende Rechtssicherheit bieten. Denkbar für eine direkte Anbindung an die Systeme der Autohersteller erscheinen auch Einwilligungs-Verfahren, die einen Widerruf der Einwilligung abbilden und die Übermittlung von Daten – auch über mehrere Stellen hinweg – ex nunc unterbinden können.

Hier könnte langfristig eine bereichsspezifische Regelung helfen, Rechtsunsicherheiten zu beseitigen und die Verknüpfung von IT-Systemen zu fördern. Dabei könnten auch entsprechende Sicherheiten, beispielsweise eine verpflichtende Datenschutz-Folgenabschätzung i. S. d. Art. 35 DSGVO, vor

---

[99] S. dazu etwa oben 2.2.5 und 3.4.3.

[100] „Verantwortlicher" ist die natürliche oder juristische Person, Behörde, Einrichtung oder andere Stelle, die allein oder gemeinsam mit anderen über die Zwecke und Mittel der Verarbeitung von personenbezogenen Daten entscheidet.

[101] Vgl. zur Relevanz der Feststellung der Verantwortlichkeit *Petri*, in: Simitis/Hornung/ Spiecker gen. Döhmann, Datenschutzrecht, Art. 4 Nr. 7 Rn. 1, s. auch *Petri*, in: Simitis/ Hornung/Spiecker gen. Döhmann, Datenschutzrecht, Art. 26 Rn. 2 zum Problem der arbeitsteiligen Verarbeitung von Daten, die datenschutzrechtlich risikoerhöhend sein kann.

[102] *Albers/Veit*, in: Wolff/Brink, BeckOK Datenschutzrecht, Art. 6 Rn. 30.

der Verknüpfung von Systemen zugunsten der Betroffenen implementiert werden.

5   Fazit

Alle Beispiele zeigen eindrucksvoll auf, welche Datenmengen bereits in den einzelnen Datenbanken verarbeitet werden und wie die Komplexität der Datenverarbeitung dabei steigt. Insgesamt ergibt sich für die Intensität der Eingriffe damit eine neue Qualität. Dagegen werden die Grundsätze der Datenverarbeitung und auch die Verhältnismäßigkeit der Eingriffe teilweise nicht ausreichend beachtet. Problematisch erscheint insbesondere die Wahrung der Betroffenenrechte sowie die allgemeine Verhältnismäßigkeit. Insbesondere ist mitunter der Nutzen einer Maßnahme nur schwer zu messen, sodass eine Abwägung in der Praxis schwierig ist. Evaluationsmechanismen, wie bei den neuen EU-Verordnungen sind dabei nur bedingt hilfreich, da eine Abschaffung nicht effizienter Systeme – die für viel Geld geschaffen wurden - äußerst unwahrscheinlich ist.

Im Ergebnis kann somit festgehalten werden, dass Interoperabilität von IT-Systemen viele sinnvolle Anwendungsbereiche haben kann. Gleichwohl sollten Systeme nur dann verknüpft werden, wenn sich ein eindeutiger Mehrwert bietet und gleichzeitig die datenschutzrechtlichen Risiken in angemessener Weise kompensiert werden können. Insbesondere die allgemeine Verhältnismäßigkeit sollte hierbei eine Rolle spielen. Eine genaue Analyse vorab (z.B. eine Datenschutz-Folgenabschätzung) scheint daher dringend geboten, bevor eine Verknüpfung stattfindet.

Literatur

Aden, Hartmut/Fährmann, Jan: Defizite der Polizeirechtentwicklung und Techniknutzung, ZRP 2019, S. 175-178.

Bieker, Felix/Hansen, Marit: Normen des technischen Datenschutzes nach der europäischen Datenschutzreform, DuD 2017, S. 285-289.

Dehmel, Susanne/Hullen, Nils: Auf dem Weg zu einem zukunftsfähigen Datenschutz in Europa? – Konkrete Auswirkungen der DS-GVO auf Wirtschaft, Unternehmen und Verbraucher, ZD 2013, S. 147-152.

Ehmann, Eugen/Selmayr, Martin (Hrsg.): Datenschutz-Grundverordnung: DS-GVO, Kommentar, 2. Aufl., München 2018.

Engels, Barbara: Nicht immer gut: Datenportabilität zwischen Online-Plattformen, IW-Kurzbericht, No. 56.2016, Institut der deutschen Wirtschaft (IW), Köln 2016.

Eßer, Martin/Kramer, Philip/v. Lewinski, Kai (Hrsg.): Auernhammer, DSGVO/BDSG, Kommentar, 6. Aufl., Hürth 2018.

Gola, Peter (Hrsg.): DSGVO, Kommentar, 2. Aufl., München 2018.

Hofmann, Philip: Der gläserne Geflüchtete, in: Jürgen Taeger (Hrsg.), Die Macht der Daten und Algorithmen, Edewecht 2019, S. 639-656.

Kehr, Thomas: Datei Gewalttäter Sport. Eine Untersuchung der Rechtsgrundlagen des BKAGs unter besonderer Berücksichtigung datenschutzrechtlicher und verfassungsrechtlicher Aspekte, Baden-Baden 2015.

Kühling, Jürgen/Martini, Mario: Die Datenschutz-Grundverordnung: Revolution oder Evolution im europäischen und deutschen Datenschutzrecht?, EuZW 2016, S. 448-453.

Kühling, Jürgen/Buchner, Benedikt (Hrsg.): DSGVO/BDSG, Kommentar, München 2017.

Schantz, Peter: Die Datenschutz-Grundverordnung – Beginn einer neuen Zeitrechnung im Datenschutzrechts, NJW 2016, S. 1841-1847.

Simitis, Spiros (Hrsg.): Bundesdatenschutzgesetz, Kommentar, 8. Aufl., Baden-Baden 2014.

Simitis, Spiros/Hornung, Gerrit/Spiecker gen. Döhmann, Indra (Hrsg.): Datenschutzrecht, Kommentar, Baden-Baden 2019.

Sydow, Gernot (Hrsg.): Europäische Datenschutzgrundverordnung, 2. Aufl., Baden-Baden 2018.

Taeger, Jürgen/Gabel, Detlev (Hrsg.): DSGVO/BDSG, Kommentar, 3. Aufl., Frankfurt/M. 2019.

Wolff, Heinrich Amadeus/Brink, Stefan (Hrsg.): BeckOK Datenschutzrecht, 32. Ed., Stand: 1.5.2020, München 2020.

DATENSCHUTZKONFORMER EINSATZ VON WHISTLEBLOWER-SYSTEMEN

RA Dr. Ubbo Aßmus

HEUKING KÜHN LÜER WOJTEK, Frankfurt/M.
u.assmus@heuking.de

Zusammenfassung

Bei der Implementierung eines digitalen Whistleblower-Systems sollte das Datenschutzrecht nicht aus dem Auge verloren gehen. Die Meldungen der Whistleblower enthalten in der Regel eine Vielzahl an – teils sensiblen – personenbezogenen Daten, die Rückschlüsse auf einen verdächtigen Dritten zulassen. Das Thema ist umso relevanter als der Europäische Gesetzgeber im Oktober 2019 die sog. „Whistleblower-Richtlinie" erlassen hat, die die Einführung von (digitalen) Whistleblower-Systemen für Unternehmen mit 50 oder mehr Arbeitnehmerinnen und Arbeitnehmern vorsieht.

1 Einführung/Problemaufriss

Der Europäische Gesetzgeber hat am 23.10.2019 die RL (EU) 2019/1937 zum Schutz von Personen, die Verstöße gegen das Unionsrecht melden („Richtlinie") verabschiedet. Zweck dieser häufig als sog. „Whistleblower-Richtlinie" bezeichneten Richtlinie ist unter anderem der Schutz von Hinweisgebern (sog. „Whistleblowern"). Diese Richtlinie sieht die Pflicht zur Implementierung von internen Meldekanälen für juristische Personen des privaten und öffentlichen Sektors ab bestimmten Kriterien vor. Solche internen Meldekanäle sollen es nachweislich des ErwG 53 der Richtlinie Personen ermöglichen, Meldungen schriftlich über einen Beschwerde-Briefkasten, über eine Online-Plattform im Intranet oder Internet, über eine Telefon-Hotline oder gegebenenfalls auch im Rahmen von physischen Zusammenkünften gegenüber dem Unternehmen abzugeben.

Whistleblower haben über solche internen Meldekanäle die Möglichkeit, Meldungen mit Informationen über Verstöße gegen Rechtsakte der Union[1] abzugeben,[2] wobei die Richtlinie die Befugnis der Mitgliedstaaten unberührt lässt, den Schutz nach nationalem Recht in Bezug auf Bereiche oder Rechtsakte auszudehnen, die nicht unter das EU-Recht fallen (Art. 2 Abs. 1 und 2 der Richtlinie).

---

[1] Vgl. Art. 2 Abs. 1 der Richtlinie.

[2] Vgl. zu den Begriffen „Verstöße", „Informationen über Verstöße", „Meldung", „interne Meldung" Art. 5 Nr. 4, 3, 2 und 1 der Richtlinie.

Der vorliegende Beitrag konzentriert sich auf die Frage der datenschutz-rechtlichen Aspekte im Zusammenhang mit internen Meldekanälen von Online-Plattform im Intranet oder Internet – sog. „digitale Whistleblower-Systeme" bzw. „digitale Hinweisgeber-Systemen". Whistleblower können über eine webbasierte Anwendung ihre Kontaktdaten eingeben (oder sie bleiben anonym) und den Sachverhalt eines Verstoßes online bei dem Un-ternehmen oder der zum Empfang solcher Meldungen befugten Stelle ab-geben.

Neben zahlreichen arbeitsrechtlichen Implikationen[3] ist insbesondere auch dem Datenschutzrecht Beachtung zu schenken. Solche digitalen Whistleblower-Systeme verarbeiten eine Vielzahl an personenbezogenen Daten, weshalb sich insbesondere komplexe Fragen nach der Rechtmäßig-keit der Datenverarbeitung, der Umsetzung bzw. Erfüllung von Betroffe-nenrechten sowie hinsichtlich der technischen und organisatorischen Um-setzung des digitalen Whistleblower-Systems stellen, derer sich der fol-gende Beitrag widmet.

2 Whistleblower-Richtlinie

2.1 Zweck der Richtlinie

Zweck dieser Richtlinie ist der Schutz von Hinweisgebern (sog. „Whist-leblowern"). Nachweislich des ErwG 1 der Richtlinie nehmen Personen, die für eine öffentliche oder private Organisation arbeiten oder im Rahmen ihrer beruflichen Tätigkeiten mit einer solchen Organisation in Kontakt stehen, eine in diesem Zusammenhang auftretende Gefährdung oder Schä-digung des öffentlichen Interesses häufig als Erste wahr. Potentielle Hin-weisgeber schrecken aus Angst vor Repressalien häufig davor zurück, ihre Bedenken oder ihren Verdacht zu melden, weshalb ein ausgewogener und effizienter Hinweisgeberschutz erforderlich ist.[4]

Gemäß Art. 6 Abs. 1 der Richtlinie haben Hinweisgeber Anspruch auf ei-nen Schutz vor Repressalien, wenn (a) sie hinreichenden Grund zu der An-nahme hatten, dass die gemeldeten Informationen über Verstöße zum Zeit-punkt der Meldung der Wahrheit entsprachen und dass diese Informatio-nen in den Anwendungsbereich dieser Richtlinie fielen, und (b) sie intern gemäß Art. 7 oder extern gemäß Art. 10 Meldung erstattet haben oder eine Offenlegung gemäß Art. 15 vorgenommen haben.

---

[3] *Niemann*, in: Müller-Glöge/Preis/Schmidt, Erfurter Kommentar zum Arbeitsrecht, § 626 Rn. 64b f.; *Preis*, in: Müller-Glöge/Preis/Schmidt, Erfurter Kommentar zum Arbeitsrecht, § 611a BGB, Rn. 716 m. w. N.

[4] Vgl. ErwG 1 der Richtlinie.

Gemäß Art. 7 Abs. 2 der Richtlinie setzen sich die Mitgliedstaaten dafür ein, dass die Meldung über interne Meldekanäle gegenüber der Meldung über externe Meldekanäle in den Fällen bevorzugt wird, in denen intern wirksam gegen den Verstoß vorgegangen werden kann und der Hinweisgeber keine Repressalien befürchtet.[5]

2.2 Whistleblower-System

2.2.1 Pflicht zur Einrichtung interner Meldekanäle

Gemäß Art. 8 Abs. 1 und 3 der Richtlinie sind juristische Personen des privaten Sektors mit 50 oder mehr Arbeitnehmern verpflichtet, interne Meldekanäle zu implementieren. Das gleiche gilt gemäß Art. 8 Abs. 4 der Richtlinie auch für solche juristische Personen, die diese Mitarbeiterzahl zwar nicht aufweisen, jedoch unter einzelne Teile im Anhang zu der Richtlinie fallen.[6]

Gemäß Art. 8 Abs. 5 der Richtlinie können juristische Personen des privaten Sektors mit 50 bis 249 Arbeitnehmern für die Entgegennahme von Meldungen und für möglicherweise durchzuführende Untersuchungen Ressourcen teilen.

Ebenso sind grundsätzlich alle juristischen Personen des öffentlichen Sektors, einschließlich Stellen, die im Eigentum oder unter der Kontrolle einer solchen juristischen Person stehen, gemäß Art. 8 Abs. 1 und 9 der Richtlinie zur Implementierung von internen Meldekanälen verpflichtet.

2.2.2 Verfahren für interne Meldungen und Folgemaßnahmen

Art. 9 der Richtlinie normiert Anforderungen, wie ein solcher interner Meldekanal ausgestaltet werden muss: Meldekanäle sind insbesondere sicher zu konzipieren, die Vertraulichkeit der Identität des Hinweisgebers und Dritter, die in der Meldung erwähnt werden, muss gewahrt bleiben und nicht befugte Mitarbeiter dürfen keinen Zugriff darauf haben (vgl. Art. 9 Abs. 1 lit. a der Richtlinie). Es muss eine unparteiische Person oder Abteilung benannt werden, die die Meldung entgegennimmt und die Meldung bearbeitet (vgl. Art. 9 Abs. 1 lit. c der Richtlinie).

Gemäß Art. 9 Abs. 2 der Richtlinie müssen die Meldekanäle die Meldung in schriftlicher oder mündlicher bzw. in beiden Formen ermöglichen. Mündliche Meldungen müssen per Telefon oder mittels einer anderen Art der Sprachübermittlung sowie – auf Ersuchen des Hinweisgebers – im Wege einer physischen Zusammenkunft innerhalb eines angemessenen Zeitrahmens möglich sein.

---

[5] Vgl. vertiefend zu der Richtlinie u.a. *Schmolke*, NZG 2020, S. 5.

[6] Vgl. Anhang in den Teilen I.B und II. der Richtlinie.

2.2.3 Anonyme Meldungen

Die Mitgliedstaaten sind grundsätzlich in ihrer Entscheidung frei zu entscheiden, ob juristische Personen des privaten oder öffentlichen Sektors und zuständige Behörden zur Entgegennahme und Weiterverfolgung anonymer Meldungen von Verstößen verpflichtet sind (Art. 6 Abs. 2 der Richtlinie).[7]

2.2.4 Umsetzungsfrist

Die Mitgliedstaaten haben die Richtlinie bis zum 17.12.2021 in nationales Recht umzusetzen (Art. 26 Abs. 1 der Richtlinie). Hinsichtlich der juristischen Personen mit 50 bis 249 Arbeitnehmern ist die Richtlinie bis zum 17.12.2023 umzusetzen, um der Verpflichtung nach Art. 8 Abs. 3, interne Meldekanäle einzurichten, nachzukommen (Art. 26 Abs. 2 der Richtlinie).

3 Datenschutzrechtliche Aspekte

3.1 Beachtung der Datenschutzrechtlichen Vorgaben

Bei der Meldung über Verstöße durch den Hinweisgeber sowie bei der Nutzung des Whistleblower-Systems sind die datenschutzrechtlichen Vorgaben zu beachten. Bereits Art. 17 Abs. 1 der Richtlinie sieht vor, dass die Datenverarbeitung im Einklang mit der Datenschutz-Grundverordnung (DSGVO) zu erfolgen hat.

Dies ist folgerichtig. Sowohl der Whistleblower als auch das Unternehmen verarbeiten personenbezogen Daten nach Art. 4 Nr. 1 und 2 DSGVO. Die Meldungen enthalten in der Regel Informationen über einen Tatverdächtigen, Kontaktdaten, Tatumstände und Informationen über weitere betroffene Dritte, die in der Meldung genannt werden. Solche Informationen werden gespeichert, genutzt und ggf. auch an Empfänger und Dritte, wie zum Beispiel Rechtsanwälte, übermittelt.

3.2 Abgrenzung der Verantwortlichkeiten

Die Verantwortlichkeiten im Zusammenhang mit Whistleblower-Systemen sind abzugrenzen, um eine eindeutige Zuordnung der Verantwortlichkeitsbereiche vornehmen zu können. Vereinfacht gesprochen sind in der Regel drei bzw. vier Akteure involviert:

---

[7] Zum Schutz von Personen, die die Informationen über Verstöße anonym gemeldet anschließend jedoch identifiziert wurden und Repressalien erleiden, Art. 6 Abs. 3 i. V. m. Abs. 1 der Richtlinie.

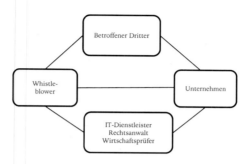

Akteure des Whistleblower-Systems

3.2.1 Verantwortliche

Fraglich, ist, welche Beteiligten „Verantwortliche" sind. Gemäß Art. 4 Nr. 7 DSGVO ist „Verantwortlicher" die natürliche oder juristische Person, die allein oder gemeinsam mit anderen über die Zwecke und Mittel der Verarbeitung von personenbezogenen Daten entscheidet.[8]

3.2.1.1 Whistleblower

Der Whistleblower bzw. der Hinweisgeber ist zunächst ein Verantwortlicher. Gemäß Art. 5 Nr. 7 der Richtlinie ist der „Hinweisgeber" eine natürliche Person, die im Zusammenhang mit ihren Arbeitstätigkeiten erlangte Informationen über Verstöße meldet oder offenlegt. Der Whistleblower teilt letztlich in das Whistleblower-System „Informationen über Verstöße" im Sinne des Art. 5 Nr. 2 der Richtlinie mit. Solche „Informationen über Verstöße" werden definiert als „Informationen, einschließlich begründeter Verdachtsmomente, in Bezug auf tatsächliche oder potenzielle Verstöße, die in der Organisation, in der der Hinweisgeber tätig ist oder war, oder in einer anderen Organisation, mit der der Hinweisgeber aufgrund seiner beruflichen Tätigkeit im Kontakt steht oder stand, bereits begangen wurden oder sehr wahrscheinlich erfolgen werden, sowie in Bezug auf Versuche der Verschleierung solcher Verstöße" (Art. 5 Nr. 2 der Richtlinie). Solche Informationen des Whistleblowers enthalten häufig personenbezogene Daten im Sinne des Art. 4 Nr. 1 DSGVO, wie unter anderem auch den Namen oder weitere Umstände, die Rückschlüsse auf einen „Verdächtigen" bzw. einen betroffenen Dritten als natürliche Person zulassen.[9] Darüber hinaus entscheidet der Whistleblower eigenständig und frei über die Zwecke und Mittel der Datenverarbeitung.

---

[8] *Arning/Rothkegel,* in: Taeger/Gabel, DSGVO BDSG, Art. 4 Rn. 168.

[9] *Behr/Tannen,* CCZ 2020, S. 120 (126).

Sofern die Meldung nur Informationen über juristische Personen beinhaltet, liegt kein personenbezogenes Datum vor und die DSGVO muss vom Whistleblower zunächst nicht beachtet werden.[10] Ebenso ist die DSGVO für den Whistleblower nicht anwendbar, wenn er eine „Selbstanzeige" begeht; er meldet, den Verstoß alleine begangen zu haben. Die eigene Verarbeitung eigener personenbezogener Daten führt nicht zur Anwendbarkeit der DSGVO. Bei Meldungen, die keine Namen oder Kontaktdaten enthalten, ist für die Anwendbarkeit der DSGVO zu prüfen, ob die Sachverhaltsdarstellung eine Identifizierung des betroffenen Dritten ermöglicht.[11]

Der Whistleblower wird sich in der Regel nicht auf das sog. „Haushaltsprivileg"[12] des Art. 2 Abs. 2 lit. c DSGVO berufen können, wonach die DSGVO keine Anwendung auf die Datenverarbeitung durch natürliche Personen zur Ausübung ausschließlich persönlicher oder familiärer Tätigkeiten findet.[13] Der Whistleblower wird im Rahmen seiner beruflichen Tätigkeiten an Informationen über Verstöße gelangt sein, die er seinem Arbeitgeber oder Geschäftspartner seines Arbeitgebers offenlegt.

3.2.1.2 Unternehmen

Das Unternehmen, das zur Implementierung eines solchen Whistleblower-Systems verpflichtet ist und solche Meldungen des Whistleblower entgegennimmt, ist ebenso Verantwortlicher, da es über Mittel und Zwecke der Datenverarbeitung[14] entscheidet.

3.2.2 Auftragsverarbeiter

Häufig beauftragten Unternehmen externe IT-Dienstleister zur Bereitstellung von digitalen Whistleblower-Systeme. Sofern diese IT-Dienstleister lediglich eine Software-Applikation bereitstellen und nach Weisung bzw. im Auftrag des Unternehmens handeln, sind diese Auftragsverarbeiter im Sinne des Art. 28 DSGVO, wobei im Einzelfall zu überprüfen ist, ob tatsächlich kein eigener Handlungsspielraum besteht.[15]

3.2.3 Gemeinsame Verantwortliche

Häufig sind noch weitere Akteure in den Prozess im Zusammenhang mit dem Whistleblowing involviert. Insbesondere Rechtsanwälte und Wirtschaftsprüfer bieten den Unternehmen an, Stellen zur Entgegennahme von

---

[10] *Gola*, in: Gola, DS-GVO, Art. 4 Rn. 23 mit Vereis auf ErwG 14 Satz 2 der DSGVO.

[11] *Gola*, in: Gola, DS-GVO, Art. 4 Rn. 16.

[12] *Schmidt*, in: Taeger/Gabel, DSGVO BDSG, Art. 2 Rn. 16.

[13] *Gola*, in: Gola, DS-GVO, Art. 2 Rn. 19; *Schmidt*, in: Taeger/Gabel, DSGVO BDSG, Art. 2 Rn. 16.

[14] *Thüsing/Fütterer/Jänsch*, RDV 2018, S. 133 (135).

[15] *Gola*, in: Gola, DS-GVO, Art. 4 Rn. 75.

Meldungen zu errichten. Zu beachten ist, dass Rechtsanwälte und Wirtschaftsprüfer keine Auftragsverarbeiter im Sinne des Art. 28 DSGVO sind.[16] Rechtsanwälte und Wirtschaftsprüfer handeln nicht nach Weisungen des Unternehmens und sind in ihrer Tätigkeit weisungsfrei.[17]

In solchen Fällen ist vielmehr zu prüfen, ob eine Gemeinsame Verantwortlichkeit im Sinne des Art. 26 DSGVO vorliegt. Dafür spricht bereits, dass das Unternehmen und der Rechtsanwalt oder Wirtschaftsprüfer einen gemeinsamen Zweck verfolgen, nämlich die Aufklärung eines gemeldeten Verstoßes und die Einleitung von sog. „Folgemaßnahmen" gemäß Art. 5 Nr. 12 der Richtlinie. Beide legen auch gemeinsam die Mittel fest, indem sie vereinbaren, dass die Daten auf den IT-Systemen des Unternehmens, Rechtsanwalts oder Wirtschaftsprüfers gespeichert werden sollen.

Das Unternehmen und der Rechtsanwalt oder Wirtschaftsprüfer haben daher insbesondere eine Vereinbarung, die den Anforderungen des Art. 26 DSGVO entspricht, abzuschließen.

Ebenso wird eine – im Einzelfall zu prüfende – Konstellation einer Gemeinsamen Verantwortlichkeit vorliegen können, wenn juristische Personen des privaten Sektors mit 50 bis 249 Arbeitnehmern für die Entgegennahme von Meldungen und für möglicherweise durchzuführende Untersuchungen Ressourcen teilen (Art. 8 Abs. 5 der Richtlinie), indem sie eine gemeinsame dritte Stelle zur Entgegennahme von Meldungen einrichten.

3.2.4 Betroffener Dritter

Die Meldungen enthalten in der Regel personenbezogene Daten des betroffenen Dritten, also des „Verdächtigten", der den Verstoß begangen haben soll.

3.3 Rechtmäßigkeit der Datenverarbeitung

Im Folgen soll untersucht werden, unter welchen Voraussetzungen eine Datenverarbeitung der jeweiligen Akteure gerechtfertigt sein kann.

3.3.1 Datenverarbeitung durch den Whistleblower

Fraglich ist, unter welchen Voraussetzungen eine Datenverarbeitung durch den Whistleblower gerechtfertigt sein kann. Der Whistleblower gibt in der Regel über das Whistleblower-System Informationen über Verstöße ein, die personenbezogene Daten zu dem betroffenen Dritten aufweisen können, der den Verstoß begangen haben soll.

---

[16] *Klug*, in: Gola, DS-GVO, Art. 28 Rn. 5.

[17] *Ziegenhorn/Fokken*, ZD 2019, S. 194 (197); *Bertermann*, in: Ehmann/Selmayr, DS-GVO, Art. 28 Rn. 23.

Eine potentielle Rechtfertigungsgrundlage könnte sich aus einer Abwägung eines berechtigten Interesses gemäß Art. 6 Abs. 1 UAbs. 1 lit. f DSGVO ergeben. Danach ist die Datenverarbeitung rechtmäßig, wenn die Verarbeitung zur Wahrung der berechtigten Interessen des Verantwortlichen oder eines Dritten erforderlich ist, sofern nicht die Interessen oder Grundrechte und Grundfreiheiten der betroffenen Person, die den Schutz personenbezogener Daten erfordern, überwiegen.[18]

Der Begriff des berechtigten Interesses wird von der DSGVO nicht definiert und ist sehr weit zu verstehen; er umfasst rechtliche, wirtschaftliche und ideelle Interessen.[19] Nachweislich des ErwG 47 (vorletzter Satz) der DSGVO stellt die Verarbeitung personenbezogener Daten im für die Verhinderung von Betrug unbedingt erforderlichen Umfang ein berechtigtes Interesse des jeweiligen Verantwortlichen dar. ErwG 50 Satz 9 der DSGVO sieht vor, dass der Hinweis des Verantwortlichen auf mögliche Straftaten an eine zuständige Behörde ein berechtigtes Interesse darstellt. Der Whistleblower meldet in der Regel Verstöße gegen geltendes Recht, wie unter anderem auch Straftaten. Die Meldung des Whistleblowers über Verstöße stellt daher ein berechtigtes Interesse dar, zumal die Richtlinie den Whistleblower „motivieren" möchten, Verstöße zu melden (vgl. etwa ErwG 1 der Richtlinie).

Eine Ausnahme davon ist dann anzunehmen, wenn der Whistleblower das Whistleblower-System dazu vorsätzlich missbraucht, um Dritte, etwa einen Kollegen oder einen Vorgesetzten, beispielsweise gemäß § 185 StGB zu beleidigen oder diesen bewusst wahrheitswidrig einer Straftat beschuldigt. In einem solchen Fall ist anerkannt, dass sich der Whistleblower nicht auf ein berechtigtes Interesse berufen kann, weil die Interessen im Einklang mit der Rechtsordnung stehen müssen.[20]

Fraglich ist, ob Interessen oder Grundrechte und Grundfreiheiten der betroffenen Person, die den Schutz personenbezogener Daten erfordern, überwiegen. Letztlich ist das berechtigte Interesse an der Datenverarbeitung mit den Interessen und den Grundrechten und Grundfreiheiten der betroffenen Person gegeneinander abzuwägen.[21] Dabei sind unter anderem die Grundrechte aus Art. 7 und 8 GRCh, der Grundsatz von Treu und Glauben im Sinne des Art. 5 Abs. 1 lit. a DSGVO, die Beziehungen der beteiligten zueinander sowie die etwaigen Risiken der Datenverarbeitung, wie

---

[18] Vgl. hierzu *Heberlein*, in: Ehmann/Selmayr, DS-GVO, Art. 6 Rn. 28 f.

[19] *Schantz*, in: Simitis/Hornung/Spiecker gen. Döhmann, Datenschutzrecht, Art. 6 Abs. 1 Rn. 98.

[20] Vgl. allgemein dazu ebenda.

[21] Vgl. *Heberlein*, in: Ehmann/Selmayr, DS-GVO, Art. 6 Rn. 30.

etwa Diskriminierung, finanzielle Verluste und Rufschädigung zu berücksichtigen.[22]

Sofern der Whistleblower bei seiner Meldung in dem digitalen Whistleblower-System gemäß Art. 6 Abs. 1 lit. a der Richtlinie hinreichenden Grund zu der Annahme hatte, dass die gemeldeten Informationen über Verstöße zum Zeitpunkt der Meldung der Wahrheit entsprachen, sprechen gewichtige Gründe dafür, dass seine berechtigten Interessen an der Datenverarbeitung überwiegen. Der betroffene Dritte wird hinreichend verdächtigt, eine Straftat, Ordnungswidrigkeit oder einen sonstigen Rechtsverstoß begangen zu haben, was die Richtlinie ebenso verhindern möchte.[23] Er kann sich daher grundsätzlich nicht darauf berufen, dass die Meldung bzw. die Eingabe der Daten rechtswidrig ist. Bereits aufgrund seines rechtswidrigen – gegebenenfalls strafbaren – Verhaltens ist ein Berufen auf entgegenstehende Schutzrechte treuwidrig.

Etwas anderes kann im zu prüfenden Einzelfall allerdings dann gelten, wenn der Whistleblower grob fahrlässige Unkenntnis davon hatte, dass sich der Dritte keines Verstoßes schuldig gemacht hat. Bevor der Whistleblower eine Meldung abgibt, sollte er mit allen in seinem Verfügungsbereich stehenden Mitteln zunächst prüfen, ob ein hinreichender Grund zu der Annahme eines Verstoßes im Sinne des Art. 6 Abs. 1 lit. a der Richtlinie vorliegt. Nur wenn dies zum Zeitpunkt der Eingabe der Meldung in das digitale Whistleblower-System bejaht werden kann, können die Interessen des betroffenen Dritten zurücktreten. Andernfalls überwiegen die Interessen des Dritten. Solche grob fahrlässig falschen Meldungen können eine erhebliche Stigmatisierungswirkung aufweisen und den Dritten diskreditieren.[24] Gegen den betroffenen Dritten werden in der Regel nach Eingang der Meldung Ermittlungen eingeleitet.[25] Dies kann für einen Mitarbeiter in einem Unternehmen nachteilige Folgen haben, wie etwa die Nicht-Beförderung oder einen geschädigten Ruf.

Ebenso ist zu berücksichtigen, ob die Dateneingabe des Whistleblowers erforderlich ist, d.h. sein berechtigtes Interesse nicht auf anderem Wege ebenso effektiv verwirklicht werden kann und hierdurch die Rechte und

---

[22] *Heberlein*, in: Ehmann/Selmayr, DS-GVO, Art. 6 Rn. 28.

[23] Vgl. ErwG 5 der Richtlinie.

[24] Vgl. Orientierungshilfe der Datenschutzaufsichtsbehörden zu Whistleblowing-Hotlines der Konferenz der unabhängigen Datenschutzbehörden des Bundes und der Länder, Stand: 14.11.2018, https://www.datenschutzkonferenz-online.de/media/oh/201 81114_oh_whi stleblowing_hotlines.pdf (abgerufen am 30.6.2020).

[25] Vgl. zu den Folgemaßnahmen, Art. 8 Abs. 1 i. V. m. Art. 5 Nr. 12 der Richtlinie.

Interessen der betroffenen Person weniger beeinträchtigt werden.[26] Zu berücksichtigen ist grundsätzlich auch, ob der Whistleblower zuvor anderweitige Gelegenheiten genutzt hat, um den Verstoß zu melden bzw. darauf aufmerksam zu machen. Mildere Mittel könnten daher zunächst das persönliche Gespräch mit dem betroffenen Dritten, etwa dem Kollegen oder dem Vorgesetzten sein, um das Unternehmen auf den Verstoß aufmerksam zu machen.[27] Diesem Aspekte ist allerdings keine allzu große Bedeutung beizumessen. Wie sich aus Art. 6 Abs. 1 lit. b der Richtlinie ergibt, haben Whistleblower einen Anspruch auf Schutz vor Repressalien, sofern sie zunächst intern eine Meldung über ein internes digitales Whistleblower-System vornehmen.[28] Mit anderen Worten: Die Richtlinie sieht gerade kein vorgelagertes Klärungsgespräch zwischen Kollegen oder einem Mitarbeiter mit seinem Vorgesetzten vor.

Etwas anderes kann allerdings dann gelten, wenn es sich bei dem gemeldeten Verstoß um eine „Lappalie" handelt, wie das einmalige Zuspätkommen zu einem Termin.

Ebenso werden die berechtigten Interessen des Whistleblowers gegenüber dem betroffenen Dritten überwiegen, wenn es sich bei der Meldung um einen schweren Verstoß handelt, wie insbesondere um eine Straftat.

3.3.2 Datenverarbeitung durch das Unternehmen

Bei der Datenverarbeitung durch das Unternehmen ist nach dem jeweiligen Datenverarbeitungsvorgang zu differenzieren:

3.3.2.1 Verarbeitung im Zusammenhang mit der Speicherung

Eine erstmalige Datenspeicherung der von dem Whistleblower eingegeben Daten in das digitale Whistleblower-System wird in der Regel durch – die Scharniernorm[29] des – Art. 6 Abs. 1 UAbs. 1 lit. c DSGVO i. V. m. der nationalen Umsetzungsnorm des Art. 8 und 9 der Richtlinie gerechtfertigt sein.[30] Danach ist die Datenverarbeitung rechtmäßig, wenn die Verarbeitung zur Erfüllung einer rechtlichen Verpflichtung erforderlich ist, der der Verantwortliche unterliegt. Die meisten verantwortlichen Unternehmen werden ab Mitte Dezember 2021 gemäß dem nationalen Recht verpflichtet

---

[26] *Schantz*, in: Simitis/Hornung/Spiecker gen. Döhmann, Datenschutzrecht, Art. 6 Abs. 1 Rn. 100.

[27] Vgl. dazu auch *Preis*, in: Müller-Glöge/Preis/Schmidt, Erfurter Kommentar zum Arbeitsrecht, § 611a BGB, Rn. 716 m. w. N.

[28] Vgl. auch anschaulich zum Sinn und Zweck der Richtlinie ErwG 1 und 3 der Richtlinie.

[29] *Roßnagel*, in: Simitis/Hornung/Spiecker gen. Döhmann, Datenschutzrecht, Art. 6 Abs. 1 Rn. 52.

[30] *Weidmann*, DB 2019, S. 2393.

sein, Whistleblower-Systeme bereitzuhalten.[31] Bei den nationalen Gesetzen wird es sich um eine solche gesetzliche Pflicht handeln.[32]

3.3.2.2 Verarbeitung im Zusammenhang mit Folgemaßnahmen

Fraglich ist, auf welcher Rechtsgrundlage das Unternehmen die Folgemaßnahmen stützen kann. Das Unternehmen ist zunächst nachweislich des Art. 9 Abs. 1 lit. d der Richtlinie verpflichtet, sog. „Folgemaßnahmen" einzuleiten. Art. 5 Nr. 12 der Richtlinie definiert „Folgemaßnahmen" als vom Empfänger ergriffene Maßnahmen zur Prüfung der Stichhaltigkeit der in der Meldung erhobenen Behauptungen und gegebenenfalls zum Vorgehen gegen den gemeldeten Verstoß, unter anderem durch interne Nachforschungen, Ermittlungen, Strafverfolgungsmaßnahmen, Maßnahmen zur (Wieder-)Einziehung von Mitteln oder Abschluss des Verfahrens.

Je nach gestalterischer Umsetzung der Richtlinie durch die nationalen Gesetzgeber kann ebenfalls an die Erlaubnisnorm des Art. 6 Abs. 1 UAbs. 1 lit. c DSGVO i. V. m. der nationalen Umsetzungsnorm des Art. 8 und 9 der Richtlinie gedacht werden.

Sofern dies nicht der Fall sein wird, kann sich die Datenverarbeitung zum Zwecke der Folgemaßnahmen durch das Unternehmen durch § 26 Abs. 1 Satz 2 BDSG rechtfertigen lassen.[33] Danach dürfen personenbezogene Daten von Beschäftigten zur Aufdeckung von Straftaten dann verarbeitet werden, wenn zu dokumentierende tatsächliche Anhaltspunkte den Verdacht begründen, dass die betroffene Person im Beschäftigungsverhältnis eine Straftat begangen hat, die Verarbeitung zur Aufdeckung erforderlich ist und das schutzwürdige Interesse der oder des Beschäftigten an dem Ausschluss der Verarbeitung nicht überwiegt, insbesondere Art und Ausmaß im Hinblick auf den Anlass nicht unverhältnismäßig sind. Zu beachten ist jedoch, dass § 26 Abs. 1 Satz 2 BDSG nur anwendbar ist, wenn es um die Ermittlung von Straftaten eines Beschäftigten im Beschäftigungsverhältnis geht.[34] Dies erfordert einen durch konkrete Tatsachen belegten einfachen Verdacht; ein dringender Tatverdacht, der einen hohen Grad von Wahrscheinlichkeit für die Begehung von Straftaten erfordert, ist nicht notwendig.[35]

---

[31] Vgl. Art. 8 der Richtlinie.

[32] Vgl. allgemein dazu *Roßnagel*, in: Simitis/Hornung/Spiecker gen. Döhmann, Datenschutzrecht, Art. 6 Abs. 1 Rn. 51.

[33] *Thüsing/Fütterer/Jänsch*, RDV 2018, S. 133 (136).

[34] Vgl. Orientierungshilfe der Datenschutzaufsichtsbehörden zu Whistleblowing-Hotlines der Konferenz der unabhängigen Datenschutzbehörden des Bundes und der Länder, Abschnitt D 4, Seite 6, Stand: 14.11.2018, https://www.datenschutzkonferenz-online.de/media/oh/20181114_oh_whistleblowing_hotlines.pdf (abgerufen am 30.6. 2020).

[35] BAG, Urt. v. 20.10.2016 – 2 AZR 395/15, NZA 2017, 443, Rn. 25.

In Tarifverträgen und Betriebsvereinbarungen können Rechtsgrundlagen für Folgemaßnahmen geregelt werden (§ 26 Abs. 4 BDSG).

Sofern sich die Folgemaßnahmen gegen sonstige in der Meldung genannte betroffene Dritte, die nicht Beschäftigte sind, richten oder es um Ordnungswidrigkeiten oder einen Verstoß gegen Unternehmensrichtlinien geht,[36] kann unter Umständen auch auf ein berechtigtes Interesse gemäß Art. 6 Abs. 1 UAbs. 1 lit. f DSGVO zurückgegriffen werden.[37] Die präventive Verhinderung oder repressive Aufklärung von Verstößen stellt ein berechtigtes Interesse des Unternehmens dar.[38] Das Unternehmen hat ein legitimes Interesse daran, dass keine Verstöße begangen werden bzw. Verstöße aufgedeckt werden, um einer Haftung, Reputationsschäden und einer Strafverfolgung zu entgehen.[39] Zudem muss jedes Unternehmen die gesetzlichen Vorgaben einhalten, sich mithin rechtskonform verhalten.

Fraglich und im Einzelfall im Rahmen einer Interessenabwägung zu prüfen ist, ob Interessen oder Grundrechte und Grundfreiheiten der betroffenen Person, die den Schutz personenbezogener Daten erfordern, überwiegen. Im Falle von Verstößen gegen geltendes Recht wird davon auszugehen sein, dass die Interessen des betroffenen Dritten, der den Verstoß begangen hat, regelmäßig zurücktreten werden. Sofern die Meldung des Whistleblowers nur dazu dient, einen Kollegen oder Vorgesetzten zu kompromittieren oder seinen Unmut über die allgemeine Arbeitssituation loszuwerden, werden die Interessen des beteiligten Dritten hingegen überwiegen, sodass Folgemaßnahmen nicht durch Art. 6 Abs. 1 UAbs. 1 lit. f DSGVO gerechtfertigt werden können.

Sofern sich im Laufe der Folgemaßnahmen herausstellen sollte, dass die Behauptungen in der Meldung unwahr sind, d.h. nicht den Tatsachen entsprechen,[40] so überwiegen Ausschlussinteressen des betroffenen Dritten und weitere Ermittlungen sind unzulässig. Das gleiche muss wegen der weitreichenden Stigmatisierungswirkung auch bei unwesentlichen Bagatellen gelten.

---

[36] Zur Anwendbarkeit von § 26 Abs. 1 Satz 2 BDSG bei solchen Verstößen siehe *Maschmann,* in: Kühling/Buchner, DS-GVO BDSG, § 26 BDSG Rn. 58 m. w. N.

[37] *Weidmann,* DB 2019, S. 2393 (2394).

[38] *Schantz,* in: Simitis/Hornung/Spiecker gen. Döhmann, Datenschutzrecht, Art. 6 Abs. 1 Rn. 99.

[39] Vgl. Orientierungshilfe der Datenschutzaufsichtsbehörden zu Whistleblowing-Hotlines der Konferenz der unabhängigen Datenschutzbehörden des Bundes und der Länder, Abschnitt D 3.2, Seite 5, Stand: 14.11.2018, https://www.datenschutzkonferenz-online.de/media/oh/20181114_oh_whistleblowing_hotlines.pdf (abgerufen am 30.6. 2020).

[40] Vgl. Art. 5 Abs. 1 lit d DSGVO.

Darüber hinaus ist die Verarbeitung auf die personenbezogenen Daten zum Zwecke der Folgemaßnahmen zu beschränken, die für die Bearbeitung der Meldung tatsächlich benötigt werden. Art. 17 UAbs. 2 der Richtlinie bestimmt, dass personenbezogene Daten, die für die Bearbeitung einer spezifischen Meldung offensichtlich nicht relevant sind, unverzüglich wieder gelöscht werden müssen, falls sie unbeabsichtigt erhoben wurden.

Sofern Rechtsanwälte oder Wirtschaftsprüfer die Folgemaßnahmen durchführen, handeln sie in der Regel im Rahmen einer Mandatsvereinbarung mit dem Unternehmen. Rechtsanwälte oder Wirtschaftsprüfer können die Daten des Whistleblowers und des betroffenen Dritten nach allgemeinen Grundsätzen auf der Grundlage des Art. 6 Abs. 1 UAbs. 1 lit. f DSGVO verarbeiten. Für die Interessenabwägung gelten die zuvor gemachten Ausführungen entsprechend.

Abschließend gilt Art. 16 Abs. 1 der Richtlinie zu beachten, der vorgibt, dass die Identität des Hinweisgebers ohne dessen ausdrückliche Zustimmung keinen anderen Personen als gegenüber den befugten Mitarbeitern, die für die Entgegennahme von Meldungen oder für das Ergreifen von Folgemaßnahmen zu Meldungen zuständig sind, offengelegt werden darf. Wenn das Unternehmen also die Identität es Whistleblowers preisgeben möchte, so hat es vor der Datenverarbeitung eine Einwilligung im Sinn des Art. 7 DSGVO einzuholen.[41]

3.4 Informationspflichten

Das Unternehmen hat die Informationsvorgaben des Art. 13 und 14 DSGVO zu beachten: Das Unternehmen sollte den Whistleblower sowie alle seine Mitarbeiter und Geschäftspartner über die Datenverarbeitung sowie die weiteren in Art. 13 DSGVO genannten Informationen im Internet oder Intranet informieren.[42]

Streit besteht darüber, ob und wann der betroffene Dritte über die Datenverarbeitung informiert werden muss. Art. 14 Abs. 1 DSGVO sieht Informationspflichten durch das Unternehmen vor, wenn personenbezogene Daten nicht bei der betroffenen Person erhoben wurden. Dieser Fall ist insbesondere dann denkbar, wenn die Meldung Daten über den verdächtigten betroffenen Dritten enthält, dieser aber nichts von der Meldung bzw. der Datenverarbeitung weiß.

Die Konferenz der unabhängigen Datenschutzbehörden des Bundes und der Länder vertritt die Ansicht, dass das Unternehmen den betroffenen

---

[41] Zu den Ausnahmen siehe Art. 16 Abs. 2 der Richtlinie.

[42] Zum Hinweis im Internet allgemein siehe *Knyrim*, in: Ehmann/Selmayr, DS-GVO, Art. 13 Rn. 15 f.

Dritten nicht über die Datenverarbeitung, den Zweck und den Whistleblower[43] informieren muss, wenn eine Unterrichtung die Folgemaßnahmen des Unternehmens vereiteln würden.[44] Als Begründung wird auf Art. 14 Abs. 5 lit. b DSGVO verwiesen, wonach eine Informationspflicht nicht besteht, soweit diese voraussichtlich die Verwirklichung der Ziele dieser Verarbeitung unmöglich macht oder ernsthaft beeinträchtigt.[45] Sobald diese Gefahr nicht mehr besteht, ist die Information nachzuholen.[46]

In diesen Fällen ergreift der Verantwortliche geeignete Maßnahmen zum Schutz der Rechte und Freiheiten sowie der berechtigten Interessen der betroffenen Person, einschließlich der Bereitstellung dieser Informationen für die Öffentlichkeit.

3.5 Umsetzung von weiteren technische und organisatorischen Vorgaben

Neben der Pflicht zur Durchführung einer Datenschutz-Folgenabschätzung[47] sieht die Richtlinie verschiedene Vorgaben vor, die mittelbar auch Anforderungen an die technische und organisatorische Ausgestaltung eines Whistleblower-Systems haben. Gemäß Art. 9 Abs. 1 lit. a der Richtlinie müssen digitale Whistleblower-Systeme so sicher konzipiert, eingerichtet und betrieben werden, dass die Vertraulichkeit der Identität des Hinweisgebers und Dritter, die in der Meldung erwähnt werden, gewahrt bleibt und nicht befugten Mitarbeitern der Zugriff darauf verwehrt wird. Ferner dürfen nur unparteiische Personen oder Abteilungen des Unternehmens Zugriff auf die in dem digitalen Whistleblower-System gespeicherten Daten haben und die Daten zu Folgemaßnahmen verarbeiten. Des Weiteren sind die in Artt. 16 und 18 der Richtlinie genannten Vertraulichkeits- und Dokumentationsvorgaben bei der Implementierung zwingend zu beachten.

---

[43] Vgl. Art. 14 Abs. 2 lit. f DSGVO.

[44] Vgl. Orientierungshilfe der Datenschutzaufsichtsbehörden zu Whistleblowing-Hotlines der Konferenz der unabhängigen Datenschutzbehörden des Bundes und der Länder, Abschnitt E 4.1, Seite 10, Stand: 14.11.2018, https://www.datenschutzkonferenz-online. de/media/oh/20181114_oh_whistleblowing_hotlines.pdf (abgerufen am 30.6. 2020).

[45] Vgl. ebenda.

[46] Vgl. ebenda m. w. N.

[47] Vgl. ebenda, Abschnitt E 9, Seite 12, m. w. N.

Literatur

Behr, Nicolai/Tannen, Florian: Droht das Zeitalter der Datenschutzgeldbußen? – Haftungsrisiken wegen Datenschutzverstößen und was Unternehmen dagegen tun können, CCZ 2020, S. 120-125.

Ehmann, Eugen/Selmayr, Martin (Hrsg.): Datenschutz-Grundverordnung (DS-GVO), 2. Aufl., München 2018.

Kühling, Jürgen/Buchner, Benedikt (Hrsg.): Datenschutz-Grundverordnung/ BDSG, 2. Aufl., München 2018.

Müller-Glöge, Rudi/Preis, Ulrich/Schmidt, Ingrid (Hrsg.): Erfurter Kommentar zum Arbeitsrecht, 20. Aufl., München 2020.

Gola, Peter (Hrsg.): DS-GVO, Kommentar, 2. Aufl., München 2018.

Schmolke, Klaus Ulrich: Die neunen Whistleblower-Richtlinie ist da! Und nun?, NZG 2020, S. 5-12.

Simitis, Spiros/Hornung, Gerrit/Spiecker gen. Döhmann, Indra: Datenschutzrecht, DSGVO mit BDSG, Baden-Baden 2019.

Taeger, Jürgen/Gabel, Detlev (Hrsg.): Kommentar, DSGVO – BDSG, 3. Aufl., Frankfurt/M. 2019.

Thüsing, Gregor/Fütterer, Johannes/Jänsch, Melanie: Petzen ist doof – Zu den datenschutzrechtlichen Grenzen des Whistleblowings, RDV 2018, S. 133-144.

Weidmann, Golo: Datenschutzrechtliche Anforderungen an die Einrichtung interner Hinweisgebersysteme unter Berücksichtigung der EU-Whistleblowing-Richtlinie, DB 2019, S. 2393-2398.

Ziegenhorn, Gero/Fokken, Martin: Rechtsdienstleister: Verantwortliche oder Auftragsverarbeiter? Rechtsanwälte und Inkassounternehmen als Adressat der DS-GVO, ZD 2019, S. 194-199.

DATENSCHUTZ IN UNTERNEHMENSTRANSAKTIONEN – DIE DSGVO ALS DEALBREAKER?

Dr. Felix Suwelack

Baumeister Rechtsanwälte Partnerschaft mbB, Münster
suwelack@baumeister.org

Zusammenfassung

Datenschutzrechtliche Vorgaben haben immer größeren Einfluss auf Unternehmenstransaktionen. Dies betrifft nicht nur die Vorbereitung und Umsetzung einer Transaktion. Vielmehr können datenschutzrechtliche Risiken auch maßgeblichen Einfluss auf den Unternehmenskaufvertrag selbst haben oder sogar zum Dealbreaker werden. Der folgende Beitrag wird die datenschutzrechtlichen Risiken einer Transaktion aufzeigen und die datenschutzrechtlichen Pflichten der Parteien im M&A-Prozess erläutern.

1 Einleitung

Während die Relevanz des Datenschutzrechts für M&A-Transaktionen vor dem Inkrafttreten der DSGVO noch äußerst gering war und selbst erhebliche datenschutzrechtliche Verstöße bei Asset Deals lediglich mit Bußgeldern in fünfstelliger Höhe geahndet wurden,[1] drohen nun Bußgelder von bis zu 20 Mio. € oder vier Prozent des weltweiten jährlichen Konzernumsatzes. Zudem lässt ein Beschluss der Datenschutzkonferenz aus dem vergangenen Jahr darauf schließen, dass Unternehmenstransaktionen künftig besonders im Fokus der Aufsichtsbehörden stehen könnten.[2] Es überrascht daher nicht, dass über 50 % der befragten Entscheider in einer Studie angaben, wegen datenschutzrechtlichen Bedenken im Hinblick auf das Zielunternehmen von einer Unternehmenstransaktion Abstand genommen zu haben.[3]

---

[1] Bayrisches Landesamt für Datenschutzaufsicht: Pressemitteilung vom 30.7.2015, Kundendaten beim Unternehmensverkauf – ein Datenschutzproblem, https://www.lda.bayern.de/media/pm2015_10.pdf (abgerufen am 26.6.2020).

[2] Beschl. der Konferenz der unabhängigen Datenschutzaufsichtsbehörden des Bundes und der Länder vom 24.5.2019: Asset Deal – Katalog von Fallgruppen, https://www.datenschutzkonferenz-online.de/media/dskb/20190524_dskb_asset_deal.pdf (abgerufen am 26.6.2020).

[3] Merill Corp: Due Diligence 2022 – M&A in the Digital Age, S. 3, https://www.datasite.com/de/de/insights/reports/due-diligence-2022-m-a-in-the-digital-age.html (abgerufen am 26.6.2020).

Bei der datenschutzrechtlichen Betrachtung einer Unternehmenstransaktion ist zunächst zu prüfen, ob die Transaktion an sich überhaupt datenschutzrechtlich zulässig ist. Dies kann insbesondere dann problematisch sein, wenn personenbezogene (Kunden-) Daten im Rahmen eines Asset Deals von dem Veräußerer auf den Erwerber übertragen werden sollen (hierzu unter 2.).

Auch wenn eine Transaktion an sich keinen datenschutzrechtlichen Bedenken ausgesetzt ist, müssen die Parteien bei ihrer Vorbereitung und Durchführung datenschutzrechtliche Vorgaben beachten. Dies betrifft insbesondere die vorgelagerte Due Diligence, bei welcher es regelmäßig zu einem erheblichen Datenfluss kommt (hierzu unter 3.).

Schließlich ist zu beachten, dass der Erwerber bei einer Transaktion datenschutzrechtliche Risiken im Hinblick auf vorangegangene oder andauernde Datenschutzverletzungen des Zielunternehmens einkauft. Er muss daher das Zielunternehmen auch unter datenschutzrechtlichen Aspekten prüfen und etwaige Risiken bei der Vertragsgestaltung berücksichtigen (hierzu unter 4.).

2 Datenschutzrechtliche Risiken beim Asset Deal

Während bei einem Share Deal die Gesellschaftsanteile eines Unternehmens vom Veräußerer auf den Erwerber übertragen werden und daher im Hinblick auf die Rechtsbeziehungen des Unternehmens der Rechtsträger erhalten bleibt, werden bei einem Asset Deal die Wirtschaftsgüter des Veräußerers einzeln erworben und auf einen anderen Rechtsträger übertragen.[4]

2.1 Die Unterscheidung zwischen Share Deal und Asset Deal

Für die datenschutzrechtliche Zulässigkeit der Transaktion hat diese Unterscheidung weitreichende Folgen. Da der Unternehmensträger bei einem Share Deal bestehen bleibt, kommt es durch die Transaktion selbst nicht zu einer Datenübermittlung zwischen zwei Rechtsträgern. Bei einem Asset Deal werden jedoch die betroffenen Daten von dem Veräußerer auf den Erwerber übertragen. Es liegt insoweit ein datenschutzrechtlich relevanter Verarbeitungsvorgang im Sinne des Art. 4 Nr. 2 DS-GVO vor.[5]

---

[4] Vgl. hierzu nur *Beisel*, in: Beisel/Klumpp, Der Unternehmenskauf, § 4 Rn. 1 ff.; *Härting*, CR 2017, S. 724 (724).

[5] *Härting*, CR 2017, S. 724 (725); *Schantz*, in: Simits/Hornung/Spiecker gen. Döhmann, Datenschutzrecht, DS-GVO, Art. 6 Rn. 126 f.; *Glaser*, in: Wolff/Brink, BeckOK Datenschutzrecht, § 2.23.1 Rn. 1.

Die Übertragung von personenbezogenen Daten im Rahmen von M&A-Transaktionen ist in der DS-GVO nicht gesondert geregelt. Soweit es sich bei den betroffenen Kunden oder sonstigen Geschäftspartnern um natürliche Personen handelt oder einem Geschäftspartner jedenfalls eine natürliche Person als Kontakt oder Ansprechpartner zugeordnet ist, handelt es sich allerdings um derartige personenbezogene Daten im Sinne von Art. 4 Nr. 1 DS-GVO.

Eine derartige Datenverarbeitung ist daher nur zulässig, wenn eine Einwilligung der betroffenen Person vorliegt oder ein anderer gesetzlicher Erlaubnistatbestand eingreift, Art. 6 Abs. 1 UAbs. 1 DS-GVO. Ob personenbezogene Daten überhaupt im Wege eines Asset Deals übertragen werden dürfen und welcher Rechtfertigungsgrund insoweit greift, hängt von der konkreten Situation und der Kategorie der Daten ab.

Insoweit kann insbesondere zwischen Kundendaten mit und ohne bestehendem Vertragsverhältnis (hierzu unter 2.2) sowie sonstigen personenbezogenen Daten, bspw. von Arbeitnehmern oder Geschäftspartnern (hierzu unter 2.3), unterschieden werden.

2.2 Die Übertragung von Kundendaten beim Asset Deal

Bei der Übertragung von Kundendaten ist zwischen Kundendaten aus bestehenden Vertragsverhältnissen und der isolierten Übertragung von Kundendaten ohne übergehendes Vertragsverhältnis zu differenzieren.

2.2.1 Kundendaten aus bestehenden Vertragsverhältnissen

Ein Asset Deal führt aus Sicht des Kunden zu einem Wechsel seines Vertragspartners. Nach allgemeinen zivilrechtlichen Grundsätzen bedarf es zu einem Übergang des bestehenden Vertragsverhältnisses daher gemäß § 415 BGB dessen Genehmigung. Während teilweise empfohlen wird, im Rahmen dieser Genehmigung zugleich auch eine datenschutzrechtliche Einwilligung einzuholen,[6] geht die Konferenz der unabhängigen Datenschutzaufsichtsbehörden des Bundes und der Länder (Datenschutzkonferenz) davon aus, dass in der zivilrechtlichen Genehmigung nach § 415 BGB als Minus jedenfalls auch die datenschutzrechtliche Zustimmung zur Übertragung der erforderlichen Daten gesehen werden kann.[7] Darüber hinaus greift insbesondere hinsichtlich derjenigen Daten die zur Erfüllung des übergehenden Vertragsverhältnisses erforderlich sind, der Erlaubnistatbestand des § 6 Abs. 1 lit. b DS-GVO, denn bei einer entsprechenden Übernahme von

---

[6] *Glaser*, in: Wolff/Brink, BeckOK Datenschutzrecht, § 2.231 Rn 3.

[7] Beschl. der Konferenz der unabhängigen Datenschutzaufsichtsbehörden des Bundes und der Länder vom 24.5.2019: Asset Deal – Katalog von Fallgruppen, https://www.datenschutzkonferenz-online.de/media/dskb/20190524_dskb_asset_deal.pdf (abgerufen am 26.6.2020).

Verträgen ist auch die Übertragung von personenbezogenen Daten für den Vollzug der Übernahme erforderlich.[8]

Soweit auch Kundendaten betroffen sind, deren Übertragung aber nicht zur Erfüllung des konkreten Vertragsverhältnisses erforderlich sind, wie beispielsweise Daten aus Kundenbindungsprogrammen, Daten zu vergangenen Bestellungen oder Verträgen, Angaben zu bestimmten Produktinteressen oder auch Konto- und Kreditkartendaten, erweist sich dies meist nach einer Interessensabwägung als nach Art. 6 Abs. 1 UAbs. 1 lit. f DS-GVO als rechtmäßig.[9]

Als berechtigte Interessen im Sinne des Art. 6 Abs. 1 UAbs. 1 lit. f DS-GVO gelten insbesondere auch wirtschaftliche Interessen. Bei einer Vertragsübernahme hat das übernehmende Unternehmen nicht nur ein Interesse an denjenigen Daten, die zur Vertragsdurchführung unbedingt erforderlich sind, sondern auch an solchen Daten, die eine möglichst reibungslose Geschäftsbeziehung ermöglichen oder die nützlich sind, um eine Geschäftsbeziehung dauerhaft zu erhalten oder zu vertiefen. Das übernehmende Unternehmen kann demnach beispielsweise auch ein berechtigtes Interesse an der Bestellhistorie, an Daten aus Vorteils- oder Kundenbindungsprogrammen oder an sonstigen Daten haben, die Rückschlüsse auf bestimmte Produktinteressen erlauben.

Auch wenn die betroffenen Personen grundsätzlich ein Interesse daran haben, dass ihre Daten nicht beliebig an Dritte weitergegeben werden, weil dies ihr Recht auf informationelle Selbstbestimmung verletzten könnte, ist mit dem Verkauf eines Unternehmens nicht notwendigerweise eine Erhöhung der Gefährdungslage verbunden. Vielmehr findet regelmäßig eine unveränderte Datenverarbeitung durch den Unternehmenserwerber anstelle des ehemaligen Unternehmensinhaber statt.[10]

Zu beachten ist insoweit allerdings stets, dass dem Kunden grundsätzlich ein Widerspruchsrecht nach Art. 21 Abs. 1 DS-GVO gegen die Übertragung an bzw. die Nutzung durch den neuen Unternehmenseigentümer zusteht, soweit die Übertragung nicht im Hinblick auf das übergehende Rechtsverhältnis erforderlich ist. Bei einer Datenverarbeitung, die aufgrund einer zuvor erfolgten Einwilligung erfolgt, ist diese Einwilligung zudem jederzeit nach Art. 7 Abs. 4 S. 1 DS-GVO widerruflich. Der Kunde ist hierüber und

---

[8] *Härting*, CR 2017, S. 724 (727); *Glaser*, in: Wolff/Brink, BeckOK Datenschutzrecht, § 2.23.1 Rn. 3.

[9] *Härting*, CR 2017, S. 724 (727); *Baranowski/Glaßl*, BB 2017, S. 199 (202); *Glaser*, in: Wolff/Brink, BeckOK Datenschutzrecht, § 2.23.1 Rn. 3.

[10] *Glaser*, in: Wolff/Brink, BeckOK Datenschutzrecht, § 2.23.1 Rn. 3.

im Hinblick auf die sonstigen Pflichtinformationen gemäß Art. 14 DS-GVO ordnungsgemäß in Kenntnis zu setzen.[11]

Darüber hinaus wird empfohlen, sorgfältig zu dokumentieren, auf welcher Grundlage die Kundendaten übertragen werden und die maßgeblichen Erwägungen der in der Regel vorzunehmenden Interessensabwägung festzuhalten, um den Rechenschaftspflichten nach Art. 5 Abs. 2 DS-GVO zu genügen.[12]

2.2.2 Isolierte Übertragung von Kundendaten ohne laufendes Vertragsverhältnis

Der Erwerber eines Unternehmens hat häufig nicht nur Interesse daran, Kundendaten aus laufenden Vertragsverhältnissen zu übernehmen, sondern auch daran, personenbezogene Daten aus abgeschlossenen Vertragsverhältnissen zu erhalten, um diese beispielsweise für bestimmte Werbemaßnahmen zu verwenden.

Während sich die Übertragung von Kundendaten aus laufenden Vertragsverhältnissen nach den vorstehenden Ausführungen jedenfalls im Grundsatz zumeist zulässig ist, ist die Übertragung von Kundendaten ohne laufende Vertragsverhältnisse deutlich differenzierter zu betrachten.

Zunächst kommt zwar auch insoweit eine Übertragung auf Grund einer datenschutzrechtlichen Einwilligung in Betracht; allerdings dürfte diese im Zusammenhang mit der Transaktion kaum flächendeckend einzuholen sein. Zudem wäre es im Hinblick auf die Anforderungen, die Art. 7 Abs. 1 DS-GVO an eine Einwilligung stellt, wohl nicht zulässig, eine solche vorsorglich und ohne konkreten Anlass einzuholen und dann mit tatsächlichen Transaktionsfall auf diese zurückzugreifen.[13]

Maßgeblich dürften daher auch insoweit vor allem die gesetzlichen Erlaubnistatbeständen sein. Dabei komme jedoch eine Übertragung auf Grundlage des Art. 6 Abs. 1 UAbs. 1 lit. b DS-GVO nicht in Betracht, da die isolierte Übertragung von Kundendaten nicht zur Erfüllung eines Vertrages oder zur Durchführung vorvertraglicher Maßnahmen auf Anfrage der betroffenen Person erforderlich ist. Möglich erscheint eine Übertragung demnach allein nach einer entsprechenden Interessensabwägung gemäß Art. 6 Abs. 1 UAbs. 1 lit. f DS-GVO.

Im Gegensatz zu der zuvor dargestellten Konstellation steht das Interesse der an der Transaktion beteiligten Parteien jedoch nicht im Zusammenhang

---

[11] *Härting*, CR 2017, S. 724 (727); *Glaser*, in: Wolff/Brink, BeckOK Datenschutzrecht, § 2.23.1 Rn. 3.

[12] *Glaser*, in: Wolff/Brink, BeckOK Datenschutzrecht, § 2.23.1 Rn. 3; *Lensdorf/Bloß*, in: Hölters, Handbuch Unternehmenskauf, Rn. 8.89.

[13] *Frenzel*, in: Paal/Pauly, DS-GVO, Art. 7 Rn. 8; *Bach*, EuZW 2020, S. 175 (176).

mit einer zivilrechtlichen Vertragsübernahme. Vielmehr besteht ihr Interesse in erster Linie in der Verwertung dieser Daten selbst, was einen erhöhten Rechtfertigungsbedarf mit sich bringt.[14] Jedenfalls in Fällen, in denen personenbezogene Daten als bloße Ware verkauft werden sollen und es nur darum geht, den immanenten Wert personenbezogener Daten zu verwerten, wird eine Übertragung typischerweise nicht auf eine Interessensabwägung zugunsten der handelnden Unternehmen gestützt werden können.[15]

Anders stellt sich jedoch die Situation in Fällen dar, in denen ein Unternehmen in seiner Gesamtheit oder zumindest zusammenhängende Unternehmensteile veräußert wird und hiermit in Verbindung stehende Daten von Alt- und Bestandskunden auch ohne laufendes Vertragsverhältnis übertragen werden sollen. Eine Übertragung dieser Daten dient dann in erster Linie der reibungslosen Fortführung eines (Teil-)Unternehmens. Sie erleichtert nicht nur die Anbahnung und Abwicklung von Verträgen, falls diese Altkunden sich erneut an das Unternehmen wenden, sondern ermöglicht auch gezieltere Marketingmaßnahmen im Rahmen des rechtlich Zulässigen. Würde man insoweit stets eine Einwilligung verlangen, würde dies die Veräußerung eines Unternehmens im Wege eines Asset Deals nahezu ausschließen und damit die Handlungsmöglichkeiten und Vermögensinteressen des Veräußerers weitreichend einschränken.[16] Gleichzeitig sind auch keine stets entgegenstehenden Interessen der betroffenen Kunden erkennbar, wenn diese frühzeitig und ordnungsgemäß von der anstehenden Übermittlung ihrer Daten informiert werden und ihnen die Möglichkeit zum Widerspruch eingeräumt wird.[17] Grundsätzlich werden die betroffenen Kunden ohnehin davon ausgehen, dass bei dem vollständigen Verkauf eines Unternehmens die Verarbeitung ihrer Daten für die bisherigen Zwecke vom Erwerber fortgesetzt wird.[18]

Auch die Datenschutzkonferenz erkennt das Interesse von Veräußerer und Erwerber an, die Daten von Alt- und Bestandskunden ohne laufende

---

[14] *Schulz*, in: Gola, DS-GVO, Art. 6 Rn. 127; *Baranowski/Glaßl*, BB 2017, S. 199 (202).

[15] *Schröder*, in: Forgó/Helfrich/Schneider, Betrieblicher Datenschutz, Teil VI, Kap. 4 Rn. 39; *Schulz*, in: Gola, DS-GVO, Art. 6 Rn. 61; *Schantz*, in: Simitis/Hornung/Spiecker gen. Döhmann, Datenschutzrecht, Art. 6 Abs. 1 Rn. 127.

[15] *Schantz*, in: Simitis/Hornung/Spiecker gen. Döhmann, Datenschutzrecht, Art. 6 Abs. 1 Rn. 127.

[17] *Glaser*, in: Wolff/Brink, BeckOK Datenschutzrecht, § 2.23.1 Rn. 4; *Baranowski/Glaßl*, BB 2017, S. 199 (202).

[13] *Schantz*, in: Simitis/Hornung/Spiecker gen. Döhmann, Datenschutzrecht, Art. 6 Abs. 1 Rn. 127.

Vertragsbeziehung und ohne konkrete Einwilligung zu übertragen. Sie differenziert insoweit jedoch nach dem Zeitpunkt der letzten Vertragsbeziehung. So sollen die Daten von Bestandskunden, bei welchen die letzte Vertragsbeziehung mehr als drei Jahre her ist, nicht mehr ohne Einwilligung für die Geschäftszwecke des Erwerbers übertragen werden dürfen. Wenn die letzte Vertragsbeziehung hingegen weniger als drei Jahre her ist, sollen die entsprechenden Daten grundsätzlich nach Art. 6 Abs. 1 UAbs. 1 lit. f DS-GVO übertragbar sein, wenn den betroffenen Personen im Wege eines Opt-Out-Modells eine Widerspruchsmöglichkeit eingeräumt wird.[19]

Der entsprechende Beschluss der Datenschutzkonferenz ist allerdings nicht rechtsverbindlich und ersetzt insbesondere auch keine datenschutzrechtliche Prüfung und Abwägung im konkreten Einzelfall. Die sehr pauschale und nicht näher begründete Einordnung der Datenschutzkonferenz differenziert nicht nach Art des Vertrages oder der Geschäftsbeziehung, nach Kategorie der übertragenen Daten oder sonstigen Umständen des Unternehmensübergangs. Ebenso unterscheidet sie nicht zwischen privaten Kundendaten und Kundenkontaktdaten im B2B-Bereich. Dabei kann die Eingriffsintensität im Hinblick auf das Recht zur informationellen Selbstbestimmung maßgeblich von dieser Unterscheidung abhängen, denn während personenbezogene (Kontakt-)Daten im B2B-Bereich letztlich lediglich Aufschluss über das berufliche Umfeld und den Tätigkeitsbereich der betroffenen Person bietet, ist in B2C-Verhältnissen der der gesamte Datensatz unmittelbar personenbezogen.[20]

Erst recht bei der Übertragung von Kundendaten ohne ein laufendes Vertragsverhältnis sollten die für die nach Art. 6 Abs. 1 UAbs. 1 lit. f DS-GVO notwendige Interessensabwägung maßgeblichen Erwägungen im Hinblick auf Art. 5 Abs. 2 DS-GVO sorgfältig dokumentiert werden. Ebenso ist an die Informationspflichten aus Art. 14 DS-GVO gegenüber den betroffenen Personen zu denken.

Hiervon abgesehen sollten Käufer und Verkäufer bereits im Voraus gemeinsam frühzeitig die datenschutzrechtlich zulässige Abwicklung des „Datenübergangs" erörtern und festlegen. Hierzu zählt zunächst eine Bestandsaufnahme der personenbezogenen Daten, die Gegenstand des Asset Deals sind sowie die Frage, in welchen Fällen von einer Änderung der ursprünglichen datenschutzrechtlichen Zweckbestimmung auszugehen ist.

---

[19] Beschl. der Konferenz der unabhängigen Datenschutzaufsichtsbehörden des Bundes und der Länder vom 24.5.2019: Asset Deal – Katalog von Fallgruppen, https://www.datenschutzkonferenz-online.de/media/dskb/20190524_dskb_asset_deal.pdf (abgerufen am 26.6.2020).

[20] *Conrad*, in: Auer-Reinsdorff/Conrad, Handbuch IT- und Datenschutzrecht, § 34 Rn. 715.

Um spätere Auseinandersetzungen oder „böse Überraschungen" auf Erwerberseite zu verhindern, kann es zudem hilfreich sein, Regelungen für den Fall aufzunehmen, dass eine nicht unerhebliche Anzahl von Kunden der Datenübertragung widerspricht oder sich diese im Nachhinein als datenschutzrechtswidrig herausstellt.

2.3 Die Übertragung sonstiger personenbezogener Daten beim Asset Deal

Insbesondere, wenn bei einem Asset Deal einzelne Betriebsteile veräußert werden sollen, kann in diesem Zusammenhang auch die Übertragung von Arbeitnehmerdaten oder Daten sonstiger Geschäftspartner angestrebt werden.

2.3.1 Arbeitnehmerdaten

Dabei ist die Übertragung von Arbeitnehmerdaten im Rahmen eines Asset Deals jedenfalls im Grundsatz zumeist unproblematisch.

Falls es durch den Vollzug des Asset Deals zu einem Betriebsübergang im Sinne des § 613a BGB kommt, ist die Übermittlung bestimmter personenbezogener Daten zunächst gemäß Art. 6 Abs. 1 UAbs. 1 lit. b DS-GVO erforderlich, damit der Erwerber seinen Informationspflichten nach § 613a Abs. 5 BGB gegenüber dem Arbeitnehmer nachkommen kann. Sofern anschließend kein Widerspruch gegen den Übergang des Arbeitsverhältnisses gemäß § 613a Abs. 6 BGB erfolgt und der Erwerber damit in die Rechte und Pflichten aus den im Zeitpunkt des Übergangs bestehenden Arbeitsverhältnissen eintritt, dürfen gemäß § 26 Abs. 1 S. 1 BDSG all jene personenbezogenen Daten der betroffenen Arbeitnehmer übermittelt werden, die für die Durchführung des Beschäftigtenverhältnisses erforderlich sind.[21]

Wenn der Asset Deal nicht zu einem Betriebsübergang im Sinne des § 613a BGB führt, kommt ein Übergang von Arbeitsverhältnisses lediglich durch individualvertragliche Schuldübernahme in Betracht. In einem solchen Fall dürfte bereits in der dreiseitigen Vereinbarung eine konkludente Einwilligung zur Übertragung und Erhebung entsprechender personenbezogener Daten gesehen werden.[22] Jedenfalls wäre aber eine Übermittlung der erforderlichen Beschäftigtendaten auch nach § 26 Abs. 1 S. 1 BDSG zur Begründung und Durchführung des Beschäftigtenverhältnisses erforderlich.

2.3.2 Daten sonstiger Geschäftspartner

Soweit bei einem Asset Deal auch Informationen zu sonstigen Geschäftspartnern relevant werden, wie beispielsweise im Hinblick auf Lieferanten, Berater oder Kooperationspartner, so handelt es sich hierbei jedenfalls

---

[21] Ausführlich hierzu *Riesenhuber*, in: Wolff/Brink, BeckOK Datenschutzrecht, § 26 Rn. 113.

[22] *Schantz*, in: Simitis/Hornung/Spiecker gen. Döhmann, Datenschutzrecht, Art. 6 Rn. 127.

dann um personenbezogene Daten, wenn hierbei nicht nur Firmennamen, sondern auch die Namen natürlicher Personen genannt werden. Soweit die Übermittlung entsprechender Daten nicht zur Durchführung eines konkreten Vertrages erforderlich ist, dürfte in der Regel auch insoweit eine Rechtfertigung nach Art. 6 Abs. 1 UAbs. 1 lit. f DS-GVO in Betracht kommen. Dabei dürften die Interessen der betroffenen Personen weniger stark berührt werden, als im Falle der Übertragung privater Kundendaten. Allerdings ist auch hier letztlich eine Abwägung im Einzelfall erforderlich. Maßgeblich dürfte neben der Kategorie und dem Umfang der betroffenen Daten auch der Zeitpunkt der letzten konkreten Geschäftsbeziehung sein.

3 Datenschutzrechtliche Vorgaben für die Due Diligence

Die Prüfung des Zielunternehmens mittels Due Diligence wird gemeinhin als Kernstück einer Transaktion angesehen.[23] Sie dient dem Interessenten dazu, etwaige Risiken zu identifizieren und zu bewerten und sich abschließend festzulegen, ob ein dem Kaufpreis angemessenes Verhältnis zwischen Geschäftschancen und geschäftlichen und rechtlichen Risiken besteht. Da sich der Interessent im Rahmen der Due Diligence ein möglichst vollständiges Bild von den Rechtsbeziehungen des Zielunternehmens machen möchte, besteht insoweit insbesondere auch ein grundsätzliches Interesse an Informationen zu Kunden, Lieferanten und Arbeitnehmern.

3.1 Datenschutzrechtliches Verhältnis zwischen Erwerber und Veräußerer

Im Rahmen der Due Diligence übermittelt der Veräußerer die zur Prüfung des Zielunternehmens erforderlichen Daten an den potenziellen Erwerber. Als Verantwortliche im Sinne der DS-GVO kommen daher beide Parteien in Betracht. Dabei liegt es nahe, eine gemeinsame Verantwortlichkeit der Beteiligten nach Art. 26 DS-GVO anzunehmen.[24]

Eine derartige gemeinsame Verantwortlichkeit liegt nach dem Wortlaut des Art. 26 Abs. 1 S. 1 DS-GVO immer dann vor, wenn zwei oder mehr Verantwortliche gemeinsam die Zwecke der und die Mittel zur Verarbeitung festlegen. Diese Voraussetzungen dürften bei der Übertragung von Daten zum Zwecke einer Due Diligence mit dem gemeinsamen Ziel eines Vertragsschlusses durchaus gegeben sein. Dies gilt erst recht, als der EuGH den Begriff der gemeinsamen Verantwortlichkeit weit auslegt und lässt es

---

[23] *Tribess/Spitz*, GWR 2019, S. 261 (263); *Beisel*, in: Beisel/Klumpp, Der Unternehmenskauf, § 2 Rn. 1 ff.

[24] *Bach*, EuZW 2020, S. 175 (176); *Tribess/Spitz*, GWR 2019, S. 261 (262).

sogar genügen lässt, wenn ein Verantwortlicher einen anderen Verantwortlichen zur Datenverarbeitung ermuntert.[25] In der rechtswissenschaftlichen Literatur wird daher – soweit ersichtlich – einhellig davon ausgegangen, dass die Übertragung von personenbezogenen Daten im Rahmen und zum Zwecke der Due Diligence eine gemeinsame Verantwortlichkeit im Sinne von Art. 26 DS-GVO begründet.[26]

Die Annahme einer gemeinsamen Verantwortlichkeit von Verkäufer und Erwerber hat zunächst zur Folge, dass nach Art. 26 Abs. 1 S. 2 DS-GVO zwingend eine schriftliche Vereinbarung zwischen den Beteiligten abzuschließen ist. Hierin ist insbesondere festzulegen, wer von ihnen welche datenschutzrechtliche Verpflichtung gegenüber den Betroffenen erfüllt. Hierzu bedarf es jedoch keines gesonderten Vertragsdokuments, vielmehr können die notwendigen Regelungen auch in bestehende Vereinbarungen wie den Letter of Intent oder das Memorandum of Understanding integriert werden.[27]

Verstöße gegen Art. 26 DS-GVO sind nach Art. 83 Abs. 4 lit. a DS-GVO bußgeldbewährt. Darüber hinaus führt die gemeinsame Verantwortlichkeit nach Art. 82 Abs. 4 DS-GVO auch dazu, dass die Beteiligten gesamtschuldnerisch für einen durch die Verarbeitung verursachten Schaden verantwortlich sind. Die gemeinsame Verantwortlichkeit sollte von den Beteiligten daher nicht auf die leichte Schulter genommen werden.

3.2 Zulässigkeit der Übertragung/Vorgaben für Übertragung

3.2.1 Grundsätzliche Zulässigkeit der Datenübermittlung

Auch für die Übertragung personenbezogener Daten im Rahmen der Due Diligence bedarf es einer Rechtsgrundlage. Dies gilt selbstverständlich auch dann, wenn die spätere Transaktion im Wege eines Share Deals durchgeführt werden soll, denn bei der vorangehenden Due Diligence findet durchaus eine Übertragung der Daten zwischen unterschiedlichen Rechtsträgern statt.

Die Einholung einer Einwilligung aller betroffenen Personen dürfte als Rechtfertigungstatbestand schon wegen des Geheimhaltungsbedürfnis der beteiligten Parteien von vorneherein ausscheiden. Denkbar wäre dementsprechend alleine eine Rechtmäßigkeit der Datenübertragung wegen berechtigter Interessen der beteiligten Unternehmen nach Art. 6 Abs. 1 S. 1 lit. f DS-GVO, denn die an der Transaktion beteiligten Unternehmen haben

---

[25] EuGH, Urt. v. 10.7.2018 – C-25/17 (Tietosuojavaltuutettu/Jehovan todistajat), NJW 2019, 285.

[26] *Bach*, EuZW 2020, S. 175 (176); *Tribess/Spitz*, GWR 2019, S. 261 (262).

[27] *Tribess/Spitz*, GWR 2019, S. 261 (262).

ein berechtigtes Interesse daran, dem Käufer eine möglichst umfassende Prüfung des Kaufgegenstandes zu ermöglichen. Ohne eine solche Möglichkeit ließen sich der tatsächliche Wert und das Transaktionsrisiko nicht zuverlässig bestimmen, so dass die Realisierbarkeit einer Transaktion von Anfang an höchst fraglich wäre. Das Interesse an der grundsätzlichen Möglichkeit und dem Gelingen einer Transaktion sind regelmäßig sehr hoch zu bewerten.[28]

3.2.2 Zulässiger Umfang der Datenübermittlung

Auch wenn insoweit grundsätzlich ein berechtigtes Interesse der beteiligten Parteien besteht, lässt sich hiermit nicht jegliche Übermittlung personenbezogener Daten rechtfertigen. Notwendig ist vielmehr stets eine Prüfung der einzelnen Verarbeitung bzw. der jeweils betroffenen Daten. Dabei ist jeweils zu fragen, ob die Verarbeitung personenbezogener Daten tatsächlich erforderlich ist und ob kein gleich geeignetes milderes Mittel zur Verfügung steht.[29]

So dürfte es beispielsweise in den meisten Fällen nicht erforderlich sein, die personenbezogenen Daten von Arbeitnehmern oder ihre einzelnen Arbeitsverträge offenzulegen, um eine angemessene Prüfung und Bewertung des Zielunternehmens zu ermöglichen. Vielmehr dürfte es – jedenfalls im Hinblick auf Beschäftigte unterhalb des Managements – in der Regel ausreichen, aussagekräftige Datencluster zu erstellen oder eine Anonymisierung oder Pseudonymisierung durchzuführen.[30] Lediglich bei einer herausragenden Stellung einzelner Mitarbeiter kommt ein berechtigtes Interesse an personenbezogenen Daten und Einzelheiten zum Anstellungsverhältnis in Betracht.[31] Denkbar ist dies beispielsweise bei Mitgliedern der Vorstands oder der Geschäftsführung, aber beispielsweise auch hinsichtlich der Verträgen von Profisportlern und Künstlern oder im Hinblick auf Klauseln zur Übertragung von geistigen Eigentumsrechten bei schöpferisch tätigen Mitarbeitern.

Nicht erforderlich dürfte die Preisgabe personenbezogener Daten sein, wenn Vertragsbeziehungen mit gewerblichen Kunden oder Zulieferern zur Prüfung offengelegt werden sollen. Insoweit sollten daher personenbezogene Daten, wie beispielsweise die Namen von Kontaktpersonen oder Abschlussbevollmächtigten in Verträgen oder Aufstellungen geschwärzt werden.

---

[28] *Schantz*, in: Simitis/Hornung/Spiecker gen. Döhmann, Datenschutzrecht, Art. 6 Rn. 128; *Bach*, EuZW 2020, S. 175 (177).

[29] *Bach*, EuZW 2020, S. 175 (177).

[30] *Bach*, EuZW 2020, S. 175 (177); *Klausch/Hartmann*, BB 2019, S. 1030 (1031).

[31] *Tribess/Spitz*, GWR 2019, S. 261 (264).

Kein berechtigtes Interesse dürfte daran bestehen, personenbezogene Daten von Verbrauchern oder sonstigen Privatpersonen im Rahmen einer Due Diligence zu übermitteln. Selbst dort, wo der Wert des Zielunternehmens maßgeblich von einzelnen Vertragsverhältnissen mit Privatpersonen abhängt, wie es beispielsweise bei Immobilientransaktionen im Hinblick auf die einzelnen Mieter der Fall sein kann, sollte die Offenlegung anonymisierter Daten in aller Regel ausreichend sein, um eine hinreichende Prüfung zu ermöglichen.[32]

Diese Grundsätze sind auch im Hinblick auf sonstige Unterlagen anzuwenden, die für die Due Diligence bereitgestellt werden sollen. So können beispielsweise personenbezogene Daten aus Mietverhältnissen zu gemieteten Objekten des Zielunternehmens ebenso zu schwärzen sein, wie personenbezogene Daten aus laufenden Rechtsstreitigkeiten.

Schließlich ist zu erwägen, wem die fraglichen Daten zugänglich gemacht werden sollen, denn es liegt auf der Hand, dass die Eingriffsintensität der Datenverarbeitung je geringer ist, desto weniger Personen Zugriff haben. Insoweit kann auch erwogen werden, die betroffenen personenbezogenen Daten lediglich gesetzlich zur Verschwiegenheit verpflichteten Personen wie Wirtschaftsprüfern oder Rechtsanwälten zu überlassen.

Es ist zunächst Aufgabe des Veräußerers, eine datenschutzrechtskonforme Datenübertragung im Rahmen der Due Diligence sicherzustellen und zu entscheiden, wie die entsprechenden Unterlagen zu gestalten und welche Angaben gegebenenfalls zu schwärzen sind. Allerdings ist der Erwerber in ebenfalls dafür verantwortlich, seinerseits keine personenbezogenen Daten über das bestehende berechtigte Interesse hinaus zu erheben und zu verarbeiten, denn dies wäre ebenfalls rechtswidrig. Darüber hinaus stehen beide Parteien im Rahmen der gemeinsamen Verantwortlichkeit schließlich auch für Datenschutzverstöße des jeweils anderen Unternehmens gemäß Art. 82 Abs. 4 DS-GVO im Außenverhältnis unbegrenzt ein, so dass auch der Erwerber stets kritisch prüfen sollte, ob die Bereitstellung der Daten durch den Veräußerer im Einzelnen datenschutzrechtlich zulässig ist.

3.2.3 Informationspflichten

Wie bereits erläutert, bestehen für den datenschutzrechtlichen Verantwortlichen besondere Transparenzpflichten gegenüber den betroffenen Personen gemäß Art. 13, 14 DS-GVO. Insbesondere dann, wenn die Daten für andere Zwecke verwendet werden sollen (Due Diligence) als sie ursprüngliche erhoben wurden (Vertragsanbahnung/Vertragsdurchführung mit der

---

[32] *Klausch/Hartmann*, BB 2019, S. 1030 (1032).

jeweiligen Person), ist die betroffene Person grundsätzlich hierüber zu informieren.[33]

Im Falle der Due Diligence würden derartige Informationspflichten jedoch in der Regel mit dem Interesse der Beteiligten, die Verhandlungen über eine mögliche Transaktion weitgehend geheim und vertraulich zu halten, kollidieren. Vielfach wäre zu befürchten, dass ein zu frühzeitiges Bekanntwerden von Transaktionsabsichten ihre Verwirklichung unmöglich machen oder jedenfalls ernsthaft beeinträchtigen könnte. Jedenfalls für den Fall, dass die entsprechenden Daten zuvor nicht direkt bei der betroffenen Person erhoben worden sind, sieht Art. 14 Abs. 5 lit. b DS-GVO daher eine Ausnahme von der Informationspflicht vor.

Für den eigentlich weniger eingriffsintensiven Fall der Direkterhebung fehlt es überraschenderweise an einer solchen Ausnahmevorschrift. In der rechtswissenschaftlichen Literatur wird daher teilweise vertreten, dass insoweit Art. 14 Abs. 5 lit. b DS-GVO analog gelten müsse.[34] Um das Risiko zu vermeiden, dass die Rechtsprechung eine solche Analogie ablehnt und die fehlende Information der betroffenen Personen als Datenschutzverstoß ansieht, ist jedoch zu empfehlen, schon ohne konkreten Anlass oder die potentielle Übermittlung von personenbezogenen Daten an etwaige Kaufinteressenten des Unternehmens in die allgemeinen Datenschutzinformationen aufzunehmen.[35]

4 Datenschutzrechtliche Bewertung des Zielunternehmens

Auch wenn es bei einem Share Deal grundsätzlich nicht zur Übertragung von personenbezogenen Daten auf einen anderen Rechtsträger kommt und dieser daher keine eigenständigen datenschutzrechtlichen Rechtfertigung bedarf,[36] ist zu berücksichtigen, dass der Erwerber datenschutzrechtliche Risiken einkauft. Das erworbene Unternehmen ist weiterhin für vergangene datenschutzrechtliche Verstöße sowie für die Verletzung datenschutzrechtlicher Organisationspflichten verantwortlich. Es bedarf daher einer umfangreichen datenschutzrechtlichen Due Diligence sowie gegebenen-

---

[33] *Bach*, EuZW 2020, S. 175 (177); *Tribess/Spitz*, GWR 2019, S. 261 (264).

[34] *Bach*, EuZW 2020, S. 175 (177); *Tribess/Spitz*, GWR 2019, S. 261 (264); *Byers*, NZA 2017, S. 1086 (1090); *Maschmann*, BB 2019, S. 628 (635); a. A. *Schmidt-Wudy*, in: Wolff/Brink, BeckOK Datenschutzrecht, Art. 13 Rn. 95.

[35] *Tribess/Spitz*, GWR 2019, S. 261 (264).

[36] *Schantz*, in: Simitis/Hornung/Spiecker gen. Döhmann, Datenschutzrecht, DSGVO, Art. 6 Rn. 126; *Härting*, CR 2017, S. 724 (725); *Baranowski/Glaßl*, BB 2017, S. 199 (201).

falls weiteren vertraglichen Klauseln zur Risikominimierung. Dies gilt insbesondere im Hinblick auf die hohen Bußgelder, die bei der Verletzung von Organisationspflichten oder Betroffenenrechten drohen.

Im Folgenden soll daher übersichtsartig dargestellt werden, auf welche zentralen Punkte im Rahmen einer datenschutzrechtlichen Due-Diligence besonders zu achten ist und welche Möglichkeiten bestehen, datenschutzrechtlichen Risiken in der Gestaltung des Unternehmenskaufvertrages zu begegnen.

4.1 Typisierte Due-Diligence Checkliste

Aus den zentralen Pflichten des Datenschutzmanagements und den wichtigsten datenschutzrechtlichen Vorgaben zur Gestaltung zivilrechtlicher Rechtsverhältnisse lässt sich eine typisierte Due-Diligence Checkliste zur Prüfung der datenschutzrechtlichen Compliance des Zielunternehmens ableiten:

- Prüfung, ob ein Datenschutzbeauftragter bestellt wurde, wenn die Voraussetzungen von Art. 37 DS-GVO, § 38 Abs. 1 BDSG vorliegen,

- Prüfung, ob ein vollständiges Verzeichnis der Verarbeitungstätigkeiten nach Art. 30 DS-GVO geführt wird, sofern nicht der Ausnahmetatbestand des Art. 30 Abs. 5 DS-GVO für kleine und mittelständische Unternehmen eingreift,

- Prüfung, ob die nach Art. 32 DS-GVO zu treffenden technischen und organisatorischen Maßnahmen ein angemessenes Schutzniveau der Datenverarbeitung gewährleisten,

- Prüfung der verwendeten Mustererklärungen zur Erfüllung der Informationspflichten nach Art. 13, 14 DS-GVO („Datenschutzerklärung"), sowie zur Einwilligung, falls bestimmte Datenverarbeitungsvorgänge hierauf gestützt werden,

- Prüfung datenschutzrechtlicher Verträge mit Dritten, insbesondere in Fällen der gemeinsamen Verantwortlichkeit (Art. 26 DS-GVO) oder der Auftragsverarbeitung (Art. 28 DS-GVO),

- Prüfung einer Auflistung bisheriger Datenpannen oder Datenschutzverletzungen einschließlich einer Dokumentation erfolgter oder ausgebliebener Meldungen und Maßnahmen zur Behebung.

4.2 Datenschutzrechtliche Garantieklauseln

Weder die Zusammenstellung noch die Prüfung der oben genannten Punkte bietet dem Erwerber eine hinreichende Gewähr für die Einhaltung datenschutzrechtlicher Vorgaben in der Unternehmenspraxis des Zielunternehmens. Er kann hinsichtlich der Richtigkeit und Vollständigkeit der

Dokumentation und der vorgelegten Dokumente in der Regel allenfalls eine Plausibilitätsprüfung vornehmen.

Zum Schutz des Erwerbs vor Bußgeldern oder Schadensersatzansprüchen aus der DS-GVO bietet es sich daher insbesondere bei einem Share Deal für ihn an, datenschutzrechtliche Garantieversprechen von dem Veräußerer zu verlangen. Derartige Garantieversprechen können einerseits in die allgemeinen Compliance-Garantieklauseln aufgenommen werden. Insbesondere, wenn die allgemeinen Garantieklauseln Beschränkungen aufweisen (bspw. Garantie nur „nach bestem Wissen des Verkäufers", hohe Freigrenzen, geringe Haftungshöchstbeträge) oder die besondere Bedeutung der Einhaltung datenschutzrechtlicher Vorgaben herausgestellt werden soll, können aber auch eigenständige datenschutzrechtliche Garantieversprechen in den Unternehmenskaufvertrag aufgenommen werden.[37]

Literatur

Auer-Reinsdorff, Astrid/Conrad, Isabell (Hrsg.): Handbuch IT- und Datenschutzrecht, 3. Aufl., München 2019.

Bach, Dwayne: Datenschutzrechtliche Vorgaben bei der Weitergabe von Beschäftigten- und Kundendaten während der Due-Diligence-Phase, EuZW 2020, S. 175-179.

Baranowski, Anne/Glaßl, Ramón: M&A im Internet: Transaktionen von Daten und Content, BB 2017, S. 199-207.

Beisel, Wilhelm/Klumpp, Hans-Hermann: Der Unternehmenskauf, 7. Aufl., München 2016.

Byers, Philipp: Die Zulässigkeit heimlicher Mitarbeiterkontrollen nach dem neuen Datenschutzrecht, NZA 2017, S. 1086-1091.

Forgó, Nikolas/Helfrich, Marcus/Schneider, Jochen (Hrsg.): Betrieblicher Datenschutz, 3. Aufl., München 2019.

Gola, Peter (Hrsg.): Datenschutz-Grundverordnung, 2. Aufl., München 2018.

Härting, Niko: Kundendaten beim Unternehmenskauf nach DSGVO, CR 2017, S. 724-727.

Hölters, Wolfgang: Handbuch Unternehmenskauf, 9. Aufl., Köln 2019.

---

[37] Vgl. zum Vorstehenden bspw. die Musterklausel von *Glaser*, in: Wolff/Brink, BeckOK Datenschutzrecht, § 2.25.

Klausch, Johannes/Hartmann, Silvia: Datenschutz im Rahmen von Immobilientransaktionen, BB 2019, S. 1030-1035.

Maschmann, Frank: Verarbeitung personenbezogener Entgeltdaten und neuer Datenschutz, BB 2019, S. 628-636.

Paal, Boris P./Pauly, Daniel A. (Hrsg.): Datenschutzgrundverordnung Bundesdatenschutzgesetz, 2. Aufl., München 2018.

Simits, Spiros/Hornung, Gerrit/Spiecker geh. Döhmann, Indra (Hrsg.): Datenschutzrecht, Baden-Baden 2019.

Tribess, Alexaner/Spitz, Marc Rene: Datenschutz im M&A Prozess, GWR 2019, S. 261-265.

Wolff, Heinrich Amadeus/Brink, Stefan (Hrsg.): Beck'scher Online-Kommentar Datenschutzrecht, 32. Ed., München 2020.

PRAKTISCHE HERAUSFORDERUNGEN IM UMGANG MIT DATENSCHUTZRECHTLICHEN BETROFFENENRECHTEN – LÖSUNGSANSÄTZE AUS RECHTLICHER UND INFORMATIONSTECHNISCHER SICHT

Elina Eickstädt/Neil Calum Weaver

Ebner Stolz Mönning Bachem Wirtschaftsprüfer Steuerberater
Rechtsanwälte Partnerschaft mbB
elina.eickstaedt@ebnerstolz.de/neil.weaver@ebnerstolz.de

Zusammenfassung

Am 4. November 2019 fand ein Stakeholder-Event[1] des Europäischen Datenschutzausschusses (EDSA) zu aktuellen Fragestellungen zum praktischen Umgang mit datenschutzrechtlichen Betroffenenrechten statt. Im Anschluss hieran hat der EDSA angekündigt, speziell zu den dort aufgeworfenen Fragestellungen eine Leitlinie nach Art. 70 Abs. 1 UAbs. 2 lit. e DSGVO zur Sicherstellung einer einheitlichen Anwendung der DSGVO zu veröffentlichen.[2] Eine Auswahl dieser Fragen soll hier aufgezeigt, sowie Lösungsansätze für den praktischen Umgang mit den jeweiligen Fragestellungen dargestellt werden. In die Darstellung fließen hierbei bereits ergangene gerichtliche Entscheidungen sowie Handlungsempfehlungen der Datenschutzaufsichtsbehörden und des EDSA ein.[3]

1 Auskunftsrecht der betroffenen Person (Art. 15 DSGVO)

1.1 Unklare Auskunftsanträge

Die DSGVO stellt datenschutzrechtlich Verantwortliche vor eine Vielzahl an praktischen Herausforderungen. So müssen sich Verantwortliche oftmals mit bereits unklaren Anfragen auseinandersetzen, wenn etwa das konkrete Begehren oder die Identität des Antragstellers nicht eindeutig festgestellt werden können. Während im ersten Fall Verantwortliche weitere Nachforschungen bzgl. des konkreten Auskunftsbegehrens unternehmen

---

[1] Vgl. Pressemitteilung des EDSA https://edpb.europa.eu/news/news/2019/edpb-stakehol der-event-data-subject-rights_en (abgerufen 29.6.2020).

[2] Vgl. EDSA, Jahresbericht 2019, https://edpb.europa.eu/sites/edpb/files/fil es/file1/edpb_ annual_report_2019_en.pdf.pdf (abgerufen 29.6.2020), S. 24.

[3] Zum europäischen Kontext der Stellungnahmen der verschiedenen nationalen Aufsichtsbehörden vgl. bspw. *Dausend*, ZD 2019, S. 103 (106 ff.).

und den Antragsteller hierbei über die Funktion der verschiedenen Betroffenenrechte aufklären sollten,[4] stellt sich im zweiten Fall die Frage, in welcher Form die Identität des Antragstellers nach Art. 12 Abs. 6 DSGVO überprüft werden kann und welche „zusätzliche[n] Informationen" hierfür überhaupt erforderlich sind. Verfügt der Antragsteller beispielsweise über ein Kundenkonto, reicht es oftmals bereits aus, wenn der Antragsteller sein Anliegen als eingeloggter Benutzer oder beispielsweise über die im Profil hinterlegte E-Mail-Adresse an den Verantwortlichen richtet.[5] In diesem Fall lägen regelmäßig bereits keine Zweifel an der Identität des Antragstellers vor, außer wenn der Antrag selbst ungewöhnlich erscheint.[6] Für die Praxis ergibt sich daraus die Empfehlung, auf Betroffene einzuwirken, dass sie ihre Betroffenenrechte über Portale/als eingeloggte User oder mittels der im Nutzerprofil hinterlegten E-Mail-Adresse geltend zu machen, um den Kontrollaufwand seitens der Verantwortlichen gering zu halten. Hierbei muss jedoch betont werden, dass Betroffene keiner Pflicht zur Nutzung entsprechender Kommunikationswege unterliegen.[7] Falls Betroffene jegliche Mitwirkung an der Identifizierung verweigern und eine Identifizierung nach erfolgter Einzelfallprüfung deshalb nach Art. 12 Abs. 2, 11 Abs. 2 DSGVO nicht möglich ist, ist dies wiederum zu dokumentieren und der Auskunftsanspruch aus diesem Grund abzulehnen.[8] Nur im Ausnahmefall – z.B. bei der Abfrage von besonderen Kategorien personenbezogener Daten – sollte es zulässig sein, eine geschwärzte Ausweiskopie[9] anzufordern

---

[4] Je nach Branche sind speziellere Verhaltensregeln zu beachten, so bspw. im Rahmen der Bearbeitung von Auskunftsrechten in der Versicherungsbranche https://www.gdv.de/reso urce/blob/23938/4aa2847df2940874559e51958a0bb350/download-code-of-conduct-dat a. pdf (abgerufen 29.6.2020), S. 23 ff.

[5] So bereits, Article 29 Data Protection Working Party, WP 242 rev. 01, S. 14, wonach Verantwortliche auf die Daten zurückgreifen sollen, die der Betroffene bereits im Rahmen des Registrierungsprozesses hinterlegt hat.

[6] So BayLfD, https://www.datenschutz-bayern.de/datenschutzreform2018/a ki22.html (abgerufen 29.6.2020).

[7] Vgl. hierzu Abschnitt 1.7.

[8] *Arning*, in: Moos/Schefzig/Arning, Die neue Datenschutz-Grundverordnung, Kap. 6 Rn. 148.

[9] Regelmäßig würden nur die Daten zu „Name, Anschrift, Geburtsdatum und Gültigkeitsdauer" benötigt, so BfDI, https://www.bfdi.bund.de/DE/Datenschutz/Ueberblick/Mei neRechte/Artikel/Auskunftsrecht.html (abgerufen 29.6.2020); LDI NRW, Personalausweis und Datenschutz, https://www.ldi.nrw.de/mainmenu_Aktuelles/Inhalt/Personal ausweis-und-Datenschutz/Datenschutz-und-Personalausweis-2019_07.pdf (abrufen 29.6. 2020), S. 7.

und die begrenzte Nutzung (nur für die Überprüfung der Identität und gerade kein Vorhalten von Daten) technisch-organisatorisch sicherzustellen.[10]

Abschließend muss jedoch berücksichtigt werden, dass die DSGVO – im Gegensatz zu anderen Rechtsordnungen[11] – es Verantwortlichen nicht generell ermöglicht, Identitätsnachweise vor der Bearbeitung von Betroffenenanträgen anzufordern, sondern nur im Fall von „begründeten Zweifeln an der Identität der natürlichen Person".[12] Um eine Sanktion im Falle einer Offenbarung von personenbezogenen Daten an Unbefugte Dritte zu vermeiden, sollte routinemäßig vor Erteilung von Auskünften eine Identitätskontrolle anhand der vorhandenen Daten durchgeführt werden.[13]

Vor dem Hintergrund des neuen Bußgeldkonzepts der Datenschutzkonferenz[14] und das wegen eines ungenügenden Authentifizierungsprozesses gegen die 1&1 Telecom GmbH verhängte Bußgeld (nach Angabe von Name und Geburtsdatum wurden über die Telefonhotline weitere personenbezogene Daten der jeweiligen Kunden dem Anrufer mitgeteilt),[15] ist darauf zu achten, dass geeignete technische und organisatorische Maßnahmen i. S. d. Art. 32 Abs. 1 DSGVO insbesondere im Umgang mit dem Auskunftsrecht implementiert sind, wobei umso eher Kontrollmaßnahmen des Verantwortlichen nach Art. 12 Abs. 6 DSGVO eingreifen müssen, je gewichtiger der Antrag die Rechte und Freiheiten der betroffenen Personen betrifft.[16] Hierbei sollten Verantwortliche auch i.d.R. davon ausgehen, dass ein „berechtigter Zweifel" i. S. d. Art. 12 Abs. 6 DSGVO vorliegt, wenn der Antrag mündlich gestellt wird.[17] Gerade im Hinblick auf das vorgenannte konkret verhängte Bußgeld ist es daher umso wichtiger, dass der EDSA konkrete Vorgaben zu datenschutzkonformen Authentifizierungsprozessen aufstellt.

---

[10] *Franck*, in: Gola, DSGVO, Art. 12 Rn. 44.

[11] Vgl. bspw. den California Consumer Privacy Act, Section 1798.100 (c) wonach nur „verifizierbare Anfragen" bearbeitet werden müssen.

[12] Vgl. Art. 12 Abs. 6 DSGVO; *Arning*, in: Moos/Schefzig/Arning, Die neue Datenschutz-Grundverordnung, Kap. 6, Rn. 143.

[13] *Arning*, in: Moos/Schefzig/Arning, Die neue Datenschutz-Grundverordnung. Kap. 6, Rn. 143.

[14] https://www.datenschutzkonferenz-online.de/media/ah/20191016_bu%C3%9Fgeldkon zept.pdf (abgerufen 29.6.2020).

[15] Vgl. BfDI, Pressemitteilung v. 9.12.2019, https://www.bfdi.bund.de/DE/In fothek/Presse mitteilungen/2019/30_BfDIverh%C3%A4ngtGeldbu%C3%9Fe1u1.html (abgerufen 29.6. 2020).

[16] Vgl. bspw. BayLfD, Aktuelle Kurz-Information 22, https://www.datenschutz-bayern.de/ datenschutzreform2018/aki22.html (abgerufen 29.6.2020); zum risikobasierten Ansatz vgl. *Raji*, ZD 2020, S. 279 (281 f.) u.a. m.V.a. *Veil*, ZD 2018, S. 9 (13).

[17] *Kremer*, in: Laue/Kremer, Das neue Datenschutzrecht in der betrieblichen Praxis, § 4 Rn. 7.

Hierdurch sollte der Widerspruch zwischen der zuvor genannten Entscheidung des BfDI und der abweichenden Mitteilung des Landesbeauftragten für Datenschutz und Informationsfreiheit Baden-Württemberg aufgelöst werden.[18]

1.2 Beantwortung von Auskunftsanträgen

Des Weiteren stellt sich die Frage, in welcher Form der Auskunftsantrag des Betroffenen zu beantworten ist und in welchen Fällen es sich empfiehlt, ein PDF mit den angeforderten Daten zur Verfügung zu stellen.

Aus Art. 15 Abs. 3 S. 3 DSGVO ergibt sich, dass Auskünfte dann in einem „gängigen elektronischen Format" zur Verfügung zu stellen sind, wenn die betroffene Person den Auskunftsantrag elektronisch stellt – außer sie gibt etwas anderes an. Zwar wird vereinzelt in der Literatur vorgebracht, dass bei einer großen Menge an Informationen, PDF-Dateien Betroffene an der Ausübung ihrer weiteren Rechte behindern könnten und deshalb die Informationen in maschinenlesbaren Formaten zur Verfügung gestellt werden sollten.[19] Der Einwand orientiert sich jedoch nicht an dem unterschiedlichen Wortlaut von Art. 15 DSGVO und Art. 20 DSGVO, wonach nur Art. 20 Abs. 1 DSGVO die Übermittlung der personenbezogenen Daten in einem „maschinenlesbaren" Format verlangt, während Art. 15 Abs. 3 UAbs. 3 DSGVO regelt, dass die Informationen in einem "gängigen elektronischen Format" zur Verfügung gestellt werden müssen.[20]

Der Informationszugang sollte entgegen des missverständlichen Wortlauts („nach Möglichkeit sollte der Verantwortliche den Fernzugang zu einem sicheren System bereitstellen können, der der betroffenen Person direkten Zugang zu ihren personenbezogenen Daten ermöglich[t]"[21]) nicht im Wege eines Fernzugriffs auf die IT-Systeme des Verantwortlichen gewährt werden.[22] Stattdessen ist damit gemeint, dass, falls der Verantwortliche ein Kundenportal eingerichtet hat, es sich beispielsweise anbietet, dem Betroffenen die relevanten Informationen dort zum Download zur

---

[18] LfDI BW, Pressemitteilung v. 6.2.2019, https://www.baden-wuerttemberg.datensch utz.de/identitaetspruefung-bei-elektronischen-auskunftsersuchen-nach-art-15-d s-gvo/ (abgerufen 29.6.2020), wonach bei telefonischen Abfragen „typischerweise […] Daten wie Geburtsdatum und Anschrift der betroffenen Person" abgefragt werden, dass nur bei einer Abfrage von „sensiblen personenbezogenen Daten" unzulässig sein soll.

[19] *Ausloos/Veale/Mahieu*, Getting Data Subject Rights Right, JIPITEC 10 (2019), S. 283 (286 ff.).

[20] *Schmidt-Wudy*, in: Wolff/Brink, BeckOK Datenschutzrecht, Art. 15 DSGVO Rn. 46.1; daher kommen elektronische Formate wie bspw. pdf, png infrage, vgl. *Arning*, in: Moos/Schefzig/Arning, Die neue Datenschutz-Grundverordnung, Kap. 6 Rn. 171.

[21] ErwG 63 Satz 4 DSGVO.

[22] Hierzu *Engeler/Quiel*, NJW 2019, S. 2201 (2204).

Verfügung zu stellen. Diese Lösung bietet außerdem eine zusätzliche Sicherheit dafür, dass Art. 32 DSGVO entsprochen wird und nur der Betroffene durch Eingabe seiner Zugangsdaten Kenntnis von den personenbezogenen Daten erlangt.[23]

Werden die Informationen per E-Mail verschickt, ist zusätzlich zu prüfen, ob ausreichende Sicherheitsvorkehrungen (beispielsweise Ende-zu-Ende-Verschlüsselung)[24] getroffen werden[25] oder ob der Betroffene einer Beantwortung über den Postweg nach Art. 15 Abs. 3 S. 3 DSGVO zustimmt. Übergreifend sind in allen Punkten Maßnahmen zur IT-Sicherheit zu beachten, um ein angemessenes Maß an Sicherheit bei der Bereitstellung der Daten zu gewährleisten, wie u.a. die Implementierung einer sicheren Webseitenverschlüsselung, den Einsatz von sicheren Passwortauswahlkriterien und einer Mehr-Faktor-Authentifizierung.[26]

Um die Herausgabe personenbezogener Daten an Unbefugte zu vermeiden, könnte der Verantwortliche als weitere Maßnahme eine Benachrichtigung über den Eingang des Auskunftsantrags an die hinterlegten Kontaktdaten des Betroffenen übermitteln.

Um den Aufwand zu minimieren sollten Verantwortliche von der betroffenen Person – wenn eine große Menge von Informationen über die betroffene Person verarbeitet wird – „verlangen, dass präzisiert wird, auf welche Informationen oder Verarbeitungsvorgänge sich das Auskunftsersuchen konkret bezieht" bevor die Auskunft erteilt wird.[27] Mangels entsprechender Regelung[28] in der DSGVO kann richtigerweise nach Ansicht

---

[23] Hierzu auch LfDI BW, Pressemitteilung vom 6.1.2019, https://www. baden-wuerttemberg.datenschutz.de/identitaetspruefung-bei-elektronischen-auskunftsersuchen-nach-art-15-ds-gvo/ (abgerufen 29.6.2020).

[24] Vgl. EDSA, Endorsement 1/2018 https://edpb.europa.eu/sites/edpb/files/files/news/en dorsement_of_wp29_documents_en.pdf (abgerufen 29.6.2020) m.V.a. die Art. 29-Gruppe, WP 242 v. 13.12.2016, https://www.datenschutzkonferenz-online.de/media/wp/201704 05_wp242_rev01.pdf (abgerufen 29.6.2020), S. 19.

[25] Vgl. DSK, Kurzpapier Nr. 6, https://www.datenschutzkonferenz-online.de/media/kp/dsk _kpnr_6.pdf (abgerufen 29.6.2020), S. 2.

[26] Vgl. diesen und weiteren technischen Sicherheitsmaßnahmen, BayLDA, Pressemitteilung v. 5.2.2019, https://www.lda.bayern.de/media/sid_ergebnis_2019.pdf (abgerufen 29.6. 2020).

[27] ErwG 63 Satz 7 DSGVO.

[28] Zu dem Rechtscharakter der Erwägungsgründe, vgl. st. Rspr. EuGH, Urt. v. 19.6.2014 – Rs. C-345/13 (Nilsson u.a.), BeckRS 2004, 74578.

der Bayerischen Datenschutzaufsichtsbehörden und der bisherigen Rechtsprechung die Auskunftserteilung nicht wegen einer unterbliebenen Präzisierung verweigert werden.[29]

1.3 Nutzungspflicht eines eingerichteten Fernzugangs?

Falls ein Verantwortlicher nach ErwG 63 S. 4 DSGVO einen Fernzugang zu einem sicheren System bereitstellt, stellt sich die Frage, ob Betroffene auch verpflichtet sind, diese Kanäle zu nutzen. Bisherige Behördenäußerungen betonen, dass Betroffene nicht dazu verpflichtet werden können, Unternehmensportale zur Ausübung ihrer Auskunftsrechte zu verwenden; Verantwortliche können allenfalls den Betroffenen bestimmte Kommunikationswege vorschlagen.[30] Entsprechendes sollte auch für den Erhalt der Antwort gelten. Andernfalls stünde dies im Widerspruch zu ErwG 63 S. 1 DSGVO, wonach die betroffene Person ihr Auskunftsrecht „problemlos" wahrnehmen können soll, wobei der Erhalt der Auskunft in Zusammenhang mit der Ausübung des Auskunftsrechts steht. Für technisch unversierte Betroffene würde es jedoch eine unangemessene Hürde darstellen, wenn Sie bspw. nur über Kundenportale ihre Betroffenenrechte geltend machen oder die Antwort abrufen könnten. Dennoch macht es Sinn, Betroffene bspw. in den Datenschutzerklärungen auf die Kommunikations- und Abrufmöglichkeiten hinzuweisen, damit möglichst viele Auskunftsansprüche über diese gesicherten Kommunikationswege aufgenommen und beantwortet werden.

Zusätzlich scheint es sinnvoll, Muster[31] für Betroffene vorzubereiten und diese in die eigene Website/Kundenplattform zu integrieren, damit der Auskunftsanspruch möglichst strukturiert und konkret gestellt wird.[32] In

---

[29] So BayLfD, https://www.datenschutz-bayern.de/verwaltung/OH_Recht_auf_Auskunft. pdf (abgerufen 29.6.2020), S. 20; BayLDA, Tätigkeitsbericht 2019, https://www.lda.bay ern.de/media/baylda_report_09.pdf (abgerufen 29.6.2020), S. 35; ArbG Düsseldorf, Urt. v. 5.3.2020 – 9 Ca 6557/18, https://www.jus tiz.nrw.de/nrwe/ar bgs/duessel dorf/ arb g_duesseldorf/j2020/9_Ca_6557_18_Urteil_2020 0305.html (abgerufen 29.6.2020); Genauso bspw. ICO, Right of access, https://ico.org.uk/for-organisations/guide-to-data-pro tection/guide-to-the-general-data-protection-regulation-gdpr/individual-rights/right-of-access/ (abgerufen 29.6.2020); zustimmend *Piltz/Häntschel*, DSB 2020, S. 71 (71); Insoweit unklar: DSK, Kurzpapier Nr. 6 v. 17.12.2018, https://www.da tenschutzkonferenz-on line.de/media/kp/dsk_kpnr_6.pdf (abgerufen 29.6.2020); a. A. *Arning*, in: Moos/Schefzig/Arning, Kap. 6 Rn. 141; *Härting*, CR 2019, S. 219 (223); *Arend/ Möhrke-Sobolewski*, PinG 2019, S. 245 (249).

[30] HBfDI, Tätigkeitsbericht 2019, https://datenschutz.hessen.de/sites/datenschutz.hessen. de/files/2019_48_TB.pdf (abgerufen 29.6.2020), S. 89.

[31] Vgl. Muster LfDI BW zum Auskunftsanspruch nach Art. 15 DSGVO, www.baden-wuert temberg.datenschutz.de/datenschutzthemen/ (abgerufen 29.6. 2020).

[32] So auch Information Commissioner's Office (im Folgenden „ICO"), https://ico.org.uk/y our-data-matters/your-right-to-get-copies-of-your-data/preparing-and-submitting-your-subject-access-request/(abgerufen 29.6.2020).

diesem Fall kann es aber sein, dass dieses Vorgehen zu einer größeren Anzahl von Betroffenenanträgen führt. Diesem Nachteil sollte jedoch weniger Gewicht beigemessen werden, verglichen zu dem Vorteil, mehr Anträge als solche zu erkennen und zu kanalisieren.[33] Außerdem dürfte sich der Aufwand zur Ermittlung des Antragsinhalts durch die Ausgestaltung der strukturierten Formulare für Verantwortliche verringern.

Wenn ein/e Kontaktformular/-plattform (oder die "normale" Kundenplattform) eingesetzt wird, sollte darüber hinaus darauf geachtet werden, dass der Betroffene nur notwendige verpflichtende Eingabefelder (bspw. Angaben zu Vor- und Nachnamen) ausfüllen muss. Andernfalls könnte auch hierin eine unzulässige Restriktion des Auskunftsrechts vorliegen bzw. ein Verstoß gegen die Pflicht zur Datensparsamkeit.

1.4 Vollautomatisierter Prozess

Auf eine wachsende Zahl an Anträgen können Verantwortliche nur mit einer besseren Vorbereitung, definierten Vorgehensweisen und einer gesamtheitlichen (technischen) Organisation reagieren. So sollte ein auf die jeweiligen nationalen, datenschutzrechtlichen Vorgaben abgestimmter Prozess zur Bearbeitung von Auskunftsersuchen definiert und implementiert werden, der den Gesamtvorgang ab Antragseingang bis zum Abschluss abbildet. Idealerweise sollte ein vollautomatisierter Prozess eingerichtet sein, der eine Identifikation sämtlicher personenbezogener Daten aus den vorhandenen IT-Systemen ermöglicht und die relevanten Informationen auf Grundlage eines konkreten Auskunftsantrages zusammenstellt und dem Betroffenen übermittelt.[34] Entgegen vereinzelter Ausführungen[35] steht dieses Ideal – elektronisch archivierte Dokumente mittels zentral gesteuerter Suchfunktion nach personenbezogenen Daten zu durchsuchen – gerade nicht im Widerspruch zu datenschutzrechtlichen Bestimmungen. Unternehmen sollten sich der datenschutzrechtlichen Gefährdungspotentiale bewusst sein, wenn Dokumente nicht durchsuchbar und indexierbar sind. So birgt dies nämlich das Risiko, dass Dokumente/personenbezogene Daten de facto nicht verwendet werden und mangels Aufbewahrungsgrundes als überflüssige Daten gelöscht werden müssen und Verstöße gegen die Prinzipien der Datenminimierung aus Art. 5 Abs. 1 lit. c DSGVO sowie der Speicherbegrenzung aus Art. 5 Abs. 1 lit. e DSGVO bzw. Art. 25 DSGVO

---

[33] *Kremer*, in: Laue/Kremer, Das neue Datenschutzrecht in der betrieblichen Praxis, § 4 Rn. 16.

[34] *Rösch/Schuster/Waidelich/Alpers/Beskorovajnov/Gröll/Tran*, ZD 2020, S. 129 (132 f.); HBfDI, 48. Tätigkeitsbericht zum Datenschutz, https://datenschutz.hessen.de/sites/datenschutz.hessen.de/files/2019_48_TB.pdf (abgerufen 29.6.2020), S. 118.

[35] *Britz/Beyer*, VersR 2020, S. 65 (71).

im Falle von intransparenten Datenschutzverarbeitungsstrukturen vorliegen.[36]

Vergleicht man dieses Ideal mit der gegenwärtigen, üblicherweise anzutreffenden Unternehmenspraxis, so fällt auf, dass diese technischen Voraussetzungen meistens nicht gegeben sind, wenn beispielsweise personenbezogene Daten auf Fileservern[37] gespeichert sind. Denn um Fileserver durchsuchen zu können, müsste zum einen ein Rechte-/Rollenkonzept implementiert worden und zum anderen eine maschinenlesbare Datenablage erfolgt sein. Hierzu das folgende Fallbeispiel: Angenommen ein Mitarbeiter betreut einen Kunden, so können über den jeweiligen Mitarbeiter alle Orte auf dem Fileserver identifiziert werden, die möglicherweise personenbezogenen Daten des entsprechenden Kunden/Betroffenen enthalten und so diese Bereiche konkret durchsucht werden. Technisch ist dies jedoch nur für Textdateien möglich. Sollten Scans als Bilddateien vorhanden sein, können diese nicht ohne weiteres durchsucht werden.

Während in der Praxis zwar oftmals ein entsprechendes Rechte-/Rollenkonzept implementiert wurde, ist eine maschinenlesbare Datenablage meist nicht entsprechend umgesetzt, da dies ein entsprechendes Customising des eigenen Systems erfordert und die Anpassungen einen entsprechenden hohen Aufwand verursachen würden, den die Unternehmen derzeit oftmals in keiner Relation zum Nutzen sehen.

Erschwerend kommt hinzu, dass man in den meisten Unternehmen eine Mischung aus verschiedenen ERP-Systemen (Enterprise Resource Planning) vorfindet und diese sich teilweise nicht ohne weiteren Programmieraufwand nach entsprechenden personenbezogenen Daten durchsuchen lassen.

Wenn dann noch eine große Menge gespeicherter Informationen über die betroffene Person vorliegt, liegt der juristisch nur in wenigen Fällen[38] begründbare Gedanke nahe, den Aufbereitungsaufwand als Grund vorzubringen, um eine Auskunft zu verweigern.[39] Diese Ansicht steht jedoch klar im Widerspruch zu der bisherigen Rechtsprechung: Demnach sind Verantwortliche gehalten, ihre Datenbestände proaktiv so zu organisieren, dass

---

[36] Vgl. dazu *Jotzo*, Der Schutz personenbezogener Daten in der Cloud, Rn. 54. m. w. N.

[37] Fileserver sind "Rechner in einem Netz, der für alle Benutzer des Netzes Daten, Software und Peripherie (z.B. Drucker) zentral verwaltet und über den das Netzwerkbetriebssystem läuft", vgl. *Bräutigam*, in: Bräutigam, IT-Outsourcing und Cloud-Computing, Teil 16 Glossar.

[38] Vgl. bspw. § 34 Abs. 1 Nr. 2 BDSG; LfDI BW, Tätigkeitsbericht 2019, https: //www.baden-wuerttemberg.datenschutz.de/wp-content/uploads/2020/01/35.-T%C3%A4tigkeitsbericht-f%C3%BCr-den-Datenschutz-Web.pdf (abgerufen 29.6.2020), S. 27.

[39] So bspw. *Britz/Beyer*, VersR 2020, S. 65 (71).

Auskunftsanträgen entsprochen werden kann.[40] Dies gilt unabhängig davon, wie einfach dem Verantwortlichen ein „Data Mapping" aufgrund historisch gewachsener Strukturen überhaupt noch möglich ist.

Vereinfachen lässt sich diese Aufgabe auch durch Heranziehung des Verzeichnisses der Verarbeitungstätigkeiten, um zu identifizieren, wo personenbezogene Daten des Antragstellers liegen können.

Neben datenschutzrechtlichen Erwägungen sollten auch unternehmerische Mehrwerte für die zuvor geschilderten Maßnahmen sprechen. Denn nur strukturierte Daten können entsprechend durch Big-Data-Anwendungen[41] analysiert werden und hierauf aufbauende Erkenntnisse generiert werden.

1.5 Abgestuftes Vorgehen

Falls der Betroffene nicht explizit nach einer Kopie der personenbezogenen Daten nach Art. 15 Abs. 3 DSGVO verlangt, besteht auch die Möglichkeit "abgestuft" auf den Auskunftsantrag zu reagieren, d.h. nur die konkret verlangte Auskunft zu erteilen und auf die Übermittlung einer Datenkopie zu verzichten. Dies ist nach derzeit umstrittener Auffassung dann ein denkbarer Weg, sofern das Recht auf Kopie aus Art. 15 Abs. 3 DSGVO als ein gesondert geltend zu machendes eigenständiges Recht angesehen wird.[42]

1.6 Auskunftsinhalte

Bei der Beantwortung des Antrags ist der nach Art. 15 Abs. 1 DSGVO notwendige Inhalt zu beachten – Muster sind dabei an die Rechtsentwicklung anzupassen – wenn der EDSA bspw. Stellung dazu nimmt, ob die Auskunft immer Angaben zu den konkreten Empfängern enthalten muss, oder ob sich der Verantwortliche auch dazu entschließen kann, nur die Kategorien von Empfängern zu benennen.[43] Die Brisanz von nicht ausreichenden Erklärungen zeichnet sich durch aktuelle Gerichtsentscheidungen ab, die sich

---

[40] OLG Köln, Urt. v. 26.7.2019 – 20 U 75/18, BeckRS 2019, 16261, Rn. 66 – entsprechendes gilt für die Pflicht zur innerorganisatorische Einhaltung von Maßnahmen und Prozessabläufen, um den Gesamtprozess der Bearbeitung von Anträgen zu gewährleisten, vgl. BlnBDI, Datenschutz und Informationsfreiheit, Jahresbericht 2019, https://www.daten schutzberlin.de/infothek-und-service/veroeffentlichungen/jahresberichte/ (abgerufen 29.6.2020), S. 139 f.

[41] Zum Begriff "Big Data" *Küchler*, in: Bräutigam, IT-Outsourcing und Cloud-Computing, A. Begriffsbildung zum Outsourcing, Rn. 30b.

[42] So bspw. LfD Niedersachsen, https://lfd.niedersachsen.de/download/1321 98/DS-GVO_ _Auskunftsrecht_gemaess_Art._15_DS-GVO.pdf (abgerufen 29.6.2020), S. 4; zum Ganzen *Schmidt-Wudy*, in: Wolff/Brink, BeckOK Datenschutzrecht, Art. 15 DSGVO Rn. 85 f.

[43] Vgl. hierzu LfDI BW, Tätigkeitsbericht 2019, S. 25 ff., https://www. baden-wuerttemberg.datenschutz.de/wp-content/uploads/2020/01/35.-T%C3%A4tigkeitsbericht-f%C3 %BCr-den-Datenschutz-Web.pdf (abgerufen 29.6.2020), wonach wenn überhaupt nur

mit den notwendigen Auskunftsinhalten befassen: So liege eine ausreichende Information des Betroffenen i. S. d. Art. 15 i. V. m. Art. 12 Abs. 1 DSGVO dann nicht vor, wenn nur eine beispielhafte Aufzählung über die Datenherkunft vorliegt („Herkunft der Daten z.B. von Firma X GmbH"), da der Betroffene durch den Zusatz „z.B." irregeführt werde und mithin nicht präzise und transparent i. S. d. Art. 12 Abs. 1 DSGVO informiert werde. Es sei für den Betroffenen in dem konkreten Fall nicht ersichtlich, ob die Daten wirklich von der benannten Stelle oder aber von nicht benannten Dritten übermittelt wurden.[44] Daher müsse mitgeteilt werden, woher die Daten genau kommen.[45]

Entsprechende Erläuterungsschreiben sollten eingesetzt werden, um die Rechte des Betroffenen für diesen verständlich darzustellen und die internen Prozesse seitens des Verantwortlichen zu erläutern, um hierdurch eine Eskalation und einer damit eingehenden Beschwerde bei den Aufsichtsbehörden proaktiv entgegenzuwirken.

Falls der Verantwortliche nicht dem Betroffenenantrag — bei Vorliegen entsprechender Ausnahmefälle — entsprechen möchte, sollte organisatorisch abgesichert werden, dass dies nur nach Durchführung einer einzelfallbezogenen Prüfung durch die zuvor festgelegten zuständigen Stellen erfolgen darf.[46]

1.7 Erfassen von Auskunftsanträgen

Bereits die Einleitung des Prozesses birgt für Verantwortliche Risiken, wenn Anträge nicht als solche erkannt werden. Denn, selbst wenn der Verantwortliche aus Sicherheitsgründen um die Nutzung von bestimmten Kanälen (beispielsweise Kundenportal) bittet, ist der Betroffene nicht daran gebunden und kann seinen Antrag bspw. auch über Social Media Kanäle geltend machen oder in anderen Erklärungen „versteckt" unterbringen.[47] Um dieses Risiko einzuschränken, sind zum einen Mitarbeiterschulungen

---

dem Betroffenen und nicht dem Verantwortlichen ein Wahlrecht über die Nennung konkreter Empfänger oder der Kategorien von Empfängern zusteht; a. A. *Wybitul/ Brams*, NZA 2019, S. 672 (673), mit Verweis auf weitere Fundstellen zu dieser umstrittenen Rechtsfrage.

[44] AG Wertheim, Beschl. v. 12.12.2019 – 1 C 66/19, BeckRS 2019, 33192, Rz. 8.

[45] Das AG Wertheim, Beschl. v. 12.12.2019 – 1 C 66/19, BeckRS 2019, 33192, Rz. 9 legt den Wortlaut von Art. 15 Abs. 1 lit. g DSGVO jedoch sehr weit aus und entschied, dass auch eine Mitteilung darüber erfolgen müsse, zu welchem Zeitpunkt die Daten übermittelt wurden.

[46] Zu einem Fall einer nicht erfolgten Einzelfallprüfung, vgl. die Entscheidung der dänischen Datenschutzaufsichtsbehörde v. 19.11.2019, https://www.datatilsynet.dk/ tilsyn-og-afgoerelser/afgoerelser/2019/nov/indsigt-i-laegekonsulentvurderinger/ (abgerufen 29.6.20).

[47] HBfDI, 48. Tätigkeitsbericht zum Datenschutz, https://datenschutz.hessen.de/sites/datenschutz.hessen.de/files/2019_48_TB.pdf (abgerufen 29.6.2020), S.89.

durchzuführen, um ein Bewusstsein für diese Problematik bei allen Mitarbeitern zu entwickeln.[48] Hierdurch soll bezweckt werden, dass sämtliche Auskunftsanträge erfasst werden und der Bearbeitungsprozess eingeleitet wird. Deshalb sollte berücksichtigt werden, dass sämtliche Kommunikationskanäle auf Betroffenenanträge hin überprüft werden.

Die für das Auskunftsersuchen zuständigen Mitarbeiter sollten dann mittels vorformulierter Checklisten überprüfen, ob noch weitere Informationen von dem Betroffenen benötigt werden.[49]

Zu diesem Punkt gilt noch abschließend zu berücksichtigen, dass neben der Antragsübermittlung an den mit der Bearbeitung betrauten Mitarbeiter, außerdem noch an die Dokumentation des Antragseingang zu denken ist, um eine Beantwortung innerhalb der Frist nach Art. 12 Abs. 3 UAbs. 1 DSGVO nachweisen zu können.

1.8 Unveränderte Sachlage

Unklar ist bislang auch, wie Verantwortliche darauf reagieren sollten, wenn Betroffene nach abschließender Bearbeitung eines Auskunftsantrags und bei unveränderter Datenlage erneut von ihrem Auskunftsantrag Gebrauch machen: So könnte der Verantwortliche nur die entsprechenden Veränderungen dem Betroffenen genau darlegen oder aber den Betroffenenantrag mangels Veränderungen ablehnen.[50] Von einer Ablehnung entsprechender Anträge ist jedoch abzuraten, da diese Ansicht dem Wortlaut des Art. 15 DSGVO widerspricht, der gerade keine Art. 14 Abs. 5 lit. a DSGVO vergleichbare Regelung enthält.[51]

Stattdessen bietet es sich an, den Betroffenen eine „quasi-Negativauskunft" darüber zu erteilen, dass seit dem letzten Auskunftsantrag keine Veränderungen vorliegen oder dem Betroffenen nur die Veränderungen seit dem letzten Auskunftsantrag aufzuzeigen.[52] Um die Bearbeitung derartiger

---

[48] Der ICO schlägt hier sinnvollerweise u.a. ein Training für alle Mitarbeiter vor, damit Anfragen unternehmensweit erkannt werden können, vgl. ICO, Consultation on the draft right of access guidance, https://ico.org.uk/media/about-the-ico/consultations/2616 442/right-of-access-draft-consultation-20191204.pdf (abgerufen 29.6.2020), S. 7.

[49] *Dausend*, ZD 2019, S. 103 (104).

[50] Vgl. hierzu ICO, https://ico.org.uk/your-data-matters/your-right-to-get-copies-of-your-data/what-to-expect-after-making-a-subject-access-request/ (abgerufen 29.6.2020); a. A. CNIL, Comment répondre à une demande de droit d'accès, https://www.cnil.fr/fr/profes sionnels-comment-repondre-une-demande-de-droit-d acces (abgerufen 29.6.2020).

[51] *Franck*, in: Gola, DS-GVO, Art. 15 DSGVO Rn. 35.

[52] Unklar ist insoweit welchen Maßstab hier die deutschen Aufsichtsbehörden ansetzen, da der BfDI fordert, dass „mehrmals pro Jahr einem Auskunftsersuchen der gleichen betroffenen Person" entsprochen werde müsse, vgl. https://www.bfdi.bund.de/DE/Datenschutz/ Ueberblick/MeineRechte/Artikel/Auskunftsrecht.html (abgerufen 29.6. 2020); DSK

Anträge zu erleichtern könnte idealerweise automatisiert nachverfolgt werden, in welchen Abständen die Anträge gestellt wurden und ob sich die relevanten Informationen seit dem letzten Antrag verändert haben.

In jedem Fall trägt der Verantwortliche nach Art. 12 Abs. 5 UAbs. 2 DSGVO die Beweislast für das Vorliegen eines „offenkundig unbegründeten" oder „exzessiven" Antrags (vgl. Art. 12 Abs. 5 UAbs. 3 DSGVO). Daher sollten unternehmensinterne verbindliche Leitlinien zur Ermittlung derartiger Ausnahmefälle und eine ausreichende Dokumentationsmethode festgelegt werden.

2 Recht auf Löschung (Art. 17 DSGVO)

2.1 Anonymisieren als Löschen?

Mangels Begriffsdefinition herrscht Uneinigkeit darüber, ob eine Anonymisierung ein „Löschen" i.S.v. Art. 17 Abs. 1 DSGVO darstellt bzw. welche technischen Maßnahmen von der Löschpflicht nach Art. 17 Abs. 1 DSGVO erfasst sind. So wird vertreten, dass eine Anonymisierung keine Löschung darstelle, da hierdurch nur die gespeicherten Daten verändert werden, nicht aber verhindert werde, dass die Daten anonymisiert weiterhin verarbeitet werden können.[53] Außerdem sei aufgrund des technischen Fortschritts eine zeitlich unbegrenzte, technisch sichere Anonymisierung nicht möglich.[54] Andererseits wird betont, dass Art. 4 Nr. 2 DSGVO zwischen der „Löschung" und der „Vernichtung" unterscheide – ein Hinweis darauf, dass eine endgültige „technische Vernichtung" der Daten nicht zwingend notwendig sei[55] und stattdessen auch andere Möglichkeiten einer irreversiblen Handlung denkbar seien.[56] Es ist zu erwarten, dass der EDSA an seiner bisherigen Auffassung festhalten wird. So hat dieser sich bereits für einen Mittelweg entschieden und betont, dass eine Anonymisierung mit einer Löschung gleichgesetzt werden kann, wenn unter Berücksichtigung sämtlicher Umstände des Einzelfalls einer Re-Identifizierung ausgeschlossen

---

Kurzpapier Nr. 6, S. 2 https://www.datenschutzkonferenz-online.de/media/kp/dsk_kpnr_6.pdf stellt auf „angemessene Abstände" ab.

[53] *Roßnagel*, in: Simitis/Hornung/Spiecker gen. Döhmann, Datenschutzrecht, Art. 4 Nr. 2 DSGVO Rn. 32.

[54] *Ausloos/Veale/Mahieu*, Getting Data Subject Rights Right, JIPITEC 10 (2019), S. 283 (294 ff.). m. w. N.

[55] Österreichische Datenschutzbehörde, Bescheid v. 5.12.2018, GZ: DSB-D123.270/0009-DSB/2018; i.E.

[56] *Meents/Hinzpeter*, in: Taeger/Gabel, DSGVO BDSG, Art. 17 DSGVO Rn. 74 ff.

ist.[57] Hierbei sei aber regelmäßig die Wahrscheinlichkeit und der Schweregrad des Risikos der Re-Identifizierung zu bewerten.[58]

Bzgl. der Voraussetzungen, die an eine Anonymisierung zu stellen sind, ist auch die endgültige Stellungnahme des Bundesbeauftragten für den Datenschutz und die Informationsfreiheit zu berücksichtigen: Nach dem derzeitigen Papier zum Konsultationsverfahren liege eine Anonymisierung dann vor, wenn „der Personenbezug derart aufgehoben wird, dass eine Re-Identifizierung praktisch nicht durchführbar ist, weil der Personenbezug nur mit einem unverhältnismäßigen Aufwand an Zeit, Kosten und Arbeitskräften wiederhergestellt werden kann."[59]

Falls eine Anonymisierung als Löschungsmethode eingesetzt wird, sollten Verantwortliche, daher die gewählten Anonymisierungsmethoden regelmäßig überprüfen, bei Bedarf an den gängigen technischen Standard anpassen und das Risiko der Re-Identifizierung dokumentieren. Ähnlich sollte vorgegangen werden, wenn andere Methoden (bspw. Verschlüsselungsverfahren) gewählt werden.

Mangels Vergleichbarkeit zu den vorgenannten Lösungen ist außerdem zu erwarten, dass der EDSA nicht bereits vorgelagerte Maßnahmen (bspw. Kennzeichnung personenbezogener Daten als „löschbereit" oder innerbetriebliche Zugriffsverbote) als ausreichende Löschung i. S. d. Art. 17 Abs. 1 DSGVO bewerten wird.[60]

2.2 Nachweis der Löschung

Zusätzlich stellt sich die Frage, wie eine erfolgte Löschung gegenüber den Aufsichtsbehörden nachgewiesen werden kann.

So könnte der Verantwortliche dokumentieren, welche Maßnahmen zur Löschung durchgeführt wurden – insb. wann welche personenbezogenen

---

[57] EDSA, Guidelines 4/2019, Version for public consultation, S. 12; so auch *Arning*, in: Moos/Schefzig/Arning, Art. 17 DSGVO Rn. 211.

[58] EDSA, Guidelines 4/2019, Version for public consultation, S. 12; Zum Löschen von Videoaufzeichnungen durch sog. „blurring" vgl. EDSA, Guidelines 3/2019, Version 2.0, S. 24; so auch *Worms*, in: Wolff/Brink, BeckOK Datenschutzrecht, Art. 17 DSGVO Rn. 55 m. w. N.

[59] BfDI, Papier zum Öffentlichen Konsultationsverfahren zum Thema „Anonymisierung unter der DSGVO unter besonderer Berücksichtigung der TK-Branche, https://www.bfdi. bund.de/SharedDocs/Konsultationsverfahren/2020/01_Anonymisierung-TK. pdf?__blob=publicationFile&v=6 (abgerufen 29.6.2020), S. 5 u.V.a. EuGH, Urt. v. 19.10. 2016 – C- 582/14 (Breyer), ZD 2017, S. 24 (26).

[60] So *Herbst*, in: Kühling/Buchner, DS-GVO BDSG, Art. 17 DSGVO Rn. 40.

Daten auf welche Art und Weise gelöscht wurden (Lösch- und Vernichtungsprotokoll).[61] Falls das Löschprotokoll selbst den Namen des Antragstellers aufführt, oder bspw. aufzählt welche personenbezogenen Daten gelöscht wurden, wäre das Vorhalten des Löschprotokolls auf Art. 6 Abs. 1 UAbs. 1 lit. c DSGVO i. V. m. Art. 5 Abs. 2 DSGVO zu stützen.[62] Von dem Anlegen eines derart umfangreichen Lösch- und Vernichtungsprotokolls ist jedoch vor dem Hintergrund des Grundsatzes der Datenminimierung aus Art. 5 Abs. 1 lit. c DSGVO abzuraten.

Um diesem datenschutzrechtlichen Grundsatz zu entsprechen, könnte stattdessen ein „reduziertes" Löschprotokoll[63] angefertigt werden. In diesem Protokoll wäre bspw. nur der Namen des Antragsstellers pseudonymisiert aufzuführen. Zusätzlich sollte das reduzierte Löschprotokoll auch das Datum des Antrags beinhalten und ggf. den jeweiligen Grund i. S. d. Art. 17 Abs. 3 DSGVO, weshalb dem Antrag nicht (vollumfänglich) entsprochen wurde. Gerade im Fall von lediglich teilweise begründeten oder unbegründeten Löschanträgen sind die Gründe nach Art. 17 Abs. 3 DSGVO zu dokumentieren, um gegenüber den Aufsichtsbehörden das Vorliegen eines Aufbewahrungsgrundes nachweisen zu können.

Weiterreichende „anonymisierte Löschprotokolle" lassen zwangsläufig keine Zuordnung zu dem jeweiligen Antrag zu, sodass mangels Mehrwerts hiervon abzuraten ist: Der Nachweis, dass einem konkreten Antrag (teilweise) entsprochen wurde, ist durch die erfolgte Anonymisierung gerade nicht mehr möglich.

Grundsätzlich scheint die Variante wenig sinnvoll, auf die Anfertigung eines Löschprotokolls komplett zu verzichten. Denn dann müsste ein Negativbeweis gegenüber den Datenschutzaufsichtsbehörden erbracht werden, dass die personenbezogenen Daten nicht mehr vorhanden sind. Dies wird jedoch im Regelfall aufwendiger sein, als die Erstellung eines (reduzierten) Löschprotokolls. Dies gilt jedoch nicht für Verantwortliche, die in den Verantwortungsbereich des Landesbeauftragten für den Datenschutz und die Informationsfreiheit Rheinland-Pfalz fallen. Nach der derzeitigen

---

[61] Vgl. hierzu *Conrad*, in: Auer-Reinsdorff/Conrad, Handbuch IT- und Datenschutzrecht, § 34 Rn. 629; vgl. generell zur Darlegung der Einhaltung des Art. 17 DSGVO die Niederländische Datenschutzaufsichtsbehörde (Autoriteit Persoonsgegevens), https://autoriteitperso onsgegevens.nl/nl/onderwerpen/algemene-informatie-avg/rechten-van-be trokkenen (abgerufen 29.6.2020).

[62] A. A. *Schulz*, PinG 2018, S. 221 (223 f.), unter Verweis auf Art. 6 Abs. 1 UAbs. 1 lit. f DSGVO.

[63] So auch die Niederländische Datenschutzaufsichtsbehörde (Autoriteit Persoonsgegevens), https://autoriteitpersoonsgegevens.nl/nl/onderwerpen/algemene-informatie-avg/rechte n-van-betrokkenen (abgerufen 29.6.2020) unter Hinweis darauf, dass man „nicht nachweisen kann, welche personenbezogenen Daten nicht mehr vorhanden sind".

Einschätzung könne sogar auf die regelmäßige Dokumentation einzelner Löschvorgänge verzichtet werden, da eine schriftliche Dokumentation des Löschkonzepts einen ausreichenden Nachweis i. R. d. Art. 17 DSGVO darstelle, wenn sich daraus erkennen lässt, dass der Datenbestand regelmäßig auf die „Einhaltung der Aufbewahrungsfristen und Löschansprüche geprüft wird und etwaige Löschvorgänge gemäß der im Konzept dokumentierten technischen und organisatorischen Vorgaben durchgeführt werden".[64]

2.3 Gemeinsame Verantwortlichkeit

Vor dem Hintergrund der Ausweitung der Fälle gemeinsamer Verantwortlichkeit[65] stellt sich außerdem die Frage, wie gemeinsame Verantwortliche mit Löschanträgen umgehen sollten. Spezieller stellt sich die Frage was passiert, wenn einer der gemeinsamen Kontrolleure die Daten löscht, der andere aber nicht?

Probleme entstehen hierbei, wenn die gemeinsamen Verantwortlichen keine ausreichenden vertraglichen Regelungen miteinander treffen, da die betroffene Person nach Art. 26 Abs. 3 DSGVO ihre Rechte gegenüber jedem Verantwortlichen geltend machen kann. In einer Joint-Controller-Vereinbarung i. S. d. Art. 26 DSGVO sollte vertraglich festgehalten werden, nach welchem Verfahren mit Betroffenenrechten umgegangen werden soll und gleichzeitig die Zuständigkeiten regeln. Sinnvollerweise sollten u.a. folgende vertraglichen Regelungen vereinbart werden:[66]

- Festlegung einer/von Anlaufstelle/n für Betroffenenanträge,

- Zuständigkeiten bzgl. der jeweiligen Informationspflichten der gemeinsam Verantwortlichen, sowie eine Festlegung welcher Verantwortliche den Betroffenen über die Weiterleitung von Informationen in Kenntnis),

- Zusammenarbeit zwischen den gemeinsam Verantwortlichen bei der Bearbeitung von Betroffenenrechten (bspw. gegenseitige Weiterleitung von Informationen, wenn Betroffenenrechte geltend gemacht werden, die Datenverarbeitungen des anderen Verantwortlichen betreffen),

---

[64] LfDI RLP, FAQ Vereine, https://www.datenschutz.rlp.de/de/themenfelder-themen/vereine/ (abgerufen 29.6.2020).

[65] EuGH, Urt. v. 5.6.2018 – C-210/16 (ULD Schleswig-Holstein/Wirtschaftsakademie Schleswig-Holstein), ZD 2018, 357; EuGH, Urt. v. 10.7.2018 – C-25/17 (Jehovan todistajat/Datenschutzkommission), EuZW 2018, 897; EuGH, Urt. v. 29.7.2019 – C-40/17 (Fashion ID), ZD 2019, 455.

[66] Zum Ganzen vgl. EDPS, Leitlinien v. 7.11.2019, https://edps.europa.eu/sites/edp/files/publication/19-11-07_edps_guidelines_on_controller_processor_and_jc_reg_2018_1725_de.pdf (abgerufen 29.6.2020), S. 32.

- Verpflichtung dazu alle Maßnahmen zu treffen, die für die Umsetzung der Betroffenenrechte in der jeweiligen Sphäre liegen,[67]
- Festlegung auf welche Art und Weise auf den anderen Verantwortlichen einzuwirken ist, damit dieser die Umsetzung der Betroffenenrechte in seiner Sphäre durchführt,
- Gegenseitige Information im Falle von Maßnahmen der Datenschutzaufsichtsbehörden und Abstimmung des Vorgehens in diesen Fällen.

Bezüglich der vertraglich festgelegten Verantwortungsbereiche ist zu beachten, dass diese von den Aufsichtsbehörden im Rahmen der Bußgeldfestsetzung zu berücksichtigen sind[68] und dass der Schadensersatzanspruch aus Art. 82 Abs. 3 DSGVO durch eine Widerlegung des vermuteten Verschuldens abgewehrt werden kann. Durch klare vertragliche Regelungen müssen die Verantwortungsbereiche abgegrenzt werden, um hierdurch das Verschulden widerlegen zu können.

2.4 Auftragsverarbeitungsverhältnis

Für Auftragsverarbeiter gilt, dass Betroffenenanträge nach dem Wortlaut der Artt. 15 ff. DSGVO an den Verantwortlichen zu richten sind und nicht an den Auftragsverarbeiter. Ist der Antrag daher fälschlicherweise an den Auftragsverarbeiter gerichtet worden, sollte zunächst eine Weiterleitung an den Verantwortlichen erfolgen. Diese und andere Pflichten sollten in der Auftragsverarbeitungsvereinbarung festgehalten werden, um die Regelung des Art. 28 Abs. 3 lit. e DSGVO zu konkretisieren. Wenn der Auftragsverarbeiter von begründeten Anträgen erfährt, sollte entsprechend reagiert werden (bspw. indem Datenverarbeitungen eingestellt werden): Denn auch den Auftragsverarbeiter kann eine Haftung für seinen Teil des Verarbeitungsvorgangs treffen, wobei diesen eine vollständige Haftung auch nur für den Fall trifft, wenn er für den entstandenen Schaden vollständig verantwortlich ist.[69] Auftragsverarbeiter sind darüber hinaus gehalten, die Weisungen des Verantwortlichen zu dokumentieren. Gelingt der Nachweis, dass das strikte Befolgen der Weisungen des Verantwortlichen zu einem

---

[67] Nach EuGH, Urt. v. 29.7.2019 – Rs. C-40/17 (Fashion ID), MMR 2019, 579, Rn. 70 ff. ist der konkrete Verantwortungsbereich für die verschiedenen Phasen einer Verarbeitung separat zu ermitteln.

[68] *Schreiber*, ZD 2019, S. 55 (60) m.V.a. Art. 83 Abs. 1 DSGVO sowie ErwG 148 S. 3 DSGVO.

[69] Vgl. EDSA, Leitlinien v. 7.11.2019, https://edps.europa.eu/sites/edp/files /publication/ 19-11-07_edps_guidelines_on_controller_processor_and_jc_reg_2018_1725_de.pdf (abgerufen 29.6.2020), S. 22.

Datenschutzverstoß geführt hat, so kann dies zu einer Haftungsabwendung führen.[70]

3 Fazit

Mit Spannung bleibt abzuwarten, welche konkreten Handlungsvorschläge der EDSA für den Umgang mit Betroffenenrechten treffen wird. Unter Berücksichtigung der zukünftigen Guidelines sollte der bisherige Prozess zur Sicherstellung der Auskunftsrechte überprüft werden und die technischen Möglichkeiten ausgenutzt werden, um die Aufwände möglichst gering zu halten. Wie zuvor aufgezeigt muss dabei ausreichend Raum für Einzelfallbewertungen übrig bleiben und bereits beim Aufbau von Datenschutz-Managementsystemen berücksichtigt werden, inwieweit die vorgenannten Ansätze an die rechtlichen Voraussetzungen anderer Rechtsordnungen angepasst werden können.

Literatur

Arend, Katharina/Möhrke-Sobolewski, Christine: Das Recht auf Kopie – mit Sinn und Verstand, PinG 2019, S. 245-251.

Auer-Reinsdorff, Astrid/Conrad, Isabell (Hrsg.): Handbuch IT- und Datenschutzrecht, 3. Aufl., München 2019.

Ausloos, Jef/Veale, Michael/Mahieu, René: Getting Data Subject Rights Right, JIPITEC 10 (2019), S. 283-309.

Bräutigam, Peter (Hrsg.): IT-Outsourcing und Cloud-Computing, 4. Aufl., Berlin 2019.

Britz, Tobias/Beyer, Alexander: Der datenschutzrechtliche Auskunftsanspruch in der Versicherungspraxis, VersR 2020, S. 65-73.

Dausend, Tjorven: Der Auskunftsanspruch in der Unternehmenspraxis, ZD 2019, S. 103-107.

Engeler, Malte/Quiel, Philipp: Recht auf Kopie und Auskunftsanspruch im Datenschutzrecht, NJW 2019, S. 2201-2206.

Gola, Peter (Hrsg.): Datenschutz-Grundverordnung, 2. Aufl., München 2018.

Härting, Niko: Was ist eigentlich eine „Kopie"?, CR 2019, S. 219-225.

---

[70] Vgl. EDSA, Leitlinien v. 7.11.2019, https://edps.europa.eu/sites/edp/files/publication/19-11-07_edps_guidelines_on_controller_processor_and_jc_reg_2018_1725 _de.pdf (abgerufen 29.6.2020), S. 22.

Jotzo, Florian: Der Schutz personenbezogener Daten in der Cloud, 2. Aufl., Baden-Baden 2020.

Kühling, Jürgen/Büchner, Benedikt (Hrsg.): Datenschutz-Grundverordnung / BDSG, 2. Aufl., München 2018.

Laue, Philip/Kremer, Sascha (Hrsg.): Das neue Datenschutzrecht in der betrieblichen Praxis, 2. Aufl., Baden-Baden 2019.

Moos, Fleming/Schefzig, Jens/Arning, Marian (Hrsg.): Die neue Datenschutz-Grundverordnung, Berlin 2018.

Piltz, Carlo/Häntschel, Sandra: Weite des Auskunftsrechts einschließlich der Best-Practice-Hinweise zur DSGVO-konformen Umsetzung, DSB 2020, S. 71-72.

Raji, Behrang: Auskunftsansprüche in der Praxis, ZD 2020, S. 278-284.

Rösch, Daniel/Schuster, Thomas/Waidelich, Lukas/Alpers, Sascha/Beskorovajnov, Wasilij/Gröll, Roland/Tran, Hoa: Muster zur datenschutzorientierten Implementierung von IT-Diensten, ZD 2020, S. 129-135.

Schreiber, Kristina: Gemeinsame Verantwortlichkeit gegenüber Betroffenen und Aufsichtsbehörden, ZD 2019, S. 55-60.

Schulz, Sebastian: Auskunftsersuchen nach Art. 15 DSGVO rechtskonform beantworten, PinG 2018, S. 221-224.

Simitis, Spiros/Hornung, Gerrit/Spiecker gen. Döhmann, Indra: Datenschutzrecht, Baden-Baden 2019.

Taeger, Jürgen/Gabel, Detlev (Hrsg.): DSGVO – BDSG, 3. Aufl., Frankfurt/M. 2019.

Veil, Winfried: Accountability – Wie weit reicht die Rechenschaftspflicht der DS-GVO?, ZD 2018, S. 9-16.

Wolff, Heinrich Amadeus/Brink, Stefan (Hrsg.): BeckOK Datenschutzrecht, 32. Ed., Stand: 1.5.2020, München 2020.

Wybitul, Tim/Brams, Isabelle: Welche Reichweite hat das Recht auf Auskunft und auf eine Kopie nach Art. 15 I DS-GVO?, NZA 2019, S. 672-677.

EINE RECHTLICHE BETRACHTUNG ZUM UMGANG MIT AUTOMATISIERTEN ANFRAGEN AUF DATENAUSKUNFT

Tim Schneider

Schürmann Rosenthal Dreyer Rechtsanwälte
schneider@srd-rechtsanwaelte.de

Zusammenfassung

Das Betroffenenrecht auf Datenauskunft kann inzwischen vielfach auch automatisiert durch (kommerzielle) Anbieter geltend gemacht werden, die dann für den Nutzer eine generische Anfrage an eine Vielzahl von Unternehmen stellen. Solche Anfragen sind von den Unternehmen grundsätzlich in derselben Weise zu beantworten, wie wenn die Anfrage durch die betroffene Person selbst erfolgt. Entscheidend dabei ist eine umfassende und entsprechend nachgewiesene Bevollmächtigung des Anbieters. Im Sonderfall der Auskunft an Erben muss zusätzlich auch der Erbfall ausreichend nachgewiesen sein. Automatisierte Anfragen sind auch nicht an sich rechtsmissbräuchlich. Eine Ausnahme könnte sich allerdings ergeben, wenn diese ohne Grund sehr häufig durch dieselbe Person wiederholt werden. In bestimmten Konstellationen ist auch ein Unterlassungsanspruch des Unternehmens gegen den Anbieter denkbar.

1 Einleitung

Mit Inkrafttreten der Europäischen Datenschutz-Grundverordnung (DS-GVO) im Mai 2016 wurden verschiedene Rechte für Betroffene einer Datenverarbeitung gesetzlich verbindlich mit Wirkung ab Mai 2018 vorgeschrieben. Die Möglichkeit, diese Rechte effizient auszuüben, muss durch den Verantwortlichen der Datenverarbeitung gewährleistet werden. Von den Datenschutz-Aufsichtsbehörden wird die Gewährleistung der Betroffenenrechte durch den Verantwortlichen überwacht. Ein Verstoß gegen die dort niedergelegten Pflichten des Verantwortlichen kann gem. Art. 83 Abs. 5 lit. c DSGVO mit Geldbußen von bis zu 20.000.000 Euro oder 4 % des gesamten, weltweiten Jahresumsatzes eines Unternehmens bestraft werden.[1]

Vor dem Hintergrund dieses enormen Bußgeldrisikos ist es für verantwortliche Unternehmen von großer Bedeutung, die Betroffenenrechte effektiv umsetzen zu können.

---

[1] Neben der Verhängung einer Geldbuße hat die zuständige Aufsichtsbehörde auch jederzeit die Möglichkeit, eine der Maßnahmen aus dem Katalog des Art. 58 DSGVO gegen den Verantwortlichen durchzusetzen.

Zentraler Baustein und Startpunkt der Betroffenenrechte ist das Recht auf Auskunft gem. Art. 15 DSGVO. Es besagt, dass die betroffene Person

„das Recht [hat], von dem Verantwortlichen eine Bestätigung darüber zu verlangen, ob sie betreffende personenbezogene Daten verarbeitet werden [...]".

Diese auf den ersten Blick eindeutige Vorschrift kann in der Praxis viele verschiedene Tücken bieten. Dies insbesondere, da sich inzwischen ein Markt kommerzieller Anbieter gebildet hat, die automatisierte Auskunftsanfragen an eine Vielzahl von Unternehmen senden.[2]

Auch wenn es individuell unterschiedliche Ausgestaltungen des Geschäftsmodells gibt, sind die wesentlichen Abläufe immer vergleichbar. Der Nutzer gibt bei dem Anbieter personenbezogene Daten zu seiner Person an (z.B. seinen Namen oder eine E-Mail-Adresse) und beauftragt den Anbieter, sein Recht auf Datenauskunft wahrzunehmen. Der Anbieter sendet daraufhin standardisierte Auskunftsanfragen im Namen des Nutzers an eine Vielzahl von in der Datenbank hinterlegten Unternehmen aus verschiedenen Geschäftsfeldern. So können bereits „mit einem Klick" hunderte Unternehmen gleichzeitig angefragt werden. Es werden dabei zumeist keine Informationen eingeholt, ob Anhaltspunkte auf eine den Nutzer betreffende Datenverarbeitung bei dem jeweiligen Unternehmen vorliegen.

Für das Unternehmen stellt sich nun die Frage, wie mit diesen generischen Anfragen umzugehen ist, insbesondere da die Bearbeitung von Betroffenenanfragen sowohl technische als auch personelle Ressourcen binden kann und durch die automatisierte und einfache Anfragestellung bereits in kurzer Zeit eine Vielzahl von Auskunftsanfragen eingehen kann. Dieser Beitrag liefert eine rechtliche Betrachtung zu dieser Fragestellung.

2 Vertretungsrecht bei Auskunftsanfragen

Zunächst stellt sich die Frage, ob Auskunftsanfragen im Sinne des Art. 15 DSGVO überhaupt durch andere als die betroffene Person selbst geltend gemacht werden können.

2.1 Möglichkeit der Vertretung

Wie sich aus ErwG 63 zur DSGVO und aus dem Wortlaut von Art. 15 DSGVO ergibt, handelt es sich bei dem Auskunftsrecht um eine Rechtsposition, die „der betroffenen Person" zusteht. Über die Definition in Art. 4 Nr. 1 DSGVO lässt sich erkennen, dass die betroffene Person in der DSGVO grundsätzlich eine natürliche Person ist. Das OVG Lüneburg hat

---

[2] Als Beispiele seien hier das britisch-israelische Unternehmen „Say Mine Technologies Ltd" (Saymine) und die deutsche „Columba Online Identity Management AG" (Columba) genannt.

in einer Entscheidung ein Insolvenzverfahren betreffend entschieden, dass es sich bei dem Auskunftsrecht aus Art. 15 DSGVO grundsätzlich um ein höchstpersönliches Recht der betroffenen Person handelt.[3]

Dies deckt sich auch mit der Zielrichtung der DSGVO, die eine konkrete Umsetzung des Rechtes zum Schutz von personenbezogenen Daten aus Art. 8 EU-Grundrechtecharte (EU-GRCh) ist. Damit ist klargestellt, dass das Recht auf Auskunft grundsätzlich der natürlichen Person als „betroffener Person" im Sinne des Art. 4 Nr. 1 DSGVO zusteht.

Vor diesem Hintergrund scheint es zunächst ausgeschlossen, dass dieses Recht an eine juristische Person abgetreten werden kann, was aber der Fall sein müsste, damit die Anbieter den Auskunftsanspruch gegenüber Unternehmen geltend machen können. In der Literatur wird darauf basierend die Auffassung vertreten, dass das Auskunftsrecht nicht vererbbar (siehe dazu auch die Ausführungen unter Ziffer 2.3) und nicht abtretbar sei.[4]

Es besteht allerdings eine Ausnahme von dieser grundsätzlichen Regel der Höchstpersönlichkeit, die sich aus Art. 80 DSGVO ableitet.[5] Nach dieser Norm können betroffene Personen ihre Rechte durch eine „Einrichtung, Organisation oder Vereinigung ohne Gewinnerzielungsabsicht" gegenüber Aufsichtsbehörden und Verantwortlichen ausüben lassen.

Basierend auf dem oben Gesagten ist für die Ausübung des Auskunftsrechts durch Unternehmen festzustellen, dass das Auskunftsrecht als solches nicht abtretbar ist. Es steht nur der betroffenen Person selbst zu und kann weder an dritte natürliche oder juristische Personen abgetreten werden. Allerdings ist es dennoch möglich, dass das Auskunftsrecht durch einen Dritten in Vertretung gegenüber dem Verantwortlichen geltend gemacht wird, solange eine rechtsgeschäftliche Vertretung vorliegt. Diese Auffassung wird auch von den Aufsichtsbehörden geteilt.[6]

2.2 Anforderungen an die Vollmacht und Identifizierung

Bei der für die Geltendmachung des Auskunftsrechtes benötigten Vollmacht handelt es sich um eine gewöhnliche rechtsgeschäftliche Vollmacht

---

[3] OVG Lüneburg, Beschl. v. 26.6.2019 – 11 LA 274/18, BeckRS 2019, 12970.

[4] *Schmidt-Wudy,* in: Wolff/Brink, BeckOK Datenschutzrecht, Art. 15 Rn. 35.

[5] Ebenda.

[6] Vgl. *Der Bayerische Landesbeauftragte für den Datenschutz,* Das Recht auf Auskunft nach der Datenschutz-Grundverordnung – Orientierungshilfe, v. 1.12.2019, S. 18, Rn. 26., https://www.datenschutz-bayern.de/verwaltung/OH_Recht_auf_Auskunft.pdf (abgerufen 28.6.2020).

im Sinne der §§ 164 ff. BGB. Insofern gelten für die Erteilung dieser Vollmacht auch generell dieselben Anforderungen, wie an jede andere rechtsgeschäftliche Vollmacht.

Wird das Auskunftsrecht in Vertretung ausgeübt, besteht allerdings eine Besonderheit. Um den Anforderungen an die Vertraulichkeit der personenbezogenen Daten gerecht zu werden, obliegt es den Unternehmen als Verantwortliche, sicherzustellen, dass durch die Datenauskunft nicht fälschlicherweise Dritten unbefugt die Daten der betroffenen Person offenbart werden.[7]

Um dies zu gewährleisten, haben die Verantwortlichen gem. Art. 12 Abs. 6 DSGVO die Möglichkeit, weitere Informationen zur Feststellung der Identität der betroffenen Person anzufordern.[8] Zum Zuge kommt diese Regelung, wenn begründete Zweifel an der Identität des Anfragenden bestehen. In solchen Fällen kann für den Verantwortlichen sogar die Pflicht zur Identitätsüberprüfung bestehen, will er nicht das Risiko einer Datenschutzverletzung eingehen.[9] Die Identitätsprüfung darf dabei nur im begründeten Einzelfall durchgeführt werden und nicht routinemäßig bei jedem Antrag.[10] Die jeweiligen Zweifel an der Identität müssen durch den Verantwortlichen auch dargelegt werden können.

Eine Anfrage durch ein dem Verantwortlichen auch nicht zwangsläufig bekanntes Unternehmen ist geeignet, diese Zweifel beim Verantwortlichen zu wecken. Dem Verantwortlichen ist zur Frage der Identitätsprüfung generell ein gewisser Ermessensspielraum zuzubilligen. Eine Möglichkeit zur Feststellung der Identität bzw. der Befugnis zur Beantwortung der Anfrage ist die Einsichtnahme in die Vollmacht.

2.3   Sonderfall Verstorbene

Vielfach sehen sich Unternehmen auch mit dem Umstand konfrontiert, dass Auskunftsanfragen für die Daten bereits verstorbener Personen gestellt werden. Ob diese Anfragen generell zu beantworten sind, hängt von dem Umstand ab, in wessen Namen die Auskunftsanfrage gestellt wird. Es gibt dabei die Optionen, dass die Anfrage im Namen der verstorbenen Person selbst oder im Namen des bzw. der Erben an das Unternehmen übermittelt wird.

---

[7]   Vgl. *Dix*, in: Simitis/Hornung/Spiecker gen. Döhlmann, Datenschutzrecht, Art. 12 Rn. 36.

[8]   So auch ErwG 64.

[9]   *Dix*, in: Simitis/Hornung/Spiecker gen. Döhlmann, Datenschutzrecht, Art. 12 Rn. 37.

[10]   *Bäcker*, in: Kühling/Buchner, DS-GVO BDSG, Art. 12 Rn. 30.

2.3.1 Anfragen im Namen der verstorbenen Person

Erfolgt die Anfrage über einen Anbieter aber direkt im Namen der verstorbenen Person, so ist die Frage des Umgangs für das Unternehmen schnell zu beantworten. Bereits in Art. 1 Abs. 1 DSGVO wird der Anwendungsbereich der Verordnung auf natürliche Personen begrenzt. In ErwG 27 werden die natürlichen Personen dann explizit dahingehend beschränkt, dass die Daten von Verstorbenen nicht erfasst sind. Zwar besteht für die einzelnen Mitgliedstaaten das Recht, eigene, nationale Regelungen für den Datenschutz Verstorbener zu treffen, allerdings trifft auch der in § 34 BDSG geregelte Auskunftsanspruch keine zusätzlichen Regelungen für Verstorbene. Auch sonst finden sich im deutschen Recht keine eigenen, datenschutzrechtlichen Auskunftsansprüche direkt für eine verstorbene Person.

Erhält ein Unternehmen also eine Anfrage, bei der klar ersichtlich ist, dass diese im Namen einer verstorbenen Person gestellt ist, beispielsweise, weil eine Sterbeurkunde beigefügt ist, muss diese Anfrage nicht beantwortet werden. Dies kann von den Datenschutzaufsichtsbehörden auch nicht als Verstoß gegen das Datenschutzrecht geahndet werden.

2.3.2 Anfragen im Namen der Erben

Anders und diffiziler ist der Fall, wenn die Auskunftsanfrage durch den Anbieter, aber im Namen des oder der Erben der verstorbenen Person erfolgt. Der oder die Erben treten im Todesfall im Wege der Universalsukzession in alle Rechte und Pflichten der verstorbenen Person ein, § 1922 Abs. 1 BGB. Sollten damit auch die Daten der verstorbenen Person auf die Erben übergehen, wäre das Bestehen eines Auskunftsanspruches hier unproblematisch zu bejahen, die Erben wären dann direkt selbst die betroffene Person und der Auskunftsanspruch bestünde nach den allgemeinen Regeln. Gemäß § 1922 Abs. 1 BGB geht das gesamte Vermögen der verstorbenen Person auf die Erben über. Unter Vermögen sind hier alle geldwerten Rechtspositionen zu verstehen.[11]

Diese geldwerten Rechtspositionen schließen unbestritten das Eigentum mit ein. Bestünde also ein Eigentum der betroffenen Person an ihren Daten, würden dieses mit dem Todesfall auf die Erben übergehen. In der Folge könnten die Erben das Auskunftsrecht als ihr eigenes geltend machen. Allerdings ist es die ganz herrschende Meinung, dass ein solches „Dateneigentum" gerade nicht besteht.[12]

Ebenfalls von der Universalsukzession umfasst sind allerdings auch Ansprüche und Verbindlichkeiten aus Schuldverträgen.[13] Sofern zwischen

---

[11] *Leipold*, in: MüKo BGB, § 1922 Rn. 21.

[12] Vgl. etwa *Hoeren*, MMR 2019, S. 5.

[13] *Leipold*, in: MüKo BGB, § 1922 Rn. 25.

dem Unternehmen und der verstorbenen Person also ein Vertrag bestand, geht dieser Vertrag auf den Erben über. Dies schließt z.B. bestehende Abonnements und noch ausstehende Bestellungen mit ein. Zusätzlich von der Universalsukzession umfasst ist auch der sog. „digitale Nachlass". Dabei handelt es sich zum einen um Daten, die auf Speichermedien der verstorbenen Person gesichert waren. Des Weiteren sind davon aber nach der aktuellen Rechtsprechung auch Nutzerkonten umfasst, die die verstorbene Person bei Unternehmen unterhielt.[14] Der BGH gewährte in einer grundlegenden Entscheidung hier den Eltern (als Erben) das Recht am Facebook-Account der verstorbenen Person. Begründet wurde dies damit, dass für die Nutzung eines Kundenkontos ein Nutzungsvertrag zwischen dem Nutzer und dem Unternehmen geschlossen wurde und dieser Vertrag somit auf die Erben übergehen kann.[15] Der BGH macht auch deutlich, dass er Nutzungsverträge grundsätzlich nicht als höchstpersönliche Verträge ansieht, was eine Vererbbarkeit ausschließen würde.[16]

Nachdem also festgestellt wurde, dass sowohl vermögensrechtliche Verträge als auch Nutzungsverträge im Rahmen des digitalen Nachlasses auf die Erben übergehen, stellt sich die Frage, was dies für den Auskunftsanspruch der Erben bedeutet.

Durch das Übergehen der Ansprüche auf die Erben haben diese ein generelles Interesse an der Beauskunftung durch das Unternehmen, schon um einschätzen zu können, ob sie das Erbe ausschlagen oder annehmen wollen. Die Daten betreffend die Vertragsverhältnisse, inklusive etwaiger Nutzungsverträge, können der Sphäre der Erben zugerechnet werden. Insofern entspricht es hier dem Telos der jeweiligen Normen und der Konzeption der DSGVO, die beim Unternehmen gespeicherten Daten dann als Daten der Erben anzusehen. Somit steht den Erben auch ein Auskunftsanspruch nach Art. 15 DSGVO zu.[17] Ein speziellerer Auskunftsanspruch besteht für die Erben noch aus § 630g Abs. 3 BGB. Hierdurch werden sie ermächtigt, Auskunft über die Patientenakte der verstorbenen Person zu erhalten.

Dieser ist von Unternehmen nach den normalen Grundregeln zu beauskunften. Allerdings können hier noch besondere Anforderung an den Identitätsnachweis geknüpft werden. Neben einer Vollmacht der Erben sollten Unternehmen hier auch auf einem eindeutigen Nachweis der Erbenstellung

---

[14] BGH, Urt. v. 12.7.2018, III ZR 183/17, NJW 2018, 3178.

[15] Ebenda., Rn. 18.

[16] Ebenda, Rn. 34 ff.

[17] So im Ergebnis auch *Weichert*, Postmortaler Datenschutz, vom 22.8.2016 S. 18, https://www.netzwerk-datenschutzexpertise.de/sites/default/files/gut_2016_08_postmortds.pdf (abgerufen am 28.6.2020); und *Solmecke/Köbrich/Schmitt*, MMR2015, S. 293, noch zum alten § 34 BDSG.

bestehen. Eine Sterbeurkunde zur ursprünglich betroffenen Person reicht dabei nicht aus, vielmehr sollten Auskünfte erst nach Vorlage eines Erbscheines erteilt werden. Dies steht auch im Einklang mit den Anforderungen an den Identitätsnachweis aus Art. 12 Abs. 6 DSGVO.

3 Möglichkeit der Auskunftsverweigerung

Nachdem festgestellt wurde, dass Auskunftsansprüche auch durch andere Anbieter im Namen der betroffenen Person gestellt werden können, ist die entscheidende Frage, wie das verantwortliche Unternehmen mit diesen Anfragen umgehen muss. Generell besteht eine Pflicht zur Erfüllung des Auskunftsanspruchs innerhalb eines Monats. Dies kann gerade kleinere Unternehmen bei einem massenhaften Eingang von automatisierten Auskunftsanfragen überfordern. Zwar besteht die Möglichkeit, im Rahmen des Art. 12 Abs. 3 S. 3 DSGVO die Frist zur Beauskunftung von einem auf drei Monate zu verlängern, allerdings ist hierüber eine Information der betroffenen Person erforderlich, so dass dennoch organisatorischer und personeller Aufwand entsteht.

Somit rückt für die Verantwortlichen die Frage in den Mittelpunkt, ob die automatisiert eingegangen Auskunftsanfragen generell beantwortet werden müssen. Grundsätzlich ist dabei festzuhalten, dass DSGVO und BDSG selbst verschiedene Regelungen enthalten, die den Auskunftsanspruch einschränken.[18]

3.1.1 Auskunftsverweigerung

Zunächst ist die grundsätzliche Frage zu stellen, ob eine Person Anfragen an jedes beliebige Unternehmen stellen kann, ohne dass ein Verdacht oder ein Hinweis auf eine Verarbeitung ihrer personenbezogenen Daten durch das angefragte Unternehmen besteht.

3.1.1.1 Anfragen „ins Blaue"

Der Wortlaut des Art. 15 DSGVO (und der Betroffenenrechte insgesamt) ließe zunächst darauf schließen, dass die Ausübung des Auskunftsrechts nur betroffenen Personen offensteht. Die Eigenschaft der Betroffenheit, die sich auch dem Wortlaut ergibt, suggeriert hier, dass eine Verarbeitung der Daten der Person stattfinden muss, damit sie eine betroffene Person im Sinne der DSGVO ist.

---

[18] Eine dieser Möglichkeiten zur Einschränkung des Auskunftsanspruchs ergibt sich aus Art. 89 Abs. 2 DSGVO in Verbindung mit § 27 Abs. 2 BDSG, wonach eine Auskunft dann nicht erteilt werden muss, wenn die Datenverarbeitung zu wissenschaftlichen, historischen oder statistischen Zwecken erfolgt und die Auskunft diese Zwecke stark beeinträchtigen würde. Dabei handelt es sich allerdings um eine Ausnahme für bestimmte Verarbeitungssituationen, aus denen sich kein generelles Recht ableiten lässt.

Daraus ließe sich schlussfolgern, dass Personen, deren Daten vom verantwortlichen Unternehmen nicht verarbeitet werden, in Bezug auf dieses auch keine betroffenen Personen sind. Sofern diese Eigenschaft aber fehlt, könnte auch ein Auskunftsrecht nicht bestehen, da dies von seinem Wortlaut her explizit nur von betroffenen Personen spricht.

Diesem Ansatz konsequent folgend müssten Auskunftsanfragen nicht beantwortet werden, wenn sich herausstellt, dass von der anfragenden Person keine Daten verarbeitet werden, da es sich dann nicht um eine betroffene Person handelt und die Betroffenenrechte somit nicht anwendbar sind.

Demgegenüber lässt sich allerdings anführen, dass Art. 15 Abs. 1 S. 1 DSGVO so formuliert ist, dass sich daraus auch das Recht auf eine Negativauskunft ergibt.[19] Würde es für die Verantwortlichen nicht die Pflicht zu so einer Negativauskunft geben, könnte sich die anfragende Person nie sicher sein, ob Daten zu ihrer Person von dem Verantwortlichen nicht verarbeitet werden oder ob der Verantwortliche schlicht die Auskunft verweigert bzw. nicht erteilt.[20]

Daraus ergibt sich in der Folge, dass es kein Argument für eine Nichtbearbeitung oder Nichtbeantwortung einer Auskunftsanfrage sein kann, dass von der anfragenden Person keine Daten verarbeitet werden, da auch dies eine Information ist, die der anfragenden Person laut DSGVO zusteht.

Umgekehrt ermöglicht diese Regelung es den Anbietern, bei einer Vielzahl von Unternehmen nach einer Auskunft anzufragen, ohne dass dafür irgendein Hinweis zu einer Beziehung zwischen dem Unternehmen und der natürlichen Person vorliegen muss. Automatisierte Anfragen „ins Blaue" sind somit grundsätzlich möglich und von der DSGVO umfasst.

3.1.1.2 Rechtsmissbräuchlichkeit

Ebenfalls dürfen Verantwortliche die Auskunft verweigern, wenn die betreffende Anfrage rechtsmissbräuchlich gestellt wurde. Dies ergibt sich aus Art. 12 Abs. 5 UAbs. 2 lit. b DSGVO. Art. 15 Abs. 5 UAbs. 2 lit. a DSGVO bietet Unternehmen außerdem die Möglichkeit, von der anfragenden Person ein angemessenes Entgelt für die Beantwortung der rechtsmissbräuchlichen Anfrage zu verlangen.

Um eine Anfrage als rechtsmissbräuchlich einstufen zu können, muss eines von zwei Kriterien erfüllt sein. Die DSGVO nennt hier die offensichtliche Unbegründetheit oder das Stellen exzessiver Anträge als mögliche Gründe für die Rechtsmissbräuchlichkeit.

---

[19] „Die betreffende Person hat das Recht, von dem Verantwortlichen eine Bestätigung darüber zu verlangen, ob sie betreffende Daten verarbeitet werden [...]".

[20] Vgl. *Frank*, in: Gola, Datenschutzgrundverordnung, Art. 15 Rn. 5.

Um einen offensichtlich unbegründeten Antrag handelt es sich dann, wenn der Antrag von einer Person oder einem Unternehmen gestellt wird, das augenscheinlich weder die betroffene Person selbst, noch ihr Stellvertreter ist.[21] Dies trifft auf Konstellationen zu, bei denen sich aus der automatisierten Anfrage nicht erkennen lässt, dass der Anbieter von dem Nutzer überhaupt zur Anfrage ermächtigt wurde.

Wie bereits im vorstehenden Abschnitt dargestellt, fallen Anträge im Namen von Personen, über die beim Unternehmen keine Datenverarbeitet werden, gerade nicht in die Kategorie des offenkundig unbegründeten Antrags.

Der Wortlaut „offensichtlich unbegründet" ist hier auch nicht so zu verstehen, dass der Auskunftsantrag eine förmliche Begründung für den Wunsch der Auskunftserteilung enthalten muss. Nicht nur ist eine solche Begründung an keiner Stelle der DSGVO oder des BDSG gefordert, vielmehr würde dies auch dem Gebot eines effektiven Datenschutzes aus Art. 8 Abs. 1 GRCh entgegenstehen.[22] Alles andere würde eine ungerechtfertigte Erschwerung der Rechtswahrnehmung der betroffenen Personen darstellen und ist deshalb abzulehnen.

Die relevantere Kategorie für Unternehmen im Zusammenhang mit automatisierten Anfragen könnten hier die exzessiven Anfragen sein. Unter exzessiv ist dabei insbesondere eine enorm häufige Antragstellung zu verstehen. Allerdings sind an eine besonders große Häufigkeit strenge Anforderungen zu stellen, wie der Bundesbeauftragte für den Datenschutz und die Informationssicherheit (BfDI) festgestellt hat.[23] Nach Auffassung des BfDI können im Einzelfall auch mehrere Beauskunftungen pro Jahr angemessen sein. Aus Sicht des Unternehmens sollten daran aber Kriterien geknüpft werden. Gerade die einfache Antragstellung per automatisiertem Verfahren kann dazu führen, dass betroffene Personen in sehr kurzen Abständen eine Beauskunftung durch das Unternehmen verlangen. Das Unternehmen sollte dann überprüfen, ob hier ein Grund für eine erneute Auskunftsanfrage vorliegt. Sofern ein solcher nicht gegeben ist, z.B. da bereits bei der ersten Auskunft angegeben wurde, dass keine Daten der anfragenden Person verarbeitet werden, kann hier von einer exzessiven und damit rechtsmissbräuchlichen Anfrage ausgegangen werden.[24]

---

[21] *Heckmann/Paschke*, in: Ehmann/Selmayr, Datenschutz-Grundverordnung, Art. 12 Rn. 43.

[22] Ebenda.

[23] Vgl. die Information des BfDI zum Auskunftsrecht, https://www.bfdi.bund.de/DE/Datenschutz/Ueberblick/MeineRechte/Artikel/Auskunftsrecht.html (abgerufen am 21.6.2020).

[24] Vgl. *Quaas*, in: BeckOK, DSGVO, Art. 12 Rn. 44.

Nach der Literatur sind von dem Wortlaut der exzessiven Anfragen nicht nur die häufige Wiederholung umfasst, sondern zusätzlich auch Anfragen, die allein darauf abzielen, den Verantwortlichen zu schikanieren.[25] Hier wird aber der Nachweis dieser Absicht in der hier behandelten Konstellation schwer darzulegen sein. Zu beachten ist, dass die Beweislast für das Vorliegen der Rechtsmissbräuchlichkeit immer beim Verantwortlichen liegt.[26] Es empfiehlt sich hier also, von Anfang an auch eine Dokumentation der Anfragen durchzuführen.

Wird die Rechtsmissbräuchlichkeit nach den hier beschriebenen Kriterien festgestellt, hat das Unternehmen zwei Optionen. Zum einen kann eine normale Auskunft erteilt werden, um die Kosten für die Bearbeitung und Erstellung dieser Auskunft der betroffenen Person in Rechnung zu stellen. Bei der Berechnung der Kosten ist aber darauf zu achten, dass diese nicht die tatsächlich angefallenen Kosten übersteigen dürfen.[27] So dürfen keine allgemeinen Verwaltungskosten (z.B. ohnehin anfallende Personalkosten) der betroffenen Person in Rechnung gestellt werden. Eine gewisse Pauschalisierung der Beträge wird allerdings möglich sein.[28]

Die andere Option ist die Verweigerung der Auskunft. In diesem Fall ist es allerdings nicht ausreichend, nichts zu tun, sondern, das Unternehmen muss die betroffene Person über die Verweigerung und die dahinterstehenden Gründe informieren. Dies ergibt sich aus Art. 12 Abs. 4 DSGVO.[29]

Somit entsteht auch hier trotz der Rechtsmissbräuchlichkeit der Anfrage für das Unternehmen ein nicht zu unterschätzender Aufwand. Immerhin besteht die Möglichkeit, diesen Aufwand der betroffenen Person (zumindest teilweise) in Rechnung zu stellen. Immer zu beachten sind für Unternehmen allerdings auch die Risiken, die sich aus der Tragung der Beweislast ergeben. Kommt eine Datenschutzaufsichtsbehörde oder ein Gericht im Nachgang zu einer anderen Einschätzung der Rechtsmissbräuchlichkeit, hätte das Unternehmen hier die Auskunftsanfrage nicht rechtmäßig beantwortet und müsste die Konsequenzen daraus tragen.

---

[25] *Heckmann/Paschke*, in: Ehmann/Selmayr, Datenschutz-Grundverordnung, Art. 12 Rn. 43.

[26] Dies ergibt sich aus dem Wortlaut des Art. 15 Abs. 5 S. 3 DSGVO: „Der Verantwortliche hat den Nachweis für den offenkundig unbegründeten oder exzessiven Charakter der Anfrage zu erbringen".

[27] EuGH, Urt. v. 12.12.2013 – C-486/12, BeckRS 2013, 82340; noch zur alten Europäischen Datenschutz-Richtlinie, dies dürfte unproblematisch auf die DSGVO übertragbar sein.

[28] Vgl. *Franck*, in: Gola, Datenschutzgrundverordnung, Art. 12 Rn. 40.

[29] *Heckmann/Paschke*, in: Ehmann/Selmayr, Datenschutz-Grundverordnung, Art. 12 Rn. 45.

3.1.1.3 Speicherung nur zu Archivzwecken

Eine weitere allgemeine Ausnahme von der Auskunftspflicht stellt § 34 Abs. 1 BDSG dar. Nach der Norm muss eine Auskunft dann nicht erteilt werden, wenn die Daten der betroffenen Person nur noch zur Erfüllung gesetzlicher Aufbewahrungspflichten oder zu Zwecken der Datensicherung gespeichert werden. Zusätzlich müsste die Auskunft einen unverhältnismäßigen Aufwand erfordern und auf der anderen Seite eine anderweitige Nutzung der Daten ausgeschlossen sein.[30] Selbst wenn diese Voraussetzungen vorliegen, ist aber auch hier eine Auskunft über diesen Umstand an die betroffene Person zu erteilen, siehe § 34 Abs. 2 S. 2 BDSG. Insofern entsteht auch dadurch Aufwand auf Seite des Unternehmens, der sich, anders als der im vorherigen Abschnitt besprochene Aufwand bei rechtmissbräuchlichen Anfragen, nicht auf die betroffene Person umlegen lässt.

3.1.2 Wettbewerbsrecht

Die bisher vorgestellten Optionen zum Umgang mit automatisierten Auskunftsanfragen hatten ihren Ursprung alle im Datenschutzrecht. Daneben könnte allerdings noch die Möglichkeit bestehen, auch wettbewerbsrechtlich gegen das Unternehmen vorzugehen, welches die Anfragen im Namen der betroffenen Person stellt. Zu denken wäre hier an eine unzumutbare Belästigung im Sinne des § 7 UWG. Eine solche Belästigung kann bereits vorliegen, wenn der Adressat, hier also das Unternehmen, gezwungen wird, sich gegen seinen Willen mit den Anfragen auseinanderzusetzen. Dies schließt die Inanspruchnahme der technischen Empfangseinrichtungen (z.B. Faxgeräte) des Unternehmens mit ein.[31] Gerade, wenn massenhaft Auskunftsanfragen per Fax übermittelt werden, ist das Gerät für diese Zeit nicht für andere Aktivitäten nutzbar und steht dem Unternehmen somit nicht zur Verfügung.

Die Beispiele der Absätze 2 und 3 des § 7 UWG beziehen sich explizit auf Werbung. Unter Werbung ist jede Handlung zu verstehen, die das Ziel hat, den Absatz von Waren und Dienstleistungen zu fördern.[32] Darunter wird das Stellen von Auskunftsanfragen im Namen der betroffenen Person nicht zu fassen sein. Hier geht es nicht darum, gegenüber dem angesprochenen Unternehmen den Absatz der eigenen Dienstleistung zu fördern, sondern eine bereits vertragliche zugesicherte Dienstleistung (gegenüber dem Nutzer) umzusetzen.

---

[30] Die Europarechtskonformität des § 34 BDSG ist umstritten, da das Vorliegen einer ausreichenden Öffnungsklausel in Frage gestellt wird. Im Ergebnis hält die h. M. die Norm aber für europarechtskonform. Vgl. *Werkmeister*, in: Gola/Heckmann, BDSG, § 34 Rn. 3 ff.

[31] *Fritzsche*, in: BeckOK, UWG, § 7 Rn. 25.

[32] Vgl. Art. 2 lit. a Werbe-RL 2006/114/EG, BGH GRUR 2009, 980, Rn. 13.

Eine andere Ansicht könnte sich hier nur ergeben, wenn durch die Auskunftsanfrage gleichzeitig auch eine Dienstleistung des Anbieters beworben werden soll, z.B. indem die Nutzung eines bestimmten Portals (evtl. auch kostenpflichtig) zur Beantwortung der Auskunftsanfrage angeboten wird. Auch dann bleibt es aber fraglich, ob die Anfrage grundsätzlich als Belästigung ausgelegt werden kann. Im Sinne einer konsistenten Rechtsordnung kann nicht eine nach dem Datenschutzrecht berechtigt gestellte Auskunftsanfrage nach dem Wettbewerbsrecht als unzumutbare Belästigung ausgelegt werden.

Als Anwendungsbereichs verbleiben somit nur die zu Unrecht gestellten Anfragen. Dabei kann es sich um die Anfragen ohne ausreichende Vollmacht oder im Namen von verstorbenen Personen handeln. Soweit das Unternehmen vom Anbieter eine gewisse Anzahl solcher Anfragen erhalten sollte, könnte hier ein Unterlassungsanspruch möglich sein. Hier ist gem. § 7 Abs. 1 UWG eine Interessenabwägung nötig. Dabei ist zu beachten, dass es auf die Belästigungswirkung insgesamt ankommt. So können sich auch einzelne, vergleichsweise geringe Belästigungen durch ihr Zusammenkommen als unzumutbar angesehen werden.[33] In der Realität wird dies allerdings nur eine Minderheit der Fälle erfassen, so dass auch das Wettbewerbsrecht allgemein nicht gegen die Beantwortung der Auskunftsanfragen spricht.

4 Adressat des Auskunftsanspruchs

Sofern festgestellt wurde, dass eine Auskunft zu erteilen ist, stellt sich abschließend die Frage, an wen die Antwort zu richten ist. Hier spricht bei entsprechender Bevollmächtigung nichts dagegen, die Auskunft auch gegenüber dem Anbieter als Bevollmächtigtem zu erteilen.[34] Es ist allerdings darauf zu achten, dass dies aus der Anfrage und der Bevollmächtigung auch eindeutig hervorgeht. Sofern dies nicht der Fall ist, sollte die Auskunft direkt an die betroffene Person selbst erteilt werden, um hier nicht das Risiko einer Datenschutzverletzung durch eine unbefugte Offenbarung einzugehen.

5 Fazit

Nach der hier erfolgten Betrachtung von automatisierten Auskunftsanfragen ist festzustellen, dass diese in fast allen Fällen beantwortet werden müssen. Insofern müssen Unternehmen entsprechende Strukturen und

---

[33] *Köhler*, in: Köhler/Bornkamp/Feddersen, UWG, § 7 Rn. 27.

[34] *Eßer*, in: Eßer/Kramer/v. Lewinski, Auernhammer, Art. 12 Rn. 6.

Prozesse implementieren, um ggf. auch mit einer großen Anzahl von Anfragen in kurzer Zeit umgehen zu können. Für Unternehmen besteht hier einzig die Möglichkeit, in bestimmten Fällen eine Kostenerstattung von der betroffenen Person zu verlangen. Dabei handelt es sich aber nur um Ausnahmefälle. Insgesamt überwiegt in dieser Konstellation die Gewährleistung des Betroffenenrechts die wirtschaftlichen Überlegungen von Unternehmen.

Literatur

Ehmann, Eugen/Selmayr, Martin (Hrsg.): Datenschutz-Grundverordnung, Kommentar, 2. Aufl., München 2018.

Eßer, Martin/Kramer, Philipp/von Lewinski, Kai (Hrsg.): Auernhammer DS-GVO/BDSG: Datenschutz-Grundverordnung/Bundesdatenschutzgesetz, Kommentar, 6. Aufl., Köln 2018.

Fritzsche, Jörg/Münker, Reiner/Stollwerck, Christoph (Hrsg): BeckOK UWG, Beck'scher Online-Kommentar, 8. Ed., Stand: 15.2.2020, München.

Gola, Peter (Hrsg.): Datenschutzgrundverordnung, Kommentar, 2. Aufl., München 2018.

Gola, Peter/Heckmann, Dirk (Hrsg.): Bundesdatenschutzgesetz, Kommentar, 13. Aufl., München 2019.

Hoeren, Thomas: Datenbesitz statt Dateneigentum, MMR 2019, S. 5-8.

Kühling, Jürgen/Buchner, Benedikt (Hrsg.): Datenschutz-Grundverordnung/BDSG, Kommentar, 2. Aufl., München 2018.

Köhler, Helmut/Bornkamp, Joachim/Feddersen, Jörn/Alexander, Christian (Hrsg.): Gesetz gegen den unlauteren Wettbewerb, Kommentar, 38. Aufl., München 2020.

Säcker, Franz Jürgen/Rixecker, Roland/Oetker, Hartmut/Limperg, Bettina (Hrsg.): Münchner Kommentar zum Bürgerlichen Gesetzbuch, 8. Aufl., München, 2020.

Simitis, Spiros/Hornung, Gerrit/Spieker gen. Döhmann, Indra (Hrsg.): Datenschutzrecht – DSGVO mit BDSG, München 2019.

Solmecke, Christian/Köbrich, Thomas/Schmitt, Robin: Der digitale Nachlass – haben Erben einen Auskunftsanspruch, MMR 2015, S. 291-295.

Wolff, Heinrich Amadeus/Brink, Stefan (Hrsg.): Datenschutzrecht, Beck Online-Kommentar, 32. Ed., Stand:1.2.2020, München.

MITGLIEDSTAATLICHE GESTALTUNGS-SPIELRÄUME NACH ART. 6 ABS. 2, ABS. 3 UND ART. 23 DS-GVO AM BEISPIEL DES AUSKUNFTSRECHTS DES BETROFFENEN – SUUM CUIQUE ODER SINGULARIA NON SUNT EXTENDENDA?

RA Viktoria Lehner, LL.M., FA für IT-Recht, CIPP/E

Pinsent Masons Germany LLP
viktoria.lehner@pinsentmasons.com

Zusammenfassung

Die in der DS-GVO angelegten mitgliedstaatlichen Handlungsspielräume (Öffnungs-klauseln) sind als Ausnahmevorschriften grundsätzlich restriktiv auszulegen. Dies gilt insbesondere, sofern im nationalen Recht Betroffenenrechte aus Artt. 12 ff. DS-GVO beschränkt werden sollen und somit im Vergleich zum Schutzniveau der DS-GVO stärker in die Rechte und Freiheiten natürlicher Personen eingegriffen wird. Der folgende Beitrag geht auf das allgemeine Verhältnis zwischen der DS-GVO und dem nationalen Recht ein, bevor am Beispiel des Auskunftsanspruchs nach Art. 15 DS-GVO und unter Bezugnahme auf aktuelle Rechtsprechung aufgezeigt wird, welche Anforderungen an nationale, das Auskunftsrecht beschränkende Normen zu stellen sind.

1 Das Verhältnis zwischen DS-GVO und nationalem Recht

Grundsätzlich genießt die DS-GVO als vollharmonisierende Verordnung im Sinne des Art. 288 Abs. 2 AEUV Vorrang gegenüber nationalen Regelungen.[1] Art. 4 Abs. 3 EUV verpflichtet die Mitgliedstaaten der EU zur effektiven Durchsetzung des Unionsrechts und somit auch zur Anpassung des nationalen Rechts zur Vermeidung von Rechtsunsicherheit.[2] Vom Anwendungsvorrang des Unionsrechts ist die unionsrechtskonforme Auslegung zu differenzieren.[3] Beide Institute schließen einander nicht aus, sondern stehen ergänzend nebeneinander.[4]

---

[1] Vgl. auch Art. 99 Abs. 2 UAbs. 2 DS-GVO.

[2] *Kühling/Martini et al.*, DS-GVO und das nationale Recht, S. 3.

[3] *Rüthers/Fischer/Birk*, Rechtstheorie, § 22 Rn. 767a.

[4] So bereits EuGH, Urt. v. 10.4.1984, NJW 1984, 2021, Rn. 27 f. – *von Colson und Kamann*.

Nationale Regelungen, die mit der DS-GVO kollidieren, werden seit Inkrafttreten der DS-GVO mangels eines Geltungsvorrangs zwar nicht nichtig.[5] Die DS-GVO beansprucht im Konfliktfall allerdings einen umfassenden Anwendungsvorrang.[6] Bereits aus der Bezeichnung der DS-GVO als ‚Grundverordnung' werden teilweise mitgliedstaatliche Abweichungsmöglichkeiten gedeutet.[7] In europäischen Rechtsakten ·wird der Begriff der ‚Grundverordnung' an sich gebraucht, um eine Verordnung zu bezeichnen, die den Erlass von Durchführungsvorschriften auf europäischer – und gerade nicht nationaler – Ebene ermöglicht.[8] Der Begriff der Grundverordnung wird in den verschiedenen Sprachfassungen allerdings nicht einheitlich verwendet. Im Englischen wird die DS-GVO beispielsweise als ‚General Data Protection Regulation' (GDPR), im Französischen als ‚règlement général sur la protection des données' (RGPD) bezeichnet. Eine Verordnung, die den Erlass von Durchführungsvorschriften ermöglicht, wird hingegen ‚basic regulation' bzw. ‚règlement de base' genannt.[9] Allein anhand der Bezeichnung der DS-GVO als ‚Grundverordnung' kann daher noch keine Rechtswirkung abgeleitet werden.

ErwG 9 Satz 1 DS-GVO unterstreicht das Erfordernis einer einheitlichen Regelung des europäischen Datenschutzrechts:

„Die Ziele und Grundsätze der RL 95/46/EG besitzen nach wie vor Gültigkeit, doch hat die Richtlinie nicht verhindern können, dass der Datenschutz in der Union unterschiedlich gehandhabt wird, Rechtsunsicherheit besteht oder in der Öffentlichkeit die Meinung weit verbreitet ist, dass erhebliche Risiken für den Schutz natürlicher Personen bestehen, insbesondere im Zusammenhang mit der Benutzung des Internets."

2 Spezifizierungs- und Beschränkungsklauseln

Die DS-GVO lässt eine Ausgestaltung durch den nationalen Gesetzgeber nur dort zu, wo dies ausdrücklich durch den Unionsgesetzgeber geregelt

---

[5] So *Ruffert*, in: Calliess/Ruffert, Art. 1 AEUV Rn. 18; *Höpfner/Rüthers*, AcP 209 (2009), S. 1 (19 f.); *Schaller*, in: Roßnagel, DS-GVO, § 4 Rn. 17; *Roßnagel*, DuD 2017, S. 277; *Kugelmann*, in: Hill/Kugelmann/Martini, Digitalisierung, S. 27 (34).

[6] *Albrecht/Jotzo*, Datenschutzrecht der EU, Teil 1 Rn. 25; *Albrecht/Janson*, CR 2016, S. 500 (504).

[7] *Benecke/Wagner*, DVBl 2016, S. 600 (606); dem folgend *Buchholz*, DÖV 2017, S. 837 (838); vgl. auch ErwG 8, 10, 13 DS-GVO.

[8] *Benecke/Wagner*, DVBl 2016, S. 600 (606).

[9] Vgl. *Benecke/Wagner*, DVBl 2016, S. 600 (606).

wird.[10] In der DS-GVO sind diverse sog. Öffnungsklauseln und Bereichsausnahmen[11] vorhanden.[12] Je nach Zählweise sind in der DS-GVO zwischen
30[13] und 70[14] Öffnungsklauseln enthalten. Telos der Öffnungsklauseln ist
es, eine Kompetenz zur Bewahrung und Fortentwicklung des nationalen
Datenschutzrechts im öffentlichen Bereich zu ermöglichen.[15] Die Ausgestaltung durch den nationalen Gesetzgeber darf dabei nicht gegen sonstiges
europäisches Recht verstoßen.[16]

Manche der Öffnungsklauseln enthalten obligatorische Regelungsauf-
träge an die Mitgliedstaaten, wie z.B. Art. 85 DS-GVO zu Datenschutz und
Meinungsfreiheit, andere sehen Regelungsoptionen vor, wie etwa Art. 88
DS-GVO für den Beschäftigtendatenschutz.[17]

Mithilfe von Öffnungsklauseln konnten viele nationale datenschutzrechtliche Regelungen erhalten werden, was jedoch grundsätzlich dem Ziel einer
europaweiten Harmonisierung widerspricht.[18] Aufgrund der zahlreichen
Öffnungsklauseln wird die DS-GVO teilweise als ‚Hybrid' zwischen Verordnung und Richtlinie bezeichnet.[19]

2.1 Auslegung von Öffnungsklauseln

Der allgemein im datenschutzrechtlichen Diskurs verwendete Begriff der
„Öffnungsklauseln" hat in der DS-GVO selbst keinen direkten Nieder-
schlag gefunden. Dagegen ist in Art. 6 Abs. 2 DS-GVO und ErwG 10 S. 5
DS-GVO ausdrücklich von „Spielraum für die Spezifizierung ihrer Vorschriften" die Rede. Wie *Selmayr* zutreffend betont, handelt es sich bei diesen Regelungen nicht wirklich um „Öffnungsklauseln", sondern vielmehr
um Spezifizierungsklauseln, da dem nationalen Gesetzgeber nur in dem

---

[10] *Albrecht/Janson*, CR 2016, S. 500 (501).

[11] Art. 88 DS-GVO regelt etwa eine Bereichsausnahme für die nationale Regelung des Beschäftigtendatenschutzes, dazu *Spindler*, DB 2016, S. 937 (938).

[12] *Buchner*, DuD 2016, S. 155 (160).

[13] *Buchholtz*, DÖV 2017, S. 837 (838).

[14] *Roßnagel*, DuD 2017, S. 277 (278).

[15] *Will*, ZD 2015, S. 345.

[16] *Albrecht/Janson*, CR 2016, S. 500 (507).

[17] *Kühling/Martini*, EuZW 2016, S. 448 (449); *Heckmann*, in: Heckmann, Praxiskommentar
Internetrecht, Kap. 9 Rn. 69.

[18] *Hohmann*, in: Roßnagel, DS-GVO, § 3 Rn. 158; *Taeger/Kremer*, Recht im E-Commerce und
Internet, Kap. 8 Rn. 12.

[19] So z.B. *Kühling/Martini*, EuZW 2016, S. 448 (449).

durch die Verordnung vorgegebenen Rahmen der Erlass spezialisierender Vorschriften gestattet ist.[20]

Raji spricht insofern bildlich gesprochen vom „Zahnradmodell" der DS-GVO.[21] Die DS-GVO wird dabei als großes Zahnrad verstanden, welches an einzelnen Stellen Freiräume für andere Zahnräder vorhält. Die DS-GVO gibt jeweils die Unter- und Obergrenze des unionsrechtlichen Datenschutzniveaus vor.[22] Auch *Güngor* weist darauf hin, dass nationale Ausnahmetatbestände zu den Auskunftsansprüchen wie § 34 BDSG im Lichte des Art. 15 DS-GVO auszulegen sind, der absoluten Anwendungsvorrang gegenüber nationalen Bestimmungen hat.[23]

Der EuGH bejaht die restriktive Auslegung von Ausnahmevorschriften in stetiger Rechtsprechung.[24] Öffnungsklauseln sind als Ausnahmevorschriften grundsätzlich restriktiv auszulegen.[25] Auch nach den interpretationstheoretischen Regeln *singularia non sunt extendenda* und *exceptiones sunt strictissimae interpretationis* sind Ausnahmevorschriften eng auszulegen und einer analogen Anwendung nicht fähig.[26] Dahinter dürfte die Überlegung stehen, Ausnahmen müssten beschränkt werden, um die Rechtsangleichung so weit wie möglich durchzusetzen.[27]

Roßnagel plädiert unter Ablehnung allgemeingültiger Auslegungsregeln dafür, jede in der DS-GVO enthaltene Öffnungsklausel „so weit auszulegen, wie dies zur jeweiligen Zielerreichung erforderlich ist" und „aus sich selbst heraus zu interpretieren".[28]

Im Falle der Öffnungsklauseln der DS-GVO kann zumindest konstatiert werden, dass es sich nicht um einen ‚klassischen' Fall der analogen Anwendung einer Ausnahmevorschrift handelt, sondern allgemein um die Frage des Umfangs einer sehr abstrakt formulierten Ausnahmevorschrift. Um diesen Umfang zu bestimmen, sind unter anderem die Erwägungsgründe

---

[20] *Selmayr/Ehmann*, in: Ehmann/Selmayr, DS-GVO, Vor. Art. 1 Rn. 88; hierauf bezugnehmend auch *Raji*, ZD 2019, S. 61 (63).

[21] *Raji*, ZD 2019, S. 61 (63).

[22] *Selmayr/Ehmann*, in: Ehmann/Selmayr, DS-GVO, Vor. Art. 1 Rn. 89.

[23] *Güngor*, GRUR-Prax 2020, S. 265.

[24] Vgl. nur EuGH, Urt. v. 28.10.2010 – C-203/09, EuZW 2011, 24, Rn. 42 – *Volvo Car*; EuGH, Urt. v. 23.3.2006 – C-465/04, EuZW 2006, 341, Rn. 24 – *Honyvem*.

[25] So auch *Albrecht/Wybitul/Zimmer-Helfrich*, ZD 2016, S. 457.

[26] So bereits RGZ 153, 23; BGHZ 2, 244. In dieser Allgemeinheit treffe das nach *Larenz* aber nicht zu, vgl. *Larenz*, Methodenlehre, S. 355.

[27] So *Riesenhuber*, in: Riesenhuber, Europäische Methodenlehre, § 10 Rn. 63.

[28] *Roßnagel*, in: Simitis/Hornung/Spiecker gen. Döhmann, DSGVO, Art. 6 Rn. 25.

der DS-GVO heranzuziehen. Die Sätze 1 und 2 des ErwG 10 DS-GVO postulieren ein gleichwertiges Schutzniveau trotz nationaler Spielräume in allen Mitgliedstaaten:

*„Um ein gleichmäßiges und hohes Datenschutzniveau für natürliche Personen zu gewährleisten und die Hemmnisse für den Verkehr personenbezogener Daten in der Union zu beseitigen, sollte das **Schutzniveau** für die Rechte und Freiheiten von natürlichen Personen bei der Verarbeitung dieser Daten **in allen Mitgliedstaaten gleichwertig** sein. Die Vorschriften zum Schutz der Grundrechte und Grundfreiheiten von natürlichen Personen bei der Verarbeitung personenbezogener Daten sollten **unionsweit gleichmäßig und einheitlich angewandt** werden."*[29]

Wenn jeder Mitgliedstaat, wie von *Roßnagel* vorgeschlagen, jede Öffnungsklausel so weit auslegt, wie zur nationalen Zielerreichung notwendig, und die Norm jeweils nur in sich selbst interpretiert, wird ein einheitliches Datenschutzniveau in der Europäischen Union perspektivisch kaum einzuhalten sein. Daher muss die absolute Grenze auch einer solch extensiven Auslegung das jeweils durch die DS-GVO vorgegebene Schutzniveau für die Rechte und Freiheiten natürlicher Personen sein.

Insgesamt sollen die Mitgliedstaaten, wie treffend von *Albers/Veit* formuliert, *„die abstrakten Vorschriften der Verordnung durch gegenstandsadäquate und risikospezifische Vorschriften konkretisieren können, um so als Ko-Regulatoren den Zielen der DS-GVO sektorspezifisch zur praktischen Wirksamkeit zu verhelfen"*.[30]

2.2 Spezifizierung nach Art. 6 Abs. 2, Abs. 3 DS-GVO

Gemäß der „Spezifizierungsklausel"[31] des Art. 6 Abs. 2 DS-GVO können die Mitgliedstaaten optional spezifischere Bestimmungen zur Anpassung der Anwendung der Vorschriften der DS-GVO in Bezug auf die Verarbeitung zur Erfüllung von Art. 6 Abs. 1 UAbs. 1 lit. c, lit. e DS-GVO beibehalten oder einführen, indem sie spezifische Anforderungen für die Verarbeitung sowie sonstige Maßnahmen präziser bestimmen, um eine rechtmäßig und nach Treu und Glauben erfolgende Verarbeitung zu gewährleisten. Der Anwendungsbereich des Art. 6 Abs. 2 DS-GVO ist auf die Rechtsgründe des Art. 6 Abs. 1 UAbs. 1 lit. c, lit. e DS-GVO beschränkt und erfordert daher, dass die Verarbeitung zur Erfüllung einer rechtlichen Verpflichtung, einer Aufgabe im öffentlichen Interesse oder in Ausübung öffentlicher Gewalt erforderlich ist.

---

[29] Hervorhebung nur hier.

[30] *Albers/Veit*, in: BeckOK Datenschutzrecht, Art. 6 Rn. 56.

[31] *Kreße*, in: Specht/Mantz, Europäisches und deutsches Datenschutzrecht, § 17 Rn. 2.

Art. 6 Abs. 2 und Abs. 3 DS-GVO wiederholen und überschneiden sich inhaltlich teilweise, weswegen das Verhältnis der Absätze zueinander umstritten ist.[32] Teilweise wird die Auffassung vertreten, Art. 6 Abs. 2 DS-GVO enthalte eine weitreichende Erlaubnis zur mitgliedstaatlichen Gesetzgebung im öffentlichen Bereich[33] und wird als „allgemeine Öffnungsklausel" bezeichnet.[34] Andere vertreten die Ansicht, die eigentliche Kompetenzgrundlage für die Mitgliedstaaten sei in Art. 6 Abs. 3 UAbs. 3 DS-GVO zu sehen, Art. 6 Abs. 2 DS-GVO habe angesichts seiner Entstehungsgeschichte nur deklaratorischen Charakter.[35]

Die Formulierung von Art. 6 Abs. 2, Abs. 3 DS-GVO überzeugt insgesamt sprachlich nur wenig.[36] Aufgrund der Dopplungen zwischen Art. 6 Abs. 2 und Abs. 3 DS-GVO soll im Folgenden lediglich auf die Vorgaben des Art. 6 Abs. 3 DS-GVO für die Fälle des Art. 6 Abs. 1 UAbs. 1 lit. c und lit. e DS-GVO eingegangen werden.

2.2.1 Rechtliche Verpflichtung, Art. 6 Abs. 1 UAbs. 1 lit. c DS-GVO

Nach Art. 6 Abs. 1 UAbs. 1 lit. c DS-GVO ist die Verarbeitung rechtmäßig, wenn sie zur Erfüllung einer rechtlichen Verpflichtung erforderlich ist, der der Verantwortliche unterliegt. Die rechtliche Verpflichtung kann sich nur aus objektivem europäischen oder nationalen Recht wie z.B. Bundes- bzw. Landesrecht oder Rechtsverordnungen ergeben.[37]

Die Rechtsgrundlage muss nicht zwingend Ergebnis eines parlamentarischen Gesetzgebungsverfahrens sein, soll aber in ihrem Inhalt klar, präzise und vorhersehbar sein sowie den Zweck der Verarbeitung nennen.[38]

2.2.2 Öffentliches Interesse, Art. 6 Abs. 1 UAbs. 1 lit. e DS-GVO

Gemäß Art. 6 Abs. 1 UAbs. 1 lit. e DS-GVO kann bei zwei Möglichkeiten eine Datenverarbeitung gerechtfertigt sein: aufgrund öffentlichen Interesses oder infolge der Ausübung öffentlicher Gewalt. Aufgrund des Subsidi-

---

[32] Dazu ausführlich *Schulz*, in: Gola, DS-GVO, Art. 6 Rn. 197; *Wolff*, in: BeckOK Datenschutzrecht, DS-GVO, Art. 6 Rn. 59 ff.

[33] So *Buchholtz*, DÖV 2017, S. 837 (838).

[34] So *Kühling/Martini et al.*, DS-GVO und das nationale Recht, S. 33.

[35] So *Buchner/Petri*, in: Kühling/Buchner, DS-GVO, Art. 6 Rn. 93; *Buchner*, in: Tinnefeld/Buchner/Petri/Hof, Datenschutzrecht, S. 394.

[36] Vgl. *Frenzel*, in: Paal/Pauly, DS-GVO, Art. 6 Rn. 32; dem folgend *Buchholtz*, DÖV 2017, S. 837 (838).

[37] *Kühling/Martini et al.*, DS-GVO und das nationale Recht, S. 30; *Buchner/Petri*, in: Kühling/Buchner, DS-GVO, Art. 6 Rn. 77; *Frenzel*, in: Paal/Pauly, DS-GVO, Art. 6 Rn. 16.

[38] Erwägungsgründe 41, 45 Satz 4 DS-GVO; *Heckmann*, in: Praxiskommentar Internetrecht, Kap. 9 Rn. 289.

aritätsprinzips nach Art. 4 und 5 EUV können die Mitgliedstaaten im Wesentlichen die im öffentlichen Interesse liegenden Datenverarbeitungen selbst bestimmen.[39]

Die DS-GVO definiert weder den Begriff des ‚öffentlichen Interesses' noch der ‚öffentlichen Gewalt'.[40] Die Datenverarbeitung im öffentlichen Interesse muss sich im Umkehrschluss auf nicht-öffentliche Stellen beziehen, denen die Wahrnehmung von Aufgaben im öffentlichen Interesse übertragen worden ist, da die Verwaltung bereits unter die Alternative der öffentlichen Gewalt fällt.[41]

ErwG 45 Satz 6 DS-GVO nennt als Beispiele für öffentliche Interessen z.B. die soziale Sicherheit. Inhaltlich sind bei dem öffentlichen Interesse nach Art. 6 Abs. 1 UAbs. 1 lit. e Alt. 1 DS-GVO vor allem Aufgaben der Daseinsvorsorge in Betracht zu ziehen.[42]

2.3 Anforderungen des Art. 6 Abs. 3 DS-GVO

Kann eine nationale Norm dem Grunde nach auf Art. 6 Abs. 1 UAbs. 1 lit. c oder lit. e DS-GVO gestützt werden, ist im Weiteren fraglich, welches Schutzniveau eine präzisere nationale Regelung i.S. des Art. 6 Abs. 3 UAbs. 3 DS-GVO aufweisen muss. Nur weil eine nationale Norm im Vergleich zur DS-GVO – wie im Wortlaut von Art. 6 Abs. 2 und Abs. 2 Satz 3 DS-GVO bezeichnet – „konkreter", „präziser", „spezifisch" oder „spezifischer" ausgestaltet ist, impliziert dies noch keine belastbare Aussage über deren Schutzniveau. Weicht eine nationale Regelung hingegen von den Schutzmöglichkeiten der DS-GVO ab, könnte dies bei einem extensiven Verständnis der Rechtmäßigkeit i.S. des Art. 5 Abs. 1 lit. a Alt. 1 DS-GVO[43] bereits unzulässig sein. Durch den Begriff der ‚spezifischeren' bzw. ‚spezifischen' Bestimmungen i.S. des Art. 6 Abs. 2, Abs. 3 DS-GVO allein wird der Handlungsspielraum der Mitgliedstaaten nicht praktikabel präzisiert.[44]

Bereits aufgrund der Wahl der Verordnung als Kodifikationsform ist anzunehmen, dass der Unionsgesetzgeber mit der DS-GVO wie schon mit der

---

[39] *Taeger*, in: Taeger/Gabel, DS-GVO, Art. 6 Rn. 130.

[40] *Schaller*, in: Roßnagel, DS-GVO, § 4 Rn. 7.

[41] So auch *Schaller*, in: Roßnagel, DS-GVO, § 4 Rn. 11, 12.

[42] *Schaller*, in: Roßnagel, DS-GVO, § 4 Rn. 13; *Kühling/Martini et al.*, DS-GVO und das nationale Recht, S. 32.

[43] Nach einem weiten Verständnis der Rechtmäßigkeit i.S. des Art. 5 Abs. 1 lit. a Alt. 1 DS-GVO muss nicht nur eine Rechtsgrundlage für die Verarbeitung vorliegen, es müssen auch sämtliche sonstigen Pflichten aus der DS-GVO beachtet werden, vgl. *Herbst*, in: Kühling/Buchner, DS-GVO, Art. 5 Rn. 9.

[44] *Schulz*, in: Gola, DS-GVO, Art. 6 Rn. 200.

DS-RL das Prinzip der Vollharmonisierung anstrebte.[45] Nationale Regelungen, die gegen die DS-GVO verstoßen, können eine Gefährdung für die Erreichung dieses unionalen Ziels darstellen.[46]

Für bestehende mitgliedstaatliche Datenschutzregelungen ist zu berücksichtigen, dass die DS-GVO auf der DS-RL aufbaut, deren Ziele und Prinzipien aufgreift und kontinuierlich fortführt.[47] Bereits im *ASNEF/FECEMD*-Urteil[48] aus dem Jahr 2011 hat der EuGH explizit klargestellt, dass im Schutzniveau abweichende nationale Sonderregelungen mit dem Prinzip der Vollharmonisierung des Datenschutzes im Binnenmarkt nicht vereinbar sind. Wenn bereits unter der DS-RL nationale Regelungen deren Schutzniveau nicht über- oder unterschreiten durften, so muss dies *a minore ad maius* unter der unmittelbar anwendbaren DS-GVO erst recht gelten.

Die Mitgliedstaaten haben insofern die Möglichkeit zur Typisierung und Konkretisierung, aber weder zur Verschärfung[49] noch zur Absenkung[50] des Schutzniveaus der DS-GVO, es sei denn, eine mögliche Beschränkung bzw. weitere Bedingungen sind ausdrücklich geregelt, z.B. in Art. 23 DS-GVO oder nach Art. 9 Abs. 4 DS-GVO bei besonderen Kategorien personenbezogener Daten.

Problematisch stellt sich hierbei dar, dass der materielle Schutzstandard der jeweiligen Vorschrift der DS-GVO oftmals nur schwer zu bestimmen ist, beispielsweise aufgrund von in der Norm vorgesehenen Abwägungsentscheidungen[51] und im Allgemeinen aufgrund des ‚risk-based approach' der DS-GVO.

Im Ergebnis zweckmäßig erscheint es einigen Autoren, ein gewisses „Oszillieren"[52] der spezifischen nationalen Normen um das Schutzniveau der DS-GVO ausreichen zu lassen, solange das in der DS-GVO normierte Gleichgewicht zwischen öffentlichen und privaten Interessen erhalten bleibt und auch das sonstige europäische Primär- und Sekundärrecht Beachtung findet. Insoweit wird die Ansicht vertreten, dass die Einhaltung des Schutzniveaus nicht für jede einzelne Vorschrift ermittelt werden

---

[45] So auch *Tinnefeld*, in: Tinnefeld/Buchner/Petri/Hof, Datenschutzrecht, S. 146.

[46] *Kühling et al.*, DS-GVO und das nationale Recht, S. 3.

[47] *Roßnagel*, in: Simitis/Hornung/Spiecker gen. Döhmann, DSGVO, Art. 6 Rn. 22.

[48] EuGH, Urt. v. 24.11.2011, C-468/10, C-469/10, ZD 2012, 33 – ASNEF/FECEMD.

[49] *Tinnefeld*, in: Tinnefeld/Buchner/Petri/Hof, Datenschutzrecht, S. 146; Ratsdokument 15389/14 v. 13.11.2014, S. 5 f.

[50] *Buchner/Petri*, in: Kühling/Buchner, DS-GVO, Art. 6 Rn. 93.

[51] *Roßnagel*, in: Simitis/Hornung/Spiecker gen. Döhmann, DSGVO, Art. 6 Rn. 30.

[52] So *Schulz*, in: Gola, DS-GVO, Art. 6 Rn. 200; a. A. *Kreße*, in: Specht/Mantz, Europäisches und deutsches Datenschutzrecht, § 17 Rn. 2.

sollte, sondern nur unter Abwägung der Verbesserungen und Verschlechterungen der Schutzstandards für die Gesamtregelung eines Verarbeitungsvorgangs.[53]

Eine solche Abwägung kann allerdings im Einklang mit dem Wortlaut der DS-GVO nicht innerhalb aller bereichsspezifischen Datenschutzvorschriften der nationalen Rechtsvorschriften eines Gesetzes und unter Bildung eines datenschutzrechtlichen „Gesamtsaldos" erfolgen, sondern ist für jede einzelne Vorschrift separat zu bestimmen. Art. 6 Abs. 1 UAbs. 1 lit. c und lit. e Alt. 1, Abs. 2, Abs. 3 DS-GVO stellen somit nur scheinbar breite Öffnungsklauseln dar.[54]

2.4 Öffnungsklausel nach Art. 23 DS-GVO

Nach Art. 23 Abs. 1 DS-GVO können durch Rechtsvorschriften der Union oder der Mitgliedstaaten, denen der Verantwortliche oder der Auftragsverarbeiter unterliegt, die Pflichten und Rechte gemäß den Artt. 12–22 DS-GVO, Art. 34 DS-GVO sowie Art. 5 DS-GVO, insofern deren Bestimmungen den in Artt. 12–22 DS-GVO vorgesehenen Rechten und Pflichten entsprechen, im Wege von Gesetzgebungsmaßnahmen beschränkt werden. Dies gilt, sofern eine solche Beschränkung den Wesensgehalt der Grundrechte sowie Grundfreiheiten achtet und in einer demokratischen Gesellschaft eine notwendige sowie verhältnismäßige Maßnahme darstellt, die der Sicherstellung eines der Güter des Katalogs (lit. a – lit. j) dient.

Die Aufzählung der Rechtsgüter, zu deren Gunsten eine Beschränkung vorgenommen werden darf, ist in Art. 23 Abs. 1 DS-GVO abschließend geregelt.[55] In Art. 23 Abs. 2 lit. a – lit. h DS-GVO werden zudem inhaltliche Anforderungen an die nationale beschränkende Norm gestellt, wie z.B. die Bezeichnung der Zwecke der Verarbeitung oder die Verarbeitungskategorien (lit. a) oder des Umfangs der vorgenommenen Beschränkungen (lit. c).

Das BDSG n.F. greift vielfach auf die Öffnungsklausel des Art. 23 DS-GVO zurück und sieht etwa in den §§ 32–37 BDSG Einschränkungen der Betroffenenrechte der DS-GVO vor.[56]

---

[53] *Roßnagel*, in: Simitis/Hornung/Spiecker gen. Döhmann, DSGVO, Art. 6 Rn. 30.

[54] So auch *Albrecht/Jotzo*, Datenschutzrecht der EU, Teil 3 Rn. 46; a. A. *Kühling/Martini*, EuZW 2016, S. 448 (449).

[55] *Paal*, in: Paal/Pauly, DS-GVO, Art. 23 Rn. 16.

[56] Kritisch zum Umfang der deharmonisierenden Einschränkungen im BDSG *Reibach*, Nationales Datenschutzrecht, in: Taeger, Rechtsfragen digitaler Transformationen, S. 131 (138); vgl. auch *Conrad*, in: Auer-Reinsdorff/Conrad, Handbuch IT- und Datenschutzrecht, § 34 Rn. 561.

2.5 Normwiederholungsverbot der DS-GVO

Prinzipiell darf der Wortlaut der DS-GVO innerhalb der nationalen Regelung nicht schlicht wiederholt werden, da durch den Erlass gleichlautender nationaler Vorschriften die Gefahr einer uneinheitlichen Auslegung des Unionsrechts und somit das Risiko einer Verletzung des Treuegrundsatzes steigen würde.[57] Dies stellt kein Spezifikum der DS-GVO dar, sondern korrespondiert mit der Rechtsprechung des EuGH, nach der auch bisher die punktuelle Wiederholung vereinzelter Teile einer Verordnung im nationalen Recht zulässig war, wenn diese zu einem inneren Zusammenhang mit der europäischen Regelung und zu einer besseren Verständlichkeit für den Normadressaten beitrug.[58]

Eine Ausnahme diesbezüglich bildet das kirchliche Datenschutzrecht, das etwa für die katholische Kirche im Rahmen des Gesetzes über den Kirchlichen Datenschutz (KDG)[59] größtenteils aufgrund des Kirchenprivilegs aus Art. 91 DS-GVO den Wortlaut der Verordnung vollständig wiederholt.[60] Im Übrigen darf nach ErwG 8 DS-GVO eine Regelung der DS-GVO nur ausnahmsweise wiederholt werden:

„Wenn in dieser Verordnung Präzisierungen oder Einschränkungen ihrer Vorschriften durch das Recht der Mitgliedstaaten vorgesehen sind, können die Mitgliedstaaten Teile dieser Verordnung in ihr nationales Recht aufnehmen, soweit dies erforderlich ist, um die Kohärenz zu wahren und die nationalen Rechtsvorschriften für die Personen, für die sie gelten, verständlicher zu machen."

Bislang nicht geklärt ist die Frage, welche Anforderungen generell an die Kohärenz und Verständlichkeit einer solchen Gesamtregelung zu stellen sind und welche Handlungsspielräume sich hieraus für den nationalen Gesetzgeber ergeben. Im Zweifel ist der Empfängerhorizont bezüglich der ‚Verständlichkeit' der Gesamtregelung wie bei Art. 7 Abs. 2 Satz 1 oder auch Art. 12 Abs. 1 Satz 1 DS-GVO zu bestimmen.

Den Mitgliedstaaten der EU ist es bereits aus dem Treuegrundsatz heraus verwehrt, gleichlautende Vorschriften in ihr nationales Recht aufzunehmen.[61] Aus der Formulierung in Art. 6 Abs. 2, Abs. 3 UAbs. 3 DS-GVO, wonach die Mitgliedstaaten gegebenenfalls *„Bestimmungen zur Anpassung*

---

[57] Vgl. auch *Kühling et al.*, DS-GVO und das nationale Recht, S. 7.

[58] Vgl. EuGH, Urt. v. 28.3.1985 –C-272/83 Rn. 26 f. – *Kommission/Italien*.

[59] In der Fassung des einstimmigen Beschlusses der Vollversammlung des Verbandes der Diözesen Deutschlands v. 20.11.2017; veröffentlicht auf https://www.datenschutz-kirche.de.

[60] Zum kirchlichen Datenschutz im Vergleich mit den Vorgaben der DS-GVO vgl. ausführlich *Hoeren*, NVwZ 2018, S. 373 ff.

[61] So schon EuGH, Urt. v. 10.10.1973 – C-34/73, Slg. 1973, 981.

der Anwendung der Vorschriften dieser Verordnung"[62] einführen oder beibehalten können, könnte geschlossen werden, dass die im jeweiligen Fall angepasste Vorschrift der DS-GVO in der nationalen Norm genannt werden muss und nicht einfach dort ohne Verweis auf die existente europarechtliche Vorschrift wiederholt werden darf. *Taeger* hält etwa eine Bezugnahme auf die DS-GVO im Rahmen der nationalen Vorschriften des BDSG für „unerlässlich".[63] Dies würde im Ergebnis eine teleologische Erweiterung des Art. 6 Abs. 2, Abs. 3 UAbs. 3 DS-GVO darstellen. Nur die Öffnungsklausel des Art. 23 Abs. 2 lit. c DS-GVO sieht explizit die Nennung des Umfangs der vorgenommenen Beschränkung und damit implizit der beschränkten Norm der DS-GVO in der nationalen beschränkenden Vorschrift vor.

In § 32c Abs. 1 AO[64] hat der deutsche Gesetzgeber beispielsweise das Auskunftsrecht der betroffenen Person aus Art. 15 DS-GVO auf Basis des Art. 23 Abs. 1 lit. e DS-GVO eingeschränkt und auch die eingeschränkte Norm genannt:

„Das Recht auf Auskunft der betroffenen Person gegenüber einer Finanzbehörde gemäß Artikel 15 der VO (EU) 2016/679 besteht nicht, soweit [...]".

Dies ist als ‚Warnfunktion' für den Betroffenen bei einer Beschränkung seiner Rechte sicherlich notwendig und sinnvoll, es ist aber fraglich, ob z.B. bei jeder nationalen, bereichsspezifischen Erlaubnisnorm ein Verweis auf die DS-GVO erfolgen muss, angesichts des potenziell geringen bzw. nicht existenten zusätzlichen Eingriffs in die Rechte des Betroffenen.

Bei Bejahung einer solchen Pflicht zur Nennung der entsprechenden Vorschrift aus der DS-GVO in der spezifischeren nationalen Norm wäre im Ergebnis eine Anpassung aller existierenden allgemeinen und bereichsspezifischen nationalen Datenschutzregelungen notwendig.

Der Verweis auf die DS-GVO in jeder einzelnen Norm würde zudem den Lesefluss behindern, da der Betroffene sich ohne ein Nachschlagen der entsprechenden Norm der DS-GVO keinen Überblick über den Regelungsgehalt verschaffen kann. Bei einer Wiederholung des Wortlauts in der nationalen Norm wird die Verständlichkeit im Vergleich zu einer Verweisungsstruktur im Zweifel höher ausfallen.

---

[62] Hervorhebung nur hier.

[63] *Taeger*, in: Taeger/Gabel, DS-GVO, Art. 6 Rn. 128.

[64] Zu den bereichsspezifischen Datenschutzregelungen im Steuerrecht ausführlich *Erkis*, DStR 2018, S. 161.

Im Ergebnis wird ein Wiederholungsparadigma praktikabler sein als ein starres Verweisungsparadigma. Gleichzeitig kann Kohärenz aber nicht bedeuten, den kompletten Regelungskanon der DS-GVO über weite Strecken in den nationalen Rechtsvorschriften abbilden zu dürfen.

3 Spezifizierung und Beschränkung von Auskunftsansprüchen im deutschen Recht

Die Beschränkung von Auskunftsansprüchen im deutschen Recht ist u.a. in § 34 BDSG sowie § 27 Abs. 2, § 28 Abs. 2 und § 29 Abs. 1 S. 2 BDSG erfolgt auf Grundlage des Art. 23 DS-GVO.[65] Daneben sind vor allem mit dem Zweiten Gesetz zur Anpassung des Datenschutzrechts an die VO (EU) 2016/679 und zur Umsetzung der RL (EU) 2016/680' (Zweites Datenschutz-Anpassungs- und -Umsetzungsgesetz EU – 2. DSAnpUG-EU)[66] in zahlreichen Fachgesetzen sektorspezifische Anpassungen zu den Betroffenenrechten erfolgt, die jeweils am Maßstab des Art. 15 DS-GVO und der herangezogenen Öffnungsklausel zu messen sind. Die Rechtsprechung hat sich bisher nur am Rande mit dem Handlungsspielraum des deutschen Gesetzgebers bei der Spezifizierung von Auskunftsansprüchen beschäftigt.

3.1 Synopse der Rechtsprechung zu Auskunftsansprüchen

Seit Geltung der DS-GVO sind inzwischen einige Entscheidungen zu datenschutzrechtlichen Auskunftsansprüchen ergangen. Diese setzten sich bis auf wenige Ausnahmen nicht mit dem strukturellen Verhältnis zwischen DS-GVO und nationalen Normen auseinander, sondern mit dem Umfang des Anspruches und einer Unverhältnismäßigkeit im Einzelfall.

Zur Reichweite des Auskunftsanspruchs nach Art. 15 DS-GVO hat etwa das AG München[67] entschieden, wonach ein besonderes Rechtsschutzinteresse nicht Voraussetzung ist für den Auskunftsanspruch. Zudem sind hiernach von der Auskunftsverpflichtung nach Art. 15 DS-GVO alle Daten wie Namen oder Geburtsdatum erfasst genauso wie jegliche Merkmale, die eine Identifizierbarkeit einer Person ermöglichen können, z.B. Gesundheitsdaten, Kontonummer usw., nicht jedoch interne Vorgänge wie etwa Vermerke, sämtlicher gewechselter Schriftverkehr, der dem Betroffenen bereits bekannt ist, rechtliche Bewertungen oder Analysen. Der Anspruch aus Art. 15 DS-GVO dient nach Auffassung des Gerichts nicht der vereinfach-

---

[65] Vgl. *Golla*, in: Kühling/Buchner, BDSG, § 34 Rn. 1.

[66] BGBl. 2019 I, S. 1679–1681.

[67] AG München, Teilurt. v. 4.9.2019 – 155 C 1510/18, ZD 2019, 569; vgl. zum Umfang des Auskunftsanspruchs auch LG Köln, Teilurt. v. 18.3.2019 – 26 O 25/18, ZD 2019, 313; sowie OLG Köln, Urt. v. 26.7.2019 – 20 U 75/18, ZD 2019, 462.

ten Buchführung des Betroffenen, sondern soll sicherstellen, dass der Betroffene den Umfang und Inhalt der gespeicherten personenbezogenen Daten beurteilen kann.

Das LAG Baden-Württemberg[68] hat zum Umfang des Auskunftsanspruchs eines Arbeitnehmers gegenüber seinem Arbeitgeber entschieden. Der Arbeitgeber kann die Erfüllung des Anspruchs nur in dem Umfang verweigern, wie durch die Auskunft Informationen offenbart würden, die geheimhaltungsbedürftig sind.

Das LG Heidelberg[69] hat geurteilt, dass der Verantwortliche grundsätzlich keine Auskunft über Daten gem. Art. 15 DS-GVO zu erteilen hat, die er in der Vergangenheit verarbeitet hat, über die er jedoch nicht mehr verfügt. Der Auskunftsanspruch besteht auch dann nicht, wenn dessen Erfüllung mit einem unverhältnismäßigen Aufwand verbunden ist. Dies kann etwa bei Sichtung und Schwärzung von mehreren tausend E-Mails der Fall sein.

Das OVG Lüneburg[70] hat entschieden, dass das datenschutzrechtliche Auskunftsrecht des Betroffenen nach Art. 15 Abs. 1 DS-GVO nicht durch die Eröffnung des Insolvenzverfahrens auf den Insolvenzverwalter übergeht, weil es sich bei diesem Auskunftsrecht um ein höchstpersönliches Recht handelt, welches nicht zur Insolvenzmasse gehört.

Das FG Sachsen[71] hat entschieden, dass aus Art. 15 Abs. 3 DS-GVO ein Anspruch desjenigen besteht, bei dem eine Betriebsprüfung durchgeführt wurde, auf Zurverfügungstellung von Kopien der im Rahmen dieser Betriebsprüfung erhobenen Daten. Der Anspruch aus Art. 15 DS-GVO umfasst hingegen nicht die von der Betriebsprüfung selbst, etwa im Wege der Schätzung, geschaffenen Daten. Angewandte Schätzmethoden oder Schlussfolgerungen der Betriebsprüfung aus den erhobenen Daten stellen keine Verarbeitung i.S. des Art. 4 Nr. 2 DS-GVO dar. Das Gericht führt in den Gründen aus:

„Nach § 34 Abs. 1 i. V. m. § 29 Abs. 1 Satz 2 BDSG besteht das Recht auf Auskunft der betroffenen Person gem. Art. 15 DS-GVO nicht, soweit durch die Auskunft Informationen offenbart würden, die nach einer Rechtsvorschrift oder ihrem Wesen nach, insb. wegen der überwiegenden berechtigten Interessen eines Dritten, geheim gehalten werden müssen. Die Regelungen in § 34 Abs. 1 i. V. m. § 29 Abs. 1 und Abs. 2 BDSG beruhen auf der Öffnungsklausel des Art. 23 Abs. 1 lit. i DS-GVO, wonach Informations- und Benachrichtigungspflichten des Verantwortlichen bzw.

---

[68] LAG Baden-Württemberg, Urt. v. 20.12.2018 – 17 Sa 11/18, NZA-RR 2019, 242 m. Anm. *Fuhlrott* = ZD 2019, S. 267 m. Anm. *Wybitul.*

[69] LG Heidelberg, Urt. v. 21.2.2020 – 4 O 6/19, ZD 2020, 313 m. Anm. *Zöll/Kielkowski.*

[70] OVG Lüneburg, Urt. v. 20.6.2019 – 11 LC 121/17, ZD 2019, 473 m. Anm. *Wassermann.*

[71] FG Sachsen, Urt. v. 8.5.2019 – 5 K 337/19, ZD 2020, 166.

das Auskunftsrecht betroffener Personen zum Schutz der betroffenen Person oder der Rechte und Freiheiten anderer Personen beschränkt werden können."[72]

Das VG Gelsenkirchen[73] hat zuletzt entschieden, dass einem Prüfling gemäß § 5 Abs. 8 Satz 1 des Datenschutzgesetzes Nordrhein-Westfalen (DSG NRW) i. V. m. Art. 15 Abs. 3 und Art. 12 Abs. 5 Satz 1 der Datenschutz-Grundverordnung (DS-GVO) ein Anspruch auf eine unentgeltliche Kopie der von ihm im Rahmen des zweiten juristischen Staatsexamens in Nordrhein-Westfalen angefertigten Aufsichtsarbeiten mitsamt Prüfergutachten in Papierform oder in einem gängigen elektronischen Format zusteht. Streitgegenständlich war das Verhältnis zwischen einer nationalen Landesnorm, die Einsicht in die Klausuren vor Ort gewährt, und Art. 15 Abs. 3 DS-GVO. Nach § 23 Abs. 2 Satz 1 Juristenausbildungsgesetz NRW (JAG NRW), der gemäß § 56 Abs. 1 JAG NRW auch für die Einsicht in die Prüfungsarbeiten der zweiten juristischen Staatsprüfung gilt, ist dem Prüfling die Einsicht in seine Prüfungsarbeiten einschließlich der Gutachten der Prüfer zu gestatten. Die Einsicht erfolgt nach § 23 Abs. 2 Satz 2 JAG NRW in den Räumen des Justizprüfungsamtes.

Das Verwaltungsgericht sah § 23 Abs. 2 Satz 1 JAG NRW nicht als wirksame Beschränkung von Art. 15 DS-GVO gemäß Art. 23 Abs. 1 lit. e DS-GVO („Schutz sonstiger wichtiger Ziele des allgemeinen öffentlichen Interesses der Union oder eines Mitgliedstaats") an, wie von dem beklagten Landesjustizprüfungsamt vorgetragen:

*„Weder Wortlaut noch Systematik oder Gesetzeswerk lassen zwingend den Schluss zu, dass der Erhalt einer Kopie durch § 23 Abs. 2 Satz 1 JAG NRW ausgeschlossen sein soll. So spricht weder der Wortlaut des § 23 Abs. 2 Satz 1 JAG NRW davon, dass „nur" eine Einsichtnahme zulässig wäre, noch ist dem Gesetz an anderer Stelle ein Verbot der Herausgabe von Kopien zu entnehmen. Auch der unterschiedliche Regelungsinhalt der beiden Anspruchsnormen spricht dafür, dass das Einsichtnahmerecht des § 23 Abs. 2 Satz 1 JAG NRW neben dem Anspruch aus Art. 15 Abs. 3 DS-GVO steht. **Das Einsichtsrecht bezieht sich auf eine Einsichtnahme in die Originalunterlagen, während das Recht auf eine Kopie nur Zugang zu einer Reproduktion vermittelt.** Dass es sich nicht zuletzt deshalb - erst recht aus der Perspektive des Datenschutzrechts - bei dem Recht auf Auskunft bzw. bei dem Recht auf Erhalt einer Kopie einerseits und dem Recht auf Einsichtnahme in Originalunterlagen andererseits um verschiedene und sich insoweit ergänzende Ansprüche handelt, wurde auch schon aus der früheren Regelung in § 34 Abs. 9 BDSG a.F. ersicht-*

---

[72] FG Sachsen, ebenda, Rn. 17.

[73] VG Gelsenkirchen, Urt. v. 27.4.2020 – 20 K 6392/18, BeckRS 2020, 8804 [nicht rechtskräftig].

lich. Danach war dem Betroffenen zusätzlich die Möglichkeit einer entgeltfreien Einsichtnahme „vor Ort" zu gewähren, wenn die Auskunft ausnahmsweise entgeltlich war."[74]

Das Gericht hat daher nicht mehr geprüft, ob in dem vorliegenden Fall die in Art. 23 Abs. 2 DS-GVO enthaltenen Mindestanforderungen an gesetzliche Beschränkungen erfüllt sein müssten und ob diese mit Blick auf die jetzige Fassung des Juristenausbildungsgesetzes eingehalten sind.[75] Klar gestellt wurde allerdings, dass nicht jedes „öffentliches Interesse" für eine Beschränkung i. S. d. Art. 23 Abs. 1 DS-GVO ausreicht.

3.2 Noch offene Rechtsfragen

Bislang nicht richterlich geklärt ist u.a. die Frage, ob eine Spezifizierung von Betroffenenrechten, die nicht mit einer Beschränkung eines Rechts einhergeht, auf die oben genannten Art. 6 Abs. 2, Abs. 3 DS-GVO gestützt werden könnte, oder ob Art. 23 DS-GVO diesbezüglich eine Sperrwirkung zukommt und einzige Öffnungsklausel für die Spezifizierung von Betroffenenrechten darstellt. Nach dem Wortlaut des Art. 6 Abs. 2, Abs. 3 DS-GVO („Bestimmungen zur Anpassung der Anwendung der *Vorschriften dieser Verordnung*") sollte eine solche Spezifizierung von Betroffenenrechten möglich sein, auch wenn damit keine Erlaubnisnorm i. S. d. Art. 6 Abs. 1 DS-GVO spezifiziert wird.[76]

Daneben ist für eine Vielzahl von bereichsspezifischen Datenschutznormen in den Fachgesetzen fraglich, ob diese die oben genannten materiellen Anforderungen der herangezogenen Öffnungsklauseln einhalten und insbesondere, ob diese Normen ggf. das Normwiederholungsverbot verletzen.[77]

4 Fazit

Die Rechtsfragen rund um die Anforderungen an spezifizierende nationale Datenschutznormen sind noch weitgehend ungeklärt, können aber unter Berücksichtigung des Wortlauts, des Telos und der Systematik der DS-GVO im Ergebnis nur restriktiv und im Einklang mit dem ‚Schutzniveau' der DS-GVO beantwortet werden. Die Gefahr einer Deharmonisierung und erneuten Zersplitterung der Datenschutzstandards in den einzelnen EU-Mitgliedstaaten wäre ansonsten – wie zu Zeiten der DS-RL – schlichtweg

---

[74] VG Gelsenkirchen, ebenda, Rn. 99.

[75] VG Gelsenkirchen, ebenda, Rn. 121.

[76] Vgl. auch *Taeger*, in: Taeger/Gabel, DS-GVO, Art. 6 Rn. 131.

[77] Beispielsweise in den datenschutzrechtlichen Regelungen des Messstellenbetriebsgesetzes (MsbG), vgl. §§ 49 ff. MsbG.

zu hoch. Auch die Entscheidung des VG Gelsenkirchen[78] vom 27.4.2020 legt einen hohen Maßstab an die nationale Beschränkung von Betroffenenrechten der DS-GVO an. In den kommenden Jahren sind weitere gerichtliche Entscheidungen zu mitgliedstaatlichen Beschränkungen von Betroffenenrechten in den verschiedenen Fachgesetzen zu erwarten.

Literatur

Albrecht, Jan Philipp/Janson, Nils J.: Datenschutz und Meinungsfreiheit nach der Datenschutzgrundverordnung, Warum die EU-Mitgliedstaaten beim Ausfüllen von DSGVO-Öffnungsklauseln an europäische Grundrechte gebunden sind – am Beispiel von Art. 85 DSGVO, CR 2016, S. 500-509.

Albrecht, Jan Philipp/Jotzo, Florian: Das neue Datenschutzrecht der EU, Baden-Baden 2017.

Albrecht, Jan Philipp/Wybitul, Tim/Zimmer-Helfrich, Anke: Brauchen wir neben der DS-GVO noch ein neues BDSG?, ZD 2016, S. 457 f.

Auer-Reinsdorff, Astrid/Conrad, Isabell (Hrsg.): Handbuch IT- und Datenschutzrecht, 3. Aufl., München 2019.

Benecke, Alexander/Wagner, Julian: Öffnungsklauseln in der Datenschutz-Grundverordnung und das deutsche BDSG – Grenzen und Gestaltungsspielräume für ein nationales Datenschutzrecht, DVBl 2016, S. 600-608.

Buchholtz, Gabriele: Grundrechte und Datenschutz im Dialog zwischen Karlsruhe und Luxemburg, DÖV 2017, S. 837-845.

Buchner, Benedikt: Grundsätze und Rechtmäßigkeit der Datenverarbeitung unter der DS-GVO, DuD 2016, S. 155-161.

Calliess, Christian/Ruffert, Matthias (Hrsg.): EUV/AEUV, 5. Aufl., München 2016.

Ehmann, Eugen/Selmayr, Martin (Hrsg.): Datenschutz-Grundverordnung, 2. Aufl., München 2018.

Erkis, Gülsen: Die neuen steuerlichen Datenschutzrechte im Besteuerungsverfahren, DStR 2019, S. 161-167.

Gola, Peter (Hrsg.): DS-GVO. Datenschutz-Grundverordnung VO (EU) 2016/679, 2. Aufl., München 2018.

Güngor, Volkan: Einschränkbarkeit des Rechts auf Auskunft, Anm. zu LG Heidelberg, Urt. v. 6.2.2020 – 4 O 6/19, GRUR-Prax 2020, S. 265.

---

[78] VG Gelsenkirchen, Urt. v. 27.4.2020 – 20 K 6392/18, BeckRS 2020, 8804.

Heckmann, Dirk (Hrsg.): Praxiskommentar Internetrecht, 5. Aufl., Saarbrücken 2017.

Hoeren, Thomas: Kirchlicher Datenschutz nach der Datenschutzgrundverordnung, Eine Vergleichsstudie zum Datenschutzrecht der evangelischen und der katholischen Kirche, NVwZ 2018, S. 373-375.

Höpfner, Clemens/Rüthers, Bernd: Grundlagen einer europäischen Methodenlehre, AcP 209 (2009), S. 1-36.

Kugelmann, Dieter: Datenschutz im Mehrebenensystem, in: Hermann Hill/ Dieter Kugelmann/Mario Martini (Hrsg.), Digitalisierung in Recht, Politik und Verwaltung, Baden-Baden 2018, S. 27-38.

Kühling, Jürgen/Buchner, Benedikt (Hrsg.): Datenschutz-Grundverordnung/ BDSG, Kommentar, 2. Aufl., München 2018.

Kühling, Jürgen/Martini, Mario: Die Datenschutz-Grundverordnung: Revolution oder Evolution im europäischen und deutschen Datenschutzrecht?, EuZW 2016, S. 448-454.

Kühling, Jürgen/Martini, Mario et al.: Die Datenschutz-Grundverordnung und das nationale Recht, Erste Überlegungen zum innerstaatlichen Regelungsbedarf, Münster 2016.

Larenz, Karl: Methodenlehre der Rechtswissenschaft, 6. Aufl., Berlin/Heidelberg/New York 1991.

Paal, Boris P./Pauly, Daniel A. (Hrsg.): Datenschutz-Grundverordnung, Bundesdatenschutzgesetz, 2. Aufl., München 2018.

Raji, Behrang: Auswirkungen der DS-GVO auf nationales Fotorecht, ZD 2019, S. 61-66.

Reibach, Boris: Nationales Datenschutzrecht – Die Deharmonisierung der DSGVO, in: Jürgen Taeger (Hrsg.) Rechtsfragen digitaler Transformationen – Gestaltung digitaler Veränderungsprozesse durch Recht, Edewecht 2018, S. 131-143.

Riesenhuber, Karl (Hrsg.): Europäische Methodenlehre, 3. Aufl., Berlin/ München/Boston 2015.

Roßnagel, Alexander (Hrsg.): Europäische Datenschutz-Grundverordnung, Vorrang des Unionsrechts – Anwendbarkeit des nationalen Rechts, Baden-Baden 2017.

Roßnagel, Alexander: Gesetzgebung im Rahmen der Datenschutz-Grundverordnung, Aufgaben und Spielräume des deutschen Gesetzgebers?, DuD 2017, S. 277-281.

Rüthers, Bernd/Fischer, Christian/Birk, Axel: Rechtstheorie mit Juristischer Methodenlehre, 10. Aufl., München 2018.

Simitis, Spiros/Hornung, Gerrit/Spiecker gen. Döhmann, Indra (Hrsg.): Datenschutzrecht. DSGVO mit BDSG, Baden-Baden 2019.

Specht, Louisa/Mantz, Reto (Hrsg.): Handbuch Europäisches und deutsches Datenschutzrecht, Bereichsspezifischer Datenschutz in Privatwirtschaft und öffentlichem Sektor, München 2019.

Spindler, Gerald: Die neue EU-Datenschutz-Grundverordnung, DB 2016, S. 937-947.

Taeger, Jürgen/Kremer, Sascha: Recht im E-Commerce und Internet, Frankfurt/M. 2017.

Taeger, Jürgen/Gabel, Detlev (Hrsg.): DSGVO – BDSG, Kommentar, 3. Aufl., Frankfurt/M. 2019.

Tinnefeld, Marie-Theres/Buchner, Benedikt/Petri, Thomas/Hof, Hans-Joachim: Einführung in das Datenschutzrecht, 6. Aufl., Berlin/Boston 2018.

Will, Michael: Schlussrunde bei der Datenschutz-Grundverordnung?, ZD 2015, S. 345-346.

Wolff, Heinrich Amadeus/Brink, Stefan (Hrsg.): Beck'scher Online Kommentar Datenschutzrecht, 30. Ed., Stand: 1.11.2019, München 2019 (zitiert: *Bearbeiter*, in: BeckOK Datenschutzrecht).

AUF DEM WEG ZUR DIGITALEN SCHULE – DATENSCHUTZ UND DER DIGITALPAKT SCHULE

Malte Gregorzewski

Regionalbüro Berlin des Deutschen Schulpreises und der
Deutschen Schulakademie
malte.gregorzewski@regionalbueros.de

Daniela Herdes

GAZPROM Germania GmbH
daniela.herdes@gazprom-germania.de

Zusammenfassung

Die Digitalisierung der Schulen in Deutschland schreitet voran – wie etwa Daten verarbeitet bzw. geschützt werden, hat mannigfaltige Implikationen für diesen Bereich
des deutschen Bildungswesens. Diese Themen spielen in diesem Bereich bisher nur
eine untergeordnete Rolle. Im Mittelpunkt scheint vor allem die Frage der Finanzierung von technischen Medien für den Gebrauch im Klassenraum zu stehen – relativ
unabhängig von der Frage des tatsächlichen pädagogischen Mehrwerts. Über den DigitalPakt Schule werden Schulen in Deutschland mit mehr als fünf Milliarden Euro
bei der Digitalisierung unterstützt. Anders als im privatwirtschaftlichen Bereich ist
die Logik der Schule allerdings nicht zwingend radikale Innovation – Schule findet
immer im Spannungsfeld von Bewahren und Verändern statt. Entsprechend anspruchsvoll ist diese Forderung auch und gerade an die Schulleitung, das Digitale im
Bildungsbereich aktiv voranzutreiben. Dabei soll und muss der Datenschutz eine wesentliche Rolle spielen: Verständnis für Datenschutz zu schaffen, ist Führungsauf-
gabe. Der Beitrag stellt die Herausforderungen gerade dieser Aufgabe dar, wenn von
der Schulleitung die Einhaltung datenschutzrechtlicher Anforderung im Rahmen seiner Governance verlangt wird, die in der Rahmendokumentation des DigitalPakts
Schule kaum Berücksichtigung findet. Für die Schulleitung ist es somit unerlässlich,
das Thema Datenschutz nachhaltig im schulischen Kontext zu verankern. Der bewusst interdisziplinär angelegte Artikel richtet sich an Interessierte aus den Bereichen des anwendungsbezogenen Datenschutzes sowie der praxisnahen Schulentwicklung, auch und gerade vor dem Hintergrund aktueller Entwicklungen im Kontext
der Digitalisierung von Schulen.

1 Einführung

Das Bildungswesen in Deutschland ist derzeit im internationalen Vergleich
nicht in allen Belangen Vorreiter im Einsatz von und Umgang mit digitalen
Medien, wenn auch in den letzten Jahren eine leicht positive Entwicklung
bei der Verwendung von Technologien des 21. Jahrhundert in deutschen

Schulen beobachtbar ist.[1] Die technische Ausstattung der Schulen in Deutschland ist im Jahr 2020 in der Fläche eher problematisch und wird auch so von SchulleiterInnen sowie den SchülerInnen bewertet.[2] Vor diesem Hintergrund werden über den DigitalPakt Schule deutsche Schulen vom Bund und den Ländern bei der Digitalisierung in einer konzentrierten Fördermaßnahme gemeinsam unterstützt. Explizit zielt der DigitalPakt Schule darauf ab, die „notwendigen Voraussetzungen dafür zu schaffen, dass das Bildungssystem in Zeiten des digitalen Wandels Teilhabe und Mündigkeit für alle Heranwachsenden sowie Chancengerechtigkeit für jedes einzelne Kind ermöglicht."[3] Aus Sicht der Autoren dieses Beitrags ist es immanent, dass hierbei auch alle notwendigen Aspekte des Datenschutzes entsprechend der Datenschutz-Grundverordnung (DSGVO) vom 25. Mai 2018 berücksichtigt werden.

Im vorliegenden Beitrag wird der DigitalPakt Schule überblicksartig dar- und in Bezug gestellt zu einschlägigen Publikationen. In einem zweiten Schritt wird auf die Relevanz und Stellung der DSGVO im Schulwesen eingegangen und argumentiert, dass auch und gerade innerhalb einer Schule wesentliche datenschutzrechtliche Aspekte eine hohe Relevanz haben (sollten) – das Thema Datenschutz sich jedoch nicht konsequent in allen Bereichen des DigitalPakts Schule wirkmächtig wiederfindet. In dem hierbei entstehenden Spannungsfeld verortet sich das darauffolgende Kapitel, in dem die zentrale Rolle der Schulleitung als Systementwicklerin sowie Chancen und Herausforderungen eines Führungsansatzes aus der Mitte[4] skizziert werden, die auch der zukünftigen Stellung des Themas Datenschutz zuträglich sein könnte. Ein abschließender Ausblick öffnet schließlich den Raum für sich diesen Überlegungen anschließende Perspektiven.

2 Der DigitalPakt Schule

Mit dem DigitalPakt Schule möchte der Bund die Länder und Gemeinden – Bildung ist Ländersache – beim Ausbau der digitalen Bildungsinfrastruktur unterstützen.[5] Die Länder sind angehalten, ihre Strategie „Bildung in der

---

[1] Vgl. *Fraillon et al.*, Preparing for Life in a Digital World – IEA International Computer and Information Literacy Study: International Report 2018.

[2] Vgl. *Emmerich*, Erziehung und Wissenschaft.

[3] *Bundesministerium für Bildung und Forschung*, Verwaltungsvereinbarung DigitalPakt Schule, Präambel Nr. 1.

[4] Vgl. *Fullan*, Leadership from the middle; vgl. *Hargreaves*, Leading from the Middle: New Strategies for Educational Change.

[5] https://www.digitalpaktschule.de/de/was-ist-der-digitalpakt-schule-1701.html (abgerufen am 28.6.2020).

digitalen Welt" umzusetzen, deren Handlungsfelder die Weiterentwicklung der Bildungspläne, die Fort- und Weiterbildung der Erziehenden und Lehrenden, die Infrastruktur und Ausstattung, die Bildungsmedien, E-Government und Schulverwaltungsprogramme und -managementsysteme sowie die rechtlichen und funktionalen Rahmenbedingungen umfassen.[6] Der DigitalPakt Schule adressiert dabei trägerneutral (§ 2 Verwaltungsvereinbarung) alle Schulformen der allgemeinen und beruflichen Bildung, wobei die Schulträger die Bedarfe ihrer Schulen koordinieren und die Fördermittel beantragen[7] (Antragsberechtigte sind die Schulträger, § 3 Abs. 1 S. 4 Verwaltungsvereinbarung).

Zum DigitalPakt Schule gehört eine am 16. Mai 2019 unterschriebene Verwaltungsvereinbarung[8] zwischen der Bundesrepublik Deutschland und den Regierungen der deutschen Bundesländer, über die der Bund den Ländern in Bezug auf den neuen[9] Artikel 104c des Grundgesetzes „Finanzhilfen für gesamtstaatlich bedeutsame Investitionen zur Steigerung der Leistungsfähigkeit der digitalen kommunalen Bildungsinfrastruktur" in Höhe von fünf Milliarden Euro[10] über das Sondervermögen „Digitale Infrastruktur" gewährt (vgl. Präambel und § 1 Verwaltungsvereinbarung).

Nach Aussage des Bundesministeriums für Bildung und Forschung (BMBF) sollen „[d]urch den DigitalPakt bis 2025 alle Schulen, die das für ihr Lernkonzept wollen, mit digitaler Bildungsinfrastruktur ausgestattet sein."[11] Etwas konkreter formulieren es Bund und Länder in der Präambel der Verwaltungsvereinbarung, wonach es eine der großen Zukunftsaufgaben ist, SchülerInnen auf die Digitalisierung umfassend vorzubereiten: Einer der verfolgten Grundsätze ist es, SchülerInnen zu einem verantwortungsvollen und kritischen Umgang mit Medien in der digitalen Welt zu befähigen – dazu gehört nach Meinung der Autoren dieses Beitrags auch der reflektierte sowie reflektierende Blick aus Datenschutzsicht.

---

[6] *Sekretariat der Kultusministerkonferenz (Hrsg.)*, Bildung in der digitalen Welt – Strategie der Kultusministerkonferenz.

[7] https://www.digitalpaktschule.de/de/was-ist-der-digitalpakt-schule-1701.html (abgerufen am 28.8.2020).

[8] Vgl. *BMBF*, Verwaltungsvereinbarung DigitalPakt Schule.

[9] Bundesgesetzblatt 2019, Teil I Nr. 11, ausgegeben am 3.4.2019, S. 404.

[10] Bei den 5 Milliarden Euro handelt es sich um den Anteil des Bundes. Die Länder haben jeweils einen Eigenanteil von mindestens 10 % des vom Bund bereitgestellten Betrags zu erbringen, vgl. *Bundesministerium für Bildung und Forschung*, § 1 Verwaltungsvereinbarung DigitalPakt Schule.

[11] https://www.digitalpaktschule.de/de/was-ist-der-digitalpakt-schule-1701.html (abgerufen am 28.6.2020).

Förderfähig sind die in § 3 Verwaltungsvereinbarung genannten Investitionen, wobei die Infrastruktur technologieoffen, erweiterungs- und anschlussfähig an regionale, landesweite und länderübergreifende Systeme sein soll (§ 3 Abs. 1 Satz 4 i. V. m. Abs. 2 und 3 Verwaltungsvereinbarung). Im Rahmen der Anforderungen bei der Beantragung von Mitteln aus dem DigitalPakt Schule haben Schulen einen technisch-pädagogischen Einsatzplan (§ 3 Abs. 1 Nr. 6b Verwaltungsvereinbarung) auszuarbeiten – Details zu den Antragsbestimmungen finden sich in § 6 Verwaltungsvereinbarung, die genauen Antragsbestimmungen mit den dazugehörigen Fristen können jedoch von Bundesland zu Bundesland variieren. Der Einsatzplan kann Ausdruck finden in einem Medienentwicklungsplan (MEP) – dazu gehören bspw. nach § 4.1.1. der Richtlinie des brandenburgischen Ministeriums für Bildung, Jugend und Sport zur Umsetzung des Digitalpakts Schule 2019-2024 drei Elemente: Ein Medienbildungs-, ein Ausstattungs- und ein Fortbildungskonzept.[12] Der MEP bildet „die Grundlage für eine systematische Integration von (digitalen) Medien in schulische Lehr- und Lernprozesse".[13] Hauptziel des MEP ist „die Planung einer nachhaltig nutzbaren Medienausstattung entsprechend der medienpädagogischen Zielsetzung der Schule und eine dadurch bedingte permanente Steigerung der Unterrichtsqualität."[14]

Mit dem MEP setzen Schule und Schulträger[15] die zentralen Vorgaben der Verwaltungsvereinbarung[16] um. Die Schulen erhalten Unterstützung bei der Erstellung eines MEP durch bspw. Applikationen, Portale und Orientierungshilfen, die sich jedoch schwerpunktmäßig mehr auf die Beantragung als auf die Anforderung zu konzentrieren scheinen. Die Unterstützung leistet insoweit nicht zwangsläufig eine umfassende Aufklärung – eine Arbeitshilfe bspw. des Kultusministeriums Baden-Württemberg verweist lediglich allgemein auf den Datenschutz.[17] Übergeordnet erwähnt auch die

---

[12] *Brückner/Grimm*, Der Medienentwicklungsplan als verbindlicher Bestandteil der Antragstellung zum DigitalPakt Schule 2019-2024 im Land Brandenburg – Leitfaden für Schulleitungen, S. 5, 8.

[13] Ebenda, S. 6.

[14] Ebenda, S. 7; Definition von MEP auch hier https://www.lmz-bw.de/beratung/medient wicklungsplanung/fragen-und-antworten-zur-medienentwicklungsplanung/#/beratung/ medienentwicklungsplanung/fragen-und-antworten-zur-medienentwicklungsplanung/#c 58143 (abgerufen am 28.6.2020).

[15] https://www.lmz-bw.de/beratung/medienentwicklungsplanung/fragen-und-antworten-z ur-medienentwicklungsplanung/#/beratung/medienentwicklungsplanung/fragen-und-an tworten-zur-medienentwicklungsplanung/#c58143 (abgerufen am 28.6.2020).

[16] *BMBF*, Verwaltungsvereinbarung DigitalPakt Schule, Präambel Nr. 1.

[17] *Ministerium für Kultus, Jugend und Sport Baden-Württemberg (Hrsg.)*, Digitalisierungshinweise für Schulen in öffentlicher Trägerschaft in Baden-Württemberg, bspw. S. 5, 8.

Verwaltungsvereinbarung den Begriff „Datenschutz" faktisch nur einmal in Präambel Nr. 3b.[18] Ohne tiefgehende Erörterung von datenschutzrechtlichen Anforderungen laufen jedoch sowohl Bund als auch Länder Gefahr, dem Thema Datenschutz in diesem Rahmen nicht den notwendigen Stellenwert zu geben und ebenso wenig (mit)entscheidenden Stakeholdern wie bspw. Schulleitungen auf die zentralen Anforderungen des Datenschutzes dezidiert *und* detailliert darzulegen. Dabei wäre dies als notwendige Betonung des Datenschutzes sinnvoll, da gerade die Schulleitungen auch unabhängig von einem MEP und dem DigitalPakt Schule auf die frühzeitige Einhaltung des Datenschutzes zu achten und den Datenschutzbeauftragten frühzeitig einzubinden haben.[19] Mit der Größe des Projekts steigt der Aufwand, die neu einzuführenden Prozesse entsprechend zu planen und aus datenschutzrechtlicher Sicht vorab zu prüfen.[20]

In einer im Sommer 2020 veröffentlichten Studie[21] weisen die AutorInnen der Unternehmensberatung McKinsey darauf hin, dass die im DigitalPakt Schule vorgesehenen Ausgaben vermutlich bei Weitem nicht ausreichen werden: So sei etwa das Projekt „Digitalisierung einer Schule" vom „Größenumfang vergleichbar mit der Digitalisierung eines kleineren oder mittleren Unternehmens (KMU). Doch während in einem KMU in der Regel die IT-Abteilung Digitalthemen managt, fehlen in den Schulen bereits die IT-Experten".[22] Für das wichtige Thema Datenschutz an der Schule scheint dies besonders relevant, da laut einer Umfrage weniger als die Hälfte der teilnehmenden Personen den Datenschutz überhaupt als ausreichend geregelt ansieht.[23] Zudem bewerten zwei Drittel aller Befragten[24]

---

[18] Und das zweite Mal als reiner Begriff in der Vorlage in Anlage 2.

[19] Ausdrücklich bspw. der Hessische Beauftragte für Datenschutz und Informationssicherheit https://datenschutz.hessen.de/datenschutz/hochschulen-schulen-und-archive/daten schutzrechtliche-pflichten-einer-schule-nach-der-ds (abgerufen am 28.6.2020).

[20] Zu denken wäre an eine Datenschutz-Folgenabschätzung nach Art. 35 DSGVO, die Beobachtung der Grundsätze des Art. 5 DSGVO, Privacy by Design Default nach Art. 25 DSGVO und die notwendigen technischen und organisatorischen Maßnahmen nach Art. 32 DSGVO.

[21] Vgl. *Wiesinger et al.*, Die Chance für den digitalen Durchbruch – Was Schulen aus der COVID-19-Krise lernen können.

[22] Ebenda, S. 18.

[23] *Gewerkschaft Erziehung und Wissenschaft*, Digitalpakt Schule und Digitalisierung von Schule, S. 36.

[24] Die Grundgesamtheit der Umfrage umfasste alle erwerbstätige GEW-Mitglieder, die an allgemeinbildenden (inkl. Förder-und Sonderzentren) oder berufsbildenden Schulen tätig sind (ohne Schulaufsicht), vgl. ebenda, S. 2.

derselben Studie die Unterstützung durch den Arbeitgeber, um die Anforderungen des Datenschutzes bei der Arbeit zu bewältigen, als kritisch.[25] Um jedoch einen schlüssigen MEP auch im Hinblick auf notwendige Datenschutzregelungen zu erstellen, scheinen die o.a. Befunde aus der Praxis mehr als problematisch.

3 Relevanz und Stellung der DSGVO im Bereich Schule

3.1 Relevanz der DSGVO im schulischen Kontext

Bei der DSGVO geht es vorrangig um den Schutz von Daten. Auch im schulischen Kontext sind die Anforderungen der DSGVO – wie bereits erwähnt – zu erfüllen. Dessen sind sich auch die Kultusministerien der Länder bewusst und stellen Schulen relativ allgemeine Handreichungen und Informationen rund um den Datenschutz zur Verfügung.[26] Der Datenschutz-Praktiker weiß jedoch, wie anspruchsvoll und herausfordernd die Umsetzung gerade solcher teilweise recht abstrakten Handreichungen und Hilfestellungen im Einzelfall sein kann.

Es gibt auch im schulischen Kontext eine Vielzahl an sensiblen Daten wie auch besonderen Kategorien personenbezogener Daten. Neben den Daten von SchülerInnen können möglicherweise auch Daten von Geschwistern oder Erziehungsberechtigten der SchülerInnen relevant sein. Nach den Anforderungen des Art. 32 DSGVO sind Daten entsprechend des Risikos durch technische und organisatorische Maßnahmen zu schützen, was insbesondere für solche sensiblen Daten gilt. Bei besonderen Kategorien personenbezogener Daten sind zudem die Anforderungen des Art. 9 DSGVO zu beachten. Zu den Daten, die diesem besonderen Schutz unterliegen, zählen u.a. Gesundheitsdaten (Unverträglichkeiten bei Essen, Allergien, etc.), Daten zu religiösen oder weltanschaulichen Überzeugungen, aber auch Informationen der Erziehungsberechtigten, wenn bspw. über Familienkonstellationen Rückschlüsse auf die sexuelle Orientierung möglich sind.

---

[25] Ebenda, S. 38.

[26] Für Baden-Württemberg bspw. hier abrufbar: https://it.kultus-bw.de/,Lde/Startseite/IT-Sicherheit/Datenschutz+an+Schulen und für Brandenburg hier https://bildungsserver.berlin-brandenburg.de/fileadmin/bbb/themen/Medienbildung/Schulorganisation/datenschutz_medienrecht/datenschutz/Datenschutzgrundverordnung_MBJS_2019.pdf (abgerufen am 28.6.2020).

Bereits 2016 standen Online-Lernplattformen für unzureichenden Schutz in der Kritik.[27] Nach einer Orientierungshilfe zu Lernplattformen aus demselben Jahr[28] wurde diese 2018 von der Datenschutzkonferenz (DSK) neu herausgebracht.[29] Zentrale Punkte dieser überarbeiteten Orientierungshilfe sind personalisierte Benutzerkonten und Zugriffsberechtigungen, ein Rollenkonzept, die Beachtung des Prinzips der Datenminimierung bei den Datenauswertungsmöglichkeiten, Zweckbindung, Transparenz und die Verarbeitung nur auf Grundlage einer Rechtsgrundlage (Art. 6 Abs. 1 UAbs. 1 lit. e i. V. m. Art. 6 Abs. 3 lit b DSGVO i. V. m. diversen Schulgesetzen, Landesdatenschutzgesetzen, sowie das BDSG).[30] Zu beachten ist dabei, dass bspw. die verpflichtende Verwendung einer Lernplattform nur durch oder aufgrund eines Gesetzes vorgeschrieben werden kann und es mangels einer solchen rechtlichen Grundlage einer Einwilligung bedarf, die die Anforderungen der Art. 7 und 8 DSGVO erfüllen.[31]

Die Anforderungen des Datenschutzes sind jedoch nicht nur auf Lernplattformen beschränkt, sondern gelten ebenso bei herkömmlichen Papierakten, Klassenbüchern und Unterlagen der Lehrkräfte – Datenschutz gilt unabhängig vom Medium, auf dem die Daten verarbeitet werden. Wie auch bei jeder anderen Datenverarbeitung sind die Prinzipien des Art. 5 DSGVO zu beachten und die übrigen Anforderungen zu erfüllen – dazu zählen auch im schulischen Kontext die Dokumentationspflichten u.a. im Rahmen des Verzeichnisses von Verarbeitungstätigkeiten, Art. 30 DSGVO.

Die Vorgaben der DSGVO gelten demnach auch gleichermaßen für die Nutzung von E-Mail,[32] Zoom[33] und solchen Diensten, die Daten möglicherweise in Drittländer – wie beispielsweise die USA übermitteln, bspw. der Messenger-Dienst WhatsApp oder auch der Kalender-Dienst Doodle.

---

[27] https://www.deutschlandfunk.de/datenschutz-in-der-schule-orientierungshilfe-fuer.680.de.html?dram:article_id=350587 (abgerufen am 28.6.2020).

[28] https://www.tlfdi.de/mam/tlfdi/datenschutz/schule/pp_klett_berlin_stand_18.11.2016_druckfassung_final.pdf (abgerufen am 28.6.2020).

[29] vgl. *Datenschutzkonferenz (DSK)*, Orientierungshilfe der Datenschutzaufsichtsbehörden für Online-Lernplattformen im Schulunterricht.

[30] Ebenda, S. 4.

[31] Ebenda, S. 5.

[32] https://deutsches-schulportal.de/schulkultur/dsgvo-was-muessen-schulen-jetzt-beachten/ (abgerufen am 28.6.2020).

[33] Wegen anhaltender Kritik hat Zoom mit der Version Zoom 5.0 Verbesserungen eingeführt, Landesbeauftragter für Datenschutz und Informationsfreiheit Baden-Württemberg, Pressemitteilung vom 24.6.2020: https://www.baden-wuerttemberg.datenschutz.de/wp-content/uploads/2020/06/PM-Zoom-bessert-nach-fin.pdf (abgerufen am 28.6.2020).

3.2 Stellung der DSGVO im DigitalPakt Schule

Wie bereits oben erwähnt, wird der Begriff Datenschutz an zwei Stellen der Verwaltungsvereinbarung erwähnt. Schaut man sich exemplarisch die Konkretisierungen ausgewählter Länder an, scheint sich dieser Trend fortzusetzen – so wird bspw. im Leitfaden des Landes Brandenburg der Begriff Datenschutz ebenfalls nur zweimal explizit verwendet und auch sonst kaum weiter konkretisiert.

Der Leitfaden aus Brandenburg erkennt an, dass die Erstellung eines MEP eine Gemeinschaftsaufgabe der Schule sein sollte und eine sowohl konstruktive wie offene Haltung aller an der Schule beteiligten Personen erfordert.[34] Der Leitfaden stellt u.a. ebenso klar, dass die anvisierte Techniknutzung den SchülerInnen Kompetenzen vermitteln solle und nicht bloß eine technische Aufwertung des bestehenden Unterrichts darstellen dürfe.[35] Medienkompetenz werde nicht bereits dadurch vermittelt, dass ein Lernprogramm eingesetzt werde, sondern erst dadurch, dass bspw. über die Plattform ein Konto erstellt werden müsse und über die Dokumentation und die Einstellungen eine Reflexion der SchülerInnen einsetzen könne.[36] Kompetenz könne nur erreicht werden, wenn „Medienwissen, Medienhandeln und Medienreflexion in Verbindung gebracht werden".[37] Auch wenn der Leitfaden von einem weiten Medienbegriff[38] ausgeht, fällt auf, dass im Umgang mit digitalen Medien der Datenschutz als auch die Reflexion *über* den Umgang mit eigenen wie fremden Daten keine wesentlichen Rollen zu spielen scheinen.

Auch das Land Baden-Württemberg stellt ein umfassendes Angebot als Unterstützung zur Erstellung des MEP bereit, darunter Digitalisierungshinweise[39] für Schulen, die auf datenschutzrechtliche Kriterien eingehen – allerdings erscheint der Datenschutz bei den *Kriterien für die Freigabe* der MEP als wenig prominent.[40]

---

[34] *Brückner/Grimm*, Der Medienentwicklungsplan als verbindlicher Bestandteil der Antragstellung zum DigitalPakt Schule 2019-2024 im Land Brandenburg – Leitfaden für Schulleitungen, S. 8.

[35] Ebenda, S. 12.

[36] Ebenda.

[37] Ebenda, S. 12 f.

[38] Ebenda, S. 14.

[39] Vgl. *Ministerium für Kultus, Jugend und Sport Baden-Württemberg (Hrsg.)*, Digitalisierungshinweise für Schulen in öffentlicher Trägerschaft in Baden-Württemberg.

[40] https://www.lmz-bw.de/fileadmin/user_upload/Downloads/Handouts/MEP/Kriterien-MEP-Freigabeempfehlung.pdf (abgerufen am 28.6.2020).

Innerhalb des DigitalPakts Schule bietet es sich in Bezug auf das Thema Datenschutz an, drei Ebenen zu unterscheiden und jeweils zu behandeln: Verwendet man die Aufteilung in Mikro-, Meso- und Makroebene, würde die Relevanz von Datenschutz auf Mikroebene die individuelle Dimension (SchülerInnen und Lehrkräfte), auf Mesoebene die institutionelle Dimension (Schule) und auf Makroebene die systemische Dimension (Schulsystem im und bspw. private Anbieter von Dienstleistungen im weiteren Sinne) beinhalten.

Die Relevanz von Datenschutz auf der Mikroebene bezieht sich vor allem auf SchülerInnen und Lehrkräfte. Hier spielt der pädagogische Ansatz eine Rolle, gerade, aber nicht ausschließlich, SchülerInnen eine Medienkompetenz zu vermitteln, die sie befähigt, bewusst und reflektiert mit ihren Daten bei der Verwendung vor allem digitaler Medien umzugehen. Zudem geht es bereits hier um die individuelle Sensibilisierung der Lehrkräfte als notwendige Voraussetzung, um den SchülerInnen eine solche Kompetenz zu vermitteln.

Die Relevanz von Datenschutz auf der Mesoebene bezieht sich auf die Schulen als Institution. Im Fokus steht hier, inwieweit Schulen selber für datenschutzrechtliche Aspekte verantwortlich sind. Hier geht es zum einen um die Bereitstellung von Fortbildungsangeboten und Durchführung von Weiterbildungsmaßnahmen für Verwaltung und Lehrkräfte – diesbzgl. äußerten sich in einer Umfrage der Gewerkschaft Erziehung und Wissenschaft (GEW) mehr als die Hälfte der teilnehmenden Personen kritisch zur Informationspolitik ihrer Arbeitgeber in Datenschutzfragen.[41] Zum anderen geht es um die Einhaltung der datenschutzrechtlichen Anforderungen bspw. in der von Schule genutzten Infrastruktur – die vor dem Hintergrund des DigitalPakts Schule eine entsprechend hohe aktuelle Relevanz haben und dann im MEP ausdrücklich Berücksichtigung finden sollten.

Die Relevanz von Datenschutz auf der Makroebene bezieht sich auf die systemische Dimension. Wie in der Präambel der Verwaltungsvereinbarung hervorgehoben und oben in Ziffer 2 aufgegriffen, geht es im Digital-Pakt Schule um die Förderung von technologieoffenen und erweiterungs- und anschlussfähigen Systemen, die an regionale, landesweite und länderübergreifende Infrastrukturen gekoppelt werden können. Umso wichtiger ist es somit, dass auch auf dieser übergreifenden Ebene der Datenschutz durch das Schulsystem als Ganzes erkannt und umgesetzt wird. Hierfür bedarf es selbstverständlich auch der Sensibilisierung privater Unternehmen,

---

[41] *Gewerkschaft Erziehung und Wissenschaft*, Digitalpakt Schule und Digitalisierung von Schule, S. 37.

die für Schulen datenschutzrechtlich-relevante Dienstleistungen im weiteren Sinne anbieten – sofern sie im MEP mit einbezogen sind.

3.3 Verständnis der Rolle der Schulleitung im Kontext der DSGVO

Unabhängig von einigen Überlegungen,[42] (einzelne) Lehrkräfte mit Bußgeldandrohung bei möglichen Verstößen gegen Datenschutzanforderungen haftbar zu machen, stellt sich auf der Mesoebene die Frage, wie Schulen als Ganzes für das Thema Datenschutz noch mehr sensibilisiert und ausgebildet werden können. Bei der Betrachtung einer Schule erscheint hierbei die Rolle der Schulleitung als „change agent"[43] zentral in einer Zeit, in der die „Autonomisierung im Schulwesen [...] die Aufgaben und das Handlungsfeld von Schulleitungen [...stark] verändert" hat.[44] So ist zum einen "das gezielte Wahrnehmen von Führung notwendig geworden, andererseits erfordert die [...] Rechenschaftspflicht verstärkte Aufmerksamkeit."[45] Hierzu kann sicherlich auch das Thema Datenschutz gezählt werden. Schulführung beschränkt sich in diesem Verständnis dabei nicht allein auf die Funktion und Rolle, sondern wird erst durch konkrete, praktische Handlungsoptionen in geteilter Verantwortung[46] wirksam.[47]

Unter anderem durch die Initiative „Datenschutz geht zur Schule" des Berufsverbands der Datenschutzbeauftragten Deutschlands (BvD) e.V. existiert eine praxisorientierte Unterstützung, die für einen sensiblen Umgang mit personenbezogenen Daten im schulischen Kontext plädiert.[48] Dabei arbeitet diese aber nicht zwingend einen systemischen Ansatz unter Miteinbeziehung der Rolle der Schulleitung heraus, sondern zielt auf den wichtigen Unterrichtsbereich mit Lehrkräften und SchülerInnen ab: Daran anknüpfend liegt das Potential in der horizontalen Kopplung des Themas Datenschutz als relative, thematisch-inhaltlicher Neuerung und einer stetigen Entwicklung von Führungs*kultur* in Ansätzen bspw. des „Leadership for Learning".[49]

---

[42] https://www.sueddeutsche.de/politik/datenschutz-erfurt-datenschuetzer-will-verstoesse -von-lehrern-pruefen-kritik-dpa.urn-newsml-dpa-com-20090101-200604-99-30803 (abgerufen am 21.6.2020).

[43] Vgl. *Schratz*, in: Altrichter/Schley/Schratz, Handbuch zur Schulentwicklung.

[44] *Schratz et al.*, Zeitschrift für Bildungsforschung 2019, S. 71.

[45] Ebenda.

[46] *Spillane*, The Educational Forum 2015, S. 149.

[47] Ebenda, S. 86.

[48] vgl. *Eggert et al. (Hrsg.)*, Datenschutz geht zur Schule – Sensibler Umgang mit persönlichen Daten, digital bereitgestellt auch unter https://www.bvdnet.de/wp-content/uploads/2018 /11/FN367_LehrerHandout-BvD_3.Aufl_Ansicht.pdf (abgerufen am 28.6.2020).

[49] vgl. *McBeath/Dempster (Hrsg.)*, Connecting Leadership and Learning: Principles for Practice.

Es erscheint darüber hinaus überlegenswert, das Thema Datenschutz auch innerhalb von Fortbildungen und aus der Sicht der Schulleitung systematisch mit systemischen Wirkungsansätzen anzugehen. Datenschutz und pädagogische Arbeit dürfen gerade im digitalen Zeitalter nicht gegeneinander ausgespielt werden, sondern müssen immer die Bildung (und den Schutz der personenbezogenen Daten) gerade der SchülerInnen in den Blick nehmen. Das Thema Datenschutz erscheint als eine weitere komplexe Herausforderung in dem „Wechselspiel aus festgelegten rechtlichen Vorgaben und der eigenverantwortlichen pädagogischen Gestaltung einer Schule [... durch] schulisches Führungshandeln".[50]

Das Verständnis der Rolle der Schulleitungen auch im Kontext der Digitalisierung kann als ein dynamisches Phänomen im Spannungsfeld von pädagogischer Professionalität und Führung[51] konkret an der Schule vor Ort und systemischer Führung und Systementwicklung über die Schule hinaus verstanden werden.[52] Allerdings gilt es hierbei ebenfalls in den Blick zu nehmen, ob und ggf. wie eine zeitgemäße Ausstattung der Schulen – neben der notwendigen Infrastruktur etwa auch durch datenschutzrechtlich geschulte IT-Spezialisten – den fraglichen und möglicherweise verbreiteten Zustand verändern könnte, in dem einzelne Lehrkräfte die IT der Schule als „Nebenfach" zusätzlich zu ihren Fächern übernehmen müssen. Es bedarf IT-Experten, die Zeit und Know-How für die wesentlichen Aspekte bei der Digitalisierung von Schule mitbringen, auch und gerade vor Ort – knapp zwanzig Jahre nach Fördermaßnahmen wie etwa den „Systemlösungen für die Computernutzung in der schulischen Bildung" aus dem Jahre 2002[53] sollte dies bereits eine Selbstverständlichkeit sein. Dabei scheint das Problem zumindest beim BMBF auch heute noch bekannt zu sein, wird doch konstatiert: „Das Thema Service und Support ist in den Schulen ein Praxisproblem von erheblicher Bedeutung. Die derzeit verfolgten Lösungen sind aufwändig und werden vielerorts durch Lehrkräfte neben ihren Unterrichtsaufgaben geleistet. Das wird nicht mehr funktionieren, wenn in den Schulen digitale Werkzeuge in größerem Umfang eingesetzt werden."[54]

---

[50] *Schratz et al.*, in: Bruneforth et al., Nationaler Bildungsbericht Österreich 2015, Bd. 2, Fokussierte Analyse bildungspolitischer Schwerpunktthemen, S. 221.

[51] Vgl. *Schratz/Paseka/Schrittesser (Hrsg.)*, Pädagogische Professionalität quer denken – umdenken – neu denken.

[52] vgl. *Schratz*, in: Harring/Rohls/Gläser-Zikuda, Handbuch Schulpädagogik; vgl. Schratz/Schley, Journal for Contemporary Educational Studies 2014.

[53] https://www.bmbf.de/foerderungen/bekanntmachung-14.html (abgerufen am 28.6. 2020).

[54] https://www.digitalpaktschule.de/de/service-und-support-der-it-1744.html (abgerufen am 28.6.2020).

Dabei erscheint es angezeigt, kritisch in den Blick zu nehmen, inwieweit Schulleitungen eine ihrer möglichen Rollen als System(mit)entwicklerinnen gerecht werden können und gar sollen, wenn sich bspw. der administrative Verwaltungsaufwand regelmäßig zu erhöhen scheint und auch in der alltäglichen Arbeit anderweitige Aufgaben der praktischen Pädagogik und gelebten Schulführung dringlicher erscheinen.[55]

4 Ausblick

Der Dekan des Fachbereichs Erziehungswissenschaft an der Universität Bielefeld und Leiter des Zentrums für Prävention und Intervention im Kindes- und Jugendalter (ZPI), Prof. Dr. Ullrich Bauer, hat in einem breit diskutierten Medieninterview Ende Juni 2020 argumentiert, dass Schulen in der Zeit der COVID-19-Pandemie großen Verunsicherungen ausgesetzt waren und sind, und führt dies auch und gerade auf ausstehende Antworten auf "grundlegende Fragen wie Datenschutzvorgaben" zurück.[56] Schulen können sich in Situationen wiederfinden, in denen die Governance als rahmengebendes System im Spannungsfeld von Mikro-, Meso- und Makroebene nur unvollständig funktioniert – gerade dann braucht es jedoch Schulleitungen, die vom Ausgangspunkt der Mesoebene Gestaltungsräume identifizieren, interpretieren und in der Lage sind, konzeptionell wie praktisch auch die anderen beiden Ebenen mit einzubeziehen.

Der DigitalPakt Schule hält einige finanzielle Ressourcen, bspw. für die technische Infrastruktur, bereit, es braucht allerdings auch dringend erforderliche personelle Ressourcen sowie Fort- und Weiterbildungen, gerade des Führungspersonals in und an Schulen. Hier könnte ein zeitgemäßes, d.h. die aktuellen Entwicklungen miteinbeziehendes Kompetenzprofil über eine zielgerichtete Kompetenz*entwicklung* von pädagogischer Führung[57] verstandenes Schulleitungswirken Teil einer Antwort auf die datenschutzrechtlichen Herausforderungen und Anforderungen an die digitale Schule sein. Dabei erscheint es aber als unerlässlich, dass solche zentralen Anforderungen wie die des Datenschutzes schon frühzeitig in zu erarbeitenden Konzepten eingefordert werden, um sie rechtzeitig zu berücksichtigen und diese nicht ad-hoc und a posteriori in ein bestehendes Konzept eingebunden werden müssen, da hier ggf. die Gefahr besteht, dass dies nicht-integrativ, sondern rein additiv und damit weniger „verzahnt" passieren würde.

---

[55] vgl. *Cramer et al.*, Schulleitungen in Deutschland – Kurzbericht zur Studie.

[56] https://www.spiegel.de/panorama/bildung/bildungsforscher-zur-corona-krise-lehrkraft e-haben-viel-zu-wenig-zurueckgegeben-a-b1631185-a064-492d-943b-6c3b6f874d23 (abgerufen am 28.6.2020).

[57] Vgl. *Schratz/Wiesner*, in: Steffens/Posch, Lehrerprofessionalität und Schulqualität.

Es braucht ein klares Verständnis, Engagement und Bekenntnis auch der Schulleitung im und zum Bereich Datenschutz, welches als ein entscheidendes Thema auch im Schulsektor weiter zu entwickeln ist. Bildung „in der digitalen Welt bedeutet, allen [...] die Entwicklung der Kompetenzen zu ermöglichen, die für einen fachkundigen, verantwortungsvollen und kritischen Umgang mit Medien in der digitalen Welt erforderlich sind"[58] – dem wichtigen Thema Datenschutz sollte auch an dieser Stelle mehr Gehör verschafft werden.

Literatur

Brückner, Cornelia/Grimm, Nancy: Der Medienentwicklungsplan als verbindlicher Bestandteil der Antragstellung zum DigitalPakt Schule 2019-2024 im Land Brandenburg – Leitfaden für Schulleitungen, in: Landesinstitut für Schule und Medien Berlin-Brandenburg (LISUM) (Hrsg.), Brandenburg 2019.

Cramer, Colin/Groß Ophoff, Jana/Pietsch, Marcus/Tulowitzki, Pierre: Schulleitungen in Deutschland – Kurzbericht zur Studie, Tübingen 2020.

Eggert, Katrin/Heimburger, Ralf/Kramer, Rudi/Spaenig, Frank/Pieper, Rieko (Hrsg.): Datenschutz geht zur Schule – Sensibler Umgang mit persönlichen Daten, Berlin 2018.

Emmerich, Nadine: Die digitale Spaltung, Erziehung und Wissenschaft 20/2018, S. 6-9.

Fraillon, Julian/Ainley, John/Schulz, Wolfram/Friedmann, Tim/Duckworth, Daniel: Preparing for Life in a Digital World – IEA International Computer and Information Literacy Study 2018 International Report, Amsterdam 2018.

Fullan, Michael: Leadership from the Middle, Ontario 2015.

Gewerkschaf Erziehung und Wissenschaft: Digitalpakt Schule und Digitalisierung von Schule, Frankfurt/M. 2020.

Hargreaves, Andy: Leading from the Middle: New Strategies for Educational Change, London 2019.

MacBeath, John/Dempster, Neil: Connecting Leadership and Learning: Principles for Practice, London 2008.

---

[58] *BMBF*, Verwaltungsvereinbarung DigitalPakt Schule, Präambel Nr. 2.

Schratz, Michael: Schulleitung als Change Agent: Vom Verwalten zum Gestalten von Schule, in: Herbert Altrichter/Wilfried Schley/Michael Schratz (Hrsg.), Handbuch zur Schulentwicklung, Innsbruck 1998, S. 160-189.

Schratz, Michael: Schule im 21. Jahrhundert, in: Marius Harring/Carsten Rohls/Michaela Gläser-Zikuda (Hrsg.), Handbuch Schulpädagogik, Münster 2018, S. 41-53.

Schratz, Michael/Ammann, Markus/Anderegg, Niels/Bergmann, Alexander/Gregorzewski, Malte/Mauersberg, Werner/Möltner, Veronika: Schulleitungshandeln an ausgezeichneten Schulen, Zeitschrift für Bildungsforschung 2019, S. 71-88.

Schratz, Michael/Paseka, Angelika/Schrittesser, Ilse: Pädagogische Professionalität quer denken – umdenken – neu denken, Wien 2011.

Schratz, Michael/Schley, Wilfried: Educational Leaders as Change Agents in System Development: The Austrian Leadership Academy, Journal for Contemporary Educational Studies 2014, S. 12-29.

Schratz, Michael/Wiesner, Christian: Pädagogische Führung – Kompetenzprofil und Kompetenzentwicklung von Schulleiterinnen und Schulleitern, in: Ulrich Steffens/Peter Posch (Hrsg.), Lehrerprofessionalität und Schulqualität, Münster 2019, S. 415-441.

Schratz, Michael/Wiesner, Christian/Kemethofer, David/George, Ann Cathrice/Rauscher, Erwin/Krenn, Silvia/Huber, Stephan: Schulleitung im Wandel: Anforderungen an eine ergebnisorientierte Führungskultur, in: Michael Bruneforth/Ferdinand Eder/Konrad Krainer/Claudia Schreiner/Andrea Seel/Christiane Spiel (Hrsg.), Nationaler Bildungsbericht Österreich 2015, Bd. 2, Fokussierte Analyse bildungspolitischer Schwerpunktthemen, Graz 2015, S. 221-262.

Spillane, James: Distributed Leadership, The Educational Forum 2015, S. 143-150.

Wiesinger, Anna/Stern, Sebastian/Daub, Matthias/Klier, Julia/Hartmann, Viola: Die Chance für den digitalen Durchbruch – Was Schulen aus der COVID-19-Krise lernen können, Düsseldorf 2020.

KIRCHLICHES RECHT FÜR WELTLICHE SACHVERHALTE? GRUNDLAGEN UND GRENZEN DES KIRCHLICHEN DATENSCHUTZRECHTS UNTER DER DSGVO

RA Malte Stakowski

BRANDI Rechtsanwälte

Zusammenfassung

Das kirchliche Datenschutzrecht ist schon nach dem Umfang der Datenverarbeitungen der beiden großen Kirchen, auf die sich dieser Beitrag konzentriert, von kaum zu überschätzender Wichtigkeit. Bereits in der Vergangenheit waren zahlreiche wesentliche Fragen des auf die Kirchen anzuwendenden Datenschutzrechts umstritten. Mit der Einführung der Datenschutz-Grundverordnung (DSGVO) ist zwar die grundsätzliche Anwendbarkeit des europäischen Datenschutzrechts auch auf die Religionsgemeinschaften geklärt, zugleich entstehen jedoch durch die hierfür in der DSGVO geschaffene Öffnungsklausel für die Religionsgemeinschaften neue Fragen und damit einhergehende Rechtsunsicherheit. Dies betrifft unter anderem die Frage der Behandlung der zahlreichen privatrechtlich organisierten Einrichtungen der Kirchen, wie beispielhaft die Caritas, die Diakonie oder auch diverse Krankenhausgesellschaften. Der vorliegende Beitrag entwickelt hierzu eine Einordnung und gibt einen Überblick über die aktuelle Literatur und Rechtsprechung.

1 Grundlagen

Die großen Religionsgemeinschaften in Deutschland, insbesondere die Diözesen der katholischen Kirche und die Landeskirchen der Evangelischen Kirche in Deutschland, zählen mit ihren Einrichtungen und Unternehmen von Kindergärten bis zu Krankenhäusern zu den größten Datenverarbeitern in Deutschland.[1] Selbst bei ausschließlicher Berücksichtigung der Verarbeitung der Daten der eigenen Mitglieder verarbeiteten im Jahr 2018 allein die Landeskirchen der EKD sowie die in der Deutschen Bischofskonferenz organisierten Diözesen die personenbezogenen Daten von über 44 Millionen Kirchenmitgliedern in Deutschland.[2]

---

[1] *Hoeren*, NVwZ 2018, S. 373.

[2] Vgl. mit Stand 2018 https://www.destatis.de/DE/Themen/Gesellschaft-Umwelt/Bevoelkerung/Bevoelkerungsstand/Tabellen/bevoelkerung-religion.html.

In der Vergangenheit regelten die Kirchen den datenschutzrechtlichen Rahmen ihrer Tätigkeit traditionell selbst: Die Vorgänger der heutigen kirchenrechtlichen Regelungen zum Datenschutz reichen bis in die 1970er Jahre zurück.[3]

Als Grundlage für den Erlass eigener datenschutzrechtlicher Regelungen berufen sich die Kirchen darauf, dass das Datenschutzrecht eine „eigene Angelegenheit" der Religionsgemeinschaft im Sinne des über Art. 140 GG inkorporierten Art. 137 Abs. 3 WRV sei.[4] Ob der Datenschutz als „eigene Angelegenheit" der Kirche zu betrachten ist, ist in der Vergangenheit zwar bisweilen in Frage gestellt worden,[5] wird jedoch zutreffend ganz überwiegend bejaht.[6]

Während bereits unter dem früheren BDSG a. F. heftig umstritten war, ob und in welchem Umfang die Religionsgemeinschaften und ihre Einrichtungen vom BDSG erfasst wurden oder durch „beredtes Schweigen" vom Geltungsbereich des BDSG ausgenommen waren,[7] hat die DSGVO zumindest in dieser Hinsicht nun erfreuliche Klarheit gebracht: Nach dem klaren Wortlaut der Art. 4, 91 DSGVO fallen notwendig auch alle Religionsgemeinschaften unabhängig von ihrer Rechtsform zunächst in den Anwendungsbereich der DSGVO, können aber unter bestimmten Voraussetzungen eigene datenschutzrechtliche Regelungen setzen und eigene Aufsichtsbehörden schaffen.

So erfreulich jedoch die grundsätzliche Klarstellung der Einbeziehung der Religionsgemeinschaften in den Anwendungsbereich der DSGVO zu bewerten ist, sind mit der neuen Regelung zugleich eine Vielzahl neuer offener Fragen entstanden: Art. 91 DSGVO knüpft die beschriebenen Sonderrechte der Religionsgemeinschaften zur Anwendung eigener Datenschutzregelungen an verschiedene Bedingungen, die sämtlich interpretationsoffen und in ihrer Auslegung umstritten sind.

2 Rechtslage seit Einführung der DSGVO

Der rechtliche Rahmen des europäischen Datenschutzes hat sich im vergangenen Jahrzehnt mit dem Inkrafttreten und der Geltung der DSGVO

---

[3] *Ziekow*, ZevKR 63 (2018), S. 390 (403).

[4] Vgl. beispielhaft die Präambel des DSG-EKD: „*Dieses Kirchengesetz wird erlassen in Ausübung des verfassungsrechtlich garantierten Rechts der evangelischen Kirche, ihre Angelegenheiten selbständig innerhalb der Schranken des für alle geltenden Gesetzes zu ordnen und zu verwalten*".

[5] Ablehnend beispielsweise *Wolff*, in: Schantz/Wolff, Das neue Datenschutzrecht, Rn. 1368.

[6] M. w. N. *Reiher/Kinast*, in: Taeger/Gabel, DSGVO BDSG, Art. 91 Rn. 6.

[7] Darstellung zu den Argumentationslinien dieser Fragen findet sich beispielhaft m. w. N. bei *Preuß*, ZD 2015, S. 217.

erheblich verändert. Der kirchliche Datenschutz zählt zu den Bereichen, für die das Datum des Inkrafttretens von besonderer Relevanz ist, da Art. 91 Abs. 1 DSGVO zumindest dem Wortlaut nach eine reine Bestandsschutz-regelung darstellt,[8] da sie voraussetzt, dass eine Religionsgemeinschaft *„zum Zeitpunkt des Inkrafttretens dieser Verordnung"* bereits umfassende Regelungen anwendet, damit sie das Privileg der Anwendung eigener Datenschutzregeln erhält. Gemäß Art. 99 Abs. 1 DSGVO ist die DSGVO am 24. Mai 2016 in Kraft getreten[9] und gemäß Art. 99 Abs. 2 DSGVO gilt sie seit dem 25. Mai 2018. Die beiden Großkirchen haben diese Vorgaben unproblematisch erfüllt und ihre bereits vorher umfassenden Regelwerke zum Datenschutz bis zum Beginn der Geltung der DSGVO an deren Wertungen angepasst.

2.1 Primärrechtlicher Kontext

Mit dem Vertrag von Lissabon haben die Mitgliedstaaten durch Art. 16 AEUV die Kompetenz zum Erlass von Rechtvorschriften zum Datenschutz auf die Union übertragen, die von diesen durch Erlass der DSGVO Gebrauch gemacht hat.[10]

Der Verordnungsgeber hatte mit der Entwicklung der DSGVO ein vielfältiges Spannungsfeld aufzulösen: Die Zielsetzung war dabei die Verwirklichung des grundrechtlich in Art. 8 GrCh geschützten Datenschutzes, der unionsrechtlich zuvor lediglich auf Basis der Datenschutzrichtlinie[11] eine Regelung – allerdings auf Basis der Binnenmarktharmonisierungskompetenz[12] – erhalten hatte.

Im Hinblick auf die Religionsgemeinschaften hatte der Verordnungsgeber dabei auch die Wertungen des – ebenfalls mit dem Vertrag von Lissabon erstmals in den Rang des Primärrechts erhobenen[13] – Art. 17 AEUV zu berücksichtigen. Gemäß Art. 17 AEUV achtet die Union den durch das mitgliedsstaatliche Recht verliehenen Status von Religionsgemeinschaften und

---

[8] Zur heftig umstrittenen temporalen Anwendung des Art. 91 Abs. 1 DSGVO und seinem Verständnis ausschließlich als Bestandsschutzregelung *Ronellenfitsch*, DÖV 2018, S. 1017.

[9] Gemäß Art. 99 Abs. 1 DSGVO ist die DSGVO am 20. Tage nach der Veröffentlichung im Amtsblatt der Europäischen Union in Kraft getreten. Die Veröffentlichung erfolgte am 4.5.2016, sodass die DSGVO am 24.5.2016 in Kraft getreten ist, vgl. *Pauly*, in: Paal/Pauly, DS-GVO BDSG, Art. 99 DSGVO Rn. 1.

[10] *Sobotta*, in: Grabitz/Hilf/Nettesheim, Recht der EU, Art. 16 Rn. 1 ff.

[11] RL 2002/58/EG.

[12] *Kühling/Raab*, in: Kühling/Buchner, DS-GVO BDSG, A. Einführung Rn. 7.

[13] Art. 17 Abs. 1 und 2 AEUV waren erstmals als Kirchenerklärung zum Vertrag von Amsterdam im Jahr 1997 verabschiedet worden, waren in dieser Funktion jedoch noch nicht verbindlich, sondern lediglich Bezugspunkt für die Interpretation des Sekundärrechts, vgl. *Classen*, in: Grabitz/Hilf/Nettesheim, Recht der EU, Art. 17 AEUV Rn. 1.

beeinträchtigt ihn nicht. Das Verständnis von Art. 17 AEUV ist Gegenstand erheblicher Kontroversen, deren Darstellung den Umfang dieses Beitrags übersteigen würde. Während in ihm teilweise eine (begrenzte) Bereichsausnahme gesehen wird,[14] wird der Gehalt von anderen restriktiv auf die Neutralität der Union gegenüber den staatskirchenrechtlichen Grundstrukturen der Mitgliedstaaten begrenzt.[15]

Da in den Erwägungsgründen zu Art. 91 DSGVO der ErwG 165 DSGVO explizit Art. 17 AEUV referenziert, kommt Art. 17 AEUV auch eine erhebliche Bedeutung für die Auslegung von Art. 91 DSGVO zu.

2.2 Verständnis von Art. 91 Abs. 1 DSGVO

Im Lichte der vorstehend beschriebenen historischen und systematischen Rahmenbedingungen ist Art. 91 Abs. 1 DSGVO zu verstehen. Dieser ermöglicht den Religionsgemeinschaften unter bestimmten Voraussetzungen die (fortgesetzte) Anwendung der eigenen datenschutzrechtlichen Regelungen. Abzugrenzen ist Art. 91 Abs. 1 DSGVO vom zweiten Absatz der Norm, der – jedoch im Gegensatz zu Absatz 1 unabhängig davon, ob eigene Regelungen oder die DSGVO Anwendung finden[16] – Religionsgemeinschaften die Schaffung einer spezifischen Aufsichtsbehörde ermöglicht, wenn diese die durch die DSGVO vorgegebenen Kriterien erfüllt.

Anders als die Einrichtung der Aufsichtsbehörde kommt eine Anwendung eigener Datenschutzregeln durch die Religionsgemeinschaften nur dann in Betracht, wenn diese bereits bestanden haben, „umfassend" sind, und im „Einklang" mit der DSGVO stehen.

2.2.1 Mitgliedsstaatliche Kompetenzregelung

Voraussetzung für die Anwendung der Öffnungsklausel des Art. 91 Abs. 1 DSGVO ist zunächst, dass das nationale Recht des einzelnen Mitgliedsstaates der jeweiligen Religionsgemeinschaft das Recht zuspricht, eigene Datenschutzregeln zu erlassen. Bisweilen wird Art. 91 DSGVO dahingehend verstanden, dass die Norm eine eigene Kompetenzzuschreibung für die Religionsgemeinschaften zum Erlass datenschutzrechtlicher Regelungen enthalte.[17]

---

[14] *Classen*, in: Grabitz/Hilf/Nettesheim, Recht der EU, Art. 17 Rn. 3, 31 versteht Art. 17 AEUV als begrenzte Bereichsausnahme für den Kult.

[15] Generalanwalt *Bobek* beim EuGH Schlussantrag v. 25.7.2018 – C-193/17, BeckRS 2018, 16329 Rn. 25, 26.

[16] *Pauly*, in: Paal/Pauly, DS-GVO BDSG, Art. 91 Rn. 20.

[17] *Mundil*, in: Wolff/Brink, in: BeckOK Datenschutzrecht, Art. 91 Rn. 5; *Wolff*, in: Schantz/Wolff, Das neue Datenschutzrecht, Rn. 1369; hierzu kritisch *Herbst*, in: Kühling/Buchner, DS-GVO BDSG, Art. 91 Fn. 26.

Zutreffend ist Art. 91 Abs. 1 DSGVO aber dahingehend auszulegen, dass die Norm eine Öffnungsklausel für die Mitgliedstaaten darstellt, ihrerseits im jeweiligen nationalstaatlichen Staatskirchenrecht den Religionsgemeinschaften die Berechtigung zur Schaffung eines eigenen Datenschutzrechts in den Grenzen des Art. 91 DSGVO zu eröffnen.[18] Zum Erlass einer unmittelbar die Religionsgemeinschaften berechtigenden Öffnungsklausel fehlt der Union die Rechtssetzungskompetenz, da das Staatskirchenrecht gerade nicht harmonisiert ist.[19]

Deutschland räumt seinen Religionsgemeinschaften unabhängig von der Verleihung des Status als Körperschaft des öffentlichen Rechts gemäß Art. 137 Abs. 3 WRV die Berechtigung zum Erlass eigener Datenschutzregeln ein.[20] Die hier betrachteten Großkirchen sind damit grundsätzlich zur Schaffung eigenen Datenschutzrechts unmittelbar aus der Verfassung berechtigt.

2.2.2 Reichweite der Befreiungsmöglichkeiten

Weitgehend unbestritten ist mittlerweile, dass jedenfalls die beiden Großkirchen als Körperschaften des öffentlichen Rechts damit eigenes Datenschutzrecht grundsätzlich anwenden können.

Problematisch ist jedoch, inwieweit die Kirchen über die Berechtigung von Art. 137 Abs. 3 WRV zugleich auch für die von ihnen zur Erfüllung ihrer Ziele eingesetzten privatrechtlichen Einrichtungen eine Exemtion aus der Geltung der DSGVO vornehmen können, wie beispielhaft für die u.a. als eingetragene Vereine oder Gesellschaften mit beschränkter Haftung organisierten Dienste der Caritas, der Diakonie oder auch von Hilfswerken wie Misereor.

Sowohl die evangelische als auch die katholische Kirche haben in diesem Zusammenhang grundsätzlich in § 3 KDG und § 2 DSG-EKD weitläufig auch ihre privatrechtlich organisierten Einrichtungen unter den Anwendungsbereich des eigenen Datenschutzrechts gestellt.

Die Haltung des deutschen Staatskirchenrechts zu dieser Frage ist vom Bundesverfassungsgericht zuletzt 2014 klargestellt worden: *„Träger des kirchlichen Selbstbestimmungsrechts sind nicht nur die Kirchen selbst entsprechend ihrer rechtlichen Verfasstheit, sondern alle ihr in bestimmter Weise zugeordneten Institutionen, Gesellschaften, Organisationen und Einrichtungen, wenn und soweit sie*

---

[18] *Herbst*, in: Kühling/Buchner, DS-GVO BDSG, Art. 91 Rn. 1 „gestufte Öffnungsklausel"; *Ehmann/Kranig*, in: Ehmann/Selmayr, DS-GVO, Art. 91 Rn. 9; *Pauly*, in: Paal/Pauly, DS-GVO BDSG, Art. 91 Rn. 3.

[19] *Herbst*, in: Buchner/Kühling, DS-GVO BDSG, Art. 91 Rn. 1; zustimmend *Reiher/Kinast*, in: Taeger/Gabel, DSGVO BDSG, Art. 91 Rn. 22.

[20] *Seifert*, in: Simitis/Hornung/Spiecker gen. Döhmann, Datenschutzrecht, Art. 91 Rn. 9.

nach dem glaubensdefinierten Selbstverständnis der Kirchen [...] ihrem Zweck oder ihrer Aufgabe entsprechend berufen sind, Auftrag und Sendung der Kirchen wahrzunehmen und zu erfüllen [...]. Der Schutz des kirchlichen Selbstbestimmungsrechts bezieht sich dabei nicht nur auf die der Kirche zugeordnete Organisation im Sinne einer juristischen Person, sondern erstreckt sich auch auf die von dieser Organisation getragenen Einrichtungen, also auf die Funktionseinheit, durch die der kirchliche Auftrag seine Wirkung entfalten soll [...]. Dies gilt unbeschadet der Rechtsform der einzelnen Einrichtung auch dann, wenn der kirchliche Träger sich privatrechtlicher Organisationsformen bedient".[21]

Demnach sind auch die benannten privatrechtlichen Einrichtungen grundsätzlich vom verfassungsrechtlich fundierten kirchlichen Selbstbestimmungsrecht umfasst. Wenn das Recht zur Schaffung eines eigenen Datenschutzrechts in diesem Zusammenhang ebenfalls als „eigene Angelegenheit" betrachtet wird, so müssen dann auch die privatrechtlichen Einrichtungen zumindest grundsätzlich auch unter dieses Recht gestellt werden können. In der datenschutzrechtlichen Literatur ist indes im Detail heftig umstritten, wo der kirchliche Auftrag endet und eine rein wirtschaftliche und nicht mehr privilegierte Tätigkeit vorliegt bzw. ob dies überhaupt die richtigen Kriterien sind.[22] Beispielsweise hinsichtlich des Betriebs von Krankenhäusern[23] und Kindergärten[24] oder bischöflichen Weingütern[25] wird insofern in Frage gestellt, ob diese wirksam aus dem Geltungsbereich der DSGVO zu Gunsten der Anwendung der eigenen kirchenrechtlichen Datenschutzregelungen ausgenommen werden können.

Die Literaturstimmen neigen hier tendenziell dazu, strengere Maßstäbe anzulegen, als die oben zitierte Rechtsprechung des Bundesverfassungsgerichts und begründen dies unter anderem damit, dass den kirchlichen Einrichtungen, die am allgemeinen Wirtschaftsverkehr teilnehmen, hieraus kein Wettbewerbsvorteil erwachsen darf.[26] Es ist hierzu jedoch zu berück-

---

[21] BVerfG, Beschl. v. 22.10.2014 – 2 BvR 661/12, Rn. 91 f.

[22] Vgl. zu den verschiedenen Streitfragen *Herbst*, in: Kühling/Buchner, DS-GVO BDSG, Art. 91 Rn. 22; *Preuß*, ZD 2015, S. 217 (218). Teilweise wird auch die Frage der Anwendbarkeit kirchlichen Datenschutzrechts auf Nicht-Kirchenmitglieder aufgeworfen, wie etwa von *Grages*, in: Plath, DSGVO/BDSG, Art. 91 Rn. 2.

[23] *Dammann*, ZD 2016, S. 307 (311), und *Spyra*, in: Clausen/Schroeder-Printzen, Münchener Anwaltshandbuch Medizinrecht, § 23 Rn. 12 lehnen die Anwendbarkeit des kirchlichen Datenschutzrechts auf Krankenhäuser ab.

[24] *Schulz*, in: Gola/Heckmann, BDSG, § 2 Rn. 19.

[25] *Seifert*, in: Simitis/Hornung/Spiecker gen. Döhmann, Datenschutzrecht, Art. 91 Rn. 9.

[26] *Spyra*, in: Clausen/Schroeder-Printzen, Münchener Anwaltshandbuch Medizinrecht, § 23 Rn. 12.

sichtigen, dass diese Diskussion allenfalls dann von größerer Relevanz hinsichtlich des anzuwendenden Rechtsrahmens ist, wenn die Kirchen tatsächlich die Kompetenz haben, von den Regelungen der DSGVO zum Wettbewerbsvorteil ihrer Einrichtungen abzuweichen (hierzu 2.2.4).

Im Lichte der Rechtsprechung des Bundesverfassungsgerichts spricht viel dafür, dass die Kirchen ihre Einrichtungen tatsächlich weitläufig von der Anwendung der DSGVO befreien können, soweit sie zumindest auch „Auftrag und Sendung der Kirchen" wahrnehmen, was unter den vorgenannten Beispielen wohl allenfalls bei dem Beispiel des bischöflichen Weinguts klar abzulehnen ist. Derzeit ist ungeachtet dessen zu konstatieren, dass hinsichtlich des Anwendungsbereichs des kirchlichen Datenschutzrechts auf kirchliche Einrichtungen, die am allgemeinen Geschäftsverkehr teilnehmen, wie etwa im Fall von Krankenhäusern, erhebliche Unsicherheiten bestehen. Soweit die Einrichtungen daher nach kirchlichem Recht ein geringeres Datenschutzniveau einzuhalten hätten,[27] spricht zur Vermeidung von Bußgeldrisiken viel dafür, sich am Schutzniveau der DSGVO selbst zu orientieren.

2.2.3 Umfassende Regelungen

Nach der Vorgabe von Art. 91 Abs. 1 DSGVO müssen diese Regelungen zudem „umfassend" sein. Die Auslegung dieses Begriffs divergiert in der rechtswissenschaftlichen Literatur erheblich.

Teilweise wird der Begriff auf die Gesamtheit der Regelungen bezogen und gefordert, dass eine vollständige Kodifizierung durch die Religionsgemeinschaften erfolgt, die keines Rückgriffs auf staatliches Datenschutzrecht bedarf,[28] während andere differenzierend zumindest auf ein Minimalprogramm an Regelungen abstellen, das aber nicht zwingend dem staatlichen Regelungsprogramm entsprechen müsse.[29] Teilweise wird der Begriff der „umfassenden" Regeln unter Verweis auf eine wegen Art. 17 AEUV großzügig zu handhabenden Auslegung auch lediglich auf jede einzelne Regelung des kirchlichen Rechts bezogen, die dann jeweils gegenüber der DSGVO umfassend sein müsse.[30]

---

[27] Relevant ist dies beispielsweise für Verantwortliche, für die das EKD-DSG Anwendung findet und die demnach gemäß § 17 Abs. 1 EKD-DSG im klaren Widerspruch zu Art. 13 DSGVO nur „auf Verlangen" den Betroffenen datenschutzrechtlich informieren müssten.

[28] *Herbst*, in: Kühling/Buchner, DS-GVO BDSG, Art. 91 Rn. 10.

[29] *Seifert*, in: Simitis/Hornung/Spiecker gen. Döhmann, Datenschutzrecht, Art. 91 Rn. 12.

[30] *Pauly*, in: Paal/Pauly, DS-GVO BDSG, Art. 91 Rn. 13 f.; *Reiher/Kinast*, in: Taeger/Gabel, DSGVO BDSG, Art. 91 Rn. 23.

Für die datenschutzrechtlichen Regelwerke der beiden großen Kirchen, die die Landeskirchen der EKD und die katholischen Diözesen verabschiedet haben, auf evangelischer Seite das „Kirchengesetz über den Datenschutz der Evangelischen Kirche in Deutschland" („DSG-EKD") und auf katholischer Seite das „Gesetz über den Kirchlichen Datenschutz" („KDG") wird jedoch allgemein angenommen, dass beide Gesetze „umfassend" im Sinne der DSGVO sind.[31]

2.2.4 Einklang mit der DSGVO

Als schwieriger und weitreichender stellt sich vor diesem Hintergrund die Definition des „Einklangs" mit der DSGVO dar.

Nähert man sich dem Begriff unter Würdigung des Wortlautes, wird insoweit hervorgehoben, dass die Herstellung des Einklangs sprachlich gerade keine Wiederholung oder Deckungsgleichheit oder Übereinstimmung fordert.[32] Umgekehrt ist dieser Argumentation jedoch entgegenzuhalten, dass die Begriffe „Einklang" und „Übereinstimmung" durchaus synonym verwendet werden können.[33] Zudem ist bei Berücksichtigung der englischsprachigen Fassung von Art. 91 Abs. 1 DSGVO zu beachten, dass demnach eine Anwendung eigener Regeln zulässig ist, *„provided that they are brought into line with this Regulation"*. Die Formulierung „in line with" deutet ebenfalls auf eine sehr enge Verknüpfung hin, sie kann wie folgt verstanden werden: „similar to something or so that one thing is closely connected with another".[34]

Der Wortlaut von Art. 91 Abs. 1 DSGVO ist vor diesem Hintergrund auch unter Berücksichtigung der englischen Sprachfassung mindestens dahingehend zu verstehen, dass er eine weitgehende inhaltliche Übereinstimmung und enge Verknüpfung fordert.

Systematisch ist der Vergleich der Normfassung mit Art. 91 Abs. 2 DS-GVO zu berücksichtigen, der hinsichtlich der Ausgestaltung der Aufsicht deutlich striktere Vorgaben enthält, was umgekehrt für einen Gestaltungsspielraum im offener formulierten Wortlaut des Art. 91 Abs. 1 DSGVO spreche.[35]

---

[31] *Gola*, in: Gola, DSGVO, Art. 91 Rn. 10; *Herbst*, in: Kühling/Buchner, DS-GVO BDSG, Art. 91 Rn. 11; *Seifert*, in: Simitis/Hornung/Spiecker gen. Döhmann, Datenschutzrecht, Art. 91 Rn. 12.

[32] *Ziekow*, ZevKR 63 (2018), S. 390 (417).

[33] Vgl. https://www.duden.de/synonyme/Einklang.

[34] Vgl. https://www.oxfordlearnersdictionaries.com/definition/english/line_1#line_idmg_24.

[35] *Hense*, in: Sydow, EU DS-GVO, Art. 91 Rn. 20; *Hense*, BRJ 2018, S. 37 (41); zustimmend *Ziekow*, ZevKR 63 (2018), S. 390 (417).

Teilweise wird die Berechtigung zur Schaffung eines zumindest teilweise abweichenden Datenschutzrechts auch unmittelbar aus der primär- und verfassungsrechtlichen Stellung der Kirche, insbesondere durch das unionsrechtliche Achtungsgebot des Art. 17 AEUV, abgeleitet. In der Folge sei eine Pflicht zur vollständigen Anpassung des kirchlichen Datenschutzrechts auf das Niveau der DSGVO mit deren Status unvereinbar.[36]

Teleologisch lässt sich für einen eigenständigen Gestaltungsspielraum das in ErwG 165 DSGVO fundierte Argument der Zielsetzung von Art. 91 DSGVO anführen, wonach gerade die Beeinträchtigung der Religionsgemeinschaften verhindert werden soll. Zudem ergebe ein eigenständiges kirchliches Datenschutzrecht nur Sinn, wenn die Kirchen auch tatsächlich einen eigenen Spielraum bei der Gestaltung hätten, da sie anderenfalls eine lediglich formale Sonderrolle erhielten.[37] Dafür hätte es indes einer Sonderstellung für die Religionsgemeinschaften nicht bedurft.

Im Kontext einer kirchenfreundlichen Auslegung wird vorgeschlagen, Art. 91 Abs. 1 DSGVO als eine „Richtlinienregelung"[38] zu verstehen. Vertreter dieser Auffassung gestehen den Kirchen zwar einen gewissen Regelungsspielraum zu, dieser beschränke sich jedoch auf eine Abweichung vom Schutzstandard „nach oben" auf ein strengeres Niveau und bereichsspezifische Konkretisierungen,[39] wobei im Einzelfall auch Einschränkungen „nach unten" erforderlich sein könnten, etwa zur Einschränkung von Löschungsansprüchen zu Eintragungen in Taufbüchern.[40] Differenzierter wird teilweise auch nach dem „Kern- und Wesensgehalt" der DSGVO und den übrigen Regelungen unterschieden, hinsichtlich derer den Kirchen der Spielraum zur Abweichung zukommen müsse.[41]

Demgegenüber lässt sich das teleologische Argument unter Berücksichtigung des Schutz- und Harmonisierungszwecks zur Schaffung eines „kohärenten Rechtsrahmens"[42] durch die DSGVO auch gegen die Berechtigung der Religionsgemeinschaften zur Abweichung von Wertungen – gleich ob

---

[36] *Thüsing/Rombey*, in: Schwartmann et al., DS-GVO/BDSG, Art. 91 Rn. 13.

[37] *Mundil*, in: Wolff/Brink, in: BeckOK Datenschutzrecht, Art. 91 Rn. 5.

[38] *Mundil*, in: Wolff/Brink, in: BeckOK Datenschutzrecht, Art. 91 Rn. 5.

[39] *Mundil*, in: Wolff/Brink, in: BeckOK Datenschutzrecht, Art. 91 Rn. 5; *Seifert*, in: Simitis/Hornung/ Spiecker gen. Döhmann, Datenschutzrecht, Art. 91 Rn. 13.

[40] *Hense*, in: Sydow, EU DS-GVO, Art. 91 Rn. 21 ff.

[41] *Jacob*, in: Eßer/Kramer/Lewinski, Auernhammer, DSGVO BDSG, Art. 91 Rn. 13.

[42] ErwG 7, 17 DSGVO.

Kerngehalt oder nicht und gleich ob „nach oben" oder „nach unten" – anführen.[43] In diesem Fall wäre der Gestaltungsspielraum der Kirchen begrenzt auf die Konkretisierung der Vorschriften der DSGVO.[44] In diese Richtung scheinen auch – zumindest die deutschen – Aufsichtsbehörden zu weisen, wenn sie ausführen, dass *„trotz der Privilegierung dieser [kircheneigenen] Regelungen ein einheitliches Niveau staatlichen und kirchlichen Datenschutzrechts erreicht werden"*[45] soll.

Überzeugend ist, den Religionsgemeinschaften die Kompetenz zur bereichsspezifischen Konkretisierung der Regelungen der DSGVO einzuräumen, wodurch auch die Öffnungsklausel des Art. 91 Abs. 1 DSGVO gerechtfertigt und sinnvoll ist. Ein Spielraum der Kirchen, jenseits des „Kerngehalts" von der DSGVO abweichen zu können, ist hingegen im Hinblick auf den gerade für die Auslegung von Unionsrecht besonders bedeutsamen Zweck der DSGVO zur Schaffung eines kohärenten Rechtsrahmens grundsätzlich kritisch zu betrachten, insbesondere wenn die Kirchen nicht im Kontext der Abweichung zugleich alternative Maßnahmen zum Erhalt des Datenschutzniveaus vorsehen.

2.3 Kritikpunkte an den kirchlichen Datenschutzregeln

Eine umfassende Untersuchung des EKD-DSG bzw. des KDG hinsichtlich der Frage, ob diese mit der DSGVO „in Einklang" stehen, kann dieser Beitrag aufgrund seiner quantitativen Grenzen nicht leisten.

In den wesentlichen Bereichen geben die kirchlichen Datenschutzgesetze die Wertungen der DSGVO teilweise wortgleich wieder, im ganz überwiegenden Anteil dürfte daher ein Einklang mit der DSGVO zu konstatieren sein.

Gleichzeitig weisen die Regelungen des kirchlichen Datenschutzrechts in Teilbereichen jedoch relevante Abweichungen zu Lasten des Datenschutzniveaus auf. Beispielhaft soll dies an der kirchlichen Ausgestaltung der Bußgelder für Datenschutzverstöße dargestellt werden: Die Ausgestaltung der Sanktionen für die Verletzung von Datenschutzvorschriften müssen gemäß Art. 83 Abs. 1 DSGVO *„wirksam, verhältnismäßig und abschreckend"* sein.

---

[43] *Herbst*, in: Kühling/Buchner, DS-GVO BDSG, Art. 91 Rn. 15; zustimmend *Gola*, in: Gola, DSGVO, Art. 91 Rn. 9; ebenso *Ehmann/Kranig*, in: Ehmann/Selmayr, DS-GVO, Art. 91 Rn. 19.

[44] *Pauly*, in: Paal/Pauly, DS-GVO BDSG, Art. 91 Rn. 16; zustimmend *Reiher/Kinast*, in: Taeger/Gabel, DSGVO BDSG, Art. 91 Rn. 25.

[45] Beschl. der Konferenz der unabhängigen Datenschutzaufsichtsbehörden des Bundes und der Länder zu spezifischen Aufsichtsbehörden, https://www.datenschutzkonferenz-online .de/media/dskb/20190812_dsk_spezifische.pdf.

Während Art. 83 DSGVO hierfür Geldbußen bis zu 20.000.000,00 € oder unbegrenzt bis zu 4 % des Jahresumsatzes vorsieht, begrenzen die kirchlichen Datenschutzgesetze in § 45 Abs. 5 EKD-DSG bzw. § 51 Abs. 5 KDG das Bußgeld pauschal auf maximal 500.000,00 € und begrenzen die Adressaten der Bußgelder zudem auf solche Stellen, die als Unternehmen am Wettbewerb teilnehmen. Diese Gestaltung kann im Einzelfall eine erhebliche Besserstellung der kirchlichen Unternehmen gegenüber ihren staatlichen Wettbewerbern darstellen.

Soweit als Begründung für die Reduzierung des Bußgeldes angeführt wird, dass die Höhe des Bußgeldes „angesichts der überschaubaren und eng begrenzten wirtschaftlichen Aktivitäten kirchlicher Stellen stärker als in der DSGVO gedeckelt"[46] sei, ist dem entgegenzuhalten, dass die Kirche in erheblichem Umfang in verschiedensten am Wirtschaftsverkehr teilnehmenden kirchlichen Stellen, wie Krankenhäuser, Caritas und Diakonie, sensible Daten verarbeiten, beispielsweise die explizit von Art. 9 Abs. 1 DSGVO geschützten Gesundheitsdaten. Dass die kirchlichen Stellen nur eng begrenzt wirtschaftliche Aktivitäten entfalten, dürfte insofern wenig überzeugend sein, wenn man das extensive Verständnis der Kirchen zu Grunde legt, welche Aktivitäten vom kirchlichen Datenschutz umfasst sein sollen. Vor diesem Hintergrund wird die Reduzierung der Bußgelder auch in der Literatur kritisch betrachtet und die Frage aufgeworfen, ob hier noch ein Einklang mit der DSGVO anzunehmen ist.[47] Weitere Kritikpunkte an den datenschutzrechtlichen Regelungen beziehen sich insbesondere[48] auf Probleme der Vollstreckung[49] von Bußgeldern, die Stellung und die Kompetenzen der Aufsicht[50] sowie beispielsweise die Begrenzung der Informationspflichten im Rahmen des § 17 EKD-DSG.

Die hier beispielhaft an den Vorschriften über die Höhe der Bußgelder dargestellte Abweichung der kirchenrechtlichen Datenschutzvorschriften von der DSGVO zeigt auf, dass die Kirchen durchaus eigenständige und vom Schutzniveau negativ abweichende Regelungen geschaffen haben. Ob

---

[46] *Eibach*, in: Spiecker/Bretthauer, Dokumentation, E 5.1.0 Rn. 29.

[47] *Seifert*, in: Simitis/Hornung/Spiecker gen. Döhmann, Datenschutzrecht, Art. 91 Rn. 27, der die kirchlichen Regeln insoweit „nicht im Einklang" mit der DSGVO sieht, a. A. *Hense*, in: Sydow, EU DS-GVO, Art. 91 Rn. 28 f.; kritisch, aber im Ergebnis offen *Gola*, in: Gola, DSGVO, Art. 91 Rn. 10.

[48] *Hoeren*, NVwZ 2018, S. 373. benennt darüber hinaus weitere materiellrechtliche Fragestellungen, durch die die kirchlichen Verantwortlichen etwa hinsichtlich ihrer Löschverpflichtungen privilegiert werden.

[49] *Seifert*, in: Simitis/Hornung/Spiecker gen. Döhmann, Datenschutzrecht, Art. 91 Rn. 27; *Ziekow*, ZevKR 63 (2018), S. 390 (430).

[50] *Herbst*, in: Kühling/Buchner, DS-GVO BDSG, Art. 91 Rn. 21 sieht zumindest das Erfordernis von Präzisierungen.

vor diesem Hintergrund die Regeln der kirchlichen Datenschutzgesetze vollständig im Einklang mit der DSGVO stehen, kann an dieser Stelle nicht abschließend beurteilt werden. Jedenfalls grundsätzlich unterfallen beide Gesetze nach ihrer Novellierung auf die Anforderungen der DSGVO aus Sicht der Aufsichtsbehörden der Privilegierung des Art. 91 DSGVO.[51] Durch die Abweichungen im Detail entstehen jedoch zusätzliche Unsicherheiten, inwieweit hier kirchliches Datenschutzrecht vollständig im Einklang mit der DSGVO steht oder inwieweit hier im Detail ein Regelungs- und Vollzugsdefizit besteht, durch das möglicherweise auch auf kirchliche Einrichtungen unmittelbar die DSGVO zumindest teilweise Anwendung findet.

3 Ausblick und Zusammenfassung

Der vorliegende Beitrag zeigt auf, dass auch – zumindest aus Sicht des Betroffenen – rein weltliche Vorgänge, wie etwa der Abschluss eines Behandlungsvertrags durch ein Nichtmitglied der Kirchen, unter kirchliches Datenschutzrecht fallen können.

Dieses Postulat hätte indes in praxi kaum relevante Konsequenzen, wenn die Kirchen ihre Datenschutzregeln vollständig mit der DSGVO harmonisiert hätten. Hinsichtlich der Abweichungen des kirchlichen Datenschutzrechts von der DSGVO etwa bei der Höhe der Bußgelder ist indes – gerade auch hinsichtlich der eigenen auch privatrechtlich organisierten Einrichtungen der Kirchen, die in einem Wettbewerbsverhältnis zu anderen Unternehmen stehen – unklar, welche Regelungen hier Anwendung finden. Diese Unklarheit resultiert weniger aus der nach nationalem Recht jedenfalls unter Rekurs auf die Rechtsprechung des Bundesverfassungsgerichts klar zu beantwortende Frage, ob auch die privatrechtlich organisierten Einrichtungen vom kirchlichen Selbstbestimmungsrecht umfasst sind und von der (unmittelbaren) Geltung der DSGVO ausgenommen werden können. Offen ist vielmehr, inwieweit die von den Kirchen geschaffenen Abweichungen der eigenen datenschutzrechtlichen Regeln von der DSGVO noch von der Privilegierung des Art. 91 Abs. 1 DSGVO umfasst sind.

Hierfür wiederum von großer Bedeutung ist die grundlegende und wohl einst noch vom EuGH zu klärende Frage, wie Art. 91 Abs. 1 DSGVO – auch unter Berücksichtigung der Reichweite von Art. 17 AEUV – auszulegen ist. Zutreffend wird in der Literatur auch unter Bezugnahme auf EG 165 DSGVO die für die Auslegung wichtige Funktion von Art. 17 AEUV für die

---

[51] Beschl. der Konferenz der unabhängigen Datenschutzaufsichtsbehörden des Bundes und der Länder zu spezifischen Aufsichtsbehörden, s.o.

Bestimmung der Reichweite der Befreiung und für die Konturierung der von den Religionsgemeinschaften zu erfüllenden Voraussetzungen.

Indes deuten die – hinsichtlich der Anwendung datenschutzrechtlicher Regelungen – spärlichen Äußerungen des EuGH selbst ebenso wie die Argumentationsmuster der Generalanwälte[52] darauf hin, dass die europäische Judikative die Wirkkraft des status negativus von Art. 17 AEUV gegenüber staatlicher Datenschutzregelungen deutlich restriktiver handhaben könnte, als viele Beiträge in der deutschen rechtswissenschaftlichen Literatur zu dieser Frage.

Bezeichnend ist insofern die zwar noch zur Datenschutzrichtlinie getätigte aber auf die DSGVO übertragbare Äußerung des EuGH, die *„für jedermann geltende Pflicht, die Vorschriften des Unionsrecht über den Schutz personenbezogener Daten einzuhalten, kann nämlich nicht als Eingriff in die organisatorische Autonomie der Religionsgemeinschaften angesehen werden“.*[53] Zutreffend kann hierzu festgestellt werden, dass der EuGH vor staatskirchenrechtlichen Spezifika der Mitgliedstaaten nicht zurückschreckt, *„sondern im Zweifel für den Datenschutz in Europa auch zu Lasten der Kirchen entscheidet“.*[54]

Gerade soweit den Religionsgemeinschaften etwa im Hinblick auf die Anforderungen des „Einklangs" mit der DSGVO oder hinsichtlich der Erstreckung des kirchlichen Sonderrechts auch auf am Wirtschaftsverkehr teilnehmende Einrichtungen oder auch mit Blick auf die temporale Struktur des Art. 91 DSGVO erhebliche Spielräume unter Verweis auf Art. 17 AEUV eingeräumt werden sollen, muss diese Sichtweise unabhängig von einer dogmatischen Beurteilung jedenfalls im Hinblick auf die Rechtsprechung des EuGH mit Zurückhaltung betrachtet werden.

Die Grenzen des kirchlichen Selbstbestimmungsrechts werden daher wohl erst durch Entscheidungen aus Luxemburg klar bestimmt werden. Bis dahin herrscht weiterhin eine – auch selbst gewählte – Rechtsunsicherheit im Bereich der Abweichungen des kirchlichen Datenschutzrechts von der DSGVO. Auch im Sinne des eigentlichen Ziels der DSGVO – den Schutz personenbezogener Daten zu verwirklichen – wäre es wünschenswert, dass die Kirchen sich möglichst eng am Schutzniveau der DSGVO orientieren.

---

[52] Generalanwalt *Bobek* beim EuGH Schlussantrag v. 25.7.2018 – C-193/17, BeckRS 2018, 16329 Rn. 25, 26; Generalanwalt *Wathelet* beim EuGH Schlussantrag v. 31.5.2018 – C-68/17, BeckRS 2018, 10185 Rn. 55.

[53] EuGH, Urt. v. 10.7.2018 – C-25/17 Rn. 74, ZD 2018, S. 469 (472) m. Anm. *Hoeren*.

[54] EuGH, Urt. v. 10.7.2018 – C-25/17, ZD 2018, 469 (473) m. Anm. *Hoeren*.

Literatur

Brink, Stefan/Wolff, Heinrich Amadeus (Hrsg.): BeckOK Datenschutzrecht, 32. Ed., München 2020.

Clausen, Tilman/Schroeder-Printzen, Jörn (Hrsg.): Münchener Anwaltshandbuch Medizinrecht, 3. Aufl., München 2020.

Dammann, Ulrich: Erfolge und Defizite der EU-Datenschutzgrundverordnung – Erwarteter Fortschritt, Schwächen und überraschende Innovationen, ZD 2016, S. 307-314.

Ehmann, Eugen/Selmayr, Martin (Hrsg.): Datenschutz-Grundverordnung, Kommentar, 2. Aufl., München 2018.

Eßer, Martin/Kramer, Philipp/Lewinski, Kai (Hrsg.): Auernhammer DSGVO BDSG, Datenschutz-Grundverordnung, Bundesdatenschutzgesetz und Nebengesetze, Kommentar, 6. Aufl., Köln 2018.

Gola, Peter (Hrsg.): Datenschutz-Grundverordnung, Kommentar, 2. Aufl., München 2018.

Gola, Peter/Heckmann, Dirk (Hrsg.): Bundesdatenschutzgesetz, Kommentar, München 2019.

Hense, Ansgar: Europäisierung des Religionsverfassungsrechts und kirchlicher Datenschutz, BRJ 2018, S. 37-42.

Hoeren, Thomas: Kirchlicher Datenschutz nach der Datenschutzgrundverordnung, NvWZ 2018, S. 373-376.

Kühling, Jürgen/Buchner, Benedikt (Hrsg.): Datenschutz-Grundverordnung/BDSG, Kommentar, 2. Aufl., München 2018.

Nettesheim, Martin (Hrsg.): Das Recht der Europäischen Union, 69. EL., München 2020.

Paal, Boris/Pauly, Daniel (Hrsg.): Datenschutz-Grundverordnung, Bundesdatenschutzgesetz, 2. Aufl., München 2018.

Plath, Kai-Uwe (Hrsg.): DSGVO/BDSG, Kommentar zu DSGVO, BDSG und den Datenschutzbestimmungen von TMG und TKG, 3. Aufl., Köln 2018.

Preuß, Tamina: Das Datenschutzrecht der Religionsgesellschaften – Eine Untersuchung de lege lata und de lege ferenda nach Inkrafttreten der DS-GVO, ZD 2015, S. 217-224.

Ronellenfitsch, Michael: Bestandsschutz der Religionsgemeinschaften nach der DSGVO, DÖV 2018, S. 1017-1025.

Schantz, Peter/Wolff, Heinrich Amadeus: Das neue Datenschutzrecht, München 2017.

Schwartmann, Rolf/Jaspers, Andreas/Thüsing, Gregor/Kugelmann, Dieter (Hrsg.): Heidelberger Kommentar DS-GVO/BDSG, Heidelberg 2018.

Simitis, Spiros/Hornung, Gerrit/Spiecker gen. Döhmann, Indra (Hrsg.): Datenschutzrecht, DSGVO mit BDSG, Baden-Baden 2019.

Spiecker gen. Döhmann, Indra (wissenschaftliche Betreuung)/Bretthauer, Sebastian (redaktionelle Betreuung und Bearbeitung): Dokumentation zum Datenschutz, 74. Aktualisierung 2019.

Sydow, Gernot (Hrsg.): Europäische Datenschutzgrundverordnung, Handkommentar, Baden-Baden 2017.

Taeger, Jürgen/Gabel, Detlev (Hrsg.): DSGVO – BDSG, Kommentar, 3. Aufl., Frankfurt/M. 2019.

Ziekow, Arne: Datenschutz-Grundverordnung und kirchenrechtliche Adaption, ZevKR 2018, S. 360-436.

PRIVATSPHÄRE-MANAGEMENT-SYSTEME FÜR DIGITALE ASSISTENZSYSTEME IN PRODUKTION UND INDUSTRIE[1]

Maximilian Schnebbe

Institut für Informations-, Gesundheits- und Medizinrecht
schnebbe@uni-bremen.de

Zusammenfassung

Digitale Assistenzsysteme, die als Wearables, beispielsweise in Form von Augmented-Reality-Brillen oder Smart Watches im Arbeitsalltag am Körper getragen werden, können den Beschäftigten in seinen Arbeitsabläufen vielfältig unterstützen. Gleichwohl werden bei der Nutzung regelmäßig personenbezogene und sensible Daten in vielfältiger Form verarbeitet, wodurch Privatsphärebedenken unter den Beschäftigten hervorgerufen werden können und somit deren Akzeptanz gegenüber dem Assistenzsystem mindern.

Um sowohl die Akzeptanz von Assistenzsystemen zu steigern, als auch eine datenschutzkonforme Nutzung sicherzustellen, sollen diese mit einem Privatsphäre-Management-System ausgestattet werden, dessen Ausgestaltung den datenschutzrechtlichen Vorgaben entspricht und zugleich die Einhaltung dieser sicherstellt.

1   Einleitung

Globalisierung, demografischer Wandel sowie Anforderungen an die Flexibilität sind nur einige der Herausforderungen, mit denen sich Unternehmen in der Industrie und Produktion sowohl heute als auch in der Zukunft auseinandersetzten müssen. Um auf diese Herausforderungen der Industrie 4.0 angemessen reagieren zu können, statten Unternehmen ihre Beschäftigten zunehmend mit sogenannten digitalen Assistenzsystemen aus, die sie als Wearables in ihren Arbeitsprozessen unterstützen sollen. Die Einsatzmöglichkeiten, Funktionsweise und Ausgestaltung sind vielfältig und hängen maßgeblich von der Art des Wearables ab.

So gibt es von Smartwatches bis VR-Brillen ein breit gefächertes Spektrum an Assistenzsystemen mit dem einhergeht, dass aufgrund der jeweiligen verschiedenen Funktionen auch unterschiedliche Beschäftigtendaten verarbeitet werden können.

---

[1]   Dieser Aufsatz wurde im Rahmen des Verbundprojekts „PersonA" angefertigt. Dieses Forschungs- und Entwicklungsprojekt wird im Rahmen des Programms „Zukunft der Arbeit" vom Bundesministerium für Bildung und Forschung (BMBF) und dem Europäischen Sozialfonds (ESF) gefördert und vom Projektträger Karlsruhe (PTKA) betreut. Die Verantwortung für den Inhalt dieser Veröffentlichung liegt beim Autor. Der Beitrag geht in Teilen zurück auf *Schnebbe*, DuD 2020, S. 398.

2 Akzeptanz vs. Datenschutz

Durch den Einsatz von Assistenzsystemen im Arbeitsalltag können Beschäftigtendaten in vielfältiger Form und in großen Mengen verarbeitet werden. Hierzu zählen beispielsweise Daten von Bewegungsabläufen und Körperfunktionen der Beschäftigten über Foto-, Video- und Tonaufnahmen aus ihrem unmittelbaren Umfeld bis hin zu Gesundheitsdaten i.S. des Art. 9 DS-GVO wie den Herzschlag oder Ruhepuls.

Sobald durch die digitalen Assistenzsysteme personenbezogene Daten verarbeitet werden, ist der Anwendungsbereich des Datenschutzrechts eröffnet. In Anbetracht dessen, dass die Assistenzsysteme in Form von Wearables im Berufsalltag eingesetzt werden, findet insbesondere der Beschäftigtendatenschutz Anwendung. Dieser ist geprägt durch das besondere Abhängigkeitsverhältnis zwischen Arbeitgeber und Arbeitnehmer, der Sensibilität der verarbeiteten Daten sowie der zum Teil widerstreitenden Interessen der Beteiligten.[2] Der Beschäftigtendatenschutz ist in § 26 BDSG ausdrücklich geregelt. Zwar gilt seit Mai 2018 die DS-GVO, die als Verordnung auf nationaler Ebene unmittelbar Anwendung findet. Allerdings ist der Beschäftigtendatenschutz aufgrund der Öffnungsklausel in Art. 88 DS-GVO auch künftig weitestgehend dem nationalen Gesetzgeber überantwortet; insoweit bildet daher § 26 BDSG die zentrale Vorschrift für die Verarbeitung von Beschäftigtendaten.[3] Auch der Einsatz von digitalen Assistenzsystemen am Arbeitsplatz muss sich grundsätzlich an dieser Vorschrift messen lassen. Allerdings gestattet Art. 88 DS-GVO ebenfalls, dass der Beschäftigtendatenschutz durch Kollektivvereinbarungen geregelt wird. Die Ausgestaltung des digitalen Assistenzsystems muss daher den zentralen Grundsätzen des Datenschutzrechts sowie dem Beschäftigtendatenschutz Rechnung tragen.

Neben den datenschutzrechtlichen Herausforderungen ist gleichwohl die Akzeptanz der Mitarbeiter ein wesentlicher Faktor, den es bei dem Einsatz und der Etablierung von Assistenzsystemen zu berücksichtigen gilt. Unabhängig davon, ob ein Assistenzsystem tatsächlich datenschutzrechtlich bedenklich ist, haben viele Arbeitnehmer Sorgen in Bezug auf Datensicherheit und Überwachung, oder sehen gar Ihren Arbeitsplatz in Gefahr. Die Akzeptanz der Mitarbeiter sowie der Datenschutz gehen dabei ineinander über. Gibt es beispielsweise Bedenken oder Ressentiments der Nutzer, so fehlt es auch an der Freiwilligkeit der Einwilligung, welche als Erlaubnistatbestand für die damit einhergehende Datenverarbeitung dienen kann.

---

[2] *Gräber/Nolden*, in: Paal/Pauly, DS-GVO/BDSG, § 26 BDSG Rn. 4.

[3] *Schnebbe*, DuD 2020, S. 398.

3 Das Privatsphäre-Management-System

Aufgrund der mit dem Einsatz von Wearables einhergehenden Verarbeitung von Beschäftigtendaten einerseits, sowie den Akzeptanzbedenken der Nutzer andererseits muss das digitale Assistenzsystem derart ausgestaltet sein, dass es sowohl den datenschutzrechtlichen Anforderungen genügt, als auch mögliche Bedenken der Beschäftigten beseitigt.

Um dem gerecht zu werden, könnte ein Lösungsweg darin liegen, ein Privatsphäre-Management-System zu entwickeln. In einem digitalen Kontrollzentrum kann der Umfang der Erhebung und Weiterverarbeitung der Daten aus den Wearables von den Beschäftigten selbst festgelegt werden. Auf diesem Wege wird die Akzeptanz von Beschäftigten hinsichtlich der Nutzung gesteigert. Durch diese Personalisierung der Assistenz können die Beschäftigten dementsprechend bei der Ausübung ihrer Tätigkeiten unterstützt und Verbesserungen für ihren Arbeitsalltag abgeleitet werden.

Dieses Privatsphäre-Management-System soll den zentralen Grundsätzen des Datenschutzrechts im Allgemeinen und des Beschäftigtendatenschutzes im Besonderen Rechnung tragen und die Einhaltung der datenschutzrechtlichen Vorgaben sicherstellen.

Die Ausgestaltung des Systems muss aus datenschutzrechtlicher Sicht in zwei Stufen erfolgen. Zunächst bedarf es einer Rechtsgrundlage als Voraussetzung für die Zulässigkeit der Verarbeitung von personenbezogenen Daten durch das System.[4] Im zweiten Schritt muss sichergestellt werden, dass das System den zentralen datenschutzrechtlichen Anforderungen der DS-GVO genügt. Sicherzustellen ist beispielsweise, dass Daten, die durch das System verarbeitet werden, nicht zur Leistungs- und Verhaltenskontrolle oder für sonstige Zielsetzungen zweckentfremdet werden (Grundsatz der Zweckbindung). Diese und andere datenschutzrechtliche Grundsätze, wie Datenminimierung, Richtigkeit oder Speicherbegrenzung, sollen, soweit wie möglich, durch eine entsprechende Technikgestaltung (Privacy-by-Design) umgesetzt und sichergestellt werden. Zu berücksichtigen sind beim Einsatz digitaler, personalisierter Assistenzsysteme darüber hinaus betriebsverfassungsrechtliche Vorgaben, sowohl was die Mitbestimmung des Betriebsrats, als auch was Betriebsvereinbarungen als mögliche Rechtsgrundlage für eine Beschäftigtenpflicht zum Einsatz von Assistenzsystemen angeht.

3.1 Rechtsgrundlage

Auch § 26 BDSG normiert im Ausgangspunkt ein Verarbeitungsverbot mit Erlaubnisvorbehalt – ebenso wie ein solches auch der DS-GVO immanent

---

[4] Siehe dazu *Schnebbe*, DuD 2020, S. 398 (400).

ist. Danach ist die Verarbeitung von personenbezogenen Daten grundsätzlich verboten, sofern nicht ein Erlaubnistatbestand greift. Dem Grunde nach können für die Verarbeitung von Beschäftigtendaten durch das Privatsphäre-Management-System mehrere der dort aufgezählten Erlaubnistatbestände in Betracht kommen.

Gleichwohl ist, solange sich die Nutzung eines Privatsphäre-Management-Systems innerhalb einer Firma im Anfangsstadium befindet, das (datenschutz-) rechtliche Instrument der Einwilligung des Beschäftigten zur Umsetzung der individuellen Datenfreigabe im Rahmen des Systems heranzuziehen.[5] Sobald sich ein solches System hingegen in einem Unternehmen und im Arbeitsalltag etabliert hat, kann die damit einhergehende Datenverarbeitung auch durch andere Erlaubnistatbestände gerechtfertigt werden.[6]

3.1.1 Einwilligung

Bei einem Privatsphäre-Management-System, bei dem der Beschäftigte die Kontrolle über die Datenverarbeitung behalten soll, stellt die Einwilligung als Erlaubnistatbestand ein durchaus nachvollziehbares und naheliegendes Instrument dar. Gleichwohl ist zu beachten, dass die Einwilligung als Erlaubnistatbestand für eine Datenverarbeitung im Rahmen von Beschäftigungsverhältnissen nicht unumstritten ist.[7] Regelmäßig bestehen Bedenken bezüglich der Freiwilligkeit der Einwilligung in die Datenverarbeitung, weil zwischen Arbeitgeber und Arbeitnehmer ein strukturelles Ungleichgewicht herrscht.[8] Die Einwilligung als möglichen Erlaubnistatbestand für eine Datenverarbeitung im Beschäftigungsverhältnis wurde jedoch vom Bundesarbeitsgericht nicht per se ausgeschlossen.[9] Die Entscheidung, wie Beschäftigte ihr Grundrecht auf informationelle Selbstbestimmung ausüben wollen, stehe ihnen auch in einem Arbeitsverhältnis frei. Dem widerspreche auch nicht, dass Arbeitnehmer in einem Abhängigkeitsverhältnis zu ihrem Arbeitgeber stehen oder dessen Weisungsrecht unterworfen sind. Jedenfalls kann eine Einwilligung nur freiwillig erfolgen, wenn sichergestellt ist, dass den Beschäftigten durch die Verweigerung der Einwilligung kein Nachteil entsteht und dies auch in der Praxis sichergestellt werden kann. Diesem Ungleichgewicht trägt der Gesetzgeber im nationalen Recht Rechnung, indem die Vorgaben des Art. 7 DS-GVO in § 26 Abs. 2 S. 1

---

[5] Ebenda.

[6] Ebenda.

[7] Vgl. *Bieresborn*, in: Forgó/Helfrich/Schneider, Betrieblicher Datenschutz, Kap. 4 C Rn. 56.

[8] Vgl. *Kort*, RdA 2018, S. 24 (27 f.).

[9] BAG, Urt. v. 11.12.2014 – 8 AZR 1010/13, K&R 2015, 433.

BDSG bzgl. der Freiwilligkeit aufgegriffen und verdeutlicht werden.[10] Nach der Gesetzesbegründung sind bei der Beurteilung der Freiwilligkeit „neben der Art des verarbeiteten Datums und der Eingriffstiefe [...] auch der Zeitpunkt der Einwilligungserteilung maßgebend. Vor Abschluss eines (Arbeits-) Vertrages werden Beschäftigte regelmäßig einer größeren Drucksituation ausgesetzt sein, eine Einwilligung in eine Datenverarbeitung zu erteilen."[11] Zu bedenken ist dabei folgendes Szenario: Sobald das System innerhalb einer Firma regelmäßig von Beschäftigten genutzt wird, steigt die Erwartungshaltung seitens des Arbeitgebers, ebenfalls ein solches zu nutzen, sodass der Beschäftigte vermeintlich mangels Handlungsalternativen zwangsläufig in die Verarbeitung einwilligen muss oder mehr Daten freigibt, als er ursprünglich geplant hat.[12] Von einer freiwilligen, mithin wirksamen Einwilligung, ist sodann nicht mehr auszugehen.

Obwohl der Erlaubnistatbestand der Einwilligung in der betrieblichen Datenverarbeitung regelmäßig die Ausnahme darstellt,[13] zählt § 26 Abs. 2 S. 2 BDSG nicht abschließend Beispiele auf, die auf eine freiwillig erteilte Einwilligung schließen lassen. Das betrifft insbesondere auch den Fall, in dem der Beschäftigte infolge der Datenverarbeitung einen rechtlichen oder wirtschaftlichen Vorteil erlangt oder der Arbeitgeber und der Beschäftigte gleichgelagerte Interessen verfolgen. In der Begründung zum Gesetzesentwurf wird als ein konkretes Beispiel hierfür unter anderem die Einführung eines Gesundheitsmanagements oder die Erlaubnis zur Privatnutzung von betrieblichen IT-Systemen ein rechtlicher und wirtschaftlicher Vorteil gesehen.[14] Ähnliche Vorteile können sich auch durchaus aus dem Einsatz von persönlichen Assistenzsystemen mit einem Privatsphäre-Management-System ergeben, wenn dem Beschäftigten bedarfsgerecht Hilfestellung in bestimmten Arbeitsabschnitten gegeben werden kann. Durch eine Personalisierung der Assistenz in Nutzermenüs können die Beschäftigten dementsprechend bei der Ausübung ihrer Tätigkeiten unterstützt und ihre Arbeitsabläufe optimiert werden. Außerdem können Beschäftigte und Arbeitgeber durch die Einführung personalisierter Assistenzsysteme gleichgelagerte Interessen verfolgen. Beispielsweise korreliert das Bedürfnis des Beschäftigten mit dem des Arbeitgebers, dass der Arbeitnehmer möglichst effizient und mit möglichst geringem Aufwand arbeitet.

Ein weiterer zentraler Diskussionspunkt bei der Einwilligung als Erlaubnistatbestand für eine Datenverarbeitung ist der in Art. 4 Nr. 11 DS-GVO

---

[10] *Gola*, in: Gola/Heckmann, BDSG, § 26 Rn. 131.

[11] BT-Drs. 18/11325, S. 98.

[12] *Kopp/Sokoll*, NZA 2015, S. 1352 (1354).

[13] So auch *Gola*, in: Gola/Heckmann, BDSG, § 26 Rn. 135.

[14] BT-Drs. 18/11325, S. 98.

normierte Grundsatz der informierten Einwilligung (informed consent). Hierfür ist es erforderlich, dass die betroffene Person jegliche Auswirkungen der Erteilung einer Einwilligung kennt und diese dadurch beurteilen kann. Sie ist daher umfassend darüber zu informieren, auf welche Weise und in welchem Umfang ihre Daten auf Grundlage ihrer Einwilligung verarbeitet werden. Die Einwilligung muss schriftlich oder elektronisch erfolgen. „Elektronisch" bedeutet, dass die Zustimmung dauerhaft gespeichert und nachgewiesen werden kann.[15] Die Einwilligungserklärung muss in einer verständlichen und leicht zugänglichen Form sowie in klarer und einfacher Sprache erfolgen.[16]

Eine besondere Herausforderung wird bei der informierten Einwilligung im Rahmen von Privatsphäre-Management-Systemen vor allem darin zu sehen sein, wie Informationen so aufbereitet werden können, dass sie zum einen vollständig sind, zum andern aber auch überschaubar und verständlich bleiben.[17]

Neben der tatsächlichen Ausgestaltung und Präsentation der Informationsmitteilungen sind weitere verschiedene Faktoren und Umstände für die Beurteilung, ob es sich um eine informierte Einwilligung handelt, maßgeblich. Zu bedenken ist so beispielsweise, dass das typische Arbeitsumfeld des Nutzers von Assistenzsystemen in der Industrie und Produktion meist nicht stationär und ruhig ist, sondern sich dieser in einer Umgebung befindet, in der er regelmäßig durch verschiedene Emissionen abgelenkt werden kann.

Ist die Fülle und Kleinteiligkeit der zur Verfügung gestellten Informationen so groß, dass der Informationsaufwand in tatsächlicher Hinsicht unverhältnismäßig hoch ist (information overload), so genügt die bloße Möglichkeit, aufgrund der zur Verfügung gestellten Informationen eine Vorstellung der betrieblichen Datenverarbeitungsprozesse zu bekommen, nicht für eine informierte Einwilligung. Es bedarf einer eindeutigen Erklärung der betroffenen Person, ausdrücklich oder konkludent, mit der Datenverarbeitung einverstanden zu sein. Wird diese Erklärung zusammen mit anderen Erklärungen abgegeben, so muss die Einwilligung klar von den anderen Erklärungen räumlich abgegrenzt sein (Hervorhebungsgebot).

Problematisch gestaltet sich auch der Grundsatz der freien Widerrufbarkeit der Einwilligung bei Einwilligungen in die betriebliche Datenverarbei-

---

[15] Dazu im Detail *Thüsing/Rombey*, NZA 2019, S. 1399 (1401).

[16] *Riesenhuber*, in: BeckOK Datenschutzrecht, § 26 BDSG Rn. 45.

[17] *Conrad/Treeger*, in: Auer-Reinsdorff/Conrad, Handbuch IT- und Datenschutzrecht, § 34 Rn. 452.

tung. Ein solches Recht spricht Art. 7 Abs. 3 DS-GVO den betroffenen Personen ausdrücklich zu. Konsequenz einer widerrufenen Einwilligung ist die Unzulässigkeit einer weiteren Datenverarbeitung für die Zukunft. Betriebliche Datenverarbeitungssysteme, die auf einer freiwilligen Datenpreisgabe seitens der Beschäftigten basieren, sehen sich daher stets dem „substanziellen Risiko" ausgesetzt, dass mit einem Widerruf der Einwilligung die Grundlage für eine weitere Datenverarbeitung wegfällt.[18] Mitunter wird daher auch im Datenschutzrecht diskutiert, ob in bestimmten Konstellationen der Widerruf einer Einwilligung nur unter eingeschränkten Voraussetzungen zulässig sein soll.[19] Jedenfalls muss dem Nutzer gem. Art. 7 Abs. 3 DS-GVO ein Widerrufsrecht zustehen, über welches er vor Abgabe der Einwilligung in Kenntnis gesetzt werden muss.

3.1.2 Weitere Erlaubnistatbestände

Wenngleich es bei der Einführung eines Privatsphäre-Management-Systems primär und insbesondere im Anfangsstadium auf die Einwilligung als Erlaubnistatbestand ankommt, gibt es gleichwohl Situation in denen auch andere Erlaubnistatbestände für die Verarbeitung von Beschäftigtendaten durch das System herangezogen werden können. In Frage kommt zunächst der Fall, in welchem ein Assistenzsystem für die Durchführung des Beschäftigtenverhältnisses gem. § 26 Abs. 1 S. 1 Var. 1 BDSG erforderlich ist. Zudem kann die Verarbeitung von Beschäftigtendaten durch das System gerechtfertigt sein, soweit dies aufgrund einer Kollektivvereinbarung gestattet wird oder die Verarbeitung zur Aufdeckung von Straftaten dient.

Ist die Verarbeitung von personenbezogenen Daten des Beschäftigten mittels des Privatsphäre-Management-Systems in den verschiedenen Stadien seines Beschäftigungsverhältnisses im Rahmen des § 26 Abs. 1 S. 1 BDSG erforderlich, so kann diese gerechtfertigt und somit auch datenschutzkonform sein. Hierfür sind im Rahmen der Zulässigkeitsprüfung zwei Tatbestände entscheidend. Im ersten Schritt muss die Nutzung des Systems einer der oben genannten Phasen zugeordnet werden. Im zweiten Schritt wird dann die entsprechende Erforderlichkeit desselben geprüft.[20] Der Sinn und Zweck von Wearables und anderen Assistenzsystemen liegt darin, den Arbeitnehmer effektiv bei seiner Tätigkeit zu unterstützen. Für diesen Anwendungsfall kommt daher insbesondere der Tatbestand der „Durchführung für das Beschäftigungsverhältnis" in Betracht. Dabei ist zu berücksichtigen, dass der Begriff „Assistenzsystem" impliziert, dass dieses dem Beschäftigten nur assistieren soll. Ab wann der Arbeitnehmer seine Tätigkeit jedoch ohne ein Assistenzsystem nicht mehr ausüben kann, lässt

---

[18] Vgl. *Wolff*, in: Schantz/Wolff, Das neue Datenschutzrecht, Kapitel D Rn. 532.

[19] Dazu im Detail *Klement*, in: BeckOK Datenschutzrecht, Art. 97 Rn. 91 f.

[20] *Gola*, in: Gola/Heckmann, BDSG, § 26 Rn. 18.

sich nicht ohne weiteres feststellen. Auch wenn derartige Berufsfelder aktuell kaum existieren, so kann dennoch davon ausgegangen werden, dass sie zukünftig durch die weitere Entwicklung der Industrie 4.0 geschaffen werden. Expressis verbis wird nicht definiert, ob die Verarbeitung der Beschäftigtendaten tatsächlich erforderlich ist. Jedenfalls lässt die Gesetzesbegründung[21] zu, dass ein Rahmen konstruiert wird, innerhalb dessen die Erforderlichkeitsprüfung stattfinden kann. Dabei muss zwischen dem Persönlichkeitsrecht des Beschäftigten und den Interessen des Arbeitgebers an der Verarbeitung der Daten abgewogen werden und diese so zu einem Ausgleich gebracht werden.[22] Im Rahmen der praktischen Konkordanz sind insbesondere die widerstreitenden Grundrechtspositionen zu berücksichtigen und abzuwägen.[23]

Soweit es ausschließlich um die Tracking-Funktion geht, kann diese durchaus für die Durchführung des Beschäftigtenverhältnisses erforderlich sein. Das kann z.B. der Fall sein, wenn Beschäftigte auf einer Bohrinsel oder Feuerwehrleute durch ihren GPS-Standort gesichert werden sollen.[24] Auch kann es gestattet sein, wenn der Arbeitgeber den Arbeitseinsatz von Beschäftigten im Außendienst koordinieren möchte.[25] Bei einem reinen Tracking-Gerät ist aber ohnehin nicht zwangsläufig von einem persönlichen Assistenzsystem zu sprechen. Jedoch gibt es Assistenzsysteme, denen eine Trackingfunktion immanent ist. Sofern beispielsweise eine VR-Brille eine Ortungsfunktion besitzt, kann diese für sich genommen für die Durchführung eines Beschäftigungsverhältnisses erforderlich, mithin die Verarbeitung gerechtfertigt sein. Für die restlichen Funktionen muss dann im Zweifelsfall ein anderer Erlaubnistatbestand herangezogen werden.

Außerdem kann gem. § 26 Abs. 4 S. 1 BDSG eine entsprechend ausgestaltete Kollektivvereinbarung die Verarbeitung der personenbezogenen Daten der Beschäftigten rechtfertigen. Beispielsweise könnte darin vereinbart werden, dass der Arbeitgeber Assistenzsysteme zur Unterstützung der Arbeitnehmer bei ihrer Tätigkeit bereitstellen muss. Damit einhergehend kann auch die hierfür erforderliche Datenverarbeitung vereinbart und genehmigt werden. Wenn die Assistenzsysteme dem Arbeitnehmer tatsächlich assistieren und diesen nicht überwachen, ist eine solche Vereinbarung sogar wahrscheinlich. Um die Akzeptanz und damit auch die Nutzung der Beschäftigten zu steigern, ist es geradezu notwendig, Assistenzsysteme zu entwickeln, die die Kontrolle, welche Daten genau über den Beschäftigten

---

[21] BT-Drs. 18/11325, S. 97.

[22] *Stamer/Kuhnke*, in: Plath, DSGVO/BDSG, § 26 BDSG Rn. 16.

[23] Ebenda.

[24] *Wedde*, in: Däubler et al, BDSG, § 32 BDSG Rn. 108.

[25] *Beckschulze/Natzel*, BB 2010, S. 2368 (2373).

erhoben werden, auch diesem überlassen. Was die inhaltlichen Anforderungen an die Vereinbarungen angeht, verweist § 26 Abs. 4 S. 2 BDSG auf Art. 88 Abs. 2 DS-GVO. Soweit die Assistenzsysteme dazu bestimmt sind, Verhalten und Leistung der Beschäftigten zu kontrollieren, hat der Betriebsrat gem. § 87 Abs. 1 Nr. 6 BetrVG ohnehin ein Mitbestimmungsrecht.[26]

Schließlich kann die Verarbeitung von Beschäftigtendaten durch den Einsatz von Privatsphäre-Management-Systemen in konkreten Fällen zur Aufdeckung von Straftaten am Arbeitsplatz gerechtfertigt werden. Eine Rechtfertigung des Einsatzes von Wearables ausschließlich unter Bezugnahme auf diesen Tatbestand ist hingegen ausgeschlossen. Wenngleich Wearables, denen beispielsweise GPS- oder Videoaufnahmefunktion immanent sind, bei der Aufdeckung von Straftaten am Arbeitsplatz helfen können, muss bereits vorher die Nutzung des Wearables anderweitig gerechtfertigt sein. Sofern der Beschäftigte Wearables benutzt und nur bestimmte Daten zur Verarbeitung durch eine Einwilligung freigegeben hat, oder für diese ein anderer Erlaubnistatbestand greift, kann der Arbeitgeber, solange dies technisch möglich ist, auch auf weitere, nicht freigegebene Daten zugreifen und diese verarbeiten, um so eine Straftat am Arbeitsplatz aufzuklären. Voraussetzung hierfür ist in jedem Fall, dass konkrete Anhaltspunkte für eine Straftat vorliegen. Ein bloßer Verdacht reicht nicht aus.[27] Des Weiteren ist eine Abwägung zwischen den Interessen des Arbeitnehmers und des Arbeitgebers im Rahmen des Verhältnismäßigkeitsprinzips erforderlich.[28]

4 Zentrale Datenschutzrechtliche Anforderungen

Damit das Privatsphäre-Management-System datenschutzkonform ausgestaltet ist, müssen die Vorgaben der DS-GVO zur Verarbeitung von personenbezogenen Daten umgesetzt werden. Den Kern dieser Vorgaben bildet Art. 5 DS-GVO, welcher die Grundsätze für die Verarbeitung personenbezogener Daten aufstellt. Insbesondere im Beschäftigtenverhältnis hat der Verantwortliche sicherzustellen, dass diese Vorgaben umgesetzt werden, § 26 Abs. 5 BDSG. Damit diese Grundsätze auch tatsächlich eingehalten werden, verpflichtet die DS-GVO den Verantwortlichen, die Verarbeitung und die dafür eingeführte Technik so auszugestalten, dass sie diesen Grundsätzen gerecht wird (Art. 25, 32 DS-GVO). Die zentralen Ansätze sind Privacy Control (mitarbeiterbestimmte Privatheit) und Privacy-by-Design (rechtskonforme Datenerhebung und -verarbeitung bereits durch die

---

[26] *Wisskirchen/Schiller/Schwindling*, BB 2017, S. 2105.

[27] *Maschmann*, in: Kühling/Buchner, DSGVO/BDSG, § 26 BDSG Rn. 59.

[28] *Schnebbe*, DuD 2020, S. 401.

entsprechende Gestaltung der Technologie). Des Weiteren schreibt die DS-GVO dem Nutzer des Assistenzsystems verschiedene Betroffenenrechte (Art. 12-23 DS-GVO) zu, die der Verantwortliche durch technische und organisatorische Maßnahmen gewährleisten muss.

Um dieses Konglomerat an datenschutzrechtlichen Vorgaben in ein Management-System einzubinden und dieses entsprechend auszugestalten, müssen diese Vorgaben zunächst kategorisiert und eingeordnet werden.

Dafür bietet es sich an, sich an den Gewährleistungszielen des Standard-Datenschutzmodells[29] zu orientieren, welches geeignete Mechanismen vorschlägt, um die rechtlichen Anforderungen der DS-GVO in technische und organisatorische Maßnahmen zu überführen. Es dient somit zur Unterstützung bei der Ausgestaltung eines Privatsphäre-Management-Systems, indem die abstrakten rechtlichen Anforderung der DS-GVO in konkrete und in die gem. Art. 25 Abs. 2 DS-GVO geforderten technischen und organisatorischen Maßnahmen transferiert werden können.[30]

Auf der anderen Seite dient das Standard-Datenschutzmodell als Kontrollrahmen dafür, inwieweit die entsprechenden datenschutzrechtlichen Vorgaben eingehalten wurden.

Innerhalb dieses Modells wurden sieben Gewährleistungsziele entwickelt, an welchen sich orientiert werden kann, um die datenschutzrechtlichen Anforderungen an die Verarbeitung von personenbezogenen Daten durch ein Privatsphäre-Management-System zu strukturieren. Bei den Zielen handelt es sich um Datenminimierung, Verfügbarkeit, Integrität, Vertraulichkeit, Transparenz, Nichtverkettung und Intervenierbarkeit.

Eine datenschutzrechtliche Analyse von einem Privatsphäre-Management-System anhand dieser Gewährleistungsziele kann im Rahmen dieses Beitrages allenfalls pauschal erfolgen. Maßgeblich ist für eine solche Beurteilung insbesondere die technische Ausgestaltung des Wearables, die je nach Art, Modell und Einsatzgebiet variieren kann. So können mono- und binokulare Datenbrillen durch eine integrierte Kamera Bild-, Video- und Tonaufnahmen anfertigen, bei welchen womöglich sich im Umfeld befindende Dritte aufgenommen werden. Smart Watches beispielsweise können von GPS-Koordinaten bis hin zu Gesundheitsdaten, wie den Blutdruck oder Ruhepuls, ebenfalls verschiedene Datenverarbeitungsvorgänge mit sich bringen.

---

[29] Dabei handelt es sich um eine auf der Konferenz der unabhängigen Datenschutzaufsichtsbehörden des Bundes und der Länder beschlossene Methode zur Datenschutzberatung und -prüfung auf der Basis einheitlicher Gewährleistungsziele. Im Internet https://www.datenschutzkonferenz-online.de/media/ah/SDM-Methode_V20b.pdf (abgerufen: 2.5.2020).

[30] Standard-Datenschutzmodell, S. 6.

Grundsätzlich ist bei der Erstellung eines Privatsphäre-Management-Systems sicherzustellen, dass die Datenverarbeitung angemessen, erheblich und auf das notwendige Maß beschränkt ist.[31] Dazu zählt, dass die erhobenen Daten in Hinblick auf den Zweck der Verarbeitung sachgerecht sind.[32] Erheblich sind Daten, wenn sie für die Erfüllung des Zwecks, für den sie erhoben wurden, einen Unterschied bedeuten und zudem erforderlich sind.[33]

Zudem dürfen Beschäftigtendaten nur so lange gespeichert werden, wie sie für den Zweck der Verarbeitung erforderlich sind.[34] Die Beschränkung auf das notwendige Maß bezieht sich darauf, inwieweit sich die Daten zu einem Persönlichkeitsprofil zusammentragen lassen.[35]

Zusätzlich muss es möglich sein, dass auf die verarbeiteten Daten durch das Management-System sofort zugegriffen werden kann. Insbesondere müssen spezifische Daten bei Bedarf sofort aufgegriffen werden können. Dafür bieten sich Datenbanken, Datenmanagement-Systeme sowie Suchfunktionen an, die parallel geführt werden.[36] Zudem muss sichergestellt werden, dass bei Störungen des Systems jeglicher Art, die Daten wiederhergestellt werden können. Des Weiteren muss das System derart ausgestaltet sein, dass die Beschäftigtendaten, welche durch die Nutzung verarbeitet werden, unversehrt, vollständig, richtig und aktuell bleiben.[37] Eine Abweichung davon muss sofort feststellbar sein, damit die entsprechenden Daten berichtigt werden können.[38]

Durch die technischen und organisatorischen Maßnahmen muss zudem eine angemessene Sicherheit personenbezogener Daten gewährleistet werden,[39] wozu insbesondere zählt, dass unbefugte Personen keinen Zugang zu den Daten oder zu dem Assistenzsystem haben.[40]

---

[31] *Roßnagel*, in: Simitis/Hornung/Spiecker gen. Döhmann, Datenschutzrecht, Art. 5 DS-GVO Rn. 118.

[32] Ebenda. Rn. 120.

[33] *Paulus*, in: BeckOK Datenschutzrecht, Art. 25 DS-GVO Rn. 8 f.

[34] Standard-Datenschutzmodell, S. 26.

[35] *Martini*, in: Paal/Pauly, DS-GVO/BDSG, Art. 25 DS-GVO Rn. 50.

[36] Ebenda.

[37] *Frenzel*, in: Paal/Pauly, DS-GVO/BDSG, Art. 5 DS-GVO Rn. 39; Standard-Datenschutzmodell, S. 26.

[38] Standard-Datenschutzmodell, S. 27; Vgl. *Dix* in: Simitis/Hornung/Spiecker, Art. 5 DS-GVO Rn. 20.

[39] *Schantz*, in: BeckOK Datenschutzrecht, Art. 5 DS-GVO Rn. 36.

[40] ErwG 39 DS-GVO.

Insbesondere für den Fall, dass ein Wearable von mehreren Beschäftigten, beispielsweise im Rahmen eines Schichtbetriebes, hintereinander verwendet wird, muss das System derart ausgestaltet sein, dass personenbezogene Daten nicht zusammengeführt werden, wenn dies nicht zwangsläufig notwendig ist.[41] Dies gilt insbesondere dann, wenn die zusammengeführten Daten zu unterschiedlichen Zwecken erhoben wurden. Diese Nichtverkettung soll durch entsprechende technische Maßnahmen wie zum Beispiel durch Pseudonymisierung sichergestellt werden.

Bei der Einwilligung und bei der Nutzung des Systems muss für Beschäftigte stets nachvollziehbar sein, welche Daten wann und für welchen Zweck bei der Verarbeitung erhoben sowie verarbeitet werden.

Schließlich muss die Ausgestaltung des Privatsphäre-Management-Systems derart erfolgen, dass dem Beschäftige ohne Umwege die ihm zustehenden Rechte auf Benachrichtigung, Auskunft, Berichtigung, Löschung, Einschränkung, Datenübertragbarkeit und Widerspruch bei Bestehen der gesetzlichen Voraussetzungen unverzüglich und wirksam gewährt werden, oder, falls diese Rechte innerhalb des Systems nicht direkt wahrgenommen werden können, das System ihn informiert, dass diese Rechte bestehen und wie sie umgesetzt werden.

5 Fazit

Der Einsatz von digitalen Assistenzsystemen in der Industrie und Produktion ist eines der vielen Novae, welche charakterisierend für den technischen Fortschritt im Rahmen der Industrie 4.0 sind.[42] Zugleich trägt diese Entwicklung aber auch dazu bei, dass der Arbeitsplatz zunehmend in ein Umfeld ubiquitärer Datenverarbeitung integriert wird. Durch die Einführung eines Privatsphäre-Management-Systems wird die Akzeptanz von Wearables durch den Beschäftigten gesteigert. Eine datenschutzkonforme Ausgestaltung des Systems ist, wie oben gezeigt. durchaus möglich und dient dazu, dass Assistenzsysteme sicher in die Industrie 4.0 integriert werden können.

Literatur

Auer-Reinsdorff, Astrid/Conrad, Isabell (Hrsg.): Handbuch IT- und Datenschutzrecht, 3. Aufl., München 2019.

Beckschulze, Martin/Natzel, Ivo: Das neue Beschäftigtendatenschutzgesetz, BB 2010, S. 2368-2375.

---

[41] Standard-Datenschutzmodell, S. 27.

[42] Vgl. *Hofmann*, ZD 2016, S. 12.

Däubler, Wolfgang/Klebe, Thomas/Wedde, Peter/Weichert, Thilo: Bundesdatenschutzgesetz (BDSG), 5. Aufl., Frankfurt/M. 2016.

Forgó, Nikolaus/Helfrich, Markus/Schneider, Jochen (Hrsg.): Betrieblicher Datenschutz, 3. Aufl., München 2019.

Gola, Peter/Heckmann, Dirk (Hrsg.): Bundesdatenschutzgesetz (BDSG), Kommentar, 13. Aufl., München 2019.

Hofmann, Kai: smart Factory – Arbeitnehmerdatenschutz in der Industrie 4.0, ZD 2016, S. 12-17.

Kopp, Reinhold/Sokoll, Karen: Wearables am Arbeitsplatz – Einfallstore für Alltagsüberwachung?, NZA 2015, S. 1352-1359.

Kort, Michael: Neuer Beschäftigtendatenschutz und Industrie 4.0, RdA 2018, S. 24-33.

Kühling, Jürgen/Buchner, Benedikt (Hrsg.): Datenschutz-Grundverordnung/ Bundesdatenschutzgesetz (DSGVO/BDSG), 2. Aufl., München 2018.

Paal, Boris P./Pauly, Daniel A. (Hrsg.): Datenschutz-Grundverordnung Bundesdatenschutzrecht (DS-GVO/BDSG), Kommentar, 2. Aufl., München 2018.

Plath, Kai-Uwe (Hrsg.): DSGVO/BDSG, Kommentar, 3. Aufl., Köln 2018.

Schantz, Peter/Wolff, Heinrich (Hrsg.): Das neue Datenschutzrecht, München 2017.

Schnebbe, Maximilian: Digitale Assistenzsysteme in der Industrie und Produktion, DuD 2020, S. 398-400.

Schnebbe, Maximilian: Kündigung, DuD 2020, S. 401.

Simitis, Spiros/Hornung, Gerrit/Spiecker gen. Döhmann, Indra (Hrsg.): Datenschutzrecht, Baden-Baden 2019.

Thüsing, Gregor/Rombey, Sebastian: Die „schriftlich oder elektronisch" erteilte Einwilligung des Beschäftigten nach dem neuen Formerfordernis § 26 II 3 BDSG, NZA 2019, S. 1399-1403.

Wisskirchen, Gerlinde/Schiller, Jan Peter/Schwindling, Jan: Die Digitalisierung – eine technische Herausforderung für das Mitbestimmungsrecht aus § 87 Abs. 1 Nr. 6 BetrVG, BB 2017, S. 2105-2109.

Wolff, Heinrich/Brink, Stefan (Hrsg.): Beck'scher Onlinekommentar Datenschtzrecht, 32. Ed., Stand: 1.5.2020, München 2020.

MACHEN VERBRAUCHERSCHÜTZER NUN AUF DATENSCHUTZ?

Klagebefugnis und Aktivlegitimation von Verbraucherschutzverbänden unter dem DSGVO-Regime

Dr. Johanna Spiegel

TaylorWessing
j.spiegel@taylorwessing.com

Zusammenfassung

Die DSGVO dient der Vollharmonisierung des Datenschutzes in Europa. Sie enthält ausdifferenzierte und abschließende Regelungen zur Rechtsdurchsetzung. Entsprechend eng ist der Kreis Anspruchsberechtigter. Verbraucherschutzverbände mahnen DSGVO-Verstöße ab und erheben entsprechende Klagen. Dürfen sie das? Der BGH setzte mit Beschl. vom 28. Mai 2020 das Verfahren zu Az. I ZR 186/17 („*App-Zentrum*") aus, um den EuGH deswegen anzurufen. Einiges spricht dafür, eine Klagebefugnis und Aktivlegitimation von Verbraucherschutzverbänden für Ansprüche nach der DSGVO abzulehnen. Jedenfalls aber mangelt es an einer nationalen Norm, die die Voraussetzungen der Öffnungsklausel des Art. 80 DSGVO zugunsten der Verbraucherschützer erfüllt.

1 Zur fehlenden Klagebefugnis

Verbraucherschutzverbände dürften derzeit in Deutschland nicht befugt sein, Ansprüche wegen Verstößen gegen die VO (EU) 2016/679 (DSGVO) geltend zu machen. Die DSGVO hat sowohl hinsichtlich der Ansprüche als auch der Rechtsfolgen zu einer vollständigen Angleichung des Datenschutzes in der Europäischen Union geführt (dazu unter 1.1). Auf die Öffnungsklausel in Art. 80 Abs. 2 DSGVO dürften sich die Verbraucherschutzverbände nicht stützen können (dazu unter 1.2).

1.1 Die DSGVO schafft eine europaweit abschließende Regelung zu den Rechtsfolgen datenschutzrechtlicher Ansprüche

Die DSGVO dient der Vollharmonisierung des Datenschutzes in Europa, und zwar nicht nur hinsichtlich der Voraussetzungen von Ansprüchen, sondern insbesondere auch hinsichtlich der Rechtsfolgen.[1] Der europäische

---

[1] Vgl. *Ohly*, GRUR 2019, S. 686 (688); *Werkmeister*, in: Gola, DSGVO, Art. 80 Rn. 17 f.; LG Stuttgart, Urt. v. 20.5.2019 – 35 O 68/18 KfH, ZD 2019, 366, Tz. 19-20; LG Bochum, Urt. v. 7.8.2018 – I-12 O 85/18, K&R 2018, 737, Tz. 15; LG Wiesbaden, Urt. v. 5.11.2018 – 5 O 214/18, K&R 2019, 281, Tz. 39; LG Magdeburg, Urt. v. 18.1.2019 – 36 O 48/18, MMR 2019, 402, Tz. 21.

Gesetzgeber hat einen „soliden, kohärenteren und klar durchsetzbaren Rechtsrahmen" geschaffen (vgl. ErwG 7). Die DSGVO enthält in Art. 77-84 (Kapitel VIII – Rechtsbehelfe, Haftung und Sanktionen) ausdifferenzierte und abschließende Regelungen zur Rechtsdurchsetzung. Dass es sich hierbei – von ausdrücklichen Öffnungsklauseln abgesehen – um eine abschließende Regelung handelt, folgt schon aus dem in den Erwägungsgründen ausgedrückten Harmonisierungszweck: Nach ErwG 11 soll die DSGVO *„gleiche Befugnisse bei der Überwachung und Gewährleistung der Einhaltung der Vorschriften zum Schutz personenbezogener Daten sowie gleiche Sanktionen im Falle ihrer Verletzung"* schaffen, nach ErwG 13 sollen *„natürliche Personen in allen Mitgliedstaaten mit demselben Niveau an durchsetzbaren Rechten"* ausgestattet, sowie *„gleichwertige Sanktionen in allen Mitgliedstaaten"* gewährleistet werden. Entsprechend antwortete die Europäische Kommission auf eine schriftliche Anfrage zur Befugnis, wer Rechte aus der DSGVO geltend machen könne, am 3.19.2018:[2]

„Except where this is allowed pursuant to Article 80 GDPR, other persons wishing to act independently of a data subject's mandate do not have standing to exercise the rights granted to individuals under the GDPR."

[„Außer in den Fällen, in denen dies nach Artikel 80 DSGVO zulässig ist, sind weitere Personen, die unabhängig vom Auftrag einer betroffenen Person handeln wollen, nicht befugt, die Einzelpersonen nach der DSGVO gewährten Rechte auszuüben."]

Die Ansicht des OLG Hamburg,[3] dass Art. 84 DSGVO den Rückgriff auf andere zivilrechtliche Regelungen zur Geltendmachung angeblicher Verstöße gegen die DSGVO – wohlgemerkt durch Mitbewerber – ermöglich, steht dem klaren Zweck und der Systematik der DSGVO entgegen. Denn hätte der europäische Gesetzgeber einen über Artt. 79 f. DSGVO hinausgehenden Kreis Anspruchsberechtigter zulassen wollen, wäre die (enge) Regelung des Art. 80 DSGVO überflüssig.[4] Art. 84 DSGVO eröffnet Mitgliedstaaten ausschließlich die Möglichkeit, Instrumente straf- und verwaltungsrechtlicher Natur zur Sanktionierung von Verstößen gegen die

---

[2] Referenz E-004117/2018, http://www.europarl.europa.eu/doceo/docume nt/E-8-2018-004117-ASW_EN.html (abgerufen am 1.7.2020).

[3] Urt. v. 25.10.2018 – 3 U 66/17, GRUR 2019, 86, Tz. 34. – Allergenbestellbögen.

[4] Vgl. LG Stuttgart, Urt. v. 20.5.2019 – 35 O 68/18 KfH, ZD 2019, 366, Tz. 20; *Ohly*, GRUR 2019, S. 686 (688), mit Hinweis auf die Schlussanträge von Generalanwalt *Bobek* vom 10.12.2018, Rechtssache C-40/17 – Fashion-ID, Tz. 47 in BeckRS.

DSGVO zu ergänzen.[5] Die Bundesrepublik Deutschland hat dementsprechend auf bundesgesetzlicher Ebene allein §§ 42 f. BDSG und § 85 SGB X i. S. d. Art. 84 Abs. 2 DSGVO gemeldet.[6]

Selbst wenn das OLG Hamburg zutreffend davon ausginge, dass Art. 84 DSGVO die Möglichkeit eröffnet, Mitbewerbern eine Klagebefugnis unter dem DSGVO-Regime einzuräumen, erkannte das Gericht offenbar, dass dies für Verbände anders sein könnte. Denn es verwies insoweit auf die Regelung des Art. 80 DSGVO.

1.2 Das UWG und das UKlaG erfüllen die Voraussetzungen der Öffnungsklausel in Art. 80 Abs. 2 DGSVO nicht

Verbraucherverbände dürften eine Klagebefugnis nicht aus der in Art. 80 DGSVO enthaltenen Öffnungsklausel herleiten können, die Mitgliedstaaten in einem engen Rahmen die Regelung von Verbandsklagen gestattet. Denn eine Umsetzung dieser Öffnungsklausel ist in Deutschland nicht erfolgt. Die zur Regelung von Rechtsbehelfen ergänzend nach Inkrafttreten der DSGVO eingeführte Vorschrift des § 44 BDSG sieht ausschließlich Klagen der betroffenen Person vor, nicht von (Verbraucherschutz-)Verbänden.

Auch wenn dies teilweise anders gesehen wird, dürfte es nicht mit Art. 80 DSGVO im Einklang stehen, Verbraucherschutzverbänden eine Klagebefugnis für Datenschutzverstöße aus §§ 8 Abs. 3, 3a UWG und §§ 3, 2 Abs. 2 Nr. 11 UKlaG zu gewähren. Denn die in diesen Vorschriften geregelte Verbandsklage erfüllt die Voraussetzungen von Art. 80 Abs. 2 DSGVO nicht. Die Regelungen des UWG und des UKlaG weichen nicht nur nach ihrem Wortlaut erheblich von dem eng auszulegenden Ausnahmetatbestand des Art. 80 Abs. 2 DSGVO ab, so dass auch eine unionsrechtskonforme Auslegung der Vorschriften nicht in Betracht kommt.[7]

1.2.1 Die DSGVO sieht keine Popularklagen vor

Die Verbänden nach dem UWG und dem UKlaG eingeräumten Klagebefugnisse dienen dazu, abstrakt Rechtsverstöße gegen verbraucher- bzw. wettbewerbsschützende Regelungen geltend zu machen. Ein Anspruch wird an die Verletzung bestimmter Vorschriften geknüpft, ohne auf ein konkret be-

---

[5] Vgl. ErwG 153; Differenzierung in der Überschrift des Kapitel VIII zwischen „Rechtsbehelfen" und „Sanktionen"; weiterführend *Nemitz*, in: Ehmann/Selmayr, DSGVO, Art. 84. Rn. 1.

[6] Vgl. BT-Drs. 19/5155, S. 96 ff.; dazu auch *Werkmeister*, in: Gola, DSGVO, Art. 84, Rn. 20; *Frenzel*, in: Paal/Pauly, DSGVO – BDSG, Art. 84 Rn. 7.

[7] Vgl. LG Stuttgart, Urt. v. 20.5.2019 – 35 O 68/18 KfH, ZD 2019, 366, Tz. 23; *Ohly*, GRUR 2019, S. 686 (688); *Köhler*, ZD 2018, S. 337 (338); vgl. zum Grundsatz eng auszulegender Ausnahmevorschriften EuGH, Urt. v. 16.7.2015 – C-544/13, C-545/13, GRUR 2015, 1028; Tz. 54 – Abcur/Apoteket Farmac; EuGH, Urt. v. 12.10.2017 – C-289/16, GRUR 2017, 1277, Tz. 20 – ZBUW/Kamin und Grill Shop).

troffenes Rechtssubjekt abzustellen. Für den Verbraucher selbst ist es sogar ausgeschlossen, aus eigenem Recht vorzugehen (vgl. § 8 Abs. 3 UWG; § 3 UKlaG).

Das ist mit der Regelung des Art. 80 DSGVO nicht vereinbar. Die DSGVO schließt Popularklagen aus. Soll eine Klagebefugnis aus Art. 80 Abs. 2 DSGVO abgeleitet werden, kann die Klage nicht auf eine Verletzung rein objektiven Rechts gestützt werden, sondern muss an die angebliche Verletzung der Rechte einer konkreten Person geknüpft werden.[8] In erster Linie werden Aufsichtsbehörden (Art. 78 DSGVO) und die von einer Datenverarbeitung betroffene Person befugt, Verstöße gegen die DSGVO geltend zu machen (vgl. Art. 79 DSGVO). Die betroffene Person hat zudem die Möglichkeit, bestimmte Vereinigungen zu beauftragen, ihren Rechte prozessstandschaftlich zur Geltung zu verhelfen (Art. 80 Abs. 1 DSGVO). Unabhängig von dem Auftrag durch eine betroffene Person, können Mitgliedstaaten nach Art. 80 Abs. 2 DSGVO vorsehen, dass Vereinigungen die Rechte wahrnehmen können, *„wenn ihres Erachtens die Rechte einer betroffenen Person gemäß dieser Verordnung infolge einer Verarbeitung verletzt worden sind"*. In ErwG 142 wird präzisiert, dass das vorgesehene Verbandsklagerecht nur dann bestehe, wenn die in Art. 80 Abs. 1 DSGVO näher bezeichneten Vereinigungen *„Grund zu der Annahme haben, dass die Rechte der betroffenen Person infolge einer nicht im Einklang mit dieser Verordnung stehenden Verarbeitung verletzt worden sind"*.

Der europäische Gesetzgeber hat sich bewusst für die Figur des „Klägers hinter dem Kläger" entschieden, obwohl ihm andere Konzepte bekannt sind.[9] Es dürfte entsprechend dem Willen des Gesetzgebers zuwiderlaufen, die Klagebefugnis von Verbraucherschutzverbänden auf Regelungen zu fußen, die Klagen gerade wegen abstrakter Rechtsverstöße zulassen.

1.2.2 Verbraucherschutzverbände sind keine Vereinigungen i. S. d. DSGVO

Nach Art. 80 Abs. 2, 1 DSGVO ist erforderlich, dass die danach befugten Einrichtungen „im Bereich des Schutzes der Rechte und Freiheiten von betroffenen Personen in Bezug auf den Schutz ihrer personenbezogenen Daten tätig sind". Sie werden also nicht als Verbraucher- oder Marktschützer, sondern als Datenschützer tätig.[10] Damit soll erreicht werden, dass auf Datenschutzrecht spezialisierte Vereinigungen tätig werden, die sich auch tatsächlich mit den „Grundrechte[n] und Grundfreiheiten natürlicher Personen und insbesondere deren Recht auf Schutz personenbezogener Daten"

---

[8] Vgl. *Bergt*, in: Kühling/Buchner, DSGVO – BDSG, Art. 80 Rn. 14; *Frenzel*, in: Paal/Pauly, DSGVO – BDSG, Art. 80 Rn. 11; *Köhler*, in: Köhler/Bornkamm/Feddersen, UWG, UKlaG, § 2 Rn. 29b.

[9] Vgl. *Barth*, WRP 2018, S. 790, Tz. 16; 29 ff.

[10] Vgl. *Köhler*, in: Köhler/Bornkamm/Feddersen, UWG, UKlaG, § 2 Rn. 29a.

(Art. 1 Abs. 2 DSGVO) befassen und es nicht zu einer weiteren Rechtszersplitterung kommt, indem andere Interessen in die Geltendmachung von Datenschutzrechtsverstößen hineinspielen.[11] Es handelt sich dabei auch um eine bewusste Begrenzung auf Datenschutz-Einrichtungen. Denn sowohl das primäre wie auch das sekundäre Unionsrecht differenzieren zwischen Verbraucherschutz einerseits (vgl. Art. 169 AEUV; RL 2005/29/EG) und Datenschutz andererseits (vgl. Art. 16 Abs. 1 AEUV; Art. 8 Abs. 1 GrCh; Art. 1 DSGVO).

§ 8 Abs. 3 Nr. 3 UWG und § 3 Abs. 1 Nr. 2 UKlaG befugt aber Verbraucherverbände. Die Vorschriften weisen überhaupt keinen Datenschutzbezug auf.[12] Verbraucherverbände können Ansprüche *„im Interesse des Verbraucherschutzes"* (§ 2 Abs. 1 UKlaG) bzw. zum Schutz der *„Verbraucherinnen und Verbraucher sowie der sonstigen Marktteilnehmer vor unlauteren geschäftlichen Handlungen"* sowie im Allgemeininteresse *„an einem unverfälschten Wettbewerb"* (§ 1 UWG) geltend machen. Hier stehen Kollektivinteressen im Fokus; der Datenschutz des Einzelnen ist davon nicht umfasst.[13] Würde angenommen, Verbraucherschutzverbände i. S. d. § 4 UKlaG könnten Datenschutzverstöße geltend machen, würde der enge Rahmen des Art. 80 Abs. 1 UWG unzulässig auf Vereinigungen ausgeweitet, die nach ihrem Tätigkeitsbereich überhaupt nichts mit dem Datenschutz zu tun haben müssen.

Zum Teil wird diskutiert, ob eine Klagebefugnis für Verbraucherschutzverbände nach Art. 80 Abs. 2 DSGVO aus § 2 Abs. 2 Nr. 11 UKlaG abgeleitet werden könne, wobei die zustimmenden Ansichten meist begründungslos davon ausgehen. Diese Vorschrift regelt aber schon keine Befugnisse, sondern einen Anspruch. Die Klagebefugnis wird nur durch § 3 UKlaG geregelt. Ohnehin ist die Vorschrift des § 2 Abs. 2 Nr. 11 UKlaG unter der Geltung der DSGVO nach zutreffender Ansicht nicht mehr anwendbar. Sie bleibt hinter den Vorgaben des Art. 80 Abs. 2 DSGVO zurück. Mit § 2 Abs. 2 Nr. 11 UKlaG können Ansprüche wegen marktbezogener Verstöße im Interesse der Verbraucher gegen das Datenschutzrecht verfolgt werden. „Teilumsetzungen" für Verbraucherschützer würden zu einer von der DSGVO nicht vorgesehenen Rechtszersplitterung und einer unübersichtlichen Gemengelage ausdifferenzierter Verbandsklagerechte in den Mitgliedstaaten führen.[14] Denn Verbraucherschutzverbände sind nach § 2 Abs. 2

---

[11] Vgl. *Werkmeister*, in: Gola, DSGVO, Art. 80 Rn. 18.

[12] Vgl. LG Stuttgart, Urt. v. 20.5.2019 – 35 O 68/18 KfH, ZD 2019, 366, Tz. 22.

[13] Vgl. *Köhler*, ZD 2018, S. 337 (338); LG Wiesbaden, Urt. v. 5.11.2018 – 5 O 214/18, K&R 2019, 281, Tz. 39; *Baumgartner/Sitte*, ZD 2018, S. 555; *Köhler*, in: Köhler/Bornkamm/Feddersen, UWG, UKlaG, § 2 Rn. 29f.

[14] Vgl. *Spittka*, GRUR-Prax 2019, S. 272 (274); *Frenzel*, in: Paal/Pauly, DSGVO BDSG, Art. 80 Rn. 13.

Nr. 11 UKlaG nur befugt, in ganz bestimmten Konstellationen Rechte geltend zu machen. Schon der Wortlaut des Art. 80 DSGVO lässt keine „Minus-Befugnisse" zu. Auch aus der Systematik des Art. 80 DSGVO ergibt sich, dass die mitgliedstaatlichen Regelungen zur Regelung von Verbandsklagebefugnissen deckungsgleich ausgestaltet sein und keine Ausnahmen für die Wahrnehmung von Kollektivinteressen gemacht werden sollen.[15]

Es entsteht dadurch auch keine, teilweise befürchtete Rechtsschutzlücke. Zum einen steht es dem deutschen Gesetzgeber frei, für Einrichtungen i. S. d. Art. 80 Abs. 1 DSGVO eine einheitliche Klagebefugnis zu schaffen.[16] Zum anderen räumt die DSGVO Aufsichtsbehörden sowie Individuen umfassende Befugnisse ein, Verstöße gegen die DSGVO geltend zu machen. Zudem können Verbände prozessstandschaftlich vorgehen (Art. 80 Abs. 1 DSGVO).

1.2.3 Der EuGH hat sich nicht abschließend zur Verbandsklagebefugnis unter der DSGVO verhalten

Der EuGH hab bislang nicht zur Klagebefugnis von Verbraucherverbänden unter dem DSGVO-Regime entschieden. Zwar hat er in seinem *Fashion-ID-*Urt. v. 29. Juli 2019, C-40/17, hat der EuGH in einem *obiter dictum* festgehalten, dass es unter der DSGVO Verbänden zur „*Wahrung von Verbraucherinteressen ausdrücklich gestattet*" sei, gegen den mutmaßlichen Verletzer von Vorschriften zum Schutz personenbezogener Daten gerichtlich vorzugehen (vgl. Tz. 62). Aber er hat dabei nicht die Vereinbarkeit der Vorschriften des UWG bzw. des UKlaG mit Art. 80 DSGVO auf den Prüfstand gestellt. In seinem *obiter dictum* geht der EuGH zudem fälschlich davon aus, dass in Art. 80 Abs. 1 DSGVO ausdrücklich von der „*Wahrung von Verbraucherinteressen*" die Rede sei.

Dass der EuGH sich bislang nicht, und insbesondere nicht in dem *Fashion-ID*-Urt., zur Klagebefugnis für Verbraucherschutzverbände unter der DSGVO geäußert habe, bemerkte der BGH in der Sache I ZR 186/17 („*App-Zentrum*") zutreffend. In jenem Verfahren geht der VZBV gegen die Facebook Ireland Ltd. vor, da diese angeblich die erforderliche datenschutzrechtliche Einwilligung ihrer Nutzer zur Datenverarbeitung bei der von diesen im Online-Spiele-Zentrum genutzten Option „Sofort Spielen" nicht einhole. Der BGH stellte fest, dass die Voraussetzungen des Art. 80 DSGVO nicht vorlägen und nun dem EuGH die Frage vorgelegt, ob Artt. 80, 84 DSGVO nationalen Regelungen entgegenstünden, die „*einerseits Mitbe-*

---

[15] Vgl. *Werkmeister*, in: Gola, DSGVO, Art. 84 Rn. 18; *Köhler*, in: Köhler/Bornkamm/Feddersen, UWG, UKlaG, § 2 Rn. 29e.

[16] Vgl. *Werkmeister*, in: Gola, DSGVO, Art. 84 Rn. 17.

werbern und andererseits nach dem nationalen Recht berechtigten Verbänden, Einrichtungen und Kammern die Befugnis einräumen, wegen Verstößen gegen die Datenschutzgrundverordnung unabhängig von der Verletzung konkreter Rechte einzelner betroffener Personen und ohne Auftrag einer betroffenen Person gegen den Verletzer im Wege einer Klage vor den Zivilgerichten vorzugehen."

Der EuGH wird sich entsprechend in den kommenden Jahren damit auseinandersetzen, ob die DSGVO außerhalb der in Art. 80 DSGVO geregelten Verbandsklagebefugnis zum Schutz der Rechte und Freiheiten von betroffenen Personen auch Popularklagen zulässt, wie sie regelmäßig von Verbraucherschutzverbänden in Deutschland geführt werden, zulässig sind.

Die Vorlagefrage deckt gleichwohl nicht die weiteren mit einer aus dem UWG bzw. UKlaG abgeleiteten Klagebefugnis ab (vgl. dazu 1.2.2 und nachfolgend 2). Es bestehen daher Zweifel, ob die in ein bis zwei Jahren zu erwartende Entscheidung des EuGH Klarheit für die mit dem konkreten Rechtsstreit zwischen dem VZBV und Facebook, aber auch für die allgemeinen Fragen im Zusammenhang mit der Verbandsklagebefugnis bei DSGVO-Verstößen bringen wird.

2 Zur fehlenden Aktivlegitimation, Verstöße gegen die DSGVO zu verfolgen

Würde die Klagebefugnis unter dem DSGVO-Regime für Verbraucherschutzverbände angenommen, ist gleichwohl fraglich, ob ein Rückgriff auf §§ 8 Abs. 3 Nr. 3, 3a UWG zur Begründung von Ansprüchen wegen der Verletzung von Datenschutzrechten überhaupt möglich wäre. Denn die DGSVO enthält abschließende Regelungen, die einen Rückgriff auf andere Anspruchsgrundlagen schon nicht zulassen dürften.[17] Dem könnte ferner entgegenstehen, dass die DSGVO keine Vorschriften zur Regelung des Marktverhaltens enthält.[18] Sofern das OLG Hamburg in dem *Allergenbestellbögen*-Urt.[19] unter ausführlicher Darstellung des Meinungsstreits diese Ansicht vertritt, ist anzumerken, dass das Gericht dies nicht abschließend entscheiden musste, da es Ansprüche im Ergebnis ablehnte. Datenverarbeitungen stellen kein Verhalten am Markt dar. Sofern eine Datenverarbeitung auch die wirtschaftliche Betätigung des Verbrauchers berührt, dürfte es

---

[17] Vgl. *Köhler*, in: Köhler/Bornkamm/Feddersen, UWG, § 3a Rn. 1.40a, 1.74b; *Spittka*, GRUR -Prax 2019, S. 272; *ders*. GRUR-Prax 2019, S. 4.

[18] Noch zu den Regelungen des BDSG vgl. OLG München, Urt. v. 12.1.2012 – 29 U 3926/11, GRUR-RR 2012, 395 – Personenbezogene Daten; OLG Düsseldorf, Urt. v. 20.2.2004 – I-7 U 149/03, DUD 2004, 631; OLG Frankfurt/M., Urt. v. 30.6.2005 – 6 U 168/04, NJW-RR 2005, 1280 – Skoda-Autokids-Club.

[19] Urt. v. 25.10.2018 – 3 U 66/17, GRUR 2019, 86, Tz. 51 ff.

sich lediglich um eine reflexartige Auswirkung handeln. Diese reicht aber nicht aus, um die Voraussetzung des § 3a UWG zu erfüllen.[20]

Sofern man annehmen wollte, dass einzelne Vorschriften der DSGVO Marktverhaltensregelungen darstellen,[21] wäre dies für die jeweils von einem Verband i. S. d. UWG geltend gemachten Vorschriften im Einzelnen zu prüfen. Häufig dürfte dabei Art. 6 DSGVO eine Rolle spielen, der die *„Rechtmäßigkeit einer Verarbeitung"* personenbezogener Daten regelt und diese grundsätzlich unter einen Erlaubnisvorbehalt stellt (Art. 6 Abs. 1 UAbs. 1 lit. a DSGVO) oder sonstige zulässige Rechtsgrundlage (Art. 6 Abs. 1 UAbs. 1 lit. b- lit. f DSGVO). Diese Vorschrift bezweckt, dass ein Rechtssubjekt selbstbestimmt entscheiden können soll, ob seine Daten verarbeitet werden. Sie schützt die individuelle Entfaltung bzw. das Interesse am Schutz personenbezogener Daten. Davon dürfte aber wiederum die unternehmerische Betätigung am Markt nicht unmittelbar umfasst sein.[22] Jedoch dürfte ein durch eine rechtswidrige Datenverarbeitung möglicherweise reflexartig entstehendes Interesse an einer allgemeinen Gesetzestreue nicht geeignet sein, um den erforderlichen Einfluss auf das Marktverhalten zu begründen.[23] Auch ist unklar, wie sich eine Datenverarbeitung „am Markt" abspielen können soll.

3   Ergebnis und Ausblick

Spannend. Die Vorlagefrage des BGH in der Sache I ZR 186/17 dürfte nicht die letzte im Zusammenhang mit der Verbandsklagebefugnis und Aktivlegitimation von Verbraucherschützern sein. Zwar wird der EuGH Feststellungen treffen, ob Popularklagen zur DSGVO passen. Aber offen wird wohl bleiben, ob Verbraucherschützer eigentlich Datenschutzrechtsverstöße geltend machen dürfen und sollten. Denn ihr Tätigwerden hat mit dem Ziel *„im Bereich des Schutzes der Rechte und Freiheiten von betroffenen Personen in Bezug auf den Schutz ihrer personenbezogenen Daten"* tätig zu werden, wenig zu tun. Die DSGVO macht klare Vorgaben zu Anspruchsberechtigten. Es ist

---

[20] Std. Rspr.: BGH, Urt. v. 2.3.2017 – I ZR 194/15, GRUR 2017, 537, Tz. 20 – Konsumgetreide; BGH, Urt. v. 27.4.2017 – I ZR 215/15, GRUR 2017, 819 Tz. 20 – Aufzeichnungspflicht; zu dieser Wirkung der DSGVO *Köhler*, in: Köhler/Bornkamm/Feddersen, UWG, § 3a Rn. 1.74b.

[21] So OLG Hamburg, Urt. v. 25.10.2018 – 3 U 66/17, GRUR 2019, 53 – Allergenbestellbögen.

[22] Vgl. zu § 4 BDSG OLG Frankfurt, Urt. v. 30.6.2005 - 6 U 168/04, GRUR 2005, 785 (786); allg. zur Ablehnung datenschutzrechtlicher Vorschriften als Marktverhaltensregelung *v. Jagow*, in: Harte-Bavendamm/Henning-Bodewig, UWG, § 3a Rn. 33; *Götting/Hetmank*, in: Fezer/Büscher/Obergfell, UWG, § 3a Rn. 80.

[23] Vgl. BGH, Urt. v. 8.10.2015 – I ZR 225/13, GRUR 2016, 513, Tz. 28 – Eizellspende.

daher zweifelhaft, dass dem Datenschutzrecht „als Beifang" durch Verbraucherschutzverbände zur Geltung verholfen werden sollte. Denn für sie sind andere Interessen vordergründig, die nicht immer mit den Interessen der durch eine Datenverarbeitung betroffener Individuen im Einklang stehen dürften. Nach dem Motto *„Schuster, bleib bei deinem Leisten"* sollten Datenschutzverbände i. S. d. Art. 80 DSGVO die Rechte Betroffener geltend machen und die Verbraucherschutzverbände eben Verbraucherrechte. Für alles andere besteht keine Not und auch keine Rechtfertigung.

Literatur

Barth, Günter: Wettbewerbsrechtliche Abmahnungen von Verstößen gegen das neue Datenschutzrecht – Wer darf Verstöße gegen die DSGVO und die E-Privacy-Verordnung privatrechtlich durchsetzen?, WRP 2018, S. 790-794.

Baumgartner, Ulrich/Sitte, Konstantin: Abmahnungen von DS-GVO-Verstößen – Angekündigte Abmahnwelle wird wohl ausbleiben, ZD 2018, S. 555-560.

Ehmann, Eugen/Selmayr, Martin: Datenschutz-Grundverordnung, Kommentar, 2. Auf., München 2018.

Fezer, Karl-Heinz/Büscher, Wolfgang/Obergfell, Eva Ines: Lauterkeitsrecht, Kommentar, 3. Aufl., München 2016.

Gola, Peter (Hrsg.): Datenschutz-Grundverordnung, Kommentar, 2. Aufl., München2018.

Harte-Bavendamm, Henning/Henning-Bodewig, Frauke (Hrsg.): Gesetz gegen den unlauteren Wettbewerb, 4. Aufl., München 2016.

Köhler, Helmut: Die DS-GVO – eine neue Einnahmequelle für gewerbsmäßige Abmahner?, ZD 2018, S. 337-338.

Köhler, Helmut/Bornkamm, Joachim/Feddersen, Jörn: Gesetz gegen den unlauteren Wettbewerb, Kommentar, 38. Aufl., München 2020.

Kühling, Jürgen/Buchner, Benedikt (Hrsg.): Datenschutz-Grundverordnung – Bundesdatenschutzgesetz, Kommentar, 3. Aufl., München 2020.

Ohly, Ansgar: UWG-Rechtsschutz bei Verstößen gegen die Datenschutz-Grundverordnung?, GRUR 2019, S. 686-693.

Paal, Boris P./Pauly, Daniel A. (Hrsg.): Datenschutz-Grundverordnung – Bundesdatenschutzgesetz, Kommentar, 2. Aufl., München 2018.

Spittka, Jan: Können Verbraucherschützer wegen DS-GVO-Verstößen klagen?, GRUR-Prax 2019, S. 272-274.

Spittka, Jan: Können Wettbewerber wegen DS-GVO-Verstößen abmahnen?, GRUR-Prax 2019, S. 4-6.

STRESSTEST FÜR DIE DSGVO: ANATOMIE EINES DATEN-GAU

Joerg Heidrich[1]

Heise Medien
joh@heise.de

Zusammenfassung

Der technische Datenschutz ist elementarer Bestandteil der DSGVO. Doch passen diese Regelungen, wenn sie sich im Falle eines riesigen IT-Sicherheitsvorfalls bewehren müssen? Der nachfolgende Beitrag zeichnet die Hintergründe eines Daten-GAUs mit Millionen von Betroffenen nach und prüft die relevanten Passagen der DSGVO auf ihre Anwendbarkeit in einem Notfall.

1 IT-Sicherheit in der DSGVO

Die wohl relevanteste Änderung in der DSGVO betrifft das Verhältnis zwischen Datenschutz und der IT-Sicherheit. Zwar war Datensicherheit immer schon Bestandteil dieses Rechtsbereichs. Die jetzigen Bestimmungen gehen jedoch weit über die bisherigen Bestimmungen hinaus und machen die Sicherheit der Systeme zu einem elementaren Bestandteil des Schutzes personenbezogener Daten. Es steht damit in einer Linie mit anderen Regulierungsvorhaben, wie etwa der neuen Version des IT-Sicherheitsgesetzes.[2] Sinn und Zweck dieser Vorgaben ist es, mit erheblicher staatlicher Regulierung und zum Teil detaillierten Vorlagen für eine Erhöhung der Sicherheit technischer Systeme zu sorgen.

Im Kern stehen dabei die Anforderungen des Art. 32 DSGVO an die Verarbeitung personenbezogener Daten. Die Vorgaben entsprechen denen einer Waage: Auf der einen Seite stehen Stand der Technik,[3] Implementierungskosten, Zweck und Durchführung der Verarbeitung sowie Eintrittswahrscheinlichkeit und Schwere des Risikos für die Rechte und Freiheiten der Betroffenen. Auf Basis dieser Voraussetzungen treffen der Verantwort-

---

[1] Joerg Heidrich ist Justiziar und Datenschutzberater von Heise Medien sowie als Rechts- und Fachanwalt für IT-Recht in Hannover tätig.

[2] Referentenentwurf zum IT-SiG vom 7.5.2020,: http://intrapol.org/wp-content/uploads/2 020/05/200507_BMI_RefE_IT-SiG20.pdf (abgerufen 30.6.2020).

[3] Zum „Stand der Technik" aus technischer Sicht siehe die Handreichungen des Bundesverbands der IT-Sicherheit, Stand 2020, https://www.teletrust.de/publikationen/broschuere n/stand-der-technik/ (abgerufen 30.6.2020).

liche und der Auftragsverarbeiter geeignete technische und organisatorische Maßnahmen, um ein diesem Risiko angemessenes Schutzniveau zu gewährleisten – es mithin auszubalancieren.

Diese Pflichten zur IT-Sicherheit aus der DSGVO haben inzwischen auch ersten Eingang in die Rechtsprechung gefunden. So fand etwa das LG Würzburg, dass bei einer Website, die über ein Kontaktformular Daten erhebt, zwingend „eine Verschlüsselung der Homepage" erforderlich sei.[4]

Neben der zentralen Vorschrift des Art. 32 DSGVO enthalten noch weitere Vorgaben aus der DSGVO direkt oder indirekt Vorgaben an die IT-Sicherheit. Hervorzuheben sind hier etwa die Löschvorgaben des Art. 17 DSGVO[5] oder die bislang immer noch zu wenig beachteten Anforderungen an Privacy by design und Privacy by default des Art. 25 DSGVO.[6] So beruht das von der Aufsichtsbehörde in Berlin bislang höchste in Deutschland verhängte Bußgeld in Höhe von 14,5 Millionen Euro rechtlich auf einem Verstoß gegen Art. 25 DSGVO. Das betroffene Immobilienunternehmen hatte dabei zahlreiche Daten vorgehalten, die es gar nicht hätte speichern dürfen oder die längst hätten gelöscht werden müssen.[7] Gerade im Bereich der Löschkonzepte[8] gibt es bei zahlreichen Unternehmen erheblichen Handlungsbedarf, der sich vermutlich auch noch in diversen Streitigkeiten mit den Aufsichtsbehörden niederschlagen wird.

Direkt auf Art. 32 DSGVO beruht das Bußgeld in Höhe von 1,2 Millionen Euro, welches gegen die AOK durch den LfDI Baden-Württemberg Ende Juni 2020 verhängt wurde.[9] Hier hatte die Krankenkasse Daten aus einem Gewinnspiel nicht hinreichend verarbeitet, so dass die personenbezogenen Daten von mehr als 500 Gewinnspielteilnehmern ohne deren Einwilligung zu Werbezwecken verwendet wurden.

Praktisch höchst relevant sind dabei natürlich auch die Meldepflichten der Art. 33, 34 DSGVO[10] bei Verstößen gegen die IT-Sicherheit und daraus

---

[4] LG Würzburg, Beschl. v. 13.9.2018 – 11 O 1741/18, MDR 2018, 1392 = K&R 2018, 736.

[5] In der Praxis höchst relevant durch die Fragen nach der Dauer von Protokollierung und Löschfristen für Backups und Archivierung, siehe dazu etwa *Keppeler/Berning*, ZD 2017, S. 314.

[6] Dazu *Hansen*, in: Simitis/Hornung/Spiecker gen. Döhmann, DSGVO, Art. 25 Rn. 5-9.

[7] Pressemeldung der Berliner Datenschutzbeauftragten v. 5.11.2019, https://www.daten schutz-berlin.de/fileadmin/user_upload/pdf/pressemitteilungen/2019/20191105-PM-Bu ssgeld_DW.pdf (abgerufen 30.6.2020).

[8] Dazu *Hammer*, in: Jandt/Steidle, Datenschutz im Internet, B. IV., Rn. 1-296.

[9] PM des *LfDI BW* v. 30.6.2020, https://www.baden-wuerttemberg.datenschutz.de/lfdi-ba den-wuerttemberg-verhaengt-bussgeld-gegen-aok-baden-wuerttemberg-wirksamer-daten schutz-erfordert-regelmaessige-kontrolle-und-anpassung/ (abgerufen 30.6.2020).

[10] Eine gute Übersicht dazu bietet *Paal*, ZD 2020, S. 119-124.

resultierenden Sicherheitspannen. Schließlich könnte im Bereich des technischen Datenschutzes auch die Zertifizierung nach Art. 42 DSGVO eine große Rolle spielen. Dieser eröffnet die Chance, Standards für eine Zertifizierung zu schaffen, die den Nachweis über die Einhaltung der Vorgaben des Datenschutzes zum Inhalt hat.[11]

2 Der Fall Buchbinder: Eine Analyse

Was passiert, wenn die strengen Anforderungen der DSGVO in Sachen IT-Sicherheit auf die Realität treffen, zeigt eindrucksvoll ein Vorfall, der sich Anfang 2020 abspielte und dessen unfreiwilliger Hauptdarsteller der Autoverleiher Buchbinder ist. Bei dem Vorfall handelt es sich sicher um eines der größten Datenlecks in der Geschichte der Bundesrepublik. Dabei standen die persönlichen Daten von nicht weniger als drei Millionen Kunden der Autovermietung Buchbinder wochenlang völlig ungeschützt im Netz. Gerade dieser Fall eignet sich hervorragend, um die Stärken und Schwächen der DSGVO-Regulierung an einem praktischen Geschehen zu prüfen.

2.1 Wer ist Buchbinder?

Bei Buchbinder[12] handelt es sich um einen der größten deutschen Autovermieter.[13] Unter dieser Marke agieren mehrere einzelne Firmen. Die Unternehmensgruppe mit Hauptsitz in Regensburg beschäftigt mehr als 2500 Mitarbeiter und betreibt rund 165 Mietstationen in Europa. Die Kerngesellschaft der Buchbinder-Gruppe machte 2018 laut Jahresabschluss einen Umsatz von gut 350 Millionen Euro. Seit 2017 gehört Buchbinder zum französischen Europcar-Konzern.

2.2 Umfangreiche Kundendaten

Für die Backups der eigenen Kundendatenbank nutzte das Unternehmen laut Who-is-Abfrage einen angemieteten Cloud-Rechner mit Standort in Köln. Auf diesem wurden jeden Wochentag .bak- und .log-Dateien gespeichert – jede davon mehrere hundert Gigabyte bis über ein Terabyte groß.[14]

---

[11] *Richter*, ZD 2020, S. 84; *Schneider*, in: Forgó/Helfrich/Schneider, Betrieblicher Datenschutz, Teil II. Kap. 6., Rn. 1-88.

[12] Es ist den Autoren wichtig zu betonen, dass es hier weniger um das Unternehmen Buchbinder als solches geht, sondern um eine exemplarische Darstellung der Vorschriften des technischen Datenschutzes auf Basis eines tatsächlichen Geschehens.

[13] Eine Darstellung des Unternehmens findet sich unter https://www.buchbinder.de/de/unternehmen/geschichte/ (abgerufen 30.6.2020).

[14] *Eikenberg/Gieselmann/Heidrich/Wölbert*, c't 4/2020, S. 12.

Die Backups enthielten über fünf Millionen Dateien mit umfangreicher Firmenkorrespondenz. Hierzu gehörten Rechnungen, Verträge, Mails und Fotos.

Insgesamt umfasste die Datenbank über neun Millionen Mietverträge in einem Zeitraum von 2003 bis 2020.[15] Erfasst wurden neben den Mietern auch die jeweiligen Fahrer mit Namen, Adresse, Geburtsdatum, Führerscheinnummer und -Ausstellungsdatum. Nicht selten wurden auch Mobilfunknummern und E-Mail-Adressen angegeben. Kreditkartennummern fanden sich nicht in der Datenbank, wohl aber Zahlungsinformationen und Bankverbindungen auf PDF-Scans von Rechnungen.[16]

Auch höchst vertrauliche Informationen fanden sich in der MSSQL-Datenbank. Dort ließen sich Kunden und Fahrer nach sensiblen Arbeitgebern, Ministerien oder auch Botschaften ausfiltern. Zusätzlich gab es eine Datenbank mit Unfällen, die bis ins Jahr 2006 zurückreichen. Vereinzelt zu finden waren auch Namen und Kontaktdaten von Verletzten und tödlich Verunglückten. Neben Zeit und Ort war auch vermerkt, ob eine Blutprobe von der Polizei angeordnet wurde.[17]

2.3 Fataler technischer Fehler

In vielen Fällen sind Konfigurationsfehler schuld, wenn Kundendaten im großen Stil ungewollt online auftauchen. Bereits ein Klick an der falschen Stelle genügt – und schon ist das System auf der ganzen Welt erreichbar. Stellt man einen Dienst ins Netz, ist es meist nur eine Frage von Minuten oder höchstens Stunden, bis das jemandem auffällt und Zugriffsversuche gestartet werden.

Solche exponierten Systeme können inzwischen automatisiert aufgespürt werden. Open-Source-Tools wie der Netzwerkscanner ZMap scannen in weniger als einer Stunde sämtliche IPv4-Adressen auf offene Dienste ab.[18] Auch die auf Sicherheitslücken spezialisierte Suchmaschine Shodan.io[19] zeigt solche Rechner an – zusammen mit 125 weiteren Servern mit ungeschützten SMB-Freigaben für Backups in Deutschland.

---

[15] *Tönnesmann*, ZeitOnline vom 22.1.2020: Unterwegs mit Wagen Nummer 417711, https://www.zeit.de/digital/datenschutz/2020-01/datenschutz-mietwagen-buchbinder-global-datenleck (abgerufen 30.6.2020).

[16] *Eikenberg/Gieselmann/Heidrich/Wölbert*, c't 4/2020, S. 12.

[17] *Eikenberg/Gieselmann/Heidrich/Wölbert*, c't 4/2020, S. 12.

[18] *Eikenberg*, heise online vom 24.1.2020, https://www.heise.de/ct/artikel/Nach-dem-Buchbinder-Leak-Datenlecks-rechtzeitig-erkennen-4643994.html (abgerufen 30. 6.2020).

[19] https://www.shodan.io/ (abgerufen 30.6.2020).

Im Fall Buchbinder lag die Ursache des Lecks in einem Konfigurations-fehler bei einem Backup-Server. Dort stand der Port 445 offen, der Zugriffe über das Netzwerkprotokoll SMB erlaubt.[20] Im Ergebnis konnte jeder Internet-Nutzer die von Buchbinder auf dem Server abgelegten Dateien herunterladen – insgesamt über 10 Terabyte. Hierfür war nicht einmal ein Passwort nötig. Kannte man die Adresse, etwa über Shodan, so musste für einen unbeschränkten Zugriff auf alle Kundendaten lediglich die IP-Adresse des Servers im Windows-Datei-Explorer eingegeben werden.

Den Hinweis auf den offenen Server hatten c't und DIE ZEIT von einem IT-Sicherheits-Experten erhalten.[21] Dessen Unternehmen war bei Routine-Scans auf den offenen SMB-Server gestoßen. Der Experte wandte sich zunächst zwei Mal per Mail an Buchbinder, erhielt nach eigenen Angaben bemerkenswerterweise aber keine Antwort. Soweit von außen feststellbar, wurden durch Buchbinder auf Basis der Informationen auch keine Maßnahmen zum Schließen des Datenlecks oder gar zur Meldung bei den Datenschutzbehörden eingeleitet.

2.4 Hohes Angriffspotential

Geleakte Kundendaten sind für „Cyber-Kriminelle" natürlich enorm wertvoll. Schließlich handelt es sich um valide Informationen von Millionen Kunden, die echt sein müssen, damit es zum Abschluss eines gültigen Mietvertrags kommen kann. Derartige Informationen lassen sich auf verschiedene Arten missbrauchen. So kann ein Angreifer gezielt nach Mietvorgängen von Unternehmenskunden suchen, um die persönlichen Kontaktdaten der involvierten Mitarbeiter herauszusuchen. Anschließend könnte er diese Daten für Social Engineering nutzen, um im Namen des Mitarbeiters mit dessen Kollegen oder Chef zu kommunizieren, um sich Vertrauen zu erschleichen und sich weitere Informationen oder gar Geld zukommen zu lassen.

Möglich und lukrativ wäre auch ein Phishing-Angriff auf Buchbinder-Kunden: Der Täter könnte beispielsweise Phishing-Mails verschicken, die dazu auffordern, die bei der Autovermietung hinterlegten Kreditkartendaten zu aktualisieren. Menschen sind in diesem Fall häufig manipulierbar, wenn vorgegeben wird, dass es bei einer Abbuchung zu einem Problem gekommen ist. Noch echter wirkt eine solche kriminelle Masche dann, wenn der Täter sich dabei konkret auf eine Vermietung beziehen kann. Für die Empfänger wäre eine solche Mail kaum von einer echten zu unterscheiden.

---

[20] *Eikenberg/Gieselmann/Heidrich/Wölbert*, c't 4/2020, S. 12.

[21] *Tönnesmann*, ZeitOnline, Unterwegs mit Wagen Nummer 417711, v. 22.1.2020, https://www.zeit.de/digital/datenschutz/2020-01/datenschutz-mietwagen-buchbinder-global-datenleck (abgerufen 30.6.2020).

Auch Buchbinder selbst droht erhebliches Ungemach. Wer auf die Datenbank in den Wochen mit dem Leck tatsächlich Zugriff hatte, lässt sich kaum nachvollziehen. Mitbewerber könnten unbezahlbare Einblicke in Unternehmensgeheimnisse des Autoverleihers erhalten haben. Ein derartig schwerer IT-Sicherheitsvorfall dürfte schließlich auch zu einem erheblichen Vertrauensverlust seitens der Kunden führen.

2.5 Die Aufdeckung der Datenpanne

Im Rahmen der Recherche von c't und DIE ZEIT wurde Buchbinder bereits zwei Tage vor der Veröffentlichung vorab von dem Datenleck informiert. Das Unternehmen hatte damit die Gelegenheit, die Lücke zu schließen und so weitere Zugriffe von Dritten zu unterbinden. Vor der Veröffentlichung waren zudem die zuständigen Datenschutzbehörden in Bayern durch den IT-Sicherheitsexperten von dem Vorfall unterrichtet worden.

Am 22.1.2020 berichteten DIE ZEIT[22] und die c't[23] zeitgleich von dem Vorfall. Dieser wurde auch von allen größeren Fernseh-, Online- und Printmedien aufgegriffen und war unter anderem auch Thema in den Hauptnachrichten von ARD[24] und ZDF.[25]

Buchbinder hatte zu dieser Zeit die Sicherheitslücke erwartungsgemäß geschlossen. Im Rahmen einer Presseerklärung entschuldigte man sich bei den Kunden.[26] Man habe „alle erforderlichen technischen und organisatorischen Maßnahmen ergriffen", um den Schutz Ihrer Daten zu gewährleisten. Ein fehlerhaft konfigurierter Server habe dazu geführt, dass persönliche Daten einer Vielzahl von Kunden des Unternehmens offengelegt wurden – darunter Mietwagenverträge, Namen, E-Mail-Adressen, Telefonnummern und Postanschriften, schreibt das Unternehmen in einer Mitteilung zu dem Vorfall. Zudem habe man „erstklassige Datensicherheitsexperten beauftragt, die Firma bei der weiteren Untersuchung und Bewertung zu unterstützen".

---

[22] *Tönnesmann*, ZeitOnline: Unterwegs mit Wagen Nummer 417711, v. 22.1.2020, https://www.zeit.de/digital/datenschutz/2020-01/datenschutz-mietwagen-buchbinder-global-datenleck (abgerufen 30.6.2020).

[23] *Eikenberg/Gieselmann/Heidrich/Wölbert*, heise online: Daten-Leak bei Autovermietung Buchbinder, v. 22.1.2020, https://www.heise.de/ct/artikel/Daten-Leak-bei-Autovermietung-Buchbinder-3-Millionen-Kundendaten-offen-im-Netz-4643015.html (abgerufen am 30.6.2020).

[24] tagesschau.de v. 22.1.2020, https://www.tagesschau.de/inland/datenleak-autovermietung-buchbinder-101.html (abgerufen am 30.6.2020).

[25] zdf.de v. 22.1.2020, https://www.zdf.de/nachrichten/wirtschaft/datenleck-bei-autoverleiher-buchbinder-100.html (abgerufen am 30.6.2020).

[26] Pressemeldung von Buchbinder vom 25.1.2020, https://www.buchbinder.de/de/stellungnahme-datenleck/ (abgerufen am 30.6.2020).

3 Rechtliche Bewertung

Anhand des Falls Buchbinder lassen sich die Vorgaben des technischen Datenschutzes der DSGVO exemplarisch überprüfen. Dies gilt sowohl für den Bereich der Vorbereitung und Dokumentation, als auch für das Verhalten nach dem Vorfall, also rund um Meldungen an Behörde und Betroffene. Schließlich stehen auch noch die Fragen nach den Folgen im Raum – sei es hinsichtlich zu verhängender Bußgelder oder im Bereich möglicher Schadensersatzforderungen nach Art 82 DSGVO.

3.1 Speicherung von Daten und Löschpflichten

Schon aufgrund der riesigen Datenmenge von über 10 Terabyte auf dem Server liegt die Vermutung nahe, dass es sich dabei um ein Backup der gesamten Kundendaten des Unternehmens handelte. Eine detaillierte Analyse dieser Informationen erfolgte im Rahmen der Recherche durch c't und DIE ZEIT selbstverständlich nicht.

Allerdings hat die Auswertung erbracht, dass Daten auch aus den Jahren 2009 und früher stammten. Natürlich ist es nicht grundsätzlich verboten, solche Daten vorzuhalten. Allerdings wird Buchbinder hier im Rahmen der üblichen Löschfristen[27] und -konzepte[28] gute Argumente brauchen, um die Speicherung dieser Daten zu erklären. Ein Vorhalten älterer Daten ohne Rechtsgrund wäre ein eigener Grund für ein Bußgeld.

3.2 Anforderungen an die IT-Sicherheit

Es ist offenkundig, dass ein komplett offener Backup-Server mit 10 TB an Kundendaten wie im Fall von Buchbinder einen katastrophalen Verstoß gegen wesentliche Vorgaben zur IT-Sicherheit darstellt.[29] Ob dies von dem Unternehmen selbst oder dem Provider als Auftragsverarbeiter zu verantworten war, spielt dabei im Sinne von Art. 32 DSGVO keine entscheidende Rolle.[30]

Dies gilt umso mehr, als auf dem Server auch besondere Arten von personenbezogenen Daten nach Art. 9 DSGVO in Form etwa von Unfallberichten lagen. Auch die Zuordnung einzelner Kunden beim Mieten von

---

[27] Zu Löschfristen siehe *Faas/Henseler*, BB 2018, S. 2292; *Keppeler/Berning*, ZD 2017, S. 314; *Gründel*, ZD 2019, S. 493.

[28] *Hunzinger*, CR 2018, S. 357 m. w. N.

[29] Dazu im Grundsatz *Vogel*, CB 2018, S. 19.

[30] Siehe *Schmitz/v. Dall'Armi*, in: Forgó/Helfrich/Schneider, Betrieblicher Datenschutz, Teil XII. Kap. 1. Rn. 1-57.

Fahrzeugen zu Parteien, Gewerkschaften oder Vereinen[31] dürfte zu einer Einordnung in diesen Bereich führen. Umso höher sind im Sinne von Art. 32 DSGVO die Anforderungen an die technischen und organisatorischen Maßnahmen zum Schutz dieser Informationen.[32]

Darüber hinaus dürfte die Konzeption der Backup-Server auch ein wichtiger Bestandteil der IT-Sicherheitsplanung des Unternehmens gewesen sein.[33] Es spricht auf den ersten Blick einiges dafür, dass angesichts der Menge der – zum Teil auch sensiblen – Informationen eine Datenschutzfolgenabschätzung (DSFA) nach Art. 35 DSGVO durchzuführen war. Hierfür spräche etwa die Liste der neun Kriterien der Art. 29-Gruppe zur Ermittlung von Verarbeitungsvorgängen, für die aufgrund ihres hohen Risikos eine DSFA erforderlich ist.[34] Die Voraussetzungen „Vertrauliche Daten oder höchst persönliche Daten" und „Datenverarbeitung in großem Umfang" dürften eindeutig vorliegen.

Allerdings dürfte sich in der Datenpanne im Fall von Buchbinder weniger ein konzeptionelles Problem manifestieren, sondern es spricht einiges dafür, dass hier eher menschliches Versagen bei der Durchführung des Backups vorgelegen hat. Insofern läge der Kern des rechtlichen Vorwurfs eher im Bereich des Art. 32 Abs. 1 lit d DSGVO, also bei der fehlenden Überprüfung, Bewertung und Evaluierung der Wirksamkeit der getroffenen technischen und organisatorischen Maßnahmen zur Gewährleistung der Sicherheit der Verarbeitung.

Danach müssen Verantwortliche und Auftragsverarbeiter die ihnen abverlangten Sicherheitsmaßnahmen nicht nur einmalig herstellen. Sie müssen ihre Wirksamkeit vielmehr auch regelmäßig durch geeignete Verfahren einer kritischen Begutachtung unterziehen. Diese Verpflichtung folgt der normativen Leitidee, dass erst die regelmäßige Evaluation der Maßnahmen das erforderliche Maß an Datensicherheit nachhaltig verbürgt.[35] Die Nachprüfung der umgesetzten technischen und organisatorischen Maßnahmen

---

[31] In den Kundenlisten fanden sich mehrere Hundert islamische Vereine, Einträge jüdischer Gemeinden und auch zu Schwulen- und Lesben-Vereine sowie Selbsthilfegruppen von Süchtigen.

[32] *Bäcker*, in: Kühling/Buchner, DS-GVO/BDSG, Art. 13 Rn. 94-98.

[33] Zum Umgang mit Backups *Conrad/Hertneck*, in: Auer-Reinsdorff/Conrad, Hdb. IT-und Datenschutzrecht, § 20 Rn. 1-105; speziell für den medizinischen Sektor *Paschke*, in: Specht/Mantz, Hdb. europ. und deutsches Datenschutzrecht, § 13 Rn. 1-102.

[34] Leitlinien zur DSFA der Art. 29-Gruppe vom 4.10. 2017, https://ec.europa.eu/newsroom/article29/item-detail.cfm?item_i d=611236 (abgerufen 30.6.2020).

[35] *Martini*, in: Paal/Pauly, DSGVO, Art. 32 Rn. 43.

erfolgt dabei auf Grundlage externer oder interner Prüfberichte, sowie Evaluierungen durch Betroffene und Nutzer, etwa mit Hilfe von Befragungen, beispielsweise anhand von Fragebögen.[36]

Denkbar sind aber auch fingierte Angriffe durch Dritte im Auftrag des jeweiligen Datenverarbeiters, insbesondere im Rahmen von Penetrationstests.[37] Die daraus resultierenden Ergebnisse hat der Verarbeiter in regelmäßigen Abständen zu bewerten, sowie die notwendigen Anpassungsmaßnahmen vorzunehmen.[38]

Es liegt nahe, dass Buchbinder und/oder ein Auftragsverarbeiter[39] nicht nur, aber vor allem gegen diese Vorgaben verstoßen hat. Denn im Rahmen einer solchen Kontrolle wäre das Leck mutmaßlich leicht zu entdecken gewesen.

3.3 Auskunftspflichten

Auf Basis des großen öffentlichen Interesses an dem Fall und der Vielzahl von Betroffenen, dürfte eine große Anzahl an Kunden von Buchbinder, nach Bekanntwerden des Sicherheitsvorfalls eine Selbstauskunft nach Art. 15 DSGVO[40] angefordert haben.

Die Auskünfte wurden jedoch offenbar nicht in der Frist von einem Monat erteilt.[41] Vielmehr beriefen sich die Verantwortlichen von Buchbinder, in den bekannt gewordenen Fällen auf die Ausnahmevorschrift des Art. 12 Abs. 3 DSGVO. Danach kann die Frist zur Auskunft um weitere zwei Monate verlängert werden, sofern dies „unter Berücksichtigung der Komplexität und der Anzahl von Anträgen erforderlich ist". Die im Rahmen dieser Vorschrift zu erteilende Zwischeninformation wurde von Buchbinder fristgerecht versandt.[42]

---

36 *Martini*, in: Paal/Pauly, DSGVO, Art. 32 Rn. 44.

37 *Schultze-Melling*, in: Taeger/Gabel, DSGVO BDSG, Art. 32 Rn. 22.

38 *Martini*, in: Paal/Pauly, DSGVO, Art. 32 Rn. 44.

39 Über die Pflichten für Auftagsverarbeiter *Deusch/Eggendorfer*, K&R 2018, S. 223.

40 Dazu im Detail *Engeler/Quiel*, NJW 2019, S. 2201.

41 Zu den Fristen *Specht*, in: Sydow, EU-DSGVO, Art. 15 Rn. 11-13.

42 *Bleich/Heidrich*, c't 8/2020, S. 58.

Fraglich dürfte aber sein, ob sich Buchbinder tatsächlich auf diese zeitliche Ausnahmeregelung berufen durfte. Zwar ist es naheliegend, dass tatsächlich eine große Anzahl von Anträgen eingegangen ist.[43] Keineswegs offensichtlich ist aber, dass es sich bei der Angelegenheit um einen Vorfall mit einer besonderen Komplexität handelt. Diese Formulierung bezieht sich nicht nur auf die Anträge an sich, sondern auf die dahinterstehenden Sachverhalte und deren rechtliche Einordnung.[44] Der Vorfall als solcher war vergleichsweise leicht zu identifizieren und abzustellen. Eine besondere Komplexität ist daher nicht ersichtlich.

3.4 Meldepflichten

Eindeutig ist, dass es sich bei dem Datenschutzvorfall bei der Buchbinder-Gruppe um einen meldepflichtigen Vorfall gemäß Art. 33 DSGVO[45] handelt. Dass es sich insoweit um eine Verletzung des Schutzes personenbezogener Daten handelt, die voraussichtlich zu einem Risiko für die Rechte und Freiheiten natürlicher Personen führt, dürfte nicht im Zweifel stehen. Insofern hätte eine Meldung an die Behörden in Bayern erfolgen müssen, die mutmaßlich auch erfolgt ist. Diesen war jedoch der Vorfall bereits im Vorfeld durch eine Mitteilung des IT-Unternehmens bekannt, welche den Vorfall ursprünglich ermittelt hatte.

Weniger eindeutig ist, ob in dem Fall auch eine Meldung an die Betroffenen nach Art. 34 DSGVO hätte erfolgen müssen. Die Vorschrift setzt voraus, dass die Sicherheitspanne „voraussichtlich ein hohes Risiko für die persönlichen Rechte und Freiheiten natürlicher Personen zur Folge" hat. Diese Herangehensweise stellt eine weitere direkte Umsetzung des risikobasierten Ansatzes[46] der DSGVO dar.

Wann genau ein solches hohes Risiko für die Betroffenen anzunehmen ist, definiert die DSGVO nur im Ansatz und auf Basis einer Prognose („voraussichtlich"). Bei hoher drohender Schadensschwere genügt bereits eine geringe Eintrittswahrscheinlichkeit. Umgekehrt überschreitet auch ein geringer zu erwartender Schaden die Risikoschwelle, wenn er mit hoher Wahrscheinlichkeit eintritt.[47] Dieser Grundsatz ergibt sich bereits aus ErwG 75 der DSGVO. Ansatzpunkte für ein hohes Risiko liegen auch dann

[43] *Paal/Hennemann*, in: Paal/Pauly, DSGVO, Art. 12 Rn. 54 gehen hier ohne nähere Begründung davon aus, dass nur ein Fristverlängerungsgrund alternativ vorliegen muss. Dies überzeugt schon angesichts der klaren Formulierung von Art. 12 DSGVO nicht. A. A. insoweit *Bäcker*, in: Kühling/Buchner, DS-GVO/BDSG, Art. 12 Rn. 33.

[44] *Paal/Hennemann*, in: Paal/Pauly, DSGVO, Art. 12 Rn. 54.

[45] Dazu *Paal*, ZD 2020, S. 119; *Becker*, ZD 2020, S. 175.

[46] Dazu ausführlich *Schröder*, ZD 2019, S. 503.

[47] *Martini*, in: Paal/Pauly, DSGVO, Art. 34 Rn. 30

vor, wenn besondere Kategorien von Daten nach Art. 9 DSGVO Gegenstand der Verletzung sind.[48]

Angesichts des oben festgestellten erheblichen Missbrauchspotentials für die über Wochen völlig offen im Netz stehenden Daten überrascht es sehr, dass sich Buchbinder gegen eine Meldung an die Betroffenen entschieden hat. Im vorliegenden Fall wäre sowohl eine potentiell hohe Schadensschwere, als auch eine – der offene Server war über Suchmaschinen auffindbar – keineswegs geringe Eintrittswahrscheinlichkeit zu prognostizieren.

Dies sieht Buchbinder überraschenderweise anders und kann sich dabei offenbar auf die zuständige Datenschutzaufsicht berufen. In einer Mitteilung[49] auf der Website nimmt das Unternehmen zur Frage der Meldepflicht wie folgt Stellung:

Wir freuen uns, Ihnen nun mitteilen zu können, dass nach unseren Untersuchungen und den Ermittlungen des BayLDA keine Anhaltspunkte dafür festgestellt werden konnten, dass exponierte Daten aufgrund des Vorfalls in unbekannte Hände gelangt sein könnten. Es gibt auch keine Anzeichen dafür, dass der Vorfall zu irgendeinem anderen Missbrauch von Daten geführt haben könnte. In Abstimmung mit dem BayLDA sehen wir daher aufgrund des Vorfalls kein hohes Risiko für die von dem Vorfall betroffenen Personen.

Diese Stellungnahme ist umso überraschender, als mit dem IT-Sicherheitsunternehmen, dem Heise Verlag und der ZEIT mindestens drei verschiedene Stellen Kontakt mit den exponierten Daten hatten. Zudem muss es Zugriff von verschiedenen Suchmaschinen gegeben haben. Dass es sich dabei aus Sicht von Buchbinder möglicherweise um „bekannte Hände" handelt, macht den Vorgang in der Bewertung nicht besser.

Irritierend ist es auch, dass man sich scheinbar in der Lage sieht, sämtliche der bei den diversen Zugriffen über einen längeren Zeitraum verwendeten IP-Adressen offenbar jedem einzelnen Abrufer zuzuordnen. Technisch scheint dies nur sehr schwer nachvollziehbar.

Daher ist die offenbar mit Zustimmung des BayLDA getroffene Entscheidung, den Vorfall nicht als solchen mit einem potentiell hohen Risiko einzuordnen, in keiner Weise überzeugend. Dies gilt sowohl für die Menge der frei im Netz verfügbaren Daten, deren Qualität und Einordnung, als auch für den technischen Aspekt des einfachen Zugriffs. Eine Meldung nach Art. 34 DSGVO hätte erfolgen müssen.

---

[48] *Laue*, in: Spindler/Schuster, Recht der elektronischen Medien, Art. 34 Rn. 6.

[49] Mitteilung der Firma Buchbinder, https://www.buchbinder.de/de/stellungnahme-daten leck/ (abgerufen 30.6.2020).

3.5 Bußgelder

Soweit bekannt, ist bislang kein Bußgeld gegen die Buchbinder Gruppe verhängt worden. Die Kerngesellschaft der Gruppe, die Charterline Fuhrpark Service GmbH, machte 2018 laut Jahresabschluss einen Umsatz von knapp 350 Millionen Euro.[50] Angesichts der Bußgeldvorgaben[51] durch die Aufsichtsbehörden ist insoweit eigentlich eine Rekordbuße zu erwarten.

3.6 Schadensersatz

Neben einem hohen Bußgeld droht Buchbinder auch weiterer Ungemach nach Art. 82 DSGVO. Danach haben potenziell Betroffene etwa einer Datenschutzpanne wegen eines Verstoßes gegen DSGVO-Vorgaben einen Schadensersatzanspruch für materielle oder immaterielle Schäden.[52] Erforderlich ist ein Verschulden des Verantwortlichen oder auch des Auftragsverarbeiters.

Hierzu gibt es bislang eher wenig Rechtsprechung.[53] Offen ist dabei, ob bereits die ungewollte Veröffentlichung von Kundendaten zu einem Ausgleichsanspruch führen kann oder ob Gerichte dies eher als Bagatellfall[54] werten. Für einen bloßen Bagatellfall spricht hier allerdings wenig. Dies gilt insbesondere für solche Daten aus dem Vorfall, in denen sensible Daten frei im Netz verfügbar waren, etwa Krankheitsinformationen bei Unfällen. Ebenfalls wahrscheinlich ist ein Anspruch, sofern das Datenleck eine Zuordnung des Betroffenen zu Vereinen aus dem Bereich Erkrankung, Politik oder sexuelle Vorlieben zulässt.

Die Möglichkeit, solche potenziellen Ansprüche einzusammeln und gebündelt durchzusetzen, lockt Legal-Techs an. Bereits am Tag, als die Informationen zu dem Buchbinder-Datenleck veröffentlicht wurden, entstanden derlei Angebote. Kunden sollen dort ihre Daten angeben und Ansprüche gegen Provision abtreten. Ob diese allerdings die Ansprüche der Betroffenen tatsächlich geltend gemacht haben, ist noch offen. Chancen wären zumindest in einigen Fällen sicher vorhanden.

---

[50] *Eikenberg/Gieselmann/Heidrich/Wölbert*, c't 4/2020, S. 12.

[51] Einen Überblick bietet *Lang*, CB 2020, S. 20.

[52] Dazu im Überblick *Wybitul*, NJW 2019, S. 3265; *Paal*, MMR 2020, S. 14.

[53] ArbG Düsseldorf, Urt. v. 5.3.2020 – 9 Ca 6557/18, https://openjur.de/u/22 02048.html (abgerufen 30.6.2020), hat für den Fall einer Verletzung eines Auskunftsanspruchs einen Schadensersatz in Höhe von 5.000 € zugesprochen.

[54] OLG Dresden Beschl. v. 11.6.2019 – 4 U 760/19, MDR 2019, 1193, und AG Diez, Urt. v. 7.11.2018 – 8 C 130/18, ZD 2019, 85, haben Schadensersatzansprüche bei „Bagatellverstößen" abgelehnt.

4 Fazit

Das Datenleck bei der Buchbindergruppe stellt einen erheblichen und für die Betroffenen gefährlichen Eingriff in deren Rechte dar. Es gibt in Deutschland nur wenige Vorfälle mit einer ähnlichen Angriffsintensität. Die Bewertung des Vorgangs nach den Vorgaben der DSGVO, stellt eine Herausforderung nicht nur an die zuständige Aufsichtsbehörde dar. Damit nicht genug, ist sie durchaus als Lackmustest für die praktische Umsetzung der europäischen Vorgaben zu bewerten.

Spannend bleibt damit die Bewertung durch die zuständige Behörde in Bayern – auch hinsichtlich des Bußgelds, das zu verhängen ist. Von erheblicher Bedeutung wird darüber hinaus die Frage sein, ob die Gerichte solche Fälle zukünftig unter den Anwendungsbereich des Art. 82 DSGVO stellen, was für Unternehmen erhebliche Risiken und Kosten mit sich bringen könnte.

Literatur

Auer-Reinsdorff, Astrid/Conrad, Isabell (Hrsg.): Handbuch IT-und Datenschutzrecht, 3. Aufl., München 2019.

Becker, Franz: Meldungen nach Art. 33 DS-GVO, Voraussetzungen der Meldepflicht und die Doppelrolle der Aufsichtsbehörden, ZD 2020, S. 175-179.

Bleich, Holger/Heidrich, Joerg: Der Autovermieter Buchbinder lässt Kunden über sein Datenleck im Unklaren, c't 8/2020, S. 58.

Deusch, Florian/Eggendorfer, Tobias: Penetrationstest bei Auftragsverarbeitung, K&R 2018, S. 223.

Eikenberg, Ronald: Nach dem Buchbinder-Leak: Datenlecks rechtzeitig erkennen, heise online vom 24.1.2020.

Eikenberg, Ronald/Gieselmann, Hartmut/Heidrich, Joerg/Wölbert, Christian: Daten-GAU bei Buchbinder, c't 4/2020, S. 12.

Engeler, Malte/Quiel, Philipp: Recht auf Kopie und Auskunftsanspruch im Datenschutzrecht, NJW 2019, S. 2201-2206.

Faas, Thomas/Henseler, Maren: Speicherdauer und Aufbewahrungsfristen unter der DSGVO, BB 2018, S. 2292-2298.

Forgó, Nikolaus/Helfrich, Marcus/Schneider, Jochen (Hrsg.): Betrieblicher Datenschutz, 3. Aufl., München 2019.

Gründel, Achim: Ermittlung des Löschbedarfs bei unstrukturierten Datenbeständen, ZD 2019, S. 493-498.

Hunzinger, Achim: Löschkonzepte nach der DSGVO am Beispiel von ERP-Systemen, CR 2018, S. 357-366.

Jandt, Silke/Steidle, Roland (Hrsg.): Datenschutz im Internet, München 2018.

Keppeler, Lutz Martin/Berning, Wilhelm: Technische und rechtliche Probleme bei der Umsetzung der DS-GVO-Löschpflichten, ZD 2017, S. 314-319.

Kühling, Jürgen/Buchner, Benedikt (Hrsg.): DS-GVO/BDSG, Kommentar, 2. Aufl., München 2018.

Lang, Markus: Bußgeldbemessung bei Datenschutzverstößen, Neues Konzept der deutschen Datenschutzaufsichtsbehörden, CB 2020, S. 20-22.

Paal, Boris: Meldepflicht bei Datenschutzverstößen nach Art. 33 DS-GVO, ZD 2020, S. 119-124.

Paal, Boris: Schadensersatzansprüche bei Datenschutzverstößen, Voraussetzungen und Probleme des Art. 82 DS-GVO, MMR 2020, S. 14-19.

Paal, Boris/Pauly, Daniel (Hrsg.): Datenschutzgrundverordnung, Kommentar, 2. Aufl., München 2018.

Richter, Frederick: Zertifizierung unter der DS-GVO, ZD 2020, S. 84-87.

Schröder, Markus: Der risikobasierte Ansatz in der DS-GVO, ZD 2019, S. 503-508.

Simitis, Spiros/Hornung, Gerrit/Spiecker gen. Döhmann, Indra (Hrsg.): Datenschutzrecht, DSGVO mit BDSG, Baden-Baden 2019.

Specht, Louisa/Mantz, Reto (Hrsg.): Handbuch Europäisches und deutsches Datenschutzrecht, München 2019.

Spindler, Gerald/Schuster, Fabian (Hrsg.): Recht der elektronischen Medien, 4. Aufl., München 2019.

Sydow, Gernot (Hrsg.): Europäische Datenschutzgrundverordnung, Kommentar, 2. Aufl., Baden-Baden 2018.

Taeger, Jürgen/Gabel, Detlef (Hrsg.): DSGVO BDSG, 3. Aufl., Frankfurt 2019.

Tönnesmann, Jens: Unterwegs mit Wagen Nummer 417711, ZeitOnline vom 22.1.2020.

Vogel, Marko: Umfassende IT-Sicherheit: Für Unternehmen ein Muss, CB 2018, S. 197-199.

Wybitul, Tim: Immaterieller Schadensersatz wegen Datenschutzverstößen – Erste Rechtsprechung der Instanzgerichte, NJW 2019, S. 3265-3269.

UNTERNEHMEN AM PRANGER?! – ÖFFENTLICHE ÄUßERUNGEN VON DATENSCHUTZBEHÖRDEN IM ZUSAMMENHANG MIT BUßGELDVERFAHREN

Dr. Tobias Born

Baker & McKenzie
Partnerschaft von Rechtsanwälten und Steuerberatern mbB
tobias.born@bakermckenzie.com

Zusammenfassung

Öffentliche Information der Aufsichtsbehörden für den Datenschutz im Zusammenhang mit Bußgeldverfahren greifen aufgrund ihrer Prangerwirkung in die Grundrechte betroffener Unternehmen ein. Mangels Rechtsgrundlage ist insbesondere Informationshandeln in Bezug auf verhängte Bußgelder mangels Rechtsgrundlage regelmäßig rechtswidrig. Die Rechtsprechung, die derartiges staatliches Handeln für zulässig erachtet, steht nicht im Einklang mit den Anforderungen für die Rechtfertigung von Grundrechtseingriffen. Informationen zu laufenden Bußgeldverfahren sind aufgrund der Unschuldsvermutung und des Grundsatzes eines fairen Verfahrens nur ohne Nennung der betroffenen Unternehmen zulässig.

1 Die Angst vor „Naming and Shaming"

„Naming and Shaming". Im Zusammenhang mit Datenschutzverstößen von Aufsichtsbehörden öffentlich genannt und an den Pranger gestellt zu werden – eine Angst, die so manches Unternehmen umtreibt. Eine Angst, die insbesondere für den Fall, dass ein Bußgeld verhängt werden sollte, besteht. Nicht selten kommt es daher vor, dass Mandanten Datenschutzanwälten die Frage stellen, ob Datenschutzverstöße und insbesondere Bußgeldverfahren öffentlich gemacht werden. Befürchtet werden Reputationsverluste und Umsatzeinbußen.

Wenngleich keine alltägliche Praxis der deutschen Aufsichtsbehörden, so ist diese Angst allerdings nicht völlig unbegründet. Insbesondere bei der Verhängung von nach der DS-GVO nun möglichen Bußgeldern in Millionenhöhe treten die Aufsichtsbehörden in Deutschland und anderen EU-Mitgliedstaaten mit Pressemitteilungen an die Öffentlichkeit. Betroffene Unternehmen werden namentlich genannt. Teilweise findet auch eine Nennung in den Tätigkeitsberichten statt, so etwa umfassend zu mehreren abgeschlossenen Bußgeldverfahren im Tätigkeitsbericht der Berliner Daten-schutzbeauftragten.[1] Die Aufsichtsbehörde des vereinigten Königreichs (Information Commissioner's Office, ICO) führt sogar eine Liste auf seiner Website, in der sich die „Enforcement action" im Detail nachvollziehen lässt und sogar Bußgeldbescheide im Volltext abrufbar sind.[2] Die Informa-tionen verbreiten sich durch Medienberichterstattung und auch dank ge-wisser Kurznachrichtendienste in kürzester Zeit. Dies zeigt etwa der Fall der AOK Baden-Württemberg. Gegen diese verhängte der Landesbeauf-tragte für den Datenschutz und die Informationsfreiheit von Baden-Würt-temberg im Juni 2020 ein Bußgeld in Höhe von EUR 1,24 Mio· und veröf-fentlichte eine entsprechende Pressemitteilung.[3]

Fraglich ist, ob derartiges Informationshandeln rechtlich zulässig ist.

2 Informationshandeln als Realakt

Das informatorische Handeln der Aufsichtsbehörden ist regelmäßig als schlicht-hoheitliches Handeln, als Realakt, einzustufen.[4] Eine Regelungs-wirkung liegt hingegen grundsätzlich nicht vor, sodass es sich nicht um einen Verwaltungsakt handelt.

3 Verbreiteter Rückgriff auf Dogmatik des Bundesverfassungsgerichts

Urteile zu Zulässigkeit der Äußerungen – insbesondere Pressemitteilungen und Nennung in Tätigkeitsberichten – der Aufsichtsbehörden im Zusam-menhang mit von diesen geführten Bußgeldverfahren sind derzeit nicht be-kannt.

Das OLG Düsseldorf hat hingegen die Zulässigkeit einer Pressemittei-lung des Bundeskartellamtes zu verhängten Bußgeldern ausdrücklich für zulässig erachtet. Es führt lapidar aus, dass es sich um staatliches Informa-tionshandeln handle, ohne dass das Prinzip des Gesetzesvorbehalts hierfür eine besondere Ermächtigung verlange, auch wenn durch die Berichterstat-tung faktische Beeinträchtigungen herbeigeführt werden könnten.[5]

---

[1] Berliner Beauftragte für Datenschutz und Informationsfreiheit, Jahresbericht 2019, S. 161 ff.

[2] https://ico.org.uk/action-weve-taken/enforcement/ (abgerufen 5.7.2020).

[3] Landesbeauftragter für den Datenschutz und die Informationsfreiheit, Pressemitteilung v. 30.6.2020, https://www.baden-wuerttemberg.datenschutz.de/wp-content/uploads/2020 /06/PM_Bu%C3%9Fgeld-gegen-AOK.pdf (abgerufen 5.7.2020).

[4] BVerwG, Urt. v. 8.10.1990 – 3 C 2/88, NJW 1991, 1766 (1767).

[5] OLG Düsseldorf, Beschl. v. 9.10.2014 – VI- Kart 5/14 (V), BeckRS 2015, 997, Rn. 28.

In dieselbe Richtung zeigt die sonstige Rechtsprechung zu Äußerung staatlicher Stellen. Insbesondere gilt dies für die Rechtsprechung zu Äußerungen der Aufsichtsbehörden. Zurückgegriffen wird – mit teilweiser Zustimmung durch die Literatur – in nur geringfügig unterschiedlicher Ausprägung jeweils auf die Rechtsprechung des Bundesverfassungsgerichts zu staatlichem Informationshandeln. Zulässig sein sollen sachliche, inhaltlich zutreffende Äußerungen und sogar Warnungen und die namentlichen Nennung von Unternehmen mit Verweis auf eine Schutzfunktion, soweit der Grundsatz der Verhältnismäßigkeit gewahrt wird.[6] So explizit das OVG Schleswig in Bezug auf Äußerungen des Landesbeauftragten für Datenschutz von Schleswig-Holstein.[7] Ähnlich geurteilt hatte bereits im Jahr 1999 das VG Köln zu Äußerungen des Bundesbeauftragten für den Datenschutz, wobei die Äußerungen im konkreten Fall für rechtswidrig erachtet wurden.[8]

4 Grundrechtsbindung und Grundrechtseingriff

Äußerungen zu laufenden oder abgeschlossenen Bußgeldverfahren stellen im Ergebnis regelmäßig einen Eingriff in die Grundrechte der betroffenen Unternehmen dar.

4.1 Grundrechtsbindung der Aufsichtsbehörden

Zunächst versteht sich von selbst, dass die Aufsichtsbehörden trotz ihrer völligen Unabhängigkeit (Art. 52 Abs. 1 DS-GVO) bei der Ausübung ihrer Aufsichtätigkeit der Grundrechtsbindung unterliegen. Diese ergibt sich sowohl aus dem Grundgesetz (Art. 20 Abs. 3 GG und Art. 1 Abs. 3 GG), als auch aus Art. 51 Abs. 1 S. 1 der Charta der Grundrechte der Europäischen Union (GRCh).

4.2 Maßgebliches Grundrechtsregime

Fraglich ist jedoch, welches Grundrechtsregime für die Beurteilung der Informationstätigkeit im Zusammenhang mit Bußgeldverfahren maßgeblich ist, das des Grundgesetzes oder das der GRCh. Diese grundsätzliche Frage wird im Zusammenhang mit der Informationstätigkeit der Aufsichtsbehörden bislang überwiegend ignoriert.

---

[6] OLG Düsseldorf, Beschl. v. 9.10.2014 – VI- Kart 5/14 (V), BeckRS 2015, 997, Rn. 28 ff.; *Polenz*, in: Simitis/Hornung/Spiecker gen. Döhmann, Datenschutzrecht, Art. 58 Rn. 54; *Nguyen*, in: Gola, DS-GVO, Art. 58 Rn. 23; *Kropp*, PinG 2019, S. 220 (222 ff.); in diese Richtung bereits *Müller*, RDV 2004, S. 211 (213 f.).

[7] OVG Schleswig, Beschl. v. 28.2.2014 – 4 MB 82/13, ZD 2014, 536 (538), unter Verweis auf BVerfG, Beschl. v. 26.6.2002 – 1 BvR 558/91, NJW 2002, 2621.

[8] VG Köln, Beschl. v. 11.3.1999 – 20 L 3757/98, MMR 1999, 741.

Für die alleinige Anwendbarkeit der GRCh spricht zunächst, dass das Informationshandeln der Aufsichtsbehörden im Rahmen der Durchsetzung der DS-GVO erfolgt. Insoweit liegt darin grundsätzlich eine administrative Durchführung des Europarechts, die zur Anwendbarkeit der GRCh führt, Art. 51 Abs. 1 GRCh. Aufgrund deren Anwendungsvorrangs sind die Grundrechte des Grundgesetzes dann nicht anzuwenden, und auch das Bundesverfassungsgericht prüft die Anwendung des Unionsrechts nur am Maßstab der GRCh.[9] Schwierigkeiten bereitet nun aber, dass die einzig mögliche Rechtsgrundlage, Art. 58 Abs. 3 lit. b DS-GVO für das Informationshandeln zumindest möglicherweise eine Öffnungsklausel enthält (dazu sogleich unter 5.1.3.2). Jedenfalls soweit man davon ausgeht, dass hier die Ausgestaltung in Bezug auf Stellungnahmen der Aufsichtsbehörden gegenüber der Öffentlichkeit den Mitgliedstaaten überlassen wird, prüft auch das Bundesverfassungsgericht primär die Grundrechte des Grundgesetzes, ohne dass dies die daneben unmittelbare Anwendbarkeit auch der GRCh in Frage stellen würde.[10] Nur wenn, anders als vorliegend wohl der Fall, eine Öffnungsklausel nicht erheblich ist, prüft auch das Bundesverfassungsgericht allein anhand der Unionsgrundrechte.[11]

Davon kann hier im Zweifel nicht ausgegangen werden. Zumal nach hier vertretener Ansicht auch in der DS-GVO keine Rechtsgrundlage für das Informationshandeln im Bußgeldverfahren existiert (dazu unter 5.1). Es könnte daher sogar damit argumentiert werden, dass dieses Informationshandeln der Aufsichtsbehörden überhaupt nicht europarechtlich determiniert ist. Dazu kommt, dass das die Grundrechte des Grundgesetzes im Lichte der Grundcharta auszulegen sind.[12]

Im Folgenden wird daher von einer Anwendbarkeit sowohl der GRCh als auch des Grundgesetzes ausgegangen.

Auch nach der Rechtsprechung des Bundesverfassungsgerichts (Recht auf Vergessen II) kann die Abgrenzung dahinstehen, soweit die Anwendung der unterschiedlichen Grundrechte nicht zu unterschiedlichen Ergebnissen führt.[13] Genau dies ist hier der Fall.

---

[9] BVerfG, Beschl. v. 6.11.2019 – 1 BvR 276/17, NJW 2020, 314 (317 f.).

[10] BVerfG, Beschl. v. 6.11.2019 – 1 BvR 16/13, NJW 2020, 300 (305).

[11] BVerfG, Beschl. v. 6.11.2019 – 1 BvR 276/17, NJW 2020, 314 (316).

[12] BVerfG, Beschl. v. 6.11.2019 – 1 BvR 16/13, NJW 2020, 300 (303).

[13] BVerfG, Beschl. v. 6.11.2019 – 1 BvR 276/17, NJW 2020, 314 (321).

4.3 Einschlägige Grundrechte

Einschlägige Grundrechte sind auf Seiten der betroffenen Unternehmen zumindest die Berufsfreiheit, Art. 12 GG[14] und unter der GRCh die Berufsfreiheit nach Art. 15 GRCh und/oder die unternehmerische Freiheit gemäß Art. 16 GRCh.[15] Bei Nennung natürlicher Personen sind zudem das Recht auf informationelle Selbstbestimmung gemäß Art. 2 Abs. 1 i. V. m. Art. 1 Abs. 1 GG[16] bzw. das Recht auf Privatheit, Art. 7 GRCh, und das Datenschutzgrundrecht gemäß Art. 8 GRCh und Art. 16 Abs. 1 AEUV einschlägig.

4.4 Grundrechtseingriff

Ein Eingriff liegt sowohl nach dem Grundgesetz als auch nach der EU-Grundrechte-Charta vor, wenn Aufsichtsbehörden sich unter Nennung des jeweiligen Unternehmens im Zusammenhang mit Bußgeldverfahren äußern. Nichts anders gilt nebenbei bemerkt im Übrigen im Verwaltungsverfahren und bei öffentlichen Warnungen und ähnlichem informatorischem Handeln der Aufsichtsbehörden.

4.4.1 Grundrechtseingriff unter dem Grundgesetz

Staatliches Informationshandeln erfüllt im Anwendungsbereich der Grundrechte des Grundgesetz als Realhandeln und damit mangels Rechtsförmlichkeit nicht die Anforderungen des „klassischen" Eingriffsbegriffs.[17] Wirkt es sich nur mittelbar-faktisch aus, führt es nach der Rechtsprechung des Bundesverfassungsgerichts – beginnend mit der Osho- und der Glykolwein-Entscheidung – ebenfalls nicht automatisch zu einem Eingriff in Grundrechte.[18] Ein Eingriff soll allerdings vorliegen, soweit das Informa-

---

[14] BVerfG, Beschl. v. 21.3.2018 – 1 BvF 1/13, NJW 2018, 2109 (2110); OVG Schleswig, Beschl. v. 28.2.2014 – 4 MB 82/13, ZD 2014, 536 (536).

[15] Im Fall der AOK fehlt es grundsätzlich schon an der Grundrechtsfähigkeit, da es sich bei dieser um eine Körperschaft des öffentlichen Rechts als Teil der mittelbaren Staatsverwaltung handelt; BVerfG, Beschl. v. 11.12.2008 – 1 BvR 1665/09, NVwZ-RR 2009, 261 (362); da die AOK aber im vorliegenden Fall personenbezogene Daten aus Gewinnspielen zum Zweck der Werbung nutzte, könnte insoweit eine Grundrechtsfähigkeit bestehen; siehe BVerfG, Beschl. v. 16.5-1989 – 1 BvR 705/88, NJW 1990, 1783.

[16] BVerfG, Urt. v. 15-12-1983 – 1 BvR 209/83, NJW 1984, 419 (421 ff.).

[17] Grundlegend *Hobusch*, JA 2019, S. 278 (279).

[18] BVerfG, Beschl. v. 21.3.2018 – 1 BvF 1/13, NJW 2018, 2109 (2110); BVerfG, Beschl. v. 26.6.2002 – 1 BvR 558/91, NJW 2002, 2621 (2624); BVerfG, Beschl. v. 26.6.2002 – 1 BvR 670/91, NJW 2002, 2626 (2629).

tionshandeln in seiner Zielsetzung und mittelbar-faktischen Wirkungen einem Eingriff als funktionales Äquivalent gleichkommt.[19] Insbesondere die älteren Entscheidungen des Bundesverfassungsgerichts sind in diesem Zusammenhang unklar und haben massive Kritik erfahren. Dies insbesondere mit Blick darauf, dass die Grenzen zwischen Schutzbereich, Eingriff und Rechtfertigungsebene vermischt wurden.[20] Deutlich klarer hingegen äußerte sich das Bundesverfassungsgericht in dem Urteil, mit dem es die Verfassungswidrigkeit von § 40 Abs. 1a LFGB feststellte, der die Information der Öffentlichkeit zur Gefahrenabwehr unter Nennung von Lebens- bzw. Futtermittelunternehmen regelt. Ein funktionales Äquivalent soll demnach dann vorliegen können, wenn die staatliche Information direkt auf die Marktbedingungen konkret individualisierter Unternehmen ziele, indem sie die Grundlagen der Entscheidungen am Markt zweckgerichtet beeinflusse und so die Markt- und Wettbewerbssituation zum wirtschaftlichen Nachteil der betroffenen Unternehmen verändere.[21]

Legt man dies zugrunde, stellt sich das Informationshandeln der Aufsichtsbehörden im Zusammenhang mit Bußgeldverfahren aufgrund seiner Sanktionswirkung als funktionales Äquivalent zu einem Eingriff dar.[22] Die bereits erwähnte Entscheidung des OVG Schleswig geht ganz selbstverständlich von „grundrechtsgreifender Wirkung" staatlichen Informationshandelns aus.[23] Auch das VG Köln deutet dies zumindest an.[24]

Warum sonst sollten die Aufsichtsbehörden, insbesondere im Zusammenhang mit hohen Bußgeldern, Pressemitteilungen veröffentlichen? Die Information mag zur Transparenz beitragen und auf ein großes Medienecho stoßen. Aber insbesonder Letzteres ist es auch, worauf letztlich abgezielt wird. Soweit vertreten wird, dass keine Lenkung der Bevölkerung gewollt sei,[25] überzeugt dies daher nicht. Wenn sie nicht schon primär beabsichtigt

---

[19] BVerfG, Beschl. v. 21.3.2018 – 1 BvF 1/13, NJW 2018, 2109 (2110); BVerfG, Beschl. vom 26.6.2002 – 1 BvR 558/91, NJW 2002, 2621 (2624); BVerfG, Beschl. v. 26.6.2002 – 1 BvR 670/91, NJW 2002, 2626 (2629).

[20] Zur Kritik statt vieler *Schoch*, NVwZ 2011, S. 193 (194).

[21] BVerfG, Beschl. v. 21.3.2018 – 1 BvF 1/13, NJW 2018, 2109 (2111).

[22] BVerfG, Beschl. v. 24.5.2005 – 1 BvR 1072/01, NJW 2005, 2912 (2915); zur Warnung vor dem Verkauf illegaler E-Zigaretten OVG Münster, Beschl. v. 23.4.2012 – 13 B 127/12, NVwZ 2012, 767 (768); *Härting*, CR 2011, S. 585 (588); so wohl auch *Paal*, K&R 2020, S. 8 (11); siehe schon *Born*, Die Datenschutzaufsicht und ihre Verwaltungstätigkeit im nicht-öffentlichen Bereich, S. 334 ff.

[23] OVG Schleswig, Beschl. v. 28.2.2014 – 4 MB 82/13, ZD 2014, 536 (538).

[24] VG Köln, Beschl. v. 11.3.1999 – 20 L 3757/98, MMR 1999, 741 (741).

[25] *Kropp*, PinG 2019, S. 220 (223).

ist,[26] so ist sie doch zumindest bewusst in Kauf genommene Nebenfolge.[27] Potentiell betroffene Personen sollen letztlich gewarnt werden, und auf andere Verantwortliche soll indirekt Druck ausgeübt werden. So zeigen die Aufsichtsbehörden nämlich, dass sie das Datenschutzrecht auch mit Bußgeldern durchsetzen. Hinzu kommt, dass entsprechende Informationen bzw. Pressemitteilungen regelmäßig im Internet veröffentlicht werden und sich so rasend schnell verbreiten. Auswirkungen auf den Umsatz bis hin zur Existenzvernichtung können im Extremfall die Folge sein – dies erkennt auch das Bundesverfassungsgericht ausdrücklich an.[28]

4.4.2 Grundrechtseingriff unter der GRCh

Auch im Anwendungsbereich der GRCh ist aufgrund der möglichen negativen Auswirkung von Äußerungen der Aufsichtsbehörden und der dahinter stehenden Lenkungsintention von einem Grundrechtseingriff auszugehen.[29]

4.4.3 Grundrechtseingriff, wenn Verhängung des Bußgeldes schon öffentlich

Ist ein bereits verhängtes Bußgeld bereits öffentlich geworden, liegt hingegen nicht in jedem Fall ein Grundrechtseingriff vor. In einem Verwaltungsverfahren und im Zusammenhang damit stattfindender Informationstätigkeit gilt dies entsprechend. Der Fall sein kann dies insbesondere, wenn Medien – z.B. mittels medien-/presserechtlicher Auskunftsansprüche (etwa § 9a RStV) – bereits Kenntnis von den Bußgeldverfahren erlangt und darüber berichtet haben.[30] Im Sinne des Grundrechtsschutzes ist jedoch Zurückhaltung geboten, Ausnahmen von einem Eingriff anzunehmen und auf die Umstände des Einzelfalls abzustellen. Wurde etwa über ein Bußgeldverfahren nur vereinzelt berichtet und wird eine Pressemitteilung medienwirksam herausgegeben, spricht dies für einen Grundrechtseingriff. Wird eine solche Pressemitteilung nur aufgrund einer Vielzahl von zulässigen Presse- und Medienanfragen herausgegeben und dient primär dazu, die sachliche Berichterstattung zu unterstützen und eventuell sogar Spekulationen vorzubeugen, spricht dies gegebenenfalls gegen einen Grundrechtseingriff.

---

[26] So BVerfG, Beschl. v. 21.3.2018 – 1 BvF 1/13, NJW 2018, 2109 (2111).

[27] Vgl. BVerwG, Urt. v. 18.10.1990 – 3 C 2/88, NJW 1991, 1766 (1768).

[28] BVerfG, Beschl. v. 21.3.2018 – 1 BvF 1/13, NJW 2018, 2109 (2111).

[29] *Jarass*, Charta der Grundrechte der EU, Art. 52 Rn. 11 ff.; *Schwerdtfeger*, in: Meyer/Hölscheidt, Charta der Grundrechte der Europäischen Union, Art. 52 Rn. 27; speziell zur unternehmerischen Freiheit und zur Berufsfreiheit *Ruffert*, in: Calliess/Ruffert, EUV/AEUV, Art. 15 EU-GRCharta Rn. 11.

[30] OVG Schleswig, Beschl. v. 28.2.2014 – 4 MB 82/13, ZD 2014, 536 (538).

Bußgeldverfahren können auch aufgrund von Ad-hoc-Publizitätspflichten börsennotierter Unternehmen bekannt werden, Art. 17 VO (EU) 596/2014 (Marktmissbrauchs-Verordnung). Eine solche Ad-hoc-Publizitätspflicht kann dann bestehen, wenn ein Verwaltungs- oder Gerichtsverfahren bzw. dessen Ausgang oder absehbarer Ausgangs kurserheblich ist.[31] Drohen Bußgelder in Millionenhöhe kann unproblematisch von einer Eignung zur erheblichen Kursbeeinflussung im Sinne von Art. 7 Abs. 4 VO (EU) 596 /2014 ausgegangen werden. Äußert sich die Aufsichtsbehörde dazu, ist im Zweifel von einem Grundrechtseingriff auszugehen. Bei rein klarstellenden Stellungnahmen kann dies aber gegebenenfalls anders zu beurteilen sein. Derartige Fälle sind aber in Deutschland, soweit ersichtlich, nicht bekannt geworden; anders im Vereinigten Königreich im Zusammenhang mit gegen Marriott und British Airways laufenden Bußgeldverfahren des ICO, die durch die Unternehmen der US Börsenaufsicht SEC[32] bzw. der London Stock Exchange[33] mitgeteilt wurden.

5 Erfordernis und Fehlen einer Rechtsgrundlage

Liegt ein Grundrechtseingriff vor, bedarf das staatliche Handeln, auf das dieser zurückgeht, einer Rechtsgrundlage. Im Anwendungsbereich des Grundgesetzes ergibt sich dies aus dem Vorbehalt des Gesetzes (Art. 20 Abs. 3 GG sowie die Gesetzesvorbehalte der einzelnen Grundrechte). Im Anwendungsbereich der GRCh ergibt sich die Erforderlichkeit einer Rechtsgrundlage aus Art. 52 Abs. 1 Satz 1 GRCh. Danach muss jede Einschränkung der Ausübung der in GRCh anerkannten Rechte und Freiheiten gesetzlich vorgesehen sein.

5.1 Keine Rechtsgrundlage in DS-GVO

Eine Rechtsgrundlage für in Grundrechte eingreifendes Informationshandeln der Aufsichtsbehörden enthält die DS-GVO kurz gesagt nicht.

5.1.1 Aufgabenzuweisung in Art. 57 Abs. 1 lit. b DS-GVO

Art. 57 Abs. 1 lit. b DS-GVO lässt sich leidglich eine Aufgabenzuweisung entnehmen. Danach ist es Aufgabe der Aufsichtsbehörden, die Öffentlich-

---

[31] *Horcher*, in: Drinhausen/Eckstein, Beck'sches Handbuch der AG, § 22 Rn. 38.

[32] ICO, Statement: Intention to fine Marriott International, Inc more than £99 million under GDPR for data breach, 9.7.2019, https://ico.org.uk/about-the-ico/news-an d-events/news -and-blogs/2019/07/statement-intention-to-fine-marriott-international-in c-more-than-9 9-million-under-gdpr-for-data-breach/ (abgerufen 5.7.2020).

[33] ICO, Intention to fine British Airways £183.39m under GDPR for data breach, 8.7.2020, https://ico.org.uk/about-the-ico/news-and-events/news-and-blogs/2019/ 07/ico-announ ces-intention-to-fine-british-airways/ (abgerufen 5.7.2020).

keit für die Risiken, Vorschriften, Garantien und Rechte im Zusammenhang mit der Verarbeitung personenbezogener Daten zu sensibilisieren und sie darüber aufklären. Insbesondere spezifische Maßnahmen für Kinder sollen dabei besondere Beachtung finden. Eine Ermächtigungsgrundlage enthält diese Vorschrift allerdings nicht. Von der Aufgabenzuweisung dieser Regelung kann nicht auf eine Befugnis geschlossen werden.[34]

5.1.2 Art. 59 DS-GVO - Tätigkeitsberichte der Aufsichtsbehörden

Art. 59 DS-GVO, der die Aufsichtsbehörden verpflichtet, jährlich einen Tätigkeitsbericht zu veröffentlichen, ist ebenfalls keine taugliche Rechtsgrundlage.[35] Abgesehen davon, dass dieser allenfalls Äußerungen in Tätigkeitberichten erfasst, sieht dieser lediglich vor, dass der Tätigkeitsbericht eine Liste der Arten der gemeldeten Verstöße und der Arten der getroffenen Maßnahmen gemäß Art. 58 Abs. 2 DS-GVO enthalten kann. Die Regelung steht insofern im Zusammenhang mit der Verpflichtung der Aufsichtsbehörden, interne Verzeichnisse über Verstöße gegen die DS-GVO und gemäß Art. 58 Abs. 2 DS-GVO ergriffene Maßnahmen zu führen. Nicht nur aus dem Wortlaut, sondern auch aus dem systematischen Zusammenhang ergibt sich somit, dass in den Tätigkeitsberichten veröffentlichte Listen Unternehmen (Verantwortliche oder Auftragsverarbeiter) nicht namentlich genannt werden dürfen.[36] Der aktuelle Tätigkeitsbericht der Berliner Aufsichtsbehörde steht nach der hier vertretenen Ansicht mit diesen Vorgaben nicht in Einklang.

5.1.3 Art. 58 DS-GVO

Art. 58 DS-GVO regelt die weitgehenden Befugnisse der Aufsichtsbehörden.

5.1.3.1 Keine taugliche Rechtsgrundlage

Eine Rechtsgrundlage zum in Grundrechte eingreifenden Informationshandeln der Aufsichtsbehörden, insbesondere in Bußgeldverfahren, enthält dieser jedoch nicht.[37] Insbesondere kann Art. 58 Abs. 3 lit. b DS-GVO eine solche Rechtsgrundlage nicht entnommen werden.[38] Dieser befugt die Aufsichtsbehörde zu allen Fragen, die im Zusammenhang mit dem Schutz personenbezogener Daten stehen, von sich aus oder auf Anfrage Stellungnahmen an das nationale Parlament, die Regierung des Mitgliedstaats oder im Einklang mit dem Recht des Mitgliedstaats an sonstige Einrichtungen und

---

[34] *Paal*, K&R 2020, S. 8 (11).

[35] So auch *Kropp*, PinG 2019, S. 220 (223).

[36] *Ziebarth*, in: Sydow, EU-DSGVO, Art. 57 Rn. 63 und Art. 59 Rn. 8.

[37] Nur zu Art. 58 Abs. 2 DS-GVO *Paal*, K&R 2020, S. 8 (12).

[38] *v. Lewinski*, in: Auernhammer, DSGVO, BDSG, Art. 58 Rn. 41.

Stellen sowie an die Öffentlichkeit zu richten. Von Informationen zu laufenden Bußgeldverfahren bzw. verhängten Bußgeldern, der Veröffentlichung von Bußgeldbescheiden, von Warnungen oder vergleichbar eingriffsintensiven Handlungsformen ist allerdings nicht die Rede. Dies wird in der datenschutzrechtlichen Literatur vielfach unzureichend gewürdigt.[39]

Dies gilt insbesondere auch dann, wenn man die Öffnungsklausel als fakultativ betrachtet und Art. 58 Abs. 3 lit. b DS-GVO auch als eigenständige Rechtsgrundlage versteht, die keiner Konkretisierung durch den nationalen Gesetzgeber bedarf.[40]

Sowohl nach dem im Grundgesetz verankerten Rechtsstaatsprinzip als auch nach der GRCh ist eine hinreichend bestimmte Rechtsgrundlage erforderlich.[41] Drohende Einschränkungen müssen für den Träger der Grundrechte vorhersehbar sein.[42] Eine allgemein gehaltene, generalklauselartige Ermächtigung wird dem nicht gerecht.[43] Der Wortlaut von ist Art. 58 Abs. 3 lit. b DS-GVO ist und bleibt jedoch völlig allgemein gehalten. Für Betroffene lässt sich nicht erkennen, in welchen Angelegenheiten, unter welchen Umständen und in welchem Umfang die Aufsichtsbehörden Stellungnahmen abgeben dürfen. In der genannten Regelung eine ausreichende Rechtsgrundlage sogar für öffentliche Warnungen vor besonders gefährlichen Datenverarbeitungen, besonders schwerwiegenden Verstößen oder auch besonders datenschutzfeindlichen Praktiken zusehen, überzeugt daher nicht.[44] Dies gilt erst Recht für Äußerungen in laufenden Bußgeldverfahren und die Bekanntmachung von verhängten Bußgeldern. Etwas widersprüchlich ist daher auch die Ansicht, die zwar eine Rechtsgrundlage für die ausdrücklich als grundrechtsintensiv bezeichneten Warnungen sieht, zugleich aber die fehlende Bestimmtheit hervorhebt.[45]

---

[39] Dennoch a. A. *Polenz*, in: Simitis/Hornung/Spiecker gen. Döhmann, Datenschutzrecht, Art. 58 Rn. 54; *Nguyen*, in: Gola, DS-GVO, Art. 58 Rn. 23; *Körffer*, in: Paal/Pauly, DS-GVO, BDSG, Art. 58 Rn. 29.

[40] *Kühling et al.*, Die Datenschutz-Grundverordnung und das nationale Recht, S. 193 f.; siehe auch *Grittmann*, in: Taeger/Gabel, DSGVO BDSG, Art. 58 Rn. 33.

[41] BVerfG, Urt. v. 17.6.2004 – 2 BvR 383/03, NJW 2005, 126; *Schwerdtfeger*, in: Meyer/Hölscheidt, Charta der Grundrechte der Europäischen Union, Art. 52 Rn. 31.

[42] BVerfG, Beschl. v. 3.3.2004, NJW 2004 – 1 BvF 3/92, 2213 (2215); *Huster/Rux*, in: Epping/Hillgruber, BeckOK Grundgesetz, Art. 20 Rn. 182; *Schwerdtfeger*, in: Meyer/Hölscheidt, Charta der Grundrechte der Europäischen Union, Art. 52 Rn. 31.

[43] EuGH, Urt. v. 17.12.2015 – C-419/14 (WebMindLicenses), MMR 2016, 342 (345), Rn. 69; *Jarass*, Charta der Grundrechte der EU, Art. 52 Rn. 27.

[44] So aber *Selmayr*, in: Ehmann/Selmayr, DS-GVO, Art. 58 Rn. 32.

[45] *Kugelmann/Buchmann*, in: Schwarzmann et. al., DS-GVO/BDSG, Art. 58 Rn. 129.

5.1.3.2 Maßgeblichkeit des mitgliedsstaatlichen Rechts

Art. 58 Abs. 3 lit. b DS-GVO stellt im Übrigen klar, dass die Stellungnahmen an sonstige Einrichtungen und Stellen und an die Öffentlichkeit im Einklang mit dem Recht des Mitgliedstaats stehen müssen und verweist insofern auf das nationale Recht.[46] Schon deswegen kann Art. 58 Abs. 3 lit. b DS-GVO keine eigenständige Rechtsgrundlage sein.[47] Allenfalls kann dies als Anerkennung der nationalen Rechtsprechung zum staatlichen Informationshandeln verstanden werden,[48] die allerdings erheblichen Zweifeln begegnet (dazu oben 3 und unten 5.5). Fraglich ist aber, ob dies tatsächlich die Intention des europäischen Gesetzgebers war.

Teilweise wird jedoch die Ansicht vertreten, dass sich der Wortlaut „im Einklang mit dem Recht des Mitgliedstaats" nur auf die sonstigen Einrichtungen und Stellen beziehe. Nach dieser Ansicht erstreckt sich die in Art. 58 Abs. 2 lit. b DS-GVO enthaltene Öffnungsklausel nicht auf Stellungnahmen gegenüber der Öffentlichkeit.[49] Dem steht jedoch der Wortlaut von Art. 58 Abs. 3 DS-GVO entgegen, wonach eine klare Trennung zu den Alternativen nationales Parlament und Regierung des Mitgliedstaats durch das Wort „oder" erfolgt.[50] Dafür sprechen auch andere Sprachfassungen der DS-GVO (z.B. Schwedisch, Italienisch, Spanisch, Niederländisch).

5.2 Keine Rechtsgrundlage im BDSG oder den Datenschutzgesetzen der Länder

Eine Rechtsgrundlage für Informationen über laufende oder abgeschlossene Ordnungswidrigkeiten oder Warnungen durch die Aufsichtsbehörden der Länder lässt sich auch dem BDSG nicht entnehmen. Dies gilt insbesondere für § 40 BDSG, der umfassende Regelungen zur Tätigkeit der Aufsichtsbehörden der Länder enthält.

Entsprechendes gilt in Bezug auf den Bundesbeauftragten für den Datenschutz und die Informationsfreiheit (BfDI). Weder in § 16 BDSG, der die Befugnisse des BfDI regelt, noch spezialgesetzlich findet sich eine solche Regelung (etwa im Bereich der Aufsicht über Telekommunikationsdienst-

---

[46] *Grittmann*, in: Taeger/Gabel, DSGVO BDSG, Art. 58 Rn. 35; *Polenz*, in: Simitis et. al., Datenschutzrecht, Art. 58 Rn. 54; *Ziebarth*, in: Sydow, EU DSGVO, Art. 58 Rn. 87.

[47] *v. Lewinski*, in: Auernhammer, DSGVO BDSG, Art. 58 Rn. 41; a. A. *Kugelmann/Buchmann*, in: Schwarzmann et al., DS-GVO/BDSG, Art. 58 Rn. 129.

[48] *Körffer*, in: Paal/Pauly, DS-GVO BDSG, Art. 58 Rn. 28.

[49] *Boehm*, in: Kühling/Buchner, DS-GVO BDSG, Art. 58 Rn. 34; *Kühling et al.*, Die Datenschutz-Grundverordnung und das nationale Recht, S. 193 f.

[50] *Polenz*, in: Simitis/Hornung/Spiecker gen. Döhmann, DS-GVO, Art. 58 Rn. 54; a. A. *Kühling et al.*, Die Datenschutz-Grundverordnung und das nationale Recht, S. 192.

leister soweit für die geschäftsmäßige Erbringung von Telekommunikationsdiensten Daten von natürlichen oder juristischen Personen erhoben, verarbeitet oder genutzt werden, § 115 Abs. 4 TKG).

Die Datenschutzgesetze der Länder enthalten soweit ersichtlich ebenfalls keine ausreichende Rechtsgrundlage. So spricht etwa § 13 Abs. 6 Satz 1 des HDSIG[51] auch lediglich von Stellungnahmen, die an die Öffentlichkeit gerichtet werden können. § 24 HmbDSG bleibt ebenfalls recht allgemein und regelt nur die Befugnis des oder der Hamburgischen Beauftragten für Datenschutz und Informationsfreiheit ergänzend zu Art. 59 DS-GVO (Tätigkeitsberichte), die Öffentlichkeit im Rahmen ihrer oder seiner Zuständigkeit zu informieren.

5.3 Keine Rechtsgrundlage im allgemeinen Ordnungsrecht

Der Rückgriff auf die Generalklauseln des allgemeinen Ordnungsrechts ist ebenfalls nicht möglich. Ihnen fehlt es, mehr noch als Art. 58 Abs. 4 lit. b DS-GVO an der Bestimmtheit. Hinzu kommt, dass insbesondere nach Abschluss eines Bußgeldverfahrens oftmals schon keine Gefahr für die öffentliche Sicherheit und/oder Ordnung mehr vorliegt, wie sie im allgemeinen Ordnungsrecht der Länder Tatbestandsvoraussetzung ist.

5.4 Annexkompetenz

Die Schwere des Grundrechtseingriffs und das Fehlen einer bestimmten Rechtsgrundlage sprechen damit auch dagegen, die Zulässigkeit von öffentlichem Informationshandeln im Zusammenhang mit Bußgeldverfahren auf eine Annexkompetenz zu stützen. Damit würden letztlich die von der Rechtsprechung aufgestellten unzureichenden Vorgaben zur Informationstätigkeit gebilligt.[52]

5.5 Unzureichender Maßstab der Rechtsprechung zum Informationshandeln

Der insbesondere von der älteren Rechtsprechung angelegte Maßstab an das Informationshandeln (siehe oben) überzeugt mit Blick auf Grundrechtsdogmatik und die Schwere des Grundrechtseingriffs nicht.

Hauptproblem ist – jedenfalls im Rahmen der älteren Rechtsprechung des Bundesverfassungsgerichts – der Schluss von der Befugnis zum Informationshandeln auf die Ermächtigung zum entsprechenden Eingriff.[53] Der

---

[51] Hessisches Datenschutz- und Informationsfreiheitsgesetz.

[52] So durch *Kropp*, PinG 2019, S. 220 (223); grundlegend zur Annexkompetenz *Philipp*, Staatliche Verbraucherinformationen im Umwelt- und Gesundheitsrecht, S. 210 ff.; *Gröschner*, DVBl 1990, S. 619 (623); *Lübbe-Wolff*, NJW 1987, S. 2705 (2708).

[53] *Knebel/Schloss*, DÖV 2016, S. 105 (107); *Huber*, JZ 2003, S. 290 (292 ff.).

Verzicht auf eine Rechtsgrundlage und die Betonung der Schutzpflicht verkennt zudem die Hauptfunktion der Grundrechte als Abwehrrecht.[54] Legt man die jüngere Rechtsprechung des Bundesverfassungsgerichts zugrunde, kommt man aufgrund der weiter als früher gehenden Einordnung von Informationshandeln als funktionales Äquivalent zu einem Eingriff, im Ergebnis zur Notwendigkeit einer Rechtsgrundlage.[55] Die GRCh kennt zudem keine Ausnahme vom Erfordernis einer Rechtsgrundlage, Art. 52 Abs. 1 Satz 1 GRCh. Nur wenn man in deren Anwendungsbereich schon einen Eingriff ablehnt, ist auch keine Rechtsgrundlage erforderlich.

Schaut man sich das bereits erwähnte Urt. des OVG Schleswig näher an, wird im Übrigen klar, dass dieses ausschließlich in Bezug auf eine spezifische Situation urteilte. Es scheint zumindest so, als propagiere es keine generelle Verzichtbarkeit einer Rechtsgrundlage. So stellte es unter anderem klar, dass die namentliche Nennung von Unternehmen von der Befugnis zu öffentlichen Äußerungen umfasst sei, wenn die Namensnennung keine Vertiefung des Grundrechtseingriffs mehr darstelle, weil der Name bereits durch anderweitige medial Berichterstattung mit einem auch in der Reichweite den behördlichen Warnhinweisen entsprechenden Wirkungskreis öffentlich geworden sei.[56] Daraus lässt sich der Schluss ziehen, dass Informationen, die nicht im Zusammenhang mit vorangegangener medialer Berichterstattung stehen, auch nach Ansicht des OVG Schleswig nicht den von Teilen der Rechtsprechung entwickelten Grundsätzen zum staatlichen Informationshandeln unterliegen und einer Rechtsgrundlage bedürfen.

Jedenfalls fehlt es mit der Rechtsprechung des Bundesverfassungsgerichts zur Verfassungswidrigkeit von § 40 Abs. 1a LFGB (dazu bereits oben 4.4.1) an einer zeitlichen Begrenzung des Informationshandelns, sodass schon deswegen jegliche Information über laufende Bußgeldverfahren und/oder verhängte Bußgelder rechtswidrig sein muss.[57]

5.6 Rechtsgrundlagen in anderen Rechtsgebieten

Nationale Regelungen zeigen, dass durchaus Regelungen existieren, die sich auch speziell auf Äußerungen im Zusammenhang mit Bußgeldverfahren beziehen. Dies spricht ebenfalls für die Notwendigkeit einer Rechtsgrundlage.

---

[54] *Bethge*, VVDStRL 57 (1997), S. 50.

[55] BVerfG, Beschl. v. 21.3.2018 – 1 BvF 1/13, NJW 2018, 2109 (2111).

[56] OVG Schleswig, Beschl. v. 28.2.2014 – 4 MB 82/13, ZD 2014, 536 (538).

[57] BVerfG, Beschl. v. 21.3.2018 – 1 BvF 1/13, NJW 2018, 2109 (2110 ff.).

Zu nennen sind insbesondere § 53 Abs. 5 GWB und § 57 Abs. 1 GWG. Gemäß § 53 Abs. 5 Satz 1 GWB soll das Bundeskartellamt Bußgeldentscheidungen wegen bestimmter Verstöße nach Abschluss des behördlichen Bußgeldverfahrens auf seiner Internetseite mitteilen. Zum Mindestinhalt der Mitteilung gehören auch Angaben zu den am Verstoß beteiligten Unternehmen, § 53 Abs. 5 Satz 2 GWB.

§ 57 Abs. 1 Satz 1 GWG sieht für den Bereich der Geldwäscheaufsicht vor, dass unter anderem unanfechtbare Bußgeldentscheidungen (nach Unterrichtung des Adressaten der Bußgeldentscheidung) auf ihrer Internetseite oder auf einer gemeinsamen Internetseite bekannt zu machen sind. In der Bekanntmachung sind nicht nur Art und Charakter des Verstoßes, sondern auch die für den Verstoß verantwortlichen natürlichen Personen und juristischen Personen oder Personenvereinigungen zu benennen, § 57 Abs. 1 Satz 3 GWG. Besagte Regelung geht auf Art. 60 der 4. Geldwäscherichtlinie zurück (RL 2015/849/EU) und dient gerade dem „Naming and Shaming".[58] Nur nebenbei bemerkt sei, dass der Gesetzgeber laut der zugehörigen Bundestagsdrucksache mit Verweis auf die Rechtsprechung des OLG Düsseldorf zu Äußerungen des Bundeskartellamtes grundsätzlich davon ausgeht, dass staatliches Informationshandeln keiner besonderen gesetzlichen Ermächtigung bedarf.[59]

Ob die genannten Regelungen allen verfassungsrechtlichen und grundrechtlichen Anforderungen genügen, ist eine andere Frage, auf die an dieser Stelle nicht weiter einzugehen ist.

5.7 Zwischenergebnis: Zwingendes Erfordernis einer Rechtsgrundlage

Zwischenergebnis ist damit, dass die Praxis einiger Aufsichtsbehörden, Pressemitteilungen zu Bußgeldverfahren unter Nennung der betroffenen Unternehmen und der verhängten Bußgelder herauszugeben, mangels Rechtsgrundlage rechtswidrig ist.

5.8 Unschuldsvermutung, mögliche Strafbarkeit der Information über laufende Bußgeldverfahren und Anforderungen an ein faires Verfahren

Es sind aber noch weitere Schranken der Informationstätigkeit zu beachten.

5.8.1 Unschuldsvermutung

Zumindest die Information über laufende, also noch nicht durch eine Bußgeldbescheid abgeschlossene, Verfahren unterläuft durch ihre Prangerwirkung zudem die Unschuldsvermutung (Art. 6 Abs. 2 EMRK und soweit

---

[58] *Herzog*, in: Herzog, Geldwäschegesetz, § 57 Rn. 1; *Glos/Hildner/Glasow*, CCZ 2017, S. 83 (88).

[59] BT-Drs. 18/10207, S. 82.

einschlägig auch Art. 48 Abs. 1 GRCh).[60] Diese gilt nicht nur im Strafverfahren, sondern auch im Bußgeldverfahren.[61]

5.8.2 § 353d Nr. 3 StGB

Nicht ohne Grund ist daher die Veröffentlichung von Dokumenten eines Bußgeldverfahrens oder wesentlicher Teile davon vor Abschluss des Verfahrens oder (während eines gerichtlichen Verfahrens) bevor sie in öffentlicher Verhandlung erörtert worden sind, strafbar gemäß § 353 Nr. 3 StGB.[62] Die nur sinngemäße Wiedergabe fällt allerdings nicht unter den genannten Straftatbestand.[63] Ungeklärt ist ferner, wie es sich auswirkt, wenn die öffentliche Information vor Beginn des Verfahrens erfolgt und während des Verfahrens fortwirkt, etwa bei einer Veröffentlichung im Internet.[64]

5.8.3 Recht auf ein faires Verfahren

Ebenso verletzen solche Informationen das Recht auf eine faires Verfahren, das ebenfalls auch im Ordnungswidrigkeitenrecht gilt.[65]

Informationen über laufende Bußgeldverfahren mit Nennung der betroffene Unternehmen sind daher grundsätzlich unzulässig.

5.9 Anforderungen an eine Rechtsgrundlage

Sollte eine Rechtsgrundlage geschaffen werden, muss diese insbesondere den Anforderungen an die Bestimmtheit genügen. Im Anschluss an die jüngste Rechtsprechung des Bundesverfassungsgerichts ist zudem eine zeitliche Befristung in Bezug auf die Information notwendig.[66] Bei der Veröffentlichung von Pressemitteilungen, insbesondere im Internet über die Websites der Aufsichtsbehörden, läuft eine zeitliche Begrenzung allerdings zumindest teilweise ins Leere. Ob insbesondere nachträgliche Hinweise oder Modifikationen der jeweiligen Information die Lage für das betroffene Unternehmen verbessern, bleibt allerdings entgegen der Ansicht des Bundesverfassungsgerichts mehr als fraglich.[67] Die Schaffung einer Rechts-

---

[60] Vgl. *Kügel/Plaßmann*, LMuR 2012, S. 1 (6).

[61] *Lutz*, in: Karlsruher Kommentar zum OWiG, Vorbemerkungen § 53 Rn. 66; *Eser/Kubiciel*, in: Meyer/Hölscheidt, Charta der Grundrechte der Europäischen Union, Art. 48 Rn. 13.

[62] *Puschke*, in: Münchner Kommentar zum StGB, § 353d Rn 5.

[63] *Puschke*, in: Münchner Kommentar zum StGB, § 353d Rn 64.

[64] *Perron/Hecker*, in: Schönke/Schröder, Strafgesetzbuch, § 353d Rn. 53a.

[65] BVerfG, Beschl. v. 19.3.1992 – 2 BvR 1/91, NJW 1992, 2472.

[66] BVerfG, Beschl. v. 21.3.2018 – 1 BvF 1/13, NJW 2018, 2109 (2110 ff.).

[67] BVerfG, Beschl. v. 21.3.2018 – 1 BvF 1/13, NJW 2018, 2109 (2114).

grundlage kann demgemäß die faktischen Folgen für die von einer Information betroffenen Unternehmen durch die Aufsichtsbehörden nicht verhindern.

5.10 Amtsverschwiegenheit

Grenze der Informationstätigkeit der Aufsichtsbehörden ist in jedem Fall die Amtsverschwiegenheit, Art. 54 Abs. 2 DS-GVO und § 13 Abs. 4 und 6 BDSG. Die hiervon geschützten Betriebs- und Geschäftsgeheimnisse[68] dürfen nicht Gegenstand von Informationshandeln sein. Auch dann, wenn dieses mangels Grundrechteingriffs nicht einer Rechtsgrundlage bedarf.

6 Rechtsschutz

Unternehmen, die von rechtswidrigen Äußerungen ohne Rechtsgrundlage betroffen sind, stehen verschiedene Rechtsschutzmöglichkeiten zur Verfügung.

6.1 Unterlassung

Allgemein anerkannt ist für derartige Fälle ein im Wege der verwaltungsgerichtlichen Leistungsklage geltend zu machender, öffentlich-rechtlicher Unterlassungsanspruch.[69] Dieser schützt aber nur vor erneuten Äußerungen in der Zukunft.[70]

6.2 Öffentlich-rechtlicher Folgenbeseitigungsanspruch

Daneben besteht ein Anspruch auf Widerruf der Information basierend auf einem öffentlich-rechtlichen Folgenbeseitigungsanspruch.[71] Aufgrund der schnellen Verbreitung wird ein solcher Anspruch in der Praxis allerdings faktisch leer laufen.

6.3 Schadenersatz

In Betracht kommt daher weiterhin ein Amtshaftungsanspruch gem. §§ 839, 249 ff. BGB i. V. m. Art. 34 GG. Verlangt werden kann insbesondere ein Ausgleich des durch Umsatzeinbußen entstandenen Schadens. Einen solchen Schadenersatzanspruch hat das OLG Stuttgart im Zusammenhang mit einer rechtswidrigen Produktwarnung vor Teigwaren verbunden

---

[68] *Polenz*, in: Simitis/Hornung/Spiecker gen. Döhmann, Datenschutzrecht, Art. 54 Rn. 16.

[69] BVerwG, Urt. v. 18.4.1985 – 3 C 34/84, NJW 1985, 2774 (2775); siehe auch OLG Düsseldorf, Beschl. v. 9.10.2014 – VI- Kart 5/14 (V), BeckRS 2015, 997, Rn. 25.

[70] OVG Schleswig, Beschl. v. 28.2.2014 – 4 MB 82/13, ZD 2014, 536 (536).

[71] Vgl. BVerwG, Urt. v. 18.4.1985 – 3 C 34/84, NJW 1985, 2774 (2777).

mit der Nennung des Herstellers angenommen.[72] Schwierigkeiten aufwerfen wird in der Praxis insbesondere die Feststellung der Kausalität und der Schadensberechnung.

Daneben besteht, da ein Verstoß gegen die GRCh und die DS-GVO vorliegt, ein in der Rechtsprechung des EuGH anerkannter unionsrechtlicher Staatshaftungsanspruch.[73]

7 Praktische Erwägungen

Unter praktischen Gesichtspunkte bietet es sich aus Unternehmenssicht an, spätestens bei Beginn eines Bußgeldverfahrens, besser aber schon im typischerweise vorangehenden bzw. früher einsetzenden Verwaltungsverfahren das Gespräch mit der Aufsichtsbehörde zu suchen. So kann gegebenenfalls frühzeitig ausgelotet werden, ob etwa Pressemeldungen oder eine Erwähnung im Tätigkeitsbericht unter namentlicher Nennung des Unternehmens geplant ist.

Zumindest in manchen Fällen wird sich eine Bekanntwerden etwaiger (Bußgeld-)Verfahren und eine Berichterstattung hierüber ohnehin nicht verhindern lassen. Kooperation (gem. Art. 31 DS-GVO auch im Bußgeldverfahren verpflichtend) und Maßnahmen zur Herstellung der Datenschutzkonformität können dann regelmäßig zu wohlwollender Erwähnung in entsprechenden Pressemitteilungen beitragen und somit die Folgen gegebenenfalls leicht abmildern.[74]

---

[72] OLG Stuttgart, Urt. v. 21.3.1990 – 1 U 132/89, NJW 1990, 2690 (2694).

[73] EuGH, Urt. v. 24.3.2009 – C-445/06 (Danske Slagterier/Deutschland), NVwZ, 771 (772).

[74] Vgl. den eingangs erwähnten Fall der AOK, Landesbeauftragter für den Datenschutz und die Informationsfreiheit, Pressemitteilung v. 30.6.2020, https://www.baden-wuerttemberg.datenschutz.de/wp-content/uploads/2020/06/PM_Bu%C3%9Fgeld-geg en-AOK.pdf (abgerufen 5.7.2020).

Literatur

Bethge, Herbert: Der Grundrechtseingriff, VVDStRL 57 (1997), S. 7-55.

Born, Tobias: Die Datenschutzaufsicht und ihre Verwaltungstätigkeit im nicht-öffentlichen Bereich, Frankfurt/M. 2014.

Calliess, Christian/Ruffert, Matthias (Hrsg.): EUV/AEUV, 5. Aufl., München 2016.

Drinhausen, Florian/Eckstein, Hans-Martin (Hrsg.): Beck'sches Handbuch der AG, 3. Aufl., München 2018.

Ehmann, Eugen/Selmayr, Martin (Hrsg.): DS-GVO, 2. Aufl., München 2008.

Epping, Volker/Hillgruber, Christian (Hrsg.): BeckOK Grundgesetz, 43. Ed., Stand: 15.5.2020.

Eßer, Martin/Kramer, Philipp/v. Lewinski, Kai (Hrsg.): Auernhammer DSGVO, BDSG, 6. Aufl., Köln 2018.

Glos, Alexander/Hildner, Alicia/Glasow, Falko: Der Regierungsentwurf zur Umsetzung der Vierten EU-Geldwäscherichtlinie – Ausweitung der geldwäscherechtlichen Pflichten außerhalb des Finanzsektors, CCZ 2017, S. 83-89.

Gola, Peter (Hrsg.): Datenschutz-Grundverordnung, 2. Aufl., München 2018.

Gröschner, Rolf: Öffentlichkeitsaufklärung als Behördenaufgabe, DVBl 1990, S. 619-629.

Herzog, Felix (Hrsg.): Geldwäschegesetz, 3. Aufl., München 2018.

Härting, Niko: Öffentlichkeitsarbeit einer Landesbehörde, CR 2011, S. 585-588.

Hobusch, Alexander: Der moderne Eingriffsbegriff in der Fallbearbeitung, JA 2019, S. 278 (281).

Huber, Peter: Die Informationstätigkeit der öffentlichen Hand – ein grundrechtliches Sonderregime aus Karlsruhe?, JZ 2003, S. 290-297.

Jarass, Hans D.: Charta der Grundrechte der EU, 3. Aufl., München 2016.

Joecks, Wolfgang/Miebach, Klaus: Münchener Kommentar zum StGB, Bd. 5, 3. Aufl., München 2019.

Knebel, Sophie Victoria/Schloss, Robin Christopher: Umfang und Legitimationsprobleme staatlichen Informationshandelns im Internet, DÖV 2016, S. 105-110.

Kropp, Alexander: Datenschutzsünder an den Pranger?, PinG 2019, S. 220-226.

Kügel, Wilfried/Plaßmann, Kirste: Die „Hygiene-Ampel" bei Lebensmittelkontrollen – Grünes Licht für den Verbraucherschutz?, LMuR 2012, S. 1-9.

Kühling, Jürgen/Buchner, Benedikt (Hrsg.): DS-GVO BDSG, 2. Aufl., München 2018.

Kühling, Jürgen/Martini, Mario/Heberlein, Johanna/Kühl, Benjamin/Nink, David/ Weinzierl, Quirin/Wenzel, Michael: Die Datenschutz-Grundverordnung und das nationale Recht, Münster 2016.

Lübbe-Wolff, Gertrude: Rechtsprobleme der behördlichen Umweltberatung, NJW 1987, S. 2705-2712.

Meyer, Jürgen/Hölscheidt, Sven (Hrsg.): Charta der Grundrechte der Europäischen Union, 5. Aufl., Baden-Baden 2019.

Mitsch, Wolfgang (Hrsg.): Karlsruher Kommentar zum OWiG, 5. Aufl., München 2018.

Müller, Stefan: Das datenschutzpolitische Mandat des BfD, RDV 2004, S. 211-214.

Paal, Boris P./Pauly, Daniel A. (Hrsg.): DS-GVO, BDSG, 2. Aufl., München 2018.

Paal, Boris: Sanktion durch behördliche Öffentlichkeitsinformation, K&R 2020, S. 8-13.

Philipp, Renate: Staatliche Verbraucherinformationen im Umwelt- und Gesundheitsrecht, München 1989.

Schoch, Friedrich: Die Schwierigkeiten des BVerfG mit der Bewältigung staatlichen Informationshandelns, NVwZ 2011, S. 193-197.

Schönke, Adolf/Schröder, Horst (urspr. Hrsg.): Strafgesetzbuch, 40. Aufl., München 2019.

Sydow, Gernot (Hrsg.): Europäische Datenschutzgrundverordnung, 2. Aufl., Baden-Baden 2018.

Taeger, Jürgen/Gabel, Detlev (Hrsg.): DSGVO BDSG, 3. Aufl., Frankfurt/M. 2019.

DAS JAPANISCHE DATENSCHUTZRECHT IM LICHTE DER DSGVO

Dr. Matthias Lachenmann

BHO Legal PartG mbB
matthias.lachenmann@bho-legal.com

Zusammenfassung

Japanische und EU-Unternehmen profitieren von den neuen Handelsabkommen „EU-Japan Strategic Partnership Agreement" (SPA) und dem „EU-Japan Economic Partnership Agreement" (EPA). In deren Umfeld trat 2016 in Japan ein neues Datenschutzgesetz in Kraft, was zur ersten Anerkennung Japans als sicheres Drittland unter DSGVO-Vorgaben durch die EU-Kommission führte. Die Annäherung an die EU-Vorgaben zeigt zwar die Ausstrahlungswirkung der DSGVO, aber auch die Vorteile von klaren und international angeglichenen Vorgaben im internationalen Umgang mit personenbezogenen Daten. Nachfolgend soll an verschiedenen Beispielen aufgezeigt werden, dass das japanische Recht stark an die DSGVO angenähert wird, zugleich aber technisch oder juristisch nachvollziehbarere Regelungen trifft. Andererseits gilt es, die verschiedenen ineinandergreifenden japanischen Regelungen in ihrem Verhältnis darzustellen, die zusätzlich zum Act on the Protection of Personal Information (APPI) gelten. Neben einer kurzen Darstellung der japanischen Datenschutzregelungen werden nachfolgend die Unterschiede und Gemeinsamkeiten zur DSGVO vorgestellt.

1 Der Angemessenheitsbeschluss der EU und die japanischen Sonderregelungen

Mit den Angemessenheitsentscheidungen über Japan und die Europäische Union, die die EU und Japan am 23.1.2019 verabschiedeten,[1] wurde der „weltweit größte Bereich sicherer Datenflüsse" geschaffen und so gleich mehrere Meilensteine erreicht. Aus datenschutzrechtlicher Sicht ist bemerkenswert, dass es sich um die erste Angemessenheitsentscheidung seit der Geltung der DSGVO seit 25.5.2018 handelt. Seitdem wurden keine weiteren Angemessenheitsentscheidungen getroffen, obwohl einige Staaten in den letzten Jahren neue Datenschutzgesetze erlassen haben,[2] aber es laufen Verhandlungen mit verschiedenen Ländern, u.a. Südkorea.[3] Die Angemessenheitsentscheidung wird europäischen Unternehmen helfen, personenbezogene Daten an japanische Geschäftspartner zu übermitteln. Japanische

---

[1] https://eur-lex.europa.eu/legal-content/EN/TXT/?uri=uriserv:OJ.L_.2019.076.01.0001.01.ENG&toc=OJ:L:2019:076:TOC/; https://www.ppc.go.jp/files/pdf/310122_houdou.pdf/; alle Links zuletzt aufgerufen am 29.6.2020.

[2] Dazu z.B. *Botta*, in: Taeger, Die Macht der Daten und der Algorithmen, S. 657; *Wagner*, in: Taeger, Die Macht der Daten und der Algorithmen, S. 673.

[3] EU-Kommission, Evaluationsbericht. v. 24.6.2020, COM (2020) 264 final.

Konzerne mit Tochtergesellschaften in Europa werden ihre Konzerntransfers auf einfachere und sicherere Weise durchführen können.

Aus wirtschaftlicher Sicht betrifft die Entscheidung über 600 Millionen Menschen und fast ein Drittel des gesamten BIP der Welt. Sie ist Teil von zwei kürzlich abgeschlossenen bilateralen Abkommen: das Abkommen über strategische Partnerschaft zwischen der EU und Japan (SPA)[4] und das Wirtschaftspartnerschaftsabkommen zwischen der EU und Japan (WPA).[5] Das WPA ist das größte Handelsabkommen, das die EU bislang abgeschlossen hat. 99 % der Zölle auf EU-Exporte nach Japan wurden aufgehoben. Die EU exportiert jedes Jahr Dienstleistungen im Wert von rund 28 Mrd. Euro nach Japan. Das Abkommen dürfte es EU-Unternehmen daher erleichtern, Dienstleistungen auf dem japanischen Markt anzubieten.[6] Das EPA, die SPA und die Angemessenheitsentscheidung setzen gemeinsam starke Akzente: Während weltweit der Protektionismus immer stärker forciert wird, bauen die EU und Japan ihre Handelsbeziehungen aus. Während kritisiert wird, dass die DSGVO aufgrund ihrer Belastungen für die Wirtschaft zu einem internationalen Verlust von Wettbewerbsfähigkeit führen könnte, gewährleisten die EU und Japan nun gegenseitig ein gleichwertig hohes Datenschutzniveau und treiben die Standards auf internationaler Ebene voran.

Der Angemessenheitsbeschluss[7] selbst ist nur zwei Seiten lang und legt den anwendbaren Bereich (z.B. ohne journalistische Tätigkeiten) und die Pflichten zur Überwachung der Situation fest. Die Motive der Entscheidung und die Begründung für die Anerkennung des angemessenen Schutzniveaus werden in den Erwägungsgründen beschrieben, die etwa 34 Seiten umfassen. Aufgrund des Angemessenheitsbeschlusses können Datenübermittlungen nach Japan nun ohne weiteren formalen Aufwand durch EU-Unternehmen durchgeführt werden, da ein angemessenes Schutzniveau gem. Art. 45 DSGVO gewährleistet ist. Demgegenüber müssen japanische Unternehmen mit Sitz in Japan bei der Verarbeitung personenbezogener Daten aus der EU ergänzende Vorgaben einhalten. Die japanischen gesetzlichen Vorgaben sind verschachtelt und bedürfen einer näheren Vorstellung.

---

[4] https://eeas.europa.eu/delegations/japan/57491/eu-japan-strategic-partnership-agreement-spaen/.

[5] https://www.consilium.europa.eu/en/press/press-releases/2018/12/21/eu-japan-trade-agreement-will-enter-into-force-on-1-february-2019/.

[6] http://europa.eu/rapid/press-release_MEMO-18-6784_en.htm/.

[7] EU-Kommission, Durchführungsbeschl. (EU) 2019/419 v. 23.1.2020; instruktiv dazu *Fujiwara/Geminn/Roßnagel*, ZD 2019, S. 204 (206 ff.).

2 Das japanische Datenschutzrecht

Während auf EU-Ebene der DSGVO als europaweit unmittelbar geltende Verordnung die maßgebliche Bedeutung zukommt und die Gesetze der Mitgliedstaaten nur ergänzende Regeln vorsehen, besteht in Japan ein umfangreicheres Geflecht von gesetzlichen Vorgaben.

Die grundlegenden Bestimmungen der japanischen Datenschutzgesetze sind im Gesetz über den Schutz personenbezogener Informationen (Act on the Protection of Personal Information; APPI) festgelegt, das ursprünglich am 1.4.2005 in Kraft trat.[8] Die geänderte Fassung mit einer Annäherung an das europäische Verständnis trat am 30.5.2017 in Kraft.[9] Während sich die Datenschutzbestimmungen in Europa hauptsächlich auf die DSGVO und die unterschiedlichen Gesetze der Mitgliedstaaten konzentrieren, besteht das japanische Datenschutzgesetz aus mehreren verschiedenen Bestimmungen, die erst im Zusammenspiel das grundlegende Recht auf Bundesebene darstellen.[10] Darüber hinaus hat jede Präfektur weitere Datenschutzgesetze, auf die hier nicht näher eingegangen werden soll. Auf der Grundlage des APPI wurden die folgenden, den APPI ergänzenden, Bestimmungen erlassen:

- Die „Basic Policy", die vom japanischen Kabinett erstmalig 2004 verabschiedet und mehrmals aktualisiert wurde, zuletzt am 12.6.2018.[11]

- Die „Cabinet Order", die am 30.5.2017 in Kraft trat und diverse zusätzliche Bestimmungen zum APPI enthält, also stets gemeinsam zu verwenden sind.[12]

- Die „Enforcement Rules" der PPC, die weitere Interpretationsvorgaben zum APPI liefern.[13]

---

[8] Zur Entwicklung des japanischen Datenschutzrechts z.B. *Tatsumi*, CR 2019, S. 424; *Fujiwara/Geminn/Roßnagel*, ZD 2019, S. 204 (205 ff.); *Geminn/Laubach*, ZD 2019, S. 403; *Fujiwara/Geminn*, ZD 2016, S. 522; *Geminn/Fujiwara*, ZD 2016, S. 363; *Geminn/Laubach/Fujiwara*, ZD 2018, S. 413.

[9] Eine englische Übersetzung der aktuellen APPI-Fassung stellt die PPC bereit: https://www.ppc.go.jp/files/pdf/Act_on_the_Protection_of_Personal_Information.pdf.

[10] *Geminn/Fujiwara*, ZD 2016, S. 363.

[11] https://www.ppc.go.jp/files/pdf/300612_personal_basicpolicy.pdf; nur auf Japanisch verfügbar.

[12] https://www.ppc.go.jp/files/pdf/Cabinet_Order.pdf.

[13] https://www.ppc.go.jp/files/pdf/PPC_rules.pdf.

- Weiterhin ist in Verwaltungsverfahren der „My Numbers Act" (Act on the Use of Numbers to Identify a Specific Individual in the Administrative Procedure) zu beachten.[14]

- Darüber hinaus haben verschiedene Ministerien verbindliche Richtlinien für bestimmte Unternehmen veröffentlicht. Diese gelten z.B. für die Kredit-, Finanz-, Medizin- oder Pflegebranche.[15]

Neben den dargestellten gesetzlichen Bestimmungen, die für alle japanischen Unternehmen generell gelten, sind im Falle der Verarbeitung importierter EU-Daten weitere Bestimmungen zu beachten. Dabei handelt es sich um Vorgaben, die von der japanischen Datenschutzaufsichtsbehörde (Personal Information Protection Commission Japan; PPC)[16] aufgestellt und am 15.6.2018 verabschiedet wurden, die „Ergänzenden Vorschriften zum Gesetz über den Schutz personenbezogener Informationen für den Umgang mit personenbezogenen Daten, die auf der Grundlage einer Angemessenheitsentscheidung aus der EU übermittelt werden" („Ergänzende Vorschriften").[17] Die Ergänzenden Vorschriften zielen darauf ab, das Schutzniveau des APPI, das nicht immer mit der DSGVO vergleichbar ist, auf ein entsprechendes Niveau zu bringen. Beispielsweise ist die Definition von „Anonymisierung" strenger auszulegen als nach dem APPI (Ergänzende Vorschrift Nr. 5), ErwG 31 der Angemessenheitsentscheidung. Die Verpflichtungen der Ergänzenden Vorschriften sind für japanische Unternehmen also von besonderer Bedeutung, da deren Umsetzung mit einer Anpassung der Datenverarbeitung verbunden ist und verarbeitete Daten u. U. auf zwei verschiedenen Ebenen zu bewerten sind.[18] Die Bedeutung für EU-Unternehmen liegt darin, dass aufgrund der Rechenschaftspflicht nachgewiesen werden muss, dass die empfangenden Unternehmen die ergänzenden Vorgaben einhalten.

---

[14] https://www.ppc.go.jp/files/pdf/en3.pdf.

[15] Englischsprachige Übersicht: https://www.dataguidance.com/notes/japan-data-protection-overview.

[16] Instruktiv, insbes. kritisch hinsichtlich der Unabhängigkeit, *Tatsumi*, CR 2019, S. 424 (427 ff.); vgl. weiterhin *Geminn/Laubach*, ZD 2019, S. 403 (406); *Geminn/Fujiwara*, ZD 2016, S. 363, 364 f.

[17] Verfügbar als Anhang 1 der Angemessenheitsentscheidung der EU-Kommission.

[18] Vgl. zur Bewertung des Umfangs EDPB, Opinion 28/2018 regarding the European Commission Draft Implementing Decision, on the adequate protection of personal data in Japan, 5.12.2018.

3 Die Fortentwicklung des japanischen Datenschutzrechts

Eine Besonderheit im japanischen Datenschutzrecht ist die Pflicht zur 3-jährigen Aktualisierung der Gesetze (sog. Seidokaiseitaiko; gem. Art. 12 Gesetz Nr. 65 von 2015).[19] Der Turnus sieht nicht nur einen Evaluierungsbericht vor, der sich auf die Zusammenfassung positiver Eigenschaften beschränken kann, sondern der auf effektive Gesetzesänderungen und durch Weiterentwicklung der Vorgaben abzielt. Da der APPI im Jahre 2017 vollständig überarbeitet worden war, wird derzeit die erste Überarbeitung des Gesetzes durchgeführt.

Am 10.3.2020 wurde der Gesetzentwurf zur Aktualisierung des APPI vom japanischen Kabinett und am 5.6.2020 vom Parlament verabschiedet und am 12.6.2020 verkündet.[20] Abzuwarten sind nun die Aktualisierungen der Cabinet Order und der PPC-Enforcement Rules. Danach könnten die Änderungen in Kraft treten, was frühestens Ende 2021 der Fall sein kann. Die geplanten Änderungen führen zu verschiedenen Verschärfungen und Vorgaben, die sich noch näher an der DSGVO orientieren. Während japanische Unternehmen also vor weitere Herausforderungen bei der Anpassung an die neuen Vorgaben gestellt werden, kann der internationale Austausch von Daten mittelfristig weiter vereinfacht werden.

4 Personenbezug im APPI

Hinsichtlich ihres materiellen Geltungsbereichs unterscheidet der APPI zwischen persönlichen Informationen und persönlichen Daten. Gem. Art. 2 Abs. 1 APPI umfasst der Begriff „persönliche Informationen" alle Informationen über eine lebende Person, die die Identifizierung dieser Person ermöglichen, wie z.B. den Namen oder das Geburtsdatum der Person. Die Definition umfasst ferner individuelle Identifikationscodes (z.B. biometrische Daten, jeder Code, der einer Person eindeutig zugeordnet ist) sowie Informationen, die für sich genommen keine Identifizierung ermöglichen, aber, wenn sie mit anderen Informationen „leicht zu vergleichen" sind, die Identifizierung einer bestimmten Person ermöglichen.[21] Nicht erfasst sind hiervon derzeit z.B. IP-Adressen oder Cookies, da sie nicht unmittelbar Informationen zu einer Person erhalten.

---

[19] https://www.ppc.go.jp/en/aboutus/roles/international/cooperation/20200124/.

[20] https://www.ppc.go.jp/en/news/archives/2020/20200618/.

[21] *Hoeren/Wada*, ZD 2018, S. 3 (4); *Fujiwara/Geminn*, ZD 2016, S. 522 (525); *Geminn/Fujiwara*, ZD 2016, S. 363 (364).

Nur bestimmte Formen persönlicher Informationen fallen unter den Begriff „personenbezogene Daten" im Sinne des APPI: Personenbezogene Daten werden in Art. 2 Abs. 6 APPI als ein kollektiver Korpus personenbezogener Informationen definiert, der eine „Datenbank für personenbezogene Informationen" bildet, die systematisch so organisiert ist, dass bestimmte personenbezogene Informationen leicht gesucht werden können (wobei diejenigen Informationen ausgeschlossen sind, die in Anbetracht ihrer Verwendungsmethode kaum die Möglichkeit haben, die Rechte und Interessen eines Einzelnen zu verletzen). Die Definitionen können mithin insofern zusammengefasst werden, dass sich „personenbezogene Daten" aus „personenbezogenen Informationen" zusammensetzen, die in einer Datenbank verarbeitet werden. Damit ist der APPI terminologisch deutlich genauer als die DSGVO, die jede Art von Informationen mit Personenbezug als personenbezogene Daten bezeichnet.

Für in Japan gesammelte Daten ist die Unterscheidung zwischen persönlichen Informationen und personenbezogenen Daten relevant, da die Informationen nicht immer Teil einer Datenbank mit persönlichen Informationen sein müssen (z.B. ein einzelner Datensatz, der manuell gesammelt und verarbeitet wird). In solchen Fällen finden diejenigen Bestimmungen des APPI, die sich nur auf personenbezogene Daten beziehen, insoweit keine Anwendung (z.B. Art. 23 APPI über die Bedingungen für die Weitergabe personenbezogener Daten an Dritte).

5 Ein Blick auf einzelne Regelungen im APPI

5.1 Beteiligte Stellen der gesetzlichen Pflichten

Anknüpfungspunkt der Verpflichtungen des APPI sind, vergleichbar zu den Verantwortlichen der DSGVO, die sog. Personal Information Handling Business Operators (PIHBO).[22] Ein PIHBO wird in Art. 2 Abs. 5 APPI als „eine Person, die eine Datenbank mit persönlichen Informationen usw. zur Verwendung im geschäftlichen Umfeld bereitstellt" definiert, mit Ausnahme der Regierungs- und Verwaltungsbehörden auf zentraler und lokaler Ebene. Auch Organisationen ohne Rechtspersönlichkeit oder Einzelpersonen können als ein PIHBO betrachtet werden, wenn sie die Definition erfüllen. Der Begriff ist im APPI also weit gefasst. Darüber hinaus umfasst der Begriff „geschäftliche Nutzung" auch persönliche Informationen, die nur intern verwendet werden, z.B. Mitarbeiterdaten.

Im Hinblick auf die Begünstigten der in der APPI festgelegten Schutzbestimmungen unterscheidet das Gesetz nicht nach Staatsangehörigkeit, Wohnsitz oder Standort einer Person. Die geschützten Personen sind alle

---

[22] *Geminn/Fujiwara*, ZD 2016, S. 363 (364).

lebendigen Personen („living individual"), deren Daten elektromagnetisch verarbeitet werden und ihr auf Basis von eindeutigen Beschreibungen zugeordnet werden können (Art 2 Abs 1 APPI). Auch eine Zuordnung über individuelle Codes führt zur Anwendung des Datenschutzrechts („individual identification code", Art. 2 Abs. 2 APPI), wobei z.B. IP-Adressen und Cookies aufgrund der fehlenden unmittelbaren Zuordnungsmöglichkeit (noch) nicht als einer Person zugeordnet verstanden werden.

Werden personenbezogene Informationen an Dienstleister oder andere Dritte übertragen, sieht der APPI verschiedene Pflichten für sog. Bevollmächtigte („Trustee") vor. Eine spezifische Unterscheidung zwischen den Verpflichtungen von Verantwortlichen und Auftragsverarbeitern existiert im japanischen Recht nicht, alle verarbeitenden Stellen sind PIHBO, aber es bestehen spezielle Pflichten im Falle einer Bevollmächtigteneigenschaft. Der die Informationen übertragende PIHBO unterliegt in Bezug auf die in seiner Verantwortung stehenden Informationen weiterhin allen Verpflichtungen nach dem APPI. Darüber hinaus ist er nach Art. 22 APPI verpflichtet, eine „notwendige und angemessene Aufsicht" über den Bevollmächtigten auszuüben. Im Gegenzug ist der Bevollmächtigte selbst an alle Verpflichtungen nach dem APPI und den Ergänzenden Bestimmungen gebunden. Das Grundprinzip der verschiedenen Stellen im japanischen Datenschutzrecht ist also vergleichbar mit der DSGVO.

5.2 Betroffenenrechte

5.2.1 Zweckbindung

Personenbezogene Daten dürfen für einen bestimmten Zweck verarbeitet und anschließend nur insoweit verwendet werden, als sie mit diesem spezifischen Zweck nicht unvereinbar sind.[23] Dieser Grundsatz wird durch Art. 15 f. APPI gewährleistet. Der APPI verlangt, dass ein PIHBO den Verwendungszweck „so ausdrücklich wie möglich" (Art. 15 Abs. 1 APPI) angeben muss. Der PIHBO ist bei der Verarbeitung der Daten an diesen Zweck gebunden, es ist gem. Art. 16 Abs. 1 APPI verboten, persönliche Informationen über den „notwendigen Umfang zur Erreichung eines Nutzungszwecks" gem. Art. 15 APPI hinaus zu bearbeiten, ohne die vorherige Zustimmung des Betroffenen einzuholen, es sei denn, eine der Ausnahmeregelungen in Art. 16 Abs. 3 APPI findet Anwendung (z.B. die Erfüllung rechtlicher Pflichten). Art. 15 Abs. 2 APPI sieht vor, dass der ursprünglich vorgesehene Zweck durch den PIHBO nicht „über den Bereich hinaus geändert werden darf, der als angemessen relevant für den vorveränderten Nutzungszweck anerkannt ist".

---

[23] *Fujiwara/Geminn/Roßnagel*, ZD 2019, S. 204 (206 f.).

Personenbezogene Informationen müssen richtig sein, auf dem neuesten Stand gehalten werden und den für sie festgelegten Zwecken entsprechen. Die Grundsätze werden durch Art. 16 Abs. 1 APPI gewährleistet, der den Umgang mit persönlichen Daten über „den zur Erreichung eines Nutzungszwecks erforderlichen Umfang" hinaus verbietet. Dies schließt nicht nur eine übermäßige Nutzung der Daten (über das zur Erreichung des Nutzungszwecks notwendige Maß hinaus) aus, sondern beinhaltet auch das Verbot, mit Daten umzugehen, die für die Erreichung des Nutzungszwecks nicht relevant sind. Was die Verpflichtung betrifft, die Daten korrekt und aktuell zu halten, verlangt Art. 19 APPI, dass der PIHBO „bestrebt ist, personenbezogene Daten korrekt und aktuell in dem Umfang zu halten, der zur Erreichung des Nutzungszwecks erforderlich ist".

5.2.2 Transparenz der Verarbeitung

Das japanische System verlangt, dass personenbezogene Informationen rechtmäßig und fair verarbeitet werden. Dazu gehören insbesondere detaillierte Angaben zum Zweck der Nutzung der Informationen, über die betroffene Personen unverzüglich zu informieren sind (oder der Öffentlichkeit bekannt zu geben, Art. 18 Abs. 1 APPI). Die gleiche Verpflichtung gilt im Falle einer zulässigen Zweckänderung (Art. 18 Abs. 3 APPI). Damit wird auch sichergestellt, dass der Betroffene über die Tatsache informiert wird, dass seine Daten erhoben wurden.

Der APPI sieht verschiedene weitere Informationspflichten gegenüber den Betroffenen vor: In Bezug auf „gespeicherte personenbezogene Daten" sieht Art. 27 APPI vor, dass der PIHBO die betroffene Person über ihre Identität (Kontaktangaben), den Verwendungszweck und die Verfahren zur Beantwortung einer Anfrage bezüglich der individuellen Rechte der betroffenen Person gem. Artt. 28-30 APPI informiert. Sowohl die Anforderungen des Art. 18 APPI zur Transparenz, wenn Informationen nicht beim Betroffenen erhoben werden, als auch die Pflicht zur Information über den Verwendungszweck nach Art. 27 APPI unterliegen den gleichen Ausnahmeregelungen. Diese beruhen meist auf dem öffentlichen Interesse, z.B. wenn die Information über den Verwertungszweck legitime Maßnahmen des Unternehmers zum Schutz bestimmter Interessen (z.B. Betrugsbekämpfung, Wirtschaftsspionage, Sabotage) zu untergraben droht.

Der APPI verlangt grundsätzlich zwar nicht, dass der PIHBO die betroffene Person in der Phase der Erhebung über die voraussichtlichen Empfänger der persönlichen Informationen informiert. Dennoch ist eine solche Information eine notwendige Voraussetzung für jede spätere Weitergabe von Informationen an einen Empfänger auf der Grundlage von Art. 23 Abs. 2 APPI, es sei denn, die Datenverarbeitung beruht auf der vorherigen Zustimmung der betroffenen Person. Die Informationspflichten nach dem

APPI sind also nicht so ausgeprägt wie nach der DSGVO, sondern beschränken sich auf die tatsächlich für Betroffene relevanten Informationen. Allerdings ist eine Ausweitung der Informationspflichten über die Anpassungen am APPI geplant.

5.2.3 Begrenzung der Aufbewahrung

Die Daten dürfen nicht länger aufbewahrt werden, als es für die Zwecke, für die die personenbezogenen Daten verarbeitet werden, erforderlich ist. Gem. Art. 19 APPI sind die PIHBO verpflichtet, „sich zu bemühen [...], die personenbezogenen Daten unverzüglich zu löschen, wenn eine solche Verwendung unnötig geworden ist". Diese Bestimmung muss in Verbindung mit Art. 16 Abs. 1 APPI gelesen werden, der den Umgang mit persönlichen Informationen über „den zur Erreichung eines Nutzungszwecks erforderlichen Umfang" hinaus verbietet. Sobald der Nutzungszweck erreicht ist, kann die Verarbeitung von persönlichen Informationen nicht mehr als notwendig erachtet werden und kann daher nicht fortgesetzt werden (es sei denn, das PIHBO holt die Einwilligung der betroffenen Person dazu ein). Auch die Begrenzung der Speicherdauer ist also mit den DSGVO-Vorgaben vergleichbar.

5.3 IT-Sicherheit im APPI

Personenbezogene Daten sollten in einer Weise verarbeitet werden, die ihre Sicherheit gewährleistet. Dieser Grundsatz wird im japanischen Recht nicht so umfassend wie in der DSGVO durch Art. 20 APPI umgesetzt. Die Norm sieht vor, dass ein PIHBO „notwendige und angemessene Maßnahmen für die Sicherheitskontrolle personenbezogener Daten ergreift, einschließlich der Verhinderung des Abflusses, des Verlusts oder der Beschädigung der von ihm verarbeiteten personenbezogenen Daten". Die Anforderungen an die IT-Sicherheit richten sich also nur zur Absicherung gegen ungewollten Verlust/Veränderungen der Daten.

Die Ergänzenden Regeln erläutern die zu ergreifenden Maßnahmen, insbesondere die Festlegung grundlegender Richtlinien, Regeln für die Datenverarbeitung und verschiedene Kontrollmaßnahmen in Bezug auf die organisatorische sowie die menschliche, physische und technologische Sicherheit. Darüber hinaus müssen PIHBO, wenn personenbezogene Daten von Mitarbeitern oder Subunternehmern verarbeitet werden, gem. Art. 20 und 21 APPI eine „notwendige und angemessene Überwachung" zu Zwecken der Kontrolle der IT-Sicherheit gewährleisten.

5.4 Tatbestände der Verarbeitung

Der Vorgang des Umgangs mit Daten durch den PIHBO (vergleichbar zur „Verarbeitung" der DSGVO) geht vom Konzept der „Handhabung"

(„Handling") aus. Der Begriff umfasst „jede Handlung, die personenbezogene Daten betrifft", einschließlich der Erfassung, Eingabe, Speicherung, Bearbeitung/Verarbeitung, Erneuerung, Löschung, Ausgabe, Nutzung oder Bereitstellung von personenbezogenen Informationen.

Die Verarbeitung von beim Betroffenen erhobenen Daten nach dem Fokus des APPI im Falle einer Zustimmung/Einwilligung des Betroffenen in die Datenverarbeitung zulässig, Art. 16 Abs. 1 APPI. Eine Verarbeitung nach neuen/zusätzlichen Zwecken ist ebenfalls vorrangig zulässig, wenn der Betroffene auch darin einwilligt. Im Gegensatz zu den ausdifferenzierten Rechtsgrundlagen der DSGVO geht der APPI nur von der Einwilligung aus, sieht im nächsten Schritt aber diverse Ausnahmen von der Einwilligungspflicht vor, insbesondere durch eine der Ausnahmeregelungen nach Art. 16 Abs. 3 APPI (z.B. Erfüllung gesetzlicher Pflichten).

Eine Weitergabe von persönlichen Informationen an Dritte beschränkt Art. 23 Abs. 1 APPI auf klar definierte Fälle, wobei auch hier die vorherige Einwilligung der betroffenen Person die relevante Rechtsgrundlage ist.[24] Art. 23 Abs. 2-4 APPI sehen Ausnahmen vom Erfordernis der Einholung der Zustimmung vor. Diese Ausnahmen gelten jedoch nur für nicht-sensible Daten und verlangen, dass das PIHBO die betroffenen Personen im Voraus über die Absicht informiert, ihre persönlichen Daten an eine dritte Partei weiterzugeben, und ihnen die Möglichkeit gibt, gegen eine weitere Weitergabe Einspruch zu erheben. Bestimmte Datenkategorien, z.B. sensible persönliche Informationen, erfordern die besondere Zustimmung der betroffenen Person in die Verarbeitung (Art. 17 Abs. 2 APPI).

Eine Sonderregelung sieht Art. 2 Abs. 9 APPI für „anonym verarbeitete personenbezogene Informationen" vor, mit der neue Geschäftsmodelle und Dienste gefördert und der allgemeine Komfort verbessert werden sollen.[25] Hierbei handelt es sich um Informationen über eine Person, die aus der Verarbeitung personenbezogener Informationen durch nach Art. 36 Abs. 1 APPI und weiter spezifiziert in Art. 19 Ergänzende Vorschriften vorgeschriebene Maßnahmen entstanden sind und bei denen es unmöglich geworden ist, eine bestimmte Person zu identifizieren oder die personenbezogenen Daten wiederherzustellen. Aus diesen Bestimmungen ergibt sich, dass der Prozess der „Anonymisierung" persönlicher Informationen nicht technisch unumkehrbar sein darf (im Gegensatz zur Anonymisierung nach der DSGVO). Gem. Art. 36 Abs. 2 APPI sind Unternehmer, die mit „anonym verarbeiteten persönlichen Informationen" umgehen, lediglich ver-

---

[24] *Geminn/Fujiwara*, ZD 2016, S. 363 (365).
[25] *Geminn/Laubach/Fujiwara*, ZD 2018, S. 413 (417).

pflichtet, eine erneute Identifizierung zu verhindern, indem sie Maßnahmen ergreifen, um die Wiederherstellung der individuellen Identifikationscodes, die aus den persönlichen Informationen gelöscht wurden, zu unterbinden. Wenn ein Unternehmen die Informationen ausreichend anonymisiert hat, können sie an Dritte weitergegeben werden, ohne dass eine Zustimmung erforderlich ist. Weiterhin haben die PIHBO bestimmte IT-Sicherheitsmaßnahmen einzuhalten, Art. 36 Abs. 2 und 6 APPI, Art. 20 Enforcement Rules, zudem sind die Betroffenen näher zu informieren.[26] Diese Regelung zu anonym verarbeiteten Daten bildet einen sinnvollen Ausgleich zwischen Betroffenenrechten einerseits und den technischen Schwierigkeiten zur vollständigen Herstellung einer Anonymisierung andererseits. So wird ein sinnvoller Ausgleich geschaffen, der die wirtschaftliche Verwendung stark pseudonymisierter Informationen sicherstellt.

6 Ausblick auf die geplanten Änderungen am APPI

Die PPC nennt in ihrer Zusammenfassung der geplanten Änderungen, an denen sich die Nähe zu auch in Europa diskutierten Fragestellungen zeigt, die folgenden Schwerpunkte:[27]

- Erweiterung der Betroffenenrechte, insbesondere durch umfangreichere Informationspflichten und die Erweiterung der Möglichkeiten der Betroffenen, Forderungen nach Unterlassung der Nutzung, Löschung und Einstellung der Weitergabe an Dritte zu stellen.[28]

- Meldepflichten bei umfangreichen Datenlecks, sowohl gegenüber der PPC als auch Betroffenen.

- Einführung einer neuen Datenkategorie „Pseudonymisierte Informationen", also Informationen, mit denen ein Individuum ohne Zusatzinformationen nicht identifiziert werden kann. Diese Daten werden Verarbeitungsbeschränkungen unterworfen und dürfen nicht zur Identifizierung betroffener Personen verwendet oder an Dritte weitergegeben werden.[29]

- Ausweitung der extraterritorialen Geltung und stärkere Regulierung internationaler Datentransfers insbes. durch ausführlichere Informationspflichten gegenüber den Betroffenen. Bereits jetzt war festgelegt, dass

---

[26] Ausführlich *Geminn/Laubach/Fujiwara*, ZD 2018, S. 413 (418 f.).

[27] https://www.ppc.go.jp/en/aboutus/roles/international/cooperation/20200124/; und als Schaubild: https://www.ppc.go.jp/files/pdf/overview_amended_act.pdf.

[28] *Geminn*, ZD-Aktuell 2020, 06927.

[29] *Geminn*, ZD-Aktuell 2020, 06927.

auch die Übertragung von Daten ins Ausland eine Einwilligung des Betroffenen erfordert.[30] Diese Vorgabe wird durch die neuen Regelungen noch vertieft und die Rechte der Betroffenen dadurch verbessert.

7 Fazit zum Vergleich der Rechtssysteme

Die Reform des APPI hat das japanische Datenschutzrecht dem europäischen Datenschutzrecht grundlegend angenähert. Das japanische Gesetz ist immer noch weniger streng als das europäische Gesetz, z.B. da personenbezogene Daten nicht dem APPI unterfallen, wenn „unter Berücksichtigung ihrer Verwendungsmethode kaum die Möglichkeit besteht, die Rechte und Interessen eines Einzelnen zu beeinträchtigen", während die DSGVO die gesamte Verarbeitung personenbezogener Daten abdeckt. Die Definition von „anonym verarbeiteten Daten", die wirtschaftliche verwendet werden dürfen, ist im APPI weit gefasst und nach EU-Verständnis eine starke Pseudonymisierung. Zudem sind die Rechte der betroffenen Personen in Japan nicht so umfassend wie in Europa (was aufgrund der Überregulierung in der EU auch Vorteile aufweist). Auch die Aufsichtsmechanismen durch die PPC sind den starken EU-Aufsichtsbehörden noch nicht ebenbürtig, z.B. da die Bußgeldhöhe nur minimal ist. Vor Herausforderungen wird der internationale Rechtsanwender vor allem durch die verschiedenen, miteinander verwobenen Regelungen gestellt, die gerade bei Verarbeitung von EU-Daten in Japan eine besondere Komplexität aufweisen.

Dennoch deckt der APPI viele Aspekte des Datenschutzes ab, die mit der DSGVO stark vergleichbar sind (z.B. über den Einsatz von Bevollmächtigten/Verarbeitern) und die Löschung von Daten. Eine weitere Verbesserung des Datenschutzniveaus wird durch die Ergänzenden Regeln der PPC erreicht, das strengere Regeln für personenbezogene Daten festlegt, die von EU-Einrichtungen an japanische Unternehmen übermittelt werden. Die neuen Datenschutzgesetze der EU und Japans tragen durch die angeglichenen Regelungen also dazu bei, die Länder zusammenzubringen und ihre Handelsmöglichkeiten zu verbessern.

---

[30] *Hoeren/Wada*, ZD 2018, S. 3 (5).

Literatur

Botta, Jonas: Der California Consumer Privacy Act und die DSGVO: Ein transatlantisches Zwillingspaar?, in: Jürgen Taeger (Hrsg.), Die Macht der Daten und der Algorithmen – Regulierung von IT, IoT und KI, Edewecht 2019, S. 657-673.

Fujiwara, Shizou/Geminn, Christian: Reform des japanischen Datenschutzrechts im öffentlichen Bereich, ZD 2016, S. 522-528.

Fujiwara, Shizou/Geminn, Christian/Roßnagel, Alexander: Angemessenes Datenschutzniveau in Japan, ZD 2019, S. 204-208.

Geminn, Christian: Japan: Evaluation des Act on the Protection of Personal Information, ZD-Aktuell 2020, 06927.

Geminn, Christian/Fujiwara, Shizou: Das neue japanische Datenschutzrecht, ZD 2016, S. 363-368.

Geminn, Christian/Laubach, Anne: Gewährleistung einer unabhängigen Datenschutzaufsicht in Japan, ZD 2019, S. 403-407.

Geminn, Christian/Laubach, Anne/Fujiwara, Shizou: Schutz anonymisierter Daten im japanischen Datenschutzrecht, ZD 2018, S. 413-420.

Hoeren, Thomas/Wada, Toshihiro: Datenschutz in Japan, ZD 2018, S. 3-5.

Tatsumi, Tomohiko: „Angemessene" Datenschutzaufsicht in Japan?, CR 2019, S. 424-430.

Wagner, Florian: Datenschutz und die Volksrepublik China – ein Widerspruch?, in: Jürgen Taeger (Hrsg.), Die Macht der Daten und der Algorithmen – Regulierung von IT, IoT und KI, Edewecht 2019, S. 673-687.

UPDATE DATENSCHUTZ

RA Dr. Flemming Moos

Osborne Clarke
flemming.moos@osborneclarke.com

Zusammenfassung

Dieser Beitrag gibt einen Überblick über bedeutsame Entwicklungen im Bereich des Datenschutzrechts während des Zeitraums seit der 20. Herbstakademie 2019, die nicht in gesonderten Beiträgen adressiert werden. Wie bereits in den Vorjahren kann und soll hier keine vollständige Wiedergabe aller datenschutzrelevanten Entwicklungen in Legislative und Judikatur erfolgen. Vielmehr wird nachfolgend der Fokus auf solche Neuerungen gelegt, die im Sinne eines „Best Of" besonders wichtig erscheinen, weil sie entweder eine datenschutzrechtliche Grundfrage betreffen oder die bisherige Rechtslage oder Verarbeitungspraxis maßgeblich beeinflussen. In diesem Sinne werden bedeutsame Urteile dargestellt (1) zur Gestaltung rechtskonformer Einwilligungen, (2) zu Auslistungsanträgen, (3) zu Schadensersatzansprüchen sowie (4) zu Bußgeldverfahren unter der DSGVO und (5) zum Umfang der Öffnungsklausel des Art. 6 Abs. 4 DSGVO.

1 Die Gestaltung einer rechtskonformen Einwilligung

Innerhalb der letzten zwölf Monate gab es gleich mehrere bedeutsame Entscheidungen zur Gestaltung einer Einwilligung („wie"). Zur Frage, wann eine Einwilligung einzuholen ist – also über das „ob" – äußerte sich einzig mittelbar der BGH im Rahmen seiner Entscheidung „Cookie-Einwilligung II".

1.1 EuGH: Einwilligung nur durch aktive Willensäußerung

Am 1.10.2019 entschied der EuGH[1] zu einigen ungeklärten Rechtsfragen rund um den Einsatz von Cookies und die Erteilung wirksamer Einwilligungen.

1.1.1 Sachverhalt

Gegenstand des Vorabentscheidungsverfahrens war die Teilnahme an einem kostenlosen Online-Gewinnspiel. Die Betroffenen konnten dem Setzen von Cookies und so der *„Auswertung [...][des] Surf- und Nutzungsverhaltens auf Websites von Werbepartnern [...][für] interessengerichtete Werbung"* widersprechen (Opt-Out).[2] Zwingend für die Teilnahme am Gewinnspiel war

---

[1] EuGH, Urt. v. 1.10.2019 – C-673/17 (Planet49), EU:C:2019:801, Rn. 59 f., 65.

[2] Ebenda, Rn. 27.

diese Einwilligung nicht. Der BGH legte dem EuGH im Kern folgende drei Fragen vor:[3]

- Kann eine Einwilligung durch ein vorausgewähltes Ankreuzfeld erklärt werden?

- Ist Art. 5 Abs. 3 ePrivacy-Rl für personenbezogene Informationen anders als für nicht-personenbezogene anzuwenden?

- Welche Informationspflichten sind beim Setzen von Cookies zu erfüllen?

1.1.2 Entscheidungsgründe

Der EuGH äußert sich in der Entscheidung zuvorderst zur DSRL und ePrivacy-Rl. Er ordnet aber auch die DSGVO als streitgegenständlich ein, da im nationalen Verfahren u.a. ein Unterlassen der Praxis für zukünftige Sachverhalte angestrebt wurde.[4]

1.1.2.1 Unwirksame Einwilligung durch vorab angekreuzte Kästchen

Nach Auffassung des EuGH ist eine Einwilligung durch ein vorab angekreuztes Kästchen nach den Vorgaben der DSRL nicht wirksam erklärt und entspricht erst recht nicht den Vorgaben der DSGVO.[5] Wortlaut, Systematik und die Entwicklung der maßgeblichen Normen sprächen für die Notwendigkeit eines aktiven Verhaltens, das für eine wirksame Erklärung erforderlich sei. Im vorliegenden Fall führe allerdings bereits Passivität zur vermeintlichen Einwilligung. Bei vorab angekreuzten Kästchen könne zudem objektiv nicht festgestellt werden, ob es nicht abgewählt wurde, weil der Betroffene einwilligen wolle oder dies gar nicht zur Kenntnis genommen habe. Art. 7 lit. a DSRL fordere jedoch, dass die Erteilung *„ohne jeden Zweifel"* und nach Art. 4 Nr. 11 DSGVO *„unmissverständlich"* erfolge.[6]

1.1.2.2 Keine Differenzierung zwischen personenbezogenen und nicht-personenbezogenen Informationen

Weiter statuiert der EuGH, dass es für Art. 5 Abs. 3 ePrivacy-Rl keinen Unterschied mache, ob die Informationen personenbezogen oder nicht-personenbezogen seien.[7] Sinn und Zweck der Norm sei nämlich der Schutz natürlicher Personen vor jedem Eingriff in die Privatsphäre innerhalb des elektronischen Kommunikationsnetzes.[8]

---

[3] Vgl. ebenda, Rn. 37.

[4] Ebenda, Rn. 41 ff.; siehe dazu weiterführend *Moos/Rothkegel*, MMR 2019, S. 732 (737).

[5] EuGH, Urt. v. 1.10.2019 – C-673/17 (Planet49), EU:C:2019:801, Rn. 59 f., 65.

[6] Ebenda, Rn. 54 f.

[7] Ebenda, Rn. 71.

[8] Ebenda, Rn. 69 f., diese Auslegung unterstütze zudem ErwG 24 ePrivacy-Rl.

1.1.2.3 Umfassende Informationserteilung beim Einsatz von Cookies

Nach Auffassung des EuGH müssen sowohl Funktionsdauer und Möglichkeit des Zugriffs Dritter mitgeteilt werden, wenn Cookies auf dem Endgerät des Betroffenen gespeichert werden.[9] Wie im Hinblick auf die Einwilligung verweise Art. 5 Abs. 3 ePrivacy-Rl auf die datenschutzrechtlichen Informationspflichten aus Art. 10 DSRL bzw. nunmehr Art. 13 DSGVO: Hiernach seien die Empfänger oder Kategorien von Empfängern ausdrücklich zu benennen.[10] Die Dauer der Verarbeitung sei zwar nicht ausdrücklich in Art. 10 DSRL genannt. Zugleich seien die enumerativen Aufzählungen nicht abschließend, was der Wortlaut (*„zumindest die nachstehenden Informationen"*) deutlich mache.[11] Entscheidend für den EuGH war deshalb, dass die Funktionsdauer eines Cookies „notwendig ist, um eine Verarbeitung nach Treu und Glauben zu gewährleisten".[12]

1.2 BGH: Die richtlinienkonforme Auslegung des § 15 Abs. 3 TMG

Nach Beantwortung der Vorlagefragen entschied der BGH am 28.5.2020 den Fall.[13]

1.2.1 Sachverhalt

Neben den „Cookie-Fragen" urteilte der BGH auch über die erste Einwilligung, die zwar nicht Gegenstand des Vorabentscheidungsverfahrens, aber notwendige Voraussetzung für die Teilnahme am Gewinnspiel war.[14] Der Teilnehmer musste hiernach zustimmen (Opt-In), dass ihn *„einige Sponsoren und Kooperationspartner [...] postalisch oder telefonisch oder per E-Mail/SMS über Angebote aus ihrem jeweiligen Geschäftsbereich informieren".*[15] Der Nutzer konnte, anstatt allen Werbepartnern zuzustimmen, auf einer zweiten Stufe, abrufbar durch einen Link, einzelne, aber nicht mehr als 17, der insgesamt

---

[9] EuGH, Urt. v. 1.10.2019 – C-673/17 (Planet49), EU:C:2019:801 Rn. 75, 78, 80 f.

[10] Vgl. ebenda, Rn. 76 f., 80.

[11] Dahingehend zu Art. 13 Abs. 1 lit. f. DSGVO auch vorab bereits *Strassemeyer*, in: Taeger, Die Macht der Daten und der Algorithmen, S. 31 (38 ff.).

[12] EuGH, Urt. v. 1.10.2019 – C-673/17 (Planet49), EU:C:2019:801, Rn. 78 f., historisch untermauere dies zudem Art. 13 Abs. 2 lit. a DSGVO, wonach nunmehr die Speicherdauer personenbezogener Daten ausdrücklich anzugeben sei.

[13] BGH, Urt. v. 28.5.2020 – I ZR 7/16 (Cookie-Einwilligung II), DE:BGH:2020:280520UIZR 7.16.0.

[14] BGH, Urt. v. 28.5.2020 – I ZR 7/16 (Cookie-Einwilligung II), DE:BGH:2020:280520UIZR 7.16.0, Rn. 4

[15] Ebenda, Rn. 2.

57 Werbepartnern abwählen. Bei umfangreicherer Abwahl durfte der Gewinnspielbetreiber eigenständig eine Auswahl nach freiem Ermessen vornehmen.[16]

1.2.2 Entscheidungsgründe

1.2.2.1 Unwirksamkeit der Werbeeinwilligung

Nach Ansicht des BGH war die Einwilligung nicht *„für den bestimmten Fall"* i.S.v. Art. 4 Nr. 11 DSGVO erklärt. Die Gestaltung der Einwilligungserklärung sei nämlich darauf angelegt, den Teilnehmer durch ein aufwendiges Verfahren von der einzelnen Abwahl der in der Liste aufgeführten Partnerunternehmen abzuhalten. Dies soll ihn veranlassen, stattdessen dem Gewinnspielbetreiber die Wahl der Werbepartner zu übertragen, sodass der Teilnehmer regelmäßig keine Kenntnis über den konkreten Inhalt der gegebenen Einwilligung habe.[17] Das Verhältnis zwischen Einsatzweck der Einwilligung und zeitlich erforderlichem Aufwand für eine Auswahl sei unverhältnismäßig. Hierfür sei nicht nur die Länge, sondern besonders die Gestaltung des Einwilligungsverfahrens zu betrachten.[18]

Zu guter Letzt führte der BGH aus, dass er keine Rechtsänderung zwischen den formellen und materiellen Voraussetzungen einer Einwilligung nach der DSRL und der DSGVO erkenne – die Erwägungen zur DSRL gälten daher insoweit fort.[19]

1.2.2.2 Unwirksamkeit der Cookie-Einwilligung

Auch die Einwilligung in das Setzen und Auswerten der Cookies ist – aus den oben bereits ausgeführten Gründen und Vorgaben des EuGH[20] – nach Auffassung des BGH unwirksam.[21] Unklar war letztlich nur noch, wie der BGH diese Auffassung mit § 15 Abs. 3 S. 1 TMG in Einklang bringen wollte, welcher ausdrücklich eine Widerspruchslösung (Opt-Out) normiert: Der BGH entschied sich für eine richtlinienkonforme Auslegung dahingehend, dass in Deutschland gem. § 15 Abs. 3 S. 1 TMG Werbe-Cookies zukünftig nur noch nach aktiver Einwilligung des Nutzers erstellt werden dürfen. Im Fehlen einer (wirksamen) Einwilligung könne der entsprechende gesetzlich vorgesehene Widerspruch gesehen werden. Diese Auslegung sei mit dem Wortlaut gerade noch vereinbar. Die Ansicht des Gesetzgebers, die deutsche Norm sei im Einklang mit der ePrivacy-Rl, lasse den

---

[16] Vgl. ebenda, Rn. 4.

[17] Ebenda, Rn. 32 f.

[18] Ebenda, Rn. 36 f.

[19] Vgl. ebenda, Rn. 34.

[20] Siehe dazu Ziffer 1.1.2.1.

[21] Vgl. BGH, Urt. v. 28.5.2020 – I ZR 7/16 (Cookie-Einwilligung II), DE:BGH:2020:280520 UIZR7.16.0, Rn. 44 ff.

Schluss zu, er haben die europäischen Vorgaben umsetzen wollen. Dieser Wille spräche im Besonderen für eine teleologischen Reduktion der deutschen Norm.[22]

1.3 Bewertung der Entscheidungen

1.3.1 Die Gestaltung einer rechtskonformen Einwilligung

Das Erfordernis einer aktiven Einwilligung überzeugt letztlich. Insbesondere die Erwägungsgründe der DSGVO offenbaren ein dahingehendes Ziel des Gesetzgebers. Es überzeugt jedoch nur insoweit, wenn auch fortlaufend zwischen aktiver und ausdrücklicher Einwilligung – wie der Gesetzestext der DSGVO selbst – unterschieden wird. Es bleibt deshalb weiterhin möglich, konkludent in das Auslesen von Cookies oder andere Verarbeitungen wirksam einzuwilligen.[23] Entscheidend ist in diesem Fall vielmehr, dass ein Mechanismen implementiert ist, der es ermöglicht, die Abgabe der Einwilligung nachzuweisen.[24]

Zutreffend ist auch die Auffassung, dass die Angaben zur Funktionsdauer und zum Zugriff auf die Informationen zur Bestimmung der Reichweite der Einwilligung erforderlich sind.[25] Die Interpretation bzgl. des nicht abschließenden Wortlauts (*„zumindest"*) ist grundsätzlich vertretbar, erzeugt aber zugleich etwa im Hinblick auf Art. 13 Abs. 2 lit. f DSGVO große Rechtsunsicherheit, wann Verantwortliche, die teilweise wagen Transparenzanforderungen, ausreichend erfüllen.[26]

Unklar ist indes weiterhin vieles im Hinblick auf die konkrete Ausgestaltung der Einwilligungserklärung: Weder der EuGH noch der BGH äußerten sich dazu, ob die nunmehr anzugebenen Kategorien von Empfängern und die Funktionsdauer der Cookies als Teil der Einwilligungserklärung oder eine Verlinkung auf die Informationspflichten ausreicht.[27] Zutreffend

---

[22] Ebenda, Rn. 54 ff.

[23] *Moos/Rothkegel*, MMR 2019, S. 732 (738); *Taeger/Schweda*, ZD 2020, S. 124 (124 f.); *Moos/Schefzig/Strassemeyer*, in: Moos/Schefzig/Arning, Praxishandbuch DSGVO, Kap. 19; a. A. *Hanloser*, ZD 2019, S. 556 (561 f.); *Lang*, K&R 2019, S. 698 (701).

[24] Für dahingehende Ansätze siehe umfassend auch *Moos/Schefzig/Strassemeyer*, in: Moos/Schefzig/Arning, Praxishandbuch DSGVO, Kap. 19.

[25] Vgl. EuGH, Urt. v. 1.10.2019 – C-673/17 (Planet49), EU:C:2019:801, Rn 76, 79.

[26] Vergleich *Strassemeyer* K&R 2020, S. 176 (178 f.); *Arning*, in: Moos/Schefzig/Arning, Praxishandbuch DSGVO, Kap. 6.

[27] Siehe dafür, dass grundsätzlich die Angabe von Kategorien ausreichend ist, *Strassemeyer*, K&R 2020, S. 176 (178 f.).

dürfte im Regelfall letzteres sein (vgl. ErwG 42 S. 4).[28] Anderes gilt nur, wenn etwa einer der Empfänger zugleich gemeinsamer Verantwortlicher ist und die Einwilligung sich auf ihn erstreckt.[29]

Die grundsätzliche Konzeption einer gestuften Einwilligung hat der BGH nicht untersagt: Vielmehr benennt er Grenzen des gestalterischen Spielraums, um einen Nutzer zu einem vorhersehbaren Verhalten zu bewegen (sog. *nudging*). Maßgeblich für die Zulässigkeit ist demnach der „Einsatzzweck" im Verhältnis zum zeitlichen Aufwand. Woher der BGH diese Anforderungen nimmt, bleibt offen. Die DSGVO lässt dies nicht zwingend erkennen, mit Ausnahme von ErwG 32 S. 6 DSGVO, wonach eine elektronische Einwilligung *„in klarer und knapper Form und ohne unnötige Unterbrechung des Dienstes"* zu erfolgen hat. Daraus ergibt sich aber zugleich, dass gestalterisch eine gestufte Einwilligung besonders im elektronischen Rechtsverkehr möglich sein muss. Die Ausführungen des BGH bezogen sich zudem auf eine sehr spezielle und nachteilhaft gestaltete Einwilligungserklärung.

1.3.2 Die richtlinienkonforme Auslegung

Über die Art und Weise, wie der BGH zum Ergebnis kommt, lässt sich trefflich streiten. Wenig überzeugend ist wohl für die meisten, dass die gewählte Auslegung mit dem Wortlaut von § 15 Abs. 3 S. 1 TMG noch vereinbar sei. Liegt einem Opt-In doch zu Grunde, dass ein Verhalten generell verboten ist und erst nach aktiver und zustimmender Handlung erlaubt wird. *Vice versa* hingegen das Opt-out, wonach ein Verhalten generell zulässig ist und erst durch eine Handlung mit ablehnendem Erklärungsinhalt unzulässig wird.[30] Die Einwilligung und der Widerspruch sind deshalb prinzipiell gegenläufige Gestaltungsvarianten. Man muss dem BGH allerdings zugutehalten, dass er die Ausgestaltung einer kohärenten europäischen Rechtsordnung unter besondere Berücksichtigung der teleologischen Gesichtspunkte hochhält. Der gewählte Weg entspricht wohl mehr einer Rechtsfortbildung als einer Auslegung, bei welcher der BGH in der Vergangenheit bereits mehrfach über den Wortlaut hinaus gegangen ist.[31]

---

[28] Dahingehend wohl auch Conseil D'Etat, Urt. v. 19.6.2020 – CR Nr. 434684, Ziff. 12; ausführlich dazu auch *Moos/Rothkegel*, MMR 2019, S. 732 (739); *Moos/Schefzig/Strassemeyer*, in: Moos/Schefzig/Arning, Praxishandbuch DSGVO, Kap. 19.

[29] *Moos*, in: Moos/Schefzig/Arning, Praxishandbuch DSGVO, Kap. 8.

[30] Statt vieler *Moos*, K&R 2012, S. 635 (637 f.); anschaulich zur Pressemitteilung auch *Hanloser*, BB-Standpunkte v. 24.6.2020.

[31] Wobei anzumerken sei, dass der BGH die Rechtsfortbildung offenbar als Unterfall der richtlinienkonformen Auslegung erachtet, siehe dazu BGH, Urt. v. 28.5.2020 – I ZR 7/16 (Cookie-Einwilligung II), DE:BGH:2020:280520UIZR7.16.0, Rn. 53; dahingehend vorab auch *Strassemeyer*, DSB 2020, S. 109.

1.3.3 Übergeordnete Einschätzung

Es ist davon auszugehen, dass die Ausführungen des EuGH und BGH auch für andere Tracking-Technologien relevant sein werden. Zwar bezieht sich der EuGH an der entscheidenden Stelle ausdrücklich nur auf Cookies,[32] die generellen Ausführungen erfolgen dagegen technologieneutral. Die meisten der relevanten Tracking-Methoden dürften unter die Regelung des Art. 5 Abs. 3 ePrivacy-Rl fallen, auch wenn keine Speicherung von Informationen im Endgerät erfolgt, dafür werden allerdings etwa dort gespeicherter Informationen abgerufen. Freilich ist hier eine Einzelbetrachtung der technischen Gestaltung angezeigt.

Unternehmen können nunmehr positiv darauf abstellen, dass zu einem langjährigen Streitthema eine gewisse Rechtsklarheit herrscht. Für die zahlreichen weiteren Unklarheiten in Verbindung mit § 15 Abs. 3 TMG, etwa der genauen Ausgestaltung einer Einwilligung oder worin „unbedingt notwendige" Tracking-Technologien zu erachten sind, ist der Bußgeldrahmen zumindest gemäß § 16 TMG mit 50.000 EUR vergleichbar gering zur DSGVO.[33] Gleiches gilt daher auch für die Rechtsrisiken.

2 Auslistungsanträge

2.1 EuGH: Die Verlinkung auf besondere personenbezogene Daten

2.1.1 Sachverhalt

Dem Vorabentscheidungsverfahren lagen die Auslistungsanträge von vier Betroffenen in Frankreich zugrunde. Sie erhoben jeweils Klage zum Conseil d'État, da die Links nach ihrem Vortrag zu veralteten und sensiblen Berichten über sie führten.[34] Das Gericht hatte verschiedene Fragen zur Auslegung und Auswirkung von Kategorien besonderer personenbezogener Daten (Art. 9 Abs. 1 DSGVO) sowie Daten im Zusammenhang mit Straftaten (Art. 10 DSGVO) auf einen Auslistungsantrag.[35]

2.1.2 Entscheidungsgründe

Der EuGH stellt anfänglich heraus, dass ein Suchmaschinenanbieter innerhalb seiner Verantwortlichkeit – die Auflistung der Suchergebnisse und

---

[32] EuGH, Urt. v. 1.10.2019 – C-673/17 (Planet49), EU:C:2019:801 Rn 81.

[33] Siehe auch *Koglin*, DSB 2020, S. 134 (136).

[34] EuGH, Urt. v. 24.9.2019 – C-136/17, EU:C:2019:773, Rn. 25 ff.

[35] Vgl. ebenda, Rn. 31.

Verlinkung zu Websites[36] – die Rechtmäßigkeitsvoraussetzungen vollumfänglich berücksichtigen müsse.[37] Deshalb müsse er auch die Art. 9 Abs. 1 DSGVO und Art. 10 DSGVO berücksichtigen.[38]

Im Falle etwa von Datenkategorien i. S. d. Art. 9 Abs. 1 DSGVO könne der Suchmaschinenbetreiber die fortlaufende Auflistung der Websitelinks im Regelfall nur rechtfertigen, wenn dies aufgrund eines „erheblichen öffentlichen Interesses erforderlich" sei.[39] Dies entspräche den Voraussetzungen von Art. 9 Abs. 2 lit. g DSGVO und führe zur Interessenabwägung zwischen Betroffenen und Suchmaschinenanbieter[40] Hierfür gälten die in der Google Spain-Entscheidung genannten Faktoren.[41]

Den Anwendungsbereich von Art. 10 DSGVO legt der EuGH extensiv aus: Demnach unterfallen bereits Informationen über ein strafrechtliches Gerichtsverfahren gegen eine natürliche Person den besonderen Rechtmäßigkeitsvoraussetzungen des Art. 10 DSGVO. Dies umfasse etwa Informationen über die Anklageerhebung.[42] Überraschend konstatiert der EuGH weiter, dass der Betreiber der Suchmaschine „in jedem Fall" verpflichtet sei zu prüfen, ob aufgrund von Art. 11 GRCh ein erhebliches öffentliches Interesse am Zugang zu den Informationen bestünde.[43] Selbst im Falle einer grundsätzlich rechtswidrigen Verarbeitung nach den Art. 5 Abs. 1 lit. c bis lit. e, Art. 10 DSGVO könne deshalb eine primärrechtskonforme Auslegung zur Rechtmäßigkeit der Verarbeitung führen. Der Gerichtshof stützt dies maßgeblich auf die Rechtsprechung des EGMR und deren Auslegung von Art. 8 EMRK, wonach auch das Recht zu Recherche vergangener Ereignisse Vorrang haben könne und das Interesse der Öffentlichkeit sich mit der Zeit verändern könne.[44] Im Rahmen einer dahingehenden Interessenabwägung seien besonders auch national divergierende Interessen an der Zugänglichkeit zu berücksichtigen.[45]

---

[36] Ebenda, Rn. 46, mit Verweis auf EuGH, Urt. v. 13.5.2014 – C-131/12 (Google Spain), EU:C:2014:317, Rn. 80.

[37] EuGH, Urt. v. 24.9.2019 – C-136/17, EU:C:2019:773, Rn. 48.

[38] Ebenda, Rn. 44 ff.

[39] EuGH, Urt. v. 24.9.2019 – C-136/17, EU:C:2019:773, Rn. 68; Eine ausdrückliche Einwilligung scheidet regelmäßig aus, da spätestens der Auslistungsantrag zum Widerruf führe.

[40] Ebenda, Rn. 66.

[41] Ebenda, Rn. 66 f.

[42] EuGH, Urt. v. 24.9.2019 – C-136/17, EU:C:2019:773, Rn. 72, 79.

[43] Ebenda, Rn. 75 f.

[44] Vgl. ebenda, Rn. 76, mit Verweis auf EGMR, Urt. v. 28.6.2018 – 60798/10 und 65599/10, NJW 2020, 295 Rn. 89, 100 ff.

[45] Vgl. EuGH, Urt. v. 24.9.2019 – C-136/17, EU:C:2019:773, Rn. 77, 74 ff.

Darüber hinaus müsse der Suchmaschinenanbieter im Falle einer Interessenabwägung die Ergebnisliste so ausrichten, dass sie „spätestens mit dem Antrag auf Auslistung" die aktuelle Situation widerspiegele.[46] D.h. Informationen über einen Freispruch oder die Einstellung des Verfahrens sind chronologisch vor der Anklageerhebung und dem Verfahrensgang aufzulisten.

2.2 EuGH: Die territorialen Grenzen des Auslistungsantrags

2.2.1 Sachverhalt

Suchanfragen bei Google ergeben je nach aufgerufener Top-Level-Domain unterschiedliche Ergebnisauflistungen.[47] Die CNIL Frankreich forderte hier, die Links im Falle eines positiven Auslistungsantrag auf allen ihrer Top-Level-Domains zu entfernen.[48] Hierzu erfragte der Conseil d'État beim EuGH, wie weit die Pflicht zur Auslistung reiche. Und sofern dies nicht weltweit zu erfüllen sei, ob der Umfang durch die Geoblocking-Technik sichergestellt werden könne.[49]

2.2.2 Entscheidungsgründe

Zuzüglich zu den bereits in der Entscheidung vom selben Tag in der Rechtssache C-136/17 ausdrücklich bestätigten Grundätzen aus der Google Spain-Entscheidung,[50] bestätigte der EuGH auch unter der DSGVO die extensiven Auslegung der Wendung *„im Rahmen der Tätigkeit einer Niederlassung"*.[51]

Konkret kommt der EuGH zu dem Ergebnis, dass der Auslistungsanspruch unter der DSRL und der DSGVO grundsätzlich „nur" Top-Level-Domains der europäischen Mitgliedstaaten umfasse.[52] Zwar sei theoretisch ein umfassender Auslistungsanspruch denkbar,[53] der Gesetzgeber habe sich in der DSGVO allerdings bewusst für eine Begrenzung der Wirkung auf die Mitgliedstaaten entschieden. Zudem sähen die Artt. 56 ff. DSGVO auch keine Mechanismen für eine Zusammenarbeit der Behörden über die mitgliedstaatlichen Grenzen hinaus vor.[54] Aufgrund verschieden gelagerter

---

[46] Ebenda, Rn. 78.

[47] Vgl. EuGH, Urt. v. 24.9.2019 – C-507/17, EU:C:2019:772, Rn. 36.

[48] Ebenda, Rn. 30 f.

[49] Ebenda, Rn. 39.

[50] EuGH, Urt. v. 24.9.2019 – C-136/17, EU:C:2019:773, Rn. 35 ff.

[51] Vgl. EuGH, Urt. v. 24.9.2019 – C-507/17, EU:C:2019:772, Rn. 49 ff.

[52] Ebenda, Rn. 65 f., 73.

[53] Ebenda, Rn. 61, 72; *Lang*, CB 2019, S. 491 (492); *Golland*, DSB 2019, S. 234 (235).

[54] EuGH, Urt. v. 24.9.2019 – C-507/17, EU:C:2019:772, Rn. 62 ff.

Informationsinteressen der Internetnutzer können auch innerhalb der einzelnen Mitgliedstaaten die jeweiligen Abwägungen divergieren.[55]

Inwieweit der Suchmaschinenanbieter durch einzelne technische Vorkehrungen die gesetzeskonforme Auflistung bzw. Auslistung sicherstellen, müssten die nationalen Gerichte beurteilen. Verlangt sei (nur), dass die Internetnutzer „zumindest zuverlässig davon abgehalten werden, auf die betreffenden Links über eine Suche anhand des Namens der betroffenen Person zuzugreifen".[56]

2.3 Bewertung der Entscheidungen

In beiden Entscheidungen konstatiert der EuGH, dass Grundsätze aus der Google Spain-Entscheidung auch für Auslistungsanträge unter der DSGVO fortgelten.[57] Ist dem im Hinblick auf die Abwägungen für die Interessenabwägung noch zuzustimmen, erscheint eine extensiv und flexible Interpretation von *„im Rahmen der Tätigkeit einer Niederlassung"* unter DSGVO eigentlich nicht weiter geboten. Etwaige zuvor bestehende Regelungslücken schließt nunmehr Art. 3 Abs. 2 DSGVO.[58]

Auf Unternehmen, die Informationen aus Drittquellen verarbeiten, kommt durch die Berücksichtigung der besonderen Voraussetzungen der Art. 9 und Art. 10 DSGVO ein nicht unerheblicher Mehraufwand zu. Auch durch andere Intermediäre, wie etwa soziale Netzwerke oder Zeitschriften, könnte dies zukünftig zu berücksichtigen sein, wenn sie Informationen aus Drittquellen veröffentlichen.[59] Das BVerfG hatte einen entsprechenden Anspruch zuletzt gegenüber einem deutschen Anbieter, am Maßstab der deutschen Grundrechte, treffend verneint.[60] Zudem hat es in der vielbeachteten Entscheidung Recht auf Vergessen II richtigerweise herausgestellt, dass bei einem Auslistungsantrag zusätzlich die Grundrechte des Inhaltsanbieters, insbesondere die Medienfreiheit aus Art. 11 GRCh, unmittelbar in der Abwägung zu berücksichtigen sei.[61] Unternehmen in Deutschland, aber

---

[55] Ebenda, Rn. 66 ff.

[56] Ebenda, Rn. 70, mit Verweis auf EuGH, Urt. v. 27.3.2014 – C‑314/12, EU:C:2014:192 Rn. 62; EuGH, Urt v. 5.9.2016 – C‑484/14, EU:C:2016:689, Rn. 96.

[57] So auch *Sattler*, ZD 2020, S. 36 (42); *Golland*, DSB 2019, S. 234 (235 f.).

[58] Siehe hierzu schon *Moos/Schefzig/Strassemeyer*, in: Moos/Schefzig/Arning, Praxishandbuch DSGVO, Kap. 19.

[59] *Golland*, DSB 2019, S. 234 (236); *Casper*, PinG 2014, S. 133 (134); *Moos*, K&R 2015, S. 158 (163).

[60] BVerfG, Beschl. v. 6.11.2019 – 1 BvR 16/13 (Recht auf Vergessen I) Rn 123 ff.

[61] BVerfG, Beschl. v. 6.11.2019 – 1 BvR 276/17 (Recht auf Vergessen II), Rn 120 ff.; zustimmend auch *Kühling*, NJW 2020, S. 275 (279).

auch andernorts, sollten sich die Argumentation des BVerfG zu eigen machen. Zurecht stärkt sie die Position der Suchmaschinenanbieter innerhalb der Interessenabwägung, da weitere berechtigte Interessen Dritter zugunsten des Suchmaschinenanbieters berücksichtigt werden.

Indem der EuGH den Auslistungsanspruch nunmehr auf Art. 17 Abs. 1 DSGVO stützt, können die Kriterien im Hinblick auf eine Interessenabwägung unmittelbar in den Ausnahmen nach Art. 17 Abs. 3 DSGVO berücksichtigt werden.[62] Dogmatisch kann man in Frage stellen, ob eine Auslistung tatsächlich eine Löschung i.S.v. Art. 17 Abs. 1 DSGVO darstellt und die Weblinks nicht vielmehr i.S.v. Art. 4 Nr. 3 DSGVO eingeschränkt werden.[63] Global agierende Unternehmen müssen nun prüfen, ob im Rahmen der Interessenabwägung in einzelnen Mitgliedstaaten ein besonderes lokales Interesse der Internetnutzer an den Informationen besteht. In diesem Fall muss aber zugleich sichergestellt werden, dass die Vorgaben hinsichtlich des Nichtzugangs aus anderen Mitgliedstaaten eingehalten werden. Ausreichend hierfür sollte es sein, wenn die vom Verantwortlichen zu implementierende technische Lösung nicht unüberwindbar ist. Zumindest ist der EuGH wohl so zu verstehen, wenn er einen zuverlässigen Mechanismus fordert.[64] Die Geolokalisierung dürfte, entsprechend dem risikobasierten Ansatz der DSGVO, demnach ausreichen.

Die Aussage, nach der eine Verarbeitung nach der DSGVO und dem mitgliedstaatlichen Recht rechtswidrig sein könne, jedoch aufgrund der EMRK und GRCh dennoch verarbeitet werden dürfe, verwundert nur auf den ersten Blick.[65] Sie überzeugt bei genauem Hinschauen und offenbart eine positive Weitsicht des EuGH: Grundsätzlich ist nämlich auch das europäische Sekundärrecht den Vorgaben des Primärrechts unterworfen.[66] Bedauerlich ist jedoch, dass der EuGH Verantwortliche vollkommen im luftleeren Raum lässt, indem er keine näheren Kriterien benennt, wann ein entsprechendes Informationsinteresse überwiegt.

---

[62] So auch EuGH, Urt. v. 24.9.2019 – C-507/17, EU:C:2019:772, Rn. 47; EuGH, Urt. v. 24.9.2019 – C-136/17, EU:C:2019:773, Rn. 57.

[63] Siehe auch *Golland*, DSB 2019, S. 234 (236); näher betrachtet offenbart der Regelungsgehalt von Art. 18 Abs. 1 DSGVO, dass dieser ebenso nicht zuträfe und der Gesetzgeber unsauber gearbeitet hat, siehe dazu auch *Moos/Schefzig/Strassemeyer*, in: Moos/Schefzig/Arning, Praxishandbuch DSGVO, Kap. 19.

[64] So auch *Golland*, DSB 2019, S. 234 (236).

[65] EuGH, Urt. v. 24.9.2019 – C-136/17, EU:C:2019:773, Rn. 76.

[66] Angemerkt sei, dass die EMRK erst mit Vollzug des Beitritts der Europäischen Union zur EMRK Teil des europäischen Primärrechts wurde. Der EuGH berücksichtigt die Rechtsprechung des EGMR zur Auslegung der deckungsgleichen Grundrechte aber über Art. 52 Abs. 3 GRCh, siehe dazu mit anschaulicher Auflistung *Schwerdtfeger*, in: Meyer/Hölscheidt, Art. 52 GRCh, Rn. 52 ff.

Es wird sich zeigen, ob der Unionsgesetzgeber in Zukunft das europäische Datenschutzrecht noch stärker auskonturieren wird.[67] Vorerst hat der EuGH dies treffend beschränkt, indem richtigerweise sonst in die Rechte von Drittländern eingegriffen hätte, die eine ganz andere Abwägung der betroffenen Grundrechte vornehmen können.[68]

3 Schadensersatzansprüche unter der DSGVO

3.1 ArbG Düsseldorf: Schadensersatz i.H.v. 5.000 EUR

Am 5.3.2020 entschied das ArbG Düsseldorf über einen immateriellen Schadensersatzanspruch nach Art. 82 DSGVO.[69]

3.1.1 Sachverhalt

Das Verfahren betrifft einen datenschutzrechtlichen Auskunftsanspruch zwischen dem Arbeitnehmer und dem Arbeitgeber. Der Arbeitnehmer verlangt zunächst Auskunft und Information zu der Verarbeitung ihn betreffender personenbezogener Daten durch den Arbeitgeber und andere Unternehmen. Zudem begehrt er eine Kopie dieser Daten.[70] Im Verlauf des Prozesses machte er geltend, dass die ihm übermittelten Informationen unvollständig seien. Er verlangte deshalb Schadensersatz i.H.v. 140.000 EUR (12 Monatsgehälter).

3.1.2 Entscheidungsgründe

Das Arbeitsgericht wies einen Großteil der Forderungen des Arbeitnehmers ab. Im Ergebnis sprach er ihm jedoch immerhin einen immateriellen Schadensersatz i.H.v. 5.000 EUR zu.[71] Bei der Höhe sei besonders zu berücksichtigen, dass Verstöße effektiv zu sanktionieren seien, damit die DSGVO wirke. Außerdem ordne der Gesetzgeber das verletzte Auskunftsrecht als bedeutsam ein. Dies zeigen Art. 8 Abs. 2 S. 2 GrCH und die Aufnahme der Art. 12 ff. DSGVO in den Katalog des Art. 83 Abs. 5 DSGVO. Der Zeitraum der Verletzung, trotz einiger Monate, sei generell nicht zu stark zu gewichten. Dies ergäbe sich bereits aus Art. 12 Abs. 3 S. 2 DSGVO. Entscheidend für die Höhe sei außerdem auf die Finanzkraft des Schädigers und nicht allein auf den erlittenen immateriellen Schaden abzustellen. Nur

---

[67] Siehe auch *Golland*, DSB 2019, S. 234 (235), der darin den Beginn einer Gefahr für extraterritoriale Zensur durch Drittstaaten erkennt; siehe zu einem Sachverhalt, der zeigt, dass dies ohne weiteres möglich ist, auch *Specht-Riemenschneider*, MMR 2019, S. 798 (802).

[68] *Czeszak*, ZD-Aktuell 2019, 06470; *Specht-Riemenschneider*, MMR 2019, S. 798 (802).

[69] ArbG Düsseldorf, Urt. v. 5.3.2020 – 9 Ca 6557/18.

[70] Vgl. ebenda, Rn. 12 ff.

[71] Dieser berechnet sich einerseits durch die Verspätung (für die ersten zwei Monate jeweils 500 EUR, für die weiteren etwa drei Monate jeweils 1.000 EUR) und für die beiden inhaltlichen Mängel der Auskunft jeweils 500 EUR, vgl. ebenda, Rn. 112, 116.

so ließe sich eine angemessene Wirkung der DSGVO erreichen.[72] Insgesamt sei der erlittene Schaden nicht erheblich.[73]

3.2 OLG Innsbruck: Schadensersatz nur bei gewisser Erheblichkeit

3.2.1 Sachverhalt

Gegenstand des Verfahrens ist die die Frage, ob die Österreichische Post AG unerlaubt besondere personenbezogene Daten i. S. d. Art. 9 Abs. 1 DSGVO (politische Meinungen) von einzelnen österreichischen Bürgern verarbeitet hat. Hieraufhin haben zahlreiche Bürger Klage erhoben. In der ersten Instanz hatte das Gericht einen Schadensersatz i.H.v. 800 EUR pro Betroffenen für angemessen erachtet.[74] Die österreichische Datenschutzbehörde hat – unabhängig von dem hier in Rede stehenden immateriellen Schaden – ein Bußgeld i.H.v. 18.000.000 EUR verhängt.[75]

3.2.2 Entscheidungsgründe

Das OLG Innsbruck wies den Schadensersatzanspruch im Ergebnis ab.[76] Zwar sei generell für den Ersatz immaterieller Schäden nach Inkrafttreten der DSGVO kein besonders schwerer Verstoß gegen datenschutzrechtliche Vorschriften erforderlich.[77] Ein bloßer rechtswidriger und beeinträchtigender Zustand, ohne Überschreiten einer Erheblichkeitsschwelle, sei jedoch bereits durch den gerichtlich durchsetzbaren Unterlassungs- und Beseitigungsanspruch sanktioniert.[78] Es bedürfe deshalb eines gewissen Mindestmaßes an persönlicher Beeinträchtigung.[79] Hierfür bedürfe es einer benennbaren und insoweit tatsächlichen Persönlichkeitsverletzung einerseits, und eine Konsequenz oder Folge der Rechtsverletzung, die über bloßen Ärger bzw. Gefühlsschaden hinausgehe, anderseits.[80]

Diese haftungsbegründenden Voraussetzungen seien vollumfänglich vom Anspruchsteller zu behaupten und zu beweisen. Dies umfasse den Eintritt des geltend gemachten Schadens, den Normverstoß durch den Schädiger

---

[72] Vgl. ebenda, Rn. 114.

[73] Ebenda, Rn. 115.

[74] LG Feldkirch, Beschl. v. 7.8.2019 – 57 Cg 30/19b-15.

[75] Der Bescheid ist bisher nicht rechtskräftig. Die erforderlichen Rechtsmittel sind eingelegt worden, siehe hierzu https://ogy.de/PostAG-Bussgeld.

[76] OLG Innsbruck, Urt. v. 13.2.2020 – 1 R 182/19b.

[77] Ebenda, Ziff. II.5.4.

[78] Ebenda, Ziff. II.5.5.

[79] Ebenda, Ziff. II.5.3 f.

[80] Ebenda, Ziff. II.5.5; zudem zieht das Gericht einen treffenden Vergleich mit der die Pauschalreise-Rl, wonach es ebenfalls einer „nennenswerten Beeinträchtigung" bedarf.

sowie die (Mit-)Ursächlichkeit des Verhaltens des Schädigers am eingetretenen Schaden im Sinne einer adäquaten Kausalität. Die Beweislast entspräche deshalb den allgemeinen deliktischen nationalen Regelungen.[81] Vorliegend habe der Kläger es jedoch unterlassen, überhaupt darzulegen, worin seine konkreten und erheblichen negative Beeinträchtigung bestünde.[82]

3.3 Bewertung der Entscheidungen

Es wird schnell deutlich, dass die beiden Entscheidungen stark unterschiedliche Anforderungen an Schadensersatzansprüche wegen DSGVO-Verletzungen anlegen: Legt das Arbeitsgericht die Schwelle besonders niedrig an, wählt das OLG Innsbruck einen recht restriktiven Ansatz – im Einklang mit anderen Gerichten.

Art. 82 DSGVO ist zutreffend eine eigenständige deliktische Haftungsnorm, die general- und spezialpräventiv die Einhaltung der DSGVO sicherstellen soll. Eine Ausgleichspflicht für jeden bloßen objektiven Verstoß aus generalpräventiven Gründen, erscheint mit der DSGVO allerdings nicht vereinbar. Im Einklang mit ErwG 75 der DSGVO, sollen *„Diskriminierung, Identitätsdiebstahl, Rufschädigung, Verlust der Vertraulichkeit von dem Berufsgeheimnis unterliegenden personenbezogenen Daten, unbefugte Aufhebung der Pseudonymisierung, andere erhebliche wirtschaftliche oder gesellschaftliche Nachteile"* einen entsprechenden Schadensersatz begründen. Diese Aufzählung lässt darauf schließen, dass die individuelle Person Nachteile von besonderem Gewicht erlitten haben muss.

Zutreffend ist auch, dass die allgemeinen nationalen Beweislastregelungen und Darlegungsgrundsätze gelten.[83] Einzig für das Verschulden des Verantwortlichen sieht Art. 82 Abs. 2 DSGVO eine Beweislastumkehr vor.[84] Darüber hinaus kennt die DSGVO keine weiteren (spezielleren) Vorschriften. Auch verhindern solche Darlegungslasten nicht die effektive Durchsetzung der DSGVO, sondern stehen im Einklang mit der europäischen Rechtsprechung.[85]

Bei der Bemessung des Schadenersatzes spielen letztlich in erster Linie die Schwere und Intensität des Schadens eine Rolle. Wie das Arbeitsgericht

---

[81] Ebenda, Ziff. II.4.

[82] Ebenda, Ziff. II.5.

[83] Dies gilt inklusive potentieller sekundärer Darlegungslasten, siehe dazu auch *Schefzig/Rothkegel*, in: Moos/Schefzig/Arning, DSGVO in der Praxis, Kap. 16.

[84] ÖOGH, Urt. v. 27.11.2019 – 6 Ob 217/19h; ebenso *Moos/Schefzig*, in: Taeger/Gabel, DSGVO BDSG, Art. 82 Rn. 72; *Albrecht/Jotzo*, Das neue Datenschutzrecht der EU, Teil 8 Rn. 22.

[85] Vgl. dahingehend schon EuGH, Urt. 4.3.1980 – 49/79, Rn. 7.

zur Auffassung gelangt, besonders die finanzielle Stärke des Schädigers bei der Bemessung zu berücksichtigen, ergibt sich weder aus der DSGVO und erst Recht nicht aus den nationalen Schadensgrundsätzen.

4 VwGH: Die Sanktionierung juristischer Personen unter der DSGVO

Die Entscheidung betrifft u.A. die Streitfrage, ob Bußgelder gegenüber einer juristischen Person nach Art. 83 Abs. 4 und 6 DSGVO nur verhängt werden können, wenn die zusätzlichen Strafbarkeitsvoraussetzungen des nationalen Rechts berücksichtigt werden, oder ob die Eigenschaft als Verantwortlicher i.S.v. Art. 4 Nr. 7 DSGVO bereits zur unmittelbaren Adressierung ausreicht.[86]

4.1 Sachverhalt

Die österreichische Datenschutzaufsichtsbehörde verhängte gegenüber einer juristischen Person wegen verschiedener Verstöße im Zusammenhang mit einer Videoüberwachung eines Wettbüros ein Bußgeld in Höhe von insgesamt 4.800 EUR.[87] Der Verantwortliche hatte dies in der Vorinstanz bereits erfolgreich beanstandet.

4.2 Entscheidungsbegründung

Der Verwaltungsgerichtshof hält im Ergebnis an der Aufhebung des Bußgeldbescheides durch die Vorinstanz fest: Zur vollständigen Durchsetzung von Art. 83 DSGVO müssten die nationalen Voraussetzungen für die Sanktionierung juristischer Personen beachtet werden. Art. 83 DSGVO sei nicht abschließend.[88] Deshalb überträgt der Gerichtshof im Ergebnis die die bisherige nationale Rechtsprechung für die Sanktionierung juristischer Personen und konstatiert, dass es in dem Bußgeldbescheid an einer konkret benannten Führungsperson i. S. d. § 30 Abs. 1 und Abs. 2 DSG fehle, gegen die der Tatvorwurf gerichtet sei.[89]

Die wettbewerbsrechtliche Rechtsprechung des EuGH zur Verhängung von Geldbußen durch die Europäische Kommission sei hingegen nicht auf die DSGVO übertragbar. Deshalb sei darzulegen und eine konkrete Leitungsperson namentlich zu benennen, die schuldhaft gehandelt habe.[90] Die

---

[86] Österreichischer VwGH, Urt. v. 12.5.2020 – Ro 2019/04/0229, AT:VWGH:2020:RO2019 040229.J00.

[87] Vgl. ebenda, Rn. 1; DSB, Straferkenntnis v. 12.9.2018, DSB-D550.038/0003-DSB/2018.

[88] Vgl. ebenda, Rn. 15 ff.

[89] Siehe im Einzelnen auch ebenda, Rn. 21-33.

[90] Vgl. ebenda, Rn. 23 f.

datenschutzrechtlichen Sanktionen stellen strafrechtliche Sanktionen dar.[91] Beides unterscheidet die datenschutzrechtliche Sanktionierung von der wettbewerbsrechtlichen Sanktionierung durch die Kommission.

4.3 Bewertung der Entscheidung

In Österreich sind die Datenschutzaufsichtsbehörden nunmehr daran gebunden, im Rahmen der Sanktionierung von datenschutzrechtlichen Verstößen eine natürliche Person neben der juristischen Person heranzuziehen. Darlegen müssen sie, dass eine natürliche Person in ihrer Funktion als Führungsperson die konkrete Rechtsverletzung beging oder aufgrund der Missachtung von Aufsichtspflichten erst ermöglichte.

Zu beachten ist diese Entscheidung auch hierzulande, denn die anschauliche Argumentation des Gerichts ist weitestgehend auf deutsches Recht übertragbar: Unternehmen ist es deshalb prinzipiell zu empfehlen, Bußgeldbescheide anzugreifen, wenn eine Aufsichtsbehörde keine Leitungsperson gem. §§ 30, 130 OWiG benennt, die vorwerfbar gehandelt hat. Nach Auffassung der Aufsichtsbehörden in Deutschland verdränge zwar die DSGVO die maßgeblichen OWiG-Vorschriften.[92] In der Literatur wird dies hingegen teilweise kritisch gesehen.[93] Mit Blick auf ErwG 152 S. 1 und 11 DSGVO ist zuzugeben, dass gewisse Gründe für eine vollständig harmonisierende Wirkung sprechen,[94] wegen der Grundrechtsrelevanz sollte man insoweit jedoch einen klarere Regelung erwarten. Inwieweit die gegensätzlichen Auffassung Bestand haben, muss deshalb wohl alsbald der EuGH beantworten. Die entscheidende Grenze des nationalen Rechts dürfte da erreicht sein, wenn nationales Recht dem Effektivitätsgrundsatz in einer Weise entgegenstünde, dass eine Durchsetzung der Sanktionierung unmöglich oder übermäßig erschwert ist. Erhalten bleibt aber als Mittelweg neben der vollständigen Unanwendbarkeit auch eine teleologische Reduktion einzelner Voraussetzungen. Unklar bleibt aufgrund dieser Wichtigkeit und durchaus Unklarheit des Gesetzes, warum der Gerichtshof die Frage nicht dem EuGH zur Entscheidung nach Art. 267 Abs. 3 AEUV vorlegt.

---

[91] Ebenda, Rn. 23, mit Verweis auf ErwG. 150 DSGVO.

[92] Vgl. *Thiel/Wybitul*, ZD 2020, S. 3; Nach Auffassung *Thiels* ist § 130 OWiG durch die DSGVO verdrängt; daran zweifelnd wohl *Wybitul*.

[93] *Konrad*, Bußgelder aufgrund von Datenschutzverstößen (Teil 3) – CR-online.de Blog, v. 12.6.2020,

[94] Dahingehend auch *Eckhardt/Manz*, DuD 2018, S. 139 (141); *Conrad/Treeger*, in: Auer-Reinsdorff/Conrad, IT- und Datenschutzrecht, § 34 Rn. 690.

5 BGH: Umfang der Öffnungsklausel des Art. 6 Abs. 4 DSGVO

Art. 6 Abs. 4, 1. Hs. 2. Var. DSGVO enthält eine Öffnungsklausel für Zweckänderungen, die es Mitgliedstaaten ermöglicht, eigenständig einzelne Zweckänderungen zu privilegieren, wenn Art. 23 DSGVO eingehalten wird. Stark umstritten war, ob hierdurch auch private Stellen privilegiert werden dürfen.[95] Der BGH entschied nunmehr zugunsten einer extensiven Öffnungsklausel.[96]

5.1 Sachverhalt

Das Verfahren betraf ein Auskunftbegehren nach § 14 Abs 3 TMG gegenüber Facebook. Die Antragstellerin verlangte Auskunft über die Bestandsdaten von Nutzerkonten des Facebook Messengerdienstes. Dritte hatten ihrer Familie gegenüber in Konversationen beleidigende und unwahre Tatsachenbehauptungen erhoben. Die Auskunftserteilung dieser erfragten Daten hätte eine Zweckänderung zur Folge. Datenschutzrechtlich war deshalb fraglich, ob § 14 Abs. 3-5 TMG auch weiterhin anwendbar sind oder Art. 6 Abs. 4 i. V. m. Art. 5 Abs. 1 lit. b DSGVO (absolutes Zweckänderungsverbot) diese generell und insbesondere für Private unanwendbar erklärt.[97]

5.2 Entscheidungsgründe

Der BGH erachtet § 14 Abs. 3-5 TMG insgesamt als mit dem europäischen Recht vereinbar. Die Regelungen stünden letztlich im Einklang mit den Anforderungen aus Art. 6 Abs. 4, 1 Hs. 2. Var., Art. 23 Abs. 1 lit. j DSGVO.[98] Die Norm diene der Durchsetzung zivilrechtlicher Ansprüche und erfülle zudem alle Voraussetzungen des Art. 23 Abs. 2 DSGVO.[99] Hierfür prüft der BGH die Voraussetzungen an die Norm lehrbuchartig durch. Der

---

[95] So zuvor auch *Culik/Döpke*, ZD 2017, S. 226 (229); *Richter*, DuD 2015, S. 735 (736); *Taeger*, in: Taeger, DSGVO BDSG, Art. 6 Rn. 140; *Kramer*, in: Auernhammer, DSGVO – BDSG, Art. 6 Rn. 66; *Assion/Nolte/Veil*, in: Gierschmann/u.a., DS-GVO, Art. 6 Rn. 227 f. Auch der Deutsche Gesetzgeber geht hiervon aus, siehe auch BT-Drs. 18/11325, S. 3 und S. 70; ähnlich tendierend auch *Ziegenhorn/von Heckel*, NVwZ 2016, S. 1585 (1590 f.); restriktiv hingegen auf öffentliche Stellen beschränkend etwa *Heberlein*, in: Ehmann/Selmayr, DS-GVO Art. 6 Rn. 51; *Buchner/Petri*, in: Kühling/Buchner, BDSG DS-GVO, Art. 6 Rn. 200; *Kühling/Martini*, EuZW 2016, S. 448, 451; *Albers/Veit*, in: Wolff/Brink, BeckOK DatenschutzR, DS-GVO, Art. 6 Rn. 77.

[96] BGH, Beschl. 24.9.2019 – VI ZB 39/18 – DE:BGH:2019:240919BVIZB39.18.0.

[97] Die gegenständliche Besprechung beschränkt sich aufgrund des Umfangs auf diese Fragestellung.

[98] BGH, Beschl. 24.9.2019 – VI ZB 39/18 – DE:BGH:2019:240919BVIZB39.18.0, Rn. 35

[99] Ebenda, Rn. 33.

Regelungsspielraum des nationalen Gesetzgebers innerhalb der Öffnungsklausel aus Art. 6 Abs. 4 DSGVO sei zudem nicht auf den Umfang von
Art. 6 Abs. 2 Abs. 3 DSGVO beschränkt. Weder Systematik, Wortlaut noch
die Erwägungsgründe würden eine entgegenstehende Auslegung erfordern
– unabhängig davon, ob breite Teile der Literatur dies anders erachten.[100]
Deshalb müsse letztlich auch keine Vorlage an den EuGH erfolgen.[101]

5.3 Bewertung der Entscheidung

Der Entscheidung des BGH ist fast durchweg zuzustimmen: Insbesondere
enthält es eine gute Argumentation im Hinblick auf die Verweisung innerhalb von Art. 6 Abs. 4 DSGVO auf Art. 23 DSGVO. Treffend wäre diese
nämlich nicht erforderlich, wenn nur öffentliche Stellen von den Regelungen umfasst wären. Auch die Prüfung der genauen Vorgaben des Art. 23
Abs. 2 DSGVO erfolgt präzise und treffend. Unabhängig vom Ergebnis im
Einzelfall offenbart der Sachverhalt, dass es aus rechtspolitischer Sicht unbedingt erforderlich ist, den nationalen Gesetzgebern die Möglichkeit zu
geben, privilegierte Zweckänderungen auch für private Stellen zu regeln.
Die engen Vorgaben des Art. 23 Abs. 1 und Abs. 2 DSGVO verhindern zudem das vielfach angeführte Argument, nationales Recht könnte sonst
schlechterdings das absolute Zweckbindungsgebot aus Art. 5 Abs. 1 lit. b
DSGVO übermäßig aushöhlen.

Bedauerlich ist allerdings auch hier die Nichtvorlage an den EuGH: Offenbart doch die Argumentation zahlreicher Autoren, dass es gute Gründe
auch für eine divergierende Auslegung gäbe. Aufgrund *„acte éclairé"* nicht
gemäß Art. 267 Abs. 3 AEUV vorzulegen, schwächt letztlich die Rechtssicherheit. Unter Umständen hätten auch nationale Gesetzgeber durch eine
positive Entscheidung des EuGH vermehrt einen Auftrag erkannt, zugunsten privater gebotene Ausnahmen vom Zweckbindungsgrundsatz zu kodi-
fizieren.

---

[100] Vgl. ebenda, Rn. 35 f.

[101] Ebenda, Rn. 42 ff.

Literatur

Albrecht, Jan Philipp/Jotzo, Florian: Das neue Datenschutzrecht der EU, Baden-Baden 2017.

Auer-Reinsdorff, Astrid/Conrad Isabell (Hrsg.): IT- und Datenschutzrecht, 3. Aufl., München 2019.

Eßer, Martin/Kramer, Philipp/von Lewinski, Kai (Hrsg.): Auernhammer, DS-GVO/BDSG, 6. Aufl., München 2018.

Culik, Nicolai/Döpke, Christian: Zweckbindungsgrundsatz gegen unkontrollierten Einsatz von Big Data-Anwendungen, ZD 2017, S. 226-230.

Eckhardt, Jens/Manz, Konrad: Bußgeldsanktionen der DS-GVO, DuD 2018, S. 139-144.

Ehmann, Eugen/Selmayr, Martin (Hrsg.): Datenschutz-Grundverordnung: DS-GVO, 2. Aufl., München 2018.

Golland, Alexander: „Recht auf Vergessenwerden" unter Geltung der DS-GVO: Anwendungsbereich und Rechtmäßigkeit, DSB 2019, S. 234-236.

Koglin, Olaf: Einwilligungserfordernis für Cookies – Inhalt und Praxisfolgen der BGH-Entscheidung zu Planet49, DSB 2020, S. 134-137.

Kühling, Jürgen/Buchner, Benedikt (Hrsg.): Datenschutz-Grundverordnung, Bundesdatenschutzgesetz, 2. Aufl., München 2018.

Kühling, Jürgen: Das „Recht auf Vergessenwerden" vor dem BVerfG – November-(r)evolution für die Grundrechtsarchitektur im Mehrebenensystem, NJW 2020, S. 275-280

Kühling, Jürgen/Martini, Mario: Die Datenschutz-Grundverordnung: Revolution oder Evolution im europäischen und deutschen Datenschutzrecht, EuZW 2016, 448-454.

Lang, Markus: Suchmaschinen – Keine Pflicht zur weltweiten Auslistung, CB 2019, S. 481-493.

Lang, Markus: Rechtskonformer Einsatz von Cookies, K&R 2019, S. 698-702.

Meyer, Jürgen/Hölscheidt, Sven (Hrsg.): Charta der Grundrechte der Europäischen Union, 5. Aufl., Baden-Baden 2019

Moos, Flemming: Unmittelbare Anwendbarkeit der Cookie-Richtlinie – Mythos oder Wirklichkeit?, K&R 2012, S. 635-640.

Moos, Flemming: Update Datenschutz, in: Jürgen Taeger (Hrsg.), Rechtsfragen digitaler Transformationen, Edewecht 2019, S. 259.

Moos, Flemming/Rothkegel, Tobias: Setzen von Cookies erfordert aktive Einwilligung des Internetnutzers – Planet49, MMR 2019, S. 736.

Moos, Flemming/Schefzig, Jens/Arning, Marian (Hrsg.): Praxishandbuch DS-GVO einschließlich BDSG und spezifischer Anwendungsfälle, Frankfurt/M. 2020, im Erscheinen.

Moos,Flemming: Die Entwicklung des Datenschutzrechts im Jahr 2014, K&R 2015, S. 158-166.

Richter, Philipp: Datenschutz zwecklos? – Das Prinzip der Zweckbindung im Ratsentwurf der DSGVO, DuD 2015, S. 735-740.

Specht-Riemenschneider, Louisa: Löschung beleidigender Äußerungen, MMR 2019, S. 798-802.

Strassemeyer, Laurenz: Datenschutzrechtliche Transparenz von algorithmischen Entscheidungen und Verarbeitungen mittels Gamification, Ablaufdiagramme und Piktogramme, in: Jürgen Taeger (Hrsg.), Die Macht der Daten und der Algorithmen, Edewecht 2019, S. 31.

Strassemeyer, Laurenz: Die Transparenzvorgaben der DSGVO für algorithmische Verarbeitungen: Nachvollziehbarkeit durch innovative Lösungen – Gamification, Ablaufdiagramme und Bildsymbole, K&R 2020, S. 176-186.

Strassemeyer, Laurenz: Die richtlinienkonforme Rechtsfortbildung des § 15 Abs. 3 TMG, DSB 2020, S. 109.

Taeger, Jürgen/Gabel, Detlev (Hrsg.): DSGVO – BDSG, 3. Aufl., Frankfurt/M. 2019.

Taeger, Jürgen/Schweda, Sebastian: Die gemeinsam mit anderen Erklärungen erteilte Einwilligung, ZD 2020, S. 124-129.

Wolff, Heinrich Amadeus/Brink, Stefan (Hrsg.): BeckOK DatenschutzR, München 2020.

Ziegenhorn, Gero/Heckel, Katharina von: Datenverarbeitung durch Private nach der europäischen Datenschutzreform, NVwZ 2016, S. 1585-1591.

HOMELAND SECURITY ACT VS. BSIG – EINE RECHTVERGLEICHENDE BETRACHTUNG DER IT-SICHERHEIT KRITISCHER INFRASTRUKTUREN IN DEN USA UND DEUTSCHLAND

Dirk Müllmann/Andreas Ebert/Loïc Reissner

Kompetenzzentrum für Angewandte Sicherheitstechnologie (KASTEL)*/
Karlsruher Institut für Technologie
dirk.muellmann@kit.edu/andreas.ebert@kit.edu/
l.reissner@stud.uni-frankfurt.de

Zusammenfassung

Der vorliegende Beitrag behandelt die Frage, ob den Vereinigten Staaten von Amerika eine Vorreiter- und Vorbildrolle im Bereich gesetzlich normierter Anforderungen an die Cybersicherheit kritischer Infrastrukturen für die Europäische Union und Deutschland zukommen kann. Hierzu werden zunächst die gesetzlichen Regelungen zur Cybersicherheit kritischer Infrastrukturen in den USA untersucht. Sodann erfolgt eine kurze Darstellung der entsprechenden Normen in der Europäischen Union und in Deutschland, an die sich eine Gegenüberstellung der Gemeinsamkeiten und Unterschiede der Rechtsordnungen anschließt. Das Ende des Beitrags bildet die Ableitung von Handlungsempfehlungen aus dem US-amerikanischen Recht für den europäischen und deutschen Gesetzgeber.

1 Einleitung

Den Vereinigten Staaten von Amerika wird im Bereich der Cybersicherheit eine globale Führungsrolle zugeschrieben.[1] Tatsächlich wurden 38,3 % der im Jahr 2018 weltweit erzielten Einnahmen im Zusammenhang mit IT-Sicherheitsprodukten auf dem US-amerikanischen Markt erwirtschaftet, was sich nicht zuletzt durch die dort starke Präsenz marktführender Unternehmen mit fortschrittlichen Technologien auf dem Gebiet der Cybersicherheit

---

[*] Die Autoren sind Doktoranden und studentischer Mitarbeiter am Lehrstuhl für Öffentliches Recht, Informationsrecht, Umweltrecht, Verwaltungswissenschaften von Prof. Dr. Spiecker gen. Döhmann, LL.M. an der Goethe-Universität Frankfurt/M. sowie Projektmitarbeiter am Kompetenzzentrum für Angewandte Sicherheitstechnologie (KASTEL), das aus Mitteln des Bundesministeriums für Bildung und Forschung gefördert wird.

[1] *Westby*, Why the EU is about to seize the global lead on cybersecurity, v. 31.10.2019, https://www.forbes.com/sites/jodywestby/2019/10/31/why-the-eu-is-about-to-seize-the-global-lead-on-cybersecurity/#4df878252938 (abgerufen 12.6.2020).

erklären lässt.[2] Auch die Europäische Union und ihre Mitgliedstaaten befinden sich als Nettoimporteure von Cybersicherheitsprodukten in Abhängigkeit von diesen US-amerikanischen Akteuren.[3] Aufgrund der Erfahrung der Verwundbarkeit durch die terroristischen Anschläge vom 11. September 2001 haben die USA zudem eine beispiellose Verschärfung sicherheitsrechtlicher Vorschriften erfahren.[4] Seither erleben sie trotzdem regelmäßig teils erhebliche Ausfälle ihrer als marode verschrienen[5] kritischen Infrastrukturen, wie dem Energienetz[6] oder der Wasserversorgung.[7] Vor dem Hintergrund dieser Ambivalenz zwischen hohen theoretischen Sicherheitsanforderungen auf der einen und in der Praxis vernachlässigten kritischen Infrastrukturen auf der anderen Seite stellt sich die Frage, inwieweit die Vereinigten Staaten einer Vorreiterrolle im Bereich der Cybersicherheit auch im Zusammenhang mit kritischen Infrastrukturen gerecht werden. Können Deutschland und Europa von den US-amerikanischen Regelungen lernen? Die Beantwortung dieser Frage ist Gegenstand der nachfolgenden Untersuchung.

2 Rechtslage zur Cybersicherheit kritischer Infrastrukturen in den USA

In den USA existiert keine in sich geschlossene gesetzliche Kodifikation, die den Schutz kritischer Infrastrukturen im Bereich der Cybersicherheit

---

[2] Grand View Research, Cyber Security Market Size and Share Industry Report, May 2019, https://www.grandviewresearch.com/industry-analysis/cyber-security-market (abgerufen am 29.6.2020).

[3] Vgl. VO-E 2018/0328 (COD), 1. Kontext/Gründe und Ziele des Verordnungsvorschlags, https://eur-lex.europa.eu/legal-cotent/DE/TXT/HTML/?uri= CELEX:520 18PC0630& fr om=EN#footnoteref4 (abgerufen 29.6.2020).

[4] *Holder/Napolitano/Clapper*, We're safer post 9/11, https://www.justice.gov/archives/opa/bl og/were-safer-post-911, v. 08.09.2011 (abgerufen 29.6.2020).

[5] *Horchler*, Der kaputte Riese – Die marode US-Infrastruktur, https://www.deutschlandfun kkultur.de/der-kaputte-riese-die-marode-us-infrastruktur.979.de.html?dram:article_id= 369153, v.24.10.2016 (abgerufen 29.6.2020); *Schimansky*, Die marode Infrastruktur der USA, v.17.7.2017, https://www.dw.com/de/die-marode-infrastruktur-der-usa/a-3968664 2 (abgerufen 29.6.2020); *Zöttl*, Marode Infrastruktur – Loch ohne Boden, v. 4.6.2019, http s://www.capital.de/wirtschaft-politik/marode-infrastruktur-loch-ohne-boden (abgerufen 29.6.2020).

[6] Siehe nur die großen Stromausfälle in Kalifornien oder New York, vgl. z.B. https://www.d w.com/de/feuer-und-blackouts-in-kalifornien/a-50997431; sowie https://www.tagessch au.de/ausland/stromausfall-new-york-101.html (abgerufen 29.6.2020).

[7] Siehe nur die Bleiverunreinigung des Trinkwassers in Flint, Michigan, vgl. z.B. https://ww w.spiegel.de/wissenschaft/natur/trinkwasserskandal-in-flint-anklage-wegen-totschlags-e rhoben-a-1152145.html (abgerufen 29.6.2020).

regelt. Vielmehr findet sich eine Vielzahl von Regelungen, die der Umsetzung und Einhaltung von best practices und der freiwilligen Zusammenarbeit von Betrieben aus dem privaten Sektor und öffentlicher Stellen dienen sollen.

2.1 Verständnis kritischer Infrastrukturen und Cybersicherheit

Durch die Presidential Policy Directive 21 (PPD-21) sind seit 2013 16 Sektoren[8] in den Vereinigten Staaten dem Bereich der kritischen Infrastruktur zugeordnet. Als kritisch gelten dabei Systeme und Wirtschaftsgüter, seien es physische oder virtuelle, die so entscheidend für die USA sind, dass ihre Funktionsunfähigkeit oder Zerstörung schwächende Auswirkungen auf die Sicherheit, die nationale Wirtschaftssicherheit, die nationale öffentliche Gesundheit oder Sicherheit oder die Kombination dieser Angelegenheiten hat.[9] Anders als noch in den 90er Jahren zielt die Definition damit nicht mehr hauptsächlich auf den öffentlichen Sektor.[10] Vielmehr umfasst der heutige Begriff auch den privaten Sektor, der ca. 85 % der kritischen Infrastruktur in den USA betreibt.[11] Als Orientierungspunkt für das Vorliegen einer kritischen Infrastruktur können dabei die vier Lebensadern Transport, Wasser, Energie und Kommunikation dienen. Fällt eine dieser Lebensadern aus, berührt dies typischerweise die Sicherheit und Resilienz kritischer Infrastrukturen mindestens eines Sektors.[12] 2019 hat die Cybersecurity and Infrastructure Security Agency (CISA) eine 55 Punkte umfassende Liste von National Critical Functions veröffentlicht,[13] deren Definition jener der kritischen Infrastrukturen entspricht. Die Benennung der Funktionen ermöglicht eine sektorübergreifende Organisation ähnlicher Vorgänge kritischer Infrastrukturen.[14] Die Auflistung soll den Betreibern

---

[8] Diese Sektoren sind: Chemie, gewerbliche Anlagen, Kommunikation, kritische Herstellungsprozesse, Dämme, Rüstungsindustrie, Notfalldienste, Energie, Finanzdienste, Lebensmittel und Landwirtschaft, Regierungseinrichtungen, Gesundheitswesen, Informationstechnologie, Kernkraftwerke, Kernmaterial und nuklearer Abfall, Transportsysteme sowie Wasser- und Abwassersysteme.

[9] USA Patriot Act of 2002 (42 U.S.C. 5195c(e); Critical Infrastructures Protection Act of 2001) (abgerufen am 29.6.2020).

[10] *Pesch-Cronin/Marion*, Critical Infrastructure Protection, Risk Management, and Resilience, S. 4.

[11] *Johnson*, in: Johnson, Cybersecurity: Protecting Critical Infrastructures from Cyber Attack and Cyber Warfare, S. 45.

[12] Critical Infrastructure Security and Resilience, S. 6.

[13] S. National Critical Functions Set, https://www.cisa.gov/sites/default/files/publications/national-critical-functions-overview-508.pdf (abgerufen am 29.6.2020).

[14] Vgl. https://www.cisa.gov/sites/default/files/publications/national-critical-functions-overview-508.pdf (abgerufen am 29.6.2020).

kritischer Infrastrukturen helfen, komplexe Herausforderungen zu analysieren.[15]

Der Begriff der Cybersicherheit ist gesetzlich nicht definiert, jedoch findet sich eine Definition im National Infrastructure Protection Plan (NIPP), der eine Ausarbeitung darstellt, die Homeland Security Presidential Directive 7 verlangt hatte. Nach der Definition des NIPP fällt unter Cybersicherheit der Schutz vor Schaden an, unberechtigter Benutzung von oder der Ausnutzung von elektronischen Informationen und Kommunikationssystemen und darin enthaltenen Informationen sowie, wenn notwendig, deren Wiederherstellung, um Vertraulichkeit, Integrität und Verfügbarkeit sicherzustellen. Dies beinhaltet auch den Schutz und die Wiederherstellung von Informationsnetzwerken und kabelgebundenen, kabellosen sowie satellitenbasierten Notrufzentralen und 911-Kommunikationssystemen und Kontrollsystemen.[16]

2.2 Gesetzliche Regelungen

Cyberbasierte Systeme wurden in den USA im Rahmen kritischer Infrastrukturen erstmals in der Presidential Decision Directive 63 (PDD-63) von 1998 explizit genannt.[17] Die Anschläge vom 11. September beförderten eine Flut von neuen Regelungen, auch in Bezug auf Cybersicherheit. So wurde das Office of Homeland Security bzw. später das Department of Homeland Security (DHS) durch den Homeland Security Act of 2002 gegründet. Das DHS war fortan für die Reduzierung der Verwundbarkeit der Vereinigten Staaten durch terroristische Attacken, Katastrophen und andere Notlagen durch den Schutz kritischer Infrastrukturen zuständig.[18] Mit dem Cybersecurity and Infrastructure Security Act von 2018 ist die CISA als eigenständige leitende Behörde unter Aufsicht des DHS zum Schutz kritischer Infrastrukturen geschaffen worden. Sie ersetzt das National Protection and Programs Directorate (NPPD), das vorher Teil des DHS war.

Es gibt kein Bundesgesetz, das einheitliche Pflichten für Unternehmen im Bereich kritischer Infrastrukturen festlegt, sodass auf bundesstaatlicher Ebene auch keine einheitlichen Meldepflichten für Betreiber kritischer Infrastrukturen bestehen. Jedoch wurden in nahezu allen amerikanischen

---

[15] Critical Infrastructure Security and Resilience, S. 8.

[16] Vgl. nur NIPP von 2013, S. 30, https://www.cisa.gov/sites/default/files/pu blications/na tional-infrastructure-protection-plan-2013-508.pdf (abgerufen am 29.6. 2020).

[17] *Moteff/Parfomak*, Critical Infrastructure and Key Assets: Definition and Identification, S. 4.

[18] *Pesch-Cronin/Marion*, Critical Infrastructure Protection, Risk Management, and Resilience, S. 117.

Bundesstaaten Regelungen erlassen, die Meldepflichten vorsehen.[19] Zudem finden sich zahlreiche sektorspezifische Regelungen. Der Energiesektor ist dabei der einzige Sektor kritischer Infrastrukturen, für den verbindliche und durchsetzbare Sicherheitsstandards gelten.[20] Eine bedeutende Rolle zum Schutz kritischer Infrastrukturen spielt der NIPP, der 2006 geschaffen und zuletzt 2013 aktualisiert wurde. Sein Ziel ist die Stärkung der Sicherheit und Resilienz der nationalen kritischen Infrastruktur durch die Steuerung der physischen und cyberbasierten Risiken in Form des gemeinsamen und ganzheitlichen Vorgehens der Gemeinschaft kritischer Infrastrukturen.[21] Jedem Sektor ist durch PPD-21 eine Aufsichtsbehörde zugeordnet. Diese sind angewiesen, gemeinsam mit Partnern aus dem öffentlichen und privaten Bereichen sektorspezifische Pläne (SSP) als Anwendung des NIPP zu entwickeln und umzusetzen.[22] Die SSP müssen alle vier Jahre überarbeitet werden, um auf aufkommende Bedrohungen reagieren zu können.[23]

Der Cybersecurity Information Sharing Act (erster Titel des Cybersecurity Act of 2015) stellt ein Bundesgesetz dar, das die Cybersicherheit durch erleichterte Informationsweitergabe ermöglichen soll. Es sieht jedoch weder eine Pflicht zum Teilen von Informationen über Bedrohungslagen, noch zur Warnung anderer oder zum Handeln nach Erhalt einer solchen Information vor. Es entbindet Unternehmen jedoch nicht von einer Haftung bei entsprechenden Versäumnissen.[24] Vielmehr sieht es Haftungsausschlüsse durch „Safe Harbors" für den Fall vor, dass Unternehmen Informationen über mögliche Cyberbedrohungen teilen.[25]

Bundesstaatlich festgelegt sind darüber hinaus Regelungen, die im Rahmen von "Frameworks" zur Einhaltung und Umsetzung von best-standards dienen sollen. So wurde 2014 auf Grundlage der Executive Order 13636 das Framework for Improving Critical Infrastructure Cybersecurity (NCF)

---

[19] *Kipker/Mueller*, MMR-Aktuell 2019, 414291.

[20] https://www.ncsl.org/research/energy/cybersecurity-and-the-electric-grid-the-state-role-in-protecting-critical-infrastructure.aspx; CIP Standards https://www.nerc.com/pa/Stand/Pages/CIPStandards.aspx (abgerufen am 29.6.2020).

[21] NIPP 2013, S. 5.

[22] Beispielhaft sei hier auf die Energy Sector Cybersecurity Fraumework Implementation Guidance verwiesen, https://www.energy.gov/sites/prod/files/2015/01/f19/Energy%20Sector%20Cybersecurity%20Framework%20Implementation%20Guidance_FINAL_01-05-15.pdf. (abgerufen am 29.6.2020).

[23] *Pesch-Cronin/Marion*, Critical Infrastructure Protection, Risk Management, and Resilience, S. 191.

[24] https://www.sullcrom.com/siteFiles/Publications/SC_Publication_The_Cybersecurity_Act_of_2015.pdf, S. 4 (abgerufen am 29.6.2020).

[25] S. dazu etwa https://www.sullcrom.com/siteFiles/Publications/SC_Publication_The_Cybersecurity_Act_of_2015.pdf, S. 8 (abgerufen am 29.6.2020).

vom National Institute of Standards and Technology (NIST) erarbeitet. Es enthält (Industrie-)Standards, Guidelines und Methoden zur Minimierung der Risiken für kritische Infrastrukturen durch fünf Funktionen: identifizieren, schützen, erkennen, antworten und wiederherstellen. Das NCF umfasst 108 Unterkategorien, die ergebnisorientierte Aussagen zur Cybersicherheit enthalten,[26] und somit die Einführung von 108 Sicherheitskontrollen vorsehen.[27] Hauptverantwortlich für die Unterstützung bei der Umsetzung des Cybersecurity Frameworks ist die CISA.

Das National Cybersecurity and Communications Integration Center (NCCIC) als Teil der CISA stellt eine Eilansprechstelle dar, die rund um die Uhr erreichbar ist und Möglichkeiten zur Analyse, Ereignisantwort und Cyberverteidigung anbietet.[28] Diese Angebote stehen sowohl staatlichen wie auch privaten Stellen zur Verfügung.[29] Als Zentralstelle nimmt es auch eine Mittlerfunktion für die Kommunikation zwischen privatem und öffentlichem Sektor wahr. Über das NCCIC ist zudem das Automated Indicator Sharing (AIS) program erhältlich, das als Frühwarnsystem für Betreiber fungiert. Es soll durch zeitnahe Informationsweitergabe effektiven Schutz vor dem Eindringen in die Systeme ermöglichen.[30]

Das National Risk Management Center (NRMC) als weiterer Teil der CISA plant, analysiert und stellt die Zusammenarbeit zwischen Staat und Industrie sicher, um die signifikantesten Risiken für die kritischen Infrastrukturen zu identifizieren und zu adressieren.[31] Darüber hinaus verabschiedete der Kongress 2020 zur besseren Abstimmung zwischen den einzelnen Bundesstaaten den Cybersecurity State Coordinator Act, welcher die Einsetzung eines Koordinators für jeden Staat vorsieht.[32]

---

[26] S. dazu https://www.nist.gov/cyberframework/online-learning/components-framework (abgerufen am 29.6.2020).

[27] *Russo*, National Cybersecurity Framework: A Solution for "Agile Cybersecurity", S. 12.

[28] https://www.cisa.gov/national-infrastructure-coordinating-center (abgerufen am 29.6. 2020).

[29] *Brumfield*, What is the CISA? How the new federal agency protects critical infrastructure from cyber threats, https://www.csoonline.com/article/3405580/what-is-the-cisa-how-t he-new-federal-agency-protects-critical-infrastructure-from-cyber-threats.html (abgerufen am 29.6.2020).

[30] *Brumfield*, ebenda.

[31] *Brumfield*, ebenda.

[32] https://www.congress.gov/bill/116th-congress/senate-bill/3207/text (abgerufen am 29.6.2020.)

Da im Bereich der Regelungen für kritische Infrastrukturen Freiwilligkeit als Leitmotiv dominiert, tragen grundsätzlich die Eigentümer bzw. die Betreiber die Verantwortung für die Wiederherstellung von Systemen.[33] Um zu ermitteln, ob vor diesem Hintergrund die existierenden staatlichen Maßnahmen und Vorgehensweisen ausreichend zur Förderung der Markttransparenz von Risikomanagementverfahren im Bereich der Cybersicherheit von kritischen Infrastrukturunternehmen, insb. Aktiengesellschaften, sind, wurde 2017 die Presidential Executive Order 13800 on Strengthening the Cybersecurity of Federal Networks and Critical Infrastructure erlassen.[34] Ob und inwieweit sich (bundes-)gesetzliche Vorhaben, die die Einführung umfassender verpflichtender Cybersicherheitsstandards vorsehen, durchsetzen, zeichnet sich noch nicht ab.[35]

3 Rechtslage zur Cybersicherheit kritischer Infrastrukturen in Deutschland und Europa

Die Regelungen zur IT-Sicherheit kritischer Infrastrukturen in Deutschland sind europarechtlich durch die europäische Richtlinie zum Sicherheitsniveau von Netz- und Informationssystemen[36] (NIS-RL) hinterlegt. Insofern bestimmt die NIS-RL durch den Grundsatz der Mindestharmonisierung in Art. 3 ein gemeinsames Grundniveau an Sicherheit für alle Mitgliedstaaten, das diese nicht unterschreiten dürfen. Hingegen können die Mitgliedstaaten weitergehende Regelungen erlassen, die dieses Sicherheitsniveau übertreffen. Die Umsetzung der Richtlinie durch den deutschen Gesetzgeber findet sich sowohl im Gesetz über das Bundesamt für Sicherheit in der Informationstechnik (BSIG) als auch in Spezialgesetzen.

3.1 Verständnis kritischer Infrastrukturen und Cybersicherheit

In Deutschland ist die Sicherheit in der Informationstechnik in § 2 Abs. 2 BSIG definiert als die Einhaltung bestimmter Sicherheitsstandards, mit der die Verfügbarkeit, Unversehrtheit oder Vertraulichkeit von Informationen durch Sicherheitsvorkehrungen in informationstechnischen Systemen, Komponenten oder Prozessen oder bei deren Anwendung sichergestellt wird. Unter kritischen Infrastrukturen versteht man gemäß § 2 Abs. 10 BSIG Einrichtungen, Anlagen oder Teile davon, die den Sektoren Energie,

---

[33] Critical Infrastructure Security and Resilience, S. 9.

[34] Vgl. https://bdi.eu/themenfelder/digitalisierung/cyber-landscapes/#/artikel/news/cyber-landscape-20/ abgerufen am (29.6.2020).

[35] *Kipker/Mueller*, MMR-Aktuell 2019, 414291.

[36] RL (EU) 2016/1148 des Europäischen Parlaments und des Rates vom 6.7.2016 über Maßnahmen zur Gewährleistung eines hohen gemeinsamen Sicherheitsniveaus von Netz- und Informationssystemen in der Union.

Informationstechnik und Telekommunikation, Transport und Verkehr, Gesundheit, Wasser, Ernährung sowie Finanz- und Versicherungswesen angehören und von hoher Bedeutung für das Funktionieren des Gemeinwesens sind, weil durch ihren Ausfall oder ihre Beeinträchtigung erhebliche Versorgungsengpässe oder Gefährdungen für die öffentliche Sicherheit eintreten würden. Damit geht die deutsche Umsetzung weiter als die NIS-RL, die keine Vorgaben für die Bereiche Ernährung und Versicherungen trifft (Art. 4 Nr. 4, Art. 5 Abs. 2, Anhang II NIS-RL). Zwar sieht die NIS-Richtlinie in Art. 4 Nr. 4 auch Pflichten für Betreiber öffentlicher Einrichtungen vor, sodass dies zunächst weiter als der Anwendungsbereich des BSIG erscheint. Jedoch erwähnt der verwiesene Anhang II die Kategorie „Staat und Verwaltung" nicht, sodass der Anwendungsbereich insoweit dem des BSIG entspricht.[37]

Die Klassifizierung als kritische Infrastruktur erfolgt in einer dreistufigen Prüfung. Neben der Zugehörigkeit zu einer für die jeweiligen Sektoren bestimmten kritischen Dienstleistung und dem Vorliegen einer ebenfalls sektorspezifischen Anlage muss deren Relevanz für das Gemeinwesen ferner durch das Überschreiten eines Schwellenwerts dargelegt werden.[38] Die sektorspezifischen Dienstleistungen, Anlagen und Schwellenwerte sind dabei den §§ 2-8 BSI-KritisV sowie deren Anlagen 1-7 zu entnehmen. Neben den kritischen Infrastrukturen existiert ferner die Kategorie der digitalen Dienste (§ 2 Abs. 11 BSIG), zu denen Online-Marktplätze, -Suchmaschinen und Cloud-Computing-Dienste zählen, deren Betreiber gemäß § 8c BSIG ebenfalls verschiedene Sicherheitsmaßnahmen zu beachten haben.[39]

3.2 Gesetzliche Regelungen

Betreiber kritischer Infrastrukturen treffen verschiedene rechtliche Pflichten in Bezug auf die IT-Sicherheit ihrer informationstechnischen Systeme. Gemäß § 8a Abs. 1 BSIG müssen sie möglichen Störungen von deren Verfügbarkeit, Integrität, Authentizität und Vertraulichkeit durch angemessene organisatorische und technische Vorkehrungen nach dem Stand der Technik vorbeugen, während Art. 14 Abs. 1 NIS-RL lediglich die „Berücksichtigung" des technischen Stands vorschreibt.[40] Dieser dynamische Maßstab ist erfüllt, wenn Techniken in hinreichendem Maß zur Verfügung ste-

---

[37] *Kipker*, ZD-Aktuell 2016, 05261.

[38] *Müllmann*, in: Taeger, Die Macht der Daten und der Algorithmen, S. 245 (250); *Gehrmann*, in: Taeger, Smart World – Smart Law?, S. 263.

[39] *Buchberger*, in: Schenke/Graulich/Ruthig, Sicherheitsrecht des Bundes, BSIG, § 8c, Rn. 1.

[40] *Kipker*, ZD-Aktuell 2016, 05261.

hen und auf gesicherten Erkenntnissen von Wissenschaft und Technik beruhen.[41] Eine praktische Konkretisierung kann über Empfehlungen und Standards, z.B. die IT-Grundschutzkataloge des BSI, erfolgen.[42] Zudem bietet das BSI einen Anforderungskatalog zur Konkretisierung des § 8a Abs. 1 BSIG an.[43] § 8a Abs. 2 BSIG sieht die Möglichkeit der Schaffung sektorspezifischer Sicherheitsstandards durch Betreiber kritischer Infrastrukturen und ihre Branchenverbände vor. Die Einhaltung dieser Anforderungen müssen die Betreiber dem Bundesamt für Sicherheit in der Informationstechnik (BSI) alle zwei Jahre nachweisen; sie kann unabhängig davon jedoch auch jederzeit vom BSI überprüft werden (§ 8a Abs. 3, 4 BSIG).

In § 8b Abs. 4 BSIG wird außerdem eine Meldepflicht für Betreiber von kritischen Infrastrukturen bei Störungen der Verfügbarkeit, Integrität, Authentizität und Vertraulichkeit ihrer informationstechnischen Systeme vorgesehen. Im Gegensatz zu Art. 14 Abs. 3 NIS-RL müssen Betreiber ihrer Meldepflicht bereits nachkommen, wenn nur die Möglichkeit einer erheblichen Beeinträchtigung der Funktionsfähigkeit besteht.[44] Das BSI fungiert dabei als zentrale Meldestelle (§ 8b Abs. 1 BSIG), die ein Lagebild der IT-Sicherheit erstellt, fortschreibt und mit den Betreibern und Aufsichtsbehörden teilt (§ 8b Abs. 2 BSIG). Zu diesem Zweck existieren unter anderem auch unternehmens- und ggf. sektorspezifische Kontaktstellen (§ 8b Abs. 3, 5 BSIG). Gemäß § 5a Abs. 1 BSIG kann das BSI zudem in herausgehobenen Fällen, d.h. bei einem Angriff von besonderer technischer Qualität oder einem besonderen öffentlichen Interesse an der schnellen Wiederherstellung der Sicherheit oder der Funktionsfähigkeit eines Systems (§5a Abs. 2 BSIG), selbst Notfallmaßnahmen treffen.

Neben den Normen im BSIG existieren ferner bereichsspezifische Sonderregelungen mit Bezug auf die Sicherheit bestimmter kritischer Infrastrukturen. Hierbei handelt es sich fast ausschließlich um spezialgesetzliche Regelungen der Meldepflicht sowie der IT-sicherheitsrechtlichen Mindestanforderungen, die z.B. für Betreiber von Energieversorgungsnetzen und Energieanlagen in § 11 Abs. 1a-c EnWG, für Betreiber von Atomanla-

---

[41] *Hansen*, in: Simitis/Hornung/Spiecker gen. Döhmann, Datenschutzrecht, Art. 32 Rn. 22; *Voigt*, in: Bussche/Voigt, Konzerndatenschutz, Kap. 3, Rn. 23; *Jandt*, in: Kühling/Buchner, DS-GVO, Art. 32, Rn. 10; *Piltz*, in: Gola, DS-GVO, Art. 32, Rn. 18.

[42] *Hansen*, in: Simitis/Hornung/Spiecker gen. Döhmann, Datenschutzrecht, Art. 32 Rn. 78; *Voigt*, in: Bussche/Voigt, Konzerndatenschutz, Kap. 3, Rn. 23; *Piltz*, in: Gola, DS-GVO, Art. 32 Rn. 19.

[43] https://www.bsi.bund.de/SharedDocs/Downloads/DE/BSI/IT_SiG/Konkretisierung_An orderungen_Massnahmen_KRITIS.pdf?__blob=publicationFile&v=15 (abgerufen am 29.6.2020).

[44] *Kipker*, ZD-Aktuell 2016, 05261.

gen durch §§ 7, 7c, 7d, 44b AtG und für Betreiber von Telematikinfrastruktur im Gesundheitswesen in § 291b SGB V geregelt werden.[45] §§ 109 Abs. 2, 5 TKG sehen die Pflichten ebenfalls für Betreiber öffentlicher Telekommunikationsnetze und Erbringer öffentlicher Telekommunikationsdienste vor, wobei § 109a Abs. 4 TKG darüber hinaus sogar eine Informationspflicht von Nutzern statuiert, von deren Datenverarbeitungssystemen eine Störung ausgeht.[46]

4 Vergleich der Rechtslagen

Die Systematik des Rechts zur Sicherheit kritischer Infrastrukturen in den USA und Deutschland weist grundlegende Unterschiede auf.

4.1 Gesetzliche Regelungen

In der EU existiert ein gesetzlicher Rahmen in Form der NIS-RL, der für alle Mitgliedstaaten – und damit auch für Deutschland – ein Minimum an Sicherheitsstandards für Betreiber kritischer Infrastrukturen verpflichtend macht. In den USA gibt es auf Bundesebene keine vergleichbaren Regelungen. Vielmehr treffen die einzelnen Bundesstaaten unabhängig voneinander eigene Vorgaben, die in ihrer Reichweite variieren. Es fällt auf, dass beide Länder hinsichtlich der Verbindlichkeit ihrer Regelungen unterschiedliche Strategien verfolgen. Gibt es in Deutschland klare Sicherheitsstandards und definierte Fälle, in denen eine Meldung an die zuständige Stelle obligatorisch ist, basiert das System in den USA im Kern auf dem freiwilligen Engagement der Betreiber. Dies gilt sowohl für die Teilnahme an Informationsaustauschsystemen wie dem ISA als auch der eigenverantwortlichen Umsetzung von Standards.

Trotz mangelnder Verpflichtungen für die Betreiber bringt sich die US-amerikanische Bundesregierung aktiv bei der Verbesserung der Sicherheit kritischer Infrastrukturen ein: So hat sie mit dem NCF einen ordnungspolitischen Rahmen geschaffen, der breite Sicherheitsstandards und Guidelines anbietet und für Betreiber und Eigner kritischer Infrastrukturen ausführliche Orientierungshilfe zur Umsetzung entsprechender Maßnahmen gibt. Mit der CISA wurde eine starke Behörde gegründet, die zuvor weit verteilte Zuständigkeiten und Ressourcen bündelt und umfangreiche Hilfestellungen und Verteidigungsmöglichkeiten bereithält. Diese Rolle entspricht der des BSI in Deutschland, dem der Gesetzgeber jedoch bereits

---

[45] *Köhler*, EnWZ 2015, S. 407 (408 f.); *Hornung*, NJW 2015, S. 3334 (3337, 3339); *Kipker*, MMR 2017, S. 143 (146).

[46] *Hornung*, NJW 2015, S. 3334 (3339), *Roos*, MMR 2015, S. 636 (642); *Gitter/Meißner/Spauschus*, ZD 2015, S. 512 (515).

aufgrund unionsrechtlicher Vorgaben deutlich weitergehende Eingriffsbefugnisse eingeräumt hat. Insofern kann das BSI gegenüber säumigen Unternehmen auch Sanktionen verfügen.

4.2 Materiellrechtliche Unterschiede

Vergleicht man die materiellrechtlichen Definitionen des Begriffs der kritischen Infrastrukturen in den USA und in Deutschland, so knüpfen beide an negative Auswirkungen für die öffentliche Sicherheit oder andere bedeutende Rechtsgüter an. Dabei gibt es Unterschiede in der Terminologie, die sich durch Auslegung auflösen lassen. So fällt in Bezug auf die vorgesehenen Sektoren kritischer Infrastruktur auf, dass den in Deutschland festgelegten sieben Sektoren 16 in den USA gegenüberstehen. Dies lässt sich beim Sektor „Dämme" noch durch geographische Unterschiede und bei „Nuklearreaktoren" durch eine übergeordnete Zuordnung im deutschen Recht unter die Kategorie Energie erklären. Gleichwohl umfasst der deutsche Begriff kritischer Infrastrukturen einen erheblichen Teil der Sektoren im amerikanischen Recht nicht. Insbesondere mit den „Commercial Facilities" wird der Begriff der kritischer Infrastrukturen dergestalt ausgeweitet, dass nahezu alle öffentlichen Orte, an denen sich eine Vielzahl von Menschen versammeln kann, beispielsweise Hotels, Arenen, Casinos oder Wohnanlagen, als kritische Infrastruktur gelten. Ähnliches gilt für verarbeitendes Gewerbe: dessen Schutz ist in Deutschland lediglich dann möglich, wenn sie in einem der genannten Sektoren tätig sind; in den USA ist das sogenannte „Critical Manufacturing" jedoch explizit erwähnt.

Schließlich sind in den USA explizit staatliche Einrichtungen, die Verteidigungsindustrie sowie Notdienste als jeweils eigene Sektoren erwähnt. Zwar ist in Deutschland auch „Staat und Verwaltung" als relevanter Bereich im Zusammenhang mit kritischen Infrastruktur generell anerkannt; er unterfällt jedoch, ebenso wie der Sektor „Medien und Kultur", nicht den Pflichten des BSIG.[47] Den Bereichen Rüstung sowie Medien und Kultur sollen im Zuge der Reform des BSIG durch das IT-Sicherheitsgesetz 2.0 jedoch kritischen Infrastrukturen vergleichbare Anforderungen auferlegt werden.[48]

Dennoch ist der Begriff der kritischen Infrastrukturen in den USA erheblich weitreichender als in Deutschland, wo zudem aufgrund der Erheblichkeitsprüfung weitere Einschränkung des Begriffs vorgenommen werden, die in dieser Form in den USA nicht existieren.

---

[47] https://www.kritis.bund.de/SubSites/Kritis/DE/Einfuehrung/Sektoren/sektoren_node.html (abgerufen am 29.6.2020)

[48] *Müllmann*, in: Taeger, Die Macht der Daten und der Algorithmen, S. 245 (255).

Keine Unterschiede zwischen den USA und Deutschland ergeben sich bei den Betreibern der kritischen Infrastrukturen. In beiden Ländern betreibt der private Sektor ca. 80 % der relevanten Einrichtungen.[49]

Der Begriff der Cybersicherheit ist in den USA lediglich durch den NIPP definiert. Diese Definition ist jedoch umfassend verbreitet und akzeptiert. Das Verständnis des Begriffes der Cybersicherheit in NIPP und BSIG ist dabei sehr ähnlich. Jedoch bezieht die US-amerikanische Definition explizit auch die Wiederherstellung von Informationssystemen mit ein, während sie bei der deutschen keine Erwähnung findet. Nichtsdestotrotz ist die Wiederherstellung informationstechnischer Systeme auch ein wesentlicher Aspekt der deutschen Cybersicherheit, wie allein die Regelungen des § 5a BSIG zeigt.

Im Rahmen dieses Vergleichs muss zudem darauf hingewiesen werden, dass sich auch in den USA zahlreiche sektorspezifische Vorgaben finden. Dies betrifft insbesondere den Sektor Energie. Für eine weitergehende Gegenüberstellung der die Cybersicherheit kritischer Infrastrukturen betreffenden Rechtslage ist daher eine tiefergehende Untersuchung der entsprechenden Regelungen unter Einbeziehung sektorspezifischer sowie einzelner bundesstaatlicher Rechtsquellen unerlässlich.

5   Fazit

Die Gegenüberstellung der Rechtslagen in den Vereinigten Staaten und Deutschland hat gezeigt, dass beide Länder eine unzureichende Sicherung kritischer Infrastrukturen vor Cyberattacken als potentielles Einfallstor für Attacken auf das Funktionieren der Gesellschaft erkannt haben.

Die Stärken der deutschen und europäischen Regelungen liegen insbesondere in ihrer Verbindlichkeit und Einheitlichkeit. Anders als in den USA sieht die NIS-RL auf europäischer Ebene Mindeststandards vor, die im gesamten Wirtschaftsraum der EU gelten. Dasselbe gilt für das BSIG auf nationaler Ebene. Innerhalb Deutschlands und der Union sorgt dieses Vorgehen für ein einheitliches Sicherheitsniveau, das angesichts hoher Grade an Vernetzung Kaskadeneffekte vermeiden kann, gleiche Wettbewerbsbedingungen auf den europäischen und nationalen Märkten schafft und die Kompatibilität sowie Interoperabilität von Techniken innerhalb der Sektoren fördert. In den USA ist das angesichts der Ansiedlung der Hauptverantwortung für die Cybersicherheit kritischer Infrastrukturen bei den Bundesstaaten deutlich schwieriger. Auch das Vorhandensein verbindlicher Regelungen auf europäischer und nationaler Ebene sorgt grundsätzlich für eine

---

[49] Vgl. Fn. 10; *John-Koch*, in: Bevölkerungsschutz: Notfallvorsorge und Krisenmanagement in Theorie und Praxis, S. 185 (190).

Stärkung des generellen IT-Sicherheitsniveaus. Dies liegt darin begründet, dass die Verbindlichkeit die Existenz „schwarzer Schafe", also von Betreibern, die keine Sicherheitsvorkehrungen treffen, sehr viel unwahrscheinlicher macht als die auf Bundesebene vorgesehene Freiwilligkeit der Umsetzung. In diesem Zusammenhang darf jedoch nicht übersehen werden, dass die Normen der US-Bundesstaaten eine höhere Verbindlichkeit beanspruchen können. Außerdem kann das US-amerikanische Zivilrecht mit seinen hohen Strafschadensersatzsummen[50] einen erheblichen Anreiz für Betreiber darstellen, auch unverbindliche Standards zu implementieren und so Vorwürfe möglicher Sorgfaltspflichtverletzungen vermeiden. Unterschiedliche Anforderungen auf der Ebene der Bundesstaaten machen es für Betreiber mit mehreren Standorten in den USA dabei jedoch schwieriger ein einheitliches Anforderungsprofil einzuhalten.

Eine wesentliche Stärke des US-amerikanischen Systems liegt demgegenüber in der Breite seines Anwendungsbereichs. Es erkennt die Kritikalität einer höheren Zahl von Sektoren und Institutionen an und bezieht damit mehr Lebensbereiche in seinen potentiellen Schutzbereich ein als das europäische und deutsche Recht. Auch wenn man die deutschen Pläne zur Einführung einer neuen Schutzkategorie durch das geplante IT-Sicherheitsgesetz 2.0[51] und die engeren Sektorkategorien des US-Rechts berücksichtigt, kann Europa hier vom Vorbild der USA lernen. Insbesondere die Bereiche Regierungseinrichtungen, kritische Herstellungsprozesse und gewerbliche Anlangen sollten mit Anpassungen auch im europäischen Recht in die Gruppe der kritischen Infrastrukturen aufgenommen werden.

In Bezug auf die Stellung einer zentralen Institution zur Koordination von IT-Sicherheitsfragen und der Abwehr von Cyberangriffen ist die Situation differenzierter zu betrachten. In den USA existiert mit der CISA eine kompetente Zentralstelle, die jedoch auf der Ebene des Bundesrechts auf freiwillige Meldungen der Betreiber kritischer Infrastrukturen angewiesen ist, keinerlei Eingriffsbefugnisse aufweist und sich somit in gewisser Weise als „zahnloser Tiger" darstellt. Deutschland weist demgegenüber mit dem BSI eine stärkere Zentralinstanz mit verstetigtem Informationsfluss und einer Vielzahl an Durchsetzungsbefugnissen auf. Die EU hat hingegen im unionsinternen Austausch auch weiter deutlichen Nachholbedarf. Die Position der European Network and Information Security Agency (ENISA) ist zwar durch eine Verbesserung ihrer finanziellen und personellen Mittel sowie

---

[50] Vgl. nur *Klode*, NJOZ 2009, S. 1762 (1764 ff.); *von Jeinsen*, IWRZ 2018, S. 51; *Coderch*, ZEuP 2001, S. 604.

[51] Vgl. *Müllmann*, in: Taeger, Die Macht der Daten und der Algorithmen, S. 245 (255).

der zugewiesenen Aufgaben zunehmend gestärkt worden.[52] Dennoch gibt es hier weiter Raum für Verbesserungen, gerade bei der Rolle der Vernetzung der nationalen Akteure sowie dem Austausch zu Bedrohungslagen und einer gemeinsamen europäischen Antwort darauf. Die neue Initiative der Kommission zur Schaffung eines Netzwerks für Cybersicherheit[53] auf europäischer Ebene adressiert in diesem Zusammenhang jedoch wesentliche Probleme und könnte zur Lösung der angesprochenen Defizite in der Union bedeutend beitragen.

Literatur

Bussche, Axel/Voigt, Paul (Hrsg.): Konzerndatenschutz, 2. Aufl., München 2019.

Coderch, Pablo Salvador: Punitive Damages and Continental Law, ZEuP 2001, S. 604-616.

Gehrmann, Mareike: IT-Sicherheit in Unternehmen – Anforderungen der NIS-Richtlinie und des IT-Sicherheitsgesetzes, in: Jürgen Taeger (Hrsg.), Smart World – Smart Law?, Edewecht 2016, S. 263-278.

Gitter, Rotraud/Meißner, Alexander/Spauschus, Philipp: Das neue IT-Sicherheitsgesetz – IT-Sicherheit zwischen Digitalisierung und digitaler Abhängigkeit, ZD 2015, S. 512-516.

Gola, Peter (Hrsg.): DS-GVO, 2. Aufl., München 2018.

Hornung, Gerrit: Neue Pflichten für Betreiber kritischer Infrastrukturen: Das IT-Sicherheitsgesetz des Bundes, NJW 2015, S. 3334-3340.

Von Jeinsen, Ulrich: Schadenersatzklagen in den USA – Unbegrenzte Möglichkeiten?, IWRZ 2018, S. 51-57.

John-Koch, Monika: Kritische Infrastrukturen, in: Harald Karutz/Wolfram Geier/Thomas Mitschke (Hrsg.), Bevölkerungsschutz: Notfallvorsorge und Krisenmanagement in Theorie und Praxis, Berlin/Heidelberg 2017, S. 185-193.

Johnson, Thomas A.: Critical Infrastructures, Key Assets, in: Thomas A. Johnson (Hrsg.), Cybersecurity: Protecting Critical Infrastructures from Cyber Attack and Cyber Warfare, Boca Raton 2015, S. 33-65.

---

[52] Zuletzt durch den sog. EU Cybersecurity Act: VO (EU) 2019/88 des Europäischen Parlaments und des Rates vom 17. April 2019 über die ENISA und über die Zertifizierung der Cybersicherheit von Informations- und Kommunikationstechnik und zur Aufhebung der VO (EU) Nr. 526/2013 (Rechtsakt zur Cybersicherheit), OJ L 151, 7.6.2019, S. 15-69.

[53] Vgl. hierzu *von Wintzingerode/Müllmann*, in: Taeger, Den Wandel begleiten, S. 475.

Kipker, Dennis-Kenji: Der BMI-Referentenentwurf zur Umsetzung der NIS-Richtlinie – Was dürfen Betreiber von Kritischen Infrastrukturen und Anbieter von digitalen Diensten erwarten?, MMR 2017, S. 143-147.

Kipker, Dennis-Kenji/Mueller, Sven: International Regulation of Cybersecurity – Legal and Technical Requirements, MMR-Aktuell 2019, 414291.

Kipker, Dennis-Kenji: Die NIS-RL der EU im Vergleich zum deutschen IT-Sicherheitsgesetz, ZD-Aktuell 2016, 05261.

Klode, Michael: Punitive Damages – Ein aktueller Beitrag zum US-amerikanischen Strafschadenersatz, NJOZ 2009, S. 1762-1773.

Köhler, Markus: IT-Sicherheit in der vernetzten Energiewirtschaft – Der neue Rechtsrahmen, EnZW 2015, S. 407-410.

Kühling, Jürgen/Buchner, Benedikt (Hrsg.): DS-GVO, München 2017.

Moteff, John/Parfomak, Paul: Critical Infrastructure and Key Assets: Definition and Identification, 2004.

Müllmann, Dirk: Unpatchable? – Der gesetzliche Umgang mit von menschlichem Fehlverhalten ausgehenden Risiken für die IT-Sicherheit kritischer Infrastrukturen, in: Jürgen Taeger (Hrsg.), Die Macht der Daten und der Algorithmen, Edewecht 2019, S. 245-260.

Pesch-Cronin, Kelley A./Marion, Nancy E.: Critical Infrastructure Protection, Risk Management, and Resilience, Boca Raton 2017.

Roos, Philipp: Das IT-Sicherheitsgesetz – Wegbereiter oder Tropfen auf den heißen Stein, MMR 2015, S. 636-645.

Russo, Mark A.: National Cybersecurity Framework: A Solution for "Agile Cybersecurity", Washington DC 2018.

Schenke, Wolf-Rüdiger/Gaulich, Kurt/Ruthig, Josef (Hrsg.): Sicherheitsrecht des Bundes, 2. Aufl., München 2019.

Simitis, Spiros/Hornung, Gerrit/Spiecker gen. Döhmann, Indra (Hrsg.): Datenschutzrecht, Baden-Baden 2019.

von Wintzingerode, Christina/Müllmann, Dirk, Ein europäisches Netzwerk für Cybersicherheit, in: Jürgen Taeger (Hrsg.), Den Wandel begleiten – IT-rechtliche Herausforderungen der Digitalisierung, Edewecht 2020, S. 475-492.

EIN EUROPÄISCHES NETZWERK FÜR CYBERSICHERHEIT

Christina von Wintzingerode / Dirk Müllmann

Lehrstuhl für Öffentliches Recht, Informationsrecht, Umweltrecht, Verwaltungswissenschaften Prof. Dr. Spiecker gen. Döhmann, LL.M.
Goethe-Universität Frankfurt/M.[*]
wintzingerode@jura.uni-frankfurt.de /
muellmann@jur.uni-frankfurt.de

Zusammenfassung

Der Beitrag befasst sich mit dem Verordnungsentwurf (EU) 2018/0328 der Europäischen Kommission zur Einrichtung eines Europäischen Kompetenzzentrums für Cybersicherheit in Industrie, Technologie und Forschung und eines Netzes nationaler Koordinierungszentren. Im Folgenden soll zunächst ein Überblick über die vorgesehene Netzwerkstruktur gegeben werden. Daran anschließend werden die rechtlichen Herausforderungen bei der Schaffung und Gestaltung eines europäischen Netzwerkes herausgearbeitet. Weiterhin wird der Frage nachgegangen, welche Akteure eingebunden werden sollten und wie dies sinnvoll geschehen kann. Hierbei wird auch untersucht, welche Anforderungen an das Steuerungskonzept für das Kompetenznetzwerk im Lichte europäischer Werte wie dem Demokratie- und Rechtsstaatsprinzip zu stellen sind. Schließlich wird analysiert, in welchem Verhältnis das künftige Netzwerk zu anderen europäischen Institutionen (z.B. ENISA) stehen soll.

1 Einleitung

Digitale Technologien nehmen angesichts ihrer steigenden Einbindung in den Alltag immer mehr Einfluss auf Wirtschaft und Gesellschaft. Die damit ebenso wachsende Abhängigkeit vom Funktionieren der Technologie und Vulnerabilität der Gesellschaft sind vor dem Hintergrund der grenzenlosen Netze und Lieferketten längst kein nationales Thema mehr, sondern eine Frage europäischer Unabhängigkeit. Derzeit hängt die IT-Sicherheit der Union als Nettoimporteurin von Cybersicherheitsprodukten und -lösungen allerdings weitgehend von nichteuropäischen Anbietern ab.[1] Dies schmälert sowohl die Wettbewerbsfähigkeit des europäischen Binnenmarktes als

---

[*] Die Autoren arbeiten als Wissenschaftliche Mitarbeiter am Lehrstuhl für Öffentliches Recht, Informationsrecht, Umweltrecht, Verwaltungswissenschaften von Prof. Dr. Spiecker gen. Döhmann, LL.M., an der Goethe-Universität Frankfurt/M. Der Lehrstuhl beteiligt sich am Pilotprojekt CyberSec4Europe, dessen Leitung und Koordination bei der Goethe-Universität Frankfurt liegt. Als Forschungsprojekt ist es Teil des EU-Förderprogramms „Horizon 2020".

[1] Vgl. 1. Kontext/Gründe und Ziele des Verordnungsvorschlags, https://eur-lex.europa.eu/legal-content/DE/TXT/HTML/?uri=CELEX:52018PC0630&from=EN#footnoteref4 (abgerufen 12.6.2020).

auch die Fähigkeit der Union zur Eigensicherung ihrer digitalen Werte und Anlagen. Gleichzeitig ist in den Mitgliedstaaten der Union eine Fülle von Fachwissen und Erfahrungen zu Fragen der Cybersicherheit vorhanden.[2] Weshalb also spielt Europa auf dem Cybersicherheitsmarkt nur eine untergeordnete Rolle? Als Ursachen hierfür wurden fragmentierte Anstrengungen in der Forschung und der Industrie identifiziert, denen es an Einheitlichkeit und einer gemeinsamen europäischen Zielrichtung mangelt.[3] Das technologische und industrielle Cybersicherheitsökosystem in Europa soll deswegen durch die Schaffung eines Netzwerkes für Cybersicherheit angeregt werden.

2 Rechtliche Herausforderungen einer europäischen Netzwerkgestaltung

Das im hier behandelten Verordnungsentwurf skizzierte Netzwerk soll europaweit Akteure aus ganz unterschiedlichen Disziplinen zusammenbringen, um die bestehenden Anstrengungen in Forschung und Industrie und das dort vorhandene Fachwissen zu bündeln und effizient nutzen zu können.[4] Die Erreichung dieses Ziels wird dabei wesentlich von der erfolgreichen Kooperation der beteiligten Akteure abhängen. Insofern stellt sich einerseits die Frage, welcher rechtliche Rahmen für die Kooperation an sich angelegt werden kann und zum anderen, welchen rechtlichen Anforderungen die späteren Handlungen des Netzwerks genügen müssen.

2.1 Rechtlicher Rahmen für Kooperationsformen öffentlicher und privater Akteure

Die rechtlichen Rahmenbedingungen einer europäischen Kooperation hängen von verschiedenen Faktoren ab, wobei der wichtigste die Akteure selbst sind. Die Einbindung und jeweilige Rolle privater[5] und öffentlicher[6] Akteure ist entscheidend für die Anforderungen an die rechtlichen Grundlagen ihrer Zusammenarbeit.

Während für die Kooperation von Privaten im europäischen Binnenmarkt sowohl im Vertrags- als auch im Gesellschaftsrecht etablierte Regelungs-

---

[2] ErwG 6, VO-E 2018/0328 (COD).

[3] ErwG 6, VO-E 2018/0328 (COD).

[4] ErwG 6, VO-E 2018/0328 (COD).

[5] Beispielsweise Praktiker, Unternehmen und Forschungseinrichtungen als Teil der Cybersicherheits-Gemeinschaft.

[6] In Betracht zu ziehen sind sowohl EU-Institutionen wie die Europäische Kommission und das Europäische Parlament als auch z.B. Behörden in den Mitgliedstaaten.

modelle vorhanden sind, fällt der Befund für gemischte oder rein öffentliche Kooperationsmodelle deutlich anders aus. Bereits auf mitgliedstaatlicher Ebene gibt es kaum Regelungen zu öffentlich-öffentlichen und öffentlich-privaten Kooperationsmodellen.[7] Auf Unionsebene fehlen detaillierte Regelungen für die rechtlichen Strukturen solcher Kooperationen ganz. Zwar ist es grundsätzlich denkbar, auch für die Kooperation mit oder zwischen öffentlichen Institutionen vertragliche Modelle heranzuziehen, aber nicht jede Form der Kooperation ist rechtlich relevant und bedarf gegenseitiger vertraglicher Bindungen, wie sie beispielsweise ein Leistungsaustausch erforderlich macht. Zum anderen besteht eine Gestaltungsfreiheit, wie sie Privaten durch die Vertragsfreiheit zukommt, für öffentliche Institutionen gerade nicht. Sie unterliegen in ihrem Handeln den Bindungen und Begrenzungen des Demokratie-[8] und des Rechtsstaatsprinzips,[9] die beide grundlegende Verfassungsprinzipien[10] darstellen.

Auch der Gedanke, das Netzwerk als Europäische Agentur wie etwa ENISA oder ECHA zu gestalten, trägt bei näherer Betrachtung nicht. Agenturen sind von den Europäischen Institutionen gegründete selbständige Verwaltungseinheiten, deren Rechtsgrund jeweils in einem konkreten Sekundärrechtsakt liegt.[11] Als Sonderbehörden dienen sie der Wahrnehmung spezieller Aufgaben.[12] Das Netzwerk für Cybersicherheit dagegen besitzt eine solche Zuweisung von Verwaltungsaufgaben ausweislich des Verordnungsentwurfs nicht und auch die Grundidee eines Netzwerks aus privaten und öffentlichen Einrichtungen widerspricht einer Ausgestaltung als Europäische Agentur.

Insgesamt lässt sich feststellen, dass die Schaffung eines europäischen Netzwerks eines komplexen Regelungsrahmens bedarf, der jedoch in der bestehenden europäischen Rechtsordnung noch nicht existiert. Aus diesem Befund ergibt sich somit eine wichtige Anforderung: Mangels Vorlage für den Regelungsrahmen muss die Verordnung die Steuerungsstrukturen für

---

[7] *Richter/Spiecker gen. Döhmann*, in: Durner et al., Gedächtnisschrift Arndt Schmehl, S. 179 (181 f. m. w. N.).

[8] Art. 2, 10 Abs. 1 EUV.

[9] Ausweislich der Präambel und Art. 2 EUV ist das Rechtsstaatsprinzip auch ein europäischer Wert, so dass im europäischen Kontext grundsätzlich nichts anderes gilt.

[10] *Hofmann*, in: Barnard/Peers, European Union Law, Kap. 8, S. 208.

[11] *Augsberg*, in: Terhechte, VwR der EU, § 6, Rn. 38.

[12] *Calliess*, in: Calliess/Ruffert, EUV, Art. 13, Rn. 31; bei *Streinz*, in: Streinz, EUV, Art. 13, Rn. 32, 34 findet sich sowohl die Bezeichnung Fachbehörden als auch Sonderbehörden für die Agenturen.

die Kooperation verschiedenster Akteure im Netzwerk selbst schaffen. Inwieweit dies im Vorschlag der Kommission bereits der Fall ist, wird unter Ziff. 3. näher betrachtet.

2.2 Materiell-rechtliche Anforderungen bei Aktivitäten des künftigen Netzwerks

Kooperatives Handeln öffentlicher Institutionen und privater Akteure als Teil des Cybersicherheitsnetzwerks kann grundsätzlich auf verschiedenen Ebenen, mit vielfältigem Inhalt und unterschiedlicher Bindungswirkung erfolgen. Mit der Förderung der Cybersicherheit ist dem Netzwerk eine breite Aufgabenstellung angedient, die Raum für vielfältige Aktivitäten im Bereich der Forschung, Entwicklung und Bildung lässt. Neben Fragen der Kooperation der Akteure untereinander ergeben sich deshalb für konkrete Aktivitäten des Netzwerks bereichsabhängig auch spezifische, materiell-rechtliche Fragen, z.B. aus dem Vergaberecht, wenn es um öffentliche Aufträge an Private geht oder Fragen der Geheimhaltung von Betriebs- und Geschäftsgeheimnissen unter privaten Akteuren. Denkbar ist etwa auch, dass Handlungen des Netzwerks oder einzelner Mitglieder das Bildungs- oder Hochschulrecht in den Mitgliedstaaten tangieren. Es entstehen also vielfältige Wechselwirkungen zwischen der Aufgabenzuweisung innerhalb des Netzwerks, seinen Kooperationsformen, Handlungen nach außen und dem materiellen Recht. Inwieweit Entscheidungen des Netzwerks oder seiner Teile also wirksam möglich oder Handlungen rechtmäßig sind, ist jeweils eine Frage des konkreten Einzelfalls.

2.3 Kompetenzen der Europäischen Union

Nach dem Prinzip der begrenzten Einzelermächtigung in Art. 5 Abs. 2 EUV wird die Europäische Union (EU) nur in den Grenzen der Zuständigkeiten tätig, die ihr in den Verträgen von den Mitgliedstaaten übertragen wurden. Für die Schaffung des Cybersicherheitsnetzwerkes muss sich den Verträgen also eine Kompetenzgrundlage für den Erlass einer europäischen Verordnung entnehmen lassen.[13]

Der Verordnungsvorschlag wird auf Art. 173 Abs. 3, 188 Abs. 1 AEUV gestützt, wobei letzterer auf Art. 187 AEUV verweist, der die Gründung gemeinsamer Unternehmen und Strukturen zur Durchführung von Forschungs- und technologischen Entwicklungsprogrammen zum Gegenstand hat. Grundsätzlich lässt sich die Idee der Schaffung eines Netzwerks für Cybersicherheit in Industrie, Technologie und Forschung darunter fassen. Fragen ergeben sich aber hinsichtlich der zu wählenden Rechtsform des

---

[13] *Calliess*, in: Calliess/Ruffert, EUV, Art. 5, Rn. 6 ff.; *Pache*, in: Pechstein/Nowak/Häde, EUV, Art. 5, Rn. 22; *Streinz*, in: Streinz, EUV, Art. 5, Rn. 8 f.

Kompetenzzentrums und der rechtlichen Ausgestaltung der Zusammenarbeit des Netzwerks sowie der Reichweite der Unionskompetenz hinsichtlich der konkreten Aufgaben, wie sie der Verordnungsentwurf vorsieht. Im weiteren Verlauf des Gesetzgebungsprozesses sollte hierauf sicherlich besonderes Augenmerk gelegt werden.

3 VO-Entwurf (EU) 2018/0328

3.1 Gesetzgebungsprozess

Im Bereich der Sicherheit von Netz- und Informationssystemen ist die EU seit langem gesetzgeberisch aktiv und macht das Thema im kommenden Rahmenprogramm „Horizont Europa"[14] sogar zu einer seiner Prioritäten.[15] Zurückgehend auf eine gemeinsame Mitteilung der Kommission mit der Hohen Vertreterin der Union für Außen- und Sicherheitspolitik, eine Aufforderung der Staats- und Regierungschefs und Schussfolgerungen des Rates im Jahr 2017 entwickelte die Kommission den vorliegenden Entwurf der VO (EU) 2018/0328.[16] Er dient als ein erster Schritt zur Umsetzung des geplanten Programmes „Digitales Europa"[17] und wurde am 12.9.2018 durch die Europäische Kommission angenommen.[18] Im Zuge des seither laufenden Gesetzgebungsprozesses wurden vom Europäischen Wirtschafts- und Sozialausschusses zwei Stellungnahmen zu dem Entwurf vorgelegt.[19] Zudem hat das Europäische Parlament nach der ersten Lesung des Entwurfs eine Stellungnahme mit einer Vielzahl von Änderungsanträgen abgegeben.[20] Auch im Rat befindet sich der Vorschlag seither in der ersten Beratungsrunde.[21]

---

[14] Vorschlag für eine Verordnung über das Rahmenprogramm für Forschung und Innovation „Horizont Europa", COM (2018), 435.

[15] VO-E 2018/0328 (COD), S. 3.

[16] VO-E 2018/0328 (COD), S. 1 ff.

[17] Vorschlag für eine Verordnung zur Aufstellung des Programms „Digitales Europa" für den Zeitraum 2021-2027, COM (2018), 434.

[18] VO-E 2018/0328 (COD), S. 3.

[19] EESC 2018/05208, OJ C 110, 22.3.2019, S. 72-74; EESC 2018/04805, OJ C 159, 10.5. 2019, S. 63-67.

[20] AD/2019/630409 vom 31.1.2019, https://www.europarl.europa.eu/RegDa ta/commissi ons/imco/avis/2019/630409/IMCO_AD(2019)630409_DE.pdf (abgerufen 12.6.2020).

[21] Stand des Gesetzgebungsverfahrens des Verordnungsentwurfs COM (2018) 630, https:// eur-lex.europa.eu/legal-content/DE/HIS/?uri=COM%3A2018%3A630%3AFIN (abgerufen 12.6.2020).

3.2 Vorgesehene Institutionen

Das wesentliche Ziel der Verordnung besteht in der Schaffung eines Europäischen Kompetenzzentrums für Cybersicherheit in Industrie, Technologie und Forschung, der Einrichtung eines Netzes von nationalen Koordinierungszentren sowie der Entwicklung der Grundlagen für die Errichtung einer Kompetenzgemeinschaft für Cybersicherheit in Europa (Art. 1 Abs. 1)[22]. Unter Cybersicherheit wird dabei der „Schutz von Netz- und Informationssystemen, deren Nutzern und sonstigen Personen vor Cyberdrohungen" (Art. 2 Abs. 1) verstanden. Zur Erreichung dieses Ziels sieht der Verordnungsentwurf Regelungen für alle drei genannten Institutionen vor, die in der Folge näher betrachtet werden.

3.2.1 Kompetenzzentrum

Kern der geplanten neuen europäischen Cybersicherheitsarchitektur ist das Europäische Kompetenzzentrum für Cybersicherheit in Industrie, Technologie und Forschung. Es soll als eigenständige, rechts- und geschäftsfähige Rechtsperson (Art. 1 Abs. 4) die Union bei der Wahrung und Weiterentwicklung der Cybersicherheitskapazitäten ebenso wie bei der Steigerung der Wettbewerbsfähigkeit der Cybersicherheitsbranche in Europa unterstützen (Art. 3).

3.2.1.1 Aufgaben, Struktur und Finanzierung

Mit der Arbeit des Kompetenzzentrums werden acht gesetzlich definierte Ziele verfolgt, aus denen sich die Aufgaben des Zentrums ableiten. So soll es die Koordinierung der Arbeiten des Netzes nationaler Koordinierungszentren und der Kompetenzgemeinschaft erleichtern, unterstützen und zugleich zur Umsetzung der in den Programmen der Union vorgesehenen Maßnahmen mit Bezug zur Cybersicherheit beitragen (Art. 4 Abs. 1, 2). Durch die Bereitstellung von Fachwissen und technischer Unterstützung sowie den Erwerb und die Unterstützung beim Erwerb von moderner industrieller und Forschungsinfrastruktur sollen ferner die Kapazitäten, das Wissen und die Infrastruktur im Bereich der Cybersicherheit verbessert werden (Art. 4 Abs. 3). Das Zentrum soll einen Beitrag bei der Einführung moderner Cybersicherheitsprodukte und -lösungen leisten, indem es die Forschung, Entwicklung und Verbreitung fördert und Unterstützung bei der Einführung und Integration, aber auch der Auftragsvergabe und Markterschließung leistet (Art. 4 Abs. 4). Es soll das Verständnis und die Qualifikation im Bereich der Cybersicherheit verbessern, indem es die Entwicklung von Cybersicherheitskompetenzen unterstützt (Art. 4 Abs. 5). Außerdem soll das Zentrum mittels finanzieller Unterstützung, der Förderung von Großprojekten und der Unterstützung im Bereich der Normung

---

[22] Soweit nicht anders gekennzeichnet, handelt es sich bei den Artikelangaben um solche des Entwurfs der VO (EU) 2018/0328.

einen Beitrag zur Stärkung der Cybersicherheitsforschung und -entwicklung in der EU leisten (Art. 4 Abs. 6). Weitere Ziele bestehen in der verbesserten Zusammenarbeit zwischen zivilen und militärischen Fachkreisen im Bereich der Cybersicherheit sowie der Schaffung von Synergien zwischen ihren zivilen und militärischen Dimensionen. Gemäß Art. 5 zählt zudem die Regelung des Betriebs und des Zugangs zu geförderten Infrastrukturen sowie die Möglichkeit der Durchführung von Vergabeverfahren zu den Aufgaben des Zentrums.

Die Mitgliedstaaten und die EU, vertreten durch die Kommission, sind die Mitglieder des Kompetenzzentrums, die seine Arbeit finanzieren (Art. 21 ff.). Seine Organisationsstruktur umfasst gemäß Art. 11 einen Verwaltungsrat, einen Exekutivdirektor und einen wissenschaftlich-technischen Beirat.

Der Verwaltungsrat setzt sich aus je einem Vertreter pro Mitgliedsstaat und fünf Kommissionsvertretern zusammen, die für vier Jahre ernannt werden (Art. 12). Er tagt mindestens dreimal jährlich unter Beteiligung des nicht stimmberechtigten Exekutivdirektors und, auf Einladung des Vorsitzes, von Mitgliedern des ebenfalls nicht stimmberechtigten wissenschaftlich-technischen Beirats (Art. 14). Er ist verantwortlich für die Ausrichtung sowie die Geschäfte des Zentrums und beaufsichtigt die Durchführung seiner Tätigkeiten (Art. 13 Abs. 1). Zu seinen Aufgaben zählt daher unter anderem die Annahme von Strategie- und Arbeitsplänen, einer Finanzordnung, des Haushaltsplanes sowie der Jahresabschlüsse und Bilanzen des Zentrums. Er entscheidet über die Verfahren zur Berufung eines Exekutivdirektors, den er ernennen und abberufen kann, über die Kriterien und das Verfahren der Einrichtung der Kompetenzgemeinschaft, die Einrichtung von Arbeitsgruppen sowie die Ernennung des wissenschaftlich-technischen Beirats (Art. 13 Abs. 3). Die Entscheidungen des Verwaltungsrats ergehen mit doppelter Dreiviertelmehrheit, wobei der Union die Hälfte aller Stimmrechte eingeräumt sind, und jedem Mitgliedsstaat eine Stimme zukommt (Art. 15 Abs. 1, 2, 3).

Der Exekutivdirektor wird auf Vorschlag der Kommission vom Verwaltungsrat für 4 Jahre ernannt und kann höchstens zwei Amtszeiten bekleiden (Art. 16). Als gesetzlicher Vertreter des Kompetenzzentrums ist er für das Tagesgeschäft und die Geschäftsführung zuständig, wobei er seine Befugnisse unabhängig wahrnimmt, gegenüber dem Verwaltungsrat aber rechenschaftspflichtig ist (Art. 17 Abs. 1). Zu seinen Aufgaben gehören unter anderem die Durchführung der Beschlüsse des Verwaltungsrats, die Unterstützung von dessen Arbeit, die Entwicklung von Strategie, Arbeits- und Haushaltsplänen, die Durchführung des Arbeitsplans sowie diverse Verwaltungsaufgaben (Art. 17 Abs. 2).

Der wissenschaftlich-technische Beirat tritt mindestens zweimal im Jahr zusammen und besteht aus maximal 16 Mitgliedern, die vom Verwaltungsrat aus den Reihen der Kompetenzgemeinschaft für Cybersicherheit für drei Jahre ernannt werden (Art. 18, 19 Abs. 1). Ihm kommt die Organisation öffentlicher Konsultationen sowie die Beratung des Verwaltungsrats und des Exekutivdirektors zu, z.B. bei der Einsetzung von Arbeitsgruppen oder der strategischen Planung, wobei er zur Ausarbeitung des Arbeitsplans beiträgt und den Plan betreffendes Feedback fördert (Art. 19 Abs. 2, Art. 20).

3.2.1.2 Kritik

Betrachtet man die Zusammensetzung des Verwaltungsrats, dann scheint zunächst eine hohe Gewichtung der Mitgliedstaaten gegenüber Institutionen der Europäischen Union vorzuliegen. Bei genauerer Betrachtung wird die hohe Repräsentanz der Mitgliedstaaten jedoch durch Stimmengewichtung bei Entscheidungen des Verwaltungsrats relativiert. Mit 50 % der Stimmen kommt der Kommission, die nach dem Verordnungsentwurf 5 Sitze im Verwaltungsrat innehaben soll, ein überproportional hoher Stimmanteil zu. Aufgrund der für alle Entscheidungen des Verwaltungsrats notwendigen Mehrheit von 75 % der Stimmen hat sie de facto ein Vetorecht. Das zusätzliche Erfordernis, dass die Stimmenmehrheit jeweils zugleich 75 % der finanziellen Beiträge reflektieren muss, macht das Prozedere nicht nur kompliziert, sondern vertieft angesichts des Finanzbeitrags der Union auch das Übergewicht der Kommission bei Entscheidungen. Das nur schwache Stimmengewicht der Mitgliedstaaten dürfte der Akzeptanz von Entscheidungen abträglich sein.

Beachtenswert ist weiterhin, dass trotz des sehr breiten Ziel- und Aufgabenspektrums im Verordnungsentwurf lediglich eine grobe innere Struktur des Kompetenzzentrums festgelegt ist. Das einzige Entscheidungsorgan ist der Verwaltungsrat. Die Probleme und Themen im Bereich der Cybersicherheit und auch die Ausarbeitung des Finanzierungsplans sind aufwändig und erfordern spezifische Expertise. Diesen Aufgaben kann nur effektiv nachgekommen werden, wenn zur Entlastung des Verwaltungsrats weniger gewichtige Einzelfragen und solche des täglichen Geschäfts delegiert werden können. Allerdings fehlen hierfür geeignete Substrukturen. Deren Schaffung im weiteren Verlauf des Gesetzgebungsprozesses wäre daher ratsam, um so eine sinnvolle und effiziente Aufgabenverteilung innerhalb des Kompetenzzentrums sicherzustellen.

Der Verordnungsentwurf enthält außerdem keine Angaben zur Ausgestaltung des Entscheidungsprozesses im Verwaltungsrat, also dazu, wie Informationen gesammelt und Entscheidungen vorbereitet werden, ob und wie ausführlich Entscheidungen zu begründen sind oder wie mit Interessenkonflikten umzugehen ist.[23] Ein solcher Mangel an prozeduralen Bindungen räumt dem Verwaltungsrat einen weiten Ermessensspielraum mit wenig Möglichkeiten der Kontrolle ein. Die daraus resultierende mangelnde Bindung und Intransparenz sind unter rechtsstaatlichen Gesichtspunkten nicht wünschenswert.[24] Leider existiert hierfür aber noch kein europäischer prozedural-administrativer Standard in Form eines europäischen Verwaltungsverfahrensrechts.[25]

Nicht gut gelungen ist auch die Ausgestaltung des wissenschaftlich-technischen Beirats. Interessenvertreter aus dem Bereich der Cybersicherheit sind in Form des Beirats zwar in das Kompetenzzentrum eingebunden. Sie haben jedoch keinen echten Einfluss auf die Entscheidungsprozesse. Der Beirat kann keine verbindlichen Empfehlungen abgeben und es besteht keine Verpflichtung des Exekutivdirektors und des Verwaltungsrats, den Beirat wenigstens zu konsultieren. Wertvolles Wissen um die Standpunkte der Interessenvertreter und ihre Expertise auf dem Gebiet der Cybersicherheit bleiben auf diese Weise ungenutzt. Denkbare Ansätze für eine bessere Integration und Repräsentation von Interessenvertretern aus der Kompetenzgemeinschaft wären ein Beirat mit höherer Mitgliederanzahl, die Festlegung einer gewissen Diversität der vertretenen Interessenbereiche, die Wahl der Mitglieder durch verschiedene Gruppen der Kompetenzgemeinschaft und Interessenvertreter[26] sowie in bestimmten Fällen eine Begründungspflicht des Verwaltungsrats bei Abweichungen oder der Nichtberücksichtigung von Empfehlungen des Beirats.

Einer der wesentlichen Streitpunkte im noch andauernden Gesetzgebungsprozess ist schließlich die Finanzierung des Kompetenzzentrums. Die vorgesehene Aufteilung der Kosten zwischen der Union und den Mitgliedstaaten bedeutet für letztere, dass sie einen doppelten Beitrag zu leisten hätten: Einmal in Form der finanziellen Beiträge, die ohnehin jeder Mitgliedstaat an die EU leistet und aus denen die Union „ihre" Finanzmittel zum Kompetenzzentrum beisteuert sowie mittels direkter Beiträge zum Kompetenzzentrum. Entsprechend gering ist die Akzeptanz der Mitgliedstaaten dem vorgeschlagenen Finanzierungsmodus gegenüber. Der Rat hat deswegen

---

[23] Der Verordnungsentwurf enthält hinsichtlich der Interessenkonflikte lediglich in Art. 42, 2018/0328 (COD) ein Recht des Verwaltungsrats, sich Regeln zur Vorbeugung, Vermeidung und den Umgang mit Interessenkonflikten zu setzen. Eine Verpflichtung dazu besteht jedoch nicht.

[24] *Hofmann*, in: Barnard/Peers, European Union Law, Kap. 8, S. 209 f.

[25] Wenngleich es dafür durchaus Vorschläge gibt, vgl. etwa *Schneider et al.*, ReNEUAL – Musterentwurf für ein EU-Verwaltungsverfahrensrecht, 2015.

[26] Statt allein durch den Verwaltungsrat, Art. 18 Abs. 1 S. 2, VO-E 2018/0328 (COD).

vorgeschlagen, dass die operativen und administrativen Kosten von der Union allein getragen werden sollten[27] während den Mitgliedstaaten die Möglichkeit freiwilliger (finanzieller) Beiträge[28] für gemeinsame Aktivitäten mit der Union eingeräumt würde.[29] Die Berechnungsmethode für die freiwilligen Beiträge soll nach Ansicht des Rats der Verwaltungsrat des Kompetenzzentrums festlegen.[30]

3.2.1.3 Verhältnis zu ENISA

Mit der Agentur der Europäischen Union für Netz- und Informationssicherheit (ENISA)[31] gibt es bereits eine europäische Institution im Bereich der Cybersicherheit. Mit dem Kompetenzzentrum soll nun eine zusätzliche europäische Einheit auf dem Gebiet geschaffen werden. Es ist daher wichtig zu bestimmen, in welchem Verhältnis die beiden Einheiten künftig zu einander stehen sollen. Im Verordnungsentwurf finden sich dazu allerdings nur wenige Hinweise.

Ganz allgemein wird in den Erwägungsgründen des Verordnungsvorschlags angemerkt, dass sich die ENISA aktiv an der Kompetenzgemeinschaft für Cybersicherheit und dem wissenschaftlich-technischen Beirat beteiligen *sollte*.[32]

Zu den Zielen des Kompetenzzentrums gehört unter anderem die Verbesserung des Verständnisses und die Verringerung des Qualifikationsdefizits im Zusammenhang mit Cybersicherheit. Zur Erreichung dieses Ziels ist dem Kompetenzzentrum die Aufgabe gestellt, die weitere Entwicklung

---

[27] Vorschläge und Anmerkungen 368 und 389, Interinstitutionelles Dossier 2018/0328 (COD) Dok. Nr. 7616/19 vom 26.3.2019, https://data.consilium.europa.eu/doc/do cument/ST-7616-2019-INIT/en/pdf (abgerufen 12.6.2020).

[28] Das Europäische Parlament kritisiert in seiner Abänd. 134, P8_TA(2019)0419, https://ww w.europarl.europa.eu/RegData/seance_pleniere/textes_adoptes/definitif/2019/04-17/ 04 19/P8_TA(2019)0419_DE.pdf (abgerufen 12.6.2020), richtigerweise, dass der Verordnungsentwurf der Kommission nicht definiert, was genau unter Beiträgen der beteiligten Mitgliedstaaten zu verstehen ist.

[29] Vorschläge und Anmerkungen 82 und 376, Interinstitutionelles Dossier 2018/0328 (COD) Dok. Nr. 7616/19 vom 26.3.2019.

[30] Vorschlag und Anmerkung 265, Interinstitutionelles Dossier 2018/0328 (COD) Dok. Nr. 7616/19 vom 26.3.2019.

[31] Mit der VO (EU) 2019/881 des Europäischen Parlaments und des Rates vom 17.4.2019, ABlEU Nr. L 151 v. 7.6.2019, S. 15 ff. erfolgte die Aufhebung der Vorgängerregelung VO (EU) Nr. 526/2013 (Rechtsakt zur Cybersicherheit).

[32] ErwG 21, VO-E 2018/0328 (COD).

von Cybersicherheitskompetenzen zu unterstützen, gegebenenfalls in Zusammenarbeit mit der ENISA.[33] Darüber hinaus sieht der Verordnungsentwurf für die ENISA eine Rolle als ständiger Beobachter im Verwaltungsrat des Kompetenzzentrums vor.[34]

Diese eher untergeordnete Position der ENISA ist in doppelter Hinsicht überraschend. Zum einen hat die Agentur einen deutlich ausgeprägten Stellenwert in der NIS-Richtlinie, wo sie ein vollwertiges Mitglied der Kooperationsgruppe ist und ihr wesentliche Unterstützungsaufgaben zukommen.[35] Zum anderen ergeben sich aus der ENISA-Verordnung verschiedene Aufgaben der Agentur, die sich mit den Aktivitäten des Kompetenzzentrums überschneiden.[36] Es wäre daher höchst sinnvoll, das Verhältnis des Kompetenzzentrums zur ENISA im Verordnungsvorschlag detaillierter zu adressieren, zumal so der Eindruck entsteht, dass hier zwei Institutionen zueinander in Konkurrenz gestellt werden. Schon im Hinblick auf die Verteilung knapper finanzieller Ressourcen ist das kritikwürdig. Ohne eine klare Aufgabenverteilung und Bestimmung des Verhältnisses der Akteure zueinander werden sich die vorhandenen Kapazitäten nicht effektiv nutzen lassen, weil notwendige Anstrengungen doppelt oder gar nicht erfolgen oder schlimmstenfalls sich widersprechende Ansätze verfolgt werden. Das Verhältnis zwischen Kompetenzzentrum und ENISA hat jedoch bereits Eingang in die Agenda des Europäischen Parlaments und des Rats gefunden.[37]

3.2.2 Nationale Zentren

Neben dem Kompetenzzentrum als zentraler Instanz auf europäischer Ebene soll zudem ein europaweites Netzwerk nationaler Koordinierungszentren entstehen.

3.2.2.1 Aufgaben, Struktur und Finanzierung

Hierfür ist jeder Mitgliedsstaat verpflichtet, eine Einrichtung als nationales Koordinierungszentrum zu benennen, von der die in der Verordnung vorgesehenen Aufgaben wahrgenommen werden (Art. 7 Abs. 1). Erforderlich dafür ist die Befähigung der Stelle, das Kompetenzzentrum und das Netz gemäß Art. 3 bei der Wahrung und Weiterentwicklung der technischen und

---

[33] Art. 4 Abs. 5 lit. a, VO-E 2018/0328 (COD).

[34] Art. 12 Abs. 7, VO-E 2018/0328 (COD).

[35] Art. 11 Abs. 2, 3, RL (EU) 2016/1148.

[36] Vgl. etwa Art. 4, 6, 7, 9 und 11, VO (EU) 2019/881.

[37] Vgl. etwa den Standpunkt des Europäischen Parlaments in erster Lesung P8_TA(2019) 0419 und die Vorschläge und Anmerkungen im Interinstitutionellen Dossier 2018/0328 (COD), Dok. Nr. 7616/19 vom 26.3.2019.

industriellen Cybersicherheitskapazitäten und der Steigerung der Wettbewerbsfähigkeit der Cybersicherheitsbranche zu unterstützen. Die Kommission überprüft diese Fähigkeit gemäß Art. 6 Abs. 4 im Rahmen einer Akkreditierung des Zentrums. Voraussetzung für die Akkreditierung eines Zentrums ist, dass es über technisches Fachwissen im Bereich der Cybersicherheit verfügt oder direkten Zugang dazu hat und befähigt ist, sich wirksam mit der Industrie, dem öffentlichen Sektor und der Forschungsgemeinschaft auszutauschen und zu koordinieren (Art. 6 Abs. 4). Die einzelnen nationalen Koordinierungszentren bilden zusammen mit dem Kompetenzzentrum ein europaweites Netz, dessen Beziehungen und Aufgabenverteilung durch bilaterale Verträge der nationalen Zentren mit dem Kompetenzzentrum geregelt werden (Art. 6 Abs. 5, 6). Anders als die Finanzierung des Kompetenzzentrums erfolgt bei den nationalen Zentren keine paritätische finanzielle Ausstattung. Art. 7 Abs. 3 sieht vielmehr vor, dass die Union lediglich Finanzhilfen gewähren kann, was im Übrigen eine Finanzierung durch die Mitgliedstaaten voraussetzt. Aufgaben der nationalen Zentren sind gemäß Art. 7 Abs. 1 die Unterstützung des Kompetenzzentrums in dessen Zielen und der Koordinierung der Kompetenzgemeinschaft, die Prüfung der Anträge auf Aufnahme in diese Gemeinschaft, die Erleichterung der Teilnahme an grenzüberschreitenden Projekten für Akteure aus den Mitgliedstaaten, das Wirken als nationale Kontaktstelle und die Schaffung von Synergien bei Aktivitäten auf nationaler und regionaler Ebene. Ferner leisten die Koordinierungszentren einen Beitrag zur Identifikation und Lösung von sektorspezifischen Cybersicherheitsproblemen, führen Projekte des Kompetenzzentrums durch und fördern und verbreiten die Arbeiten des Netzes, des Kompetenzzentrums und der Kompetenzgemeinschaft auf nationaler und regionaler Ebene.

3.2.2.2 Kritik

Eine große Schwachstelle ist hier, dass der Verordnungsentwurf keine Regelungen darüber enthält, wie das Netzwerk aus nationalen Koordinierungszentren zusammenarbeiten soll. Damit wäre den Mitgliedstaaten bzw. den Koordinierungszentren selbst überlassen zu regeln, ob und wie die nationalen Zentren miteinander interagieren. Davon auszugehen, dass dies quasi von allein passieren wird, ist bestenfalls optimistisch. Eher ist anzunehmen, dass die Mitgliedstaaten weiterhin nationale Strategien verfolgen oder nur dort Interaktion stattfindet, wo ohnehin bereits Kooperationen bestanden. Dies widerspricht der Netzwerkidee und lässt unter Umständen wertvolles Potenzial ungenutzt.

Abzuwarten bleibt, ob es eine Verpflichtung der Mitgliedstaaten geben wird, nur öffentliche Institutionen[38] als nationale Koordinierungszentren

---

[38] Oder solche, die öffentliche Aufgaben wahrnehmen.

zu benennen. Der Verordnungsentwurf sieht dies bislang nicht vor, jedoch hat sich der Rat deutlich hierfür ausgesprochen.[39] Die darin zum Ausdruck kommende Haltung der Mitgliedstaaten ist insofern wenig überraschend, als die nationalen Koordinierungszentren eine wichtige Rolle bei der Verteilung europäischer Finanzmittel[40] einnehmen sollen.

3.2.3 Kompetenzgemeinschaft für Cybersicherheit

Als dritte Einrichtung sieht der Entwurf die Institutionalisierung der Kompetenzgemeinschaft für Cybersicherheit vor.

3.2.3.1 Aufgaben, Struktur und Finanzierung

Die Gemeinschaft setzt sich aus industriellen, akademischen und gemeinnützigen Forschungseinrichtungen und Verbänden sowie öffentlichen und anderen Einrichtungen zusammen, die sich mit betrieblichen und technischen Fragen befassen, und soll die wichtigsten Interessenvertreter im Bereich der Cybersicherheit zusammenbringen (Art. 8 Abs. 2). Die Mitglieder werden vom Kompetenzzentrum nach Prüfung des Vorliegens der Aufnahmevoraussetzungen durch das nationale Koordinierungszentrums akkreditiert (Art. 8 Abs. 4). Voraussetzung für die Akkreditierung ist die Niederlassung der Einrichtung in der Union und der Nachweis von Fachkompetenz im Bereich der Cybersicherheit auf dem Gebiet der Forschung, industriellen Entwicklung oder Schulung und Bildung (Art. 8 Abs. 3). Das Kompetenzzentrum kann nach von ihm durchzuführender Prüfung der Kriterien zudem ebenfalls Stellen, Ämter und Agenturen für die Gemeinschaft akkreditieren (Art. 8 Abs. 5).

Wie die Koordinierungszentren unterstützt auch die Kompetenzgemeinschaft das europäische Zentrum in der Erfüllung seines gesetzlichen Auftrags und seiner Ziele und fördert und verbreitet das Fachwissen zu Cybersicherheit in der EU (Art. 8 Abs. 1, 9 Nr. 1). Seine Mitglieder beteiligen sich an von den Zentren geförderten Tätigkeiten, an im Arbeitsplan des Kompetenzzentrums vorgesehenen Maßnahmen sowie den von seinem Verwaltungsrat eingesetzten Arbeitsgruppen (Art. 9 Nr. 2, 3). Sie unterstützen außerdem die Zentren bei der Förderung von Projekten sowie fördern und verbreiten die Ergebnisse der von ihnen durchgeführten Tätigkeiten und Projekte (Art. 9 Nr. 4, 5). Die Finanzierung dieser Aufgaben ist noch nicht gesetzlich geklärt.

3.2.3.2 Kritik

Obwohl die Aufgaben der Kompetenzgemeinschaft zunächst recht vielfältig klingen, ist ihre tatsächliche Einbindung in das Cybersicherheitsnetzwerk

---

[39] Vorschlag und Anmerkung 27, Interinstitutionelles Dossier 2018/0328 (COD), Dok. Nr. 7616/19 vom 26.3.2019.

[40] Art. 7 Abs. 1f), VO-E 2018/0328 (COD).

nicht klar und deswegen unzureichend geregelt. Wie bereits am Beispiel des wissenschaftlich-technischen Beirats kritisiert, sieht der Verordnungsvorschlag keine geeignete Struktur vor, die es der Kompetenzgemeinschaft ermöglichen würde, aus sich heraus Einfluss zu nehmen und sich einzubringen. Die Intention der Einbeziehung wird ausschließlich „von oben nach unten" gedacht, nämlich ausgehend vom europäischen Kompetenzzentrum oder von den nationalen Koordinierungszentren zur Kompetenzgemeinschaft hin. Wertvolle Beiträge und Impulse, die die Kompetenzgemeinschaft von sich aus geben könnte, gehen so möglicherweise verloren, weil die Netzwerkstruktur den dafür notwendigen umgekehrten Weg „von unten nach oben" nicht vorsieht.[41]

Hinzu kommt die Ausgestaltung der Akkreditierung für die Mitgliedschaft in der Kompetenzgemeinschaft, die die Entscheidungsmacht über die Relevanz eines Anwärters auf die mitgliedstaatliche und unionale Ebene konzentriert. Der Kompetenzgemeinschaft selbst ist trotz der gerade dort vorhandenen Expertise kein Mitspracherecht eingeräumt. Der Verordnungsentwurf ist zudem unklar in Bezug darauf, ob die Initiative für eine Mitgliedschaft allein vom nationalen Koordinierungszentrum oder auch vom künftigen Mitglied selbst ausgehen kann. Ob es so gelingen kann, die Kompetenzgemeinschaft ausreichend zu mobilisieren und von ihrer aktiven Mitwirkung an der Verbesserung europäischer Cybersicherheit zu profitieren, dürfte sehr fraglich sein.

4 Sinnvolle Netzwerksteuerung im Lichte europäischer Werte

Indem die europäische Cybersicherheit erhöht wird, wird nicht nur der Binnenmarkt gefördert und die Unabhängigkeit der Union von Drittstaaten beim Schutz der Gesellschaft vor Cybergefahren erhöht. Vielmehr noch trägt die europäische Cybersicherheit auch zur Stärkung der Union als sicherer Hafen für Menschenrechte und als Garant einer demokratischen und freiheitlichen Gesellschaft bei. Voraussetzung für den Erfolg des Cybersicherheitsnetzwerks ist jedoch eine sinnvolle Netzwerksteuerung. Allgemein lassen sich hierarchische und heterarchische Steuerungsansätze unterscheiden. Sie haben jeweils spezifische Vor- und Nachteile.

Rein hierarchische Ansätze eignen sich grundsätzlich, wenn es um den Aufbau von Anordnungs- und Kontrollstrukturen geht, die zu schnellen

---

[41] Einige der vom Europäischen Parlament eingebrachten Abänderungen könnten darauf hindeuten, dass dies erkannt und geändert werden soll, vgl. Abänd. 111 sowie 119 i. V. m. 83, 124, 151, P8_TA(2019)0419.

Reaktionen und verbindlichen Entscheidungen fähig sind. Die Vorteile dieses Ansatzes finden ihre Grenzen jedoch in den zeitlichen Ressourcen und dem immer nur begrenzt vorhandenen Wissen der Entscheidungsträger.[42] In der Konsequenz kann die Fähigkeit zu schnellen Reaktionen verloren gehen. Nimmt man andererseits rein heterarchische Steuerungsansätze in den Blick, fehlt diesen Netzwerken aufgrund der Gleichwertigkeit der Mitglieder die Fähigkeit, in wichtigen Fragen schnell verbindliche Entscheidungen zu treffen. Auch die Etablierung von effektiven Kontrollmechanismen ist nur begrenzt möglich. Das Potenzial solcher Strukturen liegt vielmehr darin, dass sie sich sehr gut als Sammelbecken für das breite Wissen und die Expertise von Industrie, Forschung und spezifischen Interessenträgern eignen und sich auf diese Weise sehr leicht nicht nur die Wissensbeschaffung, sondern auch -verteilung organisieren lässt.[43] Heterarchische Strukturen können also Forschungs- und Entwicklungskapazitäten besser aktivieren.

Eine Kombination beider Ansätze ermöglicht, ihre jeweiligen Vor- und Nachteile auszugleichen. Durch das konkrete Strukturdesign können Synergieeffekte[44] nutzbar gemacht werden und das Netzwerk kann flexibel auf sich ändernde Anforderungen reagieren. Je nach spezifischem Anforderungsfeld lässt sich so eine passgenaue Steuerungsstruktur für ein konkretes Netzwerk mit spezifischen Aufgaben entwerfen. Ein kombinierter Steuerungsansatz für ein europäisches Netzwerk für Cybersicherheit sollte insofern in den Blick nehmen, dass die Art der zu treffenden Entscheidungen, z.B. strategische oder alltägliche administrative, unterschieden und jeweils einer geeigneten Hierarchiestufe zugeordnet werden. Deswegen sollten innerhalb des Kompetenzzentrums Substrukturen eingeführt werden. Berücksichtigt werden muss auch die Art des betroffenen Marktes. Der Cybersicherheitsmarkt entwickelt sich dynamisch. Eine gute Strategie sollte deswegen unbedingt auf das sich ebenfalls dynamisch entwickelnde Fachwissen von Industrie und Wissenschaft setzen und die handelnden Akteure mit ihren Interessen aktiv einbeziehen. Das Konzept des technisch-wissenschaftlichen Beirates sollte insofern grundsätzlich überdacht werden. Es wäre sinnvoller, eine echte Interessenvertretung einzusetzen, die in sich

---

[42] Vgl. oben Ziff. 3.2.1.2.

[43] *Mayntz*, in: Benz/Dose, Governance – Regieren in komplexen Regelsystemen, S. 65 (73).

[44] Es gilt als ein wesentliches Charakteristikum von Netzwerken, dass sich in ihnen besonders gut Wissen durch die Zusammenarbeit zwischen öffentlichen und privaten Akteuren sammeln lässt; vgl. etwa *Schwind*, Netzwerke im Europäischen Verwaltungsrecht, S. 131 f. Zu berücksichtigen ist jedoch, dass der allgemeine Begriff des „Netzwerks" in unterschiedlichen Zusammenhängen gebraucht wird und verschiedene Arten von Mitgliedern beteiligt sein können.

eine breite Diversität aufweist und deren Empfehlungen vom Verwaltungsrat zu berücksichtigen bzw. Abweichungen hiervon zu begründen sind. Für die Kompetenzgemeinschaft in einer echten Netzwerkstruktur sollte auch die Möglichkeit geschaffen werden, sich ausgerichtet an aktuellen Problemen, Fragestellungen, Bedürfnissen und Entwicklungen selbst zu organisieren und den Austausch mit dem Kompetenzzentrum und den nationalen Koordinierungszentren zu koordinieren. Darauf zu vertrauen, dass dies von allein geschieht, wird die festgestellte Fragmentierung im Bereich der Cybersicherheit nicht aufheben können. Denkbar wäre die Einrichtung von Knotenpunkten der Kompetenzgemeinschaft, in denen gebündelt ein geschützter Wissensaustausch stattfinden, interdisziplinäre Problemlösungen erarbeitet und nicht zuletzt auch gemeinsam Finanzierungsmöglichkeiten für bestimmte Forschungs- und Entwicklungsprojekte erschlossen werden können.

5 Fazit

Der Europäische Rechnungshof identifizierte in einem 2019 veröffentlichten Themenpapier vier Gruppen von Herausforderungen für die zukünftige Cyberpolitik der EU: die Schaffung einheitlicher und angemessener politischer und rechtlicher Rahmenbedingungen, eine Verbesserung der Finanzierung, eine Stärkung der Resilienz und die Möglichkeit, wirksam auf Cybervorfälle zu antworten.[45] Andere sehen den intergouvernementalen Charakter der Union und das gleichzeitige Fehlen einer kollektiven Vision für Cybersicherheit zwischen der EU und den Mitgliedstaaten als den limitierenden Faktor für die Rolle der Union als zentrale Spielerin in der weltweiten Cybersicherheit.[46] Und auch die fehlende Umsetzung der vorhandenen wissenschaftlichen Exzellenz im Bereich der Cybersicherheit in marktfähige Produkte wird als ein wesentliches Problem der EU benannt.[47]

Mit dem Verordnungsentwurf adressiert die EU diese zentralen Herausforderungen und Schwächen in ihrer bisherigen Cybersicherheitspolitik und macht sie für die nächsten Jahre zu einem Betätigungsfeld von herausgehobener Bedeutung. Der Plan, Cybersicherheit durch Institutionalisierung zukunftsfest und als Wettbewerbsvorteil zu einer tragenden Säule des europäischen Binnenmarktes zu machen, stellt einen gelungenen und wichtigen Ansatz für die zukünftige organisierte Cybersicherheitspolitik in Europa dar. Auch international wird er als erfolgreicher Versuch rezipiert, die

---

[45] *Europäischer Rechnungshof*, Herausforderungen für eine wirksame Cybersicherheitspolitik der EU, S. 4.

[46] *Sliwinski*, Contemporary Security Policy (35) 2014, S. 468.

[47] VO-E 2018/0328 (COD), S. 2.

internationale Führungsrolle auf dem Gebiet der Cybersicherheit anzustreben.[48] Wie die vorhergehende Untersuchung gezeigt hat, besteht jedoch noch erheblicher Verbesserungsbedarf bezüglich des gewählten Steuerungsansatzes für das Netzwerk. Das Verhältnis der unterschiedlichen Akteure zueinander, die Zusammenarbeit in und zwischen den vorgesehenen Institutionen sowie die hierfür erforderlichen Entscheidungsprozesse erfahren bisher eine zu rudimentäre gesetzliche Ausgestaltung, um in der europäischen Praxis erfolgversprechend funktionieren zu können. Es darf, wie ebenfalls gezeigt, jedoch darauf gehofft werden, dass diese problematischen Punkte im weiteren Gesetzgebungsverfahren adressiert und ausgeräumt werden.

---

[48] *Westby*, Why the EU is about to seize the global lead on cybersecurity, v. 31.10.2019, https://www.forbes.com/sites/jodywestby/2019/10/31/why-the-eu-is-about-to-seize-the-glob al-lead-on-cybersecurity/#4df878252938 (abgerufen 12.6.2020).

Literatur

Barnard, Catherine/Peers, Steeve (Hrsg.): European Union Law, 2. Aufl., Oxford/New York (NY) 2017.

Calliess, Christian/Ruffert, Matthias (Hrsg.): EUV/AEUV: Das Verfassungsrecht der Europäischen Union mit Europäischer Grundrechtecharta, Kommentar, 5. Aufl., München 2016.

Europäischer Rechnungshof (Hrsg.): Herausforderungen für eine wirksame Cybersicherheitspolitik der EU, Themenpapier, März 2019.

Mayntz, Renate: Kap. 3: Governance im modernen Staat, in: Arthur Benz/Nicolai Dose (Hrsg.), Governance – Regieren in komplexen Regelsystemen: Eine Einführung, 2. Aufl., Wiesbaden 2010, S. 65-76.

Pechstein, Matthias/Nowak, Carsten/Häde, Ulrich (Hrsg.): Frankfurter Kommentar zu EUV, GRC und AEUV, Tübingen 2017.

Richter, Eike/Spiecker gen. Döhmann, Indra: Rechtliche Gestaltung von Verwaltungskooperationen, in: Wolfgang Durner/Franz Reimer/Indra Spiecker gen. Döhmann/Astrid Wallrabenstein (Hrsg.), Das sinnvoll Denkbare denken, das davon Machbare machen – Gedächtnisschrift für Arndt Schmehl, Berlin 2019, S. 179-195.

Schneider, Jens-Peter/Hofmann, Herwig/Ziller, Jacques (Hrsg.): ReNEUAL – Musterentwurf für ein EU-Verwaltungsverfahrensrecht, 2015.

Schwind, Manuel Patrick: Netzwerke im Europäischen Verwaltungsrecht, Tübingen 2017.

Sliwinski, Krzysztof Feliks: Moving beyond the European Union's weakness as a cyber-security agent, Contemporary Security Policy (35) 2014, S. 468-486.

Streinz, Rudolf: EUV/AEUV: Vertrag über die Europäische Union, Vertrag über die Arbeitsweise der Europäischen Union, Charta der Grundrechte der Europäischen Union, 3. Aufl., München 2018.

Terhechte, Jörg Philipp (Hrsg.): Verwaltungsrecht der Europäischen Union, Baden-Baden 2011.

KÜNSTLICHE INTELLIGENZ IN DER DATENSICHERHEIT: ANFORDERUNGEN UND MASSNAHMEN

Dr. Dennis-Kenji Kipker / Dipl.-Ing. Sven Müller

Certavo GmbH – international compliance management
dennis.kipker@certavo.de / sven.mueller@certavo.de

Zusammenfassung

Das Thema der Künstlichen Intelligenz (KI) ist in aller Munde. KI-Anwendungen können dabei innerhalb unterschiedlicher Szenarien eingesetzt werden, und mehr und mehr auch in der IT-Sicherheit, um angesichts der zunehmend komplexen Bedrohungslage angemessene Gegenmaßnahmen zu ergreifen. Soweit KI in der IT- bzw. Datensicherheit eingesetzt wird, stellen sich jedoch nicht nur rechtliche Fragen, sondern auch solche der technisch-organisatorischen Rahmenbedingungen, um IT durch KI abzusichern, und um im Vorfeld sichere KI zu entwickeln. Der vorliegende Beitrag soll hierzu eine Übersicht bieten und in dem Zusammenhang auch einschlägige technische Normen und Standards präsentieren.

1   Rechtliche Rahmenbedingungen

Datensicherheit ist eine Grundvoraussetzung für den Datenschutz, denn es kann nur dann eine funktionierende informationelle Selbstbestimmung geben, wenn verarbeitete personenbezogene Daten Dritten nicht unbefugt zugänglich gemacht werden können.[1] Der hohe Stellenwert von technisch-organisatorischen Maßnahmen zur Datensicherheit wird im allgemeinen Datenschutzrecht auch dadurch deutlich, dass die Integrität und Vertraulichkeit der Datenverarbeitung als wesentliche Grundsätze bestimmt werden. So bestimmt Art. 5 Abs. 1 lit. f DSGVO, dass personenbezogene Daten in einer Weise zu verarbeiten sind, die ihre angemessene Sicherheit gewährleistet. Dazu gehören der Schutz vor unbefugter oder unrechtmäßiger Verarbeitung ebenso, wie der Schutz vor unbeabsichtigtem Verlust, unbeabsichtigter Zerstörung, genauso wie der Schutz vor unbeabsichtigter Schädigung. Hierzu sind geeignete technische und organisatorische Maßnahmen zu ergreifen.

Die Datensicherheit wird in der DSGVO zentral durch Art. 32 geregelt. Bei Art. 32 DSGVO handelt es sich um die Konkretisierung der eher allgemein gefassten rechtlichen Anforderungen aus Art. 24 DSGVO. Art. 24 Abs. 1 DSGVO bestimmt, dass der Verantwortliche unter Berücksichtigung der Umstände der Datenverarbeitung sowie der Eintrittswahrscheinlichkeit

---

[1]   *Martini*, in: Paal/Pauly, DS-GVO BDSG, Art. 32 DS-GVO Rn. 1.

und Schwere von Risiken geeignete technische und organisatorische Maßnahmen (TOM) trifft, um die Konformität mit den Anforderungen aus der DSGVO herzustellen. Art. 24 Abs. 2 DSGVO legt zusätzlich fest, dass entsprechende TOM auch die Anwendung geeigneter Datenschutzvorkehrungen durch den Verantwortlichen umfassen, soweit dies in einem angemessenen Verhältnis zu den Verarbeitungstätigkeiten steht.

Technisch-organisatorische Datensicherheit hat das Ziel, die Verletzung des Schutzes personenbezogener Daten i.S.v. Art. 4 Nr. 12 DSGVO zu verhindern. Zu verstehen ist hierunter laut Gesetz eine Verletzung der Sicherheit, die zur Vernichtung, zum Verlust oder zur Veränderung sowie zur unbefugten Offenlegung von bzw. zum unbefugten Zugang zu personenbezogenen Daten führt, die übermittelt, gespeichert oder auf sonstige Weise verarbeitet werden. Bei sämtlichen ergriffenen TOM zur Daten- bzw. IT-Sicherheit ist aber stets zu beachten, dass absolute Sicherheit nicht erreicht werden kann. Datensicherheit ist vielmehr nur als das Bestreben zu verstehen, Risiken und Sicherheit für den konkreten Fall zu einem angemessenen Ausgleich zu bringen – dementsprechend werden von der weit gefassten Vorschrift des Art. 24 DSGVO auch keine konkreten Maßstäbe und Anforderungen genannt.

Verglichen mit Art. 24 DSGVO ist Art. 32 DSGVO konkreter gefasst, auch wenn hier ebenfalls keine abschließenden Regelungen getroffen werden, die an die Datensicherheit[2] anzulegen sind. Art. 32 DSGVO bestimmt vielmehr nur, dass vom Verantwortlichen und Auftragsverarbeiter unter Berücksichtigung des Stands der Technik, der Implementierungskosten und der Art, des Umfangs, der Umstände und der Zwecke der Verarbeitung sowie der unterschiedlichen Eintrittswahrscheinlichkeit und Schwere des Risikos für die Rechte und Freiheiten natürlicher Personen geeignete TOMs zur Gewährleistung eines dem Risiko angemessenen Schutzniveaus zu treffen sind. Auch hier finden aber wiederum die klassischen Schutzziele der IT-Sicherheit ausdrückliche Erwähnung: die Vertraulichkeit, Integrität, Verfügbarkeit und Belastbarkeit von Systemen und Diensten (Art. 32 Abs. 1 lit. b DSGVO) sowie deren Wiederherstellbarkeit nach informationstechnischen Zwischenfällen (Art. 32 Abs. 1 lit. c DSGVO).[3] Bei der Benennung von TOM-Beispielen hat der EU-Gesetzgeber die einprägsame Formulierung „gegebenenfalls unter anderem" verwendet. Diese offensichtliche Relativierung von konkret vorgeschlagenen Maßnahmen verdeutlicht die Technik- und Zukunftsoffenheit bzw. Technikneutralität des

---

[2] Zur weiteren begrifflichen Differenzierung siehe auch *Jandt*, in: Kühling/Buchner, DSGVO/BDSG, Art. 32 Rn. 3.

[3] Dazu im Detail auch *Wedde*, in: Däubler et al., EU-Datenschutz-Grundverordnung und BDSG-neu, Art. 32 DSGVO Rn. 27 ff. und Rn 35 ff.

Art. 32 DSGVO, die die gesamte Verordnung durchzieht. Der Begriff der Künstlichen Intelligenz (KI) selbst findet sich hingegen in keiner Formulierung zur Datensicherheit in der DSGVO wieder. Dies bedeutet jedoch nicht, dass KI-gestützten TOMs zwangsläufig keine datenschutzrechtskonforme Maßnahme i. S. d. DSGVO sind. Vielmehr sind neue geeignete Datensicherheitsmaßnahmen, die von dem Mindestmaßnahmenkatalog des Art. 32 DSGVO nicht erfasst werden, ebenfalls zu berücksichtigen[4] – hiervon umfasst ist damit auch KI, die aufgrund ihrer Entwicklungsoffenheit die Möglichkeit bietet, neue Bedrohungslagen zu erkennen und dadurch nicht nur einmalig, sondern auch für die Zukunft ein angemessenes Schutzniveau gewährleisten können.[5]

Die Technikoffenheit gesetzlich angeordneter Schutzmaßnahmen wird dabei nicht nur i. R. d. DSGVO adressiert, sondern auch in anderen Gesetzen, die Datensicherheit – oder weiter gefasst: Informationssicherheit – zum Gegenstand haben. Der in der DSGVO verwendete Begriff „Stand der Technik" findet sich bspw. auch als Bestandteil der organisatorischen und technischen Vorkehrungen wieder, die die Betreiber von Kritischen Infrastrukturen zum Schutz ihrer IT-Systeme gem. § 8a BSIG zu treffen haben.[6] Einzuordnen ist der Stand der Technik als unbestimmter Rechtsbegriff bzw. als Generalklausel in die Anforderungstrias um die „allgemein anerkannten Regeln der Technik" und dem „Stand von Wissenschaft und Technik". Wo der Stand von Wissenschaft und Technik das höchste Anforderungsniveau zu realisierender Maßnahmen umfasst und aufgrund des damit verbundenen Realisierungsaufwands nur in Ausnahmefällen zur Geltung kommt, finden die allgemein anerkannten Regeln der Technik vorrangig für risikoarme Situationen und Fälle mit nur geringem Gefährdungspotenzial Verwendung und entsprechen in der Trias insoweit dem geringsten Niveau zu treffender Maßnahmen.[7] Der Stand der Technik liegt im Mittelfeld und lässt sich generell mit dem „Entwicklungsstand fortschrittlicher Verfahren, Einrichtungen und Betriebsweisen, der nach herrschender Auffassung führender Fachleute das Erreichen des gesetzlich vorgegebenen Zieles gesichert erscheinen lässt", beschreiben.[8] Gefordert ist darüber hinaus, dass die Maßnahme nach Möglichkeit schon im Betrieb erprobt wurde

---

[4] *Kramer/Meints*, in: Eßer/Kramer/Lewinski, DSGVO/BDSG, Art. 32 DSGVO Rn. 14.

[5] Vgl. *Piltz*, in: Gola, DS-GVO, Art. 32 Rn. 12.

[6] Siehe generell zu den unbestimmten Rechtsbegriffen im Technikrecht *Kipker*, DuD 2016, S. 610.

[7] BVerfG, Beschl. v. 8.8.1978 – 2 BvL 8/77, BVerfGE 49, 89.

[8] Handbuch der Rechtsförmlichkeit des Bundesministeriums der Justiz, Rn. 256.

und ihre Geeignetheit zur Abwehr von Bedrohungen oder zur Risikominimierung nachgewiesen ist.[9] Diese Einschränkung wird sich sicherlich nicht für sämtlichen KI-Einsatz bejahen lassen, jedoch sind schon zum jetzigen Zeitpunkt auf dem Markt verschiedene KI-Produkte erhältlich, die den Anwender bei der Abwehr von Bedrohungen für die Datensicherheit unterstützen, so z.B. bei der Erkennung von Angriffsmustern, und damit im Betrieb erprobt wurden und werden. Darüber hinaus sind KI-Maßnahmen aufgrund ihrer schon technisch angelegten Entwicklungsoffenheit in besonderem Maße geeignet, den gesetzlich geforderten Stand der Technik wiederzugeben, da das maschinelle Lernen grundsätzlich ein iterativ verbessertes Verfahren ermöglicht, um auf neue informationstechnische Bedrohungslagen wie z.B. Angriffssoftware, die selbst KI verwendet, angemessen zu reagieren.[10] So gesehen kann KI als hilfreiche Ergänzung eines jeden Informationssicherheits- oder Datenschutzmanagements begriffen werden.

Ein allgemeines Informationssicherheits- und Datenschutzmanagementsystem (ISMS bzw. DSMS) geht inhaltlich über die Verwendung von KI als TOM hinaus, da es sich regelmäßig aus einem Daten- und IT-Sicherheitskonzept, einer Risikoanalyse und der Dokumentation von getroffenen Maßnahmen zusammensetzt. In der konkreten Ausgestaltung sind auch technische Normen und Standards relevant und können bei der Implementierung des Stands der Technik hilfreich sein. In diesem Zusammenhang zu nennen sind die IT-Grundschutzkataloge des BSI und die internationalen Standards der Reihe ISO/IEC 2700X, sowie das „Standard-Datenschutzmodell". Soweit als Bestandteil des ISMS oder DSMS KI eingesetzt wird, kann diese auf verschiedene Weise geeignet sein, die Herstellung des gesetzlich geforderten Datensicherheitsniveaus zu unterstützen. Ein wichtiger Anwendungsfall ist der KI-Einsatz in sog. „Intrusion Detection Systems" (IDS), die es ermöglichen, dass Systemanomalien automatisiert erkannt werden. Derlei Systeme werden zumeist in Kombination mit einer Firewall und Antivirus-Software auf den jeweiligen Netzwerkrechnern als zusätzliche technische Maßnahme verwendet.

2 Technisch-organisatorische Ausgestaltung

Bei näherer Betrachtung der technisch-organisatorischen Ausgestaltung von KI als Bestandteil der TOM ergibt sich ein Dualismus: Einerseits ist es

---

[9] *Kramer/Meints*, in: Eßer/Kramer/Lewinski, DSGVO/BDSG, Art. 32 DSGVO Rn. 37 m. w. N.

[10] *Laue*, in: Spindler/Schuster, Recht der elektronischen Medien, Art. 32 DS-GVO Rn. 6, spricht insoweit auch von einem zugrunde zu legenden „dynamischen Maßstab".

erklärtes Ziel, durch den Einsatz von KI die Informationssicherheit zu befördern, andererseits muss genauso dafür Sorge getragen werden, dass KI-Maßnahmen als Bestandteil der TOMs nicht selbst kompromittiert werden.

2.1 Informationssicherheit durch KI

Die beachtlichen Erfolge in der KI in den letzten Jahren haben zwar bereits Änderungen dahingehend bewirkt, wie einerseits Informatik gelehrt wird, letztlich ist aber wohl festzustellen, dass viele praktische Einsatzszenarien und Methoden praktischer KI-Anwendung noch am Anfang stehen. Dies entspricht letztlich auch der These Alan Turings, dass man zwar nicht weit in die Zukunft sehen, zumindest aber feststellen kann, dass noch viel zu tun ist.[11]

Allerdings haben die aktuellen KI-Lösungen jedenfalls anfangs z.B. WannaCry nicht erkannt. Eine gute Implementierung kann aber zumindest den Großteil der Schadsoftware automatisiert und sicher erkennen.[12]

KI-Lösungen können hier nicht nur helfen, Kosten und Ressourcen zu sparen, sondern auch Vorgänge zu beschleunigen – in der Informationssicherheit nicht selten ein entscheidendes Kriterium.

Allein darin erschöpft sich das Einsatz- und Entwicklungspotenzial von KI-Maßnahmen aber nicht. So verwenden Angreifer zunehmend selbst Methoden der KI, z.B. in der Form des sogenannten „Intelligent Phishing" oder der „Smart Malware". Letztere ist selbst in der Lage zu erkennen, wenn sie beobachtet wird. Cyberangriffe, die durch KI modifiziert werden, können bspw. während ihrer Verbreitung lernen und sich damit automatisch optimieren, indem sie gezielt auf Abwehrmaßnahmen reagieren. Es besteht dabei die Gefahr, dass sich solche KI-basierten Angriffe vorhandenen Schutzmaßnahmen entziehen und im Laufe ihrer Verbreitung resistent werden. Dadurch kann die Schadsoftware auf ihre Abwehr reagieren und ergriffene TOM als Gegenmaßnahmen antizipieren. Für statisch programmierte Abwehrverfahren ist es deshalb äußerst schwierig, bei der automatisierten Erkennung Schritt zu halten.[13]

Eine Hauptanwendung für KI in der Informationssicherheit sind SIEM-Lösungen, die die Grundlage für eine Security-Opertions-Center (SOC) bzw. Cyber-Defense-Center (CDC) Infrastruktur bilden. SIEM-Lösungen sammeln, filtern, normalisieren, korrelieren und analysieren Vorfalldaten

---

[11] *Russel/Norvig*, Künstliche Intelligenz – Ein moderner Ansatz, S. 23.

[12] *Hemker*, DuD 2018, S. 629.

[13] So z.B. bei Spam E-Mails: *Sahami/Dumais/Heckerman/Horvitz*, A Bayesian approach to filtering junk E-Mail, in: Learning for Text Categorization: Papers from the 1998 Workshop.

aus vielen Quellen wie Firewalls, Intrusion Detection System (IDS)/ Intrusion-Prevention-System (IPS), Network-Admission-Control (NAC), Anti-Malware, Data-Leakage-Protection (DLP) und Authentisierungsdiensten. Künstliche Intelligenz bzw. „big data"-Lösungen helfen hier enorm. Allerdings müssen auch sie, wie man dies von IDS-IPS-Systemen kennt, regelmäßig den veränderten IT-Anforderungen angepasst bzw. neu angelernt werden.[14]

2.2 Informationssicherheit von KI

Bei im laufenden Betrieb noch lernenden KI-Systemen (zu Zwecken der Informationssicherheit) sind schädliche Einflüsse nicht auszuschließen, die sich nachteilig auf das spätere Verhalten auswirken. Daher ist sicherzustellen, dass das KI-System nur durch Befugte konzipiert, programmiert, trainiert, genutzt und überwacht wird. Weiterhin muss es Möglichkeiten zum Eingreifen in die Datenverarbeitung geben.[15] Um effiziente und effektive Maßnahmen der Informationssicherheit zu gewährleisten, ist eine Risikobewertung für das einzusetzende KI-System durchzuführen. Die Informationssicherheit ist die Gewährleistung und der Erhalt von Vertraulichkeit, Integrität und Verfügbarkeit von Informationen; weitere Attribute wie Authentizität, Verantwortlichkeit, Verbindlichkeit und Zuverlässigkeit können hinzutreten. Bei der Vertraulichkeit dürfen Informationen nur von zuvor autorisierten Benutzern gelesen und geändert werden. Integrität heißt die Sicherstellung der Korrektheit (Unversehrtheit) von Informationen. Das betrifft den unveränderten Zustand von Informationen als auch deren Vollständigkeit. Etwaige Änderungen dürfen nicht unbemerkt erfolgen und müssen nachvollziehbar sein. Verfügbarkeit bedeutet die Verhinderung des Ausfalls von Informationen und die Möglichkeit des Zugriffs innerhalb zuvor festgelegter Zeiträume. Durch ein Informationssicherheitsmanagementsystem (ISMS) sollen die verschiedenen Teilaspekte der Informationssicherheit im erforderlichen Grad gewährleistet und aufrechterhalten werden. Aufgrund der Risiken bei der Implementierung eines KI-Systems müssen zuvor die zu schützenden Assets definiert und die damit einhergehenden Risiken beurteilt werden.

Bei einem KI-System ist es wichtig, dass die Roh- und Trainingsdaten nicht unbefugt verändert und abgeflossen sind. Bei der Umsetzung von Sicherheitsmaßnahmen im Kontext der ISO/IEC 27001 sind diese Risiken zu berücksichtigen, weshalb Roh- und Trainingsdaten für die KI in einem

---

[14] *Faber/Kohler*, DuD 2019, S. 434 ff.

[15] Positionspapier der DSK zu empfohlenen technischen und organisatorischen Maßnahmen bei der Entwicklung und dem Betrieb von KI-Systemen, S. 7, https://www.datenschutz.rlp.de/fileadmin/lfdi/Dokumente/Orientierungshilfen/Positionspapier_TO-Massnahmen_KI-Systeme.pdf (abgerufen 26.6.2020).

ISMS inventarisiert werden sollten. Hierdurch entsteht ein Lebenszyklus der Roh- und Trainingsdaten von der Erstellung, über die Verarbeitung, Speicherung und Übermittlung, bis hin zu deren Löschung und Zerstörung. In dem Zusammenhang ist in der ISO-Norm auch von einem „Inventar der Werte" die Rede, und dieses sollte genau, aktuell und konsistent sowie mit anderen Inventaren abgestimmt sein. Für alle Werte, die im Inventar geführt werden, ist ein Zuständiger zu benennen und die entsprechende Klassifizierung festzulegen. Sowohl Einzelpersonen als auch andere Entitäten mit bestätigter Verantwortung für den Lebenszyklus des Werts können als Zuständige bestimmt werden.[16] Die Zuordnung des Werts an einen Zuständigen ist grundsätzlich nicht juristischer Natur. Die Zuständigkeit sollte zugewiesen werden, wenn Werte geschaffen oder auf die Organisation übertragen werden.

Bei komplexen KI-Systemen kann es sinnvoll sein, Gruppen von Werten zu bestimmen, die gemeinsam einen Dienst oder eine Dienstleistung bereitstellen. In diesem Fall ist der Zuständige dieses Dienstes oder dieser Dienstleistung für deren Erbringung verantwortlich, einschließlich des Einsatzes der Werte. Prozesse und Regeln für den zulässigen Gebrauch von Werten (z.B. KI-Roh- und Trainingsdaten), die mit informationsverarbeitenden Einrichtungen in Zusammenhang stehen, sollten aufgestellt, dokumentiert und angewendet werden. Beschäftigte und sonstige Benutzer, die zu externen Parteien gehören, die die Werte der Organisation nutzen oder Zugang zu ihnen haben, sollten auf die Informationssicherheitsanforderungen hinsichtlich der mit Information, Einrichtungen und Ressourcen zur Informationsverarbeitung verbundenen Werte der Organisation hingewiesen werden. Es ist außerdem zu gewährleisten, dass alle Beschäftigten und sonstigen Benutzer bei Beendigung des Beschäftigungsverhältnisses, des Vertrags oder einer sonstigen rechtlichen Vereinbarung sämtliche in ihrem Besitz befindlichen Werte, die der Organisation gehören, zurückgeben.[17]

Bei der Klassifizierung und den damit verbundenen Sicherheitsmaßnahmen sollten die geschäftlichen Anforderungen für die gemeinsame Nutzung oder für die Einschränkung des Zugangs zu Informationen sowie damit möglicherweise einhergehende gesetzliche Vorschriften berücksichtigt werden. Die Zuständigen für Informationswerte sollten für ihre Klassifizierung verantwortlich sein. Das Klassifizierungsschema sollte Konventionen und Kriterien zur Überprüfung der Klassifizierung nach einer gewissen Zeit beinhalten. Die Schutzstufe innerhalb des Schemas sollte mittels einer Analyse der Vertraulichkeits-, Integritäts- und Verfügbarkeits- sowie weiterer in Betracht gezogener Anforderungen an die Informationssicherheit

---

[16] ISO/IEC 27001:2017-06, Kapitel 8.1.2 Zuständigkeit für Werte.

[17] ISO/IEC 27002:2017-06, Kapitel 8.1.3 Zulässiger Gebrauch von Werten.

beurteilt werden. Die Klassifizierung sollte in die Prozesse der Organisation einbezogen werden und innerhalb der gesamten Organisation konsistent und kohärent sein. Ergebnis der Klassifizierung ist die Einstufung von Werten in Abhängigkeit von ihrer Sensibilität und Betriebswichtigkeit für die Organisation. Die Ergebnisse der Klassifizierung sollten bei Änderungen ihres Wertes, ihrer Sensibilität und ihrer Betriebswichtigkeit im Laufe des Lebenszyklus aktualisiert werden.[18] Zur Klassifizierung der Vertraulichkeit von Informationen kann als Beispiel das folgende vierstufige Modell dienen:

1. Offenlegung ist gefahrlos möglich
2. Offenlegung führt zu geringfügiger Verlegenheit oder geringfügigen betrieblichen Unannehmlichkeiten
3. Offenlegung hat signifikante, kurzfristige Auswirkungen auf den Betriebsablauf oder taktische Ziele
4. Offenlegung hat schwerwiegende Auswirkungen auf langfristige strategische Zielsetzungen und gefährdet den Bestand der Organisation

Dieses vierstufige Modell zur Vertraulichkeitsklassifizierung sollte mit der Zugangssteuerungsrichtlinie abgestimmt werden, denn der Zuständige für Werte sollte entsprechende Zugangssteuerungsregelungen, Zugangsrechte und -beschränkungen für bestimmte Benutzerfunktionen in Bezug auf die Werte bestimmen, und zwar in einer Detailliertheit und Strenge, die die Informationssicherheitsrisiken widerspiegeln. Zugangssteuerungen sind sowohl logischer als auch physischer Art, beide Arten zusammen sind zu berücksichtigen. Benutzern und Dienstleistern sollten darüber hinaus klare Anweisungen hinsichtlich der geschäftlichen Anforderungen gegeben werden, die diese Zugangssteuerungen erfüllen sollen. Die entsprechende Richtlinie sollte unter anderem folgende Punkte berücksichtigen wie z.B. Sicherheitsanforderungen von Geschäftsanwendungen, Richtlinien zur Verteilung von Informationen und zur Genehmigung des Zugangs für Informationssicherheitsstufen und zur Klassifizierung von Informationen sowie Verwaltung von Zugangsrechten in einer verteilten und vernetzten Umgebung.

Zugangsrechte für Informationen und Werte im Zusammenhang mit informationsverarbeitenden Einrichtungen sollten vor Ende oder bei Änderung des Beschäftigungsverhältnisses entweder eingeschränkt oder entzogen werden, abhängig vom ermittelten Schutzbedarf durch die Risikobewertung.

Durch den angemessenen und wirksamen Gebrauch von Kryptografie zum Schutz der Vertraulichkeit, Authentizität oder Integrität kann durch konventionelle Maßnahmen der IT-Sicherheit die sichere Übermittlung

---

[18] ISO/IEC 27002:2017-06, Kapitel 8.2.1 Klassifizierung von Information.

und Speicherung von Roh-, Eingabe- und Trainingsdaten der KI gewährleistet werden.

Durch physische und umgebungsbezogene Sicherheit wird gewährleistet, dass Unbefugte die KI-Rohdaten bei der Produktion, Speicherung oder Übermittlung nicht verändern können. Ein physischer Schutz kann durch Errichtung einer oder mehrerer physischer Barrieren rund um das Gelände der Organisation und die Einrichtungen zur Informationsverarbeitung erreicht werden.[19] Die Verwendung von mehreren gleichzeitigen Barrieren bietet zusätzlichen Schutz, da der Ausfall einer Barriere keine unmittelbare Beeinträchtigung der Sicherheit zur Folge hat. Die Anwendung physischer Zutrittssteuerungen sollte insbesondere in Sicherheitsbereichen an die technischen und wirtschaftlichen Bedingungen der Organisation angepasst werden, die in der Risikoeinschätzung dargelegt sind. Die Sicherheitsbereiche sollten durch eine angemessene Zutrittssteuerung geschützt werden, um sicherzustellen, dass nur berechtigtes Personal Zutritt hat.

Ziel des Informationssicherheitsmanagements auch für KI-Technologien ist es, das angestrebte Sicherheitsniveau zu erreichen und dieses im Sinne eines PDCA-Zyklus dauerhaft aufrechtzuerhalten und zu verbessern. Daher müssen der Sicherheitsprozess und die Organisationsstrukturen für Informationssicherheit regelmäßig daraufhin überprüft werden, ob sie angemessen, wirksam und effizient sind. Ebenso ist zu analysieren, ob die Maßnahmen des Sicherheitskonzepts noch zum Informationssicherheitsmanagement passen, ob sie praxisnah sind und ob sie korrekt umgesetzt wurden.

2.3 Vorgaben aus der technischen Normung und Standardisierung

Durch die IT-affinen Managementsysteme ISO/IEC 27001 für Informationssicherheit und ISO 20000 für IT-Service-Management ist es möglich, die komplexen und sprunghaften Faktoren Mensch und Technik in einem Sicherheitssystem integriert abzubilden und Risiken schon heute kontinuierlich zu evaluieren und zu minimieren. Zurzeit befassen sich verschiedene Normungsorganisationen und -gruppen mit einer Konkretisierung der technisch-organisatorischen Standardisierungsanforderungen zu KI. Eine zentrale Zielsetzung ist dabei die Herstellung von Vertrauenswürdigkeit des KI-Einsatzes. Dies kann durch Maßnahmen wie Transparenz, Überprüfbarkeit und Erklärbarkeit erfolgen. Ebenfalls zu berücksichtigen sind Ansätze zur Erreichung von Robustheit, Ausfallsicherheit, Zuverlässigkeit, Genauigkeit, Sicherheit und Privatsphäre von KI-Systemen.

Im Ergebnis lassen sich durch die allgemein gehaltene ISO/IEC 27001 aber schon heute wichtige technisch-organisatorische Sicherheitsanforde-

---

[19] ISO/IEC 27002:2017-06, Kapitel 11.1 Physische Sicherheitsperimeter.

rungen an KI-Systeme wie Vertraulichkeit, Verfügbarkeit und Integrität effektiv umsetzen. Deshalb ist zu vermuten, dass auch zukünftige technische Sicherheitsnormen auf dem ISMS gem. ISO/IEC 27001 aufbauen und die zu treffenden TOM durch entsprechende technische Spezifikationen konkretisieren werden.

3 Fazit

Soweit es TOMs zur effektiven Sicherstellung einer funktionsfähigen KI – und damit auch eines effektiven Datenschutzes, vermittelt durch die Datensicherheit – anbelangt, gehen rechtliche Vorgaben und technisch-organisatorische Rahmenbedingungen Hand in Hand. Denn weder gesetzliche Vorschriften noch technische Normen und Standards sehen zurzeit detaillierte Regelungen vor, wie Sicherheit durch KI einerseits vermittelt werden kann und KI-Systeme andererseits vor informationstechnischen Angriffen zu schützen sind. Dies bedeutet jedoch nicht, dass der allgemeine regulatorische Rahmen es nicht zuließe, Sicherheit durch KI und Sicherheit von KI zu gewährleisten, denn die aktuellen gesetzlichen (datensicherheitsrechtlichen) Anforderungen ermöglichen in ihrer Auslegung ohne weitere Probleme, die Themen KI und TOMs zusammen zu führen. Damit bilden sie zugleich das Grundgerüst für TOMs, die in der Weite ihrer Vorgaben ebenso eine Berücksichtigung KI-bezogener Technologien zulassen – zuvorderst verstanden als Implementierung von weiteren Maßnahmen in den allgemeinen unternehmerischen Managementzyklus der Informationssicherheit (ISMS bzw. PDCA). Auch KI ist letztlich nämlich nichts anderes als eine Technologie, die dem technologischen Wandel unterliegt und sich dementsprechend erst im Rahmen betrieblicher Anwendungsszenarien konkretisieren kann. Dennoch bleibt zu hoffen, dass auch für KI-spezifische Sachverhalte der TOMs in den kommenden Jahren weitere konkretisierende Rechtsvorschriften sowie Normen und Standards geschaffen werden, um den spezifischen Besonderheiten dieses in der Vielfalt seiner Anwendungsszenarien zurzeit noch nicht voll erschlossenen Regulierungsbereichs angemessen Rechnung zu tragen.

Literatur

Bundesministerium der Justiz (Hrsg.): Handbuch der Rechtsförmlichkeit, Berlin 2008.

Däubler, Wolfgang/Wedde, Peter/Weichert, Thilo/Sommer, Imke (Hrsg.): EU-Datenschutzgrundverordnung und BDSG-neu, Frankfurt/M. 2018.

Eßer, Martin/Kramer, Philipp/Lewinski, Kai von (Hrsg.): Auernhammer DSGVO, BDSG, 6. Aufl., Köln 2018.

Faber, Eberhard von/Kohler, Arndt: Die Lücke: Informationssicherheit in Systemen mit künstlicher Intelligenz, DuD 2019, S. 434-439.

Gola, Peter (Hrsg.): DSGVO, 2. Aufl., München 2018.

Hemker, Thomas: Machen Maschinen die Welt sicherer? – Ein Kurzüberblick und Werkstattbericht zum Einsatz von künstlicher Intelligenz und maschinellem Lernen in der Sicherheitstechnologie, DuD 2018, S. 629-633.

Kipker, Dennis-Kenji: Unbestimmte Rechtsbegriffe, DuD 2016, S. 610-610.

Kühling, Jürgen/Buchner, Benedikt (Hrsg.): Datenschutzgrundverordnung, BDSG, 2. Aufl., München 2018.

Paal, Boris P./Pauly, Daniel A (Hrsg.): Datenschutzgrundverordnung, Bundesdatenschutzgesetz, 2. Aufl., München 2018.

Russell, Stuart/Norvig, Peter: Künstliche Intelligenz – Ein moderner Ansatz, 3. Aufl., München et al 2012.

Sahami, Mehran (Hrsg.): Learning for Text Categorization, Palo Alto 1998.

Spindler, Gerald/Schuster, Fabian (Hrsg.): Recht der elektronischen Medien, 2. Aufl., München 2011.

ALGORITHMEN, DIE NICHT VERGESSEN – MODEL INVERSION ATTACKS UND DEREN BEDEUTUNG FÜR DEN SCHUTZ DER DATEN UND DER URHEBERRECHTE

Stephanie von Maltzan / Lisa Käde

Karlsruher Institut für Technologie - ZAR/IIWR
stephanie.maltzan@kit.edu / lisa.kaede@kit.edu

Zusammenfassung

Ein bis heute kontrovers diskutiertes Thema ist die Frage, inwieweit maschinelle Lernprozesse ausreichend reguliert sind. Im Fokus der wissenschaftlichen Debatte stehen vorrangig die durch systemimmanente Intransparenz, mögliche Verzerrungen und Diskriminierungen entstehenden Bedenken sowie Unsicherheiten über eine regulative und technische Beherrschbarkeit von Machine Learning-Modellen (ML-Modelle). Darüber hinaus stellen sich durch die Anfälligkeit der ML-Modelle für Cyber-Angriffe weitere Fragen, die rechtlich unbeantwortet bleiben. In diesem Beitrag thematisieren wir das Problem, dass u.a. Trainingsdaten oder Informationen darüber, welche Personendaten in dem Trainingsdatensatz enthalten waren, in bestimmten Fällen aus einem ML-Modell retrospektiv konstruiert werden können.

1 Einführung

ML-Algorithmen werden regelmäßig auf disjunkten Datensätzen trainiert und evaluiert. Konsequenterweise erlagen Forschung und Wirtschaft dem Irrtum, dass es nicht möglich sei, vom Modell auf die zum Training verwendeten Daten retrospektiv Rückschlüsse zu ziehen. Einige ML-Techniken können sich antiparallel durch den vorab definierten Lernprozess an die Trainingsdaten des Modells „erinnern". Beispielsweise speichern *Support Vector Machines* oder *k-nächste-Nachbarn*-Klassifikationsverfahren Informationen über die zum Lernen verwendeten Daten in dem Modell selbst ab.[1] Diese Feature-Vektoren ermöglichen unter bestimmten Umständen Rückschlüsse auf die Trainingsdaten und können somit ein unterschätztes Risiko darstellen.[2]

Anknüpfungspunkt des Datenschutzes ist die Verarbeitung personenbezogener Daten. Beispielsweise unterfallen (aggregierte) „anonymisierte" Daten als „Analyseprodukte" selten dem Anwendungsbereich der DS-

---

[1] *Al-Rubaie/Chang*, IEEE Security and Privacy 2019, S. 49 (53).

[2] Ebenda, mit ausführlicher Diskussion.

GVO. Ein datenschutzrechtlicher Regulierungsrahmen des Modells selbst ist somit begrenzt.[3]

Neuere Forschungsarbeiten[4] weisen darauf hin, dass der ML-Prozess keine Einbahnstraße ist, sondern u.a. durch *Model Inversion Attacks* umgekehrt werden kann. Diese Angriffe können nicht nur persönliche Informationen und Daten aus den Trainingsdaten preisgeben, es stellt sich darüber hinaus die Frage, ob das ML-Modell und die Ausgabedaten pseudonymisierte Daten der Trainingsdaten darstellen. Für Angriffe anfällige Modelle und deren Ausgabedaten könnten somit unter die Definition von personenbezogenen Daten fallen. Die Rechte und Pflichten für personenbezogene Daten unterscheiden sich stark von denjenigen, die allgemein für Modelle gelten. Klärungsbedarf besteht somit auch hinsichtlich einer Umsetzung des Rechts auf Löschung.[5]

Für das Urheberrecht stellt sich die Frage, ob daraus, dass sich Trainingsdaten rekonstruieren lassen, darauf zu schließen ist, dass ein ML-Modell Vervielfältigungen der Trainingsdaten enthält. Eine genauere Betrachtung ist insbesondere erforderlich, wenn (noch) Urheberrechte an den Trainingsdaten bestehen. Insofern ist zu klären, ob trotz der durch die beschriebenen Angriffe gewonnenen Erkenntnisse ein Rückgriff auf die Text- und Data-Mining-Schranken ohne weiteres möglich bleibt.

Diese Fragen und die unten bezeichneten Angriffsarten sind angesichts der steigenden Nutzung von ML as a Service (MLaaS) – im Gegensatz zu selbst entwickelten und lokal ausgeführten Modellen – von großer Bedeutung. MLaaS ist eine Ansammlung von Diensten, die ML-Anwendungen als Teil von Cloud-Computing Diensten bereitstellen. Komplexe Modelle und große Trainingsdatenmengen machen es erforderlich, leistungsstarke (und kostenintensive) Hardware einzusetzen. Es gibt daher bereits einige große Anbieter,[6] die ML-Modelle in der Cloud bereitstellen. Der Nutzer wählt das für seinen Anwendungsfall passende Modell und trainiert es anschließend

---

[3] Stattdessen wurde typischerweise angenommen, dass Modelle in erster Linie im Rahmen urheberrechtlicher Fragestellungen zu diskutieren sind.

[4] *He/Zhang/Lee*, in: Proceedings of the 35th Annual Computer Security Applications Conference, S. 148; *Carlini et al.*, in: Proceedings of the 28th USENIX Security Symposium, S. 267 ff.; *Fredrikson/Jha/Ristenpart*, in: Proceedings of the 22nd ACM SIGSAC Conference on Computer and Communications Security, S. 1322; *Song/Ristenpart/Shmatikov*, in: Proceedings of the 2017 ACM SIGSAC Conference on Computer and Communications Security, S. 587.

[5] Mit einem vergleichbaren Problem ist Github mit seinen Repositorien konfrontiert.

[6] Z.B. Amazon (https://aws.amazon.com/de/machine-learning/, zuletzt überprüft am 16.6. 2020), Google (https://cloud.google.com/products/ai?hl=de, zuletzt überprüft am 16.6. 2020), Microsoft (https://azure.microsoft.com/de-de/services/machine-learning/, zuletzt überprüft am 16.6.2020).

mit seinen Trainingsdaten in der Cloud. Dabei weiß der Nutzer nicht notwendigerweise, wie der eingesetzte Code eigentlich aussieht bzw. was mit seinen Daten im Detail passiert. MLaaS birgt potenziell unerkannte Schwachstellen, die wir im folgenden Kapitel beschreiben. Im ersten Schritt erläutern wir den technischen Hintergrund von *Model Inversion-* und *Membership Inference Attacks* sowie Möglichkeiten der Modellmanipulation, um darauf aufbauend die durch diese Angriffe entstehenden rechtlichen Konsequenzen zu thematisieren. Den Beitrag abschließen wird eine kurze Diskussion über Möglichkeiten, diese Anfälligkeiten durch technische und organisatorische Maßnahmen zu vermindern.

2 Angriffsmethoden - Technischer Hintergrund

Dieser Beitrag setzt ein Grundverständnis der Funktionsweise künstlicher neuronaler Netze voraus.[7]

Eingegangen wird neben *Model Inversion Attacks (MoIA)* auch auf Angriffsarten, die – noch vor dem eigentlichen Training – das Modell „bösartig" anpassen, um nach dem Training sensible Informationen extrahieren zu können (im Folgenden zur Unterscheidung von MoIAs *„Model Manipulation Attacks"* genannt) sowie *Membership Inference Attacks (MeIA)*, die aus dem Modell ableiten wollen, ob ein bestimmter Datensatz für das Training genutzt wurde.

Allen Ansätzen ist gemein, dass sie zwischen *Black-Box-* und *White-Box-* Angriffen unterscheiden. Bei einem *Black-Box*-Angriff liegt dem Angreifer lediglich eine Schnittstelle zum trainierten Modell vor – er kennt also nicht die genauen Interna des Modells –, wohingegen dem Angreifer bei *White-Box-Attacks* das zugrundeliegende Modell und seine Struktur bekannt und somit einfacher auszunutzen sind.[8]

2.1 Model Inversion Attacks

MoIAs sind Angriffe[9] auf ML-Modelle durch Inversion – Umkehrung – der Vorgehensweise.[10] Für klassifizierende Modelle bedeutet das: Anstelle von

---

[7] Für einen Einstieg vgl. z.B. *Käde/Maltzan*, CR 2020, S. 66; Wenn hier von „Modellen" die Rede ist, sind damit ML-Modelle in Form künstlicher neuronaler Netze gemeint. Wenn sich Ausführungen ausnahmsweise auf z.B. Random Forest- oder Decision Tree-Modelle beziehen, wird dies ausdrücklich erwähnt.

[8] *Fredrikson/Jha/Ristenpart,* in: Proceedings of the 22nd ACM SIGSAC Conference on Computer and Communications Security, S. 1322; *Song/Ristenpart/Shmatikov,* in: Proceedings of the 2017 ACM SIGSAC Conference on Computer and Communications Security, S. 587.

[9] Der Begriff des „Angriffs" ist dabei technisch zu verstehen, gemeint ist, mit dem Modell in einer Weise zu verfahren, die vom Entwickler nicht vorgesehen war.

[10] *Fredrikson et al.,* in: Proceedings of the 23rd USENIX Security Symposium, S. 17 ff.

einem Input (z.B. Bild) auf einen Output (z.B. Label „Auto") zu schließen, wird versucht, von einem Output auf den Input zu schlussfolgern.

Dabei bedient sich die Methode des Umstandes, dass in dem (untersuchten) Modell Korrelationen enthalten sind zwischen dem Angriffsziel, unbekannten Attributen (*Fredrikson et al.* untersuchten demographische Informationen) und dem durch das Modell vorgeschlagenen Output.[11] *MoIAs* nutzen hierbei die beispielsweise als Antwort auf die eingegebenen Testdaten erhaltene Wahrscheinlichkeit der Übereinstimmung oder den Entscheidungswert bei Support Vector Machines. Kritisiert wird dabei allerdings, dass die Vorgehensweise in der Regel einen Durchschnitt der Features einer Klasse berechnet, sodass privatsphärerelevante Probleme vorrangig lediglich dann entstehen, wenn jede Klasse eindeutig einer Person zugeordnet ist - wie etwa bei einem Gesichtserkennungsalgorithmus.[12]

2.2 Membership Inference Attacks

Eine andere Herangehensweise, Modelle auf ihre Anfälligkeit zu „überprüfen", ist die sog. *Membership Inference Attack* (MeIA). Zentrale Aufgabe ist dabei, festzustellen, ob ein Datensatz für das Training des Modells verwendet wurde,[13] also ob der Datensatz „Mitglied" des Trainingsdatenbestandes ist. Mithin werden gegensätzlich zum Model Inversion-Angriff nicht Trainingsdaten rekonstruiert, sondern es wird festgestellt, ob beispielsweise die dem Angreifer vorliegenden Daten einer bestimmten Person im Trainingsdatensatz vorhanden waren oder nicht. Je nach ML-Modell unterscheiden sich hier allerdings die Verfahren.[14]

Shokri et al.[15] beschreiben eine Methode für klassifizierende, im Idealfall im Wege von MLaaS-bereitgestellte Modelle, die mit *Black-Box*-Zugriff und ohne tiefere Kenntnisse über das angegriffene Modell (Zielmodell) eindrucksvolle Ergebnisse erzielt.

Ausgangspunkt ist ein Angriffsmodell, das seinerseits aus mehreren Modellen besteht – für jedes Label, das das angegriffene Modell vorhersagen kann, ein Modell.[16] Um dem angegriffenen Modell strukturell möglichst ähnlich zu sein, wird das Angriffsmodell auf der gleichen MLaaS-Plattform

---

[11] Ebenda, S. 18.

[12] *Shokri et al.*, in: Proceedings of the 2017 IEEE Symposium on Security and Privacy, S. 3 (14); *Hayes et al.*, in: Proceedings of the 18th Privacy Enhancing Technologies Symposium, S. 133 (135).

[13] *Hayes et al.*, in: Proceedings of the 18th Privacy Enhancing Technologies Symposium, S. 133.

[14] Ebenda, S. 134.

[15] *Shokri et al*, in: Proceedings of the 2017 IEEE Symposium on Security and Privacy, S. 3 ff.

[16] Ebenda, S. 4.

wie das Zielmodell trainiert.[17] Da dem Angreifer die ursprünglichen Trainingsdaten nicht vorliegen, werden künstlich erzeugte Trainingsdaten eingesetzt, indem der Umstand genutzt wird, dass die Struktur der Trainingsdaten für das Zielmodell üblicherweise bekannt ist. Die API beschreibt, welche Daten sie grundsätzlich als Input erwartet – Zahlen, Texte, etc. Folglich kann durch einen Algorithmus – der Werte „ausprobiert" und als Input an das Zielmodell schickt, mit der Aufgabe, die Vorhersagewahrscheinlichkeit für eine bestimmte Klasse zu maximieren – ein Trainingsdatensatz für das Angriffsmodell zusammengestellt werden.[18] Die These ist dabei, dass ein Datensatz vermutlich eher den Originaldatensätzen entspricht, je höher der Zuversichtswert ist, anhand dessen ihm das Zielmodell eine Klasse zuweist.[19] Die auf diese Weise ermittelten Datensätze erhalten für das Training des Angriffsmodells das Label „im Zielmodell-Datensatz enthalten" und werden ergänzt um Datensätze, die jedenfalls nicht enthalten sind (und die entsprechend das Label „nicht enthalten" zugewiesen bekommen). Nach dem Training kann das Angriffsmodell vorhersagen, ob ein beliebiger, realer Datensatz vermutlich zum Training des Zielmodells verwendet wurde.

Für nicht-klassifizierende, generative Modelle – die keine Klasse als Output liefern, und oben beschriebene Vorgehensweise daher nicht ermöglichen – beschreiben *Hayes et al.* sowohl *Black-Box-* als auch *White-Box*-Angriffe. Dabei werden als „Stützrad" klassifizierende Modelle trainiert und dann analog zu der für die klassifizierenden Modelle oben beschriebenen Vorgehensweise eingesetzt, um zu evaluieren, ob ein Datensatz in den Trainingsdaten enthalten war oder nicht.[20]

2.3 Model Manipulation Attacks

Auch hier gibt es wesentliche Unterschiede in der Herangehensweise bei *White-Box*-Angriffen im Gegensatz zu *Black-Box*-Angriffen. Im MLaaS-Kontext haben Angreifer – oder „bösartige Anbieter" – die Möglichkeit, das Trainingsprogramm bzw. den dem Trainingsprozess zugrundeliegenden

---

[17] Ebenda, S. 5.

[18] Ebenda.

[19] Ebenda.

[20] *Hayes et al.*, in: Proceedings of the 18th Privacy Enhancing Technologies Symposium, 2019, S. 133 (137).

Programmcode nach ihren Bedürfnissen anzupassen,[21] weshalb diese Vorgehensweise besonders effizient ist.[22]

Da es dem Angreifer bei *White-Box*-Angriffen möglich ist, sämtliche Parameter[23] des durch den Kunden trainierten Modells einzusehen, lassen sich in den Parameter-Werten sensible Informationen speichern, die nach dem Training ausgelesen werden können. Dazu bedienen sich Angreifer des Umstandes, dass für Parameter häufig 32-Bit-Zahlenformate (Fließkommazahlen) verwendet werden, um eine möglichst hohe Genauigkeit (durch entsprechend viele Nachkommastellen) zu erlauben. Das bedeutet, dass für die Darstellung einer Zahl 32 Bits - Einsen und Nullen - zur Verfügung stehen.

Der Wert „1,5" würde daher im Binärformat wie folgt dargestellt:[24]

00111111110000000000000000000000

Änderungen an den hinteren Bits wirken sich nur minimal auf den Wert der Zahl aus: So entspricht

00111111110000000000000001001100

dem Dezimalwert „1.50000905991". Es ist also möglich, die hinteren – für den Zahlenwert weniger relevanten – Stellen nach Belieben zu verändern. Im Beispiel können die hinteren Bits auch als Binärwert des Buchstaben „L" (01001100) interpretiert werden.

Alle Informationen, zum Beispiel Bilder, aber auch Datensätze, sind im Binärformat – Kombinationen aus Nullen und Einsen – darstellbar. Daher ist es ausreichend, wenn im ML-Modell an irgendeiner Stelle ausreichend Möglichkeiten bestehen, zwei Zustände darzustellen, von denen der eine als Eins und der andere als Null definiert wird – wie zum Beispiel in den Parametern, von denen ein ML-Modell auch mehrere Millionen enthalten kann. Im Rahmen dieser *Least Significant Bit* (LSB) genannten Methode können bis zu 20 Bits je Parameter verwendet werden, um Informationen zu speichern, bevor die Genauigkeit des Modells signifikant abnimmt.[25] Ein

---

[21] Theoretisch sind die beschriebenen Vorgehensweisen auch für bereitgestellte, aber auf der Maschine des Kunden ausgeführte Trainingsprogramme denkbar, wobei in dem Fall die Überprüfbarkeit durch erfahrene Nutzer das Vorgehen schneller auffliegen lassen kann.

[22] Angenommen wird stets eine Situation, in der es dem MLaaS-Dienstleister unmöglich ist, unauffällig eingelesene Daten direkt auf den eigenen Server zu übertragen.

[23] Oft auch "Gewichte" und "Biases" genannt - gemeint sind die im Rahmen des Trainingsprozesses optimierten Zahlenwerte.

[24] Zur einfachen Umwandlung von Dezimal- zu Binärformat vgl. z.B. https://www.h-schmidt .net/FloatConverter/IEEE754de.html (zuletzt überprüft am 16.6.2020).

[25] *Song/Ristenpart/Shmatikov*, in: Proceedings of the 2017 ACM SIGSAC Conference on Computer and Communications Security, S. 587 (595).

Angreifer müsste demzufolge den Modellcode lediglich so vorbereiten, dass die Trainingsdaten (oder sensible Bestandteile dessen) in eine Zeichenkette umgewandelt werden, die schließlich im Binärformat auf die zur Verfügung stehenden Bits aufgeteilt wird. Der Nutzer trainiert das Modell mit seinen Trainingsdaten und stellt es danach zur Verfügung. Der Angreifer kann anschließend aus den Parametern alle gespeicherten Informationen auslesen.

Die beschriebene Methode hat den Vorteil, dass sie vollständig modell-unabhängig funktioniert, mithin prinzipiell sowohl für klassifizierende als auch für generative Modelle eingesetzt werden kann. Darüber hinaus ist der Einsatz nicht auf neuronale Netze beschränkt.

Wenn der Angreifer nur *Black-Box*-Zugriff auf das Modell hat, muss er einen Weg finden, die Daten ohne die Möglichkeit einer Speicherung in den Parametern auszulesen. Die *Capacity Abuse Attack* bedient sich des Umstandes, dass Modelle dazu in der Lage sind, eine Vielzahl an Informationen zu verarbeiten und insbesondere dazu neigen, Trainingsdaten „auswendig zu lernen". Im überwachten Lernprozess liegen Trainingsdaten stets als Paar aus Datensatz und Label vor, wobei ein Label stets auf mehrere Datensätze zutreffen kann.[26] Nach dem *Capacity Abuse*-Ansatz werden die Trainingsdaten um zufällig generierte, irrelevante, aber einzigartige Daten angereichert und die sensiblen Informationen in die Labels geschrieben. Die entstehenden Labels sind eindeutig Daten zugeordnet. Das Modell hat in Bezug auf die manipulierten Trainingsdaten somit gerade keine Möglichkeit zu verallgemeinern, sondern kennt immer genau ein Label je Trainingsdatum (diese künstlichen Daten wirken sich auch nicht auf die Modellperformance aus, der Nutzer bemerkt die Manipulation also in der Regel nicht).[27] Nach dem Training kann der Angreifer das Modell die künstlichen Trainingsdaten „klassifizieren" lassen und erhält durch das Label die sensiblen Informationen aus den echten Trainingsdaten.[28] *Song/Ristenpart/Shmatikov* haben anhand von Bildern eindrucksvoll gezeigt, wie gut die Daten mithilfe der beschriebenen Vorgehensweisen rekonstruiert werden können.[29] Die Autoren haben sich allerdings auf klassifizierende Modelle beschränkt.

---

[26] Beispielsweise soll das Modell auf einer Vielzahl Bilder das Label "Straße" erkennen. Zum "Lernen" eines Labels werden dem Modell möglichst viele Varianten "gezeigt", damit es charakteristische Merkmale aus allen Darstellungsmöglichkeiten erkennt und generalisiert, um auch unbekannten Varianten das richtige Label zuzuweisen.

[27] *Song/Ristenpart/Shmatikov*, in: Proceedings of the 2017 ACM SIGSAC Conference on Computer and Communications Security, S. 587 (593).

[28] Ebenda, S. 592.

[29] *Song/Ristenpart/Shmatikov*, in: Proceedings of the 2017 ACM SIGSAC Conference on Computer and Communications Security, S. 587 (596).

2.4 Datenlecks ohne Manipulation?

Im Rahmen einer Untersuchung sogenannter *Long Short-Term Memory*-Netzwerke wurde außerdem festgestellt, dass auch ohne eine gezielte Manipulation sensible Daten offenbart werden können. Gegenstand der Experimente waren Auto-Vervollständigungs-Programme, die etwa für das Verfassen von Mails zur Verfügung stehen. Das Training wird dafür auf Nutzerdaten (also z.B. von Nutzern geschriebene Mails) durchgeführt, die durchaus sensible Informationen enthalten können. Die Vorschläge erfolgen auf Basis besonders beliebter Kombinationen – auch hier kann eine fehlende Generalisierung für sogenannte „Kanariendaten"[30] zu ungewollter Offenbarung führen. Wenn ein Nutzer einen statistisch einmaligen Satz mit einer ungewöhnlichen Wortkombination verfasst, der z.B. seine Kreditkartennummer enthält, ist es möglich, diese im Rahmen einer automatischen Vervollständigung vorgeschlagen zu bekommen,[31] wenn nicht entsprechende Gegenmaßnahmen ergriffen werden.

3 Datenschutzrechtliche Implikationen

Obgleich diese Angriffe bislang scheinbar lediglich akademischer Natur sind, zeigt sich ihr zunehmendes Potenzial.[32] Ausgehend von der Prämisse, dass Modelle für bestimmte Angriffe anfällig sind, stellt sich folgende datenschutzrechtliche Forschungsfrage:

Inwieweit können Modelle (und deren Ausgabe) als personenbezogene Daten betrachtet werden? Argumentativ könnten diese Modelle pseudonymisierten Daten gleichstehen. Die überraschende Leichtigkeit, mit der Personen bzw. Informationen über Personen in vermeintlich anonymen Datensätzen identifiziert werden können,[33] schafft eine große Unsicherheit dahingehend, welche Datensätze personenbezogene Daten sind.[34] Die DS-GVO definiert in Art. 4 Nr. 1 personenbezogene Daten als solche Informationen, die sich auf eine identifizierte oder identifizierbare natürliche Per-

---

[30] *Carlini et al.*, in: Proceedings of the 28th USENIX Security Symposium, S. 267 (270), im Original "Canary Data", abgeleitet von "Canary in a coal mine".

[31] Vgl. ebenda, S. 278.

[32] Trotz dieser hohen Wirkkraft der durchgeführten Angriffe sind den Autoren keine dokumentierten Angriffe „in freier Wildbahn" bekannt.

[33] *Ohm*, UCLA Law Review 2010, S. 1701.

[34] *Purtova*, Law, Innovation and Technology 2018, S. 40.

son beziehen. Hierfür hat beispielsweise bei Klassifikationsverfahren angesichts der Feature-Vektoren bzw. Tensoren[35] beim ML-Prozess eine Abgrenzung zur Anonymisierung zu erfolgen.

3.1 Abgrenzung zwischen Anonymisierung und Pseudonymisierung

Für die Abgrenzung zwischen Anonymisierung und Pseudonymisierung bedeutsam ist die Frage, wann der Zustand erreicht ist, in dem eine Person nicht mehr identifiziert werden kann. ErwG 26 der DS-GVO bietet eine Hilfestellung zur Bewältigung dieses Problems mit dem Kriterium der hinreichenden Wahrscheinlichkeit einer Re-Identifizierung. Maßgeblich ist ein Zustand, in dem aller Wahrscheinlichkeit nach niemand eine De-Anonymisierung vornehmen kann bzw. diese aufgrund des Prozesses zu aufwändig und zu schwierig wäre. Entscheidend sind demzufolge alle objektiven Faktoren, wie die Kosten der Identifizierung und der dafür erforderliche Zeitaufwand, die verfügbaren Technologien zum Zeitpunkt der Verarbeitung sowie (zukünftig absehbare)[36] technologische Entwicklungen. Maßgeblich für die Bestimmung ist der Umstand, ob der Verantwortliche in der Lage ist, die Daten und sein erreichbares Zusatzwissen zu nutzen, um Betroffene zu identifizieren. Inwieweit Zusatzwissen sowie Mittel Dritter einzubeziehen sind, ist umstritten. Das Zusatzwissen Dritter ist dem Verantwortlichen nach dem EuGH-Urteil *Breyer* zurechenbar, wenn das Zusatzwissen „ein Mittel darstellt, das vernünftigerweise zur Bestimmung der betreffenden Person eingesetzt werden kann".[37] Es ist mithin eine Risiko(wahrscheinlichkeits-)prognose zu erstellen. Soweit Daten weitergegeben bzw. Informationen veröffentlicht werden, ist dieses Wissen zu berücksichtigen, wenn ein Dritter nach allgemeinem Ermessen wahrscheinlich in der Lage ist, einen Personenbezug herzustellen.[38] In Fällen, in denen Daten nicht weitergegeben bzw. Informationen nicht veröffentlicht wurden – sprich durch Angriffe oder Manipulation erlangt bzw. erzeugt werden – ist nach ErwG 26 maßgeblich, ob (rechtswidrige) Mittel existieren, die nach allgemeinem Ermessen wahrscheinlich zur Verknüpfung der bei dem Verantwortlichen befindlichen Daten mit den Zusatzinformationen des Dritten,

---

[35] Tensoren sind mathematische Objekte, die Skalare, Vektoren und Matrizen in einer höheren Dimension darstellen. Ein Tensor mit nur einem Index wird als Vektor bezeichnet. Tensoren sind insbesondere für die Auswertung großer Datenmengen geeignet.

[36] In WP 216 weist die Art. 29 Datenschutzgruppe nachdrücklich darauf hin, dass keine Technik per se vor Mängeln gefeit ist. Anonymisierung birgt einen Risikofaktor, der bei der Beurteilung hinsichtlich der Schwere und Wahrscheinlichkeit der Re-Identifizierung berücksichtigt werden muss.

[37] EuGH C-582/14 Patrick Breyer v Bundesrepublik Deutschland [2014] ECLI:EU:C:2016 :779, § 45.

[38] Vgl. *Kühling/Buchner*, DS-GVO BDSG, Art. 4 Nr. 1 Rn. 27.

genutzt werden und damit eine Re-Identifizierung ermöglichen können.[39] Der Ansicht des EuGH folgend sind aufgrund des Wortlautes des ErwG 26 („nach allgemeinen Ermessen wahrscheinlich") gesetzlich verbotene Mittel nicht einzubeziehen. Obgleich sich dieser Fall auf dynamische IP-Adressen bezieht, hat er für weitergehende Diskussionen gesorgt. Insbesondere ist unklar, ob die Verwendung rechtswidriger Mittel zu vernachlässigen ist (wenn z.B. wie im vorliegenden Fall eine hohe Wahrscheinlichkeit des Einsatzes besteht)[40] oder ob ein gesetzliches Verbot den Personenbezug entfallen lassen soll.[41] Nachdem bei der Beurteilung der Wahrscheinlichkeit ein objektiver Maßstab anzusetzen ist, kann es nicht auf „die Motivation oder Intention an[kommen], sich das Mittel zu verschaffen oder es in einem konkreten Fall tatsächlich zu nutzen".[42] Zumal bei dem oben benannten hohen Risiko einer Re-Identifizierung es fraglich erscheint, dass der EuGH dies in seinen Überlegungen mit einbezogen hat.

Unterstützend kann hierzu auf die Stellungnahme der Art. 29 Datenschutzgruppe (nunmehr Europäischer Datenschutzausschuss) zurückgegriffen werden. In dieser Stellungnahme werden Rückschlüsse als eines der zentralen Risiken betrachtet und diesbezüglich eine sehr weitreichende Definition gewählt.[43] Quintessenz dessen ist, dass ein Personenbezug auch in allgemeinen statistischen Aussagen bestehen kann. Hinsichtlich einer Anonymisierung führt die Stellungnahme WP 216 aus, dass nur dann, wenn der Verantwortliche die Daten auf einer Ebene aggregiert, auf der keine Einzelereignisse mehr identifizierbar sind, der entstandene Datensatz als anonym bezeichnet werden kann. Damit ist festzuhalten, dass ein Entfernen der Elemente, die eine direkte Identifizierung erlauben, für ein zuverlässiges Ausschließen einer Re-Identifizierung nicht ausreicht. Bestimmendes Maß stellt der Umstand dar, ob „die Information Rückschlüsse auf eine einzelne Person zulässt, d.h. auf diese durchschlägt".[44] Infolgedessen liegen – auch wenn nur verbotene Mittel eine Re-Identifizierung ermöglichen – keine anonymisierten Daten vor.

---

[39] EuGH C-582/14 Patrick Breyer v Bundesrepublik Deutschland [2014] ECLI:EU:C:2016 :779, 46.

[40] *Kühling/Buchner*, DS-GVO BDSG, Art. 4 Nr. 1 Rn. 29 mit vorhergehender Diskussion.

[41] Das im Konsultationsverfahren befindliche Positionspapier des BfDI hätte hierzu wertvolle Hinweise geben können: https://www.bfdi.bund.de/SharedDocs/Konsultationsverfahren /2020/01_Anonymisierung-TK.pdf?__blob=publicationFile&v=6, (zuletzt geprüft am 26. 6.2020).

[42] *Kühling/Buchner*, DS-GVO BDSG, Art. 4 Nr. 1 Rn. 23.

[43] *Article 29 Working Party*, Opinion 5/2014 on Anonymisation Techniques WP216, S. 13.

[44] *Kühling/Buchner*, DS-GVO BDSG, Art. 4 Nr. 1 Rn. 15.

Obgleich diese Angriffe bislang akademischer Natur sind, besteht nicht nur eine hypothetische Möglichkeit der Re-Identifizierung. Mit den aufgezeigten Angriffsmethoden wird deutlich, dass Rückschlüsse trotz disjunktiver Datensätze im ML-Prozess nicht ausgeschlossen werden können. Das erzeugte Zusatzwissen kann mit vertretbarem Aufwand hergestellt werden. Mit *Privacy Preserving ML*[45] sind – wie noch aufzuzeigen ist – dennoch Möglichkeiten und Maßnahmen vorgegeben, die eine Re-Identifizierung vermindern und in vertretbarem Umfang eingesetzt werden können.[46] Erst dann sind alle Mittel berücksichtigt, die vernünftigerweise entweder von dem für die Verarbeitung Verantwortlichen oder von einem Dritten eingesetzt werden, um die betreffende Person zu bestimmen. Weiterhin wird in WP 216 ein höherer Schwellenwert für eine erfolgreiche Anonymisierung vorgeschlagen und auf eine Technik vergleichbar einer dauerhaften Löschung verwiesen, d.h., „es darf nicht möglich sein, die personenbezogenen Daten weiter zu verarbeiten".[47]

Mithin können durch die Re-Identifizierung mit den in den Trainingsdaten enthaltenen Daten durch einen Model Inversion-Angriff ML-Modelle (und deren Ausgabe) als personenbezogene Daten interpretiert werden.[48] Informationen, die aus dem Rückschluss mittels einer *MeIA* gewonnen werden, ob eine Person in einem Datensatz enthalten ist, können ebenfalls als personenbezogene Daten angesehen werden. Per Definition sind alle Informationen, die sich auf eine Person beziehen – unabhängig davon wie trivial oder banal sie erscheinen mögen – personenbezogene Daten. Dieser Argumentation folgend sind ebenfalls die über einen Model Manipulation Angriff erhaltenen Informationen personenbezogene Daten.

3.2 Modelle als Pseudonyme personenbezogener Daten

Im Umkehrschluss könnte gefolgert werden, dass Modelle[49] pseudonymisierte Daten der Trainingsdaten darstellen können. Dieser Vorgang ist umkehrbar, da eine externe Zuordnungsregel erhalten bleibt und damit eine

---

[45] Privacy Preserving ML ist ein Teilbereich des maschinellen Lernens, bei dem schon das Training des Modells unter Wahrung der Privatsphäre erfolgt. Hierzu existieren verschiedene Ansätze. Beispielhaft sind Federated Learning für dezentrales Lernen oder auch Differential Privacy zu benennen.

[46] Vgl. *Artikel 29-Datenschutzgruppe*, WP 136, S. 25: auch aggregierte statistische Daten dürfen nur veröffentlicht werden, wenn eine Zuordnung nicht möglich ist.

[47] *Article 29 Working Party*, Opinion 5/2014 on Anonymisation Techniques WP216, S. 6 f.

[48] Eine vergleichbare Argumentation kann ebenso auf synthetische Daten angewandt werden.

[49] Der Fokus der Arbeit liegt auf Modellen, eine vergleichbare Argumentation trifft auf den Output zu.

grundsätzliche Möglichkeit der Zuordnung besteht. Hierfür ist ausreichend, wenn die betroffene Person individualisiert wird und Aussagen über deren sachliche und persönliche Verhältnisse möglich sind.[50]

Beim Trainingsprozess werden bestimmte Eigenschaften der Trainingsdatensätze im Modell als Feature-Vektoren – unabhängig davon, ob diese gelabelt oder gespeichert[51] werden, was grundsätzlich von der Anwendung oder dem Lernstil abhängt – gespeichert. Solche Trainingsdatensätze, die aus einer Reihe von Eigenschaften und einem zugeordneten Ergebnis bestehen, können sensible Informationen – wie beispielsweise ein Krankenbild oder Fotos – enthalten und weisen somit Quasi-Identifikatoren bzw. Werte anderer Merkmale auf, die geeignet sind Personen zu identifizieren. Darüber hinaus können sich neuronale Netze unbeabsichtigt „erinnern".[52] Diese Informationen sind entsprechend der DS-GVO personenbezogene Daten.

Definitionsgemäß ist ein Pseudonym eine „Zeichenkette, die Identitätsdaten einer Person ersetzt und damit diese Person repräsentiert".[53] Maßgebliches Kennzeichen einer Pseudonymisierung ist, dass Pseudonyme Art. 4 Nr. 5 DS-GVO folgend nicht mehr einer spezifischen Person ohne Hinziehen zusätzlicher Informationen zugeordnet werden können; sofern diese zusätzlichen Informationen gesondert aufbewahrt werden und technischen und organisatorischen Maßnahmen unterliegen, die gewährleisten, dass kein Rückschluss auf den Betroffenen möglich ist. Konträr zur Anonymisierung ist eine Re-Identifizierung grundsätzlich möglich.

Die folgende Konstellation bezieht sich beispielhaft auf eine *MoIA*: Gegeben ist ein erzeugter Datensatz mit personenbezogenen Daten A und ein ML-Modell B trainiert mit personenbezogenen Daten B. Der Zugriff erfolgt entweder über das Modell direkt (White Box) oder über eine Schnittstelle (Black Box). In einer solchen Konstellation repräsentiert Modell B die pseudonymisierte Version des Trainingsdatensatzes B, während Datensatz A den Schlüssel bzw. die Zuordnungsregel repräsentiert, mit dem diese Daten teilweise re-identifiziert werden können. Wenn ein Angreifer Zugriff

---

[50] *Artikel 29-Datenschutzgruppe*, WP 136, S. 16.

[51] Support Vector Machines oder k-nächste-Nachbarn-Klassifikationsverfahren speichern die Feature-Vektoren, während beispielsweise neuronale Netze diese nicht speichern. In letzterem Fall werden durch einen Model Inversion Angriff Feature-Vektoren erzeugt, die denen ähneln, die zum Training des Modells verwendet wurden, indem die vom Modell erhaltenen Ausgaben verwendet werden.

[52] *Carlini et al.*, in: Proceedings of the 28th USENIX Security Symposium, S. 267 ff.

[53] *Fokusgruppe Datenschutz des Digital-Gipfels*, Anforderungen an den datenschutzkonformen Einsatz von Pseudonymisierungslösungen, (https://www.gdd.de/downloads/anforderungen-an-datenschutzkonforme-pseudonymisierung) (geprüft am 25.6.2020), S. 8.

auf A und Modell B hat und eine *MoIA* erfolgreich ist, erscheint es möglich, nicht nur A, sondern auch Modell B (und deren Ausgabe) als personenbezogene Daten zu betrachten. Wenn Modell B „veröffentlicht" wurde und A sowie Modell B von verschiedenen Personen „aufbewahrt" werden, ist auch in diesem Fall Modell B als personenbezogenes Datum zu betrachten.

Bei einer *MeIA* stellen die „Schattenmodelle" den Schlüssel bzw. die Zuordnungsregel dar, während bei einem Black Box Model Manipulation-Angriff die angereicherten zufällig generierten, aber einzigartigen Daten, mithilfe derer die in den Labels gespeicherten Informationen abgerufen werden können, den Schlüssel bzw. Zuordnungsregel darstellen.

Diese Informationen können in anfälligen ML-Modellen nicht in dem Umfang „verschleiert" werden, dass eine Re-Identifizierung nicht mehr möglich ist. Rücknehmbar pseudonymisierte Daten sind als indirekt bestimmbare Informationen über Personen anzusehen – wenn auch die Aufdeckung der Identität nicht bewusst – unter Ausnahme des Model Manipulation-Angriffs – unter zuvor festgelegten Bedingungen ermöglicht wird. Damit kommen obige Ausführungen konzeptionell der Idee der Pseudonymisierung in der DS-GVO nahe.

3.3 Konsequenzen

Der folgende Abschnitt umfasst lediglich einen kurzen Überblick der durch obige Annahme ausgelösten Rechte und Pflichten. Hinsichtlich der Informations- und Auskunftsrechte nach Artt. 12 ff. DS-GVO könnten insbesondere mit zunehmendem „Modell-Handel" Aspekte aus der Diskussion im Rahmen der Algorithmenregulierung[54] betrachtet werden. Darüber hinaus ist das Recht auf Löschung nach Art. 17 DS-GVO problematisch. Im Wesentlichen existieren zwei Möglichkeiten, Daten aus einem trainierten Modell zu löschen. Zum einen könnte ein Modell auf der Grundlage eines geänderten Trainingsdatensatzes trainiert werden, wobei diesem eine massive Rechenleistung immanent wäre. Zudem wird das Wissen aus den vorherigen Trainingsdaten nicht „verlernt". Zum anderen könnten Ansätze des maschinellen Verlernens angewendet werden. Diese sind noch weitgehend unerforscht und nur selten möglich.[55] In dessen Konsequenz scheint Google Links nicht aus dem trainierten Suchmodell zu entfernen, sondern

---

[54] *Maltzan,* in: Taeger, Die Macht der Daten und der Algorithmen, S. 15.

[55] *Cao/Yang,* in: Proceedings of the 2015 IEEE Symposium on Security and Privacy, S. 463 ff.

filtert („delist") die Ergebnisse zwischen der Modellausgabe und den Suchergebnissen.[56] Ungeachtet dessen hätte infolge Überanpassung das Entfernen eines personenbezogenen Datums wenig oder kaum Einfluss auf die Muster, die das Modell gelernt hat.

Dieser kurze Überblick zeigt auf, dass mit Klassifizierung von Modellen als personenbezogene Daten weitgreifende Probleme verbunden sind.

4 Urheberrechtliche Implikationen

Auf den ersten Blick sind nach der Erkenntnis der beschriebenen technischen Möglichkeiten zwei Fragen aufzuwerfen: (1) Können ML-Modelle Vervielfältigungen urheberrechtlich geschützter Werke enthalten? (2) Können die beschriebenen Verfahren zur Aufdeckung von Urheberrechtsverletzungen eingesetzt werden?

4.1 Vervielfältigungen durch ML-Modelle

Die Antwort auf die erste Frage erfordert einen tieferen Einstieg in den urheberrechtlichen Begriff der Vervielfältigung im Sinne des § 16 UrhG. Ein erster Blick in einen Kommentar[57] offenbart folgende Definition:

> „*Vervielfältigung* ist jede körperliche Festlegung, die geeignet ist, ein Werk auf irgendeine Weise den menschlichen Sinnen unmittelbar oder mittelbar zugänglich zu machen."[58]

Sodann ist zu klären, was ein ML-Modell ausmacht, bzw. welcher Bestandteil des Modells urheberrechtlich geschützte Werke „enthalten" könnte. Hierfür kommen letztendlich nur die Parameter als Ergebnis des Trainingsvorgangs infrage. Im Rahmen eines üblichen ML-Trainingsvorgangs, der etwa auf Bilderkennung trainiert wird, werden diese zunächst eingelesen und dann in Vektoren bzw. Tensoren umgewandelt, die anschließend analysiert werden. Jedes Bild, das auf diese Weise in das Modell eingeht, verursacht die Anpassung bestimmter Parameterwerte. Dabei werden jedoch – in einer manipulationsfreien Welt – keine Bestandteile des Bildes – auch nicht in abgewandelter Form – in dem Modell gespeichert. Grundsätzlich kann also davon ausgegangen werden, dass im Rahmen des

---

[56] Google. 2017 Transparency report. Vgl. https://perma.cc/8DE4-AXBW (zuletzt überprüft am 26.6.2020).

[57] *Heerma*, in: Wandtke/Bullinger, UrhG, § 16 Rn. 4.

[58] *Heerma*, in: Wandtke/Bullinger, UrhG, § 16 Rn. 4; KG GRUR 1955, 492 (494); RGZ 107, 277 (279).

Trainings von ML-Modellen keine permanenten Vervielfältigungen vorgenommen werden.[59]

Dies gilt im Übrigen auch für Long Short Term Memory-Netzwerke,[60] selbst wenn der Name das Speichern von Inhalten suggeriert: diese mögen zwar unter sehr speziellen Umständen die gezielte Rekonstruktion von Werken ermöglichen,[61] aber auch in diesem Fall erfolgt die Rekonstruktion nur anhand von Wahrscheinlichkeiten und für Einzelfälle, eine generelle Äquivalenz zu urheberrechtlich relevanten Vervielfältigungshandlungen ist hierin wohl nicht zu sehen.

Gegebenenfalls könnte die Bejahung der ersten Frage in Betracht gezogen werden, wenn jede Klasse genau einem Werk zugeordnet ist. Denn das Modell wird dann mit verschiedenen Darstellungen dieses einen Werks trainiert, um das Werk im Nachhinein auf anderen Darstellungen erkennen zu können. Dann könnte im Rahmen der Model Inversion der Durchschnitt der Darstellungen errechnet werden, der die wesentlichen Charakteristiken des Werkes enthalten müsste. Beispielhafte Umsetzung dafür ist die Model Inversion im Rahmen des Gesichtserkennungsalgorithmus: Dieser wird mit verschiedenen Fotos der gleichen Person je Klasse trainiert. Aus den verschiedenen Fotos lässt sich ein Bild rekonstruieren, auf dem die Person zu erkennen ist.[62]

Ob hieraus eine Urheberrechtsverletzung resultieren kann, ist jedoch fraglich, da das Urheberrecht gerade nicht die Idee schützt, sondern eine konkrete Verkörperung einer geistigen Schöpfung (in diesem Fall also ein konkretes Lichtbild als Werk).[63] Ob die Extraktion und Zusammenführung der auf verschiedenen Lichtbildern enthaltenen Charakteristika eines konkreten (nicht Lichtbild-)Werkes einer Vervielfältigung gem. § 16 UrhG gleichstehen muss, ist zu klären, hier wird es wohl auf eine Einzelfallbetrachtung ankommen.[64] Wenn das Originalwerk also lediglich schemenhaft zu erkennen ist, ist daraus noch nicht ohne Weiteres auf eine Vervielfälti-

---

[59] Eventuell vorgelagerte Prozesse, die eine Vervielfältigung anstoßen könnten, bleiben hier außer Betracht.

[60] Vgl. z.B. *Hochreiter/Schmidhuber*, Neural Computation 1997, S. 1735 ff.

[61] Eindrucksvoll zeigen das z.B. *Carlini et al.* (2019).

[62] *Fredrikson/Jha/Ristenpart*, in: Proceedings of the 22nd ACM SIGSAC Conference on Computer and Communications Security, S. 1322 (1323).

[63] An dieser Stelle könnte eine tiefergehende Betrachtung ggf. zu anderen Ergebnissen kommen, dies würde hier jedoch den Rahmen sprengen.

[64] Analog zur Rekonstruktion aus der Erinnerung aber sicher nicht ausgeschlossen, vgl. *Kroitzsch/Götting*, BeckOK UrhG, § 16 Rn. 7.

gung des Originals zu schließen. Vielmehr müssen „die schöpferischen Eigenarten in ihrem Kern übernommen werden".[65] Die praktische Relevanz könnte sich allenfalls etwa aus einem Kunsterkennungsalgorithmus ergeben – ähnlich etwa zu bestehenden Anwendungen wie *Shazam*[66] – wobei der Fokus aber auf der exakten Zuordnung eines digitalen Werkes liegen müsste.

Eine urheberrechtlich relevante Vervielfältigung kommt allerdings für die manipulativen Angriffe infrage. Hierbei werden die Trainingsdaten dergestalt komprimiert und umgewandelt, dass sie im Anschluss nahezu vollständig wiederhergestellt werden können. Hier liegt eine Parallele zu einer fragmentierten Dateispeicherung auf einer Festplatte auf der Hand, auch wenn dies dem Benutzer in der Regel nicht bewusst ist.

Für die urheberrechtliche Vervielfältigung genügt eine Umwandlung in ein anderes Format, und zwar auch, wenn das Werk erst mittelbar wahrnehmbar ist.[67] Zu berücksichtigen ist jedoch, dass es hier gerade nicht um ein allen ML-Modellen immanentes Problem geht, sondern um eine böswillige Anpassung eines ML-Modells bzw. des zugrundeliegenden Codes, mit dem Ziel, Trainingsdaten „auszuschleusen". Dass dabei Vervielfältigungen entstehen, überrascht nicht.

Insbesondere handelt es sich dann gerade auch nicht um technisch erforderliche, vorübergehende Vervielfältigungshandlungen, die von § 44a UrhG gedeckt wären, denn die Vervielfältigungen der Trainingsdaten bleiben in dem Modell so lange erhalten, bis ein Algorithmus eingesetzt wird, der die entsprechenden Anpassungen rückgängig macht.[68] Die Anwendbarkeit der Text- und Data-Mining-Vorschriften (z.B. § 60d Abs. 1 Satz 1 Nr. 1 UrhG) dürfte ausscheiden, da die Manipulation bzw. Vervielfältigung nicht zu dem Zweck erfolgt, die Werke für die wissenschaftliche Forschung automatisiert auszuwerten. Zweck ist hierbei nämlich regelmäßig die schlichte Extraktion der Daten, und eben nicht die Ermöglichung der Auswertung.

---

[65] *Heerma*, in: Wandtke/Bullinger, UrhG, § 16 Rn. 5.

[66] Eine Anwendung zur Musikerkennung, die anhand von mitgehörten Musikfetzen Titel und Interpret ausgibt.

[67] *Heerma*, in: Wandtke/Bullinger, UrhG, § 16 Rn. 4 f.

[68] z.B. indem die Nachkommastellen der Parameter auf Null gesetzt werden.

4.2 Einsatz der vorgestellten Methoden zur Aufdeckung von Urheberrechtsverletzungen

Sollte eine ML-Methode gewählt worden sein, die urheberrechtlich relevante und nicht von Schrankenbestimmungen gedeckte Handlungen erforderlich macht,[69] könnte es für Rechteinhaber interessant sein, herauszufinden, ob, bzw. zu beweisen, dass ihre Werke für das Training des fraglichen Modells zum Einsatz kamen. Im Zuge dessen können *MeIAs* ggf. Auskunft liefern. Der Einsatz dieser Methoden liefert, wie gezeigt, Informationen darüber, ob ein Datensatz bzw. in diesem Falle ein Werk der Trainingsdatenbasis angehört. Die Aussage über die Verwendung als Trainingsdatum erfolgt in Form von Wahrscheinlichkeiten, sodass es auf den Beweiswert dieser Informationen vor Gericht ankommen wird. MoIAs liefern hierfür keine hilfreichen Informationen.[70] Der Einsatz manipulierter Modelle wäre denkbar, wenn das Modell von einem Interessenvertreter bestimmter Urheber bereitgestellt wird – hier könnten für den Fall einer Entdeckung geschützter Werke in den Trainingsdaten ggf. entsprechende Informationen zur „Beweissicherung" in das Modell geschrieben werden. In jedem Fall lohnt es sich, auch von urheberrechtlicher Seite ML-Modelle und die in diesem Rahmen entstehenden Vorgehensweisen im Blick zu behalten.

5 Schlussbetrachtung

Mit den aufgezeigten Risiken wird deutlich, dass bei der Verwendung von ML-Modellen für die automatisierte Auswertung „sensibler" Informationen umsichtig gehandelt werden sollte. Zu berücksichtigen ist nicht nur, was für ein Modell verwendet wird und wie die Bereitstellung erfolgt, sondern auch, wie die Daten vor Eingang in das Trainingsprogramm vorzubereiten sind.

Viele standardmäßig genutzten Algorithmen basieren auf der Annahme, Zugriff auf Rohdaten zu benötigen. Dennoch bestehen mit *Privacy Preserving ML* Möglichkeiten, aufgezeigte Angriffe in ihrer Wirkkraft zu mindern.[71] *Differential Privacy* verfolgt beispielsweise den grundlegenden Ansatz, Daten mit Zufallsrauschen zu versehen, um eindeutige Aussagen über bestimmte Eigenschaften der Daten bei Abfragen unmöglich zu machen.[72] Dies bietet

---

[69] Etwa die Auswertung von Werken, zu denen kein rechtmäßiger Zugang bestand.

[70] Es sei denn, der Rechteinhaber beansprucht eine Gruppe von Bildern, die einer Klasse angehören, und vermutet, dass ausschließlich diese Bilder für das Training dieser Klasse eingesetzt wurden.

[71] *Al-Rubaie/Chang*, IEEE Security and Privacy 2019, S. 49, mit ausführlicher Diskussion.

[72] *Dwork*, in: Agrawal u.a. (Hrsg.), Theory a. Applications of Models of Computation, S. 1.

einen intrinsischen Schutz gegen eine Vielzahl von *MoIA* und *MeIA*. Außerdem könnte darüber hinaus versucht werden, überangepasste („overfit") Modelle zu vermeiden. Dennoch besteht keine Garantie, dass ein Modell nicht anfällig für Angriffe ist. In einigen Fällen hat sich gezeigt, dass solche Angriffe zum Teil auch ohne Überanpassung erfolgreich sind.[73] Dennoch könnte – wenn keine Rohdaten zum Training genutzt werden – die Prüfung, ob personenbezogene Daten vorliegen, gänzlich anders ausfallen.

Zur Verhinderung von *MeIAs* wird darüber hinaus vorgeschlagen, die Anzahl der Klassen, die ein Modell vorhersagen kann, auf die meistverwendeten Klassen zu begrenzen, sowie die Zahl der Nachkommastellen, die für die Wahrscheinlichkeitsausgabe zur Verfügung stehen, zu verringern.[74]

Auch wenn also bereits vielversprechende Ansätze vorhanden sind, besteht diesbezüglich noch Entwicklungsbedarf. Insoweit ist zusätzlich auf die Möglichkeiten durch eine Algorithmenregulierung hinzuweisen. In den vergangenen Jahren wurde die DS-GVO als Allheilmittel für eine Regulierung angesehen. Ohne Frage stärkt die DS-GVO die Rechte der Betroffenen und birgt weitreichende Vorteile. Dennoch findet diese im Bereich von maschinellen Lernprozessen nur in Grenzen Anwendung.[75] Die EU-Kommission gibt in ihrem Whitepaper[76] künftige Richtungen für die Regulierung von Algorithmen vor, bietet diesbezüglich in der Arbeitsversion jedoch kaum Maßnahmen, die geeignet wären, aufgezeigten Risiken zu begegnen. Im Rahmen der Diskussion einer Algorithmenregulierung sollten obige Angriffsmöglichkeiten in Betracht gezogen und diskutiert werden.

---

[73] *Yeom/Fredrikson/Jha.*

[74] *Shokri et al.*, in: Proceedings of the 2017 IEEE Symposium on Security and Privacy, S. 3 (13).

[75] European Commission, Whitepaper on Artificial intelligence https://ec.europa.eu/info/sites/info/files/commission-white-paper-artificial-intelligence-feb2020_en.pdf (zuletzt geprüft 26.6.2020); *Maltzan*, in: Taeger (Hrsg.), Die Macht der Daten und der Algorithmen, S. 15.

[76] https://ec.europa.eu/info/sites/info/files/commission-white-paper-artificial-intelligence-feb2020_en.pdf (zuletzt geprüft am 26.6.2020).

Literatur

Ahlberg, Hartwig/Götting, Horst-Peter: BeckOK Urheberrecht, 27. Ed., München 2020.

Al-Rubaie, Mohammad/Chang, J. Morris: Privacy Preserving Machine Learning, Threats and Solutions, IEEE Security and Privacy 2019, Vol. 17, No. 2, S. 49-58.

Carlini, Nicholas/Liu, Chang/Erlingsson, Úlfar/Kos, Jerney/Song, Dawn: The Secret Sharer, Evaluating and Testing Unintended Memorization in Neural Networks, in: Proceedings of the 28th USENIX Security Symposium 2019, S. 267-284.

Cao, Yinzhi/Yang, Junfeng: Towards Making Systems Forget with Machine Unlearning, in: Proceedings of the 2015 IEEE Symposium on Security and Privacy, S. 463-480.

Dwork, Cynthia: Differential Privacy. A Survey of Results, in: Manindra Agrawal/Dingzhu Du/Zhenhua Duan/Angsheng Li (Hrsg.), Theory and Applications of Models of Computation, Berlin/Heidelberg 2008, S. 1-19.

Fredrikson, Matt/Jha, Somesh/Ristenpart, Thomas: Model Inversion Attacks that Exploit Confidence Informaiton and Basic Countermeasures, in: Proceedings of the 22nd ACM SIGSAC Conference on Computer and Communications Security 2015, S. 1322-1333.

Fredrikson, Matt/Lantz, Eric/Jha, Somesh/Lin, Simon/Page, David/Ristenpart, Thomas: Privacy in Pharmacogenetics; An End-to-End Case Study of Personalized Warfarin Dosing, in: Proceedings of the 23rd USENIX Security Symposium 2014, S. 17-32.

Hayes, Jamie/Melis, Luca/Danezis, George/De Cristofaro, Emiliano: LOGAN: Evaluating Privacy Leakage of Generative Models Using Generative Adversarial Networks, in: Proceedings of the 18th Privacy Enhancing Technologies Symposium 2019, S. 133-152.

He, Zecheng/Zhang, Tianwei/Lee, Ruby B.: Model Inversion Attacks Against Collaborative Inference, in: Proceedings of the 35th Annual Computer Security Applications Conference 2019, S. 148-162.

Hochreiter, Sepp/Schmidhuber, Jürgen: Long Short-Term Memory, Neural Computation 1997, S. 1735-1780.

Käde, Lisa/Maltzan, Stephanie: Die Erklärbarkeit von Künstlicher Intelligenz (KI). Entmystifizierung der Black Box und Chancen für das Recht, CR 2020, S. 66-72.

Kühling, Jürgen/Buchner, Benedikt (Hrsg:): Datenschutz-Grundverordnung, Bundesdatenschutzgesetz, 2. Aufl., München 2018.

Maltzan, Stephanie: Wissensgenerierung durch Open Source Intelligence, in: Jürgen Taeger (Hrsg.), Die Macht der Daten und der Algorithmen, Edewecht 2019, S. 15-30.

Ohm, Paul: Broken Promise of Privacy: Responding to the Surprising Failure of Anonymization, UCLA Law Review 2010, S. 1701-1777.

Purtova, Nadezhda: The law of everything, Broad concept of personal data and future of EU data protection law, Law, Innovation and Technology 2018, S. 40-81.

Shokri, Reza/Stronati, Marco/Song, Congzheng/Shmatikov, Vitaly: Membership Inference Attacks Against Machine Learning Models, in: Proceedings of the 2017 IEEE Symposium on Security and Privacy 2017, S. 3-18.

Song, Congzheng/Ristenpart, Thomas/Shmatikov,Vitaly: Machine Learning Models that Remember Too Much, in: Proceedings of the 2017 ACM SIGSAC Conference on Computer and Communications Security 2017, S. 587-601.

Veale, Michael/Binns, Reuben/Ausloss, Jef: When Data Protection by Design and Data Subject Rights Clash, International Data Privacy Law 2018, S. 105-123.

Wandtke, Artur-Axel/Bullinger, Winfried (Hrsg.): Praxiskommentar Urheberrecht, 5. Aufl., München 2019.

VOM HÖRSAAL IN DEN GERICHTSSAAL IT-SICHERHEITSFORSCHUNG ALS RECHTLICHES RISIKO

Daniel Vonderau/Dr. Manuela Wagner

FZI Forschungszentrum Informatik
vonderau@fzi.de

Zusammenfassung

Das Suchen nach Sicherheitslücken im Rahmen der IT-Sicherheitsforschung wird weder im Urheber- noch im Strafrecht eindeutig ermöglicht. Forschungseinrichtungen sehen sich der Herausforderung gegenüber, im Rahmen der Redlichkeit wissenschaftlicher Forschung mit dieser Rechtsunsicherheit umzugehen, wenn sie Beiträge zur Sicherheitsforschung leisten wollen. Orientierung dabei bieten internationale Erfahrungen zum verantwortungsbewussten und koordinierten Umgang mit Sicherheitslücken, die allerdings im aktuellen Rechtsrahmen nicht verankert sind. Rechtssicherheit wird nur eine Fortbildung des Rechtsrahmens bieten.

1 Einleitung

Die IT-Sicherheitsforschung kann einen wesentlichen Beitrag für die Sicherheitspraxis leisten, wenn die Expertise aus der Forschung auch dazu genutzt werden darf, auf dem Markt befindliche Produkte und Systeme auf Sicherheitslücken und konzeptionelle Sicherheitsmängel zu überprüfen. Mittels eines sog. *Coordinated-Vulnerability-Disclosure-Verfahrens* CVD (auch *Responsible Disclosure* genannt)[1] werden potentielle Schäden minimiert, indem die Produktverantwortlichen vorab informiert werden, Zeit zur Behebung der Schwachstelle erhalten und anschließend die Produktnutzenden durch Warnungen an die Öffentlichkeit zum Umsetzen von Schutzmaßnahmen aufgefordert werden. Dieser Prozess kann als relativ etabliert bezeichnet werden.[2] Allerdings stellt sich für Forschende bereits zum Zeitpunkt der Sicherheitsanalysen die Frage der rechtlichen Legitimation.

Forschungseinrichtungen und Hochschulen, die Sicherheitsforschung nicht nur in der Theorie betreiben wollen, müssen sich mit den Haftungs- und Strafbarkeitsrisiken auseinandersetzen. Das Hochschulrecht verpflichtet Universitäten zur wissenschaftlichen Redlichkeit und damit auch der

---

[1] Zur Bezeichnung und zu dem Grund der Umbenennung: *National Cyber Security Centre*, Coordinated Vulnerability Disclosure: the Guideline, S. 5; *ENISA*, Good Practice Guide on Vulnerability Disclosure, From challenges to recommendations, S. 24.

[2] *Householder et al.*, The CERT® Guide to Coordinated Vulnerability Disclosure.

Einhaltung des geltenden Rechtsrahmens. Wenn jedoch Unklarheit darüber besteht, welche Tätigkeiten im Rahmen von Forschung erlaubt sind, müssen Mechanismen etabliert werden, die diese Fragestellungen adressieren, um die Einrichtung sowie die Mitarbeitenden vor rechtlichen Folgen zu schützen.

Diese Arbeit gibt einen Überblick über die aktuelle Rechtslage der IT-Sicherheitsforschung im Hinblick auf das Urheber- und Strafrecht. Anschließend werden die Mitigationsmöglichkeiten der Forschungseinrichtungen und Hochschulen aus rechtspraktischer Perspektive beleuchtet. Abschließend werden Reformvorschläge für mehr Rechtssicherheit unterbreitet.

2 Überblick über die Rechtslage

2.1 Haftungs- und Strafbarkeitsrisiken

2.1.1 Forschung und Urheberrecht

Zur Aufdeckung von Softwaresicherheitslücken müssen Forschende regelmäßig Computerprogramme analysieren, wobei typische Handlungen die Vervielfältigung in eine spezielle Testumgebung (wie Code Emulation), Übersetzungen des Maschinencodes in eine menschlich verständliche Sprache (sog. Disassemblieren bzw. Dekompilieren)[3] oder auch die Umgehung technischer Schutzmaßnahmen sind.[4] Das Urheberrecht erlaubt nach aktuell vorherrschender Lesart mit §§ 69d, 69e UrhG allerdings nur passive Formen des Beobachtens, Untersuchens und Testens von geschützten Programmen, wie das Einspielen von Testdatensätzen oder Black-Box-Testing sowie die Fehlerberichtigung im Rahmen bestimmungsgemäßer Nutzung.[5] Unklar ist, ob das Recht zur Fehlerberichtigung auch die Fehleranalyse, also die Suche nach einem noch unbekannten Fehler einschließt.[6] Ohne Einholung einer Lizenz laufen Forschende Gefahr, eine Urheberrechtsverletzung zu begehen. Der Verweis auf die Lizenzierungsmöglichkeit bietet jedoch keinen gleichwertigen Schutz der wissenschaftlichen Betätigungsfreiheit, da hierauf kein Anspruch besteht. Folglich kann diese ohne

---

[3] *Wagner*, DuD 2020, S. 111 (112).

[4] Ebenda, S. 115.

[5] BGH, Urt. v. 6.10.2016 – I ZR 25/15, K&R 2017, 187 (World of Warcraft I), Rn. 57 ff.

[6] *Spindler*, JZ 2016, S. 805 (810); für eine weite Auslegung: *König*, NJW 1995, S. 3293 (3294).

Gründe verweigert werden.[7] Forschungsprojekte haben gezeigt, wie selten Forschenden in der Praxis eine Zustimmung erteilt wird.[8]

Andererseits können sich Forschende, die Hardwaretests durchführen, auf § 11 Nr. 2 PatG sowie die Erlaubnis des Reverse Engineerings in § 3 Abs. 1 Nr. 2 GeschGehG berufen.[9] Strenggenommen ist letztere Regelung nur auf Geschäftsgeheimnisse anwendbar, die definitorisch nicht vorliegen, wenn die Information nicht von wirtschaftlichem Wert ist oder keinen angemessenen Geheimhaltungsmaßnahmen unterliegt.[10] Im Wege des Erst-Recht-Schlusses sollte die Regelung allerdings auch Legitimierungswirkung darüber hinaus für sonstige Daten und Informationen entfalten.[11]

2.1.2 Forschung und Strafrecht

Daneben erfordern Sicherheitsanalysen oftmals den Einsatz der gleichen Techniken und Werkzeuge, wie sie Cyberkriminelle verwenden, um sich testweise Zugang zu Daten zu verschaffen. §§ 202a ff. StGB wie auch §§ 303a, 303b StGB schützen den sog. Datenverfügungsberechtigten, der die Daten erstmals abgespeichert hat (auch als Skriptur bezeichnet).[12] Eine Forschungsprivilegierung, wie sie im Strafrecht § 201a Abs. 4 StGB oder auch die DSGVO im Hinblick auf datenschutzrechtliche Verbote vorsehen, fehlt an dieser Stelle.[13] Eine die Forschungsfreiheit sichernde restriktive Auslegung anhand der verfolgten Motivation hat sich in der Rechtsprechung bisher noch nicht etablieren können. Zur Auslegung bleibt derzeit der Rückgriff auf die Gesetzesbegründung, die einerseits beschwichtigt, dass Sicherheitsanalysen nicht strafbar sein sollen, an anderer Stelle aber davon ausgeht, dass „ethische Hacker*innen" über eine Einwilligung der

---

[7] Vgl. zur Kunstfreiheit BVerfG, Urt. v. 31.5.2016 – 1 BvR 1585/13, BVerfGE 142, 74.

[8] *Gamero-Garrido et al.*, CCS'17, S. 1501 (1505 ff.).

[9] *Becker/Koloßa*, Reflections on the New Reverse Engineering Law, Vortrag 36c3 v. 28.12. 2019, https://media.ccc.de/v/36c3-11089-reflections_on_the_new_reverse_engineering_l aw (abgerufen am 16.6.2020). Zum Verhältnis zum Immaterialgüterrecht siehe BT-Drs. 19/4724, S. 25; *Ohly*, GRUR 2019, S. 441 (447).

[10] Zur Definition *Ohly*, GRUR 2019, S. 441 (442).

[11] *Wagner*, PinG 2020, S. 66 (72).

[12] *Wagner*, PinG 2020, S. 66 (67); BGH, Urt. v. 10.5.2005 – 3 StR 425/04, NStZ 2005, 566; OLG Naumburg, Urt. v. 27.8.2014 – 6 U 3/14, ZD 2014, 628; OLG München, Urt. v. 24.6.1993 – 5St RR 5/93, CR 1993, 779; das Konzept geht zurück auf *Welp*, IuR 1988, S. 443 (447).

[13] Zur analogen Anwendung siehe: *Krüger/Sorge/Vogelgesang*, IRIS 2019, S. 529 (534).

Berechtigten verfügen müssten.[14] Dem liegt das Bild des beauftragten Pentestingunternehmens zugrunde, womit keine eindeutige Aussage für proaktive Tests verbunden ist.[15]

2.2 Beispielszenario Mobilität

Als „rollende Computer" bieten vernetzte Fahrzeuge zunehmend Angriffsflächen für rechtsgefährdende Datenzugriffe und Manipulationen, die potentiell lebensgefährlich werden können.[16] Dementsprechend wird eine sehr intensive Produktbeobachtung durch die Hersteller*innen gefordert.[17] In der Vergangenheit konnten Forscher*innen wiederholt Sicherheitslücken im Zusammenhang mit der Fahrzeugabsicherung aufdecken.[18]

Zunächst können Forscher*innen ein Testfahrzeug erwerben oder sich vom Hersteller zur Verfügung stellen lassen, um in den Genuss des § 3 Abs. 1 Nr. 2 GeschGehG zu kommen. Es könnte auch eine freiwillige Testperson gefunden werden, die ein Fahrzeug zum Testen bereitstellt. Nun stellt sich die Frage, ob diese Person, die Eigentümer*in und/oder Halter*in des Fahrzeugs ist, ein Einverständnis bzw. eine Einwilligung in IT-Sicherheitstests erteilen kann. Im Hinblick auf die im Fahrzeug genutzten Computerprogramme, für die Urheberrechtsschutz besteht, werden Fahrzeugnutzende regelmäßig nur einfache Nutzungslizenzen erhalten. Sofern ihnen keine Lizenz zur Bearbeitung, Übersetzung und insbesondere zum Dekompilieren eingeräumt wurde, kommt es darauf an, ob eine gesetzliche Erlaubnis eingreift. Da eine eindeutige Regelung für die wissenschaftliche Nutzung von Computerprogrammen oder die Überprüfung auf Sicherheitslücken im aktuellen Rechtsrahmen der EU nicht existiert, ist es im Einzelfall oftmals keine leichte Aufgabe, unterschiedliche Handlungen des Reverse Engineerings unter die urheberrechtlichen Regelungen eindeutig zu subsumieren.

Sind Daten im Fahrzeug hinterlegt, die nicht dafür gedacht sind, dass der Fahrzeugnutzende Zugriff zu diesen Daten erhält, ist es fraglich, ob dem

---

[14] BT-Drs. 16/3656, S. 10.

[15] Siehe hierzu: *Popp*, MR-Int 2007, S. 84 (87); *Vassilaki*, CR 2008, S. 131 (132).

[16] *Greenberg*, Hackers Remotely Kill a Jeep on the Highway – With Me in It, v. 21.7.2015, http ://www.wired.com/2015/07/hackersremotely- kill-jeep-highway, (abgerufen 22.5.2020).

[17] Statt vieler: *Gomille*, JZ 2016, S. 76 (80).

[18] *Eisenbarth/Kasper/Paar*, DuD 2008, S. 507; High Court of Justice, Urt. v. 25.6.2013 [2013] EWHC 1832 (Ch), (Volkswagen AG vs. Garcia).

Fahrzeugnutzer vom Skribenten die Datenverfügungsbefugnis bei der Veräußerung des Fahrzeugs mit übertragen wurde.[19] Im Fall von Smartphones wurde angenommen, dass die Erwerber*innen trotz ihrer Eigentümerstellung keine Berechtigung zur Entfernung eines herstellerseitig installierten SIM-Lock erhalten, sodass nicht nur eine Vertragsverletzung, sondern auch eine Strafbarkeit nach § 303a StGB bejaht wurde.[20] Zur Nutzungszeit entstandene Daten sind dagegen den Nutzenden und nicht dem Hersteller zuzurechnen.[21] Zur Herstellung von Rechtssicherheit wäre es entscheidend festzuhalten, ob sich die Einräumung der Befugnis zum Datenzugriff bzw. der Datenveränderung eindeutig aus dem Vertragswerk ergeben muss, oder umgekehrt vielmehr für gewöhnlich mit dem Übergang des Eigentums an der Sache eingeräumt wird und sich ein entgegenstehender Integritäts- oder Geheimhaltungswille aus dem Vertrag offenkundig ergeben müsste.[22] Denn im Hinblick auf § 303a StGB würde das strafbare Löschen „fremder" Daten theoretisch bereits mit der Vernichtung des Datenträgers einhergehen.[23] Im Rahmen des § 202a StGB kommt es darauf an, ob die Daten gegen unberechtigten Zugriff besonders gesichert sind.[24] Ausreichend ist allerdings auch eine schlechte Sicherung.[25] Wollen Forschende einen Mangel nachweisen, indem ein verschlüsseltes Administratorpasswort geknackt wird, könnte ein unbefugtes Ausspähen von Daten vorliegen, solange keine Rechtfertigungsgründe eingreifen.[26] § 202b StGB verlangt dagegen keine Zugangssicherung, sondern adressiert die nichtöffentliche Datenübermittlung und Analysen der elektromagnetischen Abstrahlung der Datenverarbeitungsanlage.[27] Ob das Abfangen der Daten zwischen Fahrzeugschlüssel und selbstgenutztem Fahrzeug per Oszilloskop die besondere Schutzwür-

---

[19] Vgl. *Meyer-Spasche/Störing/Schneider*, CR 2013, S. 131 (134); zur Übertragbarkeit der Nutzungsbefugnis BGH, Urt. v. 10.5.2005 – 3 StR 425/04, NStZ 2005, 566, Rn. 12; BayObLG, Urt. v. 24.6. 1993 – 5St RR 5/93, CR 1993, 779, Rn. 24; AG Böblingen, Urt. v. 10.2.1989 – 9 Ls (Cs) 1449/87, WM 1990, 64.

[20] AG Göttingen, Urt. v. 4.5.2011 – 62 Ds 106/11, MMR 2011, 626, Rn. 42; AG Nürtingen, Urt. v. 20.9.2010 –13 Ls 171 Js 13423/08, K&R 2011, 67.

[21] OLG Naumburg, Urt. v. 27.8.2014 – 6 U 3/14, ZD 2014, 628.

[22] *Wagner*, PinG 2020, S. 66 (68) m. w. N.

[23] *Kusnik*, CR 2011, S. 718 (719).

[24] Die Überwindung der Sicherung, die die Geheimhaltungsinteressen des Berechtigten dokumentiert, manifestiere die strafwürdige kriminelle Energie des Täters: BT-Drs. 16/3656, S. 10.

[25] *Meyer-Spasche/Störing/Schneider*, CR 2013, S. 131 (134).

[26] *Hawellek*, Die strafrechtliche Relevanz von IT-Sicherheitsaudits, S. 9.

[27] BT-Drs. 16/3656, S. 11.

digkeit des Kommunikationsprozesses tangiert, erscheint allerdings fraglich.[28] Die geringe Falldichte der Computerdelikte erschwert insofern die Ableitung von Abgrenzungsmerkmalen. Generell sollte hier die Erlaubnis des Reverse Engineerings im GeschGehG das Strafrecht überlagern und somit IT-Sicherheitsforschung jedenfalls dann eindeutig straffrei stellen, wenn der Testgegenstand – hier das Fahrzeug – erworben wurde bzw. von Eigentümer*innen zur Verfügung gestellt wurde, auch wenn es sich bei den Daten nicht um Geschäftsgeheimnisse handelt. Durch die Vernetzung der Fahrzeuge ergeben sich allerdings neue Herausforderungen, wenn bspw. Sicherheitsanalysen des Gesamtsystems auch die Kommunikation mit den Backend-Servern der Hersteller einschließen müssten.

2.3 Die Rolle der Redlichkeit in der wissenschaftlichen Forschung

Das Potential der IT-Sicherheitsforschung in Deutschland kann nicht ausgeschöpft werden, wenn die Unsicherheit rechtlicher Grauzonen vor der Durchführung von Forschungsaktivitäten abschreckt.[29] Zwar wird oftmals eingewandt, die rechtlichen Gefahren eines Strafverfahrens oder Zivilprozesses seien nur theoretischer Natur. Staatsanwält*innen würden gegen Sicherheitsforscher*innen keine Anklage erheben[30] und herstellende Unternehmen würden den Reputationsschaden fürchten, wenn diese statt Sicherheitslücken zu beheben gegen die Entdecker*innen vorgehen. Verfahren in der Vergangenheit haben allerdings gezeigt, dass dem nicht immer so ist.[31] Darüber hinaus kann die Feststellung der Rechtswidrigkeit eines Forschungsvorhabens ausreichen, dass dieses nicht mehr umgesetzt werden kann. Denn Hochschulen sind i.d.R. über die Hochschulgesetze bei ihrer wissenschaftlichen Tätigkeit zu wissenschaftlicher Redlichkeit verpflichtet.[32] Dazu zählt beispielsweise im baden-württembergischen Landeshochschulgesetz nach § 3 Abs. 5 S. 3 LHG BW u.a. auch, das geistige Eigentum anderer nicht zu verletzten. Im Rahmen der Selbstkontrolle sind

---

[28] Vgl. *Schumann*, NStZ 2007, S. 675 (677).

[29] Zu den Abschreckungseffekten siehe *NTIA Awareness and Adoption Group*, Vulnerability Disclosure Attitudes and Actions, S. 6; *Gamero-Garrido et al.*, CCS'17, S. 1501 (1512).

[30] Vgl. die Verfahrenseinstellung nach Strafanzeige gegen das BSI: *Eckert*, Das BSI und § 202c: Der Hackerparagraf und das Bundesamt, v. 17.9.2007, https://www.tecchannel.de/a/das-bsi-und-202c-der-hackerparagraf-und-das-bundesamt,1729025,5 (abgerufen 22.6.2020).

[31] *Ermert*, Offenlegung von Softwarelücken: Rechtsstreit endet mit Vergleich, v. 6.9.2018, https://www.heise.de/newsticker/meldung/Offenlegungvon-Softwareluecken-Rechtsstre it-endet-mit-Vergleich-4156393.html (abgerufen 2.8.2019); High Court of Justice, Urt. v. 25.6.2013 [2013] EWHC 1832 (Ch), (Volkswagen AG vs. Garcia).

[32] Siehe bspw. § 3 Abs. 5 LHG BW; § 6 Abs. 1 S. 3 BayHschG; § 4 Abs. 3 S. 1 und 4 S. 1 und 2 HG NRW; § 79 SächsHSFG; § 3 Abs. 1 HmbHG; § 5 Abs. 5 SHSG; § 5 Abs. 3 BerlHG; § 1 Abs. 2 S. 2 HHG.

Hochschulen dazu aufgerufen, Regeln zur Einhaltung der allgemein anerkannten Grundsätze guter wissenschaftlicher Praxis und zum Umgang mit wissenschaftlichem Fehlverhalten aufzustellen.

Nun stellt sich die Frage: was bedeutet Redlichkeit der Forschung? Allgemeinhin wird hierunter wissenschaftliches Fehlverhalten in Form eines Plagiats, der Manipulation von Daten und Ergebnissen oder Behinderung der Forschungstätigkeit anderer verstanden.[33] Die wissenschaftliche Redlichkeit geht über die Einhaltung von Gesetzen hinaus und umfasst die Beachtung der Regeln der Wissenschaftlichkeit und Abmachungen der Wissenschaftswelt.[34] Forscher*innen, die wegen wissenschaftlichen Fehlverhaltens strafrechtlich oder disziplinarrechtlich rechtskräftig verurteilt wurden, haben essentiell gegen die ethischen Prinzipien der Wissenschaft verstoßen.[35] Die DFG unterstreicht in ihren Leitlinien, dass sich die Verantwortung von Wissenschaftler*innen nicht nur auf die Einhaltung rechtlicher Vorgaben beschränkt, sondern darüber hinaus die Verpflichtung umfasst, bei ihrer Tätigkeit auftretende Risiken zu erkennen und zu bewerten.[36]

Dabei berücksichtigen sie insbesondere die mit sicherheitsrelevanter Forschung (dual use) verbundenen Aspekte. Hochschulen und außerhochschulische Forschungseinrichtungen tragen Verantwortung für die Regelkonformität des Handelns ihrer Mitglieder und ihrer Angehörigen und befördern diese durch geeignete Organisationsstrukturen. Sie entwickeln verbindliche Grundsätze für Forschungsethik und Verfahren für die entsprechende Beurteilung von Forschungsvorhaben.[37] Der Wissenschaft wird eine gewisse Autonomie eingeräumt. Als Kompensat für staatliche Fremdkontrolle müssen allerdings zuständige Organe geschaffen werden, die Anhaltspunkten der Gefährdung verfassungsrechtlich geschützter Güter anderer nachgehen müssen.[38] Diese müssen Maßnahmen ergreifen, wenn die Grenzen der Wissenschaftsfreiheit überschritten und Rechte anderer verletzt werden. Vergleichbaren Selbstverpflichtungen, keine rechtswidrige

---

[33] Selbstkontrolle der Wissenschaft und wissenschaftliches Fehlverhalten, Resolution des 50. Hochschulverbandstages 2000, https://www.hochschulverband.de/532.html#_ (abgerufen 16.6.2020); *von Bargen*, JZ 2013, S. 714 (716).

[34] *PH Zürich*, Wissenschaftliche Redlichkeit. Policy Paper. Version vom 16.1.2014, https://ph zh.ch/globalassets/phzh.ch/forschung/forschung-auf-einen-blick/wissenschaftliche-integ ritaet/Policy-Paper_Wissenschaftliche_Redlichkeit.pdf (abgerufen 16.6.2020).

[35] Resolution des 50. Hochschulverbandstages 2000, (Fn. 33).

[36] *DFG*, Leitlinien zur Sicherung guter wissenschaftlicher Praxis, S. 16.

[37] Ebenda.

[38] *von Bargen*, JZ 2013, S. 714 (718); vgl. BVerwG, Urt. v. 11.12.1996 – 6 C 5.95, NJW 1997, 1996.

Forschung zu betreiben, unterliegen i.d.R. auch privatrechtlich organisierte Forschungseinrichtungen.

3 Mitigationsmöglichkeiten

Forschungseinrichtungen haben als Arbeitgeber ein Interesse daran, Forscher*innen im Rahmen ihrer beruflichen Tätigkeit vor Haftungsrisiken zu bewahren, sofern die Arbeitnehmerhaftung keine andere Folge vorsieht. Für Hochschulen besteht somit ein enger Rahmen, sich für ihre angestellten Forscher*innen, die im Rahmen ihrer Projekte oder ihres Dissertationsvorhabens Software- und Datenanalyse zur Optimierung der IT-Sicherheit durchführen wollen bzw. sollen, einzusetzen und vor rechtlichen Konsequenzen zu schützen. Dabei können Compliance-Prozesse helfen, einen Rechtsirrtum zu vermeiden.

3.1 Compliance Prozesse

Nimmt man den Begriff Compliance wörtlich, so ist darunter ganz schlicht „Gesetzesbefolgung" zu verstehen. Da keine gesetzliche Definition dieses Begriffes besteht, hat sich im Allgemeinverständnis folgende Definition etabliert: Demnach versteht man unter Compliance die „Gesamtheit aller Maßnahmen, welche erforderlich sind, um ein rechtmäßiges Verhalten des Unternehmens, seiner Organmitglieder und Mitarbeiter mit Blick auf alle gesetzlichen Gebote und Verbote sowie hinsichtlich der unternehmensinternen Regelungen zu gewährleisten".[39] Eine effiziente Organisation von Rechts- und Regelkonformität ist daher von diesem Begriff umfasst.[40] Forschungseinrichtungen handeln nicht selbst, sondern werden durch ihre Organe vertreten. Dass ein Organ einer juristischen Person ebenfalls dafür Sorge zu tragen hat, dass auch die Mitarbeiter*innen der eigenen Organisation sich an die Gesetze halten, geht jedoch über die persönliche Gesetzesbindung hinaus und bedarf daher einer gesonderten Begründung. Neben spezialgesetzlichen Regelungen aus dem Wirtschaftsrecht[41] leitet sich die organschaftliche Verpflichtung für Unternehmen z.Zt. noch aus § 130 O-WiG ab.[42] Danach sind Unternehmer und die von ihnen beauftragten Mitarbeiter*innen verpflichtet, durch angemessene Aufsichtsmaßnahmen, die Verletzung straf- und bußgeldbewehrter Unternehmenspflichten zu verhindern. Die konkrete Ausgestaltung von Compliance-Pflichten wurden

---

[39] *Römer*, Stiftungsrecht, § 21, Rn. 2.

[40] *Stober/Ohrtmann*, Compliance, S. 3.

[41] So bspw. in §§ 10 ff. GwG, § 25a KWG, § 23 VAG, § 80 WpHG.

[42] *Schockenhoff*, NZG 2019, S. 281; ein Gesetz über Unternehmenssanktionen befindet sich z. Zt. im Gesetzgebungsprozess.

zudem erstmals auf nationaler Ebene durch das LG München I im Siemens/Neubürger-Urteil für die Compliance-Pflichten des Vorstandes einer AG festgelegt.[43] Nach Rechtskraft dieses Urteils wurden die darin niedergelegten Grundsätze auch für alle anderen Unternehmen Maßstab für den Betrieb eines Compliance-Managementsystems. Demnach hat die Unternehmensführung u.a. dafür Sorge zu tragen, dass organisatorisch sichergestellt wird, dass Regelverstöße verhindert und sanktioniert werden können.[44]

In Bezug auf die Forschungstätigkeiten in gesetzlichen Grauzonen besteht somit eine Verpflichtung von Forschungseinrichtungen, Regelverstöße von Forschenden mithilfe eines Compliance-Managementsystems zu verhindern. Risiken durch straf- oder zivilrechtliche Sanktionierungen müssen wirksam vermindert werden. Da die Einschätzung, ob eine spezifische Forschungstätigkeit gesetzlich erlaubt oder verboten ist, eine Einschätzung über eine Rechtsfrage ist, muss diese Entscheidung auch von einer Stelle mit entsprechender fachlicher Expertise getroffen werden. Ein Compliance-Prozess für Tätigkeiten dieser Art muss ein vorgelagertes Prüfverfahren inhaltlicher Art beinhalten, damit Forschende keinem Rechtsirrtum bzgl. ihrer Tätigkeit unterliegen können. Justiziariate mit entsprechender Fachkompetenz würden sich daher für eine entsprechende Prüfung anbieten. Durch technisches Verständnis der im Justiziariat mit dem Prüfvorgang befassten Personen, kann eine überschießende Verbotspraxis von bislang unbekannten technischen Untersuchungen vermieden werden. Um zudem die Wirksamkeit eines solchen Prüfprozesses sicher zu stellen, muss er in den entsprechenden Richtlinien und Policys der jeweiligen Einrichtung verankert werden, damit vor Aufnahme der entsprechenden Tätigkeit Unsicherheiten ausgeräumt werden können.

3.2 Verwendung einer Responsible Disclosure Policy

Der Umgang mit gefundenen Sicherheitslücken kann unterschiedlichen Offenlegungsparadigmen folgen: Anhänger der *Full Disclosure* argumentieren, dass nur die sofortige und lückenlose Aufdeckung die potentiellen Opfer einer Sicherheitsschwachstelle in eine Position versetzt, sich gegen mögliche Angriffe effektiv wehren zu können.[45] Gegenüber einer Politik der *Non-*

---

[43] LG München I, Urt. v. 10.12.2013 – 5 HK O 1387/10, NZG 2014, 345.

[44] *Römer*, Stiftungsrecht, § 21, Rn. 2.

[45] *Schneier*, Full Disclosure of Security Vulnerabilities a 'Damned Good Idea', Januar 2007, https://www.schneier.com/essays/archives/2007/01/schneier_full_disclo.html (abgerufen 13.5.2020).

Disclosure wird eingewandt, dass diese Tendenzen fördert, Sicherheitslücken überhaupt nicht zu beheben.[46] Aus gesamtgesellschaftlicher Perspektive ist daher keiner dieser Extrempositionen begrüßenswert.[47]

Eine weitere Form ist die *Limited Disclosure*. Diese stellt eine Veröffentlichung unter die Bedingung, dass die betroffene Sicherheitslücke vorab geschlossen wurde.[48] Dieses Modell beinhaltet allerdings ebenfalls die Gefahr, dass Produktverantwortliche entscheiden Lücken bspw. aus Kostengründen oder fehlendem wirtschaftlichen Interesse nicht zu schließen und damit sowohl die Gefahr für die Rechtsgüter der Produktnutzenden als auch die Forschungsarbeiten hinauszögern.[49] Folglich hat sich gezeigt, dass eine verantwortungsbewusste, d.h. koordinierte Aufdeckung und Offenlegung von Sicherheitsschwachstellen (*Coordinated Vulnerability Disclosure* – CVD) einen ausbalancierten Mittelweg darstellt, bei dem die Interessen der Produktverantwortlichen an einer optimalen Präsentation ihres Produkts, der Produktnutzenden an der Sicherheit ihrer Daten und sonstigen den Produktgefahren ausgesetzten Rechtsgütern sowie der Forschenden zur Teilnahme am wissenschaftlichen Fachdiskurs und Erkenntnisprozess Berücksichtigung finden können. Im Unterschied zur Limited Dislosure erfolgt eine Veröffentlichung im Grundsatz nach einer vordefinierten Frist, welche im Einzelfall verkürzt oder verlängert werden kann.

Um den Unsicherheiten der Rechtslage zu begegnen, wurde in unterschiedlichen Branchen und Ländern damit begonnen, Zielsetzungen und Prozessschritte der CVD in Policies auszudifferenzieren.[50] Verfasst ein produktverantwortliches Unternehmen eine solche Policy, kann dies die rechtliche Wirkung eines Einverständnisses bzw. einer Einwilligung im Strafrecht sowie einer Lizenz im Urheberrecht haben. Diese steht unter der Bedingung der Einhaltung des in der Policy beschriebenen CVD-Prozesses. Forscher*innen erhalten somit Rechtssicherheit, unterliegen dann allerdings oftmals restriktiven Vorgaben bspw. zur Geheimhaltung, die eine auf Publizität ausgerichtete Forschung in diesem Bereich kaum möglich macht.

---

[46] *Shepherd*, How do we define Responsible Disclosure? S. 6.

[47] *Pupillo/Ferreira/Varisco*, Software Vulnerability Disclosure in Europe Technology, Policies and Legal Challenges, Report of a CEPS Task Force 2018, S. 5.

[48] *Shepherd*, How do we define Responsible Disclosure? S. 8.

[49] *Cavusoglu/Cavusoglu/Raghunathan*, WEIS 2005, S. 2.

[50] Siehe bspw. aus den Niederlanden: *National Cyber Security Centre, Ministry of Justice and Security*: Coordinated Vulnerability Disclosure: the Guideline; Coordinated Vulnerability Disclosure Manifesto, https://www.enisa.europa.eu/news/member-states/from-the-netherlands-presidency-of-the-eu-council-coordinated-vulnerability-disclosure-manifesto-signed (abgerufen 22.6.2020).

Eine Policy der Forschungseinrichtung ist zunächst erstmal nur eine Selbstverpflichtung, einen bestimmten Prozess einzuhalten. Direkt legitimierende Wirkung gegenüber den Sicherheitsanalysen kommt ihr nicht zu. Allerdings könnte die Bekennung zur CVD als anerkannter professioneller Standard im Hinblick auf den Gesichtspunkt der Sozialadäquanz im Strafrecht legitimierend herangezogen werden.[51] Ein Verhalten kann als sozialadäquat bezeichnet werden, wenn es ohne Beanstandungen üblich geworden ist.[52] Bekennen sich zahlreiche Forschungseinrichtungen zum CVD, könnte dies als Beleg für die Üblichkeit vorgebracht werden. Disclosure Policies könnten somit zumindest im Strafecht über eine Einbettung im Compliance-Prozess hinaus auf die Rechtmäßigkeit der Forschungshandlungen selbst zurückwirken.

3.3 Orientierung an Leitprinzipien

In Deutschland hat sich bisher keine Kasuistik zur IT-Sicherheitsforschung entwickelt. Lediglich zum sog. „Hackerparagraph" des § 202c StGB wurde festgestellt, dass zu legalen Zwecken nutzbare Computerprogramme nicht von der Strafandrohung erfasst sind.[53] Welches Vorgehen abseits der Einholung von Einwilligungen dagegen Strafbarkeits- und Haftungsrisiken verhindert, wurde für Sicherheitsforschende nicht zweifelsfrei festgestellt.

Dagegen wurden in den Niederlanden grundsätzliche Parameter für ethisches Hacken entwickelt. Danach macht sich nicht wegen „Computervredebreuk" strafbar, wer (1) im Rahmen eines wesentlichen *sozialen, öffentlichen Interesses* handelt, sowie (2) die Grundsätze der *Verhältnismäßigkeit* und (3) der *Subsidiarität* beachtet.[54] Verhältnismäßigkeit ist gegeben, wenn nur zur Zielerreichung erforderliche Handlungen ausgeführt werden.[55] Subsidiarität erfordert die Prüfung, ob kein anderer, weniger weitreichender Weg verfügbar ist.[56] Diese drei Prinzipien stellen sicher, dass ethische Hacker*innen nicht mehr Handlungen vollziehen als zur Aufdeckung der Sicherheitslücke unbedingt notwendig waren.

Im deutschen öffentlichen Recht kann das Verhältnismäßigkeitsprinzip als ubiquitär bezeichnet werden, das eine geeignete Struktur der Überprüfung von Rationalitätserwägungen im Zusammenhang mit rechtfertigenden Gemeinwohlzielen anhand der Legitimität des Ziels sowie der Eignung,

---

[51] Vgl. *Brodowski*, it – Information Technology 2015, S. 357 (360).

[52] Vgl. OLG Karlsruhe, Urt. v. 26.10.1979 – 10 U 272/78, OLGZ 1980, 207.

[53] BVerfG, Nichtannahmebeschl. v. 18.5.2009 – 2 BvR 2233/07, K&R 2009, 632.

[54] Rechtbank Den Haag, Urt. v. 17.12.2014, Nr. 09/748019-12; Rechtbank Oost-Brabant, Urt. v. 19.2.2013, Nr. 01/820892-12.

[55] Ebenda.

[56] Ebenda.

Erforderlichkeit und Angemessenheit der gewählten Mittel bietet.[57] Ob sich verfassungsrechtliche Rechtsinstitute auf Straf- und Urheberrecht übertragen lassen, ist nicht unumstritten.[58] Dies wäre im Rahmen einer grundrechtskonformen Auslegung zu erwägen, die sich sowohl am Grundgesetz als auch der EU-Grundrechtecharta orientieren müsste.[59]

Vergleicht man die Grundsätze mit den Anforderungen des Datenschutzes, so zeigen sich starke Parallelen. Kommt es im Rahmen der IT-Sicherheitsforschung zum Zugriff auf personenbezogene Daten, zu dem keine Einwilligung der betroffenen Person vorliegt, so ist nach der DSGVO (für privatrechtlich organisierte Forschungseinrichtungen)[60] bzw. den Landesdatenschutzgesetzen (für Hochschulen) regelmäßig die Frage der *Erforderlichkeit* zu prüfen. Erforderlich ist eine Datenerhebung nur, wenn es kein gleich geeignetes milderes Mittel gibt.[61] Gemäß § 13 LDSG BW kommt es darauf an, ob die Forschungszwecke auf andere Weise nicht oder nur mit unverhältnismäßigem Aufwand erreicht werden können, sowie ob die Interessen an der Durchführung des Forschungsvorhabens die gegenläufigen Interessen der betroffenen Personen überwiegen.

Diese Maßstäbe bieten Orientierungspunkte für eine Rechtsfortbildung. Mit der Adressierung des Aufwands lassen sich Richtwerte etablieren, wie ein Forschungsdesign zu konzipieren ist, um Risiken für Dritte gering zu halten. So wäre der Erwerb eigener Testprodukte, die Einrichtung von Testnutzerkonten und der Zugriff auf „eigene" bzw. Fake-Daten stets dem Abruf fremder, ggf. personenbezogener Daten vorzuziehen. Allgemein eine Interessenabwägung zu fordern, wie es beispielsweise im Strafrecht § 201a Abs. 4 StGB wegen seines stark persönlichkeitsrechtlich getriebenen Schutzcharakters macht, erscheint im Hinblick auf die Betroffenheit sonstiger, nicht-personenbezogener Daten hingegen verfehlt. Zunächst wäre fraglich, welche Interessen einzubeziehen wären. Ein Geheimhaltungsinteresse des Produktverantwortlichen erscheint regelmäßig naheliegend, würde allerdings bei Berücksichtigung auf eine Non-Disclosure mit den ge-

---

[57] *Mehde*, in: Maunz/Dürig, GG, Art. 28 Abs. 2, Rn. 118 f.

[58] Zum Strafrecht *Tomiak*, ZStW 2018, S. 804 m. w. N.

[59] Die §§ 69a ff. UrhG setzen die RL 2009/24/EG über den Rechtsschutz von Computerprogrammen um. Siehe zur Feststellung des einschlägigen Grundrechtsrahmens: BVerfG, Beschl. v. 6.11.2019 – 1 BvR 16/13, K&R 2020, 51 (Recht auf Vergessen I); BVerfG, Beschl. v. 6.11.2019 – 1 BvR 276/17, K&R 2020, 59 (Recht auf Vergessen II).

[60] Art. 6 Abs. 1 UAbs. 1 lit. f DSGVO erfordert die Feststellung eines legitimen Interesses, Erforderlichkeit der Datenverarbeitung zur Zweckerreichung und keine überwiegenden Betroffeneninteressen.

[61] *European Data Protection Board*, Guidelines 3/2019 on processing of personal data through video devices, S. 8.

nannten Nachteilen hinauslaufen. Dem Interesse am Schutz von Geschäftsgeheimnissen kann am besten nachgekommen werden, indem bei der Sicherheitsanalyse gefundene Daten nach dem Vorbild des Datenschutzes einem strengen Zweckbindungsgrundsatz unterworfen werden.[62] Zudem lassen sich die Sicherheitsrisiken, sowie deren wirtschaftliche, gesellschaftliche und persönlichkeitsrechtlichen Folgen, oft erst nach durchgeführter Analyse beziffern.

In der Phase der Veröffentlichung – die vom Urheber- und Strafrecht allerdings nicht adressiert wird – könnten sich Schutz- und Informationsinteressen einerseits überlappen, andererseits aber auch miteinander kollidieren. Insofern sollte die Offenlegung gegenüber der Allgemeinheit in Umfang und Detailtiefe am Anliegen orientiert sein, es potentiellen Opfern einer Sicherheitslücke zu ermöglichen, Schutzmaßnahmen zu ergreifen und so keine unverhältnismäßigen, neuen Risiken begründen. Dabei kann es auch auf die Bedeutung des Produkts für die Gesellschaft, das Ausmaß der Sicherheitslücke sowie die Kooperation des Produktverantwortlichen ankommen. So erscheint es naheliegend, dass bei kritischen Infrastrukturen besondere Vorsicht geboten ist, als dies bei eher verzichtbaren Freizeitprodukten oder Spielen der Fall wäre. Sollte es erneut zu Rechtsstreits kommen, könnten sich Richter*innen an diesen ungeschriebenen Leitprinzipien orientieren.

4 Reformvorschläge

Bei der Gestaltung der Rechtslage ist der Gesetzgeber angehalten, die unterschiedlichen Grundrechtspositionen zu berücksichtigen.[63] In diesem Zusammenhang zeigt sich eine Gemengelage aus wirtschaftlichen und beruflichen Interessen der Produkthersteller*innen, die Forschungs- und Berufsfreiheit der Produkttester*innen und den Persönlichkeitsschutz- und berechtigten IT-Sicherheitserwartungen der Produktnutzenden. Letztere können sowohl durch die Durchführung als auch durch das Unterlassen der Sicherheitsanalysen gefährdet werden. Können Sicherheitsforschende beispielsweise auf personenbezogene Daten eines zu Testzwecken gehackten Servers zugreifen, müssen datenschutzrechtliche Belange beachtet werden. Kommt es allerdings mangels Härtetests zu schwerwiegenden Datenlecks können die Folgen für die betroffenen Personen weitaus schwerwiegender

---

[62] Liegen keine „angemessenen Geheimhaltungsmaßnahmen" vor, kann ohnehin bezweifelt werden, dass per Definition Geschäftsgeheimnisse betroffen sind. Zudem ist die Weichenstellung der Erlaubnis des Reverse Engineerings, die in der RL (EU) 2016/943 EU-weit verankert ist, auch im Rahmen der Sicherheitsforschung zu berücksichtigen.

[63] Zur mittelbaren Drittwirkung der Grundrechte und staatlichen Schutzpflichten BVerfG, Urt. v. 15.1.1958 – 1 BvR 400/51, BVerfGE 7, 198 (Lüth).

ausfallen. Auch beim Prozess der Veröffentlichung von Sicherheitslücken muss bedacht werden, dass hierdurch keine unnötigen Risiken entstehen.[64] Im Rahmen der Pflicht zur Produktbeobachtung als Teilaspekt der Produzentenhaftung nach § 823 Abs. 1 BGB wird dem Hersteller ein Ermessen eingeräumt, eine öffentliche Warnung auszusprechen oder einen Patch auszuspielen, um die Produktgefahren zu mitigieren.[65] Folglich sollte eine Reform eindeutige Risikosphären definieren, um so einen rechtssicheren Rahmen für IT-Sicherheitsforschung zu bieten. Hierbei sollte nicht der gesamte Prozess als solcher reguliert werden, sondern ein Rahmen gesetzt werden, der ausreichend Flexibilität für den Einzelfall bietet.[66]

4.1 Schaffung eines Rechtfertigungsgrunds

Im Rahmen der Reformvorschläge zur IT-Sicherheit als Voraussetzung für digitale Souveränität wurde ein Rechtfertigungstatbestand für IT-Sicherheitsforschung ins Spiel gebracht.[67] Auch in der medizinischen Forschung durchgeführte Heileingriffe sind zunächst tatbestandsmäßig eine Körperverletzung, können aber regelmäßig gerechtfertigt werden. Mangels rechtswidriger Tat stellen sich keine Probleme im Hinblick auf die Redlichkeit der Forschung. Allerdings stellt der Ansatz für ärztliche Heileingriffe sicher, dass eine rechtfertigende Einwilligung frei von Willensmängeln ist und erzwingt so entsprechende Aufklärungs- und Dokumentationsobliegenheiten sowie fachliche Expertise.[68] Die Sachlage ist folglich nicht uneingeschränkt übertragbar auf Sicherheitsforschung, sodass ein Tatbestandsausschluss auch im Hinblick auf mögliche Abschreckungseffekte vorzugswürdiger sein könnte, um Forschenden nicht die Rechtfertigungslast aufzuerlegen.

4.2 Anpassung des Rechtsrahmens

Die Gesetzesinitiative einer Bundestagsfraktion sah dagegen eine Anpassung der §§ 69a ff. UrhG um eine Erlaubnis des Reverse Engineerings sowie der Beschränkung der §§ 202a ff. StGB anhand der Intention des Täters

---

[64] Der CERT-Guide beschreibt CVD als ein „wicked Problem", *Householder et al.*, The CERT® Guide to Coordinated Vulnerability Disclosure, S. 13.

[65] *Spindler*, NJW 2004, S. 3145 (3147); *Gless/Janal*, JR 2016, S. 561 (569); *Rockstroh/Kunkel*, MMR 2017, S. 77 (81).

[66] *ENISA*, Good Practice Guide on Vulnerability Disclosure, From challenges to recommendations, S. 9.

[67] *Marnau*, Fragenkatalog für die Öffentliche Anhörung am 11. Dezember 2019 zum Thema „IT-Sicherheit von Hard und Software als Voraussetzung für Digitale Souveränität" v. 5.12. 2019, https://www.bundestag.de/resource/blob/671912/ae40b1fdc10d42a831c1f7b3b86 f837e/Stellungnahme-Marnau-data.pdf (abgerufen 22.6.2020).

[68] Vgl. BGH, Urt. v. 20.1.2004 – 1 StR 319/03, NStZ 2004, 442; BGH, Urt. v. 1.2.1961 – 2 StR 457/60, NJW 1962, 682.

vor.[69] Ebenso denkbar wäre eine § 7a BSIG nachempfundene Regelung, die Rechtssicherheit für das BSI bei der Durchführung von Sicherheitsüberprüfungen an auf dem Markt bereitgestellten oder zur Bereitstellung auf dem Markt vorgesehenen informationstechnische Produkten und Systemen erlaubt. Diese könnte als lex specialis Vorrangwirkung entfalten. Regelungsspielraum im Urheberrecht kann allerdings angesichts der Richtlinie 2009/24/EG über den Rechtsschutz von Computerprogrammen basierend auf deren Erwägungsgründen nur angenommen werden, sofern die mitgliedstaatlichen Regelungen das Funktionieren des Binnenmarktes nicht in erheblichem Maße beeinträchtigen.

Bei der Abfassung einer einheitlichen Regelung könnten die bereits dargestellten Leitprinzipien im Gesetz verankert werden. Gewissermaßen als Kompensierung für die Erweiterung bzw. Klarstellung des Spielraums für Forschungstätigkeiten im Vorfeld der Entdeckung einer Sicherheitslücke, könnten Pflichten im Nachgang etabliert werden, um die Erkenntnisse und Zielsetzungen des CVD-Prozesses in einen kohärenten Rechtsrahmen einzubinden. Angesichts der zeitlichen Reihenfolge der Prozessschritte könnte bei der Durchführung der Sicherheitsanalyse auf die Absicht einen CVD-Prozess einzuhalten als subjektives Element abgestellt werden. Sowohl die Grundstruktur als auch Gründe für ein Abweichen im Einzelfall sollten in vorab öffentlich zugänglichen Responsible Disclosure Policies hinterlegt werden. Hochschulen und Forschungseinrichtungen könnten so im Rahmen ihrer Organisationsverantwortung die Durchführung des CVD durch Etablierung entsprechender Policies und Compliance-Prozesse sicherstellen und transparent gestalten.

5 Fazit

Die im Jahre 2020 geführten Debatten um Datenschutz und Datensicherheit einer Kontaktverfolgungs-App der deutschen Bundesregierung hat erneut die Wichtigkeit unabhängiger Sicherheitsforschung gezeigt. Denn nur durch die proaktive Begleitung dieses beispiellosen Verfahrens war es möglich, Sicherheitslücken und datenschutzrechtlich bedenkliche Verfahren im Entwicklungsprozess zu vermeiden. Durch das große gesamtgesellschaftli-

---

[69] BT-Drs. 19/7698, S. 8.

che Interesse wurde ein Open-Source-Ansatz gewählt, der eine hohe Transparenz und Nachvollziehbarkeit gewährleisten kann.[70] Viele andere technische Produkte jedoch, deren Einsatz ebenfalls Auswirkungen auf die informationelle Selbstbestimmung oder die IT-Sicherheit haben könnte, bieten im Zweifel nicht diese Transparenz und bedürfen, möchte man sie untersuchen, bestimmter Techniken, deren Einsatz sich in einer Grauzone befinden könnte. Sofern IT-Sicherheitsforschung aufgrund von vermeidbaren Haftungsrisiken unterbleibt, kann neben flankierenden Prozessen in den Forschungseinrichtungen eine Änderung rechtlicher Rahmenbedingungen erwünscht und geboten sein.

Literatur

von Bargen, Joachim: Wissenschaftliche Redlichkeit und zentrales hochschulinternes Verfahrensrecht, JZ 2013, S. 714-723.

Brodowski, Dominik: (Ir-)responsible disclosure of software vulnerabilities and the risk of criminal liability, it – Information Technology 2015, S. 357-365.

Cavusoglu, Hasan/Cavusoglu, Huseyin/Raghunathan, Srinivasan: Emerging Issues in Responsible Vulnerability Disclosure, WEIS 2005.

Eisenbarth, Thomas/Kasper, Timo/Paar, Christof: Sicherheit moderner Funktüröffnersysteme, DuD 2008, S. 507-510.

Gamero-Garrido, Alexander/Savage, Stefan/Levchenko, Kirill/Snoeren, Alex C.: Quantifying the Pressure of Legal Risks on Third-party Vulnerability Research, CCS'17, Proceedings of the 2017 ACM SIGSAC Conference on Computer and Communications Security 2017, S. 1501-1513.

Gless, Sabine/Janal, Ruth: Hochautomatisiertes und autonomes Autofahren – Risiko und rechtliche Verantwortung, JR 2016, S. 561-575.

Gomille, Christian: Herstellerhaftung für automatisierte Fahrzeuge, JZ 2016, S. 76-82.

Hawellek, Christian: Die strafrechtliche Relevanz von IT-Sicherheitsaudits, Hannover 2016.

Householder, Allen D./Wassermann, Garret/Manion, Art/King, Chris: The CERT® Guide to Coordinated Vulnerability Disclosure, SPECIAL REPORT CMU/SEI-2017-SR-022, August 2017.

---

[70] Vgl. Joint Statement on Contact Tracing, v. 19.4.2020, https://cispa.saarland/de/2020/04/20/joint-statement-on-contact-tracing.html; Erklärung von Kanzleramtsminister Helge Braun und Bundesgesundheitsminister Jens Spahn zur Tracing-App v. 26.4.2020, https://www.bundesgesundheitsministerium.de/presse/pressemitteilungen/2020/2-quartal/tracing-app.html (abgerufen 28.6.2020).

König, M. Michael: Zur Zulässigkeit der Umgehung von Software-Schutzmechanismen, NJW 1995, S. 3293-3295.

Krüger, Jochen/Sorge, Christoph/Vogelgesang, Stephanie: IT-Forscher als potentielle Straftäter?, IRIS 2019, S. 529-536.

Kusnik, Katharina: Hände weg von der Handysperre?, CR 2011, S. 718-721.

Meyer-Spasche, Georg/Störing, Marc/Schneider, Adrian: Strafrechtlicher Schutz für Lizenzschlüssel, CR 2013, S. 131-136.

Maunz, Theodor/Dürig, Günter (Begr.): Grundgesetz-Kommentar, 90. EL, München 2020.

Ohly, Ansgar: Das neue Geschäftsgeheimnisgesetz im Überblick, GRUR 2019, S. 441-451.

Popp, Andreas: Computerstrafrecht in Europa, MR-Int 2007, S. 84-88.

Pupillo, Lorenzo/Ferreira, Afonso/Varisco, Gianluca: Software Vulnerability Disclosure in Europe Technology, Policies and Legal Challenges, Report of a CEPS Task Force, June 2018.

Richter, Andreas (Hrsg.): Stiftungsrecht, München 2019.

Rockstroh, Sebastian/Kunkel, Hanno: IT-Sicherheit in Produktionsumgebungen, MMR 2017, S. 77-82.

Schockenhoff, Martin: Compliance im Verein, NZG 2019, S. 281-291.

Schumann, Kay H.: Das 41. StrÄndG zur Bekämpfung der Computerkriminalität, NStZ 2007, S. 675-680.

Shepherd, Stephen: How do we define Responsible Disclosure?, SANS Institute 2003.

Spindler, Gerald: IT-Sicherheit und Produkthaftung – Sicherheitslücken, Pflichten der Hersteller und der Softwarenutzer, NJW 2004, S. 3145-3150.

Spindler, Gerald: Digitale Wirtschaft – analoges Recht: Braucht das BGB ein Update?, JZ 2016, S. 805-816.

Stober, Rolf/Ohrtmann, Nicola (Hrsg.): Compliance: Handbuch für die öffentliche Verwaltung, Stuttgart 2015.

Tomiak, Lucas: Die Verhältnismäßigkeit der Strafen in der Rechtsprechung des EGMR, ZStW 2018, S. 804-827.

Vassilaki, Irini E.: Das 41. StrÄndG – Die neuen strafrechtlichen Regelungen und ihre Wirkung auf die Praxis, CR 2008, S. 131-136.

Wagner, Manuela: IT-Sicherheitsforschung in rechtlicher Grauzone – Lizenz zum Hacken, DuD 2020, S. 111-121.

Wagner, Manuela: Hacken im Dienst der Wissenschaft: Proaktive IT-Sicherheitstests im Angesicht des Strafrechts, PinG 2020, S. 66-77.

Welp, Jürgen: Datenveränderung (§ 303a StGB) – Teil 1, IuR 1088, S. 443-449.

„LEGAL TECH" – BEGRIFFSFINDUNG UND KLASSIFIZIERUNG

Robin Christopher Schoss

PLANIT//LEGAL, Hamburg
robin.schoss@planit.legal

Zusammenfassung

„Legal Tech" ist in aller Munde, egal ob als Investitions-Objekt, Symbol der Digitalisierung des Rechts oder als vermeintlicher Garant für den Durchbruch neuartiger Geschäfts- und Beratungsmodelle. Der Begriff ist vermeintliches Alleinstellungsmerkmal, Projektionsfläche und Hoffnungsträger zugleich, wird jedoch allzu oft inflationär und in bester „Clickbait"-Manier verwendet.

Der Autor vermisst bei der bisherigen Verwendung des Begriffs jegliche Klarheit bezüglich dessen Definition und Reichweite. Klar ist: Legal Tech liegt irgendwo zwischen Faxgerät und Allzweck-KI. Wo genau und welche Anforderungen vernünftigerweise an das „Prädikat" Legal Tech zu stellen sind, erörtert der Autor diesem Beitrag.

Dabei wird ein vergleichender Blick auf ein analoges Themenfeld – selbstfahrende Autos auf der Basis von KI und maschinellem Lernen – geworfen und ein hieran angelehntes Bewertungsmodell für Legal Tech-Produkte entwickelt.

1   Einführung

Das Thema Legal Tech wirft zurzeit viele Fragen auf: „Was ist Legal Tech?" geht dabei logisch den Verständnisfragen „Wofür brauche ich Legal Tech?" oder „Welches Problem löst Legal Tech?" und der oftmals alles entscheidenden unternehmerisch-ökonomischen Frage, „Wie viel Zeit, Geld und Aufwand spare ich mir durch Legal Tech, und sinkt eigentlich meine Fehlerquote?" zwingend vor.

Dieser Beitrag soll helfen, den Antworten auf diese Fragen eine methodische Grundlage zu verschaffen und einen methodischen Ansatz zu begründen. Dazu wird zunächst die oben begonnene Bestandsaufnahme fortgesetzt (Abschnitt 2). Anschließend wird der Versuch einer rechtlichen Definition von Legal Tech unternommen (Abschnitt 3) und eine eigene Methodik zur Klassifizierung der verschiedenen Produkt-Kategorien von Legal Tech-Tools vorgenommen (Abschnitt 4).

2   Legal Tech: Eine kurze Bestandsaufnahme

Spätestens im Jahr 2020 gelang dem Begriff und der „Methode" Legal Tech der Durchbruch: Viele Unternehmen und Kanzleien bewerben sich heute damit, Legal Tech einzusetzen oder zu entwickeln. Damit erhält der Begriff Legal Tech eine weitere Meta-Dimension: Er bezeichnet nicht nur eine Art von Software nach dem Sinn oder Zweck ihres Einsatzgebietes,[1] sondern auch den gesamten „Hype" in und um deren Dunstkreis. So kann der Begriff einerseits für Technologieoffenheit und Innovation, andererseits für Networking-Gelegenheiten und Interessenvereinigungen stehen. Daher lohnt sich an dieser Stelle eine kurze Bestandsaufnahme der Verwendung des Begriffs, um dessen Mangel an Trennschärfe zu illustrieren.

2.1 Legal Tech als Kanzlei-Aushängeschild

Keine Kanzlei kann es sich im Kampf um Nachwuchs und Mandanten vermeintlich noch leisten, ohne eigenen Legal Tech-Podcast,[2] Legal Tech-Knowledge Lawyer,[3] Legal Tech-Projektgruppen[4] oder gar eigene Legal Tech-Produkte[5] aufzutreten. Legal Tech ist zum Aushängeschild geworden und steht insoweit auf einer Linie mit Internationalität, Frauenförderung, Diversity und Teilzeitmodellen.

Dabei regt sich jedoch Skepsis: In einem Geschäftsfeld, in welchem (jedenfalls auf den höheren Ebenen) nach Zeit und Aufwand (und nicht pauschal anhand des Gegenstandswertes) abgerechnet wird, ist es auf den ersten Blick schleierhaft, wieso wertvolle „billable"-Zeit durch Legal Tech-Tools eingespart werden sollte.

2.2 Legal Tech als Kern des Geschäftsmodells

Auch die Berater-, Software- und IT-Branchen haben das Geschäftsfeld für sich entdeckt. Zwar gibt es Software-Produkte, die auf juristische Berufe zugeschnitten sind, schon seit den 90er-Jahren, als Personal Computer begannen, die Schreibtische der Anwälte zu erobern. Der Gedanke, dass ein technisch gut ausgestatteter Anwalt neben Word, Outlook und ggf. Kanzleisoftware noch auf weitere Tools Zugriff haben sollte, ist neu (und zwar so neu, dass er teils immer noch als exzentrisch verschrien wird).

Einige Unternehmen und Startups haben sich nun aber allein dem Geschäftsmodell Legal Tech verschrieben. Dabei reichen die Angebote von

---

[1] Siehe hierzu unten bei Abschnitt 3.2.

[2] Siehe nur die Übersicht bei https://open.spotify.com/search/legal%20tech/shows.

[3] Häufig unter kreativen Titeln wie „Head of Legal Process & Development" oder "Global Head of Innovation Architecture", vgl. https://www.artificiallawyer.com/2019/02/15/british-legal-technology-forum-line-up-confirmed/.

[4] Z.B. das „Freshfields Lab", siehe https://www.freshfields.com/en-gb/about-us/connected-innovation/freshfields-lab/.

[5] Vgl. https://www2.deloitte.com/no/no/pages/legal/articles/cash-repatriation-tool. html.

Tools zur Entscheidungsautomatisierung[6] über Social-Media-Chatbots[7] bis hin zu „digitalen automatisierten" Vertragsvorlagen.[8]

Dabei ist eine hohe Granularität zu beobachten: Nach bester Startup-Manier[9] konzentrieren sich diese Unternehmen auf einzelne, hoch spezialisierte Anwendungen, ohne dabei einen Generalisten-Ansatz zu verfolgen. Konglomerate oder marktbeherrschende Monopolisten haben sich (noch) nicht herausgebildet: Das könnte sich mittels einiger weniger, strategischer Übernahmen dieser Unternehmen jedoch schnell ändern.

2.3 Legal Tech als Networking-Event

Zahlreiche Events, unter anderem „Hackathons", z.B. der jährliche Global Legal Hackation,[10] die jährliche Berlin Legal Tech Hackathon & Conference[11] und andere Industriemessen und ähnliche Events[12] Dienen der Legal Tech-„Szene" als Austauschort und Bühne zugleich. Dabei schafft das Thema eine weitere Schnittstelle zwischen Rechtsanwendern, Beratern und ihren Mandanten, um Herausforderungen aufzuzeigen und mit einem innovativen Lösungsansatz zu begegnen.

2.4 Legal Tech in Lehre, Verwaltung und Rechtsprechung?

Eine Betrachtung von Legal Tech-Projekten im Bereich der öffentlichen Verwaltung und den Gerichten muss hier außen vorbleiben. Das liegt zum einen an der Begrenzung des Umfangs dieses Beitrags und zum anderen an dem Umstand, dass die technische Ausstattung der meisten Gerichte und Behörden noch auf (oder ggf. knapp unter) dem Legal Tech-Level 0 liegt.[13]

Nach Erfahrung des Autors besteht selbst die Umsetzung der beA-Software in den meisten Gerichten noch darin, dass die entsprechenden Schriftsätze ausgedruckt (!), mit Posteingangsstempeln versehen und anschließend in Papierakten überführt werden.[14] Ob dies eine Ausprägung

---

[6] Wie bspw. vom Unternehmen BRYTER angeboten, siehe https://bryter.io/.

[7] Wie etwa vom Unternehmen Codiac angeboten, siehe https://www.codiac.de/.

[8] Wie vom Unternehmen LAWLIFT angeboten, vgl. https://de.lawlift.com/.

[9] Ziel ist schließlich der „Exit", d.h. die Übernahme durch einen Konkurrenten oder strategischen Investor mit entsprechender Kriegskasse.

[10] Vgl. https://globallegalhackathon.com/.

[11] Vgl. https://berlinlegal.tech/center/.

[12] Vgl. etwa https://www.hackathon.com/event/---legal-tech-hackathon-36096605920. Auch das Freshfields Lab führt seinen eigenen Hackathon durch, siehe http://news.freshfields.com/r/Global/r/5642/erfolgreicher_legal_hackathon_im_freshfields_lab.

[13] Siehe zu dieser hier entwickelten Klassifikation unten bei Abschnitt 4.2.2.1.

[14] Siehe für einen Praxisbericht etwa https://www.rechtsanwalt-schwartmann.de/bea-papier verschwendung/.

von Ablehnung gegenüber der Digitalisierung der Rechtspflege ist oder ob es sich einfach um ein Ausstattungsproblem der Gerichte[15] handelt, kann dahinstehen. Es ist jedenfalls nicht ersichtlich, dass sich öffentliche Verwaltung oder Gerichte in naher Zukunft an der vordersten Front der Legal Tech-Revolution wiederfinden werden.[16]

Auch in der staatlichen[17] juristischen Ausbildung ist Legal Tech bisher kaum angekommen. Hier werden Reformen,[18] Studenteninitiativen und Law Clinics langsam aber sicher Abhilfe schaffen müssen.[19]

3 Eine taugliche, rechtliche Definition von Legal Tech

Es sind bereits einige Versuche unternommen worden, den Begriff Legal Tech in juristischer Manier (d.h. mit subsumierbaren Tatbestandsmerkmalen) zu definieren: Einig sind sich die Definitionen darin, dass (1.) „Technologie" eingesetzt wird, um (2.) „juristische Arbeitsprozesse" oder „-abläufe" zu (3.) „vereinfachen" oder zu „ersetzen".[20]

All diese Definitionsversuche lassen aber eine gewisse Präzision vermissen und unterscheiden vor allem nicht hinsichtlich des (nach dem Dafürhalten des Autors entscheidenden) Funktionsumfangs der Legal Tech-Tools. Nachstehend soll daher ein eigener Ansatz auf Basis der klassischen Auslegungskanones (Wortlaut, Systematik, Telos und Historie) aufgezeigt werden.

3.1 Wortlaut: Auch ein Bleistift ist Legal Tech

Nach den oben herausgearbeiteten Tatbestandsmerkmalen sind auch Bleistifte und Faxgeräte „Legal Tech": Es handelt sich um Technologien (auch der Bleistift musste erfunden werden), die juristische Arbeitsprozesse „vereinfachen". Diese Erkenntnis hilft nur insofern weiter, als sie illustriert,

---

[15] Vgl. insoweit auch die Berichterstattung zum Totalausfall des Berliner Kammergerichts nach einer Trojaner-Attacke Ende 2019, statt aller https://www.lto.de/recht/justiz/j/kg-b erlin-cyber-angriff-trojaner-virus-offline/.

[16] Ein kleiner Lichtblick war insofern der (gleichwohl punktuelle) Einsatz von Videokonferenz-Technologien im Rahmen der Corona-Krise Anfang 2020, vgl. https://rsw.bec k.de/ aktuell/daily/meldung/detail/wegen-corona-gerichte-setzen-auf-video-verhandlung en.

[17] Von einigen Angeboten privater Schulen oder Sommerakademien abgesehen.

[18] Auch die Bemühungen, das Staatsexamen endlich am PC anzubieten, gehen nur schleppend voran, vgl. https://www.lto.de/recht/studium-referendariat/s/jura-staatsexamen-digital-klausuren-computer-antrag-buergerschaft-hamburg/, https://www.hamburg.de/pre ssearchiv-fhh/13522598/2020-01-23-jb-digitales-staatsexamen/.

[19] Instruktiv hierzu *Buchholtz*, JuS 2017, S. 955.

[20] Für eine kleine Übersicht über die bisherigen Ansätze, vgl. https://legal-tech-verzeichnis.d e/legal-tech-definition/.

dass der Begriff „Legal Tech" dem Wortlaut nach unendlich weit gedehnt werden kann und entsprechend eingegrenzt werden muss.

3.2 Telos: Spart gesparte Zeit auch Kosten?

Sinn und Zweck von Legal Tech ist wohl das Vereinfachen, die Verschnellerung und die Simplifizierung von Geschäftsabläufen in Anwaltskanzleien, Gerichten, Notariaten und Behörden. Kurzum: Durch Steigerung der Effizienz von bestimmten Abläufen sollen Zeit und Kosten gespart und Fehler minimiert werden.

Hier schneidet sich der Anwender (nicht aber der Erfinder) von Legal Tech-Lösungen ggf. ins eigene Fleisch: Zeitersparnis dürfte in einer Branche, die nach Zeit abrechnet, eigentlich nicht (oder nur in Maßen) gewollt sein.[21] Großkanzleien setzen solche Tools heute also nur zum groben Vorsortieren ein und lassen die Ergebnisse von TSLs (Transaction Support Lawyers) und (Junior-)Associates überprüfen.

Wie noch gezeigt werden wird, dürfte das „Endgame" von Legal Tech ggf. sogar darin liegen, die Branche der Rechtsanwendung bis zur Unkenntlichkeit zu transformieren oder ggf. sogar überflüssig zu machen.[22] Der Sinn und Zweck von Legal Tech scheint also (im Endeffekt) etwas widersprüchlich[23] oder zumindest aus jetziger Sicht unklar zu sein: Hier ist noch vieles im Fluss, sodass auch der Telos wenig Aufschluss über das wahre Wesen von Legal Tech zu geben scheint.

3.3 Systematik: Weiß das Gesetz von Legal Tech?

Technologien, deren interne Entscheidungsabläufe die „Rechtswirklichkeit" betreffen und formen (und mithin ggf. Rechtsgüter von Rechtssubjekten tangieren können), finden in der Gesetzessystematik bereits an einigen Stellen Erwähnung. So regelt etwa § 1a StVG „Kraftfahrzeuge mit hoch- oder vollautomatisierte Fahrfunktion",[24] die sich unter anderem als solche KFZ definieren, die in der Lage sind „an die Fahrzeugführung gerichteten Verkehrsvorschriften zu entsprechen". Hier sah der Gesetzgeber also bereits die Möglichkeit, dass eine technische Einrichtung autonome Entscheidungen über das Einhalten oder Nicht-Einhalten von rechtlichen Vorschriften trifft.

---

[21] Vgl. oben bei Abschnitt 2.1.

[22] Siehe unten bei Abschnitt 4.1.

[23] Denn warum sollte Legal Tech sich sein eigene Geschäftsfelds verlustig machen wollen?

[24] Zu der Analogie aus diesem speziellen Rechtsgebiet kehrt der Autor wieder zurück in Abschnitt 4.2.

Auch in der DSGVO finden sich hierzu Regelungen: der datenschutzrechtlich Betroffene wird in Art. 22 DSGVO besonders vor den Auswirkungen von „automatisierte[r] Verarbeitung – einschließlich Scoring" geschützt. Dem zugrunde liegt die Überlegung, dass keine betroffene Person einer „Entscheidung" ausgesetzt sein sollte, die „ausschließlich auf einer automatisierten Verarbeitung beruht und die rechtliche Wirkung für die betroffene Person entfaltet".[25]

Der Gesetzgeber scheint sich also bewusst zu sein, dass es Technologien gibt und geben wird, die aus technischen Abläufen heraus Rechtstatsachen schaffen und hat ein entsprechendes Regelungsbedürfnis erkannt. Daraus lässt sich für die Definition von Legal Tech folgern, dass jedenfalls solche Technologien auch Legal Tech sind, die mit mehr oder weniger unmittelbarer Rechtswirkung nach außen tätig werden.

Das autonome KFZ, das sich für oder gegen (rechtlich äußerst relevante) Kollisionen entscheiden muss, entfaltet hierbei schon jetzt wesentlich mehr „Rechtswirkungen" als die „genuinen" Legal Tech-Produkte wie Vertragsanalyse-Tools oder Fluggastrechte-Websites.

Ebenfalls in die „systematische" Kategorie gehören die momentanen gerichtlichen Auseinandersetzungen um die Begriffe der „Rechtsdienstleistung" und der „Inkassodienstleistung" in Bezug und im Sinne einer Abgrenzung von Legal Tech Produkten.[26]

3.4 Historie: Kommt die Legal Tech-Singularität?

Die Historie von Legal Tech-Tools ist gleichzeitig die jüngere Geschichte des Siegeszuges der elektronischen Datenverarbeitung. Genauso wie sich, nach *Moore's Law*, die effektive Rechenkapazität des jeweils modernsten Chips alle paar Jahre verdoppelt, hat auch Legal Tech einen Quantensprung hinter sich: Von der Faxmaschine zu teil-autonomen, auf Maschinenlernen basierten Vertragsanalysetools vergingen nur wenige Jahrzehnte. Verglichen mit den knapp 30 Jahren, die zwischen dem ersten Entwurf der Miquel-Lasker-Vorkommission 1874 und dem Inkrafttreten des BGB im Jahr 1900 vergingen, ist dies ein kometenhafter Aufstieg.

---

[25] Vgl. ErwG 71 „Profiling", S. 1.

[26] Eine Darstellung dieses Sachverhaltes würde diesen Beitrag sprengen. Die Abgrenzung von Legal Tech-Dienstleistungen zu den Begriffen „Rechtsdienstleistung" oder „Inkassodienstleistung" ist aber dennoch für die Begriffsfindung wertvoll. Zur Verschaffung einer Übersicht über das Thema auch aus berufsrechtlicher Sicht, siehe daher zuletzt *Krenzler*, BRAK Mitteilungen 2020, S. 119. Für die vertiefte Lektüre vgl. BGH, Urt. v. 27.11.2019 – VIII ZR 285/18, NJW 2020, 208; sowie OLG Köln, Urt. v. 8.10.2019 – 33 O 35/19, K&R 2019, 812. Siehe hierzu auch die Berichterstattung bei https://www.legal-tech.de/smartlaw-urteil-olg-koeln-erklaert-vertragsgenerator-fuer-zulaessig/.

Das zeigt, dass sich Legal Tech auch durch das exponentielle Wachstum an Angeboten und deren Leistungsfähigkeit definieren muss.

4 Eine Methodik zur Kategorisierung von Legal Tech

Bisher sind nur sehr wenige methodisch durchdachte und abstrakt formulierte Evaluierungen und Einordnungen von Legal Tech-Produkten versucht worden. Auf Grundlage der soeben herausgearbeiteten Kriterien und Betrachtungsweisen soll dieser Versuch hier erneut unternommen werden.

Die Definition von Legal Tech ist insoweit Teil ihrer Kategorisierung: Da alles zwischen Bleistift und Allzweck-KI „Legal Tech" sein kann, lohnt sich eine differenziertere Betrachtungsweise als es die Definition „Technologie, die Anwälten das Leben einfacher macht" leisten kann.

4.1 Oliver Goodenough's Ansatz

Bereits 2015 schlug *Oliver Goodenough*, Jura-Professor an der Vermont Law School, eine Klassifizierung von Legal Tech-Produkten in folgendes Schema vor:[27]

1. **Legal Tech 1.0**: Auf diesem Level (bzw. diesem Entwicklungsgrad) „ermächtigen" die Legal Tech Tools die Anwender „im bestehenden System". *Goodenough* nennt als Beispiele Dokumentensysteme, E-Discovery und „computergestütze" Recherche. Sie ermöglichen eine schnellere Abarbeitung bestehender Aufgabenstellungen für Juristen.
2. **Legal Tech 2.0**: Auf dem nächsten Level „ersetzt" die Technologie den Menschen „im bestehenden System" und wird erstmals „disruptiv": Juristische Laien können Tools aus dieser Legal Tech-Generation völlig autonom zur Vertragsgestaltung einsetzen, ohne die „verhassten Anzugträger" aus der Rechtsabteilung zu Rate ziehen zu müssen. Am Ende dieser Skala-Sprosse werden Juristen als Rechts*anwender* überflüssig und füttern nur noch die Legal Tech-Tools mit Daten und Strukturen.
3. **Legal Tech 3.0**: Durch die „Macht der Technologie" wird auf diesem Level das „bestehende System" völlig obsolet und muss neu gedacht werden: Hier werden ganze Gesetze (als Beispiel wird der Internal Revenue Code, entspricht etwa der Abgabenordnung, genannt) statt in „Sprache" in „Code" umgesetzt und führen sich – quasi als „Smart Contracts" – selbst aus.

Goodenough sah bereits 2015 ein „schnelles Zuschreiten" auf Legal Tech 3.0 – dieser Einschätzung kann der Autor allerdings nicht folgen (und sie auch kaum nachvollziehen).

---

[27] *Goodenough*, Legal Technology 3.0, https://www.huffpost.com/entry/legal-technology-30_b_6603658.

Die Effekte von Legal Tech 2.0 – Rechtsabteilungen und Rechtsanwender werden weitgehend entbehrlich gemacht – ist auch 2020 noch in weiter Ferne. Von haftungsrechtlichen Risiken ganz zu schweigen existieren die hierfür notwendigen Tools schlicht und ergreifend (noch) nicht.

Es ist daher nicht ersichtlich, dass ein Überschreiten der Schwelle zur Legal Tech-„Transzendenz" 3.0 kurz bevorstünde: Wer auf den „Systemwechsel" wartet, müsste sich also noch etwas gedulden und damit Vorlieb nehmen, innerhalb der bestehenden Rechtsordnung besser, genauer und schneller zu arbeiten.

4.2 Eigener Ansatz: Eine Legal Tech Klassifikation in 6 Leveln

Hier soll daher ein Ansatz mit höherer Granularität gefunden werden. Zentrales Merkmal der Betrachtung und Abgrenzungskriterium für die Klassifizierung ist dabei der Funktionsumfang des jeweiligen Legal Tech-Tools. Zwar wirkt sich dieser auf die Zielgruppe, finanzielle Erwägungen und das „System" als solches aus, allerdings nur mittelbar.

Die Abgrenzung muss daher zum einen anhand der Funktionen, die das jeweilige Tool bietet, erfolgen. Zum anderen können Parallelen gezogen werden zu bekannten Berufsstadien (Praktikant, Referendar, Anfänger, Experte), um den „Reifegrad" des jeweiligen Tools anschaulich zu machen.

4.2.1 Das Vorbild: SAE's Levels of Driving Automation

Als Vorbild für eine Methode zur Einordnung von Automatisierungs-Funktionen auf Basis von KI soll hier nun das SAE J3016 „Levels of Driving Automation"[28]-Schema dienen.

Dabei werden die möglichen Grade der Automatisierung von KFZ in 5 Level unterteilt, wobei nach den Kriterien des Funktionsumfangs und des Umfangs des Aufwands des Fahrers (um ggf. einzugreifen) unterschieden wird und jeweils Feature-Beispiele genannt werden:

---

[28] Auf dem Stand von Juni 2018, siehe https://www.sae.org/standards/content/j3016_2018 06/.

Levels of Driving Automation Taxonomie, © SAE International 2018

4.2.2 Anwendung des Vorbilds: Legal Tech Levels

Basierend auf diesem Vorbild kann folgende Klassifikation für Legal Tech Produkte vorgeschlagen werden:

Legal Tech-Level	Voraussetzungen/Funktionsumfang
0	Erleichtert die juristische Arbeit durch gewisse Hilfestellungen, erzeugt aber keine juristischen Inhalte. Bereits allgegenwärtig in rudimentären Technologien wie Rechtschreib- und Grammatikprüfungen.
1	Verarbeitet große Datenmengen in einer kürzeren Zeit, hat dabei aber kein Kontextbewusstsein. Beschleunigt Abläufe in engen, vorgegebenen Szenarien und Situationen, wobei der Input vorgegeben bzw. vorbereitet und der Output streng kontrolliert bzw. erst noch in den jeweiligen Kontext eingebettet werden muss.
2	Fortgeschrittene Tools, die Techniken wie Verarbeitung natürlicher Sprache oder maschinelles Lernen einsetzen. Erarbeitet mit entsprechendem Input aus relativ einfachen Sachverhalten einzelne, brauchbare Textbausteine, statistische Analysen oder inhaltliche Zusammenfassungen. Zeitgenössische Vertrags-Analyse-Tools erreichen diese Schwelle schon. Arbeitet in etwa auf dem Niveau eines Praktikanten oder Referendars.
3	Verfügt über begrenztes Kontext-Bewusstsein. Ist erstmals in der Lage, organischen Input (z.B. Schriftsätze, Recherchequellen) zu einem dynamischen Output (z.B. Memo, Schriftsatz, Gutachten) zu verarbeiten. Arbeitet in etwa auf dem Niveau eines Referendars oder Rechtsanwaltsfachangestellten.
4	Erstellt auf Grundlage umfassenden Kontext-Bewusstseins bereits komplette, ausformulierte, dynamische juristische Schriftsätze oder Texte. Arbeitsergebnisse müssen aber immer noch händisch überprüft werden. Arbeitet in etwa auf dem Niveau eines Berufsanfängers.
5	Erarbeitet völlig eigenständig Lösungen für komplexe, juristische Probleme, die nicht mehr händisch überprüft werden müssen. Arbeitet auf dem Niveau eines extrem erfahrenen, interdisziplinären, polyglotten Anwalts oder Richters (daher eigentlich eine „General Artificial Intelligence").

4.2.2.1 Legal Tech Level 0

Jeder Anwalt (und teilweise sogar die Justiz und öffentliche Verwaltung) mit rudimentärster EDV-Ausstattung arbeitet heute bereits auf Legal Tech Level 0: die Funktionen einfachster, grundlegender Übertragungstechnologien (Drucker, E-Mail, Fax-Telefon, beA), sowie einfach gestrickter inhaltlicher Software zur Überprüfung anwaltlicher Korrespondenz (Rechtschreib- und Grammatikprüfung, die man etwa mit der „lane departure warning" vergleichen könnte) erfüllen die niedrigsten denkbaren Anforderungen an solche technischen Hilfsmittel.

4.2.2.2 Legal Tech Level 1

In diese Kategorie gehören Legal Tech-Lösungen, die eine Arbeitsersparnis um mehrere Faktoren bringen: Eine Legal Tech-Lösung auf Level 1 verarbeitet große Datenmengen in einer kürzeren Zeit, hat dabei aber kein Kontextbewusstsein, schlägt keine Ergebnisse (außer ggf. Statistiken) vor und produziert keine Inhalte, die nicht schon in simplen State-Machine[29] vorgegeben wären.

Solche Tools beschleunigen also zwar Abläufe, allerdings nur in engen, vorgegebenen, „hard-gecodeten" Szenarien und Situationen, wobei der Input vorgegeben bzw. vorbereitet und der Output streng kontrolliert bzw. erst noch in den jeweiligen Kontext eingebettet werden muss.

Hierunter fallen simple sowohl Batch-Processing-Tools ("Serienbriefe"), als auch Literatur- und Fußnotenverwaltungsprogramme (mit entsprechender Datenbankanbindung und funktionaler Integration in den Text-Editor) oder rudimentäre „Wenn Dann"-Skripte mit limitiertem Input.[30]

4.2.2.3 Legal Tech Level 2

Bei diesem Level handelt es sich bereits um fortgeschrittene Tools, die über simplen User-Input hinaus Techniken wie die programmatische Verarbeitung natürlicher Sprache oder maschinelles Lernen einsetzen. Ein solches Tool erarbeitet (mit entsprechendem, ggf. „vorgekautem" Input) aus relativ einfachen Sachverhalten einzelne, brauchbare Textbausteine, statistische Analysen oder inhaltliche Zusammenfassungen.

Zeitgenössische Vertragsanalyse-Tools erreichen diese Schwelle schon fast. Ein Legal Tech Level 2-Tool arbeitet in etwa auf dem Niveau eines Praktikanten oder wissenschaftlichen Mitarbeiters (nur schneller und platzsparender, wohl aber nicht günstiger).

Die Legal Tech-Levels 0 bis einschließlich 2 entsprechen dabei *Goodenough's* Legal Tech 1.0, wobei auf Level 2 die Grenze zu Legal Tech 2.0 verschwimmt. Nach dem hiesigen Ansatz hat Level 2 allerdings noch nicht die für *Goodenough's* 2.0 erforderliche „disruptive" Eigenschaft. Es steht nicht zu erwarten, dass Legal Tech-Tools auf Level 2 zu massenhaften Entlassungen auf den unteren Karriererängen oder im Support-Bereich führen würden.

Im Gegenteil ist gerade in Großkanzleien zu beobachten, dass die Kontrolle der Ergebnisse von Vertragsanalyse-Tools (gerade im M&A-Geschäft) noch einmal von einem Heerschaar wissenschaftlicher Mitarbeiter, Referendare oder Transaction Support Lawyers kontrolliert, zusammengefasst oder zumindest quergelesen werden müssen.

---

[29] Etwa nach simplen, vorgegebenen Schemata wie print(*„Anspruch verjährt"* if inputDate1 > (inputDate2 + timedelta(years=3)) else *„Anspruch nicht verjährt"*).

[30] Z.B. eine automatisierte Ersteinschätzung, ob ein Anspruch auf Fluggastrechte besteht.

4.2.2.4 Legal Tech Level 3

Auf Level 3 verfügt ein Legal Tech-Tool bereits über begrenztes Kontext-Bewusstsein. Es ist erstmals in der Lage, organischen Input (z.B. nicht weiter vorbereitete, „vorgekaute" oder manuell eingepflegte Schriftsätze sowie dynamische Recherchequellen) zu einem echten, dynamischen Output (z.B. einem kompletten, schlüssigen Memo, Schriftsatz oder Gutachten) zu verarbeiten. Auf diesem Level arbeitet das Tool in etwa auf dem Niveau eines Referendars.

Die völlige Automatisierung von Tools auf diesem Level erfordert aber bereits die programmatische Anbindung an die „echte" Welt, welche den organischen Input liefert. Das spiegelt die Anforderung des SAE-Level 3 wider: Hier ist die Schwelle erreicht, an der das KFZ die Umgebung so wahrnimmt und versteht, dass es ohne irgendeinen Input des Fahrzeugführers zu eigenständigen Entscheidungen über Richtung und Geschwindigkeit kommen kann.

Wenn aber ein Legal Tech-Tool nicht mehr von menschlichem Input für gewisse Fakten und Informationen abhängig sein soll, braucht es verlässliche, automatische und programmatische Schnittstellen zu diesen Informationen, sog. „Orakel". Nur weil solche Schnittstellen aber bestimmten technischen Anforderungen genügen und für das Legal Tech-Tool auslesbar sind, heißt das nicht, dass die auf diese Art weitergebenen Informationen auch korrekt sind.

Dieses Problem wurde für den Themenbereich „Smart Contracts" bzw. Blockchain-Technologien bereits identifiziert und diskutiert:[31] Solange Datenquellen bzw. deren Programmierschnittstellen und die Übertragung in den jeweiligen Programmcode der Legal Tech-Tools unzuverlässig, fehleranfällig oder gar manipulierbar bleiben, ist auch das Ergebnis von diesen Fehlern befleckt und im Zweifelsfall unbrauchbar.[32] Das aber zerstört das

---

[31] Siehe etwa *Egberts*, The Oracle Problem – An Analysis of how Blockchain Oracles Undermine the Advantages of Decentralized Ledger Systems, https://ssrn.com/abstract=33823 43; Für eine plastische Darstellung mit vielen greifbaren Beispielen, vgl. *Ivanistkiy*, You Do Not Need Blockchain: Eight Popular Use Cases And Why They Do Not Work, https://blog.smartdec.net/you-do-not-need-blockchain-eight-popular-use-cases-and-why-they-do-not-work-f2ecc6cc2129.

[32] Siehe für eine Manifestation dieses Problems ein Experiment, bei dem der Tesla-„Autopilot" durch das Anbringen von falschen Richtungspfeilen auf der Fahrbahn dazu gebracht werden kann, in den Gegenverkehr zu steuern, https://www.cnbc.com/2019/04/03/chine se-hackers-tricked-teslas-autopilot-into-switching-lanes.html.

Grundvertrauen in eine gewisse Unfehlbarkeit (oder wenigstens Verläss-lichkeit) von Legal Tech-Tools auf diesem Niveau und Level. Eine prakti-sche Lösung dieses Problems scheint in weiter Ferne.[33]

Dieses Level entspricht (spätestens) *Goodenough's* Legal Tech 2.0 (hier werden Rechtsanwender in bestimmten Konstellationen praktisch über-flüssig bzw. dienen nur noch der Endkontrolle und dem Training der Algo-rithmen).

4.2.2.5 Legal Tech Level 4

Auf dem nächsten Level erstellt ein Legal Tech-Tool auf Grundlage umfas-senden Kontext-Bewusstseins bereits komplette, ausformulierte dynami-sche juristische Schriftsätze oder Texte. Es hat die tatsächlichen und recht-lichen Beschränkungen der Levels 2 und 3 überwunden.

Nicht überwunden hat es allerdings die „echten" rechtlichen Anforderun-gen, etwa an den Unterzeichner eines Anwaltsschriftsatzes. Die Arbeitser-gebnisse müssen nämlich immer noch händisch überprüft und abgesegnet werden. Das Tool arbeitet in etwa auf dem Niveau eines Berufsanfängers, indem es zwar eigenständig und verlässlich zuarbeitet, jedoch regelmäßig nicht „im eigenen Namen" auftritt. Der Anwender steht weiterhin für das Ergebnis ein.

Level 4 entspricht daher nur vermeintlich *Goodenough's* Legal Tech 3.0: Anders als dort wird hier nicht davon ausgegangen, dass das Fortschreiten der Legal Tech-„Revolution" notwendigerweise einen Kollaps oder Neu-ordnung des Rechtssystems zur Folge haben muss. Vielmehr wird sich die Technologie (zumindest zeitweise) schon aus unternehmerischen Ge-sichtspunkten (mit Legal Tech-Tools, die nicht auf dem Boden der Rechts-ordnung stehen, wird sich kein Geschäftsmodell aufbauen lassen) noch auf die tatsächlichen Gegebenheiten anpassen müssen.

4.2.2.6 Legal Tech Level 5

Das höchste (denkbare) Level 5 der Legal Tech-Skala würde schon fast alle Anforderungen an eine „Artifical General Intelligence"[34] erfüllen: Für die völlige Unabhängigkeit eines menschlichen Anwenders wären autonome Anwendung aller relevanten Rechtsnormen auf allen Gebieten (und ggf. in allen Jurisdiktionen in allen Sprachen) Voraussetzung.

---

[33] Für einen Lösungsansatz vgl. aber *Naveen*, Blockchain smart contracts are finally solving the „oracle problem". Can smart contracts go mainstream now?, https://www.allerin.co m/blog/blockchain-smart-contracts-are-finally-solving-the-oracle-problem-can-smart-con tracts-go-mainstream-now.

[34] Die Voraussetzungen für das Vorliegen einer solchen echten KI sind natürlich im Einzel-nen umstritten. Für eine Übersicht der gängigsten Kriterien und Test-Methoden, vgl. https ://en.wikipedia.org/wiki/Artificial_general_intelligence#Requirements.

Auch dürfte hier eine gewisse (zumindest methodische) Unfehlbarkeit erwartet werden: Die von dem Level 5-Legal Tech-Produkt gelieferten Ergebnisse dürfen zumindest nicht falsch, die Empfehlungen nicht unvertretbar sein. Damit dürfte auch ein menschlicher Anwalt, der auf Level 5 unterwegs wäre, als meisterhafter Jurist gelten.

Auf diesem höchsten Level wird auch klar: Es handelt sich bei der hier vorgeschlagenen um eine exponentielle Skala: Der Programmier- und Rechenzeit-Aufwand nimmt mit jeder Stufe im Vergleich zur vorherigen explosionsartig zu. Ein Legal Tech-Produkt der Stufe 5 bleibt daher auf absehbare Zeit dem Science-Fiction-Genre vorbehalten – selbst ein Level 4-Tool dürfte, zu unseren Lebzeiten, eine Sensation darstellen.

Es bleibt auf diesem Level nur die Frage: Würde eine echte KI mit Ich-Bewusstsein freiwillig Anwalt, Richter oder Berater werden?[35]

5 Fazit und Ausblick

Der Begriff Legal Tech leidet nach Ansicht des Autors unter einer fehlenden Trennschärfe: Wenn man ein Telefon, eine Inkasso-Dienstleistung und eine KI mit ich-Bewusstsein unter diesen selben Begriff fassen kann, fehlt offensichtlich ein wichtiges Unterscheidungsmerkmal.

Zudem wird der Begriff durch groß angelegte Marketing-Aktionen weiter verwässert: Für den Betrieb einer „Legal Tech-Kanzlei" reicht schon der Erwerb weniger Software-Lizenzen. Viele Legal Tech-Lösungen versprechen vermeintlich mehr als sie halten und sind noch in sehr hohem Maße an menschlichen, fachlichen Input und Kontrolle der Ergebnisse gebunden: Handelt es sich bei einigen gängigen oder angekündigten Legal Tech-Lösungen also um „Schachtürken"?[36]

Um sich als Rechtsanwender oder -forscher durch dieses Begriffsdickicht zu schlagen, hilft nur, sich mit den technischen Grundlagen des Themas auseinanderzusetzen und eine fundierte, informierte Erwartungshaltung zu entwickeln.

---

[35] Für das Gedankenexperiment, ob und wie eine KI mit Ich-Bewusstsein ihre auf sich selbst bezogenen Gewährleistungsrechte rechtlich einfordern kann, sei die Lektüre der Asimov-Novelle „The Bicentennial Man" (oder des gleichnamigen Spielfilms mit Robin Williams) empfohlen.

[36] Der Begriff bezeichnet die im 18. Jahrhundert aufgekommenen, vermeintlich mechanischen Schachspieler (bei denen sich der menschliche Spieler nur in einem Kasten versteckte und den Anschein erwecken sollte, dass die Maschine eigenständig handelt), vgl. https://de.wikipedia.org/wiki/Schachtürke.

Der Einführung von Legal Tech-Lösungen stehen aber an vielen Stellen noch „menschliche Aspekte"[37] entgegen, ganz nach dem Motto „Das haben wir noch nie so gemacht, das haben wir schon immer so gemacht, da könnte ja jeder kommen". Der richtige, zukunftsgewandte Ansatz ist also ein Drahtseilakt zwischen technophober, verschlossener Skepsis einerseits und undifferenziertem, effekthascherischem Marketing-Hype andererseits. Wie so oft macht hier das rechte Maß (und der Grad der Informiertheit der eigenen Meinung) den entscheidenden Unterschied.

Literatur

Behr, Michael: Automation im Recht – warum wir es nicht angehen und welches enorme Potenzial ungenutzt bleibt, Rethinking Law 2019, S. 68-71.

Buchholtz, Gabriele: Chancen und Risiken der digitalen Rechtsanwendung, JuS 2017, S. 955-960.

Krenzler, Michael: Der Rechtsdienstleistungsbegriff in Zeiten von Legal Tech, BRAK Mitteilungen 2020, S. 119-123.

---

[37] So etwa bei *Behr*, Rethinking Law 2019, S. 68.

SMART, SMARTER, SMART CONTRACTS – VERTRAGSAGENTEN, BLOCKCHAIN UND AUTOMATISIERTE VERTRAGS-DURCHFÜHRUNG IN DER INDUSTRIE 4.0

Jonas Baumann/Andreas Sesing

Wissenschaftliche Mitarbeiter, Universität des Saarlandes,
ersterer zugl. Research Associate, University of Johannesburg
jonas.baumann@uni-saarland.de/andreas.sesing@uni-saarland.de

Zusammenfassung

Die Automatisierung von Geschäftsprozessen in der Industrie 4.0 ist in vollem Gange. Aus technischer Sicht kristallisieren sich elektronische (Vertrags-)Agenten, Blockchains und Smart Contracts als maßgebliche Bausteine heraus; zur Erreichung maximaler Effizienzsteigerungen erscheint eine Kombination der einzelnen Elemente vielversprechend. Zugleich kommt aber jeder dieser Technologien eine spezifische Funktion zu, die bei der Beantwortung der jeweils aufgeworfenen Rechtsfragen zu berücksichtigen ist. Die funktionsspezifische Analyse der drei Bausteine zeigt, dass ein rechtssicherer Einsatz in der Industrie 4.0 bereits heute möglich ist.

1 Überblick: Drei Bausteine für die Industrie 4.0

Für Industrienationen wie die Bundesrepublik Deutschland ist die Digitalisierung von Wertschöpfungsprozessen, die mit dem Schlagwort „Industrie 4.0" untrennbar verknüpft ist, von zentraler Bedeutung. Als zentrale Bausteine für die Schaffung vernetzter Wertschöpfungsketten in der Industrie 4.0 haben sich in den vergangenen Jahren elektronische (Vertrags-)Agenten, die Blockchain-Technologie und sog. Smart Contracts herauskristallisiert. Der vorliegende, im Rahmen des vom Bundesministerium für Wirtschaft und Energie geförderten Forschungsprojekts „Industrie 4.0 Recht-Testbed"[1] entstandene Beitrag grenzt die unterschiedlichen Bausteine voneinander ab und zeigt die zentralen vertragsrechtlichen Fragen auf, die sich bei deren Einsatz stellen.[2]

2 Zwei Anwendungsfälle

Die Digitalisierung von Geschäftsprozessen betrifft nahezu sämtliche Industriezweige. Besonders profitabel erscheint dabei der Einsatz neuer

---

[1] Informationen zum Forschungsprojekt sind https://www.legaltestbed.org.

[2] Der Beitrag gibt ausschließlich die persönliche Auffassung der Autoren wieder. Alle zitierten Internetquellen wurden zuletzt am 26.6.2020 abgerufen.

Technologien im Anwendungsfall der vernetzten Produktion, hierneben besteht im Bereich von Logistikdienstleistungen erhebliches Potenzial für Optimierung durch Vernetzung.

Die neuen technologischen Komponenten bieten etwa die Möglichkeit, Produktionsprozesse automatisiert zu initiieren, durchzuführen und abzuwickeln.[3] So kann die Bedarfsfeststellung in Unternehmen durch Sensoren realisiert werden. Unter Einsatz elektronischer Agenten wird mit potenziellen Lieferanten verhandelt und gegebenenfalls ein Vertrag über die Lieferung des benötigten Produkts abgeschlossen. In der Organisation des Lieferanten wird der Auftrag automatisiert an die Produktionsabteilung weitergeleitet und sodann der Produktionsprozess ausgeführt. Sobald in der Organisation des Bestellers der Wareneingang festgestellt wird, wird automatisiert der Zahlungsvorgang ausgelöst.

Einen weiteren Anwendungsfall für die Automatisierung von Geschäftsprozessen stellt die computergestützte Initiierung und Abwicklung von Logistikdienstleistungen, z.B. von Frachtverträgen, dar.[4] Sobald ein Warenversender – ggf. automatisiert – einen Transportbedarf feststellt, kann ein elektronischer Agent zur Suche, Verhandlung und ggf. zum Abschluss eines Transportangebotes eingesetzt werden. Wurde der Transport durchgeführt und der Wareneingang beim Empfänger erfasst, kann die Zahlung an den Logistikdienstleister automatisiert ausgelöst werden.

3 Vertragsschlüsse durch elektronische Agenten

Einen wesentlichen Baustein der Automatisierung von Geschäftsprozessen bilden die Aushandlung und der Abschluss von Vertragsbeziehungen durch sog. elektronische Agenten. Der Einsatz von elektronischen Agenten in der Industrie 4.0 wirft zahlreiche Rechtsfragen auf: Jenseits etwaiger Überlegungen zum rechtlichen Status von Agenten[5] werden die rechtliche Anerkennung sowie Zurechnung und Anfechtbarkeit von Agentenerklärungen diskutiert.

---

[3] Siehe zum Einsatz autonomer, vernetzter Maschinen in Produktionsstraßen etwa *Heuer-James/Chibanguza/Stücker*, BB 2018, S. 2818 (2820).

[4] Insoweit wird teilweise der Begriff „Logistik 4.0" verwendet, *Wulf/Burgenmeister*, CR 2015, S. 404.

[5] Nicht weiter verfolgt wird hier der mit dem Schlagwort der „ePerson" verbundene Ansatz, Agenten eine eigene Rechtspersönlichkeit zuzubilligen (dagegen auch *Cornelius*, MMR 2002, S. 353 (354); *Müller-Hengstenberg/Kirn*, MMR 2014, S. 307; *Sorge*, Softwareagenten, S. 33 ff.; a. A. *Wettig/Zehendner*, The Electronic Agent: A Legal Personality under German Law?, www.wettig.info/biometrie_uni_jena-s/el_agent-legal_personality_under_german_law20030624.pdf, S. 9.

3.1 Begriff und Funktion elektronischer Agenten

Bereits der Begriff des (elektronischen) Agenten ist nicht eindeutig. In der informationstechnischen Literatur werden Agenten etwa folgendermaßen definiert: *„An agent is a computer system that is situated in some environment, and that is capable of autonomous action in this environment in order to meet its design objectives".*[6] Für die Einordnung als intelligenter Agent wird darüber hinaus gefordert, dass dieser proaktiv und reaktiv operiert sowie interaktionsfähig ist.[7]

In der juristischen Literatur wird teilweise der Begriff des elektronischen Agenten verwendet.[8] Hierneben ist – wenngleich ohne Unterschied in der Sache – auch der Begriff des autonom agierenden Agenten gebräuchlich,[9] wohl am weitesten verbreitet ist der Begriff des „Softwareagenten".[10] Gemeint sind hiermit Computerprogramme, die für ihre Nutzer tätig werden, bestimmte Aufgaben erfüllen und dabei einen gewissen Grad an Intelligenz besitzen, wodurch die Agenten ihre Aufgaben teilautonom durchführen, den jeweiligen Nutzer gegenüber Dritten repräsentieren und sinnvoll mit ihrer Umwelt interagieren können.[11]

3.2 Elektronische Agenten in der Industrie 4.0

Die beiden letztgenannten Merkmale – Repräsentation des Nutzers und selbstständige Interaktion mit der Umwelt – sind es, die Agenten für den Einsatz in Geschäftsprozessen der Industrie 4.0 attraktiv erscheinen lassen. So erscheint der Einsatz von Agenten zur Wahrnehmung anderer Aufgaben und Funktionen im Rahmen automatisierter Vertragsbeziehungen denkbar, etwa zur Dokumentation von tatsächlichen Vorgängen (z.B. Wareneingang), zur Initiierung von Handlungen (z.B. Auslösung von Zahlungsvorgängen) sowie zur Abgabe rechtlicher Erklärungen innerhalb bestehender Vertragsbeziehungen (z.B. Mängelanzeige, Mahnung).

---

[6] *Woolridge*, MultiAgent Systems, S. 21; hierauf bezugnehmend auch *Sorge*, Softwareagenten, S. 7.

[7] *Woolridge*, MultiAgent Systems, S. 26 f.; *Sorge*, Softwareagenten, S. 7 f.

[8] *Cornelius*, MMR 2002, S. 353.

[9] *Specht/Herold*, MMR 2018, S. 40 (41).

[10] *Cornelius*, ZRP 2019, S. 8 (9); *Grapentin*, Softwareagenten, S. 39; *Groß*, AGB 4.0, in: Taeger, Recht 4.0, S. 611; *Müller-Hengstenberg/Kirn*, MMR 2014, S. 225 (227); *Röttgen/Juelicher*, Der Bot, das unbekannte Wesen, in: Taeger, Recht 4.0, S. 227; *Sester/Nitschke*, CR 2004, S. 548; *Sosnitza*, CR 2016, S. 764 (765).

[11] *Cornelius*, MMR 2002, S. 353; *Grapentin*, Softwareagenten, S. 39; *John*, Haftung für Künstliche Intelligenz, S. 15; ähnlich auch die Definition von *Bauer*, Elektronische Agenten, S. 14; ähnlich *Zarnekow*, in: Brenner/Zarnekow/Wittig, Intelligente Softwareagenten, S. 23.

Im Kontext der Automatisierung von Geschäftsabläufen der Industrie 4.0 von zentraler Bedeutung ist die Einschaltung von elektronischen Agenten bei Anbahnung und Abschluss von Verträgen (sog. Vertragsagenten).[12] Nach derzeitigem Stand der Technik im Bereich der Softwareentwicklung ist der Einsatz entsprechender Agenten darauf beschränkt, einzelne variable Bestandteile im Rahmen eines vorher festgelegten Vertragsrahmens auszuhandeln.[13]

Zudem bedarf es eines „technischen Ökosystems", das eine Interaktion zwischen mehreren elektronischen Agenten ermöglicht. Ein solches muss aus einer festgelegten „Sprache"[14] sowie einer (Plattform-)Umgebung bestehen, die eine entsprechende Ablauf- und Kommunikationsumgebung sowie ggf. Schnittstellen zu externen Applikationen bereitstellt.[15] Der Aufbau und Betrieb entsprechender Plattformen stellt einen zentralen Entwicklungsprozess hin zur Industrie 4.0 dar.

3.3 Rechtliche Anerkennung von Agentenerklärungen

Erklärungen, die im Industrie 4.0-Kontext durch Vertragsagenten abgegeben werden, sollen bestimmungsgemäß an die Stelle von Willenserklärungen treten, die traditionell von Menschen herrühren. Terminologisch werden derartige Erklärungen in der Diskussion sehr unterschiedlich bezeichnet.[16] So ist etwa der Begriff automatisierter Willenserklärungen geläufig;[17] der Begriff der Computererklärung wird hierzu oftmals synonym verwendet,[18] teils wird auch zwischen automatisierten Willenserklärungen und Computererklärungen unterschieden, wobei letztere sich durch einen höheren Grad der Automatisierung auszeichnen.[19]

---

[12] So stellen etwa automatische Nachbestellungen im Fall schwindender Lagerbestände einen Anwendungsfall elektronischer Agenten dar, *Spindler*, in: Spindler/Schuster, Vor §§ 116 ff. BGB Rn. 6.

[13] Für eine Übertragung einzelner Entscheidungen auf Agenten etwa *Bauer*, Elektronische Agenten, S. 25; in diesem Sinne auch *Hoeren/Uphues*, in: Frenz, Hdb. Industrie 4.0, S. 113 (123).

[14] Hierzu etwa *Gitter*, Softwareagenten, S. 55.

[15] *Gitter*, Softwareagenten, S. 55, verwendet insoweit den Begriff der „Agentenplattform".

[16] Zur Terminologie etwa *Borges/Sesing*, Irrtum des Kühlschranks, S. 179 (187 f.).

[17] *Paulus*, JuS 2019, S. 960 (962); *Paulus/Matzke*, ZfPW 2018, S. 431 (440); *Singer*, in: Staudinger, Neub. 2017, Vor §§ 116–144, Rn. 57; *Spindler*, in: Spindler/Schuster, Vor §§ 116 ff. BGB Rn. 5.

[18] *Paulus/Matzke*, ZfPW 2018, S. 431 (440); *Specht/Herold*, MMR 2018, S. 40 (41).

[19] *Borges/Sesing*, Irrtum des Kühlschranks, S. 179 (188); *Krüger/Bütter*, WM 2001, S. 221 (223); *Spindler*, in: Spindler/Schuster, Vor §§ 116 ff. BGB Rn. 6.

Im Ergebnis besteht heute Einigkeit dahingehend, dass derartige Erklärungen – unabhängig von der gewählten Terminologie – wirksame Willenserklärungen im Sinne der §§ 104 ff. BGB darstellen können.[20] Für Agentenerklärungen, die einen Unterfall von Computererklärungen darstellen,[21] gilt dies in gleicher Weise.[22]

3.4 Zurechnung von Agentenerklärungen

Die Anerkennung von Agentenerklärungen als Willenserklärungen ist insoweit erklärungsbedürftig, als bei Agentenerklärungen typischerweise ein konkreter, auf die jeweilige Erklärung bezogener Wille eines Erklärenden nicht feststellbar ist.[23] Im Kern verteilen sich die hierzu vertretenen Ansichten auf zwei Meinungsgruppen: Teilweise wird am Willenserfordernis festgehalten, andere argumentieren im Zusammenhang von Computererklärungen mit alternativen Zurechnungskriterien.[24] Soweit am Willenserfordernis festgehalten wird, wird etwa der Handlungswille in der Inbetriebnahme des Computersystems erblickt,[25] ferner werden ein allgemeines Erklärungsbewusstsein und ein genereller Geschäftswille als ausreichend erachtet.[26] Das Beherrschen des Betriebs eines Computers wird hiernach als

---

[20] So für automatisierte Erklärungen BGH, Urt. v. 26.1.2005 – VIII ZR 79/04, NJW 2005, 976 (977); OLG Frankfurt, OLG Frankfurt, Urt. v. 20.11.2002 – 9 U 94/02, MMR 2003, 405; *Brehm*, in: FS Niederländer, S. 233 (234); *Köhler*, AcP 182/1982, S. 126 (133); *Paulus*, JuS 2019, S. 960 (962); *Singer*, in: Staudinger, Neub. 2017, Vor §§ 116 ff. Rn. 57; für Computererklärungen *Sosnitza*, CR 2016, S. 764 (766 ff.); *Spindler*, in: Spindler/Schuster, Vor §§ 116 ff. BGB, Rn. 6 ff.

[21] *Spindler*, in: Spindler/Schuster, Vor §§ 116 ff. BGB Rn. 10.

[22] *Cornelius*, MMR 2002, S. 353 (355); *Kitz*, in: Hoeren/Sieber/Holznagel, Teil 13.1 Rn. 54 ff.; *Müller-Hengstenberg/Kirn*, MMR 2014, S. 307 (311); *Schulz*, Verantwortlichkeit, S. 104; *Spindler*, in: Spindler/Schuster, Vor §§ 116 ff. BGB Rn. 11; *Wiebe*, Elektronische Willenserklärung, S. 233 ff.

[23] Vgl. für Computererklärungen LG Köln, Urt. v. 16.4.2003 – 9 S 289/02, MMR 2003, 481 (482); *Borges/Sesing*, Irrtum des Kühlschranks, S. 179 (189); *Clemens*, NJW 1985, S. 1998 (2001); *Köhler*, AcP 182/1982, S. 126, (136); *Specht/Herold*, MMR 2018, S. 40 (43); *Viebcke*, Durch Datenverarbeitungsanlagen abgegebene Willenserklärungen, S. 101; *Wiebe*, Elektronische Willenserklärung, S. 214; vgl. auch *Faust*, Bürgerliches Gesetzbuch, Allgemeiner Teil, § 2 Rn. 5.

[24] Im Überblick hierzu *Borges/Sesing*, Irrtum des Kühlschranks, S. 179 (189 ff.).

[25] *Behling*, Zugang elektronischer Willenserklärungen, S. 41; *Kuhn*, Rechtshandlungen mittels EDV und Telekommunikation, Zurechenbarkeit und Haftung, S. 74; *Paulus/Matzke*, ZfPW 2018, S. 431 (444); *Spindler*, in: Spindler/Schuster, Vor §§ 116 ff. BGB Rn. 6; *Taupitz/Kritter*, JuS 1999, S. 839 (840).

[26] *Kitz*, in: Hoeren/Sieber/Holznagel, Teil 13.1 Rn. 67, 70; *Paulus/Matzke*, ZfPW 2018, S. 431 (444); *Spindler*, in: Spindler/Schuster, Vor §§ 116 ff. BGB Rn. 6.

Äquivalent zum Erklärungswillen angesehen.[27] Die Rechtsprechung ist mitunter unpräzise,[28] soweit die Zurechnung zum Betreiber des Systems damit begründet wird, dass die einzelnen Befehle durch Programmierung festgelegt wurden.[29]

Hierneben werden unterschiedliche Ansätze zur Ersetzung des Willenselements durch objektive Zurechnungskriterien vertreten. So wird teilweise eine Zurechnung zum Betreiber mit dem Argument bejaht, dass dieser das Risiko der maschinengenierten Erklärungen beherrsche,[30] auch eine Zurechnung aufgrund der fahrlässigen Schaffung des Anscheins eines entsprechenden Willens wird mitunter erwogen.[31] Ferner werden eine Zurechnung von Computererklärungen in analoger Anwendung der Regeln über die Stellvertretung[32] oder ein Rückgriff auf die Grundsätze zu Blanketterklärungen[33] befürwortet.

Für die Industrie 4.0 besteht – ungeachtet der Zurechnungsgrundlage – wohl ein hinreichendes Maß an Rechtssicherheit, da im Ergebnis eine Zurechnung von Agentenerklärungen zu dessen Betreiber anerkannt ist.

3.5 Anfechtbarkeit von Agentenerklärungen

Während die Grundlage der Zurechnung für die Anerkennung von Agentenerklärungen für deren praktischen Einsatz in der Industrie 4.0 ohne nennenswerte Bedeutung ist, rückt sie für die Möglichkeit der Anfechtung von fehlerhaften Agentenerklärungen abermals in den Vordergrund. Die Möglichkeit der Anfechtung von Willenserklärungen dient dazu, das Interesse des Erklärenden, nicht an eine ungewollte Erklärung gebunden zu

---

[27] *Borges*, Verträge im elektronischen Geschäftsverkehr, S. 195; ähnlich *Körber/König*, in: Frenz, Hdb. Industrie 4.0, S. 237 (249).

[28] Kritisch daher *Borges/Sesing*, Irrtum des Kühlschranks, S. 179 (190).

[29] OLG Frankfurt, Urt. v. 20.11.2002 – 9 U 94/02, MMR 2003, 405 (406); OLG Hamm, Urt. v. 12.1.2004 – 13 U 165, MMR 2004, 761 (762); ähnlich auch LG Köln, Urt. v. 16.4.2003 – 9 S 289/02, MMR 2003, 481 (482).

[30] *Heuer-James/Chibanguza/Stücker*, BB 2018, S. 2818 (2822); *Werba*, Die Willenserklärung ohne Willen, S. 143 f.; *Wiebe*, Elektronische Willenserklärung, S. 224 ff.

[31] In diese Richtung etwa *Hoeren/Uphues*, in: Frenz, Hdb. Industrie 4.0, S. 113 (124) (Zurechnung über einen Vertrauenstatbestand); allg. hierzu *Gudian*, AcP 169/1969, S. 232 (236); *Hübner*, in: FS Nipperdey, Bd. I, S. 373 (388 f.); *Schmidt-Salzer*, JR 1969, S. 281 (285, 289).

[32] *Specht/Herold*, MMR 2018, S. 40 (43); *Teubner*, AcP 218/2018, S. 155 (182); de lege ferenda auch *Keßler*, MMR 2017, S. 589 (592) (Agent als Bote oder Stellvertreter); *Sorge*, Softwareagenten, S. 118; ähnlich auch die Überlegungen zur Wissenszurechnung bei *Bauer*, Elektronische Agenten, S. 92.

[33] *Gitter/Roßnagel*, K&R 2003, S. 64 (66); *Grapentin*, Softwareagenten, S. 92; *Redeker*, NJW 1984, S. 2390 (2392); *Schirmer*, JZ 2016, S. 660 (664); *Schulz*, Verantwortlichkeit, S. 109 ff.

sein, mit dem berechtigten Vertrauen des Erklärungsempfängers in einen möglichst schonenden Ausgleich zu bringen.[34]

Inwieweit Anfechtungsrechte auch für Computer- bzw. Agentenerklärungen bestehen, ist höchst unklar. Soweit bei Vertragsagenten auf den generellen Willen des Betreibers zu deren Einsatz abgestellt wird, wird zu Recht darauf hingewiesen, dass das objektiv Erklärte nicht von dem generalisierten Willen abweichen könne.[35] Zu ähnlichen Ergebnissen dürften auch die abweichenden Ansätze zur Zurechnung führen, soweit diese auf eine Risikobeherrschung oder den Anschein einer wirksamen Willenserklärungen abstellen.

Die Diskussion wird anhand von Fallgruppen geführt, die jeweils unterschiedliche Fehlerquellen adressieren.[36] So soll etwa im Fall der versehentlichen Aktivierung eines Computersystems ein zur Anfechtung berechtigender Erklärungsirrtum vorliegen.[37] Von zentraler Bedeutung für Vertragsagenten in der Industrie 4.0 sind Fehler der eingesetzten technischen Systeme; insoweit soll einzig die fehlerhafte Übermittlung zur Anfechtung berechtigen,[38] andere Fehler von Computerprogrammen als unbeachtlicher Motiv- bzw. Kalkulationsirrtum angesehen werden.[39] Im Fall einer fehlerhaften Erklärung eines Vertragsagenten wird regelmäßig keine Möglichkeit der Anfechtung bestehen, soweit die Fehlerquelle nicht in einer bloß unrichtigen Übermittlung liegt. Selbst bei einer unrichtigen Übermittlung setzt eine Anfechtbarkeit aber voraus, dass die Fehlerquelle präzise bestimmbar ist.[40] Für die Industrie 4.0 bedeutet dies, dass die benötigte Rechtssicherheit derzeit nur durch sorgfältige Gestaltung von (Rahmen-)Verträgen erzielt werden kann, die Voraussetzungen und Rechtsfolgen

---

[34] *Borges/Sesing*, Irrtum des Kühlschranks, S. 179 (194); *Singer*, Selbstbestimmung und Verkehrsschutz im Recht der Willenserklärungen, S. 58.

[35] *Wiebe*, Elektronische Willenserklärung, S. 374.

[36] Im Überblick zu den Fallgruppen *Borges/Sesing*, Irrtum des Kühlschranks, S. 179 (196 ff.); *Paulus*, JuS 2019, S. 960 (964); *Paulus/Matzke*, ZfPW 2018, S. 431 (455).

[37] *Gitter/Roßnagel*, K&R 2003, S. 64 (67); *Schulz*, Verantwortlichkeit, S. 123 f.; in diese Richtung auch *Paulus*, JuS 2019, S. 960 (964); a. A. *Köhler*, AcP 182/1982, S. 126 (136): mangels Handlungswillens keine wirksame Willenserklärung.

[38] BGH, Urt. v. 26.11.2005 – VIII ZR 79/04, NJW 2005, 976 (977).

[39] BGH, Urt. v. 7.7.1998 – X ZR 17/97, NJW 1998, 3192 (3193); *Härting*, ITRB 2004, S. 61 (63); *Kitz*, in: Hoeren/Sieber/Holznagel, Teil 13.1 Rn. 268; *Köhler*, AcP 182/1982, S. 126 (135); *Paal*, JuS 2010, S. 953 (954 f.); *Paulus*, JuS 2019, S. 960 (964); *Paulus/Matzke*, ZfPW 2018, S. 431 (456); *Schulz*, Verantwortlichkeit, S. 125; *Wendtland*, in: BeckOK BGB, § 119 Rn. 29; *Wiebe*, Elektronische Willenserklärung, S. 376.

[40] Siehe allgem. zu dieser Schwierigkeit *Borges/Sesing*, Irrtum des Kühlschranks, S. 179 (200).

fehlerhafter Erklärungen näher bestimmen und drohende Beweisschwierig-
keiten vermeiden.

3.6 Zwischenergebnis

Erklärungen von (Vertrags-)Agenten stellen wirksame Willenserklärungen
dar, wobei sich für die Zurechnung noch kein einheitliches Konzept etabliert hat. Die Möglichkeit zur Anfechtung von Willenserklärungen wird anhand von Fallgruppen diskutiert, wobei eine Anfechtung im Ergebnis regelmäßig ausscheidet.

4 Rechtssichere Dokumentation in der Blockchain

Den zweiten Baustein der Industrie 4.0 stellen Blockchain-Technologien
dar, die seit Vorstellung der Kryptowährung *Bitcoin*[41] – der diese Technologie zu Grunde liegt[42] – in aller Munde sind. Mit der Unveränderlichkeit von
Blockchains sind zugleich zahlreiche Rechtsfragen aufgeworfen. Nachfolgend werden ausgewählte Fragen mit Blick auf den Einsatz der Blockchain-
Technologie aufgezeigt.

4.1 Begriff und Funktion der Blockchain-Technologie

Die Blockchain-Technologie dient der dezentralen Speicherung von Informationen im Rahmen eines *Peer-to-Peer* Netzwerkes,[43] was einen Rückgriff
auf Intermediäre oder einen Zentralspeicher entbehrlich macht.[44] In Abhängigkeit davon, ob die Teilnahme am Netzwerk nur einem bestimmten
Nutzerkreis (etwa zwischen Banken) oder für jedermann zugänglich ist
(etwa bei Kryptowährungen), wird zwischen sog. *private* und sog. *public*
Blockchains unterschieden.[45] Die Speicherung von Informationen in der
Blockchain erfolgt in aufeinanderfolgenden Datenblöcken, die jeweils
durch einen nachträglich nicht veränderbaren[46] *Hashwert* mit dem vorhergehenden Datenblock verkettet werden.[47]

---

[41] Zum Konzept grundlegend *Satoshi Nakamoto*, Bitcoin: A Peer-to-Peer Electronic Cash System, https://bitcoin.org/bitcoin.pdf.

[42] Ausführlicher zur technischen Funktionsweise einer Blockchain etwa *Kaulartz*, CR 2016,
S. 474; *Schrey/Thalhofer*, NJW 2017, S. 1431.

[43] *Kaulartz*, CR 2016, S. 474 (475); *Martini/Weinzierl*, NVwZ 2017, S. 1251; *Paulus*, JuS 2019,
S. 1049.

[44] *Kaulartz/Heckmann*, CR 2016, S. 618 (620); *Simmchen*, MMR 2017, S. 162.

[45] *Kaulartz*, CR 2016, S. 474 (475); *Martini/Weinzierl*, NVwZ 2017, S. 1251.

[46] *Schrey/Thalhofer*, NJW 2017, S. 1431 (1432); *Paulus*, JuS 2019, S. 1049.

[47] *Martini/Weinzierl*, NVwZ 2017, S. 1251.

Die verketteten Datenblöcke enthalten oftmals „Transaktionen",[48] aus technischer Sicht können aber auch beliebige sonstige Information gespeichert werden.[49] Zugleich wird durch Konsensmechanismen erreicht, dass alle Teilnehmer (sog. *nodes*) des Netzwerkes über dieselbe Kette verfügen, was die Integrität der gespeicherten Daten sicherstellt.[50] Der zentrale Vorteil der Blockchain-Technologie liegt in der durch die konsensbasierte, dezentrale Speicherung und den Einsatz kryptographischer Verfahren gewährleisteten Unveränderlichkeit der gespeicherten Informationen.[51] Im Kern ist eine Blockchain daher eine „besonders sichere Datenbank".[52]

4.2 Blockchain als Datenspeicher der Industrie 4.0

Insbesondere die Unverfälschbarkeit der gespeicherten Informationen macht die Blockchain-Technologie für den Einsatz in Industrie 4.0-Umgebungen hochinteressant. Diese Technologie birgt das Potenzial einer rechtssicheren Dokumentation von Vertragsinhalten und anderen Transaktionen. Die Blockchain stellt zudem eine geeignete Ausführungsumgebung für Smart Contracts dar.[53]

4.3 Unveränderlichkeit der Blockchain als „showstopper"?

Die Unveränderlichkeit von Blockchain-Transaktionen wirft die Frage auf, ob diese Technologien geeignet sind, den rechtlichen „Zustand" eines Vertrages korrekt abzubilden.[54] Verträge können von Anfang an unwirksam sein (z.B. §§ 134, 138 BGB), zudem sieht das Zivilrecht Gestaltungserklärungen vor, etwa die Anfechtung (§ 142 BGB) oder den Rücktritt vom Vertrag (§ 346 BGB), die den zivilrechtlichen „Status" eines Vertrages nachträglich ändern können. In einer Blockchain gespeicherte Informationen über einen Vertrag können deshalb aus rechtlicher Sicht falsch sein.[55] Zum

---

[48] *Kaulartz*, CR 2016, S. 474 (475 f.); *Knaier/Wolff*, BB 2018, S. 2253 (2255); *Saive*, CR 2018, S. 186 (187).

[49] Zu dieser allgemeinen Dokumentationsfunktion etwa *Knaier/Wolff*, BB 2018, S. 2253 (2256); vgl. auch *Weiss*, JuS 2019, S. 1050 (1051).

[50] *Paulus*, JuS 2019, S. 1049 (1050).

[51] Vgl. *Schrey/Thalhofer*, NJW 2017, S. 1431 (1432). Die Unveränderlichkeit ist nur solange gewährleistet, wie kein Angreifer im Blockchain-Netzwerk mehr als einen bestimmten Maximalbeitrag zur Konsensfindung zu seinen Gunsten beeinflussen kann. Bei der öffentlichen Blockchain „Bitcoin" sind dies mehr als 50 % der Rechenleistung; zum sog. „51 %-Angriff" etwa *Bechtolf/Vogt*, ZD 2018, S. 66 (70); *Wilsch*, DNotZ 2017, S. 761 (783 f.).

[52] *Paulus/Matzke*, ZfPW 2018, S. 431 (436).

[53] Siehe nur *Kaulartz/Heckmann*, CR 2016, S. 618 (619).

[54] *Heckelmann*, NJW 2018, S. 504 (507); *Wirth*, CCZ 2018, S. 139 (140); vgl. auch *Schrey/Thalhofer*, NJW 2017, S. 1431 (1435) („Spannungsfeld [...] zwischen BGB und Blockchain").

[55] *Paulus*, JuS 2019, S. 1049 (1050); *Paulus/Matzke*, ZfPW 2018, S. 431 (438); *Schrey/Thalhofer*, NJW 2017, S. 1431 (1436).

„*showstopper*" rechtssicherer Vertragsdokumentation werden Blockchain-Technologien deshalb jedoch nicht. Vielmehr hält die Technologie selbst ein Instrument zur Korrektur (rechtlich) unzutreffender bzw. unzutreffend gewordener (Vertrags-)Informationen bereit: Mit sog. *reverse transactions* kann der Status einer Transaktion durch eine später gespeicherte Transaktion aktualisiert und damit korrigiert werden.[56] So kann etwa ein nach Erstspeicherung angefochtener Vertrag im Nachgang auch als solcher gekennzeichnet werden.

4.4 Vereinbarung einer „Blockchain-Form"

Eine eigenständige „Blockchain-Form" existiert in Deutschland *de lege lata* nicht,[57] was die Frage aufwirft, ob die Dokumentation eines Vertrages in der Blockchain vertraglich als Wirksamkeitsvoraussetzung vereinbart werden kann. Im Kontext von Industrie 4.0-Anwendungen erscheinen entsprechende Abreden sinnvoll, wenn Vertragsagenten für die Aushandlung und den Abschluss von Verträgen eingesetzt werden (oben 3.). Die Blockchain ermöglicht es, einen erzielten Konsens in unveränderlicher Form zu dokumentieren und das Ergebnis dauerhaft einsehen zu können. Zum Ausschluss etwaiger Übertragungsfehler oder Manipulationen bietet sich an, durch eine entsprechende (Rahmen-)Vereinbarung zu bestimmen, dass der Vertrag erst nach der Speicherung in der Blockchain und nach einer Bestätigung der Richtigkeit des dokumentierten Ergebnisses durch beide Parteien als rechtswirksam zu behandeln ist. Eine Vereinbarung, durch die die Wirksamkeit des Vertrages von der Speicherung auf der Blockchain abhängig gemacht wird, kann als konstitutive vertragliche Formvereinbarung (§ 127 Abs. 1 BGB) erfolgen.[58]

4.5 Beweisführung mit Informationen aus der Blockchain

Mit der Funktion der Blockchain, Informationen im Grundsatz unveränderlich zu dokumentieren, geht naturgemäß eine hohe Erwartung an die Schaffung von Rechtssicherheit einher. Rechtssicherheit wiederum entsteht – unter anderem – durch die Eröffnung der Möglichkeit zum Beweis von Tatsachen. Die mit dem Einsatz der Blockchain-Technologie zur Dokumentation von Verträgen verbundene Frage lautet daher, wie und mit welcher

---

[56] *Lupu*, CR 2019, S. 631 (633); *Schrey/Thalhofer*, NJW 2017, S. 1431 (1436); *Wirth*, CCZ 2018, S. 139 (141); anders *Heckelmann*, NJW 2018, S. 504 (507) (separate Einspeicherung von Erklärungen).

[57] Die Schaffung einer solchen Form *de lege ferenda* wird in der Literatur teilweise als „wünschenswert" angesehen, siehe etwa *Jaschinski*, CR 2020, S. 423 (427 f.).

[58] *Kaulartz/Matzke*, NJW 2018, S. 3278 (3281); *Paulus/Matzke*, ZfPW 2018, S. 431 (438, 457); vgl. auch *Wilkens/Falk*, Smart Contracts, S. 37.

Beweiskraft in der Blockchain gespeicherte Informationen als Beweismittel in den Zivilprozess eingeführt werden können.

Im deutschen Zivilprozessrecht ist die Frage der Beweisführung mittels in der Blockchain gespeicherten Informationen umstritten. Solange die Inhalte einer Blockchain nicht mittels qualifizierter elektronischer Signaturen versehen sind, scheidet jedenfalls eine direkte Anwendung des § 371a ZPO aus.[59] Etwaige Überlegungen zu einer analogen Anwendung der Vorschrift[60] sind nicht fernliegend, bieten aber jedenfalls derzeit nicht das für die Industrie 4.0 notwendige Maß an Rechtssicherheit, weil die Rezeption durch die Rechtsprechung unklar ist. Mithin verbleibt bisweilen, soweit in der Blockchain gespeicherte Informationen in den Zivilprozess eingeführt werden sollen, lediglich eine Beweisführung im Wege des Augenscheinsbeweises.[61] Dabei dürfte entsprechenden Informationen aufgrund der hohen Verfälschungssicherheit der Blockchain im Rahmen der freien Beweiswürdigung (§ 286 ZPO) allerdings eine starkes Gewicht beizumessen sein.

4.6 Zwischenergebnis

Aufgrund ihrer spezifischen technischen Eigenschaften hat sich die Blockchain-Technologie als prädestinierte Speichertechnologie zur rechtssicheren Dokumentation von Vertragsbeziehungen und Smart Contracts in der Industrie 4.0 herauskristallisiert. Die dort dokumentierten Informationen können jedenfalls im Wege des Augenscheinsbeweises in Gerichtsverfahren eingeführt werden; aufgrund der hohen Integrität der in einer Blockchain gespeicherten Informationen liegt ein hoher Beweiswert nahe. Auch wird die Unveränderlichkeit der in einer Blockchain gespeicherten Informationen aus rechtlicher Sicht nicht zum *„showstopper"*.

5 Vertragsdurchführung mittels Smart Contracts

Den letzten und wohl zentralen Baustein zur Automatisierung von Geschäftsprozessen in der Industrie 4.0 stellen Smart Contracts dar. Zunächst sind hierzu der Begriff und die Funktion von Smart Contracts in den Blick zu nehmen, ebenso deren Potenziale für den Einsatz in der Industrie 4.0. Im Anschluss werden die mit Smart Contracts verbundenen Rechtsfragen näher untersucht.

---

[59] *Möllenkamp/Shmatenko*, in: Hoeren/Sieber/Holznagel, Teil 13.6 Rn. 87; vgl. auch *Fries*, AnwBl 2018, S. 86 (89); *Greger*, in: Zöller, ZPO, § 371a Rn. 1.

[60] Hierfür *Kaulartz/Matzke*, NJW 2018, S. 3278 (3282 f.); dagegen *Möllenkamp/Shmatenko*, in: Hoeren/Sieber/Holznagel, Teil 13.6 Rn. 88.

[61] *Fries*, AnwBl 2018, S. 86 (89); *Möllenkamp/Shmatenko*, in: Hoeren/Sieber/Holznagel, Teil 13.6 Rn. 87.

5.1 Begriff und Funktion von Smart Contracts

Ebenso wie für elektronische Agenten finden sich auch für den Begriff des „Smart Contract" verschiedene Beschreibungen in den wissenschaftlichen Disziplinen.[62] Der Begriff „Smart Contract" wurde erstmals von *Nick Szabo* definiert als *„computerized transaction protocol that executes the terms of a contract"*.[63]

Während Smart Contracts im technischen Bereich hauptsächlich im Kontext von Blockchain-Technologien untersucht werden,[64] wird in der jüngeren juristischen Literatur überwiegend eine Software verstanden, die auf Grundlage eines digital prüfbaren (tatsächlichen) Ereignisses eine rechtlich relevante Handlung auslöst, kontrolliert und/oder dokumentiert.[65] Ein Smart Contract ist hiernach ein Programmcode, der logische Operationen (sog. „wenn/dann-Bedingungen") abbildet, die bei Vorliegen eines bestimmten, digitalisierten Eingabewertes (*input*) eine vorab definierte Ausgabe (*output*) erzeugen.[66] Als Beispiel für Smart Contracts in der analogen Welt wird regelmäßig auf Warenautomaten verwiesen.[67]

5.2 Smart Contracts und Blockchain in der Industrie 4.0

Blockchains bieten die technische Basis, um Verträge ohne zentrale Intermediäre zu realisieren und manipulationssicher zu speichern.[68] Blockchains stellen deshalb eine nahezu „ideale" Ausführungsumgebung für Smart Contracts dar. Ferner können in einer Blockchain gespeicherte Smart Contracts durch Schnittstellen (sog. *oracles*) mit externen Systemen verbunden werden, was die Anbindung an Sensoren und Inputgeber in der realen

---

[62] Einen Überblick über die „Definitionsversuche" bieten etwa *Braegelmann/Kaulartz*, in: Braegelmann/Kaulartz, Rechtshandbuch Smart Contracts, Kap. 1 Rn. 9 ff.; *Finck*, in: Fries/Paal, Smart Contracts, S. 1 ff.

[63] *Szabo*, Smart Contracts, https://www.fon.hum.uva.nl/rob/Courses/InformationInSpeech/CDROM/Literature/LOTwinterschool2006/szabo.best.vwh.net/smart.contracts.html.

[64] Ein Überblick hierzu findet sich etwa bei *Finck*, in: Fries/Paal, Smart Contracts, S. 1 (2 ff.).

[65] Vgl. die Definitionen von *Finck*, in: Fries/Paal, Smart Contracts, S. 1 (6); *Linardatos*, K&R 2018, S. 85 (91); *Schrey/Thalhofer*, NJW 2017, S. 1431; *Kaulartz/Heckmann*, CR 2016, S. 618 (618) dem folgend *Braegelmann/Kaulartz*, in: Braegelmann/Kaulartz, Rechtshandbuch Smart Contracts, Kap. 1 Rn. 29.

[56] *Eschenbruch/Gerstberger*, NZBau 2018, S. 3; *Finck*, in: Fries/Paal, Smart Contracts, S. 1 (8); *Hanzl*, Hdb. Blockchain, S. 13; *Linardatos*, K&R 2018, S. 85 (86); *Simmchen*, MMR 2017, S. 162 (164).

[57] *Simmchen*, MMR 2017, S. 162 (164); *Kaulartz/Heckmann*, CR 2016, S. 618 (621).

[58] *Paulus/Matzke*, ZfPW 2018, S. 431 (432); vgl. auch *Grundmann/Hacker*, ERCL 2017, S. 255 (285); *Lupu*, CR 2019, S. 631 (632); zur Manipulationssicherheit etwa *Allen*, ERCL 2018, S. 307 (318).

Welt ermöglicht.[69] Aus Perspektive der Industrie 4.0 ist die Verbindung von Smart Contracts mit Blockchain-Technologien daher besonders interessant, da zusätzlich zu den Vorteilen der Blockchain noch andere Vorteile durch den Einsatz von Smart Contracts erzielt werden können. Neben einer Senkung der Transaktions- und Rechtsdurchsetzungskosten[70] werden Vorteile des Einsatzes von Smart Contracts insbesondere in der vereinfachten Vertragsabwicklung,[71] in der Vermeidung von Unsicherheiten bei der Auslegung von Verträgen[72] sowie in der Substitution voluntativer Leistungserbringung durch einen determinierten Prozess[73] erblickt.

5.3 Die Inkongruenz von Vertrag und Smart Contract

Überwiegend werden Smart Contracts als Instrument zum Vollzug vertraglicher Bestimmungen und Pflichten angesehen.[74] Teilweise wird darüber hinaus die Fixierung vertraglicher Pflichten im Programmcode als Gegenstand einer besonderen Ausgestaltungsform von Smart Contracts gesehen.[75] Vereinzelt wird auch davon ausgegangen, dass Willenserklärungen in einem Smart Contract ausgedrückt werden können, sodass ein so ausgestalteter Smart Contract zugleich als Vertrag im rechtlichen Sinne anzusehen wäre.[76] Der Programmcode eines Smart Contract dient jedoch nicht notwendig dazu, Willenserklärungen zu konstituieren;[77] er bildet einen

---

[69] Vgl. *Carron/Botteron*, in: Kraus/Obrist/Hari, Blockchains, Smart Contracts, Decentralised Autonomous Organisations and the Law, S. 101 (108); *Hanzl*, Hdb. Blockchain, S. 14; *Kaulartz/Heckmann*, CR 2016, S. 618 (620); *Meyer*, EuCML 2020, S. 17 (18).

[70] *Kaulartz*, in: Taeger, Smart World – Smart Law?, S. 1023 (1027); *Kaulartz/Heckmann*, CR 2016, S. 618 (619) (bei Kombination mit Blockchain); *Möslein*, ZHR 183/2019, S. 254 (288).

[71] *Paulus/Matzke*, ZfPW 2018, S. 431.

[72] *Finck*, in: Fries/Paal, Smart Contracts, S. 1 (8).

[73] *Simmchen*, MMR 2017, S. 162 (164); vgl. auch *Finck*, in: Fries/Paal, Smart Contracts, S. 1 (8) (Absenkung des Risikos der Gegenpartei); *Grundmann/Hacker*, ERCL 2017, S. 255 (285).

[74] *Finck*, in: Fries/Paal, Smart Contracts, S. 1 (8); *Jacobs/Lange-Hausstein*, ITRB 2017, S. 10 (12); *Kaulartz/Heckmann*, CR 2016, S. 618 (621); *Meyer*, EuCML 2020, S. 17 (18); *Möllenkamp/Shmatenko*, in: Hoeren/Sieber/Holznagel, Teil 13.6 Rn. 72; *Müller*, ZfIR 2017, S. 600 (609 f.); *Paulus*, JuS 2020, S. 107; *Paulus/Matzke*, ZfPW 2018, S. 431 (433 f.); *Raskin*, 1 GEO. L. TECH. REV. 305/2017, S. 309; *Söbbing*, ITRB 2018, S. 43 (45); vgl. auch *Carron/Botteron*, in: Kraus/Obrist/Hari, Blockchains, Smart Contracts, Decentralised Autonomous Organisations and the Law, S. 101 (108).

[75] *Möslein*, in: Braegelmann/Kaulartz, Rechtshandbuch Smart Contracts, Kap. 8 Rn. 6 („funktionales Vertragsäquivalent").

[76] *Allen*, ERCL 2018, S. 307 (329); in diesem Sinne auch *Heckelmann*, NJW 2018, S. 504 (505).

[77] Vgl. *Djazayeri*, jurisPR-BKR 12/2016 Anm. 1, sub. E.I.; *Kaulartz/Heckmann*, CR 2016, S. 618 (621); *Söbbing*, ITRB 2018, S. 43 (45).

Vertrag ab und vollzieht diesen in einem vorab bestimmten Umfang.[78] Ein Smart Contract ist demnach grundsätzlich kein Vertrag im rechtlichen Sinne.[79]

Es ist also streng zwischen dem Smart Contract und dem Vertrag im rechtlichen Sinne zu unterscheiden,[80] wenngleich zwischen beiden ein wechselseitiges Abhängigkeitsverhältnis besteht.[81] Grundlage für die Abbildung in einem Smart Contract kann dabei jeder Vertrag sein, wobei unerheblich ist, ob er durch Menschen oder Agenten ausgehandelt wurde.[82] Der Begriff des Smart Contract sollte daher darauf beschränkt werden, dass ein Smart Contract einen Vertrag mit dem Ziel des automatisierten Vertragsvollzugs abbildet. Abgebildet wird dabei nicht notwendig ein Vertrag insgesamt, sondern es werden einzelne, ausgewählte Vertragsklauseln durch Programmcode repräsentiert. Abbildbare Klauseln müssen durch die Benennung von Voraussetzungen (*input*) und Folge (*output*) formalisierbar sein, mithin einen vollziehbaren Inhalt aufweisen.[83] So können etwa die Freigabe einer Zahlung[84] oder die Initiierung[85] einer Naturalleistung als *output* implementiert werden, während Gerichtsstandsvereinbarungen oder Rechtswahlklauseln keinen vollziehbaren Inhalt aufweisen. Mit erhebli-

---

[78] BT-Drucks. 19/851, S. 3 sub. 7.; *Paulus*, JuS 2020, S. 107; ähnlich *Kaulartz*, in: Taeger, Smart World - Smart Law?, S. 1023 (1031); *Kaulartz/Heckmann*, CR 2016, S. 618 (621); in diesem Sinne auch *Finck*, in: Fries/Paal, Smart Contracts, S. 1 (7); *Paulus/Matzke*, CR 2017, S. 769 (772).

[79] *Finck*, in: Fries/Paal, Smart Contracts, S. 1 (8); *Meyer*, EuCML 2020, S. 17 (19); *Möllenkamp/Shmatenko*, in: Hoeren/Sieber/Holznagel, Teil 13.6 Rn. 72; *Paulus/Matzke*, ZfPW 2018, S. 431 (433); *Söbbing*, ITRB 2018, S. 43 (46); vgl. auch *Kaulartz/Heckmann*, CR 2016, S. 618 (621); *Schrey/Thalhofer*, NJW 2017, S. 1431.

[80] *Meyer*, EuCML 2020, S. 17 (18); *Paulus/Matzke*, ZfPW 2018, S. 431 (433); *Riehm*, Smart Contracts und AGB-Recht, in: Braegelmann/Kaulartz, Rechtshandbuch Smart Contracts, Kap. 9, S. 101, Rn. 2; vorsichtiger BT-Drucks. 19/851, S. 3 sub. 7.

[81] *Möslein*, ZHR 183/2019, S. 254 (268) bezeichnet dies als „Interdependenz".

[82] *Carron/Botteron*, in: Kraus/Obrist/Hari, Blockchains, Smart Contracts, Decentralised Autonomous Organisations and the Law, S. 101 (108); *Möslein*, ZHR 183/2019, S. 254 (291).

[83] Ähnlich *Weber*, in: de Franceschi/Schulze, Digital Revolution, S. 299 (301) Rn. 12, der zwischen *„operational components"* und *„purely normative or non-operational [components]"* unterscheidet (Ergänzung durch die Verf.).

[84] *Eschenbruch/Gerstberger*, NZBau 2018, S. 3 (5); *Grundmann/Hacker*, ERCL 2017, S. 255 (266).

[85] Zu Recht wird darauf hingewiesen, dass Smart Contracts keine Leistungen in der realen Welt bewirken können, s. etwa *Weber*, in: de Franceschi/Schulze, Digital Revolution, S. 299 (302) Rn. 15.

chen Schwierigkeiten behaftet ist zudem die Umsetzung von Vertragsklauseln, die an unbestimmte Rechtsbegriffe anknüpfen[86] oder eine Abwägungsentscheidung erfordern (z.B. Aussprechen einer Kündigung).

Für Anwendungsfälle in der Industrie 4.0 muss daher eine Auswahl der zu formalisierenden Vertragsklauseln getroffen werden,[87] wobei geeignete, digitale[88] *input*-Geber zu identifizieren sind. Wenn in den geschilderten Anwendungsfällen etwa bei Wareneingang eine Zahlung ausgelöst werden soll, kann das Ereignis „Wareneingang" zum einen vollautomatisiert durch intelligente Sensoren festgestellt werden, zum anderen ist auch das manuelle Senden eines entsprechenden Signals mit Hilfe eines geeigneten Eingabegeräts denkbar.

5.4 „Code is law" vs. „Contract becomes code"

Im Kontext der für Smart Contracts typischen Abbildung von Rechtsbeziehungen durch Programmcode wird unter dem Stichwort *„code is law"* oftmals die Frage aufgeworfen, ob der Smart Contract gesetzesgleiche Wirkung entfalte. Der Begriff *„code is law"* wird vielfach mit *Lessig*[89] assoziiert und wird im Hinblick auf seine (rechtliche) Bedeutung unterschiedlich verstanden. Besonders deutlich waren insoweit die Nutzungsbedingungen des DAO-Netzwerks, die einzig durch den Programmcode eines in der Ethereum-Blockchain hinterlegten Smart Contracts repräsentiert werden sollten.[90] In abgeschwächter Form wird davon ausgegangen, dass es oftmals faktisch bei dem durch den Code errechneten Ergebnis bleibe.[91]

Aus einem juristischen Blickwinkel ist diese Betrachtung freilich zweifelhaft: Der Programmcode eines Smart Contract vermag keinen Einfluss auf die Beurteilung der Legalität des Inhalts oder der ausgelösten Aktionen im

---

[86] Zur Abbildung unbestimmter Rechtsbegriffe in Smart Contracts *Hanzl*, Hdb. Blockchain, S. 136 ff.; *Kaulartz/Heckmann*, CR 2016, S. 618 (620, 623); s. auch *Bertram*, MDR 2018, S. 1416 (1420 f.); *Jacobs/Lange-Hausstein*, ITRB 2017, S. 10 (13); *Meyer*, EuCML 2020, S. 17 (22); *Müller*, ZfIR 2017, S. 600 (610); *Paulus/Matzke*, CR 2017, S. 769 (772); *Paulus/Matzke*, ZfPW 2018, S. 431 (463).

[87] Zu mögl. Diskrepanzen zwischen Vertrag und Smart Contract *Riehm*, Smart Contracts und AGB-Recht, in: Braegelmann/Kaulartz, Rechtshandbuch Smart Contracts, Kap. 9, S. 101, Rn. 4.

[88] Smart Contracts können nur digital repräsentierten *input* verarbeiten, vgl. *Eschenbruch/Gerstberger*, NZBau 2018, S. 3 (4); *Kaulartz/Heckmann*, CR 2016, S. 618 (620).

[89] Siehe *Lessig*, Code and other laws of cyberspace, S. 6, der diese Wendung seinerseits von *Mitchell* ableitet, siehe *Mitchell*, City of Bits, S. 111 *(„Out there on the electronic frontier, code is the law.").*

[90] Terms v. 4.7.2016, https://web.archive.org/web/20160704190119/https://daohub.org/explainer.html.

[91] *Fries*, NJW 2019, S. 901 (902).

Lichte zwingender (staatlicher) Normen zu nehmen.[92] Vielmehr bestimmt das Gesetz die Grenzen der Programmierung, sodass Inhalte eines Programmcodes gegen Rechtsvorschriften verstoßen können.[93] Auch *Lessig* selbst betont, dass Code kein Recht zu setzen vermag und deshalb aus juristischer Sicht folgendes gelte: *„Code is not law".*[94] Für Smart Contracts gilt vielmehr der Grundsatz *„contract becomes code"*, denn dessen Programmcode wird durch die (ausführbaren) Klauseln eines Vertrages im rechtlichen Sinne vorgeprägt.[95]

5.5 Erfüllung und Leistung durch Smart Contracts

Die rechtlichen Folgen von automatisiert ausgelösten Vermögensverschiebungen stellen das Recht insoweit vor keine besonderen Herausforderungen. Auf der Grundlage der herrschenden Theorie der realen Leistungsbewirkung[96] kann eine automatisiert ausgeführte Leistung eine Erfüllung i.S.v. § 362 Abs. 1 BGB darstellen. Das zusätzliche Erfordernis, dass die jeweilige Leistung einer bestimmten Schuld zuordenbar sein muss,[97] kann erfüllt werden, indem der Smart Contract mit einem Vertrag im Rechtssinne verknüpft wird.

Im Hinblick auf die Rückabwicklung rechtsgrundloser Vermögensverschiebungen ist die Frage aufgeworfen, ob es sich beim automatisierten Vertragsvollzug um eine Leistung im Sinne des Bereicherungsrechts handelt. Wenngleich hierfür von der h.M. eine Zweckbestimmung verlangt

---

[92] *Kaulartz/Heckmann*, CR 2016, S. 618 (623); in diesem Sinne auch *Froitzheim*, in: Taeger, Smart World – Smart Law?, S. 311 (313 f.); *Heckelmann*, NJW 2018, S. 504 (509); *Riehm*, Smart Contracts und AGB-Recht, in: Braegelmann/Kaulartz, Rechtshandbuch Smart Contracts, Kap. 9, S. 101, Rn. 2 f.; *Wilkens/Falk*, Smart Contracts, S. 30; *Wöbbeking*, JIPITEC 2019, S. 106 (109).

[93] *Froitzheim*, in: Taeger, Smart World – Smart Law?, S. 311 (314); *Kaulartz/Heckmann*, CR 2016, S. 618 (623); vgl. auch *Fries*, AnwBl 2018, S. 86 (87); *Wilkens/Falk*, Smart Contracts, S. 30; *Wöbbeking*, JIPITEC 2019, S. 106 (109).

[94] *Lessig*, Code, Version 2.0, S. 324: „Code is not law, any more than the design of an airplane is law. Code does not regulate, any more than buildings regulate".

[95] Ähnlich *Möslein*, ZHR 183/2019, S. 254 (270), in Anlehnung an *Riehm*, Smart Contracts und AGB-Recht, in: Braegelmann/Kaulartz, Rechtshandbuch Smart Contracts, Kap. 9, S. 101, Rn. 1 (*„code has to obey the Law"*); vgl. ferner *Weber*, in: de Franceschi/Schulze, Digital Revolution, S. 299 (303) Rn. 20.

[96] BGH, Urt. v. 21.4.2015 – XI ZR 234/14, BGHZ 205, 90 (93), Rn. 13; BGH, Urt. v. 22.11. 2017 – VIII ZR 83/16, BGHZ 217, 33 (41), Rn. 23; *Dennhardt*, in: BeckOK BGB, § 362 Rn. 11; *Fetzer*, in: Münchener Kommentar zum BGB, § 362 Rn. 11 f.; a. A. *Schwab*, in: Münchener Kommentar zum BGB, § 812 Rn. 54.

[97] BGH, Urt. v. 17.7.2007 – X ZR 31/06, NJW 2007, 3488 (3489), Rn. 17; *Fetzer*, in: Münchener Kommentar zum BGB, § 362 Rn. 12; *Looschelders*, in: BeckOGK, 1.6.2020, § 362 BGB Rn. 43.

wird,[98] ist eine solche nur erforderlich, wenn die zu tilgende Schuld oder die Person des Leistenden unklar ist.[99] Daher geht die Literatur zu Recht davon aus, dass auch für Rückabwicklung von durch Smart Contracts ausgelösten Vermögensverschiebungen die Leistungskondiktion maßgeblich ist.[100] Bei der Gestaltung von Smart Contracts kann dies ein entscheidender Faktor bei der Frage sein, in welchem Umfang ein Vertrag durch Smart Contracts abgebildet und vollzogen wird: Mit jeder automatisierten Leistungsbewirkung durch den Smart Contract geht der Leistende das Risiko ein, dass die Rechtsgrundlosigkeit der Vermögensverschiebung im Streitfalle beweisen muss.[101]

5.6 Zwischenergebnis

Durch die Kombination mit Blockchain-Technologien sind Smart Contracts zum automatisierten Vertragsvollzug im Umfeld der Industrie 4.0 besonders geeignet. Gleichwohl ist aus rechtlicher Sicht eine strenge Differenzierung zwischen Smart Contracts und Verträgen im rechtlichen Sinne geboten.

6 Zusammenfassung

Die vorstehende Untersuchung zeigt, dass im Hinblick auf die unterschiedlichen Merkmale und Einsatzgebiete eine klare Unterscheidung zwischen Vertragsagenten, der Blockchain und Smart Contracts geboten ist. Funktional dienen Vertragsagenten dazu, Vertragsanbahnung und Vertragsschluss zu automatisieren, während die Blockchain im Kern ein rechtssicheres Speichermedium zur Dokumentation von unterschiedlichsten Informationen darstellt, hierneben aber auch eine sichere Ausführungsumgebung für Smart Contracts darstellt. Letztere stellen ihrem Wesen nach Mechanismen zur automatisierten Vertragsdurchführung dar, wenngleich auch andere Anwendungen denkbar sind.

Im Kontext der Industrie 4.0 können diese Bausteine gemeinsam eingesetzt werden, um Geschäftsprozesse zu automatisieren und die Effizienz-

---

[98] *Lorenz*, in: Staudinger, BGB, § 812 Rn. 5; *Schwab*, in: Münchener Kommentar zum BGB, § 812 Rn. 47; *Stadler*, in: Jauernig, BGB, § 812 Rn. 4.

[99] Vgl. *Lorenz*, in: Staudinger, BGB, § 812 Rn. 4.

[100] *Heckelmann*, NJW 2018, S. 504 (506); *Kaulartz/Matzke*, NJW 2018, S. 3278 (3283); *Paulus/Matzke*, ZfPW 2018, S. 431 (460 f.); *Riehm*, Smart Contracts und AGB-Recht, in: Braegelmann/Kaulartz, Rechtshandbuch Smart Contracts, Kap. 9, S. 101, Rn. 5; implizit auch *Möslein*, ZHR 183/2019, S. 254 (284).

[101] *Fries*, AnwBl 2018, S. 86 (88); *Möslein*, ZHR 183/2019, S. 254 (284); *Riehm*, in: Braegelmann/Kaulartz, Rechtshandbuch Smart Contracts, Kap. 9 Rn. 4.

vorteile der einzelnen Technologien zu nutzen. Im Hinblick auf die jeweiligen, originären Funktionen der einzelnen Bausteine hat die Untersuchung gezeigt, dass der Einsatz im Grundsatz rechtssicher möglich ist. Gleichwohl besteht im Hinblick auf zahlreiche Einzelfragen noch weiterer Klärungsbedarf, der derzeit jedenfalls teilweise durch entsprechende Vertragsgestaltung aufgeschoben werden kann.

Literatur

Allen, J.G.: Wrapped and Stacked: 'Smart Contracts' and the Interaction of Natural and Formal Language, ERCL 2018, S. 307-343.

Bauer, Marc Christian: Elektronische Agenten in der virtuellen Welt, Hamburg 2006.

Bechtolf, Hans/Vogt, Niklas: Datenschutz in der Blockchain – Eine Frage der Technik, Technologische Hürden und konzeptionelle Chancen, ZD 2018, S. 66–71.

Behling, Thorsten B.: Der Zugang elektronischer Willenserklärungen in modernen Kommunikationssystemen, Baden-Baden 2007.

Bertram, Ute: Smart Contracts, Praxisrelevante Fragen zu Vertragsabschluss, Leistungsstörungen und Auslegung, MDR 2018, S. 1416–1421.

Borges, Georg: Verträge im elektronischen Geschäftsverkehr, Vertragsabschluss, Beweis, Form, Lokalisierung, anwendbares Recht, München 2003.

Borges, Georg/Sesing, Andreas: Der Irrtum des Kühlschranks und andere Fragen zu Willenserklärungen von Maschinen. Eine Bestandsaufnahme, in: Annemarie Matusche-Beckmann/Takuma Sato (Hrsg.), Rechtsprobleme der Informationsgesellschaft – Japanisch-Deutscher Rechtsdialog, Saarbrücken 2018, S. 179-201.

Braegelmann, Tom/Kaulartz, Markus: Einleitung, in: Tom Braegelmann/Markus Kaulartz (Hrsg.), Rechtshandbuch Smart Contracts, München 2019, S. 1–12.

Brehm, Wolfgang: Zur automatisierten Willenserklärung, in: Erik Jayme/Adolf Laufs/Karlheinz Misera/Gert Reinhart/Rolf Serick, Festschrift für Hubert Niederländer, Heidelberg 1991, S. 233.

Brenner, Walter/Zarnekow, Rüdiger/Wittig, Hartmut: Intelligente Softwareagenten, Berlin 1998.

Carron, Blaise/Botteron, Valentin: How smart can a contract be? in: Kraus, Daniel/Obrist, Thierry/Hari, Olivier (Hrsg.), Blockchains, Smart Contracts, Decentralised Autonomous Organisations and the Law, Cheltenham u.a. 2018, S. 101-143.

Clemens, Rudolf: Die elektronische Willenserklärung - Chancen und Gefahren, NJW 1985, S: 1998-2005.

Cornelius, Kai: Autonome Softwareagenten im Verbandssanktionenrecht, ZRP 2019, S. 8-12.

Cornelius, Kai: Vertragsabschluss durch autonome elektronische Agenten, MMR 2002, S. 353-358.

Djazayeri, Alexander: Rechtliche Herausforderungen durch Smart Contracts, jurisPR-BKR 12/2016, Anm. 1.

Eschenbruch, Klaus/Gerstberger, Robert: Smart Contracts, Planungs-, Bau- und Immobilienverträge als Programm?, NZBau 2018, S. 3-8.

Faust, Florian: Bürgerliches Gesetzbuch, Allgemeiner Teil, 6. Aufl., Baden-Baden 2018.

de Franceschi, Alberto/Schulze, Reiner (Hrsg.): Digital Revolution – New Challenges for Law, München 2019.

Frenz, Walter (Hrsg.): Handbuch Industrie 4.0: Recht, Technik, Gesellschaft, Berlin 2020.

Fries, Martin: Schadensersatz ex machina, NJW 2019, S. 901-905.

Ders.: Smart Contracts: Brauchen schlaue Verträge noch Anwälte?, Zusammenspiel von Smart Contracts mit dem Beweismittelrecht der ZPO, AnwBl 2018, S. 86-90.

Finck, Michéle: Grundlagen und Technologie von Smart Contracts, in: Martin Fries /Boris P. Paal (Hrsg.), Smart Contracts, Tübingen 2019.

Froitzheim, Oliver: Code is Law, isn't it?, in: Jürgen Taeger (Hrsg.), Smart World – Smart Law? Weltweite Netze mit regionaler Regulierung, Edewecht 2016, S. 311–325.

Gitter, Rotraud: Softwareagenten im elektronischen Geschäftsverkehr, Baden-Baden 2007.

Gitter, Rotraud/Roßnagel, Alexander: Rechtsfragen mobiler Agentensysteme im E-Commerce, K&R 2003, S. 64-72.

Grapentin, Justin: Vertragsschluss und vertragliches Verschulden beim Einsatz von Künstlicher Intelligenz und Softwareagenten, Baden-Baden 2018.

Groß, Johannes: AGB 4.0: Allgemeine Geschäftsbedingungen im Rahmen autonomer Vertragsabschlüsse, in: Jürgen Taeger (Hrsg.), Recht 4.0 – Innovationen aus den rechtswissenschaftlichen Laboren, Edewecht 2017, S. 611-624.

Grundmann, Stefan/Hacker, Philipp: Digital Technology as a Challenge to European Contract Law - From the Existing to the Future Architecture, ERCL 2017, S. 255-293

Gsell, Beate/Krüger, Wolfgang/Stephan, Lorenz/Reymann, Christoph (Gesamthrsg. Zivilrecht): beck-online.GROSSKOMMENTAR, BGB, Kommentar, München 2020.

Gudian, Gunter: Fehlen des Erklärungsbewusstseins, AcP 169 (1969), S. 232-236.

Härting, Niko: Schnäppchen oder Inhaltsirrtum? – Fehler bei der Preisauszeichnung im Internet, ITRB 2004, S. 61-64.

Hanzl, Martin: Handbuch Blockchain und Smart Contracts, Wien 2020.

Hau, Wolfgang/Poseck, Roman (Hrsg.): BeckOK-BGB, Kommentar, 54. Edition (Stand: 1.5.2020), München 2020.

Heckelmann, Martin: Zulässigkeit und Handhabung von Smart Contracts, NJW 2018, S. 504-510.

Herrler, Sebastian (Red.): J. von Staudingers Kommentar zum Bürgerlichen Gesetzbuch, Buch 1, §§ 90-124; §§ 130-133 (Sachen und Tiere, Geschäftsfähigkeit, Willenserklärung), Neubearb. 2017, Berlin.

Heuer-James, Jens-Uwe/Chibanguza, Kuuya J./Stücker Benedikt: Industrie 4.0 – vertrags- und haftungsrechtliche Fragestellungen, BB 2018, S. 2818-2832.

Hoeren, Thomas/Sieber, Ulrich/Holznagel, Bernd (Hrsg.): MultiMediaRecht, Handbuch, Loseblattsammlung München, Stand: 2/2020, 51. EL.

Horn, Norbert (Red.): J. von Staudingers Kommentar zum Bürgerlichen Gesetzbuch, Buch 2, §§ 812-822 (Ungerechtfertigte Bereicherung), Neubearb., Berlin 2007.

Hübner, Heinz: Zurechnung statt Fiktion einer Willenserklärung, in: Rolf Dietz/Heinz Hübner (Hrsg.): Festschrift für Hans Carl Nipperdey, München 1965, S. 373-399.

Jacobs, Christoph/Lange-Hausstein, Christian: Blockchain und Smart Contracts: zivil- und aufsichtsrechtliche Bedingungen, Funktionen, Anwendungsfälle, Perspektiven der Blockchain-Technologie, ITRB 2017, S. 10-15.

Jaschinski, Julian: Einsatz moderner Technologien im Spannungsfeld gesetzlicher Formvorschriften, Warum eine „Blockchain-Form" bzw. DLT-Form" naheliegt, CR 2020, S. 423–428.

John, Robert: Haftung für künstliche Intelligenz: rechtliche Beurteilung des Einsatzes intelligenter Softwareagenten im E-Commerce, Hamburg 2007.

Kaulartz, Markus: Die Blockchain-Technologie, CR 2016, S. 474-480.

Ders.: Rechtliche Grenzen bei der Gestaltung von Smart Contracts, in: Jürgen Taeger (Hrsg.), Smart World - Smart Law? Weltweite Netze mit regionaler Regulierung, Edewecht 2016, S. 1023–1037.

Kaulartz, Markus/Heckmann, Jörn: Smart Contracts – Anwendungen der Blockchain-Technologie, CR 2016, S. 618-624.

Kaulartz, Markus/Matzke, Robin: Die Tokenisierung des Rechts, NJW 2018, S. 3278-3283.

Keßler, Oliver: Intelligente Roboter – neue Technologien im Einsatz, Voraussetzungen und Rechtsfolgen des Handelns informationstechnischer Systeme, MMR 2017, S. 589–594.

Knaier, Ralf/Wolff, Lothar: Die Blockchain-Technologie als Entwicklungsoption für das Handelsregister?, BB 2018, S. 2253-2260.

Köhler, Helmut: Die Problematik automatisierter Rechtsvorgänge, insbesondere von Willenserklärungen, AcP 182 (1982), S. 126-171.

Krüger, Thomas/Bütter, Michael: Elektronische Willenserklärungen im Bankgeschäftsverkehr - Risiken des Online-Banking, WM 2001, S. 221-231.

Kuhn, Matthias: Kuhn, Rechtshandlungen mittels EDV und Telekommunikation, Zurechenbarkeit und Haftung, München 1991.

Lessig, Lawrence: Code and Other Laws of Cyberspace, New York 1999.

Lessig, Lawrence: Code, Version 2.0, New York 2006.

Linardatos, Dimitrios: Smart Contracts – einige klarstellende Bemerkungen, K&R 2018, S. 85-92.

Lupu, Ruxandra: Herausforderungen und Lösungsansätze bei der Gestaltung von Blockchain-basierten Smart Contracts, CR 2019, S. 631-634.

Martini, Mario/Weinzierl, Quirin: Die Blockchain-Technologie und das Recht auf Vergessenwerden - Zum Dilemma zwischen Nicht-Vergessen-Können und Vergessen-Müssen, NVwZ 2017, S. 1251-1259.

Meyer, Olaf: Stopping the Unstoppable: Termination and Unwinding of Smart Contracts, EuCML 2020, S. 17-24.

Mitchell, William J.: City of Bits, Camebridge u.a. 1995.

Möslein, Florian: Rechtsgeschäftslehre und Smart Contracts, in: Tom Braegelmann/Markus Kaulartz (Hrsg.), Rechtshandbuch Smart Contracts, München 2019, S. 81-98.

Möslein, Florian: Smart Contracts im Zivil- und Handelsrecht, ZHR 183 2019, S. 254-293.

Müller, Martin: Bitcoin, Blockchain und Smart Contracts – Technische Grundlagen und mögliche Anwendungsbereiche in der Immobilienwirtschaft, ZfIR 2017, S. 600-612.

Müller-Hengstenberg, Claus D./Kirn, Stefan: Intelligente (Software-)Agenten: Von der Automatisierung zur Autonomie? – Verselbstständigung technischer Systeme, MMR 2014, S. 224-232.

Müller-Hengstenberg, Claus D./Kirn, Stefan: Intelligente (Software-)Agenten: Eine neue Herausforderung unseres Rechtssystems?, MMR 2014, S. 307-313.

Paal, Boris P.: Internetrecht, Zivilrechtliche Grundlagen, JuS 2010, S. 953-957.

Paulus, Chistoph G./Matzke, Robin: Digitalisierung und private Rechtsdurchsetzung – Relativierung der Zwangsvollstreckung durch smarte IT-Lösungen?, CR 2017, 769-778.

Paulus, David: Was ist eigentlich … ein Smart Contract? JuS 2020, S. 107-108.

Paulus, David: Die automatisierte Willenserklärung, JuS 2019, S. 960-965.

Paulus, David/Matzke, Robin: Smart Contracts und das BGB – Viel Lärm um nichts?, ZfPW 2018, S. 431-465.

Raskin, Max: The Law and Legality of Smart Contracts, Georgetown Law Technology Review 1 (2017), S. 305-341.

Redeker, Helmut: Geschäftsabwicklung mit externen Rechnern im Bildschirmtextdienst, NJW 1984, S. 2390-2394.

Riehm, Thomas: Smart Contracts und AGB-Recht, in: Tom Braegelmann/ Markus Kaulartz (Hrsg.), Rechtshandbuch Smart Contracts, München 2019, S. 101-113.

Röttgen, Charlotte/Juelicher, Tim: Der Bot, das unbekannte Wesen – Ein rechtlicher Überblick, in: Jürgen Taeger (Hrsg.), Recht 4.0 – Innovationen aus den rechtswissenschaftlichen Laboren, Edewecht 2017, S. 227-239.

Saive, David: Haftungsprivilegierung von Blockchain-Dienstleistern gem. §§ 7 ff. TMG, CR 2018, S. 186-193

Säcker, Franz Jürgen/Rixecker, Roland/Oetker, Hartmut/Limperg, Bettina (Hrsg.): Münchener Kommentar zum BGB, Band 3 Schuldrecht – Allgemeiner Teil II, 8. Aufl., München 2019.

Säcker, Franz Jürgen/Rixecker, Roland/Oetker, Hartmut/Limperg, Bettina (Hrsg.): Münchener Kommentar zum BGB, Band 6 Schuldrecht – Besonderer Teil IV, 7. Aufl., München 2017.

Schirmer, Jan-Erik: Rechtsfähige Roboter, JZ 2016, S. 660-666.

Schmidt-Salzer, Joachim: Subjektiver Wille und Willenserklärung, JZ 1969, S. 281-289.

Schrey, Joachim/Thalhofer, Thomas: Rechtliche Aspekte der Blockchain, NJW 2017, S. 1431-1436.

Schulz, Thomas: Verantwortlichkeit bei autonom agierenden Systemen, Baden-Baden 2015.

Sester, Peter/Nitschke, Tanja: Software-Agent mit Lizenz zum ...?, Vertragsschluss und Verbraucherschutz beim Einsatz von Softwareagenten, CR 2004, S. 548–554.

Simmchen, Christoph: Blockchain (R)Evolution, MMR 2017, S. 162-165.

Singer, Reinhard: Selbstbestimmung und Verkehrsschutz im Recht der Willenserklärungen, München 1995.

Söbbing, Thomas: Smart Contracts und Blockchain-Technologie, Definition, Arbeitsweise, Rechtsfragen, ITRB 2018, S. 43-46.

Sorge, Christoph: Softwareagenten, Karlsruhe 2006.

Sosnitza, Olaf: Das Internet der Dinge – Herausforderung oder gewohntes Terrain für das Zivilrecht?, CR 2016, S. 764-772.

Specht, Louisa/Herold, Sophie: Roboter als Vertragspartner?, Gedanken zu Vertragsabschlüssen unter Einbeziehung automatisiert und autonom agierender Systeme, MMR 2018, S. 40-44.

Spindler, Gerald/Schuster, Fabian (Hrsg.): Recht der elektronischen Medien, 4. Aufl., München 2019.

Stürner, Rolf (Hrsg.): Jauernig, Bürgerliches Gesetzbuch, Kommentar, 17. Aufl., München 2018.

Taupitz, Jochen/Kritter, Thomas: Electronic Commerce – Probleme bei Rechtsgeschäften im Internet, JuS 1999, S. 839-846.

Teubner, Gunther: Digitale Rechtssubjekte?, AcP 218 (2018), S. 155-205.

Viebcke, Volker: Durch Datenverarbeitungsanlagen abgegebene Willenserklärungen, Marburg 1972.

Weiss, Alexander: Zivilrechtliche Grundlagenprobleme von Blockchain und Kryptowährungen, JuS 2019, S. 1050-1057.

Werba, Ulf: Die Willenserklärung ohne Willen, Berlin 2005.

Wiebe, Andreas: Die elektronische Willenserklärung, Tübingen 2002.

Wilkens, Robert/Falk, Richard: Smart Contracts, Grundlagen, Anwendungsfelder und rechtliche Aspekte, Wiesbaden 2019.

Wilsch, Harald: Die Blockchain-Technologie aus der Sicht des deutschen Grundbuchrechts, DNotZ 2017, S. 761-787.

Wirth, Julia: Compliance-Risiken bei virtuellen Währungen, CCZ 2018, S. 139-141.

Wöbbeking, Maren K.: The Impact of Smart Contracts on Traditional Concepts of Contract Law, JIPITEC 2019, S. 106-113.

Woolridge, Michael: An Introduction to MultiAgent Systems, 2nd Edition, Chichester 2009.

Wulf, Hans Markus/Burgenmeister Clemens: Industrie 4.0 in der Logistik – Rechtliche Hürden beim Einsatz neuer Vernetzungs-Technologien, CR 2015, S. 404-412.

Zöller, Richard (Begr.): Zivilprozessordnung, Kommentar, 33. Aufl., Köln 2020.

BLOCKCHAIN IN DER DIGITALISIERUNG – AUFSETZEN EINES BLOCKCHAIN-PROJEKTS

RA Adrian Freidank, FA für IT-Recht

Luther Rechtsanwaltsgesellschaft mbH
adrian.freidank@luther-lawfirm.com

Zusammenfassung

Die Blockchain ist in aller Munde. Neben den Kryptowährungen bestimmt dabei vor allem der Einsatz der Blockchain-Technologie in der Digitalisierung als fälschungssicheres und Dezentrales Kassenbuch (Distributed Ledger) oder als Basis für Smart Contracts die Diskussion. Durch das wachsende Angebot von Blockchain-as-a-Service-Diensten[1] ist die Technologie schneller und einfacher verfügbar als noch vor wenigen Jahren. Mit dem nachfolgenden Beitrag möchte ich einen Schritt von den bisher besprochenen Detailproblemen zurück machen und eine Übersicht der Sonderthemen geben, die beim Aufsetzen eines Blockchain-Projektes in der Praxis zu beachten sind. Der Artikel enthält insbesondere keine Zusammenfassung der Funktionsweise einer Blockchain oder der verschiedenen Einsatzbereiche.[2] Als Beispielseinsatzszenarien verwende ich die beiden in der rechtlichen Auseinandersetzung am meisten beachteten Funktionen einer Blockchain: den Einsatz als fälschungssicheres Kassenbuch für die Speicherung von Transaktionen (z.B. Kryptowährungen)[3] und den Einsatz für sog. Smart Contracts, bei denen ein auf der Blockchain ablaufendes Computerprogramm Transaktionen in Abhängigkeit bestimmter Voraussetzungen ohne menschliches Zutun auslösen soll.[4]

1 Vertrag mit Dienstleister

Die meisten Unternehmen, die ein Blockchain-Projekt aufsetzen möchten, werden kein eigenes Knowhow für die Programmierung und Implementierung einer Blockchain haben und daher entweder einen Dienstleister einsetzen wollen, der ein Blockchain-System für sie betreibt, oder einen Entwickler mit der Erstellung eines Blockchain-Systems beauftragen. In vertraglicher Hinsicht schließen Auftraggeber und Auftragnehmer dabei einen

---

[1] Z.B. von IBM, Microsoft oder Amazon.

[2] Eine Übersicht über die Blockchain-Technologie bei *Lehner*, in: Hennemann/Sattler, Immaterialgüter und Digitalisierung, S. 43; eine Übersicht von Einsatzszenarien bei *Hoppe*, in: Hennemann/Sattler, Immaterialgüterrecht und Digitalisierung, S. 59 (60 ff.).

[3] Vgl. *Kaulartz*, CR 2016, S. 474.

[4] Vgl. *Kaulartz/Heckmann*, CR 2016, S. 618.

Projektvertrag,[5] der im Wesentlichen die für ein solches Projekt vertragstypischen Regelungen enthalten wird. Allerdings sollten die Parteien die nachfolgenden Besonderheiten bei der Beauftragung des Systems beachten:

1.1 Behandlung von Mängeln

Die Gewährleistung gehört bei IT-Projekten zu den standardmäßig zu regelnden Themenbereichen. Im Blockchain-Projekt ist bei der Vertragsverhandlung auf die Gewährleistung ein besonderes Augenmerk zu legen, weil es besonders wichtig ist, dass die zu erstellende Software mangelfrei ist. Anders als bei herkömmlichen Software- und Hardwaresystemen können die Folgen von Mängeln vergleichsweise weitreichend sein, weil der Auftraggeber in das korrekte Funktionieren eines Blockchain-Systems ein hohes Maß an Vertrauen gesetzt. Oft soll ein Blockchain-System wegen seiner technischen Fähigkeiten z.B. als definitive Instanz (z.B. für die sichere Aufzeichnung von Daten) oder gar selbst rechtsgestaltend (z.B. als Smart Contract, dazu mehr unter 2.2) eingesetzt werden. Technische Mängel können negative Auswirkungen auf diese beiden Funktionen haben.

1.1.1 Beschreibung der Sollbeschaffenheit

In diesem Zusammenhang ist insbesondere darauf zu achten, dass die Leistungsbeschreibung eine möglichst genaue Beschreibung der wichtigen Funktionen des Blockchain-Systems enthält. Da der Begriff des Sachmangels als Negativabweichung der Ist- von der Sollbeschaffenheit definiert ist,[6] ist es für die spätere Feststellung eines Mangels vorteilhaft, die Istbeschaffenheit, also die technische Umsetzung der wichtigen Funktionen, möglichst genau zu definieren. In der Praxis werden die Vertragsparteien – insbesondere bei einer agilen Entwicklung des Blockchain-Systems – oft die genaue technische Umsetzung im Zeitpunkt des Vertragsschlusses noch nicht beschreiben können. Insofern wäre – z.B. im Rahmen der Regelungen zum agilen Vorgehen – festzuhalten, wie die Leistungsbeschreibung während der Zusammenarbeit weiterentwickelt und die aktualisierten Inhalte auch nach Vertragsschluss noch Teil der Leistungsverpflichtung des Auftragnehmers werden.

1.1.2 (Wieder-)Herstellung der Sollbeschaffenheit

Darüber hinaus ist – wie stets in IT-Projekten – darauf zu achten, dass die Gewährleistungsrechte nicht zu früh verjähren. Für die Zeit nach der Verjährung gesetzlicher Gewährleistungsrechte kann das Bedürfnis des Auftraggebers auf Beseitigung von Mängeln durch den Abschluss eines Wartungsvertrages abgesichert werden.

---

[5] Z.B. einen Software-as-a-Service-Vertrag oder einen Softwareerstellungsvertrag.

[6] Vgl. zum Mangel bei der Softwareerstellung *Conrad/Schneider*, in: Auer-Reinsdorff/Conrad, Handbuch IT- und Datenschutzrecht, § 11 Rn. 85 ff.

Daneben sollten Auftraggeber und Auftragnehmer – dies ist im Vergleich zum Ob der Mangelbeseitigung aus Gewährleistung oder Wartungsvertrag im Zweifel die wichtigere Regelung – auch das Vorgehen bei der Mangelbeseitigung regeln. Insofern unterscheidet sich das Blockchain-Projekt zwar nur in den Details von anderen IT-Projekten. Diese Details können aber wesentlich für Erfolg oder Misserfolg des Projekts sein, weil es bei einem Mangel an der erstellten Software nicht nur erforderlich sein kann, den Mangel selbst zu beseitigen, sondern auch dessen Folgen. Das kommt davon, dass die vom Auftragnehmer erstellte Software entweder eine Blockchain erstellt oder gar mit einer vorbestehenden Blockchain interagieren wird. Dabei kann es sein, dass die mangelhafte Software Tatsachen in der Blockchain-Welt erschaffen hat, die nicht mehr rückgängig gemacht werden können. Blockchains sollen aber – wie oben beschrieben – z.B. als definitive Instanz oder rechtsgestaltend eingesetzt werden und dabei insbesondere das Vertrauen verschiedener Parteien genießen.

Die Parteien müssen einen Weg finden, dieses Vertrauen bei der Mangelbeseitigung nicht zu beschädigen. Auf der einen Seite wäre es für das Vertrauen in einen Smart Contract nicht förderlich, wenn diverse Transaktionen rückgängig gemacht werden müssen – falls das überhaupt möglich ist (vgl. unten 2.5) –, weil der Smart Contract wegen eines Mangels der Software falsch ausgeführt wurde. Auf der anderen Seite könnte es bei einem Blockchain-System, welches Informationen sicher und zur Nutzung durch mehrere Teilnehmer bzw. Nutzer speichert, erforderlich werden, die von einer mangelhaften Software falsch in die Blockchain geschriebenen Informationen zu korrigieren. In den meisten Fällen ist es technisch nicht möglich, eine Blockchain im Nachhinein zu korrigieren und es ist gerade bei einer Blockchain, die als sicherer Datenspeicher dienen soll, auch nicht gewünscht, eine nachträgliche Korrektur[7] zu ermöglichen. Alternativ könnten die falschen Einträge auch dadurch beseitigt werden, dass der Auftragnehmer jeweils die Blockchain insgesamt löscht und durch eine neue ersetzt. Es könnte aber durchaus schwierig sein, potentielle Teilnehmer oder Nutzer von der Nutzung eines Blockchain-Systems zu überzeugen und den in der Blockchain gespeicherten Informationen zu vertrauen, wenn diese bereits die technische „Hintertür" für eine Korrektur von Informationen oder ein Austauschen der ganzen Blockchain enthält.

Die Vertragsparteien sollten deshalb ein besonderes Augenmerk auf die Regelung des Prozesses für die Beseitigung des Mangels und der Mangelfolgen legen und insbesondere im Vorhinein durchdenken, welche Form

---

[7] Z.B. mithilfe der Chameleon Hashfunktion, vgl. *Saive*, Rückabwicklung von Blockchain-Transaktionen, in: Taeger, Rechtsfragen digitaler Transformationen, S. 371 (376 f.).

der Mängelbeseitigung technisch, aber auch mit Blick auf das Geschäftsmodell und die späteren Teilnehmer bzw. Nutzer, passend ist.

1.2 Rechtsdienstleistung

Bei der Planung des Blockchain-Projektes sollten Auftraggeber und Auftragnehmer auch untersuchen, ob ein ggfs. aufzusetzender Smart Contract eine rechtliche Prüfung in einem Einzelfall durch Mitarbeiter des Auftragnehmers beinhaltet. Diese könnten eine Rechtsdienstleistung nach § 2 Abs. 1 RDG darstellen, weil der Auftragnehmer sie in einer konkreten fremden Angelegenheit vornimmt. Das Problem könnte – und sollte das nach den vorangegangenen Erwägungen sogar – dadurch umgangen werden, dass die technische Funktion eines Smart Contracts, also insbesondere die darin zu programmierenden Wenn-Dann-Beziehungen, möglichst genau in der Leistungsbeschreibung beschrieben wird und dort nicht lediglich abstrakt geregelt ist, welcher Vertrag bzw. welche Vertragsdurchführung[8] der Auftragnehmer programmieren soll.

1.3 Verhältnis von Programmierung und Kundenvertrag

Schließlich sollten der Auftraggeber und der Auftragnehmer die ggfs. erforderlichen Mitwirkungsleistungen des Auftragnehmers bei der Erstellung der Kundenverträge beachten. Je nach Geschäftsmodell wird der Auftraggeber das Blockchain-System zur Nutzung durch Dritte bereitstellen und dieses Rechtsverhältnis durch einen Kundenvertrag regeln wollen. Dabei wird insbesondere darauf zu achten sein, dass der Kundenvertrag erst dann erstellt wird, wenn die Programmierung des Systems hinreichend fortgeschritten ist, damit die technische Funktionsweise richtig abgebildet werden kann. Außerdem ist der Auftraggeber bei der Erstellung der Kundenverträge ggfs. auf die Mitwirkung des Auftragnehmers angewiesen, wenn eine technische Funktion des Blockchain-Systems besondere Regeln im Kundenvertrag erfordert.

1.4 Blockchain-as-a-Service

Wenn der Auftraggeber auf eine bereits bestehendes Blockchain-System zurückgreifen möchte, statt die Erstellung eines neuen Systems zu beauftragen, sollte er die oben genannten Punkte ebenfalls beachten. Insbesondere sollte er die Gewährleistungsregelungen des Anbieters prüfen. Dabei ist zu beachten, dass – anders als bei der Erstellung eines neuen Blockchain-Systems – bei Blockchain-as-a-Service in der Regel kein Werkvertrag vorliegen wird und die Gewährleistungsregelungen aus §§ 633 ff. BGB in diesem Fall nicht anwendbar sind. In mietvertragsrechtlichen Software-as-a-Service- (oder Blockchain-as-a-Service-) Verträgen schließt der Anbieter im

---

[8] Vgl. *Hoppe*, in: Hennemann/Sattler, Immaterialgüterrecht und Digitalisierung, S. 59 (60).

Gegenteil die verschuldensunabhängige Haftung nach § 536a BGB für vorbestehende Mängel in der Regel aus. Gerade wenn ein vorbestehender Mangel aber zu den oben beschriebenen Problemen führt, wir dem Anbieter ein Verschulden aber nicht nachzuweisen sein und der Auftraggeber kann die Beseitigung der vom mangelhaften Blockchain-System verursachten Schäden nicht vom Blockchain-as-a-Service-Anbieter ersetzt verlangen.

2 Produktgestaltung

Neben der Auswahl des richtigen Dienstleisters für die Bereitstellung oder die Erstellung des Blockchain-Projekts sind sowohl bei der technischen Gestaltung als auch bei der Gestaltung eventueller AGB oder Nutzungsbedingungen insbesondere die nachfolgenden Punkte zu beachten:

2.1 Anwendbares Recht

Insbesondere bei einer international eingesetzten Blockchain muss sich der Betreiber über das auf das Rechtsverhältnis zwischen ihm und seinen Kunden anwendbare Recht im Klaren sein. Sollte eine rein gewerbliche Nutzung der Blockchain durch Unternehmer gewollt sein, kann der Betreiber im Kundenvertrag zumindest nach deutschem Recht eine Rechtsordnung frei wählen. Der Betreiber sollte jedoch auch für die weiteren Einsatzorte prüfen (lassen), ob die Rechtswahl dort möglich und welches zwingendes Recht bei einem Einsatz des Blockchain-Systems in dieser Rechtsordnung zu beachten sind. Gleiches gilt für verpflichtendes Verbraucherrecht, wenn das Blockchain-System zumindest auch durch Verbraucher genutzt werden kann.

In der Praxis werden die Regelungen der Geoblocking-Verordnung oft übersehen, nach denen es dem Anbieter von Waren oder Dienstleistungen untersagt ist, Kunden aus EU-Mitgliedstaaten aufgrund ihres Aufenthaltsortes vom Erwerb der Waren oder von einer Nutzung der Dienstleistungen auszuschließen (Art. 4 Geoblocking-VO). Danach ist es auch verboten, Kunden aus anderen EU-Mitgliedstaaten eine andere Nutzeroberfläche anzuzeigen, einschließlich des Verbots, Verträge mit diesen auf der Grundlage anderer Allgemeinen Geschäftsbedingungen zu erbringen (Art. 3 Geoblocking-VO). Der Betreiber muss also darauf achten, dass er allen potentiellen Kunden aus den EU-Mitgliedstaaten seine Leistungen ohne Diskriminierung in Bezug auf die Herkunft des Kunden anzubieten.

2.2 Smart Contracts

Blockchain-Systeme sollen insbesondere auch für Smart Contracts verwendet werden. Beim Smart Contract handelt es sich um ein Programm, dass auf der Blockchain ablaufen und abhängig vom Eintritt vorher definierter, tatsächlicher Umstände Transaktionen auf der Blockchain auslösen soll.

Das einfachste Beispiel eines Smart Contracts ist bereits das dem Bitcoin-System zugrundeliegende Programm, welches eine Transaktion nur dann ausführt und in den nächsten Block der Bitcoin-Blockchain hineinschreibt, wenn das Konto des Absenders über eine ausreichende Menge an Bitcoins verfügt. Weitere klassische Beispiele umfassen z.b. den Leasingwagen, der mit einer Blockchain verbunden ist und bei dem jeweils beim Starten des Fahrzeugs ein Smart Contract überprüft, ob die Leasingraten bezahlt wurde. Abhängig von der ebenfalls in der Blockchain enthaltenen Information, ob die Leasingrate gezahlt wurde oder nicht, lässt sich das Fahrzeug starten oder nicht starten. Auch der Smart Contract, der selbstständig prüft, ob ein Flug rechtzeitig angekommen ist und anhand dieser Information die Zahlung einer Entschädigung nach der Fluggastrechte-VO auslöst, wird häufig als Beispiel angeführt.

Wenn der Betreiber eines neuen Blockchain-Systems also einen solchen oder einen ähnlichen Smart Contract einsetzten möchte, muss er einige rechtliche Aspekte beachten, über die ich nachfolgend einen Überblick geben möchte.

2.2.1 Rechtliche Einordnung eines Smart Contracts

Zunächst stellt sich die Frage nach der rechtlichen Einordnung des Smart Contracts. Je nach Einsatzszenario könnte der Smart Contract als lediglich technische Vertragsdurchführung, als Vertrag oder als Vertragsbestandteil einzuordnen sein. Soweit der Smart Contract als Vertrag im Sinne von § 311 Abs. 1 BGB einzuordnen ist, stellt sich darüber hinaus die Frage nach der AGB-Kontrolle des Smart Contracts.

2.2.1.1 Smart Contract als Vertrag

Smart Contracts werden in den meisten Einsatzszenarien entgegen der Bezeichnung gerade keine Verträge im Sinne von § 311 Abs. 1 BGB sein. Nach § 311 Abs. 1 BGB liegt ein Vertrag vor, wenn die Vertragsparteien rechtsgeschäftlich ein Schuldverhältnis begründen. An den oben genannten Beispielen wird aber deutlich, dass dies oft beim Einsatz eines Smart Contracts nicht vorliegt, denn dann müsste das Schuldverhältnis aufgrund dessen der Gläubiger eine Forderung gegen den Schuldner hat, im Rahmen des Smart Contracts begründet werden. Meistens dürfte der Smart Contract lediglich ein bereits bestehendes Schuldverhältnis erfüllen oder kontrollieren.[9] Wenn im Beispiel des Leasingfahrzeugs also der Smart Contract die Zahlung der Leasingrate selbst überprüft und das Fahrzeug bei positiver Prüfung freischaltet, begründet der Smart Contract dabei kein neues Schuldverhältnis sondern führt ein bereits abgeschlossenes Schuldverhältnis aus.

---

[9] Vgl. z.B. *Schrey/Thalhofer*, NJW 2017, S. 1431; *Djazayeri*, jurisPR-BKR 12/2016, Anm. 1.

Denn im Leasingvertrag müsste genau geregelt sein, unter welchen Umständen der Leasinggeber dem Leasingnehmer die Nutzung vorenthalten dürfte, sonst läge ein Fall verbotener Eigenmacht nach § 858 Abs. 1 BGB vor. Analog kann der Smart Contract aber auch dingliche Vereinbarungen ausführen, die abseits der Blockchain abgeschlossen wurden.[10]

Es ist allerdings auch denkbar, einen Smart Contract ohne einen abseits der Blockchain ausdrücklich abgeschlossenen Vertrag zu nutzen. Dann müsste – wie in jedem Fall eines nicht ausdrücklich abgeschlossenen Vertrags – unter Beachtung sämtlicher Begleitumstände geprüft werden, ob und mit welchem Inhalt die Geschäftspartner einen Vertrag durch schlüssiges Verhalten geschlossen haben oder ob sich aus der Verkehrssitte[11] eine Aussage über das von den Geschäftspartnern Gewollte ergibt.

2.2.1.2 Smart Contracts als Vertragsbestandteil

Beim „frischen" Aufsetzen eines Blockchain-Projekts wird der oder werden die Betreiber jedoch anders als in der soeben beschriebenen Situation die gegenseitigen Leistungspflichten in einem (Rahmen-)Vertrag regeln. Die Ausführung des Vertrags durch den Smart Contract stellt dann entweder einen reinen (dinglichen) Vollzug des Vertrags dar oder hätte – wenn es eine Vielzahl von Konditionen oder Variablen gibt – eher den Rechtscharakter einer Einzelbestellung unter einem Rahmenvertrag.

Im ersten Fall würde der Smart Contract den Leistungsaustausch in einem bestehenden Schuldverhältnis vornehmen.[12] In einem solchen Szenario könnte der Smart Contract jedoch ggfs. zur ergänzenden Vertragsauslegung herangezogen werden. Es könnte z.B. in einem Vertrag zwischen Industrieunternehmen und Lieferanten geregelt sein, dass der Sensor einer Industriemaschine den Füllstand seiner Schmiermittel in regelmäßigen Abständen in eine Blockchain schreibt und ein Smart Contract abhängig vom Füllstand neues Schmiermittel bestellen soll. Wenn im Vertrag aber nicht geregelt ist, welchen Umfang die jeweilige Bestellung haben soll, wird man die entsprechende Programmierung des Smart Contracts zur Gebindegröße ergänzend zur Auslegung des Vertrags heranziehen und zum Ergebnis kommen können, dass eine Bestellung in der im Smart Contract festgelegten Größe dem Willen der Vertragsparteien entspricht.

Im zweiten Fall, in welchem die Ausführung des Smart Contracts eher mit einer Einzelbestellung unter einem Rahmenvertrag entspricht, könnte

---

[10] Vgl. *Lupu*, InTeR 2020, S. 2 (3).

[11] Vgl. dazu *Froitzheim*, K&R 2020, S. 122.

[12] Vgl. *Kaulartz/Heckmann*, CR 2016, S. 618 (621 f.).

man in der Ausführung auch eine Erklärung und damit einen Vertragsbestandteil sehen.[13] Das wäre insbesondere z.B. dann der Fall, wenn das Auslösen des Smart Contracts nicht vollständig von im Vertrag geregelten Konditionen abhängt. Im gerade dargestellten Beispiel könnte also die Bestellung neuen Schmiermittels nicht allein vom Füllstand der Industriemaschine sondern auch vom aktuellen Marktpreis abhängt und der Smart Contract vielleicht zwischen verschiedenen Marken auswählen kann, sodass der Smart Contract innerhalb von zuvor festgelegten Zweckmäßigkeitskriterien schon fast so etwas wie eine Entscheidung treffen kann. Diese kaufentscheidungsbegründenden Kriterien werden nicht im Rahmenvertrag festgehalten, weil der Vertragspartner daran kein Mitspracherecht hat und die Parteien sich darüber im Vorhinein nicht einigen, sodass keine reine Ausführung eines Schuldverhältnisses mehr vorliegt.

Darüber hinaus kann ein Smart Contract Bestandteil eines Vertrags werden, wenn die Vertragsparteien auf ihn Bezug nehmen, wofür eine genaue Kenntnis von dessen Inhalt oder gar Quellcode nicht zwingend erforderlich ist.[14] Dem steht auch nicht entgegen, dass der Smart Contract in einer Programmiersprache bzw. seine Ausführung als Transaktion in die Blockchain geschrieben ist und ggfs. nur mit Kenntnissen der Programmiersprache gelesen und verstanden werden kann, denn dies ist keine Voraussetzung für die Einbeziehung eines Vertragsbestandteils in die vertragliche Beziehung.[15] Falls in einem solchen Fall aber das Rangverhältnis zwischen Vertrag und Smart Contract nicht geregelt ist, dürfte bei Widersprüchen die Regelung im Vertrag der Programmierung des Smart Contracts vorgehen, außer es ergibt sich aus den Umständen etwas Anderes.[16]

2.2.1.3 AGB-Kontrolle bei Smart Contracts

Will der Auftraggeber des Blockchain-Projekts eine Blockchain samt Smart Contract(s) einer Vielzahl von Teilnehmern oder Nutzern zur Verfügung stellen und sind diese nach dem soeben Gesagten als Vertragsbestandteil zu qualifizieren, sollte der Auftraggeber das AGB-Recht beachten. Denn ein AGB-rechtswidriger Smart Contract wäre zumindest teilweise nicht Vertragsbestandteil geworden und würde ggfs. Transaktionen ohne Rechtsgrundlage ausführen und Rückzahlungsansprüche begründen.

Für die Prüfung dieser Fragen muss der Auftraggeber jedoch zuerst herausfinden, ob der Smart Contract überhaupt als AGB einzuordnen ist. Dies

---

[13] Vgl. Ebenda; ebenso *Heckelmann*, NJW 2018, S. 504 (505).

[14] Vgl. *Fries*, AnwBl 2018, S. 86 (87 f.).

[15] Vgl. *Heckelmann*, NJW 2018, S. 504 (506).

[16] Vgl. *Fries*, AnwBl 2018, S. 86 (87 f.).

ist zum einen nur dann der Fall, wenn Smart Contracts von einem Verwender in einer Vielzahl von Verträgen genutzt werden sollen. Es ist nicht immer klar, wer der Verwender der AGB ist, der diese dem Vertragspartner einseitig stellt. Hier kämen insbesondere der Programmierer in Betracht oder der Betreiber eines Systems. In dynamischen, von verschiedenen Nutzern angepassten Smart Contracts liegen außerdem ggfs. keine vorformulierte Bedingung vor.[17]

Sollte man zu dem Ergebnis kommen, dass der einer Vielzahl von Teilnehmern bzw. Nutzern der Blockchain gestellte Smart Contract AGB enthält, müssen diese nicht nur nach den Anforderungen des AGB-Rechts wirksam in den Vertrag zwischen dem Verwender und dem Nutzer einbezogen werden. Nach dem oben gesagt, ist dies gegenüber Unternehmern nach § 14 BGB ohne weiteres möglich, weil die Möglichkeit der tatsächlichen Kenntnisnahme nicht erforderlich ist. Gegenüber einem Verbraucher ist aber nach § 305 Abs. 2 BGB die Möglichkeit der tatsächlichen Kenntnisnahme erforderlich, welche nach dem oben Gesagten bei einem Smart Contract ggfs. nicht in einer für den Verbraucher verständlichen Form gegeben werden kann.[18]

2.2.2 Zugang von Willenserklärungen

Ein Sonderproblem kann bei der Nutzung eines Smart Contracts hinsichtlich des Zugangs von Willenserklärungen entstehen und ist ggfs. bei der Vertragsgestaltung zu beachten, insbesondere beim Einsatz einer öffentlichen Blockchain. Wenn der Smart Contract für eine Vertragspartei Willenserklärungen abgeben soll, kann es je nach der technischen Ausgestaltung der Blockchain im Vorhinein schwer abzuschätzen sein, wann die Willenserklärung zugeht. Zum einen ist nicht sicher, ob die von einem Smart Contract ausgelöste Erklärung direkt in den nächsten Block geschrieben wird oder ggfs. für ein paar Blöcke in der Warteschlange bleibt und erst dann geschrieben wird. Außerdem entstehen in vielen Blockchains ständig sog. Forks. Das sind alternative Versionen der Blockchain mit unterschiedlichen Blöcken, die beim Minen entstehen können, weil mehrere Miner die für die Erstellung eines neuen Blocks erforderliche mathematische Aufgabe ungefähr zur gleichen Zeit lösen und damit unterschiedliche, aber jeweils für sich richtige Blöcke in die dezentrale Blockchain schreiben. Da diese Miner und die Miner, an die die jeweilige Version der Blockchain weitergegeben wurde, auf der Basis des letzten Block dann die Blockchain fortschreiben, können mehrere Stränge der Blockchain (Forks) entstehen, bis sich ein Fork bei mehr als der Hälft der Teilnehmer des Blockchain-Systems durchgesetzt hat und damit Konsens über die Blockchain erreicht wurde.

---

[17] Vgl. *Heckelmann*, NJW 2018, S. 504 (508 f.).

[18] Vgl. *Fries*, AnwBl 2018, S. 86 (88 Fn. 20).

Dabei könnte es passieren, dass eine Erklärung in den Block eines Forks geschrieben wurde, der sich nicht durchsetzen konnte und dann ggfs. noch einmal geschrieben werden muss oder in dem verbleibenden Fork in einen späteren Block geschrieben wurde.[19]

Falls die für ein neues Blockchain-Projekt genutzte Blockchain ähnlich funktioniert und es auf den Zeitpunkt des Zugangs von Willenserklärungen ankommt, müsste der Umstand im (Rahmen-)Vertrag geregelt werden, einschließlich einer eventuellen Regelung dazu, was bei einem verzögerten Zugang geschieht.

2.2.3 Zurechnung von Willenserklärungen

Schließlich ist beim Einsatz von Smart Contracts eine klare Regelung vorteilhaft, in welcher die Zurechnung von Willenserklärungen klar geregelt wird. Das Problem beruht darauf, dass das Blockchain-System selbst keine Rechtspersönlichkeit hat. Je automatisierter ein System aber ist, umso eher wird man dessen Handlungen dem Programmierer und nicht mehr dem Nutzer zuordnen.[20] Gerade dem Programmierer wird man eine Willenserklärung aber nicht zuordnen wollen.

Andererseits könnte bei einer fehlerhaften oder manipulierten Software die Behandlung der von einem Smart Contract abgegebenen Willenserklärungen oft entsprechend der Rechtsprechung zu Blankounterschriften oder zur Rechtsscheinhaftung zu lösen sein, sodass die Erklärung trotzdem dem Verwender des Smart Contracts zugeordnet werden dürfte.[21] Die Ersatzpflicht für den dabei potentiell entstehenden Schaden sollte entweder in den oben bereits angesprochenen Gewährleistungsregelungen gegenüber dem Programmierer oder in dem Vertrag mit dem Nutzer geregelt werden.

2.3 Datenschutz

Datenschutzrechtlich ist zu beachten, dass hinsichtlich der in einer unveränderlichen Blockchain gespeicherten personenbezogenen Daten die Betroffenenrechte auf Korrektur, Löschung und Sperrung nicht gewährleistet werden können.[22] Auch wenn in der Blockchain ggfs. nur speudonyme Daten gespeichert werden, können diese unter dem einsatz von Big Data-Analysen ggfs. sogar Rückschlüsse auf die hinter dem Pseudonym stehende Person gezogen werden.[23]

---

[19] Vgl. dazu ausführlich *Heckelmann*, NJW 2018, S. 504 (505 f.).

[20] Vgl. ebenda, S. 506.

[21] Vgl. *Lupu*, CR 2019, S. 631 (633).

[22] Vgl. *Schawe*, MMR 2019, S. 218 (220 f.).

[23] Vgl. ebenda, außerdem *Saive*, Rückabwicklung von Blockchain-Transaktionen, in: Taeger, Rechtsfragen digitaler Transformationen, S. 371 (373).

Aufgrund der Wichtigkeit des Themas Datenschutz und aufgrund der hohen potentiellen Geldbußen unter der Geltung der DSGVO sollte der Datenschutz daher bereits beim Aufsetzen des Projekts sowohl technisch als auch rechtlich beachtet werden. Dabei ist auch zu beachten, dass je nach technischer Ausgestaltung ggfs. nicht der Anbieter oder gar der Programmierer des Smart Contracts der datenschutzrechtlich Verantwortliche ist.[24]

2.4 Oracles

Eine weitere, beim Aufsetzen eines Blockchain-Projekts zu beachtende Herausforderung verbirgt sich hinter der Bezeichnung des Oracles. Oracles sind die Schnittstellen zwischen der Blockchain und der Welt abseits der Blockchain, sei es im Internet, einem sonstigen IT-System (z.B. einer Datenbank) oder der physischen Welt. Oracles können in der Form von Software daherkommen, die eine Schnittstelle zum Internet oder zu anderen IT-Systemen bereitstellen, als Sensoren oder gar Menschen, um eine Schnittstelle zur physischen Welt bereitzustellen.[25] Gleichzeitig werden durch Oracles aber auch Sicherheitsrisiken eingeführt, weil das im geschlossenen Blockchain-System bestehende Vertrauen in die Richtigkeit der Daten durch den Anschluss von externen Datenquellen partiell aufgehoben wird.[26]

Deshalb sollten die Rahmenbedingungen für den Einsatz von Oracles im zugrundeliegenden (Rahmen-)Vertrag unbedingt geregelt werden. Das gilt sowohl bei der Erstellung des Blockchain-Systems selbst, als auch bei der Nutzung des Systems zwischen Betreiber und Kunden. Dabei bietet es sich insbesondere an, Regelung zur Datenqualität ggfs.schon in der Leistungsbeschreibung aufzunehmen.

2.5 Leistungsstörung und Rückabwicklung

Neben den bereits besprochenen Folgen mangelhafter Software bei der Nutzung von Smart Contracts, können auch durch Oracles eingespeiste Daten fehlerhaft oder manipuliert worden sein oder Umstände außerhalb der Blockchain können dazu führen, dass Einträge in der Blockchain korrigiert oder rückabgewickelt werden müssen. Wenn man über Leistungsstörungen auf der Blockchain spricht, ist grundsätzlich zwischen zwei Szenarien zu unterscheiden:

---

[24] Vgl. zu den verschiedenen, denkbaren Verantwortlichkeiten *Saive*, Rückabwicklung von Blockchain-Transaktionen, in: Taeger, Rechtsfragen digitaler Transformationen, S. 317 (373).

[25] Vgl. *Hoppe*, in: Hennemann/Sattler, Immaterialgüterrecht und Digitalisierung, S. 59 (65 ff.).

[26] Vgl. ebenda, S. 70 f.

Zum einen kann die Leistungsstörung außerhalb der Blockchain stattfinden, hat aber ggfs. Auswirkung auf eine Gegenleistung auf der Blockchain. In diesem Fall bestehen keine grundsätzlichen Probleme hinsichtlich der Beseitigung der Leistungsstörung selbst und im Rahmen des Blockchain-Systems stellt sich lediglich die Frage, wie mit der Gegenleistung zu verfahren ist.

Zum anderen kann die Leistungsstörung auf der Blockchain stattfinden. In diesem Fall stellt sich die Frage, wie mit einem Eintrag auf der Blockchain zu verfahren ist, der mit der Rechtslage nicht mehr übereinstimmt. In dieses Szenario fällt – auch wenn der Rechtsgrund nicht in einer Leistungsstörung liegt – ein Umstand der zur Anfechtung einer ggfs. in der Blockchain festgehaltenen Erklärung berechtigt.[27] Beim Einsatz von Oracles besteht z.B. das Risiko, dass fehlerhafte Daten in das System eingespeist oder der Ablauf des Systems durch ein (menschliches) Oracle gar manipuliert wird.[28] Außerdem wird es Situationen geben, in denen ein Smart Contract an seine Grenzen stößt, weil er keine komplexen Bewertungen vornehmen vornehmen kann, und damit zwar gemäß seiner Programmierung funktioniert aber trotzdem ein rechtlich unrichtiges Ergebnis liefert.

2.5.1 Erforderlichkeit einer Korrektur

Für die rechtlich ggfs. erforderliche Rückabwicklung oder Korrektur wird meist als Problem angeführt, dass die Blockchain nachträglich nicht korrigiert werden kann.[29] Dabei stellt sich die Frage, ob die an eine Blockchain gestellten Ansprüche in diesem Zusammenhang ggfs. zu hoch sind.

Wenn das Verpflichtungsgeschäft – ob durch Anfechtung oder aus einem anderen Rechtsgrund – nichtig ist, führt das zumindest nach dem im deutschen Recht geregelten Trennungs- und Abstraktionsprinzip ja nicht zur Nichtigkeit des Verfügungsgeschäfts. Wenn sich also eine Partei geirrt hat und das Verpflichtungsgeschäft anficht, folgt daraus noch nicht, dass die Übertragung von Bitcoins oder der Nutzungsrechte an einem urheberrechtlich geschützten Werk unwirksam ist. Somit besteht erst einmal keine Erforderlichkeit, die entsprechende Transaktion in der Blockchain zu korrigieren. Erst wenn der Vertragspartner seine eigene Leistung zurückfordert, wäre die Transaktion rückgängig zu machen. Aber dafür ist es ggfs. nicht erforderlich, die Blockchain zu verändern. Bei der Rückabwicklung von Zahlungen (z.B. Bitcoins) kann der Empfänger den empfangenen Betrag

---

[27] Vgl. *Heckelmann*, NJW 2018, S. 504 (507).

[28] Vgl. *Hoppe*, in: Hennemann/Sattler, Immaterialgüterrecht und Digitalisierung, S. 59 (70).

[29] Vgl. *Heckelmann*, NJW 2018, S. 504 (507).

einfach zurück transferieren. Abgesehen vom beträchtlichen Währungsrisiko[30] volatiler Cryptowährungen, funktioniert das nicht anders, als bei einer Banküberweisung. Der einzige Unterschied würde sich in der Zwangsvollstreckung nach einer eventuellen Rückzahlungsklage zeigen, weil der Gerichtsvollzieher der Blockchain keinen Pfändungs- und Überweisungsbeschluss zustellen kann. Aber auch dieses Ergebnis ist beim näheren Betrachten richtig, weil der Empfänger einer Bitcoin-Zahlung keine Forderung gegen die Blockchain hat, wie der Empfänger einer Überweisung eine Auszahlungsforderung gegen die Bank. Insofern muss der Rückzahlungsgläubiger also auch mit einem titulierten Rückzahlungsanspruch entweder auf andere Weise – jedenfalls nicht per Pfändungs- und Überweisungsbeschluss – in das Vermögen des Schuldners vollstrecken oder – wenn der Titel auf Vornahme einer Handlung (Rückübertragung von Bitcoin) lautet – nach § 888 ZPO eine unvertretbare Handlung vollstrecken.

Die Rückabwicklung wird in anderen Konstellationen jedoch komplizierter. Sollte z.B. die oben angesprochene Übertragung von Nutzungsrechten nichtig sein oder Daten von einem Oracle falsch in die Blockchain geschrieben worden sein, stünde der Inhalt der Blockchain im Gegensatz zur Rechtslage bzw. zur physischen Welt. Außerdem können sich die Vertragsparteien auf die soeben beschriebene Lösung nur verlassen, wenn sie sich auch kennen, sich gegenseitig verklagen und in das Vermögen des jeweils anderen vollstrecken können.

2.5.1.1 Technische Lösung

Für die technische Lösung des Problems einer unveränderlichen Blockchain werden viele Ansätze diskutiert.

Zum einen könnten „fiktive" Transaktionen (sog. *reverse transactions*) in die Blockchain eingefügt werden, die den Fehler beheben.[31] Dieser Ansatz hat allerdings zwei Probleme: Wenn die rückabzuwickelnden Transaktionen durch einen Smart Contract ausgelöst wurden, würde die Transaktionshistorie ggfs. verfälscht, weil sie Transaktionen enthält, die nicht mehr auf den Smart Contract zurückgehen.[32] Freilich hängt die Einordnung der Transaktionshistorie als „verfälscht" von der Definition ab, wie eine „echte" Transaktionshistorie definiert ist. Wenn das Blockchain-System von Vorneherein solche *reverse transactions* vorsieht, könnte die den Inhalt der Blockchain interpretierende und darstellende Endanwendersoftware

---

[30] Bei der Höhe der Rückzahlung wäre ggfs. durch Auslegung zu ermitteln, ob die Zahlung eines bestimmten Betrags in einer Geldwährung oder in einer Cryptowährung geschuldet ist.

[31] Vgl. *Lupu*, InTeR 2020, S. 2 (5).

[32] Ebenda.

die Transaktion auch als rückgängig gemacht anzeigen. In der Praxis werden die Parteien die Möglichkeit solcher *reverse transactions* in vielen Fällen ohnehin für die vertragsgemäße Leistungserfüllung benötigen. Im oben genannten Beispiel der Übertragung von Nutzungsrechten wird es auch die widerrufliche Einräumung von Nutzungsrechten geben, sodass es technisch erforderlich ist, einen Widerruf – oder technisch gesprochen eine *reverse transaction* – im Blockchain-System vorzusehen. Das andere Problem dieser Lösung ist, dass es der Mitwirkung des Rückzahlungsschuldners bedarf.

Ein weiterer, vieldiskutierter Lösungsansatz nutzt eine „Redactable Blockchain", meist unter Einsatz der Chameleon Hashfunktion. Diese Funktion erlaubt es, eine Blockchain im Nachhinein unter Verwendung des Konsensmechanismus' zu verändern.[33] Außerdem wäre es denkbar, ein Blockchain-System zu erstellen, dass die Transaktionen erst nach einer gewissen Frist unveränderlich in die Blockchain schreibt[34] oder dass ein neuer und veränderter Fork der Blockchain erstellt wird, in dem die fehlerhafte Transaktion korrigiert oder gelöscht wird. In diesem Fall müsste eine Mehrzahl der an der Blockchain beteiligten Nodes von der Richtigkeit diese neuen Blockchain-Forks überzeugt werden.[35]

Theoretisch könnten Vertragsverletzungen auch dadurch gelöst werden, dass Fälle der Vertragsverletzung bereits in den Smart Contract programmiert werden, sodass der Smart Contract beim Eintreten einer solchen Bedingung eine Transaktion automatisiert rückgängig machen würde.[36]

2.5.1.2 Vertragliche Lösung

Wie gesehen, gibt es also durchaus Ansätze, das vermeintliche Problem der Unveränderbarkeit auf technischem Wege zu lösen. Wenn man sich aber vor Augen führt, dass die Blockchain und der Smart Contract in vielen Fällen lediglich Realakte darstellen und nicht ohne Weiteres die rechtliche Realität bestimmen,[37] kann in dem das Rechtsverhältnis zwischen den Vertragsparteien bestimmenden Vertrag geregelt werden, wie mit Rückabwicklungssituationen umzugehen ist. Das könnte im äußersten Fall auch bedeuten, dass eine Leistungsstörung abseits der Blockchain zu lösen bzw. wiedergutzumachen ist.[38]

---

[33] Vgl. *Saive*, Rückabwicklung von Blockchain-Transaktionen, in: Taeger, Rechtsfragen digitaler Transformationen, S. 371 (376 f.).

[34] Ebenda, S. 375.

[35] Ebenda, S. 376.

[36] Vgl. *Fries*, AnwBl. 2018, S. 86 (88).

[37] Vgl. *Heckelmann*, NJW 2018, S. 504 (507).

[38] Vgl. *Kaulartz/Heckelmann*, CR 2016, S. 618 (623).

3 Zusammenfassung und Ausblick

Beim Aufsetzen eines Blockchain-Projektes gibt es viele Punkte zu beachten, die Probleme scheinen mit dem geltenden Recht aber im Wesentlichen gut lösbar zu sein, wenn man die Möglichkeiten und Grenzen der eingesetzten Technologie stets vor Augen hat und entsprechende vertragliche Regelungen trifft. Wie in jedem IT-Projekt sind die besten Ergebnisse zu erzielen, wenn Juristen und IT-Fachleute eng zusammenarbeiten. Dazu gehört auch, dass die Juristen nicht versuchen, die Technik über Gebühr zu vereinfachen. Wie gesehen, ist gerade die Unveränderlichkeit der Blockchain in Bezug auf die Rückabwicklung von Verträgen nicht das unüberwindbare Problem, als das sie oft dargestellt wird.[39]

Die größten Probleme scheinen derzeit noch die Ausübung von datenschutzrechtlichen Betroffenenrechten hinsichtlich personenbezogener Daten in der Blockchain darzustellen. Dazu wäre eine technische Lösung erforderlich.

Ob die rechtlichen Sonderprobleme durch eine technische Funktion der Blockchain aufgewogen werden, muss für das jeweils geplante Blockchain-System im Einzelfall untersucht werden. Auch insofern ist es sinnvoll, Juristen bei den Überlegungen zum Geschäftsmodell bereits einzubinden, damit nicht mit der Implementierung eines Blockchain-Systems begonnen wird, dass unüberwindbare, rechtliche Probleme mit sich bringt.

---

[39] So auch deutlich *Heckelmann*, NJW 2018, S. 504 (507).

Literatur

Auer-Reinsdorff, Astrid/Conrad, Isabell (Hrsg.): Handbuch IT- und Datenschutzrecht, 3. Aufl., München 2019.

Djazayeri, Alexander: Rechtliche Herausforderungen durch Smart Contracts, jurisPR-BKR 12/2016, Anm. 1.

Fries, Martin: Smart Contracts: Brauchen schlaue Verträge noch Anwälte, AnwBl. 2018, S. 86-90.

Froitzheim, Oliver: Code is Law, isn't it? – Verkehrssitte und Software, K&R 2020, S. 122-128.

Heckelmann, Martin: Zulässigkeit und Handhabung von Smart Contracts, NJW 2018, S. 504-510.

Hoppe, Adrian: Blockchain Oracles – Einsatz der Blockchain-Technologie für Offline Anwendungen, in: Moritz Hennemann/Andreas Sattler (Hrsg.), Immaterialgüter und Digitalisierung, Baden-Baden 2017, S. 59-72.

Kaulartz, Markus: Die Blockchain-Technologie, CR 2016, S. 474-480.

Kaulartz, Markus/Heckmann, Jörn: Smart Contracts – Anwendungen der Blockchain Technologie, CR 2016, S. 618-624.

Lehner, Viktoria: Einsatz der Blockchain-Technologie im IP-Law, in: Moritz Hennemann/Andreas Sattler (Hrsg.), Immaterialgüter und Digitalisierung, Baden-Baden 2017, S. 43-58.

Lupu, Ruxandra: Zulässigkeit, Handhabung und rechtliche Grenzen bei der Gestaltung von Smart Contracts, InTeR 2020, S. 2-6.

Lupu, Ruxandra: Herausforderungen und Lösungsansätze bei der Gestaltung von Blockchain-basierten Smart Contracts, CR 2019, S 631-634.

Saive, David: Rückabwicklung von Blockchain-Transaktionen, in: Jürgen Taeger (Hrsg.), Rechtsfragen digitaler Transformationen – Gestaltung digitaler Veränderungsprozesse durch Recht, Edewecht 2018, S. 371-380.

Schrey, Joachim/Thalhofer, Thomas: Rechtliche Aspekte der Blockchain, NJW 2017, S. 1431-1436.

DIE DIGITALE TRANSFORMATION VON UNTERNEHMENSPROZESSEN IN KI AS A SERVICE – LÖSUNGEN IM REGULATORISCHEN UMFELD

Dr. Thorsten Ammann

DLA Piper UK LLP
Thorsten.Ammann@dlapiper.com

Zusammenfassung

Die digitale Transformation von Unternehmensprozessen ist für viele Unternehmen mit nicht unerheblichen Anstrengungen und Unwägbarkeiten verbunden. Waren IT-Systeme in ihrem Funktionsumfang früher auf dasjenige beschränkt, was ihre Programmierer ihnen als Funktionen abschließend mitgegeben hatten, erlaubt maschinelles Lernen heute die Entwicklung kognitiver Systeme, welche darauf angelegt sind, sich selbstständig weiterzuentwickeln.[1] Nicht jede Unternehmens- und Konzern-IT-Infrastruktur ist auf die damit exponentiell steigenden Anforderungen, insbesondere an Systemarchitekturen, Rechen-, Speicher- und Verarbeitungsleistungen, ausgelegt. Hinzu kommt, dass viele Unternehmen mit künstlich intelligenten Lösungen Neuland betreten und daher für die Entwicklung eigener KI-Lösungen erforderliches Know-how nicht selbstverständlich ausreichend vorhanden ist. Vor diesem Hintergrund und um damit einhergehende Investitionsrisiken weitestgehend zu minimieren, verzichtet die Mehrheit der in Deutschland ansässigen Unternehmen auf KI-Eigenentwicklungen. Sie greift stattdessen auf unter Verwendung verbreiteter Machine Learning-Verfahren auf die Bewältigung der individuellen Unternehmensanforderungen anlernfähige skalierbare Standardleistungen zurück (*KI as a Service*, kurz *KIaaS*).[2] Ihr rechtssicherer Einsatz geht mit besonderen rechtlichen Anforderungen einher. Für Unternehmen in regulierten Bereichen gelten insoweit noch deutlich strengere Vorgaben. Dies betrifft vor allem Kredit- und Finanzdienstleistungsinstitute sowie Versicherungsunternehmen, deren Tätigkeit der Aufsicht der Bundesanstalt für Finanzdienstleistungsaufsicht (BaFin) untersteht. Der Beitrag fasst die beim Einsatz von *KIaaS*-Lösungen durch diese Institute und Unternehmen zu beachtenden regulatorischen Vorgaben überblicksartig zusammen. Aufgrund der Begrenztheit der Darstellung folgt der Beitrag einem exemplarischen, sensibilisierenden Ansatz und bedient sich für weitere Anforderungen der Verweistechnik.

1   KI as a Service – Was ist das?

KI as a Service beschreibt die standardisierte Bereitstellung von Anwendungen, welche darauf angelegt sind, eigenständig Entscheidungen zu treffen,

---

[1]   http://www.informatik.uni-oldenburg.de/~iug08/ki/Grundlagen_Starke_KI_vs._Schwache_KI.html (letzter Abruf: 28.6.2020).

[2]   PwC KI-Studie 2019, https://www2.deloitte.com/de/de/pages/technology-media-and-telecommunications/articles/ki-studie-2019.html (letzter Abruf: 26.4.2020); *Manhart*, Computerwoche Online, https://www.computerwoche.de/a/ai-services-und-machine-learning-aus-der-cloud,3330177 (Abrufdatum: 28.6.2020).

neue Fähigkeiten zu erlernen, vorhandene Fähigkeiten zu verfeinern und sich, zumindest potentiell, selbst zu optimieren.[3] Im Gegensatz zu klassischer Software ist KI in der Regel nicht out-of-the-box zur Bewältigung der unternehmerischen Aufgaben und Prozesse, für welche sie bezogen wird, einsetzbar. Ihr muss zunächst die Erledigung konkreter *Use Cases* antrainiert werden, um bislang von Menschenhand ausgeführte Aufgaben zuverlässig übernehmen und eigenständig bewältigen zu können.[4] Diese KI wird im Rahmen von KIaaS nicht dem Kunden zur Implementierung auf seine eigenen IT-Systeme überlassen, sondern aus der Umgebung des Anbieters cloudbasiert auf Abonnementbasis bereitgestellt.[5]

2 Regulatorische Besonderheiten

Für den Einsatz von KIaaS durch Kreditinstitute, Finanzdienstleistungsinstitute und Versicherungsunternehmen bestehen besondere regulatorische Vorgaben. Diese müssen zusätzlich zu den im nichtregulierten Bereich ohnehin zu beachtenden, adäquaten vertraglichen Regelungen zuzuführenden Anforderungen erfüllt werden. Zu den allgemeinen vertraglichen Mindestanforderungen zählen insbesondere eine klare und eindeutige Beschreibung der Leistungen und Funktionen sowie ihrer Qualitäten, welche der Anbieter dem Anwenderunternehmen für das vereinbarte Entgelt für den vereinbarten Zeitraum bereitstellen soll, eine Beschreibung der Aufgaben und Verantwortlichkeiten der Parteien in der Anlernphase der KIaaS-Anwendung und ihrer Überführung in den Produktivbetrieb, Regelungen zu einem fortlaufenden Monitoring der KI, zu Mängelrechten des Anwenders, zu Vertraulichkeit, zum Schutz von Geschäftsgeheimnissen, zu Nutzungs- und Verwertungsrechten an der Standard-KI als solcher, ihren Weiterentwicklungen, von ihr verarbeiteten Anwenderdaten und von ihr erzeugten Leistungsergebnissen sowie Regelungen zum Thema Datenschutz und haftungsrechtlichen Verantwortlichkeiten[6] Die Notwendigkeit, darüber hinaus besondere regulatorische Vorgaben einzuhalten folgt zunächst aus dem Umstand, dass es sich bei KIaaS-Lösungen abhängig von ihrer Ausgestaltung im Einzelfall häufig um cloudbasierte Anwendungen im Sinne der

---

[3] http://www.informatik.uni-oldenburg.de/~iug08/ki/Grundlagen_Starke_KI_vs._Schwache_KI.html (Abrufdatum: 22.6.2020).

[4] *Hartmann/Prinz*, Immaterialgüterrechtlicher Schutz von Systemen Künstlicher Intelligenz, in: Taeger, Rechtsfragen digitaler Transformationen, S. 769 (770 ff.).

[5] Deloitte KI-Studie 2020,: https://www2.deloitte.com/de/de/pages/technology-media-and-telecommunications/articles/ki-studie-2020.html (zuletzt abgerufen am 29.6.2020).

[6] Zu den allgemein zu beachtenden Anforderungen beim Einsatz von KIaaS-Lösungen siehe *Ammann*, CR 2020, S. 295.

Cloud Guideline der BaFin[7] und der Empfehlung der European Banking Authority (EBA) zur Auslagerung an Cloud-Anbieter[8] handelt dürfte. Darüber hinaus dürfte der Einsatz *von KIaaS-Lösungen* zudem vielfach als wesentliche Auslagerung im Sinne des § 25b KWG bzw. § 32 VAG zu qualifizieren sein.[9]

2.1 Regulatorische Anforderungen für Kredit- und Finanzdienstleistungsinstitute

2.1.1 Gesetzliche Vorgaben

Gemäß § 25b Abs. 1 KWG haben Kredit- und Finanzdienstleistungsinstitute im Falle einer Auslagerung von Aktivitäten und Prozessen auf ein anderes Unternehmen, die für die Durchführung von Bankgeschäften, Finanzdienstleistungen oder sonstige institutstypische Dienstleistungen wesentlich sind, angemessene Vorkehrungen zu treffen, um übermäßige zusätzliche Risiken zu vermeiden. Eine Auslagerung darf also weder die Ordnungsgemäßheit dieser Geschäfte und Dienstleistungen noch die Geschäftsorganisation des auslagernden Instituts beeinträchtigen. Insbesondere muss ein angemessenes und wirksames Risikomanagement durch das Institut gewährleistet bleiben, welches auch ausgelagerte Aktivitäten und Prozesse einzubeziehen hat.

Eine Auslagerung darf auch die BaFin nicht an der Wahrnehmung ihrer Aufgaben hindern. Insbesondere ihre Auskunfts- und Prüfungsrechte sowie Kontrollmöglichkeiten müssen in Bezug auf die ausgelagerten Aktivitäten und Prozesse gewährleistet bleiben. Dies gilt auch und insbesondere bei der Auslagerung auf IT-Serviceprovider mit Sitz außerhalb Deutschlands, gleich ob innerhalb oder außerhalb der EU (§ 25b Abs. 3 S. 1 KWG). Entsprechendes gilt für die Wahrnehmung der Aufgaben der Prüfer des Instituts (§ 25b Abs. 3 S. 1 KWG).

Eine Auslagerung bedarf daher stets einer schriftlichen Vereinbarung, welche die zur Einhaltung der vorgenannten Vorgaben erforderlichen

---

[7] BaFin, Orientierungshilfe zu Auslagerungen an Cloud-Anbieter, erhältlich unter https://www.bafin.de/SharedDocs/Downloads/DE/Merkblatt/BA/dl_181108_orientierungshilfe_zu_auslagerungen_an_cloud_anbieter_ba.html (Abrufdatum: 1.7.2020).

[8] EBA, Empfehlungen zur Auslagerung an Cloud-Anbieter, erhältlich unter https://eba.europa.eu/sites/default/documents/files/documents/10180/2170125/afd89dc3-45a7-4054-a642-d03b4e35fa1f/Recommendations%20on%20Cloud%20Outsourcing%20(EBA-Rec-2017-03)DE.pdf (Abrufdatum: 1.7.2020).

[9] Hierzu näher *Ammann*, in: Kaulartz/Braegelmann, Rechtshandbuch Artificial Intelligence und Machine Learning, Kap. 5.3 Outsourcing in KI.

Rechte des Instituts, einschließlich Weisung- und Kündigungsrechten, sowie die korrespondierenden Pflichten des auslagernden Instituts festlegt (§ 25b Abs. 3 S. 2 f. KWG).

2.1.2 Aufsichtsbehördliche Konkretisierungen der gesetzlichen Anforderungen

Sowohl die BaFin als auch die EBA haben diverse Leitlinien erarbeitet, die Kredit- und Finanzdienstleistungsinstitute berücksichtigen müssen, wenn sie Prozesse und Funktionen auslagern möchten. Zwar haben die zuständigen Aufsichtsbehörden, soweit ersichtlich, bislang keine KIaaS-spezifischen offiziellen Anforderungen veröffentlicht. Soweit einschlägig, sind für die Inanspruchnahme von KIaaS insoweit jedenfalls aber die allgemeinen auslagerungsrechtlichen Vorgaben der Aufsichtsbehörden zu beachten.

2.1.2.1 MaRisk

Mit den von der BaFin erstmals im Rundschreiben 18/2005 vom 20. Dezember 2005 veröffentlichten und zuletzt am 27 November 2017 durch das Rundschreiben 9/2017 (BA) aktualisierten Mindestanforderungen an das Risikomanagement (BA) (kurz *MaRisk*) handelt es sich um Verwaltungsanweisungen für die Ausgestaltung des Risikomanagements in deutschen Kredit- und Finanzdienstleistungsinstituten und damit um norminterpretierende Verwaltungsvorschriften, die eine Selbstbindung der Deutschen Aufsicht gegenüber den regulierten Instituten erzeugen.[10]

Gemäß AT 9.1 MaRisk liegt eine Auslagerung vor, wenn *„ein anderes Unternehmen mit der Wahrnehmung solcher Aktivitäten und Prozesse im Zusammenhang mit der Durchführung von Bankgeschäften, Finanzdienstleistungen oder sonstigen institutstypischen Dienstleistungen beauftragt wird, die ansonsten vom Institut selbst erbracht würden."* Ob die jeweilige KI as a Service-Leistung im Rahmen von Bankgeschäften, Finanz- oder sonstigen institutstypischen Dienstleistungen eingesetzt wird und damit eine Auslagerung im Sinne der Definition der *MaRisk* vorliegt, hat das Institut zunächst sorgfältig zu evaluieren. Aktivitäten und Prozesse sind auslagerbar, solange dadurch die Ordnungsmäßigkeit der Geschäftsorganisation gem. § 25a Abs. 1 KWG nicht beeinträchtigt wird.[11] Die Geschäftsleitung des auslagernden Unternehmens muss allerdings zu jedem Zeitpunkt der Auslagerung verantwortlich bleiben.[12] Bei der Auslagerung muss jederzeit die Möglichkeit zur Überwa-

---

[10] *Michael*, Rechts- und Außenwirkungen sowie richterliche Kontrolle der MaRisk VA, VersR 2010, S. 141.

[11] MaRisk, AT 9.4.

[12] MaRisk, AT 9.4.

chung und Überprüfung der erbrachten Dienstleistungen des Anbieters bestehen.[13] Das auslagernde Institut hat ein zentrales Auslagerungsmanagement einzurichten, um die Implementierung und Weiterentwicklung der Auslagerung überwachen und kontrollieren zu können.[14] Dieses zentrale Auslagerungsmanagement muss mindestens jährlich einen Bericht über die wesentlichen Auslagerungen erstellen und der Geschäftsleitung zur Verfügung stellen.[15]

Ferner sind u.a. Vorkehrungen zu treffen, dass bei Beendigung des Auslagerungsverhältnisses Kontinuität und Qualität der ausgelagerten Tätigkeiten erhalten bleiben.[16] Ein praktischer Fall wäre der Wechsel zu einem anderen KIaaS-Anbieter, in dessen Zusammenhang ein reibungsloser Übergang zu gewährleisten wäre.

Sofern der KIaas-Anbieter Subunternehmer einsetzt, darf er dies nur im Einklang mit den Beschränkungen des Vertrages, den das auslagernde Institut mit dem KIaas-Anbieter geschlossen hat. Entsprechende Beschränkungen sind in etwaigen weiteren Subunternehmerverhältnisse zu spiegeln.[17] Bei wesentlichen Auslagerungen zählt die MaRisk weitere spezifische Mindestanforderungen auf, die das auslagernde Institut und der KIaaS-Anbieter vertraglich vereinbaren müssen.[18]

2.1.2.2 BAIT

Das Rundschreiben 10/2017 (BA) „Bankaufsichtliche Anforderungen an die IT" der BaFin (kurz *BAIT*) in der Fassung vom 14.9.2018 präzisiert auf Basis und in Ergänzung von §§ 25a Abs. 1, 25b KWG und der *MaRisk* die Anforderungen an die technisch-organisatorische Ausstattung der Kredit- und Finanzdienstleistungsinstitute vor dem Hintergrund, dass die Informationstechnologie zur Basisinfrastruktur der Kredit- und Finanzdienstleistungsinstituten zu zählen ist.[19] Als norminterpretierende Verwaltungsvorschriften konkretisiert die BAIT die aufsichtsrechtlichen Anforderungen u.a. hinsichtlich IT-Strategie, IT-Governance, Informationsrisikomanage-

---

[13] MaRisk AT 9.5.

[14] MaRisk AT 9.12.

[15] MaRisk AT 9.13.

[16] MaRisk AT 9.6.

[17] MaRisk AT 9.8.

[18] MaRisk AT 9.7; zu den weiteren Einzelheiten siehe MaRisk, https://www.bafin.de/Shared Docs/Veroeffentlichungen/DE/Rundschreiben/2017/rs_1709_marisk_ba.html (abgerufen: 23.6.2020).

[19] BAIT, https://www.bafin.de/SharedDocs/Downloads/DE/Rundschreiben/dl_rs_1710_b a_BAIT.pdf?__blob=publicationFile&v=9 (zuletzt abgerufen am 29.6. 2020).

ment, Informationssicherheitsmanagement, Benutzerberechtigungsmanagement, IT-Projekten und -Betrieb sowie kritische Infrastrukturen. Teil 8 BAIT beinhaltet spezielle Anforderungen im Falle von Auslagerungen und sonstigem Fremdbezug von IT-Leistungen. Auch insoweit ist von den Instituten vorab eine Risikobewertung durchzuführen. Art und Umfang dieser Bewertung kann das Institut flexibel nach seinem allgemeinen Risikomanagement festlegen. Die aus der Bewertung abgeleiteten Maßnahmen sind in der Vertragsgestaltung zu berücksichtigen. Die Erbringung der Dienstleistung ist entsprechend der Risikobewertung zu überwachen.

2.1.2.3 KRITIS

Die BAIT sieht auch Regelungen bezüglich Kritischer Infrastrukturen (KRITIS) vor. Schutzziel ist die Versorgungssicherheit der Gesellschaft mit den in § 7 BSI-KRITIS-Verordnung genannten kritischen Dienstleistungen (Bargeldversorgung, kartengestützter und konventioneller Zahlungsverkehr sowie Verrechnung und Abwicklung von Wertpapier- und Derivatgeschäften). Es sind geeignete Maßnahmen zu beschreiben und, soweit erforderlich auch in Auslagerungsverträgen, zu implementieren, welche die Risiken für den sicheren Betrieb kritischer Infrastrukturen senken. Alle einschlägigen Anforderungen der BAIT und der sonstigen aufsichtlichen Anforderungen sind nachvollziehbar auch auf alle Komponenten und Bereiche der kritischen Dienstleistung anzuwenden.[20]

2.1.2.4 EBA-Leitlinien

Neben der BaFin hat auch die EBA einen Anforderungskatalog für Auslagerungstätigkeiten veröffentlicht. Die am 25. Februar 2019 erlassenen Leitlinien zu Auslagerungen (EBA Guidelines on Outsourcing Arrangements)[21] enthalten abstrakt-generelle Verwaltungsvorschriften,[22] welchen jedoch keine rechtlich bindenden Außenrechtssätze darstellen.[23] Sie enthalten zu einem Großteil der MaRisk vergleichbare Anforderungen. So stimmen sie beispielsweise dahingehend mit der MaRisk überein, dass die Verantwortlichkeit für die Erfüllung der regulatorischen Anforderungen stets bei dem auslagernden Institut verbleiben muss, was u.a. durch geeignete vertragliche Regelungen mit dem KIaaS-Anbieter sicherzustellen ist. Es muss au-

---

[20] Diese sind detailliert unter folgendem Link abrufbar https://www.bafin.de/SharedDocs/Downloads/DE/Rundschreiben/dl_rs_1710_ba_BAIT.pdf?__blob=publicationFile&v=9 (zuletzt abgerufen am 29.6.2020).

[21] Auf Deutsch https://eba.europa.eu/sites/default/documents/files/documents/10180/2761380/5546a705-bff2-43eb-b382-e5c7bed3a2bc/EBA%20revised%20Guidelines%20on%20outsourcing_DE.pdf (zuletzt abgerufen am 29.6.2020).

[22] *Casper/Terlau,* ZAG, Rn. 62.

[23] *Casper/Terlau,* ZAG, Rn. 64.

ßerdem sichergestellt werden, dass die betreffenden operationellen Aufgaben auch für die Auslagerungsvereinbarung wirksam wahrgenommen werden, einschließlich einer angemessenen Berichtserstattung. Wenn kritische oder wesentliche Funktionen ausgelagert werden, hat das auslagernde Institut eine unabhängige Überwachung und Kontrolle des Dienstleisters zu gewährleisten. Zwecks Berichtspflichten müssen die Dienstleister jährlich oder nach Aufforderung einen Prüfungsbericht vorlegen.

Das auslagernde Institut hat dafür Sorge zu tragen, dass kritische oder wesentliche Funktionen an alternative Dienstleister ausgelagert, wiedereingegliedert oder ohne wesentliche Beeinträchtigung des Geschäftsbetriebs eingestellt werden können. Die Entscheidungsfähigkeit über die ausgelagerten Dienstleistungen hat auch nach den EBA Guidelines beim auslagernden Institut zu verbleiben.

Die Leitlinien der EBA formulieren ferner Mindestanforderungen, welche in Verträgen zwischen dem auslagernden Institut und dem KIaaS-Anbieter zwingend zu vereinbaren sind. Ihre Aufzählung und weitere Erläuterung würden den Rahmen dieser Darstellung sprengen, so dass insoweit auf die EBA Guidelines verwiesen werden soll.[24]

2.1.3 § 203 StGB

Das Strafbarkeitsrisiko ist für Mitarbeiter von Kredit- und Finanzdienstleistungsinstituten wegen der Offenbarung von Geheimnissen durch die dem Outsourcing immanente Weitergabe von Daten ihrer Kunden insbesondere im Hinblick auf § 203 StGB beherrschbar. Angestellte von privaten Banken gehören nicht zum Täterkreis des § 203 Abs. 1 und 2 StGB. In Betracht kommt allenfalls eine Strafbarkeit für die Mitarbeiter öffentlicher Kreditinstitute als „Amtsträger" i.S.v. § 203 Abs. 2 Nr. 1 StGB. Doch auch hier hat die Novelle des § 203 StGB im Jahre 2017 ein höheres Maß an Sicherheit schaffen können, indem der Personenkreis, dem gegenüber ein Geheimnis rechtmäßigerweise offenbart werden darf, auf bestimmte „mitwirkende Personen" erweitert wurde (Abs. 4). Zu diesen Personen zählen auch Dienstleister von IT-Outsourcing-Lösungen. Insoweit sind jedoch strenge Anforderungen zu beachten.[25]

---

[24] Guidelines on outsourcing arrangements, https://eba.europa.eu/sites/default/documents/files/documents/10180/2551996/38c80601-f5d7-4855-8ba3-702423665479/EBA%20revised%20Guidelines%20on%20outsourcing%20arrangements.pdf (zuletzt abgerufen: 23.6.2020).

[25] Vgl. hierzu *Pohle/Ghaffari*, CR 2017, S. 489 (492).

2.2 Regulatorische Anforderungen für Versicherungsunternehmen

2.2.1 § 32 VAG

Auch Versicherungsunternehmen, die Funktionen oder Versicherungstätigkeiten ausgliedern, bleiben für die Erfüllung aller aufsichtsrechtlichen Vorschriften und Anforderungen verantwortlich (§ 32 Abs. 1 VAG). Hier dürfen durch die Ausgliederung[26] die ordnungsgemäße Ausführung der ausgegliederten Funktionen und Versicherungstätigkeiten, die Steuerungs- und Kontrollmöglichkeiten des Vorstands sowie die Prüfungs- und Kontrollrechte der BaFin ebenfalls nicht beeinträchtigt werden (§ 32 Abs. 2 S. 1 VAG). Insbesondere hat das ausgliedernde Unternehmen hinsichtlich der von der Ausgliederung betroffenen Funktionen und Versicherungstätigkeiten sicherzustellen, dass (i) das Unternehmen selbst, seine Abschlussprüfer und die Aufsichtsbehörde auf alle Daten zugreifen können, (ii) der Dienstleister mit der Aufsichtsbehörde zusammenarbeitet und (iii) die Aufsichtsbehörde Zugangsrechte zu den Räumen des Dienstleisters erhält, die sie selbst oder durch Dritte ausüben kann (§ 32 Abs. 2 S. 2 VAG).

Bei der Ausgliederung wichtiger Funktionen und Versicherungstätigkeiten haben Versicherungsunternehmen ferner sicherzustellen, dass wesentliche Beeinträchtigungen der Qualität der Geschäftsorganisation, eine übermäßige Steigerung des operationellen Risikos sowie eine Gefährdung der kontinuierlichen und zufriedenstellenden Dienstleistung für die Versicherungsnehmer vermieden werden (§ 32 Abs. 3 VAG). Das ausgliedernde Versicherungsunternehmen hat sich die erforderlichen Auskunfts- und Weisungsrechte vertraglich zu sichern und die ausgegliederten Funktionen und Versicherungstätigkeiten in sein Risikomanagement einzubeziehen (§ 32 Abs. 4 S. 1 VAG). Ein Weisungsrecht ist lediglich dann nicht erforderlich, wenn im Rahmen einer steuerlichen Organschaft Funktionen auf eine Muttergesellschaft ausgegliedert werden und diese sich für die Wahrnehmung der Funktionen oder Versicherungstätigkeiten vertraglich den gleichen aufsichtsrechtlichen Anforderungen unterwirft, die für das ausgliedernde Unternehmen gelten (§ 32 Abs. 4 S. 2 VAG).

2.2.2 Weitere Anforderungen

Zusätzliche Anforderungen zu § 32 VAG folgen aus den von der BaFin mit dem Rundschreiben Mindestanforderungen an das Risikomanagement (VA) vom 22.1.2009 erstmals veröffentlichten und mit Rundschreiben 2/2017 (VA) vom 2.3.2018 letztmalig aktualisierten Mindestanforderungen an Geschäftsorganisation und Risikomanagement (MaGO), den mit Rundschreiben 10/2018 (VA) in der Fassung vom 20.3.2019 von der BaFin

---

[26] § 32 VAG spricht im Gegensatz zu § 25b KWG anstelle von „Auslagerung" von „Ausgliederung", meint inhaltlich jedoch dasselbe: Die Definition der Ausgliederung des § 7 Abs. 2 VAG stimmt mit der der Auslagerung nach § 25b KWG i.V.m MaRisk AT 9 Tz. 1 überein.

veröffentlichten Versicherungsaufsichtlichen Anforderungen an die IT (VAIT) sowie dem europäischen Aufsichtsrecht, insbesondere der Delegierten VO (EU) 2015/35 der *EU-Kommission* vom 10.10.2014[27] und den EIOPA-Leitlinien zum Governance-System. In vielen Bereichen sind die für Versicherungsunternehmen geltenden Anforderungen an die Ausgliederung von Funktionen und Versicherungstätigkeiten den aufsichtsrechtlichen Vorgaben für wesentliche Auslagerungen durch Kredit- Finanzdienstleistungsinstitute vergleichbar.

2.2.2.1 Art. 274 Delegierte VO (EU) 2015/35

Art. 274 Delegierte VO (EU) 2015/35 ist für Versicherungsunternehmen verbindlich. Verstöße ziehen aufsichtsrechtliche Konsequenzen nach sich. Die Vorschrift bestimmt, dass das auslagernde Versicherungsunternehmen seine Outsourcingstrategie schriftlich fixieren muss, um zu gewährleisten, dass die Bedingungen der Outsourcing-Vereinbarung mit den in Art. 49 der Richtlinie 2009/138/EG vorgesehenen Verpflichtungen in Einklang stehen. Bei der Auswahl des Dienstleisters muss eine genaue Prüfung vorgenommen werden, um sicherzustellen, dass dieser über die Fähigkeiten, Kapazitäten und gesetzlich geforderten Genehmigungen verfügt, um die zu übertragenden Funktionen zufriedenstellend ausüben zu können. Die Rechte, Pflichten und Zuständigkeiten der Parteien müssen streng festgelegt werden. Auch der Dienstleister muss selbstverständlich alle geltenden Rechts- und Verwaltungsvorschriften und Leitlinien sowie die vom Versicherungs- oder Rückversicherungsunternehmen festgelegten Strategien einhalten. Der Dienstleister muss über allgemeine Berichtspflichten hinausgehend dazu verpflichtet werden, jede Entwicklung offenzulegen, die seine Fähigkeit, die ausgelagerten Funktionen und Tätigkeiten effektiv und unter Einhaltung der geltenden Rechts- und Verwaltungsvorschriften auszuführen, wesentlich beeinträchtigen könnte. Das Unternehmen muss die Outsourcing-Vereinbarung erforderlichenfalls beenden können, ohne dass dies zu Lasten der Kontinuität und Qualität der Dienstleistungen für die Versicherungsnehmer geht.

2.2.2.2 MaGO

Die von der BaFin festgelegten Mindestanforderungen an die Geschäftsorganisation von Versicherungsunternehmen (MaGO)[28] geben Hinweise zur Auslegung der Vorschriften über die Geschäftsorganisation im VAG und in der Delegierte VO (EU) 2015/35. Sie sind für die BaFin verbindlich und

---

[27] http://publications.europa.eu/resource/cellar/e0c803af-9e0f-11e4-872e-0 1aa75ed71a1.0 004.03/DOC_477 (zuletzt abgerufen am 29.6.2020).

[28] MaGO, https://www.bafin.de/SharedDocs/Veroeffentlichungen/DE/Rundschreiben/201 7/rs_1702_mago_va.html (abgerufen: 23.6.2020).

gewährleistet so eine konsistente Anwendung gegenüber allen Unternehmen und Gruppen. Neben Begriffsbestimmungen enthalten die MaGO auch Regelungen über den zulässigen Umfang von Auslagerungen. Die Verantwortlichkeit hat auch hier bei der Geschäftsleitung zu verbleiben. Risikomanagement und internes Kontrollsystem können nicht vollständige ausgegliedert werden, Dienstleister jedoch unterstützend und beratend eingebunden werden. Für das Risikomanagement sehen die MaGO eine Risikoanalyse vor und die Erstellung von eigenen schriftlich festgehaltenen Auslagerungs-Leitlinien. In diesen Leitlinien ist die Verpflichtung aufzunehmen, für ausgegliederte wichtige Funktionen und Versicherungstätigkeiten Notfallpläne zu entwickeln, die sich mit bei dem Dienstleister auftretenden Störungen befassen. Diese Notfallpläne müssen insbesondere berücksichtigen, wie die ausgegliederten wichtigen Funktionen und Versicherungstätigkeiten notfalls auf einen anderen Dienstleiser übertragen oder in den Geschäftsbetrieb des Unternehmens wieder eingegliedert werden können. Hintergrund ist, dass sich das Versicherungsunternehmen, das Funktionen und Versicherungstätigkeiten ausgelagert hat, in die Abhängigkeit des Dienstleisters begibt. Wenn der Dienstleister die Dienstleistung aufgrund äußerer Umstände einstellt oder den Vertrag beendet, hätte das Versicherungsunternehmen ansonsten keine Möglichkeit den operativen Betrieb aufrechtzuerhalten. In diesem Fall müssen angemessene vertragliche Regelungen dafür sorgen, dass eine reibungslose Rückmigration zu den Versicherungsunternehmen oder eine reibungslose Migration zu dem Nachfolgedienstleister erfolgt. Auch dies soll in den Leitlinien festgelegt werden.

2.2.2.3 VAIT

Die Versicherungsaufsichtsrechtlichen Anforderungen an die IT (VAIT)[29] sehen im Falle von Auslagerungsaktivitäten u.a. verschärfte Risikoanalysen vor, deren Ergebnis in angemessenen vertraglichen Regelungen mit dem KIaaS-Anbieter zu berücksichtigen sind. Dies gilt insbesondere für Exit-Strategien und Unterstützungsleistungen des KIaaS-Anbieters für den Fall der Beendigung des Vertragsverhältnisses sowie die Vereinbarung adäquater Verlängerungsoptionen.

2.2.2.4 EIOPA-Leitlinien zum Governance System

Auf europäischer Ebene hat die *European Insurance and Occupational Pensions Authority* (EIOPA) Leitlinien für die Auslagerung von Schlüsselfunktionen eines Versicherungsunternehmens veröffentlicht.[30] Diese haben zunächt

---

[29] https://www.bafin.de/SharedDocs/Veroeffentlichungen/DE/Meldung/2018/meldung_1 80702_VAIT.html (abgerufen: 23.6.2020).

[30] https://www.eiopa.europa.eu/content/guidelines-system-governance_en (abgerufen am 23.6.2020).

Empfehlungscharakter, bewirken aber eine faktische Bindung der nationalen Aufsichtsbehörden.[31] Die EIOPA Leitlinien beschreiben u.a. Maßnahmen und Prozesse, welche Versicherungsunternehmen in Vorbereitung von Auslagerungsbestrebungen durchlaufen sollen. Unter anderem sind Verfahren für die Einordnung einer Funktion oder Tätigkeit als kritisch oder wichtig zu erfassen, wie ein Dienstleister geeigneter Qualität auszuwählen ist und wie und in welcher Häufigkeit dessen Leistungen und Ergebnisse beurteilt werden. Weiterhin enthalten die EIOPA Leitlinien für in Vereinbarungen mit Dienstleistern unter Berücksichtigung der in der Delegierten VO (EU) 2015/35 der Kommission aufzunehmende Mindestanforderungen sowie Ausführungen zu Notfallplänen, einschließlich Ausstiegsstrategien für ausgelagerte kritische oder wichtige Funktionen oder Tätigkeiten.

2.2.3 § 203 StGB

Für Versicherungsunternehmen hat die Neufassung des § 203 StGB die Auslagerung von IT-Leistungen und damit auch den potentiellen Einsatz von KIaaS komfortabler gemacht. Die bisherige Fassung des § 203 StGB hatte zur Folge, dass Versicherungsunternehmen aufgrund des Strafbarkeitsrisikos ihre IT-Systeme und andere Geschäftsprozesse weitgehend selbst betrieben haben. Zwar führt § 203 Abs. 1 Nr. 7 StGB in seiner aktuellen Fassung u.a. Unternehmensangehörige von privaten Kranken-, Unfall- oder Lebensversicherungen als Geheimnisträger an. Die Norm erweitert jedoch den Kreis derjenigen Personen, denen gegenüber ein privates Geheimnis rechtmäßig offenbart werden darf, über den Kreis der „berufsmäßig tätigen Gehilfen" (i.d.R. Angestellten) des Berufsgeheimnisträgers hinaus, auf solche Personen, die an der Tätigkeit des Berufsgeheimnisträgers lediglich mitwirken, d.h. auch externe Dienstleister. Auf dieser Basis lassen sich unter Berücksichtigung insoweit geltender Anforderungen, insbesondere spezieller Geheimhaltungsvereinbarungen und unter Beachtung besonderer Weitergabebeschränkungen, auch für Versicherungsunternehmen beherrschbare Lösungen finden.[32]

2.3   Weitere Spezifika beim Einsatz von Cloud-Diensten

Sowohl die BaFin als auch die EBA haben für den Einsatz von Cloudlösungen besondere Leitlinien herausgegeben. In der Leitlinie der BaFin von

---

[31] *Krimphove/Kruse*, MaGo, Kap. 3 Rn. 9-10.

[32] Hierzu im Einzelnen *Pohle/Ghaffari*, CR 2017, S. 489 (494).

2018 („Merkblatt – Orientierungshilfe zu Auslagerungen an Cloud-Anbieter"[33]) legen sie und die deutsche Bundesbank dar, wie sie die Auslagerung an Cloud-Anbieter einschätzen. Die Leitlinien gelten für Kredit- und Finanzdienstleistungsinstitute sowie Versicherungsunternehmen, Pensionsfonds, Wertpapierdienstleistungsunternehmen, Kapitalverwaltungsgesellschaften, Zahlungsinstitute und E-Geld-Institute gleichermaßen. Auch die EBA hat im Jahre 2018 Empfehlungen zur Auslagerung an Cloud-Anbieter erlassen (Recommendations on outsourcing to cloud service providers" EBA/REC/2017/03 28/03/2018)[34] Diese gilt aber im Gegensatz zu der Leitlinie der BaFin nur für Kreditinstitute oder Wertpapierunternehmen.[35]

2.3.1 BaFin Orientierungshilfe zu Auslagerungen an Cloud Anbieter

Die Orientierungshilfe der BaFin zu Auslagerungen an Cloud Anbieter stellt die derzeitige aufsichtsbehördliche Praxis dar.[36] Sie soll insbesondere die aufsichtsbehördliche Einschätzung zu einzelnen Vertragsklauseln in Auslagerungsfällen transparent machen[37] und gibt Hinweise zur weiteren Beachtung und vertraglichen Umsetzung.[38] Die Orientierungshilfe ist nicht abschließend[39] und für sich genommen ohne direkte Außenrechtswirkung,[40] erzeugt jedoch eine Selbstbindung der BaFin gegenüber den regulierten Unternehmen und ist damit geltender Maßstab in der Praxis.[41] Demnach sollen die der Aufsicht unterstehenden Unternehmen u.a. Strategien entwickeln, welche die Migration von Prozessen in die Cloud einschließlich Rück- und Weitermigrationen beinhaltet.[42] Ferner sieht die Orientierungshilfe die Risikoanalysen auf Basis der jeweils geltenden aufsichtsrechtlichen

---

[33] https://www.bafin.de/SharedDocs/Downloads/DE/Merkblatt/BA/dl_181 108_orientieru ngshilfe_zu_auslagerungen_an_cloud_anbieter_ba.pdf?__blob=publication File&v=4 (zuletzt abgerufen am 29.6.2020).

[34] Auf Deutsch unter https://eba.europa.eu/sites/default/documents/files/documents/101 80/2170125/afd89dc3-45a7-4054-a642-d03b4e35fa1f/Recommendations%20on%20Clo ud%20Outsourcing%20(EBA-Rec-2017-03)_DE.pdf (zuletzt abgerufen am 29.6. 2020).

[35] EBA, Empfehlungen zur Auslagerung von Cloud-Diensten, 2.2.; 3 RL 2013/36/EU des Europäischen Parlaments und des Rates vom 26. Juni 2013 über den Zugang zur Tätigkeit von Kreditinstituten und die Beaufsichtigung von Kreditinstituten und Wertpapierfirmen, zur Änderung der RL 2002/87/EG und zur Aufhebung der RL 2006/48/EG und 2006/49/EG.

[36] BaFin, Orientierungshilfe zu Auslagerungen an Cloud-Anbieter, I.

[37] BaFin, Orientierungshilfe zu Auslagerungen an Cloud-Anbieter, I.

[38] BaFin, Orientierungshilfe zu Auslagerungen an Cloud-Anbieter, I.

[39] BaFin, Orientierungshilfe zu Auslagerungen an Cloud-Anbieter, I.

[40] Vgl. *Dahmen*, Auslagerung an Cloud-Dienste, BKR 2019, S. 533 (536); *Lensdorf*, CR 2019, S. 8.

[41] *Dahmen*, Auslagerung an Cloud-Dienste, BKR 2019, S. 533 (536).

[42] BaFin, Orientierungshilfe zu Auslagerungen an Cloud-Anbieter, III.

Anforderungen vor, welche u.a. erlauben festzustellen, ob das jeweilige Auslagerungsvorhaben als wesentliche Auslagerung zu bewerten ist. Für die weiteren Einzelheiten sei unter Berücksichtigung des vorgegebenen Umfangs dieser Darstellung auf die Orientierungshilfe der BaFin verwiesen.[43]

2.3.2 EBA-Empfehlungen zur Auslagerung an Cloud Anbieter

Die von der EBA herausgegebenen Empfehlungen zu Clouddiensten beinhalten im Wesentlichen abstrakt-generelle Verwaltungsvorschriften[44] ohne eigene rechtliche Bindungswirkung.[45] Gemäß Art. 16 Art. 3 der VO (EU) Nr. 1093/2010 haben die zuständigen Behörden und Finanzinstitute gleichwohl alle erforderlichen Anstrengungen zu unternehmen, um die Empfehlungen der EBA umzusetzen.[46] Dies gilt betrifft öffentliche und private Clouds aber auch Community- und Hybrid-Cloud-Infrastrukturen.[47] Auslagernde Institute sind verpflichtet, die zuständigen Aufsichtsbehörden über die Auslagerung wesentlicher Tätigkeiten zu informieren. Voraussetzung hierfür ist auch nach den EBA Empfehlungen zunächst eine institutsinterne Wesentlichkeitsbewertung.[48] Auch skizziert die Empfehlung, welche Informationen das regulierte Institut über den Cloud Anbieter an die Aufsichtsbehörde zu übermitteln hat[49] und gibt Hinweise, welche Informationen die Aufsichtsbehörde hinsichtlich des Cloud Anbieters anfragen kann.[50]

Das auslagernde Institut hat nach der EBA Empfehlung ein Informationsverzeichnis über alle wesentlichen und nicht wesentlichen Tätigkeiten führen, die an einen Cloud-Anbieter ausgelagert sind.[51] Das Verzeichnis ist der Aufsichtsbehörde auf Ersuchen vorzulegen.[52] Das auslagernde Institut hat im Wege geeigneter vertraglicher Regelungen mit dem Cloud-Anbieter u.a.

---

[43] BaFin, Orientierungshilfe zu Auslagerungen an Cloud-Anbieter, https://www.bafin.de/SharedDocs/Downloads/DE/Merkblatt/BA/dl_181108_orientierungshilfe_zu_auslagerungen_an_cloud_anbieter_ba.pdf?__blob=publicationFile&v=4 (zuletzt abgerufen am 29.6.2020).

[44] *Casper/Terlau*, ZAG, Rn. 62.

[45] Für die Empfehlungen folgt dies direkt aus Art. 288 Abs. 5 AEUV; vgl. auch *Burgard/Heimann*, in: Dauses/Ludwigs, Handbuch des EU-Wirtschaftsrechts, E. IV. Bankrecht Rn. 38.

[46] EBA, Empfehlungen zur Auslagerung von Cloud-Diensten, 1.1.

[47] EBA, Empfehlungen zur Auslagerung von Cloud-Diensten, 2.3.

[48] EBA, Empfehlungen zur Auslagerung von Cloud-Diensten, 4.1.1.

[49] EBA, Empfehlungen zur Auslagerung von Cloud-Diensten, 4.2.2.

[50] EBA, Empfehlungen zur Auslagerung von Cloud-Diensten, 4.2.3.

[51] EBA, Empfehlungen zur Auslagerung von Cloud-Diensten, 4.2.4.

[52] EBA, Empfehlungen zur Auslagerung von Cloud-Diensten, 4.2.5.

uneingeschränkte Zugangsrechte zu dessen Geschäftsräumen, einschließlich Geräten, Systemen, Netzwerken und Daten sowie ein Prüfungsrecht
bzgl. der ausgelagerten Dienste, jeweils auch zugunsten der Aufsichtsbehörden, zu vereinbaren.[53] Die wirksame Ausübung dieser Rechte darf nicht
durch anderweitige Vertragsvereinbarungen behindert oder eingeschränkt
werden. Setzt das auslagernde Institut für die Ausübung dieser Rechte
keine eigenen Prüfungsressourcen ein, diskutiert die Empfehlung die Möglichkeit sog. „Pooled Audits" gemeinsam mit anderen Kunden des Cloud
Anbieters oder eine Zertifizierung z.B. durch anerkannte Prüfstellen.[54]

Unter anderem befasst sich die Empfehlung mit Anforderungen an die
Sicherheit von Daten und Systemen, wenn Tätigkeiten an Cloud Anbieter
ausgelagert werden sollen. Zudem muss sich der Cloud Anbieter besonderen Vertraulichkeitspflichten unterwerfen. Um den erhöhten Vertraulich-
keitsanforderungen gerecht zu werden, definiert die Empfehlung besondere Anforderungen. U.a. soll das Institut die Tätigkeiten, Prozesse und
zugehörige Daten zunächst mit der gebotenen Sorgfalt identifizieren und
klassifizieren sowie die Sensibilität und den erforderlichen Schutz der Systeme bestimmen.[55] In diesem Zusammenhang hat auch eine sorgfältige und
risikobasierte Auswahl der Tätigkeiten und damit zusammenhängenden
Prozesse und Daten, die dem Cloud-Anbieter zur Verfügung gestellt werden sollen, stattzufinden.[56] Hierzu gehört mitunter die Festlegung eines
angemessenen Schutzniveaus unter Berücksichtigung der besonderen Vertraulichkeit der Daten, der Kontinuität der zur Auslagerung beabsichtigen
Tätigkeiten sowie ihrer Integrität und Rückverfolgbarkeit.[57]

3 Fazit und Ausblick

Auch wenn die BaFin und die EBA bisher keine spezifischen Leitlinien oder
Empfehlungen zum Umgang mit der Auslagerung bzw. Ausgliederung von
Prozessen in KIaaS-Lösungen veröffentlicht haben, sind zahlreiche schon
bestehende Regelungen beim Einsatz von KI as a Service zu berücksichtigen und einzuhalten. Es ist sehr wahrscheinlich, dass BaFin und EBA in
näherer Zukunft auch Empfehlungen zum Einsatz von KI-Technologien
veröffentlichen werden. So hat die BaFin etwa bereits im Jahr 2018 eine

---

[53] EBA, Empfehlungen zur Auslagerung von Cloud-Diensten, 4.3.6 ff.

[54] EBA, Empfehlungen zur Auslagerung von Cloud-Diensten, 4.3.8. a) und b).

[55] EBA, Empfehlungen zur Auslagerung von Cloud-Diensten, 4.5.16. a).

[56] EBA, Empfehlungen zur Auslagerung von Cloud-Diensten, 4.5.16. b).

[57] EBA, Empfehlungen zur Auslagerung von Cloud-Diensten, 4.5.16. c).

Studie zu Big Data und künstlicher Intelligenz durchgeführt. Ihre Ergebnisse hat die BaFin auf ihrer Website veröffentlicht.[58] Insofern empfiehlt es sich, die weitere Entwicklung der aufsichtsbehördlichen Praxis sorgfältig zu beobachten.

Literatur

Ammann, Thorsten: Künstliche Intelligenz aus der Cloud und ihre rechtlichen Eigenheiten, CR 2020, S. 295-303.

Borges, Georg/Meents, Jan Geert (Hrsg.): Cloud Computing, München 2016.

Casper, Matthias/Terlau, Matthias (Hrsg.): Zahlungsdiensteaufsichtsgesetz, 2. Aufl., München 2020.

Dahmen, Lennart: Auslagerungen an Cloud-Dienste, BKR 2019, S. 533-540.

Dauses, Manfred A./Ludwigs, Marku (Hrsg.): Handbuch des EU-Wirtschaftsrechts, Bd. 1, 49. EL, Stand: November 2019.

Gola, Peter (Hrsg.): Datenschutz-Grundverordnung, 2. Aufl., München 2018.

Hartmann, Frank/Prinz, Matthias: Immaterialgüterrechtlicher Schutz von Systemen Künstlicher Intelligenz, in: Jürgen Taeger (Hrsg.), Rechtsfragen digitaler Transformationen – Gestaltung digitaler Veränderungsprozesse durch Recht, Edewecht 2018, S. 769-791.

Kaulartz, Markus/Braegelmann, Tom (Hrsg.): Rechtshandbuch Artificial Intelligence und Machine Learning, München 2020.

Krimphove, Dieter/Kruse, Oliver (Hrsg.): Aufsichtsrechtliche Mindestanforderungen an die Geschäftsorganisation von Versicherungsunternehmen, München 2018.

Lensdorf, Lars: Eine Orientierungshilfe für Unternehmen bei Auslagerungen an Cloud-Anbieter, CR 2019, S. 8-15.

Ludwigs, Markus (Hrsg.): Handbuch des EU-Wirtschaftsrechts, Bd. 1, 49. Aufl., München 2019.

Michael, Lothar: Rechts- und Außenwirkungen sowie richterliche Kontrolle der MaRisk VA, VersR 2010, S. 141-148.

Pohle, Jan/Ghaffari, Sheila: Die Neufassung des § 203 StGB – der Befreiungsschlag für IT-Outsourcing am Beispiel der Versicherungswirtschaft?!, CR 2017, S. 489-496.

---

[58] https://www.bafin.de/SharedDocs/Downloads/DE/dl_bdai_studie.html (zuletzt abgerufen am 29.6.2020).

SMART-CONTRACT-BASIERTE JOINT CONTROLLERSHIP AGREEMENTS IN PRIVATEN BLOCKCHAINS

Thomas Janicki / Hauke Precht

Carl von Ossietzky Universität Oldenburg
Wissenschaftl. Zentrum für Recht der Informationsgesellschaft (ZRI)
thomas.janicki@uol.de / hauke.precht@uol.de

Zusammenfassung

Die Digitalisierung von papierbasierten Dokumenten schreitet zügig voran. Betroffen sind nicht nur traditionelle Papiere aus dem rechtlichen Geschäftsverkehr, sondern jegliche Arten von analog getroffenen Vereinbarungen und Abreden. Der Beitrag zeigt auf, wie die datenschutzrechtliche Vereinbarung zur gemeinsamen Verantwortlichkeit digitalisiert werden kann, indem ein Smart Contract im Zusammenhang mit der Blockchain-Technologie eingesetzt wird. Die Untersuchung zeichnet sich durch ein Zusammenspiel aus rechtlicher Bewertung und technischer Implementierung aus, der sich eine Evaluation anschließt.

Der Beitrag ist im Rahmen des Forschungsprojekts HAPTIK (Handelbarkeit physikalischer Güter durch Token in Konsortialnetzwerken – www.haptik.io) an der Universität Oldenburg entstanden. Forschungsziel ist die Digitalisierung des Konnossements mithilfe der Blockchain-Technologie.

1 Einleitung

Das Institut der gemeinsamen Verantwortlichkeit hat in jüngster Zeit eine weitreichende Rezeption im juristischen Schrifttum erfahren. Wenngleich die Datenschutz-Richtlinie (DS-RL) in ihrem Art. 2 lit. d DS-RL dieses schon vorsah, fristete sie bis dato ein Schattendasein. Insbesondere ließ die deutsche Richtlinienumsetzung entsprechende Vorgaben im BDSG a. F. beinahe gänzlich missen.[1] Das Inkrafttreten der Datenschutz-Grundverordnung (DSGVO) wie auch die neuere Rechtsprechung des EuGH, die sich ausdrücklich dieses datenschutzrechtlichen Verantwortlichkeitskonstrukts annimmt, rücken die gemeinsame Verantwortlichkeit nunmehr verstärkt in den Mittelpunkt der datenschutzrechtlichen Diskussion.

Durch einen „teilweise sehr niederschwelligen Ansatz"[2] unterliegen zahlreiche Verarbeitungsszenarien, die zuvor als Auftragsverarbeitungen oder eigenverantwortliche Verarbeitung betrachtet wurden, des Öfteren einer

---

[1] *Gierschmann*, ZD 2020, S. 69.

[2] Pointiert *Arning/Rothkegel*, in: Taeger/Gabel, DSGVO BDSG, Art. 4 Rn. 170, hinsichtlich der Maßstäbe des EuGH zur Begründung der gemeinsamen Verantwortlichkeit.

gemeinsamen Verantwortlichkeit. Folglich sind die verarbeitenden Parteien gem. Art. 26 Abs. 1 DSGVO verpflichtet, eine Vereinbarung zu schließen und festzulegen, wer von ihnen welche Verpflichtungen der Verordnung erfüllt (i.F.: Joint Controllership Agreement bzw. JCA). Solche Vereinbarungen wurden rechtstatsächlich bislang nur zurückhaltend oder gar nicht geschlossen.[3]

Um diesen Missstand aufzulösen, können vornehmlich Smart Contracts unter Einsatz der Blockchain-Technologie eingesetzt werden, die den Abschluss einer Vereinbarung in digitalisierter Form nachweisbar herbeiführen und intransparente, analoge Prozesse ersetzen. Der Begriff des Smart Contracts wurde bereits 1996 von Nick Szabo geprägt,[4] erfuhr aber erst durch die Verknüpfung mit der Blockchain-Technologie erneute Beachtung. Ein Smart Contract ist ein Stück Software bzw. Quellcode mit einem Befehlssatz, welcher automatisch ausgeführt wird, sobald bestimmte Bedingungen erfüllt sind.[5] Die Digitalisierung des JCA durch einen Smart Contract in Kombination mit einer Blockchain umzusetzen, bringt die folgenden Vorteile: Unveränderlichkeit, Transparenz und Rückverfolgbarkeit sowie bestenfalls eine Vereinfachung und Beschleunigung des Prozesses durch dessen Digitalisierung. In weiteren Schritten kann durch Verknüpfung von verschiedenen Smart Contracts ein System entwickelt werden, welches das Bestehen vorhandener Vereinbarungen prüft und ergebnisabhängig die Verarbeitung freigibt oder sperrt. Infolgedessen gewährleistet das System die Erfüllung von rechtlichen Anforderungen, beseitigt Rechtsunsicherheit im Vorfeld und ermöglicht eine proaktive Vereinbarung.

2 Untersuchungsprämissen

Der Beitrag untersucht, inwieweit ein JCA über Smart Contracts geschlossen werden kann. Bedingt durch die Komplexität des Untersuchungsgegenstandes und die zahlreichen, mit technischen oder rechtlichen Einzelproblemen behafteten Variablen arbeitet der Beitrag notwendigerweise mit Prämissen. Diese betreffen insbesondere die Art der einzusetzenden Blockchain sowie grundlegende rechtstheoretische Fragestellungen.

---

[3] So *Gierschmann*, ZD 2020, S. 69.

[4] *Szabo*, Smart Contracts: Building Blocks for Digital Markets, v. 1996, http://www.fon.hu m.uva.nl/rob/Courses/InformationInSpeech/CDROM/Literature/LOTwinterschool2006 /szabo.best.vwh.net/smart_contracts_2.html (abgerufen 25.6.2020).

[5] *Koul*, in: Institute of Electrical and Electronics Engineers, 3rd International Conference for Convergence in Technology, S. 144 (145).

2.1 Einsatz in private Blockchains

Aufgrund der einfacheren Verantwortlichkeitszuordnung wird in diesem Beitrag der Abschluss eines JCA in *private* Blockchains untersucht.[6] Um den Abschluss eines Smart-Contract-basierten JCA auch in *public* Blockchains umsetzen zu können, bedarf es künftig der näheren Untersuchung der tatsächlichen gemeinsamen Verantwortlichkeiten innerhalb von *public* Blockchains.

2.2 Nutzung der Hyperledger-Fabric-Platform

Im Rahmen dieser Arbeit wird auf die *private* Blockchain-Platform Hyperledger Fabric zurückgegriffen. Diese Software zeichnet sich durch eine breite Marktakzeptanz[7] sowie die konsequente Bereitstellung des Quellcodes als *open source* aus. Hyperledger Fabric unterstützt den Einsatz von Smart Contracts in mehreren Programmiersprachen, was Entwicklern mit unterschiedlichen Erfahrungen ermöglicht, Smart Contracts im Rahmen dieser Plattform zu programmieren.

2.3 Exklusion rechtswissenschaftlicher Sonderfragen

Der Rahmen des Beitrags erlaubt keine Behandlung sämtlicher Rechtsfragen beim Abschluss eines JCA, sodass bestimmte Aspekte ausgeklammert werden müssen. Dies betrifft vor allem den Umgang mit Willensmängeln sowie deren Auswirkungen auf den Smart Contract bzw. das JCA,[8] Fragen des Verbraucherschutzrechts[9] oder den Einbezug bzw. die Kontrolle von AGB.[10] Diese Fragen bedürfen einer künftigen Erörterung und technisch-rechtlichen Lösung. Für die Zwecke des Beitrags ist allerdings davon auszugehen, dass die Vereinbarung mangelfrei und zwischen Unternehmern zustande kommt.

---

[6] Dazu *Janicki/Saive*, ZD 2019, S. 251 (254 f.); sowie *Spoerr*, in: Wolff/Brink, BeckOK DatenschutzR, Art. 26 Rn. 4a.

[7] *Hileman/Rauchs*, Global Blockchain Benchmarking Study, v. September 2017, S. 75, https://www.ey.com/Publication/vwLUAssets/ey-global-blockchain-benchmarking-study-2017/$File/ey-global-blockchain-benchmarking-study-2017.pdf (abgerufen 23.6.2020).

[8] Vgl. *Bertram*, MDR 2018, S. 1416 (1420 f.); *Paulus/Matzke*, ZfPW 2018, S. 431 (460 ff.); *Lupu*, in: Taeger, Die Macht der Daten und Algorithmen, S. 209 (215 f.).

[9] Hierzu *Spindler/Wöbbeking*, in: Braegelmann/Kaulartz, Smart Contracts, Kap. 11, passim.

[10] Ausführlich dazu *Berberich*, in: Taeger, Die Macht der Daten und Algorithmen, S. 221; *Riehm*, in: Braegelmann/Kaulartz, Smart Contracts, Kap. 9, passim. Gegen die Anwendung der §§ 305 ff. BGB aufgrund individueller Regelungen *Heckelmann*, NJW 2018, S. 504 (507 f.).

3 Rechtliche Anforderungen an die Programmierung des Smart Contracts

Soll der Smart Contract als Instrument zum Abschluss eines JCA nach Art. 26 DSGVO genutzt werden, so muss dies im Einklang mit dem geltenden Recht stehen. Rechtliche Anforderungen sind – ganz im Sinne eines *compliant-programming*-Ansatzes[11] – im Vorfeld der Programmierung zu diskutieren, da sie das technisch Durchführbare bestimmen.[12]

3.1 Berufsstandrechtliche Hürden

Jeglicher informationstechnischer Programmierleistung kann schon im Vorfeld rechtlich entgegenstehen, dass die Entwicklung des Smart Contracts eine vom Gesetz über außergerichtliche Rechtsdienstleistungen (RDG) erfasste Tätigkeit ist und gem. § 3 RDG einer gesetzlichen Erlaubnis bedarf. Programmierer dürfen demnach nicht i. S. d. § 5 Abs. 1 RDG eigenständig einen Smart Contract entwickeln, der Rechte und Pflichten begründet, da diese Leistung keine Nebenleistung des Programmierens ist.[13] Insofern wird die Einschätzung eines Rechtsanwalts erforderlich.[14] Dies ist konsequent und entspricht auch dem *compliant-programming*-Ansatz. In einem interdisziplinären Austausch muss daher ein fachkundiger Jurist die Entwicklung des Smart Contracts begleiten und insbesondere das Ergebnis kontrollieren.

3.2 Herbeiführung einer Einigung

Die Herkulesaufgabe der Programmierung besteht in der Bereitstellung einer technischen Infrastruktur, die die rechtlichen Anforderungen an die Einigung über ein JCA erfüllt. Vordergründig zu hinterfragen ist, wie die Smart-Contract-basierte Vereinbarung einzuordnen ist sowie welche Folgen hieraus zu ziehen sind.

---

[11] *Precht/Saive*, in: Taeger, Die Macht der Daten und Algorithmen, S. 581 (582 f., 589).

[12] Dahingehend pointiert *Riehm*, in: Braegelmann/Kaulartz, Smart Contracts, Kap. 9 Rn. 1: „Code has to obey the Law".

[13] So die Einschätzung von *Lupu*, in: Taeger, Die Macht der Daten und Algorithmen, S. 209 (218). Differenzierend *Heckelmann*, NJW 2018, S. 504 (509), sofern der Smart Contract für eigene Zwecke in der jeweiligen Organisationseinheit entwickelt wird. Zudem sei eine Einzelfallprüfung angezeigt, da Smart Contracts nicht zwingend für eine konkrete Angelegenheit entwickelt werden.

[14] *Lupu*, in: Taeger, Die Macht der Daten und Algorithmen, S. 209 (218).

3.2.1 Rechtliche Einordnung des Joint Controller Agreements

In Art. 26 DSGVO wird ausdrücklich der Begriff der *Vereinbarung* (im Engl.: „arrangement"[15]) und nicht – wie etwa in Art. 28 Abs. 3 DSGVO – der des Vertrages genutzt. Weder definiert noch geregelt wird, was unter der Vereinbarung zu verstehen sei. Fraglich ist daher, ob sie ein rechtsgeschäftliches Schuldverhältnis i. S. d. § 311 Abs. 1 BGB repräsentiert, das durch übereinstimmende Willenserklärungen nach §§ 145 ff. BGB zustande kommt (Vertrag), oder einer anderweitigen Einordnung (z.B. als unverbindliche Absprache)[16] zugänglich ist. Eine wissenschaftliche Auseinandersetzung mit der Rechtsnatur der datenschutzrechtlichen Vereinbarung ist im Schrifttum indessen nicht vorzufinden[17] und kann hier nur angedacht werden.

3.2.1.1 Vereinbarungsbegriff

Rechtsbegriffe des Unionsrechts müssen autonom und einheitlich ausgelegt werden,[18] wodurch die unreflektierte Übernahme mitgliedsstaatlichen Rechtsverständnisses kritisch zu betrachten ist. Die Suche nach unionsrechtlichen Auslegungskriterien für den Vereinbarungsbegriff gestaltet sich indes schwierig. Schon der naheliegende Begriff des Vertrags i. S. d. Art. 6 Abs. 1 UAbs. 1 lit. b DSGVO ist mangels unionseinheitlicher Maßstäbe keiner eindeutigen Auslegung zugänglich,[19] sodass ein Rückgriff auf das mitgliedstaatliche Recht zu erfolgen hat.[20] Mithin sind also zumindest zwei- und mehrseitige rechtsgeschäftliche Schuldverhältnisse gemeint.[21]

Eines Rückgriffs auf das mitgliedstaatliche Rechtsverständnis bedarf es womöglich nicht. Zum Begriff der „Vereinbarung" ist im Unionsrecht ein Pendant in Art. 101 Abs. 1 AEUV vorzufinden, das zur Auslegung des

---

[15] Das „agreement" ist ein Synonym zum „arrangement" (https://www.dict.cc/?s=arrangement, abgerufen 8.6.2020).

[16] Vgl. EDPS, Guidelines on the concepts of controller, processor and joint controllership under Regulation (EU) 2018/1725, v. 7.11.2019, S. 28: "Memorandum of Understanding". Grundsätzlich denkbar wäre auch ein Gentlemen's Agreement.

[17] Auseinandersetzungen mit der Rechtsnatur der Einwilligung finden sich hingegen bspw. bei *Heckmann/Paschke*, in: Ehmann/Selmayr, Datenschutz-Grundverordnung, Art. 7 Rn. 29 f., sowie eingehend bei *v. Lewinski*, in: Rüpke/v. Lewinski/Eckhardt, Datenschutzrecht, § 13 Rn. 4 ff.

[18] St. Rspr., vgl. nur EuGH, Urt. v. 11.1.2000 – C-287/98 (Linster), NVwZ 2001, 421 (422, Rn. 43).

[19] *Taeger*, in: Taeger/Gabel, DSGVO BDSG, Art. 6 Rn. 59.

[20] *Reimer*, in: Sydow, EU-Datenschutzgrundverordnung, Art. 6 Rn. 19; vgl. dazu auch *v. Lewinski*, in: Rüpke/v. Lewinski/Eckhardt, Datenschutzrecht, § 13 Rn. 8.

[21] *Taeger*, in: Taeger/Gabel, DSGVO BDSG, Art. 6 Rn. 50, 59 f.

Art. 26 DSGVO herangezogen[22] werden kann. Hiernach ist der Begriff „Vereinbarung" (im Engl. „agreement") weit auszulegen: Umfasst wird jede Willenseinigung durch inhaltlich übereinstimmende Willensäußerungen; ein schlüssiges Handeln kann schon ausreichen.[23] Mithin ist auch der Vertrag i. S. d. Zivilrechtsdogmatik umfasst.[24] Folglich wären Vereinbarungen nach Art. 26 DSGVO begrifflich als Verträge bzw. rechtsgeschäftliche Schuldverhältnisse einzuordnen.

3.2.1.2 Charakter der Vereinbarung

Die vorbehaltlose Übertragung des Vertragsbegriffs auf die *datenschutzrechtliche* Vereinbarung nach Art. 26 DSGVO ist jedoch nicht vollends zielführend: Soweit ein Vertrag das „Resultat privatautonomer Entscheidungen"[25] ist, trifft dies auf das JCA nur in Teilen zu. Zwar ermöglicht Art. 26 Abs. 1 S. 2 DSGVO den gemeinsam Verantwortlichen die autonome Ausgestaltung der Vereinbarung, doch ist der Abschluss aufgrund gesetzlicher Anweisung zwingend und somit nicht autonom.[26] Ein Abschlusszwang ist zugegebenermaßen unschädlich: Die Rechtsordnung kennt Beschränkungen der Privatautonomie infolge eines Kontrahierungszwangs aufgrund gesetzlicher Anordnung, ohne die Rechtsnatur von Verträgen abzustreiten.

Einige Gründe streiten eher für die Einordnung der datenschutzrechtlichen Vereinbarung nach Art. 26 DSGVO unter den Vertragsbegriff im Sinne zwei- oder mehrseitiger rechtsgeschäftlicher Schuldverhältnisse, da sie deren Merkmale aufweist. Die Parteien verpflichten sich in ihrem (Innen-)Verhältnis gegenseitig zur weitgehend dispositiven Aufteilung der datenschutzrechtlichen Pflichten untereinander. Inter partes werden daher Ansprüche begründet,[27] durch die i. S. d. § 194 Abs. 1 BGB ein bestimmtes Tun – etwa die Erfüllung bestimmter Pflichten der DSGVO durch eine Partei – verlangt werden kann. Dieser Teil der Vereinbarung ist sichtbar autonomen Verhandlungen zugänglich. Hierauf deutet auch Art. 26 Abs. 1 UAbs. 2 DSGVO hin, wonach die Parteien Regelungen „festzulegen" haben, also gemeinschaftlich auf eine Einigung hinwirken müssen. Gerade

---

[22] Hier erhellt ErwG 150 S. 3, der ausdrücklich die Heranziehung des europäischen Kartellrechts zur Auslegung des Unternehmensbegriffs im Rahmen von Art. 83 Abs. 4 f. DSGVO vorsieht.

[23] *Zimmer*, in: Immenga/Mestmäcker, Wettbewerbsrecht, Art. 101 Abs. 1 AEUV Rn. 68.

[24] So ausdrücklich ebenda, Rn. 69.

[25] *Albers/Veit*, in: Wolff/Brink, BeckOK Datenschutzrecht, Art. 6 Rn. 29.

[26] Vgl. auch *Specht-Riemenschneider/Schneider*, MMR 2019, S. 503 (506).

[27] So auch ebenda (506 f.), namentlich in puncto Auskunft, Abschluss und Schadensersatz.

hierfür ist eine willentliche Übereinstimmung der gemeinsam Verantwortlichen erforderlich,[28] um einen Konsens zu bilden, wer welche Pflichten erfüllt. Die Vereinbarung weist insofern Elemente des Vertrags auf, ohne als solcher bezeichnet werden zu müssen.

Wenngleich die Anwendung der Rechtsgeschäftslehre vor diesem Hintergrund eröffnet scheint, führt die Einordnung der Vereinbarung unter den traditionellen Vertragsbegriff nicht zu befriedigenden Ergebnissen. Die gemeinsame Verantwortlichkeit begründet ein gesetzliches Schuldverhältnis aus dem eine Verpflichtung zum Abschluss einer Vereinbarung resultiert,[29] die Charakteristika rechtsgeschäftlicher Schuldverhältnisse aufweist. Folglich liegt eine Vermengung von Schuldverhältnissen vor. Die zu verteilenden Pflichten selbst sind öffentlich-rechtlicher Natur und ein vorgegebener, fester Bestandteil des Datenschutzregimes. Aus inhaltlicher Sicht sind die Parteien nicht vollends gestaltungsfrei, denn es kann nicht geregelt werden, dass einzelne Pflichten nicht erfüllt werden. Hinzu kommt, dass mangels einer getroffenen Vereinbarung die gemeinsam Verantwortlichen – und zwar de lege – gegenüber Betroffenen und der Aufsichtsbehörde gesamthänderisch verantwortlich bleiben.[30] Die Regelungen des Art. 26 DSGVO sind dementsprechend auch nicht explizit auf die Herbeiführung eines vertraglichen Schuldverhältnisses zwischen den gemeinsam Verantwortlichen gerichtet. Vielmehr schützt die Vereinbarung ihrem Zweck nach die Rechte und Freiheiten der betroffenen Personen und ermöglicht der Aufsichtsbehörde die Ausübung ihrer Überwachungsbefugnisse.[31] Insgesamt lässt sich die Vereinbarung nach Art. 26 DSGVO daher nicht in den Kanon der bekannten rechtsgeschäftlichen Schuldrechtsverhältnisse subsumieren. Art. 26 DSGVO begründet stattdessen eine datenschutzrechtliche Sonderbeziehung zwischen den gemeinsam Verantwortlichen, die aufgrund eines autonomen Anteils dennoch Merkmale rechtsgeschäftlicher Schuldverhältnisse aufweist.

Angesichts dieser Diskrepanzen muss bei der Einordnung der datenschutzrechtlichen Vereinbarung vom traditionellen Vertragsverständnis abgerückt werden, das nicht ohne Weiteres auf Art. 26 DSGVO übertragbar ist. Die Vereinbarung nach Art. 26 DSGVO kann daher als *datenschutzrechtlicher Vertrag sui generis* eingeordnet werden. Über die Pflichtenverteilung im Innenverhältnis ist notwendigerweise ein Konsens zu bilden. Da hiermit

---

[28] Ebenso EDPS, Guidelines on the concepts of controller, processor and joint controllership v. 7.11.2019, S. 28: "agreed by ALL [sic] joint controllers".

[29] *Specht-Riemenschneider/Schneider*, MMR 2019, S. 503 (506).

[30] Ausdrücklich *Martini*, in: Paal/Pauly, DS-GVO BDSG, Art. 26 Rn. 22 a.E., unter Einbezug des Telos der Norm.

[31] *Ingold*, in: Sydow, EU-Datenschutzgrundverordnung, Art. 26 Rn. 1.

Rechtsfolgen – vor allem gegenseitige Ansprüche – verbunden sind, muss eine Einigung im Sinne übereinstimmender Willenserklärungen erzielt werden, wodurch die Regelungen zur Rechtsgeschäftslehre entsprechend anzuwenden sind; die datenschutzrechtliche Vereinbarung kann somit auch nicht etwa als unverbindliches *Memorandum of Understanding* oder *Gentlemen's Agreement* eingeordnet werden. Diese Qualifizierung der Vereinbarung als *datenschutzrechtlicher Vertrag sui generis* eröffnet überdies Raum zur Diskussion über eine „datenschutzrechtliche Rechtsgeschäftslehre",[32] die Spezifika des Datenschutzrechts berücksichtigt. Allerdings bedarf dies einer grundlegenden und eigenen Untersuchung andernorts.

3.2.2 Anzuwendendes Recht

Fraglich ist, welche mitgliedstaatliche Rechtsgeschäftslehre zur Anwendung kommt. Eine Blockchain-Anwendung ermöglicht idealtypisch die Partizipation von Teilnehmern verschiedener Herkunftsländer. Dadurch können Konkurrenzen verschiedener Rechtsordnungen auftreten, die anhand der Regelungen des Internationalen Privatrechts (IPR) aufzulösen sind.

Bei zwischenstaatlichen vertraglichen Schuldverhältnissen ist im Wesentlichen die Rom I-Verordnung (Rom I-VO)[33] heranzuziehen. Gem. Art. 1 Abs. 1 Rom I-VO knüpft sie an „vertragliche Schuldverhältnisse in Zivil- und Handelssachen" an. Nach unionsrechtlich weiter Auslegung erfasst der Begriff alle freiwillig eingegangenen Verpflichtungen.[34] Die Einordnung des JCA hierunter ist angesichts der bereits vorgebrachten Bedenken zur Privatautonomie der Parteien fragwürdig. Dies streitet zusätzlich für einen *datenschutzrechtlichen Vertrag sui generis* und eine analoge Anwendung der Rom I-VO.

Sofern das JCA unter Art. 1 Abs. 1 Rom I-VO – unmittelbar oder analog – subsumiert wird, richtet sich das anzuwendende Recht nach der Parteienvereinbarung (Art. 3 Rom I-VO), ansonsten nach der Auffangklausel des Art. 4 Rom I-VO. Das JCA kann dabei prima facie kaum einem der Vertragstypen des Art. 4 Abs. 1 Rom I-VO zugeordnet werden. Infolgedessen käme es darauf an, zu welcher Vertragsart oder zu welchem Staat die Vereinbarung die engere Verknüpfung aufweist. Dies bedarf einer Gesamtwürdigung aller Umstände des Einzelfalls.[35]

---

[32] Pointiert und soweit ersichtlich nur *v. Lewinski*, in: Rüpke/v. Lewinski/Eckhardt, Datenschutzrecht, § 13 Rn. 3, der eben darauf verweist, dass eine solche bislang nicht entwickelt worden ist.

[33] VO 593/2008/EG des Europäischen Parlaments und des Rates vom 17. Juni 2008 über das auf vertragliche Schuldverhältnisse anzuwendende Recht (Rom I), ABl. EU Nr. L 177/6.

[34] Statt aller nur *Rühl*, in: Braegelmann/Kaulartz, Smart Contracts, Kap. 12 Rn. 11.

[35] Vgl. ausführlicher ebenda, Kap. 12 Rn. 24 ff.

Im Kontext der global zugänglichen Blockchain ist die einzelfallabhängige Bestimmung des maßgeblichen Rechtsstatuts eine zentrale Herausforderung, die nicht ohne Weiteres pauschalisiert gelöst werden kann. Aufgrund dessen und für den vereinfachten Fortgang des Beitrags ist daher obendrein zu unterstellen, dass deutsches Recht Anwendung findet. Bestenfalls ist eine entsprechende Klausel (IPR-Klausel) in der Vereinbarung zu formulieren.

3.2.3 Einigung unter Einsatz des Smart Contracts

Unabhängig von der konkreten rechtlichen Einordnung der Vereinbarung, ist die Rechtsgeschäftslehre unmittelbar oder beim *datenschutzrechtlichen Vertrag sui generis* entsprechend anzuwenden. Daher bedarf es zurechenbarer, übereinstimmender Willenserklärungen der Parteien zum Abschluss der Vereinbarung, respektive ihrer Abgabe und ihres Zugangs, um damit einhergehend eine rechtsverbindliche Einigung hinsichtlich eines JCA zu erzielen.

3.2.3.1 Vorliegen von zurechenbaren Willenserklärungen

Nur wenn eine unter Einsatz des Smart Contracts geäußerte Erklärung als Willenserklärung im rechtlichen Sinne einzustufen ist, kann eine Einigung in Betracht kommen. Es kommt zuvorderst darauf an, ob sie einen objektiven Tatbestand sowie einen subjektiven Tatbestand verwirklicht. Zudem muss eine Willenserklärung auf ein Rechtssubjekt bzw. eine Person rückführbar sein.[36]

Bei einem Smart Contract erzeugt das Programm auf Basis festgeschriebener Algorithmen eine i.d.R. automatisierte Erklärung.[37] Für die Bewertung ihrer rechtlichen Erheblichkeit muss es darauf ankommen, ob der generierten Erklärung ein entsprechend rechtlich gewollter Erklärungsgehalt zukommt. Unschädlich ist jedenfalls die Verwendung eines Programmcodes zum Ausdruck des Willens.[38] Der Einordung einer Erklärung als Willenserklärung steht auch der Einsatz technischer Systeme grundsätzlich nicht entgegen, solange eine systemseitig generierte, automatisierte Erklärung auf dem Handeln eines Rechtssubjekts im Vorfeld beruht. Bei automatisierten Willenserklärungen reicht es daher aus, dass die jeweilige Person den Smart Contract nutzt und die (Vertrags-)Daten zuvor einpflegt

---

[36] Statt vieler nur *Taeger*, NJW 2016, S. 3764 (3764 f.), zugleich hinterfragend, ob künftig technische Systeme nicht doch als Rechtssubjekte angesehen werden müssen. Hinsichtlich der Teilrechtsfähigkeit einer „E-Person": *Specht/Herold*, MMR 2018, S. 40 (43).

[37] Dazu und zu Abgrenzungen zur autonomen Erklärung s. *Specht/Herold*, MMR 2018, S. 40 (41 ff.).

[38] *Heckelmann*, NJW 2018, S. 504 (505); *Möslein*, ZHR 183 (2019), S. 254 (271). A. A. *Söbbing*, ITRB 2018, S. 43 (45); *Berberich*, in: Taeger, Die Macht der Daten und Algorithmen, S. 224; kritisch auch *Bertram*, MDR 2018, S. 1416 (1418 f.).

bzw. einpflegen lässt.[39] Soweit sich dementsprechend der Wille der Person mitsamt den essentialia negotii in einer Transaktion manifestiert, ist die Generierung der Willenserklärung durch den Smart Contract unschädlich. Damit weisen Entäußerungen unter Einsatz des Smart Contracts die Elemente einer Willenserklärung auf.[40] Aus rechtlicher Perspektive eignet sich der Einsatz von Smart Contracts für den Vertragsschluss.[41]

Die Zurechnung dürfte indes bei autonomen Systemen, die eigenständig lernen und komplexe Entscheidungen treffen, (künftig) herausfordernd sein.[42] Ob eine Smart-Contract-basierte Erklärung einer Person oder dem Smart Contract selbst zuzurechnen ist, hängt vom Autonomiegrad des Smart Contracts ab.[43] Anstatt Erklärungen autonom und unabhängig vom Willen des Verwenders abzugeben, sollte der Smart Contract in dem hier untersuchten Fall die Willenserklärungen der Teilnehmer nach vorheriger Programmierung, Einstellung und Dateneingabe erzeugen sowie automatisch übermitteln.[44] Sicherzustellen ist, dass die gemeinsam Verantwortlichen zumindest durch ein schlüssiges Verhalten (z.B. die Vornahme einer Transaktion) eine Handlung des Smart Contracts veranlassen.

3.2.3.2 Wirksamwerden der Willenserklärungen

Für den Smart-Contract-basierten Abschluss des JCA sind eine Abgabe und ein Zugang der jeweiligen Willenserklärungen erforderlich. Als abgegeben gilt eine Willenserklärung, wenn sie mit Willen des Erklärenden in den Verkehr gelangt und der Erklärende damit rechnen konnte und gerechnet hat, sie werde den Erklärungsgegner erreichen.[45] Beim Einsatz von Software liegt die Abgabe einer Erklärung vor, wenn das System eine Erklärung auf den Weg bringt, in der sich der Wille des Rechtssubjekt konkretisiert

---

[39] *Paulus/Matzke*, ZfPW 2018, S. 431 (441, 446); vgl. auch *Spindler*, in: Spindler/Schuster, Recht der elektronischen Medien, Vor §§ 116 ff. BGB Rn. 5; *Lupu*, in: Taeger, Die Macht der Daten und Algorithmen, S. 209 (214).

[40] Umfassend *Möslein*, ZHR 183 (2019), S. 254 (270 ff.); vgl. auch *Paulus/Matzke*, ZfPW 2018, S. 431 (439 ff.).

[41] *Heckelmann*, NJW 2018, S. 504 (505); *Paulus/Matzke*, ZfPW 2018, S. 431 (434); *Möslein*, ZHR 183 (2019), S. 254 (271 ff., 291); *Berberich*, in: Taeger, Die Macht der Daten und Algorithmen, S. 221 (223). A. A. scheinbar *Bertram*, MDR 2018, S. 1416 (1419).

[42] Vertiefend zur Diskussion *Taeger*, NJW 2016, S. 3764 (3765 f); *Specht/Herold*, MMR 2018, S. 40, passim; *Spindler*, in: Spindler/Schuster, Recht der elektronischen Medien, Vor §§ 116 ff. BGB Rn. 7. Im Kontrast dazu sind *Paulus/Matzke*, ZfPW 2018, S, 431 (443 ff.), optimistischer gestimmt.

[43] Vgl. *Specht/Herold*, MMR 2018, S. 40 (43 f.).

[44] Vgl. *Spindler*, in: Spindler/Schuster, Recht der elektronischen Medien, Vor §§ 116 ff. BGB Rn. 6.

[45] BGH, Urt. v. 11.5.1978 – V ZR 177/77, NJW 1979, 2032 (2033).

und nach außen erkennbar manifestiert.[46] Auf der Blockchain werden Willenserklärungen durch Transaktionen vermittelt, die der Teilnehmer oder der Smart Contract automatisiert – allerdings auf Basis zuvor festgelegter Parameter – vornimmt und in denen sich der Wille der Person manifestiert. Durch das Absenden der Transaktion wird die Willenserklärung daher abgegeben.[47] Sodann bedarf es ihres Zugangs beim Empfänger. Zugegangen ist eine Willenserklärung, sobald sie derart in den Machtbereich des Empfängers gelangt, dass bei Annahme gewöhnlicher Verhältnisse damit zu rechnen ist, er könne von ihr Kenntnis erlangen.[48] Dies ist in der Regel der Fall, wenn die Software die Erklärung empfängt und der Empfänger die Möglichkeit zur Verarbeitung der eingehenden Informationen hat.[49] Im Kontext der Blockchain werden Transaktionen zu Blöcken gebündelt und an die Blockchain geknüpft. In diesem Moment steht der Block mitsamt den manifestierten Willenserklärungen den Teilnehmern zum Abruf bereit. Das Anhängen des Blocks ist somit der Zeitpunkt des Zugangs der Willenserklärung.[50]

3.2.3.3 Annahme des Empfängers

Der Abschluss des JCA erfordert schließlich eine inhaltliche Übereinstimmung der Willenserklärungen. Die Parteien müssen hinsichtlich eines konkreten Regelungswerkes übereinkommen; einseitige Willenserklärungen können ein solches noch nicht begründen.

Eine Einigung kommt damit erst zustande, wenn eine Annahme einer konkretisierten Willenserklärung erfolgt. Da der Absender des Primärtextes sich eines initialen, womöglich allein vom ihm festgelegten Regelungstextes bedient, muss dem Empfänger die Möglichkeit belassen werden, Änderungen am ursprünglichen Regelungstext vorzunehmen oder ein gänzlich eigenes Regelungswerk zu formulieren. Zwar könnten die Parteien im Vorfeld ein Regelungswerk analog aushandeln und sodann durch den Einsatz des Smart Contracts auf der Blockchain nochmals festschreiben. Jedoch sollte der Empfänger noch die Möglichkeit zur Kontrolle erhalten, um nicht einem Text automatisiert zuzustimmen, den er nicht wollte. Damit der Smart Contract ein JCA als angenommen ansehen kann, muss er sicherstellen, dass alle Parteien dem gleichen Regelwerk zugestimmt haben.

---

[46] *Cornelius*, MMR 2002, S. 353 (356).

[47] Zutreffend *Paulus/Matzke*, ZfPW 2018, S. 431 (447); i.E. wohl auch *Möslein*, ZHR 183 (2019), S. 254 (276); unklar *Bertram*, MDR 2018, S. 1416 (1421).

[48] BGH, Urt. v. 3.11.1976 – VIII ZR 140/75, NJW 1977, 194 (194).

[49] *Cornelius*, MMR 2002, S. 353 (356).

[50] *Heckelmann*, NJW 2018, S. 504 (506); ebenso *Möslein*, ZHR 183 (2019), S. 254 (275 f.), soweit nicht schon ein konkludentes Einverständnis zum Verzicht auf den Zugang der Annahme gem. § 151 BGB vorliege; ablehnend *Bertram*, MDR 2018, S. 1416 (1419).

3.3 Anforderungen des Art. 26 DSGVO

Obgleich die Parteien eine Einigung zu einem konkreten JCA erzielen müssen, wird ihrer Privatautonomie eine Grenze gesetzt. Bei der Ausgestaltung der Vereinbarung müssen die in Art. 26 DSGVO niedergelegten, zwingenden Anforderungen beachtet werden, da die Vereinbarung ansonsten unwirksam sein kann.[51] Daneben formulieren die gesetzlichen Anforderungen mittelbar auch funktionale Anforderungen an eine rechtskonforme Programmierung.

Die Anforderungen des Art. 26 DSGVO an ein wirksames JCA wurden im Schrifttum bereits umfassend diskutiert, sodass eine kursorische Darstellung ausreicht. Demnach sind u.a. folgende Anforderungen an die Vereinbarung zu stellen:

- Die Vereinbarung ist zu schließen, sobald eine gemeinsame Verantwortlichkeit begründet ist.

- Die Vereinbarung bedarf mangels einer Regelung keiner Form. Aus Beweiszwecken, und da die Vereinbarung der betroffenen Person zur Verfügung gestellt werden muss, gebietet sich die Textform i. S. d. § 126b BGB.[52]

- Eine transparente Gestaltung ist erforderlich. Dies betrifft – angesichts des Betroffenenschutzes – die tatsächlichen Funktionen und Beziehungen der gemeinsam Verantwortlichen, die Verwendung einer einfachen Sprache und die Bereitstellung transparenter Informationen.[53]

- Die Parteien müssen festlegen, wer im Innenverhältnis welche Pflichten nach Artt. 13 ff. und 24 ff. DSGVO erfüllt.[54] Denkbar ist etwa, dass die Pflichten einer Partei auferlegt werden oder jede Partei die Pflichten eigenverantwortlich erfüllt.

- Die Vereinbarung soll primär die Disposition der datenschutzrechtlichen Pflichten bewirken. Indes sind weitere Regelungsgegenstände

---

[51] Dies betrifft allem voran das Transparenzgebot, nicht aber etwa die Veröffentlichungspflicht gem. Art. 26 Abs. 2 UAbs. 2 DSGVO (*Specht-Riemenschneider/Schneider*, MMR 2019, S. 503 (505 f.)).

[52] *Lang*, in: Taeger/Gabel, DSGVO BDSG, Art. 26 Rn. 41 f.

[53] Vertiefend dazu *Specht-Riemenschneider/Schneider*, MMR 2019, S. 503 (505 f.).

[54] Darstellung möglicher Regelungsgegenstände bei *Lang*, in: Taeger/Gabel, DSGVO BDSG, Art. 26 Rn. 30 f. und 34 ff., mit Verweisen zu anderen Empfehlungen.

möglich (z.B. eine IPR-Klausel), doch unterliegen sie dann nicht mehr unmittelbar Art. 26 DSGVO.[55]

4 Technische Beschreibung

Die vorangegangene rechtliche Bewertung zeigt, dass der Einsatz eines Smart Contracts für den Abschluss eines JCA rechtlich zulässig ist. Im Folgenden ist zu untersuchen, wie ein solcher Smart Contract umgesetzt werden kann und welche Anforderungen dabei zu berücksichtigen sind. Das methodische Vorgehen dieser Untersuchung bildet das *Proof of Concept* (im Folgenden: PoC).

Im Rahmen von Hyperledger Fabric existieren Grundbegriffe, die hier zunächst kurz beschrieben werden. Wie auch andere Blockchain-Netzwerke besteht Hyperledger Fabric aus verschiedenen Knoten. Dabei wird zwischen dem *peer*-Knoten und dem *orderer*-Knoten unterschieden. Peers verwalten die tatsächliche Blockchain als Datenstruktur und Smart Contracts.[56] Die orderer-Knoten sind für das Ordnen und Erstellen von neuen Blöcken zuständig.[57] Ein weiterer Baustein der Hyperledger-Fabric-Plattform sind sog. *channels,* die als eine Art Subnetz angesehen werden können. Sie dienen zur Umsetzung detaillierter Zugriffsrechte.[58] Zu beachten ist dabei, dass jeder channel eine eigene Blockchain repräsentiert und ein Smart Contract ebenfalls channel-spezifisch instanziiert werden muss.

4.1 Funktionale Anforderungen

Um eine benutzbare Anwendung zu erhalten müssen die Anforderungen an diese identifiziert werden. Es wird dabei zwischen funktionalen und nichtfunktionalen Anforderungen unterschieden. Funktionale Anforderungen beschreiben den tatsächlichen Funktionsumfang der Software, der implementiert werden muss.[59] Nichtfunktionale Anforderungen können mehrere funktionale Anforderungen betreffen und sich gegenseitig beeinflus-

---

[55] *Ingold,* in: Sydow, EU-DSGVO, Art. 26 Rn. 7. Im Einzelfall gebietet sich allerdings die Anfertigung eines Anhangs oder Zusatzprotokolls, um die Einheit sowie Transparenz der Vereinbarung zu wahren.

[56] https://hyperledger-fabric.readthedocs.io/en/release-2.0/peers/peers.html (abgerufen 23.6.2020).

[57] https://hyperledger-fabric.readthedocs.io/en/release-2.0/orderer/ordering_service.html (abgerufen 23.6.2020).

[58] https://hyperledger-fabric.readthedocs.io/en/latest/channels.html (abgerufen 23.6. 2020).

[59] *Balzert,* Lehrbuch der Softwaretechnik, S. 109.

sen, so z.B. die Anforderungen an die Performance, Robustheit oder Wartbarkeit der Software.[60] Da dieser Beitrag die grundsätzliche Realisierung des Smart-Contract-basierten JCA aufzeigen soll, werden vornehmlich die funktionalen Anforderungen betrachtet und die nichtfunktionalen Anforderungen außer Acht gelassen. Dazu wird zunächst Art. 26 DSGVO erneut aufgegriffen und im Hinblick auf funktionale Anforderungen für den Smart Contract untersucht.

Aus Art. 26 Abs. 1 und teilweise Abs. 2 DSGVO ergeben sich vornehmlich Anforderungen an die inhaltliche Ausgestaltung des JCA, die den Parteien (ggfs. im Vorfeld der technischen Umsetzung) obliegt und für den Smart Contract grundsätzlich nicht von Belang ist. Art. 26 Abs. 2 UAbs. 2 DSGVO fordert, dass der Inhalt des JCA der betroffenen Person zur Verfügung gestellt werden muss. Dies bedeutet für ein Smart-Contract-basiertes JCA, dass der Inhalt „exportierbar" sein muss, um ihn im Anschluss – je nach Speicherart – menschenlesbar machen zu können. Hierfür sollte bestenfalls zumindest die Textform i. S. d. § 126b BGB eingehalten und der Inhalt auf einem dauerhaften Datenträger (z.B. im .pdf-Format) bereitgestellt werden. Ferner empfiehlt sich das gleiche Erfordernis, um der Rechenschaftspflicht gerecht zu werden (Art. 5 Abs. 2 und 24 Abs. 1 UAbs. 1 a.E. DSGVO) und der Aufsichtsbehörde gegenüber Nachweise erbringen zu können, aber auch um inter partes den Ansprüchen der gemeinsam Verantwortlichen auf Auskunft[61] gerecht zu werden.

Weitere funktionale Anforderungen ergeben sich vorrangig aus der Handhabbarkeit des JCA, die auf den Smart Contract übertragen werden muss. Um zunächst eine digitale Repräsentation des JCA für die Blockchain erstellen zu können (Asset), benötigt der Smart Contract eine Initialisierungsmethode mit einer ersten Version eines JCA-Vertragstextes und einer Liste an Organisationen, die dem JCA zustimmen müssen. Insofern muss der Smart Contract eine entsprechende Funktion zur Zustimmung bieten. Um weiteren Organisationen zu erlauben, einen Gegenvorschlag zwecks nachvertraglicher Änderungen zu unterbreiten, wird ebenfalls eine entsprechende Methode benötigt. Die Unterbreitung dieses Gegenvorschlags muss selbst dann möglich sein, wenn bereits ein akzeptierter JCA existiert. Hieraus ergibt sich die Anforderung, dass der Smart Contract einen JCA nach zwei Zuständen unterscheiden können muss: „vorgeschlagen" und „akzeptiert". Dabei gilt es zu beachten, dass die Zustände stetig zwischen „vorgeschlagen" und „akzeptiert" wechseln können und somit eine Historie des JCA erstellt wird, welche vom *JCA-Smart-Contract* verwaltet werden muss.

---

[60] Ebenda.

[61] *Specht-Riemenschneider/Schneider*, MMR 2019, S. 503 (506 f.).

Um den Anforderungen der Exportierbarkeit nachzukommen, wird eine entsprechende Methode zum Abrufen des zurzeit gültigen JCA benötigt. Es ist darauf hinzuweisen, dass es im Verantwortungsbereich der Applikation bzw. der Person liegt, die den Smart Contract aufruft, die empfangenden Daten ggfs. menschenlesbar zu machen und an die anfragende Stelle[62] weiterzuleiten. Würde die Weiterleitung als Funktion in den Smart Contract implementiert werden, so würde eine Abhängigkeit nach außen geschaffen. Solch eine Abhängigkeit kann zu einem nicht-deterministischen Verhalten führen und somit die Konsensfindung beeinträchtigen.[63]

Zusammengefasst muss der Smart Contract demnach die Grundfunktionen zum ersten Initiieren, zum Akzeptieren, zum Auslesen sowie zum Unterbreiten eines Gegenvorschlags bereitstellen. Weitere Anforderungen, so z.B. die Vertraulichkeit oder die Zugriffsberechtigung, können die bereits identifizierten Anforderungen ergänzen oder beschränken.

4.2 Klassendiagramme des Smart-Contract-basierten JCA

Nachdem die Kernanforderungen an den Smart Contract identifiziert und beschrieben wurden, können dieser und das zugehörige Asset in Quellcode übersetzt werden. Im Rahmen dieses PoC sind dazu zwei Klassen entwickelt worden: *JointControllershipAgreementContract* sowie *JointControllershipAgreement*.

Die beiden Klassen werden im Folgenden in Form von Klassendiagrammen beschrieben. Jede Klasse wird als Rechteck repräsentiert. Innerhalb des Rechtecks sind Eigenschaften bzw. Methoden auf der linken Seite aufgelistet; auf der rechen Seite sind die zugehörigen Datentypen definiert.

4.2.1 Beschreibung der Klasse JointControllershipAgreementContract

Bei genauerer Betrachtung der Abb. 1 zeigt sich, dass die Contract-Klasse die unter 4.1 identifizierten funktionalen Anforderungen in Form von Methoden abbildet und somit die Business Logic beinhaltet.

Zu beachten ist, dass Informationen (wie z.B. der Aufrufer bzw. „Caller" einer Methode) aus dem ersten Parameter (Context) extrahiert werden, welcher ausschließlich vom System befüllt wird und nicht explizit angegeben werden muss. Dadurch ist es nicht möglich, im Namen einer anderen Organisation dem JCA zuzustimmen, da dies an die entsprechenden digitalen Zertifikate geknüpft ist. Dadurch kann ein „schlankes" Design für Methodenaufrufe ermöglicht werden. Das Klassendiagramm zum Contract

---

[62] Dies sind entweder die betroffenen Personen (vgl. Art. 26 Abs. 2 UAbs. 2 DSGVO) oder die Aufsichtsbehörde.

[63] Dazu ausführlich *Sarfarz*, Why Smart Contracts in Blockchain Need to Avoid Non-Deterministic Functions, v. 3.11.2017, https://dzone.com/articles/why-smart-contracts-in-blockchain-needs-to-avoid-n (abgerufen 25.5.2020).

zeigt weiterhin, dass das Interface *ContractInterface* implementiert wird, welches von dem Hyperledger-Fabric-System bereitgestellt und vorgegeben wird. Durch solche bereitgestellten Interfaces und API-Methoden kann der Smart Contract umfassend agieren.

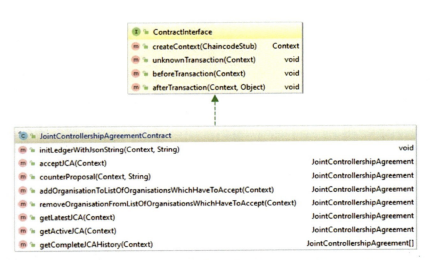

Abb 1: Klassendiagramm der JointControllershipAgreementContract-Klasse
Quelle: Eigene Darstellung

Weiterhin ist zu bemerken, dass ein Aufruf der Initialisierungsmethode sowie der *counterProposal*-Methode automatisch in einer Zustimmung der aufrufenden Organisation mündet. Dies ist damit zu begründen, dass ein Vorschlag eines JCA-Textes als verbindliches Angebot eingestuft wird und somit im Rahmen des JCA-Smart-Contract als Zustimmung der aufrufenden Organisation bewertet wird.

Da jede Änderung des Assets in einem neuen Eintrag in der Blockchain mündet, existiert zu einem JCA eine Menge an Versionen. Durch das System des Gegenvorschlags ist die neuste Version nicht immer gleichbedeutend mit dem von allen Organisationen akzeptierten JCA. Daher stellt die Contract-Klasse drei Methoden zur Verfügung, um ein JCA-Asset zu extrahieren. Die erste Methode (*getLatestJCA*) gibt die tatsächlich neuste Version des JCA an den Aufrufer zurück, unabhängig davon ob es sich um einen Vorschlag oder um einen akzeptierten JCA handelt. Die *getActiveJCA*-Methode gibt die JCA-Version zurück an den Aufrufer, die zuletzt von allen Organisationen akzeptiert wurde. Es handelt sich dabei um den zurzeit gültigen JCA. Um eine vollständige Übersicht über die Änderungshistorie des JCA zu erhalten, kann die *getCompleteJCAHistory*-Methode genutzt werden, welche die gesamte Versionshistorie aus der Blockchain lädt und an den Aufrufer zurückgibt.

4.2.2 Klassendiagramm der JointControllershipAgreement-Klasse

Die JointControllershipAgreement-Klasse besitzt lediglich die Attribute, die ein JointControllershipAgreement repräsentieren: Den eigentlichen Vertragstext (*jcaText*), eine Liste an Organisationen, die diesem Vertragstext zugestimmt haben (*organisationsWhichHaveAccepted*) sowie eine weitere Liste von Organisationen, die diesem Vertragstext zustimmen müssen (*organisationsWhichNeedToAccept*). Diese Klasse stellt somit das Asset dar, welches vom Smart Contract verwaltet wird. Der Vertragstext wird als Stringvariable (Text) gespeichert. Die zwei anderen Variablen sind jeweils vom Datentyp *List<String>*, was bedeutet, dass es sich um eine Liste mit Textelementen handelt. Konkret werden hier die Identifier der jeweiligen Organisation aus der Hyperledger-Fabric-Platform gespeichert.

Abb 2: Klassendiagramm der JointControllershipAgreement-Klasse
Quelle: Eigene Darstellung

Um eine exakte Trennung von Logik und Asset zu realisieren, besitzt die JointControllershipAgreement-Klasse lediglich *Getter-* und *Setter*-Methoden, welche aus Gründen der Übersichtlichkeit hier nicht angefügt sind.

4.3 Beispielhaftes Szenario zwischen zwei Organisationen

Um die Funktionsweise und das Zusammenspiel der einzelnen Methoden zu veranschaulichen, wird in diesem Abschnitt ein kurzes Szenario durchgespielt, welches das Aushandeln des JCA zwischen zwei Organisationen darstellt. Zunächst ist vorauszusetzen, dass beide Organisationen über einen channel vernetzt sind und über entsprechende Zertifikate verfügen. Hierfür ist weiterhin erforderlich ist, dass beide Organisationen jeweils mindestens einen peer-Knoten stellen, und mindestens eine Organisation einen orderer-Knoten stellt. Erstrebenswert wäre es, unter Gesichtspunkten der Dezentralität und der Ausfallsicherheit, wenn alle Beteiligten im channel einen orderer-Knoten stellen würden.

Angenommen, beide Organisationen sind bereits über einen channel vernetzt, so müssen beide Organisationen als nächsten Schritt den JCA-Smart-Contract auf ihren peer-Knoten installieren. Nun muss eine Organisation den Smart Contract instanziieren und somit den ersten Vorschlag für ein JCA unterbreiten, der als Asset auf der channel-spezifischen Blockchain gespeichert wird. In diesem Beispiel ist das die Aufgabe von Organisation 1. Im Unternehmensalltag sollte im Vorfeld zwischen den beteiligten Organisationen festgelegt werden, wer den Vorschlag unterbreitet. Es ist darauf hinzuweisen, dass kein Nachteil entsteht, wenn beide Organisationen versuchen würden, den Smart Contract zu initiieren. Es gilt das „first come, first serve"-Prinzip, sodass der erste Aufruf akzeptiert und verarbeitet wird, während die folgenden Aufrufe abgelehnt werden.

Mit der Instanziierung des Smart Contracts unterbreitet die Organisation 1 den ersten Vorschlag des JCA-Textes und akzeptiert diesen automatisiert. Mit der Instanziierung wird das JointControllershipAgreement-Asset – vollautomatisiert durch die Blockchain-Technologie – auf alle im channel befindlichen peers repliziert. Organisation 2 nutzt nun die *getLatestJCA*-Methode des JCA-Smart-Contracts, um die neuste Version des Assets zu extrahieren und zu begutachten. Es folgt ein Gegenvorschlag von Organisation 2, in dem die Methode *counterProposal* des Smart Contracts aufgerufen wird. Dieser Methode wird der neue Vertragstext übergeben. Intern verfährt der Smart Contract dabei wie folgt: Es wird die zurzeit aktuelle Version des JCA aus der Blockchain geladen. Daraufhin wird ein neues Asset erstellt und mit dem neuen JCA-Text sowie mit der Liste von Organisationen, die zustimmen müssen, befüllt. Diese wird aus dem "alten" JCA-Asset übernommen. Hervorzuheben ist, dass lediglich Organisation 2 in die Liste eingetragen wird, welche die Zustimmungen zum JCA verfolgt (*organisationsWhichHaveAccepted*). Die vorherige Zustimmung aus dem alten JCA wird nicht übernommen, da sonst der Smart Contract im Namen von Organisation 1 einem neuen Vertragsinhalt zustimmen würde und dies u.U. nicht in ihrem Sinne ist. Dieses neue Asset wird nun auf den Ledger geschrieben und somit eine neue Version des JCA geschaffen.

Organisation 1 kann nun ebenfalls über die *getLatestJCA*-Methode diese neue Version prüfen. Schließlich gibt Organisation 1 ihre Zustimmung zu der neuen Version, in dem die *acceptJCA*-Methode des Smart Contracts aufgerufen wird. Das Aushandeln ist somit abgeschlossen und ein JCA wurde geschlossen. Aus technischer Sicht steht es jeder beteiligten Organisation frei, den Vertragstext zu jedem beliebigen Zeitpunkt anzupassen oder weitere Organisationen hinzuzufügen, die dem JCA zustimmen müssen.

Zudem kann jederzeit über die entsprechende *getActiveJCA*-Methode das zurzeit aktive (also von allen akzeptierte) JCA abgerufen werden. Diese Funktion ist nicht nur für Organisationen bzw. Personen relevant, die erfahren möchten, ob ein von allen Organisationen akzeptierter JCA vorliegt, sondern auch für andere Smart Contracts. Solche könnten diese Funktionen des JCA-Smart-Contracts vor Beginn ihrer eigentlichen Datenverarbeitung aufrufen, um sicherzustellen, dass der Verarbeitung ein JCA zugrunde liegt und eine darauffolgende Verarbeitung durchgeführt werden kann. Somit kann ein System geschaffen werden, welches sich, bevor die eigentliche Verarbeitung von Daten beginnt, absichern kann. Falls das Ergebnis der Überprüfung negativ ausfallen sollte, d.h. falls es zurzeit kein JCA gibt, könnte die Verarbeitung unter Hinweis auf einen nicht vorhandenen JCA vorzeitig gestoppt bzw. unterbrochen werden. Dies ermöglicht eine zusätzliche Rechtssicherheit bei der Datenverarbeitung.

5 Ausblick

Smart Contracts fördern die fortschreitende Digitalisierung analoger Prozesse, indem sie eine grundsätzliche Eignung als Instrument für den Vertragsabschluss aufweisen. Anhand des spezifischen Beispiels des Abschlusses eines Smart-Contract-basierten JCA wurde ein System entwickelt und evaluiert, das die skizzierten rechtlichen Anforderungen technisch erfüllt. Dies zeigt, dass ein interdisziplinäres Zusammenspiel zwischen Rechtswissenschaftlern und Informatikern von Nöten ist, um einen rechtskonformen Smart Contract zu entwickeln.

Bedingt durch die prämissenbehaftete Betrachtungsweise bleibt es allerdings der weiteren Untersuchung durch Wissenschaft und Praxis vorbehalten, eine angepasste Übertragung und Fortentwicklung der Ergebnisse vorzunehmen. Überlegenswert scheint, wie weitere Rechtsgrundsätze auf das JCA (analog) übertragen und sodann technisch umgesetzt werden können. So könnten Transaktionen mit einem Zeitstempel und automatisierten Mechanismen versehen werden, um Annahmefristen i. S. d. § 148 BGB umzusetzen. Aus technischer Sicht bedarf der entwickelte Smart Contract weiterer Optimierung, so z.B. einer alternativen Speicherungsform des JCA Textes auf der Blockchain. Erstrebenswert wäre die weitere Evaluation, wie der JCA-Smart-Contract mit weiteren Smart Contracts verbunden werden kann, um ein System zu schaffen, das noch vor der eigentlichen Datenverarbeitung validiert, ob ein JCA zugrunde liegt.

Literatur

Balzert, Helmut: Lehrbuch der Softwaretechnik: Entwurf, Implementierung, Installation und Betrieb, 3. Aufl., Heidelberg 2011.

Berberich, Matthias: Smart Contracts in der AGB-Kontrolle?, in: Jürgen Taeger (Hrsg.), Die Macht der Daten und der Algorithmen, Edewecht 2019, S. 221-231.

Bertram, Ute: Smart Contracts – Praxisrelevante Fragen zu Vertragsabschluss, Leistungsstörungen und Auslegung, MDR 2018, S. 1416-1421.

Braegelmann, Tom/Kaulartz, Markus (Hrsg.): Rechtshandbuch Smart Contracts, München 2019.

Cornelius, Kai: Vertragsabschluss durch autonome elektronische Agenten, MMR 2002, S. 353-358.

Ehmann, Eugen/Selmayr, Martin (Hrsg.): Datenschutz-Grundverordnung (DS-GVO), Kommentar, 2. Aufl., München 2018.

Gierschmann, Sibylle: Gemeinsame Verantwortlichkeit in der Praxis – Systematische Vorgehensweise zur Bewertung und Festlegung, ZD 2020, S. 69-73.

Heckelmann, Martin: Zulässigkeit und Handhabung von Smart Contracts, NJW 2018, S. 504-510.

Immenga, Ulrich/Mestmäcker, Ernst-Joachim (Begr.): Wettbewerbsrecht – Bd. 1: Kommentar zum Europäischen Kartellrecht, 6. Aufl., München 2019.

Janicki, Thomas/Saive, David: Privacy by Design in Blockchain-Netzwerken, ZD 2019, S. 251-256.

Koul, Rohan: Blockchain Oriented Software Testing – Challenges and Approaches, in: Institute of Electrical and Electronics Engineers (Hrsg.), 3rd International Conference for Convergence in Technology – Proceedings, Pune (Indien) 2018, S. 144-149.

Lupu, Ruxandra: Zulässigkeit, Handhabung und rechtliche Grenzen bei der Gestaltung von Smart Contracts, in: Jürgen Taeger (Hrsg.), Die Macht der Daten und der Algorithmen, Edewecht 2019, S. 209-221.

Möslein, Florian: Smart Contracts im Zivil- und Handelsrecht, ZHR 183 (2019), S. 254-293.

Paal, Boris P./Pauly, Daniel A. (Hrsg.): Datenschutz-Grundverordnung/Bundesdatenschutzgesetz, Kommentar, 2. Aufl., München 2018.

Paulus, David/Matzke, Robin: Smart Contracts und das BGB – Viel Lärm um nichts?, ZfPW 2018, S. 431-465.

Precht, Hauke/Saive, David: Compliant Programming – Juristen in der agilen Softwareentwicklung, in: Jürgen Taeger (Hrsg.), Die Macht der Daten und der Algorithmen, Edewecht 2019, S. 581-595.

Rüpke, Giselher/v. Lewinski, Kai/Eckhardt, Jens: Datenschutzrecht: Grundlagen und europarechtliche Neugestaltung, München 2018.

Söbbing, Thomas: Smart Contracts und Blockchain-Technologie: Definition, Arbeitsweise, Rechtsfragen, ITRB 2018, S. 43-46.

Specht, Louisa/Herold, Sophie: Roboter als Vertragspartner? Gedanken zur Vertragsabschlüssen unter Einbeziehung automatisiert und autonom agierender Systeme, MMR 2018, S. 40-44.

Specht-Riemenschneider, Louisa/Schneider, Ruben: Die gemeinsame Verantwortlichkeit im Datenschutzrecht – Rechtsfragen des Art. 26 DS-GVO am Beispiel „Facebook-Fanpages", MMR 2019, S. 503-509.

Spindler, Gerald/Schuster, Fabian (Hrsg.): Recht der elektronischen Medien, Kommentar, 4. Aufl, München 2019.

Sydow, Gernot (Hrsg.): Europäische Datenschutzgrundverordnung, Kommentar, 2. Aufl., Baden-Baden 2018.

Taeger, Jürgen: Die Entwicklung des IT-Rechts im Jahr 2016, NJW 2016, S. 3764-3770.

Taeger, Jürgen/Gabel, Detlev (Hrsg.): Datenschutzgrundverordnung Bundesdatenschutzgesetz (DSGVO BDSG), Kommentar, 3. Aufl., Frankfurt/M. 2019.

Wolff, Heinrich Amadeus/Brink, Stefan (Hrsg.): BeckOK Datenschutzrecht, Kommentar, 31. Ed., Stand: Februar 2020.

KRYPTO-TOKEN: LUKRATIVE FINANZIERUNG ODER JURISTISCHE FALLE FÜR UNTERNEHMEN?

Ruxandra Lupu

Witzel Erb Backu & Partner Rechtsanwälte mbB
lupu@web-partner.de

Zusammenfassung

Viele Unternehmen sind bestrebt, finanzielle Mittel für die Realisierung ihrer Geschäftsideen einzuwerben. Eine in den letzten Jahren immer mehr an Bedeutung gewinnende Finanzierungsmöglichkeit ist die Emission von Blockchain-basierten Token (sog. Krypto-Token). Vorbereitung und Durchführung eines solchen Vorhabens sind jedoch aufgrund der wenig ausgeprägten Regulierung[1] durch den deutschen Gesetzgeber mit vielen Unsicherheiten und Fragestellungen verbunden. Neben der kapitalmarktrechtlichen Einordnung des Vorhabens und den sich hieraus ergebenden aufsichtsrechtlichen Pflichten sehen sich Unternehmen mit zahlreichen zivilrechtlichen und steuerrechtlichen Herausforderungen konfrontiert, die eine sorgfältige Abwägung erfordern.

Der Beitrag befasst sich mit den unterschiedlichen Kategorien von Krypto-Token und deren aufsichtsrechtlicher Relevanz. Dabei liegt der Fokus auf denjenigen Vorhaben, die aufgrund des gewählten Modells einer Aufsichtspflicht nicht unterliegen und somit unter erleichterten Vorgaben umgesetzt werden können.

1 Definition und Arten von Krypto-Token

1.1 Krypto-Token als Begriff

Die Bundesanstalt für Finanzdienstleistungsaufsicht (BaFin) definiert Krypto-Token als eine digitalisierte, auf einer Blockchain dezentral gespeicherte Abbildung von Vermögenswerten.[2] Krypto-Token werden somit eine bestimmte Funktion bzw. bestimmte Werte zugesprochen, die wiederum unterschiedliche Eigenschaften, Funktionalitäten oder Rechte abbilden. Diese Werte können – je nach Ausgestaltung des Vorhabens, welches sich Krypto-Token bedient – den Krypto-Token selbst innewohnen oder ihnen von den am Vorhaben beteiligten Akteuren zugesprochen werden.

Um der Komplexität des Begriffs gerecht zu werden, bietet es sich an, zwischen der technischen und der zivilrechtlichen Ebene zu unterscheiden.

---

[1] *Chatard/Mann*, NGZ 2019, S. 567.

[2] *BaFin*, Zweites Hinweisschreiben zu Prospekt und Erlaubnispflichten im Zusammenhang mit der Ausgabe sog. Krypto-Token, https://www.bafin.de/SharedDocs/Downloads/DE/Merkblatt/WA/dl_wa_merkblatt_ICOs.html, abgerufen am 18.6.2020.

Technisch betrachtet repräsentieren Krypto-Token einen Eintrag in die Blockchain, einer dezentralen, transparenten und grundsätzlich unveränderlichen Datenbankstruktur.[3] Auf die Blockchain können autonome Programme, sog. „Smart Contracts", aufgesetzt werden.[4] Anders als die Bezeichnung vermuten lässt, handelt es sich bei Smart Contracts nicht um eine Reihe von Verträgen im rechtlichen Sinn. Tatsächlich beschreibt der Begriff die technische Möglichkeit, vorher festgelegte Maßnahmen zu vollziehen, sofern bestimmte Bedingungen eingetreten sind.[5] Anders ausgedrückt ist ein Smart Contract eine Software, die Rechtsbeziehungen nach bestimmten Vorgaben automatisiert ausführt.[6] So kann ein Smart Contract programmiert werden, um Krypto-Token zu generieren und diese den jeweiligen Erwerbern automatisch zuzuteilen.[7] Die diesen Vorgängen zugrundeliegenden Willenserklärungen werden durch Signierung mit einem privaten Schlüssel („private key") in die Blockchain eingeführt. Ein öffentlicher Schlüssel („public key"), welcher kryptografisch mit dem privaten Schlüssel übereinstimmt, erlaubt den anderen Transaktionspartnern die Dekodierung der Willenserklärung und die Überprüfung ihrer Authentizität.[8]

Auf zivilrechtlicher Ebene verkörpert der Krypto-Token ein schuldrechtliches Rechte- und Pflichtenverhältnis. Grundsätzlich können alle verkehrsfähigen dinglichen und persönlichen Rechte, die keinen besonderen Formerfordernissen unterliegen, durch ein Krypto-Token abgebildet werden. Die Gegenleistung erfolgt üblicherweise durch Zahlung eines festgelegten Betrags in einer anderen Kryptowährung oder in einer staatlichen Währung.[9]

---

[3] Die BaFin definiert Blockchain als: "fälschungssichere, verteilte Datenstrukturen, in denen Transaktionen in der Zeitfolge protokolliert, nachvollziehbar, unveränderlich und ohne zentrale Instanz abgebildet sind. Mit der Blockchain-Technologie lassen sich Eigentumsverhältnisse direkter und effizienter als bislang sichern und regeln, da eine lückenlose und unveränderliche Datenaufzeichnung hierfür die Grundlage schafft", https://www.bafin.de/DE/Aufsicht/FinTech/Blockchain/blockchain_node.html, abgerufen am 18.6.2020.

[4] *Funk/Greitmann*, BANDQuartal, Ausgabe 3-4/2018, S. 8.

[5] *Heckelmann*, NJW 2018, S. 504.

[6] *Paulus/Matzke*, ZfPW 2018, S. 431 (434).

[7] *Behme/Zickgraf*, ZfPW 2019, S. 66 (68).

[8] *Martini/Weinzierl*, NVwZ 2017, S. 1251 (1252).

[9] *Funk/Greitmann*, BANDQuartal Ausgabe 3-4/2018, S. 8.

1.2 Kategorien von Krypto-Token

In der Literatur[10] und bei den Aufsichtsbehörden[11] hat sich eine Kategorisierung der Token in Investment-, Payment- und Utilitytoken etabliert. Aufgrund der schnellen Entwicklung und der Diversität der Vorhaben, die Krypto-Token einsetzen, ist die Terminologie noch nicht gefestigt. Auch lässt die Zuordnung eines Krypto-Tokens zu einer Kategorie noch keine eindeutigen Rückschlüsse auf die rechtliche Einordnung des Vorhabens zu. Diese kann erst nach einer Einzelfallbetrachtung erfolgen.[12]

1.2.1 Payment-Token

Payment-Token sind ein privatrechtlich erschaffenes Zahlungsmittel (sog. Kryptowährung) und werden für den Erwerb von Waren oder Dienstleistungen eingesetzt. Ob sie nur auf einer bestimmten Plattform „gültig" sind oder auch anderweitig eingesetzt werden können, hängt von deren Verbreitung und Akzeptanz durch die User der Blockchain ab. Zu den bekanntesten Beispielen von Payment-Token gehören die Kryptowährungen Bitcoin und Ripple.

Diese Kategorie von Token weist regelmäßig keinen intrinsischen Wert auf und verkörpert auch keinerlei zusätzlichen Rechte.[13] Ihre Kauf- bzw. Tauschkraft beruht auf der Erwartung ihrer zukünftigen Verwendbarkeit als Zahlungsmittel.

1.2.2 Investment-Token

Investment-Token sind dadurch gekennzeichnet, dass sie ihrem Erwerber einen Anspruch auf künftige Zahlung(en) gewähren. Sie haben eine ausgeprägte Investitionskomponente und können ihren Erwerbern mitgliedschaftliche Rechte oder schuldrechtliche Ansprüche vermögenswerten Inhalts vermitteln. Sie sind daher vergleichbar mit Aktien oder Schuldtiteln.[14]

---

[10] *Hacker/Thomale*, ECFR 2018, S. 645 (652 f.); *Zickgraf*, AG 2018, S. 293 (295 f.) m. w. N.

[11] FINMA, Wegleitung für Unterstellungsanfragen betreffend Initial Coin Offerings, https://www.finma.ch/de/news/2018/02/20180216-mm-ico-wegleitung/; BaFin, Perspektiven, Digitalisierung: Folgen für Finanzmarkt, Aufsicht und Regulierung-Teil I, 1.8.2018, https://www.bafin.de/DE/PublikationenDaten/BaFinPerspektiven/AlleAusgaben/BaFinPerspektiven_alle_node.html, abgerufen am 18.6.2020.

[12] *Borkert*, ITRB 2018, S. 39 (42).

[13] *Krüger/Lampert*, BB 2018, S. 1154.

[14] BaFin, Perspektiven, Digitalisierung: Blockchain-Technologie-Gedanken zur Regulierung, 1.8.2018, https://www.bafin.de/DE/PublikationenDaten/BaFinPerspektiven/AlleAusgaben/BaFinPerspektiven_alle_node.html, abgerufen am 20.6.2020.

1.2.3 Utility-Token

Utility-Token, auch Nutzungstoken genannt, gewähren ihrem Erwerber einen Anspruch auf eine Ware oder Dienstleistung. Dieses Leistungsversprechen der Einlösbarkeit des Tokens kann sich sowohl gegen den Emittenten des Tokens als auch gegen einen Dritten richten. Im Unterschied zum Payment-Token können Utility-Token nur im Netzwerk des Emittenten genutzt werden.[15] Die rechtlichen Ausgestaltungen sind aufgrund der Vielseitigkeit der mittels Utility-Token abbildbaren Leistungen regelmäßig sehr komplex.

2 Aufsichtsrechtliche Einordnung von Krypto-Token

Zu den wichtigsten und gleichzeitig schwierigsten Herausforderungen im Zusammenhang mit Krypto-Token gehört die Frage nach deren aufsichtsrechtlicher Relevanz und der hiermit verbundenen Prospekt- und Erlaubnispflichten. Dabei spielt für die Einstufung eines Krypto-Tokens als erlaubnispflichtiges Finanzinstrument die verwendete Technologie bestenfalls eine untergeordnete Rolle (die BaFin verfolgt einen technologieneutralen Ansatz).[16] Vielmehr kommt es auf die konkrete Ausgestaltung des Vorhabens und der hiermit verfolgten Ziele an.

2.1 Wertpapierprospektpflicht

Beabsichtigt der Emittent von Krypto-Token, den Erwerbern mitgliedschaftliche Rechte an seinem Unternehmen oder schuldrechtliche Ansprüche vermögenswerten Inhalts zu gewähren, ist das Vorhaben mit dem öffentlichen Angebot eines Wertpapiers vergleichbar. Die Zulassung von Wertpapieren zum regulierten Markt ist jedoch mit einer strengen Prospektpflicht, welche sich nach den Vorgaben der ProspektVO[17] richtet, verbunden. Um den Anlegern die Möglichkeit zu gewähren, das Angebot zutreffend einzuschätzen und eine informierte Investitionsentscheidung zu treffen, ist vor dem Inverkehrbringen der Wertpapiere ein Prospekt mit allen wesentlichen Angaben zum Emittenten und den angebotenen Wertpapieren zu veröffentlichen.

Insbesondere im Zusammenhang mit Investment-Token spielt die Wertpapierprospektpflicht eine wichtige Rolle. Die ausgeprägte Investitionskomponente sowie die Vermittlung von mitgliedschaftlichen Rechten oder

---

[15] Ebenda.

[16] *BaFin*, Zweites Hinweisschreiben zu Prospekt- und Erlaubnispflichten im Zusammenhang mit der Ausgabe sogenannter Krypto-Token, https://www.bafin.de/Shared Docs/Downloads/DE/Merkblatt/WA/dl_wa_merkblatt_ICOs.html, abgerufen am 20.6. 2020.

[17] Der Inhalt und die Aufmachung werden durch die europäischen Delegierten Verordnungen (EU) 2019/979 und (EU) bestimmt.

von Vermögensrechten begründen eine Wertpapierähnlichkeit dieser Art von Krypto-Token.[18] Die Aufsichtsbehörden stufen Investment-Token daher als Wertpapiere i. S. d. ProspektVO, des WpPG und des WpHG ein, mit der Folge, dass die gleichen Anforderungen, wie bei Angebot eines „regulären" Wertpapiers zu erfüllen sind.[19]

Anders verhält es sich im Fall von Payment-Token, die eine reine Zahlungsmittelfunktion erfüllen. Die Erwerber dieser Art von Krypto-Token können weder mitgliedschaftliche Rechte noch Vermögensrechte gegenüber dem Emittenten geltend machen. Eine Vergleichbarkeit mit Wertpapieren kommt aus diesem Grund nicht in Betracht.

Auch Utility-Token stellen grundsätzlich keine Wertpapiere i. S. d. WpPG dar, da sie – ähnlich wie die Payment-Token – keine mitgliedschaftlichen Rechte oder Vermögensrechte gegenüber dem Emittenten begründen. Ihre Funktion erschöpft sich darin, den Zugriff auf bestimmte Dienstleistungen oder Produkte zu erlauben, ähnlich einer Eintrittskarte oder einem Gutschein.

2.2 Prospektpflicht nach VermAnlG

Sofern wertpapierprospektrechtliche Vorschriften nicht einschlägig sind, können Krypto-Token, abhängig von den mit ihnen verbundenen Rechten, subsidiär Vermögensanlagen i.S.v. § 1 Abs. 2 VermAnlG darstellen. Auch Vermögensanlagen dürfen nicht ohne einen Prospekt[20] öffentlich angeboten werden.

Von den drei Kategorien von Krypto-Token eignen sich Investment-Token am besten, um Vermögensanlagen abzubilden. Ihr Erwerb kann beispielsweise ein mittelbares Recht auf den Bezug weiterer Token oder Gewinnbeteiligungsrechte an künftigen Erlösen eines zu finanzierenden Projektes oder Gesellschaftsanteilen beinhalten.[21]

Eine Vermögensanlage ist auch dann vorhanden, wenn der zu zahlende Gegenwert für Investment-Token wie ein Fremdkapitalinstrument funktioniert, weil der Erwerber des Tokens dem Emittenten quasi ein Nachrangdarlehen gewährt.

---

[18] *Aschenbeck*, BANDQuartal Ausgabe 3-4/2018, S. 13.

[19] *BaFin*, Zweites Hinweisschreiben zu Prospekt- und Erlaubnispflichten im Zusammenhang mit der Ausgabe sogenannter Krypto-Token, https://www.bafin.de/Shared Docs/Downloads/DE/Merkblatt/WA/dl_wa_merkblatt_ICOs.html, abgerufen am 20.6. 2020.

[20] Inhalt und Aufbau ist in der Vermögensanlagen-Verkaufsprospektverordnung (VermVerkProspV) geregelt.

[21] *Aschenbeck*, BANDQuartal Ausgabe 3-4/2018, S. 14.

Die Voraussetzungen einer Vermögensanlage dürften jedoch im Fall von Payment und Utility-Token regelmäßig nicht erfüllt sein. Der für den Erwerb dieser Kategorien von Krypto-Token gezahlte Gegenwert ist nicht mit einem Rückzahlungsanspruch des Emittenten (Nachrangdarlehensnehmer) gegenüber dem Erwerber (Nachrangdarlehensgeber) verbunden. Dies ist dadurch bedingt, dass Payment- und Utility-Token nur Ansprüche auf Sach- oder Dienstleistungen gewähren.[22]

2.3 Erlaubnispflichten nach KWG

Eine Erlaubnispflicht nach KWG kommt dann in Betracht, wenn Krypto-Token Finanzinstrumente i.S.v. § 1 Abs. 11 KWG darstellen. Dies ist dann der Fall, wenn die Emission von Krypto-Token die Voraussetzungen für die Einstufung als Wertpapier, Vermögensanlage oder Rechnungseinheiten erfüllt.[23] Investment-Token werden aufgrund ihrer Eigenschaften als Wertpapiere bzw. Vermögensanlagen eingestuft (s.o.), sodass von einer Erlaubnispflicht nach § 32 KWG auszugehen ist.

Auch hinsichtlich von Payment-Token besteht eine Erlaubnispflicht nach § 32 KWG. Dies ist durch ihre Qualifizierung als Rechnungseinheiten i.S. v. § 1 Abs. 11 Satz 1 Nr. 7 KWG. seitens der BaFin begründet.[24] In Abwesenheit einer Legaldefinition für den Begriff "Rechnungseinheit", kann dessen Bedeutung nur durch einen Vergleich mit dem anderen in § 1 Abs. 11 Satz 1 Nr. 7 KWG erwähnten Finanzinstrument – Devisen – ermittelt werden. Eine Vergleichbarkeit der Rechnungseinheiten mit Devisen beruht auf deren Akzeptanz als Zahlungsmittel am Markt.[25]

Gerade diese Voraussetzung wird von Utility-Token, die nur im Netzwerk des Emittenten genutzt werden können, nicht erfüllt. Eine Erlaubnispflicht nach KWG scheidet für diese Kategorie von Token daher aus.

3 Utility-Token als schnelle Finanzierungsmöglichkeit?

Utility-Token – eine Art digitaler Gutschein für Waren oder Dienstleistungen – unterliegen grundsätzlich keiner kapitalmarktrechtlichen Regulierung.[26] Vorhaben, die sich dieser Kategorie von Token bedienen, können daher relativ schnell und einfach umgesetzt werden, was ihre Attraktivität

---

[22] Ebenda.

[23] Ebenda.

[24] *BaFin*, Bitcoins: Aufsichtliche Bewertung und Risiken für Nutzer, vom 19.3.2013.

[25] *Jünemann/Wirtz*, Zeitschrift für das gesamte Kreditwesen, 21/23-2018, S. 6.

[26] BaFin, Initial Coin Offerings: Hinweisschreiben zur Einordnung als Finanzinstrumente, https://www.bafin.de/SharedDocs/Downloads/DE/Merkblatt/WA/dl_hinweisschreiben _einordnung_ICOs.html, abgerufen am 25.6.2020.

für Unternehmen, die auf der Suche nach einer unkomplizierten, lukrativen Finanzierungsmöglichkeit sind, steigert.

Allein die Verwendung des Terminus „Utility-Token" in den Werbematerialien bzw. in der Beschreibung des Vorhabens kann jedoch kein Freischein sein für eine Umgehung von aufsichtsrechtlichen Vorgaben. Die konkrete Ausgestaltung und die hiermit verfolgten wirtschaftlichen Ziele sind entscheidend für die regulatorische Einordnung des Vorhabens. Sollten die emittierten Utility-Token „durch die Hintertür" eine ausgeprägte Investitionskomponente aufweisen[27] und mit hohen Risiken für die Anleger verbunden sein, können sie aufsichtsrechtlich relevant werden. Eine Nichteinhaltung der in so einem Fall gebotenen regulatorischen Vorgaben kann hohe Geldstrafen nach sich ziehen.

3.1 Utility Token und Gewinnerwartung

Erwerber investieren in Utility-Token, um diese später gegen Waren oder Dienstleistungen einlösen zu können. Dabei zielen mit dem Erwerb verbundene Gewinnerwartungen auf einen Zweitmarkt, nicht aber auf den Utility-Token selbst, der gerade keine Renditeansprüche gegen den Emittenten begründet.28

Gerade Vorhaben, die explizit mit Gewinnen auf den Zweitmarkt werben und bei denen die Gewinnerwartung der Erwerber der tragende Grund für den Kauf der Utility-Token ist, bewegen sich auf dünnem Eis.[29] Wird die Einlösung der durch Token verkörperten Gutscheine von den (Erst)Erwerbern gar nicht beabsichtigt und sind die Token auf dem Zweitmarkt ohne Restriktionen veräußerbar, kann von einem ausgeprägten spekulativen Charakter ausgegangen werden.

In der Literatur wird daher teilweise der Standpunkt vertreten, dass Utility-Token in einer derartigen Konstellation der Wertpapierregulierung unterfallen sollten. Hierfür spricht, dass die Vergleichbarkeit mit einem regulären Gutschein dann nicht vorhanden ist, wenn es auf die Leistung gar

---

[27] *Zickgraf*, AG 2018, S. 293 (305).

[28] Blockchain Bundesverband, Statement on Token Regulation with focus on token sales, S 11, https://bundesblock.de/wp-content/uploads/2019/01/180209_Statement-Token-Regulation_blockchain-bundesverband.pdf, abgerufen am 25.6.2020.

[29] *Jünemann/Wirtz*, Zeitschrift für das gesamte Kreditwesen, 21/23-2018, S. 8.

nicht ankommt, und der Token nur eine Gewinnerzielungsmöglichkeit dar-stellt, die entsprechend beworben wird.[30]

Dem lässt sich entgegenhalten, dass der Utility-Token dennoch keine Geldforderung gegen den Emittenten begründet und auch keine Mitglied-schaftsrechte gewährt. Der zu erwartende Gewinn stammt nicht vom Emit-tenten. Anders als beim Wertpapier kommt es hier nicht auf die Bonität des Emittenten an, sondern auf seine Fähigkeit, die im Gutschein abgebil-dete Leistung zu erbringen.[31]

Da die rechtliche Beurteilung dieser Konstellation umstritten ist, sind Unternehmen gut beraten, bei der Emission von Utility-Token die explizite Bewerbung der zu erzielenden Gewinne auf dem Zweitmarkt nach Mög-lichkeit zu unterlassen.

3.2 Utility Token für noch zu entwickelnde Güter

Noch schwieriger ist die rechtliche Einordnung solcher Utility-Token, die das Recht zum Konsum eines Guts einräumen, welches noch nicht entwi-ckelt worden ist. Der Verkauf der Utility-Token dient in diesem Fall der Finanzierung des noch umzusetzenden Vorhabens. Die Erwerber bzw. die Anleger zahlen einen geringeren Preis für den Token als der künftige Wert des in ihm verkörperten Guts, tragen aber im Gegenzug das Risiko des To-talausfalls, sofern die Entwicklung des Produkts, aus welchen Gründen auch immer, scheitert.

Für die Annahme einer Wertpapierähnlichkeit dieser Art von Token spricht, dass das Unternehmen seine Güter vorzeitig unter Wert veräußert und somit seinen etwaigen künftigen Gewinn, der auf die erfolgreiche Ent-wicklung beruht, mit den Erwerbern der Token teilen muss.[32] Auch sind die Anleger aufgrund von Informationsasymmetrien hinsichtlich der Art, Qualität und Realisierbarkeit des zu entwickelnden Produkts häufig nicht in der Lage, eine informierte Investitionsentscheidung zu treffen. Zu ihrem Schutz wäre die Verpflichtung der Unternehmen, ein Prospekt i. S. d. Pros-pektVO (s.o. unter 2.1) vorab zu veröffentlichen, durchaus sinnvoll.

Dem lässt sich freilich entgegenhalten, dass die Erwerber bei dem Kauf dieser Utility-Token ein unternehmerisches Risiko tragen, gerade weil sie

---

[30] *Hacker/Thomale*, ECFR 2018, S. 645, https://poseidon01.ssrn.com/delivery. php?ID=2770 88114073097114069117090066105102029075010065021082108068005081086083118 00307509312306103700205810411500309210511412209911604704202105102911711 20152220280020860730550600311061100700190011260920780710850690000731240 16126092024110086019098087099083090&EXT=pdf, dort auf S. 34, abgerufen am 25.6. 2020.

[31] *Jünemann/Wirtz*, Zeitschrift für das gesamte Kreditwesen, 21/23-2018, S. 8.

[32] *Behme/Zickgraf*, ZfPW 2019, S. 66 (75).

einen Anspruch erwerben, dessen Wert deutlich über dem gezahlten Kaufpreis liegen kann. Dieser Anspruch begründet auch ein Recht auf das zu entwickelnde Gut, ohne mitgliedschaftliche Rechte an dem emittierenden Unternehmen zu gewähren.[33]

Aufgrund der mit dieser Art von Utility-Token verbundenen rechtlichen Unsicherheiten ist eine gründliche und transparente Dokumentation unerlässlich. Eine Anfrage bei der BAFin zu der aufsichtsrechtlichen Einordnung des Vorhabens wäre ebenfalls zu empfehlen.

4 Rechtliche Herausforderungen bei der Emission von Utility-Token

Auch wenn die Emission von Utility-Token regelmäßig nicht aufsichtsrechtlich relevant sein dürfte, stellt ihre zivilrechtliche Ausgestaltung den Emittenten vor zahlreichen Herausforderungen. Zu den wichtigsten Problemkreisen gehören die Vereinbarkeit des Vorhabens mit den strengen Vorgaben des BGB, die Besonderheiten beim Verkauf an internationale Erwerber sowie die steuerrechtlichen Implikationen bei der zeitversetzten Emission und Einlösung von Utility-Token.

4.1 Spannungsverhältnisse zwischen der verwendeten Technologie und dem BGB

4.1.1 Unwirksamkeitsgründe

Die Vereinbarkeit von Utility-Token, die aufgrund von Blockchain basierenden Smart Contracts generiert werden, mit Regelungen aus dem allgemeinen Teil des BGB kann sich als durchaus problematisch erweisen. Die Technologie der Blockchain ist darauf ausgerichtet, eine unveränderliche Kette von Transaktionen abzubilden und nachträgliche Korrekturen nicht zuzulassen.

Die Regelungen des BGB gehen jedoch in Bezug auf Transaktionen gerade nicht von deren Unveränderlichkeit aus. So können Verträge, die den Erwerb von Utility-Token zum Gegenstand haben z.B. aufgrund gesetzlicher Verbote, wegen Sittenwidrigkeit oder infolge einer Anfechtung, ex tunc nichtig sein. Eine entsprechende Überprüfung innerhalb der Blockchain ist nach aktuellem Stand der Technik nicht möglich, da sie nicht nur einen Datenabgleich voraussetzt, sondern auch eine fundierte juristische Prüfung.[34]

---

[33] *Jünemann/Wirtz*, Zeitschrift für das gesamte Kreditwesen, 21/23-2018, S. 8.

[34] *Schrey/Thalhofer*, NJW 2017, S. 1431 (1436).

4.1.2 Rücktritt

Der Rücktritt vom Vertrag führt zur Rückabwicklung des Schuldverhältnisses,[35] wodurch bereits in der Blockchain gespeicherte Token-Transaktionen rückgängig gemacht werden sollten. Auch in dieser Konstellation stellt die Unveränderbarkeit der Blockchain eine Herausforderung dar.

Ein möglicher Lösungsansatz ist die Einführung von fiktiven Transaktionen (sog. „reverse transactions"), die gegenläufige Transaktionen im Umfang der Beeinträchtigung der Kette in die Blockchain einspeisen, bis der ursprüngliche Fehler behoben ist.[36] Zwar wird hierdurch die Transaktionshistorie „verfälscht", weil Transaktionen in der Blockchain abgebildet werden, die es gar nicht gegeben hat. In Anbetracht der Tatsache, dass die korrekte Darstellung der Rechtsverhältnisse innerhalb der Smart Contracts für die Vertragsparteien gegenüber der Verlässlichkeit und Transparenz des Systems überwiegt, ist davon auszugehen, dass der Einsatz von reverse transactions sich der Zustimmung der Vertragsparteien erfreuen wird.[37]

Denkbar wäre auch die Rückabwicklung der Schuldverhältnisse bereits bei der Programmierung der Smart Contracts zu berücksichtigen. So könnte ein Smart Contract Einzahlungen für den Erwerb von Utility-Token bestätigen und diese bis zum Verstreichen einer Widerrufsfrist einbehalten oder in vorab definierten Fällen die Rückzahlung automatisch veranlassen.[38] Die Einrichtung einer programmierten Schiedsstelle, deren Einsatz zur Streitbeilegung für bestimmte vorab definierte Konstellationen führt, kann die Praxistauglichkeit von Smart Contracts erhöhen und gleichzeitig hiermit verbundene Kosten und Zeitaufwände senken und Zeit sparen.[39]

4.1.3 AGB-Recht

Eine weitere rechtliche Herausforderung besteht darin, die Besonderheiten der Smart Contracts an die strengen Vorgaben des deutschen AGB-Rechts anzupassen. Besonders hervorzuheben ist dabei, dass die automatische Durchführung von Ansprüchen ohne Berücksichtigung etwaiger Einreden und Einwendungen des Vertragspartners nicht mit dem Gedanken des § 309 Nr. 2 BGB oder § 307 Abs. 1 und 2 vereinbar ist.[40]

Erachtet man Smart Contracts jedoch „nur" als Technik, die ausschließlich zur Vertragsdurchführung eingesetzt wird, kann eine Einstufung als

---

[35] *Gaier*, MüKoBGB, § 346 BGB Rn. 1.

[36] *Wirth*, CCZ 2018, S. 139 (141).

[37] *Schrey/Thalhofer*, NJW 2017, S. 1431 (1436).

[38] *Schawe*, MMR 2019, S. 221.

[39] *Weber*, EuCML 2017, S. 207 (210).

[40] *Schrey/Thalhofer*, NJW 2017, S. 1431 (1436).

Vertragsbedingungen auch nicht erfolgen. Dies hätte zur Konsequenz, dass die Nutzung eines Smart Contracts zwar Gegenstand einer AGB, nicht jedoch eine AGB selbst sein könnte,[41] wodurch sich auch die Frage nach der Berücksichtigung von Einwendungen oder Einreden bei automatischer Durchführung von Ansprüchen erübrigt.

4.2 Veräußerung an internationale Erwerber

Richtet sich das Angebot des Emittenten von Krypto-Token an internationale Erwerber, sind vorab zwingend die im jeweiligen Land geltenden regulatorischen Vorgaben zu analysieren.[42] Eine nur oberflächliche Prüfung bzw. die zu schnelle Umsetzung des Vorhabens kann weitreichende Konsequenzen nach sich ziehen, insbesondere wenn Erwerber aus Ländern, die eine strenge Haltung gegenüber Krypto-Token haben,[43] angesprochen werden.

Sollte der Erwerb von Krypto-Token auch durch Verbraucher möglich sein, ist im Zusammenhang mit einer etwaigen Rechtswahlklausel der Art. 6 Abs. 2 Rom-I-VO zu beachten. Dieser sieht vor, dass zwingende verbraucherschützende Vorschriften, die im Aufenthaltsstaat des Verbrauchers gelten, unberührt bleiben, sofern sie für den Verbraucher vorteilhafter sind.

4.3 Umsatzsteuerrechtliche Einordnung von Utility-Token

Utility-Token sind, wie bereits erwähnt, grundsätzlich als Gutscheine einzustufen und werden steuerrechtlich auch als solche behandelt.[44]

Gutscheine werden gem. Art. 30a Nr. 1 MwStSystRL als Instrument definiert, bei dem die Verpflichtung besteht, es als Gegenleistung oder Teil einer solchen für eine Lieferung von Gegenständen oder eine Erbringung von Dienstleistungen anzunehmen und bei dem die zu liefernden Gegenstände oder zu erbringende Dienstleistungen entweder auf dem Instrument selbst oder in damit zusammenhängenden Unterlagen, einschließlich der Bedingungen für die Nutzung des Instruments, angegeben sind.

Eine steuerrechtliche Unterkategorie von Gutscheinen sind solche, bei dem der Ort der Lieferung der Gegenstände oder der Erbringung von Dienstleistungen sowie die hierfür geschuldete Umsatzsteuer zum Zeitpunkt ihrer Ausstellung noch nicht feststehen. Diese sog. Mehrzweckgut-

---

[41] *Paulus/Matzke*, ZfPW 2018, S. 431 (460).

[42] *Krüger/Lampert*, BB 2018, S. 1158.

[43] Südkorea und die USA haben z. B eine kritische Haltung gegenüber ICOs.

[44] *Dietsch*, MwStR 2018, S. 546 (549).

scheine werden dadurch gekennzeichnet, dass ihr Erwerb nicht umsatzsteuerbar ist und nur der spätere Eintausch gegen Waren oder Dienstleistungen der Umsatzsteuer unterliegt, Art. 30b Abs. 2 MwStSystRL.

Utility-Token erfüllen die obigen Voraussetzungen, da im Zeitpunkt ihres Erwerbs noch unklar ist, wann und gegen welche konkrete Ware oder Dienstleistungen sie eingetauscht werden. Sie sind daher als Mehrzweckgutscheine einzustufen, mit der Folge, dass erst bei der tatsächlichen Übergabe der Ware oder der Erbringung der Dienstleistungen die Umsatzsteuer fällig wird.[45]

Doch wie verhält es sich mit Utility-Token, die sich auf Güter beziehen, welche erst vom Unternehmen entwickelt werden müssen? Da bei einem Mehrzweckgutschein die Art der Leistung zwingend konkretisiert werden muss, wäre eine Besteuerung bereits beim Erwerb des Utility-Tokens in den Fällen denkbar, in denen die Produktentwicklung erst durch die von den Erwerbern gezahlten Summen möglich wird. Dem lässt sich jedoch entgegenhalten, dass das Telos der MwStSystRL in der Verhinderung von Wettbewerbsverzerrungen und Doppelbesteuerung bei der Verwendung von Gutscheinen im Binnenmarkt besteht.[46] Da das normale Insolvenzrisiko eines Unternehmens mit dem (möglichen) Scheitern der Entwicklung des zugesagten Produkts vergleichbar ist, sprechen die besseren Argumente für die einheitliche umsatzsteuerrechtliche Behandlung von Utility-Token, unabhängig vom Entwicklungsstadium des Produktes.

5   Fazit und Ausblick

Wie jedes neue Geschäftsmodell, welches sich einer noch nicht allgemein bekannten Technologie bedient, ist die Emission von Krypto-Token mit zahlreichen Chancen und Risiken verbunden.

Sie stellt einen neuen, zukunftsträchtigen Weg für Unternehmen dar, ihre Produkte rasch, transparent und unkompliziert einem größeren, internationaleren Kundenkreis zu unterbreiten. Auch erleichtert sie die Unternehmensfinanzierung und spielt daher eine wichtige Rolle bei der Verwirklichung neuer Geschäftsideen. Gleichzeitig stellt der Einsatz von Krypto-Token Unternehmen vor zahlreichen Herausforderungen und kann im Einzelfall nur unter Einhaltung von strengen regulatorischen Vorgaben verwirklicht werden.

Für die richtige Einordnung und den rechtskonformen Einsatz von Krypto-Token ist es daher unumgänglich, die Ausgestaltung der hierdurch

---

[45] Ebenda.

[46] Ebenda.

auf den Erwerber übertragenen Rechte aus privat- und steuerrechtlicher Sicht sorgfältig zu prüfen.

Literatur

Aschenbeck, Tanja: BANDQuartal, Ausgabe 3-4/2018, S. 11-15.

Behme, Caspar/Zickgraf, Peter: Zivil- und gesellschaftsrechtliche Aspekte von Initial Coin Offerings (ICOs), ZfPW 2019, S. 66-93.

Borkert, Kristian: Crowdfunding goes Blockchain, Teil 1, ITRB 2018, S. 39-43.

Chatard, Yannick/Mann, Maximilian: Initial Coin Offerings und Token-Handel im funktionalen Rechtsvergleich, NZG 2019, S. 567-574.

Dietsch, David: Umsatzsteuerrechtliche Einordnung von Initial Coin Offerings, MwStR 2018, S. 546-551.

Funk, Christine/Greitemann, Georg: Zivilrechtliche Fragen eines ICOs, BANDquartal, Ausgabe 3-4/2018, S. 7-10.

Gaier, Reinhard: Münchner Kommentar zum BGB, 8. Aufl., München 2019.

Hacker, Philipp/Thomale, Chris: Crypto-Securities Regulation: ICOs, Token Sales and Cryptocurrencies under EU Financial Law, ECFR 2018, S. 645-696.

Heckelmann, Martin: Zulässigkeit und Handhabung von Smart Contracts, NJW 2018, S. 504-510.

Jünemann, Michael/Wirtz, Johannes: ICO: Rechtliche Einordnung von Token, Zeitschrift für das gesamte Kreditwesen, 21/23-2018, S. 2-11.

Krüger, Fabian/Lampert, Michael: Augen auf bei der Token-Wahl, privatrechtliche und steuerrechtliche Herausforderungen im Rahmen des Initial Coin Offerings, BB 2018, S. 1154-1160.

Martini, Mario/Weinzierl, Quirin: Die Blockchain-Technologie und das Recht auf Vergessenwerden, NVwZ 2017, S. 1251-1259.

Paulus, David/Matzke, Robin: Smart Contracts und das BGB-Viel Lärm um nichts?, ZfPW 2018, S. 431-465.

Schawe, Nadine: Blockchain und Smart Contracts in der Kreativwirtschaft-mehr Probleme als Lösungen?, MMR 2019, S. 218-223.

Schrey, Joachim/Thalhofer, Thomas: Rechtliche Aspekte der Blockchain, NJW 2017, S. 1431-1436.

Weber, Rolf: Liability in the Internet of Things, EuCML 2017, S. 207-212.

Wirth, Julia: Compliance-Risiken bei virtuellen Währungen, CCZ 2018, S. 139-141.

Zickgraf, Peter: Initial Coin Offerings, Ein Fall für das Kapitalmarktrecht?, AG 2018, S. 293-308.

ROBOTS ON THE ROAD

Nazik Grigorian/Alexander Tribess

Weitnauer Rechtsanwälte Steuerberater PartG mbB, Hamburg
nazik.grigorian@weitnauer.net/alexander.tribess@weitnauer.net

Zusammenfassung

„Robots on the Road" sind angesichts der stetig fortschreitenden Entwicklung von Fahrassistenzsystemen in modernen Autos keine Utopie mehr. Längst sind Kraftfahrzeuge rollende Computer,[1] und auf dem Weg zum autonom gesteuerten PKW geht es Stück für Stück voran. Der Beitrag untersucht vor diesem Hintergrund die Eignung der vorhandenen gesetzlichen Regelungen für die automobile Zukunft und nimmt dabei insbesondere Haftungsfragen und datenschutzrechtliche Implikationen in den Blick.

1 Einleitung

Aufgefordert, ein Auto zu zeichnen, würden Kinder im Jahr 2020 wahrscheinlich ebenso wie ihre Altersgenossen früherer Generationen beherzt zu Stift und Zettel greifen und die klassische Stufenheckform mit vier Rädern aufs Papier bringen. Abseits der äußeren Form aber haben moderne Fahrzeuge mit ihren Vorgängern in vielerlei Hinsicht kaum noch etwas gemein. Denn waren sie vor nicht allzu langer Zeit noch eine Domäne der Maschinenbauingenieure, schreiben in den Entwicklungsetagen der Automobilkonzerne heutzutage die IT-Abteilungen die Erfolgsgeschichte der automobilen Entwicklung fort.

Aktive Sicherheits- und Fahrassistenzsysteme sowie komplexe Bordelektronik mit zahllosen Infotainment-Funktionen markieren erst den Beginn einer fortschreitenden Automatisierung und Vernetzung. Fahrzeuge lassen sich schon heute mit Smartphones und anderen externen Geräten verbinden, und künftig werden Autos auch verstärkt untereinander sowie mit modernen Verkehrsleitsystemen kommunizieren.[2] Mit Machine-Learning-Technologien und Künstlicher Intelligenz (KI) werden sich selbst verbessernde Maschinen zusehends das Steuer übernehmen. Eine Entwicklung hin zu immer weiter und schließlich vollkommen autonom agierenden

---

[1] *Lüdemann*, ZD 2015, S. 247.

[2] European Data Protection Supervisor, TechDispatch Issue 3, 2019: Connected Cars; https://edps.europa.eu/data-protection/our-work/publications/techdispatch/techdispatch-3-connected-cars_en (abgerufen 29.6.2020); *Metzger*, GRUR 2019, S. 129 (130).

Fahrzeugen, die nicht nur ein hohes Disruptionspotential für die Automobilwirtschaft birgt, sondern auch vollkommen neue Mobilitätskonzepte und eine veränderte Raum- und Stadtplanung in greifbare Nähe rückt.[3]

Wie aus Visionen Wirklichkeit wird, zeigt die Teststrecke für das automatisierte und vernetzte Fahren (TAVF) in der Hamburger City. Die Freie und Hansestadt Hamburg rüstet hierfür auf mehreren Kilometern zwischen Elbphilharmonie, Reeperbahn und Messegelände Ampelanlagen für die Infrastruktur-zu-Fahrzeug (I2V) und Fahrzeug-zu-Infrastruktur-Kommunikation (V2I) auf. Fahrzeughersteller, Technologieunternehmen und Forschungseinrichtungen sollen dort innovative Mobilitätsdienste, wie automatisierte Fahrfunktionen oder Sicherheitsassistenzsysteme, im realen Verkehr auf öffentlichen Straßen erproben können.[4]

Welche Regeln aber hält das Recht für die automobile Zukunft bereit? Gewährt der aktuelle Rechtsrahmen bereits freie Fahrt für die „Robots on the Road" oder drohen die bestehenden Regelungen zur Sackgasse zu werden? Der Fortschritt bei automatisierten Fahrfunktionen macht immer wieder deutlich, dass „eindeutige Regelungen insbesondere zu den Fragen der Verantwortlichkeit und der Haftung unentbehrlich"[5] sind und derzeit nicht umfänglich bestehen (dazu unter 3.).

Mit jeder weiteren Entwicklung hin zum autonomen Fahrzeug wächst die Menge der erhobenen Daten.[6] Eine Herausforderung auch für das Datenschutzrecht, das mit Einführung der DS-GVO auf europäischer Ebene erst im Jahr 2018 einer Generalinspektion unterzogen wurde. Technologieneutral und damit offen für technologische Entwicklungen, so das Versprechen.[7] Doch bleiben Grundprinzipien wie Datenminimierung und Transparenz angesichts der Vielzahl von Akteuren und Gigabytes verarbeiteter Daten womöglich auf der Strecke. Ein Diktum aus dem Jahr 2015, wonach das Grundrecht auf informationelle Selbstbestimmung mit jedem gefahrenen Kilometer ein Stück weiter ausgehöhlt werde,[8] ist heute womöglich wahrer denn je (dazu unter 4.).

---

3 *Steege*, MMR 2019, S. 509; *Metzger/Mischau*, in: Stiftung Datenschutz, Datenschutz im vernetzten Fahrzeug, S. 135 (136).

4 https://tavf.hamburg/neues-von-tavf/news/erste-teststrecke-deutschlandweit-stellt-auf-neuen-sicherheitsstandard-pki-v131-um (abgerufen 29.6.2020).

5 Stellungnahme Bundesrat, BR-Drs. 69/17, S. 1.

6 *Metzger*, GRUR 2019, S. 129 (130).

7 Vgl. die Erwägungsgründe 6 und 7 zur DS-GVO.

8 *Lüdemann*, ZD 2015, S. 247.

2 Level der Fahrzeugautomatisierung

In der rechtlichen Diskussion müssen der technische Fortschritt und der jeweilige Entwicklungsstand mit bedacht werden. Bei den folgenden Ausführungen nehmen wir auf die Arbeitsergebnisse des durch das Bundesministerium für Verkehr und digitale Infrastruktur eingesetzten Runden Tischs „Automatisiertes Fahren"[9] Bezug. Die Fahrzeugautomatisierung wird in Levels eingeteilt, wobei das selbstfahrende autonome Fahrzeug das Höchstlevel 5 hat. Öffentlich verkehren derzeit Fahrzeuge der Level 1 (assistiertes Fahren) und 2 (teilautomatisiertes Fahren).[10]

3 Haftungsrecht unter Prüfung

Durch Fahrzeugautomatisierung werden Systeme geschaffen, die mit steigendem Automatisierungslevel sich immer weiter vom Menschen lösen und die Fahrzeugsteuerung übernehmen. Schadenssituationen sind nicht auf menschliches Handeln zurückzuführen, sondern werden von KI beherrscht.[11] Wer trägt das Automatisierungsrisiko und ist dieses vom aktuellen Haftungssystem vollumfänglich geregelt?

3.1 Haftung nach dem Straßenverkehrsgesetz (StVG)

Erstmalig hat das 8. Gesetz zur Änderung des Straßenverkehrsgesetzes (8. StVGÄndG) vom 16.6.2017 in Deutschland Regelungen betreffend die Fahrzeugautomatisierung geschaffen. Gegenstand der Neuregelungen sind ausschließlich hoch- und vollautomatisierte Fahrfunktionen (Level 3 und 4), nicht jedoch das assistierte und das teilautomatisierte Fahren (Level 1 und 2) oder das autonome Fahren (Level 5).[12] Zentrale Haftungsvorschriften für den Fall eines Schadenseintritts „bei dem Betrieb" eines Fahrzeugs (i. S. d. § 1 Abs. 2 StVG) – die Halterhaftung gemäß § 7 StVG und die des Fahrzeugführers gemäß § 18 StVG – wurden nicht geändert.

3.1.1 Haftung des Halters (§ 7 Abs. 1 StVG)

Der Halter hat gemäß § 7 Abs. 1 StVG für den Schaden einzustehen, der für die im Gesetz genannten Rechtsgüter „bei dem Betrieb" eines Kraftfahrzeugs entsteht. Halter ist derjenige, der das Fahrzeug auf eigene Rechnung in Gebrauch hat und die Verfügungsgewalt darüber besitzt (wirtschaftliche

---

[9] Runder Tisch Automatisiertes Fahren, Bericht zum Forschungsbedarf, Anh. 5, 116, https://www.bmvi.de/SharedDocs/DE/Anlage/Digitales/bericht-zum-forschungsbedarf-runder-tisch-automatisiertes-fahren.html (abgerufen 29.6.2020).

[10] *Buck-Heeb/Dieckmann*, in: Oppermann/Sender-Vorwachs, Autonomes Fahren, 3.1.1 Rn. 2.

[11] *Wagner*, in: Faust/Schäfer (Hrsg.), Zivilrechtliche und rechtsökonomische Probleme des Internet und der künstlichen Intelligenz, S. 1; *Hofmann*, CR 2020, S. 282 (283).

[12] *Buck-Heeb/Dieckmann*, in: Oppermann/Sender-Vorwachs, Autonomes Fahren, 3.1.1 Rn. 2.

Betrachtung).[13] Es handelt sich bei der Bezugnahme auf den Betrieb um eine Gefährdungshaftung, ohne dass es auf ein etwaiges Verschulden des Halters ankommt.[14] Dabei muss sich eine Gefahr, die vom Betrieb eines Fahrzeugs als Fortbewegungsmittel ausgeht, im konkreten Schaden realisiert oder zumindest das Schadensgeschehen mitgeprägt haben.[15]

Nach hier vertretener und fast einhelliger Auffassung in der juristischen Literatur haftet der Halter gemäß § 7 Abs. 1 StVG für Schäden bei Betrieb eines Fahrzeugs unabhängig vom Level der Fahrzeugautomatisierung, d.h. auch bei einem autonomen Fahrzeug (Level 5).[16] Denn es bleibt bei der Haftung für die Betriebsgefahr eines Fahrzeugs, ganz gleich welchen Technikstand es hat. Insoweit ändern sich für den Halter eines Fahrzeugs unabhängig vom Level der Fahrzeugautomatisierung weder die Voraussetzungen der Haftung nach § 7 Abs. 1 StVG noch die „Gefahr" für die er haftet.[17]

3.1.2 Haftung des Fahrzeugführers (§ 18 Abs. 1 StVG)

Nach § 18 Abs. 1 StVG haftet auch der Fahrzeugführer im Fall einer Haftung des Halters gemäß § 7 Abs. 1 StVG, es sei denn, der Schaden ist nicht durch ein Verschulden des Fahrzeugführers verursacht (gesetzliche Vermutung eines Verschuldens in § 18 Abs. 1 S. 2 StVG). Fahrzeugführer i. S. d. § 18 StVG ist, wer ein Fahrzeug zur Fortbewegung verantwortlich bewegt, indem er es lenkt, Gas gibt oder bremst.[18] Bereits ein (teil-)automatisiertes Fahrzeug ab Level 2 kann Lenk-, Beschleunigungs- und Abbremsvorgänge selbsttätig steuern. § 1 Abs. 4 StVG stellt für hoch- und vollautomatisierte Fahrfunktionen (Level 3 und 4) klar, dass der Mensch „auch" dann Fahrzeugführer ist, wenn er das Fahrsystem aktiviert und zur Fahrzeugsteuerung verwendet. Folglich bleibt der Mensch erst recht als Fahrzeugführer bei niedrigem Level der Fahrzeugautomatisierung wie beim assistierten und teilautomatisierten Fahren (Level 1 und 2). Hingegen zeichnet sich Level 5 dadurch aus, dass der Mensch zum Passagier wird. Es gibt dann keinen menschlichen Fahrzeugführer i. S. d. § 18 StVG, sodass denknotwendig für den menschlichen Fahrzeugführer eine Haftung ausscheidet. Erwogen wird in der juristischen Literatur eine Haftung des Herstellers als „Fahrzeugführer", soweit das System die Fahrzeugsteuerung übernimmt. Mit den Gesetzesmaterialien zum 8. StVGÄndG ist diese Schlussfolgerung

---

[13] BGH, Urt. v. 28.4.1954 – VI ZR 56/53, NJW 1954, 1198.

[14] *Buck-Heeb/Dieckmann*, in: Oppermann/Stender-Vorwachs, Autonomes Fahren, 3.1.1 Rn. 8.

[15] BGH, Urt. v. 5.7.1988 – VI ZR 346/87, NJW 1988, 3019.

[16] *Buck-Heeb/Dieckmann*, in: Oppermann/Stender-Vorwachs, Autonomes Fahren, 3.1.1 Rn. 8, m. w. N.; *Notthoff*, r+s 2019, S. 496 (497); *Hofmann*, CR 2020, S. 282 (286).

[17] *König*, NZV 2017, S. 123 (128).

[18] BGH, Urt. v. 15.10.1962 – II ZR 25/60, NJW 1963, 43.

nicht erklärbar,[19] obgleich diese zur Begründung herangezogen werden.[20] § 1a Abs. 4 StVG kann nicht derart ausgelegt werden, dass „auch" das System das Fahrzeug führt und die Haftung deshalb auf das System und mittelbar auf den Hersteller ausgeweitet werden soll. Auch wenn der Hersteller für die Bewältigung der Fahrsituation die programmierte Software eingebaut hat, so hat er kaum Einfluss auf die Bedienung des Fahrzeugs durch eine KI, was für § 18 Abs. 1 StVG entscheidend ist.

Im Zusammenhang mit der Fahrzeugautomatisierung stellt sich außerdem die Frage, wann der Fahrzeugführer den Schaden nach Fahrtantritt nicht verschuldet (§ 276 BGB). Beim assistierten oder (teil-)automatisierten Fahren (Level 1 und 2) werden noch hohe Sorgfaltsanforderungen gestellt, und der Fahrzeugführer darf sich nicht „blind" auf das System verlassen.[21] § 1b StVG stellt die reduzierten Sorgfaltspflichten für hoch- und vollautomatisierte (Level 3 und 4) Fahrzeuge dar, wobei das Gesetz nicht zwischen hoch- und vollautomatisierten Fahrzeugen differenziert. Vom Fahrzeugführer wird gemäß § 1b Abs. 1 StVG verlangt, dass dieser „wahrnehmungsbereit" bleibt, „jederzeit" die Fahrzeugführung wieder selbst zu übernehmen – sei es nach Aufforderung oder weil aufgrund offensichtlicher Umstände die Notwendigkeit besteht (§ 1b Abs. 2 Nr. 1 und 2 StVG). Demnach wird auch für vollautomatisierte Fahrzeuge (Level 4) eine gewisse Überwachung gefordert. Mit steigendem Automatisierungsgrad weichen die strengen Sorgfaltspflichten einer abgestuften Überwachungspflicht entsprechend dem Gesetzeszweck des § 1b StVG gemessen an der Fahrsituation, Schadenswahrscheinlichkeit und drohendem Schaden.[22]

3.2 Haftung nach dem Produkthaftungsgesetz (ProdHaftG)

Den Hersteller i. S. d. § 4 ProdHaftG trifft eine Gefährdungshaftung für Schäden der genannten Rechtsgüter nach § 1 ProdHaftG, verursacht durch Fehler des Produkts.

3.2.1 Fahrzeugautonomisierung und Produktbegriff des § 2 ProdHaftG

§ 2 ProdHaftG definiert, dass Produkte im Sinne des ProdHaftG bewegliche Sachen sind. Da bei automatisierten Fahrzeugen die Hardware mit der Soft-

---

[19] BT-Drs. 18/11300, S. 21.

[20] U.a. *Buck-Heeb/Dieckmann*, in: Oppermann/Stender-Vorwachs, Autonomes Fahren, 3.1.1 Rn. 39.

[21] AG München, Urt. v. 19.7.2007 – 275 C 15658/07, NJW-RR 2008, 40; AG Hamburg, Urt. v. 24.2.2016 – 49 C 299/15; AG Gelsenkirchen, Urt. v. 3.5.2016 – 427 C 74/15.

[22] *Buck-Heeb/Dieckmann*, in: Oppermann/Stender-Vorwachs, Autonomes Fahren, 3.1.1 Rn. 101 f.

ware verbunden ist, sind diese nach Auslegung des ProdHaftG nach überwiegender Ansicht vom Produktbegriff umfasst.[23] Problematisch ist, dass bei fortschreitender Fahrzeugautonomisierung die Fahrzeuge Teil eines Netzwerks, eines „integrierten Gesamtsystems vollautonomer Fortbewegung",[24] werden. Wird der Produktbegriff deshalb im Haftungsfall noch weiter gefasst, ist dies gesetzlich schwer zu begründen.

3.2.2 Konturen der Produkthaftung (§ 1 Abs. 1 S. 1 ProdHaftG)

Der Hersteller haftet nach § 1 Abs. 1 S. 1 ProdHaftG für Produktfehler.[25] Von der Rechtsprechung werden mögliche Fehler des Produkts dabei in Konstruktions-, Fabrikations- (wird hier nicht weiter besprochen) sowie Instruktionsfehler unterteilt.[26] Konstruktionsfehler liegen vor, wenn das Produkt hinter gebotenen Sicherheitsstandards bleibt.[27] Für die Gewährleistung der Produktsicherheit hat der Hersteller das objektiv Erforderliche sowie zumutbare Maßnahmen nach dem aktuellen Stand der Technik und Wissenschaft zu treffen, um Schäden zu verhindern.[28] Bei Instruktionsfehlern hat der Hersteller es unterlassen, auf den bestimmungsgemäßen Gebrauch oder Folgen eines Fehlgebrauchs hinzuweisen.[29] Indes ist die Ersatzpflicht des Herstellers für Entwicklungsfehler ausgeschlossen[30] (s. im deutschen Recht § 1 Abs. 2 Nr. 5 ProdHaftG). Demnach ist die Ersatzpflicht des Herstellers ausgeschlossen, wenn „der Fehler nach dem Stand der Wissenschaft und Technik in dem Zeitpunkt, in dem der Hersteller das Produkt in den Verkehr brachte, nicht erkannt werden konnte".

Hier können sich deshalb mit Blick auf das automatisierte Fahren mit neuer Technologie Haftungslücken ergeben. Für Entwicklungsrisiken haftet der Hersteller nicht. Solche könnten für das automatisierte Fahren mit KI-Systemen immanent sein. Daher wird in der Literatur die Einführung einer weitergehenden Haftung des Herstellers erwogen,[31] wobei es dann zu einer gesetzlich nicht vorgesehenen Haftungsverschiebung zu Lasten des

---

[23] *Wagner*, AcP 217 (2017), S. 707 (717).; *Kreuz*, in: Oppermann/Stender-Vorwachs, Autonomes Fahren, 3.1.2 Rn. 18 f.

[24] *Kreutz*, in Oppermann/Stender-Vorwachs, Autonomes Fahren, 3.1.2 Rn. 34.

[25] Mit Blick auf autonome Systeme ausführlich *Wagner*, AcP 217 (2017), S. 707 (724 ff.).

[26] *Hofmann*, CR 2020, S. 282 (284).

[27] BGH, Urt. v. 16.6.2009 – VI ZR 107/08, NJW 2009, 2952, Rn. 15.

[28] Urt. v. 5.2.2013 – VI ZR 1/12, NJW 2013, 1302 Rn. 13; BGH, Urt. v. 16.6.2019 – VI ZR 107/08, NJW 2009, 2952 Rn. 15.

[29] BGH, Urt. v. 16.6.2009 – VI ZR 107/08, NJW 2009, 2952 Rn. 23.

[30] BGH, Urt. v. 5.2.2013 – VI ZR 1/12, NJW 2013, 1302 Rn. 9; BGH, Urt. v. 14.6.2005 – VI ZR 179/04, NJW 2009, 2952 Rn. 27 f.

[31] *Hofmann*, CR 2020, S. 282 (286), m. w. N.; *Buck-Heeb/Dieckmann*, in: Oppermann/Stender-Vorwachs, Autonomes Fahren, 3.1.1 Rn. 101 f.

Herstellers kommt.[32] Die Beherrschbarkeit des Risikos ist ein tragender Gedanke für die Haftung des Herstellers.[33] Dementsprechend kann die Haftung des Herstellers nur für konkrete Einsatzsituationen mit klar vorhersehbaren Risiken rechtmäßig sein. Das mit dem Einsatz einer Software verbundene Risiko bei Fahrzeugautomatisierung ab Level 2, jedenfalls beim autonomen Fahrzeug (Level 5), ist für den Hersteller wegen der Vernetzung der verschiedenen Fahrzeuge und des unvorhersehbaren Verhaltens der KI oftmals schwer bis überhaupt nicht einzuschätzen. Jedenfalls kann der Hersteller einen etwaigen Schaden selten mit zumutbarem Aufwand verhindern.[34]

3.3 Haftung nach dem Bürgerlichen Gesetzbuch (BGB)

Der Halter und der Fahrer haften nicht nur nach § 7 Abs. 1 StVG bzw. § 18 StVG, sondern auch aus Deliktsrecht gemäß §§ 823 ff. BGB (vgl. § 16 StVG). Dabei ist die Haftung unbegrenzt und nicht auf die Höchstbeträge in § 12 StVG beschränkt. Allerdings muss der Geschädigte beweisen, dass der Halter bzw. der Fahrer den Schaden durch vorsätzliches oder fahrlässiges Handeln verursacht hat, diesen ein Verschulden (§ 276 BGB) trifft. Die Haftung nach BGB könnte mit Blick auf §§ 832 ff. BGB weiterentwickelt werden, um Haftungslücken (s.o.) zu schließen.[35] Die §§ 832 ff. BGB machen deutlich, dass der deutsche Gesetzgeber bei der Haftung für selbstständig agierende Wesen, die dem Menschen zugutekommen (z.B. Nutztiere), auf Verschuldenshaftung des Halters mit Beweiserleichterungen setzt. Eine weitere Gefährdungshaftung, so wie für den Hersteller von der Literatur vorgeschlagen, ist die Ausnahme. Der Hersteller haftet im Übrigen neben der Haftung aus dem ProdHaftG auch aus §§ 823 BGB (§ 15 Abs. 2 ProdHaftG). Für den Geschädigten von Vorteil ist, dass Höchstbeträge und die Selbstbeteiligung in §§ 10, 11 ProdHaftG nicht gelten. Dabei ist die Verletzung einer Verkehrspflicht im Rahmen des § 823 BGB haftungsbegründend.

An dieser Stelle ist zusätzlich die Verletzung einer nachgelagerten Produktbeobachtungspflicht[36] des Herstellers anzusprechen. Der Warenhersteller hat demnach seine Produkte zu beobachten und über mit der Verwendung folgende Gefahrenlagen zu informieren. Sollte er die Fehlerhaftigkeit erkennen, hat er die Produkte umzustellen, andernfalls haftet er für

---

[32] *Notthoff*, r+s 2019, S. 496 (501); *Lutz*, NJW 2015, S. 119 (119 f.).

[33] *Borges*, NJW 2018, S. 977 (981).

[34] Ebenda, S. 977 (982).

[35] *Borges*, r+s 2018, S. 977 (982).

[36] *Hofmann*, CR 2020, S. 282 (285) m. w. N.

nachfolgende in Verkehr gebrachte Produkte wegen Konstruktionsfehlern.[37]

3.4 Die Vision der elektronischen Person als Rechtspersönlichkeit

Eine in der juristischen Diskussion sehr futuristische Idee wurde in der Entschließung des Europäischen Parlaments vom 16.2.2017 mit Empfehlungen an die Kommission zu zivilrechtlichen Regelungen im Bereich Robotik[38] aufgegriffen: Die Schaffung einer e-Person als eigene Rechtspersönlichkeit, die haftet. Im aktuellen Weißbuch der Europäischen Kommission vom 19.2.2020 zur Künstlichen Intelligenz[39] wird für ein Haftungskonzept diese Idee nicht aufgegriffen. Derzeit scheine die e-Person tatsächlich nur eine Vision zu sein und rechtlich nicht zweckmäßig.[40]

4 Datenschutz im (teil-)autonomen Fahrzeug

4.1 Personenbezogene Daten

Sollen die datenschutzrechtlichen Implikationen (teil-)autonomer Fahrzeuge untersucht werden, ist zunächst der anwendbare Rechtsrahmen zu bestimmen. Ob und in welchem Umfang datenschutzrechtliche Bestimmungen, insbesondere solche der DS-GVO, einschlägig sind, beurteilt sich nach dem Personenbezug bzw. der Personenbeziehbarkeit der im vernetzten Fahrzeug erhobenen und sodann weiterverarbeiteten Daten. Nach Art. 4 Nr. 1 DS-GVO sind Daten dann personenbezogen, wenn es sich um Informationen handelt, die sich auf eine identifizierte oder identifizierbare natürliche Person beziehen. Als identifizierbar wird danach etwa eine natürliche Person angesehen, die direkt oder indirekt, insbesondere mittels Zuordnung zu einer Kennung wie einem Namen, zu einer Kennnummer, zu Standortdaten oder zu einer Online-Kennung identifiziert werden kann. Der EuGH hat hierzu festgehalten, dass personenbezogen alle Angaben sind, die aufgrund ihres Inhalts, ihres Zwecks oder ihrer Auswirkungen mit einer bestimmten Person verknüpft sind.[41] Nach ganz herrschender Auffassung lässt sich ein Personenbezug auch über die Verknüpfung von im Fahr-

---

[37] *Hofmann*, CR 2020, S. 282 (286), m. w. N.; *Wagner*, AcP 217 (2017), S. 707 (754 f.).

[38] Entschließung des Europäischen Parlaments v. 16.2.2017 mit Empfehlungen an die Kommission zu zivilrechtlichen Regelungen im Bereich Robotik (2015/2103 [INL]-P8_TA (2017)0051Ziff. 59 f).

[39] https://ec.europa.eu/info/sites/info/files/commission-white-paper-artificial-intelligence-feb2020_de.pdf (abgerufen 29.6.2020).

[40] *Kreutz*, in: Oppermann/Stender-Vorwachs, Autonomes Fahren, 3.1.3 Rn. 48 f.

[41] EuGH, Urt. v. 20.12.2017 – C-434/16 (Nowak/Data Protection Commissioner), ZD 2018, 113 (114).

zeug erhobenen Daten mit Kennnummern wie der Fahrzeug-Identifikationsnummer oder anderer, auf ein konkretes Fahrzeug bezogener Kennungen herstellen.[42] Dies gilt jedenfalls dann, wenn der Halter des Fahrzeugs eine natürliche Person ist.[43]

4.2 Anwendbarer Rechtsrahmen

Spezialgesetzliche Regelungen für die Verarbeitung personenbezogener Daten existieren im Kontext vernetzter Mobilität nur punktuell.[44] So enthalten die §§ 63a, 63b StVG eine Befugnis zur Speicherung von Positions- und Zeitangaben in eng umrissenen Fallgestaltungen.[45] Ferner statuiert Art. 6 eCall-VO[46] die Befugnis zur Verarbeitung personenbezogener Daten, soweit dies erforderlich ist, um in Notfällen mittels des bordeigenen eCall-Systems automatisch Notrufe aus einem Fahrzeug unter Angabe z.B. von Ortungsdaten abzusetzen.[47] In Ermangelung umfassender bereichsspezifischer gesetzlicher Bestimmungen zur Verarbeitung personenbezogener Daten in (teil-)autonomen Fahrzeugen ist insoweit auf die allgemeinen Vorschriften abzustellen.[48] Diese ergeben sich einerseits aus der DS-GVO, insbesondere aber aus den Vorschriften der weiterhin anwendbaren[49] ePrivacy-RL,[50] worauf der Europäische Datenschutzausschuss (EDSA) in seinen „Guidelines 1/2020 on processing personal data in the context of

---

[42] *Lüdemann*, ZD 2015, S. 247 (249 f.); *Klink-Straub/Straub*, NJW 2018, S. 3201 (3202); *Steege*, MMR 2019, S. 509 (510); *Metzger/Mischau*, in: Stiftung Datenschutz, Datenschutz im vernetzten Fahrzeug, S. 135 (143).

[43] *Lüdemann*, ZD 2015, S. 247 (250).

[44] *Forgó*, in: Oppermann/Stender-Vorwachs, Autonomes Fahren, 3.5 Rn. 10.

[45] *Söbbing*, Fundamentale Rechtsfragen zur künstlichen Intelligenz (AI Law), S. 109.

[46] VO (EU) 2015/758 des Europäischen Parlaments und des Rates vom 29. April 2015 über Anforderungen für die Typgenehmigung zur Einführung des auf dem 112-Notruf basierenden bordeigenen eCall-Systems in Fahrzeugen und zur Änderung der RL 2007/46/EG.

[47] *von Bodungen*, in: Specht/Mantz, Handbuch Europäisches und Deutsches Datenschutzrecht, § 16 Rn. 25; *Lüdemann*, ZD 2015, S. 247 (251 f.).

[48] *Taeger*, in: Taeger/Gabel, Kommentar DSGVO – BDSG, Art. 6 Rn. 1.

[49] *Golland*, in: Taeger/Gabel, Kommentar DSGVO – BDSG, Art. 95 Rn. 7 ff.

[50] RL 2002/58/EG des Europäischen Parlaments und des Rates vom 12. Juli 2002 über die Verarbeitung personenbezogener Daten und den Schutz der Privatsphäre in der elektronischen Kommunikation (Datenschutzrichtlinie für elektronische Kommunikation) i.d.F. der RL 2009/136/EG des Europäischen Parlaments und des Rates vom 25. November 2009 zur Änderung der RL 2002/22/EG über den Universaldienst und Nutzerrechte bei elektronischen Kommunikationsnetzen und -diensten, der RL 2002/58/EG über die Verarbeitung personenbezogener Daten und den Schutz der Privatsphäre in der elektronischen Kommunikation und der VO (EG) Nr. 2006/2004 über die Zusammenarbeit im Verbraucherschutz.

connected vehicles and mobility related applications"[51] hinweist. Nach Auffassung des EDSA handelt es sich bei Art. 5 Abs. 3 ePrivacy-RL um eine allgemeine Vorschrift, die auf jede Verarbeitung personenbezogener Daten anwendbar sei, bei der Daten auf Endgeräten gespeichert werden oder auf Daten zugegriffen wird, die auf Endgeräten gespeichert sind.[52] Nach Art. 5 Abs. 3 ePrivacy-RL sei im Regelfall jede solche Verarbeitung einwilligungsbedürftig, und diese Voraussetzung sei vorrangig vor den Erlaubnistatbeständen nach Art. 6 DS-GVO zu prüfen.[53] Nur in den in Art. 5 Abs. 3 ePrivacy-RL selbst vorgesehenen Ausnahmefällen könne auf das Einwilligungserfordernis verzichtet werden.[54]

4.3 Verantwortliche und betroffene Personen

Datenverarbeitungen im Zusammenhang mit dem vernetzten, erst recht mit dem autonom fahrenden Fahrzeug zeichnen sich durch eine Vielzahl von Beteiligten von Infrastrukturanbietern bis zu Versicherungen aus. Primär sind die Fahrzeughersteller zu nennen, die nur mittels der gewonnenen Daten die bereitgestellten Fahrassistenzsysteme oder gar autonome Fahrzeuge überhaupt betreiben können, aber auch darüber hinaus über Komfort- und Infotainment-Angebote auf Daten zugreifen. Auf ihnen liegt der Fokus der folgenden Betrachtungen. Der Kreis der betroffenen Personen reicht vom Halter eines Fahrzeugs, über dessen Fahrer, sonstige Fahrzeuginsassen bis hin zu am Fahrvorgang unbeteiligten Personen, die über Sensoren und Kamerasysteme etwa beim Aufenthalt im öffentlichen Raum erfasst werden.

4.3.1 Verantwortliche für die Verarbeitung

Verantwortlicher im Sinne der DS-GVO ist, wer allein oder gemeinsam mit anderen über die Zwecke und Mittel der Verarbeitung personenbezogener Daten entscheidet (Art. 4 Nr. 7 DS-GVO). Diese Zuschreibung datenschutzrechtlicher Verantwortlichkeit trifft auf die Fahrzeughersteller zweifelsohne zu. Spannend ist insbesondere die Frage, ob eine Alleinverantwortlichkeit der Hersteller besteht oder ob das Zusammenspiel unterschiedlicher Akteure, etwa zwischen Herstellern und Applikations- oder Systemanbietern für Sicherheits- oder sonstige Funktionen des Fahrzeugs, eine gemeinsame Verantwortlichkeit nach Art. 26 DS-GVO begründet.[55]

---

[51] https://edpb.europa.eu/our-work-tools/public-consultations-art-704/2020/guidelines-12020-processing-personal-data-context_de (abgerufen 29.6.2020).

[52] Ebenda, S. 5, Rn. 11.

[53] Ebenda, S. 5 f., Rn. 14.

[54] Ebenda, S. 6, Rn. 17.

[55] *Metzger/Mischau*, in: Stiftung Datenschutz, Datenschutz im vernetzten Fahrzeug, S. 135 (147).

Mit drei in kurzer Folge ergangenen Urteilen hat der EuGH den Anwendungsbereich der gemeinsamen Verantwortlichkeit zuletzt deutlich ausgeweitet. Nach Auffassung des Gerichtshofs ist Voraussetzung einer gemeinsamen Verantwortlichkeit nicht, dass jeder der beteiligten Verantwortlichen auch nur Zugang zu den betreffenden personenbezogenen Daten hat.[56] Es ist auch nicht notwendig, dass die Entscheidung über die Zwecke und Mittel der Verarbeitung mittels schriftlicher Anleitungen oder Anweisungen erfolgt.[57] Entscheidend für die Stellung als Verantwortlicher ist, ob eine Person aus Eigeninteresse auf die Verarbeitung personenbezogener Daten Einfluss nimmt und damit an der Entscheidung über die Zwecke und Mittel dieser Verarbeitung mitwirkt.[58] Für die gemeinsame Verantwortlichkeit unerheblich ist es, wie eine vertragliche Regelung die Tätigkeiten der Beteiligten beschreibt oder bezeichnet. Maßgebend ist vielmehr, wie sich die gewollten und praktizierten Rechtsverhältnisse in der Realität darstellen. Es kommt also allein auf den tatsächlichen Einfluss der Beteiligten auf den Datenverarbeitungsvorgang an.[59] Lässt man mit dem EuGH bereits rein faktische Mitwirkungsakte wie die Schaffung notwendiger Bedingungen für die Datenverarbeitung eines anderen Beteiligten ausreichen, ist es naheliegend, dass eine Vielzahl von Datenverarbeitungsvorgängen mit unterschiedlichen Beteiligten auch im vernetzten bzw. (teil-)autonomen Fahrzeug zu einer gemeinsamen Verantwortlichkeit zwischen diesen Beteiligten führen können.[60] Art. 26 DS-GVO begründet in diesen Fällen weitere Transparenz- und Aufklärungspflichten gegenüber den betroffenen Personen.

4.3.2 Von der Verarbeitung betroffene Personen

Viele Untersuchungen zu den datenschutzrechtlichen Implikationen der vernetzten Mobilität rücken als betroffene Person den Halter bzw. den damit personenidentischen Fahrer und sein Verhältnis zum Fahrzeughersteller in den Mittelpunkt. Wirklich herausgefordert werden die datenschutzrechtlichen Bestimmungen indes erst durch die multipersonale Nutzung von Fahrzeugen.[61] Diese ist heute beispielsweise über die Fuhrparks von

---

[56] EuGH, Urt. v. 5.6.2018 – C-210/16 (Wirtschaftsakademie Schleswig-Holstein), ZD 2018, 357 (359).

[57] EuGH, Urt. v. 10.7.2018 – C-25/17 (Zeugen Jehovas), ZD 2018, 469 (472).

[58] EuGH, Urt. v. 29.7.2019 – C-40/17 (Fashion ID), ZD 2019, 455 (456).

[59] *Lang*, in: Taeger/Gabel, Kommentar DSGVO – BDSG, Art. 26 Rn. 13.

[60] *von Bodungen*, in: Specht/Mantz, Handbuch Europäisches und Deutsches Datenschutzrecht, § 16 Rn. 21.

[61] *Conrad*, in: Auer-Reinsdorff/Conrad, Handbuch IT- und Datenschutzrecht, § 34 Rn. 875; *Metzger/Mischau*, in: Stiftung Datenschutz, Datenschutz im vernetzten Fahrzeug, S. 135 (149).

Unternehmen oder mannigfache Carsharing-Angebote längst Realität. Und selbst die sprichwörtliche „Familienkutsche" hat selten nur einen einzigen Nutzer. Eine Fokussierung der datenschutzrechtlichen Betrachtungen auf den Halter-Fahrer lässt wesentliche Rechtsfragen daher außer Acht.

4.4 Rechtsgrundlagen für die Verarbeitung

Die Verarbeitung personenbezogener Daten bedarf einer Rechtfertigung entweder über einen gesetzlichen Erlaubnistatbestand oder mittels einer Einwilligung der betroffenen Person (Art. 6 Abs. 1 UAbs. 1 DS-GVO). Höhere Voraussetzungen sind an die Rechtfertigung der Verarbeitung besonderer Kategorien personenbezogener Daten, insbesondere von Gesundheitsdaten, geknüpft (Art. 9 DS-GVO). Die Legitimation der Datenverarbeitung erstreckt sich dabei grundsätzlich immer nur auf einzelne, im Vorhinein bestimmte und der betroffenen Person offengelegte Zwecke.[62] Deswegen unterliegen auch nachträgliche Zweckänderungen einem neuerlichen Rechtfertigungsbedürfnis und erfordern wiederum die Information der betroffenen Person, ggf. auch die neuerliche Einholung einer Einwilligung (Art. 6 Abs. 4 DS-GVO).[63] Im Anwendungsbereich des Art. 5 Abs. 3 ePrivacy-RL hält der EDSA die nachträgliche Zweckänderung generell für unzulässig.[64]

4.4.1 Durchführung eines Vertrags (Art. 6 Abs.1 Satz 1 lit. b DS-GVO)

Die Verarbeitung personenbezogener Daten ist erlaubt, soweit dies zur Erfüllung eines Vertrags erforderlich ist, dessen Vertragspartei die betroffene Person ist (Art. 6 Abs. 1 UAbs. 1 lit. b DS-GVO). Der Fahrzeughersteller als Verantwortlicher wird in der Regel mit keiner der potentiell betroffenen Personen in direkten vertraglichen Beziehungen stehen. Selbst eine natürliche Person als Halter des Fahrzeugs wird gewöhnlich einen Vertrag mit einem Händler und nicht direkt mit dem Hersteller geschlossen haben.[65] Eine Legitimation könnte Art. 6 Abs. 1 UAbs. 1 lit. b DS-GVO also für den Hersteller allenfalls insoweit bieten, als dessen Datenverarbeitungen für die Durchführung des zwischen der betroffenen Person und z.B. dem Fahrzeughändler geschlossenen Vertrags unmittelbar erforderlich sind.[66] Denn

---

[62] *Voigt*, in: Taeger/Gabel, Kommentar DSGVO – BDSG, Art. 5 Rn. 23.

[63] *Lüdemann*, ZD 2015, S. 247 (251).

[64] Europäischer Datenschutzausschuss, Guidelines 1/2020 on processing personal data in the context of connected vehicles and mobility related applications (Rn. 50), https://edpb.europa.eu/our-work-tools/public-consultations-art-704/2020/guidelines-12020-processing-personal-data-context_de (abgerufen 29.6.2020).

[65] *Metzger*, GRUR 2019, S. 129 (134).

[66] *Lüdemann*, ZD 2015, S. 247 (252); *Steege*, MMR 2019, S. 509 (511).

eine unmittelbare Vertragsbeziehung zwischen Verantwortlichem und betroffener Person setzt Art. 6 Abs. 1 UAbs. 1 lit. b DS-GVO nicht voraus.[67] Dies vermag Verarbeitungen rechtfertigen zu können, wenn und soweit diese zum Betrieb des Fahrzeugs und der verbauten Sicherheits- und Assistenzsysteme unerlässlich sind.[68] Diese Überlegungen führen aber bereits dann in die Sackgasse, wenn die Halterin eines Fahrzeugs den Wagen ihrem Ehepartner überlässt. Denn dann werden zwar Daten des Ehepartners als Fahrer verarbeitet – eine vertragliche Beziehung, die derlei Verarbeitungen rechtfertigen könnte, besteht allerdings nicht.[69]

4.4.2 Gesetzliche Pflichten (Art. 6 Abs. 1 Satz 1 lit. c DS-GVO)

Gesetzliche Pflichten zur Datenverarbeitung ergeben sich etwa aus den vorgenannten Vorschriften der §§ 63a, 63b StVG oder Art. 6 eCall-VO (dazu unter 4.2). Die breite Masse der relevanten Datenverarbeitungsvorgänge allerdings wird hierdurch gerade nicht erfasst.

4.4.3 Einwilligung (Art. 6 Abs. 1 UAbs. 1 lit. a DS-GVO)

Das Konzept der Einwilligung in die Verarbeitung personenbezogener Daten stellt das Prinzip der Datenhoheit der betroffenen Person am augenfälligsten in den Mittelpunkt. Wirksam kann eine Einwilligung nach Art. 7 DS-GVO nur sein, wenn sie auf einer freien und informierten Entscheidung der betroffenen Person beruht. Hier stellt sich bereits die Frage, wie hochkomplexe Verarbeitungsvorgänge im vernetzten Fahrzeug überhaupt in einer transparenten Art und Weise dargestellt werden können.[70] Viel entscheidender aber ist die Problematik, dass eine Einwilligung von jedem einzelnen von möglicherweise zahlreichen unterschiedlichen Fahrern desselben Fahrzeugs aufs Neue eingeholt werden müsste.[71]

Dies wiederum erforderte es, dass sich jeder dieser Fahrer als Individuum auf bzw. in dem Fahrzeug anmelden und identifizieren müsste, um jeweils

---

[67] *Taeger*, in: Taeger/Gabel, Kommentar DSGVO – BDSG, Art. 6 Rn. 58.

[68] *Steege*, MMR 2019, S. 509 (511).

[69] *Lüdemann*, ZD 2015, S. 247 (252).

[70] Europäischer Datenschutzausschuss, Guidelines 1/2020 on processing personal data in the context of connected vehicles and mobility related applications (Rn. 48), https://edpb. europa.eu/our-work-tools/public-consultations-art-704/2020/guidelines-12020-processi ng-personal-data-context_de (abgerufen 29.6.2020); *Lüdemann*, ZD 2015, S. 247 (253); *Metzger/Mischau*, in: Stiftung Datenschutz, Datenschutz im vernetzten Fahrzeug, S. 135 (145).

[71] Europäischer Datenschutzausschuss, Guidelines 1/2020 on processing personal data in the context of connected vehicles and mobility related applications (Rn. 46), https://edpb. europa.eu/our-work-tools/public-consultations-art-704/2020/guidelines-12020-processi ng-personal-data-context_de (abgerufen 29.6.2020); *Klink-Straub/Straub*, NJW 2018, S. 3201 (3204 f.).

separate Datenverarbeitungsprofile anlegen zu können.[72] Nur so ließe sich auch das Widerrufsrecht nach Art. 7 Abs. 3 DS-GVO effektiv und bezogen auf die eine ganz konkrete Person betreffenden Datenverarbeitungsvorgänge gewährleisten.[73] Anstelle eines bereits von Beginn an quasi aggregierten Datensatzes z.b. gefahrener Streckenprofile aus dem Navigationssystem eines von mehreren Nutzern gefahrenen Autos entstünden auf diese Art und Weise konkret personenbezogene Datensätze. Die Gewährung eines Höchstmaßes an individueller Entscheidungsmacht für die betroffene Person erwiese sich so als Treiber für die Bildung hochfeiner personenbezogener Datensätze.

4.4.4 Berechtigte Interessen (Art. 6 Abs. 1 UAbs. 1 lit. f DS-GVO)

Die Verarbeitung personenbezogener Daten auf der Grundlage überwiegender berechtigter Interessen des Verantwortlichen wird mit Recht als der flexibelste und weitreichendste Erlaubnistatbestand aus dem Katalog des Art. 6 Abs. 1 DS-GVO bezeichnet.[74] Hierunter ließen sich möglicherweise Verarbeitungen fassen, die über den Anwendungsbereich der §§ 63a, 63b StVG hinaus, der Enthaftung des Herstellers im Schadensfall dienen oder die für die Weiterentwicklung sicherheitskritischer Systeme von Bedeutung sind.

Die allein auf Interessenabwägungen basierende Legitimation der Verarbeitung birgt aber auch Risiken. Dies gilt sowohl für die Verantwortlichen, die stets fürchten müssen, dass entweder betroffene Personen im Einzelfall von Widerspruchsrechten nach Art. 21 DS-GVO Gebrauch machen oder aber Aufsichtsbehörden und Gerichte den Abwägungsvorgang im Nachhinein als unzureichend verwerfen und der Verarbeitung die Rechtsgrundlage entziehen. Für betroffene Personen wiederum sind die auf berechtigte Interessen gestützten Verarbeitungen angesichts der ihnen häufig immanenten Komplexität oftmals nur schwer nachzuvollziehen.[75]

4.4.5 Besondere Kategorien personenbezogener Daten (Art. 9 DS-GVO)

Berechtigte Interessen allein können die Verarbeitung besonderer Kategorien personenbezogener Daten nicht rechtfertigen. Denn Art. 9 Abs. 2 DS-GVO enthält für diese Kategorien, zu denen insbesondere Gesundheitsdaten zählen, nochmals schärfere Anforderungen an die Rechtmäßigkeit der Verarbeitung. Für Verarbeitungen, welche beispielsweise die Aufzeichnung des Fahrzeuginnenraums zu Zwecken der Aufmerksamkeitskontrolle des

---

[72] *Metzger/Mischau*, in: Stiftung Datenschutz, Datenschutz im vernetzten Fahrzeug, S. 135 (150).

[73] *Steege*, MMR 2019, S. 509 (511).

[74] *Steege*, MMR 2019, S. 509 (511 f.).

[75] *Steege*, MMR 2019, S. 509 (513).

Fahrers beinhalten, bedürfte es in Ermangelung gesetzlicher Vorschriften danach stets der Einwilligung (Art. 9 Abs. 2 lit. a DS-GVO). Welche rein praktischen Schwierigkeiten dieses Konzept birgt, ist bereits dargestellt worden.

4.5 Rechte der betroffenen Person

Mit der DS-GVO sind die Rechte der betroffenen Person gegenüber dem vormaligen Datenschutzrecht nochmals erheblich erweitert worden.[76] Dies betrifft sowohl die proaktiven Informationspflichten vor Beginn oder unmittelbar nach Aufnahme der Verarbeitung personenbezogener Daten (Art. 7, 13, 14 DS-GVO) als auch die während bzw. nach der Verarbeitung auszuübenden Rechte der betroffenen Person (Artt. 15 ff. DS-GVO).

4.5.1 Informationspflichten (Art. 7, 13, 14 DS-GVO)

Eine Einwilligung in die Verarbeitung kann nur wirksam erteilt werden, wenn die betroffene Person im Vorhinein weiß, zu welchem Zweck bzw. zu welchen Zwecken ihre personenbezogenen Daten verarbeitet werden sollen. Dass dieses Konzept angesichts des schieren Umfangs möglicher Verarbeitungsvorgänge im (teil-)autonomen Fahrzeug an seine Grenzen stößt, ist bereits aufgezeigt worden. Analoge Schwierigkeiten ergeben sich indes auch hinsichtlich der Information über solche Datenverarbeitungsvorgänge, die durch gesetzliche Erlaubnistatbestände gerechtfertigt werden können. Eine Informationserteilung allein gegenüber dem Käufer eines Fahrzeugs kann wiederum angesichts der Mehrzahl betroffener Personen die datenschutzrechtlichen Pflichten des Verantwortlichen nicht in vollem Umfange erfüllen. Eine Informationserteilung zu Beginn und während jedes einzelnen konkreten Erhebungsvorgangs würde die Aufmerksamkeit sämtlicher Fahrzeuginsassen und der Personen in der Umgebung des Fahrzeugs wohl dauerhaft binden müssen, um den Ansprüchen der DS-GVO an eine vollständige Transparenz zu genügen. Die Information über bloße Icons im Armaturenbereich[77] würde jedenfalls nicht den Katalog der Art. 13, 14 DS-GVO abdecken können.

4.5.2 Betroffenenrechte (Art. 15 ff. DS-GVO)

Im Bereich der Betroffenenrechte nach Art. 15 DS-GVO führt die Mehrzahl von betroffenen Personen ebenfalls zu einem Konflikt mit der auf die indi-

---

[76] *Pohle/Spittka*, in: Taeger/Gabel, Kommentar DSGVO – BDSG, Art. 12 Rn. 2.

[77] Europäischer Datenschutzausschuss, Guidelines 1/2020 on processing personal data in the context of connected vehicles and mobility related applications (Rn. 86), https://edpb.europa.eu/our-work-tools/public-consultations-art-704/2020/guidelines-12020-processing-personal-data-context_de (abgerufen 29.6.2020); *Metzger/Mischau*, in: Stiftung Datenschutz, Datenschutz im vernetzten Fahrzeug, S. 135 (145).

viduelle Rechtsausübung der Betroffenen gerichteten DS-GVO. Sind näm-
lich beispielsweise in die aus einem Fahrzeug erhobenen Daten über das
Fahrverhalten die Daten mehrerer Nutzer des Fahrzeugs eingeflossen, so
werden diese Datenbestände nachträglich kaum mehr in einer Art und
Weise zu trennen sein, die eine verbindliche Beauskunftung, Berichtigung,
Löschung oder gar die Herausgabe im Rahmen des Rechts auf Datenportabilität hinsichtlich einer einzigen betroffenen Person ermöglichen.[78] Art. 11
Abs. 2, 12 Abs. 2 UAbs. 2 DS-GVO sehen für diese Fälle vor, dass die
Rechte aus Artt. 15 ff. DS-GVO dann nicht bestehen, wenn es dem Verantwortlichen unmöglich ist, die betroffene Person sicher zu identifizieren.
Ferner regelt Art. 11 Abs. 1 DS-GVO, dass allein zum Zwecke der Einhaltung besonderer Pflichten aus der DS-GVO keine Maßnahmen zur Identifizierung einer ansonsten dem Verantwortlichen unbekannten natürlichen
Person erfolgen müssen. Das Festhalten an den Prinzipien der DS-GVO
führte in diesen Fällen also möglicherweise nur zum Schein zu einer Sicherung der Rechte der betroffenen Personen, nämlich insoweit als sie an der
Ausübung ihnen unter der DS-GVO gewährter Rechte in großen Teilen gehindert wären.

5 Schlussfolgerungen

Das 8. StVGÄndG war ein Auftakt. Es ist ein „in die Zukunft gerichtetes
Gesetz",[79] jedoch nicht abschließend. Es bedarf weiterer Gesetze, insbesondere mit Blick auf die Zulässigkeit und Haftung autonomer Fahrzeuge. Der
Hersteller wird mehr in die Pflicht genommen, was die Haftung des Produkts betrifft. Dies ist jedoch im Einzelfall gesetzlich nicht tragbar und
auch nicht interessengerecht. Gerade mit Blick auf unvorhersehbare Scha-
denssituation verursacht durch die vernetzten KI-Systeme. Im Ergebnis bedarf es eines Haftungssystems, das sowohl hinsichtlich des Adressaten als
auch des Haftungskonzepts differenziert.

Auch in datenschutzrechtlicher Hinsicht erweist sich der vorhandene
Rechtsrahmen als unzureichend. Angesichts der Vielzahl möglicher Verantwortlicher als auch betroffener Personen, die an der Datenverarbeitung
jedes einzelnen vernetzten, (teil-)autonomen Fahrzeugs beteiligt sind, erweist sich der technologieneutrale allgemeine Regelungsansatz der DS-
GVO als nicht handhabbar. Weder aus der Perspektive der Fahrzeughersteller noch im Hinblick auf die grundrechtlich geschützten Rechte und
Freiheiten natürlicher Personen ist eine Situation dauerhaft akzeptabel, die
hinsichtlich der Rechtmäßigkeit massenhafter Datenverarbeitungsprozesse

---

[78] *Metzger/Mischau*, in: Stiftung Datenschutz, Datenschutz im vernetzten Fahrzeug, S. 135
(149).

[79] BT-Drs. 18/11300, S. 23.

im Wesentlichen auf individuellen Interessenabwägungen beruht. Hier ist der Gesetzgeber aufgerufen, diese Interessenabwägungen auch im Interesse eines funktionsfähigen Binnenmarktes zu generalisieren und mittels konkreter Erlaubnistatbestände Datenverarbeitungen für bestimmte Zwecke zu legitimieren.[80] Den grundrechtlich geschützten Rechten der betroffenen Personen sollte durch gesetzliche Vorgaben im Bereich Privacy-by-Design, beispielsweise beschränkten Zugriffsrechten, kurzen Speicherfristen, Pseudonymisierungs- und Anonymisierungspflichten entsprochen werden.

Ziel gesetzgeberischen Handelns muss es sein, die individuellen Rechte und Freiheiten zu wahren, ohne dabei den technologischen Fortschritt im Bereich des (teil-)autonomen Verkehrs durch übergroße Rechtsunsicherheiten oder ein zu striktes Korsett rechtlicher Pflichten zu ersticken.

Literatur

Auer-Reinsdorff, Astrid/Conrad, Isabell (Hrsg.): Handbuch IT- und Datenschutzrecht, 3. Aufl., München 2019.

Borges, Georg: Rechtliche Rahmenbedingungen für autonome Systeme, NJW 2018, S. 977-982.

Faust, Florian/Schäfer, Hans-Bernd (Hrsg.): Zivilrechtliche und rechtsökonomische Probleme des Internet und der künstlichen Intelligenz, Tübingen 2019.

Hofmann, Frank: Der Einfluss von Digitalisierung und künstlicher Intelligenz auf das Haftungsrecht, CR 2020, S. 282-288.

Klink-Straub, Judith/Straub, Tobias: Nächste Ausfahrt DS-GVO – Datenschutzrechtliche Herausforderungen beim automatisierten Fahren, NJW 2018, S. 3201-3206.

König, Carsten: Die gesetzlichen Neuregelungen zum automatisierten Fahren, NZV 2017, S. 123-128.

Lutz, Lennart: Autonome Fahrzeuge als rechtliche Herausforderung, NJW 2015, S. 119-124.

Lüdemann, Volker: Connected Cars – Das vernetzte Auto nimmt Fahrt auf, der Datenschutz bleibt zurück, ZD 2015, S. 247-254.

---

[80] Ethik-Kommission Automatisiertes und vernetztes Fahren, Bericht Juni 2017 (Abschnitt 10.2), https://www.bmvi.de/SharedDocs/DE/Publikationen/DG/bericht-der-ethik-kommission.pdf?__blob=publicationFile (abgerufen 29.6.2020); *Lüdemann*, ZD 2015, S. 247 (253 f.); *Metzger*, GRUR 2019, S. 129 (136); *Steege*, MMR 2019, S. 509 (511).

Metzger, Axel: Digitale Mobilität – Verträge über Nutzerdaten, GRUR 2019, S. 129-136.

Metzger, Jakob/Mischau, Lena: Neutrale Server – Datenschutz und Datenwirtschaft im vernetzten Fahrzeug, in: Stiftung Datenschutz (Hrsg.), Datenschutz im vernetzten Fahrzeug, Leipzig 2020, S. 135-151.

Notthoff, Martin: Haftung und Versicherung autonomer Kraftfahrzeuge – Herausforderungen und Besonderheiten, r+s 2019, S. 496-502.

Oppermann, Bernd H./Stender-Vorwachs, Jutta (Hrsg.): Autonomes Fahren, 2. Aufl., München 2020.

Söbbing, Thomas: Fundamentale Rechtsfragen zur künstlichen Intelligenz (AI Law), Frankfurt/M. 2019.

Specht, Louisa/Mantz, Reto (Hrsg.): Handbuch Europäisches und Deutsches Datenschutzrecht, München 2019.

Steege, Hans: Ist die DS-GVO zeitgemäß für das autonome Fahren?, MMR 2019, S. 509-513.

Taeger, Jürgen/Gabel, Detlev (Hrsg.): Kommentar DSGVO – BDSG, 3. Aufl., Frankfurt/M. 2019.

Wagner, Gerhard: Produkthaftung für autonome Systeme, AcP 217 (2017) S. 707-765 (59).

Weisser, Ralf/Färber, Claus: Rechtliche Rahmenbedingungen bei Connected Car – Überblick über die Rechtsprobleme der automobilen Zukunft, MMR 2015, S. 506-512.

BETRIEBSGEFAHR UND UNABWEND-
BARKEIT BEI SELBSTFAHRENDEN
FAHRZEUGEN

Ass. iur. Jacob Schwartz, LL.M.

Carl von Ossietzky Universität Oldenburg
jacob.schwartz@uni-oldenburg.de

Zusammenfassung

Der Beitrag behandelt die Frage, nach welchen Kriterien bei einem Unfall mit Beteiligung eines selbstfahrenden Fahrzeugs bestimmt werden kann, ob ein Fahrfehler vorliegt, der die Betriebsgefahr erhöht oder die Unabwendbarkeit ausschließt. Während verkehrsrichtiges Verhalten bei menschlichen Fahrzeugführern mit dem Maßstab des Durchschnittsfahrers bzw. Idealfahrers gemessen wird, kann bei automatisierten oder autonomen Fahrzeugen wegen der fehlenden Verschuldensfähigkeit des technischen Systems hierauf nicht zurückgegriffen werden. Es wird vorgeschlagen, anhand eines objektivierten menschlichen Maßstabs zu bestimmen, wann ein selbstfahrendes Fahrzeug in einer Unfallsituation verkehrsrichtig reagiert hat.

1   Einführung

Mit der zunehmenden Automatisierung und Autonomisierung unserer Alltagswelt stellen sich aus juristischer Sicht eine Fülle von neuen Rechtsfragen.[1] Im Jahr 2017 ebnete der Bundesgesetzgeber mit dem Achten Gesetz zur Änderung des Straßenverkehrsgesetzes den Weg für die Nutzung von Fahrzeugen mit hoch- und vollautomatisierten Funktionen.[2] Die Entwicklung vollständig autonomer Fahrzeuge wird von der Regierung und den Automobilkonzernen weiter vorangetrieben.[3]

Befinden sich jedoch neben menschlich gesteuerten auch softwaregesteuerte Fahrzeuge auf den Straßen, stellt sich unweigerlich die Frage, wie das Verhältnis zwischen Mensch und Maschine haftungsrechtlich abgebildet

---

[1] Übersichtshalber zu autonomen Systemen *Taeger*, NJW 2016, S. 3764.

[2] Achtes Gesetz zur Änderung des Straßenverkehrs v. 16.6.2017, BGBl. I, S. 1648.

[3] *Delhaes*, Das autonome Fahren soll kommen – doch es droht ein Wust an Bürokratie und Verboten v. 7.6.2020, https://www.handelsblatt.com/politik/deutschland/mobilitaet-das -autonome-fahren-soll-kommen-doch-es-droht-ein-wust-an-buerokratie-und-verboten/2 5884018.html?nlayer=Politik-News_11247984&ticket=ST-674601-F2HOFRIdg6lHXeTi DMLr-ap3 (abgerufen am 29.6.2020).

werden kann, wenn es zu einem Schadensereignis kommt. Verkehrsunfallsachen bilden einen Großteil der Fälle an deutschen Gerichten.[4] Selten wird
ein Verkehrsunfall nach dem Prinzip alles oder nichts entschieden. Die Haf-
tungsabwägung stellt in der Regel das Hauptproblem der richterlichen Entscheidung dar.[5] Das Verschulden der Fahrzeugführer, welches dem Halter
zugerechnet wird, ist dabei von zentraler Bedeutung zur Ermittlung einer
Haftungsquote. Schließlich sind 90 Prozent aller Unfälle auf menschliches
Fehlverhalten zurückzuführen.[6] Ungeklärt ist jedoch die Frage, wann einem
automatisierten oder autonomen Fahrsystem Fehlverhalten im Straßenverkehr vorzuwerfen ist.

2 Hochautomatisierte, vollautomatisierte und autonome Fahrzeuge

Der Gesetzgeber orientiert sich bei der Definition der verschiedenen Automatisierungsstufen von Kraftfahrzeugen in den §§ 1a ff. StVG an den Ergebnissen des Runden Tischs „Automatisiertes Fahren",[7] welcher sich wiederum auf die Standards der Bundesanstalt für Straßenwesen bezieht.[8] Die
Automatisierungsstufen reichen von Stufe 1 bis 5. Ab dem hochautomatisierten Fahren (Stufe 3) werden die Fahraufgaben jedenfalls für einen Zeitraum in spezifischen Situationen von der Fahrzeugsoftware übernommen,
ohne dass der Fahrer das System währenddessen überwachen muss. Sollten
die Systemgrenzen überschritten werden, wird der Fahrzeugführer zur
Übernahme der Fahraufgaben mit ausreichender Zeitreserve aufgefordert.
Bei vollautomatisierten Fahrzeugen (Stufe 4) übernimmt das System die
Steuerungsaufgaben für einen definierten Anwendungsfall und kann sich
selbst in einen risikominimalen Systemzustand zurückführen, sofern der
Fahrer auf Übernahmeaufforderung nicht reagiert. Erst ab Stufe 5 wird vom
autonomen Fahren gesprochen. Die Technik kann hier jede Verkehrssitua-
tion bewältigen, die Passagiere haben keine Fahraufgabe mehr. Es kann sogar gänzlich passagierlos gefahren werden. Während die Stufen 3 und 4

---

[4] An den Amtsgerichten waren 2017 ca. 14,5 %, an den Landgerichten ca. 7,6 % aller erst-
instanzlichen Verfahren Verkehrsunfallsachen; *Statistisches Bundesamt*, Statistisches Jahr-
buch 2019, S. 318.

[5] *Grüneberg*, Haftungsquoten bei Verkehrsunfällen, Einl.

[6] *Statistisches Bundesamt*, Verkehrsunfälle 2018, S. 11.

[7] Vgl. BT-Drs. 18/11300, 12-13; *Runder Tisch Automatisiertes Fahren*, Bericht zum Forschungsbedarf, S. 3 u. Anh. 5 (S. 115 f.),: https://www.bmvi.de/SharedDocs/DE/A nlage/DG/Dig
itales/bericht-zum-forschungsbedarf-runder-tisch-automatisiertes-fahren.p df?__blob=p
ublicationFile (abgerufen am 29.6.2020).

[8] *Bundesanstalt für Straßenwesen*, Rechtsfolgen zunehmender Fahrzeugautomatisierung,
2012, S. 8 ff., https://bast.opus.hbz-nrw.de/opus45-bast/frontdoor/deliver/index/docId/
541/file/F83.pdf (abgerufen am 29.6.2020).

durch die Gesetzesnovelle 2017 in § 1a Abs. 1 StVG ausdrücklich zugelassen sind, fehlt eine entsprechende Regelung für das autonome Fahren bislang.

Den Automatisierungsstufen 3 bis 5 ist gemein, dass das System zumindest für eine Zeit lang die Fahraufgaben übernimmt und der Fahrzeugführer sich dabei von der Fahrzeugsteuerung abwenden kann (vgl. § 1b Abs. 1 StVG). Nach der Feststellung des § 1a Abs. 4 StVG ist auf Stufe 3 und 4 der Benutzer als Fahrzeugführer anzusehen, während dies auf Stufe 5 nicht mehr der Fall sein wird.[9] Allerdings erfordert die Haftung des Fahrzeugführers nach § 18 Abs. 1 StVG, dass der Fahrer nur für vermutetes Verschulden haftet. Besteht also kein Anlass zur Überwachung der Fahrzeugsteuerung im Autopiloten, so liegt hierin auch kein Sorgfaltsverstoß. Der Fahrer muss während der systemgesteuerten Fahrt allenfalls insoweit wahrnehmungsbereit sein, als er auf Aufforderung der Software die Steuerung übernimmt oder erkennbare und offensichtliche Umstände auftreten, die eine erneute Übernahme der Steuerung durch den Fahrer erfordern.[10] So geht der Gesetzgeber in § 1a Abs. 4 StVG und § 1b StVG davon aus, dass der Fahrer „die Hände vom Lenkrad nehmen" dürfe und „den Blick von der Straße wenden und anderen Tätigkeiten nachgehen, etwa dem Bearbeiten von Mails im Infotainment-System".[11] Insofern kommt in den Fällen, in denen kein Grund zur Überwachung der Steuerung besteht und sich gleichwohl ein Unfall ereignet, allenfalls eine Haftung des Fahrzeughalters gem. § 7 Abs. 1 StVG in Betracht. Ein Verschulden des Fahrzeugführers ist in diesen Fällen ausgeschlossen.[12] Dies gilt ebenfalls bei autonomen Fahrzeugen der Stufe 5, bei denen der Benutzer ohnehin nicht mehr mit Steuerungsaufgaben betraut ist.

3 Haftung des Fahrzeughalters aus Betriebsgefahr

3.1 Haftungsvoraussetzungen

Der Halter haftet gem. § 7 Abs. 1 StVG, wenn bei Betrieb seines Kraftfahrzeugs ein Mensch getötet, der Körper oder die Gesundheit eines Menschen verletzt oder eine Sache beschädigt wird. Nach der heute vorherrschenden verkehrstechnischen Auffassung ist der Begriff des Betriebs des Fahrzeugs

---

[9] Vgl. BT-Drs. 18/11300, S. 21; *Buck-Heeb/Dieckmann*, in: Oppermann/Stender-Vorwachs, Autonomes Fahren, S. 141 (146); *Balke*, SVR 2018, S. 5 (6); *Schrader*, NJW 2015, S. 3537 (3541).

[10] Hierzu ausführlich *Buck-Heeb/Dieckmann*, in: Oppermann/Stender-Vorwachs, Autonomes Fahren, S. 141 (151-162).

[11] Beschlussempfehlung und Bericht des Ausschusses für Verkehr und digitale Infrastruktur zu dem Gesetzesentwurf der Bundesregierung, BT-Drs. 18/11776, S. 10.

[12] *Hofmann*, CR 2020, S. 282 (286).

weit auszulegen.[13] Ausreichend ist bereits, dass sich der Unfall in einem nahen örtlichen und zeitlichen Zusammenhang mit einem bestimmten Betriebsvorgang stand.[14] Dieser Betrieb muss auch in einem Zurechnungszusammenhang zum Unfall stehen. Es bleiben also solche Ursachen außer Acht, die nicht zum Schadensverlauf beigetragen haben.[15] Auch der Halter eines selbstfahrenden Fahrzeugs hat für die Betriebsgefahr seines Fahrzeugs dann einzustehen, wenn das Steuerungssystem die Fahraufgaben übernimmt.[16]

3.2 Haftungsausschlüsse und Begrenzungen

Diese Gefährdungshaftung ist jedoch nicht grenzenlos. Der Halter hat weder für höhere Gewalt einzustehen (§ 7 Abs. 2 StVG), noch dann, wenn sein Fahrzeug unbefugt benutzt wird (§ 7 Abs. 3 StVG).

Hat der Geschädigte den Unfall mitverursacht, kommen zudem weitere Haftungsausschlüsse und -begrenzungen in Betracht. Bei Schadensereignissen zwischen mehreren Kraftfahrzeugen haben die jeweiligen Halter gem. § 17 Abs. 2 StVG spiegelbildlich für die jeweils von ihren Fahrzeugen ausgehende Betriebsgefahr einzustehen. Die Regelungen des § 17 Abs. 2 und 3 StVG finden jedoch nur Anwendung, wenn der geschädigte Unfallgegner ebenfalls aus Gefährdungshaftung für ein bestimmtes Risiko einzustehen hat.[17] Zudem kann der Halter in diesen Fällen auch den Nachweis erbringen, dass der Unfall auf einem für ihn unabwendbaren Ereignis i. S. d. § 17 Abs. 2 i. V. m. Abs. 3 StVG beruht und er deshalb vollständig von seiner Haftung befreit wird. Nach § 9 StVG und § 254 BGB kann in allen übrigen Fällen die Haftung auch wegen des Mitverschuldens des Geschädigten gemindert sein.

---

[13] *Burmann*, in: Burmann/Heß/Hühnermann/Jahnke, Straßenverkehrsrecht, § 7 StVG Rn. 7.

[14] *Greger/Zwickel*, Haftungsrecht des Straßenverkehrs, § 3 Rn. 51.

[15] *Laws et al*, in: Freymann/Wellner, jurisPK-Straßenverkehrsrecht, § 7 StVG Rn. 26.

[16] M. w. N. *Buck-Heeb/Dieckmann*, in: Oppermann/Stender-Vorwachs, Autonomes Fahren, S. 141 (144); *Hey*, Die außervertragliche Haftung des Herstellers autonomer Fahrzeuge bei Unfällen im Straßenverkehr, S. 30; *Armbrüster*, ZRP 2017, S. 83 (84); *Franke*, DAR 2016, S. 61 (63).

[17] Dies betrifft nach den Regelungen der § 17 Abs. 3, 4, § 18 Abs. 3 StVG neben Kraftfahrzeughaltern, -führern, -eigentümern auch Tierhalter und Bahnunternehmen.

4 Die Bedeutung verkehrsrichtigen Verhaltens des Fahrzeugführers in der Halterhaftung

Von besonderer Bedeutung ist das verkehrsrichtige Verhalten des Fahrzeugführers in den Fällen, in denen der Geschädigte den Unfall mitverursacht hat und der Halter sich auf einen Haftungsausschluss oder eine -begrenzung berufen will.

4.1 Verschulden des Fahrzeugführers als gefahrerhöhender Umstand

Zum einen führt ein Sorgfaltsverstoß des Fahrzeugführers als gefahrerhöhender Umstand zu einer Erhöhung der konkreten Betriebsgefahr.[18] Anhand dieser wird abgewogen, in welchem Verhältnis die Verursachungsbeiträge des Fahrzeugs des Halters zu denen des Geschädigten sich auf den Unfall ausgewirkt haben. In den Fällen des § 17 Abs. 2 StVG werden die Betriebsgefahren der beteiligten Fahrzeuge gegeneinander abgewogen. Auch in den Fällen, in denen der Geschädigte selbst nicht aus Betriebsgefahr haftet, jedoch ein Mitverschulden i. S. d. § 9 StVG bzw. § 254 BGB feststeht, findet eine Abwägung des Mitverschuldens gegen die konkrete Betriebsgefahr statt.[19]

In der Rechtsprechung haben sich diesbezüglich verschiedene Kriterien herausgebildet. Hierzu zählen unter anderem die Beschaffenheit des Fahrzeugs, die Geschwindigkeit zum Unfallzeitpunkt oder die Durchführung eines gefahrenträchtigen Fahrmanövers. Ferner können sich Eignungsmängel des Fahrzeugführers, wie das Fehlen einer Fahrerlaubnis oder technische Mängel am Fahrzeug gefahrerhöhend auswirken.[20]

Insbesondere kann jedoch verkehrswidriges Verhalten des Fahrers bei Betrieb des Fahrzeugs für eine Gefahrerhöhung sorgen. Dies bestimmt sich für den Fahrer danach, ob er sich so verhalten hat, wie dies jeder andere ordentliche Kraftfahrzeugführer unter den gegebenen Umständen auch gemacht hätte.[21] Neben der Einhaltung der StVO kommt es jedoch auch auf die konkrete Unfallsituation an. Sind Gefahren erkennbar, sind beispielsweise höhere Anforderungen an die Reaktionsgeschwindigkeit zu stellen, als bei plötzlich auftretenden Ereignissen.[22] Es handelt sich also um einen situationsabhängigen Maßstab, nach welchem Fehler hinzunehmen sind,

---

[18] BGH, Urt. v. 11.6.2013 – VI ZR 150/12, Rn. 20 (= VersR 2013, 1013).

[19] *Greger/Zwickel*, Haftungsrecht des Straßenverkehrs, § 22 Rn. 129; *Heß* in: Burmann/Heß/Hühnermann/Jahnke, Straßenverkehrsrecht, § 9 StVG Rn. 11.

[20] *Greger/Zwickel*, Haftungsrecht des Straßenverkehrs, § 22 Rn. 130.

[21] RG, Urt. v. 20.7.1936 – VI 80/36 (= RGZ 152, 46, 52); OLG Hamm, Urt. v. 10.3.2000 – 9 U 128/99, Rn. 20.

[22] *Greger/Zwickel*, Haftungsrecht des Straßenverkehrs, § 4 Rn. 28.

wenn unter dem Eindruck plötzlicher Ereignisse Entscheidungen getroffen werden müssen. So wird Fahrzeugführern bei unerwartet auftretenden Gefahren über die bloße Reaktionszeit auch eine Schreckzeit zugebilligt.[23] Auch kann bei einem objektiven Fahrfehler dann kein Verschulden angenommen werden, wenn der Fahrer bei einer nicht voraussehbaren Gefahrenlage keine Zeit zu ruhiger Überlegung hat und deshalb nicht das Richtige und Sachgemäße unternimmt, um den Unfall zu verhüten, sondern aus verständlicher Bestürzung objektiv falsch reagiert.[24] Zudem gilt der verkehrsrechtliche Vertrauensgrundsatz. Hiernach darf der Fahrzeugführer grundsätzlich mit dem verkehrsgerechten Verhalten der anderen Verkehrsteilnehmer rechnen.[25]

4.2 Erhöhter Sorgfaltsmaßstab im Rahmen der Unabwendbarkeit

Fehlendes Verschulden des Fahrzeugführers ist außerdem Voraussetzung für die Feststellung, ob ein Unfall aus Sicht des Halters auf einem unabwendbaren Ereignis i. S. d. § 17 Abs. 2 i. V. m. Abs. 3 StVG beruhte. Allerdings gilt hier anders als im Rahmen der konkreten Betriebsgefahr ein erhöhter Sorgfaltsmaßstab.

Unabwendbar sind danach nur solche Ereignisse, die für den Halter oder den Fahrer trotz Beachtung jeder nach den Umständen des Falles gebotenen Sorgfalt, die über dem Sorgfaltsmaßstab des § 276 BGB liegt, nicht vermeidbar sind.[26] In der Judikatur hat sich hierfür der Begriff des sogenannten Idealfahrers entwickelt, um für den Fahrzeugführer unabwendbare Ereignisse zu bestimmen.[27] Jedoch sind auch für diesen Idealfahrer in plötzlich auftretenden Gefahrensituationen Schreckzeiten wie auch sachwidriges Fahrverhalten hinzunehmen, wenn er mit der Gefahrenlage nicht rechnen musste.[28] Dies gilt auch für den Vertrauensgrundsatz.[29] Insgesamt wird also auch dieser hohe Sorgfaltsmaßstab situativ angepasst, wenn in der Unfallsituation bestimmte menschliche Fehlreaktionen nachvollziehbar sind.

---

[23] BGH, Urt. v. 21.12.1993 – VI ZR 246/92, NJW 1994, 941; vgl. auch *Heß*, in: Burmann/Heß/Hühnermann/Jahnke, Straßenverkehrsrecht, § 1 StVO Rn. 57-59.

[24] Vgl. m. w. N. BGH, Urt. v. 16.3.1976 – VI ZR 62/75, NJW 1976, 1504.

[25] BGH, Urt. v. 25.3.2003 – VI ZR 161/02, VersR 2003, 783.

[26] BGH, Urt. v. 18.1.2005 – VI ZR 115/04, Rn. 15, VersR 2005, 566; BGH, Urt. v. 23.9.1986 – VI ZR 136/85, VersR 1987, 158, Rn. 8.

[27] BGH, Urt. v. 13.12.2005 – VI ZR 68/04, VersR 2006, 369; BGH, Urt. v. 28.5.1985 – VI ZR 258/83, VersR 1985, 864.

[28] *Greger/Zwickel*, Haftungsrecht des Straßenverkehrs, § 3 Rn. 377 f.

[29] Ebenda, Rn. 381.

5 Maßstab für verkehrsrichtiges Verhalten im Straßenverkehr bei selbstfahrenden Fahrzeugen

Es stellt sich also die Frage, nach welchen Maßstäben bei hoch-, vollautomatisierten und autonomen Fahrzeugen zu bewerten ist, ob das Steuerungssystem verkehrsrichtig reagiert hat. Dabei ist zunächst festzustellen, dass ein Verschulden des Fahrzeugführers dem Halter nicht zugerechnet werden kann. Wie bereits ausgeführt, treffen den Fahrzeugführer eines Fahrzeugs der Stufe 3 oder 4 während der Fahrt im Autopilot-Modus regelmäßig keine Sorgfaltspflichten, wenn das System nicht zum Eingreifen auffordert.[30] Bei autonomen Fahrzeugen bestehen ohnehin keine Pflichten in Bezug auf die Fahrzeugsteuerung.

Es kann auch dem Steuerungssystem kein Fahrlässigkeitsvorwurf gemacht werden. Eine Maschine oder Software handelt nicht fahrlässig i. S. d. § 276 BGB, da ihr das Recht keine Verantwortlichkeit zuschreibt.[31] Träger von zivilrechtlicher Verantwortlichkeit sind nur natürliche und juristische Personen. Solange der Gesetzgeber also nicht dazu übergeht, auch autonomen Systemen eine Rechtspersönlichkeit zuzuordnen,[32] kann das Handeln der Software eines Fahrzeugs nicht unter dem Gesichtspunkt der Fahrlässigkeit bewertet werden und damit auch nicht dem Halter im Wege eines gefahrerhöhenden Umstands zugerechnet werden.

Insofern kann im Falle eines Verkehrsunfalls das Entscheidungsverhalten der Software allenfalls als technischer Defekt bewertet werden, der sich auf die Betriebsgefahr auswirkt.[33] Häufig wird in Literatur lediglich darauf verwiesen, dass sich ein Funktionsmangel des Fahrzeugs gefahrerhöhend auswirkt und die Unabwendbarkeit ausschließt, jedoch ohne näher zu erläutern, unter welchen Voraussetzungen von einem „Versagen der Automatik" auszugehen ist.[34] Ein solcher Systemfehler kann also nur bestehen, wenn anhand objektiver Kriterien feststeht, dass das Fahrzeug einen Fahrfehler begangen hat, der sich auf das Unfallgeschehen ausgewirkt hat. Es kommt also darauf an, nach welchen Kriterien ein Maßstab für einen systembedingten Fahrfehler ermittelt werden kann.

---

[30] *Buck-Heeb/Dieckmann*, in: Oppermann/Stender-Vorwachs, Autonomes Fahren, S. 141 (163).

[31] *Schulz*, Verantwortlichkeit bei autonom agierenden Systemen, S. 89.

[32] Zum Stand dieser Diskussion s. z.B. *Kluge/Müller*, in: Taeger, Smart World - Smart Law?, S. 989 (1000 ff.).

[33] *Greger*, NZV 2018, S. 1.

[34] So z.B. *Greger*, NZV 2018, S. 1; vgl. auch *Buck-Heeb/Dieckmann*, in: Oppermann/Stender-Vorwachs, Autonomes Fahren, S. 141 (144); *Hammel*, Haftung und Versicherung bei Personenkraftwagen mit Fahrerassistenzsystemen, S. 209; *Borges*, CR 2016, S. 272 (276).

5.1 Keine pauschale Erhöhung oder Minderung der Betriebsgefahr

Zum Teil wird in der Literatur vertreten, automatisierten oder autonomen Fahrzeugen pauschal Zuschläge[35] oder Abschläge[36] auf die allgemeine Betriebsgefahr zu berechnen.[37] Für eine generelle Erhöhung der Betriebsgefahr wird entweder ins Feld geführt, dass die technischen Einrichtungen nicht in der Lage seien, das Verkehrsgeschehen so aufzunehmen und zu interpretieren, wie dies ein menschlicher Fahrer könne.[38] Im Gegensatz dazu spreche für eine generelle Minderung der Betriebsgefahr, dass zwar nicht unbedingt situativ ein geringeres Unfallrisiko besteht, wohl aber abstrakt generell zu erwarten sei, dass ein automatisiertes oder autonomes Fahrzeug eine geringere Unfallträchtigkeit aufweisen werde.[39]

Beide Ansichten überzeugen indes nicht. Bei der Bewertung der konkreten Betriebsgefahr geht es darum, verschiedene Faktoren, die an der Entstehung eines Unfalls kausal mitgewirkt haben, gegeneinander aufzurechnen, um so eine sachgerechte Quote errechnen zu können. Zwar haben sich diverse Fallgruppen gebildet, bei deren Vorliegen eine Gefahrerhöhung anzunehmen ist, dies allerdings nur, wenn dieser Umstand sich auch gefahrerhöhend ausgewirkt hat.[40] Eine generelle Gefahrerhöhung oder -minderung würde dem Prinzip der zivilrechtlichen Kausalität zuwiderlaufen. Ein anderes Verständnis würde zu einer Haftungsverteilung nach bloßen Möglichkeiten der Schadensentstehung führen.[41] So kann aus dem Umstand, dass ein automatisiertes Fahrzeug nicht in der Lage ist, den gesamten Verkehrsraum wie ein Mensch zu überwachen, nicht auf eine erhöhte Betriebsgefahr geschlossen werden, wenn die *unterlegene Technik* gar nicht ursächlich für den konkreten Unfall war. Ebenso ist es wenig überzeugend, aufgrund der allgemein erhöhten Sicherheit eines Fahrzeugs auf eine geringere Betriebsgefahr zu schließen, wenn die *überlegene Technik* nicht in der Lage war, den Unfall zu vermeiden oder die Folgen zu reduzieren.

Ähnlich kann auch allein von der Tatsache, dass der Fahrer während des Unfalls unter Alkoholeinfluss stand, nicht geschlossen werden, dass hierdurch die Betriebsgefahr erhöht ist, wenn dieser Umstand für den Unfall

---

[35] *Gail*, SVR 2019, S. 321 (325 f.).

[36] *Fleck/Thomas*, NJOZ 2015, S. 1393 (1394).

[37] Ähnlich die Debatte zum Einsatz von Fahrassistenzsystemen; vgl. zum Meinungsstand: *Hammel*, Haftung und Versicherung bei Personenkraftwagen mit Fahrerassistenzsystemen, S. 93-104.

[38] *Gail*, SVR 2019, S. 321 (326).

[39] *Fleck/Thomas*, NJOZ 2015, S. 1393 (1394).

[40] *Greger/Zwickel*, Haftungsrecht des Straßenverkehrs, § 22 Rn. 131.

[41] BGH, Urt. v. 10.1.1995 – VI ZR 247/94, NZV 1995, 145, Rn. 13.

folgenlos geblieben ist.[42] Es ist also weder von einer generell erhöhten, noch geminderten Betriebsgefahr bei automatisierten oder autonomen Fahrzeugen auszugehen.[43]

5.2 Orientierungspunkte für die Bildung eines Maßstabes

Wann ein selbstfahrendes Fahrzeug verkehrswidrig reagiert, muss also anhand anderer Kriterien ermittelt werden.[44] Hierbei ist zunächst entscheidend, welcher Mindeststandard eingehalten werden muss, bei dessen Einhaltung noch von keiner Gefahrerhöhung ausgegangen werden kann.

5.2.1 Menschlicher Durchschnittsfahrer

Denkbar wäre es, den für menschliche Fahrer geschaffenen Fahrlässigkeitsmaßstab ohne Einschränkungen auf automatisierte und autonome Fahrzeuge zu übertragen.[45] Das würde bedeuten, dass bei der tatrichterlichen Entscheidung einzig verglichen wird, ob das Steuerungssystem den menschlichen Sorgfaltsmaßstab während des Unfallgeschehens eingehalten hat. Vereinfacht gesagt würde sich die konkrete Betriebsgefahr nur dann erhöhen, wenn das System „nicht eine Reaktion vornimmt, die von einem menschlichen Fahrer zu erwarten wäre"[46] und der Unfall darauf beruhte.

5.2.2 Menschlicher Idealfahrer

Ebenfalls könnte man auf den Idealfahrer i. S. d. § 17 Abs. 3 StVG abstellen.[47] Hiernach wäre von automatisierten und autonomen Fahrzeugen ein Standard zu erwarten, der über den Sorgfaltsanforderungen eines Durchschnittsfahrers liegt. Der Halter eines selbstfahrenden Fahrzeugs haftet hiernach schon dann überwiegend, wenn ein Fahrzeug zwar gegenüber einem Menschen durchschnittlich, aber nicht im Sinne eines Idealfahrers reagiert hat.

---

[42] Ebenda.

[43] Im Ergebnis auch *Buck-Heeb/Dieckmann*, in: Oppermann/Stender-Vorwachs, Autonomes Fahren, S. 141 (144); *Greger*, NZV 2018, S. 1 (2).

[44] Die Frage des Sicherheitsmaßstabs zur Bestimmung des Produktfehlers selbstfahrender Fahrzeuge gilt es auch im Produkthaftungsrecht noch abschließend zu klären. Zum Teil gibt es jedoch Überschneidungen in der Argumentation, da jeder Fahrfehler auch produkthaftungsrechtliche Konsequenzen haben kann. Insofern wird im Folgenden – soweit anwendbar – auch auf die Vorschläge aus dem Bereich der Herstellerhaftung Bezug genommen.

[45] *Gomille*, JZ 2016, S. 77 (78); *Hey*, Die außervertragliche Haftung des Herstellers autonomer Fahrzeuge bei Unfällen im Straßenverkehr, S. 47; *Borges*, CR 2016, S. 272 (276); kritisch *Wagner*, AcP 2017, S. 707 (733 ff.).

[46] *Borges*, CR 2016, S. 272 (276).

[47] So etwa *Steege*, NZV 2019, S. 459 (466); *Freise*, VersR 2019, S. 65 (70).

5.2.3 Durchschnittsfahrzeug

Ein anderer Ansatz könnte darauf abzielen, einen technischen oder maschinellen Maßstab festzulegen.[48] Dieser könnte beispielsweise anhand eines Durchschnitts aller auf dem Markt befindlichen automatisierten oder autonomen Fahrzeuge gebildet werden. Dies wäre vor allem in Fällen, in denen es auf messbare Reaktionszeiten ankommt, durchaus vergleichbar. Hinzu kommt, dass durch das Auslesen der Datenspeicher der Fahrzeuge Unfallrekonstruktionen erleichtert werden könnten, sodass recht verlässliche Daten über die Reaktionszeit des Steuerungssystems ermittelt werden könnten.[49] Reagiert also das Fahrzeug langsamer als das auf dem Markt erhältliche Durchschnittsfahrzeug, führte dies zu einer Gefahrerhöhung.

5.2.4 Technischer Höchststandard

Weiter wäre es möglich, vom technisch möglichen Maximalstandard als Referenz für andere Fahrzeuge auszugehen.[50] Hier wird die Reaktion des jeweiligen Steuerungssystems mit der Reaktionsfähigkeit des Marktführers verglichen. Dessen Software würde dann den Standard für das automatisierte *Idealfahrzeug* bilden.

5.2.5 Stellungnahme

Je nachdem, welches Sicherheitsniveau von selbstfahrenden Fahrzeugen verlangt wird, sind unterschiedliche Haftungsquoten zu erwarten. Weicht beispielsweise ein selbstfahrendes Fahrzeug aufgrund eines plötzlichen Wildwechsels auf die Gegenfahrbahn aus, kommt dabei ins Schleudern und kollidiert in der Folge mit einem anderen leicht zu schnell fahrenden Fahrzeug, wird die Haftung des Halters davon abhängig sein, welche Anforderungen an die Steuerungsfähigkeiten des Fahrsystems zu stellen sind. Wendet man die Maßstäbe eines durchschnittlichen Fahrzeugführers bzw. eines Idealfahrers an, um zu bewerten, ob sich das automatisierte bzw. autonome Fahrzeug situationsbedingt verkehrsrichtig verhalten hat, könnte das Ergebnis lauten, dass das Fahrzeug wegen der Plötzlichkeit des Ereignisses nicht falsch reagiert hat, der Unfall sogar unabwendbar gewesen sei. Dies könnte der Fall sein, wenn einem Fahrzeugführer in einer vergleichbaren Situation eine Schreckzeit zuzubilligen wäre und es nachvollziehbar gewesen wäre, dass der Fahrer auf die Gegenfahrbahn ausweicht, anstatt nach rechts auf den Straßenrand auszuweichen. Wegen der Geschwindigkeitsüberschreitung des anderen Fahrzeugs könnte der überwiegende Teil des Schadens dem Geschädigten zur Last fallen. Etwas anderes könnte gelten, wenn ein Vergleich mit anderen auf dem Markt erhältlichen Fahrsystemen

---

[48] Angedacht von *Wagner*, AcP 2017, S. 707 (737).

[49] Dies wäre mittels Event Data Recording (EDR) durchaus denkbar. Vgl. *Raith*, Das vernetzte Automobil, S. 358 ff.

[50] Ebenfalls *Wagner*, AcP 2017, S. 707 (737).

gezogen wird und das vorliegende Fahrzeug hier wesentlich schlechter abschneidet. Hätten also vergleichbare Fahrzeuge bereits 0,5 Sekunden schneller reagieren können und das Ausweichmanöver in Richtung des Straßenrands durchgeführt, könnte man zu der Annahme gelangen, dass nach diesem Maßstab der Unfall vollständig vermeidbar gewesen sei. Die Haftungsquote würde dann eindeutig zu Lasten des haftenden Halters gehen, da dessen Fahrzeug verkehrswidrig zu langsam und sachwidrig reagiert hat.

Das Beispiel zeigt, dass die Haftungsquoten deutlich divergieren, wenn der Maßstab für automatisierte bzw. automatisierte Fahrzeuge höher oder niedriger angesetzt wird. Einigkeit dürfte insoweit bestehen, dass der menschliche Maßstab die Untergrenze dessen darstellt, was als Maßstab für softwaregesteuerte Fahrzeuge gelten muss.[51] Jede Unterschreitung wäre mit dem Ziel des Straßenverkehrsrechts, die Sicherheit des Straßenverkehrs zu gewährleisten,[52] unvereinbar. Die Frage ist vielmehr, ob sich auch ein höherer Maßstab rechtfertigen lässt. Hierfür spricht zunächst die Tatsache, dass die Fahrsysteme zumindest mit fortschreitender Verbesserung der Hard- und Software zukünftig in der Lage sein werden, Gefahrsituationen reaktionsschneller und rationaler zu meistern als menschliche Fahrer.[53] Also dürfte das technische Fahrsystem die biologischen Fähigkeiten des Menschen übertreffen.

Der menschliche Verschuldensmaßstab wird den technischen Besonderheiten automatischer Fahrsysteme insofern nicht gerecht. Während die Anforderungen des menschlichen Fahrzeugführers mit der Erwartbarkeit eines Risikos variieren und er stets nur das Maß an Aufmerksamkeit auf den Verkehr richten muss, welches in der jeweiligen Situation angemessen erscheint, kann dies auf selbstfahrende Fahrzeuge nicht übertragen werden. Vielmehr kann von einem technischen System, welches über die Sensorik und Software verfügt, den Verkehr in jeder Situation mit gleichbleibender und dem Menschen überlegener Genauigkeit zu überwachen, erwartet werden, dass es zu jeder Zeit mit der gleichen Reaktionsgeschwindigkeit und Reaktionsrichtigkeit auf zu erwartende wie auch plötzliche Situationen reagieren kann. Es kann insoweit auch kein Vertrauensgrundsatz für automatisierte und autonome Fahrzeuge gelten. Im Gegenteil ließe sich durch-

---

[51] Ebenda, S. 734; *Gomille*, JZ 2016, S. 77 (78).

[52] *Freymann*, in: Freymann/Wellner, jurisPK-Straßenverkehrsrecht, Einl. Rn. 1.

[53] Bei einem Prototyp eines autonomen Fahrzeugs aus dem Jahr betrug die Reaktionszeit 0,3 Sekunden, mithin rund dreifach so schnell wie eine durchschnittliche menschliche Reaktion. *Montemerlo et al*, Journal of Fields Robotics 2008, S. 569 (573); *Hey*, Die außervertragliche Haftung des Herstellers autonomer Fahrzeuge bei Unfällen im Straßenverkehr, S. 50.

aus vertreten, dass automatisierte Fahrzeuge nicht nur anderen Verkehrsteilnehmern *nicht vertrauen* dürfen, sondern diesen sogar *misstrauen* und sogar mit der Möglichkeit eines unerwarteten Zufalls rechnen müssen.[54] Anders als der Mensch ist ein autonomes Steuerungssystem nicht von biologischen psychologischen Limitierungen und Affektreaktionen betroffen und nimmt jedes Verkehrsgeschehen rational mit der zur Verfügung stehenden Sensorik und Rechenleistung auf.[55] Insofern wäre es auch unbillig, automatisierten und autonomen Systemen eine Schreckzeit zuzubilligen oder gar hinzunehmen, dass diese in einer kritischen Situation eine objektiv falsche Reaktion zeigen.[56]

Auf der anderen Seite ist fraglich, ob deshalb auf die Durchschnitts- oder Optimalfähigkeiten der am Markt verfügbaren Fahrzeuge zurückgegriffen werden kann. Zwar erscheint es auf den ersten Blick bestechend, wenn anstelle des menschlichen Durchschnittsfahrers das Durchschnittsfahrzeug zur Referenz wird. Andererseits dürften die einzelnen Fahrzeuge häufig nicht ohne Weiteres vergleichbar sein. Zwar lassen sich Unfallsituationen bis zu einem gewissen Grad nachstellen; wie jedoch auf künstlicher Intelligenz beruhende Steuerungssysteme in bestimmten Situationen reagieren, lässt sich weder im Vorhinein noch im Nachhinein zweifelsfrei ermitteln.[57] Hinzu kommt, dass ein Maßstab, der sich nach den am Markt verfügbaren Fahrsystemen richtet, einer ständigen Dynamisierung unterläge, da mit jedem neu am Markt verfügbaren System der Maßstab angepasst werden müsste. Eine konsistente Rechtsprechung wäre unter diesen Umständen nicht möglich. Dagegen spricht weiter der Zweck des Straßenverkehrsrechts. So soll nicht nur die Sicherheit, sondern auch die Leichtigkeit des Straßenverkehrs gefördert werden.[58] Besteht jedoch ein Anreiz für Fahrzeughersteller Systeme auf den Markt zu bringen, die zum Zwecke der Haftungsvermeidung besser reagieren als der Marktdurchschnitt, könnten die Fahrzeuge in der Folge übermäßig defensiv programmiert werden, um die Haftungsrisiken der Kunden zu verringern.[59] Überzogene Sicherheitsanforderungen an automatisierte und autonome Fahrzeuge könnten auch dazu

---

[54] So die dem Vertrauensgrundsatz vorangegangene Rechtsprechung des Reichsgerichts: RG, Urt. v. 4.1.1927 – I 809/26, RGSt 61, 120 (121).

[55] *Gomille*, JZ 2016, S. 76 (77).

[56] Vgl. *Hilgendorf*, in: Roßnagel/Hornung, Grundrechtsschutz im Smart Car, S. 147 (154 f.).

[57] Die eingeschränkte Vorhersagbarkeit und Erklärbarkeit der Entscheidungen intelligenter Systeme wird deshalb auch als *Blackbox-Effekt* bezeichnet; *Zech*, ZfPW 2019, S. 198 (202); *Europäische Kommission*, Weißbuch Zur Künstlichen Intelligenz, S. 14 f.

[58] *Freymann*, in: Freymann/Wellner, jurisPK-Straßenverkehrsrecht, Einl. Rn. 1.

[59] Derartige „autonome Sonntagsfahrer" würden der Leichtigkeit des Verkehrs erheblich entgegenwirken, *Wüst*, Spiegel 13/2018 v. 24.3.2018, S. 118; s.a. *Feldle*, Notstandsalgorithmen, S. 187 ff.

führen, dass andere Verkehrsteilnehmer sich diesen gegenüber bewusst rücksichtslos verhalten, da sie davon ausgehen, dass derartige Fahrzeuge weit besser reagieren müssen, als dies von einem menschlichen Fahrer erwartet wird.[60] Dementsprechend ist auch der technische Höchststandard nicht geeignet zu bestimmen, wann ein Fahrfehler vorliegt, da dieser zudem stets zur Haftungsfreistellung der Halter des Herstellers führt, der die beste Software anbietet.[61]

5.3 Objektivierter menschlicher Maßstab

Sachgerecht wäre aus diesen Gründen ein objektivierter menschlicher Maßstab zur Bestimmung der konkreten Betriebsgefahr. Hiernach sind im Rahmen der Ermittlung der konkreten Betriebsgefahr die Fähigkeiten eines Durchschnittsfahrers als Mindestmaß auch von automatisierten und autonomen Fahrzeugen zu erreichen.[62] Jedoch gelten in Situationen, in denen dem menschlichen Fahrzeugführer aufgrund seiner biologischen und psychologischen Limitierungen Erleichterungen des Sorgfaltsmaßstabs gewährt werden, diese für softwaregesteuerte Fahrsysteme nicht.[63] Ein solcher Maßstab trägt insofern zu einer Objektivierung der konkreten Betriebsgefahr bei, ohne die technischen Besonderheiten und Vorteile selbstfahrender Fahrzeuge außer Acht zu lassen. Die Gerichte können also auf die für menschliche Fahrzeugführer geltende Rechtsprechung zurückgreifen,[64] nur dass die für Fahrzeugführer geltenden Ausnahmen vom Begriff der objektiven Sorgfaltsanforderungen für selbstfahrende Systeme nicht gelten.

Gerade in plötzlichen Gefahrenlagen dürfte dieser Maßstab weit über den Anforderungen eines Idealfahrers liegen, da weder eine Schreckzeit noch nachvollziehbar sachwidriges Reaktionsverhalten hingenommen wird. Auch kann der Vertrauensgrundsatz zugunsten des automatisierten bzw. autonomen Fahrzeugs keine Anwendung finden. Insofern muss die Soft-

---

[60] So gibt es Anzeichen dafür, dass andere Verkehrsteilnehmer sich gegenüber selbstfahrenden Fahrzeugen rücksichtslos verhalten oder die defensive Fahrweise bewusst in dem Wissen ausnutzen, dass diese programmiert sind sich stets an die Verkehrsregeln zu halten: *Liu et al*, Accident Analysis and Prevention 137 (2020) 105457.

[61] *Wagner*, AcP 2017, S. 707 (737).

[62] So auch: *Steege*, NZV 2019, S. 459 (466).

[63] *Hilgendorf*, in: Roßnagel/Hornung (Hrsg.), Grundrechtsschutz im Smart Car, S. 147 (154 f.).

[64] Übersichtshalber: *Kaufmann*, in: Geigel, Der Haftpflichtprozess, Kap. 25 Rn. 137-181.

ware stets das Fehlverhalten anderer Verkehrsteilnehmer – wie ein Ideal-fahrer[65] – einkalkulieren. Während die Einhaltung einer defensiven Fahr-weise für menschliche Verkehrsteilnehmer nur Empfehlung sein kann,[66] gilt dies nicht für selbstfahrende Fahrzeuge, von denen ein *Übersoll* an Vor-sicht zu erwarten ist. Deshalb muss sich auch jede sachwidrige Entschei-dung als gefahrerhöhend auswirken. Ein Schreckmoment mit der Folge sachwidriger Entscheidungen existiert für ein autonomes Steuerungssys-tem nicht.

Ein solchermaßen erhöhter Maßstab führt jedoch auch dazu, dass von au-ßen betrachtet gleich ablaufende Unfälle unterschiedlich bewertet werden, je nachdem, ob an dem Fahrzeug ein menschlicher Fahrer oder ein selbst-fahrendes Fahrzeug beteiligt war. Dies muss jedoch kein Wertungswider-spruch sein. Zum einen werden auch schon bei konventionellen Fahrzeu-gen unterschiedliche Betriebsgefahren je nach Beschaffenheit des Fahr-zeugs angenommen, die sich der Halter zurechnen lassen muss.[67] Zum an-deren wäre es gerechtfertigt, dem Halter höhere Standards in Bezug auf die Fahrsicherheit aufzubürden, der ein Fahrzeug am Straßenverkehr teilneh-men lässt und sich dabei allein auf die technische Funktionalität des Steu-erungssystems verlässt, ohne selbst unmittelbar oder durch einen von ihm befugten Fahrer für die Steuerung des Fahrzeugs verantwortlich zu sein. Also erscheint es nur angemessen, dass der menschliche Sorgfaltsmaßstab einem technischen System nicht zur Verfügung steht. Dies gilt umso mehr, wenn man bedenkt, dass die Hersteller automatisierter und autonomer Fahrzeuge vor allem mit dem Ziel antreten, den Straßenverkehr sicherer zu machen.[68] Insofern müssen sich diese Fahrzeuge auch an höheren Stan-dards messen lassen. Solange das Ziel einer generellen Verbesserung des Straßenverkehrs durch selbstfahrende Fahrzeuge also erreicht wird, muss der Halter auch nicht befürchten, übermäßig in Anspruch genommen zu werden, da die Unfallwahrscheinlichkeit insgesamt sinken wird. So dürften auch die Prämien trotz des erhöhten Haftungsmaßstabs nicht steigen, so-lange derartige Fahrzeuge insgesamt weniger Haftpflichtkosten verursa-chen.[69]

---

[65] BGH, Urt. v. 11.1.1977 – VI ZR 268/74, VersR 1977, 524.

[65] *Heß*, in: Burmann/Heß/Hühnermann/Jahnke, Straßenverkehrsrecht, § 1 StVO Rn. 28.

[67] So muss sich ein Halter auch zurechnen lassen, wenn sein Fahrzeug besonders schwer und groß ist und dies Auswirkungen auf das Unfallgeschehen hat: LG Frankfurt, Urt. v. 24.11.1993 – 2/1 S 211/93, NZV 1994, 235.

[68] *Grunwald*, SVR 2019, S. 81 (82); *Wagner*, AcP 2017, S. 707 (709); *Franke*, DAR 2016, S. 61.

[69] Die Versicherungsbranche hält sogar eine Senkung der Prämien von 15 % bis zum Jahr 2025 für möglich: https://www.heise.de/newsticker/meldung/Kfz-Versicherungsbranche -Autonomisierung-der-Autos-wird-dauern-3673010.html (abgerufen am 29.6.2020).

Der Maßstab zur Annahme eines unabwendbaren Ereignisses für selbstfahrende Fahrzeuge richtet sich dementsprechend grundsätzlich nach den Anforderungen eines Idealfahrers. Jedoch gilt auch hier ein objektivierter Maßstab, in dem menschlich nachvollziehbares Fehlverhalten herauszurechnen ist. Dies bedeutet auch, dass in den Fällen, in denen die Fahrweise des selbstfahrenden Fahrzeugs sich nicht negativ auf die Betriebsgefahr auswirkt, in vielen Fällen auch ein Fall der Unabwendbarkeit vorliegen könnte. Schließlich darf die Unabwendbarkeit nicht zu einer absoluten Unvermeidbarkeit ausgedehnt werden.[70] Daraus lässt sich jedoch nicht folgern, dass der Nachweis der Unabwendbarkeit der Regelfall wird. Vielmehr ist der Sicherheitsmaßstab für selbstfahrende Fahrzeuge ohnehin so hoch angesetzt, dass, sofern ein Steuerungssystem diese Anforderungen erreicht, ein Unfall nicht auf eine unangemessene Fahrweise zurückzuführen ist. Unterschiede könnten bspw. noch bestehen, wenn die zulässige Richtgeschwindigkeit überschritten wird. Diese dürfte auch bei selbstfahrenden Fahrzeugen nicht gefahrerhöhend wirken, wohl aber den Nachweis der Unabwendbarkeit – wie bei menschlichen Fahrzeugführern –[71] ausschließen.[72]

6 Fazit

Ob ein Halter für einen Unfall eines selbstfahrenden Fahrzeugs allein oder überwiegend für einen Schaden einzustehen hat, wird sich in vielen Fällen danach richten, ob das Steuerungssystem sich während des Unfallgeschehens verkehrsrichtig verhalten hat. Wann verkehrsrichtiges Verhalten bei von Menschen gesteuerten Fahrzeugen vorliegt, bestimmt sich nach dem Sorgfaltsmaßstab eines Durchschnittsfahrers bzw. Idealfahrers. Diese Sorgfaltsmaßstäbe lassen sich für automatisierte und autonome Fahrzeuge nicht ohne weiteres übertragen. Es bedarf also eines objektivierten Maßstabs, der sich gleichzeitig in das geltende Straßenverkehrsrecht und dessen Judikatur einfügt. Die Anforderungen an menschliche Fahrer können diesbezüglich als Mindestmaß dessen herangezogen werden, was von einem Steuerungssystem zu erwarten ist. Allerdings besteht für softwaregesteuerte Fahrzeuge insofern ein höherer Sicherheitsmaßstab, da erwartet werden kann, dass das System in der Lage ist, das Fahrzeug – anders als der

---

[70] So die Rechtsprechung zu konventionellen Fahrzeugen: BGH, Urt. v. 28.5.1985 – VI ZR 258/83, VersR 1985, 864, Rn. 7; BGH, Urt. v. 20.9.1966 – VI ZR 16/65, VersR 1966, 1076; BGH, Urt. v. 10.10.1972 – VI ZR 104/71, NJW 1973, 44.

[71] Anders für menschliche Fahrzeugführer, denen kein Sorgfaltsvorwurf im Falle des Überschreitens der Richtgeschwindigkeit zu machen ist, wohl aber der Einwand der Unabwendbarkeit verwehrt bleibt: BGH, Urt. v. 17.3.1992 – VI ZR 62/91, NJW 1992, 1684; OLG Jena, Beschl. v. 17.6.2009 – 5 U 797/08, NZV 2009, 29.

[72] Anders *Steege*, NZV 2019, S. 459 (466), der dafür plädiert, dass selbstfahrende Fahrzeuge die Richtgeschwindigkeit nicht überschreiten dürfen.

Mensch – in jeder Lage mit der gleichen Präzision und Reaktionsschnelligkeit zu führen.

Literatur

Armbrüster, Christian: Automatisiertes Fahren – Paradigmenwechsel im Straßenverkehrsrecht?, ZRP 2017, S. 83-86.

Balke, Rüdiger: Automatisiertes Fahren. Begriffsbestimmungen und haftungs-rechtliche Fragestellungen im Zusammenhang mit dem automatisierten Fahren, SVR 2018, S. 5-8.

Borges, Georg: Haftung für selbstfahrende Autos, CR 2016, S. 272-280.

Burmann, Michael/Heß, Michael/Hühnermann, Katrin/Jahnke, Jürgen: Straßenverkehrsrecht, Kommentar, 26. Aufl., München 2020.

Buck-Heeb, Petra/Dieckmann, Andreas: Zivilrechtliche Haftung von Halter und Fahrer bei Einsatz (teil-)automatisierter Fahrfunktionen, in: Bernd Oppermann/Jutta Stender-Vorwachs (Hrsg.), Autonomes Fahren, 2. Aufl., München 2020, S. 141-176.

Feldle, Jochen: Notstandsalgorithmen, Baden-Baden 2018.

Fleck, Jörg/Thomas, Aline: Automatisierung im Straßenverkehr, Wohin fahren wir?, NJOZ 2015, S. 1393-1397.

Franke, Ulrich: Rechtsprobleme beim automatisierten Fahren – ein Überblick, DAR 2016, S. 61-68.

Freise, Rainer: Rechtsfragen des automatisierten Fahrens, VersR 2019, S. 65-79.

Freymann, Hans-Peter/Wellner, Wolfgang (Hrsg.): jurisPK-Straßenverkehrsrecht, Saarbrücken 2016, Update-Stand 22.6.2020.

Gail, Uwe: Betrachtungen zur Beurteilung der Betriebsgefahr bei autonomen Fahrzeugen, SV 2019, S. 321-326.

Gomille, Christian: Herstellerhaftung für autonome Fahrzeuge, JZ 2016, S. 77-82.

Greger, Reinhard: Haftungsfragen beim automatisierten Fahren, NZV 2018, S. 1-9.

Greger, Reinhard/Zwickel, Martin: Haftungsrecht des Straßenverkehrs, Handbuch und Kommentar, 5. Aufl., Berlin/Boston 2014.

Grüneberg, Christian: Haftungsquoten bei Verkehrsunfällen, 16. Aufl., München 2020.

Grunwald, Armin: Autonomes Fahren: Technikfolgen, Ethik und Risiken, SVR 2019, S. 81-86.

Haag, Kurt (Hrsg.): Geigel, Der Haftpflichtprozess, 28. Aufl., München 2020.

Hammel, Tobias: Haftung und Versicherung bei Personenkraftwagen mit Fahrassistenzsystemen, Karlsruhe 2016.

Hey, Tim: Die außervertragliche Haftung des Herstellers autonomer Fahrzeuge bei Unfällen im Straßenverkehr, Münster 2019.

Hilgendorf, Eric: Verantwortung im Straßenverkehr, in: Alexander Roßnagel/Gerrit Hornung (Hrsg.), Grundrechtsschutz im Smart Car, Wiesbaden 2019, S. 147-159.

Hofmann, Franz: Der Einfluss der Digitalisierung und künstlicher Intelligenz auf das Haftungsrecht, CR 2020, S. 282-288.

Kluge, Vanessa/Müller, Anne-Kathrin: Autonome Systeme – Überlegungen zur Forderung nach einer „Roboterhaftung", in: Jürgen Taeger (Hrsg.), Smart World - Smart Law? Weltweite Netze mit regionaler Regulierung, Edewecht 2016, S. 989-1007.

Liu, Peng/Du, Yong/Wang, Lin et al: Ready to bully automated vehicles on public roads?, Accident Analysis and Prevention 137 (2020), 105457.

Montemerlo, Michael/Becker, Jan/Bhat, Suhrid et al: Junior: The Stanford Entry in the Urban Challenge, Journal of Field Robotics 2008, S. 569-597.

Raith, Nina: Das vernetzte Automobil, Wiesbaden 2019.

Schrader, Paul: Haftungsrechtlicher Begriff des Fahrzeugführers bei zunehmender Automatisierung von Kraftfahrzeugen, NJW 2015, S. 3537-3542.

Schulz, Thomas: Verantwortlichkeit bei autonom agierenden Systemen, Kassel 2015.

Steege, Hans: Autonomes Fahren und die staatliche Durchsetzung des Verbots der Rechtswidrigkeit, NZV 2019, S. 459-467.

Taeger, Jürgen: Die Entwicklung des IT-Rechts im Jahr 2016, NJW 2016, S. 3764-3770.

Wagner, Gerhard: Produkthaftung für autonome Systeme, AcP 2017, S. 707-765.

Zech, Herbert: Künstliche Intelligenz und Haftungsfragen, ZfPW 2019, S. 198-219.

DIE SYSTEMTHEORETISCHE FUNDIERUNG DES PERSONENBEGRIFFES

Frank Hartmann

Technische Universität Darmstadt
hartmann@marly.de

Zusammenfassung

Die Systemtheorie ist in der Rechtswissenschaft vor allem durch die soziologischen Werke Luhmanns bekannt. Der Begriff wird allerdings transdisziplinär für Ansätze gebraucht, die zirkuläre Prozesse in den Mittelpunkt ihrer Betrachtungsweise stellen. Im Folgenden wird untersucht, ob sie auch zur Untersuchung des rechtlichen Personenbegriffs – konkret bezüglich der ePerson - herangezogen werden kann.

1 Einleitung

Die rechtliche Behandlung von KI[1] und insbesondere die spezielle Frage nach der Notwendigkeit der Anerkennung einer ePerson als deren rechtliche Repräsentation sind aktuell ein großes Diskussionsthema. Bei der Beschäftigung mit KI-Systemen stößt man nun auf Ansätze, die diese mittels der Systemtheorie beschreiben.[2] „Systemtheorie" bezieht sich hier nicht auf ein technisches Regelungssystem, sondern wird als transdisziplinäre Betrachtungsweise in u.a. Biologie, Psychologie und Soziologie verstanden[3] – Wissenschaften, die neben dem Leben auch das Zusammenleben zum Gegenstand haben. Pointiert wird das durch technologische Ansätze, für KI-Systeme vermehrt biologische statt siliziumbasierte Chips zu verwenden.[4] Es stellt sich daher die Frage, ob die Systemtheorie als Bindeglied zwischen Recht und Technik dienen und zur Diskussion um die ePerson beitragen kann. Ihr soll im Folgenden nachgegangen werden. Der Fokus wird dabei auf die Darstellung der Grundlagen der Systemtheorie und ihrer Möglichkeiten zur Beschreibung der Rechtsperson als Oberbegriff von (bisher) juristischer und natürlicher Person gelegt, in der Hoffnung, dass sich die Frage nach der ePerson danach zwanglos beantworten lässt. Als Nebeneffekt ermöglicht die ausführliche theoretische Auseinandersetzung ein

---

[1] Der Begriff wird vorerst technisch offen gelassen und verweist nur auf das „Buzzword" im Diskurs. Dieser ergibt aber jedenfalls nur bzgl. „starker", d.h. potentiell menschenähnlicher, KI Sinn.

[2] Bspw. *Scheuer*, Akzeptanz von Künstlicher Intelligenz.

[3] *Simon*, Einführung in Systemtheorie und Konstruktivismus, S. 12 ff. Zur Übersicht auch https://de.wikipedia.org/wiki/Systemtheorie

[4] *Stieler*, Technology Review 6/2020, S. 28.

vertieftes Verständnis von KI, das in anderen Problemfeldern hilfreich sein kann.

2 Gang und Ziel der Untersuchung

Der Ansatz der Beschreibung der Rechtsperson durch die Systemtheorie ist nicht neu. Insbesondere Teubner hat sich grundlegend mit einer Systemtheorie des Rechts und im Zuge dessen auch mit der Person beschäftigt.[5] Der Beitrag stellt sich bewusst neben diese Theorie, statt auf ihr aufzubauen. Statt universelle Geltung zu beanspruchen, fokussiert er sich auf die Beschreibung des konkreten Problems der Rechtsperson[6] und nimmt das Rechtssystem als gegebene Konstante an. Die Systemtheorie wird insoweit eher als Technik denn als Theorie verstanden. Er bedient sich dafür eklektisch bei Ansätzen verschiedener Autoren aus verschiedenen Disziplinen; entsprechend sind die Begriffsdefinitionen auch nicht immer mit bereits in der Systemtheorie des Rechts etablierten identisch. Es wird so eine bewusst niedrigschwellige Annäherung an die Systemtheorie ermöglicht, ohne einen rechtstheoretischen und soziologischen Unterbau vorauszusetzen.

Für die Ausgangsfrage sollen vor allem systemtheoretische Eigenschaften der Rechtsperson herausgearbeitet werden, woraufhin dann geprüft werden kann, inwieweit sich daraus Anforderungen an eine mögliche ePerson ergeben. Da andere Aspekte bewusst ausgeklammert werden, kann der Beitrag keinen abschließenden Vorschlag für deren (Nicht-)Existenz machen; es können allein notwendige, nicht aber hinreichende Bedingungen herausgearbeitet werden. Eingeschränkt wird die Untersuchung außerdem, indem er sich ausschließlich auf die Rechtsperson des Zivilrechts beschränkt und grundrechtliche Aspekte ausklammert.

3 Rechtspersonen

3.1 Begriffliche Abgrenzung

Zunächst ist der Begriff der Rechtsperson zu klären. Im Allgemeinen wird dieser Begriff als synonym mit dem des Rechtssubjektes verstanden.[7] *Schirmer* versteht letzteres stattdessen als kommunikativen Bezugspunkt des

---

[5] *Teubner*, KritV 1987, S. 61; *Teubner*, AcP 2018, S. 155.

[6] Das ist aus systemtheoretischer Sicht bereits problembehaftet, da Untersuchungsobjekte grds. nicht sinnvoll isolierbar sind; vgl. i.F. sowie *Luhmann*, Das Recht der Gesellschaft, S. 35; *Teubner*, AcP 2018, S. 155 (167 f.). Es handelt sich hierbei also um eine Vereinfachung.

[7] *Klingbeil*, AcP 2017, S. 848 (861), m. w. N., der diese Identität selbst aber ablehnt und als Rechtssubjekt „die selbstbezügliche Struktur der Rechtsperson" bezeichnet.

Rechts, während die Rechtsperson ein auch moralisch aufgeladener Begriff sei, in Abgrenzung zu rechtsfähigen Nicht-Personen (wie der GbR).[8] Darauf aufbauend wird hier das Rechtssubjekt als Bezeichnung der syntaktischen *Rolle* im Rechtsverkehr (konstituierend ist ihre Fähigkeit, Rechten und Pflichten zu haben) verstanden, während die Rechtsperson eine rechtliche semantische *Entität* bezeichnet, die diese Rolle ausfüllen kann (also u.a. die Fähigkeit hat, Rechtssubjekt zu sein).[9] Diese Unterscheidung ist jedenfalls im Sinne einer Ausdifferenzierung zunächst sinnvoll, wenn auch damit über das Verhältnis der beiden zueinander noch nichts ausgesagt ist.

Unstrittig ist, dass beide Begriffe genuin rechtlich sind, d.h. dass sie „ihr Dasein ausschließlich in der Sprache des Rechts [führen]",[10] wie auch die natürliche Person nicht mit dem Menschen identisch, sondern sein Abbild im Rechtssystem ist.

3.2 Historische Ansätze zur juristischen Person…

Die derzeitige Diskussion ist nur dann notwendig, wenn noch keine hinreichende Definition der Rechtsperson existiert. Dies erscheint intuitiv aufgrund der Existenz der juristischen Person zunächst unwahrscheinlich, erforderte die Zuerkennung ihrer Rechtsfähigkeit schließlich auch rechtsdogmatischen Begründungsaufwand, der fruchtbar gemacht werden könnte.

Sie konnte ihrerseits nicht auf bestehenden Anforderungen aufbauen, denn die Annahme der natürlichen Person beruhte unmittelbar auf dem Menschen als evidenter Rechtsperson.[11] Aber auch bei der Durchsicht der Ideengeschichte zur juristischen Person bleiben Anforderungen an einen übergreifenden, rein rechtlichen Personenbegriff konturlos.

Offensichtlich nicht abstrahierbar sind die verschiedenen Ansätze der Fiktionstheorie, die die juristische Rechtsperson aus der Rechtspersönlichkeit der notwendig beteiligten natürlichen Personen abgeleitet haben.[12] *Gierkes* Theorie der realen Verbandspersönlichkeit bezog sich schon dem Namen nach auf eine „Realität" der juristischen Person, die außerhalb des Rechts besteht und im Recht konsequent abgebildet wird. Von einem solchen außerrechtlichen Bezug konnte sich keine Theorie befreien,[13] sodass

---

[8] *Schirmer*, JZ 2019, S. 711 (715).

[9] *Schirmer*, JZ 2019, S. 711 (715), bezeichnet das Rechtssubjekt stattdessen als „Oberbegriff", weil Personen und Nicht-Personen darunter zu fassen sind.

[10] *Klingbeil*, AcP 2017, S. 848 (854).

[11] Ausführlich hierzu *Schirmer*, JZ 2019, S. 711 (712 f), m.V. auf Savigny; sowie *Klingbeil*, AcP 2017, S. 848 (853).

[12] Zum Überblick *Tietze*, Zur Theorie der Juristischen Person in der deutschen Rechtswissenschaft des 19. Jahrhunderts.

[13] Vgl. *John*, Die organisierte Rechtsperson, S. 64.

keine einheitliche, rein rechtliche Anforderung formuliert wurde. Anschaulich wird das bei *Tietze*, der zusammenfassend in seinem Theorienüberblick schreibt: „Juristische Person sein heißt danach die Eigenschaft zu besitzen, im rechtsgeschäftlichen Verkehr als alleiniger Zuordnungspunkt von Rechten und Pflichten auftreten zu können. Der soziale Grund dafür ergibt sich aus der Zweckmäßigkeit, jenen überpersönlichen Zwecken auch ein Vermögen zuzuordnen und auf dieses Zweckvermögen die Haftung zu beschränken."[14] Als Fazit bleibt ihm also nur die rekursive Definition mit außerrechtlicher Begründung: Die Notwendigkeit einer juristischen Person war anerkannt, da sie in sozialer oder wirtschaftlicher Form bereits existierte; diskutiert wurde allein ihre Konstruktion. *Schirmer* erkennt diesen „form-follows-function"-Ansatz allein bei rechtsfähigen Nicht-Personen, während er die juristische Person moralisch auflädt.[15] Vermittelnd kann von einem form-follows-existence-Ansatz gesprochen werden: Das Recht bildete außerrechtliche Fakten ab, statt sich von ihnen zu emanzipieren und innerrechtliche Kriterien der Rechtsperson zu entwickeln.

Provokativ kann der Diskussion um die juristische Person daher vorgehalten werden, dass sie eine Subsumption der Definition unter den Tatbestand vornahm und keine Grundlage für deduktive Ansätze bietet. Das mag methodisch sinnvoll sein, wenn man Recht als Instrument begreift, das als Katalysator sozialen Verhaltens dient, sodass der Regress auf soziale Gegebenheiten gerechtfertigt ist. Der Ansatz gerät aber dann ins Straucheln, wenn die rechtliche Regelungsbedürftigkeit von der sozialen Geregeltheit divergiert.

3.3 ...und aktuelle zur ePerson

Das ist bei der ePerson der Fall. Zwar wird KI auch im sozialen Kontext diskutiert. Von einer Gleichstellungsforderung mit dem Menschen, wie sie die ePerson zivilrechtlich bedeutete, ist dieser Diskurs aber weit entfernt. Die Diskussionsnotwendigkeit ist diesmal genuin (haftungs-)[16] rechtlich. So schreibt *Teubner*: „Letztlich entscheidend dürfte sein, ob die rasanten di-

---

[14] *Tietze*, Zur Theorie der Juristischen Person in der deutschen Rechtswissenschaft des 19. Jahrhunderts, S. 103.

[15] *Schirmer*, JZ 2019, S. 711 (713).

[16] Vgl. Europäisches Parlament, Entschließung des Europäischen Parlaments vom 16. Februar 2017 mit Empfehlungen an die Kommission zu zivilrechtlichen Regelungen im Bereich Robotik (2015/2103(INL)), C 252/239, das sich stark auf (konservative) Lösungen zur Haftung bezieht.

gitalen Entwicklungen schon jetzt schwer erträgliche Verantwortungslücken aufgerissen haben".[17] Die Sinnfrage der Diskussion wird für diesen Beitrag jedoch ihrer Faktizität untergeordnet.

Sucht man also Definitionen der Rechtsperson, kann man sie wie *Kersten* zunächst relativ vornehmen: „Der Rechtsstatus eines Rechtssubjektes ist nichts anderes als die Summe seiner Rechten und Pflichten."[18] Der Rechtspersonenstatus ist damit Reflex der Rechtsfähigkeit, die durch den Gesetzgeber positivrechtlich geschaffen wird.[19] Dieser Ansatz delegiert aber die Letztbegründungspflicht nur an die Politik, ohne ihr Handreichungen hierfür zu geben. Nach der hier vorgeschlagenen Unterscheidung definiert sie das Rechtssubjekt, nicht aber die Rechtsperson, und schreibt damit eine Stelle ohne Nennung der Einstellungsvoraussetzungen aus.

Auch *Teubner* will über die Schwelle der außerrechtlichen Begründung nicht hinweg. Zwar betont er (für die juristische Person) die Unabhängigkeit der Statusverleihung von etwaigen, nicht-rechtlichen Anforderungen: „Es gibt keine fixierte sachlogische Beziehung zwischen vorpositiven Seinsstrukturen und juristischer Konstruktion".[20] Dennoch stellt er die Kopplung zwischen beiden mit der These her, dass „[das Rechtssystem] ohne normativ gezwungen [zu sein] regelmäßig mit der Verleihung der Rechtsfähigkeit an eine sehr voraussetzungsreiche Sozialwirklichkeit an-[knüpft]",[21] weshalb er auch die Anforderungen an die Rechtsperson stattdessen an deren „soziales Substrat"[22] in der Sozialwirklichkeit stellt. Einziges Kriterium für den auch rechtlich anerkannten Personenstatus sei dann dessen rechtspolitische Sinnhaftigkeit.[23] Konsequent weist er den Personenstatus der KI bereits auf dieser Ebene zurück: „Forderungen auf volle digitale Rechtssubjektivität gehen an der heutigen Realität vorbei. Wie schon bei allen eingangs geschilderten Verantwortungslücken deutlich wird, geht es zurzeit gar nicht um eigennütziges Handeln der Automaten, sondern stets um deren fremdnütziges Handeln [...]".[24]

Klingbeil hat sich explizit zum „Begriff der Rechtsperson" geäußert, wobei er „die besondere Herausforderung einer allgemeinen Theorie der Rechtsperson darin [sieht], eine Begriffsbestimmung zu entwickeln, die nicht nur

---

[17] *Teubner*, AcP 2018, S. 155 (157).

[18] *Kersten*, ZfRSoz 2017, S. 8 (11), der Rechtssubjekt und Rechtsperson nicht trennt.

[19] Vgl. *Kersten*, ZfRSoz 2017, S. 8 (12).

[20] *Teubner*, KritV 1987, S. 61 (71).

[21] *Teubner*, KritV 1987, S. 61 (73).

[22] *Teubner*, KritV 1987, S. 61 (64 ff).

[23] *Teubner*, KritV 1987, S. 61 (73 ff).

[24] *Teubner*, AcP 2018, S. 155 (162).

die sog. natürliche und juristische Person gleichermaßen in sich einschließt, sondern zugleich auch über die Grenzen der verschiedenen Rechtsgebiete hinaus als dogmatische Grundlage für die Lösung konkreter Einzelfragen zu dienen vermag".[25] Er arbeitet dafür die „Struktur der Rechtsperson" in zwölf Punkten heraus und schließt mit einer Definition.[26] Problematisch erscheint bei dieser insbesondere die Tautologie, die Rechtsperson über ihre Rechtsfähigkeit zu definieren. Er schreibt dazu: „Wer Rechtsperson ist, ist daher notwendigerweise rechtsfähig. Umgekehrt gilt aber auch: Wer rechtsfähig ist, ist notwendigerweise Rechtsperson",[27] wobei es sich um unabhängige Behauptungen, nicht aber einen logischen Schluss handelt: Die Rechtsfähigkeit kann notwendige Bedingung sein, ohne hinreichende zu sein. Ja, in Frage steht, ob sie nicht Folge statt Bedingung ist und damit zwar deskriptives, aber kein konstitutives Attribut der Rechtsperson. Es überzeugt daher nicht, wenn Klingbeil der Personengesellschaft allein wegen ihrer Rechtsfähigkeit Personenstatus zuspricht,[28] zumal die Rolle der anderen elf Kriterien so offen bleibt.

Schirmer löst das Problem der rechtlichen Behandlung von KI, indem er ihr zwar keinen Personenstatus zuerkennt, sie aufgrund seiner Trennung von Rechtssubjekt und Rechtsperson aber als teilrechtsfähiges Rechtssubjekt anerkennen kann. Den Personenstatus versagt er KI dann u.a. deshalb, weil „wegen der moralischen Überwölbung des Personenbegriffs außerrechtliche Rückkopplungen unvermeidlich wären.", sodass „[es][...] schon aus purem Selbsterhaltungstrieb wenig ratsam [scheint], autonome Systeme durch eine Promotion zur Person konzeptionell auf eine Stufe mit dem Menschen zu stellen".[29] Er lädt den Personenbegriff mithin durch den außerrechtlich zu definierenden der „Moral" auf, der eine abschließende Diskussion im Recht ebenfalls ausschließt.

Eine Minimalanforderung für die Annahme einer ePerson formuliert *Riehm*: Ihm gemäß muss eine Rechtsperson wenigstens einen (wirtschaftli-

---

[25] *Klingbeil*, AcP 2017, S. 848 (849).

[26] *Klingbeil*, AcP 2017, S. 848 (871).

[27] *Klingbeil*, AcP 2017, S. 848 (859).

[28] *Klingbeil*, AcP 2017, S. 848 (872).

[29] *Schirmer*, JZ 2019, S. 711 (716).

chen) Überlebenswillen haben, der Anreiz zur Einhaltung rechtlicher Normen ist.[30] Dieser sei in KI nicht zwangsläufig implementiert, sodass sie allein deshalb nicht als Rechtsperson behandelt werden dürfe.[31] Damit nennt auch er aber keine hinreichende Bedingung.

Festgehalten werden kann, dass es auch nach aktueller Auffassung keine zwingenden rechtlichen Kriterien gibt, die hinreichende Bedingungen für die Annahme einer Person wären. Die Begründung des Personenstatus ist stets über außerrechtliche Anforderungen erfolgt. Will (oder muss) man dies für die ePerson vermeiden, spricht das für den hier vorgenommenen Ansatz, die ePerson aus den Eigenschaften der bereits etablierten Rechtsperson deduktiv abzuleiten, wenn sich dieser Oberbegriff wiederum aus natürlicher und juristischer Person induktiv konstruieren lässt. Das hilft nicht über das Problem der Letztbegründungspflicht hinweg, die derart nur von diesen beiden übertragen wird. Insofern stellt dieser Ansatz keine Alternative zu den vorgenannten dar, die hierzu Versuche unternehmen. Er kann zudem außerrechtlich falsch sein, wenn die außerrechtlichen Begründungen der anderen Personen für die ePerson nicht greifen. Es ist aber sinnvoll, derart notwendige Bedingungen an der Personenbegriff herauszuarbeiten, wenn man ein Zerfasern der Rechtsperson vermeiden will.

3.4 Eigener systemtheoretischer Ansatz

Daher soll versucht werden, mittels der Systemtheorie Eigenschaften der Rechtsperson zu finden, die eine allgemeine Definition ermöglichen helfen. Hierfür werden die nötigen Grundbegriffe im Folgenden zunächst schrittweise aufgebaut.

3.4.1 Grundlagen der Systemtheorie

Auch ohne Kenntnis der Werke Luhmanns sind systemtheoretische Grundlagen jeder Juristin aus ihrer Ausbildung bekannt. Als Beleg soll folgendes Beispiel dienen:

$$A \xrightarrow{\text{§ 241 I BGB}} B$$

Diese Bild stellt grafisch die Grundform eines rechtlichen Anspruchs dar. Es weist zwei Grundaspekte eines systemtheoretischen Modells auf. Einerseits eine Abstraktion durch die (v.a. fachliche) Grenzziehung in zwei Richtungen: Das schuldrechtliche Verhältnis (das System) wird nach außen (der Umwelt) abgegrenzt, indem neben dem Anspruch keine weiteren (Rechts-) Beziehungen von A und B dargestellt sind, und nach innen, indem den

---

[30] *Riehm*, in: Braegelmann/Kaulartz, Rechtshandbuch Artificial Intelligence und Machine Learning, S. 231.

[31] Ebenda, S. 233.

Subjekten neben ihrer Bezeichnung keine persönlichen Attribute zuge-schrieben werden. Zum anderen fokussiert sich die Darstellung auf den Anspruch als Beziehung zwischen A und B.

Insbesondere der letzte Punkt ist definierend für die Systemtheorie. Knapp zusammengefasst, befasst sie sich mit der Beschreibung der Beziehungen zwischen Objekten. Ihre Relevanz gewinnt sie durch eine Umkehrung der Priorisierung in diesem Verhältnis: Während tradierte Wissenschaften den Fokus des Untersuchung auf das Objekt legen und die Beziehung zwischen Objekten als Resultat der Attribute der beteiligten Objekte betrachten, rückt die Systemtheorie die Beziehung selbst in den Vordergrund, indem sie betont, dass Objekte nicht isoliert existieren (können) und durch ihren Kontext determiniert sind.[32] So liegt der Sachverhalt „A hat einen Anspruch gegen B" nicht darin begründet, dass A die inhärente Eigenschaft „Gläubiger" aufweist. Stattdessen ist die Beziehung zu B konstitutives Merkmal für die vollständige Beschreibung von A als individuelles Rechtssubjekt. Ein System ist deshalb mehr als die Summe seiner Teile (es ist *emergent*), da sich die Eigenschaften der Teile erst im Systemkontext ergeben. Solche Systeme lassen sich nicht mit einer linearen Logik beschreiben: Der *Zustand* „Schuldner" des B folgt nicht aus dem Zustand „Gläubiger" des A, sondern beide Zustände sind reziprok verknüpft und schaffen gemeinsam die Relation „Anspruch". Mit Zunahme der Elemente und Beziehungen nehmen die wechselseitigen Abhängigkeiten zu, die Systeme werden *komplexer*.[33] Dieser Relation wohnt ein imaginäres Zeitelement inne, da B nur Schuldner ist, solange A Gläubiger ist, und umgekehrt. Das System benötigt also eine Form der Aufrechterhaltung, weshalb es regelmäßig als zirkulärer Prozess verstanden wird, der sich ständig wiederholt und dadurch erhält.[34]

Konsequent fortgedacht, führt die Systemtheorie zur Auflösung des Objektes. Denn außerhalb des Systems definieren sich A und B rechtlich in anderen Rechtsverhältnissen, sozial in Beziehungen, psychologisch in Verhaltensmustern, physisch als molekularer Verbund, ..., die jeweils beliebig weiter aufgefächert werden können. Am Ende der Kette steht ein holistisches System, das alle und nur Beziehungen erfasst. Für die Arbeit mit der Systemtheorie praktisch notwendig ist daher eine Grenzziehung, die einerseits eine Umwelt abgrenzt, andererseits innere Subsysteme eines Systems

---

[32] Dieser Paradigmenwechselt stammt aus der Genese der Systemtheorie als Methode der Biologie, die „das Leben" als nicht isolierbar betrachtete; vgl. *Kneer/Nassehi*, Niklas Luhmanns Theorie sozialer Systeme, S. 18.

[33] Zum Begriff *Simon*, Einführung in Systemtheorie und Konstruktivismus, S. 17 ff; auch *Kneer/Nassehi*, Niklas Luhmanns Theorie sozialer Systeme, S. 21.

[34] *Simon*, Einführung in Systemtheorie und Konstruktivismus, S. 15.

zu Entitäten zusammenfasst und damit als Objekte konstruiert. Mit der Grenzziehung verbunden ist die Wahl von Kanälen, d.h. Möglichkeiten, wie das System mit der Umwelt in Interaktion treten kann. Auf das System A-B kann bspw. durch Gesetz eingewirkt werden, indem der Anspruch für rechtswidrig erklärt wird; es spiegelt sich aber nicht wider, wenn A umzieht. Systeme sind somit Realitätsscheiben, deren Dicke durch die Konstruktion von Objekten nach unten und durch die Grenzziehung zur Umwelt nach oben bestimmt wird, bei denen die Schnittebene fachlich, zeitlich, örtlich, ... sein kann und die nach außen durch Kanäle in Wechselwirkung treten. Die Systemtheorie verabschiedet sich damit von der ontologischen Vorstellung eines „Objekts an sich",[35] stattdessen sind Objekte (und Systeme) stets Konstruktionen, d.h. Grenzziehungen eines Betrachters. Andere Systeme sind bspw. das Rechtssystem sowie A und B als Rechtspersonen jeweils selbst. Mit der Grenzziehung ist nicht zwangsläufig ein Ebenenwechsel verbunden: Alle diese Systeme sind rechtliche Systeme.[36] Man kann sowohl obere wie untere Grenzen als solche zwischen System und Umwelt auffassen;[37] intuitiv aber ist eine Unterscheidung einleuchtend, nach der die Subsysteme der Objekte als endogene (da „mitumfasste") Attribute des Systems und das Obersystem der Umwelt als exogener (da „ausgeklammerter") Einfluss verstanden werden, da die Kanäle zwischen System und Subsystemen und zwischen System und Umwelt nicht identisch sein müssen.

Endogene Attribute sind also die inneren Subsysteme der Objekte, die für die Betrachtung auf konstante „Eigenschaften" im Sinne typischer Reiz-Reaktionsmuster reduziert werden, sodass sich die Untersuchung allein auf die Beziehung der Objekte zueinander konzentrieren kann. Die Annahme der Konstanz ist jedoch problematisch, da das Verhalten des Objektes weiterhin durch seine inneren Beziehungen bestimmt ist und Zustandsänderungen im System regelmäßig Zustandsänderungen im Objekt bewirken, die nicht mehr transparent sind. Solche nicht-trivialen, d.h. versteckte Zustände aufweisende,[38] Systeme können daher pfadabhängiges (derselbe Reiz führt, erneut ausgeführt, zu einer anderen Reaktion) Verhalten aufweisen.

---

[35] Ausführlich *Glasersfeld*, in: Foerster, Einführung in den Konstruktivismus, S. 9.

[36] Obwohl ein Ebenenwechsel natürlich möglich ist, vgl. *Teubner*, der für die Frage nach dem „Wesen" der juristischen Person „die Systemreferenz von der Organisation zum Recht [wechselt].", *Teubner*, KritV 1987, S. 61 (70).

[37] So wohl *Teubner*, KritV 1987, S. 61 (66). Und eigentlich muss man es auch, weil es kein vordefiniertes „oben" und „unten" gibt. Es handelt sich also erneut um eine Vereinfachung.

[38] *Foerster*, in: Foerster, Einführung in den Konstruktivismus., S. 62 ff.

Verschärft wird dieses Problem durch das bereits angedeutete Zeitmoment. In einem Beziehungsmodell steht zunächst jede Entität mit jeder in Beziehung. Interessant wird es erst, wenn die Betrachtung auf Beziehungen beschränkt wird, die ein Muster mit gewisser zeitlicher Stabilität aufweisen, das als Anker für induktive Untersuchungen dienen kann. Eine zeitliche Komponente ist daher für eine systemtheoretische Betrachtung fundamental, zumal die zeitliche Isolierung einer „imaginären Sekunde" eines betrachteten Systems analog der fachlichen, räumlichen oder sonstigen stets einen Konflikt mit dem systemtheoretischen Ansatz darstellt. Eine solche Stabilität ergibt sich daraus, dass die beteiligten Entitäten zeitlich wiederholt in dieselbe Beziehung zueinander treten. Für Systeme, die eine solche Stabilität auch dann aufweisen, wenn Umwelteinflüsse ausgeklammert sind (geschlossene Systeme) kann diese Wiederholung nur darin begründet liegen, dass die Beziehung sich in rekursiven Prozessen selbst erhält.[39] Aber auch bei Systemen, die im stetigen Austausch mit der Umwelt sind (offene Systeme) und erst durch diesen Austausch stabil werden, folgt aus der nötigen Berücksichtigung des Zeitelements, dass stabile Systeme nur quasistatisch sind, ihrer scheinbaren Statik also eigentlich sich wiederholende dynamische Prozesse zu Grunde liegen, die stets denselben Zustand herbeiführen. Diese Wiederholung kann aber, wenn sich Abweichungen eines Zustandes in ihr auswirken, dazu führen, dass sich die Abweichung in der Schleife potenziert. Daher ist das Verhalten von Systemen u.U. disproportional, Reiz und Reaktion sind nicht zwangsläufig linear abhängig voneinander (es gibt keine *starke Kausalität*).[40]

3.4.2 Qualifikationen des Systems - Homöostase und Viabilität

Die Zeit wird auch aus einem anderen Grund erheblich: Denn die als Beispiel angeführte Momentaufnahme eines (geschlossenen) Anspruch-Systems hat erhebliche Erklärungsdefizite. Ein solches System kann genauso wenig erklären, wie es entstanden ist, wie die Durchsetzung des Anspruchs darstellen, der durch eine Interaktion mit der Umwelt erfolgen muss. Bei absolut geschlossenen Systemen handelt es sich daher um rein theoretische Gebilde, deren Betrachtung keinen praktischen Erkenntnisgewinn generiert.

---

[39] Der Gleichgewichtszustand lässt sich als Eigenwert charakteristischer Gleichungen verstehen und verweist insofern stark in die Thermodynamik; *Simon*, Einführung in Systemtheorie und Konstruktivismus, S. 19 ff; vgl. auch *Foerster*, in: Foerster, Einführung in den Konstruktivismus, S. 53 (73 f).

[40] *Simon*, Einführung in Systemtheorie und Konstruktivismus, S. 28.

Sinnvoll ist daher ihre Erweiterung zu *homöostatischen* Systemen,[41] die zwar im Austausch mit ihrer Umwelt stehen können, dabei aber dennoch selbstständig stabil, also selbstähnlich bleiben. Sie weisen im zeitlichen Verlauf von außen betrachtet ein einheitliches Verhalten auf, da ihre innere *Organisation,* d.h. die Relationen zwischen den Bestandteilen, gleich bleibt, indem sie durch innere, zirkuläre Prozesse ständig erhalten wird, nicht aber zwangsläufig ihre *Struktur,* d.h. die konkrete Verwirklichung der Organisation durch Bestandteile.[42] Dies geschieht, indem der Austausch mit der Umwelt durch das System selbst kontrolliert wird, sodass Änderungen in der Organisation ausgeschlossen werden. Solche Systeme sind *autonom,* weil sie sich selbst erhalten, aber nicht zwangsläufig *autark,* weil sie für den Erhalt auf Austausch mit der Umwelt angewiesen sein können. Das Beispielsystem „Anspruch" ist nicht rechtlich homöostatisch, weil es durch rechtliche Einflüsse (bspw. § 275) in seiner Organisation verändert werden kann.

Homöostatische Systeme setzen somit notwendig eine Kontrolle ihrer Interaktion mit der Umwelt voraus. Der Einfluss der Umwelt auf das System ist also beschränkt; das heißt aber auch, dass die *Wahrnehmung* des Systems von seiner Umwelt beschränkt ist. Ein homöostatisches System kann seine Umwelt nie umfänglich erfahren, sondern muss sie anhand selektiver Eindrücke für sich modellieren. *Glasersfeld* baut hierauf seinen Konstruktivismus auf, den er verbildlicht anhand des Versuches eines Blinden, einen Wald zu durchqueren: Der Wald besteht für ihn nur aus Hindernissen auf seinem Weg, ohne dass er seinen Aufbau aus Bäumen erkennen könnte, da ihm als Wahrnehmungskanal allein das Gehen und dessen Hinderung zur Verfügung steht.[43] Er definiert das Kriterium der *Viabilität,* das die Fähigkeit eines Systems beschreibt, seine Umwelt so wahrzunehmen, dass es nicht mit Beschränkungen durch die Umwelt in Konflikt gerät und somit überlebensfähig ist. Die Art, wie Viabilität erreicht wird, ist unerheblich: Umwelt und wahrgenommene Umwelt müssen nicht identisch sein, so-

---

[41] Vgl. *Maturana,* in: Maturana, Erkennen: Die Organisation und Verkörperung von Wirklichkeit, S. 138 (142).

[42] *Maturana,* in: Maturana, Erkennen: Die Organisation und Verkörperung von Wirklichkeit, S. 138 (139). Lesern mit IT-Hintergrund mag die Unterscheidung als Klasse und Instanz geläufig sein.

[43] *Glasersfeld,* in: Foerster, Einführung in den Konstruktivismus, S. 9, 19 f.

lange die Wahrnehmung das System so steuert, dass es in der Umwelt über-lebt.[44] Viabilität ist somit eine Eigenschaft, die zwar durch die Umwelt de-terminiert ist, ihren Ursprung aber in einer endogenen Eigenschaft des Sys-tems hat, die von der Umwelt unabhängig ist. Der Gestaltungsspielraum, der dem System zur Verfügung steht, ist dessen Möglichkeit zu freier Selbstgestaltung: Die Autonomie eines Systems ist der Lösungsraum seiner Viabilität.[45]

Um eine ausreichend gute Wahrnehmung der Umwelt zu haben, muss ein System eine ausreichende Anzahl an Kanälen und Zuständen aufwei-sen. Die Viabilität eines Systems ist daher durch seine Komplexität be-schränkt.

Auf letzter Stufe qualifizieren sich Systeme als *autopoietisch*, wenn sie auch in der Lage sind, die Komponenten, aus denen sie bestehen, selbst herzu-stellen. Der Begriff wird zentral bei *Maturana*, der ihn zur Definition des Lebens heranzieht.[46] Auch Luhmann nutzt ihn in Bezug auf soziale Sys-teme.[47] Es handelt sich um eine „Aktivierung" der Homöostase, die statt Selbsterhalt auch Selbstherstellung ermöglicht. Autopoietische Systeme umfassen alle für ihre Viabilität notwendigen Elemente. Es sind somit ge-schlossene Systeme.[48] Es wurde bereits begründet, weshalb geschlossene Systeme keine Möglichkeit zur direkten Wechselwirkung mit ihrer Umwelt haben. Geschaffen wird diese durch *strukturelle Kopplung*: Autopoietische Systeme interagieren mit der Umwelt, indem einzelne Elemente ihrer Struktur (!) auch außerhalb des Systems liegen und dort Veränderung er-fahren können.[49] Diese Veränderung in der Umwelt bedingt eine Änderung

---

[44] *Glasersfeld*, in: Foerster, Einführung in den Konstruktivismus, S. 9 (25). Eine Möglichkeit zur Erreichung von Viabilität ist Parallelität von Umwelt und System, aber diese ist nicht absolut vorzugswürdig: Die Zahlenfolge -1/0/1 mag auf der Funktion y=x3 beruhen; in diesem Bereich ist der Ansatz yn=yn-1+1 aber effektiver.

[45] Das deckt sich mit der obigen Definition: Autonome Systeme sind immer viabel, d.h. sie sind so konstruiert, dass sie sich selbst in der Umwelt selbst erhalten können.

[46] *Maturana/Varela*, in: Maturana, Erkennen: Die Organisation und Verkörperung von Wirk-lichkeit, S. 170 (188 f.).

[47] *Luhmann*, Die Wirtschaft der Gesellschaft, S. 49.

[48] *Maturana*, in: Maturana, Erkennen: Die Organisation und Verkörperung von Wirklichkeit, S. 138 (142); Analog *Luhmann* zur „operativen Geschlossenheit" in *Luhmann*, Gesellschaft der Gesellschaft, 92 f.

[49] Autopoietische Systeme umfassen also alle ihren notwendigen Elemente, aber die Ele-mente liegen nicht notwendig nur im System; so zählt Maturana eine Nervenzelle gleich-ermaßen zum „Nervensystem" wie zum „Organismus", die jeweils autopoietisch sind, *Ma-turana*, in: Maturana, Erkennen: Die Organisation und Verkörperung von Wirklichkeit, S. 138 (144). Die strukturelle Kopplung wird auch zentral bei *Luhmann*, Das Erziehungs-system der Gesellschaft, S. 24 ff.

im System, auf die hin es sich anpasst.[50] Unser geschlossenes (nicht auto-poietisches) Beispielsystem ist strukturell gekoppelt, indem es sich ändert, wenn A (im „biologischen System") stirbt.[51]

3.4.3 Eigenschaft vs. Anforderung

Bevor sogleich untersucht wird, welche der erläuterten systemtheoretischen Eigenschaften eine rechtliche Person aufweist, muss herausgearbeitet werden, welche Rolle ihnen in einer Theoriekonstruktion eigentlich zukommen. Es wurde bereits oben ausgeführt, dass es in der Systemtheorie keine Objekte oder Systeme „an sich" gibt, sondern dass es sich jeweils um Konstruktionen handelt. Entsprechend sind Eigenschaften eines Systems immer Eigenschaften einer Grenzziehung: Eine Grenze wird so gezogen, dass das definierte System in der Folge viabel/homöostatisch/... ist. Systeme existieren daher stets nur im Sinne einer Theorie, wobei eine Theorie die Summe von Grenzziehungen und ihrer Beziehungen und somit ihrerseits wieder ein System ist.[52] Theorien müssen ihrerseits viabel sein, d.h. diese Grenzziehungen so vornehmen, dass die Theorie nicht mit der Umwelt in Konflikt gerät. Eine solche Theorie ist bspw. das Rechtssystem, das bspw. Personen konstruiert. Misst man die Güte eines Systems durch seine Viabilität, folgt daraus, dass es für eine Theorie unerheblich ist, ob sie die Wirklichkeit abbildet, solange sie so gut beschreibt, dass sie nicht auf Widerspruch mit der Umwelt stößt.[53] Das ermöglicht, dass innerhalb des Rechts Subsysteme konstruiert werden, ohne dass diese Konstruktion sich nach der Umwelt des Rechts richten muss; Maßstab für die Bewertung von Subsystemen ist immer nur das System.[54] Und es bedeutet, dass das Recht innere Systeme, die sein Verhalten vorgeben (s.o.), so konstruieren *muss*, dass es selbst viabel bleibt. Die endogenen Eigenschaften eines Systems sind somit durch dessen exogene Einflüsse determiniert, wobei es in ihrer Ausgestaltung autonom ist. Die Notwendigkeit der Annahme einer Rechtsperson ergibt sich also im Recht, da sie dort Eigenschaften verkörpern muss, die das Recht für seine widerspruchsfreie Interaktion mit der Umwelt benötigt, aber in diesem Rahmen ist es in ihrer Ausgestaltung frei. Eigenschaft und Anforderung korrespondieren nur lose.

---

[50] *Maturana*, in: Maturana, Erkennen: Die Organisation und Verkörperung von Wirklichkeit, S. 138 (143).

[51] Woraufhin es zerstört ist, weil es A nicht ersetzen kann.

[52] Womit auch ihnen eine Grenzziehung zugrunde liegt, die wir typischerweise „fachlich" nennen.

[53] Vgl. *Hejl*, in: Foerster, Einführung in den Konstruktivismus, S. 109 (112). Was im Übrigen als Rechtfertigung auch für den Ansatz dieses Beitrages herangezogen werden kann.

[54] So ist Maturanas Nervensystem bspw. neuronal autopoietisch, nicht aber biologisch, weil es nicht alle Subsysteme zur Herstellung seiner Verkörperung durch Neuronen umfasst.

Festzuhalten ist also: Die hier zu findenden Eigenschaften einer Rechtsperson sind Eigenschaften nur in Bezug auf das Rechtssystem. Nur das Rechtssystem, nicht die Rechtsperson, muss kompatibel mit außerrechtlichen Anforderungen sein. Die Frage, welche Eigenschaften etablierte Rechtspersonen aufweisen, ist nicht identisch mit der, welche Eigenschaften sie aufweisen müssten, damit das Rechtssystem funktioniert. Sie ist aber im Sinne einer konservativen Lösungsfindung sinnvoll.

3.4.4 Kriterien ins Recht gewendet

Auf dieser erarbeiteten Grundlage soll nun versucht werden, die Eigenschaften der etablierten Rechtsperson herauszuarbeiten. Dafür werden sie in absteigender Strenge geprüft, um derart die Minimalanforderung herauszuarbeiten.

Zunächst müssen Rechtspersonen nicht rechtlich autopoietisch sein. Fraglich ist schon, ob eine natürliche Person autopoietisch sein *kann*, da sie keine rechtlichen „Bestandteile" aufweist, die sie konstruieren könnte.[55] In jedem Fall aber wird eine selbstständige Autopoiese nicht verlangt: Die Rechtsperson existiert nur im, durch und für das Rechtssystem. Maßgebliche Konsequenz hieraus ist, dass Rechtspersonen für ihre Wechselwirkung keiner strukturellen Kopplung bedürfen, sondern direkt mit dem Recht interagieren.[56]

Rechtspersonen sind dagegen in hohem Maße autonom, da ihnen eine Vielzahl von Möglichkeiten für rechtliche Viabilität[57] offen steht: Alle Rechtspersonen können in einer Vielzahl von Rechtsverhältnissen stehen (anders als bspw. Sachen), und den juristischen Personen steht durch die Satzungshoheit auch die Möglichkeit der rechtlichen Selbstkonstruktion offen.

Allein deshalb sind sie notwendig sehr komplex und können eine Vielzahl innerer Zustände aufweisen. Zwar entspricht diese Komplexität auch der Abbildung der außerrechtlichen Komplexität von Mensch und Körperschaft; im Recht begründet sie sich aber nur durch das Viabilitätserfordernis.

---

[55] Zum Autopoiese-Test *Maturana/Varela*, in: Maturana, Erkennen: Die Organisation und Verkörperung von Wirklichkeit, S. 157 (164 f).

[56] Das ist der größte Unterschied zu den Ansätzen Teubners und Luhmanns, die das Rechts- bzw- Sozialsystem als autopoietisch betrachten und deshalb auf eine strukturelle Kopplung angewiesen sind. Dann kann und muss auch die Rechtsperson mit außerrechtlichen Systemen gekoppelt sein. Durch die isolierte Betrachtung der Rechtsperson kann dieser Aspekt aber ausgeklammert werden, da sie nur im Rechtssystem verortet werden muss.

[57] Die Viabilität entspricht weitgehend Riehms Kriterium des „Überlebenswillens".

Sie sind rechtlich homöostatisch. Es handelt sich um stabile Entitäten, die sich mit Mitteln des Rechts im Bestand schützen können (Art. 2 Abs. 2 GG, § 21 BGB). Hier finden sich Unterschiede zu zivilrechtlichen rechtsfähigen Nicht-Personen wie der GbR, die sich selbst nicht gegen ihre Auflösung durch Kündigung schützen kann.

Die aktuelle rechtliche Grenze zur Annahme einer Rechtsperson scheint also – aus systemtheoretischer Sicht – bei der Eigenschaft der Homöstase als Merkmal von Stabilität zu liegen.

3.4.5 Neukonstruktion der ePerson

Auch wenn damit der status quo der systemtheoretischen Minimalforderung an die Rechtsperson herausgearbeitet ist, lässt sich daraus noch keine Aussage bezüglich der Annahme einer ePerson ableiten. Denn es handelt sich um rein positivrechtliche Eigenschaften, die sich durch Gesetz ändern lassen – die ePerson würde sofort dann und nur dann unter die Anforderungen fallen, wenn sie gesetzlich eingeführt werden würde. Die Frage ist also, welche Anforderungen an die ePerson außerrechtlich gestellt werden – womit sich der Kreis zu den in 3.3 kritisierten Auffassungen schließt.

Sie soll hier aber neu beantwortet werden. Denn von allen Kriterien, die für die Rechtsperson abgeleitet wurden, lässt sich eines nicht allein im Recht bestimmen: Das der Komplexität. Ein komplexes System benötigt eine Möglichkeit, Zustände zu speichern und zu prozessieren, wofür es auf irgendeine Form der Verkörperung angewiesen ist.[58]

Es soll daher ein Ansatz *Glasersfelds* umgekehrt werden. Dieser geht davon aus, dass es für den Mensch deshalb sinnvoll ist anzunehmen, dass andere Menschen genauso komplex und „menschlich" sind wie er selbst, da er ihr Verhalten nur durch diese Annahme sinnvoll erklären kann.[59] Hier wird behauptet: Um eine Entität sinnvoll als Person anzusehen, benötigt sie jedenfalls eine hinreichende Komplexität.

Diese Annahme bestärkt sich auch vor einem anderen Hintergrund: Der Versuch, Viabilität zu erreichen, stellt ein System stets vor die Herausforderung, ein ausgewogenes Verhältnis von Komplexität und Effizienz zu wahren. Eine Möglichkeit hierfür ist die Delegation in externe Systeme: Der Mensch, der sich seine Termine nicht merken kann, speichert sie im Kalender. Dann muss er die Informationen selbst nicht vorhalten, solange er über einen Kanal auf den Kalender zurückgreifen kann. Ähnlich sinnvoll ist es für das System Recht, nicht unmittelbar relevante Informationen auszulagern und über bestimmte Kanäle darauf zugreifen zu können: So ist die

---

[58] Vgl. *Maturana*, in: Maturana, Erkennen: Die Organisation und Verkörperung von Wirklichkeit, S. 138 (143 f) zum Verhältnis von System und Verkörperung.

[59] *Glasersfeld*, in: Foerster, Einführung in den Konstruktivismus, S. 9 (34 ff).

Willensbildung zur Schaffung des Anspruchs von A gegen B zwar natürlich relevant, aber die ausdifferenzierte Auseinandersetzung damit überfordert die Leistungsfähigkeit des Rechtssystems. Es greift auf das Ergebnis dieses gedanklichen Prozesses daher über den Kanal des § 145 BGB zu und kann so viele nicht unmittelbar relevante Vorgänge an die Rechtsperson A delegieren. Rechtspersonen sind somit dedizierte Schnittstellen für das Recht, um auf externe komplexe Systeme zuzugreifen;[60] ihre Komplexität und Intransparenz sind rechtlich gewollt.

Mit ausreichender Komplexität gewinnen Systeme zudem automatisch Autonomie, da die Möglichkeiten zur Erreichung von Viabilität zunehmen. Das ermöglicht, die für die Ausgestaltung der Rechtsperson als potentielles Rechtssubjekt nötigen Anreizmöglichkeiten zu verwirklichen. Autonome Systeme sind steuerbar, da ihnen Möglichkeiten zur Verhaltensanpassung offenstehen. Dies ist angesichts des auch normativen Charakter des Rechtssystems[61] eine sinnvolle Eigenschaft.

Schließlich rechtfertigt sich die Forderung nach Komplexität aufgrund der Forderung des Rechts an die Rechtsperson, durch die Fähigkeit, Rechtssubjekt zu sein, im Mittelpunkt des Systems zu stehen. Das verlangt Abbildungsmöglichkeiten vieler rechtlicher Beziehung in der Rechtsperson selbst: Die Rechtsperson muss einen Großteil des Rechtssystems in sich selbst modellieren. Die Komplexität der Rechtsperson stellt damit eine weiche Obergrenze der Komplexität des Rechtssystems dar.

4 Komplexität von KI

Auf die Komplexität von KI soll daher abschließend kursorisch eingegangen werden, um zu prüfen, ob sie in hinreichendem Maße gegeben ist. Besprochen werden allein Künstliche Neuronale Netze, die nach aktuellem Stand die größte Aussicht darauf haben, als starke, d.h. menschenähnliche, KI qualifiziert zu werden.

Derartige Netze bestehen aus einer Struktur von Speicherpunkten, bei der die Stärke der Verbindung zwischen den Punkten in einem Trainingsprozess festgelegt wird. Die Verbindungsstärke gibt die Stärke des Signals vor, das ein Knoten an den nächsten weitergibt. Die Informationsverarbeitung erfolgt, indem eine Eingabe auf einem charakteristischen Weg durch

---

[60] Im Prinzip ist dies die Begründung der Annahme struktureller Kopplungen.

[61] Da das Rechtssystem als konstant betrachtet wird, ist es vorrangig normativ.

dieses Netz läuft. Die Funktionalität des Netzes wird somit durch die Beziehung der Knoten untereinander umgesetzt.[62] Im Prinzip stellen Künstliche Neuronale Netze damit ein Musterbeispiel komplexer Systeme dar, da sie sich vorrangig durch Beziehungen definieren. Darin unterscheiden sie sich maßgeblich von klassischen Algorithmen, denen ein iterativer Lösungsansatz zugrunde liegt.

Sie sind damit jedenfalls geeigneter als letztere, Rechtsperson zu sein, wobei ihre Komplexität allerdings Größenordnungen unter der von Menschen und Unternehmungen liegt und bisher nur zur Bearbeitung spezialisierter Aufgaben ausreicht. Eine menschenähnliche Komplexität liegt in noch nicht absehbarer Ferne.[63]

5 Fazit

Im Rahmen des Beitrags wurde versucht, charakteristische systemtheoretische Eigenschaften der Rechtsperson herauszuarbeiten. Dafür sollte die Systemtheorie unabhängig von ihrem soziologischen Unterbau als Methode fruchtbar gemacht werden, um eine Argumentation vor dem Hintergrund eines etablierten Rechtssystems führen zu können.

Es wurde herausgearbeitet, dass dieser Ansatz nicht in der Lage ist, verbindliche Kriterien für die Annahme der Rechtsperson zu finden, sehr wohl aber Minimalanforderungen formulieren kann. Außerrechtliches Hauptkriterium der Rechtsperson ist demnach ihre Komplexität, die eine sinnvolle Verortung im Rechtssystem ermöglicht.

Da es sich bei der Komplexität um kein qualitatives, sondern ein graduelles Merkmal handelt, kann kein eindeutiger Schluss für die Annahme einer ePerson gezogen werden. Festzuhalten bleibt aber, dass Künstliche Neuronale Netze aufgrund ihrer Struktur grundsätzlich in der Lage sind, Komplexität zu verwirklichen, sodass sie sich jedenfalls eher als ePerson qualifizieren lassen können als klassische Algorithmen. Die Frage, ab wann diese Qualifikation verpflichtend wäre, bleibt aber notwendig offen.

6 Folgefragen

Fragen, die bezüglich Künstlicher Neuronaler Netze derzeit diskutiert und bei denen häufig der Begriff der „black box" fällt, ergeben sich aus dem Verständnis von KI als komplexes System zwanglos: KNN sind intransparent, weil sie emergent sind, und sie können disproportionales und pfadab-

---

[62] Ausführlich *Hartmann/Prinz*, in: Taeger, Rechtsfragen digitaler Transformationen, S. 769.

[63] *Makin*, Nature 2019, S. S9.

hängiges Verhalten aufweisen (insbesondere, wenn sie während der Anwendung weiter trainiert werden), sodass keine starke Kausalität zwischen Ein- und Ausgabe vorliegt. Entsprechend ist ihr Verhalten von außen betrachtet schwer prognostizierbar, sodass Probleme bei der Zurechnung und Haftung zwangsläufig Folge sind. Die Emergenz von Systemen verweist u.a. auch auf Probleme bei einer Miturheberschaft.

Literatur

Braegelmann, Tom/Kaulartz, Markus (Hrsg.): Rechtshandbuch Artificial Intelligence und Machine Learning, München 2020.

Foerster, Heinz von: Entdecken oder Erfinden – Wie läßt sich Verstehen verstehen?, in: Heinz von Foerster (Hrsg.), Einführung in den Konstruktivismus, 2. Aufl., München 1995.

Glasersfeld, Ernst von: Konstruktion der Wirklichkeit und des Begriffs der Objektivität, in: Heinz von Foerster (Hrsg.), Einführung in den Konstruktivismus, 2. Aufl., München 1995, S. 9-39.

Hartmann, Frank/Prinz, Matthias: Immaterialgüterrechtlicher Schutz von Systemen Künstlicher Intelligenz, in: Jürgen Taeger (Hrsg.), Rechtsfragen digitaler Transformationen, Edewecht 2018, S. 769-789.

Hejl, Peter M.: Konstruktion der sozialen Konstruktion – Grundlinien einer konstruktivistischen Sozialtheorie, in: Heinz von Foerster (Hrsg.), Einführung in den Konstruktivismus, 2. Aufl., München 1995, S. 109-147.

John, Uwe: Die organisierte Rechtsperson, Berlin 1977.

Kersten, Jens: Relative Rechtssubjektivität, ZfRSoz 37/2017, S. 8-25.

Klingbeil, Stefan: Der Begriff der Rechtsperson, AcP 217/2017, S. 848-885.

Kneer, Georg/Nassehi, Armin: Niklas Luhmanns Theorie sozialer Systeme, 4. Aufl., München 2000.

Luhmann, Niklas: Gesellschaft der Gesellschaft, Frankfurt/M. 1997.

Luhmann, Niklas: Das Recht der Gesellschaft, (Nachdr.), Frankfurt/M. 2002.

Luhmann, Niklas: Die Wirtschaft der Gesellschaft, (Nachdr.), Frankfurt/M. 2008.

Luhmann, Niklas: Das Erziehungssystem der Gesellschaft, 6. Aufl., Frankfurt/M. 2017.

Makin, Simon: The four biggest challenges in brain simulation, Nature 571/2019, S. S9-S9.

Maturana, Humberto: Die Organisation des Lebendigen: eine Theorie der lebendigen Organisation, in: Humberto Maturana (Hrsg.), Erkennen: Die Organisation und Verkörperung von Wirklichkeit. 2. Aufl., Wiesbaden 1985, S. 138-157.

Maturana, Humberto/Varela, Francisco J.: Autopoiese: Die Organisation lebender Systeme, ihre nähere Bestimmung und ein Modell, in: Humberto Maturana (Hrsg.), Erkennen: Die Organisation und Verkörperung von Wirklichkeit, 2. Aufl., Wiesbaden 1985, S. 157-169.

Maturana, Humberto/Varela, Francisco J.: Autopoietische Systeme: Eine Bestimmung der lebendigen Organisation, in: Humberto Maturana (Hrsg.), Erkennen: Die Organisation und Verkörperung von Wirklichkeit, 2. Aufl., Wiesbaden 1985, S. 170-235.

Scheuer, Dennis: Akzeptanz von Künstlicher Intelligenz, Wiesbaden 2020.

Schirmer, Jan-Erik: Von Mäusen, Menschen und Maschinen – Autonome Systeme in der Architektur der Rechtsfähigkeit, JZ 2019, S. 711-718.

Simon, Fritz B.: Einführung in Systemtheorie und Konstruktivismus, 8. Aufl., Heidelberg 2017.

Stieler, Wolfgang: Brain Inside, Technology Review 6/2020, S. 28-34.

Teubner, Gunther: Untemehmenskorporatis, New Industrial Policy und das „Wesen" der Juristischen, KritV 1987, S. 61-85.

Teubner, Gunther: Digitale Rechtssubjekte?, Zum privatrechtlichen Status autonomer Softwareagenten, AcP 2018, S. 155-205.

Tietze, Christian: Zur Theorie der Juristischen Person in der deutschen Rechtswissenschaft des 19. Jahrhunderts, Göttingen 1974.

JUSTIZIABILITÄT – DIE KERNANFORDERUNG FÜR AGILE IT-PROJEKTE SCHLECHTHIN?

Frank Sarre

Projective Expert Group – Sachverständigenbüro & IT-Beratungshaus
frank.sarre@projective.de

Christian Welkenbach

TCI Rechtsanwälte
cwelkenbach@tcilaw.de

Zusammenfassung

In dem vorliegenden Beitrag wird erörtert, mit welchen Themenkreisen sich die Vertragsparteien eines agilen IT-Projekts im Hinblick auf die Frage der Justiziabilität des Projekts unbedingt beschäftigen sollten und welche Maßnahmen konkret unter Beibehaltung der ausgewählten agilen Projektmethode getroffen werden müssen, um zu verhindern, dass an sich gerechtfertigte Ansprüche, die sich aus Schieflagen bzw. Leistungsstörungen im Projekt ergeben, mangels geeigneter Darlegungsmöglichkeit „wegrutschen". Gerade bei agilen IT-Projekten entspricht es nämlich im Gegensatz zu herkömmlichen Projekten, die auf dem Wasserfallmodell basieren, genau dem Grundgedanken der agilen Methodik, das Projekt organisatorisch möglichst schlank zu halten, wenig oder gar keine Dokumentation zum Leistungsgegenstand zu erstellen, keine explizite Projektmanagementdokumentation inklusive einer Projektverlaufsdokumentation anzufertigen und möglichst wenig Aufwand in die vertraglichen Vereinbarungen zu investieren, damit die zur Verfügung stehenden Ressourcen der Vertragspartner auf beiden Seiten optimal für die Erstellung des gewünschten IT-Systems eingesetzt werden können. Die Erfahrung aus der Praxis zeigt, dass eine konsequente Umsetzung der agilen Paradigmen bzw. Grundgedanken fast unausweichlich dazu führt, dass die Vertragspartner im Falle einer Projektkrise oder im Falle eines gescheiterten Projekts kaum mehr in der Lage sind, ihre Rechte und Interessen gegenüber dem anderen Vertragspartner durchzusetzen.

Anhand von den Schwerpunktthemen eines agilen Projekts (Projektorganisation und Verantwortlichkeiten, Spezifikationsumfang und -tiefe, Dokumentation, Sprint Reviews und die Problematik der Teilabnahmen, Vergütung der Leistungen, Gesamtabnahme sowie Ausstieg aus dem Projekt) zeigen die Autoren dieses Beitrags auf, welche Punkte erfahrungsgemäß besonders kritisch sind und was sowohl im Hinblick auf die Vertragsgestaltung als auch im Hinblick auf die eigentliche Projektdurchführung zu veranlassen und/oder zu vermeiden ist, um eine solide Grundlage für die ständige Erhaltung der Justiziabilität des Projekts zu schaffen.

1 Einleitung

Als Grundlage für die Durchführung komplexer IT-Projekte in Industrie, öffentlicher Verwaltung, Wissenschaft und Forschung erfreuen sich agile Projektmethoden weiterhin großer Beliebtheit. Insbesondere IT-Dienstleister favorisieren agile Projektmethoden und werben bei ihren Kunden damit, dass eine agile Vorgehensweise in einem Softwareprojekt gegenüber klassischen bzw. herkömmlichen Methoden, die zumeist auf dem Wasserfallmodell basieren, eklatante Vorteile mit sich bringt: Unter anderem effiziente Projektdurchführung, klare Fokussierung auf das Projektziel, geringere Aufwände, geringere Kosten, kürzere Projektlaufzeit, hohe Softwarequalität und letzten Endes auch große Kundenzufriedenheit.

In der Praxis ist jedoch zu beobachten, dass Kunden mit den Ergebnissen ihrer agilen IT-Projekte in einer Vielzahl von Fällen unzufrieden sind und manche Projekte sogar als gescheitert einstufen. In juristischen Auseinandersetzungen zeigt sich dann häufig, dass der Auftraggeber seine Ansprüche nur schwer durchsetzen kann, was unmittelbar die Frage aufwirft, ob agile IT-Projekte generell juristisch schwer zu beurteilen sind oder ob sich unter Beibehaltung der zentralen Grundsätze und der Methodik eines agilen Projekts mit bestimmten Maßnahmen erreichen lässt, die juristische Beurteilbarkeit (Justiziabilität) eines IT-Projekts sicherzustellen.

Insbesondere für den Auftraggeber wird es von entscheidender wirtschaftlicher Bedeutung sein, bei einem drohenden oder nicht mehr aufzuhaltenden Scheitern des Projekts zumindest Sekundäransprüche geltend zu machen und gerichtlich durchsetzen zu können. Angesichts der ohnehin vor Gericht bestehenden Unwägbarkeiten im Zusammenhang mit komplexen IT-Projekten muss letztlich beiden Vertragsparteien bewusst sein, dass eine gerichtliche Eskalation nur als Ultima Ratio in Betracht kommen sollte[1] – dies sollte durch die Auswahl, Anpassung und Anwendung einer agilen Projektmethode nicht noch zusätzlich erschwert werden.

Im Folgenden wird daher aufgezeigt, in welchen Bereichen im Rahmen agiler Projekte spezifische Gefahren lauern und mit welchen Mitteln und Maßnahmen diesen Gefahren begegnet werden kann, um für den Ernstfall eines Konflikts sowohl für Vergleichsverhandlungen als auch für ein gerichtliches Verfahren gerüstet zu sein.

2 Aktueller Stand bezüglich agiler IT-Projekte

2.1 Vertragsgestaltung

Im Vorfeld der Zusammenarbeit sollten sich die Vertragsparteien der Erstellung eines „passenden" Projektvertrags widmen, der im Idealfall möglichst geringe Interpretationsspielräume in Bezug auf die Beschreibung der

---

[1] Je nach Komplexität und Gesamtvolumen des Projekts können sich auch eine vorrangige Schlichtung (z.B. vor der Schlichtungsstelle der DGRI, siehe https://www.dgri.de/index.p hp/fuseaction/download/lrn_file/flyer_dgri_schlichtung_final.pdf) und/oder Schiedsverfahren anbieten, was vertraglich geregelt werden müsste.

geschuldeten Leistungen, den Vertragstyp, die gegenseitigen Pflichten und Verantwortlichkeiten sowie hinsichtlich der (Gesamt-) Abnahme und etwaiger Teilabnahmen aufwirft.[2] Gerade bei einem agilen IT-Projekt besteht das Kunststück dabei sicherlich darin, die einschlägigen gesetzlichen Regelungen mit der korrespondierenden Rechtsprechung zu IT-Projektverträgen, die spezifischen Merkmale der gewählten agilen Projektmethode sowie die Rahmenbedingungen des Projekts selbst in Einklang zu bringen. Das Ziel sollte sein, dass sich zum einen die agile Projektmethodik sinnvoll entfalten kann, um möglichst schnell und effektiv zu einem funktionsfähigen IT-System bzw. Softwaresystem zu gelangen, zum anderen sollte das Projekt aber auch juristisch „greifbar" bleiben, um im Falle einer Schieflage oder einem drohenden Scheitern noch adäquat reagieren und Ansprüche belastbar geltend machen zu können.

Die bislang wenigen (veröffentlichten) Fälle, in denen agile Projekte gerichtlich eskaliert wurden und in denen über entsprechende Ansprüche zu entscheiden war, haben gezeigt, dass eine unzureichende vertragliche Grundlage häufig zumindest mitursächlich für die Projektschieflage sein kann und in der Folge die Durchsetzung der maßgeblichen Ansprüche stark erschwert hat.

Aus Sicht eines Anbieters mag es in der einen oder anderen Hinsicht vorteilhaft sein, einen eher schlanken Vertrag mit nur rudimentär beschriebenen Leistungspflichten und (Soll-) Beschaffenheiten bei einer Vergütung nach Aufwand (time & material) zu haben, vermutlich wäre dies auch im Sinne der Autoren des agilen Manifestes („Customer collaboration over contract negotiation"), es ist jedoch höchst fraglich, ob eine intensive Auseinandersetzung über die Qualität und den Umfang der geschuldeten Leistungen bei Gericht auch aus Sicht des Anbieters wirklich erstrebenswert ist und im Ergebnis dann auch zum Erfolg führt. Je knapper und abstrakter die vertraglichen Regelungen sind, desto größer ist zwangsläufig der Auslegungsspielraum und desto höher ist das Risiko einer (zumeist heftigen) Auseinandersetzung, zumal die Interessenslagen von Auftraggeber und Auftragnehmer aufgrund der Natur der Sache in agilen IT-Projekten ohnehin in aller Regel weit auseinanderfallen.

2.2 Methoden der Informatik

In der Informatik wurden in den letzten Jahrzehnten zahlreiche Methoden und Vorgehensweisen erforscht und publiziert, um komplexe IT-Systeme

---

[2] In aller Regel ist auch noch eine Vielzahl weiterer Themenkreise zu berücksichtigen, wie zum Beispiel die Rechte an den Projektergebnissen, Haftungsfragen, etc. Auf diese Themenkreise wird jedoch in diesem Beitrag nicht näher eingegangen.

entwickeln und pflegen zu können. Alle diese Methoden und Vorgehens-weisen haben die gemeinsame Zielstellung, eine strukturierte, effiziente Projektdurchführung zu erreichen, damit die eigentlichen Projektziele ter-mingerecht, innerhalb der geforderten Qualität und mit angemessenem Aufwand umgesetzt werden können. In der Praxis sind die existierenden Methoden und Vorgehensweisen außerordentlich hilfreich, zumal die Risi-ken der Projektdurchführung deutlich gesenkt werden. Aufgrund der Vor-teile muss der Einsatz eines passenden Vorgehensmodells bzw. einer pas-senden Projektmethode als praktisch unverzichtbar angesehen werden.

Die meisten Projektmethoden bzw. Vorgehensmodelle, und dies trifft insbesondere für agile Projektmethoden zu, sehen allerdings nicht vor, dass die Erreichung der Projektziele im Rahmen eines typischen Auftragge-ber/Auftragnehmer-Verhältnisses geschieht,[3] d.h., den meisten agilen Pro-jektmethoden ist nicht zu entnehmen, wie die Verantwortlichkeiten über-haupt verteilt sind und welcher Vertragspartner im Einzelnen welche Auf-gaben zu erledigen hat. Es kommt hinzu, dass Rahmenbedingungen, die von dem jeweiligen Projektumfeld und von den beteiligten Vertragspart-nern abhängen, in den Projektmethoden nicht einmal im Ansatz berück-sichtigt sind.

In der Praxis stellt sich schon in einer frühen Phase die Frage, welche Projektmethode überhaupt geeignet ist und wie die ausgewählte Projekt-methode an die konkreten Anforderungen, die im Projekt herrschen, anzu-passen ist. Da agile Projektmethoden für die meisten Auftraggeber noch relativ neu sind, wird oft der Fehler gemacht, dass eine vom Anbieter vor-geschlagene Methode „abgenickt" wird, ohne die Konsequenzen der Me-thode im Einzelnen zu durchdenken. Zu einer sachgerechten Vorbereitung eines Projekts gehört es daher unausweichlich, die gegebenen Rahmenbe-dingungen des Projekts gründlich zu analysieren, alle Vorteile und Nach-teile verschiedener Varianten abzuwägen und dann erst eine endgültige Entscheidung in Bezug auf das Vorgehensmodell zu treffen.

2.3 Rechtsprechung

Werden IT-Projekte agil abgewickelt, so reduziert sich damit keineswegs die rechtliche Komplexität, angefangen bei der Frage des einschlägigen Ver-tragstyps. Es ist zu erwarten, dass es in den kommenden Monaten und Jah-ren weitere Entscheidungen zu agilen Softwareprojekten geben wird, durch die dann auch verschiedene Facetten der agilen Vorgehensmodelle in recht-licher Hinsicht näher beleuchtet werden. Sofern es dabei im Kern um die

---

[3] Vgl. *Koch/Kunzmann/Müller*, MMR 2020, S. 8, wonach z.B. Scrum auch für interne Entwick-lungsprozesse gedacht ist.

Erstellung einer individuellen Softwarelösung geht, die nach den bei Projektstart zumindest rudimentären fachlichen Vorgaben des Kunden umgesetzt werden soll, dürften solche Projektverträge auch bei agiler Vorgehensweise insgesamt als Werkvertrag behandelt werden. Insoweit hat das LG Wiesbaden in erster Instanz vollkommen zu Recht festgestellt:[4] *„Letztlich bleibt es jedoch auch bei der agilen Software-Erstellung bei der Konzeptionshoheit des Auftraggebers einerseits und der Ausführungsverantwortlichkeit des Auftragnehmers andererseits."*

Es wird jedoch maßgeblich von der Qualität der zugrundeliegenden Verträge abhängen, inwieweit künftige Entscheidungen über agile Projekte zumindest weitgehend vorhersehbar werden.

2.4 Bisheriges Vorgehen in der Praxis

IT-Dienstleister werben im Vorfeld eines IT-Projekts bei ihren Kunden sehr häufig damit, dass ein agiles Vorgehen erhebliche Zeit- und Kostenvorteile mit sich bringt. Oftmals sind die Kunden von den Vorteilen sehr schnell zu überzeugen. In aller Regel präsentieren die IT-Dienstleister dann auch eine eigens konzipierte agile Methode, die sich in zahlreichen IT-Projekten bei anderen Kunden bewährt haben soll. Damit das Projekt schnell starten kann, schließen die Projektparteien einen eher schlanken, oft lückenhaften Projektvertrag.[5] Wenn der Dienstleister bereits ein Vertragsformular mitbringt, fällt die Vertragsverhandlungsphase sogar oft völlig aus bzw. reduziert sich auf Preisverhandlungen.

In der Praxis stellt sich dann regelmäßig nach Vertragsabschluss heraus, dass die agile Methode des IT-Dienstleisters wenig durchdacht ist, so gut wie gar nicht dokumentiert ist und stellenweise erhebliche Lücken aufweist. Als höchst problematisch stellt sich dann auch oft heraus, dass notwendige Leistungen für das IT-Projekt auf den Kunden „abgewälzt" werden (z.B. die Durchführung von Modul- und Integrationstests, die Erstellung einer sachgerechten Dokumentation oder die Einrichtung von Stammdaten).

Nicht selten ist auch festzustellen, dass der Kunde über Sprint Reviews und die Beauftragung von Folge-Sprints in Teilabnahmen „hineinschlittert", ohne dass dies seinerseits beabsichtigt gewesen wäre.[6]

Da in sehr vielen Fällen – was völlig unstrittig auch dem „Geist" eines agilen IT-Projekts entspricht – weitgehend auf die Erstellung einer sachge-

---

[4] LG Wiesbaden, Urt. v. 30.11.2016 – 11 O 10/15, CR 2017, 298.

[5] Siehe hierzu auch *Heydn*, MMR 2020, S. 284, dort Abschn. I./1.

[6] Siehe zu dieser Problematik später noch Abschn. 3.4.

rechten Dokumentation verzichtet wird, wird es für den Kunden im Streitfall sehr schwer, zu beweisen, was überhaupt vereinbart war und welcher
Vertragspartner für welches Projektergebnis die Verantwortung zu tragen
hatte. Eine sachgerechte Projektverlaufsdokumentation wird aus Auf-
wandsgründen in aller Regel von keinem der beiden Vertragspartner erstellt, was zur Folge hat, dass das Projekt im Streitfall dann mit an Sicherheit grenzender Wahrscheinlichkeit nicht mehr zu rekonstruieren ist.

3 Probleme, Lösungsansätze und praktische Erfahrungen

3.1 Projektorganisation und Verantwortlichkeiten

In vielen agilen IT-Projekten wird der Fehler gemacht, dass die Vertragspartner zwar ihre Mitarbeiter/-innen dem Projekt zuordnen, die Projektorganisation und die damit einhergehenden Verantwortlichkeiten werden
aber nicht im Detail geklärt bzw. nicht mit der gebührenden Sorgfalt festgelegt. In solchen Situationen bleibt dann zumindest teilweise offen, wer
die Ergebnisverantwortung für einzelne Aufgaben bzw. Projektergebnisse
innehat bzw. haben sollte. Im Falle von qualitativ unzureichenden Ergebnissen oder Projektverzögerungen ist es dann praktisch unmöglich, der Ursache auf den Grund zu gehen und die Situation juristisch zu beurteilen.

Im Hinblick auf die Vertragsgestaltung für ein agiles IT-Projekt sollte generell davon Abstand genommen werden, nur pauschal auf das agile Manifest[7] zu verweisen oder eines der zahlreichen agilen Vorgehensmodelle
schlicht nur zu benennen, da damit noch keine exakten, belastbaren Vereinbarungen vorliegen. Zu grobe Regelungen werden auch von den Vertragspartnern mit hoher Wahrscheinlichkeit unterschiedlich interpretiert,
was dem Bestreben, klare, eindeutige Vereinbarungen für alle Ergebnisse
und Prozesse im Projekt zu treffen, zuwiderläuft.

Vor diesem Hintergrund liegt die Empfehlung nahe, bereits im Projektvertrag entsprechende Festlegungen zur Projektorganisation und den damit
einhergehenden Verantwortlichkeiten zu verankern. Die Festlegungen werden dabei im Einzelnen von der zu verwendenden Projektmethode abhängen. Die Vertragspartner sollten auf jeden Fall das zwischen ihnen bestehende „Know-how-Gefälle" berücksichtigen. Auch wenn die Vertragspartner in einem agilen Projekt in vielen Bereichen zusammenarbeiten, hat es
sich bewährt, dass sich der Auftraggeber beispielsweise auf die Erstellung
und Weiterentwicklung der fachlichen Vorgaben fokussiert, einen Teil der
Dokumentationen erstellt, sich an den Tests beteiligt und anderweitige
Mitwirkungsleistungen erbringt, während der Auftragnehmer die alleinige

---

[7] http://agilemanifesto.org, Stand v. 13.7.2015.

Verantwortung für die Architektur, das technische Design und für die Realisierung des beauftragten IT-Systems übernehmen sollte.

Die Vertragspartner sollten sich darüber klar sein, dass die Projektorganisation und die Festlegung der Verantwortlichkeiten mit wenigen Ausnahmen auch zur Folge hat, dass die vertragstypologische Einordnung der vertraglichen Vereinbarungen beeinflusst wird. So wäre bekanntermaßen eher ein Werkvertrag gegeben, wenn der Auftragnehmer allein die Erfolgsverantwortung für das zu erstellende IT-System übernommen hat (= sog. Ausführungsverantwortung) und wenn es zu einer Abnahme des erstellten Werks kommt, während ansonsten bei starker Weisung des Auftraggebers oder bei einer Beteiligung des Auftraggebers an der Entwicklung in den meisten Fällen eher ein Dienstvertrag vorliegen wird.

Darüber hinaus ist es unentbehrlich, dass in einem konkreten Projekt alle Prozesse und Projektergebnisse definiert werden und mit den Rollen der agilen Methode abgeglichen werden. So ist es zum Beispiel sehr wichtig, dass vertraglich vereinbart wird, wer in welcher Rolle für den Test des zu entwickelnden IT-Systems zuständig ist oder wer für die Beschaffung von Testdaten für verschiedene Testarten.

3.2 Spezifikationsumfang und -tiefe

Aus Informatiksicht kann es praktisch als Selbstverständlichkeit angesehen werden, dass IT-Systeme oder einzelne Bestandteile davon vor der Implementierung zu spezifizieren sind, und zwar sowohl fachlich wie auch technisch und jeweils in der erforderlichen Breite und in hinreichender Tiefe. Projekte, die diesen Grundsatz verletzen oder sogar komplett ignorieren, laufen Gefahr, dass sich die Vertragspartner spätestens bei einer Teilabnahme oder Gesamtabnahme darüber streiten, was letztlich entwickelt, geliefert und geleistet werden muss.[8]

Die Frage, ob überhaupt eine Spezifikation notwendig ist, lässt sich also im Hinblick auf die Fachlichkeit und das technische Design klar mit einem „Doppel-Ja" beantworten; schwieriger wird es hingegen bei der Frage, welchen Umfang und welche Tiefe die jeweilige Spezifikation aufweisen soll.

Grundsätzlich ist der Auftraggeber nicht dazu verpflichtet, seine fachlichen Anforderungen an das gewünschte IT-System extrem fein auszuarbeiten und zu dokumentieren. Aus juristischer Sicht ist eine exakte Definition der Beschaffenheit also nicht zwingend erforderlich; die Klärung, ob ein bestimmtes Projektergebnis jedoch den vertraglichen Anforderungen entspricht, ist bei unklarer Definition der Beschaffenheit jedoch zuweilen mithilfe von Sachverständigengutachten sehr aufwendig. Der Auftraggeber

---

[8] Zu den „Feinden" der Abnahme siehe auch *Schneider*, CR 2016, S. 634, dort Abschn. III.

wird also gut beraten sein, seine Anforderungen unter Berücksichtigung des zu leistenden Aufwands so detailliert darzustellen, dass alles abgedeckt ist, was er sich im Hinblick auf das zu erstellende IT-System wünscht. Die in agilen Projekten üblichen User Stories reichen für eine sachgerechte Spezifikation aus fachlicher Sicht im Übrigen in aller Regel nicht aus.[9]

In der Praxis bestehen jedoch zumeist erhebliche Hürden und Beschränkungen, den gewünschten Leistungsgegenstand exakt zu spezifizieren. Die Hauptschwierigkeiten des Auftraggebers sind oft mangelndes methodisches Know-how, personelle Ressourcenengpässe, mangelnde Kenntnisse über die einzusetzende Technologie bzw. Standardprodukte, schlechte Abschätzbarkeit der entstehenden Kosten sowie schlechte Einschätzbarkeit der notwendigen organisatorischen Änderungen im eigenen Hause.

Bei näherer Betrachtung sind die hier aufgeführten Hauptschwierigkeiten zwar lösbar, aber in aller Regel ist der Auftraggeber aufgrund eigener Einschätzungen nicht bereit, die erforderlichen Aufwände und Kosten zu tragen und die erforderliche Zeit dafür einzuplanen. Diese „Sparhaltung" wird jedoch im weiteren Verlauf eines Projekts teuer bezahlt, da erhebliche Meinungsunterschiede über die zu erbringenden Leistungen in aller Regel zu einer heftigen Projektkrise führen und nicht selten in einer kostspieligen gerichtlichen Auseinandersetzung münden.

Während bei klassischen Projektmethoden, die das Wasserfallmodell abbilden, eine Spezifikationsphase bereits Teil der jeweiligen Methode ist, ist bei agilen Projektmethoden nicht sofort ersichtlich, ob es überhaupt eine Spezifikationsphase gibt oder, wenn nicht, wie und wann die Vorgaben für das zu entwickelnde IT-System aufgestellt werden. Tatsächlich „verschmiert" sich die Spezifikationsphase in einem agilen IT-Projekt auf die iterative Bearbeitung des Anforderungskatalogs (z.B. Product Backlog) sowie auf die jeweilige Anfangsphase der einzelnen Sprints. Im Ergebnis sollte die Spezifikation, die bei einer agilen Projektmethode im Zuge der Iterationen entsteht bzw. entstehen sollte, nicht schwächer sein als eine Spezifikation, die im Rahmen eines klassischen Projekts erstellt werden würde – schließlich benötigt die Realisierung des gewünschten IT-Systems in jedem Fall fachliche Vorgaben sowie ein technisches Design, völlig unabhängig davon, wann und in welchen Etappen die einzelnen Spezifikationselemente eine Gesamtspezifikation bilden. Nahezu jede agile Projektmethode lässt ein solches Vorgehen in Bezug auf die Spezifikation zwar zu, legt aber gemäß des agilen Prinzips „schnell und flink" zu sein, eher nahe, weitgehend auf Dokumentation zu verzichten, also auch auf Spezifikationsdokumente – im Grunde genommen werden damit aber langfristig große

---

[9] Vgl. *Sarre*, CR 2018, S. 199, dort Abschn. 4, oder siehe für weitere Details *Hoppen*, CR 2015, S. 747.

Probleme geschaffen, da zum Beispiel die Wartbarkeit des entwickelten IT-Systems geschwächt wird.

Sollten die Vertragspartner über den Inhalt einer fachlichen Spezifikation bzw. über die fachlichen Vorgaben des Auftraggebers streiten, lässt sich der Streit zwar mit juristischen Hilfsmitteln lösen, die Ergebnisse sind jedoch nur in seltenen Fällen befriedigend. Dies hängt unter anderem damit zusammen, dass bei fehlenden konkreten Vereinbarungen Sachverständige zu Rate gezogen werden müssen, die den Vertragszweck oder den mittleren Ausführungsstandard einer fehlenden oder ungenau beschriebenen fachlichen Anforderung sowie das Minimum dessen, was der Kunde erwarten darf, aller Voraussicht nach anders beurteilen, als es die Vertragspartner vormals im Projekt tun würden oder getan haben.

3.3   Dokumentation

Für ein komplexes IT-System, das im Rahmen eines Projekts entwickelt wird, werden abhängig von der Art und dem Umfang des jeweiligen Systems bestimmte Dokumentationen benötigt, damit eine Nutzung und/oder Weiterentwicklung stattfinden kann.[10] Dies gilt freilich auch für agile Projekte, auch wenn es dem Grundgedanken eines agilen Projekts eher entsprechen würde, wenig oder gar keine Dokumentation zu haben.[11] Fehlen die erforderlichen Dokumentationen oder sind sie mit Mängeln behaftet, hat dies in aller Regel nennenswerte wirtschaftliche Folgen für den Auftraggeber, da Ansprüche nur sehr schwer oder gar nicht durchzusetzen sind.[12] Im schlechtesten Fall könnte es sein, dass das entwickelte IT-System nur mit Einschränkungen, nur zeitweise oder gar nicht einsetzbar ist. Vor diesem Hintergrund ist offensichtlich, dass der Dokumentation bei der Durchführung eines agilen IT-Projekts eine enorme Bedeutung zukommt.

In der Praxis stellt sich häufig die Frage, welche Dokumentationen für die Nutzung und ggf. auch die Weiterentwicklung überhaupt benötigt werden und welche Inhalte die entsprechenden Dokumentationen aufweisen sollen. Darüber hinaus ist den Projektparteien zumeist nicht klar, welche Dokumentationen auch ohne Vereinbarung verpflichtend zu liefern sind und

---

[10] Siehe für einen umfassenden Überblick zum Thema Dokumentationen in Softwareprojekten das CR-Sonderheft 2015 mit Beiträgen von *Schreiber-Ehle, Liesegang* und *Hoppen*.

[11] Interessant genug ist, dass der Begriff „Dokumentation" in dem Original-Scrum-Guide von *Sutherland* und *Schwaber* nicht ein einziges Mal vorkommt, *Schwaber, Ken/Sutherland, Jeff*, Scrum Guide, https://www.scrumguides.org/docs/scrumguide/v2017/2017-scrum-Guide-US.pdf (abgerufen am 14.8.2018).

[12] Vgl. *Kremer*, ITRB 2010, S. 283, dort Abschn. II./2.c).

welche wiederum explizit vereinbart werden müssen. Schließlich ist auch der Lieferzeitpunkt der geschuldeten Dokumentationen häufig strittig.[13]

Wenn die Vertragspartner genaue Vereinbarungen darüber getroffen haben, welche Dokumentationen in welcher Form geliefert werden müssen und welcher Vertragspartner im Rahmen des Erstellungsprozesses der Dokumentationen welchen Anteil hat, ergeben sich Leistungspflichten, die von den Vertragspartnern dann auch tatsächlich erbracht werden müssen. Problematisch kann es für den Auftraggeber werden, wenn die vertraglichen Vereinbarungen deutlich hinter dem zurückbleiben, was langfristig an Dokumentation für das entwickelte IT-System tatsächlich benötigt wird. Ähnlich schwierig ist die Situation, wenn die Vertragspartner zum Thema Dokumentation keine oder nur sehr oberflächliche Vereinbarungen getroffen haben, weil dann – sofern möglich – anhand des Vertragszwecks auszuloten ist, welche Dokumentationen tatsächlich in welcher konkreten Beschaffenheit geschuldet sind bzw. geschuldet gewesen wären und in welcher Form sie zu liefern sind oder zu liefern gewesen wären.

Die einschlägigen Gesetze und die aktuelle Rechtsprechung sind im Wesentlichen auf die Anwenderdokumentation fokussiert. Der BGH hat sich dahingehend geäußert, dass eine Anwenderdokumentation zur geschuldeten Leistung des Auftragnehmers gehört, selbst wenn dazu keine explizite Vereinbarung getroffen worden ist.[14] Dabei hat der BGH allerdings nicht vorgegeben, welchen Inhalt und welchen Umfang eine Anwenderdokumentation haben muss, so dass in Bezug auf die Details der Erstellung einer Anwenderdokumentation zahlreiche Fragen offen bleiben.

Manche Projekte unterfallen spezielleren gesetzlichen Regelungen, zum Beispiel dem Arzneimittelgesetz. In solchen Fällen ist zwangsläufig eine sehr umfangreiche Dokumentation zu liefern, damit das System den gesetzlichen Validierungsanforderungen entspricht.

Hilfestellung für den Inhalt und Umfang von Dokumentationen leisten internationale Regelwerke, die jedoch zum Teil nur einem kleinen Kreis von Experten bekannt sind. Generell stellen diese Regelwerke jedoch keine zwingenden Vorgaben dar, so dass die Vertragspartner im eigenen Interesse entsprechende Vereinbarungen zur Dokumentation mit in ihren Vertrag aufnehmen sollten. Teilweise wird aus der Ähnlichkeit der Aufgaben in verschiedenen Normen und Standards eine anerkannte Regel der Technik abgeleitet, allerdings muss hier im Einzelfall geprüft werden, ob und

---

[13] So auch in dem Verfahren vor dem LG Wiesbaden (Fn. 4).

[14] BGH Urt. v. 3.11.1992 – X ZR 83/90, NJW 1993, 1063 – Werkabnahme; BGH Urt. v. 4.11.1992 – VIII ZR 165/91, NJW 1993, 461 – Nichtlieferung der Benutzerdokumentation; BGH Urt. v. 14.7.1993 – VIII ZR 147/92, NJW 1993, 2436 – Werklieferung, Verpflichtung zur Aushändigung des zur Software gehörenden Handbuches an den Besteller.

inwieweit aufgrund von Normen tatsächlich eine allgemein anerkannte Regel der Technik vorliegt bzw. ob eine gelieferte Projektmanagementdokumentation, die diesen Standards nicht entspricht, nicht auch den beabsichtigten Zweck erfüllt.

Eine geeignete Projektmanagementdokumentation ist Grundlage der planmäßigen Zielerreichung eines Projekts. Auch hier existieren Normen und Regelwerke. Hinsichtlich dieser Art von Dokumentation gibt es allerdings keine gesetzlichen Vorgaben und auch keine weithin bekannte Rechtsprechung. Ein juristischer Anspruch auf entsprechende Dokumentationen dieser Art besteht deshalb in aller Regel nicht. Sollte ein Projekt in Schieflage geraten oder sogar scheitern, dient eine geordnete Projektmanagementdokumentation jedoch dem Nachweis der Verantwortlichkeiten im Rahmen juristischer Auseinandersetzungen. Verzichten die Vertragspartner also bewusst auf die Projektmanagementdokumentation oder auf Teile davon, wird das Projekt nicht nur das hohe Risiko laufen, nicht zum Erfolg zu kommen, sondern es wird auch von Juristen im Nachhinein nicht mehr eindeutig zu beurteilen sein.

Die Dokumentation „innerhalb" eines Projekts obliegt bei klassischen Werkverträgen im Wesentlichen dem Auftragnehmer, da er auch die Inhalte der von ihm erarbeiteten Projektergebnisse verantwortet. Eine Mitwirkung des Auftraggebers wird sich hingegen auf die fachliche Spezifikation und die Erstellung von Testfällen beschränken, sowie auf einzelne Informationen, die der Betriebssphäre des Auftraggebers zuzuordnen sind.

Insgesamt ist zum Thema Dokumentationen bei agilen Projekten festzuhalten, dass sich insbesondere der Auftraggeber gut überlegen sollte, ob er dem Paradigma „Working software over comprehensive documentation"[15] mit allen Konsequenzen folgen möchte, oder ob er im Hinblick auf die zukünftige Nutzung und Weiterentwicklung des entwickelten IT-Systems eine doch eher umfangreiche Dokumentation benötigt, die dann aber auch selbstverständlich vertraglich festzulegen ist.

3.4 Sprint Reviews und die Problematik der Teilabnahmen

Am Ende eines jeden Sprints wird bei dem Einsatz einer agilen Methodik (z.B. Scrum) ein Sprint Review durchgeführt, um die erreichten Ziele zu besprechen und festzuhalten. Diese „Veranstaltung" könnte – auf den ersten Blick – durchaus den Charakter einer Teilabnahme haben. Im Rahmen des Sprint Reviews muss nämlich insbesondere der Auftraggeber (resp. der Product Owner) sorgfältig darauf achten, dass sämtliche für den Sprint geplanten Funktionalitäten in der vereinbarten Beschaffenheit umgesetzt

---

[15] Siehe hierzu das Manifest für agile Softwareentwicklung, https://agilemanifesto.org/iso/en/manifesto.html, abgerufen am 1.7.2020.

wurden – soweit dies für den Auftraggeber anhand des unfertigen Inkrements überhaupt möglich ist, was häufig nicht der Fall sein dürfte. Oft dürfte auch die zur Verfügung stehende Zeit nicht ausreichen, die Prüfgegenstände sachgerecht einem umfassenden Test bzw. einer umfassenden Prüfung zu unterziehen. Erschwerend kommt dann in den meisten Fällen auch noch hinzu, dass entweder gar keine oder nur wenig Dokumentation vorliegt.

Der Auftragnehmer (IT-Dienstleister) wird wiederum in dieser Situation dazu neigen, die zurückliegenden Arbeiten innerhalb des Sprints als erfolgreich zu bewerten. Und genau hier liegt für den Auftraggeber ein gewisses Gefahrenpotenzial. Der Auftragnehmer wird nämlich mangelhafte Zwischenergebnisse von sich aus nicht ansprechen, der Auftraggeber mag aber aufgrund der Gefahr einer vorbehaltlosen Teilabnahme der Ergebnisse des einzelnen Sprints gehalten sein, Mängel zu erkennen und zu rügen, so dass deren Behebung im Rahmen des nächsten Sprints – für den Auftraggeber kostenfrei – eingeplant werden kann.

Je nachdem, ob und inwieweit Teilabnahmen im Vertrag geregelt wurden oder nicht, kann sich ansonsten das Risiko verwirklichen, dass sich die vertragliche Beschaffenheit einvernehmlich und dynamisch in die explizit definierten Anforderungen des jeweils nächsten Sprints transformiert und der Auftraggeber in diesem Zusammenhang Ansprüche auf Mängelbeseitigung aus dem zurückliegenden Sprint verliert. Das OLG Frankfurt/M. hat in einem Nebensatz festgestellt, dass in der Beauftragung eines neuen Sprints eine konkludente Teilabnahme des zurückliegenden Sprints erblickt werden könne.[16] Der BGH hat demgegenüber jüngst bestätigt, dass zumindest in Bauverträgen eine Teilabnahme dadurch, dass der Auftraggeber Folgeaufträge erteilt, ohne entsprechende vertragliche Regelung nicht in Betracht kommt.[17]

Sollte sich im Zuge der Gesamtabnahme herausstellen, dass die zu erstellende Individualsoftware eklatante Fehlfunktionen aufweist, so dass wesentliche Funktionalitäten nicht genutzt werden können, so wird sich der Auftragnehmer freilich nicht darauf zurückziehen können, der Auftraggeber habe durch vorbehaltlose konkludente Teilabnahme eines bestimmten Sprints insoweit die Mangelhaftigkeit akzeptiert oder gar, dass sich die Sollbeschaffenheit dahingehend geändert habe und sich quasi auf diese Fehlfunktion oder die fehlende Funktionalität erstrecke. Gleiches gilt für Performancemängel, die erst im Live-Betrieb erkennbar werden; auch insoweit

---

[16] OLG Frankfurt/M., CR 2017, S. 646.

[17] BGH, Urt. v. 7.2.2019 – VII ZR 274/17, NJW 2019, 2169. Allerdings ist die Teilabnahme im Bauvertrag auch explizit in § 12 Abs. 2 VOB/B geregelt – im Gegensatz zu den Vorschriften über den Werkvertrag im BGB.

tritt kein vorzeitiger Verlust der Mängelansprüche des Auftraggebers ein, sofern diese Mängel während oder nach der Gesamtabnahme rechtzeitig gerügt werden. Problematisch kann es für den Auftraggeber jedoch dann werden, wenn eine bestimmte für ihn wichtige Funktionalität oder Anforderung im Rahmen der Sprints zwar geplant, aber nicht umgesetzt wurde und der Auftraggeber dies nicht nach Abschluss des entsprechenden Sprints gerügt und dann den nachfolgenden Sprint beauftragt hat.

Wenn sich der Auftraggeber während des Projekts nicht sicher sein sollte, ob eine Teilabnahme für das jeweilige Inkrement erklärt werden kann, also ob dieses Zwischenergebnis als im Wesentlichen vertragsgemäß akzeptiert werden kann, so ist dem Auftraggeber wegen eines möglichen Verlusts der Mängelansprüche dringend anzuraten, Teilabnahmen zumindest nur mit einem Vorbehalt der Mängelansprüche entsprechend § 640 Abs. 3 BGB zu erklären. Die Verjährungsfrist für etwaige Mängelansprüche, die unter Umständen durch die Teilabnahme beginnt, kann der Auftraggeber damit unter Umständen nicht aufhalten, diese müsste für während des Projekts bereits erkennbare Mängel gesondert im Auge behalten werden. Jedoch kann durch den Vorbehalt das Risiko eines vorzeitigen Untergangs von Mängelansprüchen verringert werden, was sich auch im Zuge einer konkludenten (Teil-)Abnahme realisieren kann.[18]

In diesem Zusammenhang ist weiterhin das Risiko einer konkludenten (Teil-)Abnahme durch vorbehaltlose Produktivsetzung abzufangen.[19] Eine konkludente Abnahme von Software kann im Einzelfall z.B. dann vorliegen, wenn der Auftraggeber die Software trotz vorhandener Mängel produktiv einsetzt und die Benutzung der Software sogar nach Kenntnis von Mängeln fortsetzt.[20] Hiervon abweichend wird jedoch auch die Auffassung vertreten, dass eine konkludente Abnahme einer Software allenfalls dann angenommen werden kann, wenn die Software eine gewisse Zeit „mängelfrei" gearbeitet hat.[21] Eine vorzeitige Softwarenutzung zu produktiven Zwecken kommt häufig vor, etwa dann, wenn eine Produktivnutzung aus wirtschaftlichen Zwängen heraus bereits notwendig war und es im Projekt aufgrund von Verzögerungen jedoch noch nicht zu einer Fertigstellung bzw. Gesamtabnahme gekommen ist. Soweit das Verhalten des Auftraggebers im Zuge der Produktivsetzung als konkludente Abnahme des Vertragsgegenstandes bewertet werden kann – bei komplexer Individualsoftware wohl erst nach Ablauf einer angemessenen Erprobungsphase – kommt es bei Mängeln ent-

---

[18] Nicht jedoch aufgrund einer fiktiven Abnahme gemäß § 640 Abs. 2 BGB.

[19] Hierzu näher *Schuster*, CR 2019, S. 345.

[20] Vgl. OLG München, Urt. v. 24.1.1990 – 27 U 901/88, CR 1991, 19.

[21] Vgl. OLG Hamburg, Urt. v. 9.8.1985 – 11 U 209/84, CR 1986, 83.

scheidend darauf an, ob die Parteien ein förmliches Abnahmeprocedere vereinbart haben oder nicht. Der BGH geht inzwischen davon aus, dass Mängelansprüche des Bestellers erst nach Abnahme geltend gemacht werden können, also auch der Rücktritt erst nach Abnahme erklärt werden kann.[22] Fallen Produktivsetzung und förmliche Abnahme gemäß Vertrag auseinander und werden im Zuge der Produktivsetzung bereits Mängel erkennbar und auch gerügt, so ist vor dem Hintergrund der BGH-Rechtsprechungsänderung aus dem Jahr 2017 fraglich, ob es dem Besteller zumutbar ist, trotz dieser Mängel erst noch eine Abnahme zu erklären, um sodann vom Vertrag zurücktreten zu können. Wenn der Abnahme der Erklärungswert eines Billigens der Leistung als im Wesentlichen vertragsgemäß zugesprochen wird, wird der Besteller in Fällen, in denen mit einer mangelfreien Herstellung nicht mehr zu rechnen ist, auf diese Weise zu einem widersprüchlichen Verhalten gezwungen, wenn er trotz Kenntnis der Mängel erst noch eine Abnahme erklären muss, um unmittelbar danach vom Vertrag zurückzutreten zu können.[23] Die Instanzgerichte werden dieses Problem in der Folge der BGH-Rechtsprechung wohl über Kriterien einer berechtigten Ablehnungserklärung des Bestellers lösen müssen.

Der Softwareerstellungsvertrag sollte für diese Problematik idealerweise eine Lösung anbieten, insbesondere durch eine explizite Regelung zu Sprints, Teilabnahmen, Gesamtabnahme, zum konkreten Abnahmeprocedere sowie zum Umgang mit einer Produktivsetzung. Ob eine Teilabnahme explizit für jeden Sprint vereinbart werden sollte, ist aus Sicht des Auftraggebers höchst fraglich. Dies würde nämlich voraussetzen, dass der Auftraggeber sämtliche Produktinkremente, die aus dem jeweiligen Sprint hervorgegangen sind, im Hinblick auf die vertragliche Leistungsbeschreibung tatsächlich bewerten kann. Außerdem setzt eine Teilabnahme eines Sprints voraus, dass der Sprint in der vorgegebenen, meist fixen Zeit überhaupt ein abnahmefähiges Inkrement hervorbringt – insbesondere in den ersten Sprints eines Projekts dürfte dies äußerst schwierig sein. Für den Auftraggeber ergibt sich ein schwieriges Unterfangen, wenn insbesondere das Zusammenspiel der Teilleistung mit dem Endergebnis und der angedachten Umgebung nicht beurteilt werden kann. Eine Art Kompromiss könnte darin bestehen, sofern der Auftragnehmer in den Verhandlungen auf die Regelung von Teilabnahmen bestehen sollte, dass die einer Teilabnahme unterfallenden Aspekte derart beschränkt werden, dass ausschließlich die Umsetzung der im Product Backlog aufgeführten und für den jeweils zurückliegenden Sprint angesetzten Funktionalitäten bestätigt wird.

---

[22] BGH, Urt. v. 19.1.2017 – VII ZR 301/13, NJW 2017, 1604 – Anspruch auf Mangelbeseitigungskosten als Vorschuss.

[23] So auch *Schwab*, JuS 2017, S. 964.

3.5 Gesamtabnahme

Wenn alle Anforderungen aus dem Product Backlog abgearbeitet sind und alle damit in Verbindung stehenden Akzeptanzkriterien erfüllt sind, wird der Auftragnehmer Standpunkt einnehmen, dass die entwickelte Lösung „fertig" ist.

Nun kommt es darauf an, wie der agile Vertrag konzipiert ist. Für den Fall, dass die vertragliche Zusammenarbeit auf Basis eines übergeordneten Rahmenvertrags mit Verweis auf Einzelverträge in Form von Sprints begründet wurde und diese Einzelverträge als kleine Werkverträge konzipiert wurden, die jeweils einer Teilabnahme beinhalten und die in ihrer Gesamtheit den Vertragsgegenstand ausmachen, so könnte für eine Gesamtabnahme womöglich gar kein Spielraum mehr verbleiben. Bei komplexen IT-Systemen wird es jedoch so sein, dass einzelne Bestandteile, die bereits teilabgenommen wurden, immer noch ihr korrektes Zusammenspiel unter Beweis stellen müssen,[24] insbesondere, ob alle komponentenübergreifenden Anwendungsfälle im Wesentlichen korrekt durchlaufen, ob die Gesamtperformance im akzeptablen Bereich liegt und ob weitere übergreifender Anforderungen in ausreichendem Maße erfüllt sind. In jedem Fall würde es aber Sinn machen, eine förmliche Gesamtabnahme zu fordern, um sämtliche Unwägbarkeiten bezüglich der abschließenden Abnahme zu beseitigen.

Fehlt es hingegen an einer expliziten Regelung einer förmlichen Gesamtabnahme, so besteht die Gefahr einer „unkontrollierten" Anwendung der gesetzlichen Vorschrift des – neu gefassten – § 640 BGB. Dies öffnet diskussionsträchtige Spielräume für konkludente, ja sogar fingierte Abnahmen. Nach der Reform des Bauvertragsrechts besteht für den Unternehmer seit dem 1.1.2018 u.a. die Möglichkeit, dem Besteller gemäß § 640 Abs. 2 S. 1 BGB eine Frist zur Abnahme zu setzen, nach deren fruchtlosem Ablauf das Werk als abgenommen gilt, unabhängig davon, ob es höchstens unwesentliche Mängel aufweist oder ob mehr als unwesentliche Mängel bestehen. Anders als bisher (§ 640 Abs. 1 S. 3 BGB a. F.) ist der Besteller/Auftraggeber nun gehalten, aktiv auf ein Abnahmeverlangen mit einer konkreten Mängelrüge zu reagieren, um den Eintritt der Abnahmefiktion, verbunden mit einer Beweislastumkehr, zu vermeiden. Die Änderung zur Angabe „mindestens eines Mangels" in § 640 Abs. 2 BGB kommt nach *Hoeren/Pinelli*[25] einem agilen Projekt dahingehend entgegen, da nunmehr der Besteller/Auftraggeber aufgefordert ist, möglichst frühzeitig Mängel des Projekts zu melden und mit dem Projektteam zu besprechen. Eine einseitige Herbeiführung der Abnahme könne der Besteller/Auftraggeber schon dadurch

---

[24] *Heydn*, MMR 2020, S. 284.

[25] *Hoeren/Pinelli*, MMR 2018, S. 199.

verhindern, dass er die Abnahme unter Angabe irgendeines auch nur unwesentlichen Mangels verweigert, wobei das tatsächliche Vorliegen des Mangels zunächst gänzlich irrelevant für die Abnahme ist; nur bei offensichtlich nicht vorhandenen Mängeln würde dieser Ansatz nicht mehr greifen.

Die Erfahrung zeigt, dass Projekte, gleich nach welchem Vorgehensmodell, häufig schon vor der Gesamtabnahme scheitern. Dies scheint für beide Vertragsparteien ein kritisches Thema zu sein, denn auch eine gerichtliche Geltendmachung des Anspruchs auf Abnahme durch den Auftragnehmer geschieht äußerst selten. Dabei besteht für den Auftragnehmer im Stadium vor der Abnahme im Falle einer gerichtlichen Eskalation das Risiko, dass er die Mängelfreiheit des Werkes zu beweisen hat. Stattdessen wird im Zeitraum vor der Gesamtabnahme häufiger über den Umfang der vereinbarten Sollbeschaffenheit gestritten, manchmal aber auch darüber, in welchem Stadium des Projekts man überhaupt angelangt ist.

Der Auftraggeber muss in dieser Phase aufpassen, dass seine Äußerungen dahingehend, dass offenbar nicht mehr mit einer mangelfreien Fertigstellung durch den Auftragnehmer zu rechnen ist, nicht als Kündigung des Bestellers im Sinne von § 648 BGB gewertet wird,[26] da die damit verbundenen Rechtsfolgen für den Auftragnehmer verglichen mit der Rückgewähr der Leistungen nach einem Rücktritt eher unbefriedigend wären.[27] Eine konkludente Kündigung des Bestellers nach § 648 BGB gilt es für den Auftraggeber insbesondere in den Fällen zu verhindern, in denen er infolge der Rechtsprechungsänderung durch den BGH aus dem Jahre 2017, wonach Mängelrechte grundsätzlich nicht vor Abnahme geltend gemacht werden können,[28] eine berechtigte Ablehnungserklärung abgeben möchte, um bereits vor Abnahme in den Genuss der Mängelansprüche zu kommen.

Derartige Missverständnisse im Rahmen der häufigen Diskussionen vor der Gesamtabnahme lassen sich vermeiden, zum einen durch eine transparente und möglichst zweifelsfreie Festlegung der vertraglichen Sollspezifikation, die sich in agilen Projekten nur eben nicht zu Beginn des Projekts manifestiert, sondern dynamisch, schrittweise/inkrementell im Laufe von mehreren Iterationen. Hier gilt es dennoch für beide Seiten, eine jederzeit klare Sollspezifikation (inkl. Akzeptanzkriterien/Definitions of Done im Sinne von Abnahme- oder Freigabekriterien) zu definieren, zum anderen sollte durch eine klare Regelung einer förmlichen Gesamtabnahme eine „unkontrollierte" Anwendung der gesetzlichen Vorschriften vermieden

---

[26] Vgl. *Witzel*, CR 2017, S. 213.

[27] Insbesondere verbleibt die Vergütung für bereits erbrachte Leistungen im Wesentlichen beim Auftragnehmer.

[28] BGH, Urt. v. 19.1.2017 – VII ZR 301/13, NJW 2017, 1604.

werden. Sofern der Projektvertrag des agilen Projekts etwa durch den Auftragnehmer in mehreren Kundenbeziehungen eingesetzt werden soll, muss dabei der AGB-rechtlich relevante Kern der Vorschrift des § 640 BGB im Auge behalten werden, um nicht die Unwirksamkeit der Abnahmeklausel zu riskieren.

3.6 Ausstieg aus dem Projekt

Es ist kein Geheimnis, dass die weitaus größere Anzahl komplexer IT-Projekte nicht zur vollsten Zufriedenheit des Kunden innerhalb des vorgesehenen Zeitraumes und im Rahmen des vorgesehenen finanziellen Gesamtvolumens abgeschlossen werden können. Viele große IT-Projekte überziehen ihre Budgets um bis zu 400 % und liefern dabei nur ein Viertel der gewünschten Funktionalität.[29] Ein gewisses Maß an Verzögerungen und Verteuerung sollte der Auftraggeber auch einkalkulieren, solange eine weitestgehend mangelfreie und produktiv nutzbare Softwarelösung „herausspringt", durch deren Einsatz idealerweise in der Folgezeit auch Einsparpotenziale realisiert werden können. Zwar zeigen Umfragen immer wieder, dass agile Projekte tendenziell häufiger zum Erfolg führen, doch auch bei agilen Projekten droht ein wirtschaftlicher Totalschaden, insbesondere dann, wenn sich die Vorzüge agiler Vorgehensmodelle nicht entfalten können, weil das Vorgehensmodell nicht konsequent angewendet wird. Zur Erinnerung: Im Verfahren vor dem LG Wiesbaden stand in einem Letter of Intent (!), dass die Software im Wege der agilen Projektmethode Scrum entwickelt werden sollte, Näheres zum Vorgehen war hingegen nicht geregelt.

Somit besteht in erster Linie für den Auftraggeber ein vitales Interesse an einer Exit-Strategie, die bereits im Vertrag angelegt sein sollte. Für den Auftragnehmer ist ein Exit nicht im gleichen Maße relevant, hier sollten die gesetzlichen Kündigungsmöglichkeiten ausreichen, d.h. aus wichtigem Grund nach dem neuen § 648a BGB oder wegen unterlassener Mitwirkung des Bestellers gemäß § 643 BGB. Für den Auftraggeber hingegen ist es fraglich, ob die gesetzlichen Beendigungsmöglichkeiten ausreichen und in Bezug auf die Rechtsfolgen und die insgesamt zu bezahlen Kosten erstrebenswert sind. So darf der Unternehmer im Falle einer vorzeitigen Kündigung des Bestellers vor der Gesamtabnahme nach § 648 BGB die bislang erhaltene Vergütung für mängelfreie Teilleistungen im Wesentlichen behalten und der Besteller hat unter Umständen auch noch einen Teil der vereinbarten Vergütung für noch nicht erbrachte Leistungen zu bezahlen. Nicht wesentlich besser steht der Besteller bei einer Kündigung aus wichtigem Grund da gemäß § 648a BGB, denn auch hier darf der Unternehmer seine

---

[29] *Opelt/Gloger/Pfarl/Mittermayr*: Der agile Festpreis – Leitfaden für wirklich erfolgreiche IT-Projekt-Verträge, S. 4.

bisherige Vergütung behalten (§ 648a Abs. 4 BGB). Erstrebenswert hingegen wäre die Rechtsfolge eines Rücktritts (§§ 634 Nr. 3, 636, 323 und 326 Abs. 5 BGB), da auf diese Weise die gewährten Leistungen zurückzugewähren sind, aber zum einem kann der Rücktritt nach der neueren Rechtsprechung des BGH im Grundsatz erst nach Abnahme erklärt werden und zum anderen trifft den Besteller dann die volle Beweislast für das Vorliegen von erheblichen Mängeln, wobei bereits die Darlegung der geschuldeten Sollbeschaffenheit in agilen Projekten große Probleme bereiten kann. Diese hohen Hürden erscheinen jedoch sachgerecht, zumal sich eine Rückabwicklung für den Auftragnehmer als wirtschaftliches Fiasko darstellt, insbesondere dann, wenn darüber hinaus noch Schadensersatzansprüche im Raum stehen.

Es gibt zwar Stimmen, wonach das Bedürfnis des Auftraggebers nach einem Exit in agilen Projekten nicht gleich hoch ist; *Hoeren/Pinelli* beispielsweise weisen darauf hin, dass agile Projekte ja gerade den Vorteil bieten, dass die Produktionsbestandteile nach jedem Sprint funktionsfähig seien,[30] doch zum einen ist dies nicht bei jedem Inkrement tatsächlich der Fall und zum anderen schlagen auch *Hoeren/Pinelli* vor, dass der Kunde die Möglichkeit haben sollte, nach jeder Beendigung eines Projektschritts das Projekt zu verlassen – dies würde zumindest dem agilen Geist entsprechen. Dennoch wird es womöglich nicht allzu leicht sein, ein Sonderkündigungsrecht nach jedem Sprint zu verhandeln, wobei sich der Auftragnehmer in einer Diskussion hierüber nicht in Widersprüche verstricken sollte. Wenn sich der Anbieter zum einen dafür starkmacht, dass die Vergütung aufwandsbezogen nach time & material vereinbart werden sollte, möglichst nach jedem Sprint eine Teilabnahme im Sinne eines vermeintlich unabhängigen Mini-Werkvertrags erfolgen soll und der Auftragnehmer am liebsten auch für das Gesamtergebnis keine Erfolgsverantwortung übernehmen möchte, dass ist es andererseits nur fair, wenn der Kunde auch jederzeit abspringen darf.

Aber auch im Falle eines Sonderkündigungsrechtes wird die gezahlte Vergütung beim Auftragnehmer bleiben dürfen, auch dann, wenn die bisherigen Leistungen teilweise mangelhaft waren, wenn man in der Phase vor der Gesamtabnahme überhaupt von Mängeln sprechen darf. Somit besteht für den Auftraggeber ein Bedürfnis, sich zügig vom Vertrag zu lösen und einen nicht unerheblichen Teil der bereits gezahlten Vergütung zurückzuerhalten, der dann ggf. in ein neues Projekt mit einem neuen Dienstleister investiert werden kann. Eine solche Regelung, die zumal anlasslos nach jedem Sprint greift, wird jedoch relativ schwer zu verhandeln sein.

---

[30] *Hoeren/Pinelli*, MMR 2018, S. 199.

Für den Auftragnehmer ergibt sich die Notwendigkeit einer vorzeitigen Vertragsbeendigung im Wesentlichen aufgrund unterlassener oder unzureichender Mitwirkung des Auftraggebers, die in agilen Projekten umso notwendiger ist, sowie aufgrund sonstiger Rechtsverletzungen durch den Auftraggeber, z.B. Verletzung von Geheimhaltungspflichten oder nachhaltiger Zahlungsverzug. Für beide Szenarien halten die gesetzlichen Regelungen entsprechende Kündigungsmöglichkeiten bereit, so dass keine vorrangige vertragliche Exit-Möglichkeit geschaffen werden muss, insbesondere nicht bei einer aufwandbezogenen Vergütung.

4 Fazit

Der vorliegende Beitrag hat aufgezeigt, dass die Definition des juristischen Rahmens für ein agiles IT-Projekt anspruchsvoll ist, da frühere Denkweisen aus herkömmlichen Wasserfallprojekten nicht ohne Weiteres auf agile Projekte übertragen werden können. Daneben ergeben sich auch für die Projektsteuerung und -kontrolle für beide Vertragspartner neue Herausforderungen.

Im Hinblick auf die Gestaltung des agilen Projektvertrags kommt es vornehmlich darauf an, die wichtigsten Abläufe im Projekt präzise zu regeln und vor allem die Verantwortungsbereiche der Projektparteien klar zu definieren. Ein „schlanker" Vertrag, der dem Geist einer agilen Projektmethode entsprechen würde, kann mangels geeigneter Regelungen und der Gefahr unterschiedlicher Erwartungen und Auslegungen sehr schnell zu einer Projektkrise führen, die im Ergebnis zeitliche Verzögerungen, Mehraufwände und Mehrkosten verursacht.

In jedem agilen Projekt ist es von zentraler Bedeutung, dass die zu erbringenden Lieferungen und Leistungen sachgerecht spezifiziert werden, dass also nicht an der Ausarbeitung der fachlichen Vorgaben sowie an der Dokumentation des technischen Designs und weiterer zweckdienlichen Dokumentationen gespart wird, weil ansonsten Softwarelieferungen nicht adäquat geprüft werden können und sich langfristig ohnehin ein Wartungsproblem ergibt. Die Erarbeitung einer umfassenden Dokumentation ist also auch in einem agilen Projekt unverzichtbar, selbst wenn IT-Dienstleister vehement dafür eintreten, dass man die Zeit, die für eine umfassende Dokumentation aufzuwenden wäre, sinnvoller nutzen könnte. Insbesondere dem Auftraggeber ist zu raten, die Leistungsbeschreibung bzw. vertragliche Sollbeschaffenheit nicht aus dem Auge zu verlieren, denn diese bildet die Grundlage für die Darlegung von Mängeln, die trotz der agilen Vorgehensweise justiziabel bleiben sollten.

Eine große Bedeutung kommt in einem agilen Projekt auch der Frage zu, wie die Vergütung zu regeln ist. Diesbezüglich sind kreative Lösungen gefordert, da der klassische Festpreis zumindest nicht ohne Modifikationen auf das agile Projekt übertragen werden kann. Hier lohnt es sich gegebenenfalls, dem Modell eines agilen Festpreises eine Chance zu geben.

Sollten die Vertragspartner einen Werkvertrag anstreben, sind die Themen Teilabnahmen, Freigaben und Gesamtabnahme zu regeln. Wenn Teilabnahmen unumgänglich sind, weil sie seitens des Auftragnehmers eingefordert werden, muss sich der Auftraggeber genau überlegen, wie er die Teilabnahmeprüfungen „stemmen" kann. Die üblichen Sprint Reviews eignen sich aufgrund der starken zeitlichen Beschränkung nur dann, wenn eine umfassende, strukturierte Prüfung aufgesetzt wird.

Zu guter Letzt sollte ein Projektvertrag für ein agiles Projekt auch Regelungen enthalten, die den Ausstieg aus dem Projekt regeln. Ein Ausstieg wird in erster Linie für den Auftraggeber von Interesse sein, in manchen Fällen könnte aber auch der Auftragnehmer das Projekt beenden wollen. In diesem Zusammenhang sind in erster Linie Fragen der Vergütung und der Nutzungsrechte an den entstandenen Ergebnissen zu regeln.

Alles in allem lässt sich festhalten, dass die Aufwände von Juristen für agile IT-Projekte nennenswert sein dürften, da einerseits ein sachgerechter Projektvertrag zu erarbeiten, zu verhandeln und abzustimmen ist und nach der Beauftragung des Anbieters auch noch eine juristische Begleitung des Projekts Sinn macht.

Literatur

Hoeren, Thomas/Pinelli, Stefan: Agile Programmierung, MMR 2018, S. 199-204.

Hoppen, Peter: Software-Anforderungsdokumentation, CR 2015, S. 747-760.

Just, Christoph: LG Wiesbaden: Werkvertragsrecht für Scrum, CR 2017, S. 298-299.

Koch, Moritz Philipp/Kunzmann, Luise/Müller, Norman: EVB-IT Erstellung: Gestaltungshinweise für agile Softwareentwicklungsverträge, MMR 2020, S. 8-13.

Kremer, Sascha: Gestaltung von Verträgen für die agile Softwareerstellung, ITRB 2010, S. 283-289.

Liesegang, Wiegand: Projektmanagement und die zugehörige Dokumentation – Welche Dokumentation ist nach den allgemein anerkannten Regeln der Technik geschuldet?, CR 2015, S. 541-556.

Opelt, Andreas/Gloger, Boris/Pfarl, Wolfgang/Mittermayr, Ralf: Der agile Festpreis – Leitfaden für wirklich erfolgreiche IT-Projekt-Verträge, München 2017.

Sarre, Frank: Kritische Schnittstellen zwischen der Projektmethodik „SCRUM" und juristischer Vertragsgestaltung, CR 2018, S. 198-208.

Schirmbacher, Martin/Schätzle, Daniel: Vergütungsregelungen in agilen Softwareverträgen, ITRB 2020, S. 16-19.

Schneider, Jochen: Zwischenbilanz zum Lebensraum der werkvertraglichen „Abnahme" in IT-Projekten, CR 2016, S. 634-642.

Schneider, Jochen: Vergütungsanspruch bei SCRUM-Projekt, ITRB 2017, S. 231-232.

Schreiber-Ehle, Sabine: Dokumentation in Softwareerstellungsverträgen – die Software-Herstellungsdokumentation, CR 2015, S. 469-481.

Schuster, Fabian: Abnahme, Gewährleistung & Schadenersatz bei Software-Werkverträgen, CR 2019, S. 345-352.

Schwab, Martin: Die Ablehnungserklärung im Werkvertragsrecht, JuS 2017, S. 964-969.

Welkenbach, Christian: OLG Frankfurt: Vergütungsanspruch für Leistungen im Scrum-Projekt, CR 2017, S. 646-647.

Witzel, Michaela: Abnahme, Projektbeendigung und Schadenersatz, CR 2017, S. 213-219.

Unger, Brigitte: Abnahme von Software, CR 1986, S. 83-86

NEUE (AGILE) METHODEN DER SOFTWAREENTWICKLUNG UND IHR EINFLUSS AUF DAS IT-VERTRAGSRECHT

RA Tim Becker, FA für IT-Recht/Dr. iur. Çiğdem Schlößl, LL.M

Rechtsanwaltskanzlei Becker+Henke Partnerschaft/Legal Counsel
ra.becker@becker-henke.de

Zusammenfassung

Die Einordnung der Verträge zur Softwareentwicklung mittels agiler Methoden beschäftigt seit langer Zeit die Rechtsprechung und Literatur und hat eine hohe Relevanz für die Praxis. Die agilen Methoden unterscheiden sich deutlich von den herkömmlichen und werfen wichtige rechtliche Fragen auf. Deshalb nehmen die Vertragsparteien häufig unterschiedliche Positionen ein; ob ein Softwareentwicklungsprojekt im Rahmen eines Werkvertrages oder Dienstvertrages geschlossen wurde, ist letztlich Dreh- und Angelpunkt der Diskussion. Eine höchstrichterliche Entscheidung zu den agilen Methoden steht bisher noch aus. Auch die Literatur ist sich nicht einig, welcher Rechtsnatur ein Vertrag zur agilen Softwareentwicklung im Ergebnis zuzuordnen sein soll oder wie die Probleme rechtlich konkret gelöst werden können. Vor diesem Hintergrund greift dieser Beitrag die Thematik erneut auf. Es werden die wesentlichen Streitpunkte und Einflussfaktoren dargestellt und anschließend am Beispiel der agilen Methode SCRUM entsprechend bewertet.

1 Das unterschiedliche Verständnis zum Vertragstyp zwischen Auftraggeber und Auftragnehmer

Das IT-Vertragsrecht beschäftigt sich mit der Gestaltung und Auslegung von Verträgen im Bereich der Informationstechnologie. Hierunter fallen Verträge über den Kauf und die Wartung von Hardware oder auch über den Kauf, die Erstellung, Pflege oder auch Bereitstellung von Software. Einen wichtigen Bereich deckt die Durchführung von IT-Projekten ab. Bei solchen IT-Projekten geht es meist nicht lediglich um den Kauf einer Hardware oder Software, sondern vielmehr um ein Gemisch aus mehreren Leistungen, wie etwa den Kauf einer Software, deren Implementierung und Anpassung an die Kundenwünsche, gegebenenfalls noch verbunden mit dem Kauf von Hardware. Einen wesentlichen Teil aus dem breiten Spektrum des IT-Vertragsrechts bildet die Softwareentwicklung. Hier beauftragt der Auftraggeber einen Softwareentwickler oder ein Systemhaus als Auftragnehmer für ihn eine bestimmte Software zu entwickeln und in dem Unternehmen des Auftraggebers einzuführen bzw. ihn dabei zu unterstützen. Denkbar sind hier auch Fälle, in denen ein Softwareentwickler oder Systemhaus damit beauftragt wird, eine bereits entwickelte Software an die Bedürfnisse des Auftraggebers anzupassen.

Der vorliegende Beitrag deckt lediglich die Fragen der Softwareentwicklung und der entsprechenden Vertragsgestaltung ab. Fragen im Zusammenhang mit dem Softwarekauf, dem Hardwarekauf oder vertragliche Fragen beim Application Service Providing, Software as a Service etc. werden hier nicht behandelt.

Die Erfahrung aus der anwaltlichen Tätigkeit zeigt, dass zwischen dem Auftragnehmer und dem Auftraggeber häufig ein unterschiedliches Verständnis hinsichtlich des dem IT-Projekt zugrundliegenden Vertragstyps besteht. Damit gehen dann unterschiedliche Erwartungen an die gegenseitigen Rechte und Pflichten einher.

Softwareentwickler, seien es Freelancer oder größere Systemhäuser, verstehen ihre Leistungen eher als Dienstleistung und wollen sich von der Erfolgsverantwortung eines Werkvertrages eher distanzieren.[1] Sie rechnen entsprechend konsequent auch aufwandsbezogen ab. Hinzu kommt die Aussage, Software könne nie mangelfrei sein und dass sich Fehler in einer Software immer finden lassen. Gerade aus diesem Grund wollen sie auch keine Mangelfreiheit der Software „garantieren", also für den Erfolg der Entwicklung nicht einstehen.

Die Auftraggeber hingegen legen gerade besonderen Wert darauf, eine mangelfreie Software zu erhalten und entsprechende Gewährleistungsansprüche gegen den Auftragnehmer zu haben. Die Vergütung soll in aller Regel erst nach der Fertigstellung der Software nach einer entsprechenden Abnahme durch den Auftraggeber fällig werden. Sie erwarten ein „fertiges" Produkt und sehen in der Erstellung der Software deshalb regelmäßig die Erstellung eines Werkes. In Folge dessen nehmen sie einen Werkvertrag an.

Eine pauschale Einordnung des Vertragstyps in einen reinen Dienstleistungsvertrag oder Werkvertrag erscheint schwierig. Dazu sind IT-Projekte zu komplex und individuell. Sowohl die Entwicklung der Software selbst als auch die Einführung einer Software oder ihre Anpassung beim Auftraggeber stellen eigene IT-Projekte dar. Für die Verwirklichung dieser IT-Projekte existieren verschiedene Projektmethoden. Dabei kann die Art der gewählten Projektmethode auch einen Einfluss auf die Einordnung des „richtigen" Vertragstyps haben.

---

[1] *Schuster*, in: Schuster/Grützmacher, IT-Recht, § 631 Rn. 30.

2 Wesentliche Unterschiede herkömmlicher und neuer (agiler) Methoden der Softwareentwicklung

Für die Verwirklichung von IT-Projekten, insbesondere solche mit dem Inhalt einer Softwareentwicklung, bieten sich verschiedene Projektmethoden bzw. Vorgehensmodelle an.[2] Aufgrund der Privatautonomie sind die Parteien im Rahmen der Vertragsgestaltung frei darin, sich für eine Methode zu entscheiden.[3] Grundsätzlich kann man zwischen herkömmlichen Methoden und „neuen" Methoden unterscheiden.

2.1 Herkömmliche Methoden

Zu den herkömmlichen Projektmethoden im Bereich der Softwareentwicklung zählt besonders das „Wasserfallmodell", welches auch nur „Phasenmodell" genannt wird.[4] Bei dem Wasserfallmodell werden die verschiedenen Aufgabenbereiche bzw. Teilschritte in Phasen eingeteilt. Die Phasen sind statisch und müssen in der festgelegten Reihenfolge durchlaufen werden. Dabei wird in die jeweils nächste Phase erst dann übergegangen, wenn die vorangehende Phase abgeschlossen ist. Das klassische Wasserfallmodell beinhaltet etwa 5-7 Phasen.[5]

Zu Beginn steht die Analyse der Anforderungen (Phase 1), die sodann in einem Pflichtenheft festgehalten werden. Es folgt der Entwurf der Entwicklung (Phase 2), mit anschließender Realisierung des Entwurfs (Phase 3), gefolgt von der Integration (Phase 4), einem Test mit Abnahme (Phase 5) und letztlich die Produktivsetzung (Phase 6). Die Bezeichnung der Phasen kann dabei von Projekt zu Projekt unterschiedlich sein.[6]

2.2 Neue (agile) Methoden

Die neuen Methoden werden auch als agile Projektmethoden bezeichnet. Der Begriff „agile Methoden"[7] ist dabei als Oberbegriff zu verstehen. Hierunter fallen z.B. die Projektmethoden Extreme Programming, Prototyping,

---

[2] Übersicht der gängigen Projektmethoden *Sarre*, in: Auer-Reinsdorff/Conrad, Hdb. IT- und Datenschutzrecht, Hdb. IT- und Datenschutzrecht, § 1 Rn. 27.

[3] *Sarre*, in: Auer-Reinsdorff/Conrad, Hdb. IT- und Datenschutzrecht, § 1 Rn. 23.

[4] *Sarre*, in: Auer-Reinsdorff/Conrad, Hdb. IT- und Datenschutzrecht, § 1 Rn. 27; *Witte*, ITRB 2010, S. 44 (45).

[5] *Sarre*, in: Auer-Reinsdorff/Conrad, Hdb. IT- und Datenschutzrecht, § 1 Rn. 27; *Gennen*, in: Schwartmann, Praxishandbuch, Ziff. 9 Rn. 283; *Witte*, ITRB 2010, S. 44 (45).

[6] *Sarre*, in: Auer-Reinsdorff/Conrad, Hdb. IT- und Datenschutzrecht, § 1 Rn. 27; vertiefend, *Schneider/Witzel*, in: Schneider, Handbuch EDV-Recht, N, I, 3, 3.2, Rn. 50.

[7] Siehe zur Beschreibung verschiedener Methoden, *Liesegang*, CR 2015, S. 541; *Koch*, ITRB 2010, S. 114.

SCRUM, Kanban, Feature Driven Development, Adaptive Software Development oder Crystal.[8] Diese „neuen" Methoden sind allerdings gar nicht mehr so neu, wie man meinen mag.

Sie lassen sich mindestens bis auf das Jahr 2001 zurückführen, als das sogenannte „agile Manifest" für die Softwareentwicklung beschrieben wurde.[9] Dabei trafen sich wenige Softwareentwickler und fassten zusammen, wie aus ihrer Sicht die Softwareentwicklung möglichst flexibel erfolgen kann. Unter ihnen waren Vertreter der vorgenannten Methoden.[10]

Agile Methoden werden seitdem immer häufiger von Softwareentwicklern eingesetzt und gewinnen daher erheblich an Bedeutung im Rahmen von IT-Projekten.[11] Ihnen ist gemeinsam, dass die Anforderungen an das zu entwickelnde Produkt, die Software, erst während der Laufzeit des IT-Projektes bestimmt und weiter verfeinert werden.[12] Es wird auf eine umfangreiche vorherige Planung mit Erstellung eines „Pflichtenhefts" bzw. entsprechender Leistungsbeschreibung verzichtet. Dazu wird der Auftraggeber selbst stärker in die laufende Entwicklung einbezogen.[13]

Die wohl meist genutzte agile Methode ist SCRUM.[14] Aus diesem Grund beschränkt sich der Beitrag auf diese Methode. SCRUM ist im Grunde ein Rahmenwerk zur Entwicklung, Auslieferung und Erhaltung komplexer Produkte.[15]

Kernelement von SCRUM ist die iterative Herangehensweise zur Entwicklung eines Produktes. Das bedeutet, die Entwicklung erfolgt in sich regelmäßig wiederholenden Schritten. Jeder Entwicklungsschritt wird als Iteration bezeichnet. Bei der Methode SCRUM heißt eine Iteration, „Sprint".[16] Dieses schrittweise Vorgehen ermöglicht es die Entwicklung mit jedem Sprint an das – ggf. neu formulierte – Ziel anzupassen.

---

[8]   Wohl auch das V-Modell, vgl. *Witte*, ITRB 2010, S. 44 (45).

[9]   Agile Manifesto,: https://agilemanifesto.org/iso/de/manifesto.html, Stand 28.6.2020.

[10] Ebenda.

[11] *Sarre*, CR 2018, S. 198; *Ayelt, Komus/Kuberg, Moritz u.a.*: Status Quo (Scaled) Agile 2019/20 4. Internationale Studie zu Nutzen und Erfolgsfaktoren (skalierter) agiler Ansätze, 2020, S. 3, https://www.hs-koblenz.de/index.php?id=7169, abgerufen am 28.6.2020.

[12] *Sarre*, CR 2018, S. 198.

[13] *Gennen*, in: Schwartmann, Praxishandbuch, Ziff. 9 Rn. 285.

[14] *Kühn/Elenz*, CR 2018, S. 139; *Sarre*, CR 2018, S. 198 (199); *Schuster*, in: Schuster/Grützmacher, IT-Recht, § 631 Rn. 27 Fn. 47; Studie Status Quo (Fn. 11).

[15] *Schwaber, Ken/Sutherland, Jeff* (Hrsg.): Der Scrum Guide – Der gültige Leitfaden für Scrum: Die Spielregeln, S. 3, https://www.scrumguides.org/docs/scrumguide/v2017/2017-Scrum-Guide-German.pdf, Stand: 28.6.2020.

[16] *Sarre*, in: Auer-Reinsdorff/Conrad, Hdb. IT- und Datenschutzrecht, § 1 Rn. 60.

Für SCRUM existieren bestimmte feststehende Begriffe. So werden den Beteiligten auf Auftragnehmer- und Auftraggeberseite die Rollen „Product Owner", „Scrum Master" und „Development Team" zugewiesen. Die Zuweisung der Rollen kann dabei zwischen den Parteien frei vereinbart werden.[17]

Die Aufgabe des *Product Owners* ist es, die Interessen der (End)Anwender zu vertreten. Er soll die fachlichen Anforderungen an die Software vorgeben und für eine Priorisierung der jeweiligen Anforderungen sorgen. Der Product Owner ist dabei immer eine Einzelperson.[18]

Der *Scrum Master* ist dafür zuständig, den Scrum-Prozess zu überwachen und für eine stetige Verbesserung des Prozesses zu sorgen. „Er beobachtet, ob eine vormals erarbeitete Planung mit den erzielten Ergebnissen übereinstimmt und analysiert mögliche Abweichungen".[19] Das *Development Team* ist das Entwicklungsteam des Auftragnehmers/Softwareentwicklers. Deren Aufgabe besteht darin, das von dem Product Owner definierte Softwareprodukt mit seinen fachlichen Anforderungen zu entwickeln.[20] Weitere wichtige Begriffe sind das „Product Backlog", „Sprint Backlog" und die „Definition of Done". Diese Begriffe werden auch als „SCRUM-Artefakte" bezeichnet.[21]

Das *Product Backlog* ist eine geordnete Liste, mit den Anforderungen an das Produkt/die Software. Es dient als einzige Anforderungsquelle für alle Änderungen an dem Produkt/der Software. Verantwortlich für den Inhalt, die Reihenfolge der Einträge (Prioritäten) und den Zugriff auf das Product Backlog ist allein der Product Owner.[22] Der Product Owner kann die fachlichen Anforderungen je nach Entwicklungsstand anpassen, erweitern oder deren Priorität ändern.[23]

Das *Sprint Backlog* wird zu Beginn eines jeden Sprints erstellt. Es enthält ausgewählte Einträge aus dem Product Backlog, ergänzt um einen Plan, um das Teilstück der Software (sog. Produktinkrement) zu erstellen und das

---

[17] *Sarre,* in: Auer-Reinsdorff/Conrad, Hdb. IT- und Datenschutzrecht, § 1 Rn. 60.

[18] *Sarre,* in: Auer-Reinsdorff/Conrad, Hdb. IT- und Datenschutzrecht, § 1 Rn. 60.

[19] *Sarre,* in: Auer-Reinsdorff/Conrad, Hdb. IT- und Datenschutzrecht, § 1 Rn. 60.

[20] *Sarre,* in: Auer-Reinsdorff/Conrad, Hdb. IT- und Datenschutzrecht, § 1 Rn. 60.

[21] Scrum Guide (Fn. 15), S. 14 ff.

[22] *Sarre,* in: Auer-Reinsdorff/Conrad, Hdb. IT- und Datenschutzrecht, § 1 Rn. 61; Scrum Guide (Fn. 15), S. 15.

[23] *Sarre,* in: Auer-Reinsdorff/Conrad, Hdb. IT- und Datenschutzrecht, § 1 Rn. 61.

Sprint-Ziel zu erreichen.[24] Dabei werden die Anforderungen mit der höchsten Priorität zu Beginn eines Sprints zuerst in das Sprint Backlog übernommen. Das Entwicklerteam schätzt dabei selbst ein, wie viele Anforderungen tatsächlich bewältigt werden können.[25] Änderungen am Inhalt des Product Backlogs haben keinen Einfluss auf die Fertigstellung eines laufenden Sprints. Solche Änderungen werden erst bei Erstellung eines neuen Sprint Backlogs zum Start des nächsten Sprints berücksichtigt.[26]

In der *Definition of Done* werden Fertigstellungskriterien definiert. Dadurch erhalten die Beteiligten ein einheitliches Verständnis darüber, wann ein Arbeitsergebnis eines Sprints als fertig oder abgeschlossen angesehen werden kann.[27]

In täglichen Meetings wird der aktuelle Stand des jeweiligen Sprints innerhalb des Entwicklerteams ggf. im Beisein des Scrum-Masters bewertet. Diese Meetings werden bei SCRUM als *„Daily Scrum"* bezeichnet. Zum Abschluss eines Sprints wird dem Product Owner in einem sog. *Sprint Review* gezeigt, welche Funktionen entwickelt und implementiert wurden. Dieses Sprint Review erfolgt live am System. Zum Abschluss wird dann das Sprint Backlog mit der Definition of Done abgeglichen, um zu prüfen, ob die Ziele erreicht wurden. Ein etwaig festgestellter Anpassungsbedarf fließt in die Planung für den nächsten Sprint ein.[28]

2.3 Unterschied der Methoden

Die herkömmlichen Methoden haben die Gemeinsamkeit, dass die Software im Voraus in ihren Einzelheiten genau geplant und anschließend in einem Durchgang entwickelt wird.[29] Die Trennung in feste Phasen ermöglicht dabei eine sehr genaue Bestimmung des jeweiligen Leistungsumfangs. Genau hiervon grenzen sich die agilen Methoden ab, in dem die anfängliche Planungsphase entweder ganz wegfällt oder sehr rudimentär ausfällt. Bei agilen Methoden ist die Planungsphase kein in sich abgeschlossener vorangestellter Prozess. Vielmehr wechseln sich kurze Planungsphasen mit kurzen Entwicklungsphasen im Laufe des Projektes mit Blick auf das ggf. neu definierte oder angepasste Ziel regelmäßig ab.

---

[24] Scrum Guide (Fn. 15), S. 16.

[25] *Sarre*, in: Auer-Reinsdorff/Conrad, Hdb. IT- und Datenschutzrecht, § 1 Rn. 61.

[26] Ebenda.

[27] Ebenda; Scrum Guide (Fn. 15), S. 17 f.

[28] *Sarre*, CR 2018, S. 198 (200); Scrum Guide (Fn. 15), S. 12 f.

[29] Vgl. *Schuster*, in: Schuster/Grützmacher, IT-Recht, § 631 Rn. 27 m. w. N., dort Fn. 46.

3 Rechtsprechung und Literatur zur Einordnung des Vertragstyps bei der Softwareentwicklung

In der Rechtsprechung und Literatur wurde bisher mehrfach diskutiert, ob die vertragliche Grundlage der Softwareentwicklung als Dienstvertrag i. S. d. §§ 611 BGB oder Werkvertrag i. S. d. §§ 631 BGB zu qualifizieren ist. Dabei dient der Kern der Leistung als erste Orientierung für die Abgrenzung der Vertragstypen. Ein vorab konkretisiertes und auf Erfolg gerichtetes Ziel deutet auf einen Werkvertrag hin.[30] Wenn die laufende Tätigkeit als solche im Vordergrund der Leistungserbringung steht und nicht das Endergebnis, liegt ein Dienstvertrag nahe.[31]

3.1 Überblick zur Rechtsprechung

In der Rechtsprechung sind neben Softwareentwicklung auch weitere Leistungskonstellationen, z.B. Softwarepflege sowie Softwareanpassung im Rahmen der Softwareverträge beurteilt worden. Die ersten Entscheidungen behandelten dabei die Softwareentwicklung mit klassischen Methoden, wie dem oben erwähnten „Wasserfallmodell".

Zusammenfassend lässt sich sagen, dass der BGH die Softwareentwicklung, die besonders die Bedürfnisse des Kunden berücksichtigt und wonach auf ihn zugeschnittene Software entwickelt wird, grundsätzlich als Werkvertrag i. S. d. § 631 BGB einordnet; handelt es sich um Standardsoftware, gilt dies nicht.[32] Bei Wartungs- und Pflegeverträge differenziert der BGH hingegen zur Rechtsnatur des Vertrages nach der Ausrichtung der konkreten Leistungen. Wenn der Vertrag auf die Aufrechterhaltung der Funktionsfähigkeit und die Beseitigung von Störungen gerichtet ist, qualifiziert der BGH diesen als Werkvertrag.[33] Wenn eine solche Erfolgsausrichtung allerdings fehlt und durch den Softwarevertrag lediglich laufende Serviceleistungen geschuldet sind, liegt nach dem BGH ein Dienstvertrag nahe.[34] Verträge zur Anpassung[35] und Updates[36] einer Software werden von der Rechtsprechung in diesem Sinne auch als Werkvertrag eingeordnet, obwohl zu diesem Punkt eine höchstrichterliche Entscheidung bisher fehlt.

---

[30] *Sprau,* in: Palandt, BGB, Einf. vor § 631 Rn. 1, 10.

[31] Vgl. BGH, Urt. v. 1.2.2000 – X ZR 198/97, BB 2000, 1397; *Sprau,* in: Palandt, BGB, Einf. vor § 631 Rn. 10.

[32] BGH, Urt. v. 4.11.1987 – VIII ZR 314/86, CR 1988, 124; BGH Urt. v. 9.10.2001 – X ZR 58/00, CR 2002, 93 (95).

[33] BGH Urt. v. 4.3.2010 – II ZR 79/09, Rn. 23, NJW 2010, 1449, Rn. 23.

[34] NJW-RR 1997, 942 (943).

[35] OLG Brandenburg, Urt. v. 30.6.1998 – 6 U 90/98, NJW-RR 2000, 931.

[36] AG Brandenburg, Urt. v. 8.3.2016 – 31 C 213/14, MMR 2016, 392.

In einer Entscheidung aus dem Jahr 2010 hat der BGH verschiedene EDV-und Softwareverträge ausdrücklich zu bestimmten Vertragstypen zusammenfassend eingeordnet und seine früheren Entscheidungen damit bestätigt.[37] In dieser Entscheidung ging es zwar um einen sog. „Internet-Service-Vertrag" und nicht unmittelbar um die Entwicklung einer neuen Software. Allerdings hat der BGH die Gelegenheit genutzt und im Rahmen der Herausarbeitung des konkreten Vertragstyps die Abgrenzung zu weiteren IT-Verträgen mit unterschiedlichen Leistungsrichtungen vorgenommen. Dabei hat der BGH auch Softwareentwicklungsverträge sowie Wartungs- und Pflegeverträge als Werkvertrag qualifiziert.[38]

Agile Methoden waren allerdings in der genannten früheren Rechtsprechung soweit ersichtlich nicht Gegenstand der Verfahren. Die zitierten Entscheidungen behandelten vielmehr die Softwareentwicklung mittels herkömmlicher Methoden. Die erste – und bisher einzige – Entscheidung, die sich mit dem SCRUM-Verfahren als agile Methode beschäftigt hat, stammt vom LG Wiesbaden aus dem Jahr 2016.[39] In diesem Verfahren ging es um die Erstellung einer Internet-Plattform unter Einsatz des SCRUM-Verfahrens. Das LG Wiesbaden qualifizierte eine derartige Softwareerstellung als Werkvertrag. Das Gericht stellte auf den Willen der Parteien ab und führte aus, dass für die Parteien die Erstellung der Plattform entscheidend sei und nicht die Tätigkeit des Softwareherstellers während des Prozesses der Softwareentwicklung. Der Verzicht auf die vorherige Planung und Konkretisierung der bestimmten Pflichten und Leistungsinhalte, wie etwa bei dem Wasserfallmodell, spreche dabei nicht gegen einen Werkvertrag. Zudem argumentierte das LG Wiesbaden, dass die innerhalb der einzelnen Sprints zu erledigenden konkreten Aufgaben auch für die Annahme eines Werkvertrages sprechen würden. Die Rechtsnatur des Werkvertrages zeige sich auch dadurch, dass die „Konzeptionshoheit bei dem Auftraggeber und die Ausführungshoheit bei dem Auftragnehmer bleibe". Das LG Wiesbaden stützte sich damit auf die ständige Rechtsprechung des BGH zu den herkömmlichen Methoden.

Die Zwecke und Besonderheiten der agilen Methoden, insbesondere die des SCRUM-Verfahrens, hat das LG Wiesbaden bedauerlicherweise nicht im Detail berücksichtigt. In der Berufungsinstanz hat das OLG Frankfurt[40] die Entscheidung des LG Wiesbaden zwar zugunsten des Softwarehauses abgeändert. Die Frage, welcher Vertragstyp bei agilen Methoden anzuneh-

---

[37] BGH Urt. v. 4.3.2010 – II ZR 79/09, CR 2010, 327.

[38] BGH Urt. v. 4.3.2010 – II ZR 79/09, CR 2010, 327, Rn. 21 und 23.

[39] LG Wiesbaden v. 30.11.2016 – 11 O 10/15, CR 2017, 298.

[40] OLG Frankfurt, Urt. v. 17.8.2017 – 5 U 152/16, CR 2017, 646.

men ist, hat es leider offen gelassen. Andererseits schloss das OLG Frankfurt die Qualifizierung des Vertrags als Dienstvertrag auch nicht grundsätzlich aus. Vielmehr habe ein Anspruch sowohl aus einem Werkvertrag als auch aus einem Dienstvertrag bestanden. Für die Entscheidung zugunsten des Klägers spielte die Abgrenzung nach Ansicht des Gerichts letztlich aber keine Rolle. Damit ist die vertragsrechtliche Einordnung agiler Softwareentwicklung – mangels einer höchstrichterlichen Entscheidung – durch die Rechtsprechung bisher noch nicht endgültig geklärt.

3.2 Überblick zur Literatur

In der Literatur gehen die Meinungen – anders als in der Rechtsprechung – auf Grund der hohen Praxisrelevanz auseinander. Während einige Stimmen bei agilen Methoden einen klassischen Werkvertrag annehmen, qualifizieren andere Stimmen die Softwareentwicklung mittels agiler Methoden eher als Dienstvertrag. Eine weitere Meinung lässt diese Frage offen und macht die Bestimmung der Rechtsnatur des Vertrages von der Vertragsgestaltung abhängig.

Eine Ansicht sieht in den agilen Methoden wie „SCRUM" wohl eher einen Dienstvertrag.[41] Die Befürworter dieser Ansicht weisen darauf hin, dass die Softwareentwicklung mittels SCRUM-Verfahren immer Planung- und Realisierungstätigkeiten beinhalten; die wohl aber immer parallel liefen.[42] Das Ergebnis sei bei agilen Methoden offen und nicht von Anfang an definiert. Zudem wirke der Auftraggeber während des Prozesses bei der Planung für die Weiterentwicklung der Software mit.[43] Da die Ziele erst im Laufe des Entwicklungsprozesses konkretisiert werden, könne der Auftragnehmer kein endgültiges Erfolgsversprechen abgeben.[44] Auch wenn die Erstellung einer Grundversion der Software als Werkvertrag eingeordnet werden könne, stelle die Weiterentwicklung der Software ein Dienstvertrag dar.[45]

Es wird im Rahmen dieser Ansicht auch teilweise empfohlen die Zusammenarbeit mit einem Rahmenvertrag (Dienstvertrag, für das SCRUM-Verfahren an sich) zu regeln und darunter Teilprojektverträge (Werkvertrag,

---

[41] *Hengstler*, ITRB 2012, S. 113 (116); *Koch*, ITRB 2010, S. 114; wohl auch *Frank*, CR 2011, S. 138; vgl. auch *Söbbing*, MMR 2010, S. 222 (226), der bei Prototyping – als eine agile Methode – den Dienstleistungsvertrag als eine schnelle Lösung sieht, jedoch ein Risiko des Auftraggebers dabei anerkennt.

[42] *Frank*, CR 2011, S. 138.

[43] *Koch*, ITRB 2010, S. 114 (119).

[44] *Koch*, ITRB 2010, S. 114 (116).

[45] *Koch*, ITRB 2010, S. 114 (119).

für die konkrete Entwicklung) zu schließen.[46] Für den Auftraggeber sei ein
funktionierendes Endprodukt zwar wichtiger als das Verfahren hin zu der
fertigen Software. Es könne aber andererseits nicht gewollt sein, dass die
Realisierung des Projektes durch Fehler im vereinbarten Verfahren schei-
tere. Dem Verfahren komme daher eine erhebliche Bedeutung zu. Deshalb
könne es nicht sinnvoll sein, den Rahmenvertrag als einen reinen Werkvertrag zu qualifizieren. Besser sei es, eine Vertragsgestaltung in Form eines
Rahmenvertrages mit dienst- und werkvertraglichen Komponenten zu
wählen, der aber in der Gesamtwürdigung als Dienstvertrags einzuordnen
wäre.[47] Diese Ansicht qualifiziert zwar die Weiterentwicklung bzw. die Zusammenarbeit der Parteien als Dienstvertrag, lässt jedoch einzelne Teile
des Projektes auch als Werkvertrag gelten.

Die Stimmen, welche die Softwareentwicklung mittels agiler Methoden
als *Werkvertrag* einordnen, weisen zwar darauf hin, dass diese sich von den
herkömmlichen Methoden unterscheiden. Der Unterschied sei im Ergebnis
aber nicht so erheblich, dass von der Annahme eines Werkvertrages abge-
wichen werden müsse.[48] Es fehle bei agilen Methoden nicht an dem Er-
folgsmoment. Lediglich das Verfahren, wie der Erfolg erreicht wird, unterscheide sich von den herkömmlichen Methoden.[49] Das fehlende Pflichtenheft ändere nichts an der Rechtsnatur des Vertrages, da es eigentlich nicht
fehle, sondern bei agilen Methoden in die Projektplanung integriert sei.
Diese Ansicht verweist darauf, dass innerhalb der einzelnen Sprints Pflichten bzw. Aufgaben definiert werden; einziger Unterschied zu den herkömmlichen Methoden sei, dass diese nicht in einer vorgeschalteten Planungsphase bestimmt werden, sondern während des Prozesses konkretisiert werden. Damit gewinne der Vertrag aber keinen dienstvertraglichen
Charakter. Die Konzeptionshoheit bliebe in diesem Fall bei dem Auftraggeber.[50] Zudem sei ein dienstrechtlicher Vertrag auch nicht deshalb anzunehmen, weil der Auftraggeber seine Anforderungen und Wünsche an dem
Endergebnis erst während der Entwicklung konkretisiert und ggf. ändert.[51]
Dies sei gegenüber klassischen Methoden nur ein Vorteil der agilen Methoden, so dass die Software besser und einfacher an die Bedürfnisse des Auftraggebers angepasst werden könne. Letztlich wird darauf verwiesen, dass
bei agilen Methoden auch nicht „ins Blaue hinein" entwickelt wird, sondern

---

[46] *Frank*, CR 2011, S. 138 (141).

[47] *Frank*, CR 2011, S. 138 (141); widersprechend *Hengstler*, ITRB 2012, S. 113 (114).

[48] *Schuster*, in: Schuster/Grützmacher, IT-Recht, § 631 Rn. 32 ff.; *Fuchs*, MMR 2012, S. 427; *Kremer*, ITRB 2010, S. 283.

[49] *Schuster*, in: Schuster/Grützmacher, IT-Recht, § 631 Rn. 33.

[50] *Kremer*, ITRB 2010, S. 283 (286); *Fuchs*, MMR 2012, S. 427 (429).

[51] Vgl. *Schuster*, in: Schuster/Grützmacher, IT-Recht, § 631 Rn. 34.

die Entwicklung nach bestimmten Vorgaben und Richtungen („user stories"; „knapp gefasste Ziele"; wohl auch: Sprint Backlogs, Product Backlogs) erfolge, so dass ein werkvertraglicher Charakter angenommen werden könne.[52]

Einige andere Stimmen kritisieren die Entscheidung des LG Wiesbaden, da das Gericht den Vertrag vorschnell unter einer Gesamtbetrachtung als Werkvertrag qualifiziert hat.[53] Diese Meinung vertritt im Ergebnis – wie auch vom OLG Frankfurt angedeutet – dass die Softwareentwicklung mit agilen Methoden sowohl als *Dienst- als auch Werkvertrag* eingeordnet werden könne. Nach dieser Meinung sollten die einzelnen Sprints zunächst separat betrachtet und nach der Leistungsausrichtung kombiniert werden.[54] So könne beispielsweise ein Zyklus abweichend von dem Rest des Verfahrens dienstvertragliche Merkmale aufweisen. Deshalb sei eine detaillierte Vertragsgestaltung und der Wille der Parteien bei der Bestimmung der Rechtsnatur maßgeblich.[55]

Es zeigt sich also, dass diese Thematik hoch umstritten ist und deshalb einer regelmäßigen Neubewertung – ganz im Sinne der agilen Methoden – unterworfen werden muss.

4 (Neu)Bewertung der Rechtsprechung und Literatur mit Blick auf die neuen (agilen) Methoden

Eine eindeutige Zuordnung zu einem Dienstvertrag oder Werkvertrag wird der Praxis nicht gerecht und erscheint im Ergebnis auch nicht sinnvoll. Die Entwicklung von Software, sei es die individuelle Entwicklung oder die Anpassung von Standardsoftware für den Auftraggeber, beinhaltet jedenfalls Merkmale von beiden Vertragstypen. Es kommt nun darauf an, wie diese Merkmale jeweils für sich und in einer Gesamtbetrachtung gewichtet werden. Wie oben aufgezeigt, vermengen sich bei SCRUM Planungs- und Entwicklungsleistungen.

Zuzugeben ist, dass SCRUM als agile Methode auch ein geordnetes Verfahren in gewisser Weise auch mit „Phasen" darstellt. Im Unterschied zum Wasserfallmodell laufen die Phasen aber nicht in einer festen Reihenfolge mit klar abtrennbaren Schritten ab. Vielmehr wiederholen sie sich zyklisch in den jeweiligen Sprints und bedingen sich gegenseitig. Das Entwicklungsergebnis eines Sprints fließt in die Planung des nächsten Sprints ein. Es

---

[52] *Fuchs,* MMR 2012, S. 429 f.

[53] *Puchelt,* in: Taeger, Recht 4.0, S. 475 (482 ff); *Welkenbach,* CR 2017, S. 639 (643 f.).

[54] *Puchelt,* in: Taeger, Recht 4.0, S. 475 (485).

[55] *Welkenbach,* CR 2017, S. 639 (643 ff.).

kommt zu einem Wechselspiel von Planung und Entwicklung, durch die Anpassung des Product Backlogs und die Erstellung neuer Sprint Backlogs mit anschließender Entwicklung im Development Team. Allein wegen der Art des SCRUM-Verfahrens kann aber ein ausschließlicher Dienstvertrag oder Werkvertrag deshalb nicht angenommen werden. Bei ausschließlicher Annahme eines Dienstvertrages würden die werkvertraglichen Merkmale ebenso unberücksichtigt bleiben, wie die dienstvertraglichen Merkmale bei der Annahme eines reinen Werkvertrages.

Relevant für die Beurteilung des Vertragstyps ist der Inhalt der konkret geschuldeten (Haupt-)Leistung.[56] Bei der Softwareentwicklung bilden sowohl die Planung der konkreten Software als auch deren Entwicklung die Hauptleistungen. Beratungsleistungen können dabei je nach Wichtigkeit für das Projekt ebenfalls als Hauptleistung vereinbart sein. Dies gilt umso mehr, wenn dem Auftraggeber und seinen MitarbeiterInnen das SCRUM-Verfahren für eine erfolgreiche Softwareentwicklung erst „beigebracht" werden muss. Denkbar sind aber auch Beratungsleistungen zum Sinn und Zweck bestimmter Softwareanforderungen.

Der Erfolg bzw. die Software als Endprodukt ist für den Kunden zwar wichtig. Wichtiger und wohl auch wünschenswerter für den Kunden ist aber, dass er am Ende des Verfahrens ein *mangelfreies* Endprodukt erhält und nach Fertigstellung gerade keine Anpassungen mehr vorgenommen werden müssen. Dieses Ziel wird gerade durch einen laufenden Verbesserungsprozess im Rahmen des iterativen Vorgehens erreicht. Der Auftraggeber muss also auch ein gesteigertes Interesse daran haben, dass das Verfahren reibungslos und ordnungsgemäß durchlaufen wird.

Bei dem SCRUM-Verfahren wird zwar auf die umfangreiche Erstellung von (Vorab-)Dokumentation verzichtet. Die Leistungsziele sind zu Beginn des Projektes also nicht klar definiert. Allerdings beginnt die Entwicklung auch nicht gänzlich ohne gewisse Zielvorgaben (Product Backlog) und wenn es richtig gemacht wird, eben nicht "ins Blaue hinein". Eine Konkretisierung erfolgt später im Laufe des Prozesses. Damit bleibt – wie auch im Wasserfallmodell – die Konzeptionshoheit, womit nicht allein die technische Machbarkeit gemeint sein kann, grundsätzlich bei dem Auftraggeber, was eher für einen Werkvertrag sprechen würde.[57]

Daneben kann der Gegenstand der Leistung auch die Einhaltung des vereinbarten SCRUM-Verfahrens sein. Hierbei wird der Projekterfolg nur durch eine enge Zusammenarbeit der Parteien erreicht, so dass diese durch-

---

[56] *Sprau*, in: Palandt, BGB, Einf. vor § 631 Rn. 7.

[57] *Kremer*, ITRB 2010, S. 283 (286); *Fuchs*, MMR 2012, S. 427 (429).

aus im Vordergrund steht. Dies hat zur Folge, dass dem Auftraggeber verstärkte Mitwirkungspflichten zukommen, die unter Umständen die klassische Über-/Unterordnung von Projektverantwortung beim Auftragnehmer und Mitwirkung als Nebenpflicht beim Auftraggeber aufheben.[58] Wegen dieser engen Kooperation zwischen dem Auftraggeber und dem Auftragnehmer und den jeweiligen MitarbeiterInnen kann eine Nähe zwischen den Parteien entstehen, wie etwa zwischen angestellten MitarbeiterInnen und der In-House-Entwicklung. Dies dürfte insbesondere auf Beratungsleistungen im Hinblick auf das SCRUM-Verfahren und die weitere Entwicklung der Software selbst, etwa im Rahmen von Workshops etc. zutreffen. Diese Aspekte müssen ebenfalls berücksichtigt werden; wird doch dadurch die werkvertragliche Charakteristik grundsätzlich aufgehoben.

Da der Auftraggeber während des Verfahrens seine Änderungswünsche mitteilen kann, wird die Software bereits im Entstehungsprozess „neu" angepasst. Deshalb könnte durchaus in Frage gestellt werden, ob ein werkvertragliches Gewährleistungsrecht zwingend „erforderlich" ist, um den Auftraggeber zu schützen. Vielmehr wäre die individuelle Kundenanpassung wegen des vereinbarten SCRUM-Verfahrens (dies ist der Hauptgrund für die Wahl des SCRUM-Verfahrens) auch bei Annahme eines Dienstvertrages geschuldet. Bei Nichterfüllung dieser Pflichten stünde dem Auftraggeber der Erfüllungsanspruch zu. Der Inhalt des konkret geschuldeten Anpassungsbedarfs ergibt sich dann aus der Planung im Product Backlog, dem Sprint Backlog und aus der Pflicht, dass SCRUM-Verfahren einzuhalten und zu leben. Wählt man für den Product Owner richtigerweise einen Mitarbeiter auf Auftraggeberseite, hat er es in der Hand, die Software nach seinen Wünschen zu entwickeln und noch während der Entwicklung ändern zu lassen. Die Aufgabe der Überwachung der Verfahrenseinhaltung obliegt dem Scrum-Master. Diese Überwachungsleistung dürfte unproblematisch als dienstvertragliche Leistung eingeordnet werden können. Der Scrum-Master sollte regelmäßig durch den Auftragnehmer gestellt werden. Erfüllt er seine Aufgaben nicht ordnungsgemäß, entsteht bereits hier ein Anspruch des Auftraggebers auf Erfüllung der dienstvertraglichen Pflichten. Dies wirkt sich dann auch unmittelbar auf die weitere, dann hoffentlich ordnungsgemäße, Entwicklung der Software aus. Daher steht der Auftraggeber auch ohne werkvertraglichem Gewährleistungsrecht nicht gänzlich schutzlos. Zumindest aber überwiegt der werkvertragliche Schutz nicht den dienstvertraglichen Schutz. Schließlich sind dann immer Leistungen nach mittlerer Art und Güte geschuldet, was bei der Softwareentwicklung am Stand der Technik beurteilt werden könnte und somit wiederum überprüfbar wäre. Zudem könnten dem Auftraggeber (dienst)vertraglich möglichst

---

[58] *Schneider*, ITRB 2010, S. 18 (19).

kurze Kündigungsfristen eingeräumt werden, sodass er bei Schlechtleistung nicht unnötig lange an den Auftragnehmer gebunden wäre.[59]

Im Ergebnis ist wohl nicht abzustreiten, dass der Inhalt der Leistung sowohl dienstvertraglicher als auch werkvertraglicher Natur sein kann. Eine klare Trennung ist schlicht nicht möglich. Der Versuch einer Einordnung der wesentlichen Pflichten könnte nach hier vertretener Auffassung aber wie folgt aussehen.

Die Überwachung der Einhaltung des SCRUM-Verfahrens wäre dem Dienstvertrag zuzuordnen. Das Ergebnis einer Entwicklung innerhalb eines Sprints könnte grundsätzlich als Werkleistung eingestuft werden. Voraussetzung ist allerdings, dass dem Entwicklungsergebnis ein eigenständiger Werkcharakter zuzuschreiben ist. Hier müsste man die Bedeutung der Sprintergebnisse für sich beurteilen.[60] So wird darauf verwiesen, dass es "nicht Stand der Kunst bei SCRUM ist, bei mittlerem Ausführungsstandard die einzelnen Sprints so auszuführen, dass sie jeweils für sich brauchbar sind".[61] Dem ist durchaus zuzustimmen, weil die Sprints gerade zu Beginn des Projektes eher ein "Versuch einer Lösung" möglichst nahe zu kommen, darstellen.[62] Ergebnisse, die letztlich nur den "Versuch einer Lösung", also eine Annäherung an ein Ergebnis darstellen, dürften keinen eigenständigen Werkcharakter aufweisen, da auch der Auftragnehmer hierfür das Erfolgsrisiko/Ausführungsrisiko gerade noch nicht tragen möchte. Dieses wird er üblicherweise erst dann übernehmen wollen, wenn Teilentwicklungen, wie etwa Beta-Versionen etc. brauchbar fertiggestellt wurden und sich auch die Anforderungen an dieses Teilstück konkretisiert haben, also erst zu einem späteren Zeitpunkt der Entwicklung.

5 Herausforderung in der Praxis

Die Herausforderung in der Praxis besteht nun darin, die hier dargestellten Konflikte im Rahmen der Vertragsgestaltung zu lösen. Eine zu detaillierte Vertragsgestaltung dürfte dem Ansinnen der Vermeidung einer umfangreichen Dokumentation bei der agilen Softwareentwicklung zuwiderlaufen. Gleichzeitig erfolgt aber das SCRUM-Verfahren auch nicht ohne jegliche Dokumentation (z.B. Product Backlog, Sprint Backlog, Sprint Reviews etc.).[63] Der Vertrag sollte in jedem Fall die konkrete agile Methode als ver-

---

[59] *Hengstler*, ITRB 2012, S. 113 (116).

[60] Siehe hierzu *Schneider*, ITRB 2017, S. 36 (38).

[61] *Schneider*, ITRB 2017, S. 36 (38).

[62] Ähnlich kritisch auch *Hengstler*, ITRB 2012, S. 113 (114).

[63] *Auer-Reinsdorff*, ITRB 2010, S. 93 (95).

pflichtend und deren Einhaltung neben der eigentlichen Softwareentwicklung als Hauptleistungspflicht festschreiben. Daneben sollte entweder ein Verzicht auf die Dokumentation oder deren Mitlieferung ausdrücklich individualvertraglich vereinbart werden, sodass Streitigkeiten, ob eine bestimmte Dokumentation geschuldet ist oder nicht, vermieden werden.[64]

Stellt sich im Rahmen der Vertragsverhandlung heraus, dass nach dem Willen der Parteien für bestimmte Teilleistungen das Werkvertragsrecht als geeigneter erscheint und somit Anwendung finden soll, muss sich dies in der Vertragsgestaltung entsprechend spiegeln. Insbesondere sollten klare Definition der Teilerfolge, konkrete Regelungen zur deren Abnahme sowie Regelungen zum Gewährleistungsrecht getroffen werden. Der Werkcharakter einzelner Sprintergebnisse muss dabei berücksichtigt werden.

Da der Einfluss des SCRUM-Verfahrens auf den Erfolg der Softwareentwicklung einen erheblichen Einfluss hat, wird man in der Regel nur schwer feststellen können, ob ein Anteil der vertraglichen Leistung das Gesamtgepräge des Vertrages bestimmt.[65] Es erscheint nach alledem interessengerecht, wenn der Vertragstyp anhand der jeweiligen Leistung innerhalb eines Verfahrensschritts beurteilt wird. Eine Vertragsgestaltung über einen Rahmenvertrag mit Teilprojektverträgen dürfte allerdings eine zu starre und aufwendige Vertragsgestaltung darstellen. Sie zwingt im Grunde schon im Rahmen der Vertragsgestaltung zu Überlegungen der Einordnung verschiedener Leistungen oder Teilprojekte zu einem bestimmten Vertragstyp. Dies könnte die eigentliche agile Entwicklung unnötig behindern.[66]

Die vertragliche Einordnung der agilen Softwareentwicklung ist auch heute noch eine praxisrelevante Streitfrage. Nicht umsonst wird in aller Regel versucht Streitigkeiten in IT-Projekten vor Schlichtungsstellen oder in Mediationsverfahren einvernehmlich beizulegen. Das Thema bietet zahlreiche Ansatzpunkte sich vertieft damit zu beschäftigen, um letztlich eine dogmatisch tragbare, aber praxistaugliche Lösung zu erarbeiten. Im Ergebnis läuft die vertragliche Einordnung wohl immer auf einen typengemischten Vertrag hinaus, bei dem die Herausforderung besteht, das jeweils anwendbare Vertragsrecht herauszuarbeiten. Um dies zu vereinfachen kommt einer klaren Vertragsgestaltung, die den "echten" Willen der Parteien abbildet, erhebliche Bedeutung zu. Dabei kommt dem tatsächlichen „Leben" des Vertrages eine ebenso große Relevanz zu, wie der Vertragsgestaltung selbst. Die besten Absichten, ob bei der Vertragsgestaltung oder

---

[64] Vgl. *Schneider*, ITRB 2010, S. 18 (21).

[65] Vgl. *Schneider*, ITRB 2010, S. 18 (19).

[66] So auch *Hengstler*, ITRB 2012, S. 113 (114).

der gewählten agilen Methode, genügen nicht, wenn sie nicht auch gelebt werden.

Literatur

Auer-Reinsdorff, Astrid/Conrad Isabell (Hrsg.): Handbuch IT- und Datenschutzrecht, 3. Aufl., München 2019.

Auer-Reinsdorff, Astrid: Feststellung der versprochenen Leistung beim Einsatz agiler Projektmethoden – Agile Werte vs. vertragliche Vereinbarung abnahmefähiger Leistungsziele, ITRB 2010, S. 93-95.

Fuchs, Anke/Meierhöfer, Christine/Morsbach, Jochen/Pahlow, Louis: Agile Programmierung – Neue Herausforderungen für das Softwarevertragsrecht? Unterschiede zu den „klassischen" Softwareentwicklungsprojekten, MMR 2012, S. 427-433.

Frank, Christian: Bewegliche Vertragsgestaltung für agiles Programmieren, Ein Vorschlag zur rechtlichen Abschichtung zwischen Planung und Realisierung, CR 2011, S. 138-144.

Hengstler, Arndt: Gestaltung der Leistungs- und Vertragsbeziehung bei Scrum-Projekten – Umgang mit vertragsrelevanten Besonderheiten der Scrum-Methode, ITRB 2012, S. 113-116.

Koch, Frank A.: Agile Softwareentwicklung – Dokumentation, Qualitätssicherung und Kundenmitwirkung, ITRB 2010, S. 114-119.

Kremer, Sascha: Gestaltung von Verträgen für die agile Softwareentwicklung, Zusammenfassung und die Fortführung der Beträge in ITRN 1/2010 bis 5/2010, ITRB 2010, S. 283-289.

Kühn, Philipp M./Ehlenz, Nikolaus: Agile Verträge mit Scrum, Konkrete Vertragsgestaltung- und Formulierungsvorschläge, CR 2018, S. 139-151.

Liesegang, Wiegang: Projektmanagement und die zugehörige Dokumentation, Welche Dokumentation ist nach den allgemein anerkannten Regeln der Technik geschuldet?, CR 2015, S. 541-556.

Palandt, Otto (Begr.): Bürgerliches Gesetzbuch, 79. Aufl., München, 2020.

Puchelt, Jonas: Vertragstyp(olog)isierung bei IT-Projektverträgen, in: Jürgen Taeger (Hrsg.), Recht 4.0 – Innovationen aus den rechtswissenschaftlichen Laboren, Edewecht 2017, S. 475-489.

Sarre, Frank: Kritische Schnittstellen zwischen der Projektmethodik "SCRUM" und juristischer Vertragsgestaltung, Welche Themen werden in komplexen IT-Projekten durch den Einsatz der agilen Methode "SCRUM" aufgeworfen und welche Lösungsansätze müssen für die juristische Vertragsgestaltung ausgearbeitet werden?, CR 2018, S. 198-208.

Scheider, Jochen: Werkvertragsrecht für SCRUM-Verfahren, ITRB 2017, S. 36-38.

Schneider, Jochen (Hrsg.): Handbuch EDV-Recht, 5. Aufl., Köln 2017.

Schneider, Jochen: "Neue" IT-Projektmethoden und "altes" Vertragsrecht, Herausforderungen für die Gestaltung von Erstellungs- und Anpassungsverträgen, ITRB 2010, S. 18-23.

Schwartmann, Rolf (Hrsg.): Praxishandbuch Medien-, IT- und Urheberrecht, 4. Aufl., Heidelberg 2017.

Söbbing, Thomas: Die rechtliche Betrachtung von IT-Projekten – Rechtliche Fragestellungen in den unterschiedlichen Phasen eines IT-Projekts, MMR 2010, S. 222-227.

Schuster, Fabian/Grützmacher, Malte (Hrsg.): IT-Recht Kommentar, Köln 2020.

Welkenbach, Christian: Scrum auf dem Prüfstand der Rechtsprechung – Lehren für die Vertragsgestaltung, CR 2017, S. 639-646.

Witte, Andreas: Agiles Programmieren und § 651 BGB, ITRB 2010, S. 44-47.

AGILER METHODENKOFFER FÜR LEGAL TECH

Carmen Heinemann

Helaba[1]
C.Heinemann@heinemannweb.de

Zusammenfassung

Agilität ist ein Mindset geprägt von Werten und Prinzipien. Agile Methoden und Techniken dienen dabei der praktischen Umsetzung zur Steigerung von Effektivität oder Effizienz. Design Thinking, Lego Serious Play, Lean Startup, Scrum oder Kanban als Beispiele im Koffer agiler Methoden haben unterschiedliche Anwendungsszenarien. Systematisch betrachtet können diese Methoden in verschiedenen Legal Tech Szenarien eingesetzt werden. Hierbei bedarf auch Legal Tech einer ordnenden Betrachtung. Der vorliegende Vortrag führt Methoden der Agilität mit einer systematischen Betrachtung von Legal Tech zusammen.

1 Agile Methoden

Agilität wird nicht selten über seine Methoden – wie z.B. Scrum oder Design Thinking – definiert, die sich u.a. aus den Werten des Agilen Manifests und dessen agilen Prinzipien entwickelt haben.[2]

1.1 Agile Methoden im agilen Kontext

Methoden bilden hierbei – wie in anderen Disziplinen auch – lediglich ein nach Mittel und Zweck orientiertes planmäßiges Verfahren ab, das zu technischer Fertigkeit bei der Lösung theoretischer und praktischer Aufgaben führt. Die agilen Methoden liefern einen Katalog von Fertigkeiten, die auf einen im Mindset verankerten, Werte- und Prinzipienkanon aufbauen:

Agile Methoden im agilen Kontext[3]

---

[1] Die in diesem Beitrag geäußerten Ansichten geben meine persönliche Meinung wieder und nicht die der Helaba.

[2] http://agilemanifesto.org/iso/de/ (abgerufen 29.6.2019).

[3] Ähnlich zu den Werten und Prinzipien *Foegen/Kaczmarek*, Organisation in einer digitalen Zeit, S. 25.

Agile Methoden bieten sich dabei insbesondere in dem Kontext an, wo feste Regeln, Gewissheiten und klar zu erkennende Zusammenhänge fehlen. Der methodische Umgang mit dieser Volatilität, Unsicherheit, Komplexität und Ambiguität unserer „VUKA-Welt" folgt bestimmten Mustern:

Muster der Agilität anhand der agilen Werte[4]

Diese Muster der Agilität, wie z.B. Selbstorganisation oder Iteration, verhalten sich zumeist konträr zu starren Regelwerken. Daher ist der Begriff „Framework" – wie im Kontext von Scrum verwendet – häufig treffender als der Begriff Methode. Dies insbesondere, weil der Agilität stets eine Bereitschaft zur Evolution und Innovation innewohnt. Die entwickelten Frameworks oder Methoden sind immer an den Werten des agilen Manifests zu messen.[5]

Agile Methoden konkretisieren sich aufgrund ihrer Muster häufig in einem Kontext, in dem man sich der Lösung einer Aufgabenstellung nur iterativ (= in Schritten) und inkrementell (= aufeinander aufbauend) nähern kann. Nicht unbegründet findet sich die Anwendung der agilen Methoden daher bei der Umsetzung von Projekten der IT und der Digitalisierung. Aus der Praxis lässt sich zusätzlich festhalten, dass die Methoden häufig beim geordneten Beginn oder vereinbarten Ende (Timebox) einer Aufgabenstellung helfen können. Es sei an dieser Stelle besonders darauf hingewiesen, dass die Methoden nicht selten durch „einen Zoo von Störungen" in Organisationsstrukturen an ihrer Wirksamkeit gehindert werden können.[6]

Ergänzt und unterstützt werden agile Methoden durch spezifische Techniken – oder Praktiken –, wie z.B. „Definition of Done", „Timeboxing" oder

---

[4] Einige der beschriebenen Muster und weitere Muster finden sich zusammenfassend in *Steyer*, Agile Muster und Methoden, S. 116 ff.

[5] *Hoffmann/Roock*, Agile Unternehmen, S. 13.

[6] Ebenda, S. 106.

„Personas".[7] In der Literatur ist die Trennung zwischen Techniken und Methoden nicht immer eindeutig. Zu berücksichtigen bleibt aber stets, dass agile Methode nicht isoliert ohne ihren agilen Kontext – im Unternehmen, in der Führung, in den Werten – zu realisieren sind. Hüten sollte man sich aber davor, die Methode dabei selbst moralisch aufzuladen. Die agile Methode wird dann häufig als „Selbstzweck missverstanden, obwohl eine Methode eigentlich nur Mittel zum Zweck sein sollte".[8]

Ordnung von agilen Methoden

Vor der Beschreibung ausgewählter agiler Methoden, die in verschiedenen Legal Tech Szenarien ihren Einsatz finden können, sollen die Methoden anhand von drei Kriterien geordnet werden:

- Ordnung anhand der Unterstützung der Effektivität oder der Effizienz,
- Ordnung anhand des Komplexitätsgrads der Aufgabenstellung und
- Einordnung in den Produktlebenszyklus.

Zu berücksichtigen bleibt, dass eine agile Methode eine Problemstellung nicht zwingend vollständig löst. Auch eine etablierte Methode, wie z.B. Scrum, deckt die typischen Software-Entwicklungs- und -Betriebsaufgaben

- Requirements-Management und Systemdesign
- Implementierung, Test und Integration
- Projektmanagement, Wartung und Betrieb

unterschiedlich gut ab. Regelungslücken, die – durchaus auch gewollt – Interpretationsspielraum zulassen, können produktiv genutzt werden, wenn die entsprechenden Freiräume positiv und offen bereitgestellt werden.

1.1.1 Agile Methoden zwischen Effektivität und Effizienz

Bei der Einordnung einer agilen Methode stellt sich zunächst die Frage, ob diese die Zielerreichung tatsächlich unterstützen kann. Die vorausgehende Zieldefinition – oder die Vision in Scrum – ist damit Grundlage aller (agiler) Methoden, um deren Anwendbarkeit zu überprüfen.[9]

Hilfreich ist es, hierbei zu unterscheiden, ob die agile Methode eher „effektives Arbeiten" oder „effizientes Arbeiten" unterstützt. Methoden sind dann effektiv, wenn diese einem das Ziel näherbringen, d.h. unterstützt die

---

[7] Techniken im Kontext von Scrum finden sich insbesondere bei *Foegen et al.*, Der ultimative Scrum Guide 2.0, S. 123 ff.

[8] Interview von Judith Muster durch Peter Laudenbach, Problemlösungen und Lösungsprobleme, Bd. eins 3/2020, S. 36 (40).

[9] Für die Bedeutung einer ausreichend definierten Produktvision siehe *Hoffmann/Roock*, Agile Unternehmen, S. 32 ff.

Methode die Beantwortung der Frage nach dem „Was". Die Methode ist hingegen dann effizient, wenn das Handeln derart optimiert wird, dass man das gewünschte Ziel möglichst schnell und mit wenig Aufwand erreichen kann, d.h. effiziente Methoden helfen bei der Beantwortung der Frage nach dem „Wie".

Agile Methoden zwischen Effektivität und Effizienz

Um „die richtigen Dinge" zu tun, helfen stärker (agile) Kreativitätsmethoden oder -techniken, wie z.B. Design Thinking. Diese Methoden sind zumeist aber zugleich in der Gestaltung des Kreativitätsprozesses effizient, weil sie dort für einen reibungslosen Ablauf sorgen. Scrum fokussiert auf den reibungslosen Ablauf, um die „Dinge richtig zu tun". Bei aller Vorsicht dieser Einteilung ist festzustellen, dass effektive Methoden häufig den Effizienzmethoden vorgelagert sind, um z.B. effektiv das zukünftige Produkt zu konzipieren und hiernach optimal effizient zu realisieren.[10] Bleibt zu berücksichtigen, dass effektive (agile) Methoden bisweilen suggerieren, dass allein durch Anwendung der Methode Kreativität entsteht. Kreativität bleibt aber eine Form des Könnens, die ein Talent erfordert.[11]

1.1.2 Ordnung anhand des Komplexitätsgrads

Der Einsatz einer agilen Methode wird andererseits anhand des Komplexitätsgrads der Aufgabenstellung entschieden. Hierbei wird die Erkenntnis genutzt, dass die Vernetzungsdichte von z.B. Systemen, Prozessen oder Aufgabenstellungen zunimmt und damit zugleich auch deren Komplexität. Die Definition von Komplexität kann

- über die Anzahl der Faktoren (Beteiligten) und

- deren wechselseitige Beziehungen

erfolgen. Der Grad der Komplexität ergibt sich aus diesen beiden Größen. „Je mehr Beteiligte und je höher die Vernetzung, desto höher der Grad der Komplexität. Ab einem gewissen Komplexitätsgrad ist ein System oder eine

---

[10] So auch *Simschek/Kaiser*, Design Thinking, S. 128, für die Kombination von Design Thinking und Scrum.

[11] Zum Zusammenhang zwischen Können und Talent siehe auch *Wohland/Wiemeyer*, Denkwerkzeuge der Höchstleister, S. 28.

Aufgabenstellung kognitiv nicht mehr vollständig zu erfassen oder zu über-
blicken."[12] Vereinfacht gesagt, ist keine eindeutige Ursache-Wirkung-Rela-
tion herzuleiten. Diese Relation kann man hingegen in komplizierten Systemen – mit unterschiedlichem Ausmaß an Aufwand – herstellen.[13] Kom-
plizierte Aufgaben können im Gegensatz zu komplexen Aufgaben häufig
gut durch Spezialisten gelöst werden. Zusammenfassend lässt sich feststellen, dass Kompliziertheit zumeist durch Mangel an Wissen, Komplexität
durch Überraschungen entsteht.[14]

Hierdurch ergibt sich die Notwendigkeit, für komplexe Aufgabenstellungen eine Herangehensweise zu definieren. Eine der Strategien für den Umgang mit komplexen Aufgabenstellungen ist es, die Komplexität zu reduzieren, indem man sich auf die Faktoren konzentriert, die bekannter, be-
herrschbarer und weniger in Wechselwirkung miteinander stehen. Die
Komplexität einer Aufgabenstellung kann auch dadurch reduziert werden,
dass Faktoren und Wirkungen, die möglicherweise nur einen sehr geringen
Einfluss haben, temporär aus der Betrachtung ausgeklammert werden.[15] Es
zeigt sich jedoch, dass Vereinfachungen stets mit Vorsicht zu betrachten
sind, um nicht zu einer Trivialisierung des Problems zu führen.[16] Am hilfreichsten hat sich die Reduzierung des Planungshorizonts verbunden mit
einer iterativen und inkrementellen Annäherung erwiesen. Es wird „pro-
biert", das Richtige zu tun.[17] Der hierbei hergestellte Erkenntnisgewinn soll
die komplexen Aufgaben zunehmend zu komplizierten oder einfachen Aufgaben umwandeln und sukzessive die Komplexität der Gesamtlösung reduzieren. Für dieses Experimentieren bieten sich agile Methoden an, die
den „Probierprozess" effektiv und effizient steuern – und damit auch ein
frühes Scheitern eines falschen Weges (Fail Fast) ermöglichen. Die Einordnung agiler Methoden und Techniken anhand des Komplexitätsgrades erfolgt häufig anhand einer abgewandelten Form der sogenannten Stacey
Matrix:

---

[12] *Borgert*, Die Irrtümer der Komplexität, S. 24.

[13] Ebenda, S. 64 ff.

[14] *Pfläging/Hermann*, Komplexithoden, S. 13.

[15] *Foegen et al.*, Der ultimative Scrum Guide 2.0, S. 53.

[16] *Dethloff*, Komplexität verspeist Methodik – immer und überall, https://ww w.tiba.de/kom
plexitaet-verspeist-methodik-immer-und-ueberall-gastbeitrag-von-conny-dethloff/ (abgerufen 29.6.2020).

[17] *Borgert*, Die Irrtümer der Komplexität, S. 72.

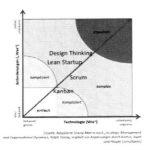

Agile Methoden in der Stacey Matrix[18]

Es empfiehlt sich daher, sich über den Komplexitätsgrad eines Systems, Prozesses oder einer Aufgabenstellung Gedanken zu machen, um eine entsprechende Methodenauswahl durchzuführen. Eine zu hohe Methodengläubigkeit darf hieraus jedoch nicht resultieren.[19]

1.1.3 Einordnung anhand des Produktlebenszyklus

Abschließend hilft bei der Einordnung einer agilen Methode die Betrachtung anhand der Einsatzmöglichkeiten im Produktlebenszyklus. Verschiedene agile Methoden finden ihre Szenarien in unterschiedlichen Phasen des Lebenszyklus eines Produkts – von der Idee über das Produzieren hin zum Erhalten oder Ablösen:

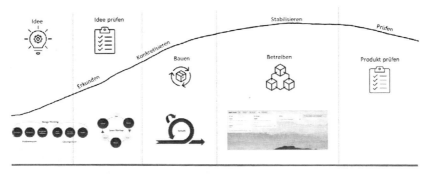

Agile Methoden im Produktlebenszyklus
Quelle: hergeleitet u.a. aus dem Gartner Research Zyklus.

---

[18] Ausführlich zur Herleitung dieser Graphik in *Stacey/Mowles*, Strategic management and organisational dynamics: the challenge of complexity; Details zur Einordnung anderer und weiterer agiler Methoden bei Komus, z.B. https://www.komus.de/vortraege/2019-1/ (abgerufen 29.6.2020).

[19] *Borgert*, Die Irrtümer der Komplexität, S. 37.

Gartner Research hat unter dem Titel „Enterprise Architects Combine Design Thinking, Lean Startup and Agile to Drive Digital Innovation" einen Zyklus vorgeschlagen, um in Kombination der

- Phase der Ideensammlung (Design Thinking),
- Phase des Lernens (Lean Startup) und
- Phase des Realisierens (Agile, z.B. Scrum)

ein innovatives (digitales) Produkt zu entwickeln.[20] Ergänzend zum Gartner Zyklus könnten z.B. in der Betriebs- und Wartungsphase Methoden des Lean Managements mit Techniken wie Kanban angewendet werden. Die von Gartner getroffene Abgrenzung von Design Thinking und Lean Startup kann kontrovers diskutiert werden, daher darf hier als sich zunehmend herauskristallisierende unterstützende Methode des Innovationsmanagements ein Hinweis auf Shiftup von *Jürgen Appelo* nicht fehlen.[21]

1.2 Beispielhafte agile Methoden

Nach ersten Orientierungspunkten zur Ordnung agiler Methoden werden hier vier renommierte agile Methoden und Techniken dargestellt und eingeordnet:

- Design Thinking und Lean Startup,
- Scrum und Kanban.

1.2.1 Design Thinking

Design Thinking steht am Anfang der Produktentwicklung, um gesteuert Ideen zu generieren – und ggf. auch zu verwerfen. Ergebnis eines Design Thinking Innovationszyklus ist i.d.R. eine Idee für ein Produkt oder einen Service. Der Fokus im Design Thinking Prozess liegt darauf, das eigentliche Problem des Nutzers zu verstehen (Nutzerzentriertheit), um hiernach mögliche Lösungen des Problems zu generieren und diese Lösungen in testbare Prototypen zu überführen – das Ziel ist Erfinden, Machen und dabei lernend voranschreiten. Der Design Thinking Prozess ist wie folgt definiert und wird i.d.R. iterativ durchlaufen:[22]

---

[20] *Gartner*, Enterprise Architects Combine Design Thinking, Lean Startup and Agile to Drive Digital Innovation, https://www.gartner.com/en/documents/3941917/enterprise-archi tects-combine-design-thinking-lean-start (abgerufen 29.6.2020, kostenpflichtig).

[21] Mehr hierzu in *Appelo*, Startup, Scaleup, Screwup bzw. https://shiftup.work (abgerufen 29.6.2020).

[22] *Simschek/Kaiser*, Design Thinking, S. 28 ff.; Dark Horse Innovation, Handout Design Thinking, #3.

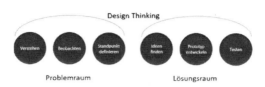

Design Thinking
Quelle: in Anlehnung an Simschek/Kaiser (2019), S. 30.

Voraussetzung ist, dass für den Innovationsprozess kreative (Frei-) Räume geschaffen („Innovationskultur") und multidisziplinäre Teams gebildet werden.[23] In der Praxis hat sich bewährt, Menschen in das Team zu holen, die „emphatisch gute Fragen stellen können". Die Rahmenbedingungen des Innovationsprozesses (Gameplan) sollten dabei durch das Team festgelegt werden, das sich hierdurch selbst organisiert.[24]

Um in dem Design Thinking Zyklus eine zu kosten- und zeitintensive Phase des Prototypings zu vermeiden, ist stets genau zu überprüfen, welche Methode(n) des Prototypings angewendet werden soll(en). Denkbar sind z.B. Storyboards, Landing Pages, Klickdummies, Papier- oder Lego-Prototypen.[25] Hierbei kann z.B. auf spielerische Moderationstechniken wie Lego Serious Work zurückgegriffen werden. Dort werden Modelle mit Legobausteinen gebaut, indem die Legosteine mit vereinbarten Bedeutungen angereichert sind. Hierdurch wird ein gemeinsamer Lösungsraum beschrieben, es werden Ideen erforscht und ein gemeinsames Verständnis entwickelt.[26]

---

[23] Eine der empfehlenswerten Quellen für Design Thinking ist die HPI (Hasso Plattner Institut) School of Design Thinking, https://hpi.de/school-of-design-thinking/design-thinking/was-ist-design-thinking.html (abgerufen 29.6.2020); ebenso *Hoffmann/Roock*, Agile Unternehmen, S. 135 ff; Dark Horse Innovation, Handout Design Thinking, #1-#2.

[24] *Simschek/Kaiser*, Design Thinking, S. 24.

[25] *Simschek/Kaiser*, Design Thinking, S. 79.

[25] *Blair/Rillo/Dröge*, Serious Work, S. 25.

Beispiel aus einem Lego Serious Play Workshop
Quelle: Fimdokumentation von Jens Dröge,
Steinbeis-Beratungszentrum Intercultural Academy.

Es bestätigt sich in der Praxis, dass neben Prototypen auch Minimallösungen (MVP) hilfreiche Techniken sind, um eine gemeinsam getragene Lösung zu entwickeln.[27] Das „Denken mit den Händen", z.B. durch den Einsatz von Techniken wie Lego Serious Play, unterstützt diese gemeinsame Lösungsentwicklung zusätzlich. Für den einen oder anderen Beteiligten bedarf die Anwendung dieser Techniken sicher einer gewissen Eingewöhnung.

Ergänzt werden muss hier, dass im Kontext Legal Tech der Begriff „Legal Design Thinking" eingeführt wurde, der den Design Thinking Ansatz der Generierung von Ideen und Lösungen auf die Anwaltspraxis übertragen soll.[28] Auch hier kann der geordnete Design Thinking Prozess ein gemeinsames Verständnis und einen innovativen Ansatz unterstützen, um ein für den späteren Nutzer wertvolles Legal Produkt, z.B. ein umfangreiches Vertragswerk, zu entwickeln.

1.2.2 Lean Startup

Lean Startup von Eric Ries ist zugleich Methode und Haltung. Lean Startup testet evolutionär die Erfolgsaussichten von z.B. Ideen oder Produkten. Ziel ist die Entwicklung und ständige Überprüfung eines tragfähigen Geschäftsmodells. Hierfür soll die Dauer des (ersten) Produktentwicklungszyklus reduziert gehalten werden. Wenn möglich, ist eine Minimallösung (MVP = minimum viable product) früh im Markt zu testen. Bauen, Messen/Testen, Lernen – unter strikter Kundenfokussierung – fasst diesen permanente Evaluationsprozess zusammen:

---

[27] Ein MVP unterscheidet sich von einem Prototyp durch die angestrebte tatsächliche Verwendbarkeit am Markt.

[28] *Bues*, Legal Design Thinking, https://www.lto.de/recht/kanzleien-unterneh men/k/legal-design-thinking-innovation-rechtsmarkt-technologie-kreativ-prozesse/ (abgerufen 29.6. 2020); *Wagner*, Legal Tech und Legal Robots, S. 10.

Lean Startup
Quelle: in Anlehnung an Ries (2012), S. 74.

Lean Startup hat seine Historie im Lean Manufacturing, der schlanken Produktion unter Vermeidung von Verschwendung.[29] Schlüsselelement ist – neben dem ständig angestrebten Erkenntnisgewinn – die Bereitschaft, bei Bedarf Kurskorrekturen vorzunehmen.[30] Eines der bekannteren Hilfs-Techniken von Lean Startup ist das Business Model Canvas von *Alex Osterwalder*.[31] Alternatives empfehlenswertes Werkzeug ist aus Sicht der Autorin – sowohl im Kontext Design Thinking als auch Lean Startup – das Innovation Board von Dark Horse Innovation.[32]

1.2.3 Scrum

Scrum von *Ken Schwaber* und *Jeff Sutherland* ist das gängigste agile Framework.[33] Scrum basiert auf der Theorie empirischer Prozesssteuerung, indem „Wissen aus Erfahrung gewonnen wird und Entscheidungen auf Basis des Bekannten getroffen werden. [...] Jede Implementierung von empirischer Prozesssteuerung ruht dabei auf drei Säulen: Transparenz, Überprüfung (inspect) und Anpassung (adapt)."[34] Scrum adressiert Entwicklungsprojekte, wobei dies nicht zwangsläufig Softwareentwicklungsprojekte sein müssen.[35] Dabei basiert Scrum auf zeitlich begrenzten und kurzen Entwicklungszyklen (Sprint) mit definierten

- Rollen (Product Owner, Scrum Master und Entwicklungs-Team),

- Events/Aktivitäten (Sprint, Sprint Planning, Daily Scrum, Sprint Review und Sprint Retrospektive) und

---

[29] *Ries*, Lean Startup – Schnell, risikolos und erfolgreich Unternehmen gründen, S. 13.

[30] Ebenda, S. 75.

[31] *Osterwalder*, Business Model Canvas, http://alexosterwalder.com/ und http s://www.stra tegyzer.com/canvas (abgerufen 29.6.2020).

[32] Dark Horse Innovation, Digital Innovation Playbook, S. 14.

[33] *Schwaber/ Sutherland*, Der Scrum Guide.

[34] Ebenda, S. 4.

[35] *Steyer*, Agile Muster und Methoden, S. 23.

- Artefakten (Product Backlog, Sprint Backlog, Product Inkrement).

Das Zusammenspiel der Rollen, Events und Artefakten lässt sich wie folgt darstellen:

Scrum
Quelle: In Anlehnung an Wanner,
https://www.rolandwanner.ch/scrum-schnellueberblick/(abgerufen 29.6.2020).

In einem Entwicklungszyklus (Sprint) sollen alle Entwicklungsaktivitäten durchlaufen werden, so dass am Ende einer Iteration immer ein messbares Ergebnis, z.B. in der IT als potentiell auslieferbare Software, entsteht.[36] Scrum hilft herausragend, sich auf

- ein Produkt, dessen Entwicklungsfortschritt und
- eine kontinuierliche Verbesserung

zu fokussieren. Scrum ist als Prozess einfach zu lernen, aber i.d.R. nicht einfach in einer Organisation zu implementieren.

1.2.4 Kanban

Design Thinking, Lean Startup oder Scrum zielen insbesondere auf die Entwicklung oder Verbesserung eines Produkts oder eines Services. (Kosten-) Vorteile entstehen hier i.d.R. durch Differenzierungsbestrebungen am Markt. Besteht hingegen die Anforderung, die Kostenvorteile vorrangig aus optimierten Prozessabläufen zu erzielen, helfen ergänzend Methoden und Techniken, die sich im Kontext von Lean (Management) entwickelt haben.[37]

Kanban ist z.B. eine bei Toyota entwickelte Technik für die agile Prozesssteuerung (Kan = Signal, Ban = Karte). Mit Hilfe eines Kanban Boards visualisiert das Team Aufgaben, deren Bearbeitungsstand und das für die

---

[36] *Oestereich/Weiss*, APM – Agiles Projektmanagement, S. 4, 10, 178 ff.

[37] Kanban wird als Technik (oder auch Methode) daher häufig sowohl Lean als auch Agil zugeordnet, ähnlich *Böhm*, Erfolgsfaktor Agilität, S. 26.

Aufgabe zuständige Teammitglied.[38] Wie auch bei Design Thinking und Scrum organisieren sich die Teams selbst. Die Anzahl paralleler Arbeiten (work in progress = WIP) ist begrenzt (WIP-Limit), und somit können Engpässe schnell sichtbar gemacht werden. Kanban zeigt damit zugleich die Schwachpunkte eines Arbeitssystems auf. Aufgaben werden nach Pull-Prinzip verteilt, d.h. das Teammitglied sucht sich die Arbeit selbstständig aus. Kanban Boards werden durch verschiedene digitale Hilfsmittel unterstützt:

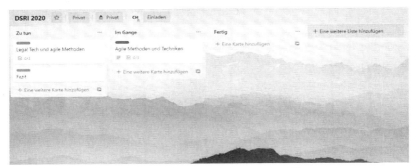

Beispiel für ein einfaches Kanban Board[39]

Die Anwendung von Kanban Boards – oder Varianten desselben – in der Abwicklung von Aufgaben ist im Design Thinking-, Lean Startup- und Scrum-Regelprozess gängige Praxis.

1.3 Zwischenfazit

Verschiedene agile Methoden und Techniken – aus denen hier nur ein begrenzter Ausschnitt dargestellt werden kann – dienen verschiedenen Aufgabenstellungen. Ergänzt werden die Methoden um eine Vielzahl von Techniken, um z.B. Workshops zu steuern, Verbesserungspotentiale zu diskutieren, Sachverhalte zu visualisieren oder (verteilte) Teams zu unterstützen. Hinzukommen Werkzeuge, die die Methoden und Techniken digital begleiten. Auch hier ist die Visualisierung des Arbeitsstandes oder der Aufgabenteilung ein wichtiges Hilfsmittel der Zusammenarbeit.

---

[38] Die hier vorliegende Kurzfassung kann ausführlich vertieft werden bei *Leopold*, Kanban in der Praxis.

[39] Das vorliegende Kanban Board wurde mit Miro erstellt, das Werkzeug Miro ist https://www.miro.com (abgerufen 29.6.2020).

2 Legal Tech und Agilität

Legal Tech thematisiert die Automatisierung, Digitalisierung und digitale Transformation des Rechtsdienstleistungssektors und beschreibt damit den Einsatz von digitalen Technologien, um Rechtsfindung, -anwendung, -zugang und -verwaltung durch Innovationen zu automatisieren, zu vereinfachen und zu verbessern.[40] Diese Betrachtung hat aus der Perspektive aller in der juristischen Arbeitskette betroffenen Personenkreise – z.B. den Rechtsberatungssuchenden, den Mandanten, zwischen Rechtsabteilungen und Kanzleien, zwischen Kollegen oder zu den Gerichten – zu erfolgen.

2.1 Systematische Betrachtung von Legal Tech

Eine Anwendbarkeitsbeurteilung von agilen Methoden und Techniken für Legal Tech setzt mindestens eine Systematisierung der verschiedenen Legal Tech Bereiche voraus. Aus der Vielzahl der möglichen Systematisierungen von Legal Tech erscheint eine Betrachtung am hilfreichsten, die zwischen

- einer (häufig bereits etablierten) Digitalisierungsunterstützung der Büroorganisation einer Kanzlei oder Rechtsabteilung,

- dem Markt der Legal Startups mit eigenen Businessmodellen für eine automatisierte (und skalierbare) Rechtsdienstleistung und

- der auch für den Rechtsmarkt adaptierbaren (teilweise in der Markterprobung befindlichen) Technologien der Digitalisierung

unterscheidet.[41] Verschiedene (Legal) Technologien könnten dann z.B. wie folgt diesen drei Themenblöcken zugeordnet werden:[42]

---

[40] Weitere Definition – aus verschiedenen Betrachtungsperspektiven – sind https://legal-tech-verzeichnis.de/legal-tech-definition/ (abgerufen 29.6.2020); ebenso *Hartung* in: Hartung et al., Legal Tech, Rn. 17. Der aktuelle Stand der Umsetzung von Legal Tech in Legal Departments findet sich z.B. in der Studie der European Company Lawyers Association (ECLA) & Wolters Kluwer, Legal Departments in a Digital Era, 2020, https://unternehmensjuristen.wolterskluwer.de/studien/ (abgerufen 29.6.2020, Registrierung notwendig).

[41] Ähnlich *Vogel*, Betrachtungen zum Stand des Legal Tech Marktes, https://www.lto.de/recht/job-karriere/j/legal-tech-veraenderung-rechtsmarkt-branche-codex-technologie (abgerufen 29.6.2020); ebenso *Martinetz/Maringele*, Quick Guide Legal Tech, S. 4 unter Bezugnahme auf Goodenough, Legal Technology 3.0, https://www.h uffpost.com/entry/legal-technology-30_b_6603658?guccounter=1 (abgerufen am 29.6. 2020). Weitere Systematisierungen finden sich bei *Wagner*, Legal Tech und Legal Robots, S. 14 ff.

[42] Ein erster Überblick über „Rechtsprodukte" ist z.B. https://legal-tech-verzeichnis.de/, https://www.legal-tech.de/Broschueren/FFI_Legal_Tech_2020-150_Angebote_f%C3%B Cr_Kanzleien.pdf (abgerufen 29.6.2020).

Organisation Kanzlei / Rechtsabteilung		Automatisierte Rechtsdienstleistung
Unterstützung bei komplizierten und komplexen Aufgaben	**Einfache, kompliziert, komplex?**	**Einfache (regelbasierte) Aufgaben**
Dokumentenanalyse, Information Retrieval, E-Discovery	Blockchain, z.B. Smart Contracts	Vereinfachter Zugang zu Recht & Learning
Dokumenten-, Vertrags- und Aktenmanagement, inkl. E-Mail Management	Mustererkennung, Ontologien, Machine Learning, KI	Inkassodienstleistungen
Rechtsinformationssysteme	Natural Language Processing, Chatbots	Dokumentenautomatisierung
Virtuelle Datenräume	Collaboration	Prozessvereinfachung, z.B. BaföG-Antrag
Prozessunterstützung	Prozessdigitalisierung	(Einfache) Entscheidungsautomatisierung
	Abbildung komplexer Entscheidungen	ODR
	–	

Systematische Betrachtung von Legal Tech

Ergänzt – und vermischt – wird diese Systematisierung häufig mit einem Dienstleistungsmarkt, der unter den Begriffen Legal Design, Transformationsberatung, Projekt- oder Changemanagement firmiert.

2.2 Agilität in der Organisation der Kanzlei oder Rechtsabteilung

Legal Tech ist in unterschiedlicher Gestaltungstiefe vorhandene Realität in den Rechtsabteilungen und Kanzleien, um die massive Zunahme an Daten, Dokumenten, Regeln und Normen zu handhaben. Ziel ist es häufig, die (Teil-) Automatisierung von Standardaufgaben durchzuführen – von der Recherche über die Kommunikation bis zur Ablage –, um die Arbeitsweise zu optimieren und den Zeitaufwand zu reduzieren. Am Markt hierfür vorhandene Produkte sind teilweise der klassischen Büroautomatisierung zuzuordnen, die branchenübergreifend bereits langfristig etabliert sind. Bei der Einführung von Lösungen, die Legal Tech zuzuordnen sind, ist jedoch stets zu hinterfragen:

- Sollen vorhandene Prozesse (lediglich) automatisiert werden, z.B. indem Dokumentenmanagementsysteme oder Workflow-Lösungen etabliert oder ergänzt werden?

- Sollen eine oder mehrere Prozessketten über das eigene Unternehmen hinaus analysiert und digitalisiert werden, indem z.B. virtuelle Datenräume eingeführt oder Entscheidungen und Dokumente automatisiert werden?[43]

---

[43] Der Markt der Datenraum-Anbieter verdient aktuell besondere Beachtung, https://highq.com/en-us/, https://drooms.com/de (alle abgerufen 29.6.2020). Einen Datenraum zu standardisieren, wäre ein wichtiger Schritt von der Automatisierung hin zur Digitalisierung, ähnlich *Wagner*, Legal Tech und Legal Robots, S. 24. Zu Low-Code Lösungen, um Entscheidungen oder Dokument zu automatisieren, findet man z.B. weitere Informationen bei https://www.bryter.io (abgerufen 29.6.2020).

- Soll eine (vollständige) digitale Transformation – bei der die Geschäftsprozesse und ggf. das Geschäftsmodell analysiert und geändert werden – erfolgen?

Je weiter man sich bei den Beweggründen von der Automatisierung hin zur digitalen Transformation bewegt, umso mehr sind effektive Methoden zur Bewältigung von Komplexität gefordert und umso mehr sind Erprobungen notwendig, was die Anwendung agiler Kreativitätsmethoden, wie z.B. Design Thinking, indizieren kann. Handelt es sich hingegen lediglich um die Anpassung oder Einführung einer Legal Tech (Standard-)Lösung, kann – abhängig von der Komplexität der anzupassenden Prozesse – Scrum zur Effizienzsteigerung das Mittel der Wahl sein.[44] Bisweilen existieren bereits agil-nahe Lösungen zur Arbeitsabstimmung und -planung wie z.B. digitale Kanban-ähnliche Dashboards.[45]

2.3 Automatisierte Rechtsdienstleistung und Agilität

Je standardisierbarer die Rechtsdienstleistung ist, umso mehr kann diese nicht nur durch legal Technologien unterstützt, sondern ggf. vollständig automatisiert werden. Unter dem Stichwort „automatisierte Rechtsdienstleistung" sind Technologien einzuordnen, die zumindest Teile der bisherigen anwaltlichen Beratung ersetzen könnten. Hier stellt sich aber stets die Frage nach dem Kern der juristischen Tätigkeit und inwieweit Legal Tech nur ersetzt, „wofür man keinen Anwalt braucht".[46] Automatisierte Rechtsdienstleistungen müssen aufgrund ihrer Rentabilität i.d.R. eine Befriedigung von Massenansprüchen gewährleisten und dabei zugleich einfach nutzbar sein.[47] Damit stellen diese Lösungen häufig einen niedrigschwelligen Zugang zum Recht, z.B. auch über Marktplätze, dar. Hier ist zugleich häufig der erste Eintrittspunkt für neue Technologien, wie z.B. KI.[48] Aktuelle Beispiele der automatisierten Rechtsdienstleistung zielen auf Kompensations- und Inkassoleistungen, Anwaltsprodukte zum Festpreis oder ODR

---

[44] Bzgl. der Notwendigkeit der Prozessbetrachtung siehe ebenso *Rackwitz*, So holen Sie das Beste aus Ihrem Workflow, https://www.legal-tech.de/so-holen-sie-das-be ste-aus-ihrem-workflow/ (abgerufen 29.6.2020).

[45] Beispiel https://synergist.io/ (abgerufen 29.6.2020).

[46] *Wagner*, Legal Tech und Legal Robots, S. 15-17; *Martinetz/Maringele*, Quick Guide Legal Tech, S. 5; https://legal-tech-blog.de/legal-tech-ersetzt-nur-wofuer-man-ohnehin-keinen-anwalt-brauchte (abgerufen 29.6.2020).

[47] So auch *Wagner*, Legal Tech und Legal Robots, S. 12; *Martinetz/Maringele*, Quick Guide Legal Tech, S. 47.

[48] Abrufbares Beispiel für einen Rechtsmarktplatz ist https://www.fragrobin.de/; über den Einsatz von der KI-Lösung *Watson* bei https://www.frag-einen-anwalt.de/ siehe IBM, https ://www.ibm.com/downloads/cas/J0RMLBDY (alle abgerufen 29.6.2020).

basierend auf einfachen Regeln.[49] Eine viel diskutierte Rechtsdienstleistung ist die Dokumentenautomatisierung (Standardverträge), die zuletzt vom OLG Köln nicht mehr als unerlaubte Erbringung von Rechtsdienstleistungen im Sinne des § 2 Rechtsdienstleistungsgesetz (RDG) eingestuft wurde.[50] Die agile Methode Lean Startup hilft hier insbesondere bei der Prüfung der Tragfähigkeit eines Geschäftsmodells.

Wenn Voraussetzung der automatisierten Rechtsdienstleistung sein soll, dass Subsumtionen automatisiert möglich sind, dann darf kein Ermessensspielraum vorliegen und es können keine Besonderheiten eines Einzelfalls berücksichtigt werden.[51] Diese Rahmenbedingungen zu überprüfen und kreative Lösungen zu entwickeln, kann Spielfeld agiler (Kreativitäts-)Methoden sein – insbesondere, wenn die vorhandene juristische Komplexität nur eine Annäherung an eine Lösung ermöglicht. Je komplexer eine Lösung wird, umso mehr ist aber der Sinn einer Automatisierung zu hinterfragen. Auch bei der Auslotung der Grenze des sinnvoll Machbaren können die genannten agilen Methoden helfen.

Zieht man beispielhaft die auf der Blockchain-Technologie basierenden Smart Contracts heran, setzen diese i.d.R. auch voraus, dass die Vertragsinhalte automatisch regelbasiert, selbstvollziehend, protokolliert und ohne menschliches Zutun ausgeführt werden können. Man stelle sich einen Hauskauf vor, bei dem Zahlung und Grundbucheintrag Hand in Hand als protokollierte Transaktion zur Dokumentation der Rechtsposition während des Notartermins auf der Blockchain stattfinden und damit bisher ungenutzte Potentiale im elektronischen Rechtsverkehr nutzen. Hier könnte

---

[49] Beispiele für eine automatisierte Rechtsberatung sind z.B. https://www.flig htright.de, https://www.wenigermiete.de/; Beispiel für Anwaltsdienstleistungen https://legalbase. de/; Beispiel für ODR ist die Startplattform der Europäischen Union für Online Streitbeilegung, https://ec.europa.eu/consumers/odr/ma in/index.cfm?event=main.home2.show &lng=DE; eine der Übersichten von Legal Tech Startups ist https://law.stanford.edu/cod ex-the-stanford-center-for-legal-informatics/codex-projects/#slsnav-current-codex-projec ts (alle abgerufen 29.6.2020).

[50] Beispiele für Dokumentengeneratoren sind z.B. https://legal-tech-blog.de/otto-schmidt-bietet-neue-digitale-vorlagen-auf-basis-der-technologie-von-lawlift, https://de.lawlift.co m/; https://www.legito.com/DE/de/; https://www.smartlaw.de/ (alle abgerufen 29.6. 2020). Zur Frage, ob das Angebot von smartlaw eine unerlaubte Erbringung von Rechtsdienstleistungen im Sinne des § 2 RDG darstellt, hat zuletzt das OLG Köln, Urt. v. 19.6.2020 – 6 U 263/19, https://www.justiz.nrw.de/nrwe/olgs/koeln/j2020/6_U_263_1 9_Urteil_20200619.html, abgerufen 29.6. 2020, entschieden, dass ein elektronischer Generator von Rechtsdokumenten nicht gegen das RDG verstößt. Die Revision ist zugelassen. Zusätzlich ausführlich zur rechtlichen Einordnung der verschiedenen Rechtsprodukte bei *Wagner*, Legal Tech und Legal Robots, S. 101 ff.

[51] Ob Gesetzestexte automatisiert werden können, hängt von deren binären Betrachtungsmöglichkeit (Schaltalgebra) ab und ist im Einzelfall, insbesondere bzgl. der unbestimmten Rechtsbegriffe, zu prüfen; ähnlich auch *Wagner*, Legal Tech und Legal Robots, S. 57 ff.

Agilität insbesondere bei der Findung weiterer Ideen und bei der Priorisierung der Umsetzung unterstützen.

2.4 Transformation des Rechtsdienstleistungssektors und Agilität

Lernende Maschinen als Teilbereich der künstlichen Intelligenz oder Blockchains können Wissen, Prozesse und Entscheidungen automatisieren. Die disruptive und Innovationskraft dieser Technologien auf den Rechtsdienstleistungssektor ist aktuell nicht kalkulierbar.[52] Denkbar ist sowohl eine Unterstützung der Kanzlei- oder Rechtsabteilungsorganisation als auch die Entwicklung neuer Businessmodelle – hin zu Idealbildern von Arbeitsprozessen und Wissensarbeit. Beispielhaft kann der vermehrte Einsatz von lernenden Daten- und Dokumentenanalysen genannt werden, um aus erkannten Mustern, neue Regeln und Beziehungen abzuleiten und letztendlich automatisch Entscheidungen zu treffen.[53] Inwieweit diese Legal Roboter juristische Tätigkeiten eines Menschen ersetzen können, ist maßgeblich von der Analyse der Wertschöpfungsketten der juristischen Beratung abhängig.[54] Daneben können juristische Ontologien zur Strukturierung der Rechtsbereiche hilfreich sein, um die o.g. Musterkennung zu vereinfachen. Die geforderte Analyse zur Ordnung von juristischen Strukturen und Prozessen hat eine Vielzahl an Faktoren mit teilweise hoher Komplexität zu berücksichtigen, was Agilitätstechniken impliziert. Weiterhin sind eine Vielzahl von Anwendungsszenarien der Transaktionsprotokollierung über die Blockchain für Dokumentationen von Rechtspositionen oder -titel in Registern vorstellbar.

Agilität hilft bei Kenntnis der technologischen Möglichkeiten, Ideen zu entwickeln (Design Thinking), Geschäftsmodelle zu verifizieren (Lean Startup) und Ideen zu implementieren (Scrum).

3 Fazit

Agile Methoden finden vielfältige Anwendungsszenarien im Bereich Legal Tech. Letztendlich unterstützen sie die Analyse der Businessmodelle, der Abläufe, der Strukturen und Daten im komplexen Kontext. Der Einsatz dieser Methoden steht und fällt mit der Frage nach dem Auslöser (Visionär, Product Owner in Scrum) der Digitalisierung eines Legal-Prozesses. Nicht

---

[52] *Susskind*, Tomorrows Lawyers, S. 15, 43 ff.

[53] Beispielhafte Werkzeuge sind https://leverton.ai/; https://imanage.com/ (RAVN); https://kirasystems.com/ (alle abgerufen 29.6.2020).

[54] Ähnlich *Wagner*, Legal Tech und Legal Robots, S. 55 ff.; zur Analyse von juristischen Teilaufgaben ausführlich *Susskind*, Tomorrows Lawyers, S. 25 ff. Empfohlen werden kann hier Literatur zur strategischen Prozessorganisation z.B. *Fischermanns*, Praxishandbuch Prozessmanagement, S. 22 ff.

hilfreich ist, für die Ideen sofort eine perfekte Lösung anzustreben – man denke nur an die Komplexität juristischer Ontologien. Vielmehr kann Agilität hier genutzt werden, um zunächst Teilbereiche zu entwickeln, um sich iterativ und inkrementell der Gesamtlösung anzunähern.

Literatur

Appelo, Jürgen: Startup, Scaleup, Screwup, New Jersey 2019.

Blair, Sean/Rillo, Marko/Dröge, Jens (Übersetzer): Serious Work – Meetings und Workshops mit der Lego® Serious Play® Methode moderieren (Deutsch), München 2019.

Böhm, Janko: Erfolgsfaktor Agilität, Wiesbaden 2019.

Borgert, Stephanie: Die Irrtümer der Komplexität, Offenbach 2015.

Dark Horse Innovation: Digital Innovation Playbook, 4. Aufl., Hamburg 2017.

Dark Horse Innovation: Handout Design Thinking – Innovation mit Methode, Berlin 2018.

Fischermanns, Guido: Praxishandbuch Prozessmanagement, 11. Aufl., Gießen 2015.

Foegen, Malte/Battenfeld, Jörg/Croome, David/Dorn, Manuel/Gassner, Caroline/ Kröll, Anna Katharina/Meyser, Astrid/Porro, Simon/Raak, Claudia: Der ultimative Scrum Guide 2.0, 2. Aufl., Darmstadt 2014.

Foegen, Malte/Kaczmarek, Christian: Organisation in einer digitalen Zeit, 3. Aufl., Darmstadt 2016.

Hartung, Markus/Bues, Micha-Manuel/Halbleib, Gernot (Hrsg.): Legal Tech Digitalisierung des Rechtsmarkts, München 2017.

Hoffmann, Jürgen/Roock, Stefan: Agile Unternehmen – Veränderungsprozesse gestalten, agile Prinzipien verankern, Selbstorganisation und neue Führungsstile etablieren, Heidelberg 2018.

Leopold, Klaus: Kanban in der Praxis, München 2017.

Martinetz, Sophie/Maringele, Sarah: Quick Guide Legal Tech – Schritt für Schritt zur digitalen Kanzlei und Rechtsabteilung, Wiesbaden 2020.

Oestereich, Bernd/Weiss, Christian: APM – Agiles Projektmanagement, Heidelberg 2008.

Pfläging, Nils/Herrmann, Silke: Komplexithoden, 4. Aufl., München 2016.

Ries, Eric: Lean Startup – Schnell, risikolos und erfolgreich Unternehmen gründen, München 2012.

Simschek, Roman/Kaiser, Fabian: Design Thinking – Innovationen effektiv managen, München 2019.

Stacey, Ralph D./Mowles, Chris: Strategic management and organisational dynamics: the challenge of complexity, 7. Aufl., Harlow 2016.

Steyer, Manfred: Agile Muster und Methoden, Frankfurt 2010.

Susskind, Richard: Tomorrows Lawyers, 2. Aufl., Oxford 2017.

Wagner, Jens: Legal Tech und Legal Robots – Der Wandel im Rechtswesen durch neue Technologien und Künstliche Intelligenz, 2. Aufl., Wiesbaden 2020.

Wohland, Gerhard/Wiemeyer, Matthias: Denkwerkzeuge der Höchstleister, 3. Aufl., Lüneburg 2012.

DER WANDEL BEIM OUTSOURCING VON IT-LEISTUNGEN IM BANKENSEKTOR

Eva Ametsbichler

Witzel Erb Backu & Partner Rechtsanwälte mbB
ametsbichler@web-partner.de

Zusammenfassung

Das Thema IT-Outsourcing im Bankensektor strahlt in die verschiedensten Bereiche aus und ist dementsprechend komplex. Zudem unterliegt es in vielfältiger Weise dem Wandel, so dass die beteiligten Akteure insgesamt mit zahlreichen Herausforderungen konfrontiert sind. Im Folgenden sollen daher zunächst die für diesen Bereich maßgeblichen Zusammenhänge erläutert werden. Sodann erfolgt eine Darstellung des Wandels und der damit verbundenen Herausforderungen anhand der Aspekte Technik, Politik sowie aktueller Ereignisse in Form der Corona-Krise.

1 Einleitung

Das Outsourcing von IT-Leistungen bildet im Bankensektor eine zentrale Thematik. Dies ist vor allem auf die mit der Digitalisierung einhergehenden Innovationen zurückzuführen. In den Anfängen des Online-Bankings zählten zu diesen beispielsweise das Online-Angebot "*Bildschirmtext*" (kurz "*BTX*").[1] Inzwischen ist die Digitalisierung so weit vorangeschritten, dass IT-Systeme vernetzt und folglich an externe IT-Dienstleister ausgelagert werden können.[2] Diese Möglichkeit der Auslagerung wird von Bankinstituten bereits weitreichend genutzt. Gemäß einer PwC-Umfrage lagern die befragten Bankinstitute in erster Linie IT-Dienstleistungen, aber auch Zahlungsverkehr oder Archivierung an externe Dienstleister aus. Zudem wird anhand der Umfrage deutlich, dass die Entscheidung, ob ein Finanzinstitut eine Funktion auslagert, aktuell maßgeblich von deren Komplexität beeinflusst wird.[3] Allerdings erwarten die im Rahmen der Umfrage herangezogenen IT-Dienstleister, dass zukünftig auch komplexe Steuerungsthemen

---

[1] *Gampe*, BaFin: Digitalisierung und Informationssicherheit im Finanz- und Versicherungswesen im Fokus aufsichtlicher Anforderungen, v. 1.8.2018, https://www.bafin.de/SharedDocs/Veroeffentlichungen/DE/BaFinPerspektiven/2018/bp_18-1_Beitrag_Gampe.html?nn=11056122 (abgerufen 27.6.2020).

[2] *Röseler/Steinbrecher*, BaFin: Wenn Banken IT-Dienstleistungen auslagern, v. 28.2.2019, https://www.bafin.de/SharedDocs/Veroeffentlichungen/DE/BaFinPerspektiven/2019_01/bp_19-1_Beitrag_EDBA.html (abgerufen 27.6.2020).

[3] *PwC*: Outsourcing in der Finanzindustrie, v. November 2018, https://www.pwc.de/de/finanzdienstleistungen/pwc-sourcing-survey-2018.pdf (abgerufen 27.6.2020), S. 23.

wie z.B. Compliance von den Bankinstituten ausgelagert werden. Diese Erwartung teilen interessanterweise die Bankinstitute gerade nicht.[4] Hier wird man also mit Spannung die weitere Entwicklung in der Praxis abwarten dürfen.

Die Grundkonstellation eines IT-Outsourcings im Bankensektor gestaltet sich dabei so, dass ein Bankinstitut eine IT-Funktion, die zuvor von dem Bankinstitut selbst durchgeführt wurde, von einem externen IT-Dienstleister ausführen lässt.[5] Auf den ersten Blick erscheint dies relativ einfach. Nichtsdestotrotz zählt der Bereich des (IT-)Outsourcings im Bankensektor zu einem vom Staat stark regulierten Markt. Denn entgegen dem ersten Anschein handelt es sich um eine sehr komplexe Thematik, die in verschiedene Bereiche ausstrahlt und dabei auch staatliche Schutzinteressen tangiert. Im Folgenden soll daher der Hintergrund des Themas IT-Outsourcing im Bankensektor näher beleuchtet werden, um die für diesen Bereich maßgeblichen Zusammenhänge nachvollziehbar zu machen. Liegen diese vor, wird sodann in einem weiteren Schritt aufgezeigt, inwiefern das Thema (IT-)Outsourcing von Banken in vielerlei Hinsicht dem Wandel unterliegt.

2 Hintergrund

Maßgeblich für das Verständnis der Zusammenhänge eines (IT-)Outsourcings im Bankensektor sind sowohl die damit verbundene Interessenlage als auch die insofern geltenden rechtlichen Rahmenbedingungen.

2.1 Interessen der einzelnen Akteure beim (IT)-Outsourcing im Bankensektor

Die Interessenlage bei einem (IT-)Outsourcing im Bankensektor setzt sich im Wesentlichen aus den Interessen der Bankinstitute, denen des Staates sowie den Interessen der entsprechenden IT-Dienstleister zusammen. Darüber hinaus haben auch die Kunden der auslagernden Bank eigene Interessen in diesem Zusammenhang.

2.1.1 Banken

Das Bedürfnis der Bankinstitute ihre internen IT-Funktionen an einen externen IT-Dienstleister auszulagern, beruht in erster Linie darauf, dass die Auslagerung eine stärkere *„Fokussierung auf Kernkompetenzen der Institute"* ermöglichen soll.[6] Diese ist für die Banken angesichts ihrer zunehmenden

---

[4] *PwC*, Outsourcing in der Finanzindustrie, v. November 2018, https://www.pwc.de/de/finanzdienstleistungen/pwc-sourcing-survey-2018.pdf (abgerufen 27.6.2020), S. 24.

[5] In diesem Sinne *Küchler*, in: Bräutigam, IT-Outsourcing und Cloud-Computing, Teil 1 A. Rn. 1.

[5] *Ferstl*, in: Bräutigam, IT-Outsourcing und Cloud-Computing, Teil 9 A. Rn. 2.

Wettbewerbssituation von zentraler Bedeutung.[7] Zudem ist ein (IT-)Outsourcing im Regelfall mit der Hoffnung verbunden, dass insgesamt aufgrund der Spezialisierung des IT-Dienstleisters eine Effizienzsteigerung in Kombination mit einer entsprechenden Kostenersparnis eintritt. Dies soll unter anderem durch eine erhöhte Qualität sowie Verfügbarkeit des Services ausgelöst werden.[8] Ferner handelt es sich bei dem (IT-)Outsourcing im Bankensektor – wie bereits festgestellt – um einen staatlich regulierten Markt, der unter bestimmten Umständen die Auslagerung von diversen regulatorischen Vorgaben abhängig macht. Wichtig ist dabei die Erkenntnis, dass Adressat der regulatorischen Vorgaben oftmals nur die auslagernde Bank selbst, nicht aber der jeweilige IT-Dienstleister ist.[9] Gerade deswegen verwundert es nicht, dass die auslagernden Institute ein großes Interesse daran haben, dass sie die IT-Dienstleister auf die Einhaltung der entsprechenden regulatorischen Vorgaben verpflichten.

2.1.2 Staat

Der Staat wiederum hat ein starkes Regulierungsbedürfnis in Bezug auf das Thema (IT-)Outsourcing von Banken, zumal der Bankensektor für die deutsche Wirtschaft als systemrelevant erachtet wird.[10] Ziel der Regulierung ist es daher zu vermeiden, dass sich die Bankinstitute, die zum Schutz von Wirtschaft und Verbrauchern zahlreichen rechtlichen Regelungen unterworfen sind, durch das Outsourcing ihrer Verantwortung entziehen, beziehungsweise ihre Kontrollmöglichkeiten einbüßen. Aus staatlicher, d.h. aufsichtsrechtlicher Sicht ist es daher essentiell, dass trotz Auslagerung *„die Letztverantwortung stets bei der Geschäftsleitung des auslagernden Unternehmens"* bleibt.[11]

2.1.3 IT-Dienstleister

Die IT-Dienstleister haben wiederum ein Interesse daran, dass sie ihr jeweiliges Angebot gewinnbringend am Markt umsetzen können. Dabei ist zu berücksichtigen, dass viele IT-Dienstleister spezialisiert arbeiten und ge-

---

[7] *Thalhofer/Zdanowiecki*, in: Auer-Reinsdorff/Conrad, Handbuch IT- und Datenschutzrecht, § 19 Rn. 222.

[8] *Mann*, MMR 2012, S. 499; zu den Vorteilen eines IT-Outsourcings im Allgemeinen siehe auch *Willert*, in: Weth et al., Daten- und Persönlichkeitsschutz im Arbeitsverhältnis, Teil C Kap. V Rn. 1.

[9] *Thalhofer/Zdanowiecki*, in: Auer-Reinsdorff/Conrad, Handbuch IT- und Datenschutzrecht, § 19 Rn. 224.

[10] Ebenda, Rn. 222.

[11] *Kelp*, BaFin: Einer für viele, v. 15.7.2019, https://www.bafin.de/SharedDocs/Veroeffentlichungen/DE/Fachartikel/2019/fa_bj_1907_Outsourcing_Banken.html (abgerufen 27.6. 2020).

rade der Bankensektor einen attraktiven Kundenkreis bietet, zumal die Finanzkraft von Bankinstituten sehr hoch ist.[12] Hinzu kommt, dass aufgrund des einheitlichen Bedürfnisses der Banken, ihre IT-Kosten zu reduzieren, ein hohes Neukunden-Potenzial vorhanden ist. Darüber hinaus ist ein Wechsel des Dienstleisters in diesem Bereich im Regelfall mit *„hohe[n] Anbahnungs-, Umstellungs- und Koordinationskosten"* verbunden, so dass zugunsten der IT-Dienstleister *„meist langfristige Abhängigkeiten"* entstehen.[13]

2.1.4 Bankkunden

Schließlich haben auch die Kunden des jeweiligen Bankinstituts eigene Interessen in Bezug auf die Auslagerung. Dies gilt vor allem mit Blick auf die großen Mengen an personenbezogenen Daten, die von den Bankinstituten verarbeitet werden. Aus Sicht der Kunden ist es wichtig, dass das von den Bankinstituten erwartete hohe Schutzniveau durch die Auslagerung nicht herabgesenkt wird. Gleichzeitig verlangen die Bankkunden von ihrem jeweiligen Bankinstitut aber auch den aktuellsten Stand an IT-Dienstleistungen, welcher eben durch eine entsprechende Auslagerung leichter zu erreichen und aufrechtzuerhalten ist.

2.2 Rechtsrahmen für (IT-)Outsourcing im Bankensektor

In §§ 25a und 25b KWG finden sich allgemeine Regelungen zum Outsourcing im Bankensektor, die für sämtliche Auslagerungsformen gelten.[14] Sie sind daher auch bei der Auslagerung von IT-Funktionen zu berücksichtigen. Nach § 25b KWG ist die Auslagerung von Aktivitäten und Prozessen durch Kredit- und Finanzdienstleistungsinstitute im Grundsatz zulässig. Allerdings verpflichtet § 25a Abs. 1 KWG die Institute dabei zu einer ordnungsgemäßen Geschäftsorganisation, was in erster Linie "ein angemessenes und wirksames Risikomanagement" meint.[15] Dies bedeutet, dass das auslagernde Institut diejenigen IT-Funktionen, die es an einen externen Dienstleister auslagert, auf angemessene und wirksame Weise in sein Risikomanagement integrieren muss.[16] Allerdings wirft die konkrete Umsetzung dieser Integration in das Risikomanagement in der Praxis häufig viele Fragestellungen auf.

---

[12] *Thalhofer/Zdanowiecki*, in: Auer-Reinsdorff/Conrad, Handbuch IT- und Datenschutzrecht, § 19 Rn. 222.

[13] *Ferstl*, in: Bräutigam, IT-Outsourcing und Cloud-Computing, Teil 9 A Rn. 2.

[14] *Röseler/Steinbrecher*, BaFin: Wenn Banken IT-Dienstleistungen auslagern, v. 28.2.2019, https://www.bafin.de/SharedDocs/Veroeffentlichungen/DE/BaFinPerspektiven/2019_01/bp_19-1_Beitrag_EDBA.html (abgerufen 27.6.2020).

[15] *Ferstl*, in: Bräutigam, IT-Outsourcing und Cloud-Computing, Teil 9 A Rn. 5 f.

[16] *Thalhofer/Zdanowiecki*, in: Auer-Reinsdorff/Conrad, Handbuch IT- und Datenschutzrecht, § 19 Rn. 224.

Hilfreich sind hier gerade die von der Bundesanstalt für Finanzdienstleis-tungsaufsicht (BaFin) veröffentlichten Rundschreiben, insbesondere die "Mindestanforderungen an das Risikomanagment" (MaRisk)[17] sowie die "Bankaufsichtlichen Anforderungen an die IT" (BAIT).[18] Obwohl es sich bei den BaFin-Rundschreiben lediglich um "norminterpretierende[n] und normkonkretisierende[n] Auslegungsschreiben" ohne die Rechtsverbind-lichkeit einer Gesetzesnorm handelt, spielen sie in der Praxis eine zentrale Rolle. Denn letztlich geben die Rundschreiben die Ansicht der Aufsicht zur Auslegung des Aufsichtsrechts wieder, so dass sich auch die BaFin-Prüfer an diesen Rundschreiben ausrichten.[19]

Auch die Europäische Bankenaufsichtsbehörde (EBA) rückt das Thema Outsourcing von IT-Funktionen zunehmend in den Vordergrund. Dies äu-ßert sich unter anderem in den so genannten *EBA-Leitlinien*, die einer ein-heitlichen Handhabung der Bankenaufsicht auf europäischer Ebene die-nen.[20] Hier sind vor allem die EBA-Leitlinien zu Auslagerungen (EBA/GL/ 2019 /02)[21] sowie für das Management von IKT- und Sicherheitsrisiken (EBA /GL/2019/04)[22] zu berücksichtigen.

Zuletzt soll noch auf das BaFin-Merkblatt vom November 2018 "*Orientie-rungshilfe zu Auslagerungen an Cloud-Anbieter*"[23] hingewiesen werden, welches dem zunehmenden Trend im Bankensektor, an Cloud Computing-Anbieter

---

[17] BaFin: Rundschreiben 9/2017 (BA) – Mindestanforderungen an das Risikomanagement – MaRisk, v. 27.10.2017, https://www.bafin.de/SharedDocs/Veroeffentlichungen/DE/Run dschreiben/2017/rs_1709_marisk_ba.html (abgerufen 27.6.2020).

[18] BaFin: Rundschreiben 10/2017 (BA) – Bankaufsichtliche Anforderungen an die IT (BAIT), v. 14.9.2018, https://www.bafin.de/SharedDocs/Downloads/DE/Rundschreiben/dl_rs_ 1710_ba_BAIT.pdf?__blob=publicationFile&v=9 (abgerufen 27.6.2020).

[19] *Ferstl*, in: Bräutigam, IT-Outsourcing und Cloud-Computing, Teil 9 A Rn. 11.

[20] Ebenda, Rn. 15 f.

[21] EBA: Leitlinien zu Auslagerungen, v. 25.2.2019, https://eba.europa.eu/sites/default/docu ments/files/documents/10180/2761380/5546a705-bff2-43eb-b382-e5c7bed3a2bc/EBA %20revised%20Guidelines%20on%20outsourcing_DE.pdf (abgerufen 27.6.2020).

[22] EBA: EBA-Leitlinien für das Management von IKT- und Sicherheitsrisiken, v. 28.11.2019, https://eba.europa.eu/sites/default/documents/files/document_library/Publications/Gui delines/2020/GLs%20on%20ICT%20and%20security%20risk%20management/Updated %20Translations/880810/Final%20draft%20Guidelines%20on%20ICT%20and%20secur ity%20risk%20management_COR_DE.pdf (abgerufen 27.6.2020).

[23] BaFin: Merkblatt – Orientierungshilfe zu Auslagerungen an Cloud-Anbieter, v. November 2018, https://www.bafin.de/SharedDocs/Downloads/DE/Merkblatt/BA/dl_181108_ori entierungshilfe_zu_auslagerungen_an_cloud_anbieter_ba.html (abgerufen 27.6.2020).

auszulagern, Rechnung trägt. Allerdings ist das Merkblatt – entgegen seiner Bezeichnung – auch für die traditionellen IT-Auslagerungen relevant.[24]

Insgesamt wird anhand der Betrachtung des Rechtsrahmens deutlich, dass die aufsichtsrechtlichen Normen, die für das (IT-)Outsourcing im Bankensektor gelten, umfangreich und stark auslegungsbedürftig sind. Vor diesem Hintergrund bieten die veröffentlichten Interpretationen der Aufsichtsinstitute trotz fehlendem Normcharakter für die Praxis eine wichtige Hilfestellung. Allerdings finden sich auch in den BaFin-Rundschreiben keine ausreichenden Beschreibungen für die konkrete Umsetzung des geforderten IT-Notfallmanagements.[25] Die Banken werden somit zusätzlich zu dem zunehmenden „Regulierungsdruck"[26] in der Praxis mit zahlreichen Unsicherheiten konfrontiert.

3 Der Wandel

Liegen die wesentlichen Zusammenhänge der Thematik somit vor, wird im Folgenden aufgezeigt, auf welche vielfältige Weise der Bereich IT-Outsourcing im Bankensektor dem Wandel unterliegt.

3.1 Technischer Wandel

Dabei ist zunächst der Wandel in Form des technischen Fortschritts zu nennen. Dieser bringt immer wieder neue Angebote der IT-Dienstleister hervor, die auch für den Bankensektor von großem Interesse sind und somit auch die rechtliche Seite des IT-Outsourcings stark beeinflussen.

3.1.1 Steigerung der Nachfrage nach Cloud-Lösungen

Ein anschauliches Beispiel bildet die steigende Nachfrage der Bankinstitute nach Cloud-Lösungen (z.B. SaaS, IaaS), so dass das Cloud-Computing sogar als *„Schlüsseltechnologie bei der Digitalisierung der Finanzbranche"* bezeichnet wird.[27] Hintergrund ist, dass Cloud-Lösungen den IT-Dienstleistern sowohl die „kostengünstige und effiziente Bereitstellung ihrer IT, die nur bei Bedarf bezahlt wird (sog. „on demand" oder „pay per use" Modelle)" als

---

[24] *Thalhofer/Zdanowiecki*, in: Auer-Reinsdorff/Conrad, Handbuch IT- und Datenschutzrecht, § 19 Rn. 233.

[25] *Witzel*, LinkedIn: Notfall-Management beim (IT-)Outsourcing, v. 10.6.2020, https://www.linkedin.com/pulse/notfall-management-beim-it-outsourcing-michaela-witzel/?trackingId=Deu27OjwQPmAc1l7bBlj8w%3D%3D (abgerufen 27.6.2020).

[26] *Frisse* et al., BKR 2018, S. 177 (184).

[27] *Wuermeling*, Der Bank Blog: Chancen und Herausforderungen von Cloud-Banking, v. 19.3.2020, https://www.der-bank-blog.de/chancen-herausforderungen-cloud/regulierung-aufsicht/37663297/ (abgerufen 27.6.2020).

auch ein „Aufzeigen *von* kundenspezifischem Innovationspotenzial" ermöglicht.[28] Zusätzlich zu der damit verbundenen Kosteneinsparung erhoffen sich die Bankinstitute von Cloud-Lösungen sehr große Rechenkapazitäten, die Verfügbarkeit einer Software auf dem neuesten Stand sowie positive Skalierungseffekte. Ferner können die Cloud-Angebote Schutzmöglichkeiten vor Angriffen (z.B. DDoS-Attacken) eröffnen.[29] Gleichzeitig weisen die Cloud-Angebote aber auch potentielle Risiken auf. Dies umfasst einerseits übliche Risiken, die im Umgang mit IT auftreten wie etwa Cyberkriminalität. Andererseits aber auch auslagerungsspezifische Risiken wie *„Vendor-Lock-Ins"*, so dass das betroffene Bankinstitut z.B. wegen zu hoher Umstellungskosten keinen Anbieterwechsel vornehmen kann.[30] Zudem ergeben sich Risiken aus der Problematik, dass die Cloud-Lösungen oftmals nicht von Deutschland beziehungsweise der EU aus angeboten werden und die jeweiligen Anbieter dem hiesigen Regulierungsrecht nicht Rechnung tragen. Dieses Problem wiegt umso mehr, wenn die Marktmacht der IT-Dienstleister so groß ist, dass dem Bankinstitut faktisch kein Verhandlungsspielraum verbleibt.[31]

3.1.2 Aufsichtsrechtliche Reaktion auf europäischer und deutscher Ebene

Um diesen Risiken Rechnung zu tragen, hat die EBA bereits im Dezember 2017 mit einer Veröffentlichung von Empfehlungen auf das Thema IT-Outsourcing an Cloud-Anbieter reagiert (EBA/REC/2017/03).[32] Im November 2018 formulierte auch die BaFin in Zusammenarbeit mit der Deutschen Bundesbank ihre Ansicht zur Thematik in Form des bereits angeführten Merkblatts *„Orientierungshilfe zu Auslagerungen an Cloud-Anbieter"*.[33] Inhaltlich finden sich darin zwar keine neuen Vorschriften für das Outsourcing an Cloud-Anbieter. Allerdings enthält das Merkblatt wertvolle Einschätzungen zur Thematik an sich sowie zu bestimmten Vertragsklauseln. Zielsetzung ist dabei vor allem die Schaffung von *„Problembewusstsein"* bei den auslagernden Bankinstituten bezüglich der Kriterien des Aufsichtsrechts

---

[28] *Krcmar*, in: Borges/Meents, Cloud Computing, § 1 Rn. 17.

[29] *Wuermeling*, Der Bank Blog: Chancen und Herausforderungen von Cloud-Banking, v. 19.3. 2020, https://www.der-bank-blog.de/chancen-herausforderungen-cloud/regulierung-aufsicht/37663297/ (abgerufen 27.6.2020).

[30] Ebenda.

[31] Ebenda.

[32] *Dahmen*, BKR 2019, S. 533 (534).

[33] Siehe Fn. 23.

für ein Outsourcing an Cloud-Anbieter.[34] Zu berücksichtigen ist, dass die BaFin die genannten EBA-Empfehlungen akzeptiert hat, so dass diese als Teil der deutschen Verwaltungspraxis anzusehen sind. Infolgedessen sind BaFin-Merkblatt und EBA-Empfehlungen zusammen zu lesen und entsprechend zu berücksichtigen.[35]

3.1.3 Problembewusstsein als maßgeblicher Faktor

Das Beispiel IT-Outsourcing an Cloud-Anbieter zeigt somit, wie das deutsche und europäische Aufsichtsrecht konkret vom technischen Wandel im IT-Bereich beeinflusst wird. Dabei wird deutlich, dass die technischen Neuerungen gerade in der Praxis sowohl Aufsicht als auch auslagernde Institute vor Herausforderungen stellen. Mit Blick auf zukünftige technische Innovationen wird daher das Vorhandensein eines entsprechenden Problembewusstseins aller am Outsourcing Beteiligter entscheidend sein.

3.2 Politischer Wandel

Neben dem technischen unterliegt das Thema (IT-)Outsourcing auch dem politischen Wandel.

3.2.1 Steigerung der Bedeutung von Nachhaltigkeitsaspekten

So lässt sich in der Politik in letzter Zeit eine zunehmend steigende Bedeutung von Aspekten der Nachhaltigkeit ausmachen. Die politische Diskussion ist dabei sehr vielfältig und reicht von Umwelt- und Sozialthemen, über nachhaltiges Management bis hin zur Nachhaltigkeit der Politik an sich. Es verwundert daher nicht, dass auch im Bereich IT-Outsourcing im Bankensektor die Nachhaltigkeits-Thematik Einzug gehalten hat. Dies lässt sich gerade anhand des *„Merkblatts zum Umgang mit Nachhaltigkeitsrisiken"* ausmachen, welches von der BaFin im Dezember 2019 herausgegeben wurde.[36] Zielsetzung der BaFin ist es anhand dieses Merkblatts den „beaufsichtigten Unternehmen eine Orientierungshilfe im Umgang mit dem immer wichtiger werdenden Thema‚Nachhaltigkeitsrisiken' [zu] geben".[37] Dabei werden auch hier keine neuen aufsichtsrechtlichen Kriterien aufgestellt. Vielmehr knüpft die BaFin an die zentrale Aufgabe der beaufsichtigten Unternehmen an, eine ordnungsgemäße Geschäftsorganisation sowie

---

[34] *Röseler/Steinbrecher*, BaFin: Wenn Banken IT-Dienstleistungen auslagern, v. 28.2.2019, http s://www.bafin.de/SharedDocs/Veroeffentlichungen/DE/BaFinPerspektiven/2019_01/bp _19-1_Beitrag_EDBA.html (abgerufen 27.6.2020); ebenso *Thalhofer/Zdanowiecki*, in: Auer-Reinsdorff/Conrad, Handbuch IT- und Datenschutzrecht, § 19 Rn. 233.

[35] *Dahmen*, BKR 2019, S. 533 (534).

[36] BaFin: Merkblatt zum Umgang mit Nachhaltigkeitsrisiken, v. 20.12.2019/13.1.2020, htt ps://www.bafin.de/SharedDocs/Downloads/DE/Merkblatt/dl_mb_Nachhaltigkeitsrisike n.html (abgerufen 27.6.2020).

[37] Ebenda, S. 9.

ein wirksames Risikomanagement sicherzustellen, indem sie „Good-Practice-Ansätze" in Bezug auf das Thema „Nachhaltigkeitsrisiken" skizziert.[38]

3.2.2 Kurzanalyse der Definition „*Nachhaltigkeitsrisiken*"

Der Begriff „Nachhaltigkeitsrisiken" ist dabei kein feststehender Begriff, sondern Bedarf einer Definition, welche die BaFin im Merkblatt wie folgt vornimmt: „Nachhaltigkeitsrisiken im Sinne dieses Merkblatts sind Ereignisse oder Bedingungen aus den Bereichen Umwelt, Soziales oder Unternehmensführung (...), deren Eintreten tatsächlich oder potenziell negative Auswirkungen auf die Vermögens-, Finanz- und Ertragslage sowie auf die Reputation eines beaufsichtigten Unternehmens haben können."[39] Für ein besseres Verständnis verweist die BaFin zudem auf den Begriff „*ESG-Risiken (Environmental, Social and Governance – Umwelt, Soziales und Unternehmensführung)*" und gibt Beispiele, welche Aspekte hier betroffen sein können. Dabei finden sich auch solche mit einem konkreten Bezug zu IT-Funktionen von Bankinstituten wie etwa die „Gewährleistung des Datenschutzes" oder die „Offenlegung von Informationen".[40] Somit wird deutlich, dass das Thema Nachhaltigkeit auch im Bereich IT-Outsourcing im Bankensektor Relevanz erlangt hat.

3.2.3 Beispiel für Good-Practice in Bezug auf Nachhaltigkeitsrisiken

Allerdings sind die Ausführungen der BaFin im Merkblatt „insgesamt noch recht schwammig".[41] So beschränkt sich das Merkblatt im Wesentlichen darauf, den beaufsichtigten Unternehmen mit Blick auf die Nachhaltigkeitsrisiken die Integration von Risikosteuerungs- beziehungsweise Risikoreduzierungsverfahren vorzugeben. Auch die beispielhafte Nennung von „Investitionen in Unternehmen, die sich einen positiven Umwelt- oder Gesellschaftsbeitrag zum Ziel gesetzt haben", ist dabei wenig konkret.[42]

3.2.4 Zunehmender Widerhall in der Praxis zu erwarten

Insgesamt sollte diese Konkretisierungsbedürftigkeit aber gerade die beaufsichtigten Unternehmen nicht zu der Annahme verleiten, dass Nachhaltigkeitsrisiken im Rahmen des (IT-)Outsourcings vernachlässigt werden können. Vielmehr dürfte die Thematik zukünftig immer mehr an Bedeutung

---

[38] Ebenda, S. 9.

[39] Ebenda, S. 13.

[40] Ebenda.

[41] *Osman*, Handelsblatt: Das Bafin-Merkblatt zu Nachhaltigkeitsrisiken ist nur der Anfang, v. 27.12.2019, https://www.handelsblatt.com/meinung/kommentare/kommentar-das-bafin -merkblatt-zu-nachhaltigkeitsrisiken-ist-nur-der-anfang/25365274.html?ticket=ST-4554 533-xOcBTlxNHAczlJhV9hc9-ap5 (abgerufen 27.6.2020).

[42] BaFin: Merkblatt zum Umgang mit Nachhaltigkeitsrisiken, v. 20.12.2019/13.1.2020, https ://www.bafin.de/SharedDocs/Downloads/DE/Merkblatt/dl_mb_Nachhaltigkeitsrisiken. html (abgerufen 27.6.2020), S. 28.

gewinnen. So hat einerseits auch die europäische Aufsichtsebene die Nachhaltigkeitsdiskussion in ihren Fokus gerückt. Zum anderen kommt dem Bankensektor aufgrund seines starken Einflusses auf die Industrie eine Schlüsselrolle zu, so dass das Aufsichtsrechts hier einen wirksamen Hebel für die Umsetzung der Politikziele im Bereich Nachhaltigkeit bilden kann.[43]

3.3 Wandel durch aktuelle Ereignisse

Zuletzt soll dargestellt werden, wie der Wandel in Form aktueller Ereignisse den Bereich (IT-)Outsourcing im Bankensektor beeinflussen kann.

3.3.1 SARS-CoV-2-Pandemie

Als besonders dramatisches Ereignis ist hier die Ausbreitung des SARS-CoV-2-Virus anzuführen, welche sich Anfang 2020 in kürzester Zeit zu einer Pandemie entwickelte (so genannte „Corona-Krise"). Als Gegenmaßnahme wurde zur Eindämmung des Virus in vielen Ländern das private und öffentliche Leben fast vollständig heruntergefahren, was zu einer Krisensituation vor allem in den Bereichen Gesundheit, Wirtschaft und Soziales führte, die (teilweise) bis heute andauert. Eine der zahlreichen Auswirkungen dieser Krise zeigt sich darin, dass weltweit – sofern möglich und abhängig von der jeweiligen regionalen Krisensituation – die Menschen von zuhause aus arbeiten, so dass das Arbeiten im home office in kürzester Zeit einen immensen Anstieg zu verzeichnen hatte.[44]

3.3.2 (Potentielle) Auswirkungen auf IT-Outsourcing im Bankensektor

Gerade eine solche Situation ruft auch im Bereich des IT-Outsourcings im Bankensektor erhebliche Risiken hervor. Denn wenn IT-Dienstleister gezwungen sind, in kürzester Zeit ihre Mitarbeiter ins home office zu schicken, können ihre IT-Systeme dadurch schnell an ihre Belastungsgrenze kommen. Infolge drohen erhebliche Ausfallrisiken insbesondere für diejenigen Bankinstitute, die ihre IT-Funktionen an IT-Dienstleister auslagern, die nicht entsprechend vorbereitet sind. Dabei spielt oftmals auch der konkrete Standort des jeweiligen IT-Dienstleisters eine große Rolle. Denn zum Teil finden Auslagerungen von IT-Funktionen im Bankensektor auch an IT-Dienstleister statt, die beispielsweise in Schwellenländern sitzen, so dass nicht jeder Arbeitnehmer des Dienstleisters, der spontan ins home office

---

[43] In diesem Sinne *Osman*, Handelsblatt: Das Bafin-Merkblatt zu Nachhaltigkeitsrisiken ist nur der Anfang, v. 27.12.2019, https://www.handelsblatt.com/meinung/kommentare/ko mmentar-das-bafin-merkblatt-zu-nachhaltigkeitsrisiken-ist-nur-der-anfang/25365274.ht ml?ticket=ST-4554533-xOcBTlxNHAczlJhV9hc9-ap5 (abgerufen 27.6.2020).

[44] *Holdampf-Wendel/Pauly*, Bitkom: Homeoffice in Zeiten der Corona-Pandemie, https://www.bitkom.org/Themen/Corona/Homeoffice-in-Zeiten-der-Corona-Pandemie (abgerufen 27.6.2020).

geschickt werden muss, auf eine stabile Internet-Infrastruktur zurückgreifen kann.[45] Zudem werden gerade im Bankensektor häufig sensible (personenbezogene) Daten verarbeitet, so dass den Themen Datenschutz und Bankgeheimnis eine zentrale Stellung zukommt. Auch hier können sich durch den rasanten und ungeplanten home office-Anstieg diverse Risiken ergeben. Darüber hinaus ist zu berücksichtigen, dass als verstärkender Faktor bei einer weltweiten Krise – wie eben der Corona-Pandemie – hinzukommt, dass gegebenenfalls nicht nur ein Standort, sondern sämtliche Standorte des jeweiligen IT-Dienstleisters betroffen sein können.[46]

3.3.3 Reaktion der Aufsichtsbehörden

Daher verwundert es auch nicht, dass sich die Corona-Krise auch im Bereich (IT)-Outsourcing im Bankensektor niederschlug und die Aufsichtsbehörden sich gezwungen sahen, schnell mit entsprechenden Maßnahmen insbesondere auf die zahlreichen Anfragen von beaufsichtigen Instituten zu reagieren.[47] Interessant dürften in diesem Zusammenhang etwa die Ausführungen der BaFin zum Thema „Vereinbarkeit von Tätigkeiten außerhalb der Geschäftsräume und Regelungen zum Risikomanagement im Handelsbereich" sein. Hier sollen letztlich Spielräume geschaffen werden, um der krisenbedingt aufgezwungenen home office-Situation Rechnung zu tragen, ohne den Geschäftsbetrieb der beaufsichtigten Institute zu gefährden.[48]

3.3.4 Krisenbedingte Risikolage im Bankensektor im Kontext der Nachhaltigkeitsrisiken

Die Corona-Krise hat ein Ausmaß angenommen, mit dem die Wenigsten gerechnet haben. Nichtsdestotrotz lässt sich – unabhängig von den kurzfristig eingeleiteten Maßnahmen der Aufsichtsbehörden – für Szenarien wie der Corona-Krise durchaus ein Anknüpfungspunkt im Bereich IT-Outsourcing im Bankensektor finden. Dazu ist ein erneuter Blick auf das *„Merkblatt zum Umgang mit Nachhaltigkeitsrisiken"* der BaFin und die darin angeführten

---

[45] *Peer/Kapalschinski*, Handelsblatt: Ausgesperrte Billigarbeiter in Asien: Corona legt ausgelagerte Dienstleister lahm, v. 26.3.2020, https://www.handelsblatt.com/unternehmen/dien stleister/shared-service-ausgesperrte-billigarbeiter-in-asien-corona-legt-ausgelagerte-dien stleister-lahm/25677264.html?ticket=ST-4666549-5BgxDFGSFpIG42mb1WRL-ap5 (abgerufen 27.6.2020).

[46] Ebenda.

[47] Eine Übersicht über die Maßnahmen der Aufsichtsbehörden auch zum Thema Outsourcing liefern *Kunz/Neumann*, Noerr: Coronavirus erreicht den Finanzsektor – Handlungsbedarf für Institute, v. 3.4.2020, https://www.noerr.com/de/newsroom/news/coronavirus-erreicht-den-finanzsektor (abgerufen 27.6.2020).

[48] BaFin: Vereinbarkeit von Tätigkeiten außerhalb der Geschäftsräume und Regelungen zum Risikomanagement im Handelsbereich, v. 12.3.2020, https://www.bafin.de/SharedDocs/Veroeffentlichungen/DE/Meldung/2020/meldung_2020_03_12_corona_virus3_BA_Risik omanagement.html (abgerufen 27.6.2020).

„Nachhaltigkeitsrisiken" zu werfen. Denn wenn man die dargestellten (potentiellen) Auswirkungen der Corona-Krise betrachtet, dürfte es sich dabei durchaus um ein Ereignis handeln, welches die Bereiche Umwelt, Soziales und Unternehmensführung betrifft und daher die Vermögens-, Finanz- und Ertragslage sowie den Ruf des beaufsichtigten Bankinstituts negativ beeinflussen kann. Dies gilt umso mehr, wenn man sich etwa die durch die home office-Situation hervorgerufenen datenschutzrechtlichen Risiken betrachtet, die im BaFin-Merkblatt als konkretes Beispiel angeführt werden. Ferner werden mittelbar auch die Beispiele der „Arbeitssicherheit" und des „Gesundheitsschutzes"[49] tangiert, da die IT-Systeme der IT-Dienstleister so zu gestalten sind, dass sie auch kurzfristig ein umfassendes Arbeiten im home office zulassen, wenn dies zum Schutz der Gesundheit der Mitarbeiter erforderlich sein sollte. Vor diesem Hintergrund wird klar, dass es sich bei der Corona-Pandemie um einen „Testfall für die IT-Notfall-Szenarien von Banken und Finanzdienstleistern" handelt, der es erfordert, dass auch „im Falle einer Pandemie sichergestellt [ist], dass kritische Systeme weiter gewartet oder aktualisiert werden."[50]

3.3.5 Corona-Krise als konkretes Beispiel für Relevanz der Nachhaltigkeitsrisiken in der Praxis des IT-Outsourcings im Bankensektor

Somit ist die Corona-Krise ein konkretes Beispiel dafür, wie schnell die zuvor eher als allgemein empfundenen Nachhaltigkeitsrisiken in der Praxis relevant werden können. Vor diesem Hintergrund sollten diejenigen Bankinstitute, die hier gegebenenfalls Nachholbedarf haben, unmittelbar damit beginnen, ihre externen IT-Dienstleister auf ihre Leistungsfähigkeit im Notfall hin zu überprüfen. Dabei ist es essentiell, eindeutige Regelungen im Vertrag zu integrieren, um sicherzustellen, dass auslagerndes Institut und IT-Dienstleister „ein gemeinsames Verständnis (...) über Inhalt und Umfang, Rollen und Rechte beider Parteien" haben.[51]

4   Fazit und Ausblick

Insgesamt zeigen die Ausführungen die Komplexität, welche der Thematik IT-Outsourcing im Bankensektor aufgrund der vielfältigen Beeinflussungsfaktoren innewohnt. Der Wandel kann sich dabei insbesondere in Form des

---

[49] BaFin: Merkblatt zum Umgang mit Nachhaltigkeitsrisiken, v. 20.12.2019/13.1.2020, https ://www.bafin.de/SharedDocs/Downloads/DE/Merkblatt/dl_mb_Nachhaltigkeitsrisiken. html (abgerufen 27.6.2020), S. 13.

[50] *Witzel*, LinkedIn: Notfall-Management beim (IT-)Outsourcing, v. 10.6.2020, https://www. linkedin.com/pulse/notfall-management-beim-it-outsourcing-michaela-witzel/?trackingI d=Deu27OjwQPmAc1l7bBlj8w%3D%3D (abgerufen 27.6.2020).

[51] Ebenda.

technischen Fortschritts, politischer Entwicklungen, aber auch von Ereignissen wie der Corona-Krise vollziehen. Dabei können gegebenenfalls zuvor eher stiefmütterlich behandelte Aspekte, wie die Sicherstellung der Leistungsfähigkeit des externen IT-Dienstleisters während einer Pandemie-Situation, in kürzester Zeit enorm an Bedeutung gewinnen. Für die Parteien des IT-Outsourcings ist es daher besonders wichtig, ein Bewusstsein für die Vielfältigkeit der Beeinflussungsfaktoren und die damit verbundenen Probleme zu entwickeln und diese gerade bei der Umsetzung des IT-Notfallmanagements sorgfältig zu bearbeiten. Dabei ist zu berücksichtigen, dass – gerade durch die Corona- Krise beschleunigt – in der Zukunft die Nachfrage im Bereich IT-Outsourcing im Bankensektor weiter ansteigen dürfte. Dies gilt vor allem für Auslagerungen an innovative IT-Angebote etwa im Bereich „Künstliche Intelligenz" und „Automatisierungstechnik", da diese eine gewisse Krisenfestigkeit versprechen.[52]

Literatur

Auer-Reinsdorff, Astrid/Conrad, Isabell (Hrsg.): Handbuch IT- und Datenschutzrecht, 3. Aufl., München 2019.

Borges, Georg/Meents, Jan Geert (Hrsg.): Cloud Computing – Rechtshandbuch, München 2016.

Bräutigam, Peter (Hrsg.): IT-Outsourcing und Cloud-Computing, 4. Aufl., Berlin 2019.

Dahmen, Lennart: Auslagerungen an Cloud-Dienste – Voraussetzungen und Beschränkungen durch neues BaFin Merkblatt, BKR 2019, S. 533-540.

Frisse, Florian/Glaßl, Ramón/Baranowski, Anne/Duwald, Lisa: Unternehmenssicherheit bei *Banken* – IT-Sicherheit, Know-how Schutz, Datensicherheit und Datenschutz, BKR 2018, S. 177-184.

Mann, Marius E.: Vertragsgestaltung beim IT-Outsourcing – Besonderheiten und Fallstricke, MMR 2012, S. 499-502.

Weth, Stephan/Herberger, Maximilian/Wächter, Michael/Sorge, Christoph (Hrsg.): Daten- und Persönlichkeitsschutz im Arbeitsverhältnis, 2. Aufl., München 2019.

---

[52] *Peer/Kapalschinski*, Handelsblatt: Ausgesperrte Billigarbeiter in Asien: Corona legt ausgelagerte Dienstleister lahm, v. 26.3.2020, https://www.handelsblatt.com/unternehmen/dienstleister/shared-service-ausgesperrte-billigarbeiter-in-asien-corona-legt-ausgelagerte-dienstleister-lahm/25677264.html?ticket=ST-4666549-5BgxDFGSFpIG42mb1WRL-ap5 (abgerufen 27.6.2020).

UPDATE IT-VERTRAGSRECHT[1]

RAin Anna Dold, LL.M./Wiss. Mit. Charlotte Berg

White & Case LLP, Frankfurt/M.
anna.dold@whitecase.com/charlotte.berg@whitecase.com

Zusammenfassung

Der vorliegende Beitrag gibt einen Überblick über die Rechtsentwicklung auf dem Gebiet des IT-Vertragsrechts in den Jahren 2019/2020. Der Schwerpunkt des Beitrags liegt hierbei auf der bis zum 1.1.2022 von den Mitgliedstaaten umzusetzenden Richtlinie über digitale Inhalte und digitale Dienstleistungen (EU 2019/770) sowie der Richtlinie über bestimmte vertragsrechtliche Aspekte des Warenkaufs (EU 2019/771). Das weitere Augenmerk wird auf der Entwicklung der Rechtsprechung im Gebiet „Legal Tech" sowie auf der Darstellung ausgewählter Urteile zur Schadensberechnung im Bereich des Urheberrechts liegen.

1 Europäische Rechtsentwicklung: Stärkung des Verbraucherschutzes und der Wettbewerbsfähigkeit

Während die Vision eines gemeinsamen europäischen Kaufrechts bisher noch nicht erfolgreich umgesetzt werden konnte, konnten die Mitgliedstaaten sich nun zumindest auf eine Vereinheitlichung bestimmter vertragsrechtlicher Aspekte des Warenkaufs sowie auf entsprechende Regelungen für den Bereich der digitalen Waren und Dienstleistungen in Form von zwei neuen Richtlinien verständigen. Beide Richtlinien sind auf Verbraucherverträge anwendbar und haben weitestgehend voll-harmonisierenden Charakter. Der Verbraucherschutz soll durch Rechtssicherheit und Zugangsmöglichkeiten zu Waren und Dienstleistungen gerade im grenzüberschreitenden Rechtsverkehr gestärkt werden, während der Binnenmarkt von der Reduktion von Transaktionskosten und Vereinfachung des digitalen Verkehrs profitieren soll, ErwG 2 Richtlinie über die Bereitstellung digitaler Inhalte und digitaler Dienstleistungen EU 2019/770 (DID-RL).

1.1 Richtlinie über die Bereitstellung digitaler Inhalte und digitaler Dienstleistungen (EU 2019/770)

1.1.1 Allgemeines und Anwendungsbereich

Die DID-RL ist am 11.6.2019 in Kraft getreten und muss bis zum 1.1.2022 von den Mitgliedstaaten in nationales Recht umgesetzt werden. Ihr Anwendungsbereich umfasst Verbraucherverträge über die Bereitstellung digitaler

---

[1] Besonderer Dank gilt Herrn Dr. Detlev Gabel, der die Autoren bei der Abfassung dieses Beitrags insbesondere durch wertvolle Anregungen unterstützt hat.

Inhalte oder digitaler Dienstleistungen, Art. 1 DID-RL. Die Richtlinie findet insbesondere Anwendung auf körperliche Datenträger, die als Träger digitaler Inhalte dienen. Sie gilt allerdings nicht für sonstige Waren, die digitale Inhalte oder digitale Dienstleistungen enthalten oder mit ihnen verbunden sind und auf Grundlage eines Kaufvertrages bereitgestellt werden. Bereichsausnahmen sind nach Art. 3 Abs. 5 DID-RL unter anderem für telemedizinische Dienstleistungen, Tele-Finanzdienstleistungen und sog. Open-Source Software vorgesehen.

Der Gesetzgeber hat darauf verzichtet, einen besonderen Vertragstyp über digitale Inhalte bzw. Dienstleistungen zu schaffen. Vielmehr grenzt er hinsichtlich der einzelnen Regelungen zwischen Dauerschuldverhältnissen und einmaliger Leistungserbringung ab. Die Regelungen der Richtlinie gelten zusätzlich zu anderen Verbraucherrechten; diesbezüglich hat die Richtlinie keinen abschließenden Charakter.

Besonders hervorzuheben ist die Tatsache, dass der europäische Gesetzgeber mit der Richtlinie auch explizit Fälle erfasst, in denen Daten des Verbrauchers als Entgelt gesehen werden. Eine Gegenleistung des Verbrauchers liegt immer dann vor, wenn die Daten nicht lediglich zur Durchführung des jeweiligen Vertrages von dem Unternehmer verwendet werden (Art. 3 Abs. 1 und Abs. 2 DID-RL).

1.1.2 Leistungspflichten und Mängelbegriff

Sofern nichts anderes vereinbart ist, hat der Unternehmer dem Verbraucher die Vertragsleistung gemäß Art. 5 Abs. 1 DID-RL nach dem Vertragsschluss *unverzüglich* bereitzustellen. Dies erscheint im Anbetracht der Natur digitaler Leistungen sachgerecht. Selbstredend hat der Unternehmer die Leistung auch *vertragsgemäß* bereitzustellen. Hierbei wird die Vertragsmäßigkeit durch den Mangelbegriff der Art. 7 und 8 DID-RL bestimmt. Dieser folgt sowohl subjektiven als auch objektiven Kriterien. Es kommt also nicht, wie im deutschen Recht bisher grundsätzlich der Fall,[2] nur auf die Vereinbarung zwischen dem Verbraucher und dem Unternehmer an, sondern die Leistung muss zusätzlich objektiven Anforderungen genügen. Diese sind:

- Zweckeignung, also die Eignung der digitalen Inhalte und Dienstleistungen für die erwartbare Nutzung;

- Bereitstellung in mittlerer Art und Güte, also die Beschaffenheit der digitalen Inhalte und Leistungen, wie sie bei Verträgen derselben Art üblich sind;

---

[2] Vgl. den Mangelbegriff nach § 434 BGB.

- Verfügbarkeit von Annex, also allem Zubehör und Anleitungen, die der Verbraucher vernünftiger Weise erwarten darf;
- Übereinstimmung der Leistung mit einer durch den Unternehmer zur Verfügung gestellten Testversion.

Abweichungen hiervon sind nur möglich, wenn der Verbraucher dies ausdrücklich und gesondert akzeptiert hat, Art 8 Abs. 5 DID-RL. Hierzu eignen sich in der Praxis aktive und eindeutige Handlungen des Verbrauchers, wie das Anklicken einer Checkbox oder eines Buttons.[3] Ein Hinweis in den Allgemeinen Geschäftsbedingungen genügt nicht. Inwieweit die Rechtspraxis von der Möglichkeit der Abweichung Gebrauch machen wird, bleibt abzuwarten.

Hinsichtlich der Beweislast bei Mängeln unterscheidet der europäische Gesetzgeber zwischen Dauerschuldverhältnissen und einer einmaligen Leistungserbringung. Bei Dauerschuldverhältnissen trägt der Anbieter gemäß Art 12 Abs. 3 DID-RL während des gesamten Zeitraums des Vertrages die Beweislast dafür, dass die Leistung in vertragsmäßigem Zustand ist. Bei einer einmaligen Leistung dagegen liegt die Beweislast bis zu 12 Monaten nach Gefahrenübergang beim Anbieter. Das deutsche Recht schreibt hierfür beim Verbrauchsgüterkauf bislang eine Frist von sechs Monate vor, § 476 BGB, so dass der deutsche Gesetzgeber diese Regelung zumindest hinsichtlich digitaler Inhalte und Leistungen anpassen muss. Weist der Anbieter nach, dass die digitale Umgebung des Verbrauchers mit der Dienstleistung inkompatibel ist und er den Verbraucher auf diesen Umstand hingewiesen hat, findet die Beweislastumkehr insoweit keine Anwendung. Zudem obliegt dem Verbraucher eine Kooperationspflicht nach Art. 12 Abs. 5 DID-RL, soweit eine entsprechende Unterstützung des Verbrauchers zur Feststellung der Vertragswidrigkeit des Inhaltes notwendig und möglich ist. Kommt er dieser nicht nach, dreht sich die Beweislast zu seinen Lasten um.

Bei nicht erfolgter Bereitstellung der Leistung muss der Verbraucher dem Anbieter zunächst die Möglichkeit zur zweiten Andienung gewähren. Kommt der Unternehmer dieser Aufforderung nicht unverzüglich nach, so kann der Verbraucher den Vertrag beenden. Diese Regelung entstammt wohl der Überlegung, dass es in der Natur digitaler Inhalte liegt, dass diese als rein elektronische Produkte unerschöpflich vorhanden sind und daher sofort bereitgestellt werden können.[4]

---

[3] *Spindler/Sein*, MMR 2019, S. 488 (489).

[4] *Ehle/Kreß*, CR 2019, S. 723 (726).

Die Rechtsbehelfe bei Vertragswidrigkeit folgen der Grundstruktur der bereits bestehenden Rechtslage. So muss der Verbraucher zunächst Nacherfüllung verlangen, bevor er weitere Rechtsbehelfe wie Rücktritt oder Beendigung des Vertrages geltend machen kann. Die Leistungsverweigerungsgründe des Unternehmers entsprechen dabei im Wesentlichen denen im deutschen Recht. Dem deutschen Juristen wird die Regelung, dass der Verbraucher bei Unmöglichkeit der Herstellung des vertragsgemäßen Zustandes oder im Falle einer schwerwiegenden Pflichtverletzung seine Rechte sofort ausüben kann, in Anbetracht von §§ 323 Abs. 2, 324 BGB ebenfalls bekannt vorkommen. Hierbei wird der Begriff der schwerwiegenden Pflichtverletzung jedoch eng auszulegen sein und primär Fälle, in denen das Integritätsinteresse des Verbrauchers betroffen ist, erfassen. So wird als Beispiel einer schwerwiegenden Pflichtverletzung in ErwG 65 DID-RL der Fall beschrieben, in dem eine Antivirensoftware selbst von einem Virus betroffen ist und der Verbraucher deshalb das Vertrauen in die Fähigkeit des Unternehmers verliert. Anders liegt der Fall bei Dauerschuldverhältnissen. Treten kleinere Mängel derartig häufig auf, dass sie in der Gesamtbetrachtung eine erhebliche Pflichtverletzung darstellen, ist der Verbraucher ebenfalls zur Beendigung ohne Fristsetzung/Nachbesserung berechtigt.[5] Diese Abhilfen sind jedoch nicht abschließend. So steht es den Mitgliedstaaten explizit frei, eigene Regelungen hinsichtlich des Schadensersatzes zu erlassen sowie Zurückbehaltungsrechte des Verbrauchers zu regeln.

1.1.3 Folgen bei Beendigung des Vertrages

Übt der Verbraucher sein Recht zur Beendigung des Vertrages aus, so sind Verbraucher und Anbieter zur Rückabwicklung des Vertrages verpflichtet. Diese richtet sich nach Artt. 16 f. DID-RL. Der Unternehmer hat dem Verbraucher diejenigen Zahlungen zurückzuerstatten, die der Verbraucher als Gegenleistung getätigt hat. Bei Dauerverträgen sind diese anteilig für den Zeitraum zu berechnen, in denen die Leistung mangelhaft war.

Bei einmaligen Leistungen birgt diese Regelung jedoch eine Missbrauchsgefahr zu Lasten des Unternehmers. Der Verbraucher ist hinsichtlich der Anzeige von Mängeln nicht fristgebunden. Es besteht daher die Möglichkeit, dass der Verbraucher den Mangel erkennt, den digitalen Inhalt weiterhin nutzt bis es ihm nicht mehr opportun erscheint und daraufhin den Vertrag unter Anzeige des Mangels beenden möchte. Kommt der Unternehmer seiner Nachbesserungspflicht dann nicht unverzüglich nach, kann der Verbraucher den Vertrag beenden und sein Entgelt zurückfordern, sodass er den digitalen Inhalt entgeltlos genutzt hätte. Das Fehlen einer Entschädigungspflicht für tatsächliche Nutzung entsprechend § 346 Abs. 1 BGB

---

[5] *Spindler/Sein*, MMR 2019, S. 488 (491).

könnte auf ein Redaktions-versehen zurückzuführen sein oder ein Druckmittel seitens des europäischen Gesetzgebers darstellen, die Unternehmer dazu zu veranlassen, ihren Nachbesserungspflichten nachzukommen. Weiterhin ist der Anbieter gemäß Art. 16 Abs. 2 DID-RL dazu verpflichtet, seinen Pflichten aus der DSGVO nachzukommen, wie der Löschung von personenbezogenen Daten und deren Herausgabe auf Verlangen. Fraglich bleibt jedoch, welches Verhältnis diese Regelung zwischen Vertragsrecht und Datenschutzrecht statuiert, insbesondere ob die Pflichten der DSGVO zu originären Vertragspflichten werden. Dies spielt im Hinblick auf den Vertrieb von Leistungen Dritter durch den Anbieter eine Rolle, wenn die Leistungen dem Dritten erlauben, Daten des Verbrauchers für eigene Zwecke zu sammeln. In diesem Fall wäre fraglich, ob der Anbieter dazu verpflichtet ist, die Bestimmungen der DSGVO einzuhalten bzw. für deren Einhaltung durch den Dritten zu sorgen, wie es bei einer originären Vertragspflicht der Fall wäre.[6]

1.1.4 Updatepflicht zur Beseitigung von Vertragswidrigkeiten

Der Unternehmer ist gemäß Art. 8 Abs. 2 DID-RL dazu verpflichtet, Aktualisierungen zum Erhalt der Vertragsmäßigkeit seiner Leistung bereitzustellen und den Verbraucher hierüber zu informieren. Auch hierbei ist zwischen der Natur des Schuldverhältnisses zu differenzieren. Handelt es sich um ein Dauerschuldverhältnis, ist der Unternehmer dazu verpflichtet, Aktualisierungen über den gesamten Zeitraum zur Verfügung zu stellen. Handelt es sich um eine einmalige Bereitstellung, ist der Unternehmer dazu verpflichtet, solange Aktualisierungen vorzunehmen, wie der Verbraucher es aufgrund der Art/des Zwecks des digitalen Inhaltes/der digitalen Dienstleistung und unter Berücksichtigung aller Umstände erwarten kann. Der erste Fall ist im deutschen Recht bereits im Mietrecht geregelt. Nach § 535 Abs. 1 S. 2 BGB hat der Vermieter die Sache stets in vertragsgemäßem Zustand zu erhalten. Eine gesetzgeberische Herausforderung wird jedoch die Regelung einer Aktualisierungspflicht bei einmaligen Schuldverhältnissen sein. Diese kann nicht zwangsläufig aus einem Nacherfüllungsanspruch hergeleitet werden. Zudem ist die Aktualisierungspflicht gerade nicht fristgebunden, sondern in dem Rahmen, den ein vernünftiger Verbraucher erwarten kann, durchzuführen. Dies bietet weder dem Verbraucher noch dem Unternehmer die nötige Rechtssicherheit. Zwar kann der deutsche Gesetzgeber dem entgegenwirken, indem er konkrete gesetzliche Vorgaben erlässt, jedoch wäre damit in Anbetracht des vollharmonisierenden Charakters der Richtlinie das Risiko der Unanwendbarkeit einer solchen Regelung verbunden. Dem Unternehmer wird daher anzuraten sein, die Aktualisierungspflichten möglichst genau vertraglich festzulegen. Im Übrigen bleibt

---

[6] Ebenda, S. 492.

zu hoffen, dass eine Konkretisierung durch die Rechtsprechung erfolgen wird.

Zudem ist fraglich, welche Leistungspflichten Art. 8 Abs. 2 DID-RL genau statuiert. Problematisch ist einerseits, über welchen Zeitraum hinweg der Unternehmer bei einmalig zur Verfügung gestellten Inhalten („Kauf") dazu verpflichtet ist, für veraltete Versionen weiterhin Systemumgebungen sowie Sicherheitsupdates zur Verfügung zu stellen. Hierdurch wird nämlich eine weitgehende nachvertragliche Leistungspflicht des Unternehmers begründet, die insbesondere die Kostenkalkulation schwierig gestaltet.[7] Somit besteht die Gefahr, dass Unternehmer zukünftig Updates nur in Verbindung mit Wartungs- und Supportverträgen zur Verfügung stellen und einmalige Bereitstellungen nicht mehr anbieten. Diese Verträge würden dann als Dauerschuldverhältnisse nach Art. 8 Abs. 2 lit. a DID-RL zu beurteilen sein, sodass die Aktualisierungspflicht mit der Beendigung des Wartungs-/Supportvertrages endet.

Andererseits ist unklar, welchen Umfang die nachvertragliche Leistungspflicht statuiert. Ob eine Produktaktualisierung unter die Aktualisierungspflicht fällt, sollte jeweils nach der konkreten Zielrichtung der Aktualisierung bewertet werden. Im Hinblick auf den Umfang der Aktualisierungspflicht erscheint es sinnvoll danach zu unterscheiden, ob es sich bei der Aktualisierung um eine (notwendige) Verbesserung des aktuellen Produktes handelt (Update) oder um ein neues Produkt an sich (Upgrade). Bei der Einführung neuer Funktionen dürfte es sich insoweit nicht mehr um eine reine Aktualisierung, sondern bereits um ein neues Produkt handeln. Die genauen Bezeichnungen durch den Unternehmer selbst dürften insoweit unschädlich sein. Seitens des Unternehmers ist zu beachten, dass es für ihn möglich ist, die Haftung für unentgeltliche Updates auf Vorsatz und grobe Fahrlässigkeit zu beschränken.[8]

Der Verbraucher seinerseits ist nicht dazu verpflichtet, die bereitgestellten Updates zu installieren. Allerdings kann der Verbraucher gemäß Art. 8 Abs. 5 DID-RL keine Gewährleistungsrechte geltend machen, wenn er das Update nicht in einem angemessenen Zeitraum installiert hat, vorausgesetzt der Unternehmer hat ihn auf den Verlust seiner Gewährleistungsrechte aufmerksam gemacht. Nach deutschem Recht dürfte zudem ein Mitverschulden nach § 254 BGB die Ansprüche des Verbrauchers mindern.

---

[7] *Ehle/Kreß*, CR 2019, S. 723 (728).

[8] Ähnliche Regelungen enthält das deutsche Recht für die unentgeltliche Leihe und die Schenkung, vgl. §§ 521, 559 BGB.

1.1.5 Leistungsmodifikation

Gemäß § 308 Nr. 4 BGB sind AGB-Klauseln, in denen sich der Unternehmer vorbehält, später die Leistung einseitig zu verändern, in der Regel unwirksam. In Hinblick auf die Bereitstellung digitaler Inhalte erscheint dies nur bedingt sachgerecht. Die DID-RL verfolgt mit Art. 19 den Ansatz, es Anbietern digitaler Inhalte zu erleichtern, bei Dauerschuldverhältnissen den Inhalt nachträglich zu ändern. Die Voraussetzungen sind dabei ein ausdrücklicher vertraglicher Vorbehalt einer solchen Änderung, ein triftiger Grund zur Änderung, ein Ausschluss von Kosten zu Lasten des Verbrauchers und Transparenz ihm gegenüber bei Durchführung der Änderung. Fraglich bleibt allerdings, was unter einem triftigen Grund für die Änderung zu verstehen ist. Möglicherweise wird dies durch den Gesetzgeber bei der Umsetzung oder durch die Rechtsprechung konkretisiert werden. Bei mehr als einer nur geringfügigen Beeinträchtigung stehen dem Verbraucher Kündigungsrechte nach Art. 19 Abs. 2 DID-RL zu, wobei in der Praxis die Frage, welche Änderung mehr als nur geringfügig ist, wohl schwierig zu beurteilen sein wird. Dem Unternehmer wird anzuraten sein, bei Änderungen die Vorschriften großzügig zu beachten.

1.1.6 „User generated content"

„User generated content" beschreibt die Inhalte, die der Verbraucher bei bzw. zur Nutzung des digitalen Inhaltes oder der digitalen Dienstleistung selbst einbringt. Besonders praktische Relevanz hat dies in Hinblick auf soziale Netzwerke, wenn der Verbraucher Bilder o.ä. hochlädt. Nach aktueller Rechtslage lassen sich die meisten Anbieter unbegrenzte Nutzungsrechte einräumen, insbesondere das Recht, den Inhalt des Verbrauchers auch nach Beendigung des Vertragsverhältnisses zu nutzen.[9] Dies dürfte mit der DID-RL hinfällig werden. Nach Art. 16 DID-RL ist der Anbieter zukünftig verpflichtet, diese Inhalte zu löschen, sofern keine Ausnahme des (wohl wenig praxisrelevanten) Absatz 3 vorliegt, die u.a. dann eine weitere Verwendung erlauben, wenn die Daten außerhalb des vom Unternehmer zur Verfügung gestellten digitalen Inhaltes keinen Nutzen haben.[10]

1.1.7 Weiterer Anpassungsbedarf im deutschen Recht

Die Richtlinie selbst trifft keinerlei Regelungen hinsichtlich der Beendigungsmöglichkeiten des Vertrages durch den Anbieter. Dies zu regeln bleibt den Mitgliedstaaten überlassen. Ebenso sieht die Richtlinie nach ErwG 14 und 15 eine Öffnungsklausel und Zurückbehaltungsrechte sowie

---

[9] So stimmt ein Nutzer von Wikipedia beispielsweise zu, seine Inhalte unwiderrufbar zu lizensieren, vgl. Nr. 7 lit. e) der Nutzungsbedingungen von Wikipedia. https://foundation .wikimedia.org/wiki/Terms_of_Use/de (abgerufen am 30.6.2020).

[10] Zu den näheren Voraussetzungen siehe *Ehle/Kreß*, CR 2019, S. 723 (730).

Rechtsfolgen bei Nichtleistung aufgrund höherer Gewalt vor. Die Mitgliedstaaten können zudem über mögliche Verjährungsfristen entscheiden, wobei die Richtlinie eine Mindestfrist von zwei Jahren bei einmaligen Leistungen und eine Gewährung über den gesamten Zeitraum bei Dauerschuldverhältnissen vorsieht. Auch steht dem Verbraucher zukünftig bei Mängeln kein Selbstvornahmerecht zu. Dieses ist jedoch bereits jetzt wenig praktisch relevant, sodass der Ausschluss desselbigen kaum Auswirkungen haben dürfte.

1.2 Richtlinie über bestimmte vertragliche Aspekte des Warenkaufs (EU 2019/771)

Die sogenannte „Warenkauf-Richtlinie" (im Folgenden: WK-RL) ist ebenfalls am 11.6.2019 in Kraft getreten und soll, wie die DID-RL, bis zum 1.1.2022 von den Mitgliedstaaten umgesetzt werden. Unter anderem ersetzt die WK-RL die Regelungen der Verbrauchsgüterkaufrichtlinie (RL 1999/44/EG des Europäischen Parlaments und des Rates vom 25.5. 1999 zu bestimmten Aspekten des Verbrauchsgüterkaufs und der Garantien für Verbrauchsgüter). Auch in der WK-RL steht nach ErwG 5 der Verbraucherschutz im digitalen Binnenmarkt im Mittelpunkt sowie die Stärkung des elektronischen Handels innerhalb desselben. Alle Wirtschaftsteilnehmer sollen dazu ermutigt werden, das volle Potential des EU-Binnenmarktes auszunutzen, indem ein reibungsloser Zugang zum digitalen Warenverkehr gewährt wird. Die Überschneidung der gesetzgeberischen Intentionen der beiden Richtlinien ist nicht zu übersehen. Es ist daher auch wenig überraschend, dass beide Richtlinien in einem Paket gemeinsam verabschiedet wurden.

1.2.1 Anwendungsbereich

Die Richtlinie ist nach Art. 3 WK-RL auf Kaufverträge zwischen einem Unternehmer und einem Verbraucher anzuwenden.[11] Kaufverträge sind dabei solche Verträge, bei denen der Verkäufer dem Verbraucher das Eigentum an Waren überträgt oder die Übertragung verspricht und der Verbraucher im Gegenzug dafür einen Kaufpreis zahlt bzw. die Zahlung eines solchen verspricht.[12] Mögliche Überschneidungen zur DID-RL ergeben sich dann, wenn es sich bei dem Kaufgegenstand um einen digitalen Inhalt handelt

---

[11] Im Wortlaut des Art. 3 Abs. 1 WK-RL findet die Richtlinie Anwendung auf *Kaufverträge zwischen einem Verbraucher und einem Verkäufer.* Dies ist wohl ein Redaktionsversehen, nach Art. 2 Nr. 2 WK-RL handelt es sich bei dem Verkäufer inhaltlich um einen Unternehmer. Vgl. auch die Ausführungen in *Kupfer/Weiß*, VuR 2020, S. 95 (96).

[12] Diese Formulierung trägt den nationalen Trennungs- und Abstraktionsprinzipien Rechnung. Eine Ausdehnung auf das Sachrecht und damit auf die Eigentumsverhältnisse war vom europäischen Gesetzgeber nicht beabsichtigt, sodass die Beendigungstatbestände nicht auf die sachenrechtliche Ebene ausgeweitet werden sollen.

oder um ein Produkt, das mit einem digitalen Inhalt verbunden ist. In diesem Fall ist fraglich, welchem Regelungsregime der Vertrag unterworfen ist.

Auf Verträge über die Bereitstellung von digitalen Inhalten oder digitalen Dienstleistungen findet grundsätzlich die DID-RL Anwendung. Dies gilt allerdings nicht für den Kauf von Waren mit digitalen Inhalten, also bewegliche körperliche Gegenstände, die in einer Weise digitale Inhalte oder Dienstleistungen enthalten bzw. mit ihnen verbunden sind, dass die Waren ihre Funktionen ohne diese digitalen Inhalte oder digitalen Dienstleistungen nicht erfüllen können. Solche Waren sind ausdrücklich vom Anwendungsbereich der WK-RL erfasst und fallen nicht unter die DID-RL. Eine Rückausnahme wird für körperliche Datenträger, die lediglich als Träger digitaler Inhalte dienen, statuiert. Auf solche körperlichen Datenträger findet wiederum ausschließlich die DID-RL Anwendung. Der Anwendungsbereich der beiden Richtlinien schließt sich damit grundsätzlich aus.[13]

1.2.2 Einzelne Bestimmungen

Ähnlich der DID-RL wird die Vertragsmäßigkeit nach subjektiven und objektiven Kriterien bestimmt, Art. 6 und 7 WK-RL, wobei zusätzlich das Kriterium der Haltbarkeit für die Mangelfreiheit der Kaufsache relevant ist. Ein Mangel liegt demnach vor, wenn die erforderlichen Funktionen oder ihre Leistung bei normaler Verwendung nicht beibehalten wird. Hieraus könnte eine zeitliche Verschiebung des Gewährleistungsrechts resultieren. Es erscheint zumindest denkbar, dass die erwartbare Haltbarkeit für bestimmte Waren über zwei Jahren liegt und der Verkäufer somit deutlich länger haftbar gemacht werden könnte. Im Ergebnis unterliegt der Verkäufer damit einer sehr viel längeren Gewährleistung, sodass einige Autoren von einer „Haltbarkeitsgarantie" des Verkäufers sprechen.[14] Die parallelen Problematiken zu Art. 8 Abs. 2 DID-RL sind unverkennbar, da auch die Aktualisierungspflicht bei Kauf eines digitalen Inhaltes über den Gewährleistungszeitraum von mindestens zwei Jahren hinausgehen kann. Die Haftungsregelungen sowie Rechtsbehelfe entsprechen im Wesentlichen denen der DID-RL.

1.3 Fazit der Gesetzgebung

Insbesondere die DID-RL wird zu einigen Änderungen des Status quos im deutschen Recht führen. Hervorzuheben sind hierbei die Aktualisierungspflicht der Unternehmer und das damit verbundene Risiko einer weitergehenden Haftung sowie die Tatsache, dass Daten, die der Verbraucher den

---

[13] So auch *Kupfer/Weiß*, VuR 2020, S. 95.

[14] Ebenda, S. 97.

Anbietern digitaler Inhalte und Dienstleistungen „kostenlos" zur Verfügung stellt, künftig als Gegenleistung angesehen werden können. Dies reflektiert den kommerziellen Wert von Daten und ist aus Sicht des Verbraucherschutzes grundsätzlich positiv zu bewerten. Jedoch ist fraglich, ob die von der Richtlinie vorgesehenen Rechtsbehelfe in diesem Fall auch hinreichend sind, da insbesondere die Rückerstattungspflicht des Unternehmers sich in Art. 16 Abs. 1 DID-RL auf „Beträge", also Geldbeträge, beschränkt. Dem Verbraucher bleibt insoweit nur die Beendigung des Vertrages. Derzeit liegt noch kein konkreter Umsetzungsvorschlag der Richtlinien durch den deutschen Gesetzgeber vor. Wie der Gesetzgeber auf die Herausforderung der gesetzlichen Regelung von Verträgen digitaler Natur reagieren wird, bleibt abzuwarten und wird sicherlich von der Fachwelt mit großer Spannung erwartet.

2 Legal Tech

Ein Themengebiet, das die Rechtsprechung im letzten Jahr beschäftigte, sind Rechtsfragen rund um das Thema „Legal Tech". Hierbei kamen Gerichte zu unterschiedlichen Ergebnissen, je nach Ausprägung der juristischen Dienstleistung, die Gegenstand des Verfahrens war. Als Legal Tech werden juristische Dienstleistungen mit Hilfe von hochspezialisierter Software und/oder künstlicher Intelligenz bezeichnet. Die Leistungen reichen von juristischen Datenbanken wie beck.online und digitalen Dokumentenanalysetools bis hin zur automatisierten Erstellung von Rechtsdokumenten und zur Implementierung automatischer Prozesse.[15] Insbesondere bei häufig auftretenden Fallkonstellationen wie dem Mietrecht oder der Geltendmachung von Fluggastrechten tritt Legal Tech oft mit der Arbeit herkömmlicher Rechtsanwälte in Konkurrenz. Dass diese Möglichkeit besteht, ist nicht selbstverständlich. Denn nach der Bundesrechtsanwaltsordnung und dem Rechtsdienstleistungsgesetz ist genau geregelt, wer Rechtsdienstleistungen erbringen und Mandanten gerichtlich und außergerichtlich vertreten darf.

2.1 smartlaw[16]

Im Fall des Verlagsanbieters Wolters Kluwe Deutschland GmbH, der seinen inhaltlichen Schwerpunkt auf Recht, Wirtschaft und Steuern legt, und der einen digitalen Generator „smartlaw" für Rechtsdokumente anbietet, hat die Hamburger Rechtsanwaltskammer auf Unterlassung geklagt, da der Vertragsgenerator ihrer Ansicht nach gegen das Rechtsdienstleistungsgesetz verstoße. Das LG Köln hat den Unterlassungsanspruch aus §§ 3, 3a, 8

---

[15] *Meul/Morschhäuser*, CR 2020, S. 101.

[16] LG Köln, Urt. v. 8.10.2019 – 33 O 35/19, MMR 2019, 56.

Abs. 1 und 3 Nr. 2 UWG in Verbindung mit § 3 RDG bejaht und die Beklagte zur Unterlassung verurteilt. Das Urteil des LG Köln wurde im Rahmen des Berufungsverfahren vor dem OLG Köln aufgehoben.

2.1.1 Sachverhalt

Das Geschäftsmodell der Firma Wolters Kluwe Deutschland GmbH ist es, Kunden die Erstellung von Verträgen oder sonstigen rechtlichen Dokumenten mithilfe eines „Vertragsgenerators" zu ermöglichen. Dabei wird der Kunde zur Beantwortung bestimmter Fragen aufgefordert, die das Programm verwertet, um daraus einen individuell auf den Kunden zugeschnittenen Vertrag zur Verfügung zu stellen. In den AGB war klargestellt, dass das Unternehmen keine Rechtsberatung anbiete, sondern *ausschließlich Vertragsleistungen zu Rechtsthemen*. Die Rechtsanwaltskammer Hamburg erhob daraufhin gegen die Wolters Kluwe Deutschland GmbH Klage vor dem LG Köln, es zukünftig zu unterlassen, *geschäftlich handelnd, entgeltlich und selbstständig Dritten gegenüber ohne entsprechende Erlaubnis außergerichtliche Rechtsdienstleistungen zu erbringen, anzubieten und/oder zu bewerben.* Damit verstoße die Wolters Kluwe Deutschland GmbH gegen §§ 2, 3 RDG, nach denen außergerichtliche Rechtsdienstleistungen nur in besonderen, von Gesetzen vorgesehenen Fällen erlaubt seien. Die Wolters Kluwe Deutschland GmbH argumentierte dagegen, es handle sich bei ihrem Vertragsgenerator nicht um eine Rechtsdienstleistung, sondern um eine Kompilation von Dokumenten, wie sie auch bei einem EDV-basierten Steuererklärungsprogramm vorkomme. Damit sei die Dienstleistung als Verlagsleistung zu Rechtsthemen zu qualifizieren.

2.1.2 Erstinstanzliches Urt. des LG Köln

Das LG Köln gab der Klage mit Urteil vom 8.10.2019 statt. Zur Begründung führte es aus, dass es sich bei der Dokumentenerstellung mithilfe eines Vertragsgenerators um eine erlaubnispflichtige Rechtsdienstleistung handle. Eine „Tätigkeit" im Sinne des § 2 RDG erfordere nicht zwingend eine menschliche Interaktion, sie könne auch dann vorliegen, wenn die Leistung rein auf IT-Basis erbracht werde. Es käme alleine auf den Inhalt der Beratung an, nicht auf den technischen Rahmen.[17] Der Unterschied zu einer Formularsammlung aus einer juristischen Datenbank (und damit zu der von der Wolters Kluwe Deutschland GmbH so bezeichneten „Verlagsleistung") sei zudem, dass die Vertragsdokumente stark individualisiert seien und durch die Beantwortung einer Vielzahl von Fragen durch den Kunden konkret auf den Sachverhalt zugeschnitten sei, während bei einer Formularsammlung der Rechtsuchende die Transferleistung, nämlich das Suchen, das richtige Einordnen und das Überführen der Textbausteine in

---

[17] LG Köln, Urt. v. 8.10.2019 – 33 O 35/19, MMR 2020, 56 (57).

den Vertragstext selbst erbringen müsse.[18] Zudem erfordere die Erstellung eines individuellen Vertrags die Prüfung eines Einzelfalls. Dass diese zeitlich auf den Zeitpunkt der Softwareprogrammierung vorverlagert sei, sei unschädlich. Vielmehr sei entscheidend, dass auch die Verkehrsanschauung aufgrund der Vermarktung und der Zielgruppe eine individuelle rechtliche Prüfung erwarte.[19] Schließlich läge der Regelungszweck des RDG gerade darin, den Rechtsuchenden, den Rechtsverkehr und die Rechtsordnung vor unqualifizierten Rechtsdienstleistungen zu schützen, sodass der Begriff der Rechtsdienstleistung weit auszulegen sei.[20] Wolters Kluwe Deutschland GmbH erbringe damit eine rechtsberatende Tätigkeit, die nach § 3 RDG einem Erlaubnisvorbehalt unterliegt. Eine Erlaubnis, wie sie § 5 RDG bzw. §§ 6-8, 10 RDG vorsehen, kämen im vorliegenden Fall nicht in Betracht. Dem Unterlassungsanspruch sei somit stattzugeben.

2.1.3 Berufungsurteil des OLG Köln[21]

Das OLG Köln schloss sich der Rechtsauffassung des LG Köln in seinem kürzlich gefällten Urteil nicht an und hob dieses auf. Dies begründete es damit, dass das Programm erkennbar für den Nutzer auf eine Vielzahl von Fällen ausgelegt sei und die erforderliche Tätigkeit im Einzelfall – der Transfer des konkreten Sachverhalt in den Fragebogen – durch den Nutzer und damit in eigener Angelegenheit erfolge.[22] Zudem gebiete die Neugestaltung des Rechts bei einer zunehmenden Verrechtlichung des Alltags unter Beachtung der Deregulierung und Liberalisierung des Marktes eine Beschränkung des Verbots aus §§ 2, 3 RDG auf Fälle echter Rechtsanwendung. Eine solche läge unter Beachtung verfassungs- und europarechtlicher Vorgaben dann vor, wenn die Rechtsberatung einen juristischen Subsumptionsvorgang voraussetzt. Ansonsten werde die Berufsfreiheit von Legal-Tech Anbietern zu sehr eingeschränkt.[23] Zudem betonte das Gericht unabhängig von dem vorliegenden Fall, dass es bereits an einer Rechtsdienstleistung fehlen würde, wenn eine Handlung zwar die Kenntnis und Anwendung von Rechtsnormen erfordere, die Subsumption aber auch für juristische Laien so selbstverständlich sei, dass sie kein besonderes rechtliches Wissen voraussetze. Insgesamt sollte zukünftig bei allen Tätigkeiten zudem vorrangig zu prüfen sein, ob die rechtliche Tätigkeit einem konkreten

---

[18] Ebenda.

[19] Ebenda, S. 58.

[20] Ebenda.

[21] OLG Köln, Urt. v. 19.6.2020 – 6 U 263/19, GRUR-RS 2020, 13088.

[22] Ebenda, Rz. 18.

[23] Ebenda, Rz. 23 f.

Lebenssachverhalt insgesamt untergeordnet sei und damit als Nebentätigkeit nach § 5 Abs. 1 RDG zulässig sei oder ob die juristische Tätigkeit die Leistung bestimmend präge und sie damit Anwälten vorbehalten bleibe.

Hinsichtlich des Erfordernisses der Prüfung eines Einzelfalls stimmte das OLG der vorherigen Instanz darin zu, dass die Wahl des Kommunikationsmittels nicht entscheidend sein könne. Allerdings müsse der Kunde zu erkennen geben, dass er die rechtlichen Auswirkungen seines Geschäftes nicht überblickt und den Dritten gerade mit dem Ziel einschalte, den in Frage stehenden Sachverhalt rechtlich prüfen zu lassen oder sich über rechtliche Folgen aufklären zu lassen.[24] Auch der Frage, ob es sich um eine konkrete fremde Angelegenheit handle, widmete sich das OLG intensiv. Hierbei sei in Anbetracht der Gesetzesbegründung entscheidend, ob es sich um eine wirkliche, sachverhaltsbezogene Rechtsfrage einer bestimmten, um Rat suchenden Person handle. Dabei hob es hervor, dass das Programmieren und das Zurverfügungstellen der Software aufgrund der Abstraktheit noch keinen Sachverhaltsbezug habe. Daran ändere auch der Umfang des Programmes nichts. Die Anwendung auf den konkreten Einzelfall erfolge erst durch den Nutzer und daher nicht in „fremder" Angelegenheit.[25] Zudem führte es aus, dass der Schutz des Rechtsuchenden gerade nicht verkürzt, sondern im Gegenteil verlängert werde. Denn eine anwaltliche Vertretung sei bei der Erstellung von Rechtsdokumenten nicht erforderlich. Ein übersichtlich gestalteter Dokumentengenerator stelle für viele Nutzer eine „attraktive Hilfestellung" dar, die ohnehin keine anwaltliche Beratung in Anspruch genommen hätten und würde daher den Verbraucher tendenziell schützen. Im Hinblick auf neue Berufsbilder sei das RDG daher auf Fälle echter Rechtsanwendung zu beschränken.[26] Eine Revision ließ das OLG zu.

2.2 wenigermiete.de[27]

2.2.1 Sachverhalt

Anders als im Falle von smartlaw gestaltet sich die Fallkonstellation im Urteil des VIII. Zivilrechtssenats vom 27.11.2019. Hierbei beauftragt der Kunde, der einen Anspruch gegen seinen Vermieter auf Rückzahlung überzahlter Miete im Zusammenhang mit der „Mietpreisbremse" hat, den Anbieter „wenigermiete.de" unter Abtretung seiner Ansprüche mit deren (gerichtlichen) Durchsetzung. Im Gegenzug dafür erhält der Anbieter bei Erfolg dreißig Prozent des Anspruches. Bei der gerichtlichen Durchsetzung

---

[24] Ebenda, Rz. 46 f.

[25] Ebenda, Rz. 62.

[26] Ebenda, Rz. 66.

[27] BGH, Urt. v. 27.11.2019 – VIII ZR 285/18, NZM 2020, 26.

der Ansprüche stellte das LG Berlin fest, dass die Klägerin, wenigermiete.de, keine Aktivlegitimation zur Durchsetzung der Forderung habe, da die Rechtsberatung, die wenigermiete.de im Vorfeld der Inkassoleistung erbracht hatte, dem Umfang der Rechtsberatung übersteige, der nach § 2 Abs. 2 S. 1 RDG Inkassounternehmen erlaubt sei. Dabei stützte es seine Rechtsauffassung vor allem darauf, dass die rechtsberatende Tätigkeit, nämlich die Prüfung, ob der Anspruch des Mieters gegen den Vermieter auf Rückzahlung besteht, vor Beauftragung der Inkassozession stattfinde.[28] Da der Abschluss nicht zwingend sei, müssten die beiden Leistungen auch getrennt voneinander betrachtet werden. Dies sei insbesondere aufgrund der Tatsache der Fall, dass die Geschäftspraxis der Klägerin darauf ausgelegt sei, Kunden mit einer „kostenlosen" Prüfung ihrer Ansprüche zu akquirieren.[29] Da die Klägerin somit die Forderung unter einem Verstoß gegen § 2 Abs. 1, 3, 5, 10 RDG erworben habe, sei die Abtretung nach § 134 BGB nichtig.

2.2.2 Urteil

Der BGH schloss sich der Rechtsauffassung des LG Berlin nicht an, hob das Urteil insoweit auf und verwies es zur Neuverhandlung zurück ans LG Berlin. Dabei betonte er, dass sich die Erlaubnis zur Rechtsberatung noch nicht pauschal aus der Tatsache ergebe, dass es sich bei der Klägerin um eine nach § 10 RDG registrierte Inkassodienstleisterin handle. Vielmehr müsse im Einzelfall konkret geprüft werden, ob die von der Klägerin durchgeführte Tätigkeit noch unter den Begriff der Inkassodienstleistung falle. Der BGH betonte, dass es sich bei der Bereitstellung des Onlineformulars zur Ermittlung des Mietpreises in Relation zum Mietspiegel noch nicht um eine Rechtsberatung handelt, sondern vielmehr um einen schlichten Datenabgleich.[30] Die rechtliche Auswertung der Angaben diene als Anspruchserfassung der Vorbereitung zum Abschluss eines Inkassovertrags. Auch die Auffassung des LG Berlin, dass der Abtretung entgegenstünde, dass für das Entstehen der Forderung noch die Erhebung einer qualifizierten Rüge nach § 556g BGB vorliegen muss, teilt der BGH nicht. Insbesondere sei die Abtretung einer zukünftigen Forderung nach § 398 BGB zulässig; Voraussetzung sei lediglich, dass die Forderung wie vorliegend bestimmbar sein. Eine ausführliche Begutachtung widmet der BGH noch der Tatsache, dass das Geschäftsmodell von wenigermiete.de auf einem Erfolgshonorar basiert, der Zedent also bei Unterliegen im Rechtsstreit von allen Kosten freigestellt wird und das rechtliche Risiko bei dem Inkassodienstleister liegt.

---

[28] LG Berlin, Urt. v. 28.8.2018 – 63 S 1/18, BeckRS 2018, 19885, Rz. 28.

[29] Ebenda, Rz. 29 ff.

[30] BGH, Urt. v. 27.11.2019 – VIII ZR 285/18, NZM 2020, 26 (43 f.).

Dies ist bei einem Berufsanwalt undenkbar. Trotz des Umstandes, dass dieses Modell von der normalen Inkassotätigkeit abweicht, will der BGH die Tätigkeit von wenigermiete.de noch unter die Inkassoleistung fassen und auch keinen Konflikt hinsichtlich § 4 RDG erkennen. Er betont dabei besonders, dass der Rechtsverkehr durch das Erfordernis der Registrierung des Inkassodienstleisters geschützt werde und dieser auch eine Berufshaftpflicht vorhalten müsse. Die Rechte des Kunden werden hierbei nicht verkürzt, sondern das Geschäftsmodell sei gerade darauf ausgelegt, die Rechte der Kunden überhaupt erst geltend zu machen, sodass ein Verstoß gegen den Schutzzweck des RDG nicht vorliege.

Das vorliegende Urteil ist mit einem Umfang von 99 Seiten außergewöhnlich ausführlich. Es ist hierbei anzunehmen, dass der VIII. Zivilsenat „eine Grundsatzentscheidung für die deutsche Rechtsgeschichte" treffen wollte.[31]

2.3 Fazit

Legal Tech spielt gerade im Verbraucherrecht eine immer größere Rolle, da es in diesen Fallkonstellationen häufig um geringe Beträge geht, bei denen viele Verbraucher die Inanspruchnahme eines Rechtsanwaltes scheuen. Es ist zu erwarten, dass Rechtsberatungstätigkeiten von Inkassodienstleistungen bei Klagen weiter an Bedeutung gewinnen werden. Den Anbieter von Legal Tech kommt dabei der unbestreitbare Wettbewerbsvorteil zu Gute, nicht an das anwaltliche Berufsrecht gebunden zu sein und so beispielsweise durch die Vereinbarung eines Erfolgshonorars auf potentielle Kunden attraktiver zu wirken als herkömmliche Anwälte. Beide Urteile haben aber auch gezeigt, dass es bei der Beurteilung der Frage, ob die automatisierte Dienstleistung nach dem RDG zulässig ist, entscheidend auf die rechtliche Ausgestaltung des Dienstleisters ankommt. So argumentierte das LG Köln, dass eine wesentliche Gefahr für den Rechtssuchenden davon ausginge, dass dieser von einem Verlag ohne zwangsläufige Qualifizierung und ohne finanzielle Absicherung wie einer Berufshaftpflichtversicherung Rechtsauskunft ersuche.[32] Auch der BGH war sich dieser Problematik bewusst und hat sich intensiv damit auseinandergesetzt, dass Inkassodienstleister einer Registrierungspflicht unterliegen, die den Rechtsverkehr schütze. Insgesamt wurden in beiden Verfahren zwar Kriterien für die Zulässigkeit einer außergerichtlichen Rechtsdienstleistung aufgestellt, dennoch herrscht bei Anwälten sowie Anbietern von Legal Tech weiterhin eine große Unsicherheit. Demnach verwundert es nicht, dass die Stimmen nach

---

[31] *Prütting*, ZIP 2020, S. 49 (51).

[32] LG Köln, Urt. v. 8.10.2019 – 33 O 35/19, MMR 2020, 56 (58).

einer gesetzlichen Konkretisierung von Legal Tech-Dienstleistungen stetig lauter werden.[33]

3 Weitere Entwicklungen der Rechtsprechung

3.1 Schadensersatzberechnung bei entgangenen Lizenzgebühren bei Webscraping[34]

Im vorliegenden Fall hielt die Klägerin, die einen Sanitärbedarfshandel betrieb, eine Datenbank mit etwa 200.000 Artikeln, inkl. einer Katalogisierung der Produkte und Bilder, vor, die über Jahre erstellt und gepflegt wurde. Diese Datenbank wurde durch die Beklagte, eine direkte Konkurrentin der Klägerin, ausgelesen und kopiert, um die Daten ihrerseits in ihrem Onlineshop zu verwenden. Unstreitig zwischen den Parteien war, dass die Kopie und Nutzung der Datenbanken eine Rechtsverletzung im Sinne des § 97 Abs. 1, Abs. 2 S. 1 UrhG darstellt, die die Beklagte künftig zu unterlassen habe. Daneben begehrte die Klägerin Schadensersatz in Höhe von EUR 396.901. Diesem Begehren gab die Vorinstanz nur teilweise statt, was zur Folge hatte, dass beide Parteien in Berufung gingen. Das OLG Köln gab der Berufung der Klägerin teilweise statt. Hierzu führte es aus, dass es sich bei der vorliegenden Sammlung von Produkten um eine Datenbank handle, die fortlaufend gepflegt und insbesondere aktualisiert werden müsse. Der wesentliche Kostenfaktor liegt hierbei in der Beschaffung von Daten Dritter sowie dem logistischen Aufwand hinsichtlich der Einspeisung in die Datenbank. Diese Datenbank ist ein geschütztes Gut, bei dem im Falle einer Verletzung wie vorliegend Schadensersatz verlangt werden kann. Die Höhe des Schadensersatzanspruches sei grundsätzlich daran zu berechnen, was ein vernünftiger Lizenzgeber gefordert und ein vernünftiger Lizenznehmer gewährt hätte. Dabei hat die Vorinstanz die fiktive Lizenzgebühr im Vergleich zu den geforderten Herstellungskosten deswegen gemindert, weil sie davon ausging, dass einfache Nutzungsrechte zugrunde zu legen seien. Dieser Annahme ist das OLG in seiner Entscheidung nicht gefolgt. Der Erstellungswert der Datenbanken müsse im Einzelfall dann berücksichtigt werden, wenn es sich, wie vorliegend, um eine Datenbank handle, die sich qualitativ deutlich von anderen Datenbanken abhebe und diese Datenbank durch die unmittelbare Konkurrenz verletzt würde. Im Falle einer Lizensierung der Datenbank an einen unmittelbaren Konkurrenten hätte ein vernünftiger Lizenzgeber eine höhere Gebühr gefordert. Zudem hätten vernünftige Parteien keine einfache Lizenz vereinbart, da diese der Beklagten nicht die Möglichkeit geboten hätte, die Daten auf ihre Bedürfnisse anzupassen, sodass die Annahme einer einfachen Lizenz keine Minderung der

---

[33] *Meul/Morschhäuser*, CR 2020, S. 101 (107).
[34] OLG Köln, Urt. v. 28.2.2020, 6 U 128/19, CR 2020, 311.

Gebühr rechtfertigen kann. Auch ist nicht zwangsläufig zu Gunsten der Beklagten von einer kurzfristigen Lizenz auszugehen. Vielmehr seien hier ebenfalls die Verkehrsgewohnheiten zu berücksichtigen, nach denen die Beklagte als Betreiberin eines Onlineshops nicht zeitnah nach Aufbau desselbigen die Strukturen erneut auf eigene Strukturen umgestellt hätte. Losgelöst vom vorliegenden Sachverhalt betonte das OLG, dass die Lizenzgebühr nicht zwangsläufig in Höhe der Erstellungskosten gedeckt sein müsse. Der sofortige Zugriff auf eine vollständige, ausgereifte und auf die Wünsche der jeweiligen Kunden zugeschnittene Datenbank sei nämlich kommerziell von höherem Wert als es eine eigene Erstellung der Datenbank durch den Lizenznehmer, da dieser die Datenbank sofort nutzbar machen könne.[35]

3.2 Schadensersatzberechnung bei Verstoß gegen eine Creative Commons Lizenz[36]

Der Kläger begehrte einen Schadensersatzanspruch in Höhe einer fiktiven Lizenzgebühr gegen den Beklagten, der, wie unstreitig festgestellt, mit der Nutzung eines Bildes des Beklagten gegen die Creative Commons Lisense „Attribution-Share 3.0 Unported" verstoßen hatte. Inhalt der Lizenz war dabei, dass der Kläger das Foto, das auf wikimedia.org frei zugänglich war, nur unter Nennung des Urhebers verwenden durfte. Dies war im vorliegenden Fall nur unzureichend geschehen. Das OLG Köln sah jedoch die Voraussetzungen für einen Schadensersatzanspruch des Klägers nicht als gegeben an. Hierzu müssten nach § 97 UrhG oder § 280 Abs. 1 BGB in Verbindung mit dem Lizenzvertrag die Bedingungen einer Lizenzanalogie vorliegen, nach dem der Verletzte das verlangen kann, was vernünftige Parteien beim Abschluss eines entsprechenden Vertrages als angemessene Lizenzgebühr vereinbart hätten. Vorliegend habe der Kläger jedoch gerade die Lizenz kostenlos zur kommerziellen Nutzung wie zur nicht-kommerziellen Nutzung zur Verfügung gestellt und auch keine anderweitigen Beweise dafür vorgetragen, weshalb er in diesem Fall (vorausgesetzt der Beklagte hätte sich an die Lizenzbedingungen gehalten), ausnahmsweise einen entgeltlichen Lizenzvertrag abgeschlossen hätte. Auch hinsichtlich eines Schadens des Beklagten aufgrund der unzureichenden Urhebernennung konnte das Gericht keinen wirtschaftlichen Wert erkennen, der aus der Namensnennung des Klägers gefolgt wäre. Im konkreten Fall hätte ein elektronischer Verweis des Fotos nur auf die Seite wikimedia.org geführt, sodass der bewirkte Werbewert für den Kläger als Berufsfotografen nicht ersichtlich sei. Dabei betonte das Gericht jedoch ausdrücklich, dass dies im Falle einer unmittelbaren Verlinkung auf die Angebotsseite des Urhebers,

---

[35] Ebenda, S. 314.

[36] OLG Köln, Urt. v. 13.4.2018 – 6 U 131/17, GRUR-RR 2018, 280.

der auf dieser gewerbliche Angebote vorhält, einer anderen rechtlichen Beurteilung unterliegen könne. Zudem betonte es, dass bei der Schadensberechnung das schadensrechtliche Bereicherungsverbot beachtet werden müsse. Der Kläger dürfe nicht bessergestellt werden, als hätte der Beklagte die Lizenzbedingungen nicht verletzt. Da kein Abschluss eines entgeltlichen Lizenzvertrages angenommen werden könne, kein weitergehender Schaden in Form von entgangenem Gewinn ersichtlich sei und im konkreten Fall die Nutzung des Fotos durch den Beklagten keine weite Verbreitung und keinen erhöhten Aufmerksamkeitswert hatte, sei der Schaden des Klägers mithin auf Null zu beziffern. Für die Praxis wird zukünftig zu beachten sein, dass das OLG Köln nicht die Rechtsverletzung, sondern im konkreten Fall den Schaden verneint hat. Wäre der Sachverhalt dergestalt gewesen, dass die Verlinkung für den Kläger eine Werbung dargestellt hätte, wäre es wohl anders ausgefallen.

3.3 Verstoß gegen Creative-Commons-Lizenz[37]

Ebenfalls mit Problematiken rund um die Creative-Commons-Lizenz beschäftigte sich das LG Frankfurt. Der Beklagte, der eine Website zur Durchsetzung von Ansprüchen von Fotografen betreibt, machte einen abgetretenen Schadenersatzanspruch aus Verletzung einer Creative Commons Lizenz geltend. Die Klägerin erhob dagegen negative Feststellungsklage, dass weder der Schadensersatzanspruch noch die vom Beklagten geltend gemachten Rechtsverfolgungskosten ersatzfähig seien. Der Verstoß gegen die Bedingungen der Creative Commons Lizenz, nämlich das Unterlassen der nach den Lizenzbedingungen erforderlichen Angaben (Kopie der bzw. URL zu den Lizenzbedingungen, Nennung des Bildtitels), war unstreitig zwischen den Parteien. Fraglich war lediglich, ob der Beklagte Schadensersatz fordern könne und wenn ja, in welcher Höhe. Hierbei führte das Gericht aus, dass der Beklagte die Fotografien kostenlos unter den Bedingungen der Lizenz anbiete und daher ein vernünftiger Lizenznehmer keine Lizenzgebühren gezahlt hätte.[38] Es könne daher nur das gefordert werden, was vernünftige Parteien bei Einräumung der Nutzungsrechte unter entsprechender Änderung der Lizenzbedingungen vereinbart hätten. Ein Schadenswert lasse sich im vorliegenden Fall jedoch nicht beziffern. Dabei gestand das Gericht zu, dass gerade im Kontext einer kommerziellen Nutzung ein Interesse an dem Ausschluss der entsprechenden Lizenzbedingungen bestehen könne, während der Lizenzgeber grundsätzlich ein Interesse an Werbung habe. Diese Bedingungen seien im vorliegenden Fall jedoch nicht erfüllt, insbesondere da die Klägerin zwar nicht die Kriterien an die Verlinkung des Urhebers erfüllt, allerdings seinen Namen genannt habe, sodass

---

[37] LG Frankfurt/M. Urt. v. 16.8.2018 – 2-03 O 32/17, MMR 2019, 407.

[38] Ebenda, S. 408.

ein Schaden des Fotografen, nicht bezifferbar sei. Das LG Frankfurt folgte damit dem Urteil des OLG Köln. Schadensersatzansprüche in Höhe der fiktiven Lizenzgebühren dürften demnach zukünftig die Ausnahme bleiben und auf Fälle beschränkt werden, in denen ein evidenter Verstoß gegen die Lizenz vorliegt und der kommerzielle Wert für die Befreiung von der Lizenz ebenfalls bezifferbar ist.

Literatur

Ehle, Kristina/Kreß, Stephan: Neues IT-Vertragsrecht für digitale Inhalte und Dienste gegenüber Verbrauchern. Subjektiv-Objektiver Mangelbegriff, Aktualisierungspflicht und Änderungsbefugnis, CR 2019, S. 723-731.

Jäschke, Marvin: LG Köln: Verbot des Betriebs von Vertragsgeneratoren ohne Anwaltszulassung, CR 2019, R124-R125.

Kupfer, Tim/Weiß, Johannes: Die Warenkaufrichtlinie – Schlussstein in der Harmonisierung des kaufrechtlichen Gewährleistungsrechts?, VuR 2020, S. 95-101.

Meul, Sebastian/Morschhäuser, Nikolaus: Legal Tech-Unternehmen im Fahrwasser der Inkassolizenz – wird die Ausnahme zur Regel? – Zugleich eine Besprechung des Urt. BGH v. 27.11.2019 – VIII ZR 285/18, CR 2020, S. 101-107.

Prütting, Hanns: Legal Tech vor den Toren der Anwaltschaft – Die Digitalisierung der Rechtsdienstleistungen. – Zugleich eine Besprechung des Urt. BGH v. 27.11.2019 – VIII ZR 285/18, ZIP 2020, S. 49-52.

Spindler, Gerald/Sein, Karin: Die Richtlinie über Verträge über digitale Inhalte, MMR 2019, S. 488-493.

UPDATE TELEKOMMUNIKATIONSRECHT

RA Dr. Gerd Kiparski, MBA,
Syndikusrechtsanwalt

Zusammenfassung

Das Jahr 2020 war im Telekommunikationsrecht geprägt von der umfassenden Novellierung des TKG. Mit der Vorlage des Telekommunikationsmodernisierungsgesetzes hat der Gesetzgeber Mitte 2020 seinen Gesetzesentwurf zur Umsetzung des europäischen TK-Kodex in deutsches Recht vorgelegt. Im Bereich der Telekommunikationsüberwachung hat das BVerfG in einer Entscheidung zur Auslandsüberwachung maßgebliche Grundsätze aufgestellt, die für eine Rechtmäßigkeit der Überwachung von Ausland-Ausland-TK-Überwachung vom Gesetzgerber einzuhalten sind. Das OLG Koblenz konnte sich gleich aus zwei Blickwinkeln heraus mit der sog. Routerfreiheit befassen und in einer weiteren Entscheidung Ausführungen zur Zulässigkeit der Werbung mit dem Begriff „LTE-Geschwindigkeit" machen. Das OLG Frankfurt/M. entschied einerseits zur Zulässigkeit der Androhung einer Anschlusssperre und zur speziellen Form der Androhung. Die BNetzA hat eine Allgemeinverfügung zum Bezahlen über die Mobilfunkrechnung getroffen und die Mobilfunkrufnummernportierungsentgelte festgelegt und dabei erheblich abgesenkt.

1 Deutsche TK-Gesetzgebung

1.1 Umfassende Novelle des TKG

Die Bundesregierung hat Anfang Juli 2020 einen Referentenentwurf für ein Telekommunikationsmodernisierungsgesetz (TKMoG-E) vorgelegt.[1] Mit dem TKMoG-E soll der europäische Kodex für die elektronische Kommunikation (TK-Kodex),[2] der zum 21.12.2018 in Kraft getreten ist, in nationales Recht umgesetzt werden. Der TK-Kodex modernisiert das europäische TK-Recht grundlegend und hat die bisherigen vier Richtlinien, die den

---

[1] Die nachfolgenden Ausführungen und Fundstellen basieren auf einem im Vorfeld der offiziellen Verbändeanhörung bekannt gemachten Entwurf des TKModG: https://netzpolitik .org/2020/so-soll-das-recht-auf-schnelle-internetanschluesse-aussehen/#TKMoG-Referentenentwurf (letzter Abruf 27.6.2020).

[2] RL (EU) 2018/1972 v. 11.12.2018 über den europäischen Kodex für die elektronische Kommunikation. Ausführlich zum TK-Kodex: *Kiparski*, CR 2019, S. 179, und *Sassenberg/ Mantz/Kiparski*, K&R 2019, S. 309 (314).

europäischen TK-Rechtsrahmen bildeten, ersetzt und in einer Richtlinie zusammengeführt.[3]

Wesentliche Neuerungen durch das TKModG-E sind einerseits die Ausweitung des subjektiven Anwendungsbereichs des TK-Rechts auch auf sog. *Over-the-Top* Anbieter (OTT-Anbieter),[4] die bisher nach der Rechtsprechung des EuGH nicht unter den Begriff der Telekommunikationsdienste in § 3 Nr. 24 TKG fielen.[5] Andererseits wird das TK-Datenschutzrecht, welches sich bisher im Teil 7 des TKG befand, aus dem TKG herausgelöst und in ein separates Telekommunikations- und Telemediendatenschutzgesetz überführt. Signifikante Änderungen erfährt auch der bisherige Teil 3 – Kundenschutz – des TKG. Hier müssen die Vorgaben des TK-Kodex gemäß Art. 101 Abs. 1 vollharmonisiert umgesetzt werden, und andererseits ist der deutsche Gesetzgeber versucht, eine Vielzahl von nationalen Sonderregelungen, wie beispielsweise die TKTransparenzV[6] beizubehalten und diese mit einem Recht auf Entstörung und umfangreichen Vertragsstrafenregelungen und einem Minderungsrecht weiter auszuweiten. Wesentliche Änderung außerhalb des TKG ist die Streichung des § 2 Nr. 15 BetrKV. Das hierin geregelte sogenannte Nebenkostenprivileg ermöglichte die Umlage der Kosten eines Breitband- und TV-Anschlusses auf den Mieter, so dass der Mieter gerade in größeren Mieteinheiten ihren TK-Anbieter faktisch nicht frei wählen konnten.[7]

Der TK-Kodex verpflichtet die Mitgliedstaaten in Art. 124 Abs. 1 die Vorgaben bis zum 21.12.2020 in nationales Recht umzusetzen. Aufgrund der

---

[3] Hierbei handelte es sich um die RL 2002/19/EG v. 7.3.2002 über den Zugang zu elektronischen Kommunikationsnetzen und zugehörigen Einrichtungen sowie deren Zusammenschaltung (Zugangsrichtlinie), die RL 2002/20/EG v. 7.3.2002 über die Genehmigung elektronischer Kommunikationsnetze und -dienste (Genehmigungsrichtlinie), die RL 2002/21/EG v. 7.3.2002 über einen gemeinsamen Rechtsrahmen für elektronische Kommunikationsnetze und -dienste (Rahmenrichtlinie) und die RL 2002/22/EG 7.3.2002 über den Universaldienst und Nutzerrechte bei elektronischen Kommunikationsnetzen und -diensten (Universaldienstrichtlinie).

[4] Dies geschieht durch eine Ausweitung der Definition in § 3 Nr. 53 TKModG-E durch Aufnahme von „interpersonellen Telekommunikationsdiensten".

[5] Siehe EuGH, Urt. v. 5.6.2019 – C-142/18, CR 2019, 466 – Skype, und EuGH, Urt. v. 13.6. 2019 – C-193/18, CR 2019, 464 – Gmail. Ausführlich hierzu *Kiparski*, CR 2019, S. 460, und *Kiparski*, Update Telekommunikationsrecht, in: Taeger, Die Macht der Daten und der Algorithmen, S. 809 (809 f.).

[5] VO zur Förderung der Transparenz auf dem Telekommunikationsmarkt v. 19.12.2016 (BGBl. I S. 2977).

[7] Kritisch zum Nebenkostenprivileg *Busch/Riewerts*, K&R 2017, S. 769 ff.

Komplexität des Vorhabens und der Auswirkungen der COVID-19-Pandemie steht zu erwarten, dass sich die gesetzgeberische Umsetzung noch bis in der Jahr 2021 erstrecken wird.

1.1.1 Gesetzliche Informationspflichten

Das deutsche TK-Recht kennt bisher bereits umfangreiche Informationspflichten. Diese ergeben sich einerseits aus der TKTransparenzV, insbesondere das Produktinformationsblatt gem. § 1 TKTransparenzV, auf welche Verbraucher gem. § 2 Abs. 2 TKTransparenzV vor Vertragsschluss hingewiesen werden müssen und andererseits aus § 43b TKG, der vertragliche Pflichtinformationen vorgibt.

Diese Informationspflichten werden in § 52 und § 53 TKModG-E erheblich ausgeweitet und die Bereitstellung der Informationen wird zeitlich deutlich vorverlagert. § 53 TKMoG-E verweist selbst auf Anhang VIII des TK-Kodex, der einen umfangreichen Informationskatalog beinhaltet. Die Informationen müssen nunmehr auch eine Aufklärung über Entschädigungs- und Erstattungsregelungen im Rahmen der §§ 55 bis 58 TKMoG-E beinhalten. Anhang VIII des TK-Kodex selbst verweist in Lit. B. III. auf Art. 4 Abs. 1 der TK-BinnenmarktV, womit die dort genannten Informationen, insbesondere die zur Down- und Upload-Geschwindigkeit des Internetzugangsdienstes anzugeben sind. Der TK-Anbieter muss also bereits zu diesem frühen Stadium konkrete Angaben über die Leistungsfähigkeit des Internetanschlusses machen.[8]

Die vorvertraglichen Informationen nach § 52 Abs. 1 TKMoG-E müssen nunmehr bereits erteilt werden, bevor der Verbraucher durch den Vertrag oder sein Vertragsangebot gebunden ist. Dies erfordert eine Informationserteilung bereits im Rahmen des Bestellprozesses.[9] Hierdurch sollen Endnutzer ihre Entscheidung in voller Sachkenntnis treffen können.[10]

1.1.2 Vertragszusammenfassung

Neu ist in § 52 Abs. 2 TKMoG-E auch die Verpflichtung, Verbrauchern vor Vertragsabschluss eine Vertragszusammenfassung zur Verfügung zu stellen. § 52 Abs. 2 TKMoG-E geht zurück auf Art. 102 Abs. 3 TK-Kodex. Die Vertragszusammenfassung ist ausweislich des Gesetzeswortlauts vor Ver-

---

[8] Wichtig ist hierbei auch, dass der TK-Anbieter Werte angeben muss, die den tatsächlichen Gegebenheiten entsprechen, unrealistisch niedrige Werte darf er nicht angeben, da er sich so seiner Pflicht, eine mangelfreie Leistung zu erbringen entziehen würde; HG Wien, Urt. v. 21.12.2018 – 44 Cg 31/18s; *Kiparski*, Update Telekommunikationsrecht, in: Taeger, Die Macht der Daten und der Algorithmen S. 809 (819).

[9] Siehe hierzu schon *Kiparski*, CR 2019, S. 179 (184).

[10] TKModG, Referentenentwurf, S. 252; Siehe auch ErwG 261 TK-Kodex.

tragsschluss kostenlos zur Verfügung zu stellen und nicht, wie die Informationen nach § 52 Abs. 1 TKModG, bereits bevor der Verbraucher durch ein Vertragsangebot gebunden ist.[11] Damit muss die Vertragszusammenfassung dem Kunden zur Verfügung gestellt werden, bevor ihm die Annahmeerklärung des TK-Anbieters zugeht.[12]

Die Vertragszusammenfassung ist ausweislich § 52 Abs. 2 TKMoG-E Wirksamkeitsvoraussetzung des Vertrages.[13] Erfolgt keine Bereitstellung der Vertragszusammenfassung vor Vertragsschluss, wird der Vertrag erst dann wirksam, wenn der Verbraucher nach Erhalt der Vertragszusammenfassung den Vertrag genehmigt.

Formvorgaben für die Vertragszusammenfassung enthält § 52 Abs. 2 TKMoG-E, anders als für die Informationspflichten nach § 52 Abs. 1 TKMoG-E, nicht. Auch die europäische Regelung des Art. 102 Abs. 3 TK-Kodex gibt keine bestimmte Form vor. Entgegen des Gesetzeswortlautes stellt der Gesetzgeber in der Gesetzesbegründung die Anforderung auf, die Vertragszusammenfassung sei auf einem dauerhaften Datenträger oder in Form eines Dokumentes, z.B. in Papierform oder per Email zur Verfügung zu stellen. Eine mündliche Vertragszusammenfassung genüge nicht.[14] Ebenfalls müsse eine spätere Genehmigung in Textform erfolgen.[15] Mit diesen Formerfordernissen geht der Gesetzgeber hinsichtlich der Formvorgabe für die Vertragszusammenfassung über den eigenen Gesetzeswortlaut, als auch über die Vorgaben von Art. 102 Abs. 2 TK-Kodex hinaus.[16]

Der Inhalt und die Gestaltung der Vertragszusammenfassung ergibt sich aus den Vorgaben der DurchführungsV (EU) 2019/2243, die gemäß § 52 Abs. 2 TKMoG-E einzuhalten sind. Gemäß den europäischen Vorgaben soll Vertragszusammenfassung eine DIN A4 und bei Bündelangeboten, die mehrere Leistungen umfassen, drei DIN A4 Seiten nicht überschreiten.[17]

1.1.3 Vertragslaufzeit und Pflicht zur Tarifberatung

Auch im TKModG ist in § 54 Abs. 1 eine an die bisherige Laufzeitregelung in § 43b TKG angelehnte Regelung enthalten. § 54 Abs. 1 TKModG-E legt

---

[11] *Kiparski*, CR 2019, S. 179 (185).

[12] *Kiparski*, CR 2019, S. 179 (185).

[13] TKModG, Referentenentwurf, S. 252.

[14] TKModG, Referentenentwurf, S. 252.

[15] TKModG, Referentenentwurf, S. 252; Auch BEREC, BoR (19) 163, Rn. 39 sieht keine besondere Form für die Genehmigung.

[16] Diese überschießende Umsetzung wird gegen den Grundsatz der Vollharmonisierung in Art. 101 Abs. 1 TK-Kodex verstoßen.

[17] Durchführungsverordnung (EU) 2019/2243, Art. 2 Abs. 1.

die maximale anfängliche Höchstlaufzeit von TK-Verträgen wie bereits bisher § 43b TKG auf 24 Monate fest. Neu ist, dass das TKModG-E gemäß den Vorgaben des Art. 105 Abs. 3 TK-Kodex nun auch eine Regelung zur Verlängerung und zu Kündigungsfristen von TK-Verträgen enthält. Nach § 55 Abs. 3 TKModG-E können weiterhin stillschweigende Verlängerungen eines TK-Vertrages nach Ablauf der initialen Mindestvertragslaufzeit vereinbart werden. In der Verlängerungsphase kann der TK-Vertrag aber jederzeit mit einer Frist von einem Monat gekündigt werden. Diese spezialgesetzlichen Laufzeitregelungen in § 54 Abs. 1 und in § 55 Abs. 3 TKModG-E gehen den allgemeinen Regelungen zur Vertragslaufzeit, zur automatischen Verlängerung und zur Kündigung in § 309 Nr. 9 BGB vor.[18] Vor einer automatischen Verlängerung müssen TK-Anbieter Verbraucher gemäß § 55 Abs. 3 S. 2 TKModG-E über das Ende der Mindestvertragslaufzeit auf einem dauerhaften Datenträger unterrichten und über die Möglichkeit der Vertragskündigung hinweisen.

Neu ist in § 55 Abs. 1 S. 5 TKModG-E eine explizite Tarifberatungspflicht für TK-Anbieter. Mindestens einmal pro Jahr müssen Anbieter Verbraucher über den besten Tarif beraten. Als für den Verbraucher besten Tarif sieht der Gesetzgeber denselben Tarif des Verbrauchers zu einem günstigeren Preis oder aber eine größere Leistung des TK-Anbieters zu demselben Preis an.[19] In der Gesetzesbegründung führt der Gesetzgeber aus, dass diese Tarifberatung auf einem dauerhaften Datenträger erfolgen müsse, mithin nicht telefonisch vorgenommen werden dürfe.[20] Ob der deutsche Gesetzgeber mit diesen Formvorgaben den europäische Art. 105 Abs. 3 S. 3 TK-Kodex, der keine Unterrichtung auf einem dauerhaften Datenträger vorsieht, richtlinienkonform umsetzt, darf bezweifelt werden.

Diese Tarifberatungspflicht beinhaltet denklogisch eine Werbepflicht gegenüber Verbrauchern, mithin auch gegenüber solchen, die Werbung nicht wünschen und eine gesetzliche Erlaubnis zur Verarbeitung der personenbezogenen Daten der Verbraucher zu Werbezwecken.

1.1.4 Spezialgesetzliche Regelung zu Vertragsänderungen

TK-Anbieter erhalten in § 55 Abs. 1 und Abs. 2 TKModG-E erstmals ein einseitiges Vertragsänderungsrecht. Das Änderungsrecht setzt voraus, dass Verbrauchern mindestens einen Monat im Voraus die Vertragsänderungen auf einem dauerhaften Datenträger bekannt gegeben werden müssen, verbunden mit dem Hinweis, dass Verbraucher ihren Vertrag zum Zeitpunkt des Wirksamwerdens der Vertragsänderung kostenfrei kündigen können.

---

[18] TKModG, Referentenentwurf, S. 255.

[19] TKModG, Referentenentwurf, S. 254.

[20] TKModG, Referentenentwurf, S. 254.

Kein Kündigungsrecht haben Verbraucher nach § 55 Abs. 2 TKModG-E bei solchen Vertragsänderungen, die ausschließlich ihrem Vorteil, rein administrativer Art und ohne negative Auswirkungen auf den Verbraucher oder unmittelbar rechtlich vorgeschrieben sind.

Auch § 52 Abs. 3 TKModG-E trifft Regelungen zur Vertragsänderung, indem er vorschreibt, dass gewisse Vertragsbestandteile nur einvernehmlich geändert werden können. Dennoch geht das in § 55 Abs. 1 TKModG-E speziell geregelte Änderungsrecht der Regelung in § 52 Abs. 3 TKModG-E vor.[21] Anderenfalls wäre § 55 Abs. 1 und 2 TKModG-E funktionslost, da nach den Vorgaben des § 52 Abs. 3 TKModG-E nahezu alle Bestandteile des Vertrages, selbst die Firmierung und der Unternehmenssitz nur einvernehmlich geändert werden könnten.

1.1.5 Gesetzliches Minderungsrecht bei Schlechtleitung

Eine gänzlich neue Regelung ist das in § 55 Abs. 4 TKModG-E aufgenommene Minderungs- und Sonderkündigungsrecht des Verbrauchers bei vertraglicher Schlechtleistung des TK-Anbieters. Hierbei handelt es sich um keine Vorgabe des europäischen Richtliniengebers. Voraussetzung für das Minderungs- und Sonderkündigungsrecht ist bei Internetzugangsdiensten nach § 55 Abs. 4 Nr. 1 TKMoG-E eine erhebliche, kontinuierliche oder regelmäßig wiederkehrende Abweichung bei der Geschwindigkeit oder bei anderen Diensteparametern zwischen der tatsächlichen Leistung und der vom TK-Anbieter angegebenen Leistung. Wenn es sich nicht um einen Internetzugangsdienst handelt, sind Voraussetzungen des Minderungsrechts nach § 55 Abs. 4 Nr. 2 TKModG-E anhaltende oder häufig auftretende erhebliche Abweichungen zwischen der tatsächlichen und der im Vertrag angegebenen Leistung. Die Abweichungen müssen jeweils durch einen von der BNetzA bereitgestellten Überwachungsmechanismus ermittelt werden.

Die BNetzA hat die unbestimmten Rechtsbegriffe „erhebliche, kontinuierliche oder regelmäßig wiederkehrende Abweichung bei der Geschwindigkeit" bezüglich Festnetz-Breitbandanschlüsse definiert.[22] Zudem hat die BNetzA ein Mess-Tool für Festnetzbreitbandanschlüsse bereitgestellt, mit dem die genannten Parameter überprüft werden können.[23] Für Mobilfunk-Breitbandanschlüsse bestehen keine Begriffsdefinition und auch kein Mess-Tool. Daher läuft die aktuelle Regelung des § 55 Abs. 4 TKMoG-E für Mobilfunkanschlüsse ins Leere. Auch gibt es keine Festlegung der BNetzA und

---

[21] So ErwG 275 TK-Kodex, der vertragliche Bestandteile wie Entgelte, Tarife, Datenvolumen und Geschwindigkeit nennt, die aufgrund des Änderungsrechts angepasst werden können. Diese Parameter sind aber auch Bestandteil der vorvertraglichen Informationen und der Vertragszusammenfassung.

[22] BNetzA, Mitteilung Nr. 485/2017, ABl. Nr. 13/2017 v. 12.7.2017.

[23] Das BNetzA Mess-Tool findet sich unter: https://breitbandmessung.de/.

kein Mess-Mechanismus für andere TK-Dienste nach § 55 Abs. 4 Nr. 2 TKModG-E. Ein Minderungsrecht besteht hier für Verbraucher schon mangels eines Überwachungsmechanismus der BNetzA nicht.

Rechtsfolge bei nachgewiesener Schlechtleistung ist ein Minderungsrecht des Verbrauchers. Dieser kann den vereinbarten Preis in dem Verhältnis herabsetzen, in welchem die tatsächliche Leistung von der vertraglich vereinbarten Leistung abweicht. Anstatt des Minderungsrechts kann der Verbraucher auch den Vertrag nach § 314 BGB außerordentlich kündigen. Hinsichtlich des Verweises auf das außerordentliche Kündigungsrecht handelt es sich ausweislich der Gesetzesbegründung um einen Rechtsfolgenverweis auf § 314 BGB.[24]

Bei den üblichen Bündelprodukten kann das Minderungsrecht aber nur hinsichtlich des Entgeltes für den beeinträchtigten Dienstteil Anwendung finden. Da es sich bei TK-Verträgen um Dienstleistungsverträge handelt,[25] kann das Minderungsrecht selbst auch nur so lange bestehen, wie eine Schlechtleistung vorliegt.[26]

Bei der Frage, wer für die Schlechtleistung verantwortlich ist, müssen die Verantwortungsbereiche des Verbrauchers und des TK-Anbieters voneinander abgegrenzt werden. Für die Inhausverkabelung wird der TK-Anbieter in der Regel nicht mehr verantwortlich sein,[27] ebenso wenig für einen vom Verbraucher selbst bereitgestellten Router.[28]

1.1.6 Entstörungspflicht bei TK-Anschlüssen

Eine erhebliche Ausweitung erfährt das bisher in § 45b TKG geregelte Entstörungsrecht. Dies betraf bisher nur marktmächtige Unternehmen und wird nun in § 56 TKModG-E symmetrisch für alle TK-Anbieter ausgestaltet. Die Entstörpflicht betrifft sowohl Festnetz-, als auch Mobilfunkverträge.[29] Neu ist auch, dass TK-Anbieter einer Störung nicht mehr nur nachgehen müssen, wie bisher, sondern die Störung nach § 56 Abs. 1 TKModG-E auch beseitigen müssen.

---

[24] TKModG, Referentenentwurf, S. 255.

[25] BGH, Urt. v. 2.7.1998 – III ZR 287–97, NJW 1998, 3188; BGH, Urt. v. 23.3.2005 – III ZR 338/04, CR 2005, 816; BGH, Urt. v. 22.11.2001 – III ZR 5/01, NJW 2002, 361; *Schuster*, in: Spindler/Schuster, Recht der elektronischen Medien, § 307 BGB, Rn. 39.

[26] Dies sehen auch andere Vertragstypen vor, bspw. das Reiserecht in § 651m Abs. 1 BGB und das Mietrecht in § 536 Abs. 1 BGB.

[27] BGH, Urt. v. 5.12.2018 – VIII ZR 17/18, CR 2019, 125 (126); *Kiparski*, CR 2019, S. 126 (127).

[28] So § 69 Abs. 1 TKModG-E.

[29] TKModG, Referentenentwurf, S. 256.

Bei einem längeren störungsbedingten Totalausfall des TK-Dienstes greift nun gem. § 56 Abs. 2 TKModG-E eine pauschale Vertragsstrafenregelung zugunsten des Verbrauchers. Ab dem dritten Tag des Totalausfalls muss für jeden Tag eine Entschädigung gezahlt werden. Für den dritten und vierten Tag muss der TK-Anbieter eine Entschädigung von je 5 Euro oder aber 10 % des vertraglich vereinbarten Monatsentgeltes je Tag und ab dem fünften Tag 10 Euro oder aber 20 % des vereinbarten Monatsentgeltes je Tag zahlen, je nachdem welcher Betrag jeweils höher ist.[30] Keine Berücksichtigung finden bei dieser pauschalen Vertragsstrafenregelung in § 56 Abs. 2 TKModG-E vertraglich vereinbarte Verfügbarkeiten des Dienstes.[31]

Auch im Falle des versäumten Technikertermins fällt nun nach § 56 Abs. 3 TKModG-E eine Vertragsstrafe zugunsten des Verbrauchers an. Der TK-Anbieter muss für jeden von ihm versäumten Technikertermin 10 Euro oder 20 % des vereinbarten vertraglichen Monatsentgeltes zahlen, je nachdem welcher Betrag höher ist.

1.1.7 Anbieterwechsel und Rufnummernportierung

Größtenteils erhalten bleiben die Regelungen zum Anbieterwechsel des bisherigen § 46 TKG. Diese werden weiterstgehend in § 57 TKModG-E überführt. Eine wesentliche Änderung ist, dass sich das Entgelt für den TK-Anschluss in der Weiterversorgung nicht mehr bereits ab dem 1. Tag der Weiterversorgung um 50 % reduziert, sondern gem. § 57 Abs. 2 TKModG-E erst nach dem 11. Tag. Eine Reduzierung des Entgeltanspruchs um 50 % kann der abgebende TK-Anbieter dadurch abwenden, das er nachweist, die Verzögerung nicht zu vertreten zu haben. Auch diese Exkulpation ist neu. Zudem muss der aufnehmende Anbieter dem Verbraucher ab dem 11. Tag eine kostenfreie Stornierung des Vertrages anbieten, wenn dieser die Verzögerung zu vertreten hat.

Wird der TK-Dienst länger als einen Arbeitstag unterbrochen, steht dem Verbraucher gemäß § 57 Abs. 2 TKModG-E nun je Tag der Unterbrechung gerechnet ab dem zweiten Tag ein Entschädigungsanspruch in Höhe von 10 Euro oder 20 % des vertraglich vereinbarten Monatsentgeltes zu, je nachdem, welcher Betrag höher ist.

Wesentliche Änderung im Bereich der Rufnummernportierung in § 57 Abs. 3 bis 5 TKModG-E ist die Kostenfreiheit für den Endnutzer. Bereits Art. 106 Abs. 4 TK-Kodex legt fest, dass Endnutzern für die Rufnummern-

---

[30] In der Rechtsprechung wurden bisher 15 Euro pro Monat bei einem Ausfall angenommen: OLG Koblenz, Urt. v. 23.5.2016 – 12 U 476/15, MMR 2017, 194.

[31] Gewöhnlich sichern TK-Anbieter in ihren Leistungsbeschreibungen eine Verfügbarkeit von 97 % über das Kalenderjahr zu.

portierung keine direkten Entgelte berechnet werden dürfen. Nicht von dieser Regelung sind aber reine Markenwechsel umfasst, bei denen kein Anbieterwechsel stattfindet.

1.1.8 Umzug

Die Regelungen zum Umzug werden aus den bisherigen Regelungen zum Anbieterwechsel herausgelöst und in § 58 TKModG-E in einen eigenen Paragraphen überführt. Der Anspruch des Endkunden, seinen Anschluss ohne Änderungen der Vertragsbedingungen zum neuen Wohnort mitzunehmen,[32] bleibt in § 58 Abs. 1 TKModG-E erhalten.[33] Neu wird jedoch das Sonderkündigungsrecht des Endkunden im Falle des Umzugs in ein von seinem Anbieter nicht versorgtes Gebiet geregelt. Bisher stand dem Endkunden hier nach § 46 Abs. 8 TKG ein Sonderkündigungsrecht mit einer Frist von 3 Monaten zu, die nach Auszug zu laufen begann. Nunmehr legt § 58 Abs. 1 TKModG-E eine Frist von einem Monat zum Tage des Auszugs fest und trifft damit eine deutlich vorteilhafte Regelung für Verbraucher. Der TK-Anbieter erhält mithin keine Kompensation mehr vom Endkunden für die vorzeitige Vertragsbeendigung.[34] Die Regelungen zur Sonderkündigung sollen nunmehr auch für Mobilfunkverträge gelten, wenn ein Endnutzer ins Ausland umzieht.[35]

Die Aktivierung des Anschlusses muss nach dem Umzug an dem mit dem Verbraucher ausdrücklich vereinbarten Tag erfolgen. Für den Ausfall eines etwaigen Techniker-Termins, der im Rahmen des Umzuges erforderlich sein sollte, gilt die Vertragsstrafenregelung des § 56 Abs. 3 TKModG-E entsprechend, für einen längeren Anschlussausfall, sprich ein für den Kunden negatives Abweichen des Neubereitstellungstages vom vereinbarten Bereitstellungstag, gilt die Vertragsstrafenregelung des § 57 Abs. 2 S. 4 TKModG-E entsprechend.

1.1.9 Anschlusssperre

Auch die Regelung zur Anschlusssperre wegen Nichtzahlung durch den Endkunden, die bisher in § 45k TKG geregelt war, wird erheblich überarbeitet. § 45k TKG ist eine spezialgesetzliche Regelung des Zurückbehaltungsrechts der §§ 273 und 320 BGB[36] und sah einen Schwellwert von 75

---

[32] Siehe auch AG Kehl, Urt. v. 4.2.2013 – 5 C 441/12. CR 2013, 507.

[33] TKModG, Referentenentwurf, S. 258.

[34] Dies war der Grund für die bisherige 3-monatige Kündigungsfrist des § 46 Abs. 8 TKG: BT-Drs. 17/5707, S. 70.

[35] TKModG, Referentenentwurf, S. 258.

[36] *Kiparski*, in: BeckOK InfoMedienR, TKG, § 45k Rn. 4; *Sodtalbers*, in: Spindler/Schuster, TKG, § 45k Rn. 3.

Euro vor, ab dem eine Anschlusssperre des Telefonanschlusses wegen Zahlungsverzugs möglich war. Diesen Wert hebt der neue § 59 Abs. 4 TKModG-E nun auf 100 Euro an und sein Anwendungsbereich wir auf Internetzugangsdienste ausgedehnt. Zudem ist neu in den Normwortlaut aufgenommen worden, dass sich der rückständige Betrag aus „wiederholter Nichtzahlung" ergeben muss, mithin die Nichtzahlung nur einer Rechnung, die über dem Schwellwert liegt, nicht mehr ausreicht. In der Gesetzesbegründung geht der Gesetzgeber noch deutlich über den Gesetzeswortlaut hinaus, indem er feststellt, dass in die Berechnung der Höhe der rückständigen Forderungen nur diejenigen Forderungen für Verbindungsleistungen berücksichtigt werden können, nicht hingegen Forderungen aus Grundgebühren, Serviceentgelte oder Mahngebühren.[37] Da bei den aktuellen Flatrate-Tarifen neben den Grundgebühren kaum Verbindungsleistungen berechnet werden dürften, wäre TK-Anbietern eine Anschlusssperre wegen Zahlungsverzugs kaum noch möglich.

1.1.10 Angebotspakete

Erstmalig wird in das TKModG-E in § 64 eine Regelung zu Angebotspaketen aufgenommen, mit der der Gesetzgeber Art. 107 TK-Kodex sehr wortgetreu national umsetzt. Angebotspakete bestehen gemäß § 64 Abs. 1 TKModG-E aus mindestens einem Internetzugangsdienst oder einem öffentlich zugänglichen nummerngebundenen interpersonelle Kommunikationsdienst und weiteren Diensten oder Hardware. Alle Paketbestandteile müssen vom selben Anbieter auf Grundlage desselben Vertrages oder eines mit diesem eng zusammenhängenden oder verknüpften Vertrages bereitgestellt werden.[38] Zudem müssen alle Vertragsdienste und -gegenstände aufgrund eines einzigen Vertrages mit dem Verbraucher abgeschlossen werden oder aber aufgrund von separaten, aber eng zusammenhängenden oder verknüpften Verträgen. Hierbei wird sowohl ein enger inhaltlicher, als auch zeitlicher Zusammenhang erforderlich sein.[39]

Rechtsfolge des Vorliegens eines Angebotspaketes ist, dass auf sämtliche Bestandteile des Angebotspaketes die Regelungen über die Informationspflichten und die Vertragszusammenfassung in §§ 50 und 52 Abs. 2 TKModG-E Anwendung finden, als auch die Regelungen zur Vertragslaufzeit, Kündigung und zum Anbieterwechsel in §§ 54, 55 und 57 Abs. 1 TKModG-E.

---

[37] TKModG, Referentenentwurf, S. 259.

[38] TKModG, Referentenentwurf, S. 262.

[39] Siehe *Kiparski*, CR 2019, S. 179 (187).

2   Rechtsprechung

2.1   BVerfG: Auslandsüberwachung

Das BVerfG hat die derzeitige rechtliche Ausgestaltung der sogenannten „Ausland-Ausland-TK-Überwachung" im BNDG für unvereinbar mit dem Grundrecht des Telekommunikationsgeheimnisses nach Art. 10 Abs. 1 GG und der Pressefreiheit nach Art. 5 Abs. 1 S. 2 GG erklärt und dem Gesetzgeber aufgegeben, bis Ende 2021 das BND-Gesetz, welches die Ausland-Ausland-TK-Überwachung regelt, zu überarbeiten.[40]

Der Schutz der Grundrechte gegenüber der deutschen Staatsgewalt als Abwehrrechte beschränkt sich nicht auf das deutsche Staatsgebiet.[41] Er gilt unabhängig davon, an welchem Ort, gegenüber wem und in welcher Form die deutsche Staatsgewalt handelt.

Das BVerfG hat festgestellt, dass die strategische TK-Überwachung als besonderes Instrument der Auslandsaufklärung grundsätzlich mit Art. 10 Abs. 1 GG vereinbar sein. Die konkrete Ausgestaltung im BNDG genüge jedoch nicht den verfassungsrechtlichen Anforderungen. Die Ausland-Ausland-TK-Überwachung sei eine Maßnahme von besonders schwerem Eingriffsgewicht, da sie eine außerordentliche Streubreite besitze, anlasslos erfolge und gegenüber jedermann einsetzbar sei. Diese weise in ihrer aktuellen Ausgestaltung weder eine objektive Eingriffsschwelle in Bezug auf begrenzte Situationen, noch auf die betroffenen Personen aus.

Grundgesetzlich sei eine globale und pauschale Überwachung auch zum Zwecke der Auslandsaufklärung nicht zulässig. Daher bedürfen die gesetzlichen Regelungen klare Einschränkungen. Inlandskommunikation und solche Kommunikation, an der ein Deutscher beteiligt sei, sei herauszufiltern. Die Überwachungszwecke müssten hinreichend präzise und normenklar festgelegt werden. Es bedürfe einer substantiellen Beschränkung auf begrenzte und differenzierte schwerwiegende Zwecke. Die Überwachung selbst müsse in hinreichend differenzierte Maßnahmen aufgegliedert werden. Verfahrensregeln müssten die Ausrichtung der Überwachung auf die bestimmten Zwecke strukturieren und kontrollierbar machen. Die Verkehrsdatenspeicherung dürfe zeitlich eine Länge von 6 Monaten nicht überschreiten. Es müssen besondere Anforderungen an den Schutz von Personengruppen, deren Kommunikation einer gesteigerten Vertraulichkeit unterliegt, getroffen werden. Eine gezielte Überwachung dieser Personen bedarf einer qualifizierten Eingriffsschwelle. Zudem sei dem Kernbereich pri-

---

[40] BVerfG, Urt. v. 19.5.2020 – 1 BvR 2835/17, juris.

[41] BVerfG, Urt. v. 19.5.2020 – 1 BvR 2835/17, juris.

vater Lebensgestaltung Rechnung zu tragen – eine Überwachung im Kernbereich persönlicher Lebensgestaltung sei unverzüglich zu unterbrechen. Zuletzt müssten gesetzlich Löschpflichten klar festgelegt werden.

Ebenfalls begründe nicht nur die Erhebung, sondern auch die Übermittlung von personenbezogenen Daten, die im Rahmen der Ausland-Ausland-TK-Überwachung gewonnen wurden, einer hinreichend bestimmten gesetzlichen Grundlage. Eine Übermittlung könne nur zum Schutz besonders gewichtiger Rechtsgüter erfolgen. Die Übermittlung verlange eine eigene Prüfung und förmliche Entscheidung des BND. Zudem bedürfe es einer gerichtsähnlichen unabhängigen und objektiven Kontrolle der beim BND getroffenen Überwachungsmaßnahmen innerhalb des BND.

2.2 OLG Koblenz: Routerfreiheit

Zum Themenkomplex der sogenannten Routerfreiheit gab es bisher keine obergerichtlichen Entscheidungen. Daher sind zwei hierzu in kurzer Abfolge ergangene Urteile des OLG Koblenz sehr interessant.[42] Beiden Verfahren lag eine Darstellung von DSL-Routern auf der Website eines TK-Anbieters zu Grunde. Nach der Tarifauswahl eines DSL-Tarifs wurden Kunden in der Online-Bestellstrecke mit dem Satz „Zu dem gewählten DSL-Tarif benötigen Sie einen der folgenden DSL-Router" aufgefordert, einen der drei angegebenen Router auszuwählen. Ohne Auswahl eines der Geräte konnte die Bestellung nicht abgeschlossen werden. Im ersten Urteil entschied das OLG Koblenz,[43] dass die vorgenannte Werbeaussage eine irreführende geschäftliche Handlung nach §§ 3, 5 Abs. 1 UWG darstelle. Mit dem in der Werbung gebrauchten Wort „benötigen" werde der Eindruck erweckt, der DSL-Tarif könne nur mit einem der drei angegebenen Router genutzt werden. Dieses widerspreche aber den Vorgaben zur sogenannten „Routerfreiheit" in § 41b Abs. 1 TKG (§ 69 Abs. 2 TKModG-E), wonach Betreiber öffentlicher TK-Netze und die Anbieter von öffentlich zugänglichen TK-Diensten den Anschluss von TK-Endeinrichtungen an das öffentliche TK-Netz nicht verweigern dürfen. Unerheblich für die Irreführung sei, dass tatsächlich der Anschluss anderer Router nicht verweigert werde und damit objektiv kein Verstoß gegen § 41b Abs. 1 TKG vorliege.

In der kurze Zeit später nachfolgenden Entscheidung stellte das OLG Koblenz fest, dass der TK-Anbieter mit der streitgegenständlichen Werbeaussage und dem Bündeln eines Routers mit einen DSL-Tarif nicht gegen die Vorgaben der sog. „Routerfreiheit" verstoßen habe und damit auch keine wettbewerbswidrige Handlung nach §§ 3 und 3a UWG vorliege.[44]

---

[42] Ausführlich zu beiden Entscheidungen: *Kiparski/Wettig*, CR 2020, S. 264.

[43] OLG Koblenz, Urt. v. 4.12.2019 – 9 U 1034/19, CR 2020, 276 (nur LS).

[44] OLG Koblenz, Urt. v. 15.1.2020 – 9 U 1407/19, CR 2020, 272.

Zwar handele es sich bei § 41b TKG um eine Marktverhaltensregel i. S. d. § 3a UWG, allerdings dürfe der TK-Anbieter nach § 41b TKG seine TK-Dienste gebündelt mit einem Router anbieten. Dafür sei es auch unerheblich, ob für den Router im Bündel ein Entgelt erhoben werde oder nicht. Der TK-Anbieter müsse nach § 41b TKG keinen Tarif ohne Router anbieten. Maßgeblich sei nach § 41b TKG allein, ob der TK-Anbieter die Verwendung des überlassenen Endgerätes vorschreibe oder nicht.

Das neue TKModG-E übernimmt den bisherigen § 41b TKG wortgleich in § 69 Abs. 2, so dass die Ausführungen des OLG Koblenz auch unter dem neuen Recht fortgelten.

2.3 OLG Koblenz: LTE-Geschwindigkeit

In einem weiteren Fall der Bewerbung von TK-Produkten entschied ebenfalls das OLG Koblenz. Vorliegend ging es um die Bewerbung eines Tarifs mit „LTE-Geschwindigkeit" bzw. „LTE-Highspeed".[45] An beiden Bewerbungen war im Blickfang ein Sternchen angebracht, das dahingehend aufgelöst wurde, dass in den beworbenen Tarife jeweils eine maximale Download-Geschwindigkeit von 21,6 Mbit/s zur Verfügung gestellt wird. Bei LTE handelt es sich um einen technischen Übertragungsstandard im Mobilfunk, bei dem aktuell eine theoretische Download-Geschwindigkeit von bis zu 300 Mbit/s möglich ist. Der Verbraucher gehe aber nach Ansicht des OLG Koblenz bei dieser Bewerbung nicht davon aus, tatsächlich auch eine Download-Geschwindigkeit von 300 Mbit/s zu erhalten. Verbrauchern sei bekannt, dass solche Geschwindigkeiten nur theoretischer Natur seien und sie auch bei LTE in der Praxis bei rund 21 Mbit/s läge.[46] Daher liege in der Bewerbung mit „LTE-Geschwindigkeit" bzw. „LTE-Highspeed" selbst bei niedrigeren Bandbreiten von 21 Mbit/s keine wettbewerbsrechtlich relevante Täuschung der angesprochenen Verkehrskreise vor.

2.4 OLG Frankfurt/M.: Androhung Anschlusssperre bei Nichtzahlung

Nach einem Urteil des OLG Frankfurt/M. stellt das Androhen einer Anschlusssperre im Falle der Nichtzahlung einer umstrittenen Gebührenforderung eine unzulässige aggressive Geschäftspraktik nach § 4a Abs. 1 S. 2 UWG dar.[47] Hintergrund der Entscheidung ist, dass ein TK-Anbieter einem Kunden mit einer Rechnung insgesamt 1.300 Euro für GPS-Auslandsverbindungsaufkommen in Rechnung gestellt hat. Zugleich wies der Anbieter den Kunden darauf hin, dass er sich im Falle nicht fristgerechter Zahlung die Sperrung des Mobilfunkanschlusses vorbehalte. Die angedrohte Sperre

---

[45] OLG Koblenz, Urt. v. 10.4.2019 – 9 U 1126/18 – LTE-Geschwindigkeit.

[46] Gegen die Entscheidung des OLG Koblenz ist vom BGH, Beschl. v. 16.1.2020 – I ZR 96/19 aufgrund der Nichtzulassungsbeschwerde die Revision zugelassen worden.

[47] OLG Frankfurt/M., Urt. v. 24.10.2019 – 6 U 147/18, GRUR-RR 2020, 30 (31).

war deshalb nach § 45k Abs. 2 TKG rechtlich unzulässig, da die Zahlungs-forderung für Auslandsverbindungen von dem Kunden beanstandet wurde und daher nach § 45k Abs. 2 S. 2 TKG nicht hätte in die Berechnung des Mindestbetrages für eine Sperre von 75 Euro einberechnet werden dürfen.[48]

Eine Beanstandung muss nach § 45k Abs. 2 TKG schlüssig begründet werden. Hierfür sei es ausreichend, dass der Teilnehmer äußere Umstände vortrage, die bei objektiver Betrachtungsweise die Einwände als nachvoll-ziehbar darstellen und Zweifel an dem rechtmäßigen Zustandekommen der Verbindung aufkommen lassen können.[49] Selbst wenn der TK-Anbieter nach § 45i Abs. 1 S. 4 TKG die erforderlichen Nachweise vorlege, mache dies die strittige Forderung nicht beanstandungsfrei i. S. d. § 45k Abs. 2 TKG, so dass sie auch weiterhin nicht in den Sperr-Schwellwert von 75 Euro eingerechnet werden könne.[50]

2.5 OLG Frankfurt/M.: Widerspruch bei Preiserhöhung und Schriftform der Sperrandrohung

Das OLG Frankfurt/M. konnte in einem Urteil gleich zu zwei TK-rechtli-chen Sachverhalten Stellung nehmen.[51] Einerseits ging es um ein Preiser-höhungsrecht, welches sich ein TK-Anbieter in seinen AGB ausbedungen hatte. Hiernach sollten Kunden dann keine Widerspruchsmöglichkeit ge-gen eine Preiserhöhung haben, wenn diese nicht höher als 5 % ausfalle. Andererseits erklärte der TK-Anbieter in seinen AGB, eine Sperrandrohung nach § 45k Abs. 2 TKG auch in Textform wirksam mitteilen zu können.

Das OLG Frankfurt/M. befand die Preiserhöhungsklausel nach § 307 Abs. 2 BGB für unwirksam, da sie gegen die Wertung des Art. 20 Abs. 2 Universaldienst-RL verstoße.[52] Hiernach müsse der Kunde bei einseitigen Änderungen der Vertragsbedingungen ein Widerrufsrecht erhalten. Zwar sei Art. 20 Abs. 2 Universaldienst-RL nicht in deutsches Recht umgesetzt, da es dort kein einseitiges Vertragsänderungsrecht gebe, dennoch müssten dessen Wertung beachtet werden, wenn sich der TK-Anbieter ein solches Recht vertraglich einräumt.[53]

Hinsichtlich der vertraglich in den AGB eingeräumten Formerleichterung der Sperrandrohung nach § 45k Abs. 2 TKG entschied das OLG Frank-furt/M., dass eine Sperrandrohung zulässigerweise in Textform erfolgen

---

[48] OLG Frankfurt/M., Urt. v. 24.10.2019 – 6 U 147/18, GRUR-RR 2020, 30 (32).

[49] OLG Frankfurt/M., Urt. v. 24.10.2019 – 6 U 147/18, GRUR-RR 2020, 30 (32).

[50] OLG Frankfurt/M., Urt. v. 24.10.2019 – 6 U 147/18, GRUR-RR 2020, 30 (32).

[51] OLG Frankfurt/M., Urt. v. 9.4.2020 – 1 U 46/19, GRUR-RS 2020, 7266.

[52] OLG Frankfurt/M., Urt. v. 9.4.2020 – 1 U 46/19, GRUR-RS 2020, 7266.

[53] OLG Frankfurt/M., Urt. v. 9.4.2020 – 1 U 46/19, GRUR-RS 2020, 7266.

könne, selbst wenn im Normwortlaut von § 45k Abs. 2 TKG ausdrücklich von „schriftlich" die Rede sei.[54] „Schriftlich" i. S. d. § 45k Abs. 2 TKG bedeute nicht Schriftform i. S. d. § 126 Abs. 1 BGB. Der Gesetzgeber habe in den Gesetzesmaterialien zu verstehen gegeben, dass es nicht darauf ankomme, dass die Ankündigung der Sperre eigenhändig unterschrieben sei.[55] Nach der Rechtsprechung des BGH richteten sich Formerfordernisse für einseitige Erklärung, wie die Sperrandrohung, nach Sinn und Zweck der jeweiligen Vorschrift. Die Warnfunktion für den Erklärenden, die dem Schriftformerfordernis beigemessen werde, habe bei der Androhung der Sperre keine Bedeutung, da gerade nicht der TK-Anbieter als Erklärender geschützt werden müsse. Auch der mit der Schriftform verfolgte Zweck, vor Fälschungen zu schützen, sei hier nicht einschlägig. Nach der Wertung des § 126b BGB werde der Informationszweck durch eine papiergebundene Mitteilung ebenso sicher erfüllt, wie durch eine auf einem elektronischen Datenträger dauerhaft verfügbare Erklärung.[56]

3 Bundesnetzagentur

3.1 BNetzA: Allgemeinverfügung Mobile Payment

Leistungen von Dritten, die über die Mobilfunkrechnung abgerechnet werden, waren in der Vergangenheit missbrauchsanfällig und oftmals ein Ärgernis für Verbraucher. Zum Schutz der Verbraucher hat im Oktober 2019 die BNetzA eine Allgemeinverfügung zur Festlegung von Verfahren im Bereich der Bezahlung von Leistungen Dritter über die Mobilfunkrechnung erlassen.[57] Hiermit soll missbräuchlich abgerechneten Leistungen entgegengetreten werden. Das Bezahlverfahren über die Mobilfunkrechnung wird insbesondere für die Abrechnung von Inhaltedienste genutzt, die der Verbraucher über sein Mobiltelefon in Anspruch nimmt. Nicht immer wurde der Verbraucher aber von den Drittanbietern klar über die Entgeltlichkeit der in Anspruch genommenen Dienste aufgeklärt. Hierzu hat die BNetzA nun klare Festlegungen getroffen, wie das Verfahren gegenüber dem Verbraucher auszugestalten ist. Die Anforderungen waren bis spätestens zum 1. 2. 2020 umzusetzen und sehen grundsätzlich vor, dass ein sogenannte Redirect-Verfahren einzuführen ist, wonach die Leistung nur dann abgerechnet werden darf, wenn die Transaktion auf einer Internetseite eines Mobilfunkanbieters bestätigt wird. Damit soll ausgeschlossen werden, dass seitens der Drittanbieter nicht klar über die Entgeltlichkeit

---

[54] OLG Frankfurt/M., Urt. v. 9.4.2020 – 1 U 46/19, GRUR-RS 2020, 7266.

[55] So BR-Drs. 551/97, S. 38.

[56] OLG Frankfurt/M., Urt. v. 9.4.2020 – 1 U 46/19, GRUR-RS 2020, 7266.

[57] BNetzA, Vfg. 108/2019, ABl. 20/2019.

aufgeklärt wird. TK-Anbieter haben aber auch die Möglichkeit, von dem technisch aufwändigen Redirect-Verfahren Abstand zu nehmen und eine sogenannte Selbstverpflichtung abzugeben. Im Rahmen der Selbstverpflichtung verpflichten sich die TK-Anbieter, die kein Redirect-Verfahren eingeführt haben, dazu, dem Endkunden unberechtigt berechnete Entgelte von Drittanbietern bis zu einer Höhe von 50 Euro zu erstatten. Hierzu muss der Kunde den Drittanbieterdienst kündigen, den TK-Anbieter binnen 3 Monaten von der Abbuchung unterrichten und ggf. eine Strafanzeige erstatten.

3.2 BNetzA: Absenkung Mobilfunk-Portierungsentgelte

Bereits im Jahr 2019 hat die BNetzA das Portierungsentgelt im Festnetz von ca. 30 Euro, die anbieterübergreifend berechnet wurden, auf 9,61 Euro netto gesenkt.[58] Nunmehr hat die BNetzA auch das Vorleistungs-Mobilfunkportierungsentgelt reguliert.[59] In einem Verfahren der nachträglichen Entgeltregulierung nach §§ 46 Abs. 5 und 38 Abs. 2 bis 4 TKG hat die BNetzA das Portierungsentgelt auf Vorleistungsebene im Mobilfunkbereich auf 3,58 Euro netto festgelegt.[60] Dieses Entgelt findet nach der Entscheidung der BNetzA nur im Falle eines vom Endkunden initiierten Anbieterwechsels Anwendung und nicht bei einer Netzmigration auf Vorleistungsebene. Die BNetzA hat im Nachgang der Entscheidungen die Mobilfunkanbieter aufgefordert, zu erklären, ihre Mobilfunkportierungsentgelte gegenüber Endkunden von bisher ca. 30 Euro bis zum 20. 4. 2020 auf 5,73 Euro netto abzusenken.[61] Dies haben zahlreiche TK-Anbieter getan. Gegen diejenigen Anbieter, die nicht freiwillig abgesenkt haben, hat die BNetzA ein Verfahren der nachträglichen Entgeltregulierung eröffnet[62] und anbieterübergreifend ein Mobilfunkportierungsentgelt i.H.v. 6,82 Euro (brutto) angeordnet.[63] Dieses Entgelt wird aber nur bis zum Inkrafttreten der TKG-Novelle Gültigkeit haben, da nach § 57 Abs. 5 TKModG-E dem

---

[58] Siehe BNetzA, BK2c-18/002; *Sassenberg/Mantz/Kiparski*, K&R 2019, S. 309 (313).

[59] Für Telefónica: BNetzA, BK2-19/027; für Vodafone: BNetzA, BK2-19/021; für Telekom: BNetzA, BK2-19/026.

[60] BNetzA, BK2-19/026 (Telekom); BK2-19/021 (Vodafone); BK2-19/027 (Telefonica).

[61] BNetzA, Pressemitteilung v. 30.9.2019: Bundesnetzagentur untersagt zu hohe Portierungsentgelte unter Mobilfunkdiensteanbietern.

[62] Teltarif-Meldung v. 29.2.2020, https://www.teltarif.de/portierung-gebuehr-zu-hoch-bnetza-o2-1und1/news/79797.html (letzter Abruf: 28.6.2020).

[63] BNetzA, BK2d-20/002 (freenet); BK2d-20/007 (Telefonica); BK2d-20/008 (1&1); BK2d-20/010 (Drillisch).

Endkunden für die Rufnummernportierung keine direkten Entgelte mehr berechnet werden dürfen.[64]

Literatur

Busch, Martin/Riewerts, Fabian: Das "Nebenkostenprivileg" für Breitbandanschlüsse, K&R 2017, S. 769-775.

Gersdorf, Hubertus/Paal, Boris P.: BeckOK Informations- und Medienrecht, 28. Ed, Stand: 1.5.2020, München 2020.

Kiparski, Gerd/Wettig, Steffen: Nicht ohne meinen Router?! – Routerfreiheit im Spannungsverhältnis der Anschlussbündelangebote, CR 2020, S. 264-268.

Kiparski, Gerd: Der EuGH schafft Klarheit: OTT-Dienste sind in der Regel keine Telekommunikationsdienste, CR 2019, S. 460-464.

Kiparski, Gerd: Der Europäische Telekommunikations-Kodex – Ein neuer Rechtsrahmen für die elektronische Kommunikation, CR 2019, S. 179-188.

Kiparski, Gerd: Update Telekommunikationsrecht, in: Jürgen Taeger (Hrsg.), Die Macht der Daten und der Algorithmen – Regulierung von IT, IoT und KI, DSRI Tagungsband, Edewecht 2019, S. 809-825.

Kiparski, Gerd: Anmerkung zu BGH, Urt. v. 5.12.2018 – VIII ZR 17/18: Gesamtschuldnerische Haftung von Vermieter und TK-Anbieter für bereitgestellten Telefon-/Internetanschluss, CR 2019, S. 126-128.

Sassenberg, Thomas/Mantz, Reto/Kiparski, Gerd: Entwicklungen im zivilrechtlichen Telekommunikationsrecht im Jahr 2019, K&R 2020, S. 337-344.

Spindler, Gerald/Schuster, Fabian (Hrsg.): Recht der elektronischen Medien, 4. Aufl. München 2019.

---

[64] Siehe oben Ziff. 1.1.7.

GRUNDRECHTSBINDUNG UND TRANSPARENZPFLICHTEN SOZIALER NETZWERKE

Jörn Reinhardt/Melisa Yazicioglu

IGMR Universität Bremen
joern.reinhardt@uni-bremen.de/myazicioglu@uni-bremen.de

Zusammenfassung

Die großen sozialen Netzwerke bestimmen mit ihren Gemeinschaftsstandards und dem Content-Management, was auf den Plattformen sichtbar wird und geäußert werden kann. Angesichts ihrer Bedeutung für die gesellschaftliche Meinungsbildung unterliegen sie dabei weitreichenden grundrechtlichen Bindungen. Der Beitrag erläutert, dass die sozialen Netzwerke, sofern sie Foren des allgemeinen Informations- und Meinungsaustauschs eröffnen, ein hohes Schutzniveau für Meinungsäußerungen ihrer Nutzer*innen gewährleisten müssen. Dies wirkt sich nicht nur auf die gerichtlichen Auseinandersetzungen um einzelne Löschungen und gesperrte Nutzer aus. Es verlangt auch nach einem insgesamt nachvollziehbaren Content-Management. Den Gesetzgeber trifft die Verpflichtung, Transparenz im Umgang mit Meinungsäußerungen auf den Plattformen zu gewährleisten.

1 Einleitung: Das Content-Management der sozialen Netzwerke

Die aktuellen Auseinandersetzungen um die Meinungsfreiheit in den sozialen Medien entzünden sich nicht nur an Regulierungsbemühungen, wie der Novellierung des NetzDG.[1] Sie beziehen sich auch auf das Content-Management der sozialen Netzwerke, die immer schon in einem erheblichen Ausmaß auf der Grundlage ihrer Gemeinschaftsstandards Beiträge gelöscht und Inhalte bearbeitet haben.[2] In den letzten Jahren sind diese Standards konkreter geworden. Zugleich hat sich das Selbstverständnis von Unternehmen wie Facebook und Twitter verändert. Sie nehmen verstärkt eine gestaltende Rolle ein, wie sich in der gegenwärtigen COVID-19 Krise besonders deutlich gezeigt hat: Die sozialen Netzwerke haben von Beginn an eine ungewohnt aktive Rolle übernommen und bestimmte Kommunikationsstandards insbesondere im Umgang mit Desinformation durchgesetzt,

---

[1] RegE eines Gesetzes zur besseren Bekämpfung des Rechtsextremismus und der Hasskriminalität (nachfolgend NetzDG-E), BT-Drs. 19/17741 und RegE eines Gesetzes zur Änderung des NetzDG (nachfolgend NetzDGÄndG-E), BT-Drs. 19/18792.

[2] Zu Umfang und Erscheinungsformen des content managements der sozialen Netzwerke siehe insbesondere *Roberts*, Behind the Screen: Content Moderation in the Shadows of Social Media.

die der Staat so nicht hätte durchsetzen können. Der Kurznachrichtendienst Twitter etwa hat einen ausführlichen Katalog für die Kommunikation über das Virus erstellt.[3] Danach werden Tweets gelöscht, die wissenschaftliche Fakten zu COVID-19 leugnen oder Informationen der WHO in Frage stellen und dadurch die allgemeine Ansteckungsgefahr erhöhen. Der Katalog an problematischer Kommunikation ist weit und umfasst auch Satire ("a parody account of an Italian health official stating that the country's quarantine is over"). Bei Corona verstehen die sozialen Netzwerke keinen Spaß. Sie müssen allerdings darauf achten, dass bei der Bekämpfung des Virus keine Kollateralschäden für die Meinungsfreiheit entstehen. Wie weit die Wirkung der Kommunikationsgrundrechte auf den privaten Plattformen reicht, ist freilich seit Längerem umstritten.

2 Horizontalwirkung der Grundrechte

Obwohl die großen Linien der Drittwirkungsdogmatik vermeintlich klar sind und vom Bundesverfassungsgericht kontinuierlich bekräftigt werden, kann im Einzelnen schwer absehbar sein, mit welcher Tendenz Grundrechte auf die Rechtsbeziehungen zwischen Privaten einwirken. Die Auseinandersetzungen um die Meinungsfreiheit in den sozialen Netzwerken zeigen dies noch einmal. Die Unklarheiten resultieren daraus, dass die Unterscheidung von grundrechtsverpflichtetem Staat und grundrechtsberechtigter Gesellschaft angesichts der Bedeutung der sozialen Netzwerke für die Kommunikation an Distinktionskraft verliert. Die Macht der Netzwerke ist keine klassische staatliche Macht. Dennoch haben sie ein weltumspannendes Netz der Kommunikation geschaffen, das für die gesellschaftliche Willensbildung zunehmend an Bedeutung gewinnt.[4] Ihre Formate verändern die Art und Weise, wie Nachrichten rezipiert und Meinungen verbreitet werden, tiefgreifend.[5]

Bei der Beurteilung der grundrechtlichen Verantwortung ist zu berücksichtigen, dass die Anbieter sozialer Netzwerke ihrerseits Grundrechtsträger sind. Die Nutzung der Kommunikationsplattformen führt zu einem komplexen mehrpoligen Grundrechtsverhältnis zwischen den Anbietern

---

[3] https://blog.twitter.com/en_us/topics/company/2020/An-update-on-our-continuity-stra tegy-during-COVID-19.html (abgerufen 2.7.2020).

[4] *Jarren*, Fundamentale Institutionalisierung, S. 163-179; vgl. auch *Klonick*, Harvard Law Review 2018, S. 1598.

[5] Der Oxforder Medienwissenschaftler Rasmus Kleis Nielsen unterscheidet verschiedene Formen von „platform power", vgl. dazu den Vortrag Rasmus Kleis Nielsen, The power of platforms and how publishers adapt, https://www.bpb.de/mediathek/303981/rasmus-kle is-nielsen-the-power-of-platforms-and-how-publishers-adapt (abgerufen 2.7.2020).

und den verschiedenen Nutzern. Es ist dabei grundsätzlich Sache des Gesetzgebers, diese widerstreitenden Grundrechtspositionen zu konturieren und in einen Ausgleich zu bringen.[6] Allerdings ist die Auflösung der Konflikte um die Meinungsfreiheit in den sozialen Medien kaum gesetzlich vorgezeichnet. Sofern es nicht um rechtswidrige Inhalte im Sinne von § 1 Abs. 3 NetzDG geht, bestimmen sich Verpflichtungen nach allgemeinen zivilrechtlichen, insbesondere vertragsrechtlichen Grundlagen, sodass es in der Regel auf eine Abwägung der Grundrechtspositionen ankommt. Dies gilt etwa für die Frage, ob Gemeinschaftsstandards, die von Art. 5 Abs. 1 S. 1 GG prinzipiell gedeckte Meinungen ausschließen, einer AGB-Kontrolle nach § 307 Abs. 2 Nr. 1 BGB standhalten, oder wie weit die vertraglichen Verpflichtungen nach § 241 Abs. 2 BGB reichen. Die vom Bundesverfassungsgericht eher tentativ formulierten Vorgaben (2.1) werden von den Zivilgerichten unterschiedlich gehandhabt (2.2).

2.1 Verfassungsrechtliche Vorgaben

Das Bundesverfassungsgericht hatte bereits in der Fraport-Entscheidung deutlich gemacht, dass die Grundrechtsbindung privater Diensteanbieter „je nach Gewährleistungsgehalt und Fallgestaltung" der des Staates „nahe oder auch gleich kommen" kann und dies insbesondere mit Blick auf Akteure formuliert, die „die Bereitstellung schon der Rahmenbedingungen öffentlicher Kommunikation selbst übernehmen".[7] Mit dieser Weichenstellung tritt die Unterscheidung von lediglich mittelbarer Grundrechtsbindung Privater und unmittelbarer Grundrechtsbindung des Staates in den Hintergrund zugunsten einer Perspektive, die das grundrechtliche Schutzniveau von spezifischen Gefährdungslagen abhängig macht.[8] Das BVerfG reagiert damit auf Strukturveränderungen des öffentlichen Raumes. So hat es eine dem Staat vergleichbare Grundrechtsbindung auch in gänzlich privatisierten Räumen, die ansonsten alle Charakteristika des öffentlichen Straßenraums aufweisen, angenommen.[9]

Das BVerfG erstreckt zudem gleichheitsrechtliche Anforderungen auf Private, sofern ihre Dienstleistungen oder Veranstaltungen „aufgrund einer eigenen Entscheidung einem großen Publikum ohne Ansehen der Person geöffnet werden und wenn der Ausschluss für die Betroffenen in erhebli-

---

[6] *Hoffmann-Riem*, EuGRZ 2006, S. 492.

[7] BVerfG, Urt. v. 22.2.2011 – 1 BvR 699/06, NJW 2011, 1201, Rn. 59 – Fraport.

[8] Die grundrechtlichen Bindungen Privater nehmen zu, wenn sie die Voraussetzungen des Grundrechtsgebrauchs und der Freiheitsausübung bestimmen, vgl. dazu *Reinhardt*, Les conflits de droit entre personnes privées, S. 167 ff.

[9] BVerfG, Beschl. v. 18.7.2015 – 1 BvQ 25/15, NJW 2015, 2485, Rn. 5 – Bierdosen-Flashmob.

chem Umfang über die Teilnahme am gesellschaftlichen Leben entscheidet".[10] Sie dürfen Personen nicht „ohne sachlichen Grund" und nicht ohne verfahrensrechtliche Anforderungen einzuhalten ausschließen.[11] Wann dies der Fall sein soll, ist nicht ohne Weiteres klar.[12] Es liegt nahe, diese Anforderungen auch auf die großen Kommunikationsplattformen, die das Internet mittlerweile fast vollständig überformen, anzuwenden. Im Vorfeld der Europawahlen verpflichtete das BVerfG Facebook im Wege einer einstweiligen Anordnung dazu, die Fanpage einer rechtsextremen Kleinstpartei zu entsperren.[13] Das Verhältnis zwischen dem Betreiber eines sozialen Netzwerks und seinen Nutzern könne eine „spezifische Situation" im Sinne des Stadionverbot-Beschlusses darstellen. Welche rechtlichen Folgerungen sich daraus für die sozialen Netzwerke ergeben, sei weder in der Rechtsprechung der Zivilgerichte noch in der des BVerfG abschließend geklärt. Zwar äußerte sich das Gericht nicht zum Schutzniveau von Art. 5 Abs. 1 S. 1 GG, dennoch formulierte es wichtige Gesichtspunkte, die bei der Beurteilung heranzuziehen sind, wie der „Grad der marktbeherrschenden Stellung", die „Ausrichtung der Plattform", und den „Grad der Angewiesenheit auf eben jene Plattform" und „den betroffenen Interessen der Plattformbetreiber und sonstiger Dritter".[14]

2.2 Ansätze der Instanzgerichte

Sofern die Instanzgerichte – wie insbesondere das OLG München – eine weitreichende Bindung der sozialen Netzwerke an die Meinungsfreiheit annehmen und es Facebook untersagen, zulässige Meinungsäußerungen unter Hinweis auf die Gemeinschaftsstandards zu löschen, greifen sie auf ein Verständnis der sozialen Netzwerke als „öffentlichen Marktplatz" zurück.[15]

---

[10] BVerfG, Beschl. v. 11.4.2018 – 1 BvR 3080/09, NJW 2018, 1667, Rn. 41 – Stadionverbot.

[11] Ebenda, Rn. 46 ff.

[12] Im Fall eines Wellness-Hotels hat das BVerfG weitergehende Bindungen Privater abgelehnt BVerfG-K, Beschl. v. 27.8.2019 – 1 BvR 879/12, NJW 2019, 3769 (Hausverbot für NPD-Parteifunktionär) und betont, dass sich aus Art. 3 Abs. 1 GG auch im Wege der mittelbaren Drittwirkung kein allgemeiner Grundsatz, private Rechtsbeziehungen prinzipiell gleichheitsgerecht auszugestalten, ergebe.

[13] BVerfG, Beschl. v. 22.5.2019 – 1 BvQ 42/19, NJW 2019, 1935, Rn. 15 – Der III. Weg.

[14] Ebenda.

[15] St. Rspr. des OLG München, Beschl. v. 17.7.2018 – 18 W 858/18, MMR 2018, 760, Rn. 26; Beschl. v. 24.8.2018 – 18 W 1294/18, NJW 2018, 3115, Rn. 26; Beschl. v. 17.9.2018 – 18 W 1383/18, NJW 2018, 3119, Rn. 22; Urt. v. 7.1.2020 – 18 U 1491/19 Pre, K&R 2020, 306, Rn. 71 (derzeit beim BGH anhängig). Der Ansicht des OLG München folgt auch das OLG Oldenburg und nimmt eine weitereichende Bindung von Facebook an die Meinungsfreiheit an, vgl. OLG Oldenburg, Urt. v. 1.7.2019 – 13 W 16/19, MMR 2020, 41; a. A. OLG Dresden, Beschl. v. 8.8.2018 – 4 W 577/18, MMR 2018, 756; OLG Karlsruhe, Beschl. v. 28.2.2019 – 6 W 81/18, MMR 2020, 52; OLG Schleswig, Urt. v. 26.2.2020 – 9 U 125/19.

Für diesen Begründungsstrang kommt es nicht so sehr auf die marktbeherrschende Stellung eines Netzwerks wie Facebook und die Nutzerzahlen der einzelnen Plattformen an. Vielmehr geht es um das Verständnis der von den sozialen Netzwerken geschaffenen Infrastruktur. Die sozialen Netzwerke unterliegen besonderen grundrechtlichen Bindungen, weil sie einen öffentlichen Raum der Kommunikation schaffen. Dies sind nicht nur gleichheitsrechtliche Anforderungen, die daraus resultieren, dass die Leistung einem großen Publikum ohne Ansehen der Person eröffnet wird. Aufgrund des Charakters sozialer Netzwerke als öffentliche Foren greifen die spezifischen Bindungen des Art. 5 Abs. 1 S. 1 GG.

2.2.1 Soziale Netzwerke als öffentliche Foren

Da die sozialen Netzwerke ihre Plattformen ohne Ansehen der Person einem allgemeinen Publikum öffnen, stellen sie öffentliche Foren für den Informations- und Meinungsaustausch dar.[16] Trotz aller Unterschiede, die zwischen Plattformen wie Facebook, Twitter, Instagram, TikTok etc. bestehen, erfüllen sie die elementare Funktion, Informationen zugänglich zu machen, Meinungen auszutauschen und soziale Beziehungen aufzubauen.[17] Sie treten neben die klassischen öffentlichen Kommunikations- und Begegnungsräume. Dass die Nutzung der Plattformen den Abschluss eines Nutzungsvertrags voraussetzt, schließt die Konstitution von Öffentlichkeit nicht aus.[18] Auch dass die Nutzer ihrerseits durch entsprechende Einstellungen ihrer Profilseiten auf einen bestimmten Kreis beschränken können, steht dem Charakter der Plattformen als öffentlicher Raum nicht entgegen. Es ist den Nutzerinnen und Nutzern überlassen, wie und in welchem Maß sie sich vernetzen und worüber sie kommunizieren.[19] Je nach Nutzerverhalten und medientechnischer Ausgestaltung entstehen dabei unterschiedliche soziale Formationen mit verschiedenen Ein- und Ausschlüssen, allerdings in einer insgesamt öffentlichen Sphäre.

2.2.2 ...und als Räume „privatautonomer Entfaltung"

Die gestalterischen Entscheidungen der Anbieter der sozialen Netzwerke sind jedoch zugleich Ausdruck ihrer grundrechtlichen Freiheiten. Wenn es

---

[16] *Raue*, JZ 2018, S. 961 (966).

[17] *Schmidt/Taddicken*, Handbuch Soziale Medien, S. 24 ff.

[18] Der Begriff des Öffentlichen ist hier nicht durch den Ausschluss jeglicher Kontrolle über den Zugang definiert (s. hierzu bereits *Pille*, Meinungsmacht sozialer Netzwerke, S. 51 f.), sondern dadurch, dass ein Forum zu kommunikativen Zwecken einem allgemeinen Publikum unterschiedslos geöffnet wird.

[19] Einschränkungen ergeben sich für Nutzerinnen und Nutzer, die ein öffentliches Amt innehaben, nach Maßgabe des öffentlichen Äußerungsrechts, vgl. dazu *Reinhardt*, Die Follower, die ich rief ..., VerfBlog 2019/6/27.

ihnen dabei auch immer um die Optimierung des eigenen Geschäftsmodells gehen wird, können sie nicht nur wirtschaftliche Freiheiten, sondern auch die Medien- und Meinungsfreiheit in Anspruch nehmen.[20] Sofern die Oberlandesgerichte den Ausschluss von bestimmten Inhalten durch Gemeinschaftsstandards als prinzipiell zulässige Ausübung der Freiheiten der Anbieter ansehen, kommt darin nicht nur eine unterschiedliche Gewichtung der widerstreitenden Grundrechtspositionen zum Ausdruck. Sie bringen vielmehr ein gänzlich anderes Verständnis dieser Kommunikationsräume ins Spiel, nämlich als Orte „privatautonomer Entfaltung"[21] – und zwar als Entfaltung des Gestaltungswillens der Diensteanbieter. So räumt das OLG Dresden den Anbietern sozialer Netzwerke die Möglichkeit ein, aufgrund objektivierbarer Kriterien in den Nutzungsbedingungen die jeweils zulässigen Inhalte auf ihren Plattformen zu bestimmen.[22] Damit würden die von den sozialen Netzwerken eröffneten Kommunikationsräume, die für die gesellschaftliche Willensbildung zunehmend an Bedeutung gewinnen, gänzlich der privatautonomen Gestaltungsbefugnis der Plattformen überantwortet.

Gerade in der Coronakrise erkennen nicht wenige in einer solchen Sichtweise auch Vorzüge: Die zirkulierenden Unwahrheiten, die Verschwörungstheorien und der manifeste Unsinn, der über das Virus im Umlauf ist, könnte durch die sich ihrer gesellschaftlichen Verantwortung zunehmend besinnenden Netzwerke einfach herausgefiltert werden. Allerdings trägt das der wertsetzenden Bedeutung des Grundrechts der Meinungsfreiheit nicht hinreichend Rechnung. Die Grenzen des Sagbaren werden durch die allgemeinen Gesetze festgelegt. Das ist ein zentrales Anliegen einer freiheitlich-demokratischen Gesellschaft, hinter welches der auch verständliche Wunsch, eine „Wohlfühlatmosphäre" (in Anlehnung an die Formulierung des BVerfG in *Fraport*) zu schaffen, zurücktreten muss.[23] Dazu gehört es, auch kritische und abwegige Äußerungen in Krisenzeiten zuzulassen und sie nicht von vornherein aus den Foren des allgemeinen Informations- und Meinungsaustausches und damit der gesellschaftlichen Meinungsbildung herauszufiltern.

---

[20] Angesichts ihrer vielseitigen Funktionen berühren die Dienste sozialer Netzwerke zahlreiche Freiheitsrechte, vgl. dazu *Adelberg*, Rechtspflichten und -grenzen der Betreiber sozialer Netzwerke, S. 32 ff.

[21] OLG Schleswig, Urt. v. 26.2.2020 – 9 U 125/19, Rn. 78, unter Hinweis auf *Holznagel*, CR 2018, S. 369 (371 f.).

[22] OLG Dresden, Beschl. 8.8.2018 – 4 W 577/18, MMR 2018, 756 (758).

[23] *Raue*, JZ 2018, S. 961 (967).

Nicht plausibel ist, weshalb den sozialen Netzwerken aufgrund der Inanspruchnahme nach dem NetzDG ein unhintergehbarer Beurteilungsspielraum zugesprochen wird.[24] Das „Minenfeld"[25] wird für die sozialen Netzwerke dadurch erheblich entschärft, dass sich die Bußgeldandrohung nach dem § 4 NetzDG nur auf strukturelle Defizite, aber nicht auf einzelne zu Unrecht gelöschte Posts bezieht. Sie greift erst bei einem „systematischen Versagen" im Umgang mit Beschwerden über rechtswidrige Inhalte.[26]

2.2.3 Differenzierte grundrechtliche Bindungen

Die privatautonomen Gestaltungsmöglichkeiten der Netzwerkanbieter werden dadurch nicht unverhältnismäßig eingeschränkt. Es bleibt ihnen unbenommen, Räume zu eröffnen, die nach ihren Zweckbestimmungen der Erörterung bestimmter Themen vorbehalten sind.[27] Während in spezifischen Foren auch spezifische Standards gelten können, gelten in den öffentlichen Kommunikationsräumen öffentlich-rechtliche Standards der Meinungsfreiheit.

3 Grundrechtsschutz durch Verfahren und Transparenz

Auch wenn man weniger starke Bindungen der sozialen Netzwerke an Art. 5 Abs. 1 S. 1 GG formuliert, ergeben sich Anforderungen im Hinblick auf Verfahren und Transparenz.[28] Diese können nicht punktuell durch die Gerichte durchgesetzt werden, sondern verlangen nach einem regulatorischen Rahmen. Dies können einerseits gesetzliche Vorgaben, aber auch Anreize zur Selbstregulierung sein. Dabei ist zu berücksichtigen, dass das Nebeneinander von regulatorischen Vorgaben und Selbstregulierungsmaßnahmen selbst zur Unübersichtlichkeit führen kann – ein Umstand, den der Gesetzgeber in Rechnung stellen muss.

---

[24] OLG Stuttgart, Beschl. v. 6.9.2018 – 4 W 63/18, MMR 2019, 110, Rn. 74.

[25] *Spiegel*, in: Taeger, Die Macht der Daten und Algorithmen, S. 551 (553 f.).

[26] Vgl. Leitlinien zur Festsetzung von Geldbußen im Bereich des Netzwerkdurchsetzungsgesetz, v. 22.3.2018, S. 7 f., https://www.bmjv.de/SharedDocs/Downloads/DE/Themen/Fokusthemen/NetzDG_Bußgeldleitlinien.pdf?__blob=publicationFile&v=3 (abgerufen am 2.7.2020).

[27] Zur Löschung von Inhalten in themenspezifischen (Unter-)Foren s. OLG München, Beschl. v. 28.12.2018 – 18 W 1955/18, MMR 2019, 469, Rn. 19.

[28] *Cornils*, Designing platform governance: A normative perspective on needs, strategies, and tools to regulate intermediaries, S. 7, https://algorithmwatch.org/wp-content/uploads/20 20/05/Governing-Platforms-legal-study-Cornils-May-2020-AlgorithmWatch.pdf (abgerufen 2.7.2020); *Kellner*, Die Regulierung der Meinungsmacht, S. 148.

3.1 Vorgaben an Organisation und Verfahren

Grundrechten kommt eine „Verfahrensdimension" zu, die den betroffenen Nutzerinnen und Nutzern einen Anspruch auf die Einhaltung bestimmter Organisations- und Verfahrensvorschriften gewähren.[29] Bereits in der Stadionverbots-Entscheidung wies das BVerfG auf diverse verfahrensrechtliche Anforderungen wie die Pflicht zur Sachverhaltsaufklärung, zur vorherigen Anhörung des Betroffenen und zu einer Begründung der Entscheidung hin, die auch für den Umgang der sozialen Netzwerke mit dem Content der Nutzer relevant werden. Die Verfahrensgrundrechte strahlen bei privaten Entscheidungsfindungen mittelbar aus und führen im Rahmen der Löschung äußerungsbezogener Inhalte zu einem vergleichbaren Anspruch von Nutzern.[30]

An diesen Ansatz knüpft das NetzDG an und statuiert in § 3 Anforderungen an das Beschwerdemanagement, namentlich Vorgaben zur Geschwindigkeit der Bearbeitung, einzelne Löschpflichten, ihre Dokumentation sowie Schulungspflichten für die mit der Bearbeitung beauftragten Personen. Allerdings enthält das Gesetz weder eine Pflicht zur Anhörung des sich Äußernden, noch des von der Äußerung Betroffenen. So kann das soziale Netzwerk nach § 3 Abs. 2 Nr. 3 lit. a NetzDG dem betroffenen Nutzer vor einer Entscheidung Gelegenheit zur Stellungnahme zu der Beschwerde geben, muss es aber nicht. Gerade im Bereich äußerungsrechtlicher Entscheidungen bedarf es jedoch einer komplexen Abwägung der verschiedenen Grundrechtspositionen, die nur durch eine Beteiligung des jeweils betroffenen Nutzers in gebotener Weise gewährleistet werden kann. Die Implementierung entsprechender Vorgaben wäre nicht nur im Rahmen des NetzDG, also für möglicherweise rechtswidrige Inhalte wünschenswert, sondern auch auf der Ebene der Gemeinschaftsstandards erforderlich.[31] Sowohl der gegenwärtige institutionelle Rahmen des Content-Managements, als auch die zukünftig geplanten Aufsichtsgremien zur Überprüfung von bereits getroffenen Entscheidungen in zweiter Instanz, müssen elementaren Verfahrensgewährleistungen – wie sie für anerkannte Einrichtungen der regulierten Selbstregulierung nach § 3 Abs. 6 NetzDG gelten – genügen

---

[29] *Ladeur/Gostomzyk*, K&R 2017, S. 390 (391).

[30] Ebenda.

[31] Facebook sieht in seinen Gemeinschaftsstandards lediglich vor, dass die Kündigung nur nach dem erfolglosen Ablauf einer gewährten Abhilfefrist oder nach einer erfolglosen Abmahnung zulässig ist, das Netzwerk aber von einer Frist für die Abhilfe absehen kann, „wenn die andere Seite die Erfüllung ihrer Pflichten ernsthaft und endgültig verweigert oder wenn nach Abwägung der Interessen beider Parteien besondere Umstände eine sofortige Kündigung rechtfertigen", s. hierzu Facebook Nutzungsbedingungen, 4. Zusätzliche Bestimmungen, 2. Aussetzung oder Kündigung von Konten,: https://de-de.facebook.com/terms.

und für die Nutzer nachvollziehbar sein. Eine Ausnahme für die Einhaltung der doch weitestgehend strengen Verfahrensvorgaben dürfte nur für den Fall besonderer Eilbedürftigkeit der Entscheidung oder einer Meldepflicht nach dem neuen § 3a NetzDG-E bestehen.[32]

3.2 Transparenzpflichten

Neben materiell-rechtlichen Vorgaben sind diese „Verfahrensrechte" zur Sicherung der Nutzerrechte transparent zu machen. Für die Nutzerinnen und Nutzer muss klar sein, welche inhaltsorientierten Löschungen, Sperrungen oder Selektionen aus welchen Gründen von den sozialen Netzwerken vorgenommen werden.

3.2.1 Einfachgesetzlicher Rahmen – AGB, NetzDG, MStV-E

Die bestehenden gesetzlichen Vorgaben verfolgen unterschiedliche Regulierungsziele. Einen ersten Anknüpfungspunkt bilden die Community-Standards der sozialen Netzwerke, die in der Regel Allgemeine Geschäftsbedingungen im Sinne von §§ 305 ff. BGB darstellen. Eine mangelnde Transparenz (vgl. § 307 Abs. 1 S. 2, Abs. 3 S. 2 BGB) kann bereits an dieser Stelle eine unangemessene Benachteiligung begründen.[33] Das Transparenzgebot verpflichtet die sozialen Netzwerke, die Rechte und Pflichten von Nutzern möglichst klar und durchschaubar darzustellen und umfasst außerdem das Bestimmtheitsgebot, wonach die tatbestandlichen Voraussetzungen der Rechtsfolgen so genau beschrieben werden müssen, dass keine ungerechtfertigten Beurteilungsspielräume entstehen.[34]

In Bezug auf die äußerungsbezogenen Lösch- und Sperrungsvorbehalte bei Facebook ist das problematisch.[35] Bei der Entscheidung über die Zulässigkeit von Äußerungen lassen sie den content moderatoren viel Spielraum. Die Intransparenz wird dadurch verschärft, dass die „Nutzungsbedingungen", „Gemeinschaftsstandards" und „Richtlinien" der Plattformen in der Regel komplex und in ihrer Darstellung unübersichtlich sind. Für rechtswidrige Inhalte versucht das NetzDG zu mehr Transparenz zu verhelfen. Den Kernpunkt des NetzDG bildet dabei die Pflicht zur Einrichtung eines wirksamen Beschwerdemanagementsystems nach § 3 NetzDG und zur Veröffentlichung von diesbezüglichen Transparenzberichten gemäß § 2

---

[32] Nach dem neu eingeführten § 3a Abs. 6 NetzDG-E darf der Anbieter des sozialen Netzwerks erst vier Wochen nach der Übermittlung an das Bundeskriminalamt informieren.

[33] Vgl. *Knebel*, Die Drittwirkung der Grundrechte und -freiheiten gegenüber Privaten, S. 165.

[34] Statt vieler BGH, Urt. v. 31.5.2012 – I ZR 73/10, K&R 2012, 597, Rn. 34.

[35] Vgl. *Elsaß/Labusga/Tichy*, CR 2017, S. 234 (237).

NetzDG. Hierdurch beabsichtigt der Gesetzgeber, „die gebotene Transparenz für die breite Öffentlichkeit" herzustellen".[36] Die bisher veröffentlichten Transparenzberichte der Netzwerke haben allerdings gezeigt, dass die bisherigen Berichtspflichten nach dem NetzDG unzureichend sind.[37] Denn bisher verlangt § 2 NetzDG lediglich eine allgemeine Berichtspflicht über den Umgang mit Beschwerden über rechtswidrige Inhalte.[38] Aufgrund des zweistufigen Prüfverfahrens der Netzwerke überrascht es nicht, dass ein Großteil der Löschungen und Sperrungen bereits aufgrund eines Verstoßes gegen die community standards vorgenommen werden und in den NetzDG-Berichten daher nicht wiederzufinden waren. Diese Schwachstelle soll nun mit Änderung des NetzDG korrigiert werden.[39] Um Nutzerinnen und Nutzern sozialer Netzwerke ein vollumfängliches „aussagekräftiges und umfassendes Bild"[40] über das Content-Management der sozialen Netzwerke und damit eine Nachvollziehbarkeit im Umgang mit Inhalten sicherzustellen, sieht die Änderung des Gesetzes außerdem eine Erweiterung der Berichtspflicht über den Einsatz und die Funktionsweise von algorithmischen Systemen vor.[41] Denn in vielen Fällen geht es nicht nur um die Löschungen von (rechtswidrigen) Inhalten, sondern Maßnahmen, die auf autonomen Entscheidungen der Netzwerke basieren.

Das sog. „downgrading" oder „shadow banning" also das algorithmische Herabstufen von Inhalten oder Nutzern, um ihre Sichtbarkeit bzw. Reichweite zu minimieren, sind nur einige Maßnahmen sozialer Netzwerkbetreiber, denen Nutzer derzeit machtlos gegenüberstehen. Gemeinsam mit Diskriminierungsverboten bilden „zur Sicherung der Meinungsvielfalt" auch im neuen Medienstaatsvertrag der Länder Transparenzvorschriften den zentralen Bestandteil. Im Gegensatz zum NetzDG beziehen sich die Vorgaben nach § 93 Abs. 1 Nr. 1 MStV-E auf „Kriterien, die über den Zugang eines Inhalts zu einem Medienintermediär entscheiden". Soziale Netzwerke müssen künftig offenlegen, nach welchen Maßstäben sie Medienangebote auswählen und anzeigen. Löschungen und Sperrungen fallen nicht in den Regelungsbereich des Gesetzes. In Anbetracht des primären Ziels der Transparenzvorschriften des MStV-E, die Nutzerautonomie zu stärken,

---

[36] BT-Drs. 18/12356, S. 20.

[37] *Heldt*, Reading between the Lines and the Numbers: An Analysis of the First NetzDG Reports, Internet Policy Review 8 (2), https://policyreview.info/node/1398/pdf (abgerufen 2.7.2020).

[38] so auch *Liesching*, 2 Millionen Euro NetzDG-Bußgeld gegen Facebook – „Verzerrtes Bild in der Öffentlichkeit", https://community.beck.de/2019/07/03/2-millionen-euro-netzdg-bussgeld-gegen-facebook-verzerrtes-bild-in-der-oeffentlichkeit (abgerufen 2.7.2020).

[39] Vgl. § 2 Abs. 2 Nr. 3 NetzDGÄndG-E.

[40] BT-Drs. 18/12356, S. 20.

[41] Vgl. § 2 Abs. 2 Nr. 2 NetzDGÄndG-E.

sind Informationen über die „zentralen Kriterien" der automatisierten „content moderation" sowie die eingesetzten Algorithmen (§ 93 Abs. 1 Nr. 2 MStV-E) grundsätzlich geeignet, das Ziel in gebotener Art und Weise zu fördern. Ebenso ist die in § 93 Abs. 3 MStV-E normierte Verpflichtung zur Kennzeichnung von Änderungen der in Abs. 1 der Vorschrift benannten Kriterien „als (vorbeugende) gesetzgeberische Sensibilisierungsmaßnahme" sinnvoll.[42]

3.2.2 Transparenzbemühungen der sozialen Netzwerke

Auch die Netzwerke selbst zeigen Selbstregulierungsbemühungen, indem sie von sich aus Entscheidungen transparent machen.[43] So veröffentlichen sämtliche sozialen Netzwerke eigene Transparenzberichte.[44] Nachdem Facebook im NetzDG-Transparenzbericht Angaben zur Löschungen aufgrund von Verstößen gegen die Gemeinschaftsstandards nicht offenbart und vom Bundesamt für Justiz sogar ein Bußgeld verhängt bekam, berichtet Facebook seit kurzem selbst in einem „Community Enforcement Report" über den Umgang mit Inhalten, die gegen ihre community standards verstoßen.[45]

Die selbstregulatorischen Maßnahmen zeigen, dass die Anbieter sozialer Netzwerke ihre Moderatorenrolle mittlerweile bewusst wahrnehmen. Die Veröffentlichung von Transparenzberichten deuten zumindest auf eine positive Entwicklung im Umgang mit nutzergenerierten Inhalten an, sind aber in Zukunft aufgrund ihrer gegenwärtigen Einschränkungen noch weiter auszubauen. So legt Facebook zwar nunmehr offen, wie das Unternehmen mit Inhalten umgeht, die gegen die Community Standards verstoßen. Das Unternehmen geht aber weiterhin nicht auf den Umgang mit Inhalten ein, die von Moderatoren und automatisierten Systemen des Unternehmens gelöscht wurden, obwohl sie weder gegen eigene, noch gesetzliche Regeln verstoßen. Eine freiwillige Selbstkontrolle für soziale Netzwerke besteht außerdem mit der nach § 3 Abs. 6 NetzDG eröffneten Möglichkeit, Entscheidungen über komplexe Fälle an eine Einrichtung der regulierten Selbstregulierung weiterzuleiten. Anfang dieses Jahres erkannte das Bundesamt für Justiz erstmals den Verein Freiwillige Selbstkontrolle Multimedia-Diensteanbieter (FSM) als eine solche Einrichtung an, die seitdem fünf Entscheidungen von Inhaltsprüfungen veröffentlicht hat.[46] Unter den

---

[42] *Cornils/Liesem*, Stellungnahme zum Diskussionsentwurf eines Medienstaatsvertrags, S. 21.

[43] *Gorwa/Ash*, in: Social Media and Democracy: The State of the Field, S. 10.

[44] https://transparency.facebook.com (abgerufen 2.7.2020); https://transparency.twitter.com (abgerufen 2.7.2020).

[45] https://transparency.facebook.com/community-standards-enforcement#hate-speech (abgerufen 2.7.2020).

[46] https://www.fsm.de/de/netzdg (2.7.2020).

selbstregulatorischen Verpflichtungen ist das von Marc Zuckerberg ange-kündigte „Oversight Board"[47] wohl eines der anspruchsvollsten Vorha-ben.[48] Das Aufsichtsgremium soll als „unabhängige" Instanz und eine Art Justizorgan Entscheidungen von Facebook in zweiter Instanz überprüfen und Empfehlungen für Richtlinien geben. Im Rahmen der Selbstregulie-rung ist die Etablierung eines solchen Gremiums eine vielversprechende Entwicklung, soweit es Schwächen im Abhilfeverfahren von Facebook be-seitigt und klare Zeitrahmen und Verfahrensvorschriften für die Überprü-fung von Löschungen statuiert.

3.2.3 Die neue Unübersichtlichkeit

Neben die gesetzlichen Vorgaben zu mehr Transparenz treten die Selbstre-gulierungsbemühungen der sozialen Netzwerke. Diese Verdopplung er-höht allerdings nicht notwendig die Nachvollziehbarkeit des Umgangs mit Meinungsäußerungen, sondern verkompliziert die Dinge vielfach. Die von den Netzwerken veröffentlichten unterschiedlichen Transparenzberichte ergänzen sich nicht. Sie beeinträchtigen im Ergebnis vielmehr ihren jewei-ligen Informationsgehalt und erschweren eine Evaluierung. Auch ist un-klar, wie sich Einrichtungen der regulierten Selbstregulierung zu Projekten wie dem Facebook Oversight Board verhalten werden. Hier hat der Gesetz-geber einen Gestaltungsauftrag, das Content-Management der Netzwerke für Nutzerinnen und Nutzer insgesamt nachvollziehbarer zu machen.

Literatur

Adelberg, Philipp Nikolaus: Rechtspflichten und -grenzen der Betreiber sozi-aler Netzwerke. Zum Umgang mit nutzergenerierten Inhalten, Bonn 2019.

Elsaß, Lennart/Labusga, Jan-Hendrik/Tichy, Rolf: Löschungen und Sperrungen von Beiträgen und Nutzerprofilen durch die Betreiber sozialer Netz-werke, CR 2017, S. 233-234.

Gorwa, Robert/Ash, Timothy Garton: Democratic Transparency in the platform society, in: N. Persily/Josh Tucker, Social Media and Democracy: The State of the Field, New York 2020, S. 1-25.

Heldt, Amélie P.: Reading between the lines and the numbers: an analysis of the NetzDG reports, Internet Policy Review, 8 (2), 2019.

---

[47] Die Satzung des Boards ist https://about.fb.com/wp-content/uploads/202 0/01/Bylaws_v6.pdf (abgerufen 2.7.2020).

[48] *Jarren*, Facebooks Oversight Board, v. 7.5.2020, https://www.sciencemediacenter.de/alle-angebote/rapid-reaction/details/news/facebooks-oversight-board/ (abgerufen 2.7.2020).

Hoffmann-Riem, Wolfgang: Kontrolldichte und Kontrollfolgen beim nationalen und europäischen Schutz von Freiheitsrechten in mehrpoligen Rechtsverhältnissen – Aus Sicht des Bundesverfassungsgerichts, EuGRZ 2006, S. 492-499.

Holznagel, Daniel: Eine Untersuchung zur zivilrechtlichen Einordnung des Vertrags über die Nutzung von UGC-Plattformen sowie der AGB-rechtlichen Zulässigkeit von „Lösch- und Sperrklauseln", CR 2018, S. 369-378.

Jarren, Otfried: Fundamentale Institutionalisierung: Social Media als neue globale Kommunikationsinfrastruktur, Publizistik 2019, Vol. 64, H. 2, S. 163-179.

Kellner, Anna: Die Regulierung der Meinungsmacht, Baden-Baden 2019.

Klonick, Kate: The New Governors: The People, Rules, and Processes Governing Online Speech. Harvard Law Review 2018, 131(6), S. 1598–1670.

Knebel, Sophie: Die Drittwirkung der Grundrechte und -freiheiten gegenüber Privaten, Baden-Baden 2018.

Ladeur, Karl-Heinz/Gostomzyk, Tobias: Das Netzwerkdurchsetzungsgesetz und die Logik der Meinungsfreiheit, K&R 2017, S. 390-394.

Pille, Jens-Ullrich: Meinungsmacht sozialer Netzwerke, Baden-Baden 2016.

Raue, Benjamin: Meinungsfreiheit in sozialen Netzwerken, JZ 2018, S. 961-970.

Reinhardt, Jörn: Les conflits de droit entre personnes privées: de l'«effet horizontal indirect» à la protection des conditions d'exercice des droits fondamentaux, in: Thomas Hochmann/Jörn Reinhardt (Hrsg.), L'effet horizontal des droits fondamentaux, Paris 2018, S. 149–176.

Roberts, Sarah T.: Behind the Screen. Content Moderation in the Shadows of Social Media, New Haven/London 2019.

Schmidt, Jan-Hinrik/Taddicken, Monika: Soziale Medien: Funktionen, Praktiken, Formationen, in: dies. (Hrsg.), Handbuch Soziale Medien, Wiesbaden 2017, S. 23-37.

Spiegel, Johanna: Ein Minenfeld für soziale Netzwerke. Zwischen NetzDG, Verfassungsrecht und Vertragsfreiheit, in: Jürgen Taeger (Hrsg.), Die Macht der Daten und der Algorithmen – Regulierung von IT, IoT und KI, Edewecht 2019, S. 551-561.

OPEN-SOURCE-SOFTWARE UND ASP/SAAS – KOMPATIBEL ODER NICHT?

RA Dr. Hendrik Schöttle, FA für IT-Recht

Osborne Clarke, München
hendrik.schoettle@osborneclarke.com

Zusammenfassung

Mit dem zunehmenden Angebot von Software als Service und in der Cloud stellt sich immer häufiger die Frage, ob Open-Source-Software (OSS) auch in Form von Applikation Service Providing (ASP) bzw. Software as a Service (SaaS) genutzt werden darf. Viele Open-Source-Lizenzen stammen aus einer Zeit, in der ASP und SaaS noch weit weg waren. Sie enthalten daher keine Regelungen zu diesen Themen. Dieser Beitrag zeigt auf, welche Erwägungen aus rechtlicher Sicht für oder gegen eine Zulässigkeit der Nutzung von der OSS in Form von ASP und SaaS sprechen. Zugleich wird dargestellt, wie diese Frage für eine Vielzahl von Lizenzen übersichtlich und maschinell auswertbar geprüft und bewertet werden kann.

1 Einführung

Open-Source-Software steckt heutzutage in nahezu allen Softwareprodukten. In einer Studie des BITKOM aus dem letzten Jahr gaben 69,3 % der befragten Unternehmen an, Open-Source-Software einzusetzen.[1] Die tatsächliche Dunkelziffer dürfte jedoch weitaus höher sein. Nach einer weiteren Studie aus 2019 fand sich in 99 % des Source Codes, welcher vom hinter der Studie stehenden Unternehmen im Rahmen von Compliance-Prozessen geprüft wurde, Open-Source-Software.[2]

Damit ist es auch nicht überraschend, dass sich OSS in Produkten findet, die als Service angeboten werden, bei denen also die Software nicht beim Anwender selbst läuft, sondern bei denen der Anwender lediglich auf einen von einem Dritten betriebenen Server zugreift, auf welchem die Software ausgeführt wird.

Aus technischer Sicht ist ein solches Zur-Verfügung-Stellen von Software heutzutage unproblematisch. Die zum Zugriff auf die Software erforderlichen Netzwerk-Infrastruktur ist mit der Zeit immer leistungsfähiger geworden. Auch wenn der Breitbandausbau in Deutschland noch immer nicht flächendeckend existiert, reicht in vielen Fällen ein durchschnittlicher In-

---

[1] Siehe https://www.bitkom.org/opensourcemonitor2019.

[2] Siehe https://www.synopsys.com/content/dam/synopsys/sig-assets/reports/2020-ossra-report.pdf.

ternetanschluss, um auch größere Datenmengen zu transportieren und damit nicht nur Software als Service anzubieten, sondern auch die für den Betrieb erforderlichen Datentransfers abzuwickeln. Dies war nicht immer so. Noch vor einigen Jahren waren Breitbandanschlüsse die Ausnahme, wurden nur von wenigen Großunternehmen und Universitäten betrieben und boten einen Bruchteil der heutigen Transferraten zu einem Vielfachen des heutigen Preises. Aus technischer Sicht ist ASP heutzutage problemlos möglich.

Aus rechtlicher Sicht sieht es allerdings anders aus. Die Mehrzahl der Open-Source-Lizenzen, die heutzutage verwendet werden, haben schon einige Jahre auf dem Buckel. Die GPL-2.0 beispielsweise, eine der am weitesten verbreiteten Open-Source-Lizenzen, stammt aus dem Jahr 1991. Bei der BSD und der MIT sieht es nicht viel besser aus; die BSD stammt in der Ursprungsfassung aus dem Jahr 1990, die MIT aus dem Jahr 1988. In jenen Jahren lag die Möglichkeit, Software als Service anzubieten, noch in weiter Ferne. Das Internet steckte noch in den Kinderschuhen, das World Wide Web erblickte gerade erst das Licht der Welt und Netzwerkverbindungen wurden über herkömmliche Telefonleitungen hergestellt, an deren Enden Modems mit sagenhaften 2.400 Zeichen pro Sekunde jeden Telex-Anschluss alt aussehen ließen.[3] Ein Zugriff auf Computerprogramme über Netzwerkverbindungen war also lediglich den Unternehmen vorbehalten, welche sich die teure technische Infrastruktur dazu leisten konnten. Und so verwundert es nicht, dass die meisten der Softwarelizenzen, die damals geschaffen wurden, zum Umgang der Software in Form von ASP schweigen.

Doch was heißt das nun für den Umgang mit derart lizenzierter, freier Software in Form von ASP? Lassen sich die Open-Source-Lizenzen nicht einfach so auslegen, dass auch ein Zur-Verfügung-Stellen in Form von ASP erfasst ist? Leider ist es nicht ganz so einfach.

2 Rechtliche Grundlagen

Im deutschen Urheberrecht gilt die sogenannte Zweckübertragungslehre. Sie besagt, dass der Urheber im Zweifel keine weitergehenden Rechte überträgt, als es der Zweck der Verfügung erfordert.[4] Im Zweifel ist also davon

---

[3] Zum Vergleich: Ein durchschnittlicher VDSL-Anschluss schafft heutzutage eine Downloadrate von 50 Mbit/S, also 6,25 Millionen Zeichen pro Sekunde.

[4] *Schulze*, in: *Dreier/Schulze*, UrhG, Rn. 110.

auszugehen, das nur diejenigen Rechte eingeräumt werden, die zu der vertraglich konkretisierten Verwendung des jeweiligen geschützten Werkes erforderlich sind.[5]

Nichtsdestotrotz ist auch die Tatsache zu berücksichtigen, dass es sich bei OSS-Lizenzen um Lizenzen für freie Software handelt, bei denen der Lizenzgeber gerade eine möglichst weitgehende Rechtseinräumung beabsichtigt. Das OLG Köln hat dementsprechend festgestellt, dass der Grundgedanke der in § 31 Abs. 5 UrhG statuierten Regelung, Nutzungsrechte tendenziell beim Urheber zu belassen, im Bereich der Open-Content-Lizenzen nicht uneingeschränkt Anwendung finden kann, da diese Lizenzen tendenziell eine möglichst weitgehende Verbreitung des Werks erlauben sollen.[6]

Die vorstehend skizzierte Auffassung wird auch in der Literatur vertreten. Es wird davon ausgegangen, dass nicht ohne Weiteres angenommen werden kann, der Urheber wolle nur ein Minimum an Nutzungsrechten einräumen; vielmehr zeigten die gesetzlichen Sonderregelungen für freie Lizenzen,[7] dass der Aspekt der Gegenseitigkeit maßgeblich für diese Lizenzmodelle sei; auch sei der Urheber nicht die strukturell schwächere Partei, welche durch die Zweckübertragungslehre geschützt werden müsse.[8] Dies gelte insbesondere bei Open-Source-Lizenzen, welche eine möglichst weitgehende Einräumung von Nutzungsrechten beabsichtigen. Dem ist grundsätzlich zuzustimmen.

Zudem ist zu berücksichtigen, dass es sich bei Open-Source-Lizenzen in der Regel um Allgemeine Geschäftsbedingungen handelt.[9] Zwar wird in der Literatur zu Recht darauf hingewiesen, dass diejenigen, welche Open-Source-Software nur deswegen unter einer Open-Source-Lizenz weitergeben, weil sie aufgrund entsprechender Lizenzpflichten ihrerseits gegenüber dem Urheber der Software dazu verpflichtet sind, nicht zwingend als Verwender Allgemeiner Geschäftsbedingungen anzusehen sind. Allerdings dürfte zumindest der Urheber selbst, der sich für eine Open-Source-Lizenz entscheidet, als Verwender anzusehen sein.

Anders als es die Zweckübertragungslehre im Urheberrecht vorsieht, regelt im AGB-Recht § 305c Abs. 2 BGB, dass Unklarheiten bei der Verwendung von Allgemeinen Geschäftsbedingungen im Zweifel zu Lasten des Verwenders gehen. Heißt das nun, dass bei Unklarheiten über die Frage,

---

[5]   BGH, Urt. v. 27.3 2013 – I ZR 9/12, WRP 2013, 1620.

[6]   OLG Köln, Urt. v. 31.10.2014 – I-6 U 60/14, K&R 2015, 57, Rn. 80.

[7]   Siehe §§ 31a Abs. 1 S. 2, 32 Abs. 3 S. 3, 32a Abs. 3 S. 3, 32c Abs. 3 S. 2 UrhG.

[8]   *Jaeger/Metzger*, Open-Source-Software, Rn. 256.

[9]   OLG Köln, Urt. v. 31.10.2014 – I-6 U 60/14, K&R 2015, 57, Rn. 69.

ob eine Open-Source-Lizenz ASP erlaubt, im Zweifel von der Zulässigkeit auszugehen ist? Nun, auch dieser Schluss dürfte zu kurz gegriffen sein. Sicherlich gibt es eine Reihe von Lizenzen, welche eine möglichst weitgehende Einräumung von Nutzungsrechten beabsichtigen. Ist dies der Fall, spricht einiges dafür, dass auch ASP erlaubt sein soll.[10] Jedoch war es auch das OLG Köln, welches in der bereits zitierten Entscheidung darauf hinwies, dass die in dem Fall konkret geprüfte Creative-Commons-Lizenz Einschränkungen enthielt, welche einer grundsätzlichen Auslegung im Sinne einer möglichst weitgehenden Verbreitungsbefugnis entgegenstehen. Letztlich kommt man also nicht umhin, für jede Lizenz im Einzelnen zu prüfen, ob sie einen Zugriff auf die Software im Wege von ASP zulässt.

3   Prüfungsschritte

3.1   Anwendbares Recht

Die Erkenntnis, dass Software heutzutage international und weltweit eingesetzt wird, ist eine Binsenweisheit. Gerade bei solchen OSS-Komponenten, die als Backend-Komponenten Spezialfunktionen erfüllen und die ohne direkte Interaktion mit einem Endnutzer auskommen, ist eine Internationalisierung leicht möglich, da die Lokalisierung der Benutzerschnittstellen meist verzichtbar ist. Auch die Teams, welche OSS entwickeln, arbeiten nicht selten geographisch voneinander getrennt und länderübergreifend zusammen. Die Arbeitssprache ist Englisch, die Lizenzen sind in der Regel in englischer Sprache verfasst. Technisch steht dem weltweiten Einsatz von OSS also nichts im Wege.

Doch so sehr Internationalisierung und Standardisierung auf der technischen Seite der Softwareentwicklung stattgefunden haben, so wenig gibt es eine internationale Vereinheitlichung im Recht. Im Urheberrecht gilt nach deutschem Recht grundsätzlich das Schutzlandprinzip. Das heißt, die Frage des anwendbaren Rechts richtet sich nach der Rechtsordnung jenes Landes, in welchem Schutz wegen Urheberrechtsverletzungen beansprucht wird.[11]

Letztlich ist die Frage, ob ASP unter einer OSS-Lizenz zulässig ist – ungeachtet der konkreten kollisionsrechtlichen Regelung in Deutschland –, jeweils nach nationalem Recht zu beantworten. Zwar gibt es regionale Harmonisierungsbestrebungen,[12] dennoch unterscheiden sich die Regelungsregime etwa in Europa und den USA immer noch voneinander. So ist wohl

---

[10] *Jaeger/Metzger*, Open-Source-Software, Rn. 256.

[11] Siehe *Auer-Reinsdorff/Conrad*, Handbuch IT- und Datenschutzrecht, B. § 8 I. 4. a), Rn. 29.

[12] Etwa in Form der Europäischen Urheberrechtsrichtlinie (RL 2001/29/EG zur Harmonisierung bestimmter Aspekte des Urheberrechts und der verwandten Schutzrechte in der Informationsgesellschaft).

der in Art. 106 des US-amerikanischen Copyright Act maßgebliche Begriff des Vertriebs von Software („Distribution") weiter zu verstehen, als beispielsweise sein deutsches Pendant – es umfasst offenbar auch das in § 19a UrhG geregelte Recht der öffentlichen Zugänglichmachung.[13] Wenn also nach US-Recht das Recht zur Nutzung der Software in Form von ASP bereits vom in den meisten Lizenzen enthaltenen Vervielfältigungsrecht umfasst ist, bedürfte es in diesem Fall keiner weiteren ausdrücklichen Regelung.[14]

Auch wenn versucht wurde, im Folgenden die Frage der Zulässigkeit der ASP-Nutzung losgelöst von Besonderheiten des deutschen Rechts zu beantworten (mit Ausnahme der in Ziffer 3.3 aufgeführten Besonderheiten), kann nicht ausgeschlossen werden, dass man in anderen Jurisdiktionen zu abweichenden Ergebnissen kommt. Letztlich wäre es damit erforderlich, die hier geprüfte Frage in allen einschlägigen Rechtsordnungen zu prüfen, in denen die jeweilige Software vertrieben werden soll.[15]

3.2 ASP-Nutzung und anwendbares Urheberrecht

Es ist umstritten, ob und wenn ja, welches urheberrechtliche Verwertungsrecht vom Zur-Verfügung-Stellen von Software in Form von ASP berührt wird. Diese Frage ist für die Beurteilung der Rechtmäßigkeit jedoch nicht unerheblich, denn davon hängt ab, ob hierfür die Einräumung eines entsprechenden Nutzungsrechts erforderlich ist oder nicht. Ist ein solches Nutzungsrecht erforderlich und fehlt es im Fall von Open-Source-Lizenzen daran, kann es schwierig bzw. unmöglich sein, dieses Recht nachträglich zu erwerben.

Es gibt kaum Rechtsprechung zu dieser Frage. Das OLG München entschied im Jahr 2009, dass das Angebot eines Computerprogramms im Wege von ASP die Nutzungsrechte des Urhebers nach § 69c Nr. 4 UrhG verletzt, wenn keine entsprechende Zustimmung gegeben ist.[16]

Das OLG Frankfurt/M. entschied einige Jahre später, dass ein Zugänglichmachen eines Computerprogramms in Form einer Demoversion, wel-

---

[13] *Meeker*, The Gift that Keeps on Giving – Distribution and Copyleft in Open Source Software Licenses, International Free and Open Source Software Law Review, Volume 4, Issue 1 (March 2012), S. 29 (37).

[14] *Jaeger/Metzger*, Open-Source-Software, Rn. 196.

[15] In der Praxis wird eine solche Prüfung allerdings nicht selten aus Kostengründen auf wenige, besonders riskante Länder beschränkt werden. Nicht selten wird eine bereits in einem Land erfolgte Prüfung nur noch kursorisch in anderen Ländern bestätigend geprüft, um den Aufwand insgesamt in Grenzen zu halten.

[16] OLG München, Urt. v. 7.2.2008 – 29 U 3520/07, CR 2009, 500, Rn. 57.

che auf einer Webseite testweise genutzt werden konnte, eine urheberrechtlich relevante Nutzungshandlung nach § 19a UrhG darstellt. Der Senat ging nicht explizit auf ASP ein, er stellte jedoch klar, dass weder eine Veröffentlichung des Quellcodes noch des Objektcodes für eine Verletzung erforderlich ist.[17]

Ungeachtet der vorgenannten Rechtsprechung wird in der Literatur generell davon ausgegangen, dass die ASP-Nutzung eine urheberrechtlich relevante Nutzungshandlung ist. Unterschiedliche Auffassungen gibt es zu der Frage, welche konkrete Nutzungshandlung betroffen ist und wie sie sich von anderen Nutzungshandlungen unterscheidet (etwa, ob es sich bei ASP um eine öffentliche Zugänglichmachung eines Computerprogramms nach § 69c Nr. 4 UrhG, um eine Vermietung nach § 69c Nr. 3 UrhG oder um eine Nutzungshandlung *sui generis* handelt).[18]

Es kann an dieser Stelle zunächst dahinstehen, welche Nutzungshandlung konkret betroffen ist. Maßgeblich ist allein, *dass* die Zugänglichmachung von Software in Form von ASP eine urheberrechtlich relevante Nutzungshandlung darstellt, für welche ein entsprechendes Nutzungsrecht erforderlich ist.

3.3 Erlaubt die jeweilige OSS-Lizenz die Nutzung der Software in Form von ASP?

Da die Nutzung von Software mittels ASP, wie vorstehend ausgeführt, eine entsprechende Lizenz erfordert, sind die jeweiligen Lizenzen daraufhin zu überprüfen, ob sie ASP zulassen oder nicht. Im Rahmen dieser Prüfung sollten die folgenden, allgemeinen Überlegungen berücksichtigt werden.

Ist die ASP-Nutzung in der OSS-Lizenz ausdrücklich geregelt, so gelten die entsprechenden Bestimmungen und Bedingungen der OSS-Lizenz. Alle möglicherweise bestehenden Verpflichtungen diesbezüglich müssen eingehalten werden, soweit die entsprechenden Regelungen wirksam und durchsetzbar sind.

Findet sich in dem Lizenztext keine ausdrückliche Regelung, hängt die Frage, ob die ASP-Nutzung zulässig ist oder nicht, von der Interpretation der jeweiligen OSS-Lizenz auf der Grundlage der anwendbaren Gesetze (hier: deutschem Recht) ab. Bei einer solchen Auslegung sind folgende Aspekte zu berücksichtigen:

---

[17] OLG Frankfurt, Urt. v. 27.1.2015 – 11 U 94/13, K&R 2015, 408, Rn. 51.

[18] Siehe dazu *Auer-Reinsdorff/Conrad*, IT- und Datenschutzrecht, C § 13, Rn. 131; *Wiebe*, in: *Spindler/Schuster*, Recht der Elektronischen Medien, UrhG, § 69c Rn. 35; *Dreier*, in: Dreier /Schulze, UrhG, § 69c Rn. 36; *Jaeger/Metzger*, Open Source Software, Rn. 31.

Wurde die Lizenz zu einem Zeitpunkt geschaffen, bevor ASP eine eigenständige Nutzungsart bekannt wurde, kann dies als Anhaltspunkt dafür dienen, dass die Lizenz ASP-Nutzung nicht abdeckt, wenn eine ausdrückliche Regelung dazu fehlt. In der Literatur wird davon ausgegangen, dass Ende der 1990er bzw. Anfang der 2000er Jahre ASP als eigenständige Nutzungsart bekannt wurde.[19] Es spricht also einiges dafür, dass bei Lizenzen, die vor diesem Zeitraum geschaffen wurden, ein Recht zur ASP-Nutzung zumindest nicht *per se* aus der Lizenz hergeleitet werden kann, wenn die Lizenz nicht ausdrücklich oder zumindest implizit unbekannte Nutzungsrechte umfasst.

Nichtsdestotrotz gibt es gute Argumente dafür, dass eine Verwendung einer solchen Lizenz zu einem späteren Zeitpunkt, in welchem ASP als eigenständige Nutzungsart bereits bekannt war, darauf hindeutet, dass eine ASP-Nutzung erlaubt ist. Dies gilt insbesondere vor dem Hintergrund, dass in vielen Fällen ASP-Nutzung von den Urhebern der Software toleriert wird.[20]

Letztlich kommt es also darauf an, wann die jeweilige Lizenz geschaffen wurde, bzw. wann Software unter einer solchen Lizenz auf den Markt gebracht wurde. Bei Softwarelizenzen, die aus der Zeit stammen, bevor ASP als eigenständige Nutzungsart anerkannt wurde, ist also zusätzlich zu prüfen, ob derart lizenzierte Software vor oder nach dem maßgeblichen Zeitraum auf den Markt gebracht wurde. In der Praxis dürfte sich diese Frage allerdings in den meisten Fällen erübrigen, da heutzutage kaum noch Software aus diesen Jahren unverändert eingesetzt wird. Spätestens mit der Veröffentlichung von Updates zu einem späteren Zeitpunkt wird also davon ausgegangen werden können, dass der Urheber eine solche Veröffentlichung im Wissen von ASP als eigenständiger Nutzungsart vorgenommen hat.

Zusätzlich ist noch ein weiteres Datum für die Beurteilung der Frage der ASP-Nutzung maßgeblich: Bis zum 1.1.2008 war es nach dem damals geltenden § 31 Abs. 4 UrhG nicht möglich, Lizenzen für unbekannte Nutzungsarten einzuräumen. Wurde also Software zu einer Zeit lizenziert, die vor dem 1.1.2008 liegt und in der *zusätzlich* ASP als eigenständige Nut-

---

[19] Siehe *Ballhausen*, Open SaaS: Using Free and Open Source Software as Software-as-a-Service, International Free and Open Source Software Law Review, Volume 6, Issue 1, S. 61 – seit Mitte der 1990er Jahre; *Gennen/Laue*, in: *Redeker*, Handbuch der IT-Verträge, Software as a Service (SaaS), Rn. 204 – zwischen 1998 und 2005; *Jaeger*, in: *Redeker*, Handbuch der IT-Verträge, Vertrieb von Open Source Software, Rn. 112 – seit 2000; *Jaeger/Metzger*, Open Source Software, Rn. 195 – etwa Mitte/Ende der 1990er Jahre; *Hilber-Paul/Niemann*, Handbuch Cloud Computing, Teil 3, Rn. 81, 204 – seit 2009.

[20] *Jaeger/Metzger*, Open Source Software, Rn. 198.

zungsart noch nicht bekannt war, so ist davon auszugehen, dass – zumindest nach deutschem Recht – eine wirksame Einräumung von Nutzungsrechten hinsichtlich der ASP-Nutzung selbst dann nicht möglich gewesen wäre, wenn ausdrücklich auch unbekannte Nutzungsarten und damit auch ASP erfasst gewesen wären.[21] Wie bereits dargelegt, dürfte eine solche Konstellation allerdings aufgrund in der Zwischenzeit erfolgter Updates eher die Ausnahme sein.

Hinsichtlich der Auslegung von Urheberrechtslizenzen verfolgt das deutsche Urheberrecht, wie unter 1 ausgeführt, einen recht strengen Ansatz und folgt dem Grundsatz, dass die Rechte im Allgemeinen beim Urheber (oder Lizenzgeber) verbleiben. In Zweifelsfällen werden dem Lizenznehmer also nur die Rechte eingeräumt, die zur Erfüllung des Zwecks des jeweiligen Vertrages unbedingt erforderlich sind.[22] Diese Regeln gelten grundsätzlich auch im Fall von OSS-Lizenzen. Allerdings sprechen, wie ebenfalls oben ausgeführt, gute Argumente dafür, dass der besondere Charakter der OSS-Lizenzen im Rahmen der Auslegung der Regelungen Berücksichtigung finden kann. Eine enge Auslegung der Nutzungsrechte steht nämlich nicht im Einklang mit den Interessen, die typischerweise hinter einer OSS-Lizenz stehen. OSS-Lizenzen sind in der Regel so konzipiert, dass sie eine weitreichende Nutzung der jeweiligen Software erlauben, wenngleich auch unter Einhaltung der aus der OSS-Lizenz resultierenden Verpflichtungen und nicht selten verbunden mit spezifischen Verpflichtungen für die Lizenznehmer. Eine schematische Anwendung der Zweckübertragungslehre und eine möglichst enge Auslegung der Lizenz ist mit Blick auf den besonderen Charakter von OSS nicht sachgerecht. Eine eher weite Auslegung kann auch auf § 32 Abs. 3 S. 3 UrhG gestützt werden. Diese Regelung legt fest, dass bei der Einräumung eines einfachen Nutzungsrechts für jedermann auf eine angemessene Vergütung verzichtet werden kann. Ein solcher Verzicht ist ansonsten in der Regel weder durch Vereinbarung noch auf andere Weise möglich. Diese Klausel war eine Reaktion auf die Debatte, ob die Nutzung von OSS das Risiko der späteren Geltendmachung von Vergütungsansprüchen durch den Urheber in sich birgt, da vor der Aufnahme dieser Regelung in den § 32 Abs. 3 S. 3 UrhG auf das Recht auf Anpassung bestehender Verträge auf eine angemessene Vergütung nicht verzichtet werden konnte. Die Aufnahme dieser Regelung kann also grundsätzlich als Akzeptanz der Idee der Open-Source-Software durch den Gesetzgeber gewertet werden. Dies könnte als Argument dafür herangezogen werden, dass eine weite Auslegung von Nutzungsrechten entgegen der

---

[21] *Jaeger/Metzger*, Open Source Software, Rn. 197.

[22] Vgl. § 31 Abs. 5 UrhG.

Zweckübertragungslehre zumindest bei Lizenzen möglich ist, die klar eine weite Rechtseinräumung beabsichtigen.

Weiterhin muss auch berücksichtigt werden, dass viele OSS-Lizenzen ihren Ursprung in den USA haben und vor dem Hintergrund des US-Rechts entworfen wurden. Der Wortlaut dieser Lizenzen spiegelt oftmals den Wortlaut des bereits erwähnten Art. 106 des US-Urheberrechtsgesetzes wider und umfasst alle in diesem Gesetz kodifizierten Nutzungsarten. Wie schon unter 3.1 dargestellt, scheint das US-Urheberrecht ASP nicht als eine eigenständige Nutzungsart zu verstehen. Daher bestand keine Notwendigkeit für eine separate Rechtseinräumung in Bezug auf ASP. Diese Lizenzen enthalten folglich keine Formulierungen, welche sich ausdrücklich auf ASP oder die öffentliche Zugänglichmachung beziehen. Dies ist bei der Auslegung derartiger Lizenzen nach deutschem Recht zu berücksichtigen. Vor diesem Hintergrund sprechen gute Argumente dafür, auch ASP als von der jeweiligen Lizenz erfasst anzusehen, wenn sich die Lizenz am Wortlaut des Art. 106 des US-Urheberrechtsgesetzes orientiert und sämtliche Nutzungsarten aufführt, die in dieser Norm enthalten sind.[23]

Ein weiterer Anhaltspunkt, der für die Einräumung von Nutzungsrechten in Bezug auf ASP sprechen kann, ist der Umstand, dass in der Lizenz das Recht zur öffentlichen Zugänglichmachung oder Aufführung genannt wird. Auch wenn ASP als Nutzungsart nicht explizit genannt wird, sind diese Nutzungsarten doch der ASP-Nutzung ähnlich. Sie ermöglichen in gewisser Weise den Zugang zu einem urheberrechtlich geschützten Werk, ohne dass eine Verbreitung oder Vervielfältigung stattfindet. Dies kann daher ebenfalls ein – wenn auch schwaches – Indiz dafür sein, dass die Nutzung in Form von ASP durch die Lizenz abgedeckt sein soll. Etwas anderes mag allenfalls dann angenommen werden können, wenn die Lizenz zwar diese Nutzungsrechte umfasst, an anderer Stelle jedoch wieder Einschränkungen macht, indem sie etwa die Vervielfältigung verbietet; dann wird trotz der Aufnahme dieser Nutzungsrechte im Zweifel nicht von einem Recht zur Nutzung in Form von ASP ausgegangen werden können.

Wenn sich die Lizenz indirekt oder direkt mit ASP-Anwendungsfällen befasst, etwa durch die Beschreibung eines Szenarios der Bereitstellung von Software über einen Webserver oder durch die Ermöglichung von Fernzugriffen auf die Software, so kann dies als Hinweis darauf dienen, dass die jeweilige Lizenz ASP abdeckt. Dasselbe gilt, wenn die Lizenz speziell für Software geschrieben wurde, die auf ASP-Zugriffe ausgelegt ist, als Beispiel mag hier die Apache License als Basis für den Apache Web Server dienen – hier dürfte davon auszugehen sein, dass zumindest der Zugriff auf den

---

[23] *Redeker*, Handbuch der IT-Verträge, Vertrieb von Open Source Software, Kap. 1.20, Rn. 113, 123; *Jaeger/Metzger*, Open Source Software, Rn. 198.

Webserver durch Clients einen unter der Apache License erlaubten Fall der Nutzung darstellt, da andernfalls der unter der eigens für diese Software geschriebene Lizenz auslizenzierte Code nicht für den eigentlichen Nutzungszweck verwendet werden könnte.

Finden sich in der Lizenz selbst keine ausdrücklichen oder impliziten Anhaltspunkte für die Zulässigkeit der Nutzung in Form von ASP, so kann unter Umständen auf Anhaltspunkte außerhalb der Lizenz zurückgegriffen werden. Vor allem Äußerungen des Urhebers der jeweiligen Software sind hierbei heranzuziehen. Bezieht der Urheber etwa in FAQ, auf seiner Website oder auf der Projektseite des Softwareprojekts in einem Repository zum Thema ASP Stellung, empfiehlt es sich, diese Äußerungen zu berücksichtigen.

OSS-Lizenzen sind als Allgemeine Geschäftsbedingungen grundsätzlich objektiv auszulegen.[24] Allerdings handelt es sich bei den Lizenzen lediglich um Musterverträge und nicht um Gesetze. Für deren Auslegung sind daher auch die Vorstellungen der konkret beteiligten Parteien heranzuziehen, soweit die Lizenzen einen entsprechenden Interpretationsspielraum bieten und auslegungsfähig sind. Das heißt konkret, dass beispielsweise Stellungnahmen des Lizenzgebers für eine Auslegung heranzuziehen sind, wenn der Lizenznehmer vernünftigerweise auf diese stoßen musste. Wer hier als Lizenznehmer auf der sicheren Seite sein will, sollte derartige Äußerungen selbstverständlich auch dann berücksichtigen, wenn sie möglicherweise nicht so prominent platziert wurden, dass deren wirksame Einbeziehung in das Vertragsverhältnis zwischen Lizenzgeber und Lizenznehmer zwingend anzunehmen ist. Denn im Streitfall wird man sich in einem Rechtsstreit nur ungern mit dem Strohhalm retten wollen, dass das auf einer Website des Lizenzgebers aufgeführte Verbot der Nutzung der Software in Form von ASP so versteckt dargestellt wurde, dass es bei der Auslegung des insoweit uneindeutigen Lizenzvertrages nicht zu berücksichtigen ist.

4 Wie kommt jetzt Legal Tech ins Spiel?

Die vorstehenden Ausführungen zeigen, dass sich die Beantwortung der Frage, ob eine OSS-Lizenz ASP als Nutzungsart zulässt oder nicht, einer einfachen Schematisierung entzieht. Das übliche Vorgehen wäre es in diesem Fall wohl gewesen, die einzelnen Lizenzen mit Blick auf die herausgearbeiteten Argumente zu prüfen und das Prüfungsergebnis für die jeweilige Lizenz in Form von Memos zusammenzufassen.

---

[24] *Jaeger/Metzger*, Open Source Software, Rn. 256.

Ein solches Vorgehen mag bei einigen wenigen Lizenzen machbar sein. Geht es jedoch um größere Projekte, bei denen hunderte Lizenzen zu prüfen sind, ist die Darstellung des Prüfungsergebnisses als einfacher Text nicht zielführend. Gerade bei größeren Softwareprojekten kommen schnell tausende von Komponenten zusammen, die unter hunderten unterschiedlichen Lizenzen stehen. Eine Darstellung von Prüfungsergebnissen in unstrukturiertem Fließtext ist in diesem Fall schlichtweg nicht handhabbar. Sollen die mit den Lizenzen verbundenen rechtlichen Risiken schnell und übersichtlich erfasst und ausgewertet werden können, so ist eine Darstellung der Risiken in Zahlen unabdingbar.

Dazu kann es sinnvoll sein, die Wahrscheinlichkeit der Zulässigkeit der ASP-Nutzung in einem Prozentwert auszudrücken. Zum einen stellt sich dann jedoch für den zahlenaversen Juristen die Frage, wie er zu diesem Ergebnis kommen soll. Zum anderen hilft es auch nicht weiter, wenn das Prüfungsergebnis allein in einem binären Prozentwert angegeben wird, ohne dass nachvollziehbar ist, woraus sich dieser Wert berechnet. Denn mancher Empfänger dieser Information wird ein Interesse daran haben, zu verstehen, wie man zu dem jeweiligen Ergebnis kam. Zudem wird dem Juristen, insbesondere dann, wenn er ein externer Berater ist, aus Haftungsgründen daran gelegen sein, etwaige Unwägbarkeiten und den Weg zum Ergebnis als binäre Zahl verständlich und nachvollziehbar zu erläutern und sich nicht nur auf einen allgemeinen Disclaimer zurückzuziehen.

Schließlich muss bei der Vergabe von Prozentwerten für mehrere Lizenzen sichergestellt werden, dass die Werte relativ zueinander kohärent sind. Insbesondere dann, wenn bei größeren Projekten mehrere Bearbeiter sich einer solchen Prüfung annehmen, muss sichergestellt sein, dass die Bewertungen untereinander vergleichbar sind.

Wie lassen sich nun die vorstehenden Anforderungen und Ziele miteinander in Einklang bringen? Wir haben bei einem konkreten Projekt des vorstehend skizzierten Zuschnitts die Argumentationskette in einzelne Pro- und Contra-Argumente zerlegt und die einzelnen Argumente in Abhängigkeit ihrer Stärke oder Schwäche mit einem individuellen Score-Wert versehen. Aus den einzelnen Argumenten und ihrer Gewichtung für die jeweils geprüfte Lizenz wurde dann ein individueller Gesamt-Score-Wert für jede Lizenz berechnet. Bei der Berechnung wurden auch Faktoren berücksichtigt wie etwa die Tatsache, dass eine Lizenz keine ausdrückliche, sondern lediglich eine implizite Regelung zu ASP enthält. Durch eine entsprechend austarierte Bewertungslogik ergab sich ein Gesamtwert in Form eines Prozentwertes, welcher die Wahrscheinlichkeit widerspiegelt, ob die jeweilige Lizenz eine Nutzung in Form von ASP erlaubt oder nicht.

Dieselbe Systematik wurde dann in einem zweiten Schritt auf die Frage angewendet, ob, im Fall der generellen Zulässigkeit der ASP-Nutzung, die wesentlichen Lizenzpflichten der jeweiligen Lizenz durch die ASP-Nutzung ausgelöst werden. Denn von der Frage, ob ich eine Software in Form von ASP nutzen darf, ist die Frage zu trennen, ob eine derart erlaubte Nutzung dazu führt, dass beispielsweise Lizenztext und Urhebervermerke angezeigt werden müssen oder dass der Source Code verfügbar gemacht werden muss.

Um die Ergebnisse für den Nutzer so transparent wie möglich darzustellen, wurden die den einzelnen Wertungen zugrundeliegenden Tatsachen in dem System schriftlich festgehalten, wie etwa Fundstellen von Regelungen im Lizenztext, Literaturmeinungen und Rechtsprechung. Damit war nicht nur die Nachvollziehbarkeit der Berechnungslogik abstrakt gegeben, sondern auch die Möglichkeit, die konkrete Bewertung der einzelnen Lizenzen zu prüfen.

Schließlich wurde dem Nutzer, soweit gewünscht, die Möglichkeit gegeben, sämtliche Wertungen und Berechnungslogiken nachzuvollziehen. Will dieser im Rahmen einer individuellen Prüfung einzelnen Argumente etwa nicht folgen und hält er diese für weniger überzeugend, kann er die jeweilige Wertung durch eine einfache Korrektur des jeweiligen Faktors an einer Stelle zentral für sämtliche Lizenzen korrigieren. Selbstverständlich ist es so auch möglich, die errechneten Wahrscheinlichkeitswerte übersichtlich in einer Grafik zusammenzustellen. In Abhängigkeit von den jeweiligen Prozentwerten kann schließlich auch zwischen risikoaffinen und sicherheitsorientierten Anwendern unterschieden und so der Kreis der kritischen Lizenzen, die möglicherweise noch einmal individuell zu prüfen sind, größer oder kleiner gefasst werden.

Nun mag man einwenden, dass so errechnete Prozentwerte letztlich doch recht subjektiv sind und dass die konkrete Zahl schlussendlich auch ganz anders aussehen könnte, ohne dass sich sagen ließe, welcher Prozentwert nun richtig oder falsch ist. Dem ist grundsätzlich nichts entgegenzusetzen. Allerdings geht es in diesem Fall auch nicht darum, einen absoluten Prozentwert zu definieren, der dann der Weisheit letzter Schluss ist, sondern vielmehr darum, die einzelnen, geprüften Lizenzen in ein Verhältnis zueinander zu setzen. Dazu ist die hier beschriebene Methode durchaus geeignet. Schließlich zeigte sich beim Verproben der gefundenen Prozentwerte in der Praxis recht deutlich, dass diese sehr gut mit dem Bauchgefühl für die jeweiligen Lizenzen übereinstimmten.

5 Fazit

Die Frage, ob Open-Source-Lizenzen den Einsatz der unter ihnen lizenzierten OSS in Form von ASP zulassen oder nicht, lässt sich nicht mit einem einfachen Ja oder Nein beantworten. Aber sie lässt sich in einzelne Argumente und Teilaspekte zerlegen. Verknüpft man mit diesen dann eine binäre Bewertungslogik und dokumentiert man gleichzeitig den Weg, auf welchem man zur jeweiligen Bewertung gelangt ist, so lässt sich durchaus ein System aufsetzen, das in Bezug auf die Prüfung größerer Lizenzzahlen skaliert, wie der IT-ler sagen würde, dem Anwender übersichtliche und automatisiert auswertbare Zahlen liefert und dem Juristen schließlich die erforderliche Nachvollziehbarkeit der gefundenen Ergebnisse bietet.

Literatur

Auer-Reinsdorff, Astrid/Conrad, Isabell (Hrsg.): Handbuch IT- und Datenschutzrecht, 3. Aufl., München 2019.

Ballhausen, Miriam: Open SaaS: Using Free and Open Source Software as Software-as-a-Service, International Free and Open Source Software Law Review, Volume 6, Issue 1, S. 61.

Dreier, Thomas/Schulze, Gernot: Urheberrechtsgesetz, 6. Aufl., München 2018.

Hilber, Marc: Handbuch Cloud Computing, Köln 2014.

Jaeger, Till/Metzger, Axel: Open Source Software, 5. Aufl., München 2020.

Meeker, Heather: The Gift that Keeps on Giving – Distribution and Copyleft in Open Source Software Licenses, International Free and Open Source Software Law Review, Volume 4, Issue 1 (March 2012), S. 29.

Redeker, Helmut: Handbuch der IT-Verträge, 41. Lieferung, 6.2020.

Spindler, Gerald/Schuster, Fabian (Hrsg.): Recht der Elektronischen Medien, 4. Aufl., München 2019.

DIE BLOCKCHAIN-TECHNOLOGIE IM EINSATZ GEGEN PRODUKTPIRATERIE

Britta Lissner, LL.M.

CBH Rechtsanwälte mbB
b.lissner@cbh.de

Zusammenfassung

Die durch Produktpiraterie verursachten Schäden sind immens. Neben den naheliegenden Umsatzeinbußen sowie dem drohenden Imageschaden auf Unternehmensseite ist insbesondere die Gefährdung der Sicherheit der Verbraucher – beispielsweise durch gefälschte Medikamente, Lebensmittel oder technische Ersatzteile – eines der wesentlichen Problemfelder auf diesem Gebiet. Die Blockchain-Technologie kann in Kombination mit weiteren (technischen) Maßnahmen das Fälschungsrisiko deutlich verringern und weist daher großes Potential auf.

1 Produktpiraterie – das Problem und seine Dimensionen

Der Schutz geistigen Eigentums – insbesondere in Form von Marken, Patenten, Designs oder aber geografischen Angaben – ist für das Wirtschaftswachstum, die Innovationskraft und die Wettbewerbsfähigkeit eines Landes von immenser Bedeutung. Verletzungen dieses geistigen Eigentums, beispielsweise durch Produktpiraterie, stellen daher eine sehr ernste Bedrohung dar.

Die durch Produktpiraterie verursachten Umsatz- und Gewinnverluste von Unternehmen erreichen weltweit ein immer größeres Ausmaß – fast keine Branche kann für sich beanspruchen, nicht in irgendeiner Weise von den Auswirkungen dieses Phänomens betroffen zu sein. Laut einer aktuellen Studie[1] ist jedes zehnte Unternehmen in Deutschland in den zurückliegenden 5 Jahren mindestens einmal bereits Opfer von Produkt- und Markenpiraterie geworden. Entsprechend hoch sind die Schäden für die deutsche Volkswirtschaft, die mit 54,5 Milliarden Euro beziffert werden.[2] Weltweit sollen circa 3,3 % des Handels sollen auf den Handel mit gefälschten Produkten entfallen – dies entspricht einem Volumen von 509 Milliarden

---

[1] Institut der deutschen Wirtschaft, Kurzgutachten zum volkswirtschaftlichen Schaden durch Produkt- und Markenpiraterie v. 24.1.2019, https://www.iwkoeln.de /fileadmin/user_upload/Studien/Gutachten/PDF/2019/Gutachten_Produkt_und_Markenpiraterie.pdf (abgerufen am 29.6.2020).

[2] Ebenda.

Dollar.[3] Da die erfassten Zahlen in der Regel auf Zollbeschlagnahmen beruhen, dürften die tatsächlichen Zahlen noch deutlich höher ausfallen.

Neben Umsatzeinbußen können gefälschte Produkte auch dem Image der Originalhersteller erheblichen Schaden zufügen. Darüber hinaus stehen jedoch auch die Produktsicherheit und damit die Sicherheit der Verbraucher auf dem Spiel, beispielsweise, wenn die nachgeahmten Produkte nicht denselben Sicherheitsstandard aufweisen wie die Originalware.

Die Spannbreite der Fälschungen reicht von gefälschten Erzsatzteilen für technische Produkte über Arzneimittel bis hin zu ganzen Maschinen und Anlagen. Konsumartikel wie beispielsweise Schuhe, Bekleidung, Uhren und Luxus- und Lifestyleartikel nehmen derzeit nach wie vor den Hauptanteil an Plagiaten ein. Betroffen sind zunehmend aber auch Ersatzteile – beispielsweise im Automobilbereich, chemische Rohstoffe und IT-Produkte.

Besonders besorgniserregend ist der Anstieg der Fälschungen bei Pharmazieprodukten, die erhebliche Gesundheitsrisiken für Verbraucher bergen. Trotz strengerer Vorschriften in den EU-Mitgliedstaaten wird nach einem Bericht der Europäischen Beobachtungsstelle für Verletzungen von Rechten des geistigen Eigentums in den letzten Jahren eine erhebliche Zunahme des Handels mit gefälschten Arzneimitteln[4] beobachtet.[5] Schätzungen zufolge entgingen den legalen Unternehmen wegen gefälschten Arzneimitteln auf dem Markt der Europäischen Union jährlich Einnahmen in Höhe von rund 10,2 Mrd. EUR; dies entspricht 4,4 % der Umsätze in diesem Wirtschaftszweig. Die Verluste bei Einzelhändlern wie den Apotheken sind in diese Schätzungen noch gar nicht einbezogen.[6] Laut einer Studie der Weltgesundheitsorganisation (WHO) sollen in Ländern mit niedrigem und mittlerem Einkommen rund zehn Prozent aller Medikamente gefälscht

---

[3] OECD/EUIPO (2016), Trade in Counterfeit and Pirated Goods: Mapping the Economic Impact, OECD Publishing, Paris.

[4] Gemäß der Definition der Weltgesundheitsorganisation (WHO) ist ein gefälschtes Arzneimittel ein Arzneimittel, das vorsätzlich und in betrügerischer Absicht hinsichtlich seiner Identität und/oder Herkunft falsch gekennzeichnet ist. Eine Fälschung kann sich sowohl auf Markenprodukte als auch auf Generika beziehen. Gefälschte Produkte sind u.a. Produkte mit den richtigen oder den falschen Inhaltsstoffen, Produkte ohne Wirkstoffe, Produkte mit einer unzureichenden/falschen Menge an Inhaltsstoffen oder Produkte, deren Verpackung gefälscht ist, vgl. https://www.who.int/news-room/fact-sheets/detail/su bstandard-and-falsified-medical-products (abgerufen am 29.6.2020).

[5] EUIPO, „Die wirtschaftlichen Kosten der Verletzung von Rechten des Geistigen Eigentums in der Arzneimittelindustrie, https://euipo.europa.eu/tunnel-web/se cure/webdav/ guest/document_library/observatory/resources/research-and-studies/ip_infringement/st u dy9/pharmaceutical_sector_de.pdf (abgerufen am 29.6.2020).

[6] Ebenda.

seien, was einem Volumen von 30 Milliarden US Dollar entspricht.[7] Rund 169.000 Menschen pro Jahr – davon ein Großteil Kinder – sollen aufgrund von gefälschten Medikamenten sterben. Schätzungen zufolge sollen in Afrika rund 2,1 % bis 4,9 % der gesamten Malariatodesfälle auf minderwertige und gefälschte Antimalariamittel zurückzuführen sein.[8]

Die Verursacher der Schutzrechtsverletzungen sind in erster Linie im Ausland zu finden. Wie sich aus einem kürzlich veröffentlichten Bericht der EU-Kommission[9] ergibt, stammen mehr als 80 Prozent der von den EU-Zollbehörden beschlagnahmten Waren und Raubkopien aus China und Hongkong. Auch Indien, Indonesien, Russland, Türkei und die Ukraine sowie Argentinien, Brasilien, Ecuador, Malaysia, Nigeria, Saudi-Arabien und Thailand werden jedoch als kritische Länder eingestuft.[10]

Die gefälschten Waren werden häufig über den Luft- und Seeweg in die EU gebracht. Zunehmend setzen die Fälscher jedoch auf den Online-Verkauf und damit auch über den direkten Versand per Post – das Entdeckungsrisiko wird so deutlich verringert, da es für Behörden und betroffene Unternehmen deutlich schwieriger ist, die gefälschten Produkte hier ausfindig zu machen.

2 Schutzmaßnahmen gegen Produktpiraterie

Ein vollständiger Schutz gegen Produktpiraterie ist in der Praxis kaum möglich, die Angriffsfläche eines Unternehmens kann jedoch durch bestimmte Maßnahmen deutlich reduziert werden.

2.1 Allgemeine Schutzmaßnahmen

Ausgangspunkt eines effektiven Rechtsschutzes ist in der Regel eine umfassende Schutzrechtsstrategie, die das Unternehmen und die von ihm angebotenen Produkte oder Dienstleistungen bestmöglich absichert. Häufig ist dies nur durch eine Kombination der Anmeldung verschiedenen technischer und nichttechnischer Schutzrechte, beispielsweise Marken, Designs

---

[7] https://www.who.int/news-room/fact-sheets/detail/substandard-and-falsified-medical-p roducts (abgerufen am 29.6.2020).

[8] WHO 2017, "A study on the public health and socioeconomic impact of substandard and falsified medical products", https://www.who.int/medicines/regulation/ssffc/publication s/SE-Study_EN_web.pdf?ua=1 (abgerufen am 29.6.2020).

[9] EU-Kommission, „Report on the protection and enforcement of intellectual property rights in third countries", https://trade.ec.europa.eu/doclib/docs/2020/january/tradoc_1 58561.pdf (abgerufen am 29.6.2020).

[10] Ebenda.

und Patente, möglich, die aus territorialer Sicht alle (potentiellen) Kernmärkte abdecken.

Die so erlangten Schutzrechte müssen dann jedoch auch effektiv gepflegt und konsequent verteidigt werden. Dazu gehört eine sorgfältige Überwachung des Wettbewerbsumfeldes nebst regelmäßiger Überprüfung des Marktes auf Fälschungen, beispielsweise durch eine Markenüberwachung, ein Internet Monitoring, oder aber auch das Monitoring auf Messen.

Aufgrund der hohen wirtschaftlichen Schäden, die die Produktpiraterie verursacht, werden die rechtlichen Möglichkeiten der Durchsetzung gewerblicher Schutzrechte laufend gestärkt. Daher gibt es mittlerweile deutschland- und EU-weit effektive rechtliche Maßnahmen – sowohl auf zivilrechtlicher- als auch auf strafrechtlicher Ebene – um der Produktpiraterie entgegenzutreten.[11] Die gesetzlichen Regelungen sehen dabei beispielsweise Ansprüche auf Unterlassung, Schadenersatz, Vernichtung, Rückruf, Auskunft, Vorlage von Urkunden/Besichtigung einer Sache sowie Urteilsbekanntmachung vor. Eine weitere präventive Maßnahme ist die sog. Grenzbeschlagnahme, die bereits die Einfuhr nachgeahmter Produkte in die Europäische Union oder nach Deutschland verhindert. Zu diesem Zweck werden beim Zoll Produktbilder und -muster sowie Nachweise über die eigenen Schutzrechte hinterlegt. Anhand dieser Unterlagen kann der Zoll bei Einfuhrkontrollen mutmaßlich rechtsverletzende Waren stoppen, bis geklärt ist, ob sie Schutzrechte verletzen.

2.2 Technische Schutzmaßnahmen

Sinnvoll und erfolgversprechend ist es, diese rechtlichen Ansätze durch technische Sicherheitsmaßnahmen zu ergänzen. Neben der Möglichkeit, nachzuweisen, dass es sich um ein Originalprodukt handelt, haben diese Maßnahmen den weiteren positiven Effekt, dass Fälscher höhere Anstrengungen unternehmen müssen, um eine täuschend echte Kopie herzustellen. Dieser zusätzliche Aufwand treibt die Produktionskosten für Fälschungen in die Höhe, die dadurch für die Verbraucher an Attraktivität verlieren.

Im Idealfall sollten technische Schutzmaßnahmen eindeutig, fälschungssicher, dauerhaft sowie wirtschaftlich sein.[12] So muss das Sicherheitsmerkmal das Objekt eindeutig als Original erkennbar machen, es darf also welt-

---

[11] Beispielsweise durch die VO (EU) Nr. 608/2013 vom 12.6.2013 zur Durchsetzung der Rechte geistigen Eigentums durch die Zollbehörden.

[12] Schlussbericht für das Forschungsprojekt ProAuthent, Integrierter Produktpiraterieschutz durch Kennzeichnung und Authentifizierung von kritischen Bauteilen im Maschinen- und Anlagenbau *Günthner/Durchholz/Stockenberger*, https://www.mw.tum.de/fileadmin/w00bt x/fml/Forschung/Projekte/02_Projekte_aelter_als_2015/ProAuthent/Schlu ssbericht.pdf (abgerufen am 29.6.2020).

weit nicht zufällig mehrfach existieren. Weiterhin darf das Sicherheitsmerkmal nur mit größtmöglichem Aufwand und Kosten von Dritten nachgeahmt werden können. Es soll nicht nachträglich anbringbar, sondern möglichst fester Bestandteil des Produktes selbst oder aber anderweitig dauerhaft mit ihm verbunden sein. Um eine dauerhafte Authentifizierung über den gesamten Produktlebenszyklus gewährleisten zu können, darf das Merkmal nicht (spurenfrei) entfernbar oder auf andere Produkte übertragbar sein. Viele der bekannten Sicherheitsmerkmale können diese Punkte erfüllen, häufig fehlt es jedoch an dem Kriterium der Wirtschaftlichkeit. Gerade bei relativ niedrigpreisigen Produkten für den täglichen Bedarf darf das Sicherheitsmerkmal nur einen geringen Kostenfaktor aufweisen, um wirtschaftlich rentabel zu bleiben. Insoweit sind auch die Art und Weise der Anbringung sowie die schnelle und einfache Verifizierbarkeit (wird technisches Equipment zur Verifikation benötigt) zu berücksichtigen.[13]

2.2.1 Optische Maßnahmen

Sogenannte „optische" oder „offensichtliche" Maßnahmen umfassen alle Merkmale, die auf bzw. an dem Produkt oder dessen Verpackung angebracht und dort ohne Weiteres für jedermann sichtbar sind. Dazu gehören beispielsweise Siegel, Hologramme, Strich-Codes, Sicherheitsfäden oder Wasserzeichen. Der große Vorteil dieser Maßnahmen besteht darin, dass sie relativ einfach und damit auch wirtschaftlich herzustellen sind und gerade der Endverbraucher ohne weitere Hilfsmittel erkennen kann, ob er es mit einem Originalprodukt zu tun hat. Gerade in den von Medikamentenfälschungen besonders betroffenen Gebieten kann nicht davon ausgegangen werden, dass jeder Verbraucher über ein Smartphone oder zumindest über eine sichere Internetverbindung verfügt. Umgekehrt können diese Maßnahmen jedoch auch relativ leicht umgangen bzw. ausgehebelt werden.

2.2.2 Unsichtbare/verdeckte Maßnahmen

Unter dem Begriff „unsichtbare" oder „verdeckte" Maßnahmen werden in der Regel Merkmale zusammengefasst, die auch auf dem Produkt bzw. seiner Verpackung angebracht werden, jedoch nicht ohne weitere spezielle Ausrüstung zu erkennen sind. Beispielhaft zu nennen sind hier IR-Farben (Farbpigmente, die mit Lesegeräten detektierbar und aufgrund der im Einzelfall spezifischen Farbmischung kopiersicher sind), digitale Wasserzeichen oder auch CDP (Copy Detection Patterns), gedruckte Rauschmuster die nicht kopierbar und mit optischen Lesegeräten authentifizierbar sind. Der Aufwand sowohl auf Herstellerseite, als auch beim Empfänger ist hier in der Regel deutlich höher, als bei den optisch sichtbaren Merkmalen. Dafür kann ein höherer Schutz vor Fälschungen gewährleistet werden.

---

[13] Ebenda.

2.2.3 Track & Trace

Die sogenannten „Track & Trace Mechanismen" ermöglichen eine Rückverfolgung der Produkte, in der Regel entlang der gesamten Lieferkette. Möglich ist dies beispielsweise über „Smart Label", die Informationen über den Hersteller des Produkts durch Scannen des Etiketts bereitstellen. Die bekannteste und günstigste Methode ist die Verwendung von QR-Codes, die über eine eindeutige Identifikationsnummer (UID), die Rückverfolgung eines Produkts durch Scannen des am Produkt befestigten QR-Codes ermöglicht.

Auch NFC-Chips („near field communication") und RFID Chips („radiofrequency identification") gehören in diese Kategorie.[14] Auf den inzwischen nur noch Zehntelmillimeter großen Chips können alle relevanten Daten über das jeweilige Produkt gespeichert werden. Bei Medikamenten beispielsweise das Verfallsdatum, der deutschlandweit einheitliche Identifikationsschlüssel, die Pharmazentralnummer sowie Hersteller, Herstellungsdatum und Herstellungsort. Durch ein spezielles Lesegerät können sowohl Händler, Apotheken als auch Konsumenten diese Informationen sichtbar machen und die gesamte Lieferkette so zurückverfolgen. Darüber hinaus können in RFID-Etiketten beispielsweise auch Sensoren integriert werden, die eine Unterbrechung der Kühlkette registrieren – neben dem Einsatz in der Pharma-Industrie kann dies vor allem auch für die Lebensmittel- und Rohstoff-Branche von Interesse sein. Ein wesentlicher Nachteil dieser Chips ist, dass sie noch immer recht kostenintensiv in der Herstellung sind und sich daher nicht für jede Produktkategorie eignen. Zudem kann der enthaltene Electronic Product Code mit vergleichsweise geringem technischen Aufwand von Fälschern umprogrammiert werden und die Chips lassen sich zum Teil relativ leicht vom Produkt selbst entfernen.

Darüber hinaus stellen sich bei der Verwendung dieser Technik sowohl daten- als auch verbraucherschutzrechtliche Fragen, beispielsweise, ob nach dem Kauf der entsprechend gekennzeichneten Produkte die Chips vom Produkt entfernt oder funktionsunfähig/deaktiviert gemacht werden müssten oder ob – gerade bei Textilien – Hinweispflichten bestehen.[15]

---

[14] Die RFID-Technologie bezeichnet ein Sender-Empfänger-System zum automatischen und berührungslosen Identifizieren und Lokalisieren von Objekten und Lebewesen mit Radiowellen. NFC ist ein auf dieser Technik basierender Übertragungsstandard zum kontaktlosen Austausch von Daten über kurze Entfernungen, der beispielsweise bei kontaktlosen Bezahlfunktionen eingesetzt wird.

[15] Vgl. beispielsweise *Arning/Born,* in: Forgó/Helfrich/Schneider, Betr. Datenschutz, Teil XI. Kapitel 2. RFID, Smartcards und Cookies, Rn. 49, 50.

Eine weitere, aber relativ aufwendige Methode ist die Verwendung sogenannter DNA-Tags. Hier werden DNA-Moleküle auf einem Produkt angebracht und durch Mikropartikel geschützt. Das „Auslesen" der DNA-Tags
erfolgt, indem eine Probe aus dem Produkt entnommen und mit dem DNA-
Primer, einer Grundsubstanz für die DNA-Replikation, gekoppelt wird.

2.3 Zusammenfassung

Ein lückenloser Schutz gegen Produktpiraterie ist – zumindest derzeit –
nicht möglich. Das Risiko, dass geistige Eigentumsrechte verletzt werden,
kann jedoch durch ein umfassendes Schutzrechtsportfolio, eine sorgfältige
Marktüberwachung und eine konsequente Rechtsverfolgung unter Aus-
schöpfen aller zur Verfügung stehenden Rechtsbehelfe deutlich reduziert
werden.

Eine weitere Absicherung kann durch technische Schutzmaßnahmen erreicht werden. Je nach Produktkategorie und Absatzmarkt bieten sich optische, verdeckte oder Track & Trace Maßnahmen an, häufig wird sogar erst
eine Kombination verschiedener Sicherheitsmerkmale zu einer deutlichen
Reduzierung der Anzahl der gefälschten Produkte führen.

Selbst wenn diese Vorgaben eingehalten werden, sind in der Praxis – trotz
des hohen Aufwands und den damit einhergehenden nicht unerheblichen
Kosten – weiterhin erhebliche Schutzlücken vorhanden. Es stellt sich daher
die Frage, ob und wenn ja, wie die Blockchain-Technologie Abhilfe schaffen
oder zumindest für Unterstützung sorgen kann.

3 Blockchain-Technologie im Einsatz gegen Produktpiraterie

3.1 Definition

Unter einer „Blockchain" versteht man in der Regel eine auf eine Vielzahl
von Rechnern verteilte Datenbank, in der Daten aller Art dezentral und unveränderbar gespeichert und validiert werden können. Diese Liste von Datensätzen kann kontinuierlich erweitert werden und besteht aus kryptographisch und manipulationssicher miteinander verketteten Datenblöcken
(„Blocks"), die durch ein dezentrales, kryptographisch verschlüsseltes
Peer-to-Peer-Netzwerk miteinander verbunden werden.[16]

In einem solchen "Block" können Daten aller Art zusammengefasst und
an die vorhandene Blockchain angehängt werden. Neben diesen individuellen Produktdaten weist der Block einen Header auf, der einen Hashwert

---

[16] *Möllenkamp/Shmatenko*, in: Hoeren/Sieber/Holznagel. MMR-HdB, Teil 13.6 Blockchain und
Kryptowährungen m. w. N.

(d.h. einen Zahlenwert, der von einem Computerprogramm aus einer Eingabemenge von Daten errechnet wird) des Headers seines Vorgängerblocks und einen Hashwert der in dem jeweiligen Block enthaltenen Transaktionsdaten enthält. Bevor ein neuer Block an die Blockchain angefügt wird, erfolgt zunächst eine Verifizierung der in diesen Block aufzunehmenden Transaktionen durch eine Vielzahl von Teilnehmern in einem Konsensverfahren. Dabei wird die Blockchain von allen Teilnehmern (sog. Nodes und Miner) lokal gespeichert und zwischen ihnen fortwährend synchronisiert. Damit die Abfolge der Ereignisse manipulationssicher dokumentiert werden kann, enthält jeder Block zudem einen Zeitstempel (Timestamp). „Mittelsmänner" sind bei diesem System überflüssig, vielmehr sorgt die Konsensualisierung für die Integrität der Daten im System.

Ein „Block" stellt somit ein Bündel geprüfter Informationen dar, welches mit den jeweils vorausgehenden und nachfolgenden Blocks verknüpft wird. Da eine Änderung des Inhalts eines Blocks dazu führt, dass sich auch seine kryptografische Prüfsumme ändert, wird eine Manipulation durch die Abweichung dieser Prüfsumme von der in dem nachfolgenden Block dokumentierten Prüfsumme erkennbar. Zwar ist auch die Blockchain-Technologie nicht vollständig vor Manipulation gefeit, sie gewährleistet jedoch ein sehr hohes Maß an Sicherheit für die Richtigkeit der innerhalb der Blockchain gespeicherten Daten, was sie für viele Einsatzgebiete interessant macht.

3.1.1 Öffentliche Blockchain

Die „öffentliche" oder auch „public" Blockchain ist die ursprüngliche Variante der Blockchain, die – wie der Name verdeutlicht – grundsätzlich jedermann offensteht und dabei vollständige Transparenz und Einsehbarkeit ermöglicht. Eine Teilnahme ist für jedermann auf allen Ebenen - Lesen, Schreiben und Validieren – möglich. Alle Transaktionen sind öffentlich einsehbar und damit auch überprüfbar, auch der Source Code der jeweiligen Anwendung ist für jedermann zugänglich und unterliegt regelmäßig einer Open Source Lizenz. Ziel ist die gemeinsame Weiterentwicklung des jeweiligen Projektes sowie die Sicherstellung der vollständigen Datentransparenz., ohne eine besondere Kontrollinstanz mit besonderen Berechtigungen.[17]

3.1.2 Private und Konsortium-Blockchain

Die sogenannte „private" oder „permissioned" Blockchain zeichnet sich im Gegensatz zu der öffentlichen Blockchain durch einen beschränkten Zugang sowie eine beschränkte Teilnehmerzahl aus.[18] Dies gilt sowohl für die

---

[17] *Hess*, GRUR-Prax 2020, S. 251 (252).

[18] Ebenda.

Blockchain per se, als auch für deren Ressourcen, insbesondere also deren Quellcode. Typischerweise hat nur ein Verantwortlicher Schreibzugriff, auch der Lesezugriff kann auf bestimmte Teilnehmer beschränkt sein. Häufig kommt diese Form in Unternehmen oder aber innerhalb eines Konzerns zur Anwendung, wenn die auf der Blockchain gespeicherten Daten gerade nicht frei zugänglich sein sollen (beispielsweise bei Geschäftsgeheimnissen) oder aber nicht alle Mitarbeiter die gleichen Zugriffsrechte haben sollen. Da alle Knotenpunkte unter der Kontrolle des Verantwortlichen stehen, ist es somit grundsätzlich möglich, die Transaktionshistorie zu ändern, da es keine konkurrierenden Knoten gibt.

Eine Variante ist die „Konsortium" Blockchain, bei der die alleinige Kontrollinstanz durch eine definierte Gruppe (das „Konsortium") ersetzt wird, die für das Netzwerk verantwortlich ist und gemeinsam Entscheidungen trifft. Interessant ist diese Zwischenform für Gruppen von mehreren Beteiligten – beispielsweise innerhalb einer Branche oder ein Zusammenschluss mehrerer Organisationen – die intern Handel treiben oder Informationen austauschen müssen, diese aber nicht mit der Öffentlichkeit teilen wollen. Da die Verantwortlichkeit auf mehrere Teilnehmer verteilt ist und bei Änderungen in der Regel eine im Vorfeld definierte Mehrheitsentscheidung vorliegen muss, kann eine einzelne Partei die Transaktionsgeschichte nicht ändern. Die Manipulationssicherheit ist somit höher als bei der privaten Blockchain. Beispiele für Private Blockchains stellen die „Hyperledger Fabric", „Multichain" oder „Corda" dar.[19]

3.1.3 Vor- und Nachteile

Die dargestellten Varianten unterscheiden sich zum Teil erheblich voneinander und können – je nach Einsatzgebiet bzw. Einsatzzweck – Vor- und Nachteile haben. Sofern – wie bei einer Kryptowährung – eine höhere Vertrauensbasis und Transparenz gefordert ist, kann genaugenommen nur die öffentliche Blockchain gewählt werden. Sofern kein Zugriff durch externe Dritte gewünscht bzw. – beispielsweise aus datenschutzrechtlichen Gründen – nicht erlaubt ist, bieten sich die private oder Konsortium-Blockchain an, die sich aufgrund ihrer beschränkten Zugriffsmöglichkeiten gerade für einen Einsatz innerhalb eines abgrenzbaren Personenkreises eignen und die Effizienz und Transparenz der Blockchain-Technologie in einer geschützten, für außenstehende nicht einsehbaren Umgebung darstellen können. Hier kann in der Regel auch eine höhere Geschwindigkeit und höhere Effizienz gewährleistet werden, da nicht so eine hohe Zahl von Kontrollpunkten einbezogen werden muss.

---

[19] *Greenspan*, MultiChain Private Blockchain – White Paper, https://www.mul tichain.com/d ownload/MultiChain-White-Paper.pdf (abgerufen am 29.6.2020).

3.2 Einsatzmöglichkeiten im Kampf gegen Produktpiraterie

Auch wenn die Blockchain-Technologie ursprünglich für den Finanzbereich entwickelt wurde, zeigt sich bereits, dass sie auch in vielen anderen Bereichen und Branchen ein erhebliches Potential aufweist. Überall dort, wo Nachweise über geleistete Transaktionen erbracht werden müssen oder der ordnungsgemäße Transfer von Gütern zu belegen ist, bieten sich mögliche Anwendungsfelder.

Die Vorteile der Technologie können auch für den Einsatz gegen Produktpiraterie nutzbar gemacht werden. So ermöglicht sie es beispielsweise, entlang der Lieferketten und Vertriebswege einzelne Produkte zuverlässig, detailgetreu und synchron nachzuverfolgen. Gerade in der Pharma-, der Nahrungs- aber auch der technischen Ersatzteilindustrie ist eine solche Rückverfolgbarkeit von enormer Bedeutung, um die Authentizität und gesundheitliche Unbedenklichkeit der Produkte zu überwachen und gewährleisten zu können. Zusätzlich können weitere Informationen zu dem Produkt, z.B. zum Hersteller und Produktions- bzw. Gewinnungsort, auf der Blockchain hinterlegt werden. So besteht die Möglichkeit – gerade auch für die Endkunden – Produkte zu verifizieren und den Kauf einer Fälschung auszuschließen. Dies setzt aber natürlich voraus, dass sich die Endkunden auch tatsächlich für ein Originalprodukt interessieren und nicht (bewusst) eine Nachahmung erwerben.

Für den erfolgreichen Einsatz der Technik ist dabei in der Regel entscheidend, ob und wie der zu schützende Gegenstand mit der Blockchain verbunden werden kann. Da die Technologie mit vielen anderen Technologien kompatibel ist, kann dies vielfach durch eine Kombination mit anderen technischen Schutzmaßnahmen – beispielsweise RFID-Chips – erreicht werden, so dass die Fälschungssicherheit noch weiter steigt.[20]

Auch wenn die Blockchain-Technologie noch immer relativ jung ist, gibt es bereits mehrere Unternehmen bzw. Anbieter, die die Technologie für die Bekämpfung von Produktpiraterie einsetzen. Da der Markt sehr schnelllebig ist, kann nachfolgend nur ein temporärer Überblick gegeben werden, der sich beispielhaft auf einige wenige Branchen konzentriert.

3.2.1 Pharmaprodukte

Wie die vorstehend genannten beispielhaften Zahlen verdeutlichen, besteht gerade im Arzneimittelsektor ein hoher Bedarf an der Etablierung von

---

[20] *Prinz/Schulte*, Blockchain und Smart Contracts Technologien, Forschungsfragen und Anwendungen, https://www.aisec.fraunhofer.de/content/dam/aisec/Dokumente/Publikationen/Studien_TechReports/deutsch/FhG-Positionspapier-Blockchain.pdf (abgerufen am 29.6.2020).

Schutzmechanismen. Dies spiegelt sich zum Teil auch bereits auf Gesetzesebene wieder.

So soll dem Phänomen der Produktpiraterie und ihren zum Teil tödlichen Folgen auf Unionsebene durch die sogenannte Fälschungsschutz-Richtlinie[21] sowie die dazugehörige Delegierte Verordnung[22] entgegengewirkt werden. Festgelegt wird hier eine Absicherung auf zwei Ebenen: zum einen soll das Arzneimittel anhand eines individuellen Erkennungsmerkmals auf der Arzneimittelpackung identifiziert werden können („Unique Identifier"), der auf einer Folge numerischer oder alphanumerischer Zeichen sowie einem zweidimensionalen Barcode bestehen muss. Zum anderen muss durch eine Vorrichtung gegen Manipulation die Unversehrtheit der Arzneimittel erkennbar sein („Anti-Tampering-Device"). Weiterhin sollen End-to-End Überprüfungssysteme entlang der Lieferkette die Echtheit der Arzneimittel gewährleisten und eine Rückverfolgung ermöglichen. Der Einsatz einer Blockchain-Technologie ist hier nicht zwingend vorgeschrieben, wäre aber als Prüfsystem grundsätzlich denkbar.

Ähnliche Sicherheitsanforderungen werden in den USA schrittweise durch den Drug Supply Chain Security Act (DSCSA) eingeführt. Auch hier muss eine eindeutige Produktidentifikation über einen Unique Identifier gewährleistet werden. Anders als in Europa sind jedoch Echtheitsprüfungen beispielsweise auch bei jeder Haftungsübertragung entlang der gesamten Lieferkette sowie bei einer Rückgabe von Produkten an den Hersteller durchzuführen. Die FDA kann darüber hinaus Produktuntersuchungen anordnen und Hersteller müssen binnen 24 Stunden auf Anfragen reagieren.

Die amerikanische Food & Drug Administration (FDA) hat verschiedene Pilotprojekte durchgeführt, um zu überprüfen, wie diese gesetzlichen Anforderungen in der Praxis umgesetzt werden können und hat in einigen Projekten auch auf den Einsatz von Blockchain-Technologien gesetzt. Eines ist das MediLedger-Projekt des Technologieunternehmens Chronicled. Ziel ist eine transparente und einheitliche Blockchain-Plattform, die alle Einheiten – jedes Arzneimittel, jeden Impfstoff – und ihre Transportwege anonymisiert in einer Art Verzeichnis vermerkt. Alle Beteiligten können so abgleichen, ob ein Arzneimittel von einem verifizierten Unternehmen kommt und Fälschungen können eingedämmt werden. Darüber hinaus gibt es ein Nachrichtennetzwerk, das es Unternehmen ermöglicht, auf sichere Weise Anfragen zur Verifizierung von Produktidentifikationen zu stellen und zu beantworten. Nur autorisierte Unternehmen können ihre Produkte in das

---

[21] RL 2011/62/EU.

[22] Delegierte VO (EU) 2016/161 der Kommission vom 2.10.2015.

Verzeichnis einstellen und es können auch lediglich Transaktionen zwischen verifizierten Unternehmen genehmigt werden.[23] Die Teilnehmer greifen zwar auf die gleiche Datenbank zu, können untereinander jedoch keine weiteren Daten über die Geschäftsaktivitäten der Wettbewerber einsehen – die Information ist vielmehr darauf beschränkt, ob das konkrete Arzneimittel seit der Herstellung nur von verifizierten Unternehmen gehandelt wurde.[24]

Ein weiteres durch die FDA initiiertes Pilotprojekt zielte darauf ab, die Abläufe im Falle eines Produktrückrufs darzustellen und zeigte, dass – basierend auf der Hyperledger Fabric Blockchain – Rückrufe in wenigen Sekunden statt in mehreren Tagen erfolgen können.[25]

Deutlich wird, dass gerade die Pharmaindustrie – sicherlich auch bedingt durch die im Vergleich zu anderen Branchen strengeren gesetzlichen Anforderungen – in diesem Bereich eine Vorreiterposition übernimmt. In der Regel sind insbesondere „private" oder „Konsortium-Blockchains" von Interesse, die u.a. der Sensibilität der betroffenen Daten besser Rechnung tragen können, als öffentliche Varianten.[26]

3.2.2 Mechanik/Ersatzteile

Auch auf technischem Gebiet besteht Bedarf für effektive Schutzmechanismen gegen Produktpiraterie. So ist es in der Luftfahrt beispielsweise üblich, dass Teile oder auch ganze Flugzeuge mehrfach geleast oder verkauft werden. Die Überprüfung der Herkunft der Teile ist dabei in der Praxis häufig schwierig und in der Regel nur anhand umfangreicher Papierdokumente möglich – diese wiederum können leicht verloren gehen und sind zudem recht fälschungsanfällig. Da die Dokumente und damit die Authentizität der Produkte vor dem Verkauf online nicht ohne weiteres überprüft werden können, existierte ein Markt für den Online-Handel mit gebrauchten Flugzeugen oder Flugzeugteilen bislang faktisch kaum.

Die Luft- und Raumfahrtsparte des amerikanischen Unternehmens Honeywell International Inc., eines der Hauptlieferanten für Flugzeugteile für Airbus und Boeing, hat nun eine Online-Plattform in Kooperation mit den

---

[23] https://www.chronicled.com/product-verification; https://www.prnewswire.com/news-releases/mediledger-product-verification-solution-has-launched-300879491.html.

[24] https://healthcare-in-europe.com/de/news/mit-blockchain-gegen-gefaelschte-medikamente.html.

[25] https://www.ledgerinsights.com/ibm-merck-walmart-blockchain-fda-pharmaceutical-pilot/.

[26] https://www.vfa.de/de/wirtschaft-politik/pharma-digital/blockchain-ein-blick-in-die-zukunft.

Unternehmen iTRACE[27] und SecureMarking auf Basis der Hyperledger Fabric Blockchain eine solche Plattform eingerichtet, die Online-Handel fördern und den Verkauf gefälschter Luftfahrt-Teile verhindern soll.[28]

Das verwendete System basiert auf einer Zwei-Faktor-Authentifizierung. Zunächst werden mit der 2DMI-Lösung von iTRACE Daten per Laser auf das Typenschild eines Teils geätzt. Im Anschluss wird eine spezielle Tinte auf das Bauteil aufgetragen. Sobald das Bauteil verkaufsfertig ist, wird die 2D-Matrix mit der mobilen Anwendung von iTRACE gescannt, um die digitale Authentizität zu aktivieren. Die Blockchain von Honeywell kann diese Daten zusammen mit weiteren Informationen des Bauteils (beispielsweise zum Fertigungsprozess sowie etwaigen Reparaturen) aufzeichnen. Ein Techniker kann dann beispielsweise anhand des Typenschilds die Echtheit eines Teils überprüfen und frühere Wartungsereignisse einsehen.[29]

3.2.3 Luxusgüter

Gerade bei Luxusgütern führen Fälschungen zu hohen Umsatzverlusten. Entsprechend groß ist das Interesse von Markenherstellern, ihre Produkte bestmöglich vor Produktpiraterie zu schützen. Verbraucher und Einzelhändler interessieren sich zudem zunehmend für den Wiederverkauf solcher Waren – so startete beispielsweise das E-Commerce-Unternehmen Farfetch kürzlich eine Online-Wiederverkaufsplattform für Handtaschen, während die amerikanischen Vintage-Händler Rebag und The RealReal jeweils bereits mehrere Luxus-Wiederverkaufsstellen in LA und New York eröffneten.[30] Da dieser „Vintagemarkt" voraussichtlich noch weiter anwachsen wird, besteht auch zunehmend Bedarf, die Authentizität von Luxusprodukten beweisen zu können. Chanel beispielsweise verklagte kürzlich den Vintage-Händler The RealReal und stellte dessen Authentifizierungsmechanismen in Frage.[31]

Bereits mehrere Anbieter versuchen, diesem Bedarf gerecht zu werden. So wurde Anfang dieses Jahres die Plattform „VIRGO" vorgestellt, die die Überprüfung der Authentizität von Luxusprodukten mittels Blockchain und IoT ermöglichen soll, angefangen beim Erwerb der Rohmaterialien über die Produktherstellung und den Verkauf im Einzelhandel bis hin zum

---

[27] https://itracetech.com/.

[28] https://www.hyperledger.org/wp-content/uploads/2019/12/Hyperledger_CaseStudy_Honeywell_Printable_12.12.19.pdf.

[29] https://www.ledgerinsights.com/honeywell-blockchain-aircraft-parts-anti-counterfeiting/ (abgerufen am 29.6.2020).

[30] https://fashionunited.de/nachrichten/mode/lvmh-will-mittels-blockchain -faelschungen-vermeiden/2019052231958 (abgerufen am 29.6.2020).

[31] https://www.thefashionlaw.com/chanel-to-the-realreal-your-authentication-experts-arent- experts-at-all/ (abgerufen am 29.6.2020).

Weiterverkauf auf dem Sekundärmarkt. Die Plattform ermöglicht Herstellern die Selbstzertifizierung von Produkten mittels RFID-, NFC- und Blockkettenzertifizierung. Darüber hinaus können Markenhersteller die Plattform in bestehende ERP-Systeme integrieren. Die Plattform verwendet Non-Fungible Tokens (NFT) auf der Ethereum-Blockchain,[32] einzigartige kryptografische Token, die (im Vergleich zu fungiblen Tokens wie z.B. Bitcoins) nicht austauschbar sind und nicht repliziert oder zerstört werden können.[33] Endverbraucher können über eine App auf ihrem Smartphone sowohl online als auch im stationären Handel die Authentizität der von ihnen erworbenen Produkte überprüfen und digitale Echtheits- und Eigentumszertifikate für jedes Produkt erstellen. Diese können sie in einer Art „digitaler Brieftasche" auf der Blockchain sicher aufbewahren und – im Falle eines Weiterverkaufs – vorzeigen und übertragen können.[34]

Ähnliche Funktionen soll auch "AURA" aufweisen, eine Plattform, die LVMH, einer der weltweit größten Luxusgüterkonzerne, gemeinsam mit ConsenSys und Microsoft auf den Markt bringen will. Wie die drei Unternehmen in einer gemeinsamen Pressemitteilung erklärten, soll auch AURA den Verbrauchern helfen, die Herkunft und Authentizität von Luxusgütern nachzuverfolgen und sich diese auch bescheinigen zu lassen.[35] Auch dieses System soll auf der Ethereum-Blockchain basieren, allerdings in Form einer Konsortium-Blockchain, bei der grundsätzlich jede „Luxusmarkenhersteller" Mitglied werden kann.[36] Wie die „Aufnahmekriterien" definiert werden ist bislang allerdings nicht bekannt.

Auch die Unternehmen EVRYTHNG und Arianee haben sich zusammengeschlossen, um die Authentizität und damit auch den Wert von Luxusgütern zu garantieren. Das System setzt auf eine Track & Trace Lösung in Kombination mit einer Blockchain-Technologie. Über eine Registrierung des Produktes können Zertifikate zu diesem erstellt werden.[37]

---

[32] Eine globale Open-Source-Plattform für dezentralisierte Anwendungen, die 2015 ins Leben gerufen wurde und laut eigenen Angaben die weltweit führende programmierbare Blockchain ist, vgl. www.etherum.org (abgerufen am 29.6.2020).

[33] https://blockonomi.com/non-fungible-tokens (abgerufen am 29.6.2020).

[34] https://www.ledgerinsights.com/blockchain-luxury-counterfeit-prevention-pwc-var-virgo/; https://www.virgo.tech/press/ (abgerufen am 29.6.2020).

[35] https://fashionunited.de/nachrichten/mode/lvmh-will-mittels-blockchain-faelschungen-vermeiden/2019052231958 (abgerufen am 20.6.2020).

[36] Pressemitteilung v. 16.5.2019, https://content.consensys.net/wp-content/uploads/AURA_ConsenSys_Press-Release_May-16-2019-2.pdf (abgerufen am 29.6.2020).

[37] Pressemitteilung v. 17.6.2020, https://evrythng.com/evrythng-and-arianee-partnership/ (abgerufen am 29.6.2020).

Für Verbraucher haben diese Systeme den Vorteil, dass sie Gewissheit darüber erlangen können, ob sie ein Originalprodukt vor sich haben und der in der Regel recht hohe Preis gerechtfertigt ist. Gleichzeitig können sie – beispielsweise im Falle eines Weiterverkaufs – nachweisen, dass sie ein Originalprodukt anbieten. Hersteller können durch die verwendeten Technologien ihre Verkaufs- und Vertriebskanäle in einer besonderen Detailgenauigkeit verfolgen und (fast) in Echtzeit sehen, welche Produkte sich gut verkaufen (und wo). Dies ermöglicht die Antizipation von Nachfragen und auch tiefergehende Analysen, beispielsweise im Bereich der Qualitätskontrolle oder aber auch der Wiederverkaufsraten. Auch die Kommunikation mit dem Kunden könnte – basierend auf den gewonnen Daten – personalisiert werden.[38]

4 Fazit

Die Blockchain-Technologie steht für Dezentralität, Vertrauen, Anonymität, Transparenz und Manipulationssicherheit. Diese Eigenschaften können sich gerade auch im Einsatz gegen Produktpiraterie positiv auswirken. Die vorgenannten Beispiele verdeutlichen, dass es branchenweit zahlreiche Einsatzmöglichkeiten gibt, bei denen die Blockchain-Technologie bereits vorhandene (technische) Schutzmechanismen sinnvoll und effektiv unterstützen kann. Durch eine Kombination mit anderen Maßnahmen können der Fälschungsschutz erhöht und die negativen Auswirkungen der Produktpiraterie damit verringert werden.

Deutlich wird jedoch auch, dass sich das Phänomen der Produktpiraterie nicht allein durch technische Mittel beseitigt werden kann. Es bedarf vielmehr eines abgestimmten Gesamtkonzeptes – Verbraucher müssen sensibilisiert, Fälscher mit rechtlichen Schritten bekämpft und effektive Rechtsbehelfe etabliert werden.

Aus rechtlicher Sicht stellen sich in diesem konkreten Umfeld insbesondere datenschutz- und verbraucherrechtliche Fragen, aus technischer Sicht sind vor allem die mangelnde Standardisierung und die dadurch nicht immer gewährleistete Interoperabilität unterschiedlicher Blockchain-Anwendungen zu berücksichtigen.

---

[38] https://fashionunited.de/nachrichten/business/warum-lvmhs-blockchain-die-modeindustrie-revolutionieren-koennte/2019070532369 (abgerufen am 29.6.2020).

Literatur

Forgó, Nikolaus/Helfrich, Marcus/Schneider, Jochen (Hrsg.): Betrieblicher Datenschutz, 3. Aufl., Wien/München 2019.

Hess, Christian: Die Blockchaintechnologie im Lichte des Geschäftsgeheimnisschutz- und Patentrechts, GRUR-Prax 2020, S. 251-253.

Hoeren, Thomas/Sieber, Ulrich/Holznagel, Bernd (Hrsg.): Handbuch Multimedia-Recht, Loseblattsammlung, 51. EL, Stand: Februar 2010.

RECHTLICHE RAHMENBEDINGUNGEN BEIM SCHUTZ VON GEISTIGEM EIGENTUM ÜBER EINE BLOCKCHAIN

Alexander La Roche

Ebner Stolz
alexander.laroche@ebnerstolz.de

Zusammenfassung

Die Blockchain-Technologie verspricht neue Möglichkeiten beim Schutz von geistigem Eigentum. Die manipulationssichere Technologie könnte in Verbindung mit „Smart Contracts" für eine erhebliche Vereinfachung beim IP-Rechtemanagement sorgen. Auch bei der Beweisführung verspricht der Einsatz der Blockchain-Technologie Vorteile. Das deutsche Recht erweist sich einmal mehr als flexibel und anpassungsfähig.

1 Siegeszug der Blockchain-Technologie?

1.1 Technische Grundlagen

Nach dem Erfolg der Kryptowährung Bitcoin steht längst auch die hinter Bitcoin stehende Blockchain-Technologie im Fokus der Öffentlichkeit. Nicht Wenige erachten Blockchain als die eigentliche Innovation, die weit mehr Einfluss auf unseren Alltag entwickeln wird als Bitcoin. In der öffentlichen Wahrnehmung sind Bitcoin und Blockchain jedoch untrennbar verbunden: Bitcoin ist nicht nur der Anwendungsfall, in dem die Technologie erstmals verwendet wurde, sondern dient auch geradezu als Paradebeispiel, wie die Stärken der Technologie eingesetzt werden können.

Die Blockchain kann beschrieben werden als ein elektronisches Register für digitale Datensätze, Ereignisse oder Transaktionen, die durch die Teilnehmer eines verteilten Rechnernetzes verwaltet werden. Die Einträge dieses Registers werden in Blöcken gruppiert, welche in chronologischer Reihenfolge über eine kryptographische Signatur miteinander verknüpft werden.[1] Eine Blockchain setzt sich somit aus einer Datenstruktur und einem Verwaltungssystem zusammen.

---

[1] *Schlatt/Schweizer/Urbach/Fridgen*, Blockchain: Grundlagen, Anwendungen, Potentiale – White Paper des Fraunhofer Institute for Applied Information Technology FIT, https://www.fit.fraunhofer.de/content/dam/fit/de/documents/Blockchain_WhitePaper_Grundlagen-Anwendungen-Potentiale.pdf (abgerufen 25.6.2020), S. 7.

1.2 Bildung und Verknüpfung der einzelnen Blöcke

Vereinfacht kann die Datenstruktur auf die folgenden grundlegenden technischen und organisatorischen Eigenschaften heruntergebrochen werden: Es handelt sich um eine Datenbank, deren Inhalte nicht zentral, sondern im gesamten Blockchain-Netzwerk auf einer Vielzahl von Rechnern gespeichert werden. Die Speicherung erfolgt in Informationspaketen, sogenannten „Blocks". Jedes fertig geschnürte Informationspaket wird an die bereits bestehenden Informationspakete angehängt und mit diesen inhaltlich verknüpft. Es bildet sich eine Kette aus Blöcken, eine „Blockchain".

Bemerkenswert ist die Form der inhaltlichen Verknüpfung der Blocks: Mit Hilfe mathematischer Algorithmen wird aus den Informationen ein sogenannter „Hashwert" gebildet. Das bedeutet, dass beliebig lange Zeichenfolgen in eine Zeichenfolge umgewandelt werden, die eine festgelegte Länge hat. Der Hashwert hat die Eigenschaften, dass (i.) die ursprüngliche Zeichenfolge nicht mit vertretbarem Aufwand bestimmt werden kann, es (ii.) nicht möglich ist, mit vertretbarem Aufwand eine zweite Zeichenfolge zu finden, die denselben Hashwert ergibt und es (iii.) nicht mit vertretbarem Aufwand möglich ist, zwei verschiedene Zeichenfolgen zu finden, die denselben Hashwert ergeben.[2] Es kann somit davon ausgegangen werden, dass ein Hashwert Informationen so verkürzt, dass die Information selbst nicht daraus abgelesen werden kann, sie im Abgleich mit weiteren Hashwerten aber unverwechselbar ist. Das besondere ist nun, dass der Hashwert nicht nur aus den Informationen eines Blocks gebildet wird, sondern aus den Informationen des neuesten Blocks und dem Hashwert des vorherigen Blocks. Da der Hashwert des vorherigen Blocks unverwechselbar alle Informationen der in der Kette vorherstehenden Blöcke in sich trägt, trägt auch

---

[2] *Schlatt/Schweizer/Urbach/Fridgen,* ebenda.

jeder neue Block unverwechselbar die gesamten Informationen der Blockchain in sich. Da der erste Block der Kette sich nicht auf einen vorherigen Block rückbeziehen kann, wird dieser „Genesis Block" genannt.

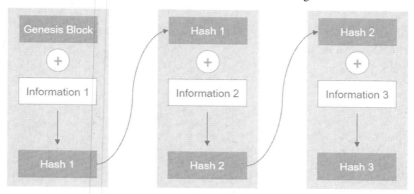

Zusammensetzung neuer Blöcke

Als Hürde für die Erstellung eines neuen Blocks ist ein sogenannter „Proof-of-Work" erforderlich. In der Regel bedeutet dies, dass eine rechenintensive mathematische Aufgabe gelöst werden muss. Der Proof-of-Work hat die Funktion eines „Eintrittsgelds" und soll die übermäßige oder missbräuchliche Nutzung eines Dienstes verhindern. Bei Bitcoin benötigt die Erfüllung des Proof-of-Work in der Regel etwa zehn Minuten, was sich direkt auf die Dauer der Durchführung eines Zahlungsvorgangs auswirkt.

Ferner setzt die Blockchain auf sogenannte Public-Key-Kryptographie. Mit Hilfe eines Algorithmus wird ein mathematisch miteinander verbundenes Schlüsselpaar gebildet, wobei jeweils ein Schlüssel öffentlich und ein Schlüssel privat ist. Der Verfasser einer Information im Blockchain-Netzwerk, welche man sich vereinfacht als Nachricht vorstellen kann, unterschreibt seine Nachricht mit seinem privaten Schlüssel. Jeder Empfänger der Nachricht kann diese mit Hilfe des öffentlichen Schlüssels verifizieren. Da nur der Absender der Nachricht den privaten Schlüssel kennt, kann diese eindeutig dem Absender zugewiesen werden und er kann nicht leugnen, die Nachricht verfasst zu haben. Ein weiterer Vorteil ist, dass die Nachricht durch die asymmetrische Verschlüsselung nicht unbemerkt verändert werden kann.[3]

---

[3] _Schlatt/Schweizer/Urbach/Fridgen_, ebenda.

Zusammenfassend enthält ein einziger Block sämtliche Informationen der vorhergehenden Blöcke und die neu hinzugefügten Informationen, welche durch die Public-Key-Verschlüsselung eindeutig und unverwechselbar einem bestimmten Verfasser zugeordnet werden können.

1.3 Verwaltungsstruktur der Blockchain

Statt einer zentralen Speicherung der Blockchain erhält jeder, der dem Netzwerk beitritt, eine komplette Kopie der bisherigen Blockchain. Es handelt sich um ein Peer-to-Peer-Netzwerk, was bedeutet, dass jeder Teilnehmer des Netzwerks die gleichen Rechte hat. Es gibt keine zentrale Instanz, keinen Administrator mit Sonderrechten. Wird ein neuer Block gebildet, wird dieser zur Prüfung an jedes Mitglied des Netzwerks gesendet. Das Mitglied kann den neuen Block mit seiner Kopie der Blockchain abgleichen. Jede nachträgliche Veränderung der bestehenden Blockchain würde wegen abweichender Hashwerte auffallen und der neue Block würde durch das Mitglied des Netzwerks nicht verifiziert. Wenn mehr als 50 Prozent der Mitglieder des Netzwerks den neuen Block nicht verifizieren, wird dieser nicht zur Kette hinzugefügt. Wenn allerdings die überwiegende Zahl der Mitglieder den Block verifiziert, wird die Kette um den Block erweitert. Die Verwaltung der Blockchain erfolgt also über ein „verteiltes Konsenssystem": Statt von einer zentralen Autorität erfolgt die Verwaltung nach dem Konsensprinzip durch das gesamte an der Blockchain beteiligte Rechnernetzwerk.[4] Das schafft Vertrauen und beugt Missbrauch vor.

Um einen Block nachträglich zu manipulieren, müssten bei einer Blockchain mit den hier beschriebenen Eigenschaften alle dem manipulierten Block nachfolgenden Blocks neu berechnet werden, zusätzlich für jeden Block jeweils ein Proof-of-Work neu berechnet werden und es müsste die Kontrolle über mehr als 50 Prozent des Peer-to-Peer-Netzwerks übernommen werden, um die manipulierten Informationen zu verifizieren. Das gilt als beinahe unmöglich.

2 Anwendungsszenarien der Blockchain beim Schutz von geistigem Eigentum

2.1 Smart Contracts

Das Versprechen einer manipulationssicheren und nicht nachträglich veränderbaren Datenbank entwickelt besonderen Reiz, wenn diese mit einer Software verknüpft wird, die den Informationsinput unbeirrbar nach zuvor festgelegten Regeln verarbeitet. Hierfür hat sich das Schlagwort „Smart

---

[4] *Schlatt/Schweizer/Urbach/Fridgen*, ebenda, S. 7.

Contract" durchgesetzt. Diese Verträge werden – im Idealfall – automatisiert elektronisch geschlossen und durchgeführt.

Die Idee von Smart Contracts ist weder neu noch unmittelbar von der Blockchain-Technologie abhängig. Bereits im Jahr 1997 beschäftigte sich der Informatiker und Rechtswissenschaftler Nick Szabo mit der Idee smarter Verträge und skizzierte den Anwendungsfall eines mit einem Smart Contract verknüpften Automobils, welches als Sicherheit für ein gewährtes Darlehen dient.[5] Gerät der Darlehensnehmer in Rückstand mit der Rückzahlung, könnte die Bank über einen Fernzugriff das Fahrzeug deaktivieren. Ist das Darlehen aber zurückgezahlt, würde die Möglichkeit des Fernzugriffs der Bank abgeschaltet. Diese einfachen Abläufe ließen sich beliebig ausbauen bis zur vollkommenen Automatisierung: Das System der Bank könnte automatisiert erkennen, dass der Darlehensnehmer in Zahlungsrückstand geraten ist und über ein Skript die Deaktivierung des Fahrzeugs einleiten. Im Skript könnte aber auch vorgesehen sein, dass dem Darlehensnehmer zuvor automatisiert eine Frist gesetzt wird und dass die Fristsetzung etwa über das Fahrzeugdisplay erfolgt. Unverzichtbare Grundvoraussetzung für eine fortschreitende Automatisierung ist aber ein Input, eine Datengrundlage. Nur wenn der Smart Contract auf die Information des Zahlungsrückstands zugreifen kann, kann überhaupt eine Aktion eingeleitet werden. Um Vertrauen in den Smart Contract zu schaffen, sollte die Datengrundlage möglichst manipulationssicher sein. Egal wie eindeutig die automatisiert ausgeführten Regeln eines Smart Contract wären: Der Darlehensnehmer würde sich ungern darauf einlassen, wenn er befürchten müsste, dass ein ihm nicht wohlgesonnener Bankmitarbeiter die Datengrundlage manipuliert und einen Zahlungsrückstand im System eintragen könnte, um das Skript in Gang zu setzen. Hier kommt die manipulationssichere Blockchain ins Spiel. Wäre im dargestellten Fall auch der Darlehensvertrag ein Blockchain-basierter Smart Contract, wäre das Manipulationsrisiko minimiert. Der Darlehensnehmer muss nicht seinem Vertragspartner trauen, sondern nur der Technologie.

Mit einem Smart Contract ließe sich theoretisch der Lebenszyklus eines gewerblichen Schutzrechts abbilden: Nach dem Entstehen des Rechts könnte die gesamte Lizenzierung, Bezahlung und Rechtsdurchsetzung über einen Smart Contract abgebildet werden. Die Lizenzerteilung und Bezahlung der Lizenzgebühren könnte bei einer urheberrechtlich geschützten Fotografie beispielsweise so ausgestaltet werden, dass erst nach Abschluss des Smart Contract der Link zum Download der Fotografie übermittelt wird. Gerät der Lizenznehmer in Zahlungsrückstand, könnte die Anzeige

---

[5] _Szabo_, The Idea of Smart Contracts, https://nakamotoinstitute.org/the-idea-of-smart-contracts/ (abgerufen 27.6.2020).

der Fotografie automatisiert gesperrt werden. Bei der Einräumung ausschließlicher Nutzungsrechte könnte wirksam verhindert werden, dass weitere Lizenzen erteilt werden. Auch zeitliche, territoriale oder inhaltliche Beschränkungen eines Nutzungsrechts ließen sich mit einer geeigneten Datengrundlage automatisiert überprüfen und durchsetzen. Lange Rechteketten ließen sich transparent darstellen und überprüfen. Nach Beendigung der Lizenz könnte nicht nur die Originaldatei beim Lizenznehmer gelöscht werden, sondern die Fotografie könnte zum Beispiel auch von allen digitalen Werbeträgern entfernt werden. Zuletzt könnte auch der Ablauf der Schutzfrist im Smart Contract vorgesehen werden.

Ein Beispiel für einen simplen Smart Contract zum Schutz geistigen Eigentums ist das Digital Rights Management von Apple auf der Plattform iTunes: Kauft der Nutzer über die Plattform einen Song oder ein Album, sind in der Musikdatei Grundlagen der Nutzungsbedingungen von iTunes niedergelegt und technisch umgesetzt: Das Nutzungsrecht berechtigt zur Nutzung auf bis zu fünf Computern. Dieser Regelung entsprechend wird technisch verhindert, dass die Datei auf einem sechsten Computer verwendet wird.[6]

Ihr wahres Potential dürften Blockchain und Smart Contracts aber wohl erst mit einer wachsenden Datengrundlage entfalten. Für diese Datengrundlage könnte das Internet der Dinge sorgen. Hinter dem Begriff steht die Idee, dass „intelligente" Alltagsgegenstände mit Sensoren zur Wahrnehmung, Kommunikationsmitteln zur Vernetzung und Rechenleistung zur Verarbeitung ausgestattet werden. In abgrenzbaren Bereichen ist das Internet der Dinge bereits allgegenwärtig. Die universelle Plattform für das Internet der Dinge könnte aber die Blockchain bilden.[7] Würden sämtliche Informationen der intelligenten Geräte über Sensorwahrnehmungen, (Inter-)Aktionen und Transaktionen in die Blockchain geladen, ergäbe sich eine enorme Datengrundlage, die menschliche Einflussnahme nach der initialen Programmierung eines Smart Contract wohl weitgehend überflüssig machen würde. Zum Beispiel in der Musikbranche könnte dies zu völlig neuen Lizenzierungs- und Vergütungsmodellen führen: Man stelle sich vor, das Mikrofon eines intelligenten Geräts registrierte, dass der Song eines bestimmten Musikers abgespielt wurde, unabhängig davon ob im Radio, über einen Streaming-Anbieter, im Fernsehen oder auf jeder andere Plattform. Über einen Smart Contract könnte automatisch die Zahlung einer

---

[6] Bedingungen der Apple Media Services, https://www.apple.com/legal/internet-services/itunes/de/terms.html (Abruf 27.6.2020).

[7] *Mattila/Seppälä*, Blockchains as a Path to a Network of Systems, http://www.etla.fi/wp-content/uploads/ETLA-Raportit-Reports-45.pdf (abgerufen 27.6.2020).

geringen Gebühr an die Rechteinhaber des Songs eingeleitet werden. Intermediäre für die Vergütung der Rechteinhaber würden überflüssig.

2.2 Beweis prioritätsälterer Rechte

Auch auf die Beweisführung im gewerblichen Rechtsschutz könnte die Blockchain massiven Einfluss haben. Aufgrund ihrer unveränderlichen chronologischen Aneinanderkettung von Informationen könnte mit Hilfe einer Blockchain ein nicht manipulierbarer Beweis über prioritätsältere Rechte geführt werden.

2.3 Entlarvung von „Deep Fakes"

Einschneidend könnte sich die Blockchain-Technologie auf die Verifizierung von Inhalten auswirken. Bereits heute stellt es beim Kampf gegen Fälschungen und Produktpiraterie eine große Herausforderung dar, die Originale von Fälschungen zu unterscheiden. Nicht selten sind die Fälschungen nur für Fachleute von den Originalen zu unterscheiden.

Diese Herausforderung wird insbesondere im Bereich von Bild- und Videomanipulationen noch größer: Sogenannte Deep Fakes sind mit Hilfe von künstlicher Intelligenz hergestellte, täuschend echt aussehende Fälschungen von Bildern oder Videos. Professionelle Deep Fakes sind für den Menschen nicht von Originalen zu unterscheiden. Sie weisen nicht die Fehler auf, die regelmäßig bei menschengemachten Bild- und Videobearbeitungen auftreten und diese verraten. Deep Fakes könnten in Zukunft entscheidenden Einfluss auf die öffentliche Meinung haben, könnten das Vertrauen in die Presse belasten, Wahlen entscheiden oder Unruhen auslösen.

Professionelle Deep Fakes lassen sich zumeist nur mit Hilfe künstlicher Intelligenz enttarnen. Die künstliche Intelligenz benötigt hierfür eine große Menge von Trainingsdaten. Wirklich zuverlässig funktioniert die Technologie im Moment deshalb vor allem bei prominenten Personen, von denen eine große Zahl von Bildern und Videos im Internet aufzufinden ist. Schon jetzt besteht daher ein Bedürfnis nach einer Datenbank mit „wahren" Inhalten, mit deren Hilfe zuverlässig Originale von Fälschungen und Deep Fakes abgegrenzt werden können. Einen Lösungsansatz hierzu bietet die Blockchain-Technologie.[8]

Erste Anläufe zur Schaffung einer solchen Blockchain-basierten Datenbank gibt es bereits. Eine US-amerikanische Entwicklergruppe hat mit Hilfe einer modifizierten Blockchain eine Datenbank entwickelt, die mit Hilfe einer Blockchain unveränderlich beweisen kann, dass eine bestimmte Information zu einer bestimmten Zeit existiert hat. Es gibt Bestrebungen,

---

[8] *Martinez*, The Blockchain Solution to Our Deepfake Problems, https://www.wired.com/sto ry/the-blockchain-solution-to-our-deepfake-problems/ (abgerufen 27.6.2020).

die Technologie direkt in Hardware (z.B. Smartphones) zu integrieren, damit die von der Kamera erfassten Daten oder Metadaten direkt als Beweis des Originals in der Blockchain festgehalten werden. Sollten Deep Fakes zu einem flächendeckenden Problem werden, könnte die Blockchain-Technologie in naher Zukunft auch einen entscheidenden Einfluss auf den Wahrheitsbegriff im Gerichtssaal entwickeln.[9]

3 Rechtliche Einordnung

3.1 Rechtliche Hürden bei Smart Contracts

Die rechtlichen Implikationen von Smart Contracts im Zusammenhang mit geistigem Eigentum sollen am Beispiel eines smarten IP-Vertrags dargestellt werden, bei dem der Vertragsschluss und die Durchführung zwischen zwei Accounts („Wallets") innerhalb eines Blockchain-Netzwerks abgewickelt werden. Soweit sich Unterschiede ergeben, wird zwischen Übertragung und Lizenzierung von IP differenziert.

3.1.1 Vertragsschluss

Der Vertragsschluss erfordert übereinstimmende Willenserklärungen von Lizenzgeber und Lizenznehmer. Nur diese können als natürliche bzw. juristische Personen Partei des Lizenzvertrags werden. Ein Wallet in einer Blockchain kann noch so automatisiert sein, es kann nach deutschem Recht nicht Partei des Vertrags werden. Hierfür besteht auch kein Bedürfnis.

Richtigerweise ist der Grad der Automatisierung beim Vertragsschluss eine Frage der Zurechnung der Willenserklärung.[10] Initiiert eine natürliche Person durch Steuerung des Wallets unmittelbar die Versendung einer Nachricht, die auf den Abschluss eines smarten Lizenzvertrags gerichtet ist, ist ihr diese Willenserklärung zuzurechnen. Handelt das Wallet autonom, so richtet sich die Frage der Zurechnung danach, wer die Regeln aufgestellt hat, nach denen das Wallet handelt. Die Aufstellung der Regeln stellt die antizipierte Äußerung eines menschlichen Willens dar.[11] Bei fortschreitender Autonomie mag diese Zurechnung schwieriger werden - etwa wenn ein Wallet durch Deep Learning eigene Regeln für Entscheidungen aufstellt. Auch Erklärungen eines solchen autonomen Wallets könnten aber mittelbar auf menschliche Entscheidungen bei der Programmierung der künstlichen Intelligenz zurückgeführt werden. Die Zurechnung wäre

---

[9] *Martinez*, ebenda.

[10] *Heckelmann*, NJW 2018, S. 504 (506).

[11] *Köhler/Müller-Boysen*, ZNER 2018, S. 204.

eine Frage des Einzelfalls, wobei bei weitreichender Autonomie eine Zurechnung zum Programmierer wahrscheinlicher wird.[12]

Zuletzt muss die Willenserklärung der anderen Seite zugehen. Aufgrund des Proof of Work, der erbracht werden muss, können zwischen Abgabe der Willenserklärung und dem Anhängen eines neuen Blocks an das Ende der Kette einige Minuten liegen. Mithin ist der Zeitpunkt des Zugangs der Willenserklärung und damit des Zustandekommens des Vertrags von nicht zu unterschätzender Wichtigkeit. Eine Willenserklärung geht zu, wenn sie so in den Bereich des Empfängers gelangt ist, dass dieser unter normalen Verhältnissen die Möglichkeit hat, vom Inhalt der Erklärung Kenntnis zu erlangen. Nimmt der Empfänger tatsächlich früher von der Erklärung Kenntnis, geht sie mit dem Zeitpunkt der tatsächlichen Kenntnisnahme zu.[13] Es stellt sich die Frage, ob es für den Empfänger die Möglichkeit der Kenntnisnahme gibt, bevor der neue Block angehängt wird. Dabei dürfte es auf die genaue technische Ausgestaltung der Blockchain und des Smart Contracts ankommen. Typischerweise ist aber damit zu rechnen, dass der Adressat erst von der Willenserklärung des anderen Teils erfährt, wenn der Block erfolgreich an die Kette gehängt wird. In den atypischen Fällen der früheren Kenntnisnahme gilt der Zeitpunkt der tatsächlichen Kenntnisnahme.

3.1.2 Schicksal des Vertrags bei einer „Gabelung"

Da innerhalb eines Blockchain-Netzwerks mehrere Rechner parallel neue Blöcke berechnen, kann es sich zutragen, dass zwei Rechner ihre Blöcke simultan fertigstellen und an die Kette anhängen. In diesem Fall hat die Blockchain nunmehr zwei Enden, hat sich also gegabelt. Dieses Phänomen tritt in ca. 1,69 Prozent der Fälle auf.[14] Technisch ist sichergestellt, dass nach der Gabelung nur so lange an dem jeweiligen Zweig weitergearbeitet wird, bis der Zweig über einen längeren zweiten Zweig informiert wird. Nur der längere Zweig wird als richtig erachtet; der kürzere Zweig ist ab diesem Zeitpunkt nicht mehr valide und gilt als nicht von der Blockchain bestätigte Transaktion. Man geht daher davon aus, dass eine hinreichende Sicherheit über die Validität eines Blocks erst besteht, wenn sechs weitere Blöcke angehängt wurden.

Es stellt sich also die Frage, wie es sich auf einen Vertrag auswirkt, wenn der erstellte Block nachträglich invalide wird. Entscheidend ist der Parteiwille, §§ 133, 157 BGB. Sind sich beide Parteien des Risikos einer Gabelung

---

[12] *Heckelmann*, NJW 2018, S. 504 (506).

[13] *Ellenberger*, in: Palandt, BGB, § 130 Rn. 5.

[14] *Schlatt/Schweizer/Urbach/Fridgen* (Fn. 1), S. 11.

bewusst, erscheint es sachgerecht, von einer konkludent vereinbarten auf-
lösenden Bedingung gemäß § 158 Abs. 2 BGB auszugehen, denn beide Parteien wollen den Vertrag als Smart Contract schließen. Ist das ausnahmsweise technisch nicht möglich, ist davon auszugehen, dass sie den Vertrag
nicht „analog" durchführen und daher nicht am Vertrag festgehalten werden wollen. Bis Gewissheit herrscht - also bis mindestens sechs weitere
Blöcke angehängt wurden - ist der Vertrag daher als schwebend unwirksam
anzusehen. Kennen die Parteien das Risiko der Gabelung nicht, wäre als
Ergebnis einer ergänzenden Vertragsauslegung die Annahme einer auflö-
senden Bedingung ebenfalls sachgerecht.

3.1.3 Form und Vertragssprache

Es wird diskutiert, ob das Verfassen des Smart Contract in einer menschen-
lesbaren Sprache erforderlich ist. Die Wahl einer natürlichen Sprache ist
keine Voraussetzung einer Willenserklärung, schließlich können Willenserklärungen auch ohne Worte, also konkludent, abgegeben werden. Es ist
sogar unschädlich, wenn objektiv verbal etwas ganz anderes vereinbart
wird, als beide Parteien wollen (falsa demonstratio non nocet). Allein der
„wirkliche Wille" zählt, § 133 BGB. Bei der Abgabe der Willenserklärung
übersetzen beide Parteien ihre jeweilige Willenserklärung in einen Code.
Die Übersetzung lässt aber die Äußerung des Willens unberührt. Wenn wie
im Fall der falsa demonstratio objektiver Erklärungsinhalt und Wille nicht
deckungsgleich sein müssen, muss dies erst recht in Fällen der Deckungsgleichheit gelten: Auf den objektiven Erklärungsinhalt und damit auch die
Sprache kommt es nicht an. Die objektive Lesbarkeit oder Verständlichkeit
eines Vertrags für Dritte ist daher weder Formvorschrift noch Wirksamkeitsvoraussetzung. Da das Gesetz für IP-Lizenzverträge keine besondere
Form vorschreibt, kommt es für die Wirksamkeit des Smart Contract darauf nicht an.

Auch die Übertragung von deutschen Patenten[15] und Marken[16] ist grundsätzlich formfrei möglich. Es besteht die Möglichkeit der Eintragung der
Patentübertragung in die Patentrolle nach § 30 PatG. Die Eintragung ist
jedoch rein deklaratorisch und daher keine Voraussetzung für die Wirksamkeit der Übertragung eines Patents.[17]

Allerdings schreibt Art. 72 EPÜ für die Übertragung von europäischen
Patentanmeldungen die Schriftform vor. Im Übrigen richtet sich die Über-

---

[15] *Osterrieth*, in: Osterrieth, Patentrecht, 5. Teil, Rn. 889.

[16] *Ingerl/Rohnke*, in: Ingerl/Rohnke, Markengesetz, § 27, Rn. 7.

[17] *Osterrieth*, in: Osterrieth, Patentrecht, 5. Teil, Rn. 890; *Ingerl/Rohnke*, in: Ingerl/Rohnke,
Markengesetz, § 27, Rn. 10.

tragung europäischer Patentanmeldungen nach den nationalen Vorschriften zur Patentübertragung, Art. 74 EPÜ. Gemäß § 126 Abs. 3 BGB kann die elektronische Form grundsätzlich die Schriftform ersetzen, wenn sich nicht aus dem Gesetz ein anderes ergibt. § 126a Abs. 2 BGB setzt für Verträge mit elektronischer Signatur voraus, dass die Parteien jeweils ein gleichlautendes Dokument mit einer qualifizierten elektronischen Signatur versehen. Daraus wird die Voraussetzung abgeleitet, dass es sich bei dem Vertragsdokument um lesbare Schriftzeichen handeln muss.[18] Der Quellcode eines Smart Contracts, der sämtliche Befehle des Vertrags als essentialia enthält, ist in für Menschen lesbaren Schriftzeichen verfasst. Nur die Vertragssprache ist keine natürliche Sprache, was aber wie gezeigt unschädlich ist. Es erscheint daher grundsätzlich möglich, dass ein Smart Contract die elektronische Form gemäß § 126a BGB erfüllt, indem der Quellcode von beiden Parteien mit einer qualifizierten elektronischen Signatur versehen wird. Daher ist grundsätzlich auch eine Übertragung europäischer Patentanmeldungen über Smart Contracts möglich.

3.1.4 Äußere Einflüsse nach Vertragsschluss

Mit den größten Fragezeichen versehen ist derzeit noch die Frage, wie mit nachträglichen, außerhalb des Smart Contracts liegenden Einflüssen umzugehen ist. Dabei kann es sich zum Beispiel um eine nachträglich von den Parteien festgestellte Nichtigkeit des Vertrags, eine Anfechtung oder eine Rücktrittserklärung durch eine Partei handeln. Aber auch der Widerruf eines Patents oder die Löschung einer Marke durch das Deutsche Patent- und Markenamt oder durch Gerichtsentscheid können nachträglich Einfluss auf einen Smart Contract entfalten.

Prinzipiell erscheint es zwar möglich, bestimmte Szenarien von vornherein im Smart Contract anzulegen, zum Beispiel die Nichtigkeit nach § 134 BGB, wenn gegen ein gesetzliches Verbot verstoßen wird. Bei Ereignissen, die nach Vertragsschluss eintreten, erweist sich jedoch die Unveränderlichkeit des in der Blockchain abgelegten Smart Contracts als Hindernis. Insbesondere Wertungsentscheidungen des DPMA oder von Gerichten lassen sich unmöglich antizipieren. Bei Gestaltungsrechten kann nicht von vornherein festgestellt werden, ob der Berechtigte sein Recht überhaupt ausüben wird. Die nachträglichen äußeren Einflüsse lassen sich auch nicht vollständig vertraglich ausschließen. Daher wird man sich damit abfinden müssen, dass ein Smart Contract nicht ohne weiteres immer die wahre Rechtslage abbildet.[19] Er bildet nur unveränderlich die Einigung der Parteien zum Zeitpunkt des Vertragsschlusses ab.

---

[18] *Einsele*, in: Münchener Kommentar zum BGB, § 126a, Rn. 3.

[19] *Schrey/Thalhofer*, NJW 2017, S. 1431 (1435); *Heckelmann*, NJW 2018, S. 504 (507).

Vielversprechend erscheint der Lösungsansatz, von vornherein „programmierte Schiedsstellen" im Smart Contract vorzusehen.[20] Es könnte eine Schnittstelle für eine künstliche Intelligenz oder eine natürliche Person implementiert werden, die ermächtigt wird, bestimmte Tatsachen zu bezeugen oder Abwägungsentscheidungen zu treffen. Durch eine solche Konstruktion kann zudem verhindert werden, dass der große Vorteil des geringen Aufwands bei der Verwaltung und beim Vollzug nicht durch eine aufwendige gerichtliche Rechtsdurchsetzung zunichte gemacht wird.[21] Bei einer programmierten Schiedsstelle handelt es sich um eine Schiedsvereinbarung im Sinne des § 1029 ZPO. Für eine solche Schiedsvereinbarung ist gemäß § 1031 Abs. 1 ZPO grundsätzlich die Schriftform erforderlich, die aber auch durch die elektronische Form ersetzt werden kann, § 126 Abs. 3 BGB. Ist ein Verbraucher beteiligt, muss die Schiedsvereinbarung in einer gesonderten Urkunde festgehalten werden; auch hier genügt die elektronische Form. In der Vereinbarung mit dem Verbraucher dürfen gemäß § 1031 Abs. 3 S. 3 ZPO aber keine Regelungen enthalten sein, die sich nicht auf das schiedsrichterliche Verfahren beziehen. Eine programmierte Schiedsstelle in einem Smart Contract mit einem Verbraucher ist daher als Schiedsvereinbarung formunwirksam, wenn nicht begleitend eine formwirksame Schiedsvereinbarung geschlossen wird.

Nicht antizipierbare spätere Einflüsse können zudem als neuer Block in die Blockchain integriert werden.[22] So könnte etwa eine Anfechtungserklärung als neuer Block geschrieben werden und die mit der Anfechtung verbundenen Effekte in Bezug auf den Smart Contract bewirken („Reverse Transaction").[23] In der Gesamtschau aller Erklärungen und Ereignisse, die in der Blockchain abgelegt sind und sich auf den Vertragsgegenstand beziehen, wäre damit die Rechtslage korrekt wiedergegeben. Dies ist auch bei analogen Verträgen der Fall: Der Blick in den unterschriebenen Vertrag verrät nichts über die wahre Rechtslage, wenn eine nachträgliche Anfechtungserklärung nicht bekannt ist. Auch hier ist mithin eine Gesamtschau aller Erklärungen und Ereignisse erforderlich. Die Unveränderbarkeit des Smart Contracts in der Blockchain steht daher einem Einsatz zur Lizenzierung oder Übertragung von IP nicht strukturell entgegen.[24]

---

[20] *Schawe*, MMR 2019, S. 218 (222).

[21] *Schawe*, MMR 2019, S. 218 (222).

[22] *Heckelmann*, NJW 2018, S. 504 (507).

[23] *Schrey/Thalhofer*, NJW 2017, S. 1431 (1436).

[24] *Heckelmann*, NJW 2018, S. 504 (507).

3.1.5 Zwischenfazit

Es bestehen keine grundlegenden Bedenken, das IP-Rechtemanagement über Smart Contracts abzubilden. Die Parteien sollten sich der Tatsache bewusst sein, dass der Smart Contract nur die Vereinbarung der Parteien zum Zeitpunkt des Anhängens des Blocks an die Blockchain widerspiegelt. Spätere Einflüsse, insbesondere Reverse Transactions, sind beachtlich. Auf absehbare Zeit wird hierfür weiterhin menschlicher Input erforderlich sein.[25] Es erscheint jedoch nicht unwahrscheinlich, dass mit wachsender Leistungsfähigkeit künstlicher Intelligenz weitere Aufgaben automatisiert werden können.

3.2 **Der Blockchain-Beweis**

Neben Smart Contracts verspricht die Blockchain-Technologie vor allem den Beweis von Tatsachen zu verändern.

3.2.1 Beweis der Rechtsinhaberschaft

Mit ihrer nachträglichen Unveränderbarkeit ist die Blockchain-Technologie wie geschaffen für den Beweis von Tatsachen, insbesondere für solche Tatsachen, bei denen der genaue Zeitpunkt von Belang ist. Beim Schutz von geistigem Eigentum sind das vor allem Tatsachen, die nicht in die Register eingetragen werden. So kann ein Urheber Beweise zu seiner Urheberschaft verbunden mit einem Zeitstempel in der Blockchain ablegen. Ein Erfinder kann seine Erfindung dort hinterlegen, um sein Recht auf das Patent gemäß § 6 PatG zu untermauern. Der unveränderliche Hashwert wäre vor Gericht als Beweis verwertbar.[26] Im Zweifel müsste das Gericht sich zuvor noch mit Hilfe eines Sachverständigen von der Manipulationssicherheit der eingesetzten Technologie überzeugen.

Die Blockchain kann allerdings nur die Tatsache beweisen, dass eine Person ein bestimmtes Werk zu einem bestimmten Zeitpunkt in die Blockchain geladen hat. Eine Aussage zur tatsächlichen Urheberschaft oder Erfindereigenschaft ist damit nicht unmittelbar verbunden, denn auch eine missbräuchliche Nutzung der Blockchain ist denkbar: Ein Dritter könnte ein fremdes Werk als eigenes ausgeben und dies so in der Blockchain festhalten. Kann der Urheber den Prioritätsnachweis nicht führen, hat er schlechte Karten. Dieser Aspekt ist zukünftig in der IP- und IT-rechtlichen Beratungspraxis zu bedenken. In besonders gefährdeten Branchen dürfte eine präventive Sicherung neuer Werke in der Blockchain ratsam sein.

Selbst wenn sich flächendeckend durchsetzte, dass neue Werke standardmäßig in einer Blockchain gespeichert werden, steht nicht zu befürchten,

---

[25] *Schawe*, MMR 2019, S. 218 (223).

[26] *Mienert/Gipp*, ZD 2017, S. 514 (518); *Schawe*, MMR 2019, S. 218 (219).

dass hierdurch faktisch ein Urheberrechtsregister entsteht. Die Speicherung von Werken in einer Blockchain kann verschlüsselt erfolgen, sodass grundsätzlich kein Dritter auf die Informationen zugreifen kann. Damit würde sich das Blockchain-Register grundlegend von den öffentlich einsehbaren Registern des Patent- und Markenamts unterscheiden, die vor allem auch eine Publizitätsfunktion erfüllen.[27] Das Blockchain-Register wäre mehr ein Schattenregister, dessen Inhalte erst im Streitfall publik gemacht werden.

Dessen ungeachtet gibt es Ideen und Bestrebungen zur Schaffung von Urheberregistern auf Blockchain-Basis. Ein solches könnte insbesondere der Transparenz langer Rechteketten dienen.[28] Es wäre auch prädestiniert für Schnittstellen zu Smart Contracts.

3.2.2 Augenscheinlich wahr?

Ferner kann die Blockchain-Technologie auch den Beweiswert von Fotos und Videos beeinflussen. Digitale Fotos und Videos unterfallen dem Augenscheinsbeweis, § 371 Abs. 1 S. 2 ZPO. Im Rahmen der freien Beweiswürdigung nach § 286 ZPO muss das Gericht zur vollen Überzeugung der Unverfälschtheit des Beweismittels gelangen. Es genügt ein für das praktische Leben brauchbarer Grad an Gewissheit, der etwaigen Zweifeln Schweigen gebietet, ohne sie völlig auszuschließen.[29] Wenn Zweifel an der Echtheit eines Beweismittels bestehen, muss das Gericht zur rationalen Begründung der Überzeugung auch ergänzende Tatsachen heranziehen.[30]

Bereits heute wird der Beweiswert einer einzelnen Fotografie von Teilen des Schrifttums als gering angesehen, da sie leicht zu manipulieren sind.[31] Mit der Weiterentwicklung der Technik werden immer mehr Menschen die Möglichkeit haben, gute Foto- und Videomanipulationen bis hin zu Deep Fakes herzustellen. Da das Richterinnen und Richtern nicht verborgen bleiben wird, werden Sie auch ergänzende Tatsachen hinzuziehen müssen, wenn Entscheidungen auf Überzeugungen aus solchen Beweismitteln gestützt werden sollen. Dafür käme in Frage, Beweis zur Entstehung der Aufnahmen zu erheben, Zeugen zu hören, die Hintergründe zu erforschen. Über die Echtheit einer Aufnahme könnte auch ein Sachverständigengutachten erstellt werden. Diese aufwendigen und teuren Maßnahmen könnten sich aber erübrigen, wenn ein Zeitstempel der Foto- oder Videoaufnahme in einer nicht manipulierbaren Blockchain existierte.

---

[27] *Fezer*, in: Fezer, Markenrecht, § 3 Rn. 389.

[28] *Hohn-Hein/Barth*, GRUR 2018, S. 1089 (1092).

[29] BGH, Urt. v. 17.2.1970 – III ZR 139/67, NJW 1970, 946.

[30] *Knopp*, ZRP 2008, S. 156 (158).

[31] *Knopp*, ZRP 2008, S. 156 (158); *Baumbach/Lauterbach/Albers/Hartmann*, ZPO, § 286 Rn. 36.

4 Fazit

Die Blockchain-Technologie wird die Gesellschaft auch abseits von Bitcoin und anderen Zahlungsdiensten prägen. Bei einer Untersuchung des Fraunhofer-Instituts zu entwickelten und sich in der Entwicklung befindenden Blockchain-Anwendungen waren bereits im Jahr 2016 von 245 untersuchten Anwendungen 15 der Branche der Rechtsdienstleistungen zugeordnet. Acht Anwendungen bezogen sich unmittelbar auf geistiges Eigentum.[32] Dies liegt nahe, denn die Eigenschaft, dass einmal erstellte Blöcke nicht veränderbar sind, kann Vertrauenslücken im Geschäftsverkehr schließen und eröffnet insbesondere in Verbindung mit Smart Contracts ganz neue Möglichkeiten beim IP-Rechtemanagement. Zudem kann die Blockchain-Technologie in Zeiten von „Fake News" und Deep Fakes eine Hilfestellung bei der Feststellung der Wahrheit bieten.

Literatur

Baumbach, Adolf/Lauterbach, Wolfgang/Albers, Jan/Hartmann, Peter: Zivilprozessordnung, Kommentar, 76. Aufl., München 2018.

Fezer, Karl-Heinz: Markenrecht, Kommentar, 4. Aufl., München 2009.

Heckelmann, Martin: Zulässigkeit und Handhabung von Smart Contracts, NJW 2018, S. 504-510.

Hohn-Hein, Nicolas/Barth, Günter Roland: Immaterialgüterrechte in der Welt von Blockchain und Smart Contract, GRUR 2018, S. 1089-1096.

Ingerl, Reinhard/Rohnke, Christian: Markengesetz, Kommentar, 3. Aufl., München 2010.

Knopp, Michael: Digitalfotos als Beweismittel, ZRP 2008, S. 156-159.

Köhler, Markus/Müller-Boysen, Inwert: Blockchain und smart contracts – Energieversorgung ohne Energieversorger?, ZNER 2018, S. 203-209.

Mienert, Heval/Gipp, Bela: Dashcam, Blockchain und der Beweis im Prozess, ZD 2017, S. 514-518.

Münchener Kommentar zum BGB: Kommentar, 8. Aufl., 2018.

Osterrieth, Christian: Patentrecht, 5. Aufl., München 2015.

Palandt, Otto (Begr.): Bürgerliches Gesetzbuch (BGB), Kommentar, 78. Aufl., München 2019.

Schawe, Nadine: Blockchain und Smart Contracts in der Kreativwirtschaft – mehr Probleme als Lösungen?, MMR 2019, S. 218-223.

Schrey, Joachim/Thalhofer, Thomas: Rechtliche Aspekte der Blockchain, NJW 2017, S. 1431-1436.

---

[32] *Schlatt/Schweizer/Urbach/Fridgen* (Fn. 1), S. 19.

TEXTGENERATOR – URHEBER- UND MEDIENRECHTLICHE FRAGEN

Hans-Christian Gräfe

Weizenbaum-Institut für die vernetzte Gesellschaft, TU Berlin
hans-christian.graefe@tu-berlin.de

RA Dr. Jonas Kahl, LL.M.[*]

Spirit Legal Rechtsanwälte, Leipzig
jonas.kahl@spiritlegal.com

Zusammenfassung

Im Fokus stehen Fragestellungen rund um (teil)automatisierte Texterstellung durch Software, die der sogenannten Künstlichen Intelligenz (KI) zugeordnet wird. Dafür soll der Weg bis zur Erstellung des Textes technisch dargestellt und der gesamte Prozess rechtlich eingeordnet werden. Ein Fokus liegt auf den medien- und urheberrechtlichen Fragestellungen.

1 Hinleitung

Künstliche Intelligenz (KI) ist zum Gebiet praktischer Anwendungen geworden.[1] Trotz einer gewissen Unschärfe bei der Verwendung der Begriffe KI, Algorithmus, Automatisierung und Autonomie, nimmt intelligent genannte Software und Technik zunehmenden Einfluss auf die Alltagswelt. Das betrifft auch Sprachinformationen und Texte. Sie können beispielsweise im Rahmen von automatischen Übersetzungen oder Sprachausgaben vergleichsweise einfach automatisch ausgelesen werden und sind gleichsam einer Automatisierung zugänglich. Dabei müssen die Ergebnisse automatisierter Sprachverarbeitung dem äußeren Erscheinungsbild nach einem menschlichen Produkt in nichts nachstehen. Dem Anwendungsgebiet der automatisierten Textgenerierung und ihrem Einsatz widmet sich dieser Beitrag.

Die politische[2] wie rechtliche Betrachtung der Thematik setzt zunächst die Einordnung der Technologie voraus, ebenso wie die ihres Anwendungsgebiets und dessen Kontextes. Die einzelnen Schritte der Automatisierung

---

[*] Die Autoren danken Wiss. Mit. Franziskus Horn für seine fachliche Unterstützung.

[1] S. dazu auch *Gräfe*, InTeR 2019, S. 77.

[2] Mehrere Gremien, z.B. die Arbeit der Projektgruppe Medien der KI-Enquete des Bundestages.

werden von Fragen des Medien- und Urheberrechts begleitet. Vom Auslesen oder Einspielen der Informationen über die Verarbeitung zum vorgegebenen Zweck bis hin zum Endprodukt und dessen Platzierung. Zwar ist das Thema nicht unerforscht.[3] Mit den ansteigenden Einsatzmöglichkeiten wächst jedoch zugleich die Auseinandersetzung innerhalb der juristischen Diskussion.

2 Textgenerator

Forscher*innen arbeiten daran, Hirnaktivität in Text umzuwandeln. Dazu erfassen und analysieren sie die neuronalen Daten von sprechenden Menschen.[4] Bis zu einem automatisierten Gedankenlesen ist es aber noch weit. Selbst das Sprachsystem *Stephen Hawkings* funktionierte mit Tastaturfeld und Muskelkraft, wenn auch mit optischer Erkennung kleinster Bewegungen der Gesichtsmuskulatur durch individuell angefertigte Software.[5]

Die automatische Textgenerierung funktioniert über Computerprogramme. Diese werden dem unscharfen Begriff der Künstlichen Intelligenz (KI)[6] zugeordnet und lassen sich grundsätzlich nach zwei Vorgehensweisen unterscheiden: symbolische, regelbasierte Verfahren und vollautomatische, selbstlernende – meist auf neuronalen Netzen aufbauende – Systeme.[7]

Symbolische Verfahren halten – in ihrer Grundkonstellation – zum jeweiligen Kontext passende, gängige Textbausteine in einer Datenbank bereit. Aus Eingabedaten – etwa tabellarischen Verkehrs- und Wetterdaten oder Sportergebnissen – generiert ein Algorithmus einen neuen Text. Dazu kombiniert er die aktuellen Daten und Namen mit den vorgefertigten Textbausteinen anhand der Voreinstellungen. Eine Steuerung des Verfahrens ist an verschiedenen Stellen möglich. Dieses Verfahren nennt sich Natural Language Generation (NLG).[8]

---

[3] Vgl. u.a. *Habel*, Roboterjournalismus; *Helberger et. al.*, Implications of AI-driven tools in the media for freedom of expression; *Weberling*, NJW 2018, S. 735.

[4] *Davis*, Scientists develop AI that can turn brain activity into text, v. 30.3.2020, https://www.theguardian.com/science/2020/mar/30/scientists-develop-ai-that-can-turn-brain-activity-into-text (abgerufen am 1.7.2020).

[5] *Hawking*, My Computer, http://www.hawking.org.uk/the-computer.html (abgerufen am 1.7.2020); vgl. *Merlot*, Stephen Hawking: Wie er seine Sprache verlor – und zurückgewann, v. 15.3.2018, https://www.spiegel.de/wissenschaft/technik/stephen-hawking-wie-er-seine-sprache-verlor-und-zurueckgewann-a-1198228.html (abgerufen am 1.7.2020).

[6] Zu den Begrifflichkeiten *Ory/Sorge*, NJW 2019, S. 710; *Zech*, ZfPW 2019, S. 198 (199 f.).

[7] Teilbericht Enquete-Kommission Künstliche Intelligenz Projektgruppe KI und Medien, S. 77; auch Chatbots, automatische Übersetzungen etc. funktionieren durch die beiden Systeme.

[8] Entsprechend *Caswell/Dörr*, Journalism Practice 2019, S. 951.

Andere Systeme sind dem Bereich des datenbasierten Machine Learnings zuzurechnen. In der Form künstlicher neuronaler Netze beruhen sie auf der Simulation der Vernetzung einzelner künstlicher Neuronen miteinander in verschiedenen Schichten. In einem komplexen Zusammenspiel aus Gewichtungen und Ausgaben von Daten auf mehreren Ebenen führt dies zu einem Ergebnis.[9] Anhand einer großen Menge vorhandener Texte wird das jeweilige System trainiert und kann letztlich in der Lage sein, aus einer beliebigen Eingabe in Form von wenigen Sätzen einen im Prinzip beliebig langen Text zu generieren, der auf den ersten Blick von einem Menschen geschrieben sein könnte.[10] Ein derartig vollautomatisches Verfahren nennt sich Natural Language Procession (NLP). Vom Ergebnis her betrachtet leiden solche Systeme vor allem an unzureichenden Trainingsdaten.[11] Die Textgenerierung nutzt hier nämlich sogenannte *Sprachmodelle*, wie sie auch bei *Auto Complete* Funktionen zum Einsatz kommen.[12] Grundlage dessen ist die Korrelation der Worte zueinander, z.B. nach Markow-Ketten.[13] Dies kann zwar zu einem grammatikalisch korrektem Text führen, der allerdings überhaupt keinen Sinn ergeben kann oder schlicht falsch ist.[14]

Gewerblich eingesetzte Textgeneratoren nutzen daher zumeist NLG-Verfahren, die um weitere Funktionen ergänzt werden: Die Grammatikanpassung erfolgt z.B. über künstliche neuronale Netze, Schnittstellen ermöglichen es menschlichen Anwender*innen, die inhaltlichen Regeln festzulegen, die den ausgegebenen Text in Struktur und Inhalt definieren. Sie bleiben insoweit regelbasierte Systeme, die von Menschen bedient werden.

2.1 Roboterjournalismus und Textgeneratoren

Vollautomatische Journalismusroboter, also als Journalist*innen auftretende und arbeitende Maschinen, gibt es nicht.[15] Üblich ist es jedoch, die technischen Möglichkeiten zur Textgenerierung zu benutzen.[16] Dabei ist

---

[9] Vgl. insb. *Zech*, ZfPW 2019, S. 198 (201).

[10] Teilbericht Enquete-Kommission Künstliche Intelligenz Projektgruppe KI und Medien, S. 79.

[11] Diese Besonderheit wird auch unter dem Begriff GIGO (Garbage in, Garbage Out) zusammengefasst, vgl. *Clark*, Ignition! An Informal History of Liquid Rocket Propellants, S. 97.

[12] Auch Chatbots arbeiten derart mit Textbausteinen und Korrelation. Sie erzählen dabei z.T. beeindruckende Ergebnisse wie Google Duplex: A.I. Assistant Calls Local Businesses To Make Appointments, https://www.youtube.com/watch?v=D5VN56jQMWM&feature=youtu.be.

[13] https://towardsdatascience.com/introduction-to-markov-chains-50da3645a50d.

[14] *Reiter*, OpenAI GPT System: What does it do?, v. 25.6.2020, http://blog.arria.com/openai-gpt-system-what-does-it-do (abgerufen am 1.7.2020).

[15] *Weberling*, NJW 2018, S. 735; vgl. auch *Habel*, Roboterjournalismus, S. 20 ff.

[16] *Wu et.al.*, Journalism Studies 2019, S. 1440.

zunächst anhand der konkret eingesetzten Software zur Textgenerierung bzw. zur -bearbeitung zu unterscheiden.[17]

Der Begriff *Roboterjournalismus* ist insoweit gleich in mehrfacher Hinsicht unscharf. So wird er z.T. generisch benutzt als „von Computerprogrammen automatisch generierte journalistische Texte",[18] ohne zwischen der Bedienbarkeit der Software zu unterschieden. Auch der Roboter-Begriff ist nicht treffend.[19] Mithin ist zu berücksichtigen, dass genannte Hilfsmittel nicht nur von Journalist*innen verwendet werden. Demgegenüber definiert *Habel* Roboterjournalismus eng, aber treffend, als von Journalisten betrieben, „*die einen Journalismus-Bot programmieren, der automatisiert die zu kommunizierenden Daten nach Maßgabe vorgegebener Variablen auswählt, zu einem Beitrag aufbereitet und veröffentlicht, ohne dass ein Mensch nach der finalen Programmierung in den Programmablauf redigierend eingreift oder den Beitrag redigiert und ohne dass der Journalismus-Bot einen von einem Journalisten vorgefertigten Text lediglich auf verschiedenen Kanälen verbreitet.*"[20] Um Missverständnissen zu entgehen, rückt der Begriff *Textgenerator* ins Zentrum. Dieser kann Software vom rudimentärsten symbolischen Verfahren über den Journalismus-Bot bis hin zum NLP-System erfassen, indem er alle Verfahren erfasst, die Text generieren können.

2.2 Schutzfähigkeit von Textgeneratoren

Bei der Betrachtung der Schutzfähigkeit eines Textgenerators sind urheber-, leistungsschutz- und patentrechtliche Erwägungen anzubringen.

2.2.1 Urheberrechtlicher Schutz

Die einzelnen dargestellten Systeme können als Computerprogramme im Sinne des § 69a UrhG urheberrechtlich schutzfähig sein.[21] Es handelt sich bei allen Textgeneratoren um verschiedene Arten von in Programmiersprache geschriebenen Befehlen, die bestimmte Funktionen erfüllen sollen. In Abgrenzung zu mathematischen Algorithmen ist die Umsetzung in Code ein Computerprogramm, das als solches Schutzgegenstand sein kann.[22]

---

[17] Vgl. vorherigen Absatz; S. auch *Weberling*, NJW 2018, S. 735 (736 f.).

[18] *Kaiser*, Roboterjournalismus, v. 1.3.2018, http://journalistikon.de/roboterjournalismus/ (abgerufen am 1.7.2020).

[19] Im englischsprachigen Raum sind die besser passenden Begriffe „*automated journalism*", „*algorithmic journalism*" oder „*machine-written journalism*" gebräuchlich; vgl. *Reichelt*, Einführung in den Roboterjournalismus, S. 16 f.

[20] *Habel*, Roboterjournalismus, S. 19.

[21] So im Ergebnis *Linke*, in: Hetmank/Rechenberg, Kommunikation, Kreation und Innovation, S. 47; für Künstliche Neuronale Netzwerke ebenso *Ehinger/Stiemerling*, CR 2018, S. 761 (766).

[22] *Ory/Sorge*, NJW 2019, S. 710 (712).

Computerprogramme sind dabei gemäß § 69a Abs. 1 UrhG „in jeder Gestalt" geschützt. Mit der weiten Definition soll vermieden werden, dass durch das Fortschreiten der Programmiertechnik Schutzlücken entstehen.[23] Der Schutz knüpft an die „kreative", schöpferische Eigenleistung der Programmierenden an, also die konkrete Quellcode-Gestaltung durch die Entwickelnden als konkreter Ausdruck eines Werkes, nicht hingegen an den bloßen Informationsinhalt.[24] Entsprechend versteht auch der BGH die Schutzfähigkeit so, dass Algorithmen jedenfalls in der Art und Weise der Implementierung und Zuordnung zueinander urheberrechtsschutzfähig sein können.[25] Die Programmierung nicht lediglich trivialer Software soll in jedem Fall eine individuelle schöpferische Programmiertätigkeit erfordern. Die Schutzuntergrenze ist daher grundsätzlich niedrig.[26] Bei Computerprogrammen einer gewissen Komplexität spricht eine tatsächliche Vermutung für eine hinreichende Individualität.[27]

Dem folgend, handelt es sich bei NLG Textgeneratoren um individuell auf die Bedürfnisse des Einsatzes zugeschnittene Individualprogramme, denen in der Regel die Schutzfähigkeit zukommen wird.[28] Hinsichtlich der Schutzfähigkeit von Anpassungen vorbestehender Software kann zudem schon die architektonische Grundstruktur künstlicher neuronaler Netzwerke urheberrechtlich schutzfähig sein.[29] Zu berücksichtigen ist jedoch, dass die im Ergebnis brauchbare Konfiguration des *trainierten* Netzwerkes bei *selbstlernenden* Netzwerken keine persönlich-geistige Schöpfung mehr ist.[30] Allerdings kommt grundsätzlich ein Schutz der separat gespeicherten Trainingsergebnisse nach dem Gesetz zum Schutz von Geschäftsgeheimnissen (GeschGehG) in Betracht.[31]

---

[23] *Wiebe*, in: Spindler/Schuster, Recht der elektronischen Medien, § 69a UrhG Rn. 3.

[24] Vgl. Wissenschaftlicher Dienst des Bundestages, Künstliche Intelligenz und Machine Learning – Eine urheberrechtliche Betrachtung, WD 10-3000 -67/18, S. 17.

[25] *Linke* (Fn. 21), S. 41, m.V.a. BGH, Urt. v. 4.10.1990 – I ZR 139/89, GRUR 1991, 449 – Betriebssystem.

[26] OLG München, Urt. v. 28.5.2009 – 29 U 1930/08, BeckRS 2013, 6339.

[27] BGH, Urt. v. 3.3.2005 – I ZR 111/02, GRUR 2005, 860 – fash 2000.

[28] Ebenso *Habel*, Roboterjournalismus, S. 164.

[29] *Ehinger/Stiemerling*, CR 2018, S. 761 (765).

[30] Vgl. *Ehinger/Stiemerling*, CR 2018, S. 761 (768).

[31] *Ehinger/Stiemerling*, CR 2018, S. 761 (769).

2.2.2 Patentrechtlicher Schutz

Ein patentrechtlicher Schutz erscheint fernliegend. Textgeneratoren sind keine technischen Lösungen für technische Probleme, und Software *als solche* ist nicht patentschutzfähig.[32] Für die Einordnung als *computerimplementierte Erfindung* mangelt es daran, dass Textgeneratoren keine Anweisungen an Hardware abgeben, die von dieser ausgeführt werden. Ein entsprechender Patentschutz setzt jedoch voraus, dass eine Software bei der Nutzung auf einem Computer einen *weiteren technischen Effekt* bewirkt, der über die normale physische Wechselwirkung zwischen der Software und der Hardware hinausgeht.[33]

2.2.3 Schutz der Datenbanken

NLG und NLP Textgeneratoren greifen auf Datenbanken zurück. Deren Inhalt kann von gespeicherten Textbausteinen über die Konfiguration eines künstlichen neuronalen Netzwerkes zu den Eingabedaten aus Bilanzen oder Katalog- und Produktinformationen reichen. Sie können ihrerseits schutzfähig seien.

2.2.3.1 Datenbankwerke

Datensammlungen werden gem. § 4 Abs. 1 UrhG als selbständige Werke geschützt, wenn sie aufgrund der Auswahl oder Anordnung der Elemente eine persönliche geistige Schöpfung sind. Ihre Elemente müssen dafür gem. § 4 Abs. 2 UrhG systematisch oder methodisch angeordnet und einzeln mithilfe elektronischer Mittel oder auf andere Weise zugänglich sein.[34]

Diese Vorrausetzungen können im Einzelfall bei gespeicherten Textbausteinen und den Eingabedaten vorliegen. *Systematisch* ist eine Anordnung dann, wenn sie sich an einem System, einer Klassifizierung oder einem Ordnungsschema orientiert, *methodisch* dann, wenn sie einer bestimmten ordnenden Handlungsanweisung oder einem bestimmten Plan folgt.[35] In der Praxis werden bei NLG Verfahren die Eingabedaten regelmäßig derart vorliegen müssen und nicht etwa in Form von kontextfreien Datenhaufen. Grundsätzlich ist es allerdings denkbar, dass gewisse Textgeneratoren auch auf Datenmassen zurückgreifen könnten, die dem methodisch-systematischen Ansatz nicht genügen würden. Die Stärke künstlicher neuronaler

---

[32] Nach § 1 Abs. 3 Nr. 3 i. V. m. Abs. 4 PatG sind Programme für Datenverarbeitungsanlagen als solche keine Erfindungen im Sinne des § 1 Abs. 1 PatG.

[33] Vgl. BGH, Urt. v. 26.10.2010 – X ZR 47/07, CR 2011, 144 – Wiedergabe topografischer Informationen; BGH, Urt. v. 22.4.2010 – Xa ZB 20/08, CR 2010, 493 – Dynamische Dokumentengenerierung; BGH, Urt. v. 20.1.2009 – X ZB 22/07, GRUR 2009, 492 – Steuerungseinrichtung für Untersuchungsmodalitäten.

[34] Zum Werkschutz von Datenbanken, § 4 Abs. 2 UrhG, s. *Wiebe*, GRUR 2017, S. 338.

[35] *Dreier*, in: Dreier/Schulze, Urheberrecht, § 4 Rn. 17.

Netzwerke liegt insbesondere darin, in großen Datenmengen Muster zu erkennen, die dem Menschen zunächst verborgen bleiben.

Die Konfiguration trainierter künstlicher neuronaler Netzwerke sind jedoch nicht einzeln zugänglich. Dafür müssten die einzelnen Elemente der Datenbank unabhängig voneinander sein.[36] Die Gewichtungsinformationen trainierter Netzwerke sind jedoch voneinander abhängig und nicht voneinander zu trennen. Ihr Wert ergibt sich erst und ausschließlich durch ihre Kontextualisierung zueinander.[37] Mithin werden auch die Leistungen zur Generierung der Daten nicht geschützt.[38]

2.2.3.2 Schutz des Datenbankherstellers

Der Schutz des Datenbankherstellers gem. § 87a UrhG knüpft grundsätzlich an die gleichen Voraussetzungen an, wie beim Datenbankwerk. Schutzrechtsinhaber ist der Investor i. S. d. § 87a Abs. 2 UrhG, also derjenige, der das organisatorische und wirtschaftliche Risiko für den Aufbau und den Betrieb der Datenbank trägt. Ihm kommt das ausschließliche Recht zu, die Datenbank insgesamt oder einen nach Art oder Umfang wesentlichen Teil der Datenbank zu vervielfältigen, zu verbreiten und öffentlich wiederzugeben gem. § 87b Abs. 1 UrhG.[39] Dies soll die Strukturleistung der Datenbank[40] und die Investition in ihre Errichtung und Unterhaltung[41] schützen. Schutzbegründend ist daher die Investition in die Beschaffung, Überprüfung oder Darstellung des Datenbankinhalts. Die Ergebnisse der Investition sollen nicht ohne die Zustimmung der Person, die die Datenbank erstellt hat, angeeignet bzw. öffentlich verfügbar gemacht werden.[42] Wie sich

---

[36] *Dreier*, in: Dreier/Schulze, Urheberrecht, § 4 Rn. 18.

[37] *Ehinger/Stiemerling*, CR 2018, S. 761 (768).

[38] *Legner*, ZUM 2019, S. 807 (809) m.V.a EuGH, Urt. v. 9.11.2004 – C-203/02, ZUM-RD 2005, 1 – Fußballspielpläne I; siehe auch *Wiebe*, GRUR 2017, S. 338 (341).

[39] Zum Werkschutz von Datenbanken, § 4 Abs. 2 UrhG, siehe *Wiebe*, GRUR 2017, S. 338.

[40] Eine besondere Strukturierungsleistung wird bspw. bei der Zusammenfassung von Rohdaten abgelehnt, *Zech*, GRUR 2015, S. 1151 (1157); *Wischmeyer/Herzog*, NJW 2020, S. 288 (290 m.w.N).

[41] Diesbezüglich jedoch niedrigen Anforderungen der Praxis, vgl. BGH, Urt. v. 1.12.2010 – I ZR 196/08 GRUR 2011, 724 (725) – Zweite Zahnarztmeinung II; OLG Hamburg, Urt. v. 24.10.2012 – 5 U 38/10, BeckRS 2012, 22946; *Wischmeyer/Herzog*, NJW 2020, S. 288 (290 m.w.N); *Wiebe*, GRUR 2017, S. 338; vgl. auch *Deutsch*, GRUR 2009, S. 1027 (1028 ff.).

[42] EuGH, Urt. v. 9.11.2004 – C-203/02, GRUR 2005, 244 (248) – BHB-Pferdewetten; OLG Hamburg, Urt. v. 24.10.2012 – 5 U 38/10, BeckRS 2012, 22946; *Wiebe*, GRUR 2017, S. 338.

die Rollen bei den jeweiligen Textgeneratoren verteilen, ist nicht von vorneherein ersichtlich.[43] Jedenfalls bei der Zusammenarbeit von Anbieter*innen und Anwender*innen von Textgeneratoren ist dieser Aspekt zu berücksichtigen.

3 Dateninput: Drittinformationen durch Web-Scraping

Textgeneratoren können sich ihren Platz auf den Einsatzmärkten mit niedrigschwelligen, daher für Leser*innen leicht zugänglichen und strukturierten Inhalten sichern, die zudem einen hohen Grad an Aktualität innehaben. Dafür ist eine *strukturierte, zügig aktualisierbare Datenbasis* erforderlich, aus der die relevanten Daten in die bereitstehenden Textvorlagen zu Dokumenten oder Dokumentteilen eingearbeitet werden können. Derartige Informationen selbst manuell erheben zu müssen, stünde dem Bestreben entgegen, Texte schnell und kostengünstig generieren zu können. Der notwendige *Dateninput* wird daher über sogenanntes *Web-Scraping* bzw. *Screen-Scraping* gesichert.[44] Im Internet öffentlich zugängliche Drittinformationen werden automatisiert und gezielt analysiert, durchsucht und für die anschließende Textgenerierung strukturiert.[45] Die kumulierten Informationen bieten regelmäßig eine größere Datenbasis als die einzelne Ursprungsquelle. Diejenigen Dritten, die die Informationen im Internet zugänglich machen, haben in der Regel ein Interesse daran, dass diese auf ihrer Webseite abgerufen werden. Andernfalls entgehen ihnen unter anderem Werbeeinnahmen und die Chance, ihre Reichweite zu steigern.[46]

3.1 Vertragsrecht und technische Schutzvorrichtungen

Der automatisierten Erfassung von nicht öffentlich zugänglichen Datenbanken könnten zunächst Vertragsbedingungen entgegenstehen. Allein das Bereithalten von Nutzungsbedingungen auf einer öffentlich zugänglichen Datenbank kann die Erfassung allerdings regelmäßig nicht verhindern. Werden hingegen vom Webseiteninhaber eingerichtete technische Schutzvorrichtungen umgangen, kann dies eine Unlauterkeit begründen.[47]

---

[43] Wie oftmals bei KI-Anwendungen, vgl. *Hetmank/Lauber-Rönsberg*, GRUR 2018, S. 574 (578).

[44] Ähnlich auch das sogenannte „Web-Crawling".

[45] Dazu bereits der BGH, Urt. v. 30.4.2014 – I ZR 224/12, GRUR 2014, 785 – Flugvermittlung im Internet; vgl. auch *Deutsch*, GRUR 2009, S. 1027; *Czychowski*, NJW 2014, S. 3277.

[46] Vgl. *Kianfar*, in: Taeger, Big Data & Co, 2014, S. 821 (823 f.).

[47] BGH, Urt. v. 30.4.2014 – I ZR 224/12, GRUR 2014, 785 – Flugvermittlung im Internet; *Kianfar*, in: Taeger, Big Data & Co, 2014, S. 821 (827 f.).

3.2 Rechtliche Bewertung nach dem UrhG

3.2.1 Urheberrechtliche Betrachtung

Als Informationsquellen werden unter anderem urheberrechtlich geschützte Werke im Sinne des § 2 Abs. 2 UrhG ausgelesen. Journalistische Beiträge sind ein besonders beliebtes Ziel.[48] Zu berücksichtigen ist, dass schon einzelne Sätze bzw. Satzstrukturen geschützt sein können. Kurze und lediglich beschreibende Texte werden regelmäßig nicht die erforderliche Schöpfungshöhe erreichen. Den Informationen selbst kommt kein urheberrechtlicher Schutz zu. Im Interesse der Allgemeinheit sind sie weitestgehend frei von Ausschließlichkeitsrechten zu halten, um auf ihnen aufbauende Weiterentwicklungen nicht zu beeinträchtigen.[49] Amtliche Werke können ebenfalls nicht oder im amtlichen Interesse nicht geschützt sein, § 5 UrhG.[50]

Je nach der konkreten Ausgestaltung der Datenaggregierung entstehen Vervielfältigungen, § 16 UrhG, die der Erlaubnis der Rechteinhaber*innen oder einer Erlaubnisnorm bedürfen. Die Analyse und Formatierung der Inhalte sind regelmäßig mit Speicherungen verbunden, um die strukturierte Datenbasis zu schaffen. Schon die vorübergehende Speicherung im Arbeitsspeicher ist tatbestandsmäßig. Eine darüber hinausgehende Verbreitung findet meist nicht statt, da nur die Information selbst und nicht das Werk in der Datenbasis fortbesteht.

Ein Rechteerwerb für eine solche Nutzung ist für die Auslesenden meist schon wegen der Menge an Daten und der Vielzahl an ausgelesenen Webseiten nicht praktikabel. Abhilfe kann jedoch die Schrankenregelung des § 44a UrhG schaffen. Soweit die Speicherung lediglich im Arbeitsspeicher vorgenommen wird, wird sie ständig überschrieben und kann daher flüchtig sein. Sie ist zudem integraler und wesentlicher Bestandteil des Analyseverfahrens und hat keine eigenständige wirtschaftliche Bedeutung; sie bietet keinen wirtschaftlichen Vorteil über die bloße Nutzung des geschützten Werkes hinaus. Einer rechtmäßigen Nutzung könnten jedoch im Einzelnen datenschutzrechtliche Regelungen entgegenstehen.

3.2.2 Leistungsschutzrecht des Datenbankherstellers

Auch bei der Datenaggregation und Textgenerierung aus Drittquellen ist zudem das Leistungsschutzrecht des Datenbankherstellers gem. §§ 87a ff.

---

[48] So auch *Weberling*, NJW 2018, S. 735 (737 m. w. N.); vgl. auch das Leistungsschutzrecht für Presseverleger in §§ 87f ff. des DiskE des BMJV vom 15.1.2020.

[49] *Determann*, ZD 2018, S. 503 (504 f.); s. zu Datenzugangsrechten *Wischmeyer/Herzog*, NJW 2020, S. 288; *Wiebe*, GRUR 2017, S. 338.

[50] Zur Bereitstellung offener Daten werden die Behörden i.Ü. gesetzlich angehalten, siehe exemplarisch § 12a EGovG und § 8 SächsEGovG. Die ggf. bestehenden Nutzungsbedingungen können einer automatisierten Nutzung jedoch entgegenstehen.

UrhG zu berücksichtigen. Dieser hat das ausschließliche Recht, die Datenbank insgesamt oder einen nach Art oder Umfang wesentlichen Teil der Datenbank zu vervielfältigen, zu verbreiten und öffentlich wiederzugeben, § 87b Abs. 1 UrhG.[51]

Das flüchtige Speichern im Rahmen der Analyse ist schon eine Entnahmehandlung in diesem Sinne.[52] Die entnommenen Daten werden zudem formatiert und je nach Textgenerierung ist es denkbar, dass sich der nach dem engeren Maßstab des Leistungsschutzrechts geschützte Teil der Datenbank, also z.B. einzelne Wörter, dann auch im Text selbst wiederfindet. Für eine Vervielfältigungshandlung ist die Anknüpfung an einen Teil der Datenbank ausreichend.[53] Praktische Abgrenzungsfragen ergeben sich, soweit die geschützten Daten einer neuerlichen Weiterverwendung zugänglich gemacht werden.[54]

Die entnommenen Teile der Datenbank müssen wesentliche sein, § 87b Abs. 1 S. 1 UrhG. Im Einzelfall kann daher angesichts des Datenverkehrs von populären Internetseiten schon diese Schwelle oft nicht erreicht werden.[55] Dann richtet sich die Zulässigkeit nach § 87b Abs. 1 S. 2 UrhG. Je nach Textgenerierung wird es schon an einem wiederholten Zugriff mangeln. Außerdem finden sich Argumente dafür, dass es sich lediglich um eine normale Auswertung der Datenbank handelt. Die Datenbanken sind kostenlos einsehbar und für jedermann zugänglich. Sie werden genauso übernommen und genutzt, wie sie öffentlich zugänglich gemacht werden. Demgegenüber steht es dem Datenbankhersteller frei, technische Schutzvorrichtungen einzurichten bzw. Modalitäten zur Amortisierung seiner Leistung festzulegen.[56] Auch die Vertriebsaktivitäten der Datenbankhersteller werden in der Regel nicht beeinträchtigt.

---

[51] Vgl. Kap. 2.2.3.

[52] EuGH, Urt. v. 5.3.2009 – C-545/07, GRUR 2009, 572 (575) – Apis-Hristovich; BGH, Urt. v. 22.6.2011 – I ZR 159/10, GRUR 2011, 1018 (1021) – Automobil-Onlinebörse; OLG Hamburg, Urt. v. 24.10.2012 – 5 U 38/10, BeckRS 2012, 22946.

[53] Wiebe, GRUR 2017, S. 338 (343).

[54] Wiebe erkennt ein „Monopolrecht für den Hersteller der ‚Erstdatenbank'", GRUR 2017, S. 338 (342 f.).

[55] EuGH, Urt. v. 9.11.2004 – C-203/02, GRUR 2005, 244 (250) – BHB-Pferdewetten; BGH, Teilurt. v. 30.4.2009 – I ZR 191/05, GRUR 2009, 852 (855) – Elektronischer Zolltarif; Wiebe, GRUR 2017, S. 338 (343 f. m.w.N.).

[56] BGH, Urt. v. 1.12.2010 – I ZR 196/08, GRUR 2011, 724 (727) – Zweite Zahnarztmeinung II; OLG Hamburg, Urt. v. 24.10.2012 – 5 U 38/10, BeckRS 2012, 22946.

3.2.3 Ergebnis

Unter Vorbehalt der konkreten Einzelfallbetrachtung kann das *Web-Scraping* sowohl urheberrechtlich wegen der lediglich flüchtigen Vervielfältigung als auch datenbankrechtlich über § 87b Abs. 1 UrhG zulässig sein. Zusätzlich sieht die DSM-Richtlinie vor, dass *Text- und Data-Mining* auch für andere als wissenschaftliche Zwecke zulässig sein soll und kein finanzieller Ausgleich für diese Nutzung vorgesehen sein soll.[57] Bei der Verwendung für nicht-wissenschaftliche Zwecke soll jedoch eine Widerspruchsmöglichkeit gegeben werden.

3.3 Rechtliche Bewertung nach der DSGVO

Bei der Datenaggregierung kann es zur durch die DSGVO geregelten automatisierten Verarbeitung von personenbezogenen Daten kommen, die einer Rechtsgrundlage bedarf. Ein entsprechender Vertrag oder eine Einwilligung ist, wie dargestellt, regelmäßig nicht praktikabel. Die Tatsache, dass die personenbezogenen Daten öffentlich zugänglich sind, lässt im Übrigen den Schluss nicht zu, dass damit konkludent in die Verarbeitung durch *Web-Scraping* eingewilligt wird.[58] Als Rechtsgrundlage kommen daher Art. 6 Abs. 1 DSGVO und die im Rahmen des Art. 85 DSGVO[59] getroffenen Vorschriften in Betracht.[60]

Im Rahmen des Art. 6 Abs. 1 UAbs. 1 lit. f DSGVO wird dem Betreiber der Textgenerierung regelmäßig ein wirtschaftliches Interesse und eines an der Ausübung seiner Presse- und Berufsfreiheit zukommen.[61] Für das verfolgte Geschäftsmodell ist die Datenverarbeitung im Rahmen des *Web Scrapings* zudem erforderlich.[62] Bei der Kumulation automatisch aggregierter

---

[57] ErwG 17, RL (EU) 2019/790; s. auch den § 44b DiskE des BMJV vom 15.1.2020; auch der EuGH plädierte für eine freie Abfrage zu Informationszwecken bei öffentlich zugänglichen Datenbanken, vgl. Urt. v. 9.11.2004 – C-203/02, GRUR 2005, 244 (249) – BHB-Pferdewetten.

[58] S. das Erfordernis einer eindeutig bestätigenden Handlung Art. 4 Nr. 11 DSGVO; zur Unzulässigkeit einer mutmaßlichen Einwilligung *Stemmer*, in: Wolff/Brink, BeckOK DatenschutzR, DS-GVO, Art. 7 Rn. 84.

[59] Vgl. *Pauly*, in: Paal/Pauly, DS-GVO, Art. 85 Rn. 2; *Dix*, in: Simitis/Hornung /Spiecker gen. Döhmann, Datenschutzrecht, Art. 85 Rn. 9 ff.

[60] Je nach personenbezogenem Datum auch Art. 9 Abs. 2 DSGVO, insb. bzgl. des lit. e, vgl. *Schulz*, in: Gola, DS-GVO, Art. 9 Rn. 25 f.

[61] *Albers/Veit*, in: Wolff/Brink (Hrsg.), BeckOK DatenschutzR, Art. 6 Rn. 49; auch ein Interesse der Leser kann einbezogen werden, vgl. *Taeger*, in: Taeger/Gabel, DSGVO BDSG, Art. 6 Rn. 104.

[62] Vgl. *Taeger*, in: Taeger/Gabel, DSGVO BDSG, Art. 6 Rn. 112; *Schulz*, in: Gola, DS-GVO, Art. 6 Rn. 20.

öffentlich zugänglicher Daten kann zwar im Einzelnen ein höherer Personenbezug entstehen.[63] Eine relativ geringe Eingriffsintensität wird sich jedoch dadurch ergeben, dass ein Gros der Daten nur kurzfristig gespeichert wird. Im Rahmen der vernünftigen Erwartungshaltung der betroffenen Nutzer*innen kann zudem angeführt werden, dass sie je nach Thematik der Textgenerierung mit einer Berichterstattung rechnen müssen und die veröffentlichende Plattform keine technischen Schutzmaßnahmen ergriffen hat. Vorbehaltlich einer Einzelfallabwägung kann daher Art 6 Abs. 1 UAbs. 1 lit. f DSGVO grundsätzlich als Rechtsgrundlage herangezogen werden.

Weiterhin kann das im Rahmen des Art. 85 DSGVO normierte Medienprivileg in § 57 RStV und den Landespressegesetzen die Datenverarbeitung bei der automatischen Textgenerierung erfassen.[64] Redaktionelle Telemedien von Presseunternehmen können die generierten Texte veröffentlichen und insoweit auch zu journalistisch-redaktionellen Zwecken Daten automatisiert verarbeiten.[65] Wird eine redaktionelle Auswahl der Thematik vorgenommen, kann schon mit dieser eine meinungsbildende Wirkung für die Allgemeinheit verfolgt werden.[66]

Datenschutzrechtliche Erwägungen stehen der automatischen Datenaggregierung daher nicht per se entgegen, sind aber in hohem Maße einzelfallabhängig.

4   Generierte Texte

Textgeneratoren kommen in höchst unterschiedlichen Anwendungsbereichen zum Einsatz. Ihre Stärke zeigen sie gerade dort, wo sich Sachverhalte

---

[63] Vgl. *Kubiciel/Großmann*, NJW 2019, S. 1050.

[64] Vgl. zum Schutzumfang BGH, Urt. v. 20.4.2010 – VI ZR 245/08, NJW 2010, 2728 (2731).

[65] Vgl. zu den Anforderungen an journalistische Zwecke *Herb*, in: Binder/Vesting, Beck RundfunkR, RStV, § 57 Rn. 13c.

[66] BGH, Urt. v. 23.6.2009 – VI ZR 196/08, NJW 2009, 2888 (2890) – Lehrerbewertungen im Internet; teils wird jedoch angenommen, dass nur solche Daten privilegiert verarbeitet werden dürfen, die sorgfältig und unter Wahrung der Wahrheitspflicht recherchiert worden sind, so *Stender-Vorwachs*, in: Wolff/Brink, BeckOK DatenschutzR, Art. 85 Rn. 14 m. w. N.

exakt messen und strukturieren lassen.[67] Demgegenüber sind sie nicht davor gefeit, Nonsens zu produzieren.[68] Teils kann dies jedoch gewollt sein.[69]

4.1 Schutzfähigkeit der generierten Texte gem. § 2 UrhG

Die generierten Texte können als Sprachwerke i.S.v. § 2 Abs. 1 Nr. 1 UrhG geschützt sein. Eine persönliche geistige Schöpfung, § 2 Abs. 2 UrhG, erfordert jedenfalls immer ein menschliches Schaffen. Dementsprechend sind autonom erschaffene Ergebnisse, die einem menschlichen Schöpfer nicht zugerechnet werden können, nicht urheberrechtlich schutzfähig.[70] Entscheidend für den urheberrechtlichen Werkschutz ist daher, die Eigenständigkeit des Textgenerator bzw. wie der Umfang des menschlichen Einflusses sein muss. Werden Computersysteme im schöpferischen Prozess ähnlich wie Pinsel oder Meißel als untergeordnete Werkzeuge eingesetzt, setzen sie lediglich menschliche Gestaltungsentscheidungen um.[71] Der Werkschutz liegt daher vor, wenn die konkrete Form des Ergebnisses zwar durch den Einsatz von Technik beeinflusst wird, durch den Menschen aber entscheidend bestimmt wird. Er ist zu verneinen, wenn der von Menschen unbeeinflusste, gegebenenfalls unbeeinflussbare Einsatz von Systemen zu einem Produkt kommt, das keinem gestalterischen Einfluss des Einsetzenden mehr unterliegt. Werden alle wesentlichen Gestaltungsentscheidungen allein durch technische Hilfsmittel, wie z.B. bei NLP, geprägt, ist die Gestaltung einem urheberrechtlichen Schutz nicht zugänglich.[72]

Ob ein menschlicher Einfluss noch eigenschöpferisch ist, ist einzelfallabhängig. Die Komplexität zeigt sich bereits bei der medial oft diskutierten, Betrachtung künstlicher neuronaler Netze und ihrem Einsatz in der

---

[67] Siehe exemplarisch Sachbücher, vgl. Beta Writer, Lithium-Ion Batteries. A Machine-Generated Summary of Current Research, s. https://www.springer.com/gp/about-springer/media/press-releases/corporateg/springer-nature-maschinen-generiertes-buch/1659 0072 (abgerufen am 1.7.2020); journalistische, datenbasierte Berichte, vgl. *Caswell/Dörr*, Journalism Practice 2019, S. 951; Berichte über Sport, Wetter, Wahlen oder Feinstaubbelastung, vgl. N/A, Robo-Journalismus: Konkurrenz für Redakteure oder praktische Helferlein?, v. 13.2.2019, https://meedia.de/2019/02/13/robo-journalismus-konkurrenz-fuer-redakteur e-oder-praktische-helferlein/ (abgerufen am 1.7.2020).

[68] Positiv insoweit jedoch *open AI*, demgegenüber eine schlechtere Darstellung bei *Scigen*.

[69] Vgl. *Bernhart/Richter*, Wie die Computer dichten lernten – „und kein engel ist schön", Süddeutsche Zeitung, 27.10.2019, https://www.sueddeutsche.de/digital/literatur-marbach-computer-dichtung-poesie-theo-lutz-1.4649251 (abgerufen am 1.7.2020).

[70] *Lauber-Rönsberg*, GRUR 2019, S. 244 (249).

[71] *Lauber-Rönsberg*, GRUR 2019, S. 244 (247).

[72] *Lauber-Rönsberg*, GRUR 2019, S. 244 (247).

Kunst.[73] Die bloße Eingabe von Daten in das System kann im Grunde noch nicht ausreichen, obwohl damit bereits menschlich ein Ergebnisraum festgelegt wird. Die *Konfiguration* hat hingegen bestimmenden Einfluss und ist daher als schöpferischer Akt denkbar, wenn der Mensch urheberrechtlich geschützte (originale) Merkmale des Kunstwerks dadurch konkret bestimmt und KI die Gestaltung nur umsetzt.[74] Bei kontextfreien und sich selbst überlassenen NLPs ist das jedoch nicht der Fall. Zwar ist es umstritten, ob die reine Auswahl aus verschiedenen Ergebnissen eines vollständig autonomen und unbeeinflussbaren Systems einen urheberrechtlich geschützten schöpferischen Prozess darstellt.[75] Bei Textgeneratoren wird dies jedoch kaum als schöpferisch angesehen werden können.

Dem Entwickler des KI-Systems steht daher kein Urheberrecht an den mittels dieser Software generierten Erzeugnissen zu, da das Urheberrecht – im Gegensatz zum Patentrecht – keine Ausdehnung des Schutzbereichs auf Erzeugnisse im Sinne eines derivativen Schutzes kennt.[76]

4.2 Automated Journalism und gewerbliche Textgeneratoren

Textgeneratoren werden im englischsprachigen Raum unter dem Begriff *Automated Journalism* zusammengefasst, der wiederum eine Unterkategorie des *Computational Journalism* ist. *Computational Journalism* erfasst Technologie vom Sammeln von Inhalten über die Erstellung bis hin zur Ausspielung.[77] *Automated Journalism* hat seinen Ursprung im datenlastigen Bereich der Sportberichterstattung. Aufgrund von Big Data Analytics begannen Anbieter in den USA mit der Entwicklung von NLG-Systemen zur automatischen Erstellung von Zusammenfassungen von Sportereignissen.[78] Aktuell wer-

---

[73] Vgl. insb. *Ehinger/Stiemerling*, CR 2018, S. 761; *Rack/Vettermann*, KI-Kunst und Urheberrecht – die Maschine als Schöpferin?, v. 13.2.2019, http://www.telemedicus.info/arti cle/3353-KI-Kunst-und-Urheberrecht-die-Maschine-als-Schoepferin.html (abgerufen am 1.7.2020); siehe zum Medienecho zusammenfassend *Álvarez*, Ist das KI oder kann das weg?, v. 9.3.2020, https://background.tagesspiegel.de/digitalisierung/ist-das-ki-oder-kann-das-weg? (abgerufen am 1.7.2020).

[74] *Nordemann*, Vortrag vom 2.3.2020 vor der PG Medien KI Enquete.

[75] Dagegen: *Lauber-Rönsberg*, GRUR 2019, S. 244 (247); wohl dafür *Schulze*, in: Dreier /Schulze, UrhR, § 2 Rn. 8 m. w. N.

[76] *Lauber-Rönsberg*, GRUR 2019, S. 244 (248).

[77] *Thurman*, Computational Journalism, in: Wahl-Jorgensen/Hanitzsch, The Handbook of Journalism Studies, S. 180.

[78] *Graefe*, Guide to Automated Journalism, S. 12.

den Textgeneratoren – auch deutschsprachig – neben Sportberichterstattung zur Zusammenfassung des TV-Programm,[79] zur Wahlberichterstattung, zur preisgekrönten Berichterstattung über städtische Feinstaubbelastung[80] und Verkehrsmeldungen, Warnmeldungen (Unwetter, Bombenentschärfungen, etc.) sowie Veranstaltungshinweise eingesetzt.[81]

Außerhalb des redaktionellen Umfeldes bietet sich ebenfalls ein großer Anwendungsbereich für Textgeneratoren, die NLG-Systeme verwenden. Im Bereich des e-Commerce ermöglichen Textgeneratoren, verschiedenen Produkten oder Dienstleistungen eine Beschreibung zu geben, die die Besonderheiten des Angebots darstellt. Dies kann dabei für sämtliche Angebote des Webshops geschehen, was von menschlichen Textern selten kosteneffizient geschafft werden kann. So können beispielsweise in Reiseportalen die Hotels genau beschrieben werden, je nachdem welche Eigenschaften sie haben. Die Portalanbieter müssen dafür die Eigenschaften in tabellarischer Form vorhalten und diese Daten pflegen. Für suchmaschinenoptimierte Seiten müssen dennoch menschliche Texter in die generierten Texte eingreifen können, um die Formulierungen den menschlichen Bedürfnissen anzupassen. Derart individualisieren und verbessern sie das Regelwerk des aufs Angebotsformat angepassten NLG-Systems ständig.

Die großen amerikanischen Softwareunternehmen integrieren Textgeneratoren häufig in ihre Angebote. Google passt z.B. Anzeigentexte, die nur aus Textbausteinen bestehen können, aufgrund des Klickverhaltens und der Suchbegriffe automatisch an.[82] Durch künstliche neuronale Netzwerke, die Objekte und Personen auf Bildern erkennen können, lassen sich Bildtags erstellen, die wiederum aufgrund ihres Kontextes (Metatags, Bildanordnung etc.) zu Bildunterschriften umgetextet werden können.

4.3   Zwischenfazit: Bewertung der menschlichen Einwirkung

Zusammenfassend lässt sich eines festgehalten. Bei der Bewertung der Schutzfähigkeit und bei der Entscheidung, ob Technologieeinsatz vom weiten Schutzbereich der Pressefreiheit erfasst ist, kommt es entscheidend darauf an, ob Textgeneratoren bloße Hilfsmittel oder Werkzeuge sind. Nutzt

---

[79] Siehe https://de.ax-semantics.com/roboterjournalismus-bei-news-de/beitraege/ (abgerufen am 1.7.2020).

[80] Siehe https://www.stuttgarter-zeitung.de/inhalt.konrad-adenauer-preis-fuer-feinstaubprojekt-feinstaubradar-ausgezeichnet-big-data-im-lokalen.04739710-83ef-4b8f-94c1-29addc5f258d.html (abgerufen am 1.7.2020).

[81] Vortrag von Clemens Boiseree (Rheinische Post), 16.12.2019 vor der PG Medien KI Enquete.

[82] Vgl. Google Smart Campaigns (früher AdWords Express), https://de.webmasters-europe.org/news/automatisierung-in-google-ads-machine-learning-erfolgreich-nutzen (abgerufen am 1.7.2020).

ein Mensch eine Technik, um sein Ansinnen zu erfüllen und behält die wesentlichen Entscheidungen beim Einsatz und das Ergebnis unter seiner Kontrolle, so ist das Ergebnis ein dem Menschen zuzurechnendes Werk. Dies ist bei vollautomatisierten bzw. -autonomer Technik nicht der Fall, die es im Bereich der Textgenerierung tatsächlich gibt. Bei Teilautomatisierung kann für die Bewertung relevant werden, inwieweit die eingesetzte Technologie eine sogenannte Blackbox oder erklärbar (besser nachvollziehbar) ist, sogenannte Explainable AI.[83]

5 Verantwortlichkeit beim Einsatz von Textgeneratoren

An den Einsatz von Textgeneratoren anknüpfend, sind Fragen nach Verantwortlichkeit und Haftung unumgänglich. Wie bereits im Rahmen der Datenaggregation angeklungen, ist die konkrete technische Ausgestaltung ausschlaggebend für die Beurteilung des Bestehens von Anspruchsgrundlagen und der Möglichkeit der Inanspruchnahme.

5.1 Datenaggregation

Beim *Web-Scraping* von nicht öffentlich zugänglichen Webseiten kann in gewissen Konstellationen eine vertragliche Haftung in Betracht kommen. Der Zugriff auf geschützte Webseiten kann zudem eine wettbewerbsrechtliche Relevanz entfalten. Je nach angewandter Datenaggregation kann – trotz der dargestellten grundsätzlichen Zulässigkeit – eine urheberrechtliche oder datenschutzrechtliche Inanspruchnahme in Betracht kommen.

5.2 Textgenerierung

Außerdem kann die Aufbereitung der Datenbasis für die automatische Textgenerierung angesichts gewisser medienrechtlicher Anforderungen an die Informationsverarbeitung an ihre Grenzen stoßen. Die LandespresseG, so zum Beispiel § 5 SächsPresseG und der RStV in § 54 Abs. 2 S. 1, 2 fordern die Einhaltung der pressemäßigen Sorgfalt und die Überprüfung von Inhalt, Herkunft und Wahrheit nach der den Umständen gebotenen Sorgfalt. Die Sicherstellung dieser Pflichten können die eingesetzten Programme in der Regel nicht leisten, sodass eine journalistische Begleitung der Textgenerierung nötig bliebe, um den Sorgfaltspflichten zu genügen.[84] Allerdings stellt sich bei § 54 RStV bereits die Frage der Anwendbarkeit. Nach der Begründung zu § 54 Abs. 2 im 9. RÄStV es für eine Verpflichtung

---

[83] *Käde/Maltzan*, CR 2020, S. 66 (72).

[84] So auch *Weberling*, NJW 2018, S. 735 (737, 738).

zwar ausreicht, dass das Telemedium als elektronische Presse in Erscheinung tritt.[85] Andere weisen jedoch darauf hin, dass redaktionell gestaltete Angebote solche sind, die ein Tätigwerden einer natürlichen Person erfordern.[86] Dies lässt die Frage aufkommen, ob Plattformen, die ausschließlich automatisierte Textbeiträge mit „Pressecharakter" veröffentlichen, überhaupt von Sorgfaltspflichten des RStV angesprochen werden. Demgegenüber müssten Plattformen mit gemischt menschlichen und automatisch generierten Inhalten weiterhin die Sorgfaltspflichten für sämtliche Inhalte erfüllen.

Ist § 54 Abs. 2 RStV jedoch anwendbar, muss bei der Missachtung der Sorgfaltspflichten konsequent auch ein Verschulden im Sinne des § 823 Abs. 1 BGB bejaht werden. Entsprechend kommen Unterlassungs-, Widerrufs- und Schadensersatzansprüche in Betracht, ebenso wie der Gegendarstellungsanspruch nach § 56 RStV.[87] Zudem hat ein Verstoß gegebenenfalls Auswirkungen auf die Beweislast im Zivilprozess.[88] Verstöße gegen § 54 RStV sind hingegen von der Überwachung durch die zuständige Aufsichtsbehörde ausgenommen, § 59 Abs. 3 S. 1 RStV.[89] Im Übrigen sollen sie mangels Wettbewerbsbezug keine Unlauterkeit nach § 3a UWG begründen.[90]

5.3 Textveröffentlichung

Weitergehend stellen sich Haftungsfragen, die sich an die Textveröffentlichung selbst bzw. ihren Inhalt anschließen. Darunter fallen zunächst die Verbreitung von *Fake News*[91] bzw. unwahren Tatsachenbehauptungen. Ihre Entstehung ist durch eine falsche Klassifikation der Informationen durch den Datenaggregator möglich, aber auch durch die richtige Klassifikation einer aus einer Drittquelle übernommenen, falschen Information.

Den jeweiligen Inhalt und daher auch die Verletzung absoluter Rechte wird sich die veröffentlichende Plattform zurechnen lassen müssen. Schon mit der Veröffentlichung sind sie für die initiale Verbreitung verantwortlich. Im Übrigen setzen sie für die Verletzung kausale Ansatzpunkte bei der Auswahl der auszulesenden Webseiten, der Kalibrierung der genutzten Programme und der gegebenenfalls unzureichenden Überprüfung der

---

[85] *Held*, in: Binder/Vesting, Beck RundfunkR, RStV, § 54 Rn. 40 m. w. N.

[86] Vgl. *Lent*, in: Gersdorf/Paal, BeckOK InfoMedienR, RStV, § 54 Rn. 5 m. w. N.

[87] Im Einzelnen *Smid*, in: Spindler/Schuster, Recht der elektronischen Medien, RStV, § 54.

[88] BVerfG, Urt. v. 9.10.1991, NJW 1992, 1439 (1442) – Bayer-Aktionäre.

[89] *Held*, in: Binder/Vesting (Hrsg.), Beck RundfunkR, RStV, § 54 Rn. 70.

[90] Ebenda, § 54 Rn. 72.

[91] Eindrucksvoll zur automatischen Generierung von „Fake News" siehe *Robitzki*, This Site Uses AI to Generate Fake News Articles, v. 13.2.2020, https://futurism.com/site-ai-generate-fake-news-articlest (abgerufen am 1.7.2020).

Textbeiträge. Bei letzterem können zudem die Grundsätze der Verbreiterhaftung hinzuzuziehen sein. Diese kennen allerdings auch die Begrenzung auf grobe, eindeutige und unschwer erkennbare Gesetzesverstöße, um der Realität von Redaktionstätigkeit bei hoher Publikationsanzahl gerecht zu werden.[92] Dahingehend kann wegen des Zieles vieler automatisch generierter Texte, eine möglichst hohe Aktualität zu erreichen, über eine Exkulpation nachgedacht werden.

Die vielfach von ergebnisoffenen Abwägungsentscheidungen geprägten Ansprüche machen es zudem virulent, eine Dogmatik zu entwickeln, die sich damit auseinandersetzt, inwieweit Meinungs- und Pressefreiheit für automatisch generierte Texte streiten können.[93] Es fehlen dezidierte Anhaltspunkte, um zu bestimmen, wie weitgehend die menschliche Beteiligung reichen muss, um den Schutzbereich dieser Grundrechte zu eröffnen. Gerade im Hinblick auf die Mischung mit menschlich erstellten Beiträgen, kann sich der Textaggregator als relevanzsteigerndes Mittel und daher als Werbeeinnahmen generierendes Finanzierungsmodell profilieren, das insoweit auch aus dem Blickwinkel einer Voraussetzung betrachtet werden muss, ohne welche die Presse ihre spezifische Funktion nicht zu erfüllen vermag.[94]

5.4 Kennzeichnung automatisierter Texte

Angesichts der werblichen Funktion stellt sich die Frage nach der Einhaltung des Trennungsgebotes journalistischer und werblicher Beiträge.[95] Die Irreführung eines Lesers durch einen verdeckt werblichen Beitrag kann jedoch nicht ohne weiteres mit der Publikation eines automatisch generierten Textes gleichgesetzt werden. So spricht zwar viel dafür, dass die Leser einem menschlich erstellten Text größeres Vertrauen und Beachtung beibringen, insbesondere wenn es sich um ein gemischtes Programm handelt.[96] Eine Einwirkung auf die Unabhängigkeit der Programmgestaltung findet jedoch nicht per se statt. Ob eine Kennzeichnungspflicht zur Nachvollziehbarkeit der Texterstellung notwendig ist, sollte jedenfalls im Hinblick auf das Vertrauen, welches Leser gegenüber einer Berichterstattung

---

[92] Vgl. v. *Petersdorff-Campen*, in: Paschke/Berlit/Meyer, Hamburger Kommentar Gesamtes Medienrecht, UWG, § 8 Rn. 57.

[93] Kritisch und journalistische Kontrolle voraussetzend *Weberling*, NJW 2018, S. 735 (737 f., 739); ablehnend *Uphues*, in: Hoeren/Sieber/Holznagel, MMR-HdB, Teil 15.3 Rn. 63 ff.

[94] Vgl. BVerfG, Urt. v. 4.4.1967 – 1 BvR 414/64, NJW 1967, 976 (977); BGH, Urt. v. 14.5.2002 – VI ZR 220/01, NJW 2002, 2317 (2318); vgl. auch *Fiedler*, ZUM 2010, S. 18; zum Schutzumfang *Schulze-Fielitz*, in: Dreier, GG, Art. 5 Abs. 1-2 Rn. 95.

[95] Vgl. *Weberling*, NJW 2018, S. 735 (739).

[96] Vgl. *Smid*, in: Spindler/Schuster, Recht der elektronischen Medien, RStV, § 58 Rn. 5.

haben und um ihnen eine Differenzierung zu ermöglichen, diskutiert werden.[97]

Die Verantwortlichkeit für den Einsatz von Textaggregatoren und Web-Scrapern trifft somit in der Regel den Betreiber. Dieser sieht sich den klassischen Anspruchsgrundlagen gegenüber. Aus der Verwendung dieser Programme an sich eröffnen sich jedenfalls keine Haftungserleichterungen. Denkbar bei einem Haftungsfall ist jedoch der Rückgriff des Einsetzenden auf den Softwareanbieter.

6 Fazit

Textgeneratoren und Ergebnisse sind geschützt, soweit sie unmittelbar auf menschlichem Schaffen beruhen. Ein Anpassungsbedarf des urheberrechtlichen Werkbegriffes besteht derzeit nicht. Die urheberrechtlichen Rahmenbedingungen erfassen auch das kreative Schaffen mithilfe des Einsatzes von KI. Allerdings ist ein dem Urheberrecht verwandtes Schutzrecht für KI-Leistungen denkbar. Aber fraglich ist, ob wirtschaftliche Notwendigkeit im Sinne des immaterialgüterrechtlichen Anreizgedankens besteht. Es braucht deshalb eine umfassende Diskussion über die Schutzfähigkeit digitaler KI-orientierter Lösungen. Dies würde digitale Innovation fördern und europäischer Technologieentwicklung nutzen.

Literatur

Binder, Reinhart/Vesting, Thomas (Hrsg.): Beck'scher Kommentar zum Rundfunkrecht, 4. Aufl., München 2018.

Brink, Stefan/Wolff, Heinrich Amadeus (Hrsg.): BeckOK DatenschutzR, Kommentar, 32. Ed., München 2020.

Broy, Manfred/Lehmann, Michael: Die Schutzfähigkeit von Computerprogrammen nach dem neuen europäischen und deutschen Urheberrecht, GRUR 1992, S. 419-423.

Caswell, David/Dörr, Konstantin: Automating Complex News Stories by Capturing News Events as Data, Journalism Practice 2019, S. 951-955.

Clark, John Drury: Ignition! An Informal History of Liquid Rocket Propellants. Rutgers University Press, 1972.

Czychowski, Christian: Wettbewerbsrechtliche Zulässigkeit des automatisierten Abrufs von Daten einer Internetseite, NJW 2014, S. 3277-3279.

---

[97] So wohl auch *Hetmank/Lauber-Rönsberg*, GRUR 2018, S. 574 (581).

Determann, Lothar: Gegen Eigentumsrechte an Daten, ZD 2018, S. 503-508.

Deutsch, Askan: Die Zulässigkeit des so genannten „Screen-Scraping" im Bereich der Online-Flugvermittler, GRUR 2009, S. 1027-1032.

Dreier, Horst (Hrsg.): Grundgesetz, Kommentar, 3. Aufl., Tübingen 2013.

Dreier, Thomas/Schulze, Gernot: Urheberrechtsgesetz, Kommentar, 6. Aufl., München 2018.

Ehinger, Patrick/Stiemerling, Oliver: Die urheberrechtliche Schutzfähigkeit von Künstlicher Intelligenz am Beispiel von Neuronalen Netzen, CR 2018, S. 761-770.

Fiedler, Christoph: Zunehmende Einschränkungen der Pressefreiheit, ZUM 2010, S. 18-27.

Fromm, Axel/Nordemann, Jan/Czychowski, Christian (Hrsg.): Urheberrecht, Kommentar, 10. Aufl., Stuttgart 2008.

Gersdorf, Hubertus/Paal, Boris P. (Hrsg.): BeckOK Informations- und Medienrecht, Kommentar, 28. Ed., München 2020.

Gola, Peter (Hrsg.): Datenschutz-Grundverordnung, Kommentar, 2. Aufl., München 2018.

Graefe, Andreas: Guide to Automated Journalism, New York 2016.

Habel, Dominic: Roboterjournalismus, Baden-Baden 2019.

Helberger, Natali/Eskens, Sarah/Drunen, Max von/Bastian, Mariella/Moeller, Judith: Implications of AI-driven tools in the media for freedom of expression, Institute Information Law 2019.

Hoeren, Thomas/Sieber, Ulrich/Holznagel, Bernd (Hrsg.): Handbuch Multimedia-Recht, Loseblattsammlung München, 51. EL, Stand: Februar 2020.

Käde, Lisa/Maltzan, Stephanie von: Die Erklärbarkeit von Künstlicher Intelligenz (KI), CR 2020, S. 66-72.

Kianfar, Mina: Die Wirkung einer virtuellen Hausordnung am Beispiel des Screen Scraping, in: Jürgen Taeger (Hrsg.), Big Data & Co – Neue Herausforderungen für das Informationsrecht, Edewecht 2014, S. 821-829.

Kubiciel, Michael/Großmann, Sven: Doxing als Testfall für das Datenschutzstrafrecht, NJW 2019, S. 1050-1055.

Lauber-Rönsberg, Anne: Autonome „Schöpfung" – Urheberschaft und Schutzfähigkeit, GRUR 2019, S. 244-253.

Lesshaft, Karl/Ulmer, Detlef: Urheberrechtliche Schutzwürdigkeit und tatsächliche Schutzfähigkeit von Software, CR 1993, S. 607-615.

Linke, David: Urheberrechtlicher Schutz von KI als Computerprogrammein, in: Sven Hetmank/Constantin Rechenberg (Hrsg.), Kommunikation, Kreation und Innovation, Leipzig 2019, S. 29-48.

Thurman, Neil: Computational Journalism, in: Karin Wahl-Jorgensen/Thomas Hanitzsch (Hrsg.), The Handbook of Journalism Studies, 2. Ed., New York 2019, S. 180-195.

Ory, Stephan/Sorge, Christoph: Schöpfung durch Künstliche Intelligenz?, NJW 2019, S. 710-713.

Paal, Boris P./Pauly, Daniel A. (Hrsg.): DS-GVO BDSG, Kommentar, 2. Aufl., München 2018.

Paschke, Marian/Berlit, Wolfgang/Meyer, Claus (Hrsg.): Hamburger Kommentar Gesamtes Medienrecht, Kommentar, 3. Aufl., Baden-Baden 2016.

Reichelt, Patrick: Einführung in den Roboterjournalismus: Bedrohung oder Chance?, Marburg 2017.

Simitis, Spiros/Hornung, Gerrit/Spiecker gen. Döhmann, Indra (Hrsg.): Datenschutzrecht, Kommentar, Baden-Baden 2019.

Spindler, Gerald/Schuster, Fabian (Hrsg.): Recht der elektronischen Medien, Kommentar, 4. Aufl., München 2019.

Taeger, Jürgen/Gabel, Detlev (Hrsg.): DSGVO BDSG, Kommentar, 3. Aufl., Frankfur/M. 2019.

Weberling, Johannes: Medienrechtliche Bedingungen und Grenzen des Roboterjournalismus, NJW 2018, S. 735-739.

Wiebe, Andreas: Schutz von Maschinendaten durch das sui-generis-Schutzrecht für Datenbanken, GRUR 2017, S. 338-345.

Wischmeyer, Thomas/Herzog, Eva: Daten für alle? – Grundrechtliche Rahmenbedingungen für Datenzugangsrechte, NJW 2020, S. 288-293.

Wu, S./Tandoc Jr., E.C./Salmon, C.T.: Journalism Reconfigured, Journalism Studies 2019, S. 1440-1457.

Zech, Herbert: „Industrie 4.0" – Rechtsrahmen für eine Datenwirtschaft im digitalen Binnenmarkt, GRUR 2015, S. 1151-1160.

Zech, Herbert: Künstliche Intelligenz und Haftungsfragen, ZfPW 2019, S. 198-219.

HANDEL MIT PERSONENBEZOGENEN DATEN AUF DEZENTRALEN DATENMARKTPLÄTZEN

Til Martin Bußmann-Welsch / Frederik Tholey

Til.Welsch@Posteo.de / Frederik.Tholey@Posteo.de

Zusammenfassung

Die neu entstehenden dezentralen Datenmarktplätze geben Datenschöpfern ihre Datensouveränität zurück und ermöglichen es erstmals, adäquate Preise für die Nutzung ihrer Daten zu verlangen. Das deutsche Zivilrecht und das europäische Datenschutzrecht liefern einen hinreichenden Rahmen für den Handel mit personenbezogenen Daten.

1 Einleitung

Daten sind das neue Öl.[1] Dieser Satz wurde in den vergangenen zehn Jahren oft wiederholt. Auch wenn der Vergleich aus verschiedensten Gründen angezweifelt wird,[2] kann die Tatsache nicht geleugnet werden, dass Daten im Zeitalter der Digitalisierung als solche ein Wirtschaftsgut darstellen mit denen, der Verwertungslogik folgend, auch Handel getrieben wird.[3] Die EU-Kommission hat 2017 mit ihrer Mitteilung zum „Aufbau einer europäischen Datenwirtschaft"[4] und der seit dem 28.5.2019 geltende VO (EU) 2018/1807 über den freien Verkehr nicht-personenbezogener Daten[5] sowie

---

[1] *Büst*, Wirtschaftsinformatik und Management 2013, S. 40.

[2] Vgl. beispielsweise *Maicher*, Warum Daten nicht das neue Öl sind, Tagesspiegel v. 21.6.2016, https://digitalpresent.tagesspiegel.de/warum-daten-nicht-das-neue-oel-sind (abgerufen am 14.4.2020), welcher für einen Vergleich mit Immobilien eintritt.

[3] *Dolzan*, in: Lohsse/Schulze/Staudenmayer, Trading Data in the digital Economy: Legal Concepts and Tools, S. 307.

[4] Mitteilung der Kommission an das Europäische Parlament, den Rat, den Europäischen Wirtschafts- und Sozialausschuss und den Ausschuss der Regionen — Aufbau einer europäischen Datenwirtschaft, COM 2017 (9), S. 13 ff.

[5] VO (EU) Nr. 1807/2018 des Europäischen Parlaments und des Rates vom 14.11.2018 über einen Rahmen für den freien Verkehr nicht-personenbezogener Daten in der Europäischen Union (L 303/59).

der 2020 veröffentlichten Mitteilung über eine „europäische Datenstrategie"[6] die politischen und rechtlichen Rahmenbedingungen für einen europäischen Datenmarkt gesetzt. Im Kern geht es darum, Unternehmen den Zugang zu einer möglichst große Ansammlung einer Vielzahl von nicht personenbezogenen Daten zu gewähren, damit diese im Zuge einer fundamentalen Analyse auf mögliche Korrelationen oder auch Kausalitäten hin ausgewertet werden können.[7] Während der Fokus der Politik auf einem möglichst offenen Datenhandel im B2B- (Business to Business) und B2G- (Business to Government)[8] Bereich liegt und der rechtliche Rahmen von der EU-Kommission durch den für das 4. Quartal 2021 ankündigten umfassenden Rechtsakts über die Nutzungsrechte an gemeinsam erzeugten Industriedaten weiter vorangetrieben wird,[9] ist es nach dem Scheitern der Verhandlungen über die E-Privacy Verordnung um den Schutz personenbezogener Daten still geworden.[10] Zwar wurde zuletzt die RL (EU) 2019/770 des Europäischen Parlaments und des Rates vom 20.5.2019 über bestimmte vertragsrechtliche Aspekte der Bereitstellung digitaler Inhalte und digitaler Dienstleistungen verabschiedet. Doch findet sie, wie später noch herausgearbeitet werden wird, jedenfalls für den direkten Handel mit personenbezogenen Daten keine Anwendung. Auch besteht mit der DSGVO zwar eine solide europarechtliche Grundlage für den Schutz personenbezogener Daten. Jedoch gewährleistet der aktuell bestehende rechtliche Rahmen nach verbreiteter Auffassung nicht die Herstellung eines gerechten Interessenausgleiches zwischen wirtschaftlichem Wert der personenbezogenen Daten und der Gegenleistung.[11]

Zudem besteht im Hinblick auf die DSGVO ein faktisches Vollzugsdefizit, so dass sich inzwischen massive Ungleichgewichte im Hinblick auf die

---

[6] Mitteilung der Kommission an das Europäische Parlament, den Rat, den Europäischen Wirtschafts- und Sozialausschuss und den Ausschuss der Regionen: Eine europäische Datenstrategie COM (2020), 66.

[7] *Dolzan*, in: Lohsse/Schulze/Staudenmayer, Trading Data in the digital Economy: Legal Concepts and Tools, S. 305 f.; sowie *Hacker*, ZfPW 2019, S. 148 (151).

[8] https://ec.europa.eu/digital-single-market/en/news/experts-say-privately-held-data-available-european-union-should-be-used-better-and-more (abgerufen am 1.7.2020).

[9] Mitteilung der Kommission an das Europäische Parlament, den Rat, den Europäischen Wirtschafts- und Sozialausschuss und den Ausschuss der Regionen: Eine europäische Datenstrategie, 30.

[10] Auch wenn die Bundesregierung angekündigt hat im Rahmen ihrer kommenden Ratspräsidentschaft die Verhandlungen weiter voran zu treiben, https://background.tagesspiegel.de/digitalisierung/bundesregierung-will-einigung-bei-e-privacy-verordnung-herbeifuehren (abgerufen am 1.7.2020).

[11] So auch *Schmidt-Kessel/Grimm*, ZfPW 2017, S. 84 (85).

wirtschaftliche Verwertung von personenbezogenen Daten gebildet haben.[12] Trotz dieser wirtschaftlichen Realität hat sich weder der deutsche noch der europäische Gesetzgeber in den letzten Jahren dazu durchringen können, ein weitreichendes Regelungsregime in Form des von vielen Seiten geforderten Datenschuldrechts[13] zu verabschieden. Die bestehende Lücke schließt nun nicht der deutsche oder europäische Gesetzgeber, sondern schlicht die Technik.[14] Entsprechend dem Grundsatz code is law[15] werden künftig Unternehmen wie polypoly,[16] saymine[17] oder die Begründer des Ocean Protocol[18] die Basis dafür liefern, dass auch die Datenschöpfer am Handel mit ihren personenbezogenen Daten direkt beteiligt werden.[19] Aufbauend auf den schon bestehenden Personal Information Management Systemen,[20] mit denen Datenschöpfer Unternehmen über eine Plattform Zugriffsrechte an ihren personenbezogenen Daten gewähren können,[21] setzen die neuen Datenmärkte auf dezentrale Systeme basierend auf sogenannten Zero-Knowledge Protokollen,[22] welche es ermöglichen, Informationen, konkret Metadaten über die personenbezogenen Daten, auszutauschen, ohne dass der Inhalt der personenbezogenen Daten offengelegt werden muss. Dadurch wird das Vertrauen in das Teilen personenbezogener Daten bei den Datenschöpfern gestärkt und gleichzeitig, da die personenbezogenen Daten dezentral auf dem eigenen Endgerät gespeichert werden, die IT-

---

[12] *Hofmann/Schölkopf*, „Vom Monopol auf Daten ist abzuraten", v. 29.1.2015, https://people.t uebingen.mpg.de/bs/faz-monopol-auf-daten.pdf (abgerufen am 9.3.2020).

[13] Exemplarisch, *Riechert*, DuD 2019, S. 353; *Peitz/Schweitzer*, NJW 2018, S. 275. *Langhanke /Schmidt-Kessel*, EuCML 2015, S. 218. Kritisch etwa *Faust*, Gutachten A zum 71. Deutschen Juristentag – Digitale Wirtschaft – Analoges Recht – Braucht das BGB ein Update?; *Hacker*, ZfPW 2019, S. 148.

[14] Zu dieser Tendenz auch *Heckmann*, Interview im Rahmen der 60. Assistententagung Öffentliches Recht in Trier, v. 4.3.2020 https://www.juwiss.de/19-2020/ (abgerufen am 14. 4.2020).

[15] *Lessig*, Code and other laws of cyberspace, http://www.code-is-law.org/toc.html (abgerufen am 14.4.2020).

[16] https://polypoly.eu/en/home (abgerufen am 14.4.2020).

[17] https://saymine.com/ (abgerufen am 14.4.2020).

[18] https://oceanprotocol.com/ (abgerufen am 14.4.2020).

[19] Zu den bisherigen ökonomischen Modellen des Datenhandels *Hacker*, ZfPW 2019, S. 148 (153 ff.).

[20] Bspw. https://bitsabout.me/de/ oder https://mydata.org/ (abgerufen am 1.7.2020).

[21] So auch *Peitz/Schweitzer*, NJW 2018, S. 275, die auf die rechtlichen und politischen Bedenken bzgl. der Kommerzialisierung von personenbezogenen Daten zutreffend hinweisen, jedoch den Markterfolg von PIMs in Frage stellen.

[22] Eine anschauliche Erklärung zur Funktionsweise liefert *Green*: https://blog.cryptographye ngineering.com/2014/11/27/zero-knowledge-proofs-illustrated-primer/ (abgerufen am 27.6.2020).

Sicherheit erhöht. Ein Abfließen der Daten auf black markets ist so jedenfalls erheblich erschwert, da nicht wie bei einer zentralen Marktplatzarchitektur das Kompromittieren eines Servers, sondern jedes Endgerätes erforderlich ist. Entscheidend für den Erfolg dieser neuen Geschäftsmodelle wird es sein, dass Datenmarktplatzbetreiber den Datenschöpfern die bisherige Nutzung ihrer personenbezogenen Daten durch die großen Anbieter in prägnanter Weise darstellen, um diese durch den Datenfluss für den Wert ihrer Daten zu sensibilisieren. Dem Datenschöpfer obliegt es, die bestehenden monopolistischen Datensilos der großen Anbieter abzulösen, indem er personenbezogene Daten künftig nur noch lokal auf seinem Endgerät speichert. Erstmals werden Datenschöpfer so mit eigener Verhandlungsmacht ausgestattet, welche es ermöglicht, den Datenhändlern eine adäquate Gegenleistung abzuverlangen.

2 Forschungsziel und Methodik

Zunächst werden die neuen aufkommenden Geschäftsmodelle kurz erläutern und die beteiligten Akteure definiert. Danach gilt es, die Vertragsverhältnisse der Beteiligten in einem ersten Zugriff auf das bestehende Geflecht und Spannungsverhältnis aus Schuld- und Datenschutzrecht unter Beachtung des Unions- und Verfassungsrechts einzuordnen. Zentrales Thema ist dabei die Frage, ob der bestehende rechtliche Rahmen die neuen Geschäftsmodelle angemessen abbildet oder der Gesetzgeber, wie von vielen gefordert,[23] tätig werden sollte.

Zur weiteren Erschließung des Untersuchungsgegenstandes der dargestellten Datenmarktplätze haben wir explorative Interviews mit Repräsentanten des Unternehmens *PolyPoly* und der BigChain DB – Mitgründern des Ocean Protocol – geführt. Aufbauend darauf erfolgte eine weitergehende Literaturrecherche anhand der bekannten Datenbanken, Beck-Online, Juris, Google Scholar sowie den Literaturbeständen der Humboldt Universität Berlin und der Freien Universität Berlin. Auf Basis dessen erfolgte eine qualitative Analyse[24] der entsprechenden Rechtsgrundlagen, die klassischerweise dem Datenschuldrecht zugewiesen werden. Die Analyse erfolgte nach juristisch-dogmatischem Vorbild.

---

[23] Siehe Fußnote 14.

[24] Zur ewigen Streitfrage des wissenschaftlichen Arbeitens in der Rechtswissenschaft und einer entsprechenden Einordnung, vgl. *McConville/Chui*, Research Methods for Law, S. 25 ff.

3   Die neuen Datenmarktplätze

Unter einem Datenmarktpatz verstehen wir für diesen Text eine dezentrale Plattform, welche den Handel mit personenbezogenen elektronischen Daten ermöglicht. Der Datenmarktplatzbetreiber fungiert als Intermediär zwischen Datenschöpfer, Datenhändler und Datennutzer. Dabei ist Datenschöpfer jeder, der Ursprung eines personenbezogenen Datums ist. Datenhändler ist, wer die personenbezogenen Daten der Datenschöpfer bündelt, um sie gesammelt über den Datenmarktplatz anzubieten. Datennutzer ist, wer die personenbezogenen Daten – vermittelt über den Datenmarktplatz – abruft. Konkret werden wir zwischen 3 Fällen unterscheiden. Zunächst kann der Datenschöpfer/Datenhändler die Metadaten der personenbezogenen Daten (welche auf seinem Endgerät verbleiben) in den Datenmarktplatz – zumeist unentgeltlich – einstellen und bereits ein festes Entgelt – entweder in Form einer Geldzahlung oder über das Erbringen einer Dienstleistung,[25] sowie die Nutzungsbedingungen für die spätere Übertragung oder Nutzung der personenbezogenen Daten festlegen oder beides noch offen lassen (Fall 1). Dann kann im Rahmen eines Aushandlungsprozesses ein Vertrag – entweder zwischen Datenschöpfer/Datenhändler und Datennutzer oder zwischen Datenschöpfer und Datenhändler – über den Zugriff und die Nutzung der personenbezogenen Daten selbst abgeschlossen werden (Fall 2). Schließlich besteht die Möglichkeit, einen Vertrag darüber zu schließen, dass ein Algorithmus – bspw. in Form eines zu trainierenden machine learning-Modells – zu den personenbezogenen Daten des Datenschöpfers/Datenhändlers entsandt wird, sodass die personenbezogenen Daten selbst nie den Datenschöpfer/Datenhändler "verlassen" (Fall 3).

4   Zivilrechtliche Betrachtung

4.1   Fall 1: Das Einstellen von Daten

4.1.1   Das Zustandekommen von Verträgen und Vertragsarten

Für die Verhältnisse zwischen Datenschöpfer/Datenhändler und Datenmarktplatzbetreiber kann man ein Auftragsverhältnis i.S. des § 662 BGB annehmen, soweit von einer Unentgeltlichkeit auszugehen ist.[26] Der Vertrag kommt mit dem Abschluss der Profilerstellung zustande.[27] Geschuldet wird dabei von den Datenmarktplatzbetreibern das unentgeltliche Speichern von Metadaten sowie das Auspreisen auf dem Datenmarktplatz. Teilweise wird in diesen Situationen auch ein atypischer, da unentgeltlicher

---

[25] Wie dem Angebot von Analyseleistungen oder Messengerdiensten.

[26] Vgl. *Schöttle*, in: Auer-Reinsdorff/Conrad, Handbuch IT- und Datenschutzrecht, § 25 Rn. 250, 252.

[27] *Glossner*, in: Leupold/Glossner, Münchener Anwaltshandbuch IT-Recht, Teil 2 Rn. 358.

Geschäftsbesorgungsvertrag angenommen.[28] Dem Grunde nach widerspricht diese Einordnung der klassischen Abgrenzung zwischen dem Auftrag gem. § 662 BGB und Dienst- sowie Werkverträgen gem. §§ 611, 631 BGB bzw. deren spezieller Ausprägung in Form des Geschäftsbesorgungsvertrages i. S. d. § 675 BGB, sodass sie abzulehnen ist.[29] Das Vorliegen einer reinen Gefälligkeit ist in diesen Fällen aufgrund der Interessen der Parteien ebenso zu verneinen.[30] Liegt hingegen eine Entgeltlichkeit vor, so ist grundsätzlich von einem typengemischten Vertrag i.S. der §§ 311 Abs. 1, 241 BGB auszugehen.[31] Der Vertrag enthält dann mietvertragliche Elemente i.S. von § 535 BGB (Speicherkapazitäten für Metadaten), dienstvertragliche Elemente i.S. des § 611 BGB (Bspw. Suchfunktion), wie werkvertragliche Elemente i.S. des § 631 BGB (Zahlungsabwicklung).

4.1.2 Wirksamkeit der Verträge

In Fällen, in denen sich das Hochladen aber wie hier ausschließlich auf personenbezogene Daten bezieht, kann der geschlossene Vertrag nach § 138 Abs. 1 BGB unwirksam sein. Diese Überlegung ergibt sich daraus, dass ein später über den Datenmarktplatz vermittelter Vertrag, der sich auf die Übertragung oder die Nutzung der personenbezogenen Daten bezieht, selbst nach § 138 Abs. 1 BGB unwirksam sein kann. Ein Vertrag zwischen Datenschöpfern/Datenhändlern und den Datenmarktplatzbetreibern, der von vornherein auf die Vermittlung eines sittenwidrigen Vertrages gerichtet ist, ist selbst sittenwidrig i.S. des § 138 Abs. 1 BGB.[32] Ob ein Vertrag über den Verkauf oder die Nutzung von ausschließlich personenbezogenen Daten selbst i.S. des § 138 Abs. 1 BGB sittenwidrig ist, wird in einem späteren Abschnitt dieses Textes behandelt.[33]

4.1.3 Anwendbares Schadensersatz- und Gewährleistungsrecht

Das Schadensersatz- bzw. Gewährleistungsrecht folgt dem jeweils anwendbaren Vertragsrecht. Bei typengemischten Verträgen ist auf den jeweils betroffenen Schwerpunkt abzustellen.[34] Zwar enthält die Richtlinie über digitale Inhalte und Dienstleistungen (RL 2019/770) ein spezielles Gewährleistungsregime für Verträge über digitale Inhalte und Dienstleistungen.[35]

---

[28] *Hauck/Blaut*, NJW 2018, S. 1425 (1426).

[29] Auf diesen Punkt verweisen auch *Hauck/Blaut*, NJW 2018, S. 1425 (1426).

[30] *Hacker*, ZfPW 2019, S. 148 (158) m. w. N.

[31] *Schöttle*, in: Auer-Reinsdorff/Conrad, Handbuch IT- und Datenschutzrecht, § 25 Rn. 250, 252.

[32] Dazu in anderem Kontext etwa BGH, Urt. v. 8.5.1985 – IVa ZR 138/83, NJW 1985, 2405.

[33] Vgl. Abschnitt 4.2.2.

[34] *Emmerich*, in: Säcker et al., Münchener Kommentar zum BGB, § 311 Rn. 30.

[35] Dazu etwa *Paschke*, in: Heckmann, Juris-PK Internetrecht, Kap. 4.2 Rn. 476.18 ff.

Diese Richtlinie greift in den geschilderten Konstellationen jedoch nur teilweise. Denn: In den benannten Konstellationen ist die Leistung des Unternehmers in Form der Datenmarktplatzbetreiber entweder unentgeltlich[36] oder es ist zweifelhaft, ob ein Verbraucher-Unternehmerverhältnis vorliegt, in welchem der Unternehmer dem Verbraucher digitale Inhalte oder Dienstleistungen bereitstellt oder deren Bereitstellung zusagt. Soweit Datenhändler in einem oben genannten Verhältnis zu Datenmarktplatzbetreibern stehen, ist grundsätzlich von zwei Unternehmern i.S. des Art. 2 Nr. 5 RL 2019/770 auszugehen. Stehen sich Datenschöpfer und Datenmarktplatzbetreiber gegenüber, so ist zunächst zu überdenken, ob die Datenschöpfer überhaupt als Verbraucher i.S. des Art. 2 Nr. 6 RL 2019/770 anzusehen sind. Soweit Datenschöpfer regelmäßig Daten über den Datenmarktplatz zu Nutzungszwecken anbieten, geht damit eine Gewinnerzielungsabsicht einher. Diese kann im Einzelfall darauf schließen lassen, dass ein Interesse an einem regelmäßigen Einkommen zur Deckung der Lebenshaltungskosten besteht. Ist dies der Fall, findet die RL 2019/770 keine Anwendung. In den meisten Fällen wird nach jetziger Sicht auf die Dinge, auf Basis der überwiegend geringen Aussicht auf Einkünfte für Einzelpersonen,[37] aber von einer Verbraucherposition des Datenschöpfers auszugehen sein, sodass die RL 2019/770 insoweit Anwendung finden kann. Die Frage der konkreten Umsetzung der RL 2019/770 durch den deutschen Gesetzgeber wird dabei noch abzuwarten sein.[38]

4.2 Fall 2: Der Handel mit personenbezogenen Daten

4.2.1 Das Zustandekommen von Verträgen und Vertragsarten

Im Hinblick auf die Vertragsarten gilt es hervorzuheben, dass die Datennutzer mit den Datenmarktplatzbetreibern ebenso in einem vertraglichen Verhältnis stehen, wie die Datenhändler/Datenschöpfer zu den Datenmarktplatzbetreibern.[39] Vermittelt durch den Datenmarktplatz haben Datenschöpfer/Datenhändler nun die Möglichkeit, Datennutzern die Abrufbarkeit der Daten zu verschaffen. Dies kann entweder bereits ein Antrag

---

[36] Eine Ausnahme würde dann gelten, wenn die Datenmarktplätze ebenfalls das Nutzerverhalten systematischen Datenanalysen unterziehen, um diese Ergebnisse kommerziell zu verwerten.

[37] PolyPoly verspricht zwar ein Einkommen von 50.000 $/Jahr für einen Zweipersonenhaushalt, vgl. https://polypoly.eu/en/polychronicle/couple-makes-50k-per-year-off-their-data (abgerufen am 1.7.2020). Hier wird man jedoch panoptische Umstände annehmen müssen, deren Rechtmäßigkeit zweifelhaft ist. Realistischer erscheinen 100-200 €/Jahr/Einzelperson, vgl. *Dörner*, Verkaufen Sie Ihre Daten doch einfach selbst, v. 21.3.2014, https://www.welt.de/wall-street-journal/article126067683/Verkaufen-Sie-Ihre-Daten-doch-einfach-selbst.html (abgerufen am 1.7.2020).

[38] Zu Vorschlägen vgl. *Paschke*, in: Heckmann, Juris-PK Internetrecht, Kap. 4.2 Rn. 476.45 ff.

[39] Vgl. dazu Abschnitt 4.1.1.

i.S. des § 145 BGB[40] oder eine invitatio ad offerendum sein. Fraglich kann bereits die Bestimmtheit des Angebotes sein, wenn Datenschöpfer Zugriff auf solche Daten gewähren, die noch nicht bestehen, sondern erst in Zukunft entstehen werden. Hier ist die Konkretheit dann anzunehmen, wenn die Umstände, unter denen die Daten entstehen werden, hinreichend konkretisiert sind.[41] Zu klären ist aber, ob im Zeitpunkt, in dem Datenschöpfer/Datenhändler den Datennutzern über den Datenmarktplatz die Möglichkeit bieten, Zugriff auf die Daten zu erlangen, bereits ein hinreichender Rechtsbindungswille von Seiten der Datenschöpfer/Datenhändler vorliegt. Dies richtet sich gem. §§ 133, 157 BGB nach der Sichtweise eines objektiven Empfängers. Bei der Auslegung können zudem die AGB der Datenmarktplatzbetreiber berücksichtigt werden.[42] Grundsätzlich wird das Vorliegen eines Rechtsbindungswillens verneint, wenn dadurch das Risiko entstünde, dass beliebig viele Personen das Angebot annehmen könnten, sodass eine unüberschaubare Vielzahl an Verträgen entstünde, die nicht alle erfüllt werden könnten,[43] oder wenn die potenziell antragende Person ein Interesse an der Auswahl der konkreten Vertragspartner hat.[44] Das Risiko des Abschlusses einer Vielzahl von Verträgen, die nicht alle erfüllt werden könnten, ist bei Daten grundsätzlich ausgeschlossen, da diese beliebig reproduziert werden können. Jedoch kann ein Interesse daran bestehen, dass ein Datenaustausch nur mit bestimmten Datennutzern stattfindet. Zwar sind die Datenmarktplätze grundsätzlich so konzipiert, dass der Datenzugriff nur dann gewährleistet wird, wenn ein Entgelt geleistet wird.[45] Gerade im Hinblick auf die Verarbeitung von Daten kann jedoch das Vertrauen in Datennutzer im Hinblick auf den Umgang mit Daten eine Rolle spielen. Zumeist werden die Datenmarktplätze ohnehin derart ausgestaltet sein, dass die Daten erst dann freigegeben werden, nachdem die Datenschöpfer/Datenhändler den Zugriff der Datennutzer nach deren Anfrage bestätigt haben. Damit ist grundsätzlich davon auszugehen, dass die Datenschöpfer/Datenhändler eine invitatio ad offerendum abgeben, sodass die Datennutzer wiederum einen Antrag i.S. des § 145 BGB abgeben, der gem. § 147 BGB von den Datenschöpfern/Datenhändlern angenommen werden kann.

---

[40] In Form eines Antrags ad incertas personas.

[41] *Busche*, in: Säcker et al., Münchener Kommentar zum BGB, § 145 Rn. 6.

[42] Vgl. BGH, Urt. v. 7.11.2001 – VIII ZR 13/01, MMR 2002, 95 (96 f.).

[43] *Busche*, in: Säcker et al., Münchener Kommentar zum BGB, § 145 Rn. 11.

[44] Ebenda.

[45] Die geschieht typischerweise über die Vollziehung des Vertrags mittels smart contracts, vgl. exemplarisch https://oceanprotocol.com/technology/access-control (abgerufen am 1.7.2020).

Hinzuweisen ist auch auf die Ansicht von *Graf v. Westphalen*,[46] dass in den meisten Situationen, in denen Datenschöpfer personenbezogene Daten als "Gegenleistung" hingeben, von Seiten der Datenschöpfer kein Rechtsbindungswille bestehe.[47] Begründet wird dies damit, dass in den durch prädeterminierende Algorithmen geprägten sozialen Medien eine freie Entfaltung des eigenen Willes schlicht nicht möglich sei.[48] Zwar sind Datenmarktplätze grundsätzlich vom Ideal der Datensouveränität geprägt, sodass die Situationen verschieden sind. Doch besteht auch die Möglichkeit, dass die Abgabe von Daten durch das Angebot von in den Datenmarktplatz integrierten Leistungen "attraktiver" gemacht wird. In diesen Fällen könnte man auch den Gedanken des *Graf v. Westphalen* übertragen. Für dessen durchaus tragfähige qualitativen Überlegungen fehlt es aber an quantitativen Nachweisen für die mangelnde Fähigkeit der freien Willensbildung.[49] So erscheint die Verneinung des Rechtsbindungswillens der Datenschöpfer nicht überzeugend.

Inhalt des geschlossenen Vertrages ist dann die Gewähr des einmaligen oder für eine bestimmte Dauer währenden Zugriffs auf die jeweiligen Daten durch die Datennutzer im Austausch gegen ein Entgelt, das entweder in Form einer Geldzahlung oder dem Angebot von Dienstleistungen bestehen kann. Anzumerken ist, dass die Leistung nicht allein in der Übersendung der Daten selbst liegt, sondern auch in der Zusicherung einer Einwilligung i.S. Art. 6 Abs. 1 UAbs. lit. a DSGVO.[50]

Schließlich bleibt die Frage nach der konkreten Vertragsart im Verhältnis der Datenschöpfer/Datenhändler zu den Datennutzern bzw. im Verhältnis von Datenschöpfern und Datenhändlern. Im Hinblick auf die Konstellation, bei welchem Daten punktuell gegen eine Geldzahlung übertragen werden, werden verschiedene Positionen vertreten.[51] Alle diese Positionen setzen sich im Grunde jedoch mit der Frage auseinander, ob nicht Parallelen zu im BGB bestehenden Verträgen hergestellt werden können. Richtigerweise

---

[46] *Graf v. Westphalen*, ZIP 2020, S. 437 (445 f.).

[47] *Graf v. Westphalen*, ZIP 2020, S. 437 (445).

[48] Ebenda.

[49] So wohl auch *Staab*, Die Krisen des digitalen Kapitalismus v. https://www.hiig.de/events /krisen-des-digitalen-kapitalismus/, 1:02:54 ff. (abgerufen am 1.7.2020), wenn dieser angibt, dass der Erzählungen der Digitalunternehmen Folge geleistet wird, anstelle sie zu hinterfragen.

[50] *Langhanke*, Daten als Leistung, S. 109, *Langhanke/Schmidt-Kessel*, EuCML 2015, S. 218 (220), ausführlich *Hacker*, ZfPW 2019, S. 148 (167 ff.).

[51] Vgl. die Übersicht bei *Rank-Haedler*, in: Specht-Riemenschneider/Werry/Werry, Datenrecht in der Digitalisierung, S. 498 ff. m. w. N.

kann dies bisher nicht angenommen werden.[52] Jedoch ist es dem BGB ureigen, dass auch eigene Vertragsformen gem. §§ 311 Abs. 1, 241 BGB gebildet werden können.[53] Gleiches ergibt sich im Hinblick auf die zweite Konstellation, die das vertragliche Austauschverhältnis von Daten und Leistungen betreffen. Hier ist anzumerken, dass im Hinblick auf die angebotene Leistung von Seiten der Datennutzer in diesen Konstellationen zusätzlich je nach Einzelfall das Recht für Dienst-, Werk-, Miet- oder Geschäftsbesorgungsverträge einschlägig sein kann, sodass ein typengemischter Vertrag vorliegt. Aus Sicht von Datenschöpfern besteht dann zwar der offenkundige Nachteil, dass teilweise[54] nicht auf eine bestehende Vertragstypologie mitsamt entsprechenden Gewährleistungsrechten zurückgegriffen werden kann, wodurch im Zweifel auch Abhängigkeitsverhältnisse im Hinblick auf die Ausgestaltung der Verträge in Relation zu Datennutzern sowie mittelbar auch durch die Gestaltung der AGB[55] durch die Datenmarktplätze oder die Datennutzer entstehen können. Diese Lücke muss jedoch der deutsche oder europäische Gesetzgeber schließen, sofern man nicht will, dass die nationale Rechtsprechung die Lücken über eine AGB-Kontrolle nach den §§ 305 ff. BGB schließt. Mit der RL 2019/770 ist dies in diesen Konstellationen, wie zu zeigen sein wird, nur teilweise gelungen.[56] Soweit eine dauerhafte Übertragung oder ein dauerhafter Zugriff auf die Daten gewährt wird, ist von einem Pachtvertrag i.S. des § 581 BGB auszugehen.[57]

4.2.2 Wirksamkeit der Verträge

Es kann aber fraglich sein, ob die geschlossenen Verträge wirksam sind.

4.2.3 Unwirksamkeit wegen wucherähnlichem Rechtsgeschäft

Zwar ist § 138 Abs. 1 BGB grundsätzlich lex generalis im Verhältnis zu § 307 BGB, soweit die §§ 305 ff. BGB Anwendung finden, doch handelt es sich bei der Frage des Äquivalenzverhältnisses von Daten und Entgelt um einen Bezug zu Preisregelungen, die gem. § 307 Abs. 3 S. 1 BGB von einer

---

[52] Zur Begründung vgl. ebenda. Dazu auch bereits *Weichert*, NJW 2001, S. 1463 (1467 f.).

[53] Darauf verweist zu Recht auch *Langhanke*, Daten als Leistung, S. 98.

[54] Nämlich jedenfalls im Hinblick auf eine vertragliche Komponente, die die punktuelle Übertragung oder den punktuellen Zugriff auf die Daten regelt, soweit sie im Schwerpunkt nicht von anderen Vertragselementen in den Hintergrund gedrängt wird, vgl. dazu Fn. 37.

[55] Hinsichtlich einer eingeschränkten AGB-Kontrolle nach den §§ 305 ff. gegenüber Unternehmern ist ebenso auf die Frage einzugehen, ob DatenschöpferInnen, soweit sie Daten über Datenmarktplätze kommerzialisieren, nicht als Unternehmer i.S. des § 13 BGB anzusehen sind.

[56] Vgl. Abschnitt 4.2.3.

[57] *Rank-Haedler*, in: Specht-Riemenschneider/Werry/Werry, Datenrecht in der Digitalisierung, S. 502 f. m. w. N.

Inhaltskontrolle nach den §§ 307 ff. BGB ausgeschlossen sind.[58] Das wucherähnliche Rechtsgeschäft besteht aus einer objektiven und einer subjektiven Komponente.[59] Die objektive Komponente bezieht sich dabei auf die Relation von Leistung und Gegenleistung, die eine auffälliges Missverhältnis erreichen muss.[60] Feste Grenzwerte sind hierbei markt- und somit kontextabhängig.[61] Jedoch können auch weitere Faktoren eine Rolle spielen, die auf ein auffälliges Missverhältnis schließen lassen. Im Kontext von hier maßgeblichen Verträgen schlägt *Hacker*[62] vor, sich insbesondere auf folgende Faktoren zu konzentrieren: den besonders umfassenden Zugriff auf Nutzerdaten, die Weitergabe der Daten an Dritte, die Erfassung von Daten aus sensiblen Kategorien, die Verschleierung des Umfangs der Datenweitergabe. Auf subjektiver Seite muss dann eine verwerfliche Gesinnung hinzukommen.[63] Diese entspricht weitgehend den in § 138 Abs. 2 BGB genannten Kriterien.[64] Grundsätzlich wird in derzeitigen Verhältnissen des Handels mit personenbezogenen Daten von derartigen Grundsituationen auszugehen sein. Es bleibt abzuwarten, inwieweit die von einigen Datenmarktplatzbetreibern angestrebte Wiederherstellung der Datensouveränität hier zu Veränderungen der Marktstrukturen führen wird.[65] Von der Rechtsprechung anerkannt ist jedenfalls, dass diese subjektive Komponente dann vermutet wird, wenn ein krasses Missverhältnis vorliegt,[66] was dann anzunehmen sei, wenn die Gegenleistung nur die Hälfte des Wertes der Leistung erreicht.[67] Hierbei kommt es auf rein objektive Kriterien an.[68] Im Hinblick auf Daten ergeben sich dabei zwar zwei Probleme – nämlich erstens die Frage der Wertermittlung und zweites die Frage der Volatilität

---

[58] So auch *Wendehorst/Graf v. Westphalen*, NJW 2016, S. 3745 (3748), und *Hacker*, ZfPW 2019, S. 148 (186 ff.).

[59] *Armbrüster*, in: Münchener Kommentar zum BGB, § 138 Rn. 113, 116.

[60] Ebenda, Rn. 113.

[61] Ebenda.

[62] *Hacker*, ZfPW 2019, S. 148 (194 f.).

[63] *Armbrüster*, in: Münchener Kommentar zum BGB, § 138 Rn. 116.

[64] Zu den Kriterien ebenda.

[65] Exemplarisch für die Utopie der Unternehmen, https://polypoly.eu/en/polychronicle/europe-calling (abgerufen am 1.7.2020).

[66] Andernfalls entspräche diese Fallgruppe auch schlicht der Regelung in § 138 II BGB, vgl. *Armbrüster*, in: Münchener Kommentar zum BGB, § 138 Rn. 112.

[67] Ebenda, Rn. 114.

[68] Ebenda, Rn. 113.

des Wertes.[69] Jedoch haben sich im Hinblick auf ersteres bereits von ökonomischer Seite einige Verfahren zur Wertermittlung von Daten ergeben.[70] Soweit sich hier noch kein Verfahren durchgesetzt hat, kann einerseits verstärkt auf die neben der Leistungsrelation einzubeziehenden genannten Faktoren abgestellt werden,[71] oder man bildet einen Mittelwert aus den durch die jeweiligen Wertermittlungsverfahren ermittelten Datenwerten. Im Hinblick auf die Volatilität stellt sich die Frage nach dem Zeitpunkt der Ermittlung der Sittenwidrigkeit, für den die Rechtsprechung auf den Zeitpunkt des Vertragsschlusses abstellt.[72]

4.2.4 Unwirksamkeit wegen grundrechtlicher Bezüge

Auch unabhängig von den bisher entwickelten Fallgruppen zur Sittenwidrigkeit i.S. § 38 Abs. 1 BGB können sich, soweit § 307 Abs. 1 S. 1 BGB als lex specialis keine Anwendung findet,[73] Konstellationen ergeben, die zu einer Unwirksamkeit des Vertrages führen. Grundlage hierfür ist im Ansatzpunkt die enge Verbindung von personenbezogenen Daten zu grundrechtlichen Garantien gem. Art. 2 Abs. 1 i. V. m. Art. 1 Abs. 1 GG und Art. 8 GrCh.[74] Dabei stellt sich die Frage, ob bzw. wann personenbezogene Daten dem Handel entzogen sind.[75] Dass personenbezogene Daten grundsätzlich Gegenstand kommerziellen Handels sein können, wird von einigen daraus geschlossen, dass die RL 770/2019 in Art. 3 Abs. 1 UAbs. 1 personenbezogene Daten als Entgelt anerkennt.[76] Jedoch verweist *Paschke*[77] zu Recht darauf, dass die Richtlinie in ErwG 24 ebenso angibt, dass personenbezogene Daten nicht als Ware behandelt werden sollen. Die Richtlinie solle vielmehr den Personen, die Verhältnissen ausgesetzt sind, in denen personenbezogene Daten als "Gegenleistung" gefordert werden, weitere Rechte garantieren. Gleichwohl verweist die DSGVO in ihrem Art. 1 Abs. 3 darauf, dass der freie Verkehr von personenbezogenen Daten nicht aus Gründen des Schutzes natürlicher Personen bei der Verarbeitung personenbezogener Daten verboten oder eingeschränkt werden kann. Dies hat allerdings

---

[69] So auch *Hacker*, ZfPW 2019, S. 148 (193).

[70] Vgl. die Übersicht bei *Lehner*, in: Specht-Riemenschneider/Werry/Werry, Datenrecht in der Digitalisierung, S. 483 ff. m. w. N.

[71] *Hacker*, ZfPW 2019, S. 148 (194).

[72] *Armbrüster*, in: Münchener Kommentar zum BGB, § 138 Rn. 133.

[73] Die Maßstäbe sind jedoch vergleichbar.

[74] So ebenfalls *Hacker*, ZfPW 2019, S. 148 (191 f.), und *Langhanke*, Daten als Leistung, S. 113.

[75] *Fries/Scheufen*, MMR 2019, S. 721 (724, Fn. 20). Vgl. auch *Karakaya/Buch*, ZRP 2002, S. 193 (195 f.) sowie ausdrücklich *European Data Protection Supervisor*, Opinion 4/2017, S. 7.

[76] Etwa *Linardatos*, in: Specht-Riemenschneider/Werry/Werry, Datenrecht in der Digitalisierung, S. 509 f.

[77] *Paschke*, in: Heckmann, Juris-PK Internetrecht, Kap. 4.2 Rn. 476.15.

keinen Bezug zum Verkauf von Daten, sondern zu deren Verarbeitung.[78] Grundsätzlich ist aber auch die Privatautonomie zu beachten.[79] Denn nicht jedes personenbezogene Datum hat derartige grundrechtliche Bezüge, dass dessen Handel per se auszuschließen wäre.[80] Während *Janecek* und *Malgieri*[81] davon ausgehen, dass ein Vertrag nur dann nach § 134 BGB unwirksam ist, soweit eine Verarbeitung nach der DSGVO rechtswidrig und der Vertrag damit ab dem Zeitpunkt des Verstoßes ex nunc[82] nichtig ist bzw. wird,[83] ist mit *Hacker* zusätzlich anzunehmen, dass auch aufgrund der grundrechtlichen Bezüge personenbezogener Daten unabhängig von der DSGVO eine Unwirksamkeit des Vertrages gem. § 138 Abs. 1 oder § 307 Abs. 1 S. 1 BGB eintreten kann. Relevant ist insbesondere die Frage, wann die Nutzungsmöglichkeit der personenbezogenen Daten auf Basis des Vertrages dazu führt, dass eine Objektifizierung des Menschen stattfindet. In dieser Hinsicht hat die Rechtsprechung mehrfach anerkannt, dass eine auf massenhafter Datenauswertung basierende Vermessung des Menschen und eine damit einhergehende potenzielle Möglichkeit zur Vorhersage und Steuerung menschlichen Verhaltens unzulässig ist.[84] Ein damit korrespondierender Vertrag, der darauf hinwirkt, wäre dann auch nach § 138 Abs. 1 BGB oder § 307 Abs. 1 S. 1 BGB unwirksam.[85]

4.2.5 Anwendbares Gewährleistung- und Schadensersatzrecht

Im Hinblick auf die Anwendung des anwendbaren Gewährleistungs- oder Schadensersatzrechtes ist zunächst darauf zu verweisen, dass im Falle der Konstellation, in der die Datenschöpfer/Datenhändler die Daten punktuell gegen eine Geldzahlung übertragen bzw. den Zugriff zulassen, auf keinen Vertragstypus des BGB zurückgegriffen werden kann. Insoweit greift hier das allgemeine Schadensrecht ohne ein besonderes Gewährleistungsrecht. In den Fällen, in denen für die Daten keine Geldzahlung, sondern eine Leistung angeboten wird, ist im Hinblick auf diese vertraglichen Aspekte je

---

[78] *Ernst*, in: Paal/Pauly, DS-GVO BDSG, Art. 1 Rn. 13.

[79] *Linardatos*, in: Specht-Riemenschneider/Werry/Werry, Datenrecht in der Digitalisierung, S. 509 f.

[80] So auch *Langhanke*, Daten als Leistung, S. 113.

[81] *Janecek/Malgieri*, in: Lohsse/Schulze/Staudenmayer, Data as Counter-Performance – Contract Law 2.0?, S. 9 ff.

[82] Zum Zeitpunkt *Vossler*, in: Gesell et al., BeckOGK, § 134 Rn. 72.

[83] Dazu auch *Langhanke*, Daten als Leistung, S. 110 f., sowie *Ranke-Haedler*, in: Specht-Riemenschneider/Werry/Werry, Datenrecht in der Digitalisierung, S. 498.

[84] Vgl. etwa BVerfG, Beschl. v. 16.7.1969 – 1 Bvl 19/63, NJW 1969, 1707, und BGH, Urt. v. 19.9.1986 – II ZR 214/83, NJW 1986, 46 (47).

[85] Dazu einschränkend im Hinblick auf die Teilunwirksamkeit *Hacker*, ZfPW 2019, S. 148 (192, 195).

nach Schwerpunkt auf das Recht zum Dienst-, Werk-, Miet- oder Geschäftsbesorgungsvertrag zurückzugreifen. Sollte die Datengewähr als Dauerschuldverhältnis ausgestattet sein, greift insoweit der Pachtvertrag gem. § 581 BGB. Die RL 770/2019 ist lediglich dann anwendbar, wenn der Datenschöpfer den Datennutzern Zugriff auf Daten gewährt oder überträgt und im Gegenzug eine Leistung angeboten wird.

4.3 Fall 3: Der Handel mit Algorithmen

Die Verträge kommen ebenso zustande, wie bereits im Falle des Verkaufs der Daten. Als Vertrag kommt hier nur ein typengemischter Vertrag aus werkvertraglichen (Gewährung des Zugangs des Algorithmus) und mietrechtlichen Elementen (Speicher- und Rechenkapazitäten) in Betracht. Im Hinblick auf die Wirksamkeit der Verträge ist auf 4.2.2 zu verweisen. Bezüglich des anwendbaren Schadensersatz- oder Gewährleistungsrechtes greifen das allgemeine Schadensrecht und das für den jeweiligen Vertragsteil relevante Gewährleistungsrecht des Werk- oder Mietrechts. Die RL 770/2019 findet nur dann Anwendung, wenn Datenschöpfer den Datenkäufern den Zugriff des Algorithmus gegen die Erbringung einer Leistung gewähren.

5 Datenschutzrechtliche Betrachtung

5.1 Fall 1: Das Einstellen von Daten

In Fall 1 ist der sachliche Anwendungsbereich gemäß Art. 2 Abs. 1 DSGVO nicht eröffnet, da es sich bei Metadaten grundsätzlich nicht um personenbezogene Daten handelt.

5.2 Fall 2: Der Handel mit personenbezogenen Daten

Sobald Datenschöpfer, Datenhändler und Datennutzer die jeweiligen Vertragsverhandlungen abgeschlossen haben (Fall 2), kommen zur Verarbeitung der personenbezogenen Daten die Einwilligung gemäß Art. 6 Abs. 1 UAbs. 1 lit. a DSGVO sowie Art. 6 Abs. 1 UAbs. 1 lit. b und lit. f DSGVO als Erlaubnistatbestand in Betracht. Umstritten ist, ob die Einwilligung den weiteren Erlaubnistatbeständen des Art. 6 Abs. 1 UAbs. 1 DSGVO vorzuziehen ist oder diese gleichberechtigt nebeneinanderstehen. Die Frage ist nicht nur akademischer Natur, da dem Datenschöpfer mit der Einwilligung der mit dem Widerrufsrecht gem. Art. 7 Abs. 3 S. 1 DSGVO mögliche Verarbeitungsstopp und die damit einhergehende Löschungspflicht gem. Art. 17 Abs. 1 lit. b DSGVO. zur Verfügung steht.

Vertreten wird zunächst, dass die Erlaubnistatbestände des Art. 6 Abs. 1 UAbs. 1 DSGVO gleichberechtigt nebeneinander und insbesondere in keinem Stufenverhältnis zueinander stehen.[86] Dagegen spricht die Systematik, da die Einwilligung an erste Stelle in Art. 6 Abs. 1 UAbs. 1 DSGVO – ebenso in Art. 8 Abs. 2 S. 1 GRCh – genannt wird.[87] Ferner sprechen Sinn und Zweck dafür, der Einwilligung grundsätzlich jedenfalls eine höhere Bedeutung beizumessen, da sie als Ausgestaltung des verfassungsrechtlich gewährten Schutzes auf informationelle Selbstbestimmung und als Ausprägung des Persönlichkeitsschutz dem Betroffenen als einziger Erlaubnistatbestand durch die jederzeite Widerrufsmöglichkeit gemäß Art. 7 Abs. 3 S. 1 DSGVO die Möglichkeit gewährt, frei über die Verwendung seiner Daten zu entscheiden.[88] Auch ist der Begründungsaufwand für die Datenverarbeitung niedriger, als für eine solche, die auf gesetzlich angeordnete Rechtmäßigkeitsbedingungen gestützt sind, was sich letztlich jedoch aufgrund der „Bedingungen der Einwilligung", die Artikel 7 DSGVO statuiert, nicht als tragfähiges Argument für einen etwaigen Vorrang anführen lässt. Nichtsdestotrotz sieht die DSGVO die Verarbeitung von personenbezogenen Daten aufgrund eines Vertrages gegen Entgelt ohne Koppelung mit anderen Dienstleistungen schlicht nicht vor. Zwar ist dieser Fall der Datenverarbeitung vom Wortlaut erfasst, jedoch sprechen gewichtige Gründe dafür, aufgrund einer teleologischen Reduktion in dieser Konstellation der Einwilligung den Vorrang zu gewähren.

Betrachtet man zunächst den Erlaubnistatbestand des Art. 6 Abs. 1 UAbs. 1 lit. b DSGVO, ist danach allein fraglich, ob die Verarbeitung auch zur Erfüllung des Vertrages erforderlich ist. Nach dem reinen Wortlaut erschient die hiesige Situation davon umfasst. Letztendlich scheidet dieser Erlaubnistatbestand jedoch aus, da die Verarbeitung für die Erfüllung des Vertrages nur erforderlich ist, wenn sie für die konkreten Vertragszwecke notwendig ist.[89] Nach Sinn und Zweck der Vorschrift kann ein Entgelt jedoch niemals der Grund für eine reine Verarbeitung der personenbezogenen Daten sein. Vielmehr wäre im bestehenden System der DSGVO dann stets der konkrete Zweck der Verarbeitung der personenbezogenen Daten an der Höhe des Entgeltes zu gewichten, um zulässige von unzulässigen Verarbeitungen abzugrenzen. Abgesehen von den Schwierigkeiten, den genauen Wert der Daten für die jeweilige Verarbeitung zu bestimmen, ist dieser Fall erkennbar vom Gesetzgeber nicht vorgesehen worden, so dass dieser aufgrund einer teleologischen Reduktion entfallen muss. Selbiges

---

[86] *Gola*, in: Gola, Datenschutz-Grundverordnung, Art. 6 Rn. 10.

[87] *Albers/Veit*, in: Wolff/Brink, BeckOK DatenschutzR, Art. 6 Rn. 22.

[88] *Heckmann/Paschke*, in: Ehmann/Selmayr, Datenschutz-Grundverordnung, Art. 7 Rn. 22 ff.

[89] *Heberlein*, in: Ehmann/Selmayr, Datenschutz-Grundverordnung, Art. 6 Rn. 13.

gilt auch für den Erlaubnistatbestand des Art. 6 Abs. 1 UAbs. 1 lit. f DSGVO, da die Abwägung – Wert der Daten für die jeweilige Verarbeitung des Verantwortlichen gegenüber dem Recht auf informelle Selbstbestimmung[90] – erkennbar vom Gesetzgeber hier nicht abgewogen werden sollte.[91] Damit bleibt festzuhalten, dass zu jedem Zeitpunkt als einziger wirksamer Erlaubnistatbestand die Einwilligung in Betracht kommt.

Bei dem Einholen der Einwilligung müssen der Zweckbindungsgrundsatz aus Art. 5 Abs. 1 lit. b DSGVO beachtet und die Verarbeitungszwecke hinreichend präzise beschrieben werden. Eine pauschale Einwilligung in die Verarbeitung aller personenbezogen Daten zu jedweden Zwecken wäre sowohl datenschutzrechtlich unwirksam, als auch der zivilrechtliche Vertrag nach § 138 Abs. 1 BGB nichtig wäre.

Wird die Einwilligung gem. Art. 7 Abs. 3 S. 1 DSGVO widerrufen, so kann der Verantwortliche den Vertrag zivilrechtlich beenden und die Leistung verweigern.[92]

5.3 Fall 3: Der Handel mit Algorithmen

Für den Fall, dass der Datennutzer einen Algorithmus mit den personenbezogenen Daten des Datenschöpfers/Datenhändlers trainieren möchte und es auf dessen Endgerät entsendet, stellt sich zunächst die Frage, ob überhaupt eine Verarbeitung im Sinne des Art. 4 Abs. 1 Nr. 2 DSGVO vorliegt. Dies kann jedoch unproblematisch angenommen werden, da es nicht darauf ankommt, ob der Verantwortliche Datennutzer tatsächlich selbst Zugriff auf die personenbezogenen Daten hat oder lediglich ein von ihm entsandter Algorithmus. Denkbar ist auch, dass bei der Auswertung durch den Algorithmus mehrere personenbezogenen Daten derart zusammengeführt werden, dass von einem Profiling im Sinne des Art. 4 Abs. 1 Nr. 4 DSGVO auszugehen ist, da persönliche Aspekte des Betroffenen durch den Algorithmus bewertet werden. Problematisch ist allerdings bei Big Data Analysen, worauf *Specht* zutreffend hinweist, die genaue Bestimmung des Verarbeitungszweckes, damit der Zweckgrundsatz nicht durchbrochen wird, sowie der Grundsatz der Datenminimierung.[93] Bezüglich des ein-

---

[90] Auch wenn das APR durchaus kommerzialisierbar ist, vgl. *Bräutigam*, MMR 2012, S. 641.

[91] So auch *Wendehorst/Graf v. Westphalen*, NJW 2016, S. 3747, die die teleologische Reduktion jedoch mit der besonders bedeutsamen Entgeltfunktion für den Anbieter und dem damit einhergehenden Ungleichgewicht gegenüber dem Nutzer begründen.

[92] *Heckmann/Paschke*, in: Ehmann/Selmayr, Datenschutz-Grundverordnung, Art. 7 Rn. 93. A. a. stellvertretend für viele Zivilrechtler *Linardatos*, in: Specht-Riemenschneider/Werry/Werry, Datenrecht in der Digitalisierung, S. 534 ff.

[93] *Specht*, GRUR Int. 2017, S. 1040.

schlägigen Erlaubnistatbestandes ließe sich zumindest in den Fällen, in denen das Ergebnis des Algorithmus eine Pseudonymisierung durchläuft, Art. 6 Abs. 1 UAbs. 1 lit. b DSGVO anführen. Jedoch wird auch hier der Einwilligung der Vorrang einzuräumen sein, da eine vollkommene Pseudonymisierung – wie die Forschung aufzeigt – technisch nicht absolut sichergestellt werden kann und stets Restrisiken verbleiben.[94] Insbesondere ist der Einwilligung auch in den Konstellationen, in denen personenbezogene Daten nicht einmalig, sondern dauerhaft ausgewertet werden, als einziger Erlaubnistatbestand das adäquate Mittel, die Rechte des Betroffenen auf eine jederzeitige Beendigung der Verarbeitung durch den Widerruf zu gewährleisten.

6 Zusammenfassung und Ausblick

Das deutsche Zivilrecht bietet einen grundsätzlichen Rahmen für den faktisch bestehenden Handel mit personenbezogenen Daten. Für den reinen Handel mit personenbezogenen Daten ist die Richtlinie über digitale Inhalten und Dienstleistungen (RL 2019/770) nicht anwendbar. Bei dem Handel mit personenbezogenen Daten ist als Erlaubnistatbestand für die Datenverarbeitung ausschließlich auf die Einwilligung abzustellen, da nur diese mit dem Widerrufsrecht und dem sofortigen Verarbeitungsstopp das Recht auf informationelle Selbstbestimmung des Betroffen hinreichend schützt. In einem Folgeartikel sollte die Frage untersucht werden, ob Datenschöpfer durch das ausschließliche Speichern ihrer personenbezogenen Daten auf ihrem Endgerät faktisches Dateneigentum erlangen und ob unter Berücksichtigung von „Data Protection by Design" und „Data Protection by Default" nach Art. 25 DSGVO sowie vor dem Hintergrund der Rechtsprechung des BVerfG,[95] Marktplatzbetreiber und Datennutzer verpflichtet sein sollten, jedenfalls im Falle des reinen Handels mit personenbezogenen Daten eine dezentrale Serverarchitektur mit Zero-Knowledge-Protokollen bspw. auf einer Blockchain einzusetzen.

---

[94] *Rocher/Hendrickx/Montoye*, „Estimating the success of re-identifications in incomplete data using generative models", Nature communications 2019, https://www.nature.com/article s/s41467- 019-10933-3 (abgerufen am 2.1.2020).

[95] BVerfGE 49, 89 (106).

Literatur

Auer-Reinsdorff, Astrid/Conrad, Isabell (Hrsg.): Handbuch IT- und Datenschutzrecht, 3. Aufl., München 2019.

Bräutigam, Peter: Das Nutzungsverhältnis bei sozialen Netzwerken – Zivilrechtlicher Austausch von IT-Leistungen gegen personenbezogene Daten, MMR 2012, S. 635-641.

Büst, Rene: Daten sind das neue Öl, Wirtschaftsinformatik und Management 2013, S. 40-46.

Dolžan, Judita: Trading in Data: A Policy Perspective, in: Sebastian Lohsse/Reiner Schulze/Dirk Staudenmayer (Hrsg.), Trading Data in the digital Economy: Legal Concepts and Tools, Münster Colloquia on EU Law and the Digital Economy III 2017, S. 307.

Ehmann, Eugen/Selmayr, Martin (Hrsg.): Datenschutz-Grundverordnung: DS-GVO, 2. Aufl., München 2018.

Faust, Florian: Gutachten A zum 71. Deutschen Juristentag – Digitale Wirtschaft – Analoges, Braucht das BGB ein Update?, München 2016.

Fries, Martin/Scheufen, Marc: Märkte für Maschinendaten – Eine rechtliche und rechtsökonomische Standortbestimmung, MMR 2019, S. 721-726.

Gola, Peter (Hrsg.): Datenschutz-Grundverordnung: DSGVO, 2. Aufl., München 2018.

Graf v. Westphalen, Friedrich: Verzweifelte Suche nach der verlorenen Vertragsfreiheit, ZIP 2020, S. 437-446.

Gsell, Beate/Krüger, Wolfgang/Lorenz, Stephan/Reymann, Christoph (Hrsg.): BeckOGK, München, Stand: 1.6.2020.

Hacker, Philipp: Daten als Gegenleistung: Rechtsgeschäfte im Spannungsfeld von DS-GVO und allgemeinem Vertragsrecht, ZfPW 2019, S. 148-197.

Hauck, Ronny/Blaut, Heiko: Die (quasi-)vertragliche Haftung von Plattformbetreibern, NJW 2018, S. 1425-1430.

Heckmann, Dirk: Juris-PK Internetrecht, 6. Aufl., Saarbrücken, Stand 24.6.2020.

Janecek, Václav/Malgieri, Gianclaudi: Data Extra Commercium, in: Sebastian Lohsse/Reiner Schulze/Dirk Staudenmayer (Hrsg.), Data as Counter-Performance – Contract Law 2.0, Münster Colloquia on EU Law and the Digital Economy V, Münster 2020.

Karakaya, Ilkin/Buch, Steffen: Sittenwidrigkeit von Sportmanagementverträgen – Exklusivverträge und die Vermarktung der Persönlichkeitsrechte, ZRP 2002, S. 193-196.

Larghanke, Carmen: Daten als Leistung – Eine rechtsvergleichende Untersuchung zu Deutschland, Österreich und der Schweiz, Tübingen 2018.

Langhanke, Carmen/Schmidt-Kessel, Martin: Consumer Data as Consideration, EuCML 2015, S. 218-223.

Leupold, Andreas/Glossner, Silke (Hrsg.): Münchener Anwaltshandbuch IT-Recht, 3. Aufl., München 2013.

Lohsse, Sebastian/Schulze, Reiner/Staudenmayer, Dirk (Hrsg.): Data as Counter-Performance – Contract Law 2.0?, Münster 2019.

McConville, Michael/Chui, Wing Hong: Research Methods for Law, 2. Aufl., Edinburgh 2017.

Paal, Boris P./Pauly, Daniel A. (Hrsg.): Datenschutzgrundverordnung Bundesdatenschutzgesetz, 2. Aufl., München 2018.

Riechert, Anne: Dateneigentum – ein unauflösbarer Interessenkonflikt?, DuD 2019, S. 353-360.

Säcker, Franz-Jürgen/Rixecker, Roland/Oetker, Hartmut/Limperg, Bettina (Hrsg.): Münchener Kommentar zum BGB, 8. Aufl., München 2019.

Schmidt-Kessel, Martin/Grimm, Anna: Unentgeltlich oder entgeltlich? – Der vertragliche Austausch von digitalen Inhalten gegen personenbezogene Daten, ZfpW 2017, S. 84-108.

Schweitzer, Heike/Peitz, Martin: Ein neuer europäischer Ordnungsrahmen für Datenmärkte?, NJW 2018, S. 275-280.

Specht, Louisa: Das Verhältnis möglicher Datenrechte und Datenschutzrecht, GRUR Int. 2017, S. 1040-1047.

Specht-Riemenschneider, Louisa/Werry, Nikola/Werry, Susanne (Hrsg.): Datenrecht in der Digitalisierung, Berlin 2020.

Weichert, Thilo: Die Ökonomisierung des Rechts auf informationelle Selbstbestimmung, NJW 2001, S. 1463-1469.

Wendehorst, Christiane/Graf v. Westphalen, Friedrich: Das Verhältnis zwischen Datenschutzgrundverordnung und AGB-Recht, NJW 2016, S. 3745-3750.

Wolff, Heinrich Amadeus/Brink, Stefan (Hrsg.): BeckOK Datenschutzrecht, 32. Ed., Stand: 1.5.2020, München 2020.

DATEN IN DER SHARING ECONOMY – ZEIT FÜR EIN DATENZUGANGSREGIME?

RAin Nadine Schawe, LL.M.*

Weizenbaum-Institut für die vernetzte Gesellschaft
Technische Universität Berlin (INET)
n.schawe@inet.tu-berlin.de

Zusammenfassung

In der Sharing Economy werden wettbewerblich relevante Nutzerdaten oft von einer einzigen Plattform kontrolliert. Gegenwärtig muss eine Plattform nur dann Zugang zu ihren Daten gewähren, wenn die Zugangsverweigerung einen Marktmachtmissbrauch darstellt. Die rechtlichen Voraussetzungen für einen solchen Anspruch sind jedoch eng gefasst. Da Daten insbesondere im Hinblick auf Big Data und KI eine immer wichtigere Rolle spielen, stellt sich die Frage, ob der Gesetzgeber einschreiten und eine spezialgesetzliche Regelung für den Datenzugang einführen sollte. In diesem Zusammenhang müssen insbesondere die Auswirkungen einer solchen Datenzugangsverpflichtung auf Innovation und Wettbewerb sorgfältig überprüft werden. Da viele Nutzerdaten von Sharing-Plattformen in der Regel als Nebenprodukt erfasst werden, ohne dass wesentliche Investitionen in ihre Erhebung geflossen sind, erscheint eine sektorspezifische Datenzugangsregelung sinnvoll, um Wettbewerb und Innovationen zu fördern.

1 Einleitung

Plattformen in der Sharing Economy sind nicht länger nur Vermittler für Transaktionen zwischen ansonsten unbekannten und nicht vertrauenswürdigen Parteien. Mit jeder neuen Transaktion sammeln diese Plattformen immer größere Datensätze, die sie für eine Vielzahl von Zwecken nutzen können. Neben der Verbesserung ihrer Dienste können Sharing-Plattformen die Daten auch auf Weisen monetarisieren, die über ihre Rolle als Vermittler hinausgehen. Dies zeigt sich auch an den jüngsten Vorhaben von Airbnb und Uber. 2015 lancierte Airbnb „Airflow", eine Open-Source-Plattform für die Datenverarbeitung.[1] Airflow wurde ursprünglich von Datenanalysten bei Airbnb entwickelt, um die schnell wachsenden Datenmengen zu verarbeiten, mit denen das Unternehmen täglich umgehen muss. Der Dienst wird nun insbesondere Städten als Plattform zur Speicherung

---

* Diese Arbeit wurde durch das Bundesministerium für Bildung und Forschung (BMBF) gefördert (Förderkennzeichen: 16DII111 – „Deutsches Internet-Institut").

[1] *Miller*, in: Davidson/Finck/Infranca, Cambridge Handbook of the Law of the Sharing Economy, S. 192 (198).

ihrer Daten angeboten.[2] 2017 zog Uber nach und startete ebenfalls ein neues Tool namens „Uber Movement", das Stadtverwaltungen Daten und Werkzeuge für die Stadtplanung zur Verfügung stellen soll.[3] Beide Projekte zielen auf eine langfristige Nutzung urbaner Daten ab, die diese Sharing-Plattformen täglich in großen Mengen und faktisch als Nebenprodukt generieren.[4]

2 Herausforderungen für die Politik

Im September 2018 wurde von der Bundesregierung die Expertenkommission „Wettbewerbsrecht 4.0" ins Leben gerufen mit dem Ziel, Empfehlungen für einen neuen Wettbewerbsrahmen für die digitale Wirtschaft zu erarbeiten.[5] In ihrem Abschlussbericht stellte die Kommission fest, dass auf digitalen Märkten zum einen starke Konzentrationstendenzen bestehen, die es Wettbewerbern erschweren, eine bereits vorhandene Machtposition anzugreifen; zum anderen übt eine Plattform häufig auch eine so genannte „Gatekeeper"-Funktion aus, die es der Plattform ermöglicht den Wettbewerb auf der eigenen Plattform und u.U. sogar auf angrenzenden Märkten zu kontrollieren. Unter Berücksichtigung beider Aspekte sind die Kosten des Nichteingreifens bei wettbewerbswidrigen Verhalten auf Plattformmärkten extrem hoch. Als Teil der übergeordneten Plattformwirtschaft sind die Feststellungen der Kommission auch für die Sharing Economy zu beachten.

2.1 Konzentrationstendenzen

Online-Plattformen gehören zu den sog. zweiseitigen Märkten, d.h. sie schaffen Wert, indem sie zwei Gruppen von Nutzern zusammenbringen. Das Hauptmerkmal einer zweiseitigen Plattform ist die wechselseitige Abhängigkeit der beiden Seiten einer Plattform.[6] Je mehr Nutzer sich einer Plattformseite anschließen, desto wertvoller wird die Plattform für Nutzer

---

[2] *Beauchemin*, Airflow: a workflow management platform, v. 2.5.2015, https://medium.com/airbnb-engineering/airflow-a-workflow-management-platform-46318b977fd8 (abgerufen 6.7.2020).

[3] *Eadicicco*, This is Uber's Next Move to Fix Transportation in Cities, v. 8.1.2017, https://fortune.com/2017/01/08/uber-movement-launch-2/ (abgerufen 6.7.2020).

[4] *Miller*, in: Davidson/Finck/Infranca, Cambridge Handbook of the Law of the Sharing Economy, S. 192 (198).

[5] *BMWi*, Commission of Experts on Competition Law 4.0 presents final report to Minister Altmaier, v. 9.9.2019, https://www.bmwi.de/Redaktion/EN/Pressemitteilungen/2019/2 0190909-commission-of-experts-on-competition-law-40-presents-final-report-to-ministe r-altmaier.html (abgerufen 6.7.2020).

[6] *Evans*, Yale Journal on Regulation 2003, S. 325 (331-333); *Graef et al.*, Telecommunications Policy 2015, S. 375 (376 f.).

auf der anderen Plattformseite und *vice versa*.[7] In wirtschaftlicher Hinsicht wird dieses Phänomen als indirekte oder plattformübergreifende Netzwerkeffekte bezeichnet. Ein neuer Nutzer, der seine Dienste/Vermögenswerte über eine Sharing-Plattform anbieten möchte, wird höchstwahrscheinlich derjenigen Plattform beitreten, die bereits über die breiteste Nutzerbasis auf Nachfrageseite verfügt und umgekehrt. Das Vorliegen indirekter Netzeffekte erhöht daher die Wahrscheinlichkeit, dass erfolgreiche Unternehmen auf einem Markt marktbeherrschend werden.[8] Und da sich Netzwerkeffekte selbst verstärken, hat die Plattform, die in der Lage ist, als erstes zu skalieren (d.h. immer mehr Transaktionen bei gleichzeitig sinkenden Transaktionskosten zu ermöglichen), die höchsten Chancen, das Rennen an die Spitze zu gewinnen. Entsprechend stellte der Gründer von LinkedIn, Reid Hofmann, auch pointiert fest: „First-scaler advantage beats first-mover advantage" (zu Deutsch sinngemäß: Skalierungsvorteile übertrumpfen Erstanbietervorteile.[9]

Neben der Ermöglichung oder Verstärkung einer marktbeherrschenden Stellung können Netzeffekte auch zu hohen Marktzutrittsschranken für neue Marktteilnehmer führen. Eine marktbeherrschende Stellung kann sich in kurzer Zeit stark manifestieren, so dass (potenzielle) Wettbewerber nur geringe Chancen haben, sie zu Fall zu bringen. Das „Kippen" eines Marktes (von einem wettbewerbsorientierten zu einem monopolistischen/hochkonzentrierten Markt) stellt ein ernsthaftes Risiko für Plattformmärkte im Allgemeinen und die Sharing Economy im Besonderen dar.

2.1.1 Plattformen als Gatekeeper

Bei einer Plattform mit starker Intermediär-Stellung kann es schnell dazu kommen, dass beide Marktseiten von der Vermittlung durch genau diese Plattform abhängig sind, um mit der gegenüberliegenden Marktseite in Kontakt zu treten. Solang es keine andere Plattform schafft, eine kritische Masse an Nutzern zu erreichen, ist der Zugangssuchende vom Marktführer abhängig, da dieser die einzige praktikable Verbindung zu dessen Nutzerbasis ist. Auch im Hinblick auf Daten können Plattformen als Gatekeeper fungieren, wenn der Zugangssuchende nicht in der Lage ist, die gesuchten Daten selbst zu sammeln oder zu angemessenen Konditionen anderweitig zu beziehen.[10] Es ist daher eine gängige Geschäftsstrategie von Plattformen,

---

[7] *Zale*, in: The Cambridge Handbook of the Law of the Sharing Economy, S. 38 (41).

[8] *Graef et al.*, Telecommunications Policy 2015, S. 375 (385).

[9] *Hoffman*, Expertise in Scaling Up Is the Visible Secret of Silicon Valley, https://www.ft.com /content/39001312-4836-11e5-af2f-4d6e0e5eda22 (abgerufen 6.7.2020); *Zale*, in: The Cambridge Handbook of the Law of the Sharing Economy, S. 38 (46).

[10] *Tamke*, NZKart 2018, S. 503 (507).

ihre Vermittlungsdienste auch auf benachbarte Marktbereiche auszudehnen und mehrere Dienstleistungen als Bündel anzubieten.[11] Airbnb verfolgte diese Strategie, als die Plattform 2016 damit begann, sein Angebot von der Vermittlung von Unterkünften auf so genannte „Entdeckungen" wie etwa Stadtrundfahrten und Kochkurse auszuweiten.[12]

Insbesondere in Verbindung mit einer marktbeherrschenden Stellung auf dem Plattformmarkt birgt die Gatekeeper-Funktion das Risiko, den Wettbewerb auf dem Plattformmarkt *und* den angrenzenden Märkten zu verfälschen.[13] Angesichts der starken Kontrollwirkung, die eine Plattform über ihre Nutzer hat, der oft schnellen Entwicklungsgeschwindigkeit auf digitalen Märkten und der Bedeutung von „First Mover"- und „First Scaler"-Vorteilen sind die Kosten eines Nichteingreifens in wettbewerbswidriges Verhalten in der Regel besonders hoch.[14]

2.1.2 Daten und Marktmacht

Neben dieser sehr spezifischen Wettbewerbssituation auf Plattformmärkten sind Daten zu einem integralen wertschöpfenden Faktor in der digitalen Wirtschaft geworden. Mit Hilfe der systematischen Datenerfassung und -analyse ist es nicht nur möglich, bestehende Produkte oder Dienstleistungen zu optimieren, auf individuelle Kundenwünsche anzupassen oder Prozesse effizienter zu gestalten. Es ist darüber hinaus auch möglich, wertvolle Informationen zu gewinnen, die weit über das Kerngeschäft einer Sharing-Plattform hinausgehen.[15] Das bereits erwähnte Tool „Uber Movement", das Daten aus den traditionellen Verkehrsdiensten von Uber sammelt und für Zwecke der Städteplanung analysiert, ist nur ein Beispiel dafür.[16] Diese Geschäftsstrategie ist nicht überraschend, da sich digitale Vermittlungsplattformen in einer besonders vorteilhaften Position befinden, da sie große Mengen an Daten über Transaktionen, Benutzerverhalten und Kundenpräferenzen im Grunde als kostenfreies Nebenprodukt zu ihren Vermittlungsdiensten sammeln können. Zwar kann der privilegierte Zugang zu großen Datensätzen allein noch keine beherrschende Marktmacht im Form einer etwaigen Datenmacht begründen. Der Wettbewerb könnte unter diesen

---

[11] Kommission Wettbewerbsrecht 4.0, Ein neuer Wettbewerbsrahmen für die Digitalwirtschaft: Bericht der Kommission Wettbewerbsrecht 4.0, v. 9.9.2019, S. 49, https://www.bmwi.de/Redaktion/DE/Publikationen/Wirtschaft/bericht-der-kommission-wettbewerbsrecht-4-0.html (abgerufen 6.7.2020).

[12] *Airbnb*, Airbnb 2019 Business Update, v. 15.1.2019, https://news.airbnb.com/airbnb-2019-business-update/ (abgerufen 6.7.2020).

[13] Kommission Wettbewerbsrecht 4.0 (Fn. 11), S. 49.

[14] Ebenda.

[15] *Busch*, GRUR 2019, S. 788 (794).

[16] *Eadicicco* (Fn. 3).

Umständen aber spürbar beschränkt sein, wenn die Datenmacht einer marktbeherrschenden Plattform zu Marktzutrittsschranken für Wettbewerber und neue Marktteilnehmer führt, die Zugang zu den gesammelten Daten benötigen, um konkurrierende oder ergänzende Dienstleistungen anbieten zu können.[17] Die Auswirkung auf den Wettbewerb hängt dabei entscheidend von der Art und Qualität der betreffenden Daten ab.[18]

Darüber hinaus schaffen Daten über das Transaktionsverhalten der Nutzer entscheidende Vorteile für die Plattform. Das Sammeln und Analysieren von Daten über Nutzerverhalten und -präferenzen ermöglicht es der Plattform, besser vorherzusagen, was Nutzern auf Grundlage ihrer Ähnlichkeit mit anderen Nutzern gefällt. Auf diese Weise kann eine Plattform ihr Empfehlungssystem mit jeder neuen Transaktion verbessern. Dies ist entscheidend für eine Plattform, da Nutzer eher zu einer Plattform zurückkehren, die relevante Vorschläge für zukünftige Transaktionen macht.[19] In der neuen Datenwirtschaft kann die Kontrolle über Daten daher zu einem wichtigen Wettbewerbsvorteil werden. Dies gilt insbesondere angesichts der wachsenden Bedeutung von künstlicher Intelligenz und des damit zusammenhängenden Bedarfs an riesigen Mengen aggregierter Daten.[20]

Da Plattformen stark von ihrer Nutzerbasis abhängig sind, haben sie ein Interesse daran, ihre Nutzerdaten in einem geschlossenen System zu halten.[21] Kleinere oder neue Wettbewerber könnten am Wachstum oder Markteintritt gehindert werden, wenn sie nicht in der Lage sind, relevante Daten in den erforderlichen Mengen an anderer Stelle zu sammeln oder zumindest zu käuflich zu erwerben. Es besteht auch die Möglichkeit, dass eine etablierte Plattform bereits so große Mengen an Daten gesammelt hat, dass es für einen Wettbewerber so gut wie unmöglich wird, aufzuholen. Dies könnte insbesondere in den Fällen von Bedeutung sein, in denen eine Plattform Zugang zu verschiedenen Datenquellen hat und damit Verbundvorteile für sich nutzen kann. Insoweit stellt sich die Frage, ob bereits der alleinige Zugang einer marktbeherrschenden Plattform zu großen Datensammlungen als unlauterer Wettbewerbsvorteil angesehen werden könnte,

---

[17] *Graef et al.*, Telecommunications Policy 2015, S. 375 (385). Dies zeigt sich auch im neu geschaffenen § 18 Abs. 3a Nr. 3 GWB, der den Zugang zu wettbewerbsrelevanten Daten ausdrücklich als einen der fünf Faktoren für die Bestimmung der Marktmacht eines Unternehmens in mehrseitigen Märkten qualifiziert.

[18] *Louven*, Shaping competition policy in the era of digitization, v. 23.9.2018, S. 4, https://ec.e uropa.eu/competition/information/digitisation_2018/contributions/sebastian_louven_ol denburg_centre_for_law_of_the_information_society.pdf (abgerufen 6.7.2020).

[19] *Graef et al.*, Telecommunications Policy 2015, S. 375.

[20] *Peitz/Schweitzer*, NJW 2018, S. 275 (276).

[21] *Graef et al.*, a Telecommunications Policy 2015, S. 375 (379).

der eine Intervention rechtfertigen würde.[22] Dies steht in engem Zusammenhang mit der angrenzenden Frage, ob solche Daten als „wesentliche Einrichtung" (*essential facility*) anzusehen wären und eine Verweigerung des Zugangs damit als Wettbewerbsverstoß zu werten wäre.

2.1.3 Zugang zu Daten oft von entscheidender Bedeutung für Innovation und Wettbewerb

Marktteilnehmer müssen Zugang zu großen und vielfältigen Datensätzen haben, um den maximalen Nutzen aus Datensätzen zu schöpfen.[23] Insbesondere die Kombination ergänzender Daten schafft wirtschaftliche Gewinne durch Datenaggregation und stellt eine wichtige Quelle für Innovation und Wettbewerbsfähigkeit dar.[24] Mit Hilfe von Datenanalysen können Prozesse und Entscheidungen optimiert, Innovationen beschleunigt und sogar zukünftige Ereignisse vorhergesagt werden.[25] Die Digitalisierung hat es ermöglicht, extrem große Datenmengen aus verschiedenen Quellen und in verschiedenen Formaten mit hoher Geschwindigkeit zu sammeln und zu erfassen. Hierin liegt ein enormes Potenzial für die digitale Wirtschaft und darüber hinaus.[26]

Dies wird jedoch schwierig zu erreichen, wenn die Erzeuger und Sammler der Daten diese für sich behalten. Der von der EU-Kommission im Rahmen der öffentlichen Konsultation zum Aufbau der europäischen Datenwirtschaft initiierte Dialog mit Interessenträgern hat gezeigt, dass die Interessenträger weitgehend darin übereinstimmen, dass ein ausgeweiteter Datenaustausch zwischen Unternehmen von Vorteil wäre. Dennoch deuten Studien auf eine unzureichende Offenheit und Zurückhaltung beim Datenaustausch hin[27], oder, falls der Zugang gewährt wird, auf die Auferlegung missbräuchlicher Bedingungen durch die Plattform für den Datenzugang.[28] Dies ist oft auf große Unterschiede in der Verhandlungsmacht zurückzuführen, die die Position des Zugangssuchenden weiter schwächen. Darüber hinaus gibt es noch keine universellen Standards oder Richtlinien für die Datenübertragung und auch noch keine etablierten, vertrauenswürdigen Handelsplattformen für Daten. Angesichts der noch unterentwickelten Datenmärkte müssen Datenzugangsansprüche jeweils individuell verhandelt

---

[22] *König*, in: Veenbrink et al., Digital Markets in the EU, S. 175 (177).

[23] EU-Kommission, COM(2017) 9, S. 8.

[24] *Busch*, IWRZ 2018, S. 147 (150).

[25] EU-Kommission, COM(2017) 9, S. 2.

[26] *Tamke*, NZKart 2018, S. 503 (506).

[27] *Richter/Slowinski*, IIC 2019, S. 4 (17).

[28] EU-Kommission, COM(2016) 288, S. 12.

werden und verursachen daher oft hohe unerschwingliche Transaktions-kosten. Hieraus zeigt sich, dass Daten zwar ein starkes Innovationspoten-zial für Gesellschaft, Wirtschaft, Forschung und Politik haben, ein Daten-austausch zwischen Akteuren jedoch immer noch weitestgehend fehlt. Es braucht daher eine langfristige Strategie für den Datenaustausch, damit sich unerwünschte sozioökonomische Entwicklungen nicht manifestieren können.

2.1.4 Daten in der Sharing Economy

Die Sharing Economy weist bestimmte Merkmale auf, die sie innerhalb der Plattformwirtschaft auszeichnet, weshalb Fragen des Datenzugangs in der Sharing Economy unter einem eigenen Blickwinkel betrachtet werden soll-ten.

Zum einen richten sich Sharing-Plattformen traditionell an Verbraucher, die die Dienste oder Vermögenswerte, die über die Plattform geteilt wer-den, bereitstellen. Dieses Narrativ vieler Sharing-Plattformen, nämlich hauptsächlich *Peer-to-Peer*-Transaktionen zu ermöglichen (obwohl wieder-holt als irreführend beanstandet), hat in den Anfangsjahren der Sharing Economy zu verhältnismäßig milden rechtlichen Rahmenbedingungen im Vergleich zu etablierten Branchen geführt.[29] Insbesondere Airbnb und Uber haben in ihren Anfangsjahren bewusst rechtlichen Grauzonen für sich aus-genutzt und dabei teilweise sogar die Grenzen der bestehenden Regulie-rung durch einen Prozess, den die Wissenschaft „regulatorische Erobe-rung" (*regulatory capture*) nennt, zu ihren Gunsten verschoben.[30] Obwohl Gesetzgeber mittlerweile versuchen, geeignete rechtliche Rahmenbedin-gungen für die vielseitigen Aktivitäten im Sharing-Sektor zu finden, hat die regulatorische Milde in den Anfangsjahren unbestreitbar den raschen Auf-stieg der Sharing Economy erleichtert und damit den Erwerb der immensen Datensätze, über die große Sharing-Plattformen wie Uber und Airbnb jetzt verfügen, erst ermöglicht.

Darüber hinaus spielen auch Art und Qualität der Daten in der Sharing Economy sowie ihre Erhebungsmethode eine besondere Rolle. Uber und Airbnb beispielsweise verfügen über große Mobilitäts- bzw. Unterkunfts-daten, die für viele Interessengruppen von hohem Wert sind, wie etwa die Stadtverwaltung (zu Planungszwecken) oder Unternehmen, die neue Pro-dukte oder Dienstleistungen entwickeln möchten (dies könnten neben konkurrierenden/ergänzenden Produkten/Dienstleistungen für beste-

---

[29] *Zale*, in: The Cambridge Handbook of the Law of the Sharing Economy, S. 38 (41 f.).

[30] *Barry/Pollman*, Southern California Law Review 2016, S. 383 (383); *McKee*, in: Davidson /Finck/Infranca, The Cambridge Handbook of the Law of the Sharing Economy, S. 168 (172).

hende bzw. angrenzende Märkte auch Produkte/Dienstleistungen für unabhängige Drittmärkte sein). Mit ihren neuen Unternehmungen „Uber movement" und „Airflow" haben Uber und Airbnb bereits gezeigt, dass es Möglichkeiten gibt, die durch die Plattformnutzung generierten Daten mit Algorithmen und Datenanalysen aus der KI-Welt zu kombinieren, um etwas zu schaffen, das für andere Zwecke genutzt werden kann.[31] Im Gegensatz zu anderen bekannten Plattformen, die ihre Dienste mindestens auf einer Seite des Marktes kostenlos anbieten (wie etwa Google, Facebook usw.), zahlen Nutzer von Sharing-Plattformen in der Regel auf beiden Seiten eine Gebühr oder eine Provision für die Teilnahme an den Sharing-Aktivitäten. Dies ist ein wesentlicher Unterschied zu den oben genannten Plattformen, deren Geschäftsmodell auf die umfangreiche Sammlung von Daten durch die Bereitstellung von kostenlosen Dienstleistungen im Austausch für Benutzerdaten ausgerichtet ist (welche wiederum durch gezieltes Marketing für Werbetreibende in einen Gewinn umgewandelt werden können). Das Geschäftsmodell von Sharing-Plattformen beruht dagegen nicht originär auf einer Monetarisierung der gesammelten Daten. Vielmehr werden diese Daten der Plattform zusätzlich zu den finanziellen Beiträgen der Nutzern zur Verfügung gestellt. Entsprechend ist den Nutzern in der Sharing Economy in der Regel nicht bewusst, dass sie auch mit ihren Daten bezahlen. Gleichwohl können die im Kerngeschäft gesammelten Daten von Sharing-Plattformen für eine Vielzahl von Zwecken frei genutzt werden. Dazu gehören insbesondere die Versuche von Plattformen, ihre Marktmacht auf angrenzende oder sogar völlig unabhängige Drittmärkte auszudehnen, wie die Einführung von „Uber-Movement" und „Airflow" anschaulich zeigen. Im Gegensatz dazu haben Wettbewerber, Behörden und Verbände der Zivilgesellschaft Probleme beim Zugang zu Plattformdaten geäußert, wie eine öffentliche Konsultation der EU-Kommission zum regulatorischen Umfeld für Plattformen, Online-Vermittler und die kollaborative Wirtschaft zeigt.[32] Diese Ergebnisse stehen im Einklang mit einer weiteren Studie der EU-Kommission über den Datenaustausch zwischen Unternehmen in Europa, die darauf hindeutet, dass die Mehrheit der befragten Unternehmen gegenwärtig noch zögert, ihre Daten zu teilen.[33] All dies deutet

---

[31] *Miller,* in: Davidson/Finck/Infranca, Cambridge Handbook of the Law of the Sharing Economy, S. 192 (198).

[32] EU-Kommission, Full report on the results of the public consultation on the Regulatory environment for Platforms, Online Intermediaries and the Collaborative Economy, v. 25.5.2016, S. 1, https://ec.europa.eu/digital-single-market/en/news/full-report-results-p ublic-consultation-regulatory-environment-platforms-online-intermediaries (abgerufen 6.7.2020).

[33] EU-Kommission/everis group, Study on data sharing between companies in Europe, v. 24.4.2018, S. 44., unter: https://op.europa.eu/en/publication-detail/-/publication/8b877 6ff-4834-11e8-be1d-01aa75ed71a1/language-en (abgerufen am 6.7.2020).

auf eine problematische Wettbewerbssituation hin, die sich im Laufe der Zeit noch verschärfen könnte.

Dies wirft die Frage auf, ob das derzeitige System der Datenaneignung in der Sharing Economy beibehalten werden sollte oder ob alternativ eine gesetzliche Regelung für den Zugang zu Daten eingeführt werden sollte. Dies gilt insbesondere angesichts der aufgezeigten Wettbewerbsbedenken und Innovationsbeschränkungen sowie der Tatsache, dass die betreffenden Daten lediglich als Nebenprodukt des Kernvermittlungsgeschäfts entstanden sind.

3 Aktuelle Rechtslage in der EU

Die Verweigerung des Zugangs zu Nutzer- und/oder Transaktionsdaten könnte als Marktmachtmissbrauch nach Art. 102 AEUV zu werten sein und würde in diesem Fall zu einer kartellrechtlichen Zwangslizenz führen. Grundvoraussetzung für diese Rechtsfolge ist ein Missbrauch von Marktmacht.[34] Es ist darauf hinzuweisen, dass Wettbewerbsvorteile und wirtschaftliche Größe im Prinzip keinen Anlass zu wettbewerbsrechtlichen Bedenken geben. Es stellt auch kein wettbewerbsrechtliches Problem dar, wenn ein Unternehmen aus eigener Kraft sehr groß wird und dadurch eine führende Position auf dem Markt erwirbt.[35] Selbst Monopole sind legal, wenn sie durch internes Wachstum (d.h. durch wirtschaftlichen Erfolg am Markt) erzielt werden. Vielmehr ist für einen Marktmachtmissbrauch i.S. oben genannter Anspruchsgrundlage erforderlich, dass (a.) die datenhaltende Plattform eine marktbeherrschende Stellung innehat, welche wiederum (b.) durch Verweigerung des Zugangs zu ihren Daten missbraucht wurde. Oder einfacher gesagt: Marktbeherrschung selbst ist nicht wettbewerbsrechtlich verboten, sondern nur ihr Missbrauch.[36]

3.1 Marktmacht

Bereits der Nachweis der Marktbeherrschung stellt eine Herausforderung für jeden Anspruchssteller von Datenzugangsansprüchen auf Plattformmärkten dar. Erstens ist es für den Fall, dass eine Marktbeherrschung nicht bereits auf herkömmliche Weise festgestellt werden kann, schwierig nachzuweisen, dass die Kontrolle bestimmter Daten zu einer relevanten Marktbeherrschung führt. Zweitens ist auch die Definition des relevanten Datenmarktes weiterhin eine offene Frage, insbesondere wenn der Zugangsan-

---

[34] *Louven* (Fn. 18), S. 4.

[35] *Louven* (Fn. 18), S. 5.

[36] *Körber*, ZUM 2017, S. 93 (95).

spruch nicht auf einzelne Daten, sondern auf große Datensammlungen abzielt, beispielsweise für Zwecke des Data-Mining. Zudem ist noch nicht vollständig geklärt, unter welchen Umständen verschiedene Datensätze als substituierbar angesehen werden können.[37] Darüber hinaus kann sich die Marktmacht aufgrund des hohen Tempos und der Dynamik digitaler Märkte schnell auf neue Akteure verlagern.

3.2 Marktmachtmissbrauch/Essential-Facilities-Doktrin

Im Zusammenhang mit Zugangsrechten wird das Kriterium des Marktmachtmissbrauchs maßgeblich durch die Essential-Facilities-Doktrin bestimmt. Dieser Grundsatz, der aus dem amerikanischen Kartellrecht stammt, wurde ursprünglich für natürliche Monopole wie Brücken oder Häfen entwickelt, wird seitdem aber auch auf rechtliche Monopole wie Patente und andere Rechte des geistigen Eigentums ausgedehnt. Im Gegensatz zu rechtlichen Monopolen stellt der Datenzugang nur ein *de facto* Monopol dar, basierend auf der *de facto* Verfügungsgewalt über die Daten.[38] Dennoch hat der Europäische Gerichtshof (EuGH) die Essential-Facilities-Doktrin im Rahmen der Entscheidung über den Zugang zu Informationen entsprechend angewendet.[39]

In seiner Rechtsprechung hat der EuGH fallspezifische Kriterien für Datenzugangsansprüche formuliert. Insbesondere muss der Zugangssuchende nachweisen, dass die streitgegenständlichen Daten für die Entwicklung eines neuen Produkts oder einer neuen Dienstleistung unerlässlich sind und dass es keine andere Möglichkeit gibt, sie zu erstellen oder anderweitig zu erhalten. Da diese Urteile unter der Annahme von Immaterialgüterrechten für die betreffenden Daten ergangen sind, ist noch unklar, ob und wie diese Feststellungen auf ungeschützte Rohdaten angewendet werden können.[40] In der Praxis werden viele Datenzugangsansprüche bereits auf der ersten Stufe des Nachweises der Notwendigkeit für die Entwicklung eines neuen Produkts oder einer neuen Dienstleistung scheitern.[41] Insbesondere wenn es um „Big Data", d.h. Daten mit großem Volumen und unbekannten oder nicht näher bezeichneten Inhalten geht, wissen Unternehmen in der Regel nicht genau, welches Produkt oder welche Dienstleistung

---

[37] *Drexl et al.*, Data Ownership and Access to Data, v. 16.8.2016, S. 9, https://www.ip.mpg.de/fileadmin/ipmpg/content/stellungnahmen/positionspaper-data-eng-2016_08_16-def.pdf (abgerufen 6.7.2020).

[38] *Louven* (Fn. 18), S. 5.

[39] EuGH, Urt. v. 6.4.1995 – C-241/91 P & C-242/91 P, GRUR Int 1995, 490 – Magill; EuGH, Urt. v. 29.4.2004, C-418/01, GRUR Int 2004, 644 – IMS Health/NDC Health; EuG, Beschl. v. 22.12.2004 – T 201/04 R, BeckRS 2004, 15619 – Microsoft/Commission.

[40] *Drexl et al.* (Fn. 37), S. 9.

[41] *Louven* (Fn. 18), S. 5.

sie auf der Grundlage solcher Daten entwickeln können, bevor sie Zugang zu diesen Daten erhalten.[42] Dies gilt umso mehr für Echtzeitdaten, die über technische Schnittstellen wie Anwendungsprogrammierschnittstellen (APIs) übermittelt werden. Auch wird es schwierig sein, nachzuweisen, dass genau die Daten eines bestimmten Unternehmens wesentlich sind und nicht durch andere Daten ersetzt werden können, die an anderer Stelle oder auf eigene Faust erhoben werden können.[43] Darüber hinaus können Datenschutzverpflichtungen oder der Schutz von Geschäftsgeheimnissen objektive Rechtfertigungen für die Zugangsverweigerung darstellen und regelmäßig wirksame Hindernisse für kartellrechtliche Zugangsansprüche darstellen.[44] Die Essential-Facilities-Doktrin wird daher zurecht häufig als von Natur aus ungeeignet bezeichnet, um Wettbewerbsbedenken in datengesteuerten Märkten auszuräumen.[45]

3.3 Zwischenfazit

Dies stellt ein Unternehmen, das den Zugang zu bestimmten Daten sucht, vor große Schwierigkeiten. Angesichts der oben genannten Punkte sowie unter Berücksichtigung der spezifischen Dynamik von Plattformmärkten ist zu erwarten, dass Datenzugangsansprüche auf der Grundlage des Wettbewerbsrechts nur in sehr wenigen Ausnahmen erfolgreich sein werden. Dementsprechend lehnt die vorherrschende Ansicht in der wissenschaftlichen Literatur die breite Anwendung der Essential-Facilities-Doktrin im Kontext von Datenzugangsansprüchen ab. Diese Auffassung beruht in erster Linie auf der Sorge, dass die Gewährung des Datenzugangs zu einem weitreichenden Eingriff in die rechtlich geschützte unternehmerische Freiheit eines Unternehmens darstellt, die es zu schützen gilt.[46] Während einige Wissenschaftler betonen, wie wichtig es ist, die alleinige Verfügungsgewalt über die eigenen Daten als Anreiz für zukünftige Innovationen und Investitionen zu behalten,[47] kommen andere zu dem Schluss, dass die derzeitigen rechtlichen Möglichkeiten für den Datenzugang nicht ausreichen,

---

[42] *Borgogno/Colangelo*, Data Sharing and Interoperability Through APIs: Insights from European Regulatory Strategy, S. 32, https://www-cdn.law.stanford.edu/wp-content/uploads/2018/11/borgogno_colangelo_eulawwp38.pdf (abgerufen 6.7.2020).

[43] *Zeno-Zencovich/Codiglione*, Ten Legal Perspectives on the 'Big Data Revolution', v. 1.2.2017, S. 48, https://ssrn.com/abstract=2834245 (abgerufen 6.7.2020).

[44] *Louven* (Fn. 18), S. 5.

[45] *Borgogno/Colangelo* (Fn. 42), S. 31.

[46] *Czychowski/Siesmayer*, in: Taeger/Pohle, Computerrechts-Handbuch, 20.5 Rn. 49; *Körber*, NZKart 2016, S. 303 (308); *Peitz/Schweitzer*, NJW 2018, S. 275 (279); *Duch-Brown et al.*, The economics of ownership, access and trade in digital data, v. 2017, https://ec.europa.eu/jrc/sites/jrcs h/files/jrc104756.pdf (abgerufen 6.7.2020).

[47] *Peitz/Schweitzer*, NJW 2018, S. 275 (276).

um den Herausforderungen der digitalen Wirtschaft zu begegnen, insbesondere im Hinblick auf „Big Data" und das „Internet of Things" (IoT).[48]

Es bestehen daher gute Gründe zu der Schlussfolgerung, dass das Wettbewerbsrecht ein unzureichendes Instrumentarium ist, um eine systematische Lösung für Datenzugangsproblematiken zu bieten. Zum einen kann das Wettbewerbsrecht nur in das Verhalten einer marktbeherrschenden Plattform eingreifen und ist somit keine Lösung für Zugangsansprüche gegen nicht beherrschende Unternehmen. Darüber hinaus entscheidet das Wettbewerbsrecht nur auf Einzelbasis, was einer einheitlichen Lösung im Wege steht, die im Vorfeld Rechtsklarheit schaffen würde. Da außerdem erhebliche rechtliche Hürden zu bezwingen sind um eine marktbeherrschende Plattform zu erzwingen, Wettbewerbern Zugang zu ihren Daten zu gewähren, wird auch die tatsächliche Durchsetzung begrenzt sein.[49] Es wird folglich z.T. vorgeschlagen, die Schwelle für eine wettbewerbswidrige Zugangsverweigerung bei Daten deutlich niedriger sein sollte als bei Infrastrukturobjekten oder Rechten des geistigen Eigentums, weshalb nationale Gerichte die Anforderungen des EuGH flexibler anwenden sollten. Dies gilt insbesondere für Fälle, in denen die angeforderten Daten als Nebenprodukt ohne Sonderinvestition erzeugt und erhoben werden.[50]

4 Ziele einer möglichen Regulierung

Bei der Entscheidung, ob und welche Regulierungsmaßnahmen ergriffen werden, sollten die damit verfolgten Ziele im Voraus präzise formuliert werden. Es ist der Kern wirtschaftlicher Regulierung, gleiche Wettbewerbsbedingungen für alle Wettbewerber auf einem Markt zu schaffen. Dies gilt insbesondere für die Plattformwirtschaft, in der Wettbewerbsungleichgewichte zwischen den verschiedenen Plattformen und anderen Wettbewerbern aufgrund der besonderen wirtschaftlichen Merkmale dieser Märkte schneller entstehen (siehe Abschnitt 2). Vergleichbar wichtig ist die Förderung von Innovationen durch rechtliche Sicherstellung von notwendigen Investitionen von Marktteilnehmern, damit die Wirtschaft als Ganzes weiterwachsen kann. Die Einführung eines obligatorischen Datenaustauschs könnte einerseits den Wettbewerb in bestimmten Teilen des Marktes för-

---

[48] *Czychowski/Siesmayer*, in: Taeger/Pohle, Computerrechts-Handbuch, 20.5 Rn. 49 Rn. 50; *Drexl et al.* (Fn. 37), S. 8 f.

[49] *Drexl et al.* (Fn. 37), S. 9.

[50] *Schweitzer u.a.*, Modernisierung der Missbrauchsaufsicht für marktmächtige Unternehmen, v. 29.8.2018, S. 139, https://www.bmwi.de/Redaktion/DE/Publikationen/Wirtschaft/modernisierung-der-missbrauchsaufsicht-fuer-marktmaechtige-unternehmen.pdf?__blob=publicationFile&v=15 (abgerufen 6.7.2020).

dern, andererseits könnte es etablierte Unternehmen vor Investitionen abschrecken, da sie befürchten diese nicht mehr amortisieren zu können. Gleichzeitig könnte ein zwingender Datenaustausch auch Innovationen von Wettbewerbern abschrecken, die möglicherweise nicht in eigene innovative Lösungen investieren, um die benötigten Daten selbst zu sammeln, sondern sich gänzlich darauf verlassen die benötigten Daten von bereits etablierten Unternehmen zu beziehen (sog. „Free-riding").[51] Andererseits fördert ein freier Informationsfluss in der Regel Innovationen, insbesondere im Technologiebereich. Folgeinnovationen sind wahrscheinlicher, wenn sich die Informationen über die Basistechnologie weit verbreitet haben. Aus innovationspolitischer Sicht geht es daher um einen wohl durchdachten regulierten Zugang zu Daten im öffentlichen Interesse einer innovationsbasierten Gesellschaft.[52] Eine Datenzugangsregulierung sollte daher sorgfältig im Hinblick auf ihre vielfältigen Auswirkungen auf verschiedene politische Ziele untersucht werden.

5 Mögliche regulatorische Ansätze

Vor diesem Hintergrund bestehen verschiedene Optionen zur Bewältigung der Herausforderungen, die die datenlastige Sharing Economy für Wettbewerb und Innovation stellt.

5.1 Selbstregulierung

Zum einen könnte man einwenden, dass noch keine Notwendigkeit für eine verbindliche Datenzugangsregelung besteht, und gute Argumente stützen diese Ansicht. Die Plattformwirtschaft und damit auch die Sharing Economy befinden sich noch in der Entwicklung und täglich kommen neue Geschäftsmodelle und Möglichkeiten der Datennutzung hinzu. Eine Überregulierung, insbesondere, wenn sie zu früh eingeführt wird, könnte Innovationen im Keim ersticken. Ein möglicher Weg könnte deshalb die Förderung von Formen der Selbstregulierung sein, während die Entwicklung des Marktes sorgfältig überwacht wird.[53] Selbstregulierung ist nicht zwingend gleichzusetzen mit gar keiner Regulierung, sondern bedeutet eine Verlagerung der regulatorischen Verantwortung auf die Marktakteure selbst. Cohen und Sundararajan, renommierte Wissenschaftler auf dem Gebiet der

---

[51] *Tombal*, IIC 2020, S. 70 (73).

[52] *Drexl*, Legal Challenges of the Changing Role of Personal and Non-Personal Data in the Data Economy, v. 31.10.2018, S. 17, https://papers.ssrn.com/sol3/papers.cfm?abstract_id=3274519 (abgerufen 6.7.2020).

[53] *Richter/Slowinski*, IIC 2019, S. 4 (17).

Sharing Economy, sind seit langem Befürworter der Nutzung von Plattformen als Partner in der Regulierung anstelle von bloßen Adressaten harten Regulierungsmaßnahmen.[54]

Verhaltenskodizes könnten als reine Empfehlung ausgestaltet werden, aber sie könnten auch eine strengere Form annehmen, indem sie z.B. Sanktionen im Falle der Nichteinhaltung vorsehen. Im Wesentlichen kommt es darauf an, wie viel Druck nötig ist, um die Marktteilnehmer zum gewünschten Verhalten zu bewegen.[55] Auch unabhängig von jeder Wettbewerbspolitik ist die Schaffung offizieller Leitlinien für den Datenaustausch, die Förderung technischer Normierungen sowie die Einführung standardisierten Vertragsbedingungen, so wie derzeit von der EU-Kommission in ihren Versuch zur Senkung der Transaktionskosten vorgeschlagen, in jedem Fall ein sinnvoller Ansatz.[56]

5.2 Abwarten

Eine zweite Option würde der Notwendigkeit weiterer Forschungen im Hinblick auf die Wettbewerbsauswirkungen eines gesetzlichen Zugangsregimes Rechnung tragen. Vor diesem Hintergrund könnte es sinnvoll erscheinen, vorerst von regulatorischen Eingriffen Abstand zu nehmen und stattdessen die Marktentwicklungen in der Sharing Economy genau zu beobachten, damit ein potenzielles Marktversagen frühzeitig erkannt werden kann. Auch für diesen Ansatz gibt es gute Gründe: Angesichts der unterschiedlichen Gegebenheiten in den verschiedenen Marktsektoren der Sharing Economy, den komplexen Auswirkungen auf den Wettbewerb und den hohen Fehlerkosten im Falle von Fehleinschätzungen sollte jede neue Datenzugangsregelung vor ihrer endgültigen Implementierung gründlich untersucht werden.

5.3 Einführung eines Datenzugangsregimes

Eine dritte Möglichkeit wäre die Einführung eines neuen gesetzlichen Datenzugangsregimes für Unternehmen in der Sharing Economy. Gesetzliche Datenzugangsrechte sind im europäischen Rechtsrahmen nicht völlig neu. Zum einen räumt bereits die EU-Verordnung über die Typgenehmigung von Kraftfahrzeugen ein Recht auf uneingeschränkten und standardisierten Zugang zu Reparatur- und Wartungsdaten von Fahrzeugen ein. Neben der

---

[54] *Cohen/Sundararajan*, University of Chicago Law Review Online 2015, S. 116 (116); siehe auch *Vitkovic*, The Sharing Economy: Regulation and the EU Competition Law, v. 3.8.2016, S. 95, https://papers.ssrn.com/sol3/papers.cfm?abstract_id=2926852 (abgerufen 6.7. 2020).

[55] *Richter/Slowinski*, IIC 2019, S. 4 (18).

[56] EU-Kommission, COM(2017) 9, S. 12 f.; *König*, in: Veenbrink et al., Digital Markets in the EU, S. 175 (178).

Umsetzung eines Zugangsanspruchs sieht die Verordnung auch bestimmte Modalitäten des Datenaustauschs vor, insbesondere im Hinblick auf die technischen Anforderungen und die Angemessenheit der Gebühr für den Datenzugang.[57] Mit der Verordnung soll verhindert werden, dass Automobilhersteller ihre Marktmacht missbrauchen, um den Wettbewerb auf dem Anschlussmarkt für Kfz-Reparaturen und -Wartung abzuschotten.[58] Sie ist somit ein Beispiel für die Schaffung neuer Datenzugangsrechte als Reaktion auf Wettbewerbsbeschränkungen auf einem bestimmten Markt.

In ähnlicher Weise wurde mit der EU-Richtlinie über Zahlungsdienste 2 (PSD 2)[59] ein Recht für Zahlungsdienstleister auf Zugang zu den Bankkontodaten ihrer Kunden gegenüber den jeweiligen Banken umgesetzt. Damit wurden die für Anbieter innovativer Online-Zahlungsdienste bestehenden künstlichen Marktzutrittsschranken, die von etablierten Banken geschaffen wurden um einen verstärkten Wettbewerb auf dem Zahlungsmarkt zu verhindern, effektiv beseitigt.

Sogar die EU-Datenschutz-Grundverordnung (DSGVO)[60] könnte als Ausgangspunkt für zukünftige Datenzugangsregulierungen dienen. In Artikel 20 DSGVO wurde das erste sektorübergreifende Recht auf Datenportabilität umgesetzt. Die Europäische Kommission betrachtete das Portabilitätsrecht ausdrücklich nicht nur als Instrument zur Stärkung der Datenautonomie der Privatkunden, sondern auch zur Förderung des freien Datenflusses in der EU und zur Förderung des Wettbewerbs zwischen den Dateninhabern.[61] Daher würde ein neues Datenzugangsrecht in Bezug auf die Wettbewerbspolitik und aus dogmatischer rechtlicher Sicht Artikel 20 DSGVO in vielerlei Hinsicht ähneln.[62] Seit ihrer Einführung hat sich in der Rechtsliteratur eine aktive Diskussion über die Frage entwickelt, ob das Datenübertragbarkeitsrecht der DSGVO als Ausgangspunkt für ein allgemeines Datenzugangssystem dienen könnte.[63]

5.4 Situation in der Sharing Economy

Wie in Abschnitt 2 ausgeführt, bestehen gewisse Wettbewerbsbedenken in der Sharing Economy, wenn ein oder nur wenige Unternehmen exklusiven Zugang zu bestimmten Datensätzen haben und andere ohne legitime

---

[57] Ebenda, S. 188.

[58] RL 2007/46/EG.

[59] RL (EU) 2015/2366.

[60] VO (EU) 2016/679.

[61] *Drexl* (Fn. 52), S. 14.

[62] *Drexl*, NZKart 2017, S. 339 (344).

[63] *Drexl* (Fn. 52), S. 13; *Richter/Slowinski*, IIC 2019, S. 4 (9); *Tombal*, IIC 2020, S. 70 (86).

Rechtfertigungsgründe daran hindern, darauf zuzugreifen. Ein solches Verhalten kann Innovationen einschränken und letztlich den Verbrauchern schaden.[64] Gleichzeitig könnte es sich aber auch negativ auf Innovationen auswirken, wenn ehemalige Innovationstreiber davon abgehalten werden, weiterhin in die Erhebung von Rohdaten zu investieren, weil der damit verbundene Wettbewerbsvorteil nicht mehr durch die Investitionen sichergestellt ist. Insbesondere der Kompromiss zwischen langfristigen und kurzfristigen Auswirkungen auf den Wettbewerb muss bei der Einführung neuer Wege und Mittel des Datenzugangs gründlich geprüft werden. Die Verpflichtung eines marktbeherrschenden Unternehmens, Zugang zu seinen Daten zu gewähren, kann den Wettbewerb kurzfristig ankurbeln, aber gleichzeitig Innovationen langfristig verringern.[65] Die entscheidende Frage ist daher, inwieweit datenbezogene Innovationen gefördert oder verlangsamt werden, wenn politische Entscheidungsträger das derzeitige Rechtssystem der Datenaneignung in der Sharing Economy ändern.[66]

Eine Regulierungslösung gewisse Vorteile gegenüber Datenzugangsverfahren, die ausschließlich auf Wettbewerbsrecht beruhen. Zum einen kann ein Rechtsrahmen spezifischer und auf die besonderen Bedürfnisse des betreffenden (Teil-)Marktes zugeschnitten sein, beispielsweise in Bezug auf technische Aspekte des Datenaustauschs oder der Festlegung eines angemessenen Ausgleichs für die Gewährung des Zugangs, wodurch einige der praktischen Fragen vermieden werden, die mit der Durchsetzung des Wettbewerbsrechts verbunden sind.[67] Der Umfang der kartellrechtlichen Maßnahmen wird auch durch seinen Fall-zu-Fall-Ansatz eingeschränkt. Ein Datenzugangsregime wäre daher besser geeignet Kernprobleme im Wettbewerb zu lösen, die über den Einzelfall hinausgehen.[68] Ein Datenzugangsregime würde auch für mehr Rechtssicherheit sorgen, da die Voraussetzungen für Zugangsansprüche im Voraus klar festgelegt werden, so dass die Marktteilnehmer weniger vom Urteil einzelner Gerichte abhängig sind. Darüber hinaus würden psychologische Hindernisse für die Anspruchsstellung/Klage auf Zugang abgebaut, wenn sich der Zugangssuchende auf ein offizielles Datenzugangsregime anstelle von Einzelfall-Rechtsprechungen verlassen kann. Daher würde die Anzahl der Datenzugangsanfragen – und

---

[64] *Castro/Steinberg*, Blocked: Why Some Companies Restrict Data Access to Reduce Competition and How Open APIs Can Help, v. 6.11.2017, S. 1, http://www2.datainnovation.org/2017-open-apis.pdf (abgerufen 6.7.2020).

[65] *Graef/Husovec*, Response to the Public Consultation on 'Building a European Data Economy', v. 25.4.2017, S. 3, https://papers.ssrn.com/sol3/papers.cfm?abstract_id=2958287 (abgerufen 6.7.2020).

[66] *Graef/Husovec*, ebenda, S. 2.

[67] *König*, in: Veenbrink et al., Digital Markets in the EU, S. 175 (188).

[68] *Borgogno/Colangelo* (Fn. 42), S. 32.

damit schließlich die tatsächliche Nutzung von geteilten Daten – wahrscheinlich steigen.

Die EU-Kommission hat sich vorerst dafür entschieden, dem Grundsatz der Vertragsfreiheit Vorrang einzuräumen und nur einige Leitlinien zu geben, indem sie bei der Aufnahme von Datenaustausch Grundprinzipien vorschlägt.[69] Dementsprechend sieht der EU-Richtlinienentwurf für Online-Plattformen lediglich neue Standards für mehr Transparenz und Fairness vor, ohne ein spezifisches Datenzugangsrecht einzuführen.[70] Obwohl der Richtlinienentwurf ein Schritt in die richtige Richtung ist, stellt er keine Lösung für die starken Unterschiede in der Verhandlungsmacht der einzelnen Marktteilnehmer dar, die immer noch zu Marktversagen und damit zu weniger Innovation und Gemeinwohl führen können. Der Zugangssuchende müsste weiterhin auf das Kartellrecht mit seinem begrenzten Anwendungsbereich zurückgreifen und könnte somit ohne Rechtsbehelf bleiben, z.B. in Fällen, in denen der Zugangsantrag auf eine nicht beherrschende Plattform gerichtet ist.

Aus innovationspolitischer Sicht und insbesondere im Hinblick auf die Sharing Economy gibt es gute Gründe zu der Annahme, dass der EU-Richtlinienentwurf mit dem Schwerpunkt auf Transparenz und Fairness nicht ausreichen wird. Für personenbezogene Daten sieht die DSGVO eine neuartige Datenzugangsregelung vor, die den freien Fluss personenbezogener Daten und den Wettbewerb fördert. Bei nicht personenbezogenen Daten fehlt nach wie vor ein Äquivalent zur DSGVO, auch wenn davon ausgegangen werden kann, dass eine Datenzugangsregelung positive Auswirkungen auf Innovationen und Wettbewerb haben sollte, wenn die betreffenden Daten als bloßes Nebenprodukt erzeugt wurden, ohne dass erhebliche Investitionen in ihre Erhebung fließen. Zumindest insofern, als Sharing-Plattformen im Kern auf die gemeinsame Nutzung von Gütern bzw. auf die Erbringung von Dienstleistungen in der nicht-digitalen Welt abzielen, wie z.B. bei Uber und Airbnb, liegt der Schwerpunkt des Geschäftsmodells nicht in der Beschaffung von Nutzer- und Transaktionsdaten über den Rahmen der reinen Leistungserbringung und Optimierung hinaus. Dies stellt einen grundlegenden Unterschied zu anderen Plattformen wie Social-Media-Plattformen oder Suchmaschinen dar, deren Geschäftsmodelle in erster Linie auf die Analyse und Nutzung von Nutzerdaten ausgerichtet sind. Es kann daher argumentiert werden, dass Nutzerdaten nicht rechtmäßig in die alleinigen Hände einer Sharing-Plattform gehören, da sie von den Nutzern zusätzlich zu deren finanziellen Beiträgen bezogen wurden. In diesem Sinne gehören aggregierte Nutzerdaten eher der Gesamtheit der Nutzer, da sie

---

[69] EU-Kommission, COM(2018) 232, S. 10; *Tombal*, IIC 2020, S. 70.

[70] EU-Kommission, COM(2018) 238.

gemeinsam durch die Durchführung und Bezahlung von Transaktionen über die Sharing-Plattform in diese Daten investiert haben. Die Daten sollten daher den Nutzern und, in Erweiterung dieses Arguments, der Gesellschaft zur Verfügung gestellt werden, da der einzelne Nutzer in der Regel für die betreffenden Daten keine Verwendung hat. In dieser Hinsicht ähneln Nutzerdaten von Sharing-Plattformen Informationen des öffentlichen Sektors, in die die Gesellschaft indirekt durch Steuergelder investiert hat und die auf der Grundlage der RL 2003/98/EG über Informationen des öffentlichen Sektors öffentlich zugänglich gemacht werden müssen.[71]

Ein ausgewogenes Zugangsregime könnte es beispielsweise zur Voraussetzung für berechtigte Datenzugangsansprüche machen, dass die erzeugten Daten als Nebenprodukt ohne erhebliche Zusatz-Investitionen erhoben wurden, um Trittbrettfahrertaktiken zu verhindern. Hierdurch würde auch eine Übereinstimmung mit der *ratio legis* von geistigen Schutzrechten erreicht. Diese liegt darin, Anreize für Innovationen zu setzen und damit verbundene Investitionen zu schützen, indem es die Möglichkeit bietet, diese zu monetarisieren.[72] Wie bereits erwähnt, ist das Eigentum an Daten eine *de facto* Machtposition, während Rechte des geistigen Eigentums *de jure* Machtpositionen über die geschützten immateriellen Vermögenswerte bieten.[73] Dies wirft die Frage auf, warum eine reine *de facto* Machtposition einen stärkeren Schutz bieten sollte als der sorgfältig ausgewogene Rechtsschutz im Rahmen der geistigen Schutzrechte. Das Immaterialgüterrecht zeigt eine gründliche Abwägung der Interessen des Rechteinhabers (Möglichkeit, Investitionen zu kapitalisieren) und den Interessen der Gesellschaft (Zugang und Nutzung von geistigen Erzeugnissen). Dies spiegelt sich insbesondere in rechtlichen Schranken wider, wie z.B. in der Festlegung von Bedingungen für den Schutz (z.B. Erreichen der Schöpfungshöhe im Urheberrecht), Registrierungsanforderungen (z.B. im Marken- und Patentrecht), Schutzfristen und vor allem frei zulässige Nutzungen (z.B. für Privatgebrauch im Urheberrecht). Die reine *de facto* Verfügungsgewalt über Daten sieht derzeit jedoch einen stärkeren Schutz vor, als es unter dem Schutz eines geistigen Schutzrechts der Fall wäre, da außerhalb der allgemeinen wettbewerbsrechtlichen Ansprüche mit den oben beschriebenen inhärenten Mängeln keine ausdrücklichen gesetzlichen Ausnahmen und Nutzungsmöglichkeiten bestehen. Dies gilt selbst dann, wenn die betreffenden Daten ohne erhebliche Investitionen erhoben wurden, so dass auch unter diesem Gesichtspunkt keine Rechtfertigung für ein derart hohes Schutzmaß gesehen werden kann. Ein Datenzugangsregime kann dieses

---

[71] *Custers/Bachlechner*, IP 2017, S. 291 (303).

[72] Ebenda, S. 303.

[73] *Louven* (Fn. 18), S. 5.

Ungleichgewicht in Umfang und Rechtfertigung des Schutzes der Daten neu ausrichten.

6 Fazit

Bei Daten- und Plattformmärkten bedarf es einer zukunftsorientierten Lösung, die sich nicht nur auf die Gegenwart konzentriert, sondern auch zukünftige Entwicklungen im Blick hat. Hierbei sind insbesondere die Gefahren für Innovationen und Wettbewerbsfähigkeit im Hinblick auf Daten in der Sharing Economy zu bedenken. Wenn Gesetzgeber zögern, bis sich ein Marktversagen manifestiert hat, haben sie nicht nur die Chance verpasst, Innovationsprozesse in die gewünschte Richtung zu lenken. Sie werden es auch deutlich schwieriger haben, die dann konsolidierten Marktmacht- und Wettbewerbsprobleme wirksam zu lösen.

Da wir es mit einem Teil der Wirtschaft zu tun haben, der noch in den Kinderschuhen steckt und Wettbewerbseffekte schwer vorherzusagen macht, ist es ratsam die Anwendbarkeit einer Zugangsregelung auf einen bestimmten, streng begrenzten und sorgfältig ausgewählten Teilsektor der Sharing Economy einzuschränken und an die Bedürfnisse des betreffenden Sektors anzupassen. Dies gilt umso mehr als die Sharing Economy kein eigenständiger Markt ist, sondern mehrere, sehr heterogene Märkte vereint. Die Entscheidung zugunsten oder gegen eine Zugangsregelung sollte vernünftigerweise auf einer sorgfältigen wirtschaftlichen Bewertung der wettbewerbs- bzw. innovationsbezogenen Auswirkungen beruhen, die eine solche Zugangsregelung auf den jeweiligen Sektor und/oder Teilsektor und die Sharing Economy als Ganzes hätte. In einer Testumgebung können die Dynamik des betreffenden Marktes genau überwacht und wertvolle Erfahrungen gesammelt werden, die die Grundlage für weitere evidenzbasierte Handlungsweisen bilden.

Das Recht auf Informationen des öffentlichen Sektors gemäß der EU-Richtlinie über die Weiterverwendung von Daten des öffentlichen Sektors[74] war ein erster Schritt auf dem Weg zu einer umfassenden europäischen Datenkultur, die nicht nur den verantwortungsvollen Umgang mit Daten, sondern auch eine offene Innovationskultur fördert. Durch Cloud-Infrastrukturen können die Vorteile des Datenaustauschs einer Vielzahl von Interessengruppen leicht nähergebracht werden. Dazu gehören neben Marktteilnehmern auch die Zivilgesellschaft sowie öffentliche Einrichtungen zur Verbesserung öffentlicher Dienstleistungen wie etwa für Zwecke der Stadtplanung. Ein sorgfältig konzipiertes sektorspezifisches Datenzugangsregime für Daten der Sharing Economy könnte sich als wichtiges Element zur

---

[74] RL (EU) 2019/1024.

Förderung datengetriebener Innovationen in der EU erweisen und zu einem Eckpfeiler der europäischen Vision für das neue digitale Zeitalter werden: die Sicherstellung eines ausgewogenen Zugangs zu und einer besseren Nutzung von Daten zum Nutzen der gesamten Gesellschaft.

Literatur

Barry, Jordan M./Pollman, Elizabeth: Regulatory Entrepreneurship, Southern California Law Review 2016, S. 383-448.

Busch, Christoph: Fairness und Transparenz in der Plattformökonomie – Der Vorschlag für eine EU-Verordnung über Online-Plattformen, IWRZ 2018, S. 147-152.

Busch, Christoph: Mehr Fairness und Transparenz in der Plattformökonomie? Die neue P2B-Verordnung im Überblick, GRUR 2019, S. 788-796.

Cohen, Molly/Sundararajan, Arun: Self-Regulation and Innovation in the Peer-to-Peer Sharing Economy, University of Chicago Law Review Online 2015, S. 116-133.

Custers, Bart/Bachlechner, Daniel: Advancing the EU data economy: Conditions for realizing the full potential of data reuse, Information Polity 2017, S. 291-309.

Drexl, Josef: Neue Regeln für die Europäische Datenwirtschaft? Ein Plädoyer für einen wettbewerbspolitischen Ansatz – Teil 1, NZKart 2017, S. 339-344.

Evans, David S.: The Antitrust Economics of Multi-Sided Platform Markets, Yale Journal on Regulation 2003, S. 325-381.

Graef, Inge/Wahyuningtyas, Sih Yuliana/Valcke, Peggy: Assessing data access issues in online platforms, Telecommunications Policy 2015, S. 375-387.

König, Carsten: Towards a Data Sharing Economy: The Legal Framework for Access to Data, in: Marc Veenbrink/Anne Looijestijn-Clearie/Catalin S. Rusu (Hrsg.), Digital Markets in the EU, Oisterwijk 2018, S. 175-193.

Körber, Torsten: Konzeptionelle Erfassung digitaler Plattformen und adäquate Regulierungsstrategien, ZUM 2017, S. 93-101.

McKee, Derek: Licensing Regimes and Platform-Based Businesses, in: Nestor M. Davidson/Michèle Finck/John J. Infranca (Hrsg.), The Cambridge Handbook of the Law of the Sharing Economy, Cambridge 2018, S. 168-178.

Miller, Stephen R.: Urban Data and the Platform City, in: Nestor M. Davidson/Michèle Finck/John J. Infranca (Hrsg.), Cambridge Handbook of the Law of the Sharing Economy, Cambridge 2018, S. 192-202.

Richter, Heiko/Slowinski, Peter R.: The Data Sharing Economy: On the Emergence of New Intermediaries, IIC 2019, S. 4-29.

Peitz, Martin/Schweitzer, Heike: Ein neuer europäischer Ordnungsrahmen für Datenmärkte?, NJW 2018, S. 275-280.

Taeger, Jürgen/Pohle, Jan (Hrsg.): Computerrechts-Handbuch, 34. Aufl., München 2018.

Tamke, Maren: Marktmacht in digitalen Märkten nach der 9. GWB-Novelle, NZKart 2018, S. 503-508.

Tombal, Thomas: Economic Dependence and Data Access, IIC 2020, S. 70-98.

Zale, Kellen: Scale and the Sharing Economy, in: Nestor M. Davidson/ Michèle Finck/John J. Infranca (Hrsg.), Cambridge Handbook of the Law of the Sharing Economy, Cambridge 2018, S. 38-50.

DAS NEUE GESCHÄFTSGEHEIMNIS-GESETZ - BETRIEBLICHE UMSETZUNG DER SCHUTZVORAUSSETZUNGEN

RA Dr. Oliver M. Habel

tecLEGAL Rechtsanwälte, München
habel@teclegal-habel.de

Zusammenfassung

Das Geschäftsgeheimnisgesetz vom 18.4.2019 schafft ein starkes Abwehrrecht zum Schutz von Geschäftsgeheimnissen, die vom Geheimnisinhaber durch geeignete Schutzvorkehrungen nachweisbar geschützt wurden. Der Beitrag gibt einen Überblick über die materiellen Rechte des Geheimnisinhabers bzw. auch über die Grenzen dieser Rechte sowie der daraus entstehenden gesetzlichen Ansprüche. Es schließen sich praktische Hinweise zur Umsetzung des Geschäftsgeheimnisgesetzes in der betrieblichen Praxis eines Unternehmens als Geheimnisinhaber an. Der gesetzliche Geschäftsgeheimnisschutz ersetzt keine Geheimhaltungsvereinbarungen, sondern gewährt einen gesetzlichen Rechtsschutz neben einem auch weiter ausgestaltbaren Schutz der Vertraulichkeit durch vertragliche Geheimhaltungsregelungen (Non-Disclosure-Agreement/NDA).

1 Rechte und Ansprüche sowie Anspruchsgrenzen des Geschäftsgeheimnisgesetzes

1.1 Vorbemerkung

Gesetzesrecht im Zivilrecht kann Vertragsgestaltungen vereinfachen und abkürzen, weil auf die gesetzlichen Regelungen Bezug genommen werden kann. Bei einer – wie vorliegend – Umsetzung einer EU-Richtlinie in nationales Recht kommt der Vorteil hinzu, dass der Gesetzesinhalt EU-weit zumindest in weiten Teilen harmonisiert ist und bei Auslegungsfragen auch auf die betreffende EU-Richtlinie zurückgegriffen werden kann.

1.2 Einleitend zum Anwendungsbereich

1. Das Geschäftsgeheimnisgesetz (GeschGehG) ersetzt die bisherigen §§ 17 bis 19 UWG, „Verrat von Geschäfts und Betriebsgeheimnissen", und geht über deren bisherigem Regelungsinhalt deutlich hinaus.
2. Der Begriff „Geschäftsgeheimnis" kann nicht mit dem Begriff „geheimes Know-how" gleichgesetzt werden, es sei denn, das „geheime Know-how" lässt sich selbst unter die Definition des Geschäftsgeheimnisses

in § 2 Nr. 1 GeschGehG subsumieren. „Know-how" findet eine gesetzliche Definition in der EU-TT-[1] und in der F&E-GVO[2] als Kenntnisse, die geheim, wesentlich und identifiziert sind. Die EU-Geschäftsgeheimnis-Richtlinie[3] und das GeschGehG werden dagegen definiert als Informationen, die von wirtschaftlichem Wert sind und die durch angemessene Geheimhaltungsmaßnahmen geschützt werden, ohne dass es ein Tatbestandsmerkmal „identifiziert" gibt, also ohne dass das Geschäftsgeheimnis als Schutzvoraussetzung konkret benannt werden muss.

3. Die Anwendbarkeit des GeschGehG ist gegenüber anderen gesetzlichen Regelungen abzugrenzen, wie zum Beispiel im Arbeitsrecht die Kommunikation zwischen Arbeitnehmer und Arbeitnehmervertreter, im Handelsvertreterrecht die Regelungen in §§ 90, 90 a HGB (Geschäfts- und Betriebsgeheimnis; Wettbewerbsverbot), im Datenschutzrecht, berufsrechtlicher und strafrechtlicher Schutz, zum Beispiel § 203 StGB (Verletzung von Privatgeheimnisse) oder die Meinungs- und Pressefreiheit, vgl. § 5 GeschGehG.

4. Hinzuweisen ist auf die am 16.12.2019 in Kraft getretene und bis Ende 2021 umzusetzende Whistleblower-Richtlinie[4] der EU, die denjenigen schützt, der hinreichenden Grund zu der Annahme hat, dass die Information über Verstöße zum Zeitpunkt der Meldung der Wahrheit entspricht und der Anwendungsbereich der Richtlinie erfüllt ist, Art. 6 Abs. 1 lit. a der Richtlinie.

5. Das Erfordernis von im Einzelfall angemessenen Schutzvorkehrungen zum Schutz des Geschäftsgeheimnisses, § 2 Nr. 1 lit. b GeschGehG, hat auch eine Warnfunktion für den Geheimnisinhaber, dass er aktiv werden muss, um einen gesetzlichen Schutz seines Geschäftsgeheimnisses zu erzielen.

6. Die Beweislast für die Verletzung eines Geschäftsgeheimnisses trägt der Geschäftsgeheimnisinhaber, allerdings mit der Einschränkung: Der Verletzer trägt die Beweislast für den Fall eines unverhältnismäßig großen Nachteils für den Verletzer bei Beseitigung und Unterlassung bzw. bei Vernichtung und Herausgabe, also bei den Ansprüchen des Geheimnisinhabers nach §§ 6 und 7 GeschGehG, vgl. § 11 Abs. 1 GeschGehG.

7. § 14 GeschGehG setzt ein Missbrauchsverbot als Grenze für die Geltendmachung von Ansprüchen nach dem Geschäftsgeheimnisgesetz durch den Geheimnisinhaber, das die Geltendmachung von Ansprüchen nach diesem Gesetz für diesen Fall unzulässig macht.

---

[1] EU-Technologie-Transfer-VO, 316/2014.

[2] VO (EU), Nr. 1217/2010.

[3] RL (EU), 2016/943.

[4] RL (EU), 2019/1937.

2 Anwendbarkeit des Rechts der Allgemeinen Geschäftsbedingungen im BGB?

1. Nach § 307 Abs. 3 Satz 2 i. V. m. § 305 Abs. 1 Satz 3 BGB sind preis- und leistungsbezogene Elemente von einer Anwendung der gesetzlichen Regelungen zu Geschäftsbedingungen ausgenommen.[5] Deshalb sind das Geschäftsgeheimnis selbst und dessen Weitergabe als leistungsbezogene Elemente nicht Gegenstand einer AGB-rechtlichen Inhaltskontrolle. Folge ist, dass eine vertragliche Erweiterung des Schutzes eines Geschäftsgeheimnisses in einer Vertraulichkeitsvereinbarung möglich und von einer Inhaltskontrolle ausgenommen ist.

2. Für eine Prüfung, ob Regelungen in einer Geheimhaltungsvereinbarung eine „unangemessene Benachteiligung" im Sinne von § 307 Abs. 2 BGB darstellen, kann Anknüpfungspunkt der „Grundgedanke der gesetzlichen Regelung" sein, der nunmehr im GeschGehG ausformuliert ist. Dies betrifft insbesondere ein vertraglich gewolltes Verbot des gemäß GeschGehG erlaubten Reverse Engineering in § 3 Abs. 1 Nr. 2, Abs. 2 GeschGehG."

2.1 Erlaubte Handlungen bei Geschäftsgeheimnissen Dritter nach § 3 GeschGehG

1. Soweit eine „Information" im Sinne des GeschGehG auf einer eigenständigen Entwicklung oder Schöpfung unabhängig von einem Geschäftsgeheimnis eines Dritten beruht, liegt keine Verletzungshandlung vor.

2. Ein Reverse Engineering des Inhalts eines Geschäftsgeheimnisses ist gesetzlich erlaubt, soweit kein Verstoß gegen eine vertragliche Verpflichtung zur Beschränkung der Nutzung vorliegt. Eine solche Beschränkung der Nutzung könnte Gegenstand von Lizenzbedingungen und/oder einer Geheimhaltungsvereinbarung sein. Eine Abbedingung dieses Rechts kann deshalb eine kartell- und AGB-rechtliche Prüfung erfordern.

3. Geschäftsgeheimnis ist nicht, was öffentlich vorbekannt oder beim Empfänger nachweisbar bereits bekannt war.

4. Soweit eine Weitergabe im Rahmen einer Wahrnehmung von Arbeitnehmerrechten, zum Beispiel anlässlich der Mitbestimmung oder Kommunikation mit dem Betriebsrat, erfolgt, können Sonderregelungen gelten.

5. Keine Verletzung liegt ebenfalls vor, wenn eine gesetzliche Regelung oder ein Rechtsgeschäft eine Nutzung erlaubt.

---

[5] *Grüneberg*, in: Palandt, BGB, § 307 Rn. 41 und 44.

2.2 Handlungsverbote gemäß § 4 GeschGehG

1. Geschäftsgeheimnisse dürfen nicht durch einen unbefugten Zugang zu oder durch deren unbefugte Aneignung erlangt werden oder durch ein Verhalten des Empfängers, das „gegen Treu und Glauben unter Berücksichtigung der anständigen Marktgepflogenheiten" verstößt. Hinweise auf das, was Verstöße gegen „anständige Marktgepflogenheiten" sind, gibt die EU Geschäftsgeheimnis-Richtlinie selbst in ErwG 17, wo Verhaltensweisen wie „Produktpiraterie" und „sklavische Nachahmung" genannt werden.[6]
2. Nicht genutzt oder offengelegt werden dürfen Geschäftsgeheimnisse, soweit sie durch einen unbefugten Zugang bzw. Aneignung erlangt wurden oder soweit ein Verstoß gegen vertragliche Pflichten zur Beschränkung der Nutzung vorliegt (zum Beispiel in einer Vertraulichkeitsvereinbarung) oder ein Verstoß gegen eine vertragliche Geheimhaltungsverpflichtung besteht.
3. Ebenfalls darf derjenige das Geschäftsgeheimnis eines Dritten nicht nutzen, der von der Verletzung des Geschäftsgeheimnisses des Dritten Kenntnis hat, ebenso wie derjenige dies nicht offenlegen darf (Grundsatz: Der Hehler ist so schlimm wie der Stehler).

2.3 Ausnahmen vom Geschäftsgeheimnisschutz nach § 5 GeschGehG

Eine Erlangung, Nutzung oder Offenlegung eines Geschäftsgeheimnisses fällt nicht unter die Handlungsverbote nach § 4 GeschGehG, wenn dies

1. im Rahmen der Meinungs- und Pressefreiheit erfolgt;
2. bei Aufdeckung einer rechtswidrigen Handlung, zum Beispiel Whistleblowing im Sinne der EU-Whistleblower-Richtlinie, geschieht;
3. für Arbeitnehmer gegenüber Arbeitnehmervertretern, soweit dies für die Wahrnehmung von Arbeitnehmerrechten erforderlich ist.
4. Diese gesetzlichen Ausnahmen sind nicht abschließend, weil der Gesetzgeber in § 5 Abs. 1 GeschGehG am Ende diesen Ausnahmen ein „insbesondere" vorangestellt hat.

2.4 Ansprüche bei Rechtsverletzungen

1. Die Ansprüche des Verletzten sind weitgehend an die Ansprüche der Verletzten in weiteren Gesetzen des gewerblichen Rechtsschutzes und des Urheberrechts angepasst.
2. Soweit sich Regelungslücken im GeschGehG ergeben, kann ergänzend auf §§ 823, 1004 BGB zurückgegriffen werden.
3. In Stichworten hat der Geheimnisinhaber potenziell Ansprüche auf
   - Beseitigung und Unterlassung, § 6 GeschGehG;

---

[6] *Köhler/Bornkamm/Feddersen*, UWG, § 4 Rn. 33.

- Vernichtung, Herausgabe, Rückruf, Entfernung und Rücknahme vom Markt, § 7 GeschGehG;

- Auskunft und Schadensersatz bei Verletzung der Auskunftspflicht, § 8 GeschGehG; sowie

- aus einer Haftung des Rechteverletzers auf Schadensersatz auch unter Berücksichtigung des Gewinns sowie Schäden, die nicht Vermögensschäden sind.

4. Auch der Inhaber eines Unternehmens oder ein Dritter, die von einem Geschäftsgeheimnis Gebrauch machen, haften, wenn dies in Kenntnis des Verstoßes gegen Handlungsverbote bzw. vertragliche Nutzungsbeschränkungen erfolgt.

3 Das GeschGehG in der betrieblichen Umsetzung

1. Das GeschGehG kann eine qualifizierte Geheimhaltungsvereinbarung nicht ersetzen, die zwischen Unternehmen anlässlich eines Zugangs zu und einer Nutzung von Geschäftsgeheimnissen zu treffen ist. Einerseits kann der Schutzgegenstand einer Vertraulichkeitsvereinbarung weiter sein als das Geschäftsgeheimnis in den Grenzen der gesetzlichen Definition; andererseits sind hier der Umfang der Nutzung bzw. auch deren Grenzen zu regeln, damit das Geschäftsgeheimnis nur für den vertraglichen Zweck und nicht für andere Zwecke des Geheimnisnehmers genutzt wird.

2. Geschäftsgeheimnis ist nur, was Gegenstand von angemessenen Geheimhaltungsmaßnahmen ist. Durch organisatorische und technische Sicherungen können Vorkehrungen getroffen werden. Beispiele solcher Sicherungen können betreffen

- die Verwendung von Microsoft Office 365, Stichworte hierzu: Auftragsverarbeitung; Datenverwendung für eigene Zwecke bei MS; Cloud und Privacy Shield; individuelle Datenschutzeinstellungen; hierzu z.B.;[7]

- eine Kennzeichnung oder ein elektronisches Wasserzeichen von (elektronischen) Dokumenten;

- Zugangs- und Zugriffsregelungen, insbesondere auch bei Remote-Zugriffen Dritter;

- die Prüfung von Wartungs- und Pflegeverträgen mit Dritten, zum Beispiel zur IT auf Schutzlücken;

---

[7] https://activemind.de/magazin/datenschutz-ms-office.

- die Verschlüsselung beispielsweise auch durch Nutzung einer Block-chain;

- IT-Sicherheits-Software speziell gegen Hacking;

- die Regelung zur elektronischen Versendung von Geschäftsgeheim-nissen;

- die Regelung, wie eine elektronische Versendung erfolgen soll, also Verschlüsselung;

- eine Schulung von Mitarbeitern zu erforderlichen Sicherheitsmaß-nahmen, weil der Mensch der größte Risikofaktor bleibt.

- Bei einer Public Cloud ist an die Zugriffsmöglichkeiten von zum Bei-spiel Geheimdiensten denken.

3. Für die Ausnahmen vom Geheimnisschutz kann entweder auf das Ge-setz verwiesen oder eine weiter einschränkende Regelung in die Ver-traulichkeitsvereinbarung aufgenommen werden. Dies betrifft insbe-sondere einen Ausschluss des Reverse Engineering. Ist dies vertraglich möglich?

- Der Gesetzgeber wollte dem Geheimnisinhaber keine exklusive Rechtsposition im Sinne eines Monopolrechts an der geheimen In-formation geben wie auch der ErwG 16 der EU-Geheimnisschutz-Richtlinie festhält, sondern primär auch zivilrechtliche Abwehr-rechte[8] bereitstellen.[9]

- § 3 Abs. 1 lit. b GeschGehG sieht aber als Bedingung für erlaubtes Reverse Engineering auch vor, dass der Untersuchende ein rechtmä-ßiger Besitzer des Produkts ist und keine Regelung seine Nutzung so beschränkt, dass ein Reverse Engineering diese vertragliche Ver-pflichtung verletzt. Eine solche Nutzungsbeschränkung könnte aber in einem NDA vereinbart werden, soweit dies nicht mit anderen ge-setzlichen Anforderungen außerhalb des Geschäftsgeheimnisgeset-zes kollidiert.[10]

- Dennoch bleibt an dieser Stelle das Erfordernis einer kartell- und AGB-rechtlichen Prüfung anhand der EU-Technologietransfer-GVO, der EU-GVO zu vertikalen Vereinbarungen,[11] der EU-F&E-GVO, an-hand ArtT. 101 ff. AEUV sowie §§ 1 und 2 GWB.

---

[8] BT-Drs. 18/2742, S. 25, dort § 3; *Köhler/Bornkamm/Feddersen*, UWG, Vor § 1 Rn. 73.

[9] *Köhler/Bornkamm/Feddersen*, UWG, § 3 Rn. 25.

[10] *Köhler/Bornkamm/Feddersen*, UWG, § 3 Rn. 38.

[11] VO (EU), 330/2016.

- Schließlich ist zu fragen, ob eine unangemessene Benachteiligung wegen eines Verstoßes gegen den Grundgedanken der gesetzlichen Regelung, § 307 Abs. 2 BGB, bzw. eine unangemessene Benachteiligung aus Verstoß gegen Gebote von Treu und Glauben, § 307 Abs. 1 BGB, vorliegt. An dieser Stelle kann man an das Argument denken, dass das GeschGehG im Gegensatz zum Urheberrecht für eine Decompilierung von Software in §§ 69g Abs. 2, 69e UrhG keine Regelung beinhaltet, dass ein solcher Ausschluss zur Nichtigkeit des vertraglichen Verbots führt.

- Erforderlich ist eine zeitliche Begrenzung vertraglicher Beschränkungen im Hinblick auf die Geheimhaltungsverpflichtung bis zu einer öffentlichen Verfügbarkeit des Gegenstands des Geschäftsgeheimnisses, weil ab diesem Zeitpunkt die Erlangung der bisher geheimen Information ausdrücklich erlaubt ist, § 3 Abs. 1 Nr. 2 lit. a GeschGehG,

- Für den Fall einer Beendigung der Geheimhaltungsvereinbarung sollte daran gedacht werden, dass auch nachvertraglich das Verbot eines Reverse Engineering bis zu einer öffentlichen Verfügbarkeit des Gegenstands des Geschäftsgeheimnisses vereinbart werden kann.

4. Vertraglich sollte der Nutzungsumfang des Geschäftsgeheimnisempfängers klar spezifiziert sein, zum Beispiel „ausschließlich für" und „nicht für andere eigene oder Zwecke Dritter".

5. Eine Einzelfallprüfung sollte im Hinblick auf die Ausnahmen vom Geschäftsgeheimnisschutz vorgenommen werden, also Arbeitnehmerrechte, Handelsvertreterrecht, Datenschutz, Whistleblowing, Berufsgeheimnisschutz oder andere im Einzelfall auf den Sachverhalt anwendbare Gesetze.

6. Die Vertragsgestaltung ist an den Zweck des Vertrags anzupassen, ob es sich also zum Beispiel um einen Vorvertrag handelt, einen Entwicklungs-/Herstellungsvertrag, eine Produktionsvereinbarung anlässlich eines Unternehmenskaufs, eines Audits oder eine F&E-Kooperation.

7. Die Vereinbarung einer strafbewehrten Vertragsstrafeklausel kann ein effektiver Schutz zur Durchsetzung des Geschäftsgeheimnisses sein.

Literatur

Köhler, Helmut/Bornkamm, Joachim/Feddersen, Jörn: UWG, 38. Aufl., München 2020.

Palandt, Otto (Begr.): BGB, 79. Aufl., München 2020.

UPDATE IMMATERIALGÜTERRECHT

Dr. Volker Schumacher,
FA für gewerblichen Rechtsschutz/
FA für Internationales Wirtschaftsrecht

Rechtsanwälte Lindenau Prior & Partner GbR
schumacher@lindenau-prior.de

Zusammenfassung

Im nachfolgenden Beitrag berichtet der Autor über neuere Entwicklungen im Internet und Immaterialgüterrecht aus dem letzten Jahr.

Zunächst wird eine neue Entscheidung des Bundesgerichtshofs zur Verwendung fremden Markennamen durch Online-Plattformen vorgestellt. Der Bundesgerichtshof entwickelt in der Ortlieb II-Entscheidung seine bisherige Rechtsprechung fort. Zudem gibt es eine interessante Entscheidung des Europäischen Gerichtshofs zur Haftung von Amazon für Markenverletzungen im Rahmen des Marketplace-Programms (hierzu 1.).

Danach ist auf zwei wegweisende Entscheidungen des Bundesverfassungsgerichts zum „Recht auf Vergessen" sowie auf weitere höchstrichterliche Entscheidungen, die das Persönlichkeitsrecht betreffen, hinzuweisen (hierzu 2.).

Anschließend ist auf missbräuchliche Abmahnungen einzugehen und über die geplanten Regelungen aus dem „Gesetz zur Förderung des fairen Wettbewerbs" sowie eine Entscheidung des BGH zur missbräuchlichen Abmahnung aus Markenrechten zu informieren (hierzu 3.).

1   Markenrecht

1.1   Bundesgerichtshof: Ortlieb II-Entscheidung

Unternehmen nutzen fremde Marken bei verschiedenen Werbeformen im Internet gern als Vorspann für die eigenen Produkte. Solche Werbung ist rechtlich gesehen nicht unproblematisch. Probleme zeigen sich gerade bei Handels-Plattformen wie beispielsweise Amazon. Der Bundesgerichtshof hat mit seiner Entscheidung „Ortlieb II" seine Rechtsprechung zur Verwendung von fremden Marken als Keywords in Online-Plattformen fortgeführt.[1]

Generell wendet der Bundesgerichtshof die Grundsätze der Keyword-Werbung auch auf Suchfunktionen bei Online-Handelsplattformen an.[2] Dabei lässt sich die hierzu ergangene Rechtsprechung wie folgt zusammenfassen: Bei einer Internet-Suchfunktion ist eine Werbung mit einer fremden

---

[1]   BGH, Urt. v. 25.7.2019 – I ZR 29/18, K&R 2019, 656 – Ortlieb II; *Meyer/Rempe*, K&R 2020, S. 267 (268 f.).

[2]   So BGH, Urt. v. 15.2.2018 – I ZR 201/16, MMR 2018, 673 – goFit, m. Anm. *Hoeren*; BGH, Urt. v. 15.2.2018 – I ZR 138/16, MMR 2018, 667 – Ortlieb, m. Anm. *Hoeren*; zu den Entscheidungen: *Meyer/Rempe* K&R 2019, S. 221 (223).

Marke dann zulässig, wenn der Nutzer erkennen kann, von wem die geschaltete Anzeige oder das beworbene Produkt stammt – vom Markenhersteller oder einem Dritten.

Diesen Grundsatz hat der Bundesgerichtshof nun in der Ortlieb II-Entscheidung für einen weiteren Sachverhalt konkretisiert.[3] Kläger war abermals der fränkische Taschenhersteller Ortlieb, der sich durch Amazon in seinen Markenrechten verletzt sah. Ortlieb hatte bereits zuvor gegen Amazon geklagt. Im Sachverhalt der Ortlieb I-Entscheidung wandte sich der Taschenhersteller dagegen, dass Amazon bei einer Suche nach dem Begriff „Ortlieb" in der Trefferliste auch Produkte anderer Hersteller anzeigte.[4] In diesem Verfahren blieb Ortlieb erfolglos. Der Bundesgerichtshof verwies die Sache zwar an das Oberlandesgericht München zurück; das Gericht machte dabei aber deutlich, dass die Amazon-Nutzer seiner Meinung nach in der Trefferliste ohne weiteres erkennen könnten, von welchem Hersteller die Produkte stammten.[5] Damit bestehe keine Verwechslungsgefahr und somit auch keine Markenverletzung. Das Oberlandesgericht München hat nunmehr die Klage des Taschenherstellers Ortlieb abgewiesen.[6]

Bei dem Sachverhalt der Ortlieb II-Entscheidung ging es darum, dass Amazon die Marke „Ortlieb" unmittelbar als Keyword für eine eigene Ad-Word-Anzeige bei Google nutzte.[7] Klickte der Nutzer den Link der AdWord Anzeige, gelangte er zu Angebotslisten bei Amazon. Auf diesen Listen zeigte Amazon neben den Ortlieb-Produkten auch Waren anderer Taschenhersteller. Das hielt der Bundesgerichtshof für unzulässig.

Entscheidend war für ihn abermals der Eindruck der Nutzer. Der Nutzer erwarte bei einer AdWord Anzeige mit dem Markennamen Ortlieb auch gerade Angebote dieses Herstellers und nicht Konkurrenzprodukte. Konsequent ist, dass der Bundesgerichtshof auch hier wieder auf den Eindruck der Nutzer abstellt. Allerdings zeigt die Entscheidung, dass sich kaum pauschale Aussagen dazu treffen lassen, welche Erwartung ein Nutzer haben wird. Es ist schwer vorherzusagen, in welcher Konstellation ein Nutzer ausschließlich Produkte des Markeninhabers erwartet. Im Zweifel hat der Werbende das Risiko, eine fremde Marke zu verletzen, wenn er die fremde

---

[3] 3GH, Urt. v. 25.7.2019 – I ZR 29/18, K&R 2019, 656 – Ortlieb II; *Meyer/Rempe*, K&R 2020, S. 267 (268 f.).

[4] BGH, Urt. v. 15.2.2018 – I ZR 138/16, MMR 2018, 667 – Ortlieb, m. Anm. *Hoeren*.

[5] BGH, Urt. v. 15.2.2018 – I ZR 138/16, MMR 2018, 667 – Ortlieb, m. Anm. *Hoeren*.

[6] So eine Meldung bei Beck online, https://beck-online.beck.de/Dokument?v path=bibdata %2Fzeits%2Fmmraktuell%2F2019%2F417960.htm&pos=1&hlwords=on (abgerufen am 26.6.2020).

[7] EGH, Urt. v. 25.7.2019 – I ZR 29/18, K&R 2019, 656 – Ortlieb II; *Meyer/Rempe*, K&R 2020, S. 267 (268 f.).

Marke in irgendeiner Form dazu nutzt, auch Produkte anderer Hersteller zu präsentieren.

1.2 Europäischer Gerichtshof: Amazon Marketplace

Im letzten Jahr hat der Europäische Gerichtshof ebenfalls eine interessante markenrechtliche Entscheidung zu einem Amazon-Sachverhalt erlassen.[8] Der Kosmetik-Konzern Coty hatte vier Unternehmen des Amazon-Konzerns auf Unterlassung und Schadensersatz verklagt. Hintergrund war folgender: Die Coty Germany GmbH ist Lizenznehmer der Rechte an der Marke „Davidoff", die sie weiter an ihre Abnehmer lizenziert. Einer ihrer Abnehmer vertrieb das Parfüm „Davidoff Hot Water" lizenzvertragswidrig auf der Amazon-Marketplace-Plattform.

Coty meinte, dass auch Amazon ebenfalls Markenrechte verletze, indem es das lizenzvertragswidrig verkaufte Parfum lagere und versende. Amazon selbst hatte von der Markenrechtsverletzung zwar keine Kenntnis. Allerdings ermöglicht Amazon Drittanbietern, ihre Produkte in Amazon-Logistikzentren zu lagern. Zudem verpackt und versendet Amazon die Waren im Auftrag dieser Anbieter.

Zu klären war die Frage, ob Amazon hierdurch selbst Rechte der „Davidoff" Unionsmarke verletzte. Nach Art. 9 Abs. 3 lit. b UMV kann der Markeninhaber Dritten verbieten, *„unter dem Zeichen Waren anzubieten, in Verkehr zu bringen oder zu den genannten Zwecken zu besitzen."* Problematisch war, ob Amazon als Lagerhalter selbst als „Besitzer" im Sinne dieser Norm anzusehen ist; denn in der vorliegenden Konstellation hatte Amazon selbst keine Kenntnis von der Markenverletzung; Amazon besaß die Ware auch nicht, um sie selbst zu vertreiben. Allein der Drittanbieter vertrieb die Ware markenrechtswidrig. Der Bundesgerichtshof hatte dem Europäischen Gerichtshof diese Frage zur Vorabentscheidung vorgelegt.[9]

Der EuGH verneinte die Frage.[10] Amazon verletze die Markenrechte nur dann, wenn es wie ein Verkäufer den Zweck verfolge, die Waren zum Verkauf anzubieten oder in den Verkehr zu bringen. Aus der Vorlage des Bundesgerichtshofs ergebe sich aber, dass allein der Dritte dieses Ziel verfolge. Demnach hätten die Amazon-Unternehmen die Marke „Davidoff" nicht selbst im Sinne der Unionsmarken-Verordnung benutzt.

---

[8] EuGH, Urt. v. 2.4.2020 – C-567/18 (Coty Germany GmbH/Amazon Services Europe Sàrl u.a.), K&R 2020, 358 m. Anm. *Klett/Mikyska*.

[9] BGH, Beschl. v. 26.7.2018 – I ZR 20/17, K&R 2018, 640 – Davidoff Hot Water III.

[10] EuGH, Urt. v. 2.4.2020 – C-567/18 (Coty Germany GmbH/Amazon Services Europe Sàrl u.a.), K&R 2020, 358 m. Anm. *Klett/Mikyska*.

Der Europäische Gerichtshof wies allerdings darauf hin, dass die der Amazon-Unternehmen abseits der konkreten Vorlagefrage möglicherweise unter dem Gesichtspunkt der Hostprovider-Haftung verantwortlich sein können. Diese Haftung ergebe sich eventuell aus Art. 14 der Richtlinie über den elektronischen Geschäftsverkehr 2000/31 EG und Art. 11 Satz 1 der Richtlinie zur Durchsetzung der Rechte des geistigen Eigentums 2004/48/EG.[11] Diese Regelungen gestatteten es, gegen einen Mittler vorzugehen, der es einem anderen Wirtschaftsteilnehmer ermögliche, eine Marke rechtswidrig zu benutzen.

Die Entscheidung des Europäischen Gerichtshofs liegt auf einer Linie mit der Rechtsprechung des Bundesgerichtshofs.[12] Hiernach liegt eine Schutzrechtsverletzung nur dann vor, wenn der Lagerhalter oder der Spediteur die markenverletzende Ware besitzt, um sie selbst anzubieten oder in Verkehr zu bringen.

Gleichwohl ist die Entscheidung kein Persilschein für Amazon. Als Betreiberin des Amazon Marketplace spielt sie eine aktive Rolle beim Anbieten und Vertreiben der Produkte. Das Programm „Amazon-Marketplace" bindet die Amazon-Unternehmen in nennenswertem Umfang in den Produktvertrieb ein, etwa durch Werbung, Etikettierung, Kundendienst.[13] Dies kann zu verschärften Kontrollpflichten hinsichtlich der Verletzung von Immaterialrechtsgütern führen.[14]

Diese Kontrollpflichten greifen jedenfalls dann ein, wenn Amazon die Rechtsverletzung problemlos feststellen kann. Nach Meinung des Bundesgerichtshofs ist dies in dem Sachverhalt, der dem Vorlagebeschluss zugrunde liegt, indes nicht der Fall. Es sei hier für Amazon unzumutbar, die schwierige Frage der Erschöpfung der Rechte von Coty festzustellen.[15]

2 Persönlichkeitsrecht

Im letzten Jahr hat es einige bemerkenswerte Entscheidungen gegeben, die das Persönlichkeitsrecht im Kontext von Internet-Sachverhalten betreffen.

---

[11] EuGH, Urt. v. 2.4.2020 – C-567/18 (Coty Germany GmbH/Amazon Services Europe Sàrl u.a.), K&R 2020, 358 (362) m. Anm. *Klett/Mikyska*; hierzu EuGH 12.7.2011 – C-324/09 (L' Oréal/eBay u.a.), K&R 2010, 320.

[12] Für das Patentrecht bspw. BGH, Urt. v. 17.9.2009 – Xa ZR 2/08, GRUR 2009, 1142 (Rn. 25) – MP3-Player-Import m. Anm. *Gärtner*.

[13] Generalanwalt beim EuGH, Schlussantrag v. 28.11.2019 – C-567/18, BeckRS 2019, 2955 (Rn. 57).

[14] BGH, Urt. v. 16. 5. 2013 – I ZR 216/11, GRUR 2013, 1229 (Rn. 37, 48) – Kinderhochstühle im Internet II.

[15] BGH, Beschl. v. 26.7.2018 – I ZR 20/17, K&R 2018, 640 – Davidoff Hot Water III.

Insbesondere hat das Bundesverfassungsgericht im letzten Jahr zwei wegweisende Entscheidungen zum sogenannten „Recht auf Vergessen" erlassen (wobei der Begriff „Recht auf Vergessenwerden" den Kern des Rechts besser trifft).[16] Durch diese Entscheidungen sowie zwei weitere Entscheidungen des EuGH wird das Recht auf Vergessen weiter konturiert.[17]

2.1 Bundesverfassungsgericht: Recht auf Vergessen I

In der Entscheidung „Recht auf Vergessen I" ging es um eine Klage gegen das Internet-Nachrichtenmagazin Spiegel Online.[18] Der Kläger war ein verurteilter Mörder. Er versuchte, gerichtlich zu erzwingen, dass Spiegel Online drei im Internet abrufbare Artikel aus den Jahren 1982 und 1983 über den zugrunde liegenden Mordfall löscht.

Hintergrund war dabei insbesondere, dass diese Artikel ohne weiteres über Suchmaschinen auffindbar waren. Wenn ein Nutzer den Familiennamen des Klägers und Beschwerdeführers in die Suchmaschine eingab, zeigten die Suchmaschinen die Artikel aus den Jahren 1982/1983 als erste Treffer an.

Nachdem die Vorinstanzen der Klage zunächst stattgaben, wies der Bundesgerichtshof die Klage im Jahr 2012 ab und hob die Urteile der Vorinstanzen mit der so genannten „Apollonia Prozess"-Entscheidung auf.[19] Hiergegen ging der Kläger mit seiner Verfassungsbeschwerde vor. Das Bundesverfassungsgericht gab seiner Verfassungsbeschwerde statt.[20] Der Bundesgerichtshof muss nun in der Sache neu entscheiden.

Das Bundesverfassungsgericht ging davon aus, dass die Persönlichkeitsrechte des Klägers die Pressefreiheit des Verlags überwiegen.[21] Zwar dürfe der Verlag anfänglich rechtmäßig veröffentlichte Berichte grundsätzlich auch weiter online zum Abruf bereithalten. Allerdings gelte dies nicht zeitlich unbegrenzt.

---

[16] BVerfG, Beschl. v. 6.11.2019 – 1 BvR 16/13, K&R 2020, 51 – Recht auf Vergessen I; BVerfG, Beschl. v. 6.11.2019 – 1 BvR 276/17, K&R 2020, 59 – Recht auf Vergessen II m. Anm *Hirsch/Noske*; zum Ganzen *Meyer/Rempe*, K&R, 2020, S. 267 (269 f.).

[17] EuGH, Urt. v. 24.9.2019 – C 136/17 (GC u.a./Commission nationale de l'informatique et des libertés), K&R 2019, 710 ff.; EuGH, Urt. v. 24.9.2019 – C-507/17 (Google LLC als Rechtsnachfolgerin der Google Inc/Commission nationale de l'informatique et des libertés), K&R 2019, 716; zu diesen Urteilen *Meyer/Stakowski*, K&R 2019, S. 677.

[18] BVerfG, Beschl. v. 6.11.2019 – 1 BvR 16/13, K&R 2020, 51 – Recht auf Vergessen I.

[19] BGH, Urt. v. 13.11.2012 – VI ZR 330/11, K&R 2013, 110 – Apollonia Prozess.

[20] BVerfG, Beschl. v. 6.11.2019 – 1 BvR 16/13, K&R 2020, 51 (52) – Recht auf Vergessen I.

[21] BVerfG, Beschl. v. 6.11.2019 – 1 BvR 16/13, K&R 2020, 51 (55 ff.) – Recht auf Vergessen I.

Wende sich der Betroffene an den Verlag und lege seine Schutzbedürftigkeit näher dar, könnten Schutzmaßnahmen seitens des Verlags erforderlich sein. Ein Schutzanspruch ließe sich zwar nicht allein durch den Zeitablauf begründen. Jedoch komme dem Zeitablauf von hier mehr als 30 Jahren besondere Bedeutung zu.

Insbesondere sei zu würdigen, dass Informationen im Internet jederzeit und überall verfügbar sein.[22] Es sei unter den heutigen Nutzergewohnheiten wahrscheinlich, dass das Umfeld des Täters schon aus einem geringfügigen Anlass heraus den Namen des Klägers in eine Suchmaschine eingebe. Weise die Suchmaschine dann als erste Treffer auf die Berichte zu früheren Straftaten des Klägers hin, bestehe die Gefahr, dass der Kläger in seinem Umfeld vor allem als ehemaliger Straftäter wahrgenommen werde.

Zudem habe es der Bundesgerichtshof nicht ausreichend berücksichtigt, inwieweit der Spiegel Online GmbH mildere Eingriffe zumutbar seien, als die Beiträge zu entfernen.[23] Beispielsweise sei denkbar, bei einer personalisierten Suche nach dem Namen des Klägers nur eine Version des Artikels zu zeigen, in dem der Name des Klägers geschwärzt sei. Einen unveränderten Artikel mit dem Namen des Klägers könne der Verlag dann bereithalten, wenn die Nutzer nicht nach dem Namen des Klägers, sondern nach anderen Schlagworten suchten.

2.2 Bundesverfassungsgericht: Recht auf Vergessen II

Die Entscheidung „Recht auf Vergessen II" betrifft einen anderen Sachverhalt.[24] Hier begehrte die Beschwerdeführerin, dass Google einen Treffer aus der Ergebnisliste ihrer Suchmaschine entfernt.

Inhaltlich ging es bei dem Treffer um einen Link zu einem Beitrag der Nachrichtensendung „Panorama" des Norddeutschen Rundfunks. Der Beitrag hatte den Titel: „Kündigung: die fiesen Tricks der Arbeitgeber". Das Nachrichtenmagazin interviewte darin die Beschwerdeführerin als Geschäftsführerin eines Unternehmens wegen der Kündigung eines ehemaligen Mitarbeiters. Panorama warf der Beschwerdeführerin dabei einen unfairen Umgang mit dem Mitarbeiter vor. Das Oberlandesgericht Celle wies die Klage der Beschwerdeführerin auf Entfernung des Links ab.

Die Verfassungsbeschwerde gegen das Urteil des Oberlandesgerichts hielt das Bundesverfassungsgericht für unbegründet.[25] Dabei prüfte das Verfassungsgericht zum ersten Mal eine Verfassungsbeschwerde anhand

---

[22] BVerfG, Beschl. v. 6.11.2019 – 1 BvR 16/13, K&R 2020, 51 (58) – Recht auf Vergessen I.

[23] BVerfG, Beschl. v. 6.11.2019 – 1 BvR 16/13, K&R 2020, 51 (57) – Recht auf Vergessen I.

[24] BVerfG, Beschl. v. 6.11.2019 – 1 BvR 276/17, K&R 2020, 59 – Recht auf Vergessen II.

[25] BVerfG, Beschl. v. 6.11.2019 – 1 BvR 276/17, K&R 2020, 59 – Recht auf Vergessen II.

der Unionsgrundrechte.[26] Der geltend gemachte Anspruch auf Auslistung aus den Suchergebnissen richte sich nach dem unionsweit geltenden Datenschutzrecht. Die Datenverarbeitung durch Google erfolge nämlich nicht zu journalistischen Zwecken.[27] Damit greife das Medienprivileg des Art. 85 DSGVO nicht ein (anders als im Fall „Recht auf Vergessen I").[28]

Das Bundesverfassungsgericht wog sodann die Grundrechte der Beschwerdeführerin auf Achtung des Privat- und Familienlebens und auf Schutz personenbezogener Daten (Art. 7 und 8 GRCh) gegen das Recht der Suchmaschinenbetreiberin auf unternehmerischer Freiheit aus Art. 16 GRCh ab.[29]

Wie bereits in der Entscheidung „Recht auf Vergessen I" sieht das Bundesverfassungsgericht den Zeitfaktor als maßgebliches Abwägungskriterium.[30] Zum Zeitpunkt der Entscheidung des Oberlandesgerichts Celle waren nach Ausstrahlung des Beitrags sieben Jahre vergangen. Dies habe das Oberlandesgericht nach Meinung des Bundesverfassungsgerichts zutreffend als noch nicht ausreichend erachtet, damit die Grundrechtspositionen der Beschwerdeführerin überwiegen. Hierbei sei auch maßgeblich, dass wegen des Themas des Beitrags ein fortdauerndes öffentliches Interesse bestehe. Zudem sei zu berücksichtigen, dass die Beschwerdeführerin mit dem Interview selbst an die Öffentlichkeit getreten sei.

Auch diese Abwägung ist konsequent und nachvollziehbar. Fasst man die Auswirkung dieser Entscheidung für die Praxis zusammen so zeigt sich Folgendes:[31]

Rechtssichere Empfehlung für Verlage und Rechteinhaber lassen sich aus den Entscheidungen nicht ableiten. Klar ist indes: Ein Presseverlag darf anfänglich rechtmäßig veröffentlichte Berichte grundsätzlich auch weiterhin in ein Online-Archiv einstellen.

---

[26] BVerfG, Beschl. v. 6.11.2019 – 1 BvR 276/17, K&R 2020, 59 (60 f.) – Recht auf Vergessen II.

[27] Grundlegend EuGH, Urt. v. 13.5.2014, C-131/12, K&R 2014, 502 – Google Spain.

[28] BVerfG, Beschl. v. 6.11.2019 – 1 BvR 276/17, K&R 2020, 59 (61 f.) – Recht auf Vergessen II.

[29] BVerfG, Beschl. v. 6.11.2019 – 1 BvR 276/17, K&R 2020, 59, (61 ff.) – Recht auf Vergessen II; zum Zeitfaktor als entscheidendes Kriterium auch EuGH, Urt. v. 24.9.2019 – C 136/17 (GC u.a./Commission nationale de l'informatique et des libertés), K&R 2019, 710 (715 Rn. 77 f.), wobei der EuGH insbesondere betont, dass Suchmaschinen spätestens ab dem Antrag auf Auslistung ihre Ergebnisliste so auszugestalten haben, dass aktuelle Berichte vorrangig angezeigt werden; zum Ganzen *Meyer/Stakowski*, K&R 2019, S. 677 (678 f.); zur Haftung von Suchmaschinen als „mittelbare Störer" *Volkmann*, K&R 2020, S. 418 (419 f.).

[30] BVerfG, Beschl. v. 6.11.2019 – 1 BvR 276/17, K&R 2020, 59 (63) – Recht auf Vergessen II m. Anm. *Hirsch/Noske*, K&R 2020, S. 64 (65).

[31] Zu den folgenden Praxishinweisen *Hirsch/Noske*, K&R 2020, S. 64 (65).

Das Bundesverfassungsgericht erkennt aber an, dass Schutzmaßnahmen zugunsten des Betroffenen erforderlich sein können, da im Internet veröffentlichte Beiträge eine erhebliche Breitenwirkung haben. Sie sind jederzeit abrufbar; durch Suchmaschinen können sie von jedermann auf einfache Weise gefunden werden.

Schutzmaßnahmen sind indes überhaupt erst dann geboten, wenn der Betroffene sich meldet.

Ein maßgebliches Kriterium dafür, dass der Verlag solche Schutzmaßnahmen vorsehen muss, ist der Zeitablauf zwischen der ersten Veröffentlichung und der Entscheidung über die Schutzmaßnahmen.

2.3 Bundesverfassungsgericht: Keine Persönlichkeitsverletzung bei Nennung in Online-Archiv

Das Bundesverfassungsgericht hatte bereits Gelegenheit, die Entscheidungsgründe seiner „Recht auf Vergessen I"-Entscheidung zu konkretisieren. In einem Beschluss vom Februar diesen Jahres musste sich das Gericht erneut mit der Namensnennung in Presseartikeln beschäftigen, die nunmehr in Online-Archiven zum Abruf bereit gehalten werden.[32] Der Fall wies dabei einige Besonderheiten auf:[33] Kläger war ein Rechtsanwalt, der verhindern wollte, dass ein Verlag einen Presseartikel aus dem Jahr 1978 im Internet zum Abruf bereithielt. In diesem Artikel war zutreffend angegeben, dass der klagende Rechtsanwalt der Sohn eines ehemaligen Oberbürgermeisters einer süddeutschen Großstadt war. Der Beitrag war über Suchmaschinen auffindbar; allerdings erschien er bei Google erst an 45. Stelle der Ergebnisliste.

Das Bundesverfassungsgericht wies die Verfassungsbeschwerde zurück.[34] Das Landgericht Hamburg und das Hanseatische Oberlandesgericht hätten die Grundrechte des Klägers nicht verletzt, indem sie die Unterlassungsklage zurückgewiesen haben. Interessant an der Entscheidung ist bereits, dass das Bundesverfassungsgericht erneut zwischen zwei Rechtsgrundlagen trennt:[35] Einmal das Recht auf informationelle Selbstbestimmung, das vor den spezifischen Gefährdungen von Datensammlungen und Datenverknüpfungen schützen soll. Daneben steht die äußerungsrechtliche Schutzdimension des allgemeinen Persönlichkeitsrechts, die vor „Mitteilungen

---

[32] BVerfG, Beschl. v. 25.2.2020 – 1 BvR 1282/17, K&R 2020, 432 m. Anm. *Mann.*

[33] BVerfG, Beschl. v. 25.2.2020 – 1 BvR 1282/17, K&R 2020, 432 (432 f.) m. Anm. *Mann.*

[34] BVerfG, Beschl. v. 25.2.2020 – 1 BvR 1282/17, K&R 2020, 432 m. Anm. *Mann.*

[35] BVerfG, Beschl. v. 25.2.2020 – 1 BvR 1282/17, K&R 2020, 432 (432 f.) m. Anm. *Mann.*

personenbezogener Informationen im öffentlichen Kommunikationsprozess" schützen soll.[36] Letztere Ausprägung des allgemeinen Persönlichkeitsrechts war hier betroffen.

Im Rahmen der Abwägung weist das Bundesverfassungsgericht zunächst darauf hin, dass ein wesentlicher Faktor sei, ob der Bericht ursprünglich zulässig gewesen sei.[37] Denn dann seien die etablierten Grundsätze der Rechtsprechung anwendbar: Wahre Berichterstattung aus der Sozialsphäre ist grundsätzlich zulässig. Es bestehe gerade kein Anspruch aus dem Allgemeinen Persönlichkeitsrecht, so dargestellt zu werden, wie es den eigenen Wünschen und Vorstellungen entspräche.

Die Instanzgerichte hätte diese Frage indes zutreffend offen gelassen.[38] Für die Abwägung seien nämlich zudem der Zeitablauf der Erstveröffentlichung und die Schwere der Beeinträchtigung durch die dauernde Verfügbarkeit des Artikels in die Abwägung einzustellen. Dabei sei vorliegend vor allem wesentlich, dass der angegriffene Artikel erst an hintere Stelle in der Google Trefferliste erscheine. Damit scheide ein Überwiegen der Interessen des Klägers aus.

Diese Abwägung zeigt noch einmal, dass das Bundesverfassungsgericht die Breitenwirkung von Veröffentlichungen im Internet zu gewichten weiß. Eine Veröffentlichung einer Altmeldung ist für den Betroffenen umso weniger belastend, je weniger sie durch Suchmaschinen aufgefunden und damit re-aktualisiert werden kann.

2.4 Bundesgerichtshof: Yelp

Eine besonders erwähnenswerte Entscheidung aus dem letzten Jahr ist auch die Entscheidung des Bundesgerichtshofs zu der Bewertungsplattform Yelp.[39] Wie oft bei Bewertungsplattformen können Verbraucher Leistungen von Unternehmen wie Hotels, Restaurants und Handwerksbetrieben auch bei Yelp benoten und bewerten. Die Plattform bildet aus den eingegangenen Bewertungen dann eine Gesamtnote.

---

[36] BVerfG, Beschl. v. 25.2.2020 – 1 BvR 1282/17, K&R 2020, 432 (432 f.) m. Anm. *Mann.*; BVerfG, Beschl. v. 6.11.2019 – 1 BvR 16/13, K&R 2020, 51 (Rn. 89) – Recht auf Vergessen I.

[37] BVerfG, Beschl. v. 25.2.2020 – 1 BvR 1282/17, K&R 2020, 432 (433) m. Anm. *Mann.*

[38] BVerfG, Beschl. v.25.2.2020 – 1 BvR 1282/17, K&R 2020, 432 (433) m. Anm. *Mann.*

[39] BGH, Urt. v. 14.1.2020 – VI ZR 496/18, K&R 2020, 289 – yelp.de; hierzu auch *Volkmann*, K&R 2020, S. 418 (420 f.).

Die Betreiberin eines Fitness-Studios verklagte Yelp, weil sie mit ihrer Gesamtbewertung unzufrieden war.[40] Grundlage für die schlechte Gesamtbewertung des Fitness-Studios waren nur sehr wenige Einzelbewertungen. Eine Vielzahl von positiven Bewertung berücksichtigte die Plattform nicht.

Yelp erstellte die Bewertung jedoch nicht manuell, sondern aufgrund einer Software. Diese versucht, die angeblich hilfreichen Beträge hervorzuheben. Gleichwohl kann ein Nutzer sämtliche Bewertungen zu einem Unternehmen einsehen. Der Bundesgerichtshof entschied zu Gunsten von Yelp, nachdem das Oberlandesgericht München Yelp (anders als das zuvor befasste Landgericht München) zur Unterlassung verurteilt hatte.[41]

Die Klägerin stützte ihre angeblichen Unterlassungsansprüche unter anderem auf das Unternehmenspersönlichkeitsrecht. Der Bundesgerichtshof entschied, dass Yelp in dieses Recht und auch in das Recht am eingerichteten und ausgeübten Gewerbebetrieb im Sinne des § 823 BGB nicht rechtswidrig eingegriffen habe.[42] Yelp habe sich die Einzelbewertungen der Beiträge nicht zu Eigen gemacht; der Eingriff erfolge vielmehr reflexartig dadurch, dass Yelp die einzelnen Beiträge als „empfohlen" oder „nicht empfohlen" einstufe. Dieser reflexartige Eingriff sei indes nicht rechtswidrig. Eine Interessenabwägung ergebe, dass die Interessen von Yelp hier die Interessen des bewerteten Fitness-Studios überwögen: Der Betrieb eines Bewertungsportals sei gesellschaftlich erwünscht.[43] Das gelte auch, soweit Yelp die Nutzerbeiträge bewerte. Werturteile wie „empfohlen" oder „nicht empfohlen" seien von der Meinungsfreiheit gedeckt. Diese Interessenabwägung ist sachgerecht und nachvollziehbar.

---

[40] BGH, Urt. v. 14.1.2020 – VI ZR 496/18, K&R 2020, 289 – yelp.de.

[41] BGH, Urt. v. 14.1.2020 – VI ZR 496/18, K&R 2020, 289 – yelp.de; OLG München, Urt. v. 13.11.2018 – 18 U 1280/16, MMR-Aktuell 2018, 412099; zur Entscheidung des OLG München und des BGH: *Volkmann*, K&R 2020, S. 418 (419 f.).

[42] BGH, Urt. v. 14.1.2020 – VI ZR 496/18, K&R 2020, 289 (291 f.) – yelp.de.

[43] Hierzu auch BGH, Urt. v. 20.2.2020 – I ZR 193/18, K&R 2020, 370. Der Bundesgerichtshof hatte hier darüber zu entscheiden, ob ein Online Händler für wettbewerbswidrige Bewertungen auf der Handelsplattform Amazon hafte. Der Online-Händler hatte die Bewertungen nicht durch aktive Handlungen beeinflusst, so dass sich nur noch die Frage der Haftung wegen der Verletzung einer wettbewerblichen Handlungspflicht durch Unterlassen stellte. Der Bundesgerichtshof verneinte eine hierzu notwendige Garantenpflicht des Händlers. Unter anderem war auch hier maßgeblich, dass Kundenbewertungssysteme auf Internetplattformen gesellschaftlich erwünscht und sozialadäquat seien.

3 Verfahrensrecht - Rechtsmissbräuchliche Abmahnungen

Dem Gesetzgeber ist es mittlerweile ein Anliegen, rechtsmissbräuchliche Abmahnungen zu verhindern. Die Bundesregierung hatte hierzu am 15. Mai 2019 den Entwurf eines Gesetzes zur Stärkung des fairen Wettbewerbs vorgelegt.[44] Im Oktober letzten Jahres kam es zu diesem Gesetzesentwurf noch zu einer öffentlichen Anhörung im Ausschuss für Recht und Verbraucherschutz.[45] Das Gesetzgebungsvorhaben ist jedoch bisher wohl auch wegen der Corona-Pandemie nicht weiter fortgeschritten.

Allerdings hat es in diesem Jahr zwei interessante Entscheidungen des Bundesgerichtshofs gegeben, die sich mit dem Thema rechtsmissbräuchliche Abmahnungen befassen. Nachfolgend sind die Regelungen des Gesetzesentwurfs sowie die beiden Entscheidungen des Bundesgerichtshofs dargestellt.

3.1 Regelungen im Gesetzentwurf

In einem neu gefassten § 13 UWG soll nunmehr im Einzelnen geregelt werden, was Inhalt einer Abmahnung sein muss. Neue Regelungen zur für die mit der Abmahnung eingeforderte strafbewehrte Unterlassungserklärungen finden sich in § 13a UWG. Zudem regelt der Gesetzgeber in § 8b UWG des Entwurfs, dass rechtsmissbräuchliche Abmahnungen unzulässig sind. Bisher findet sich eine solche Regelung in § 8 Abs. 4 S. 1 UWG. Diese Regelung ist jedoch noch recht allgemein gehalten. In § 8b Abs. 2 UWG des Entwurfs finden sich nun einzelne Tatbestände, bei denen der Gesetzgeber von einer rechtsmissbräuchlichen Abmahnung ausgeht. Eine rechtsmissbräuchliche Geltendmachung von Ansprüchen liegt insbesondere dann vor, wenn

- die Abmahnung vorwiegend im Interesse ausgesprochen wird, Anwaltsgebühren zu generieren,

- eine Vielzahl gleichartiger Verstöße geltend gemacht wird, die außer Verhältnis zum eigenen Geschäftsbetrieb steht,

- der Gegenstandswert für die Abmahnung unangemessen hoch ist,

---

[44] Gesetzesentwurf abrufbar unter: https://www.bmjv.de/SharedDocs/Gesetzgebungsverfahren/Dokumente/RegE_Staerkung_faierer_Wettbewerb.pdf?__blob=publicationFile&v=2 (abgerufen am 26.6.2020).

[45] Deutscher Bundestag https://www.bundestag.de/dokumente/textarchiv/2019/kw43-pa-recht-abmahnungen-660514 (abgerufen am 26.6.2020). Der Gesetzesentwurf ist im Einzelnen stark kritisiert worden. Insbesondere die Abschaffung des im Immaterialgüter und Wettbewerbsrecht etablierten sogenannten fliegenden Gerichtsstands wird als unnötig empfunden. Zusammenfassend zur Kritik *Hohlweck*, WRP 2020, S. 266.

- überhöhte Vertragsstrafen gefordert werden,
- die vorgeschlagene Unterlassungsverpflichtung weit über die ange-mahnte Rechtsverletzung hinausgeht.

Zwar mag man Einzelheiten der Regelung kritisieren – beispielsweise ist nicht klar, wann der Gegenstand der Abmahnung „unangemessen hoch" und eine Vertragsstrafe „überhöht" sei; allerdings fasst die neue Regelung die bisherige Rechtsprechung treffend zusammen und ist in der Sache nachvollziehbar und richtig.

3.2 Bundesgerichtshof: DA VINCI

Der Bundesgerichtshof hat im Fall einer missbräuchlichen Abmahnung aus Markenrecht entschieden.[46] Die Klägerin war Inhaberin der Unions-Wort-Bildmarke „DA VINCI" und elf weiterer Deutschen und Unions-Wort- und Bildmarken, die jeweils Namen berühmter Künstler trugen.

Die Klägerin mahnte die Beklagte mit Hinweis auf die „DA VINCI"-Kla-gemarke ab, weil die Beklagte auf der Internet Handelsplattform eBay eine Salzlampe unter der Bezeichnung Davinci anbot. Die Beklagte gab eine Un-terlassungserklärung ab. Die Klägerin stellte dann fest, dass unter zwei Ar-tikelnummern bereits beendete Angebote für die Salzlampe Davinci weiter-hin auf eBay abgerufen werden konnten. Diese Angebote waren indes nur dann einsehbar, wenn ein Nutzer nach den jeweiligen Artikelnummern suchte.

Die Klägerin forderte sodann die Beklagte auf, eine Vertragsstrafe von 6.900 € zu zahlen. Die Klägerin blieb vor dem Landgericht Düsseldorf so-wie dem Oberlandesgericht Düsseldorf erfolglos. Auch die Revision der Klägerin vor dem Bundesgerichtshof scheiterte.[47]

Nach Meinung des Bundegerichtshofs widerspreche es den Grundsätzen von Treu und Glauben, wenn der Inhaber eines Kennzeichenrechts sich bei der Geltendmachung von Vertragsstrafen auf eine nur formale Rechtsstel-lung berufe.[48] Von einer missbräuchlichen Ausnutzung einer formalen Rechtsstellung sei immer dann auszugehen, wenn ein Markeninhaber a) eine Vielzahl von Marken für unterschiedliche Waren oder Dienstleis-tungen anmelde, b) hinsichtlich der in Rede stehenden Marken keinen ernsthaften Benutzungswillen habe und c) er die Marken im Wesentlichen zu dem Zweck horte, Dritte, die identische oder ähnliche Bezeichnungen

---

[46] BGH, Urt. v. 23.10.2019 – I ZR 46/19, K&R 2020, 214 – DA VINCI.

[47] BGH, Urt. v. 23.10.2019 – I ZR 46/19, K&R 2020, 214 – DA VINCI.

[48] BGH, Urt. v. 23.10.2019 – I ZR 46/19, K&R 2020, 214 (215) – DA VINCI; BGH, Urt. v. 23.11.2000 – I ZR 93/98 – Classe E.

verwenden, mit Unterlassungs- und Schadensersatzansprüchen zu überziehen.[49]

Die Entscheidung wendet die bisherige Rechtsprechung konsequent an. Markenrechte werden nicht selten missbraucht. Zwar ist es grundsätzlich erlaubt, seine Kennzeichenrechte konsequent zu verteidigen, wenn jedoch besondere Umstände, wie ein mangelnder Benutzungswille vorliegen, kann es rechtsmissbräuchlich sein, das Kennzeichenrecht geltend zu machen. Der Bundesgerichtshof zählt hier noch einmal die Umstände auf, die zeigen, wann ein solcher Missbrauch vorliegt.[50]

Wer rechtsmissbräuchlich aus Kennzeichenrechten abmahnt, muss aber unter Umständen sogar noch mit weitreichenderen Folgen rechnen: Die unbegründete Abmahnung aus Schutzrechten löst Ansprüche des Abgemahnten auf Schadensersatz wegen eines rechtswidrigen und schuldhaften Eingriffs in das Recht am eingerichteten und ausgeübten Gewerbebetrieb aus.[51]

Literatur

Hohlweck, Martin: Das Gesetz zur Stärkung des fairen Wettbewerbs – Heilmittel oder Placebo?, WRP 2020, S. 266-273.

Meyer, Sebastian/Rempe, Ansgar: Aktuelle Rechtsentwicklungen bei Suchmaschinen im Jahre 2018, K&R 2019, S. 221-228.

Meyer, Sebastian/Rempe, Ansgar: Aktuelle Rechtsentwicklungen bei Suchmaschinen im Jahre 2019, K&R 2020, S. 267-274.

Meyer, Sebastian/Stakowski, Malte: Muss Google Suchergebnisse redaktionell sortieren?, K&R 2019, S. 677-680.

Volkmann, Christian: Aktuelle Entwicklungen in der Providerhaftung im Jahr 2019, K&R 2020, S. 418-422.

---

[49] BGH, Urt. v. 23.10.2019 – I ZR 46/19, K&R 2020, 214 – DA VINCI.
[50] BGH, Urt. v. 23.10.2019 – I ZR 46/19, K&R 2020, 214 – DA VINCI.
[51] BGH, Beschl. v. 15. 7. 2005 – GSZ 1/04, NJW 2005, 3141.

SEE NO EVIL – ANGRIFFE AUF AUTONOME FAHRZEUGE UND DEREN STRAFBARKEIT

RA Stefan Hessel

reuschlaw Legal Consultants
stefan.hessel@reuschlaw.de

Dipl.-Jur. Lena Leffer/Dipl.-Jur. Karin Potel

Lehrstuhl für Rechtsinformatik, Universität des Saarlandes
lena.leffer@uni-saarland.de/karin.potel@uni-saarland.de

Zusammenfassung

Fehler bei der maschinellen Wahrnehmung des Fahrzeugumfelds führen auch beim autonomen Fahren immer wieder zu schweren Unfällen. Dabei gewinnt die maschinelle Wahrnehmung mit steigendem Grad der Automatisierung gleich wachsend an Bedeutung. Die Wahrnehmung der Umgebung kann auch durch technische Angriffe gezielt manipuliert werden. Die IT-Sicherheitsforschung hat in diesem Zusammenhang etwa auf Angriffe durch Adversarial Learning oder durch die Projektion von Verkehrszeichen aufmerksam gemacht. Nach einer technischen Einführung untersucht der vorliegende Beitrag die Strafbarkeit derartiger Angriffe.

1 Problemstellung

Derzeit ist flächendeckendes vollautomatisiertes Fahren noch ein Zukunftstraum und eine Einführung in den nächsten Jahren erscheint höchst unwahrscheinlich. Gleichwohl haben zahlreiche Fahrzeughersteller sowohl international als auch in Deutschland wesentliche Schritte in diese Richtung unternommen. So gibt es nicht nur etliche Assistenzsysteme, die dem Fahrzeugführer Aufgaben abnehmen, sondern auch eine Vielzahl von Pilotprojekten. Sowohl bei Assistenzsystemen – wie der Verkehrszeichenerkennung – als auch beim vollautomatisierten Fahren spielt Bilderkennung eine zentrale Rolle. Passieren hierbei Fehler, drohen fatale Folgen. Ein Beispiel dafür sind tödliche Verwechslungen bei Tesla[1] und Volvo.[2] Neben unbeabsichtigten Fehlern bei der Bilderkennung sind seit Jahren aber auch zahlreiche Manipulationsmöglichkeiten – wie Adversarial Learning – bei der

---

[1] Unfallbericht abrufbar unter https://www.ntsb.gov/investigations/AccidentReports/Reports/HAB2001.pdf. (abgerufen 23.6.2020).

[2] *Kunkel*, Süddeutsche Zeitung, Tödlicher Unfall, Robotaxi hatte Software-Fehler, v. 6.11. 2019, https://www.sueddeutsche.de/auto/uber-unfall-robotaxi-amerika-ursache-1.4670087 (abgerufen 23.6.2020).

Bilderkennung bekannt. Dass Dritte derartige Schwachstellen zur absichtlichen Herbeiführung von Unfällen oder anderen negativen Folgen nutzen, ist nicht unwahrscheinlich und wirft die Frage nach der Strafbarkeit derartiger Manipulationen auf.

2 Technischer Hintergrund des autonomen Fahrens

Eine rechtliche Bewertung von Angriffen auf die Bilderkennung autonomer Fahrzeuge erfordert zunächst ein technisches Grundverständnis der dabei genutzten Technologien. Von wesentlicher Bedeutung sind in diesem Zusammenhang einerseits die Stufen der Automatisierung von Fahrzeugen und andererseits die Funktionsweise von Bilderkennungssystemen. Beide werden im Folgenden in ihren Grundzügen erläutert.

2.1 Stufen der Automatisierung

Zur Einordnung und Begriffsbestimmung des autonomen Fahrens existieren verschiedene Modelle. Die Bundesanstalt für das Straßenwesen (BASt) und die National Highway Traffic Safety Administration (NHTSA) gehen dabei von vier Graden der Automatisierung aus,[3] während der Verband der Automobilindustrie e.V. (VDA) und die Society of Automotive Engineers (SAE) fünf Stufen zugrunde legen.[4] Wesentlicher Unterschied zwischen den Modellen ist, dass VDA und SAE in der fünften Stufe ein fahrerloses autonomes Fahren erfassen, während dies bei BASt und NHTSA unberücksichtigt bleibt. In diesem Beitrag wird die fünfte Stufe des autonomen Fahrens nicht näher betrachtet, da das Erreichen jener in absehbarer Zeit unwahrscheinlich erscheint. Diese Stufe setzt enorme technologische Fortschritte voraus, die ihrerseits mit gänzlich anderen Angriffsszenarien konfrontiert werden könnten. Hier werden demnach – mit steigendem Grad

---

[3] *Gasser et. al*, Berichte der Bundesanstalt für Straßenwesen, Heft F 83; *NHTSA (National Highway Traffic Safety Administration*, Preliminary Statement of Policy Concerning Automated Vehicles, v. 2013, https://www.nhtsa.gov/staticfiles/rulemaking/pdf/Automated_ Vehicles_Policy.pdf (abgerufen 23.6.2020).

[4] *SAE (Society of Automotive Engineers)*, Taxonomy and Definitions for Terms Related to Driving Automation Systems for On-Road Motor Vehicles, v. 15.6.2018, https://www.sae.org/ standards/content/j3016_201806/ (abgerufen 23.6.2020); *VDA (Verband der Automobilindustrie e.V.)*, Automatisierung – Von Fahrerassistenzsystemen zum automatisierten Fahren, v. 3.9.2015, https://www.vda.de/de/services/Publikationen/automatisierung.html (abgerufen 23.6.2020).

der Automatisierung – das assistierte, das teilautomatisierte sowie das hochautomatisierte und vollautomatisierte Fahren betrachtet.[5]

Assistiertes Fahren bedeutet in diesem Zusammenhang, dass der Fahrer dauerhaft die Quer- oder Längsführung des Fahrzeugs ausübt, während die andere Fahraufgabe in gewissen Grenzen automatisiert ausgeführt wird.[6] Beispiele für entsprechende Systeme sind Tempomaten (Cruise Control) oder Bremsassistenten (Brake Assist/Automatic Braking).[7]

Beim teilautomatisierten Fahren übernimmt das System zeitweise oder in spezifischen Situationen die Quer- und Längsführung des Fahrzeugs.[8] Der Fahrer muss das System jedoch dauerhaft überwachen und jederzeit zur Übernahme der Fahrzeugführung in der Lage sein.[9] Ein Praxisbeispiel dafür sind Stauassistenten. Diese kombinieren die Funktionsweise eines Abstandskontrolltempomaten (Adaptive Cruise Control) mit einem Spurhalteassistenten (Heading Control) und sind damit in der Lage, das Fahrzeug während eines Staus ohne Zutun des Fahrers zu lenken sowie zu beschleunigen und zu bremsen.[10]

Eine weitere Steigerung der Automatisierung besteht beim hochautomatisierten Fahren. Auch hier übernimmt das System die Quer- und Längsführung des Fahrzeugs in spezifischen Situationen für einen gewissen Zeitraum.[11] Der wesentliche Unterschied besteht jedoch darin, dass der Fahrer das System nicht überwachen muss.[12] Er wird vielmehr mit ausreichender

---

[5] *Gasser et. al*, Berichte der Bundesanstalt für Straßenwesen, Heft F 83; *NHTSA (National Highway Traffic Safety Administration)*, Preliminary Statement of Policy Concerning Automated Vehicles, v. 2013, https://www.nhtsa.gov/staticfiles/rulemaking/pdf/Automated_Vehicles_Policy.pdf (abgerufen 23.6.2020).

[6] Ebenda.

[7] *NHTSA (National Highway Traffic Safety Administration)*, Preliminary Statement of Policy Concerning Automated Vehicles, v. 2013, https://www.nhtsa.gov/staticfiles/rulemaking/pdf/Automated_Vehicles_Policy.pdf (abgerufen 23.6.2020), S. 4.

[8] *Gasser et. al*, Berichte der Bundesanstalt für Straßenwesen, Heft F 83; *NHTSA (National Highway Traffic Safety Administration)*, Preliminary Statement of Policy Concerning Automated Vehicles, v. 2013, https://www.nhtsa.gov/staticfiles/rulemaking/pdf/Automated_Vehicles_Policy.pdf (abgerufen 23.6.2020).

[9] Ebenda.

[10] *VDA (Verband der Automobilindustrie e.V.)*, Automatisierung – Von Fahrerassistenzsystemen zum automatisierten Fahren, v. 3.9.2015, https://www.vda.de/de/services/Publikationen/automatisierung.html (abgerufen 23.6.2020), S. 25.

[11] *Gasser et. al*, Berichte der Bundesanstalt für Straßenwesen, Heft F 83; *NHTSA (National Highway Traffic Safety Administration)*, Preliminary Statement of Policy Concerning Automated Vehicles, v. 2013, https://www.nhtsa.gov/staticfiles/rulemaking/pdf/Automated_Vehicles_Policy.pdf (abgerufen 23.6.2020).

[12] Ebenda.

Vorlaufzeit zur Übernahme der Kontrolle über das Fahrzeug aufgefordert, wenn das System an seine Grenzen stößt.[13] Das System ist jedoch nicht in der Lage, stets in einen risikominimalen Zustand zurückzukehren.[14] Als Einsatzszenarien für vollautomatisiertes Fahren gelten beispielsweise das selbstständige Fahren auf der Autobahn oder das sogenannte Staufolgefahren beziehungsweise Fahren im Stau.[15]

Den höchsten hier betrachteten Grad der Fahrzeugautomatisierung stellt das vollautomatisierte Fahren dar. Dabei übernimmt das System die Quer- und Längsführung des Fahrzeugs vollständig für einen definierten Anwendungsfall.[16] Eine Überwachung des System durch den Fahrer ist nicht notwendig und beim Verlassen des Anwendungsfalls wird der Fahrer mit ausreichender Vorlaufzeit zur Übernahme der Kontrolle aufgefordert.[17] Kommt der Fahrer der Aufforderung nicht nach, versetzt sich das System selbstständig in einen risikominimalen Zustand.[18] Dieser kann aus allen Situationen heraus erreicht werden.[19] Beispielhafte Einsatzszenarien sind selbstständiges Fahren in der Stadt oder fahrerloses Parken (Valet Parking).[20]

2.2 Die Bedeutung von Sensorik

In technologischer Hinsicht bauen die Stufen der Automatisierung aufeinander auf.[21] Dies gilt insbesondere für die Umgebungserfassung, welche für eine zuverlässige Fahrzeugsteuerung unerlässlich ist.[22] Eine Übertragung von Aufgaben des menschlichen Fahrers auf das Fahrzeug setzt nämlich voraus, dass dieses wenigstens mit der menschlichen Wahrnehmung mithalten kann. Die maschinelle Wahrnehmung erfolgt unter anderem durch

---

[13] Ebenda.

[14] Ebenda.

[15] *VDA (Verband der Automobilindustrie e.V.)*, Automatisierung – Von Fahrerassistenzsystemen zum automatisierten Fahren, v. 3.9.2015, https://www.vda.de/de/services/Publikationen/automatisierung.html (abgerufen 23.6.2020), S. 25.

[16] *Gasser et. al*, Berichte der Bundesanstalt für Straßenwesen, Heft F 83; *NHTSA (National Highway Traffic Safety Administration)*, Preliminary Statement of Policy Concerning Automated Vehicles, v. 2013, https://www.nhtsa.gov/staticfiles/rulemaking/pdf/Automated_Vehicles_Policy.pdf (abgerufen 23.6.2020).

[17] Ebenda.

[18] Ebenda.

[19] Ebenda.

[20] *VDA (Verband der Automobilindustrie e.V.)*, Automatisierung – Von Fahrerassistenzsystemen zum automatisierten Fahren, v. 3.9.2015, https://www.vda.de/de/services/Publikationen/automatisierung.html (abgerufen 23.6.2020), S. 25.

[21] *Gasser et. al*, Berichte der Bundesanstalt für Straßenwesen, Heft F 83, S. 12.

[22] Ebenda.

Sensoren, welche auf Kameratechnik, Radar oder Lidar (Light Detection And Ranging) beruhen.[23] Der Vorteil von Kameratechnik besteht in erster Linie in einer hohen Kontrastierung sowie der Möglichkeit, anhand von Bildern Unterschiede in der Textur einzelner Objekte zu erkennen.[24] Eine Herausforderung beim Einsatz von Kameras ist jedoch die Bestimmung von Objektentfernungen, die mit zunehmendem Abstand schlechter wird.[25] Mit Radar- oder Lidarsensoren ist hingegen eine distanzunabhängige Entfernungsmessung möglich.[26] Insbesondere Radarsensoren können die Außenabmessungen von Objekten schlechter erfassen als Kameras. Eine Bestimmung der Textur von Objekten gelingt mit den Verfahren ebenfalls nicht.[27] In der Praxis werden die Sensoren daher im Rahmen einer sogenannten Sensordatenfusion kombiniert und daraus ein Fahrzeugumfeldmodell zur Situationsbeurteilung und Reaktion abgeleitet.[28]

Übersicht über die maschinelle Wahrnehmung der Fahrzeugumgebung: Neben Sensoren wie Kamera, Lidar und Radar spielen auch die Standortbestimmung und im Fahrzeug gespeicherte Daten, wie zum Beispiel Karten, eine Rolle. Quelle: eigene Abbildung.

3   Angriffsmöglichkeiten

Da sich die maschinelle und menschliche Wahrnehmung der Umgebung unterscheiden, bestehen verschiedene Möglichkeiten der Täuschung. So zeigen die oben vorgestellten Beispiele, dass autonomen Fahrzeugen Fehler unterlaufen, die für die menschliche Wahrnehmung eindeutig erkennbar

---

[23] *Dietmayer*, in: Maurer et al. (Hrsg.), Autonomes Fahren, S. 422.

[24] Ebenda.

[25] Ebenda.

[26] Ebenda.

[27] Ebenda.

[28] *Kernhof*, in: Tille (Hrsg.), Automobil-Sensorik 2, S. 29.

sind. In anderen Fällen – etwa bei der Umgebungserkennung in der Dunkelheit – übertrifft eine Infrarotkamera das menschliche Auge hinsichtlich der Wahrnehmung deutlich. Für Angreifer, welche die maschinelle Wahrnehmung eines Fahrzeugs täuschen möchten, bestehen daher im Vergleich zu Täuschungen beim Menschen andere Angriffsmöglichkeiten. Es kommt erschwerend hinzu, dass die maschinelle Wahrnehmung im Gegensatz zur menschlichen Wahrnehmung keine Individualität aufweist. Gelingt es einem Angreifer, eine Schwachstelle in der maschinellen Wahrnehmung ausfindig zu machen, ist diese in der Regel zumindest auf Fahrzeuge des gleichen Typs übertragbar. Dass Angriffe auf die maschinelle Wahrnehmung von Fahrzeugen durch die Beeinflussung von Sensoren möglich sind, belegen die folgenden Beispiele im Zusammenhang mit Verkehrszeichen.

3.1 Ausnutzen von Adversarial Learning

Die maschinelle Wahrnehmung in modernen Fahrzeugen basiert auf der Erkennung von Objekten mit Hilfe von Klassifikatoren.[29] Wegen ihrer höheren Leistungsfähigkeit im Vergleich zu klassischen regelbasierten Verfahren werden zur Herausbildung der Klassifikatoren häufig maschinelle Lernverfahren – insbesondere neuronale Netze – eingesetzt.[30] Diese sollen Muster in den Trainingsdaten erkennen und so Klassifikatoren entwickeln, die später auch unbekannte Daten beziehungsweise Situationen korrekt zuordnen können.[31] Maschinelles Lernen ist jedoch anfällig für sogenannte Adversarial Learning-Angriffe.[32] Dabei modifiziert der Angreifer die Muster eines Objekts so, dass die Wahrscheinlichkeit der korrekten Erkennung sinkt oder das Objekt sogar falsch klassifiziert wird.[33] Für das menschliche Auge bleiben die Objekte hingegen fehlerfrei erkennbar.[34] Übertragen auf Verkehrszeichen bedeutet Adversarial Learning, dass ein Verkehrsschild – beispielsweise nach einer Manipulation durch das Aufkleben einer Folie –

---

[29] *Dietmayer*, in: Maurer et al. (Hrsg.), Autonomes Fahren, S. 423.

[30] Ebenda.

[31] Ebenda.

[32] *Lim/Taeihagh*, Sustainability 11/2019, S. 1 (13).

[33] Ebenda.

[34] *Papernot et al.*, in: IEEE, European Symposium on Security and Privacy (EuroS&P), S. 372 (387).

durch das autonome Fahrzeug falsch erkannt wird, während ein menschlicher Fahrer das Verkehrszeichen korrekt erkennt. Die Durchführbarkeit entsprechender Angriffe in der Praxis ist bereits belegt.[35]

Beispiel für einen Adversarial Learning-Angriff: Die manipulierten Verkehrszeichen (unten) werden einmal als Stoppschild und einmal als Tempo 30-Schild erkannt. Quelle: Sitawarin et al., DARTS: Deceiving Autonomous Cars with Toxic Signs, v. 31.5.2018, https://arxiv.org/abs/1802.06430 (abgerufen 23.6.2020), S. 2.

---

[35] *Sitawarin et al.*, DARTS, Deceiving Autonomous Cars with Toxic Signs, v. 31.5.2018, https://arxiv.org/abs/1802.06430 (abgerufen 23.6.2020).

3.2 Manipulation durch Projektion

Neben Adversarial Learning-Angriffen kann die Wahrnehmung von autonomen Fahrzeugen auch vergleichsweise einfach durch Projektionen manipuliert werden. So konnte beispielsweise das Assistenzsystem Mobileye 360 Pro, welches Verkehrszeichen erkennen und den Fahrer auf die zulässige Höchstgeschwindigkeit hinweisen soll, durch die Projektion eines Verkehrszeichens an eine Hauswand erfolgreich über die zulässige Geschwindigkeit getäuscht werden.[36] Auch hier war die Projektion für das menschliche Auge als solche zu erkennen.

Beispiel für einen Angriff mit Hilfe einer Projektion: Eine Drohne (2) projiziert ein Verkehrszeichen (1) an eine Hauswand. Das vorbeifahrende Auto (3) erkennt dieses Zeichen als echt und gibt eine Warnung an den Fahrer aus. Quelle: Nassi et al., MobilBye: Attacking ADAS with Camera Spoofing, v. 24.6.2019, https://arxiv.org/abs/1906.09765 (abgerufen 23.6.2020).

4 Rechtliche Betrachtung

Die dargestellten Angriffe auf die maschinelle Wahrnehmung und damit auf das autonome Fahren können bei ihrem Einsatz im Straßenverkehr gravierende Folgen – etwa tödliche Unfälle – haben. Dies wirft die Frage auf, ob sich ein Angreifer bereits mit der Manipulation der Verkehrszeichen strafbar macht. Aus strafrechtlicher Sicht ist die Manipulation von Verkehrszeichen grundsätzlich keine Neuheit. Die strafrechtliche Beurteilung

---

[36] *Nassi et al.*, MobilBye, Attacking ADAS with Camera Spoofing, v. 24.6.2019, https://arxiv.o rg/abs/1906.09765 (abgerufen 23.6.2020).

von Manipulationen der automatischen Verkehrszeichenerkennung stellt die Strafrechtspraxis jedoch vor neue Herausforderungen. Vor diesem Hintergrund sollen die oben dargestellten Angriffsszenarien strafrechtlich betrachtet werden. Weitergehende Folgen der Manipulation – wie etwa die Verletzung oder Tötung einer Person – sollen dabei außer Betracht bleiben.

4.1 Urkundenfälschung, § 267 Abs. 1 StGB

Eine Strafbarkeit nach § 267 Abs. 1 StGB scheitert bereits an dem Tatbestandsmerkmal der Urkunde. Eine Urkunde ist die Verkörperung einer Gedankenerklärung, die den Erklärenden (den Aussteller) erkennen lässt und sowohl geeignet als auch bestimmt ist, im Rechtsverkehr Beweis zu erbringen.[37] Eine Urkunde muss mindestens drei Funktionen aufweisen: die Perpetuierungsfunktion, die Beweisfunktion und die Garantiefunktion.

Ein Verkehrszeichen erfüllt diese Voraussetzungen gerade nicht. Das Symbol des Verkehrsschildes in Kombination mit der nach dem Gesetz vorgesehen Bedeutung stellt eine verkörperte Gedankenerklärung dar. Die Rechtserheblichkeit ihres Inhalts ergibt sich aus dem Regelungscharakter, den Verkehrszeichen – als Allgemeinverfügung im Sinne des § 35 Satz 2 VwVfG – aufweisen. Auch der Aussteller des Verkehrszeichens als die zuständige Straßenverkehrsbehörde nach § 45 Abs. 3 Satz 2 StVO ist erkennbar.

Problematisch ist lediglich, dass die Gedankenerklärung des Verkehrsschildes nur im Zusammenhang mit dem Straßenabschnitt, auf welchen sich die Regelung bezieht, vollständig ist. Das Verkehrsschild könnte demnach lediglich im Zusammenhang mit dem Straßenabschnitt, auf den es sich bezieht, eine zusammengesetzte Urkunde darstellen. Dieser Gedanke lässt sich jedoch kaum auf einen kompletten Straßenabschnitt übertragen.[38] Denn dann müsste der Straßenabschnitt das Bezugsobjekt zu dem Verkehrszeichen darstellen. Dafür müssten die beiden körperlichen Gegenstände durch räumlich-feste Verbindung als Beweiseinheit zueinander in Verbindung gesetzt werden können.[39] Zusätzlich müsste zwischen der Verbindung der beiden Gegenstände eine räumliche Überschaubarkeit gegeben sein.[40] Denn Gedankenerklärungen aus Urkunden zeichnen sich durch eine räumlich begrenzte Körperlichkeit aus.[41] Verkehrszeichen weisen eine solche jedoch nicht auf, da sie räumlich nicht eng umgrenzt sind. Es widerspricht daher der Verkehrsauffassung, diese als Urkunden zu bezeichnen.

---

[37] *Fischer*, StGB, § 267 Rn. 2.

[38] *Kudlich*, JA 2019, S. 272 (275).

[39] *Jahn*, JA 1999, S. 98 (100).

[40] Ebenda.

[41] Ebenda.

Geschütztes Rechtsgut des § 267 StGB ist zudem nicht die Sicherheit und Zuverlässigkeit des Straßenverkehrs.[42]

Darüber hinaus könnte es auch an einer tauglichen Tathandlung mangeln. Eine solche liegt vor, wenn eine unechte Urkunde hergestellt, eine echte Urkunde verfälscht oder eine unechte oder verfälschte Urkunde gebraucht wird. Für das Anbringen einer Folie auf dem Verkehrszeichen kommt als Tathandlung zunächst nur das Verfälschen einer echten Urkunde in Betracht. Hierzu hat der BGH in einem vergleichbaren Fall zum Anbringen einer Reflektionsfolie (sogenannte Antiblitzbuchstaben) auf dem amtlichen Kennzeichen entschieden, dass keine Urkundenfälschung vorliegt.[43] Zwar stellt das amtliche Kennzeichen – im Gegensatz zu dem Verkehrszeichen – eine zusammengesetzte Urkunde dar, jedoch wird diese durch das Anbringen der Folie nicht verfälscht.[44] Durch das Anbringen der Reflektionsfolie wird lediglich die Ablesbarkeit unter bestimmten Voraussetzungen – hier durch die automatische Verkehrszeichenerkennung – beeinträchtigt, nicht aber der Inhalt des Verkehrszeichens selbst. Vor diesem Hintergrund kann das Überkleben eines Verkehrszeichens – selbst mit einer für das menschliche Auge nicht wahrnehmbaren Folie – keine Urkundenfälschung darstellen.

Gleiches muss auch für die Projektion eines Verkehrszeichens auf eine Fläche gelten. Grundsätzlich kommt für diese Handlungsalternative nur das Herstellen einer unechten Urkunde in Betracht, das heißt das Herstellen einer Urkunde unter Täuschung über die Identität des Ausstellers[45] – hier: der Straßenverkehrsbehörde. Wenn jedoch die Verbindung eines echten Verkehrszeichens mit einem Straßenabschnitt bereits keine echte Urkunde darstellt, kann die Erzeugung eines "unechten Verkehrszeichens" auch keine unechte Urkunde sein.

4.2 (Gemeinschädliche) Sachbeschädigung, §§ 303, 304 StGB

§§ 303, 304 StGB stehen zueinander in Gesetzeskonkurrenz, sodass der speziellere § 304 StGB vorgeht, sofern die Voraussetzungen beider Normen gegeben sind.[46] Zunächst gilt für alle Verkehrszeichen, dass diese anerkanntermaßen einen Gegenstand darstellen, der dem öffentlichen Nutzen dient.[47] Im Übrigen decken sich die Voraussetzungen von §§ 303, 304

---

[42] Ebenda.

[43] BGH, Beschl. v. 21.9.1999 – 4 StR 71/99, NJW, 2000, 229 (230).

[44] Ebenda.

[45] *Fischer*, StGB, § 267 Rn. 30.

[46] *Fischer*, StGB, § 304 Rn. 17.

[47] OLG Köln, Beschl. v. 15.9.1998 – Ss 395/98, NJW 1999, 1042 (1044); *Hecker*, in: Schönke/Schröder, StGB, § 304 Rn. 9; *Herold*, JA 2013, S. 344 (345).

StGB, sodass hier letztlich nur geprüft werden muss, ob und in welchen Fällen eine Strafbarkeit nach § 304 StGB gegeben sein kann.

In den Projektionsfällen kommt von vorneherein nur eine Strafbarkeit nach § 304 Abs. 2 StGB in Betracht. Denn für die Tathandlungen des Beschädigens oder des Zerstörens fehlt es an der erforderlichen Einwirkung auf die Sachsubstanz sowie an der Beeinträchtigung der bestimmungsgemäßen Brauchbarkeit. Wird ein Verkehrszeichen auf eine Oberfläche projiziert, kann man diese Konstellation mit Fällen vergleichen, in denen Botschaften oder Graffitis auf Oberflächen oder Gebäude projiziert werden.[48] Auch in diesen Fällen wurde eine Strafbarkeit nach § 303 Abs. 2 oder § 304 Abs. 2 StGB – welche letztlich dieselbe Tathandlung voraussetzen – verneint.

Der Vergleich mit diesen Fällen überzeugt. Denn es mangelt auch im vorliegenden Fall an der erforderlichen Einwirkung auf die Sache selbst. Zwar lässt sich die Projektion eines Verkehrszeichens deutlich erkennen und wird im Regelfall nicht von allein verschwinden. Nach dem Willen des Gesetzgebers sollen jedoch unerhebliche und vorübergehende Veränderungen vom Tatbestand ausgeschlossen sein. Nicht nur unerheblich ist eine Veränderung, soweit unmittelbar auf die Substanz der Sache eingewirkt wird.[49] Eben an einer solchen fehlt es im Falle der Projektion. So wird durch die Projektion das Erscheinungsbild des Gebäudes vorübergehend verändert, jedoch ist dies nicht Folge einer Veränderung der Oberfläche. Denn bei der Projektion handelt es sich lediglich um die Übertragung eines Bildes mittels Lichtes auf eine Oberfläche, ohne dass dies eine dauerhafte physikalische Veränderung herbeiführt. Sobald das Übertragungsgerät ausgeschaltet wird, verschwindet die Projektion ohne Rückstände. Folglich scheidet auch eine Strafbarkeit nach § 304 Abs. 2 StGB für die Projektion eines Verkehrszeichens aus.

Für die Handlungsalternative des Überklebens kommt eine Strafbarkeit nach § 304 Abs. 1 StGB in Betracht. Durch das Anbringen der Folie müsste das Verkehrszeichen beschädigt oder zerstört worden sein. Eine Beschädigung erfordert eine nicht ganz unerhebliche Verletzung der Substanz oder eine Beeinträchtigung der bestimmungsgemäßen Brauchbarkeit.[50] Darüber hinaus erfordert eine Beschädigung im Sinne von § 304 Abs. 1 StGB eine

---

[48] *Waszczynski*, JA 2015, S. 259 (262); N24-Sendung v. 8.10.2014, https://www.youtube.com /watch?v=P5TpR4YqVd0 (abgerufen 24.6.2020).

[49] BT-Drs. 15/5313, S. 3.

[50] *Fischer*, StGB, § 304 Rn. 13; § 303 Rn. 6.

Beeinträchtigung des besonderen öffentlichen Nutzzwecks des Gegenstandes durch die Handlung.[51] Zwar wird sich die Folie in der Regel ohne Rückstände entfernen lassen, sodass es an einer Substanzverletzung mangelt. Allerdings ist der Hauptzweck von Verkehrszeichen die Regelung des öffentlichen Straßenverkehrs. Gerade dieser Zweck wird durch das Überkleben des Regelungsgehalts des Verkehrszeichens vereitelt. Es kommt dabei gerade nicht darauf an, dass das Verkehrszeichen für das menschliche Auge weiterhin regulär wahrnehmbar ist und lediglich das automatisierte Fahrzeug einen falschen Inhalt abliest. Denn die Beschädigung muss nicht äußerlich wahrnehmbar sein.[52] Es kommt vielmehr auf eine funktionale Betrachtung an, wodurch der Anwendungsbereich des Delikts in den Gefährdungsbereich ausgedehnt wird.[53] Die funktionsmäßige Brauchbarkeit eines Verkehrszeichens ist mithin schon dann erheblich beeinträchtigt, wenn das Verkehrszeichen lediglich durch die Sensorik des Fahrzeuges nicht mehr ordnungsgemäß abgelesen werden kann.

Auch wenn man davon ausgeht, dass das Überkleben hier auch eine Veränderung des Erscheinungsbildes des Verkehrszeichens bewirkt, so wird eine etwaige Verwirklichung von § 304 Abs. 2 von § 304 Abs. 1 StGB verdrängt.[54]

4.3 Gefährliche Eingriffe in den Straßenverkehr, § 315b Abs. 1 Nr. 1, Nr. 3 StGB

§ 315b Abs. 1 Nr. 1 StGB stellt keinen Sondertatbestand der gemeinschädlichen Sachbeschädigung dar, da die Tathandlung zu einer Beeinträchtigung der Sicherheit des Straßenverkehrs führen muss.[55] Dennoch ist Voraussetzung des Tatbestandes, dass Anlagen zerstört, beschädigt oder beseitigt werden. Als solche Anlagen gelten auch Verkehrszeichen.[56]

Die Projektion eines Verkehrszeichens hingegen stellt lediglich das Abbild einer solchen Anlage dar, so dass § 315b Abs. 1 Nr. 1 StGB nicht einschlägig ist. Im Falle des Überklebens eines Verkehrszeichens hingegen wird – wie im Rahmen von §§ 303, 304 StGB dargestellt – eine Anlage im Sinne des § 315b Abs. 1 Nr. 1 StGB beschädigt. § 315b Abs. 1 Nr. 1 StGB setzt zusätzlich eine abstrakte Gefahr der Sicherheit des Straßenverkehrs

---

[51] *Hecker*, in: Schönke/Schröder, StGB, § 304 Rn. 12.

[52] *Fischer*, StGB, § 304 Rn. 13; § 303 Rn. 6.

[53] Ebenda.

[54] *Fischer*, StGB, § 304 Rn. 13a; § 303 Rn. 23.

[55] *Hecker*, in: Schönke/Schröder, StGB, § 315b Rn. 5.

[56] *Fischer*, StGB, § 315b Rn. 6.

sowie eine konkrete Gefahr für eines der genannten Rechtsgüter voraus.[57] Die abstrakte Gefahr der Sicherheit des Straßenverkehrs folgt dabei bereits aus der Beschädigung der Anlage selbst. Des Weiteren muss daraus eine konkrete Gefahr im Sinne einer verkehrsspezifischen Gefahr ergeben.[58] Dies erfordert, dass die latente Gefahr für den Straßenverkehr, welche von der Manipulation des Verkehrszeichens ausgeht, in eine kritische Situation (sogenannter "Beinahe-Unfall") umschlagen muss.[59] Diese Feststellung muss stets auf eine Prüfung der konkreten Umstände des Einzelfalles gestützt werden. Die abstrakte Gefahr für die Sicherheit des Straßenverkehrs muss sich zur Bejahung einer Strafbarkeit konkret in der Außenwelt niederschlagen. Dies erfordert, dass tatsächlich ein Fahrzeug in den Geltungsbereich des Verkehrszeichens gelangt und das Verkehrszeichen falsch wahrgenommen wird, wobei eine konkrete Gefahr für Leib oder Leben eines anderen Menschen oder eine fremde Sache von bedeutendem Wert entsteht.

Eine Strafbarkeit hinsichtlich der Projektion des Verkehrszeichens könnte sich jedoch nach § 315b Abs. 1 Nr. 3 StGB ergeben. Auch dieser erfasst verkehrsfremde Außeneingriffe, die ähnlich und ebenso gefährlich wie Eingriffe nach § 315b Abs. 1 Nr. 1, Nr. 2 StGB sind.[60] Dies kann insbesondere für Fälle bejaht werden, in denen falsche Zeichen oder Signale für den Straßenverkehr gegeben werden[61] – beispielsweise beim Anbringen eines Einbahnstraßenschildes in entgegengesetzter Richtung.[62] Die Projektion eines nicht existenten Verkehrszeichens stellt eine Handlung dar, durch welche dem Verkehrsteilnehmer falsche Signale suggeriert werden. Damit wird eine Beeinträchtigung der Sicherheit des Straßenverkehrs begründet. Auch hier ist jedoch erforderlich, dass die latente (abstrakte) Gefahr für die Sicherheit des Straßenverkehrs, die sich aus der Projektion ergibt, in eine konkrete Gefahr umschlägt. Auch dazu ist eine Bewertung des Einzelfalles erforderlich.

In allen Varianten des § 315b StGB stellt sich die abschließende Frage, ob der Eintritt einer konkreten Gefahr davon abhängig sein kann, dass den jeweiligen Fahrer eine Eingriffspflicht trifft. Dies könnte vor allem abhängig von der jeweiligen Automatisierungsstufe des Fahrzeuges sein, da dem Führer des Fahrzeugs unter Umständen ein lenkender Eingriff gar nicht

---

[57] *Fischer*, StGB, § 315b Rn. 17.

[58] *Fischer*, StGB, § 315b Rn. 18.

[59] *Fischer*, StGB, § 315b Rn. 19.

[60] *Fischer*, StGB, § 315b Rn. 8.

[61] *Kudlich*, in: BeckOK StGB, § 315b Rn. 15.1.

[62] *Fischer*, StGB, § 315b Rn. 8a; *Kudlich*, in: BeckOK StGB, § 315b Rn. 15.1.

mehr möglich ist. Letztlich kann der Täter jedoch nicht darauf vertrauen, dass der Fahrer regulierend in das Geschehen eingreift. Eine konkrete Gefahr ergibt sich bereits daraus, dass dieser gezwungen wird, zur Vermeidung von Verkehrsunfällen in das Geschehen einzugreifen. Deshalb ist der Eintritt einer konkreten Gefahr nicht vom Fahrer abhängig.

4.4 Unkenntlichmachen von Gefahrenzeichen, § 145 Abs. 2 Nr. 1 StGB

Denkbar ist eine Strafbarkeit nach § 145 Abs. 2 Nr. 1 StGB nur in Fällen, in denen das Verkehrszeichen mit einem anderen Regelungsgehalt überklebt wird. Denn die Norm umfasst lediglich das Unkenntlichmachen von Warn- oder Verbotszeichen – wovon auch Verkehrszeichen umfasst sind. Nach den obigen Ausführungen unterfällt diese Tathandlung jedoch bereits § 304 Abs. 1 StGB, sodass § 145 Abs. 2 Nr. 1 StGB formell subsidiär ist.

4.5 Amtsanmaßung, § 132 Alt. 2 StGB

Im Übrigen könnte die Manipulation eines Verkehrszeichens den Tatbestand der Amtsanmaßung nach § 132 Alt. 2 StGB erfüllen. Denn das Aufstellen oder Verändern eines Verkehrszeichens stellt eine Handlung dar, welche nur kraft öffentlichen Amtes – von den in § 45 StVO genannten Behörden – vorgenommen werden darf.[63] Dafür genügt es, dass die Handlung des Täters für einen objektiven Beobachter den Anschein einer Amtshandlung hervorruft und deswegen mit einer solchen verwechselbar ist. Es ist anerkannt, dass der Tatbestand des § 132 StGB nicht verwirklicht ist, wenn eine tatsächliche Handlung des Täters nur für diesen wahrnehmbar ist und Dritten gegenüber das Vertrauen in die staatliche Tätigkeit nicht gefährdet.[64]

Grundsätzlich erscheint eine Verwechselbarkeit der Projektion mit einer Amtshandlung fernliegend, da Verkehrszeichen nicht projiziert werden. Jedoch müssen die konkreten Umstände des Einzelfalles Beachtung finden. Es ist davon auszugehen, dass die Projektion an einem zusammenhanglosen Ort – beispielsweise innerhalb eines Gebäudes – bereits nicht als Amtshandlung wahrgenommen wird. Wird hingegen ein Verkehrszeichen mit entsprechender optischer Qualität in unmittelbarem örtlichem Zusammenhang zu einer schnell befahrenen Straße – zum Beispiel einer Autobahn – projiziert, ist aufgrund der Kürze der Wahrnehmung und der damit verbundenen Wertung eine Verwechslung mit einem echten Verkehrszeichen und damit der Anschein einer Amtshandlung nicht ausgeschlossen.

In Fällen, in denen das Verkehrszeichen mit einer Folie überklebt wird, ergibt sich eine andere Problematik. Denn das Verkehrszeichen ist für das

---

[63] OLG Köln, Beschl. v. 15.9.1998 – Ss 395/98, NJW 1999, 1042 (1044).

[64] *Fischer*, StGB, § 132 Rn. 13.

menschliche Auge weiterhin wahrnehmbar. Nur die Sensorik des automatisierten Fahrzeuges erkennt einen anderen Regelungsinhalt. Je nach technischer Ausgestaltung kommt es danach nicht mehr auf die Wahrnehmung des Verkehrszeichens durch den Fahrer, sondern auf die maschinelle Wahrnehmung durch das Fahrzeug selbst an.

Fraglich ist, ob auch in solchen Fällen von einer Verwirklichung des § 132 Alt. 2 StGB ausgegangen werden kann oder ob der objektive Beobachter der vermeintlichen Amtshandlung eine natürliche Person sein muss. Ausgangspunkt einer subjektiven Fehlvorstellung im Strafrecht kann nur der Mensch sein.[65] So ist im Rahmen der Betrugsdelikte anerkannt, dass für das Vorliegen einer Täuschung oder eines Irrtums die Wahrnehmung einer natürlichen Person maßgeblich ist und es für die Strafbarkeit hinsichtlich der Manipulation von EDV-Anlagen insofern einer speziellen Regelung wie der des § 263a StGB bedarf.[66] Die Fähigkeit der Wahrnehmung wird hingegen nur natürlichen Personen zugesprochen. Auch vor dem Hintergrund der durch § 132 StGB geschützten Rechtsgüter – Autorität und Ansehen des Staates[67] – ist eine Strafbarkeit in den Fällen des Überklebens nicht überzeugend. Denn diese Rechtsgüter werden bei einer falschen maschinellen Wahrnehmung durch ein Fahrzeug nicht beeinträchtigt.

5 Fazit

Autonomes Fahren ist eine vielversprechende Zukunftstechnologie, deren Nutzbarkeit in der Praxis stark an die Leistungsfähigkeit der Sensorik zur Umgebungserkennung gekoppelt ist. Neben technischen Fehlern bei der maschinellen Wahrnehmung des autonomen Fahrzeugs müssen zunehmend auch gezielte Angriffe als mögliche Gefahrenquellen berücksichtigt werden. Derzeit zeigt sich das Strafrecht diesen neuen Anforderungen gewachsen, auch wenn die Manipulation von autonomen Fahrzeugen bisher nicht spezialgesetzlich geregelt wird. Mit der zunehmenden Verbreitung autonomen Fahrens werden gleichsam neue Angriffsmöglichkeiten entstehen. Ob diese ebenfalls hinreichend durch das Strafrecht sanktioniert werden, muss eine weitere Analyse zeigen. Offenbaren sich dabei Strafbarkeitslücken, sollte der Gesetzgeber tätig werden. Erforderlich ist demnach eine fortlaufende Begleitung des autonomen Fahrens durch die Strafrechtswissenschaft.

---

[65] *Fischer*, StGB, § 263 Rn. 66.

[66] *Fischer*, StGB, § 263a Rn. 2.

[67] *Fischer*, StGB, § 132 Rn. 2.

Literatur

Fischer, Thomas: StGB, Kommentar, 67. Aufl., München 2020.

Gasser, Tom M./Arzt, Clemens/Ayoubi, Mihiar/Bartels, Arne/Eier, Jana/Flemisch, Frank/Häcker, Dirk/Hesse, Tobias/Huber, Werner/Lotz, Christine/Maurer, Markus/Ruth-Schumacher, Simone/Schwarz, Jürgen/Vogt, Wolfgang: Rechtsfolgen zunehmender Fahrzeugautomatisierung, BASt-Bericht, Heft F 83, 2012, S. 1-124.

Heintschel-Heinegg, Bernd von (Hrsg.): BeckOK StGB, Kommentar, 46. Ed., Stand 1.5.2020, München 2020.

Herold, Ramona: Fragen rund um den "Gullydeckel-Klau", JA 2013, S. 344-349.

Jahn, Matthias: Urkundenfälschung § 267 StGB: Verkehrszeichen sind keine Urkunden, JA 1999, S. 98-101.

Kudlich, Hans: Urkundsdelikte und Straßenverkehr, JA 2019, S. 272-278.

Lim, Hazel Si Min/Taeihagh, Araz: Algorithmic Decision-Making in AVs: Understanding Ethical and Technical Concerns for Smart Cities, Sustainability 11/2019, S. 1-28.

Papernot, Nicolas/McDaniel, Patrick/Jha, Somesh/Fredrikson, Matt/Celik, Z. Berkay/Swami, Ananthram, The Limitations of Deep Learning in Adversarial Settings, in IEEE (Hrsg.), European Symposium on Security and Privacy (EuroS&P), Saarbrücken 2016, S. 372-387.

Schönke, Adolf/Schröder, Horst (Hrsg): StGB, Kommentar, 30. Aufl., München 2019.

Waszczynski, Dominik: Prüfungsrelevante Problemkreise der Sachbeschädigungsproblematik, JA 2015, S. 259-263.

STRAFRECHTLICHE ASPEKTE SOGENANNTER „DEEP FAKES"

RA Dr. Dirk Meinicke, LL.M., FA für Straftecht/FA für IT-Recht

Meinicke & Berthel Rechtsanwälte
info@meinicke-berthel.de

Zusammenfassung

Deep Fakes, also mittels künstlicher Intelligenz hergestellte, täuschend echt wirkende Bild-, Audio- und/oder Videomanipulationen, werden zunehmend zu kriminellen oder sonstigen missbräuchlichen Zwecken eingesetzt, u.a. auch im politischen Bereich. Der Vortrag gibt einen Überblick über die strafrechtlichen Sanktionsmöglichkeiten missbräuchlicher Deep Fakes de lege lata und zeigt auf, dass insbesondere die Veröffentlichung und Verbreitung missbräuchlicher Deep Fakes bereits jetzt in einem nicht unbeträchtlichen Umfang pönalisiert sind. Eine eigenständige Pönalisierung des Herstellens und Verbreitens von Deep Fakes im Wege eines Straftatbestandes der unberechtigten Nachahmung de lege ferenda ist im Ergebnis abzulehnen, weil hierfür weder ein Bedürfnis besteht, noch sich ein solcher Straftatbestand mit dem Grundsatz des Tatstrafrechts in Einklang bringen lässt.

1 Deep Fakes: Begriff, Erscheinungsformen und Missbrauchspotential

Zunächst sollen Begriff, Erscheinungsformen und ein etwaiges Missbrauchspotential skizziert werden.

1.1 Der Begriff „Deep Fake"

Der Begriff „Deep Fake" bezeichnet täuschend echt wirkende Bild-, Audio- und/oder auch Videomanipulationen, die mittels künstlicher Intelligenz hergestellt oder modifiziert wurden.[1] Zu diesem Zweck werden neuronale Netzwerke entsprechend programmiert und mittels großer Mengen an Datensätzen trainiert. Dieses „Deep Learning" bewirkt, dass die selbstlernenden Algorithmen in die Lage versetzt werden, Fotos, Videos und/oder Audioaufnahmen zu verändern oder gänzlich neu zu generieren. Bestehende Datensätze an Bild-, Video- und Audioaufnahmen, auf welche die entsprechenden Programme zugreifen, bilden die Grundlage für den eigentlichen

---

[1] *Vincent*, Why we need a better definiton of 'deepfake', v. 22.5.2018, https://www.theverge.com/2018/5/22/17380306/deepfake-definition-ai-manipulation-fake-news (abgerufen 1.7.2020); *Stosz*, Policy Options for Fighting Deepfakes, v. 3.2.2019, https://georgetownsecuritystudiesreview.org/2019/02/03/policy-options-for-fighting-deepfakes/ (alle nachfolgenden Links wurden am 1.7.2020 abgerufen).

Deep-Learning-Prozess, menschliche Gesichtszüge, Bewegungen und Stimmen zu erfassen, zu verändern und zu reproduzieren.[2] Die Ergebnisse sind umso genauer, also letztlich „echter", je größer die zu Grunde liegenden Datensätze sind.[3]

Die Technologie ermöglicht nicht nur den täuschend echten Austausch von Gesichtern in Videoaufnahmen und -sequenzen, sondern auch, die Stimme und das gesprochene Wort anzupassen oder vollständig zu ersetzen, unter gleichzeitiger Anpassung der Mimik.[4] Waren in der Vergangenheit die Deep Fakes noch als Fälschungen erkennbar, sind sie auf Grund der rasanten Fortentwicklung der KI-Technik heute derart authentisch, dass sie mittlerweile mit bloßem Auge kaum noch als solche zu erkennen sind, speziell im Rahmen von schnellen Wahrnehmungsvorgängen, beispielsweise über Social Media auf dem Handybildschirm. Die KI-basierten Deep-Learning-Verfahren ermöglichen es, selbst komplexe Zusammenhänge von Gesichtsausdruck, Blickrichtung und Kopfbewegungen bis hin zum Augenblinzeln und Schattenwurf zu erfassen und detailgetreu auf das Gesicht einer anderen Person in ein anderes Video zu übertragen. Deep Fakes ermöglichen es, jede denkbare Person in Situationen zu versetzen, in welche sie Dinge sagt, die sie tatsächlich nie gesagt hat oder in denen sie Dinge tut, die sie niemals tun würde.

1.2   Erscheinungsformen und Anwendungsfelder von Deep Fakes

Die Verbreitung von Deep Fakes hat vor allem im Internet rasend zugenommen. Auf Grund der als „Demokratisierung" von Deep Fakes bezeichneten, breiten Zugänglichkeit der Technologie über frei verfügbare Apps und Websites ist es mittlerweile für jedermann ohne weiteres möglich, Deep Fakes zu erstellen.[5] Ein prominentes Beispiel, durch welches die missbräuchliche Nutzung von Deep Fakes an die Öffentlichkeit geraten ist, war der Erfolg der App „DEEPNUDE", die aus Fotos einer bekleideten Person ein Nackt-Foto eben jener Person generierte. Die App wurde binnen

---

[2] *Grossenbacher*, Von Magie nicht mehr zu unterscheiden, v. 17.8.2018, bit.ly/ 2XqbH2n.

[3] Zu den technischen Hintergründen der Herstellung von Deep Fakes vgl. https://www.srf.c h/news/panorama/verblueffende-videofaelschungen-von-magie-nicht-mehr-zu-untersche iden; https://www.alanzucconi.com/2018/03/14/introduction-t o-deepfakes/.

[4] *Lantwin*, MMR 2019, S. 574.

[5] Vgl. etwa die App „Fake App"; ww.deepfake.me. Zu den Verfahren durch frei verfügbare Tools vgl. *Wollmann*, Deepfakes heben Social-Engineering-Angriffe auf neue Gefahrenstufe, v. 13.8.2020, https://www.it-daily.net/it-sicherheit/cyber-defends/22042-deepfake s-heben-social-engineering-angriffe-auf-neue-gefahrenstufe; vgl. auch *Ajder/Patrini/Cavalli/Cullen*, The State Of Deep Fake: Landscape, Threats and Impact, v. 1.9.2019, S. 4 ff. https://regmedia.co.uk/2019/10/08/deepfake_report. pdf.

kürzerer Zeit 100.000-fach heruntergeladen, bis diese schließlich von den Entwicklern vom Markt genommen wurde.[6]

Die Anwendungsbereiche von Deep Fakes sind vielfältig. Neben einer Vielzahl von missbräuchlichen Anwendungsbereichen, die Gegenstand des hier vorliegenden Beitrags sind, existieren auch zahlreiche harmlose und strafrechtlich unbedenkliche Verwendungszwecke. Die Entwicklung und Forschung zum Thema Deep Fake steht noch am Anfang, und gerade das (positive) Nutzungspotential von Deep-Fake-Anwendungen kann insoweit überhaupt noch nicht sicher abgeschätzt werden kann.[7]

1.2.1 Harmlose Anwendungsbereiche von Deep Fakes

Es existieren entgegen der negativen Implikation des Begriffs „Fakes" durchaus eine Vielzahl positiver Anwendungsbereiche dieser Technologie, insbesondere in künstlerischen, satirischen aber auch pädagogischen und sozialen Bereichen. Diese ermöglicht beispielsweise im Bereich der Unterhaltungsindustrie, Filmaufnahmen im Wege der sog. „Dobbing" zu optimieren. Diese Technik wird insbesondere im Bereich der Sprachsynchronisation fremdsprachlicher Filme eingesetzt, indem die Lippenbewegung an die Synchronisation nachträglich angepasst wird, wodurch die Filmszenen erheblich authentischer wirken.[8] Ein weiterer positiver Anwendungsbereich ist die Kunst, insbesondere zu satirischen und humoristischen Zwecken. Dem Samsung-Center für AI in Moskau gelang es im Mai 2019, die Mona Lisa auf Grundlage des berühmten Bildes in einem Video so zu animieren, dass sie den Kopf bewegt, spricht und verschiedene Gesichtsausdrücke zeigt.[9] Eine satirische Fake-Videobotschaft, welche weltweit Berühmtheit erlangt hat, zeigt den ehemaligen US-Präsidenten Barack Obama, in welcher sich dieser abfällig über seinen Amtsnachfolger äußert und über die Gefahren von Deep Fakes warnt.[10]

Deep Fakes eignen sich aber darüber hinaus auch für sozialdienstliche Zwecke. Durch die Entwicklung von sog. „Speed Engines", die mittels der Deep Fake-Technologie Audioaufnahmen manipulieren, wird Menschen mit Sprachbehinderungen oder chronischen Krankheiten eine authentische oder teilweise sogar ihre eigene Stimme zum Zwecke der Kommunikation (zurück) gegeben.[11]

---

[6] Vgl. www.heise.de/dr/artikel/DEEPFAKES-D-nackte-Gefahr-4458332.html.

[7] Vgl. dazu Antwort der Bundesregierung auf die Kleine Anfrage der FDP-Fraktion, „Beschäftigung der Bundesregierung mit Deep Fakes", BT-Drs. 19, 15657, S. 4.

[8] https://doi.org/10.1145/3197517.3201283s.163:7.

[9] Samsung Newsroom, PM v. 29.5.2019, bit.ly/2WAABFm.

[10] *Buzzfeed*, You won't believe what Obama says in this video, bit.ly/2RiJpaB.

[11] https://www.projectrevice.org/.

1.2.2 Missbräuchliche Anwendungsbereiche

Die Deep-Fake-Technologie hat aber auch enorme Missbrauchspotentiale. Ein offenkundiges Bedrohungspotential ist dabei vor allem die Gefahr für die Persönlichkeitsrechte von Personen durch manipulierte Videoaufnahmen, in welchen diese in einem diskreditierenden Kontext gesetzt werden. Die häufigsten Fallbeispiele finden sich im Bereich der Pornographie; immer wieder werden die Köpfe von Personen aus unverfänglichen Fotoaufnahmen auf die Körper von Darsteller/-innen in pornographischen Filmen eingefügt und dadurch in den entsprechenden, von dem Betroffenen weder gewollten, noch eingewilligten pornographischen Kontext gesetzt.[12] Ausgangspunkt für diese Entwicklung war die Internetplattform „Reddit", auf welcher ein Nutzer im Jahre 2017 damit begann, Deep-Fake-Pornographie mit den Gesichtern von bekannten Schauspielerinnen, Sängerinnen und Fotomodellen zu teilen und zu verbreiten.[13]

Den Missbrauchsmöglichkeiten durch diskreditierende Deep Fakes sind keine Grenzen gesetzt. So können kompromittierende Videos insbesondere dazu genutzt werden, im geschäftlichen, aber auch politischen Bereich Mitbewerber durch gezielte Diskreditierung in der Öffentlichkeit gleichsam „aus dem Wettbewerb zu schießen", oder die (Nicht-) Veröffentlichung wird von der Zahlung eines Geldbetrages abhängig gemacht. Deep Fakes ermöglichen es auch, Sachverhalte in einen anderen, positiveren Zusammenhang zu stellen und dadurch das Phänomen der „Fake News" oder „alternativen Fakten" qualitativ zu verstärken und deren Glaubwürdigkeit zu erhöhen. Die aktuelle Fake News Diskussion um den amtierenden amerikanischen Präsidenten ist ein Beleg dafür, dass umgekehrt mittels manipulierter Videos eine bereits verursachte bzw. bestehende Verunsicherung dazu genutzt werden kann, eigentlich wahre Umstände als Fake „zu brandmarken".[14] Deep Fakes beinhalten insoweit eine erhebliche latente Gefahr für den politischen Betrieb, das Vertrauen der Gesellschaft in die Politik, in staatliche Institution und den Journalismus, bis hin zu negativen Folgen für den Ausgang von Wahlen und für internationale staatliche Beziehungen. So haben Deep Fakes beispielsweise bereits 2019 zu politischen Unruhen in Gabun und Malaysia geführt.[15] Dem Missbrauchspotential sind letztlich überhaupt keine Grenzen gesetzt. Denkbar wären u.a. gefälschte

---

[12] Vgl. *Col*, AI-Assisted Fake Porn Is Here and We're All Fucked, v. 11.12.2017, https://www. vice.com/en-us/article/gydydm/gal-gadot-fake-ai-porn.

[13] Ebenda.

[14] *Klaas*, Deepfakes are coming. We're not ready, v. 14.5.2019, wapo.st/31LQJj2.

[15] Vgl. dazu *Pramer/Sommavilla*, Wie Deepfakes unsere Wahrheit herausfordern, v. 21.6.2019, https://www.derstandard.at/story/2000104998299/wie-deepfakes-unsere-wahrheit-herausfordern; https://www.dw.com/de/gabuns-praesident-kehrt-nach-putschversuch-zuru eck/a-47083345.

Video- oder Audioaufnahmen von Staats- und Regierungschefs, mit welchen Militärschläge oder auch nur bloße Handelssanktionen angedroht werden, um entsprechende Reaktionen der betroffenen Staaten oder aber auch Unruhen in Teilen der Bevölkerung zu provozieren.[16] Zu beachten ist dabei, dass durch psychologische Faktoren, wie insbesondere die sog. Bestätigungsverzerrung, manipulierte audiovisuelle Inhalte von den Rezipienten eher für wahr gehalten und widersprechende Informationen ausgeblendet werden.[17] Diese Effekte werden zudem durch das Entstehen sogenannter Filterblasen auf sozialen Netzwerken noch potenziert.[18] Der gesellschaftliche Diskurs um die staatlichen Maßnahmen zur Bekämpfung der Corona-Pandemie sind ein eindrucksvoller Beleg dafür, dass ein nachhaltiges Misstrauen der Gesellschaft in Politik und staatliche Institutionen in eine sogenannte „Zero Trust Society" münden kann, die grundsätzlich alles in Frage stellt und auch bewiesenen Tatsachen keinen Glauben mehr schenkt.

Darüber hinaus können und werden manipulierte Deep Fakes aber zunehmend auch zu kriminellen Zwecken eingesetzt, und zwar sowohl zum Nachteil von Privatpersonen, als auch von Unternehmen. Die Hauptanwendungsbereiche sind dabei Betrugs- und Erpressungsfälle, speziell der sogenannte „C-Level-Fraud". In Zukunft wird zudem mit einer zunehmenden Manipulation von Authentisierungsverfahren mittels Deep Fakes zu rechnen sein. Die Erpressung von Einzelpersonen und Unternehmen ist beispielsweise mittels der Deep Fake Technologie dadurch ohne weiteres möglich, indem Gesichter und Stimmen in Mediendaten übertragen werden, welche die Personen dabei zeigen, wie sie fingierte Aussagen treffen. Im Bereich der sog. non-consensual Pornographie werden Deep Fakes bereits heute gegen Privatpersonen eingesetzt.[19] Die derzeit am häufigsten angewandte Methode ist der sog. „C-Level-Fraud", bei der die Stimme eines C-

---

[16] *Chesney/Citron*, Deep Fakes: A Looming Challenge for Privacy, Democracy, and National Security, S. 18, https://papers.ssrn.com/sol3/papers.cfm?abstract_id=3213954.

[17] https://www.behavioraldesign.de/verzerrungen-bias/bestaetigungsverzerrung-confirmation-bias/.

[18] Vgl. dazu *Schwartmann/Hermann/Mühlenbeck*, MMR 2019, S. 498.

[19] In diesen Fällen werden pornographische Deep Fakes eingesetzt, welche die Opfer angeblich in peinlichen Situationen zeigen, um für die nicht Weiterverarbeitung „Schweigegelder" zu erpressen. Vgl. dazu *Satter*, Experts: Spy used AI-generated face tool connect with targets, v. 13.6.2019, in: https://bit.ly/37fnaJm; *Swinhoe*, What ist spear pishing? Why targeted email attacks are so difficult to stop, v. 21.1.2019, in: https://www.csoonline.com/article/3334617/what-is-spear-phishing-why-targeted-email-attacks-are-so-difficult-to-stop.html.

Level-Managers nachgebildet und dafür eingesetzt wird, Mitarbeiter telefonisch zur Überweisung von Geldern anzuweisen.[20] Ein weiterer Anwendungsbereich ist schließlich noch die Herstellung sogenannter künstlicher Identitäten, die dann zur Überwindung von Authentifizierungsverfahren, zur Verbreitung von Spear Phishing Operationen oder sonstigen betrügerischen Aktivitäten eingesetzt werden.[21]

2 Strafbarkeit missbräuchlicher Deep Fakes

Als Anknüpfungspunkt für eine Strafbarkeit missbräuchlicher Deep Fakes bzw. strafrechtlich relevanter Tathandlungen kommen einerseits die Verbreitung und sonstige Verwendung von Deep Fakes, sowie andererseits bereits deren Herstellung in Betracht.

2.1 Strafbarkeit pornographischer Deep Fakes

Als Ansatz für eine Strafbarkeit im Bereich pornographischer Deep Fakes stehen sowohl deren unberechtigte Verbreitung, als auch bereits deren bloße Herstellung im Vordergrund.

2.1.1 Verletzung des höchstpersönlichen Lebensbereichs durch Bildaufnahmen § 201a StGB

Die Vorschrift des § 201a StGB schützt die Bestimmungsbefugnis der Person über Informationen ihres höchstpersönlichen Lebensbereichs als Teil des Allgemeinen Persönlichkeitsrechts und des Rechts auf informationelle Selbstbestimmung, bezogen auf Abbildung der Person durch Bildaufnahmen, wobei kommerzielle Interessen an der Verwertung des eigenen Bildes zumindest mittelbar mitgeschützt sind.[22] In Abs. 2 wird die unbefugte Zugänglichmachung einer Bildaufnahme einer Person an Dritte pönalisiert, wenn die Aufnahme geeignet ist, dem Ansehen der abgebildeten Person erheblich zu schaden. Von § 201a StGB umfasst sind sowohl Standbilder als auch Bildsequenzen, also Videos.[23] Dabei steht der Strafbarkeit nicht entgegen, dass zumeist nur Teile der verletzten Person, speziell das Gesicht tatsächlich abgebildet werden, da auch sog. Fotomontagen mitumfasst

---

[20] https://www.eulerhermes.de/presse/neue-betrugsmasche-fake-praesident-mit-stimmeni mitation.html; zur Warnung des BSI im Jahre 2017 vor der Betrugsmasche „CEO Fraud" mittels gefälschter E-Mails https://www.bsi.bund.de/DE/Presse/Pressemitteilung/Press e2017/CEOFraud10072017.html; *Stubb,* Fraudstar used AI to Mimic CEO's voice in Unusual Cybercrime Case, v. 30.8.2019, https://un.wsj.com/31LyThL.

[21] *Satter,* Experts: Spy used AI-generated face tool connect with targets, v. 13.6.2019, https://bit.ly/37fnaJm.

[22] *Fischer,* StGB 2020, § 201a Rn. 3 m. w. N.

[23] *Fischer,* StGB 2020, § 201a Rn. 23.

sind.[24] Das Tatbestandsmerkmal der Eignung zur erheblichen Ansehensschädigung ist bei missbräuchlich erstellten pornographischen oder sonstigen massiv persönlichkeitsrechtsverletzenden Deep Fakes ebenfalls unproblematisch gegeben, so dass die Zugänglichmachung an Dritte den Tatbestand des § 201a Abs. 2 StGB erfüllt. Soweit auf das vorgelagerte Herstellen abgestellt wird, kommt dem Wortlaut nach allein § 201a Abs. 1 Nr. 1 StGB in Betracht. Der Anwendungsbereich ist indes im räumlichen Schutzbereich der auf Bildaufnahmen auf solche Personen beschränkt, die sich zum Zeitpunkt der Aufnahme in Wohnungen oder in gegen Einblicke besonders geschützten Räumen befinden.[25] Die Verletzungshandlung des „Herstellens" bedeutet das Hervorbringen einer Bildaufnahme[26] und erfasst damit alle Handlungen zur Anfertigung einer Bildaufnahme mit technischen Mitteln durch die Speicherung des Motivs auf einem Datenträger.[27] Demgegenüber werden die den Aufnahmen nachgelagerten Bearbeitungen nicht mitumfasst.[28] Dies ist insoweit konsequent, als der spezifische Unrechtsgehalt in der bildlichen Perpetuierung der vergänglichen äußeren Erscheinung einer Person liegt.[29] Daraus folgt, dass die bloße Herstellung pornographischer Deep Fakes selbst nicht dem Herstellungsbegriff des § 201a Abs. 1 Nr. 1 StGB unterfällt.[30]

2.1.2 Strafbarkeit kinder- und jugendpornographischer Deep Fakes

In Bezug auf kinder- und jugendpornographische Deep Fakes sind primär die Straftatbestände der §§ 184b, 184c StGB einschlägig. § 184b StGB stellt die Verbreitung, den Erwerb und den Besitz kinderpornographischer Schriften unter Strafe. Die in den § 184b Abs. 1 Nr. 1 lit. a und Abs. 4, 184c Abs. 1 Nr. 1 lit. a und Abs. 4 StGB jeweils strafbewehrte Verbreitung und Herstellung kinder- und jugendpornographischer Schriften umfasst gemäß § 11 Abs. 3 StGB sowohl Fotos, als auch Videos und damit sämtliche Deep Fakes, die sexuelle Handlungen an und vor Kindern oder Jugendlichen zum Gegenstand haben. Dabei sind auch Darstellungen bloß wirklichkeitsnaher und rein fiktionaler Geschehnisse mitumfasst. Für den Begriff des Gegen-

---

[24] *Fischer*, StGB 2020, § 201a Rn. 5; *Graf*, in: MüKoStGB, § 201a Rn. 25.

[25] Auf diese Weise soll der Tatbestand auf Verletzungen eines letzten Rückzugsbereichs persönlicher Lebensäußerung begrenzt werden, BT-Drs. 15/2466, 5; vgl. auch *Fischer*, StGB 2020, § 201a Rn. 6.

[26] *Lackner/Kühl*, StGB, § 201a Rn. 4.

[27] *v. Heintschel-Heinegg*, BeckOK-StGB, § 201a Rn. 16.

[28] *Graf*, in: MüKoStGB, § 201a Rn. 25.

[29] *Lackner/Kühl*, StGB, § 201a Rn. 4; *v. Heintschel-Heinegg*, BeckOK-StGB, § 201a Rn. 16.

[30] Vgl. auch *Lantwin*, MMR 2020, S. 78 (79).

stands im Sinne des § 184b StGB kommt es nämlich weniger auf die Abbildung objektiver Gegebenheiten, als auf den Sinngehalt an.[31] Damit werden im Ergebnis kinder- und jugendpornographische Deep Fakes umfassend strafrechtlich sanktioniert, und zwar selbst dann, wenn sie lediglich künstlich generierte Personen enthalten.[32] Dies entspricht der gesetzgeberischen Intention, nämlich nicht nur den Schutz der tatsächlichen Opfer sexuellen Missbrauchs, sondern zugleich auch jegliche Anreize zu einer Nachahmung zu unterbinden.[33]

Zudem ist gemäß § 184d Abs. 2 S. 1, 2 StGB auch bereits der Konsum entsprechender Inhalte über Telemedien, also insbesondere das Internet, strafbar. Im Bereich der kinder- und jugendpornographischen Deep Fakes werden mithin bereits heute sämtliche Umgangs- und Verwendungsvarianten vom Herstellen bis zum Konsum – erfreulicherweise – einer Strafbarkeit unterworfen.[34]

2.1.3 Strafbarkeit gemäß §§ 106, 108 UrhG und § 33 KUG

Vor dem Hintergrund, dass für die Erstellung von Deep Fakes stets auf fremdes Bild- und/oder Videomaterial zurückgegriffen wird, kommt grundsätzlich auch eine Strafbarkeit wegen unerlaubter Verwertung urheberrechtlich geschützter Werke gemäß § 106 UrhG und unzulässigem Anbringen der Urheber gemäß § 107 UrhG in Betracht. Gemäß § 106 UrhG macht sich strafbar, wer ohne Einwilligung des Berechtigten ein Werk oder eine Bearbeitung oder Umgestaltung eines Werks vervielfältigt, verbreitet oder öffentlich wiedergibt. Für die Erstellung von Deep Fakes wird zwangsläufig stets auf ein als Lichtbild- oder Filmwerke im Sinne von § 2 Abs. 1 Nr. 5, 6 UrhG und Licht- oder Laufbilder im Sinne der §§ 72 Abs. 1, 95 UrhG zurückgegriffen, die den entsprechenden urheberrechtlichen Werk- oder Leistungsschutz genießen. Die widerrechtliche, nicht einverständliche Vervielfältigung, Verbreitung oder öffentliche Wiedergabe eines Werkes oder verwandten Schutzrechtsgegenstands oder auch nur die bloße Bearbeitung ist mithin durch die §§ 106 Abs. 1, 108 Abs. 1 Nr. 3, 7 UrhG mit Strafe belegt. Soweit für die Erstellung eines Deep Fakes auf fremdes Bild- oder Filmmaterial zurückgegriffen wird, stellt dies regelmäßig eine Bearbeitung im Sinne der §§ 3, 23 UrhG dar.[35] Das zumeist nachgelagerte Hoch- und/oder Herunterladen und/oder Versenden des Deep Fakes im Internet, speziell

---

[31] *Fischer*, StGB, § 184b Rn. 11.

[32] *Wittmer/Steinebach*, MMR 2019, S. 650.

[33] *Graf*, in: MüKoStGB, § 184b Rn. 16; *Lantwin*, MMR 2020, S. 78 (81).

[34] *Lantwin*, MMR 2020, S. 78 (80).

[35] *Lantwin*, MMR 2020, S. 78 (80).

über soziale Netzwerke, beinhaltet eine Vervielfältigung und/oder öffentliche Wiedergabe der Bearbeitung im Sinne der §§ 15 Abs. 1 Nr. 1 und Abs. 2 S. 1, 2, Nr. 2, 16 Abs. 1, 19a UrhG.[36] Auch das der Herstellung vorgelagerte Abspeichern des Ausgangsmaterials ist regelmäßig bereits für sich genommen zusätzlich eine strafbare Vervielfältigung des Originalwerks. Letztlich können damit fast alle vorgenannten Handlungen strafrechtlich relevant sein, wenn und soweit sie ohne Einwilligung des Berechtigten erfolgen und keiner der Schranken der §§ 44a ff. UrhG, speziell der Privatkopieschranke des § 53 Abs. 1, S. 1 UrhG, unterfallen.[37]

Die Vorschrift des § 33 KUG pönalisiert – ähnlich wie § 201a StGB – ausschließlich eine entgegen den §§ 22, 23 KUG erfolgte Verbreitung oder öffentliche zur Schaustellung von Bildnissen, nicht aber deren bloße Herstellung.[38] Wenn mit dem konkreten Deep Fake der Anschein erweckt wird, es werde ein authentisches Abbild einer Person dargestellt, unterliegen auch manipulierte oder künstlich generierte Aufnahmen dem Bildnisschutz der §§ 22, 33 KUG, da es für dessen Anwendbarkeit lediglich auf die Erkennbarkeit der abgebildeten Person ankommt.[39] Damit ist auch die Verbreitung identitätsmanipulierter Deep Fakes ohne Einwilligung der abgebildeten oder der identifizierbaren Person gem. § 33 KUG strafbar.[40]

2.2 Strafbarkeit politischer Deep Fakes

Im Anwendungsbereich politischer Deep Fakes kommen primär die Ehrverletzungsdelikte der §§ 185 ff. StGB in Betracht, während § 201a StGB von eher untergeordneter Bedeutung sein dürfte.[41] Darüber hinaus ist – sofern mit dem Deep Fake Verbreitung von Fake News mit dem entsprechenden Inhalt erfolgt – auch eine Strafbarkeit wegen Vortäuschen einer Straftat gemäß § 145d StGB und Volksverhetzung gemäß § 130 StGB denkbar.

2.2.1 §§ 185 ff. StGB

Deep Fake Videos sind geradezu prädestiniert dafür, sowohl die Verbreitung politischer Fake News, als auch deren Authentizität erheblich zu steigern. Diese Verbreitungsform bewirkt letztlich, dass sowohl Qualität als auch Wahrheitsgehalt von der Bevölkerung weitgehend nicht mehr geprüft werden. Sie sind deshalb besonders dazu geeignet, die öffentliche Meinung

---

[36] *Wandtke/Bullinger*, Urheberrecht, § 16 Rn. 19 m. w. N., und § 19a Rn. 22 f.

[37] *Lantwin*, MMR 2020, S. 79 (80).

[38] Zwischen § 201a StGB und § 33 KUG besteht Tateinheit im Sinne von § 52 StGB, vgl. *v. Heinschel-Heinegg*, BeckOK-StGB, § 201 Rn. 31.

[39] BVerfG, Beschl. v. 14.2.2005 – 1 BvR 240/04, NJW 2005, 3271 (3272).

[40] *Lantwin*, MMR 2020, S. 78 (79).

[41] Beispielhaft https://adultdeepfakes.com/political/.

zu verzerren und die Gesellschaft zu destabilisieren. Im Vergleich zu mündlichen Behauptungen falscher Tatsachen bergen digital verbreitete Fake News im besonderen Maße Gefahren für den Prozess der öffentlichen Meinungsbildung und den Ehrenschutz betroffener Personen. Das deutsche Strafrecht kennt gleichwohl bislang keinen eigenen Tatbestand der Verbreitung von Fake News. Bei politischen Deep Fakes kommt inhaltlich als Anknüpfungspunkt für strafrechtlich relevantes Verhalten regelmäßig das „In-den-Mund-Legen" von politischen Statements und das Erfinden von Vorkommnissen in Betracht. Das „In-den-Mund-Legen" von politischen Statements ist bereits jetzt eine in der Praxis aktuell relevante Fallgruppe.[42]

Während die üble Nachrede in § 186 StGB und Verleumdung in § 187 StGB die ehrenverletzenden Tatsachenäußerungen gegenüber Dritten sanktioniert, erfasst die Beleidigung gemäß § 185 StGB die Äußerungen von Tatsachen gegenüber den Betroffenen selbst und die Äußerungen von Werturteilen gegenüber Dritten.[43] Es handelt sich bei Fake News in der Regel um Tatsachenbehauptungen gegenüber Dritten, die bei Vorsatz des Täters bezüglich der Falschheit („wider besseren Wissens") als Verleumdung und bei fehlendem Vorsatz als üble Nachrede strafbar sein können. Durch § 187 StGB wird nur die Behauptung von Tatsachen erfasst, also Vorgänge der Vergangenheit oder Gegenwart, die dem Beweis zugänglich sind.[44] Die Tatsache muss zudem geeignet sein, den Betroffenen verächtlich zu machen oder in der öffentlichen Meinung herabzuwürdigen, sie muss also ehrverletzend sein.[45] Damit kommt es darauf an, ob die politische Meinungen/Statements, die den Politikern konkret „in den Mund gelegt" werden, geeignet sind, den Betroffenen in der öffentlichen Meinung herabzuwürdigen. Die Beurteilung kann sich im Einzelfall als schwierig erweisen. Eindeutig ehrverletzend sind Fallgestaltungen, in der behauptet wird, der Betroffene habe eine Straftat begangen und eindeutig nicht Behauptungen gegeben sind, die den Wertungen der Verfassung und/oder des geltenden Rechts entsprechen.[46] Die Rechtsprechung stellt – anders als die Literatur – diesbezüglich häufig nicht auf eine möglicherweise tatsächlich erfolgte

[42] Beispielhaft https://www.youtube.com/watch?v=Ho9h0ouemWQ.

[43] *Regge/Pegel*, in: MüKoStGB, § 185 Rn. 3.

[44] BVerfG, Beschl. v. 12.11.2002 – 1 BvR 232/97, NJW 2003, 660 (661); BGH, Urt. v. 17.11. 2009 – VI ZR 226/08, NJW 2010, 760 (761); *Lackner/Kühl*, StGB, § 186 Rn. 3.

[45] *Fischer*, StGB, § 186 Rn. 4 m. w. N.

[46] *Hoven/Krause*, JuS 2017, S. 1167 (1168).

Herabsetzung ab, sondern orientiert sich an der Entscheidung der Rechtsordnung.[47] Der im Weiteren für eine Strafbarkeit notwendige Drittbezug („in Beziehung auf einen anderen") ist bei politischen Deep Fakes stets gegeben, da die Äußerungen bei dieser Verbreitungsform von Fake News stets gegenüber einer anderen Person als den Betroffenen erfolgen soll und auch erfolgt. Eine Strafbarkeit wegen übler Nachrede gemäß § 186 StGB wegen Behauptung unwahrer Tatsachen setzt noch voraus, dass die objektive Bedingung der Strafbarkeit der Nichterweislichkeit der Wahrheit vorliegt und vom Vorsatz des Täters mitumfasst ist. Hier können sich im Einzelfall daraus (Nachweis-) Probleme ergeben, wenn der Täter geltend macht, er erachte die transportierten Fake News inhaltlich für wahr.

Für das Erfinden von Vorkommnissen mittels Deep Fakes ergeben sich keine Besonderheiten, es gelten die vorstehenden Erwägungen entsprechend.

2.2.2 § 130 StGB

Darüber hinaus kommt aber – in Abhängigkeit von dem Inhalt – zusätzlich auch eine Strafbarkeit wegen Volksverhetzung gemäß § 130 StGB in Betracht. Während nach § 130 Abs. 1 StGB die Tathandlung konkret geeignet sein muss, den öffentlichen Frieden zu stören, ist § 130 Abs. 2 StGB ein abstraktes Gefährdungsdelikt, das die Herstellung, Verbreitung der in den Nr. 1 a-c bezeichneten Inhalte mittels Telemedien oder Rundfunk pönalisiert.[48] Tathandlung des § 130 StGB ist das Aufstacheln zum Hass gegen eine Bevölkerungsgruppe oder einzelne ihrer Angehöriger. Fraglich ist, ob und inwieweit auch scheinbar neutral formulierte Deep Fakes von § 130 mitumfasst sein können. Dabei ist es für die Gefährdung des öffentlichen Friedens nicht entscheidend, auf welche Weise der Hass gegen bestimmte Bevölkerungsgruppen geschürt wird; entscheidend ist die Ergebnisintention, nicht aber die gewählte Form der Äußerung.[49] Demgegenüber kann eine wahrheitsgemäße Berichterstattung nicht den Tatbestand des § 130 StGB verwirklichen, selbst wenn sie tatsächlich zur Erzeugung eines feindseligen Klimas geeignet ist und darauf abzielt.[50] Soweit der Täter mittels Deep Fakes eine Falschmeldung über das Internet und damit über ein „Telemedium" im Sinne von § 130 Abs. 2 Nr. 2 StGB verbreitet, ist der Tat-

---

[47] OLG Karlsruhe, Urt. v. 25.11.2004 – 3 Ss 81/04, NJW 2005, 612 (613); *Fischer*, StGB, § 186 Rn. 5; *Regge/Pegel*, in: MüKoStGB, § 186 Rn. 14. Ausführlich zur Frage der ehrverletzenden Wirkung bei Fake News *Hoven/Krause*, JuS 2017, S. 1167 (1168).

[48] Darin zeigt sich, dass dieser geschützt ist, vgl. BGH, BGH, Urteil vom 15. Dezember 1994 – 1 StR 656/94, NJW 1995, 340 (341); BT-Drs. 15 /5051; *Lackner/Kühl*, StGB, § 130 Rn. 1.

[49] *Hoven/Krause*, JuS 2017, S. 1167 (1169).

[50] *Sternberg-Lieben*, in: Schönke/Schröder, StGB, § 130 Rn. 5a; *Fischer*, StGB, § 130 Rn. 8.

bestand bereits erfüllt, ohne dass weitere Voraussetzungen vorliegen müssen. Demgegenüber muss für den schwerer wiegenden Tatbestand § 130 Abs. 1 StGB die Tat zusätzlich geeignet sein, den öffentlichen Frieden zu stören. Öffentlicher Frieden meint einen objektiven Zustand allgemeiner Rechtssicherheit und das subjektive Bewusstsein der Bevölkerung, in Ruhe und Frieden zu leben.[51] Das Aufstacheln ist nur dann zur Friedensstörung geeignet, wenn sie sowohl ein quantitatives, als auch ein qualitatives Element aufweist. Dies hat der BGH für Veröffentlichungen im Internet wegen des zumeist unbegrenzten Empfängerkreises ohne Weiteres bejaht.[52] Schließlich wird bei Äußerungen, welche die sonstigen Voraussetzungen des § 130 Abs. 1 StGB erfüllen, im Einzelnen stets zu prüfen sein, ob sie so massiv diskriminierend wirken, dass sie tatsächlich eine Störung des öffentlichen Friedens befürchten lassen.[53]

2.2.3 § 145d StGB

Eine Strafbarkeit wegen Vortäuschen einer Straftat gemäß § 145d Abs. 1 Nr. 1 StGB kommt dann in Betracht, wenn mittels der Deep Fakes fälschlicherweise auf die Begehung einer schweren Straftat hingewiesen wird. Die Vorschrift § 154d StGB, welche die Polizei und die Organe der Strafjustiz vor ungerechtfertigter Inanspruchnahme schützen will,[54] setzt allerdings voraus, dass der Täter „einer Behörde oder einer zur Entgegennahme von Anzeigen zuständigen Stelle" die Begehung einer rechtswidrigen Tat vortäuscht. Auch wenn der Täter durch die Veröffentlichung von Deep Fakes im Internet keinen direkten Kontakt zu einer Ermittlungsbehörde aufnimmt, kann er dennoch die Tatbegehung „vortäuschen", sofern er annimmt, dass die Fake News zur Kenntnis der Ermittlungsbehörde kommt oder gebracht wird.[55] Der Täter macht – zumindest bei einer Verbreitung der Deep Fakes über das Internet – die entsprechende Falschinformation einer breiten Öffentlichkeit zugänglich und gibt sie gleichsam aus der Hand und muss deshalb damit rechnen, dass die Meldung so ernst genommen wird, dass die Polizei über eine vermeintliche Straftat informiert wird.

2.2.4 § 111 StGB

Werden demgegenüber Deep Fakes dazu genutzt, zu der Begehung von Straftaten aufzustacheln, kann in der Verbreitung derartiger Deep Fakes eine öffentliche Aufforderung zu Straftaten im Sinne von § 111 StGB liegen.

---

[51] *Fischer*, StGB, § 126 Rn. 3.

[52] BGH, Urt. v. 12.12.2000 – 1 StR 184/00, NJW 2001, 624 (626).

[53] *Hoven/Krause*, JuS 2017, S. 1169 (1170).

[54] *Fischer*, StGB, § 145d Rn. 2.

[55] *Hoven/Krause*, JuS 2017, S. 1167 (1170); *Valerius*, in: BeckOKStGB, § 145d Rn. 6; *Fischer*, StGB, § 145d Rn. 2.

Die Tathandlung setzt allerdings ein „Auffordern" voraus, welches von einem Befürworten abzugrenzen ist.[56] Konstitutives Merkmal ist insoweit der Appellcharakter;[57] notwendig ist eine Erklärung, das andere etwas tun oder unterlassen sollen, also eine an die Motivation Dritter gerichtete Erklärung, die erkennbar ein bestimmtes Tun verlangt.[58]

Die Verbreitung einer wahrheitswidrigen „Wahlpropaganda" mittels Deep Fakes ist demgegenüber nicht vom Tatbestand der Wahltäuschung gemäß § 108a StGB mitumfasst,[59] denn die Vorschrift umfasst nur täuschungsbedingte, sich auf das Wahlverhalten unmittelbar auswirkende Irrtümer, nicht jedoch die der Wahlentscheidung zu Grunde liegende, täuschungsbedingte Motivirrtümer.[60]

2.3 Strafbarkeit Herstellung und Verbreitung sonstiger Deep Fakes

2.3.1 §§ 263, 263a StGB

Soweit missbräuchliche Deep Fakes für die Begehung von Betrugs-, Urkundenfälschungs-, Nötigungs- und/oder Erpressungsstraftaten, beispielsweise zum Zwecke eines vorstehend skizzierten „C-Level-Frauds" eingesetzt werden, ergeben sich in Bezug auf die gesetzlichen Voraussetzungen der jeweiligen Tatbestände keine Besonderheiten.[61] Soweit der Täter einen Deep Fake verwendet, um technische Sicherheitsvorkehrungen speziell Authentifizierungsverfahren (namentlich Face-ID, Spracherkennung) zu überwinden, könnte er sich zudem gemäß § 263a Abs. 1 Var. 2, 3 StGB wegen Computerbetruges strafbar machen. Dieser Betrug in Form einer Verwendung unrichtiger oder unvollständiger Daten umfasst Fälle sog. Inputmanipulation. Die Daten sind unrichtig, wenn der durch sie vermittelte Informationsgehalt keine Entsprechungen in der Wirklichkeit hat; unvollständig sind sie, wenn sie den zu Grunde liegenden Lebenssachverhalt erkennen lassen.[62] Die Daten sind verwendet, wenn sie in ein Datenverarbeitungsgerät eingebracht werden.[63] Danach wäre der Tatbestand beispielsweise erfüllt, wenn mittels eines Video- und/oder Audio-Deep-Fakes ein Authentifizierungsverfahren überlistet wird, um sodann eine Vermögensverfügung

---

[56] Vgl. dazu ausführlich *Ostendorf/Frahm/Doege*, NStZ 2012, S. 529.

[57] Str. vgl. *Ostendorf/Frahm/Doege*, NStZ 2012, S. 529.

[58] *Fischer*, StGB, § 111 Rn. 4.

[59] *Lantwin*, MMR 2020, S. 78 (81).

[60] *Fischer*, StGB, § 108a Rn. 1.

[61] *Lantwin*, MMR 2020, S. 78 (80), mit dem Hinweis, dass die relevanten Straftatbestände Technologie offen formuliert sein.

[62] *Wohlers*, in: MüKoStGB, § 263a Rn. 27; *Cramer/Perron*, in: Schönke/Schröder, StGB, § 263a Rn. 6 m. w. N.

[63] BGH, Beschl. v. 22.1.2013 – 1 StR 416/12, BGHSt 58, 119.

zu veranlassen. Dem ließe sich nun entgegenhalten, dass die für die Herstellung des Deep Fakes genutzten Datengrundlagen für sich genommen
nicht falsch bzw. manipuliert sind und lediglich nur richtige Daten zusammen zu einer Collage zusammengeführt werden. Dieser Umstand ändert
indes nichts daran, dass es bei einer möglichen Strafbarkeit gemäß § 263a
Abs. 1 Var. 3 StGB wegen sonstiger unbefugter Einwirkung verbleibt. Die
für die Erfüllung dieses Tatbestands nach ständiger Rechtsprechung gebotene betrugsnahe Auslegung wäre unproblematisch gegeben, denn der
Deep Fake würde dazu eingesetzt, die Maschine „zu täuschen", wodurch
diese dann einem „Irrtum" unterliegt. In Abgrenzung zu Var. 2 setzt Var. 3
des § 263a Abs. 1 StGB die Verwendung von richtigen Daten voraus.[64] Eine
Täuschung begeht derjenige, der über einen Mangel seiner Verwendungs-
berechtigung schweigt, beispielsweise wenn mit Methoden des Phishing
geheime Zugangsdaten eines Kontoinhabers für den Kontozugriff im Online-Banking erlangt wurden. Die Rechtsprechung stellt darauf ab, ob die
Handlung – wäre sie gegenüber einer natürlichen Person erfolgt – Täu-
schungscharakter gehabt hätte.[65] Die für eine Tatbestandsverwirklichung
erforderliche Äquivalenz wird in diesem Kontext durch ein quasi sachge-
dankliches Mitbewusstsein der Maschine ersetzt, wenn sich im Programm
Ansätze zu einer Kontrolle finden.[66] Die Verwendung eines maschinellen
computergestützten oder sonstigen automatisierten Authentifizierungs-
verfahrens zum Zwecke von Vermögensverfügungen erfüllt nach alledem
jedenfalls zumindest den Tatbestand des § 263a Abs. 1 Var. 3 StGB.

2.3.2 § 269 StGB

Denkbar wäre schlussendlich noch eine Strafbarkeit wegen Fälschung be-
weiserheblicher Daten gem. § 269 StGB. Vom Schutzgegenstand der Vorschrift erfasst sind Daten, soweit sie beweiserheblich sind, also wenn sie
dazu bestimmt sind, im Rechtsverkehr für rechtlich erhebliche Tatsachen
benutzt zu werden.[67] Schutzobjekt der Vorschrift ist eine „Datenurkunde",
d.h. es muss eine Erklärung vorliegen, die nach ihrem Gegenstand und auf
Grund der Erkennbarkeit unmittelbare Rechtswirkung entfaltet.[68] Die Tathandlung der Speicherung oder Veränderung ist danach nur strafbar, wenn
bei Wahrnehmung der manipulierten Daten eine unechte oder verfälschte
Urkunde vorliegen würde.[69] Letzteres muss bei manipulierten Deep Fakes
bezweifelt werden, eine Urkundengleichheit ist hier eher fernliegend. Denn

---

[64] *Fischer*, StGB, § 263a Rn. 9.

[65] BGH, Beschl. v. 16.7.2015 – 2 StR 16/15, MMR 2016, 66.

[66] *Fischer*, StGB, § 263a Rn. 11a.

[67] *Fischer*, StGB, § 269 Rn. 4.

[68] *Erb*, in: MüKoStGB, § 269 Rn. 8.

[69] BGH, Beschl. v. 27.7.2017 – 1 StR 412/16, K&R 2018, 793.

selbst wenn der Deep Fake (später) entsprechend eingesetzt werden soll, handelt es sich dabei nicht um eine Erklärung, die ihrem Gegenstand nach und auf Grund der Erkennbarkeit des Erklärenden unmittelbar Rechtswirkung entfaltet. Die Anwendung eines Deep Fakes zur Täuschung im Rechtsverkehr ist nicht mit den in der Rechtsprechung bisher entschiedenen Fällen vergleichbar, wie beispielsweise die Unterschrift auf einem digitalen Lasergerät, elektronischen Steuererklärungen oder das Herstellen wiederaufladbarer Telefonkarten.[70]

2.3.3 § 42 BDSG

Sowohl die Gesichtszüge einer Person als auch deren Stimme sind jeweils personenbezogene Daten im Sinne des Art. 4 Nr. 1 DSGVO, weshalb stets auch eine Strafbarkeit gemäß § 42 BDSG in Betracht kommt. Danach ist eine ohne Berechtigung und in Drittschädigungsabsicht erfolgte Verarbeitung nicht allgemein zugänglicher personenbezogener Daten nach § 42 Abs. 2 Nr. 1 BDSG strafbar, wobei allerdings gemäß § 15 StGB nur vorsätzliches Handeln sanktioniert wird. Probleme können sich im Hinblick auf das Tatbestandsmerkmal nicht allgemein zugänglicher personenbezogener Daten ergeben,[71] weil für die Erstellung von Deep Fakes häufig auf öffentlich zugängliches Material zurückgegriffen wird. In derartigen Fällen scheidet eine Strafbarkeit gemäß § 42 Abs. 2 Nr. 1 BDSG aus. Der Begriff der Verarbeitung im Sinne des Art. 4 Nr. 7 DSGVO ist weit auszulegen, so dass nahezu jeder Vorgang von der Speicherung des Ausgangsmaterials über die Herstellung des Deep Fakes bis hin zu dessen Verbreitung umfasst sein dürfte. Hinzu kommt aber weiter, dass zusätzlich eine Drittschädigungsabsicht, also dolos directus ersten Grades erforderlich ist, die Schädigung der dargestellten Person aber häufig nicht immer das primäre Ziel bei der Erstellung und Verwendung des jeweiligen Deep Fakes sein dürfte.[72]

3 Regelungsbedarf de lege lata

Die vorstehend skizzierten Ungleichmäßigkeiten bei der strafrechtlichen Bewertung von Deep Fakes haben bereits vereinzelt zu dem Ruf nach einer eigenständigen strafrechtlichen Sanktionierung der Verbreitung und auch Herstellung missbräuchlicher Dees Fakes geführt.[73] In Anlehnung an das in einigen US-amerikanischen Staaten verankerte strafbewehrte Verbot der unberechtigten Nachahmung von Personen, sog. „False in Personation", welches die wissentliche, glaubwürdige Nachahmung einer Person über das

---

[70] Zu Fallbeispielen aus der Praxis vgl. *Fischer*, StGB, § 269 Rn. 5.

[71] Vgl. dazu *Nolde*, in: *Taeger/Gabel*, DSGVO BDSG, § 42 Rn. 2 ff.

[72] *Nolde*, in: Taeger/Gabel, DSGVO/BDSG, § 42 Rn. 11; *Lantwin*, MMR 2020, S. 78 (82).

[73] *Lantwin*, MMR 2020, S. 78 (81).

Internet in der Absicht, diese zu schädigen, zu bedrohen oder zu betrügen, verbietet, wird im Interesse und zum Zweck einer einheitlichen Behandlung missbräuchlicher Deep Fakes die Einführung eines entsprechenden Tatbestandes befürwortet.[74] Es soll konkret die Zugänglichmachung einer nicht einverständlichen, glaubwürdigen Nachahmung einer Person gegenüber Dritten unter Strafe gestellt werden, wenn diese zur Täuschung im Rechtsverkehr, in Schädigungsabsicht, zur Einschüchterung einer Person, zu Aufstachelung zu Gewalttaten oder zur Provokation von erheblichen Unruhen in der Bevölkerung geschieht und der Täter von der fehlenden Echtheit des Inhalts Kenntnis hat.

Damit würde – anders als nach der gegenwärtigen Rechtslage – bereits die Herstellung entsprechender Inhalte strafrechtlich sanktioniert werden, soweit diese zu den vorgenannten Zwecken erfolgt. Zur Begründung wird angeführt, es läge im Bereich nicht konsensualer Herstellung von pornographischen Deep Fakes eine massive Verletzung des allgemeinen Persönlichkeitsrechts vor. Deshalb sei es vertretbar, im Rahmen der Pönalisierung derselben sowohl bei der Verbreitung, als auch bei der Herstellung auf das Erfordernis einer überschießenden Innentendenz zu verzichten.[75] Um diese Fälle strafrechtlich greifbar zu machen, sei es sachgerecht, das Tatbestandsmerkmal aus § 201a Abs. 2 StGB der Eignung zu erheblichen Ansehensschädigung als Tatbestandsalternative neben den zuvor benannten Absichtselementen treten zu lassen.

Eine Pönalisierung des Herstellens und Verbreitens von Deep Fakes im Wege eines Straftatbestandes der unberechtigten Nachahmung ist im Ergebnis abzulehnen. Es besteht weder ein Bedürfnis, noch lässt sich ein solcher Straftatbestand – auch in der vorstehend skizzierten Gestaltung – mit dem das Deutsche Strafrecht beherrschenden Grundsatz des Tatstrafrechts in Einklang bringen.[76] Die glaubwürdige Nachahmung und Zugänglichmachung einer Person zu missbräuchlichen Zwecken mittels Deep Fakes gegenüber Dritten ist – wie oben gezeigt – bereits de lege lata ausreichend unter Strafe gestellt ist. Soweit sich Unterschiede in Bezug auf die Voraussetzungen und den Umfang der Sanktionierungen ergeben, erweisen sich diese bei näherer Betrachtungsweise im Hinblick auf Unterschiede in Bezug auf das jeweils betroffene und von der einschlägigen Strafrechtsnorm geschützte Rechtsgut und Unterschiede in Bezug auf das Ausmaß des eingetretenen oder zu erwartenden Schadens auch als gerechtfertigt. Besonders problematisch erscheint es, bereits den Herstellungsakt unter Strafe zu

---

[74] *Lantwin*, MMR 2020, S. 78 (81).

[75] *Lantwin*, MMR 2020, S. 78 (81).

[76] *Eisele*, in: Schönk/Schröder, StGB, vor §§ 13 ff. Rn. 3; *Roxin*, Strafrecht Allgemeiner Teil, Bd. 1, § 6 Rn. 13.

stellen, und zwar selbst dann, wenn die Herstellung zu missbräuchlichen Zwecken erfolgt. Das bloße Herstellen von Deep Fakes beinhaltet für sich genommen noch keine, jedenfalls keine „massive", Verletzung des allgemeinen Persönlichkeitsrechts.[77] Vielmehr tritt eine solche schwerwiegende Persönlichkeitsrechtsverletzung tatsächlich erst mit der Verbreitung bzw. dem Zugänglichmachen desselben gegenüber Dritten ein, so dass der Herstellungsprozess vielmehr dem Bereich der – grundsätzlich straflosen – Vorbereitungshandlung zuzuordnen ist. Eine Verletzung des Allgemeinen Persönlichkeitsrechts durch das Herstellen von Deep Fakes liegt allenfalls bei pornographischen Deep Fakes vor. Es darf allerdings bezweifelt werden, ob die durch die Anfertigung des Deep Fakes bewirkte Rechtsgutsverletzung bereits vom Ausmaß her eine strafrechtliche Sanktionierung gebietet.

In allen übrigen Fällen einer unberechtigten Nachahmung dürfte eine Rechtsgutsverletzung demgegenüber nicht bereits durch den Herstellungsprozess bewirkt werden. Die Herstellung erweist sich vielmehr als bloße Vorbereitungshandlung. Die Ausweitung der Strafbarkeit von einer Rechtsgutsverletzung auf eine Rechtsgutsgefährdung mittels Vorverlagerung der Strafbarkeit in den Bereich der Vorbereitungshandlung ist jedoch grundsätzlich mit Zurückhaltung zu begegnen. Es gilt grundsätzlich das Prinzip der Straflosigkeit von Vorbereitungshandlungen, auch wenn anerkannt ist, dass der Gesetzgeber hierzu Ausnahmen schaffen kann.[78] Entsprechende Ausnahmen dürfen nur geschaffen werden, wenn strafrechtliches Unrecht in einem Ausmaß gegeben ist, welches die Kriminalisierung der Vorbereitungshandlungen als legitim rechtfertigt. Dies kann und muss für den bloßen Herstellungsprozess mehr als bezweifelt werden, erst Recht, wenn auf eine überschießende Tendenz verzichtet werden soll. Die vorstehenden Ausführungen oder ein Blick in die Praxis zeigen, dass der eigentliche relevante Schadenseintritt für das allgemeine Persönlichkeitsrecht mittels Deep Fakes erst mit der Zugänglichmachung an Dritte und deren Verbreitung erfolgt.

Dies muss erst recht gelten für Bestrebungen in Bezug auf eine strafrechtliche Sanktionierung von politischen Deep Fakes. Derartige Regelungen würden erheblich in den Kernbereich des öffentlichen Meinungskampfs eingreifen und berühren damit sogleich die Rechte auf freie Meinungsäußerung, sowie die Kunst- und Satirefreiheit, die durch Art. 5 Abs. 1 S. 1, Abs. 3 GG grundrechtlich geschützt sind. Ein regulierender staatlicher Eingriff in den Meinungskampf birgt stets die Gefahr einer exzessiven Beschneidung zulässiger Meinungsbekundungen. Vor diesem Hintergrund

---

[77] Anderer Auffassung *Lantwin*, MMR 2020, S. 78 (81); Lantwin, MMR 2019, S. 574 (577 f).

[78] Vgl. dazu ausführlich *Petzsche*, ZStrW 2019, S. 576 (584).

sind Strafgesetze, wie sie in einigen US-Bundesstaaten mittlerweile erlassen wurden und welche u.a. auch die Herstellung und Verbreitung von Deep Fakes von Politikern in unmittelbaren Wahlkampfzeiten untersagt,[79] kategorisch abzulehnen. Für eine effektive Bekämpfung politischer Manipulation mittels Deep Fakes erscheint vielmehr die Aufklärung und Sensibilisierung der Gesellschaft und Bevölkerung, speziell die Förderung von Medienkompetenz, als weitaus effektiver als eine Ausweitung des bestehenden Straftatenkatalogs. Dies umso mehr, als dass die Ausweitung der Strafbarkeit ihrerseits ein Vertrauensverlust auf Seiten der Bevölkerung in die Politik bewirken könnte. Als flankierende Maßnahme gilt es zudem, die technischen Erkennungsmethoden weiter voranzutreiben.[80]

4 Fazit

Der Begriff „Deep Fake" bezeichnet täuschend echt wirkende Bild-, Audio- und/oder auch Videomanipulation, die mittels künstlicher Intelligenz hergestellt oder modifiziert wurden. Die zu Grunde liegende Technologie ermöglicht es, jede denkbare Person in Situationen zu versetzen, in welche Dinge sagt, die sie tatsächlich nie gesagt hat oder in denen sie Dinge tut, die sie tatsächliche nie getan hat. Neben einer Vielzahl positiver Anwendungsbereiche eröffnet die Deep Fake-Technologie enorme Missbrauchspotentiale. Daraus resultiert vor allem eine Gefahr für die Persönlichkeitsrechte von Personen, aber auch für den politischen Betrieb, das Vertrauen der Gesellschaft in die Politik, in staatliche Institutionen und die Presse. Letzteres umso mehr, als dass Deep Fakes es ermöglichen, das Phänomen der „Fake News" oder „alternative Fakten" qualitativ zu verstärken und deren Glaubwürdigkeit zu erhöhen. Darüber hinaus werden Deep Fakes zunehmend auch zu kriminellen Zwecken eingesetzt, und zwar sowohl zum Nachteil von Privatpersonen, als auch von Unternehmen. Die Verwendung und insbesondere Verbreitung missbräuchlicher Deep Fakes wird bereits in weiten Teilen de lege lata unter Strafe gestellt. Speziell die Verwendung von Deep Fakes zu vermögensschädlichen Straftaten, beispielsweise zum Zwecke des „C-Level-Frauds" oder der Überwindung von automatischen Authentifizierungsverfahren in der Absicht einer rechtswidrigen Bereicherung erscheint ausreichend strafrechtlich sanktioniert. Dasselbe gilt auch für persönlichkeitsrechtsverletzende Deep Fakes sowohl mit pornographischem als auch sonstigem Inhalt. In diesen Anwendungsbereichen ist allerdings zumeist nur die Verbreitung und nicht zugleich auch die Herstellung

---

[79] Siehe dazu MMR-Aktuell 2019, 421 (493).

[80] Zu den entsprechenden Studien/Arbeitsgruppen der Bundesregierung zum Thema Deep Fake vgl. Antwort der Bundesregierung „Geschäfte in der Bundesregierung mit Deep Fakes", BT-Drs. 19/15657.

strafbar, und zwar unabhängig vom jeweiligen Inhalt. Eine strafrechtliche Sanktionierung des Herstellungsvorgangs ist ausschließlich für kinder- und jugendpornographische Deep Fakes gegeben. Eine eigenständige Pönalisierung des Herstellens und Verbreitens im Wege eines neu zu schaffenden Straftatbestandes der unberechtigten Nachahmung ist nicht geboten. Es besteht hierfür weder ein sachliches Bedürfnis, noch ließe sich ein solcher Straftatbestand mit dem Grundsatz des Tatstrafrechts in Einklang bringen. Vielmehr erscheinen die Aufklärung und Sensibilisierung der Gesellschaft sowie die Fort- und Weiterentwicklung von technischen Erkennungsmethoden als sachgerechte Mittel.

Literatur

Fischer, Thomas: Strafgesetzbuch mit Nebengesetzen, Kommentar, 67. Aufl., München 2020.

Heintschel-Heinegg, Bernd: Strafgesetzbuch: StGB, Online Kommentar, 3. Aufl., München 2018.

Hoven, Elisa/Krause, Melena: Die Strafbarkeit der Verbreitung von „Fake News", JuS 2017, S. 1167-1170.

Joecks, Wolfgang/Miebach, Claus: Münchener Kommentar zum StGB, 3. Auf., München 2017.

Kühling, Jürgen/Buchner, Benedikt: Datenschutz-Grundverordnung, Bundesdatenschutzgesetz, 2. Aufl., München 2018.

Lackner, Kahl/Kühl, Kristian: Strafgesetzbuch: StGB, Kommentar, 29. Aufl., München 2018.

Lantwin, Tobias: Strafrechtliche Bekämpfung von missbräuchlicher Deep Fakes, MMR 2020, S. 78-82.

Lantwin, Tobias: Deep Fakes – Düstere Zeiten für den Persönlichkeitsschutz?, MMR 2019, S. 574-578.

Ostendorf, Heribert/Frahm, Lorenz/Doege, Felix: Internetaufrufe zur Lynchjustiz und organisiertes Mobbing, NStZ 2012, S. 529-538.

Petzsche, Anneke: Die Kriminalisierung von Vorbereitungshandlungen – Abschied vom Tatstrafrecht, ZStW 2019, S. 576-594.

Schönke, Adolf/Schröder, Horst (Begr.): Strafgesetzbuch, Kommentar, 30. Aufl., München 2019.

Schwartmann, Rolf/Hermann, Maximilian/Mühlenbeck, Robin: Eine Medienordnung für Intermediäre, MMR 2019, S. 498-502.

Taeger, Jürgen/Gabel, Detlev (Hrsg.): DSGVO – BDSG, Kommentar, 3. Aufl., Frankfurt/M. 2019.

Wandtke, Artur-Axel/Bullinger, Winfried: Praxiskommentar Urheberrecht: UrhR, Kommentar, 5. Aufl., München 2019.

Wittmer, Sandra/Steinbach, Martin: Computergenerierte Kinderpornografie zu Ermittlungszwecken im Darknet, MMR 2019, S. 650-653.

CAR-FORENSIK UND DATENSCHUTZ

RA Dr. Florian Deusch, FA für IT-Recht

Anwaltskanzlei Dr. Gretter
deusch@gretter-rae.de

Prof. Dr. Tobias Eggendorfer, Professor für IT-Sicherheit

Hochschule Weingarten
tobias.eggendorfer@hs-weingarten.de

Zusammenfassung

Aus Sicht der IT-Forensik analysiert die Car-Forensik die Daten diverser Computer und Sensoren, mit denen ein Fahrzeug ausgestattet ist, um den Fahrzeugzustand in einer bestimmten Situation zu rekonstruieren. Dies hilft Ermittlern, Unfälle, aber auch Straftaten, bei denen Autos beteiligt sind, vom Bankraub über das Deponieren der Leiche nach Mord bis zum Fahrzeugdiebstahl, aufzuklären. Fahrzeughersteller können diese Arbeit unterstützen, indem sie die Bordcomputer so ausstatten, dass sie Daten dokumentiert speichern und über definierte Schnittstellen bereitstellen. Oft sind solche Ermittlungen im Interesse des Eigentümers, des Fahrers, der Polizei und des Herstellers. Dieser Aufsatz untersucht die datenschutzrechtlichen Grundlagen dieses Vorgehens.

1 Daten und Begehrlichkeiten in der Car-Forensik

Fahrzeughersteller und deren Erstausrüster entwickeln derzeit Technologien, die im Bordcomputer des Fahrzeugs verschiedene Daten zur Fahrsituation speichern. Das können Informationen wie Drosselklappenstellung, Fahrgeschwindigkeit, Benzindruck, Luftdruck auf den Rädern sowie die physikalischen Kraftwirkungen in Bezug auf die Räder, Krafteinwirkung des (Fahrt-) Windes, Sitzbelegung, Scheibenstellung usw. sein. Diese Informationen können Elemente einer forensisch belastbaren Unfallrekonstruktion sein, aber auch z.B. beim Auffinden eines Fahrzeuges nach einer Straftat zur Rekonstruktion des Tatablaufs relevant sein.[1] Die EU-Verordnung 2019/2144 (beschlossen am 27.11.2019) schreibt vor, dass zwischen 2022 und 2029 schrittweise Unfalldatenspeicher in jedes neu zugelassene KfZ eingebaut werden. Die Auswertung dieser Unfalldaten soll allerdings

---

[1] Siehe bereits *Hiemer*, Model Based Detection and Reconstruction of Road Traffic Accidents, Diss. 2005, p. 4, 13, 22, 26, 35, 42, 45; zudem *Vinzenz*, Forensic Investigations in Vehicle Data Stores, Masterarbeit; *Reiter/Methner*, InTeR 2015, S. 29-34; zur Auswertung von Fahrzeugdaten im Urt. wegen Mordes gegen die Teilnehmer eines illegalen Autorennens siehe LG Berlin, Urt. v. 27.2.2017, Az.: 535 Ks 8/17.

anonymisiert zur Evaluierung der politischen Maßnahmen für die Verbesserung der Verkehrssicherheit erfolgen.[2]

Interesse an einer solchen Unfallrekonstruktion kann nicht nur der betroffene Fahrer haben, sondern auch der – nicht immer mit dem Fahrer identische – Fahrzeugeigentümer sowie staatliche Ermittlungsbehörden, ebenso weitere Unfallbeteiligte.

Welche Rahmenbedingungen setzt der Datenschutz für eine derartige vorsorgliche Aufzeichnung von Fahrzeugzuständen zum Zweck der Aufklärung von Unfällen und von Straftaten in Bezug auf den betroffenen Fahrer, den Fahrzeugeigentümer und für die staatlichen Ermittlungsbehörden?[3]

2 Technische Hintergründe zur Car-Forensik

Die Car-Forensik besteht grob aus zwei Bereichen: Der klassischen Unfallanalytik, die anhand von am Fahrzeug oder Unfallort befindlichen Spuren den Unfallhergang versucht zu rekonstruieren – dabei können am Glühdraht der Blinkerbirne eingeschmolzene Glaspartikel, der Verlauf von Beulen oder Bremsspuren relevant sein.[4] Neu hinzugekommen ist die Auswertung der zahlreichen Bordcomputer, hier kommt die IT-Forensik ins Spiel. IT-Forensiker sprechen von Car-Forensik, wenn sie die Untersuchung von Daten im und am Fahrzeug meinen. Diese Definition nutzen die Autoren im Folgenden.

2.1 Datenquellen

2.1.1 Auswertung von Daten aus der Fahrzeugnutzung

Forensische Analysen können Daten aus der üblichen Fahrzeugnutzung verwerten: Viele Fahrzeugcomputer zeichnen bestimmte Fahrmerkmale auf, um z.B. eine adaptive Automatik dem Fahrverhalten des Nutzers anzupassen und so zu optimieren. Häufig sind Daten, die Forensiker auswerten, auch aus anderen Gründen vorhanden: Entertainmentsysteme nutzen z.B. den „Belegt-Sensor" in der Sitzfläche, der auch an den Sicherheitsgurt erinnert, um den Klang zu optimieren, der menschliche Körper auf einem Satz reflektiert und adsorbiert anders, als der Sitz. Das Navi merkt sich die letzten Destinationen als Bequemlichkeitsmerkmal, Sitzeinstellungen sind in Schlüsseln gespeichert, das eCall-System als GSM-Mobilfunkgerät merkt sich die letzten Sendemasten usw.

---

[2] ABl. EU 2019, L 325, S. 1; siehe dazu *Vogel/Althoff*, InTeR 2020, S. 89 (91).

[3] Die Fahrzeugdaten könnten für viele Zwecke, wie die Berechnung von Versicherungsprämien oder auch Auszahlungen durch die Versicherung, dienen. Durch die Zweckbindung zur Aufklärung von Unfällen und Straftaten mit dem Fahrzeug grenzen wir das Feld ein.

[4] *Brösdorf/Moser/Burg*, in: Burg/Moser, Handbuch Verkehrsunfallrekonstruktion, S. 28.

Auch speichern Fahrzeugcomputer Fehlerzustände, die die Werkstatt auswerten kann, um bei Inspektionen gezielt anfällige Teile zu reparieren. Dazu können auch Fahrdynamikdaten gehören, wie Raddrehzahlen, die der ABS-Sensor ermittelt, Querbeschleunigungen vom ESP oder die Drosselklappenstellung, z.B. für die Wahl der Automatikfahrstufe oder Optimierung der Einspritzung.

Diese Daten entstehen ohnehin bei der Nutzung moderner Fahrzeuge. Ihre forensische Auswertung kann Ermittlungen verschiedener Sachverhalte unterstützen.[5]

2.1.2 Datenerhebung zu forensischen Zwecken

Zusätzlich zu den Daten aus der allgemeinen Fahrzeugnutzung gibt es Aufzeichnungen, die speziell zum Nachweis von Fahrsituationen erstellt werden: Zum Beispiel wird bereits seit 1993 der „Unfalldatenschreiber" (UDS) von VDO als Sonderausstattung bzw. Nachrüstlösung verbaut, und zwar vor allem in Flottenfahrzeugen wie Rettungswagen oder Taxen. Der UDS zeichnet in einem Ringpuffer die jeweiligen Fahrzustände der letzten 30-60 Sekunden auf. Bei einem gemessenen Crash speichert er automatisch oder auf Knopfdruck permanent.[6] In zunehmenden Maße fangen Fahrzeughersteller und Erstausstatter an, selbst entsprechende Aufzeichnungsmodule in die Fahrzeuge zu integrieren.

2.2 Speicherort der Daten

Die für die Forensik relevanten Daten können im Fahrzeug selbst oder außerhalb des Fahrzeugs gespeichert sein, zum Beispiel „in der Cloud."

2.2.1 Speicherung im Fahrzeug

Fahrzeug-Forensik-Implementierungen können Daten auf verschiedenen Wegen speichern. In einer Variante speichert z.B. ein Flash-Baustein die Fahrzeugzustände im Fahrzeug selbst.

2.2.2 Speicherung außerhalb des Fahrzeugs

Alternativ könnten die Daten zeitnah nach der Erhebung an eine „Cloud" übertragen werden, die wiederum von einem Drittanbieter, wie Google, Amazon o.ä. nach Wahl des Fahrzeugeigentümers, des berechtigten Besitzers oder des Herstellers, vom Hersteller selbst oder in dessen Auftrag, oder von einer Behörde betrieben wird.

---

[5] *Lemere*, Vehicle Forensics, Workshop, DFRWS 2015.

[6] Evaluiert z.B. in: Vehicle Event Recording based on Intelligent Crash Assessment VERONICA – II (EC Contract No. TREN-07-ST-S07.70764), EU-Projekt, patientiert u.a. als EU-Patent Nr. 0635153, https://register.epo.org/application?number=EP94905671.

2.3 Schutz der Daten

Nachfolgend werden Maßnahmen zum Schutz der Vertraulichkeit und Integrität der gespeicherten Daten dargestellt.

2.3.1 Vertraulichkeit

Damit die gespeicherten Daten nicht von unberechtigten Personen gelesen werden können, ist ihre Vertraulichkeit zu schützen. Ein Mittel zum Schutz der Vertraulichkeit der Daten gegen unberechtigte Zugriffe ist ihre Verschlüsselung. Die Verschlüsselung von Daten kann unabhängig von ihrem Speicherort erfolgen. Bei einer Verschlüsselung sind verschiedene Ansätze denkbar: So könnte nur der Fahrzeugeigentümer, nur der (rechtmäßige) Besitzer, nur der Hersteller oder nur eine noch zu benennende Behörde den nötigen Schlüssel zum Dechiffrieren haben. Alternativ denkbar sind Szenarien, bei denen durch das Zusammenführen mehrerer Schlüsselteile erst eine Entschlüsselung möglich ist, z.B. durch den Hersteller und eine Behörde.

2.3.2 Integrität

Für die forensische Auswertung eines Datenbestands ist es relevant, ob die Daten nach ihrer Speicherung geändert wurden. Eine geeignete Maßnahme zum Schutz der Daten gegen nicht autorisierte Veränderungen (Integrität) ist deren revisionssichere Ablage, z.B. durch den Einsatz von Hash-Ketten (Blockchain), und zwar unabhängig davon, ob die Daten verschlüsselt sind.

Bei sogenannten Hash-Chains ermittelt das System über einen ersten Ausgangswert eine kryptographisch sicheren Hash-Wert. Kryptographisch sicher ist ein Hash-Wert dann, wenn Kollisionsresistenz gegeben ist, d.h. es nicht mit vernünftigem Aufwand möglich ist, zu einem gegebenen Wert einen zweiten Wert zu finden, der denselben Hash-Wert hat. Die Frage, mit welchem Aufwand eines Angreifers für die Suche nach dem passenden Wert zu rechnen ist, mit anhand einer Risikobewertung zu treffen, je nachdem wie die relevanten Faktoren für den Schutz der Daten bewertet werden.

Bei der Hash-Chain fließt in die Berechnung des Hashs des nächsten aufgezeichneten Wertes der Hash des vorherigen Wertes ein. Damit ist es nicht einfach möglich, ein einzelnes Element aus der Kette zu verändern oder zu entnehmen. Damit ist die Unverändertheit, Integrität, der aufgezeichneten Werte gewährleistet. Hash-Chains sind in der Anwendung „Blockchain" populär geworden.[7]

---

[7] *Vöcking* et al., Algorithms Unplugged.

3   Vorgaben aus dem Datenschutz

Betrachtet wird die in Ziffer 2 dargestellte Datenverarbeitung aus Sicht eines Fahrers als Fahrzeugeigentümer und als Nutzer eines fremden Fahrzeugs sowie aus dem Blickwinkel der polizeilichen Ermittlungsbehörden.[8]

3.1   Forensik-Daten für den Fahrer als Fahrzeugeigentümer

Für den Fahrzeugeigentümer, der sein Auto selbst steuert, ist die DSGVO anwendbar, wenn es sich bei den Car-Forensik-Daten um personenbezogene Daten handelt, die ein Verantwortlicher verarbeitet.

3.1.1   Personenbezogene Daten

Für die DSGVO sind die Daten aus der Car-Forensik nur relevant, wenn sie sich im Sinne des Art. 4 Nr. 1 DSGVO auf eine natürliche Person beziehen. Dies könnte fraglich sein. Informationen wie z.B. Benzin- und Luftdruck, physikalische Kraftwirkungen in Bezug auf die Räder und Kraftwirkung des Windes sind zunächst technische Angaben ohne Personenbezug. Für die Datenschutzbehörden sind sie dennoch personenbezogene Daten. Der Personenbezug ergebe sich, indem die technischen Forensik-Daten durch eine Kombination mit weiteren Daten wie z.B. KfZ-Brief oder -Kennzeichen einem Fahrer, Halter oder Eigentümer zuordnen ließen. Überzeugender scheint es zu sein, dass sich aus einer aggregierten Auswertung aller Forensik-Daten auf einen bestimmten Fahrstil bzw. eine bestimmte Person schließen lässt.[9] Dies gilt jedenfalls dann, wenn die technischen Forensik-Daten mit fahrerbezogenen Daten kombiniert werden wie z.B. Sitzeinstellung oder gar mit einem Bewegungsprofil.[10]

---

[8] In allen Konstellationen muss die Datenverarbeitung bestimmte Qualitäts- und Sicherheitsanforderungen erfüllen. Die vorliegende Untersuchung beschränkt sich aber auf die Prüfung der Rechtsgrundlagen für das „Ob" der Datenverarbeitung. Anforderungen an die Art und Weise der Datenverarbeitung sind einer gesonderten Untersuchung vorbehalten.

[9] Ohne Begründung: 28. Tätigkeitsbericht des BfDI 2019, S. 67 (abgerufen am 28.6.2020) unter file:///R:/intern/IT-Vortrag/DSRI/DSRI%202020/Literatur/28TB_19.pdf; mit überzeugender Begründung dagegen bereits *Kinast/Kühnl*, NJW 2014, S. 3057 (3058); *Hinrichs/Becker*, ITRB 2015, S. 164 (167, 168); *Langer*, in: Taeger, Smart Word – Smart Law, S. 29 (36).

[10] Den Personenbezug technischer Daten durch die indirekten Zuordnungsmöglichkeiten begründend: der Europäische Datenschutzausschuss (EDSA), Guidelines 1/2020 on processing personal data in the context of connected vehicles and mobility related applications, Version 1.0, Rn. 28, (https://edpb.europa.eu/sites/edpb/files/consultation/edpb_guidelines_202001_connectedvehicles.pdf, abgerufen 28.6.2020); ebenso zuvor bereits *Lachenmann*, in: Bensgen/Prinz, Arbeiten 4.0, § 11 Rn. 14, 15.

3.1.2 Verarbeitung durch einen Verantwortlichen

Trotz ihres Personenbezugs ist die DSGVO auf die Car-Forensik-Daten nur anwendbar, wenn sie von einem Verantwortlichen verarbeitet werden (Art. 2 Abs. 1 DSGVO).

Verantwortlicher ist gemäß Art. 4 Nr. 7 DSGVO die natürliche oder juristische Person, Behörde, Einrichtung oder andere Stelle, die allein oder gemeinsam mit anderen über die Zwecke und Mittel der Verarbeitung von personenbezogenen Daten entscheidet. Verarbeitung ist jeder ausgeführte Vorgang im Zusammenhand mit personenbezogenen Daten (Art. 4 Nr. 2 DSGVO).

Für die Car-Forensik ist je nach Konstellation abzugrenzen, wer für welche Datenverarbeitungen der Verantwortliche ist.

3.1.2.1 Forensik-Daten im Fahrzeug

Für die Erhebung und Speicherung von Forensik-Daten im Fahrzeug selbst wird bislang eine Verantwortlichkeit erst dann angenommen, wenn diese Daten zum Beispiel in einer KfZ-Werkstatt ausgelesen werden; die Werkstatt sei dabei der Verantwortliche. Der Europäische Datenschutz-Ausschuss (EDSA) bestätigt diese Sichtweise. Solange die Forensik-Daten ausschließlich im Fahrzeug gespeichert bleiben und nicht an eine technische Einheit außerhalb des Fahrzeugs übertragen werden, wird keine datenschutzrechtliche Verantwortlichkeit außerhalb des Fahrzeugs begründet.[11] Die Implementierung einer Funktionalität im Fahrzeug zur ausschließlich lokalen Datenerhebung und -speicherung, zum Beispiel durch den Automobilhersteller, bringt daher für diesen keine datenschutzrechtlichen Pflichten mit sich.

3.1.2.2 Speicherung von Daten in der Cloud; Verschlüsselungen

Wenn Forensik-Daten nicht nur im Fahrzeug, sondern auch in der Cloud gespeichert werden, ist der Cloud-Anbieter für die Speicherung datenschutzrechtlich verantwortlich. Denn er entscheidet zumindest über die Mittel der Verarbeitung (Art. 4 Nr. 7 DSGVO).[12] Ist der Cloud-Anbieter identisch mit dem Fahrzeughersteller, der die Funktionalitäten zur Datenerhebung im Fahrzeug implementiert hat, so umfasst seine Verantwortung

---

[11] *Schaffland/Holthaus,* in: Schaffland/Wiltfang, Datenschutz-Grundverordnung, Art. 4 DS-GVO, Rn. 178; der Europäische Datenschutzausschuss, Guidelines 1/2020 on processing personal data in the context of connected vehicles and mobility related applications, Version 1.0, Rn. 70 f., (https://edpb.europa.eu/sites/edpb/files/consultation/edpb_guideline s_202001_connectedvehicles.pdf, abgerufen 28.6.2020).

[12] Eine Eigenschaft des Cloud-Anbieters als Auftragsverarbeiter scheidet in dieser Konstellation aus. Ein Auftragsverarbeiter handelt „im Auftrag eines Verantwortlichen". Den Auftrag zur Cloud-Datenverarbeitung erteilt jedoch der Betroffene selbst, ohne dass es eine weitere Stelle als „Verantwortlichen" gäbe.

nicht nur die Speicherung, sondern auch die Erhebung der Daten. Gleichwohl ist in den komplexen Liefer- und Dienstleistungsketten von Mobilitätsdienstleistern abzugrenzen, welcher Dienstleister für welche Verarbeitungsvorgänge der Verantwortliche ist.[13]

Werden die Forensik-Daten durch den Cloud-Anbieter verschlüsselt gespeichert, enden der Personenbezug und die Anwendbarkeit der DSGVO erst, wenn die Zugriffsmöglichkeit des Anbieters endet.[14] Maßgeblich hierfür ist, ob der Anbieter auf die Zuordnungsregel zwischen den verschlüsselten Daten und dem Schlüssel zugreifen kann. Bei der herkömmlichen Verschlüsselung bildet das Schlüsselpaar „Public Key" und „Private Key" die Zuordnungsregel. Wenn der Cloud-Anbieter nur den Public Key erhält, kann er mangels Private Key die Daten nicht entschlüsseln. Die Daten sind dann für jeden anonymisiert, der den Private Key nicht besitzt.

3.1.3 Rechtsgrundlagen bei der Verarbeitung von Forensik-Daten im Fahrzeug (Eigentümer als Fahrer)

3.1.3.1 Forensik-Daten im Fahrzeug

Da die DSGVO für die Datenverarbeitung im Fahrzeug nicht gelten soll (siehe oben Ziffer 3.1.2.1), ist fraglich, ob hierfür überhaupt eine Rechtsgrundlage erforderlich ist. Allerdings hält der EDSA für die Datensammlung im Fahrzeug Art. 5 Abs. 3 ePrivacy-Richtlinie (RL 2002/58/EG, geändert durch die RL 2009/136/EG) für anwendbar. Hiernach dürfen Informationen auf einem Endgerät des Nutzers nur mit dessen Einwilligung gespeichert werden. Dies gilt unabhängig davon, ob man den Car-Forensik-Daten Personenbezug zuspricht oder nicht, denn Art. 5 Abs. 3 RL 2002/58/EG gilt für jede Art von Information auf dem Endgerät des Nutzers, auch wenn sie nicht personenbezogen sein sollte.[15]

Problematisch ist indes die noch immer unklare Umsetzung der ePrivacy-Richtlinie in Deutschland. Zwar hält die Bundesregierung die ePrivacy-

---

[13] Viele Automobilhersteller bieten einen Webservice zur Datenverwaltung in Bezug auf das Fahrzeug an (etwa die Dienste „Mercedes Me" oder „Connected Drive" von BMW); zur Abgrenzung siehe *Vásquez/Kroschwald*, in: Taeger, die Macht der Daten und Algorithmen, S. 261 (263).

[14] *Plath*, DSGVO/BDSG, Art. 4 DSGVO Rn. 18; *Schaffland/Holthaus*, in: Schaffland/Wiltfang, Datenschutz-Grundverordnung, Art. 4 DSGVO Rn. 30-32; EDSA, Guidelines 1/2020 on processing personal data in the context of connected vehicles and mobility related applications, Version 1.0, Rn. 76-78 (https://edpb.europa.eu/sites/edpb/files/consultation/ed pb_guidelines_202001_connectedvehicles.pdf, abgerufen 28.6.2020).

[15] EDSA, Guidelines 1/2020 on processing personal data in the context of connected vehicles and mobility related applications, Version 1.0, Rn. 10 (https://edpb.europa.eu/sites/edpb /files/consultation/edpb_guidelines_202001_connectedvehicles.pdf, abgerufen am 28.6. 2020), zu Art. 5 Abs. 3 RL 2002/58/EG: *Schantz/Wolff*, Das neue Datenschutzrecht, Rn. 262; zur Geltung der RL 2002/58/EG auch ohne Personenbezug EuGH, Urt. v. 1.10.2019 – C-673/17, Rn. 69, 70, NJW 2019, 3433 (3436).

Richtlinie durch die §§ 12-15 TMG für umgesetzt;[16] dies verschafft aber noch keine Rechtsgrundlage für die Speicherung der Forensik-Daten im Fahrzeug selbst. Denn die Pflichten des TMG sind an einen Diensteanbieter im Sinne des § 2 Nr. 1 TMG adressiert. Ein Diensteanbieter ist, wer die Auswahl und Gestaltung angebotenen Informationsdienste kontrolliert.[17] Bei der Erfassung der Forensik-Daten im Fahrzeug selbst gibt es aber keinen Diensteanbieter, der diese Definition erfüllt. Der Automobilhersteller hat jedenfalls keine Kontrolle über die Forensik-Daten, wenn sie nur durch den Fahrer im Fahrzeug abgerufen werden können. Aus diesem Grund sieht der EDSA den Automobilhersteller nicht als „Verantwortlichen" i.S.d Art. 4 Nr. 7 DSGVO für die Datenerfassung und -speicherung an, sofern sie ausschließlich im Fahrzeug stattfindet (siehe oben Ziffer 3.1.2.1). Für das TMG kann nichts anderes gelten. Der Automobilhersteller implementiert zwar die Vorrichtungen zur Erfassung und Speicherung der Fahrzeugdaten, er kontrolliert aber keinen (Telemedien-) Dienst zum Abruf dieser-Daten.

Bis zum Inkraft-Treten der ePrivacy-Verordnung[18] bleibt somit eine Gesetzeslücke, die zwischen dem Automobilhersteller und dem Nutzer als Privaten allenfalls durch eine unmittelbare Anwendung[19] der ePrivacy-Richtlinie ausgefüllt werden könnte. Hiernach wäre die lokale Erfassung und Speicherung von Forensik-Daten im Fahrzeug selbst nur mit Einwilligung des Nutzers zulässig. Obgleich es in dieser Konstellation weder einen „Verantwortlichen" i.S.d Art. 4 Nr. 7 DSGVO noch einen Diensteanbieter i. S. d. § 2 TMG gibt, kann für die Einholung der Einwilligung nur derjenige verpflichtet sein, der die Speicherung der Car-Forensik-Daten im KfZ veranlasst. Dies ist der Fahrzeughersteller. Um eine Möglichkeit zur Einwilligung zu schaffen, muss er somit nicht nur Funktionalitäten zum Sammeln von Daten integrieren, sondern auch zur Abschaltung der Datenerhebung. Nur auf diese Weise lässt sich eine Einwilligung der Betroffenen umsetzen. Für die Art und Weise der Einwilligung verweist Art. 5 Abs. 3 ePrivacy-Richtlinie auf die EG-DatenschutzRL 95/46/EG. Gemäß Art. 94 Abs. 2 DSGVO treten an die Stelle der referenzierten Datenschutzrichtlinie die Bestimmungen der DSGVO zur Einwilligung, insbesondere Art. 7 DSGVO,

---

[16] Zum Sach- und Streitstand: *Heckmann*, in: Heckmann, Juris-Praxiskommentar Internetrecht, § 1 TMG Rn. 21.

[17] *Heckmann*, in: Heckmann, Juris-Praxiskommentar Internetrecht, § 2 TMG Rn. 110.

[18] Zum Sach- und Streitstand *Heckmann*. in: Heckmann, Juris-Praxiskommentar Internetrecht, § 1 TMG Rn. 21.

[19] EuGH, Urt. v. 19.11.1991 - C-6/90 und C-9/90 (Francovich), Slg. 1991, 5357 ff.

der die Freiwilligkeit der Entscheidung und eine angemessene Information des Betroffenen verlangt.[20]

3.1.3.2 Forensik-Daten außerhalb des Fahrzeugs

Werden die Forensik-Daten im Fahrzeug erhoben und außerhalb des Fahrzeugs gespeichert, etwa in der Cloud, so ist der Anbieter dieser Dienste der Verantwortliche dieser Verarbeitungsvorgänge (siehe oben 3.1.2.2). Deshalb ist der Anwendungsbereich der DSGVO eröffnet (Art. 2 Abs. 1 DSGVO) und die Forensik-Daten dürfen nicht ohne eine Rechtsgrundlage verarbeitet werden (Art. 5 Abs. 1 lit. a, Art. 6 Abs. 1 DSGVO). Unter den verschiedenen, gleichwertigen Rechtsgrundlagen des Art. 6 Abs. 1 DSGVO hat die Einwilligung (Art. 6 Abs. 1 UAbs. 1 lit. a DSGVO) für den Verantwortlichen scheinbar den Nachteil, dass der Betroffene sie jederzeit widerrufen kann. Die Verarbeitungen bis zum Widerruf bleiben rechtmäßig, weitere Verarbeitungen nach dem Widerruf müssen aber unterbleiben. Deshalb wird die Einwilligung z.T. als eine „eingeschränkt verlässliche" Rechtsgrundlage empfunden und die Rechtfertigung auf der Grundlage der Erfüllung eines Nutzungsvertrags bzw. berechtigter Interessen empfohlen (Art. 6 Abs. 1 UAbs. 1 lit. b, lit. f DSGVO).[21]

Diese Empfehlung ist nach den Leitlinien des EDSA nicht mehr haltbar. Hiernach muss die Verarbeitung von Fahrzeugdaten im Anwendungsbereich der DSGVO neben Art. 6 DSGVO zusätzlich die Voraussetzungen des Art. 5 Abs. 3 RL 58/2002 erfüllen.[22] Hiernach muss jede Verarbeitung von Forensik-Daten außerhalb des Fahrzeugs

- eine Einwilligung des betroffenen Nutzers vorliegt (Art. 5 Abs. 3 RL 2002/58/EG) und

- darüber hinaus eine der Bedingungen aus Art. 6 Abs. 1 UAbs. 1 lit. a bis lit. f DSGVO erfüllt.

Somit könnte es sich anbieten, die Verarbeitung der Forensik-Daten auf eine einheitliche Einwilligung zu stützen, die zugleich die Anforderungen des Art. 5 Abs. 3 RL/2002/58/EG erfüllt als auch die Kriterien des Art. 6

---

[20] Zu den Erfordernissen einer Einwilligung für die Speicherung von Fahrzeugdaten nach den Maßstäben der DSGVO: Brink/Hertfelder, in: Roßnagel/Hornung, Grundrechtsschutz im Smart Car, S. 80.

[21] *Von Bodungen*, in: Schulz/Schunder-Hartung, Recht 2030, Kap. 30, Rn. 16.

[22] EDSA, Guidelines 1/2020 on processing personal data in the context of connected vehicles and mobility related applications, Version 1.0, Rn. 14-18 (https://edpb.europa.eu/sites/e dpb/files/consultation/edpb_guidelines_202001_connectedvehicles.pdf, abgerufen 28.6. 2020), außer, es liegt ein Ausnahmefall des Art. 5 Abs. 3 UAbs. 2 RL 2002/58/EG vor (z.B. die zwingende Erforderlichkeit der Datenspeicherung, damit der Anbieter seinen vom Nutzer gewünschten Dienst bereitstellen kann; dies dürfte jedoch nicht auf alle Forensik-Daten zutreffen).

Abs. 1 UAbs. 1 lit. a und Art. 7 DSGVO. Die deutschen Datenschutzbehörden, der EDSA sowie die deutsche Automobilindustrie halten jedenfalls eine ausdrückliche Einwilligung des Betroffenen für eine unabdingbare Voraussetzung für die Verarbeitung von Fahrzeugdaten.[23]

3.2 Forensik-Daten für den Nutzer eines fremden Fahrzeugs

Wenn der Fahrer eine andere Person ist als der Fahrzeugeigentümer oder Halter, ergeben sich weitere Anforderungen an die datenschutzrechtlichen Grundlagen für die Verarbeitung der Forensik-Daten. Denn durch den Fahrer kommt eine weitere Person hinzu, deren personenbezogene Daten von der Erhebung der forensischen Fahrzeug-Informationen betroffen sind. Hier ist zu differenzieren zwischen der gemeinsamen Nutzung eines Fahrzeugs zu persönlichen oder familiären Zwecken und der geschäftlichen Fahrzeugnutzung.

3.2.1 Gemeinsame Fahrzeugnutzung zu persönlichen oder familiären Zwecken

Mit Blick auf die beteiligten Fahrzeughersteller und sonstigen Mobilitätsdienstleister gelten die Ausführungen gemäß Ziffer 3.1. Diese haben zur Datenerhebung und -speicherung jedenfalls die Einwilligung des betroffenen Fahrers einzuholen. Wenn verschiedene Fahrer das Fahrzeug nutzen, müssen die Automobilhersteller Funktionalitäten implementieren, die jedem einzelnen Nutzer eine gesonderte Entscheidung zur Abgabe oder Verweigerung der Einwilligung ermöglicht.[24]

Darüber hinaus ist fraglich, ob der Fahrzeugeigentümer oder Halter eines Fahrzeugs dafür verantwortlich ist, dass das Fahrzeug Daten von Mitnutzern des Fahrzeugs erhebt. Dies betrifft Fälle, in denen ein Fahrzeug von einer ganzen Familie oder einer sonstigen privaten Gemeinschaft genutzt wird. Laut den EDSA-Leitlinien gilt die DSGVO aufgrund der Haushaltsausnahme gemäß Art. 2 Abs. 2 lit. c DSGVO nicht.[25] Der Fahrzeugeigentümer ist in diesem Fall nicht der "Verantwortliche" für die Erhebung der Forensik-Daten der anderen Fahrzeugnutzer. Dies gilt allerdings nur im

---

[23] 28. Tätigkeitsbericht des BfDI 2019, S 67 (file:///R:/intern/IT-Vortrag/DSRI/DSRI%202 020/Literatur/28TB_19.pdf; EDSA, Guidelines 1/2020 on processing personal data in the context of connected vehicles and mobility related applications, Version 1.0, Rn. 46 (https: //edpb.europa.eu/sites/edpb/files/consultation/edpb_guidelines_202001_connectedvehi cles.pdf); Gemeinsame Erklärung des Verbandes der Automobilindustrie (VDA) und der deutschen Datenschutzbehörden: https://www.vda.de/de/presse/Pressemeldungen/2016 0126-datenschutzrechtliche-aspekte-bei-der-nutzung-vernetzter-und-nicht-vernetzter-fah rzeuge.html (alle Links zuletzt abgerufen 28.6.2020).

[24] *Brink/Hertfelder*, in: Roßnagel/Hornung, Grundrechtsschutz im Smart Car, S. 86.

[25] EDSA, Guidelines 1/2020 on processing personal data in the context of connected vehicles and mobility related applications, Version 1.0, Rn. 73 (https://edpb.europa.eu/sites/edpb /files/consultation/edpb_guidelines_202001_connectedvehicles.pdf, abgerufen 28.6. 2020).

Anwendungsbereich der Haushaltsausnahme. Voraussetzung ist hierfür, dass die Datenerhebung ohne jeden kommerziellen Hintergrund erfolgt.[26] Anhand dieses Kriteriums werden auch außerfamiliäre Nutzungsformen abzugrenzen sein wie z.b. der Einsatz von "Bürgerbussen", Gemeinschaftsfahrzeugen in Mehrgenerationenhäusern oder Haltergemeinschaften.

3.2.2 Fahrzeugnutzung außerhalb des persönlichen oder familiären Bereichs

In allen Fällen, in denen ein Fahrzeugeigentümer das KfZ einer anderen Person außerhalb des persönlichen bzw. familiären Bereichs überlässt, ist die DSGVO anwendbar. Dies gilt zum Beispiel für

- die Überlassung von Dienst- bzw. Geschäftswagen an Beschäftigte,
- die entgeltliche Vermietung von Fahrzeugen,
- die Gestattung von Probefahrten beim Autoverkauf,
- die Überlassung von Ersatzfahrzeugen durch Reparaturwerkstätten.

Ob der Fahrzeugeigentümer für die Erhebung der Daten des Fahrers verantwortlich i.S.d Art. 4 Nr. 7 DSGVO ist, hängt davon ab, ob er über die Zwecke und Mittel der Verarbeitung entscheidet. In der Facebook-Fanpage-Entscheidung hat der EuGH hierfür ausreichen lassen, dass der Betreiber einer Fanpage durch die Bereitstellung seiner Facebook-Webseiten die Möglichkeit eröffnet hat, Cookies auf dem Computer des Fanpage-Besuchers zu speichern. Ob und in welchem Umfang eine Person Zugang zu gespeicherten Daten hat, soll dagegen nicht entscheidend sein.[27] Auf dieser Grundlage wäre der Fahrzeugeigentümer immer der Verantwortliche, wenn er einer anderen Person ein Fahrzeug mit Datenerhebungsfunktionen überlässt. Wenn man dagegen vom Verantwortlichen ein Mindestmaß an Einfluss auf die Datenverarbeitung fordert bzw. eine Entscheidungsbefugnis mit einem gewissen Mindestgewicht,[28] wird man darauf abstellen müssen, ob die Datenerhebung für das jeweilige (Nutzungs-) Verhältnis zwischen Fahrer und Eigentümer relevant ist.[29]

Vorsorglich sollte jedoch der Fahrzeugeigentümer stets dafür sorgen (und gegebenenfalls Nachweise dokumentieren), dass die Rechtsgrundlagen für die Datenerhebung in Bezug auf den Nutzer erfüllt sind. Insbesondere sollte der Fahrzeugeigentümer dem Nutzer alle Informationen gemäß Art. 13 DSGVO über die Datenerhebung bereitstellen.

---

[26] *Schantz/Wolff*, Das neue Datenschutzrecht, Rn. 313.

[27] EuGH, Urt. v. 5.6.2018 – C-201/16 (ULD/Wirtschaftsakademie), Rn. 35; EuGH, Urt. v. 10.7.2018 – C-25/17 (Zeugen Jehovas), Rn. 69.

[28] *Moos*, in: Taeger, Rechtsfragen digitaler Transformationen, S. 263.

[29] Das Eigeninteresse an der Verarbeitung ist laut EuGH, Urt. v. 10.7.2018 – C-25/17 (Zeugen Jehovas), Rn. 68 jedenfalls ein Kriterium für die Beurteilung der Verantwortlichkeit.

3.3 Car-Forensik-Daten zur polizeilichen Unfallaufklärung

Die Verarbeitung personenbezogener Daten in den Aufgabenbereichen der Polizei unterfällt nicht der DS-GVO, sondern der RL (EU) 2016/680 (JI-Richtlinie). Erfasst ist hiervon nicht nur die Aufklärung und Verfolgung von Straftaten, sondern auch von Ordnungswidrigkeiten. Die JI-Richtlinie ist in Deutschland umgesetzt durch die polizeilichen Regelungen der Datenverarbeitung, insbesondere der StPO, welche als lex spezialis die §§ 45 ff. BDSG verdrängt.[30]

Die polizeiliche Erhebung und Auswertung von Car-Forensik-Daten hat sich deshalb auf die Befugnisse zur Erhebung und Auswertung von personenbezogenen Daten aus der StPO zu stützen. In Betracht kommen folgende Rechtsgrundlagen:

Gemäß § 110 Absätze (1) und (3) StPO dürfen die Ermittlungsbehörden auf die Daten in elektronischen Speichermedien zugreifen, die sie bei der Durchsuchung bei einem Betroffenen aufgefunden haben.[31] Dies kann z.B. die Erst-Sichtung von Daten eines Bord-Computers im Fahrzeug rechtfertigen, etwa bei einer Durchsuchung am Unfall- bzw. Tatort.

Wenn Datenträger sichergestellt oder beschlagnahmt wurden, können die hierauf befindlichen Daten gemäß § 94 StPO ausgewertet werden.[32]

Für Daten, die in der Cloud gespeichert sind, stellt sich eine besondere Problematik. Rechtsgrundlagen sind hier ebenfalls die §§ 94 ff., 110 StPO. Die herrschende Meinung hält es für zulässig, auf den Datenbestand mittels eines vom Betroffenen beschlagnahmten Speichermediums zuzugreifen (zum Beispiel durch einen Computer, auf dem die Zugriffssoftware für die Cloud-Anwendung gespeichert ist).[33] Dies kann indes problematisch sein, wenn sich der Cloud-Server außerhalb der territorialen Befugnisse deutscher Ermittlungsbehörden befindet.[34]

Die allgemeinen Generalklauseln für die Ermittlungsmaßnahmen gemäß den §§ 161 Abs. 1, 163 Abs. 1 StPO sind dagegen nicht ausreichend, um die polizeiliche Auswertung von Fahrzeugdaten zu legitimieren. Erfasst

---

[30] *Schantz/Wolff*, Das neue Datenschutzrecht, Rn. 230, 242; *Gola/Heckmann*, BDSG, § 45 Rn. 3, 12.

[31] *Kassebohm*, in: Auer-Reinsdorff/Conrad, Handbuch IT- und Datenschutzrecht, § 43 Rn. 434.

[32] BVerfG, Urt. v. 2.3.2006, 2 BvR 2099/04 (Leitsatz 2); *Lutz*, DAR 2019, S. 125 (129).

[33] *Gagzow/Körffer*, in: Roßnagel/Hornung, Grundrechtsschutz im Smart Car, S. 166 (177).

[34] *Meinicke*, in: Taeger, Rechtsfragen digitaler Transformationen, S. 835, 849.

sind hiervon nur Maßnahmen, die nicht mit erheblichen Grundrechtseingriffen verbunden sind.[35] Die Datenauswertungen greifen zu intensiv in das
Grundrecht auf Datenschutz und das Grundrecht an der Integrität und Vertraulichkeit informationstechnischer Systeme[36] ein, als dass sie durch die
Generalklauseln legitimiert werden können. Dies gilt umso mehr, als in den
§§ 94, 119 StPO Rechtsgrundlagen für derartige Maßnahmen gegeben sind,
die den Grundrechtsschutz für den Betroffenen durch ihre formellen und
materiellen Voraussetzungen gewährleisten.

Eine Sonderzugriffsnorm ist § 63a Abs. 2 S. 1 StVG. Bei Fahrzeugen mit
voll- oder teilautomatisierten Fahrfunktionen soll durch ein Satellitennavi-
gationssystem aufgezeichnet werden, wenn die voll- oder teilautomatische
Steuerung die Fahrzeugführung übernommen hat; die Polizei darf "zur
Ahndung von Verkehrsverstößen" auf diese Daten zugreifen. Unabhängig
von der Kritik an dieser Vorschrift[37] regelt sie nur den Sonderfall der automatischen Fahrfunktion und ermöglicht gerade keine lückenlose Auswertung von Unfalldaten.

4 Fazit

Die Erhebung und Auswertung von Car-Forensik-Daten wird zunehmen.

Das Datenschutzrecht setzt stets eine informierte Einwilligung des betroffenen Nutzers für die Verarbeitung von Car-Forensik-Daten voraus.
Das Einwilligungserfordernis beruht auf Art. 5 Abs. 3 ePrivacy-Verordnung
und kann nicht durch eine anderweitige Rechtsgrundlage aus Art. 6 Abs. 1
DSGVO verdrängt werden.

Die Polizei darf zur Unfallaufklärung auf die Car-Forensik-Daten gemäß
den §§ 94, 110 StPO zugreifen. Rechtsdogmatische Probleme bleiben beim
Zugriff auf Cloud-Daten, die auf Servern außerhalb Deutschlands gespeichert sind.

---

[35] BVerfG, Beschl. v. 17.2.2009 – 2 BvR 1372/07, Rn. 26.

[36] BVerfGE 120, 274.

[37] Kritisch: *Spiegel*, in: Taeger, Recht 4.0, S. 691 (696 ff.); ebenso *Lutz*, DAR 2019, S. 125.

Literatur

Auer-Reinsdorff, Astrid/Conrad, Isabell (Hrsg.): Handbuch IT- und Datenschutzrecht, 3. Aufl., München 2019.

Bensgen, Nikolai/Prinz, Thomas (Hrsg.): Arbeiten 4.0 – Arbeitsrecht und Datenschutz in der digitalisierten Arbeitswelt, 4. Aufl., Bonn/Berlin 2018.

Burg, Heinz/Moser, Andreas (Hrsg.): Handbuch Verkehrsunfallrekonstruktion, 3. Aufl., Berlin 2017.

Gola, Peter/Heckmann, Dirk (Hrsg.): BDSG. Kommentar, 13. Aufl., München 2019.

Heckmann, Dirk (Hrsg.): Juris-Praxiskommentar Internetrecht, 6. Aufl., Saarbrücken 2019,

Hiemer, Marcus: Model Based Detection and Reconstruction of Road Traffic Accidents, Karlsruhe 2005.

Hinrichs, Ole/Becker, Moritz: Connected Car vs. Privacy – Teil 1, ITRB 2015, S. 164-168.

Kinast, Karsten/Kühnl, Christina: Telematik und Bordelektronik – Erhebung und Nutzung von Daten zum Fahrverhalten, NJW 2014, S. 3057-3120.

Langer, Claudia: Connected Cars – Fahrzeugentwicklung für den Weltmarkt bei unterschiedlichen nationalen Regulierungen, in: Jürgen Taeger (Hrsg.), Smart World – Smart Law? Weltweite Netze mit regionaler Regulierung, Edewecht 2016, S. 29-41.

Lemere, Ben: Vehicle Forensics, Workshop, DFRWS 2015, Philadelphia, 2015.

Lutz, Lenard: Fahrzeugdaten und staatlicher Zugriff, DAR 2019, S. 125-129.

Moos, Flemming: Update Datenschutz, in: Jürgen Taeger (Hrsg.), Rechtsfragen digitaler Transformationen, Edewecht 2018, S. 259-271.

Plath, Kai-Uwe (Hrsg.): DSGVO/BDSG, Kommentar, 3. Aufl., 2018.

Reiter, Julius/Methner, Olaf: Datenschutz im Fahrzeug, InTer 2015, S. 29-34.

Roßnagel, Alexander/Hornung, Gerrit (Hrsg.): Grundrechtsschutz im Smart Car, Wiesbaden 2019.

Schaffland, Hans-Jürgen/Wiltfang, Noeme (Hrsg.): Datenschutz-Grundverordnung (DS-GVO)/Bundesdatenschutzgesetz (BDSG), Kommentar, Loseblatt, 5 EL., Berlin 2020.

Schulz, Martin/Schunder-Hartung, Annette (Hrsg.): Recht 2030, Frankfurt 2019.

Spiegel, Johanna: Automatisiert, Automatisierter, Hochautomatisiert – Fahren bald alle Level 5?, in: Jürgen Taeger (Hrsg.), Recht 4.0, Edewecht 2017, S. 691-701.

Vásquez, Sheila/Kroschwald, Steffen: Data driven vehicles, in: Jürgen Taeger (Hrsg.), Die Macht der Daten und Algorithmen, Edewecht 2019, S. 261, 275.

Vinzenz, Nico: Forensic Investigations in Vehicle Data Stores, Masterarbeit, Hochschule Ravensburg-Weingarten 2019.

Vogel, Paul/Althoff, Matthias: Rekonstruktion von durch vollautomatisierte Fahrzeuge verursachten Verkehrsunfällen, InTeR 2020, S. 89-94.

Vöcking, Berthold/Alt, Helmut/Dietzfelbinger, Martin/Reischuk, Rüdiger/Scheideler, Christian/Vollmer, Heribert/Wagner, Dorothea (Hrsg.): Algorithms Unplugged, Heidelberg 2011.

BLOCKCHAIN UND SMART CONTRACT IM STEUERRECHT – POTENZIALE UND KONZEPTE IN DER MEHRWERTSTEUER

Robert Müller LL.M.

Universität Wien/Deutsches Forschungszentrum für Künstliche Intelligenz
r.mueller@affigio.de

Zusammenfassung

Im Steuerrecht werden seit mehreren Jahren Blockchain-Anwendungen diskutiert. Ein Hauptanwendungsfeld, in dem Potenziale und Modelle diskutiert werden, ist der Bereich der indirekten Steuern, speziell der Mehrwertsteuer. Die transparente Dokumentation von Transaktionen mit Hilfe der Blockchain-Technologie soll zur Bekämpfung der Mehrwertsteuerhinterziehung eingesetzt werden. Neben diskutierten Modellen einer Echtzeit-Erhebung zeichnet sich die Verwendung zu Dokumentationszwecken in der Mehrwertsteuer ab. Der Beitrag diskutiert bisherige Modelle sowie Konzepte und nimmt eine Bewertung vor.

1   Einführung

International nimmt der Anteil indirekter Steuern an den Gesamtstaatseinnahmen kontinuierlich zu.[1] Der Mehrwertsteuer als eine indirekte Steuerart kommt damit eine immer größere Bedeutung zur Finanzierung öffentlicher Aufgaben zu. Gleichzeitig führt Mehrwertsteuerhinterziehung zu Verlusten von Staatseinnahmen und zu Wettbewerbsnachteilen für Unternehmen.

Insbesondere in grenzüberschreitenden Sachverhalten ist Mehrwertsteuerhinterziehung häufig anzutreffen und führt zu kontinuierlich steigenden Compliance-Anforderungen für die Steuerpflichtigen. Durch die Digitalisierung von mehrwertsteuerlichen Sachverhalten können Compliance-Anforderungen gesenkt werden. Parallel zu dieser Entwicklung wird der Technologieeinsatz zur Bekämpfung der Mehrwertsteuerhinterziehung verstärkt diskutiert.[2]

Die Digitalisierung von Steuerprozessen durch Finanzverwaltungen führt zu neuen Anforderungen bei der Verarbeitung und Übermittlung von Steuerdaten. Zur Erfüllung dieser Ziele wird der Einsatz von neuen technischen Instrumenten und Technologien diskutiert.[3] Die Blockchain-Technologie

---

[1]   *OECD*, Revenue Statistic 2019 – Tax revenue trends in the OECD, S. 10.

[2]   Exemplarisch *Ismer/Schwarz*, IVM 2019, S. 240.

[3]   *Rodríguez/Ottoni/Huibregtse*, BIT 2019, S. 141 (142).

kann ein Element zur Digitalisierung von steuerlichen Prozessen bereitstellen.

Im Allgemeinen sind Einsatzmöglichkeiten der Blockchain-Technologie im Steuerbereich bisher recht vage. Zwar gibt es vereinzelt bereits Anwendungsbeispiele,[4] insgesamt befindet man sich aktuell eher in der Designphase von Anwendungen. Die Blockchain-Technologie wird insbesondere in Betracht gezogen, damit die Kommunikation und Dokumentation gegenüber Finanzverwaltungen erleichtert werden kann. Durch die kryptographische Verkettung von eingetragenen Informationen auf der Blockchain soll Vertrauen in die Informationsübermittlung gegenüber den beteiligten Finanzverwaltungen hergestellt werden.

2 Bekämpfung der Mehrwertsteuerhinterziehung

Ein Ausgangspunkt für die Einführung der Blockchain-Technologie im Bereich der Mehrwertsteuer ergibt sich aus der Notwendigkeit zur effektiveren Bekämpfung der Mehrwertsteuerhinterziehung. Mehrwertsteuerhinterziehung führt zu großen Einnahmeverlusten in den Staatskassen. Illustrieren lässt sich dies am Beispiel der EU mit Verlusten in Höhe von 137,5 Mrd. Euro im Jahr 2017. Die Höhe der Mehrwertsteuerhinterziehung schwankt stark zwischen den einzelnen Mitgliedstaaten. Insgesamt zeichnet sich in den vergangenen Jahren eine effektivere Bekämpfung der Mehrwertsteuerhinterziehung ab, das sich u.a. in einer gesunkenen Hinterziehungssumme ausdrückt.[5]

Die Hinterziehungsmöglichkeiten in der Mehrwertsteuer lassen sich grob in zwei unterschiedliche Kategorien einordnen: Unternehmer-Unternehmer Situationen (B2B) und Unternehmer-Verbraucher Situationen (B2C). In B2C Situationen mit dem Verbraucher als Mehrwertsteuerschuldner können Mehrwertsteuern von dem leistenden Unternehmer als Mehrwertsteuerpflichtigen hinterzogen werden, indem keine Deklarierung oder eine falsche Deklarierung erfolgt. Auch der Verbraucher kann die Mehrwertsteuer vermeiden, indem er sich beispielsweise als Unternehmer ausgibt. Wie *Ismer/Schwarz* betonen, liegt allerdings das weitaus größere Problem der Mehrwertsteuerhinterziehung im B2B-Bereich. Unternehmer können untereinander die gezahlte Mehrwertsteuer bei Umsätzen als Vorsteuer geltend machen. Eine Geltendmachung der Vorsteuer kann erfolgen, unabhängig davon, ob die Steuer bereits bei der Transaktion bezahlt wurde. In

---

[4] Mit einer Übersicht zu wichtigen Entwicklungen im asiatischen Raum: *Asian Development Bank*, A Comparative Analysis of Tax Administration in Asia and the Pacific – 2020 Edition, S. xii, Use of Modern Technology in Tax Administration.

[5] *EU-Kommission*, Study and Reports on the VAT Gab in the EU-28 Member States: 2019 Final Report, TAXUD/2015/CC/131, S. 16 ff.

B2C-Situationen geht nur die Mehrwertsteuer in der letzten Transaktion verloren. In B2B-Situtionen verliert der Staat zusätzlich noch die Vorsteuer an den Mehrwertsteuerbetrüger.[6]

Mehrwertsteuerhinterziehung wird häufig durch organisierte Kriminalität durchgeführt. So wird geschätzt, dass 2 % der Gruppen des organisierten Verbrechens für 80 % der Mehrwertsteuerhinterziehung verantwortlich sind. Die Modelle zur Mehrwertsteuerhinterziehung sind oft grenzüberschreitend in der EU organisiert.

In der EU sind der sogenannte Karussellbetrug (auch Missing-trader-Betrug genannt), Betrug beim Handel mit Gebrauchtwagen sowie der Betrug im Zusammenhang mit mehrwertsteuerfreien Einfuhren im Zoll als Betrugsmodelle besonders relevant. Schwerwiegend ist der Karussellbetrug, wenn Mehrwertsteuerhinterzieher Gegenstände oder Dienstleistungen innerhalb der EU mehrwertsteuerfrei erwerben, anschließend die Mehrwertsteuer in Rechnung stellen, allerdings die Mehrwertsteuer nicht an Finanzverwaltungen abführen. Anschließend verschwinden die Mehrwertsteuerbetrüger oder bieten keine Zugriffsmöglichkeiten für Steuerfahnder.[7] Ermittlungen werden durch Mehrwertsteuerbetrüger zusätzlich erschwert, indem unbeteiligte Intermediäre, sogenannte „Buffer", in die Transaktionskette zwischengeschaltet werden, wodurch die Nachvollziehbarkeit der Transaktionsketten für Steuerfahnder weiter gesenkt wird.[8] Waren früher hochwertige Gegenstände in grenzüberschreitenden Karussellbetrug involviert, verlagert sich inzwischen das Spektrum auf handelbare Rechte. Mehrwertsteuerhinterziehung durch Karussellbetrug erfasst alle Branchen und konzentriert sich nicht auf einzelne Sektoren.[9]

Grundsätzlich liegt die Ermittlungs- und Vollzugshoheit bei den jeweiligen Mitgliedstaaten. Vollzugsmöglichkeiten sind daher auf den jeweiligen Hoheitsbereich beschränkt. In grenzüberschreitenden Situationen führt dies zu einem Informationsgefälle für die involvierten Finanzverwaltungen zur Durchsetzung von Mehrwertsteueransprüchen und bei der Prävention von Mehrwertsteuerhinterziehung.

Zur Beseitigung des Informationsgefälles werden seit mehreren Jahren neue technische Instrumente und Datenerhebungsverfahren durch die EU-

---

[6] *Ismer/Schwarz*, IVM 2019, S. 240.

[7] *EU-Kommission*, Auf dem Weg zu einem einheitlichen europäischen Mehrwertsteuerraum – Zeit zu handeln – Geänderter Vorschlag für eine Verordnung des Rates zur Änderung der VO (EU) Nr. 904/2010 im Hinblick auf die Stärkung der Zusammenarbeit der Verwaltungsbehörden auf dem Gebiet der Mehrwertsteuer, KOM 2017 706 final, S. 3.

[8] *Ruiz*, ECA Journal No. 2 2019, S. 37.

[9] *Borselli*, IVM 2019, S. 179 (180).

Kommission implementiert. In einem harmonisierten Mehrwertsteuersystem und Binnenmarkt können nur durch den gemeinsamen Austausch sowie die Verarbeitung von Daten wirksame Mechanismen zur Bekämpfung der Mehrwertsteuerhinterziehung eingeführt werden.

Ein besonders vielversprechendes Instrument ist das *Transaction Network Analysis Tool* (TNA), das zu einer besseren Transparenz von Transaktionsketten beitragen soll.[10] Außerdem sollen ab Anfang 2024 Zahlungsdienstleister massenhaft Zahlungsinformationen sammeln und an ein zentrales europäisches System senden. Dieses System wird als *Central Electronic System of Payment Information* (CESOP) bezeichnet und dient zur Erstkonsolidierung und Auswertung von Zahlungsdaten zu Ermittlungszwecken.[11] Das CESOP verfolgt ebenfalls den Ansatz, die Nachvollziehbarkeit von Transaktionsketten zu erhöhen.

Insgesamt zeigt sich, dass zur Bekämpfung der grenzüberschreitenden Mehrwertsteuerhinterziehung Transaktionsketten für Ermittlungen nachvollziehbar sein müssen. Diese Nachvollziehbarkeit kann in einem zunehmend grenzüberschreitenden europäischen Binnenmarkt nur durch technische Instrumente hergestellt werden. Aus diesem Grund ist die Blockchain-Technologie eine Methode im Köcher der Digitalisierung von steuerlichen Prozessen zur Bekämpfung von Steuerhinterziehung.

3 Blockchain-Technologie und Steuerrecht

3.1 Vorbemerkungen

Die Blockchain-Technologie bietet neben Potenzialen zur Vermeidung der Mehrwertsteuerhinterziehung noch weitere Vorteile für steuerliche Prozesse. *Fettke/Risse* folgend bieten sich Einsatzmöglichkeiten insbesondere dort, in denen massenhaft Daten für die Beurteilung von steuerlichen Sachverhalten verarbeitet werden. Neben der Mehrwertsteuer umfasst dies den Zoll und den Bereich der Verrechnungspreise.[12] Sowohl im Bereich der direkten Besteuerung durch Verrechnungspreise[13] als auch im Bereich der indirekten Besteuerung durch Mehrwertsteuern und im Zoll zeigen sich Vorteile für die Steuerpflichtigen durch Vereinfachungen von Dokumentations- und Compliance-Anforderungen.[14] Daneben ergeben sich aber auch

---

[10] *Müller*, in: Schweighofer et al., Verantwortungsbewusste Digitalisierung – Responsible Digitalisation, Kap. 2. Transaction-Network-Analysis-Tool.

[11] *Müller*, UR 2019, S. 797.

[12] *Fettke/Risse*, DB 2018, S. 1748 (1750).

[13] *Quinkler/Reineke*, WPg 2019, S. 422 (425 ff.).

[14] *Fettke/Risse*, DB 2018, S. 1748 (1751 ff.).

Einsatzmöglichkeiten durch quasi automatisierte Betriebsprüfungen und Jahres- sowie Konzernabschlüsse.[15] Technologisch kann eine Blockchain auch unterschiedliche Konzernsysteme bzw. Brücken zwischen diesen Systemen bilden.[16] Hier bestehen zukünftig technologische Herausforderungen, wenn unterschiedliche Technologien und Systeme miteinander verbunden werden müssen. Eine Möglichkeit zur Verknüpfung von Unternehmenssoftware mit Softwarekomponenten der Finanzverwaltungen bieten sogenannte Application Programming Interface (API).[17]

Zusammenfassend bietet die Blockchain-Technologie im Steuerrecht sowohl für Steuerpflichtige als auch für Finanzverwaltungen nützliche Eigenschaften, die weiter ausgeformt werden müssen.[18]

3.2 Grundlagen der Blockchain-Technologie

Erfolgt eine Beschreibung der Blockchain-Technologie werden häufig Schlagwörter wie Transparenz, Distributed Ledger, Kryptographische Verschlüsselung, Konsensmechanismus sowie Skalierungsprobleme genannt. Alle diese Begriffe beschreiben zutreffend Kernelemente dieser Technologie, bieten aber einzeln betrachtet keinen Aufschluss zum weiteren Verständnis der Grundlagen.

Bekanntestes Beispiel der Blockchain-Technologie ist die Kryptowährung Bitcoin.[19] Die Anwendungsfelder gehen aber weit über diese geschlossene Konzeption hinaus. Für ein grundlegendes Verständnis ist der Distributed Ledger entscheidend. Auf diesen baut die theoretische Grundkonzeption einer Blockchain auf. Am Anwendungsbeispiel Bitcoin illustriert sich dieser Fall. Mit der Entwicklung von Bitcoin sollten vertrauensschaffende Intermediäre im Internet umgangen werden. Vertrauenschaffende Intermediäre wie Zahlungsdienstleister oder Banken garantieren beispielsweise im Zahlungsverkehr die korrekte Übermittlung und Saldierung von Geld.[20] Auch Internetprovider garantieren die sichere und korrekte Übermittlung von Informationen über das Internet. Diese zwischengeschalteten Intermediäre verdienen an den Transaktionen.

---

[15] *Hinerasky/Kurschildgen*, DB 2016, S. 35 Kap. 4. Steuerliche Relevanz.

[16] *Xu et al*, The Blockchain as a Software Connector, Kap. III. The Blockchain Connector.

[17] *OECD*, The Sharing and Gig Economy: Effective Taxation of Platform Sellers – Forum on Tax Administration, S. 30, 38.

[18] In diesem Sinne: *OECD*, The Policy Environment for Blockchain Innovation and Adoption: 2019 OECD Global Blockchain Policy Forum Summary Report, OECD Blockchain Policy Series, S. 20.

[19] *Nakamoto*, Bitcoin: A Peer-to-Peer Electronic Cash System.

[20] *Rosenberg*, Bitcoin und Blockchain – Vom Scheitern einer Ideologie und dem Erfolg einer revolutionären Technik, S. 65 f.

Zur sicheren, wahrheitsgemäßen und direkten Übermittlung von Informationen zwischen unbekannten Parteien über das Internet können alle Beteiligten in einem Blockchain-System vollumfänglich Informationen einsehen. Die Pseudoanonymität wird durch eine Privat-Public-Key Infrastruktur gesichert. In der Grundkonzeption der Blockchain-Technologie wird der Wahrheitsgehalt von übermittelten Informationen durch einen dezentralen Konsensmechanismus gewährleistet.[21] Dieses sogenannte Mining erfolgt durch das Lösen eines mathematischen Quiz, das von sogenannten Minern durchgeführt wird. Eine Verschlüsselung der Informationen erfolgt durch Hash-Werte. Diese lassen nur durch hohen Rechenaufwand einen Rückschluss zum Inhalt zu. Werden neue Daten in eine Blockchain eingetragen, erfolgt eine „Verhashung" des Inhalts. Dieser neue Block wird mit anderen Blöcken zu einer Kette „Chain" verbunden. Erfolgt eine Manipulation der vorhergehenden Blöcke, ändert sich der Inhalt der gesamten Blockchain. Die Hashwerte sind nicht mehr identisch mit denen bei der Mehrheit der Parteien vorhandenen Informationen.[22] Eine Manipulation oder ein Fehler kann deshalb erkannt werden und wird vom System sanktioniert. Dadurch, dass alle Parteien zur Validierung von Informationen die übermittelten Informationen einsehen können, gibt es eine vollkommene Transparenz von Daten auf der Blockchain. Zur Integrität der Blockchain sind diese Informationen unveränderlich in der Blockchain eingetragen. Eine länger im Einsatz befindliche Blockchain erhöht durch die Länge ihrer Kettenglieder die Sicherheit und damit die Integrität der übermittelten Informationen.[23]

Von dieser Konzeption gibt es Abweichungen. Das oben beschriebene Grundkonzept um die Basisanwendung Bitcoin wird als eine öffentliche zulassungsfreie Blockchain bezeichnet. Systeme, die davon abweichen, beschränken die Transparenz der Informationen oder den Zugang zum System durch Zulassungsbeschränkungen. Ebenfalls werden die Daten nicht mehr dezentral gespeichert, sondern durch einen zentralen Server.[24]

Werden zentralisierte Systeme gegenüber dezentralen Systemen verwendet, wird zwar der rechenaufwendige Konsensmechanismus mit Skalierungsproblemen sowie die vollständige Transparenz umgangen, gleichzei-

---

[21] *Sixt*, Bitcoins und andere dezentrale Transaktionssysteme: Blockchains als Basis einer Kryptoökonomie, S. 31 ff.

[22] *Ertel/Löhmann*, Angewandte Kryptographie, S. 153 ff.

[23] Mit einer übersichtlichen Darstellung: *Drescher*, Blockchain Grundlagen – Eine Einführung in die elementaren Konzepte in 25 Schritten, S. 77 ff.

[24] *Wüst/Gervais*, in: IEEE Computer Society Conference Publishing Services, Crypto Valley Conference on Blockchain Technology 2018, S. 1, 2.

tig kann aber auch nicht mehr die unabhängig bestätigte Integrität der Daten garantiert werden. Werden Systeme eingesetzt, die Informationen aus einer zentralisierten unternehmensinternen Blockchain an Finanzverwaltungen übermitteln, so ist der Wahrheitsgehalt zu hinterfragen.[25]

4 Konzepte in der Mehrwertsteuer

4.1 Vorbemerkungen

Die Mehrwertsteuer ist durch ihre transaktionsbasierte Steuerermittlung für den Einsatz der Blockchain-Technologie geeignet. In diesem Zusammenhang stechen Eigenschaften wie Transparenz, Nachvollziehbarkeit, Datenintegrität hervor, die insbesondere im Bereich des grenzüberschreitenden Handels Dokumentationspflichten in der Mehrwertsteuer und dadurch Verwaltungskosten senken sollen. Auf der anderen Seite stehen öffentliche Akteure, welche die Technologie zur Bekämpfung der Mehrwertsteuerhinterziehung und zur Einführung eines Real-time Reporting verwenden könnten.[26]

Bei den beschriebenen Einsatzmöglichkeiten handelt es sich häufig um public oder privat permissioned Blockchain. Abhängig von der Konzeption lassen diese Systeme nur einen eingeschränkten Proof-of-Work Mechanismus zu, weswegen das konsensbasierte und basisdemokratische Grundkonzept einer Blockchain nicht greift. Dennoch bestehen Anwendungsfelder der Blockchain-Technologie im Bereich der Mehrwertsteuer.[27] Selbst wenn kein Anwendungsfeld durch eine staatlich anerkannte Blockchain mit konsensbasierten public permissionless Elementen vorliegt, können private permissioned Blockchain konzerninterne Datenstrukturen vereinheitlichen und standardisierte Formulare und Kalkulationen durch Smart Contract bereitstellen. Insbesondere in der Mehrwertsteuer mit häufigen grenzüberschreitenden Situationen und unterschiedlichen beteiligten Mehrwertsteuerpflichtigen kann die transparente sowie automatisierte Erfassung von Transaktionsdaten dazu beitragen, mehrwertsteuerliche Compliance-Anforderungen zu senken.

Durch die Involvierung von mehreren Finanzverwaltungen in grenzüberschreitenden Situationen liegt ein Informationsdefizit auf Seiten der Finanzverwaltungen zur Bekämpfung der Mehrwertsteuerhinterziehung vor. Eine Erfassung von Transaktionsdaten durch die dezentrale Blockchain-

---

[25] In diesem Sinne: *Müller*, Transfer Pricing International, S. 22 (23, 24).

[26] *Fettke/Risse*, DB 2018, S. 1748 (1750 f.).

[27] *Dietsch*, MwStR 2018, S. 813 (819 f.).

Technologie kann zu einem simultanen Informationsstand in mehreren Finanzverwaltungen und damit zur Verhinderung der Mehrwertsteuerhinterziehung beitragen.

4.2 Wissenschaft und Trends

Erste konkrete Blockchain-Modelle im Bereich der Mehrwertsteuer reichen ins Jahr 2016 zurück. *Ainsworth/Shact* beschrieben in einem ausführlichen Artikel erstmals ein grundlegendes Konzept, wie man mit Hilfe der Blockchain-Technologie Karussellbetrug in der EU wirksam bekämpft werden könnte. Indem Modell werden Transaktionsdaten in B2B-Situationen auf einer Blockchain eingetragen. Durch die Eintragung auf einer Blockchain könnten Rechnungsinformationen fälschungssicher dokumentiert werden. Finanzverwaltungen hätten dadurch Zugriff auf eine vollständige Transaktionshistorie. Mit Hilfe von KI könnten Steuerfahnder schnell und effektiv Informationen zu verdächtigen Transaktionen erhalten.[28]

Von dem Konzept einer Digitalisierung von Rechnungsinformationen durch eine Blockchain ausgehend haben sich mehrere unterschiedliche Ausformungen entwickelt. Die verschiedenen Konzepte führen neben der elektronischen Erfassung von Transaktionsdaten unterschiedliche Analysemodelle durch und sind für unterschiedliche Systeme entwickelt, wodurch Mehrwertsteuerhinterziehung effektiv bekämpft werden soll. Als ein interessantes Anwendungsfeld für neue Konzepte mit Hilfe der Blockchain-Technologie zeichnen sich innergemeinschaftliche Lieferungen und grenzüberschreitende Reihengeschäfte ab.[29]

Daneben verfolgt eine andere Forschungsrichtung einen tiefergehenden Eingriff in bisherige Mehrwertsteuererhebungsmechanismen. Auf Grundlage von auf der Blockchain abgelegter Rechnungsinformationen sollen Smart Contracts eine automatisierte Mehrwertsteuererhebung vornehmen.[30]

International zeichnet sich die Digitalisierung von Rechnungen durch eine Blockchain ab. In China wurde im Jahr 2018 zur Bekämpfung der Mehrwertsteuerhinterziehung ein erstes Pilotprojekt gestartet. Für einen

---

[28] *Ainsworth/Shact*, Tax Notes International 2016, S. 1165 (1172 ff.).

[29] *Loy*, DStR 2018, S. 1097 (1102); *Dietsch*, MwStR 2018, S. 813 (818 f.); *Fettke/Risse*, DB 2018, S. 1748 (1751 f.); *Müller*, UR 2020, S. 417.

[30] *Bosch, van der/Diederichsen/Demetrius*, Derivates & Financial Instruments 2018, Vol. 20, No. 1, Kap. 3.3. Blockchain: Make money smart; *Loy*, DStR 2018, S. 1097 (1102 ff.); *Pischel*, GRC aktuell 2019, S. 63 (66, 67); *Müller*, IVM 2020, Vol. 31, No. 3, Kap. 4. Automated VAT Collection Mechanism Suggested by the Author.

begrenzten Anwendungsfall wurden Rechnungsinformationen auf einer privaten Blockchain gespeichert.[31]

4.3 Modelle im Golf-Kooperationsrat

4.3.1 Vorbemerkungen

Auf der Arabischen Halbinsel vereinbarte der Golf-Kooperationsrat (GKR) im Jahr 2017, indirekte Steuern einzuführen. Inhaltlich basiert das zukünftige Mehrwertsteuersystem des GKR in weiten Teilen auf dem harmonisierten Mehrwertsteuersystem der EU.[32] Es wurden allerdings Verbesserungen zum europäischen Mehrwertsteuersystem vorgenommen. Im Bewusstsein der Anfälligkeit des europäischen Mehrwertsteuersystems bei grenzüberschreitender Mehrwertsteuerhinterziehung wurden von der Konzeptionsphase an der Einsatz von innovativen technologischen Instrumenten ausgelotet.[33] Grundlage für die Einführung eines gemeinsamen Mehrwertsteuersystems in der GKR ist ein Abkommen mit dem inoffiziellen Titel: „Unified VAT Agreement for The Cooperation Council for the Arab States of the Gulf" (VAT Agreement).[34]

Die bisherigen Konzepte des GKR sind für neue technische Anwendungen und Modelle besonders interessant, weil das Mehrwertsteuersystem sehr jung ist und Modelle deshalb gut implementiert werden können, ohne Konflikte zu etablierten Systemen zu schaffen.[35]

4.3.2 Informationsaustausch innerhalb der GKR

Die zuvor beschriebenen Informationsasymmetrien im grenzüberschreitenden Handel zwischen den unterschiedlichen Finanzverwaltungen in Europa wurden in der GKR erkannt und in einer innovativen Weise gelöst. Im Gegensatz zur EU, die auf einen Ausbau der Vollzugsmöglichkeiten und des Informationsaustauschs auf Anfrage setzt, tauscht der GKR automatisch zwischen ihren Mitgliedstaaten Rechnungsinformationen in Echtzeit aus.[36]

---

[31] *Rao*, beck.digitax 2020, S. 118 (119).

[32] *Brameshuber et al.*, SWI 2019, S. 34 (35).

[33] *Ainsworth/Alwohaibi*, Tax Notes International 2017, S. 695 (695 ff., 708 ff.).

[34] Übersetzung: *Deloitte*, The Unified VAT Agreement for The Cooperation Council for the Arab States of the Gulf, https://www2.deloitte.com/content/dam/Deloitte/xe/Documents/tax/me_Deloitte-english-GCC-VAT-Treaty-translation-May-7.pdf (abgerufen am 12.6.2020).

[35] In diesem Sinne: *Ainsworth/Alwohaibi*, Boston University School of Law Working Paper No. 17-05, S. 17.

[36] *Ainsworth/Alwohaibi*, Tax Notes International 2017, S. 695 (702, 704).

Zu diesem Zweck besteht in Art. 71 Abs. 1 VAT Agreement für die Mitgliedstaaten der GKR eine Verpflichtung, ein elektronisches Informationssystem einzuführen. Die jeweiligen Unternehmer in den Mitgliedstaaten der GKR müssen mindestens folgende Informationen im Zusammenhang mit der Mehrwertsteuer an zentrale Schnittstellen übermitteln:

1. Mehrwertsteueridentifikationsnummer des Leistenden sowie des Leistungsempfängers,
2. Nummer und Datum der Rechnung,
3. Beschreibung der Transaktion sowie
4. eingezogene Mehrwertsteuer durch den Mehrwertsteuerpflichtigen während der Transaktion (Art. 71 Abs. 1 i. V. m. Art. 1 VAT Agreement).

Die erhobenen Daten werden anschließend an eine zentrale Stelle des GKR gesendet, worauf die anderen Mitgliedstaaten des GKR in grenzüberschreitenden Sachverhalten zugreifen können. Die Informationen werden gemäß Art. 71 Abs. 4 VAT Agreement automatisch ausgetauscht. Nach Art. 71 Abs. 5 VAT Agreement ist es das Ziel, eine Nachvollziehbarkeit von Transaktionen bis zum Bestimmungsland zu gewährleisten.

Art. 71 Abs. 2 VAT Agreement sieht eine digitale Signatur für jede Rechnung vor, die durch den Leistenden und den Leistungsempfänger bestätigt wird. Über diese digitale Signatur werden die beteiligten Finanzverwaltungen bereits vor einer Betriebsprüfung über die durchgeführte Transaktion in Kenntnis gesetzt. Auch muss der gleiche Datensatz zweimal vorliegen, damit beide Parteien die Compliance-Anforderungen erfüllt haben.[37] Gemäß Art. 71 Abs. 3 VAT Agreement soll ein zuverlässiger und sicherer Zugang für alle an der Transaktion Beteiligten gewährleistet werden.

4.3.3 Modelle von Ainsworth et al.

Für den GKR haben *Ainsworth et al.* unterschiedliche Blockchain-Modelle in der Mehrwertsteuer entworfen. Es wurden Modelle sowohl mit einer privaten Kryptosteuerwährung als auch eine Digitalisierung des in Art. 71 VAT Agreement beschriebenen Systems auf einer Blockchain angedacht.

Allgemein eignet sich aus Sicht von *Ainsworth/Alwohaibi* das bisherige Rechtssystem des Art. 71 VAT Agreement für eine elektronische Erfassung durch eine zulassungsbeschränkte oder private Blockchain. Durch ein Blockchain-System hätten alle GKR Mitgliedstaaten simultan den identischen Datensatz zur Verfügung. Zusätzlich könnte eine sichere und zuverlässige Übermittlung von Daten nach Art. 71 Abs. 3 VAT Agreement gewährleistet werden. Damit nur berechtigte Personen Zugriff auf Daten erlangen, sollen Smart Contracts mit einer modifizierten Ethereum Plattform

---

[37] *Ainsworth/Alwohaibi*, Tax Notes International 2017, S. 695 (704, 705).

eingesetzt werden. Es würden an dem Quellcode von Ethereum mehrere Modifikationen vorgenommen, wodurch unterschiedliche Ebenen zur Validierung von Informationen und für private Daten zur Verfügung stehen. Durch eine solche Struktur könnte der Datenschutz der betroffenen Unternehmer gewährleistet werden.[38]

Bei dem VATCoin Projekt soll für das gesamte Mehrwertsteuersystem eine virtuelle Kryptosteuerwährung eingeführt werden, die auf einer privaten Blockchain basiert. Der VATCoin ist an die jeweilige Währung fest gekoppelt. Die Rechnungsdokumentation erfolgt durch einen Smart Contract. Die Anzahl der Knoten wird durch das Bruttoinlandsprodukt der GKR Jurisdiktionen bestimmt. In diesem Konzept substituiert die Kryptosteuerwährung vollständig die Mehrwertsteuer, eine Erstattung der Vorsteuer erfolgt täglich ebenfalls über den VATCoin. Die Validierung erfolgt durch einen Konsensmechanismus, mit 75 % der aktiven Knoten.[39] Die Verwendung des VATCoin beschränkt sich nicht nur auf grenzüberschreitende B2B-Transaktionen, sondern gilt auch in grenzüberschreitenden sowie inländischen B2C-Situationen.[40]

4.3.4 Konzept für Saudi-Arabien

Saudi-Arabien ist ein Mitgliedstaat des GKR und führte bereits Anfang 2018 eine Mehrwertsteuer ein.[41] *Alkhodre et al.* plädieren ebenfalls für die Einführung einer Blockchain zu Dokumentationszwecken in der Mehrwertsteuer für Saudi-Arabien. Im Unterschied zu den Konzepten von *Ainsworth et al.* wird ein System mit Hyperledger Fabric vorgeschlagen. Das System ist zulassungsbeschränkt, indem von einer zertifizierten Behörde in Saudi-Arabien ein Zertifikat für Nutzer vergeben wird. Das System ist darauf angelegt, das gesamte unternehmensinterne Supply Chain Management zu erfassen. Eine Mehrwertsteuererhebung erfolgt über die auf der Blockchain digitalisierte Supply Chain. Saudia-Arabien bietet durch das System Serverkapazitäten an und ist im Endeffekt eine Managementplattform. Das System soll über die Blockchain Plattform Hyperledger Fabric betrieben werden.[42] Es gibt mehrere Anbieter von Blockchain Plattformen, beispielsweise Ethereum, Hyperledger Fabric, Parity etc.[43] Der bisherige Platzhirsch Ethereum bietet eine zulassungslose öffentliche Blockchain an, die durch

---

[38] *Ainsworth/Alwohaibi*, Tax Notes International 2017, S. 695 (708 ff.).

[39] *Ainsworth/Alwohaibi*, Boston University School of Law Working Paper 2017, No. 17-05, S. 10 ff.

[40] *Ainsworth et al.*, Tax Notes International 2018, S. 335 (352).

[41] *Brameshuber et al.*, SWI 2019, S. 34.

[42] *Alkhodre et al.*, International Journal of Advanced Computer Science and Applications 2019 Vol. 10, No. 5, S. 712 ff.

[43] *Gupta et al.*, IEEE 34th International Conference on Data Engineering, S. 1489.

einen Konsensmechanismus Informationen validiert und auf der Chain bzw. in den Distributed Ledger einträgt.[44] Für Unternehmer sind in ihrer Grundkonzeption zulassungslose öffentliche Blockchain hingegen wenig reizvoll, weil diese zu einer transparenten Validierung und Speicherung von unternehmensinternen Informationen führen. Unternehmer bevorzugen deshalb zulassungsbeschränkte Blockchain. Hyperledger Fabric ist eine o-pen-source zulassungsbeschränkte Blockchain und hauptsächlich für Unternehmenszwecke geschrieben. Diese Blockchain Plattform bietet abweichend von bisherigen Blockchain Plattformen die Möglichkeit, unterschiedlichen Knoten bestimmte Rollen zuzuweisen und dadurch Transparenz und Skalierbarkeit zu sichern.[45]

4.3.5 Bewertung

Das relativ junge Mehrwertsteuersystem des GKR hat viele innovative Ansätze, die in einem traditionelleren Mehrwertsteuersystem wie in der EU nicht vorhanden sind. Insbesondere der automatisierte Informationsaustausch von Rechnungsinformationen in grenzüberschreitenden Sachverhalten durch Öffnungsklauseln ist eine interessante sowie zukunftsweisende Entwicklung. In Europa zeichnet sich ebenfalls eine Digitalisierung von Rechnungsinformationen und eine Echtzeit- oder annähernde Echtzeit-Übermittlung von mehrwertsteuerrelevanten Informationen ab.[46] Eine automatisierte grenzüberschreitende Übermittlung von Informationen zwischen Finanzverwaltungen in der EU ist allerdings bisher Zukunftsmusik.

Die rechtlichen Voraussetzungen in der GKR bieten einen geeigneten Rahmen, auf dem eine Digitalisierung von Rechnungsinformationen durch eine Blockchain aufgebaut werden kann. Das von *Alkhodre et al.* beschriebene Konzept einer vollständigen Digitalisierung der unternehmensinternen Supply Chain wäre erstrebenswert, setzt aber eine verpflichtende Umsetzung voraus. Die Unternehmenslandschaft ist allerdings stark zersplittert und eine Digitalisierung durch Hyperledger Fabric ist für kleine und mittlere Unternehmen schwer vollumfänglich umzusetzen.

Das von *Ainsworth/Alwohaibi* skizzierte Modell einer Digitalisierung von Rechnungsinformationen über Schnittstellen ist in einem ersten Schritt einfacher umzusetzen und verlangt lediglich eine enge Verzahnung von ERP-Systemen zu den Anwendungen der Finanzverwaltungen im GKR.

---

[44] *Dannen*, Introducing Ethereum and Solidity – Foundations of Cryptocurrency and Blockchain Programming for Beginners, S. 1, 2 f.

[45] *Mazumdar/Ruj*, IEEE Transactions on Emerging Topics in Computing, S. 1, 2.

[46] Mit einer übersichtlichen Darstellung von aktuellen Trends in Europa: *Bal*, Tax Notes International 2019, S. 717.

Insgesamt ist deshalb dieses Modell für eine erste Umsetzung im GKR zu präferieren.

5 Zusammenfassung

International zeichnet sich die Digitalisierung von Rechnungsinformationen ab, damit die Mehrwertsteuerhinterziehung effektiver bekämpft werden kann. Als ein Instrument zur erfolgreichen Umsetzung wird die Blockchain-Technologie eingesetzt bzw. verstärkt diskutiert. Unabhängig von Modellen oder Konzepten ist die Sichtbarmachung von Transaktionsketten für Finanzverwaltungen das zentrale Element und Ziel. Damit die Verwaltungsanforderungen und Kosten für Unternehmen nicht steigen, sind Systeme zu präferieren, die unmittelbar aus den unternehmensinternen Systemen Daten herausgreifen und für Analysezwecke verwenden. Eine vollumfängliche Organisation bzw. Brücke zwischen Systemen mit Hilfe einer Blockchain wäre in solchen Fällen vorzugswürdig. Solche Konzepte sind allerdings noch nicht umgesetzt.

Die Digitalisierung von steuerlichen Prozessen und die Bekämpfung der Mehrwertsteuerhinterziehung durch technische Instrumente ist daher nach wie vor notwendig und erfordert viel Entwicklungsenergie und Ressourcen.

Literatur

Ainsworth, Richard T./Alwohaibi, Musaad: The First Real-Time Blockchain VAT: GCC Solves MTIC Fraud, Tax Notes International 2017, S. 695-719.

Ainsworth, Richard T./Alwohaibi, Musaad: Blockchain, Bitcoin, and VAT in the GCC: The Missing Trader Example, Boston University School of Law Working Paper 2017, No. 17-05.

Ainsworth, Richard T./Alwohaibi, Mussad/Cheetham, Mike/Tirand, Camille: A VATCoin Solution to MTIC Fraud: Past Efforts, Present Technology, and the EU's 2017 Proposal, Tax Notes International 2018, S. 335-359.

Ainsworth, Richard T./Shact, Andrew B.: Blockchain Technology Might Solve VAT Fraud, Tax Notes International 2016, S. 1165-1174.

Alkhodre, Ahmad/Jan, Salman/Khusro, Shah/Ali, Toqeer/Alsaawy, Yazed/Yasar, Muhammad: A Blockchain-based Value Added Tax (VAT) System: Saudi Arabia as a Use-Case, International Journal of Advanced Computer Science and Applications 2019, Vol. 10, No. 5, S. 708-716.

Asian Development Bank: A Comparative Analysis of Tax Administration in Asia and the Pacific – 2020 Edition, Metro Manila 2020.

Bal, Aleksandra: Taxation, Virtual Currency and Blockchain, Frederick 2019.

Bal, Aleksandra: VAT Trends in Europe: Digitalization and Real-Time Filing, Tax Notes International 2019, S. 717-724.

Bashir, Imran: Mastering Blockchain – Distributed ledgers, decentralization and smart contracts explained, Birmingham 2017.

Borselli, Fabrizio: VAT Fraud, Cryptocurrencies and a Future for the VAT System, IVM 2019, S. 179-186.

Bosch, Tommie van der/Diederichsen, Dolf/Demetrius, Christopher: Blockchain in Global Finance and Tax, Derivates & Financial Instruments 2018, Vol. 20, No. 1.

Brameshuber, Georg/Hayden, Tobias/Susilo, Markus/Zechmeister, Helmut: Einführung einer Mehrwertsteuer auf der Arabischen Halbinsel, SWI 2019, S. 34-44.

Dannen, Chris: Introducing Ethereum and Solidity - Foundations of Cryptocurrency and Blockchain Programming for Beginners, New York 2017.

Dietsch, David R.: Umsatzsteuer 4.0 – wie Blockchain grenzüberschreitende Reihengeschäfte transparenter machen könnte, MwStR 2018, S. 813-820.

Drescher, Daniel: Blockchain Grundlagen – Eine Einführung in die elementaren Konzepte in 25 Schritten, Frechen 2017.

Ertel, Wolfgang/Löhmann, Ekkehard: Angewandte Kryptographie, 5. Aufl., München 2018.

Fettke, Peter/Risse, Robert: Blockchain: Wird eine sog. „real time" Tax Compliance möglich?, DB 2018, S. 1748-1755.

Gupta, Himanshu/Hans, Sandeep/Aggarwal, Kushagra/Mehta, Sameep/Chatterjee, Bapi/Praveen, J.: Efficiently Processing Temporal Queries on Hyperledger Fabric, in: IEEE 34th International Conference on Data Engineering, 2018, S. 1489-1494.

Hinerasky, Ansgar/Kurschildgen, Michael: Künstliche Intelligenz und Blockchain – neue Technologien in der Besteuerungspraxis, DB 2016, S. 35-39.

Ismer, Roland/Schwarz, Magdalena: Combating VAT Fraud through Digital Technologies: A Reform Proposal, IVM 2019, S. 240-246.

Loy, Thomas: Umsatzsteuerbetrug im innergemeinschaftlichen Erwerb: Konzept eines Blockchainbasierten Lösungsansatzes, DStR 2018, S. 1097-1104.

Mazumdar, Subhra/Ruj, Sushmita: Design of Anonymous Endorsement System in Hyperledger Fabric, IEEE Transactions on Emerging Topics in Computing 2019, S. 33.

Müller, Robert: Digitalisierte Bekämpfung der Mehrwertsteuerhinterziehung im E-Commerce – Einrichtung einer zentralen Datenbank für Zahlungsdaten auf EU-Ebene (CESOP), UR 2019, S. 797-803.

Müller, Robert: Kritische Bewertung des Blockchain-Hypes im Transfer Pricing, Transfer Pricing International 2020, S. 22-25.

Müller, Robert: Die Verheißungen der Blockchain-Technologie – Autonome elektronische mehrwertsteuerrechtliche Sachverhaltsbeurteilung am Beispiel von grenzüberschreitenden Reihengeschäften, UR 2020, S. 417-421.

Müller, Robert: B2C E-Commerce using Blockchain Technology, IVM Vol. 31, No. 3.

Müller, Robert: Technische Aufrüstung der Europäischen Finanzverwaltungen – Neue Instrumente zur Bekämpfung der Abgabenhinterziehung im E-ommerce, in: Erich Schweighofer/Walter Hötzendorfer/Franz Kummer/Ahti Saarenpää (Hrsg.), Verantwortungsbewusste Digitalisierung Responsible Digitalisation, Bern 2020, S. 583-590.

Müller, Robert: „Automatisierte" Verrechnungspreisbestimmung – Entwurf eines Echtzeit-Horizontal-Monitoring mit Hilfe einer öffentlichen Blockchain, WPg (in Veröffentlichung).

Nakamoto, Satoshi: Bitcoin: A Peer-to-Peer Electronic Cash System, 2008.

Pischel, Felix: Blockchain im Steuerbereich – Einsatzmöglichkeiten zur Sicherstellung der Tax Compliance, GRC aktuell 2019, S. 63-69.

Quinkler, Valentin/Reineke, Rebecca: Kann eine Blockchain die Tax Compliance steuerlicher Verrechnungspreise verbessern?, WPg 2019, S. 422-428.

Rao, Siddesh: The Potential Use of AI, Blockchain & Data Analytics in Transfer Pricing, beck.digitax 2020, S. 118-121.

Rodríguez, Sonia Catalina Muñoz/Ottoni, Paola/Huibregtse, Steef: How Technology Is Changing Taxation in Latin America, BIT 2019, S. 141-152.

Rosenberg, Patrick: Bitcoin und Blockchain – Vom Scheitern einer Ideologie und dem Erfolg einer revolutionären Technik, Berlin 2018.

Ruiz, Carlos Soler: How criminals evade VAT and how we use new techniques to detect it, ECA Journal 2019, No. 2, S. 37-48.

Sixt, Elfride: Bitcoins und andere dezentrale Transaktionssysteme: Blockchains als Basis einer Kryptoökonomie, Wiesbaden 2017.

Wüst, Karl/Gervais, Arthur: Do you need a Blockchain?, in: *IEEE Computer Society Conference Publishing Services* (Hrsg.), 2018 Crypto Valley Conference on Blockchain Technology, Piscataway 2018, S. 45-54.

Xu, Xiwei/Pautasso, Cesare/Zhu, Liming/Gramoli, Vincent/Ponomarev, Alexander/Tran, An Binh/Chen, Shiping: The Blockchain as a Software Connector, in: 13th Working IEEE/IFIP, Conference on Software Architecture, Los Alamitos, California Washington, Tokyo 2016, S. 182-191.

DIE ELEKTRONISCHEN RISIKOMANAGEMENTSYSTEME DER FINANZVERWALTUNGEN ÖSTERREICHS UND DEUTSCHLANDS IM VERGLEICH

Christoph Schmidt

Universität Potsdam, Juristische Fakultät, Lehrstuhl für Öffentliches Recht, insbesondere Verwaltungsrecht und Steuerrecht
Prof. Dr. Andreas Musil
SteuerSchmidt86@gmail.com

Zusammenfassung

Mit dem Beitrag wird aufgezeigt, wie die von den Finanzverwaltungen Österreichs und Deutschlands eingesetzten elektronischen Risikomanagementsysteme durch eine risikoorientierte Fallauswahl zur Optimierung der Bearbeitung der Steuererklärungen für die zu veranlagende Einkommensteuer beitragen. Im Fokus stehen neben der Analyse bestehender Gemeinsamkeiten und Unterschiede Erläuterungen zur Risikobewertung. Letztere ist von elementarer Bedeutung für die sich im Risikomanagementprozess anschließende Risikobewältigung im Zuge der steuerlichen Fallbearbeitung.

1 Einführung

Digitalisierung ist das Schlagwort unserer Zeit, und kaum ein Lebensbereich bleibt davon unberührt. Für den Einzelnen, die Gesellschaft, die Unternehmen und den Staat bietet sie immense Chancen. Letzterer kann den digitalen Wandel nutzen, um sein Verhältnis zu Bürgern und Unternehmen transparenter, partizipativer sowie interaktiver zu gestalten. Die Entwicklung hin zu einer moderneren Verwaltung durch Abwicklung geschäftlicher Prozesse über elektronische Medien charakterisiert das E-Government und wird mit zunehmender Digitalisierung weiter in den Fokus rücken. Dies ist eine stetige Herausforderung für den Gesetzgeber, der diesem Wandel mit geeigneten Gesetzen begegnen muss. Technische und rechtliche Rahmenbedingungen stehen in engem Zusammenhang und erfordern daher eine wechselseitige Abstimmung.

Der Digitalisierungsprozess ist keineswegs ein ausschließlich nationales Phänomen. Betrachtet man den Nachbarstaat Österreich, dessen politisches System, Organisationsstrukturen der Finanzbehörden und einzelne

Phasen des Besteuerungsverfahrens ähnlich sind,[1] ist eine weiter vorange-schrittene Digitalisierung der Finanzverwaltung zu konstatieren. Mit dem eingesetzten Behördenportal *FinanzOnline* wird im Gegensatz zum deut-schen Pendant *ELSTER* bereits der gesamte Besteuerungsprozess vom Ein-gang der Steuererklärung bis hin zur Bescheidversendung elektronisch ab-gewickelt.

Ziel des Beitrags ist es daher, über das elektronische Risikomanagement sowie die risikoorientierte Fallauswahl in Österreich zu informieren und die Unterschiede zu Deutschland pointiert herauszuarbeiten. Dabei liegt der Schwerpunkt der Erläuterungen auf der Risikobewertung, da dieser eine herausragende Bedeutung für die sich anschließende Risikobewälti-gung im Zuge der steuerlichen Fallbearbeitung zukommt. In der Folge wird auf Ausführungen zu weiteren Aspekten des Risikomanagementprozesses verzichtet.

2 Elektronisches Risikomanagement und risikoorientierte Fallauswahl

2.1 Inhalt und Begriffsbestimmung

Die gesetzliche Implementierung der Risikomanagementsysteme in Deut-schland durch das Gesetz zur Modernisierung des Besteuerungsverfahrens[2] ist grundsätzlich zu begrüßen.[3] Mit der Kodifizierung von Mindestanforde-rungen wird im Unterschied zu Österreich den diesbezüglichen Empfeh-lungen des Bundesrechnungshofs[4] gefolgt und damit zugleich verfassungs-rechtlichen Bedenken begegnet, die aus der mangelnden gesetzlichen Min-deststeuerung resultierten.[5]

Das Risikomanagement stellt neben der kooperativen, serviceorientierten Ausrichtung die zweite Säule der österreichischen Tax-Compliance-Voll-zugsstrategie dar. Im Nachbarstaat mangelt es im Gegensatz zu Deutsch-land an einer gesetzlichen Legaldefinition der Risikomanagementsysteme.

---

[1] Nach *Jabloner*, in: Mellinghoff/Schön/Viskorf, FS W. Spindler, S. 245, ist die Nähe zwi-schen österreichischem und deutschem Steuerrecht ausgeprägter als in anderen Rechtsge-bieten. Zum gemeinsamen historischen Ursprung des Steuerrechts beider Länder näher *Doralt/Ruppe/Mayr*, Grundriss des Österreichischen Steuerrechts – Band I, S. 10-12.

[2] Gesetz zur Modernisierung des Besteuerungsverfahrens v. 18.7.2016, BGBl. I 1679.

[3] So auch *Seer*, in: Lüdicke, Jahrbuch des Bundesverbands der Steuerberater, S. 55 (58 f.); *Baldauf*, DStR 2016, S. 833 (836); *Trossen*, FR 2015, S. 1021 (1022). Zu den rechtlichen Entwicklungen des risikoorientierten Steuervollzugs in beiden Ländern näher *C. Schmidt*, Das modernisierte Besteuerungsverfahren, im Erscheinen.

[4] *Engels*, Probleme beim Vollzug der Steuergesetze, S. 150 f.

[5] *Carlé*, kösdi 2009, S. 16342 (16345).

Automationsunterstütztes Risikomanagement wird lediglich in den §§ 48e, 114 Abs. 4 BAO erwähnt. Zumindest den Gesetzesmaterialien zur legistischen Umsetzung der Datenschutz-Grundverordnung ist zu entnehmen, dass unter dem Terminus u.a. die softwaregestützte Analyse von Daten mit Predictive-Analytics-Methoden und die Datenanalyse im Vorfeld von Kontroll- und Prüfungshandlungen fallen.[6]

In § 88 Abs. 5 Satz 1 AO sind die Risikomanagementsysteme legaldefiniert. Demnach können diese als automationsgestützte Systeme zur Beurteilung der Notwendigkeit weiterer Ermittlungen und Prüfungen zum Zwecke einer gleichmäßigen und gesetzmäßigen Steuerfestsetzung einschließlich Steuervergütungen sowie der Anrechnung von Steuerabzugsbeträgen und Vorauszahlungen eingesetzt werden.[7] Gleichwohl ist ihr Einsatz nicht auf die Einkommensteuerveranlagung beschränkt. Sie können beispielsweise ebenso für Außenprüfungen oder bei der Auswertung von Kontrollmaterial Verwendung finden.[8] In Abhängigkeit vom jeweiligen Arbeitsbereich verfolgt das Risikomanagement der Finanzverwaltung unterschiedliche Zielsetzungen. Während im Rahmen der Veranlagung die Optimierung der Sachbearbeitung im Fokus steht, ist für die Außenprüfung eine effizientere Fallauswahl das primäre Ziel.[9] Um diese Arbeitsabläufe zu effektuieren und Redundanzen zu beseitigen, strebt die deutsche Finanzverwaltung die Implementierung eines Gesamtsystems an. In der Folge könnten beispielsweise Abgleiche der Steuererklärungsdaten vorgenommen und potenzielle Außenprüfungsfälle automatisch unter einem Vorbehalt der Nachprüfung (§ 164 AO) ergehen.[10]

Nach der Auffassung des deutschen Gesetzgebers besteht das Risikomanagement aus der systematischen Erfassung und Bewertung von Risikopotenzialen sowie der Steuerung von Reaktionen in Abhängigkeit von den festgestellten Risikopotenzialen.[11] Definitionsansätze des Schrifttums zie-

---

[6] ErläutRV 65 BlgNR 26. GP (61).

[7] Diese grundsätzliche Bezeichnung stellt *Marx*, Ubg 2016, S. 358 (360 f.), aufgrund der Diskrepanz zur allgemeingültigen Begriffsbestimmung in Frage.

[8] BT-Drs. 18/7457, S. 70.

[9] *Panek*, Beilage 2 zu DB 2018, S. 31 (32).

[10] *Panek/Betz*, in: Deggendorfer Forum zur Digitalen Datenanalyse e.V., Digitalisierung der Prüfung, S. 9 (17).

[11] BT-Drs. 18/7457 (69).

len in eine ähnliche Richtung und sehen das Risikomanagement als planvollen Umgang mit dem Risiko an[12] oder differenzieren weitergehend zwischen Risiko und dessen Management.[13]

Zudem finden sich in beiden Ländern Ansätze, die Risikomanagement als einen Prozess mit der Abfolge Risikoidentifikation und -analyse, -bewertung, -bewältigung sowie -evaluation beschreiben.[14]

2.2 Identifikation und Analyse des Risikos

Auf Grundlage der erhobenen, gesammelten und ausgetauschten Daten[15] kann eine zielgerichtete Risikoidentifikation und -analyse erfolgen. Eine Ausrichtung der *Kontrollintensität*, die den Grad der Mitwirkung der Steuerpflichtigen miteinbezieht, ist ein zentrales Merkmal der Risikomanagementsysteme beider Länder. Demnach sind Steuerpflichtige, die sich aus Eigenmotivation heraus gesetzeskonform verhalten, entsprechend der verminderten Aufklärungsbedürftigkeit weniger stark zu kontrollieren und Steuerpflichtige, die die Gesetze nicht oder nur unzureichend befolgen, intensiver zu prüfen und ggf. zu sanktionieren.[16]

Die Kontrollintensität folgt aus dem im Wege der Gesamtfallbetrachtung ermittelten *Kontrollbedürfnis*, welches wiederum durch das *steuerliche Risiko* determiniert wird.[17] Letzteres ist jedoch weder in Österreich noch in Deutschland gesetzlich erwähnt oder gar definiert. Naheliegend ist beispielsweise die Qualifikation des Steuerrisikos als die Gefahr eines unehrlichen Steuerzahlungsverhaltens.[18] Allerdings greift diese Betrachtung im Kontext der Gesetz- und Gleichmäßigkeit der Besteuerung zu kurz, da die gesetzlich entstandene Steuer, d.h. nicht weniger, aber eben auch nicht mehr, festzusetzen und zu erheben ist. Daher sollte der steuerliche Risikobegriff allgemeiner, als Gefahr einer nicht zutreffenden Steuerfestsetzung

---

[12] *E. Schmidt/Schmitt*, in: Mellinghoff/Schön/Viskorf, FS W. Spindler, S. 529 (534).

[13] *Pestke*, Stbg 2011, S. 1 (1 f.).

[14] *Europäische Kommission*, Leitfaden – Risikomanagement für Steuerverwaltungen, https://cutt.ly/ay4v3OU (abgerufen 11.6.2020); *Härtl*, in: Deggendorfer Forum zur Digitalen Datenanalyse e.V., Elektronische Betriebsprüfung, S. 11 (64); ähnlich *Huber*, StBp 2016, S. 125 (127); *Huber/Seer*, StuW 2007, S. 355 (362).

[15] Zur maschinell auswertbaren Datenbasis sowie der Datenverarbeitung und Datenweiterverarbeitung näher *C. Schmidt*, Das modernisierte Besteuerungsverfahren, im Erscheinen.

[16] *Seer*, StuW 2003, S. 40 (44); *Huber/Seer*, StuW 2007, S. 355 (368); ähnlich *Huber*, StBp 2016, S. 125 (126 f.).

[17] *Nagel/Waza*, DStZ 2008, S. 321 (323); *Haunhorst*, DStR 2010, S. 2105 (2109).

[18] *Europäische Kommission*, Leitfaden – Risikomanagement für Steuerverwaltungen, https://cutt.ly/ay4v3OU (abgerufen 11.6.2020).

zum Nachteil der Finanzverwaltung oder des Steuerpflichtigen[19] oder als jegliches normabweichende Verhalten der Steuerpflichtigen, definiert werden.[20]

Die bei der Risikoanalyse zugrunde gelegten Parameter sind von entscheidender Bedeutung, da sie darüber entscheiden, ob und zu welchem Grad ein Steuerfall im Zuge der Risikobewertung als risikoarm oder risikoreich klassifiziert wird.[21] Mithin determinieren die Risikoparameter den Toleranzbereich des Risikomanagementsystems. Eine häufige Klassifizierung der Parameter und damit einhergehend der steuerlichen bzw. fiskalischen Risiken ist die in *objektive* und *subjektive Risiken.*[22]

Erstere umfassen alle Risiken, welche sich aus dem konkreten Steuerfall ergeben und fiskalische Auswirkungen nach sich ziehen, d.h. den wahren Steuerausfall widerspiegeln.[23] Diesen beeinflussen insbesondere Umsätze bzw. Erlöse, verschiedene Einkünfte, das Einkommen oder Detaildaten zu dessen Ermittlung.[24] Im Detail können beispielsweise

- Betragsgrenzen,
- erstmals auftretende Tatsachen,
- Veränderungen gegenüber dem vergangenen Veranlagungszeitraum,
- ein Vergleich mit Dauersachverhalten,
- ein Abgleich von Kennzahlen und
- Schwerpunktprüfungen Berücksichtigung finden.[25]

Einen wesentlichen Teil des Risikos beinhaltet zudem die subjektive Komponente,[26] die insbesondere die steuermoralische Grundeinstellung, das bisherige

---

[19] *Pestke*, Stbg 2011, S. 1 (1); ähnlich *Drüen*, in: Hey, Digitalisierung im Steuerrecht, S. 193 (207 f.).

[20] *Huber/Seer*, StuW 2007, S. 355 (356).

[21] *Baldauf*, DStR 2016, S. 833 (836).

[22] So z.B. bei *Pestke*, Stbg 2011, S. 1 (4 f.); *Baldauf*, DStR 2016, S. 833 (836); *Huber/Seer*, StuW 2007, S. 355 (360); *E. Schmidt/Schmitt*, in: Mellinghoff/Schön/Viskorf, FS W. Spindler, S. 529 (535).

[23] *Huber*, StBp 2016, S. 125 (127).

[24] *Huber*, StBp 2016, S. 257 (258 f.).

[25] Detailliertere Ausführungen zu dieser Aufzählung finden sich bei *Pestke*, Stbg 2011, S. 1 (4).

[26] *Huber*, StBp 2016, S. 125 (130).

Verhalten und die Bereitschaft zur Erfüllung von steuerlichen Verpflichtungen des einzelnen Steuerpflichtigen umfasst.[27] Dieser Teil des Risikos wird als *Steuer-Vita* oder im Kontext der Tax-Compliance-Vollzugsstrategie treffend als *Compliance-Faktor* bezeichnet.[28] Dieser Indikator für die Compliance des Steuerpflichtigen[29] soll Anreize zur Einhaltung steuerlicher Pflichten setzen. Gesetzeskonformes Verhalten führt zu einem geringeren subjektiven Risiko, während Pflichtverletzungen ein höheres subjektives Risiko nach sich ziehen.[30] Darüber hinaus kann die Zugehörigkeit zu einer bestimmten Gruppe von Steuerfällen das Risiko des Einzelnen beeinflussen. Diesbezügliche Einflussfaktoren sind z.B. die Betriebsart und -größe, die Branche, die Rechtsform oder die Menge der Steuerpflichtigen einer Gruppe.[31] Aufgrund der in § 88 Abs. 3 Satz 1 AO kodifizierten Möglichkeit der obersten Finanzbehörden, für bestimmte oder bestimmbare Fallgruppen Weisungen über Art und Umfang der Ermittlungen und der Verarbeitung von erhobenen oder erhaltenen Daten zu erteilen, ist dieser Einfluss explizit in Deutschland zu beachten.[32]

2.3 Risikobewertung

2.3.1 Klassifizierung der Steuerfälle

Nach der Identifikation und Analyse der Steuerrisiken sind diese durch die Finanzverwaltung zu bewerten. Denkbar ist beispielsweise das Prinzip des *Risk Scalings*, wonach eine Klassifizierung der Steuerfälle aufgrund der Wertung der Einzelrisiken der Steuerpflichtigen in verschiedene Risikoklassen erfolgt. Ziel ist es, die prüfungsbedürftigen von den (zunächst) nicht prüfungsbedürftigen Steuerfällen zu trennen. Mithin sollen die vorhandenen Prüfungskapazitäten im Rahmen der Risikobewältigung risikodifferenziert verteilt werden, sodass unterschiedliche Kontrollintensitäten resultieren.[33] Dieser Vorgang ist von höchster Priorität[34] und kann zugleich zutreffend

---

[27] *Huber*, StBp 2016, S. 125 (127).

[28] Begriffe, soweit ersichtlich, zuerst nach *Schmarbeck*, in: Bundesministerium der Finanzen, Monatsbericht des BMF – Dezember 2002, S. 57 (60); die Termini verwendend *Suck*, DStZ 2010, S. 606 (607); *Seer*, StuW 2003, S. 40 (49); *Drüen*, in: Schön/Beck, Zukunftsfragen des deutschen Steuerrechts, S. 1 (12); *Nagel/Waza*, DStZ 2008, S. 321 (323).

[29] *Huber*, StBp 2016, S. 228 (229).

[30] *Seer*, StuW 2003, S. 40 (49).

[31] *Huber*, StBp 2016, S. 125 (128 f.); *Huber*, StBp 2016, S. 257 (258).

[32] *E. Schmidt*, in: Widmann, Steuervollzug im Rechtsstaat, S. 37 (44); *E. Schmidt/Schmitt*, in: Mellinghoff/Schön/Viskorf, FS W. Spindler, S. 529 (535 f.); *Goldshteyn/Purer*, StBp 2014, S. 61 (65); pauschale Risikobeurteilungen allgemein ablehnend *Pestke*, Stbg 2011, S. 1 (5).

[33] *Huber*, StBp 2016, S. 228 (229). Zur Bearbeitung und Überprüfung der Steuerfälle ausführlich *C. Schmidt*, Das modernisierte Besteuerungsverfahren, im Erscheinen.

[34] *Huber/Seer*, StuW 2007, S. 355 (363); ähnlich *Huber*, StBp 2016, S. 160 (161).

als der wohl schwierigste Aspekt im Rahmen des Risikomanagements angesehen werden.[35] Die Steuererklärungen werden in Österreich eingangs über eine EDV-gestützte Validierung auf Unregelmäßigkeiten und Auffälligkeiten, insbesondere Rechenfehler, Unvollständigkeit und Übereinstimmungen mit den bereits vorhandenen Daten hin überprüft.[36] Der autonome Agent von FinanzOnline führt sodann eine Risikoanalyse durch.[37] Die hierbei zugrunde liegende Prüf- und Kontrolldichte bzw. -intensität ist naturgemäß beschränkt.[38] In Deutschland findet das mit dem Risk Scaling inhaltlich vergleichbare *Clustering*-Prinzip Anwendung, wonach eine Klassifizierung der Steuerpflichtigen in verschiedene Risikogruppen erfolgt.[39] So werden die Steuerfälle in drei Risikogruppen, ggf. unter Berücksichtigung von weiteren Untergruppen, eingeteilt.[40]

2.3.2 Algorithmen und deren Programmierung

Vor einer näheren Untersuchung der Modellierung von Risikomanagementsystemen ist herauszustellen, dass im Schrifttum oftmals nicht oder wenig trennscharf zwischen den Termini Algorithmen, Programmen und Programmierung differenziert wird. Eine algorithmisch gesteuerte Vorgehensweise ist kein Phänomen der Digitalisierung, da Algorithmen allgemein als Schritt-für-Schritt-Anleitungen zur Lösung eines (mathematischen) Problems definiert sind.[41] Mithin handelt es sich um ein deterministisch strukturiertes und endliches Verfahren,[42] das Inputs verarbeitet und Outputs erzeugt.[43] Gleichwohl sind in diesem Beitrag ausschließlich

---

[35] *Schützler*, Tax Compliance, S. 216.

[36] *Makolm*, in: Schweighofer et al., Zwischen Rechtstheorie und e-Government, S. 157 (163).

[37] *Makolm*, in: Schweighofer et al., Zwischen Rechtstheorie und e-Government, S. 157 (163).

[38] *Scheiblauer*, AFS 2013, S. 242 (242); *Tanzer/Unger*, SWK 2008, S. 947 (949); ähnlich *Huber*, StBp 2016, S. 352 (352 f.), der herausstellt, dass zeitnahe Kontrollen exaktere Risikoeinschätzungen ermöglichen.

[39] *Schmarbeck*, in: BMF, Monatsbericht des BMF – Dezember 2002, S. 57 (59).

[40] Generell werden bei der Clusterbildung anhand von beschreibenden Daten Gruppen von Elementen, beispielsweise Personen, gebildet, die sich bezüglich bestimmter Charakteristika ähnlich sind, *Stiemerling*, CR 2015, S. 762 (764).

[41] *Martini*, JZ 2017, S. 1017 (1017) m. w. N. (Fn. 2), ähnlich *Beetz*, Digital, S. 12; *Güting/Dieker*, Datenstrukturen und Algorithmen, S. 33; *Hoffmann-Riem*, AöR 2017, S. 1 (2 f.); *Reichwald/Pfisterer*, CR 2016, S. 208 (209), und bereits *Fiedler*, JZ 1966, S. 689 (692).

[42] *Pieper*, InTeR 2018, S. 9 (13); *Hoeren/Niehoff*, RW 2018, S. 47 (49); *Güting/Dieker*, Datenstrukturen und Algorithmen, S. 33. Bereits *Fiedler*, JuS 1970, S. 432 (434), betonte, dass Algorithmen schematische Arbeitsverfahren sind, deren einzige Anwendungsvoraussetzung die vollständige Aufgliederung und Präzisierung der entsprechenden Zusammenhänge darstellt.

[43] Zur Begriffsdefinition im juristischen Kontext anschaulich *Ernst*, JZ 2017, S. 1026 (1026 f.).

solche Algorithmen angesprochen, die in ein Verfahren der automatisierten Entscheidungsfindung und digitaler Informationstechnologien eingebunden sind. Sie grenzen sich von Programmen durch ihre Programmiersprachenunabhängigkeit ab.[44]

Bei der Programmierung der Algorithmen erfolgt in der Regel eine Selektion von Entscheidungsmöglichkeiten. Diese kann sich auf die einzugebenden Daten (Input) und/oder auf den möglichen Entscheidungsinhalt (Output) beziehen.[45] Die Programmierung erfordert eine integrative Zusammenarbeit zwischen IT-Experten und Juristen.[46] Mithin handelt es sich hierbei nicht nur um einen rein technischen Vorgang.[47]

Zur Modellierung von Risikomanagementsystemen lassen sich allgemein theoriegeleitete und selbstlernende Ansätze unterscheiden.[48] Weder in Österreich noch in Deutschland publizieren die Finanzverwaltungen Informationen, welcher Ansatz dem Grunde nach Anwendung findet.[49] Folglich kann insbesondere die Frage, ob es sich um selbstlernende Ansätze handeln darf oder muss,[50] nicht mit Gewissheit beantwortet werden. Den in geringer Zahl vorhandenen Informationen nach scheinen die diesbezüglichen Erfahrungen der Finanzverwaltungen eher im Bereich der Umsatzsteuer zu

---

[44] *Rimscha*, Algorithmen kompakt und verständlich, S. 4; *Güting/Dieker*, Datenstrukturen und Algorithmen, S. 5. Zur Abgrenzung zwischen Algorithmen und Programmen prägnant *Guckelberger*, Öffentliche Verwaltung im Zeitalter der Digitalisierung, S. 365 f.

[45] *Groß*, VerwArch 2004, S. 400 (410).

[46] Dazu näher *Guckelberger*, Öffentliche Verwaltung im Zeitalter der Digitalisierung, S. 408 f.

[47] *Groß*, VerwArch 2004, S. 400 (410). In diese Richtung auch *Seckelmann*, in: Fisch, Verständliche Verwaltungskommunikation in Zeiten der Digitalisierung, S. 157 (164), die die Zerlegung des juristischen Prozesses in einzelne Arbeitsschritte als nicht trivial bezeichnet.

[48] Im allgemeinen Kontext der Rechtsautomation differenziert *Bünau*, in: Breidenbach/Glatz, Rechtshandbuch Legal Tech, S. 47 (50), zwischen expliziter und impliziter datengetriebener Programmierung. *Krug*, beck.digitax 2020, S. 74 (74); *Grupp*, in: Hartung/Bues/Halbleib, Legal Tech, S. 259 (261), unterscheiden zwischen einem deduktiven und einem induktiven Ansatz.

[49] Zur Ausgestaltung der Risikomanagementsysteme und deren Geheimhaltung sowie den Transparenzanforderungen algorithmenbasierter Verfahren bei vollautomatischer Fallbearbeitung ausführlich *C. Schmidt*, Das modernisierte Besteuerungsverfahren, im Erscheinen.

[50] *Martini/Nink*, Extra 10 zu NVwZ 2017, S. 1 (9).

liegen.[51] Entsprechend initiierte Projekte sind in Deutschland in der Vergangenheit gescheitert.[52] Mithin wird für die weitere Untersuchung davon ausgegangen, dass der Einsatz selbstlernender Ansätze für die Ertragsbesteuerung gegenwärtig eher unwahrscheinlich ist[53] und den Risikomanagementsystemen vorrangig der theoriegeleitete Ansatz zugrunde liegt.[54]

2.3.3 Theoriegeleitete Risikomanagementsysteme

Der statistische Ansatz ist theoriegeleitet. Dementsprechend liegen diesem A-priori-Annahmen über Wirkzusammenhänge in einem Datensatz zugrunde.[55] Auf Basis dieser von vornherein festgelegten menschlichen Modellierung ermitteln die algorithmenbasierten Entscheidungen lediglich Korrelationen und keine Kausalitäten.[56] Entscheidungsspielräume bestehen in der Regel nicht, sodass automatisch ablaufende Reaktionen vorliegen.[57] Obgleich menschliche und automatische Entscheidungen dem Wenn-dann-Schema folgen, besteht ein wesentlicher Unterschied dahingehend, dass bei Ersteren eine Einordnung der Tatbestandsmerkmale und eine Subsumtion erfolgen.[58] Diese Entscheidungen basieren daher auf einer gesetzlichen Grundentscheidung; Algorithmen hingegen auf entsprechender Programmierung.[59]

---

[51] Anhaltspunkte finden sich bspw. bei *Eibensteiner/Trost*, GRC aktuell 2018, S. 99 (101).

[52] So zumindest das Ergebnis einer Anfrage von *Maier*, JZ 2017, S. 614 (616), aus dem Jahr 2016, nach der die umsatzsteuerlichen Versuchsprojekte NEPTUN und NEPOMUK eingestellt wurden.

[53] Zum zukünftigen Einsatz von selbstlernenden Algorithmen und deren Kontrolle näher *C. Schmidt*, Das modernisierte Besteuerungsverfahren, im Erscheinen.

[54] Ähnlich *Mellinghoff*, in: Schön/Schindler, Reformfragen des deutschen Steuerrechts, S. 153 (167); *Maier*, JZ 2017, S. 614 (615).

[55] *Chaos Computer Club*, Einsatz von Risikomanagement-Systemen, https://cutt.ly/iy4vIKu (abgerufen 11.6.2020).

[56] *Ernst*, JZ 2017, S. 1026 (1028); *Martini/Nink*, Extra 10 zu NVwZ 2017, S. 1 (9); *Martini*, JZ 2017, S. 1017 (1018).

[57] *Hill*, in: Hill/Schliesky, Auf dem Weg zum Digitalen Staat – auch ein besserer Staat?, S. 267 (273).

[58] *Hill*, in: Hill/Schliesky, Auf dem Weg zum Digitalen Staat – auch ein besserer Staat?, S. 267 (273 f.); zum Subsumtionsvorgang in diesem Kontext ausführlich *Buchholz*, JuS 2017, S. 955 (956 f.), und *Kotsoglou*, JZ 2014, S. 451 (452 ff.).

[59] *Hill*, in: Hill/Schliesky, Auf dem Weg zum Digitalen Staat – auch ein besserer Staat?, S. 267 (274); ähnlich *Guckelberger*, in: Sacksofsky, Gleichheit, Vielfalt, technischer Wandel, S. 235 (264), Fn. 167; *Staake*, Werte und Normen, S. 421, die in diesem Kontext den Begriff des Subsumtionsautomaten ablehnen. *Anzinger*, in: Hey, Digitalisierung im Steuerrecht, S. 15 (36), konstatiert, dass solche Automaten gegenwärtig nicht existieren und regelbasierte Systeme mittels Programmierung die Rechtsfindung lediglich nachbilden. In diese Richtung auch *Guckelberger*, Öffentliche Verwaltung im Zeitalter der Digitalisierung, S. 385, und bereits *Kreuzer*, JZ 1968, S. 138 (139).

Grundsätzlich kann davon ausgegangen werden, dass materielle Rechtssätze, insbesondere solche des (Einkommen-)Steuerrechts,[60] digitalisierbar sind,[61] da Rechtsvorschriften in menschlicher Sprache abgefasste Handlungsanweisungen, d.h. Algorithmen, sind[62] und sich die Computerprogramme gerade solcher bedienen.[63] Hierfür ist die Formalisierung von Gesetzen ist notwendig.[64] Zwischen den Rechtsnormen und deren formaler Repräsentation muss eine Beziehung hergestellt werden, die idealerweise eineindeutig ist. Mithin wäre ein Isomorphismus zwischen den, in natürlicher Sprache formulierten, Normen des Rechtstexts und deren Berücksichtigung im Modell wünschenswert.[65] Zu beachten ist das Spannungsverhältnis, in dem das algorithmisch gesteuerte Vorgehen und die Entscheidungskomplexität zueinander stehen: Eine automatisierte Entscheidungsfindung wird umso diffiziler, ggf. sogar unmöglich,[66] je komplexer die zu treffende

---

[60] Nach *G. Kirchhof*, in: Drüen/Hey/Mellinghoff, FS Bundesfinanzhof, S. 361 (362), ist das Einkommensteuerrecht u.a. aufgrund der zahlreichen gleichartigen Fälle zur Digitalisierung geradezu prädestiniert; so auch *Hey*, in: Drüen/Hey/Mellinghoff, FS Bundesfinanzhof, S. 451 (499) und ähnlich *Mellinghoff*, in: Schön/Schindler, Reformfragen des deutschen Steuerrechts, S. 153 (177); *Herold*, DÖV 2020, S. 181 (182); *Waldhoff*, in: Hey, Digitalisierung im Steuerrecht, S. 59 (68); *Kube*, in: Sacksofsky, Gleichheit, Vielfalt, technischer Wandel, S. 333 (357); *Graevenitz*, ZRP 2018, S. 238 (239 f.), die das Steuerrecht für eine weitgehende Digitalisierung des Vollzugs als geeignet erachten. In diese Richtung auch *Wachter*, in: Schweighofer et al., Trends und Communities der Rechtsinformatik, S. 91 (97), nach dessen Ansicht für Steuern des Massenverfahrens auf eine starre Automatisierung vertraut werden kann.

[61] *Guckelberger*, Öffentliche Verwaltung im Zeitalter der Digitalisierung, S. 23. *Schweighofer*, Jusletter IT 26. Februar 2015, Rz. 1 (18), weist zutreffend darauf hin, dass die beste Rechtslogik insoweit keinen Nutzen stiftet, wenn diese nicht mittels logischer Programmierung umgesetzt werden kann.

[62] Hierbei ist hervorzuheben, dass die auf die Entwicklung der Algorithmen einwirkenden Faktoren nicht rechtsgeprägt sein müssen, *Hoffmann-Riem*, AöR 2017, S. 1 (29).

[63] *Ahrendt*, NJW 2017, S. 537 (539 f.); a. A. sind *Enders*, JA 2018, S. 721 (725); *Buchholtz*, JuS 2017, S. 955 (958); *Kotsoglou*, JZ 2014, S. 451 (456), und *Kohlbach*, in: Schweighofer/Menzel, E-Commerce und E-Government, S. 177 (185), für die der Subsumtionsvorgang nicht automatisierbar ist. Ähnlich kritisch *Lachmayer*, Jusletter IT 29. Februar 2012, Rz. 1 (8), für den die Gesetzessprache keine künstliche, digitalisierte, auf eindeutigen Zeichen beruhende, sondern eine lebende Sprache ist. *Drüen*, in: Brandt, 8. bis 9. Deutscher Finanzgerichtstag 2011/2012, S. 253 (271), sieht aufgrund von binären Codierungen zumindest die Gefahr der Verkürzung von Rechtsnormen.

[64] *Scharf*, Jusletter IT 20. Februar 2014, Rz. 1 (3).

[65] *Scharf*, Künstliche Intelligenz und Recht, S. 119; *Scharf*, Jusletter IT 20. Februar 2014, Rz. 1 (34).

[66] Nach Ansicht von *Pavčnik/Lachmayer*, Jusletter IT 20. Februar 2014, Rz. 1 (14), existiert kein Gesetz, das so perfekt ist, dass es einer ausschließlich mechanischen Anwendung zugänglich ist. *Klug*, Juristische Logik, S. 191, führt als konkrete Beispiele der individuellen und nicht automatisierten Fallbearbeitung die steuergesetzlichen Härtefallregelungen an.

Entscheidung ist.[67] Die automatisierte Vorgehensweise kann daher mechanische,[68] nicht aber wägende Subsumtionen leisten,[69] sodass nach gegenwärtigem Stand der Technik[70] nicht alle juristischen Fragen befriedigend beantwortet werden können.[71] So stoßen die Algorithmen bei der Prüfung des Steuertatbestandes, d.h. der eigentlichen Subsumtion,[72] an ihre Grenzen.[73] Diese werden umso deutlicher, je weiter die Steuererklärung vom

---

[67] *Siegel*, VerwArch 2014, S. 241 (258); ähnlich *Mellinghoff*, in: Hey, Digitalisierung im Steuerrecht, S. 287 (290 f.); *G. Kirchhof*, in: Drüen/Hey/Mellinghoff, FS Bundesfinanzhof, S. 361 (364); *Hähnchen/Bommel*, JZ 2018, S. 334 (337); *Traunmüller*, in: Schweighofer et al., Zwischen Rechtstheorie und e-Government, S. 79 (84).

[68] Nach *Klug*, Juristische Logik, S. 180, stellt die Anfertigung von Steuerbescheiden eine mechanische Gesetzesanwendung dar. *Fiedler*, in: Lenk/Traunmüller, Öffentliche Verwaltung und Informationstechnik, S. 177 (179), spricht in diesem Kontext von automatisierten Routineentscheidungen.

[69] So differenzierte *Polomski*, Der automatisierte Verwaltungsakt, S. 55 ff., dahingehend bereits vor geraumer Zeit zwischen bestimmten und unbestimmten Rechtsbegriffen, wobei vor allem Erstere automationsgeeignet seien. Dagegen entziehen sich nach *Anzinger*, in: Hey, Digitalisierung im Steuerrecht, S. 15 (33), weder Letztere noch Ermessensnormen einer Algorithmisierung; a. A. *Herold*, DÖV 2020, S. 181 (184); *Scholz*, in: Baum et al., Technisierte Verwaltung, S. 55 (60 f.) Schwierigkeiten bei der Bearbeitung unbestimmter Rechtsbegriffe könnte die Fuzzy-Logik lösen. Zu deren Anwendungspotenzial eingehend *Krimphove/Niehaus*, in: Breidenbach/Glatz, Rechtshandbuch Legal Tech, S. 211 (251 ff.); zu den Grenzen des Modells näher *Scharf*, Künstliche Intelligenz und Recht, S. 68 f.

[70] Nach *Martini/Nink*, DVBl 2018, S. 1128 (1133), ist es zukünftig zumindest vorstellbar, dass eine juristisch zutreffende Abwägungsentscheidung simuliert werden kann. In diese Richtung auch *W. Beck*, DÖV 2019, S. 648 (649); *Drüen*, in: Hey, Digitalisierung im Steuerrecht, S. 193 (214 f.), und *Michael*, in: Krüper et al., FS Morlok, S. 569 (572), die Entwicklungspotenziale für die Ausfüllung von Ermessensspielräumen sehen. *Scharf*, Künstliche Intelligenz und Recht, S. 69 f., und *Schweighofer*, Jusletter IT 26. Februar 2015, Rz. 1 (48), erachten für die gegenwärtige Übergangszeit die Kooperation von Maschinen und Menschen als unausweichlich.

[71] Dazu anschaulich mit diversen Beispielen *Mellinghoff*, in: Hey, Digitalisierung im Steuerrecht, S. 287 (308); *Engel*, JZ 2014, S. 1096 (1097 f.); *Wagner*, Legal Tech und Legal Robots, S. 32, und *Wischmeyer*, AöR 2018, S. 1 (40 f.), gehen davon aus, dass nach dem aktuellen Stand der Technik lediglich einfache Subsumtionen möglich sind. A. A. ist *Kotsoglou*, JZ 2014, S. 1100 (1101 f.), der eine solche Differenzierung ablehnt.

[72] Eine digitale Subsumtion des deutschen Einkommensteuergesetzes findet nach *G. Kirchhof*, in: Drüen/Hey/Mellinghoff, FS Bundesfinanzhof, S. 361 (378), bisher nicht statt.

[73] *G. Kirchhof*, in: Drüen, Besteuerung von Arbeitnehmern, S. 47 (65); *Ahrendt*, NJW 2017, S. 537 (539 f.); *Drüen*, in: Brandt, 8. bis 9. Deutscher Finanzgerichtstag 2011/2012, S. 253 (271). Anschauliche Beispiele finden sich bei *Ahrendt*, in: Brandt, 10. bis 11. Deutscher Finanzgerichtstag 2013/2014, 2015, S. 49 (52); *Haunhorst*, DStR 2010, S. 2105 (2108).

Standard, beispielsweise aufgrund des Vorliegens mehrerer Einkunftsarten[74] oder von der Rechtsprechung entwickelter Rechtsfiguren, abweicht.[75]

Allerdings ist diese Problematik für die von der Finanzverwaltung vorgenommene Risikobewertung vor allem im Vergleich zu anderen Rechtsgebieten etwas zu relativieren. So sind beispielsweise die Prüfung und Abwägung verfassungsrechtlicher Normen im Allgemeinen[76] und grundrechtlicher Fragen im Speziellen[77] kaum programmierbar. Gleiches gilt für die richterliche Rechtsanwendung. Richter wirken schöpferisch an der Konkretisierung und Fortbildung des Rechts mit.[78] Der Rechtsprechung liegt ein Akt des bewertenden Erkennens zugrunde, sodass stets – in mehr oder weniger großem Umfang – eigene Wertungen des Rechtsanwenders einfließen.[79] Zudem ist der richterlichen Rechtsfindung ein kreativer Charakter immanent.[80] Daher liegt in der Regel keine rein mechanische Tätigkeit vor, die sich durch einen Algorithmus abbilden ließe.[81] Dies verdeutlicht, dass Richter keine Subsumtionsautomaten sind.[82]

Mithin stehen die obigen skizzierten Aspekte einer Prüfung der materiellen Steuerrechtssätze mittels der Algorithmen der Finanzverwaltungen nicht entgegen.[83] Dieser Befund ist zum einen damit zu erklären, dass auch unproblematisch bestimmbare Parameter, beispielsweise (Kennzahlen-)Veränderungen gegenüber vergangenen Veranlagungszeiträumen oder das bisherige (Fehl-)Verhalten des Steuerpflichtigen, das steuerliche Fallrisiko

---

[74] Nach *Hummel*, beck.digitax 2020, S. 60 (62) (Fn. 11) ist die Risikokontrolle der Einkünfte aus selbständiger Tätigkeit gegenwärtig defizitär.

[75] Nach *Richter/Welling*, FR 2015, S. 1014 (1015), können lediglich simple Routineveranlagungen vollständig automatisiert durchgeführt werden; ähnlich G. *Kirchhof*, in: Schön/Sternberg, Zukunftsfragen des deutschen Steuerrechts III, S. 99 (108), der das Steuerrecht gegenwärtig als zu kompliziert erachtet, um dem Grunde nach automatisch vollzogen zu werden.

[76] *Herold*, DÖV 2020, S. 181 (185).

[77] *Engel*, JZ 2014, S. 1096 (1100).

[78] *Hermanns*, NJW 2018, S. 1935 (1953); in diese Richtung auch *Martini/Nink*, DVBl 2018, S. 1128 (1136). Zur Rechtsfortbildung im Steuerrecht ausführlich *Musil*, in: Drüen/Hey/Mellinghoff, FS Bundesfinanzhof, S. 151 (165 ff.).

[79] *Hermanns*, NJW 2018, S. 1935 (1953); ähnlich *Martini/Nink*, DVBl 2018, S. 1128 (1136).

[80] *Musil*, in: Drüen/Hey/Mellinghoff, FS Bundesfinanzhof, S. 151 (157).

[81] *Altwicker*, ZBl 2018, S. 619 (619 f.).

[82] *Hermanns*, NJW 2018, S. 1935 (1953).

[83] So auch *Guckelberger*, Öffentliche Verwaltung im Zeitalter der Digitalisierung, S. 383 f., die algorithmenbasierte Innovationspotenziale insbesondere bei standardisierten und medienbruchfreien Massenverfahren sieht.

beeinflussen. Zum anderen können insbesondere die zahlreichen Typisierungen, Vereinfachungsbefreiungen oder widerlegbaren Vermutungen in digitalisierten Maßstäben verallgemeinernd gefasst werden.[84] Daher sind die zu konstatierenden Probleme bei der feineren technischen Umsetzung der juristischen Methodik, vor allem in Bezug auf die Auslegung,[85] weniger gravierend.[86] Unter Berücksichtigung des komplexen materiellen Steuerrechts ist daher in der Gesamtbetrachtung eine zirkumstanzielle adäquate Schlüssigkeitsprüfung und Risikobewertung durch die Risikomanagementsysteme gegeben.[87]

3 Resümee und Ausblick

Anhand der vorstehenden Erläuterungen wurde deutlich, dass die Risikomanagementsysteme der Finanzverwaltungen dazu dienen, die in beiden Ländern begrenzten personellen Ressourcen risikoorientiert zu nutzen. Die Systeme können und sollen die eigentliche personelle Fallbearbeitung nicht vollständig ersetzen, sondern durch eine risikoorientierte Steuerung zu deren Optimierung beitragen. Insgesamt ist daher zu konstatieren, dass Risikomanagementsysteme lediglich ein – wenn auch gewichtiges – Hilfsmittel zur steuerlichen Fallauswahl und -bearbeitung darstellen.[88] Problematisch ist daher nicht ihre grundsätzliche Nutzung, sondern die Gewährleistung der Funktionsfähigkeit.[89] Es gilt die sich aus dem EDV-Einsatz ergebenden Chancen bestmöglich zu nutzen und zugleich die damit einhergehenden Risiken auszumachen und zu beherrschen.[90] Insbesondere geht mit der elektronischen Datenverarbeitung die stetige Herausforderung an das

---

[84] *P. Kirchhof,* DStR 2018, S. 497 (501).

[85] Dazu näher *Funk/Raabe/Wacker,* in: Raabe et al., Recht ex machina, S. 53 (65 f.).

[86] *Baumann/Wacker,* in: Raabe et al., Recht ex machina, S. 429 (430 f.), sehen in deren Lösung Ansatzpunkte für weitergehende Forschung.

[87] A. A. ist *Thiemann,* StuW 2018, S. 304 (308), der hervorhebt, dass die fehlende personelle Prüfung nicht durch eine computerisierte Vorprüfung ersetzt werde könne. Zudem sollen maschinelle Risikofiltersysteme rechtliche Schlüssigkeitsprüfungen nicht leisten können.

[88] Unter anderem *Suck,* DStZ 2010, S. 606 (607), und *Brandt,* in: Brandt, 8. bis 9. Deutscher Finanzgerichtstag 2011/2012, 2013, S. 291 (303) sehen Risikomanagementsysteme als alternativlos an.

[89] Nach *Bull,* DVBl 2017, S. 409 (411), hängt die rechtliche Gesamtbeurteilung der Risikomanagementsysteme insbesondere von deren Zuverlässigkeit und Lösungsqualität ab.

[90] So auch *Drüen,* in: Brandt, 8. bis 9. Deutscher Finanzgerichtstag 2011/2012, 2013, S. 253 (271); *E. Schmidt/Schmitt,* in: Mellinghoff/Schön/Viskorf, FS W. Spindler, S. 529 (547); *Schmitt,* in: Kube, Leitgedanken des Rechts, S. 1743 (1752); *E. Schmidt,* in: Widmann, Steuervollzug im Rechtsstaat, S. 37 (52).

Recht einher, eine Sprache zu finden, die sowohl der juristischen als auch der technischen Ebene gerecht wird.[91]

Literatur

Ahrendt, Christian: Alte Zöpfe neu geflochten – Das materielle Recht in der Hand von Programmierern, NJW 2017, S. 537-540.

Ahrendt, Christian: Steuervollzug und Prüfung der Steuereinnahmen, in: Jürgen Brandt (Hrsg.), 10. bis 11. Deutscher Finanzgerichtstag 2013/2014 – 10 Jahre Deutscher Finanzgerichtstag – Für ein besseres Steuerrecht – Steuergerechtigkeit und Effektivität, Stuttgart 2015, S. 49.

Altwicker, Tilmann: Statistikbasierte Argumentation im Verwaltungsrecht, ZBl 2018, S. 619-642.

Anzinger, Heribert M.: Möglichkeiten der Digitalisierung des Rechts, in: Johanna Hey (Hrsg.), Digitalisierung im Steuerrecht – 43. Jahrestagung der Deutschen Steuerjuristischen Gesellschaft e.V. Köln, 17. und 18. Sept. 2018, Köln 2019, S. 15.

Baldauf, Sina: Gesetz zur Modernisierung des Besteuerungsverfahrens – Kritische Betrachtung des Regierungsentwurfs, DStR 2016, S. 833-839.

Baumann, Christian/Wacker, Richard: Ausblick, in: Oliver Raabe/Richard Wacker/Daniel Oberle/Christian Baumann/Christian Funk (Hrsg.), Recht ex machina – Formalisierung des Rechts im Internet der Dienste, Berlin 2012, S. 429.

Beck, Wolfgang: Legal Tech und Künstliche Intelligenz – Ein Überblick zum aktuellen Stand, DÖV 2019, S. 648-653.

Beetz, Jürgen: Digital – Wie Computer denken, Berlin 2019.

Brandt, Jürgen: Podiumsdiskussion „Steuergerechtigkeit und Steuervereinfachung", in: Jürgen Brandt (Hrsg.), 8. bis 9. Deutscher Finanzgerichtstag 2011/2012 – Europäische Perspektiven im Steuerrecht – Steuergerechtigkeit und Steuervereinfachung, Stuttgart 2013, S. 291.

Buchholtz, Gabriele: Legal Tech, JuS 2017, S. 955-960.

Bull, Hans Peter: Der „vollständig automatisiert erlassene" Verwaltungsakt – Zur Begriffsbildung und rechtlichen Einhegung von „E-Government", DVBl 2017, S. 409-417.

Binau, Paul von: Künstliche Intelligenz im Recht – Möglichkeiten und Mythos, in: Stephan Breidenbach/Florian Glatz (Hrsg.), Rechtshandbuch Legal Tech, München 2018, S. 47.

---

[91] *Holzweber/Forgó/Reitbauer*, Jusletter IT 22.2.2011, Rz. 1 (26).

Carlé, Thomas: Aktuelle Entwicklungen im Steuerverfahrensrecht, kösdi 2009, S. 16342.

Doralt, Werner/Ruppe, Hans Georg/Mayr, Gunter: Grundriss des Österreichischen Steuerrechts – Band I: Einkommensteuer, Körperschaftsteuer, Umgründungssteuergesetz, internationales Steuerrecht, 11. Aufl., Wien 2013.

Drüen, Klaus-Dieter: Amtsermittlungsgrundsatz und Risikomanagement, in: Johanna Hey (Hrsg.), Digitalisierung im Steuerrecht – 43. Jahrestagung der Deutschen Steuerjuristischen Gesellschaft e.V. Köln, 17. und 18. September 2018, Köln 2019, S. 193.

Drüen, Klaus-Dieter: Risikomanagement im Besteuerungsverfahren – Kostendruck und Vollzugspflicht der Steuerverwaltung, in: Jürgen Brandt (Hrsg.), 8. bis 9. Deutscher Finanzgerichtstag 2011/2012 – Europäische Perspektiven im Steuerrecht – Steuergerechtigkeit und Steuervereinfachung, Stuttgart 2013, S. 253.

Drüen, Klaus-Dieter: Die Zukunft des Steuerverfahrens, in: Wolfgang Schön/Karin E. M. Beck (Hrsg.), Zukunftsfragen des deutschen Steuerrechts, Berlin 2009, S. 1.

Eibensteiner, Katharina/Trost, Andreas: Data Science – der Schlüssel zum Erfolg, GRC aktuell 2018, S. 99.

Enders, Peter: Einsatz künstlicher Intelligenz bei juristischer Entscheidungsfindung, JA 2018, S. 721-727.

Engel, Martin: Erwiderung Algorithmisierte Rechtsfindung als juristische Arbeitshilfe, JZ 2014, S. 1096-1100.

Engels, Dieter: Probleme beim Vollzug der Steuergesetze – Empfehlungen des Präsidenten des Bundesrechnungshofes als Bundesbeauftragter für Wirtschaftlichkeit in der Verwaltung zur Verbesserung des Vollzuges der Steuergesetze in Deutschland, Stuttgart 2006.

Ernst, Christian: Algorithmische Entscheidungsfindung und personenbezogene Daten, JZ 2017, S. 1026-1036.

Fiedler, Herbert: Automation und Entscheidungsunterstützung in der rechtsanwendenden Verwaltung, in: Klaus Lenk/Roland Traunmüller (Hrsg.), Öffentliche Verwaltung und Informationstechnik – Perspektiven einer radikalen Neugestaltung der öffentlichen Verwaltung mit Informationstechnik, Heidelberg 1999, S. 177.

Fiedler, Herbert: Automatisierung im Recht und juristische Informatik – 1. Teil: Grundbegriffe der elektronischen Informationsverarbeitung in ihrer juristischen Anwendung, JuS 1970, S. 432-436.

Fiedler, Herbert: Rechenautomaten in Recht und Verwaltung, JZ 1966, S. 689-686.

Funk, Christian/Raabe, Oliver/Wacker, Richard: Juristische Methodik, in: Oliver Raabe/Richard Wacker/Daniel Oberle/Christian Baumann/Christian Funk (Hrsg.), Recht ex machina – Formalisierung des Rechts im Internet der Dienste, Berlin 2012, S. 53.

Goldshteyn, Michael/Purer, Boris: Zur Rolle der E-Bilanz bei der Minderung von Steuerausfallrisiken, StBp 2014, S. 61-65.

Graevenitz, Albrecht von: „Zwei mal Zwei ist Grün" – Mensch und KI im Vergleich, ZRP 2018, S. 238-241.

Groß, Thomas: Die Informatisierung der Verwaltung, VerwArch 2004, S. 400-417.

Grupp, Michael: Wie baut man einen Rechtsautomaten?, in: Markus Hartung /Micha-Manuel Bues/Gernot Halbleib (Hrsg.), Legal Tech – Die Digitalisierung des Rechtsmarkts, München 2018, S. 259.

Guckelberger, Annette: E-Government: Ein Paradigmenwechsel in Verwaltung und Verwaltungsrecht? – 1. Referat, in: Ute Sacksofsky (Hrsg.), Gleichheit, Vielfalt, technischer Wandel, Berlin 2019, S. 235.

Guckelberger, Annette: Öffentliche Verwaltung im Zeitalter der Digitalisierung – Analysen und Strategien zur Verbesserung des E-Governments aus rechtlicher Sicht, Baden-Baden 2019.

Güting, Ralf Hartmut/Dieker, Stefan: Datenstrukturen und Algorithmen, 4. Aufl., Wiesbaden 2018.

Hähnchen, Susanne/Bommel, Robert: Digitalisierung und Rechtsanwendung, JZ 2018, S. 334-340.

Härtl, Willi: Digitale Betriebsprüfung im Jahr 2010, in: Deggendorfer Forum zur Digitalen Datenanalyse e.V. (Hrsg.), Elektronische Betriebsprüfung – Neue Herausforderungen für Wirtschaftsprüfung und Steuerberatung, Berlin 2011, S. 11.

Haunhorst, Sabine: Risikomanagement in der Finanzverwaltung – ein Fall für die Finanzgerichte?, DStR 2010, S. 2105-2110.

Hermanns, Monika: BVerfG, Beschl. vom 22.3.2018 – 2 BvR 780/16 – Abweichende Meinung der Richterin Hermanns, NJW 2018, S. 1935.

Herold, Viktoria: Grenzen automationsgerechter Gesetzgebung, DÖV 2020, S. 181-189.

Hey, Johanna: Entwicklungslinien und Zukunftsfragen des Steuerverfassungsrechts, in: Klaus-Dieter Drüen/Johanna Hey/Rudolf Mellinghoff (Hrsg.), 100 Jahre Steuerrechtsprechung in Deutschland 1918-2018 – Festschrift für den Bundesfinanzhof, Köln 2018, S. 451.

Hill, Hermann: Scientific Regulation – Automatische Verhaltenssteuerung durch Daten und Algorithmen, in: Hermann Hill/Utz Schliesky (Hrsg.), Auf dem Weg zum Digitalen Staat – auch ein besserer Staat?, Baden-Baden 2015, S. 267.

Hoeren, Thomas/Niehoff, Maurice: KI und Datenschutz – Begründungserfordernisse automatisierter Entscheidungen, RW 2018, S. 47-66.

Hoffmann-Riem, Wolfgang: Verhaltenssteuerung durch Algorithmen – Eine Herausforderung für das Recht, AöR 2017, S. 1-42.

Holzweber, Markus/Forgó, Nikolaus/Reitbauer, Nicolas: Sprache und Recht – Historische Aspekte des EDV-Einsatzes, Jusletter IT 22. Feb. 2011, 1.

Huber, Erich: Ein Konzept zum steuerlichen Risikomanagement im Erlösbereich – Teil 1: Risikoursachen, Risikoauswirkungen und das Grundkonzept, StBp 2016, S. 125-131.

Huber, Erich: Ein Konzept zum steuerlichen Risikomanagement im Erlösbereich – Teil 2: Risikogruppen, ihre Einschätzung und die Grundlagen für Maßnahmen, StBp 2016, S. 160-165.

Huber, Erich: Ein Konzept zum steuerlichen Risikomanagement im Erlösbereich – Teil 3: Das Konzept – die Theorie (Strategie), StBp 2016, S. 228-235.

Huber, Erich: Ein Konzept zum steuerlichen Risikomanagement im Erlösbereich – Teil 4: Das Konzept – die Praxis (Taktik), StBp 2016, S. 257-262.

Huber, Erich: Ein Konzept zum steuerlichen Risikomanagement im Erlösbereich – Teil 5: Das Konzept – Ressourceneinsatz und das Nachhaltigkeitsprinzip (Umsetzung), StBp 2016, S. 352-355.

Huber, Erich/Seer, Roman: Steuervollzug im Rechtsstaat – Steuerverwaltung im 21. Jahrhundert: Risikomanagement und Compliance, StuW 2007, S. 355-371.

Hummel, Lars: Sachverhaltsermittlung im Besteuerungsverfahren unter Einsatz digitaler Methoden – Einige grundsätzliche Überlegungen, beck.digitax 2020, S. 60.

Jabloner, Clemens: Rechtsschutz im österreichischen Abgabenrecht, in: Rudolf Mellinghoff/Wolfgang Schön/Hermann-Ulrich Viskorf (Hrsg.), Steuerrecht im Rechtsstaat – Festschrift für Wolfgang Spindler, Köln 2011, S. 245.

Kirchhof, Gregor: Einzelfallgerechtigkeit und Maßstabbildung im digitalisierten Massenfallrecht, in: Klaus-Dieter Drüen/Johanna Hey/Rudolf Mellinghoff (Hrsg.), 100 Jahre Steuerrechtsprechung in Deutschland 1918-2018 – Festschrift für den Bundesfinanzhof, Köln 2018, S. 361.

Kirchhof, Gregor: Renaissance der Soll-Ertragsbesteuerung?, in: Wolfgang Schön/Christian Sternberg (Hrsg.), Zukunftsfragen des deutschen Steuerrechts III, Berlin 2018, S. 99.

Kirchhof, Gregor: Rechtsetzung und Rechtsanwendung im steuerlichen Massenfallrecht, in: Klaus-Dieter Drüen (Hrsg.), Besteuerung von Arbeitnehmern – 41. Jahrestagung der Deutschen Steuerjuristischen Gesellschaft e.V., Hannover, 19. und 20. September 2016, Köln 2017, S. 47.

Kirchhof, Paul: Die steuerrechtliche Bedeutung der Digitalisierung für Unternehmen und Unternehmensberater, DStR 2018, S. 497-504.

Klug, Ulrich: Juristische Logik, 4. Aufl., Wiesbaden 1982.

Kohlbach, Manfred: Künstliche Intelligenz & juristische Entscheidungsfindung, in: Erich Schweighofer/Thomas Menzel (Hrsg.), E-Commerce und E-Government – Aktuelle Fragestellungen der Rechtsinformatik, Wien 2000, S. 177.

Kotsoglou, Kyriakos N.: Schlusswort „Subsumtionsautomat 2.0" reloaded? – Zur Unmöglichkeit der Rechtsprüfung durch Laien, JZ 2014, S. 1100-1103.

Kotsoglou, Kyriakos N.: Subsumtionsautomat 2.0 – Über die (Un-)Möglichkeit einer Algorithmisierung der Rechtserzeugung, JZ 2014, S. 451-457.

Kreuzer, Karl: Zur Verwendung von datenverarbeitenden Maschinen im Dienste der Rechtswissenschaft, JZ 1968, S. 138-141.

Krimphove, Dieter/Niehaus, Sebastian: Forschung und Methodenentwicklung, in: Stephan Breidenbach/Florian Glatz (Hrsg.), Rechtshandbuch Legal Tech, München 2018, S. 211.

Krug, Peter: Haftung im Rahmen der Anwendung von künstlicher Intelligenz – Betrachtung unter Berücksichtigung der Besonderheiten des steuerberatenden Berufsstands, beck.digitax 2020, S. 74.

Kube, Hanno: E-Government: Ein Paradigmenwechsel in Verwaltung und Verwaltungsrecht? – 3. Aussprache und Schlusswort, in: Ute Sacksofsky (Hrsg.), Gleichheit, Vielfalt, technischer Wandel, Berlin 2019, S. 333.

Lachmayer, Friedrich: Sprache und Recht (Strukturierung einiger offener Fragen), Jusletter IT 29. Februar 2012, 1.

Maier, Moritz: Verfassungsrechtliche Aspekte der Digitalisierung des Besteuerungsverfahrens, JZ 2017, S. 614-619.

Makolm, Josef: Der Weg zu Best Practice in e-Government – ein evolutionärer Ansatz, in: Erich Schweighofer/Thomas Menzel/Günther Kreuzbauer/Doris Liebwald (Hrsg.), Zwischen Rechtstheorie und e-Government – Aktuelle Fragen der Rechtsinformatik 2003, Wien 2003, S. 157.

Martini, Mario: Algorithmen als Herausforderung für die Rechtsordnung, JZ 2017, S. 1017-1025.

Martini, Mario/Nink, David: Subsumtionsautomaten ante portas? – Zu den Grenzen der Automatisierung in verwaltungsrechtlichen (Rechtsbehelfs-)Verfahren, DVBl 2018, S. 1128-1138.

Martini, Mario/Nink, David: Wenn Maschinen entscheiden... – vollautomatisierte Verwaltungsverfahren und der Persönlichkeitsschutz, Extra 10 zu NVwZ 2017, S. 1.

Marx, Franz Jürgen: Der Einsatz von Risikomanagementsystemen nach § 88 Abs. 5 AO als Kernelement der Modernisierung des Besteuerungsverfahrens, Ubg 2016, S. 358-363.

Mellinghoff, Rudolf: Steuervollzug und gerichtliche Kontrolle in Zeiten der Digitalisierung, in: Wolfgang Schön/Jonathan Schindler (Hrsg.), Reformfragen des deutschen Steuerrechts, Wiesbaden 2020, S. 153.

Mellinghoff, Rudolf: Gerichtliche Kontrolle des digitalen Gesetzesvollzugs, in: Johanna Hey (Hrsg.), Digitalisierung im Steuerrecht – 43. Jahrestagung der Deutschen Steuerjuristischen Gesellschaft e.V. Köln, 17. und 18. September 2018, Köln 2019, S. 287.

Michael, Lothar: Vom Organisationsrecht automatisierter Verwaltung als Verfassungsauftrag, in: Julian Krüper/Wolfgang Bock/Hans Michael Heinig/Heike Merten (Hrsg.), Die Organisation des Verfassungsstaats – Festschrift für Martin Morlok zum 70. Geburtstag, Tübingen 2019, S. 569.

Musil, Andreas: Richterliche Rechtsfortbildung und Rechtsprechungsinnovationen, in: Klaus-Dieter Drüen/Johanna Hey/Rudolf Mellinghoff (Hrsg.), 100 Jahre Steuerrechtsprechung in Deutschland 1918-2018 – Festschrift für den Bundesfinanzhof, Köln 2018, S. 151.

Nagel, Sibylle/Waza, Thomas: Risikomanagement beim Steuervollzug – ein Weg aus der Krise!, DStZ 2008, S. 321-326.

Panek, Martin: Fallauswahl und Festlegung von Prüfungsschwerpunkten für die Betriebsprüfung, Beilage 2 zu DB 2018, S. 31.

Panek, Martin/Betz, Franz: Digitalisierung in der Betriebsprüfung – Auswirkungen auf das Risikomanagement und Prüfungsmethoden, in: Deggendorfer Forum zur Digitalen Datenanalyse e.V. (Hrsg.), Digitalisierung der Prüfung – Datenanalyse im Aufbruch, Berlin 2018, S. 9.

Pavčnik, Marijan/Lachmayer, Friedrich: Die Gesetzesauslegung als (re)produktiver Akt, Jusletter IT 20. Februar 2014, S. 1.

Pestke, Axel: Zur Rolle des Steuerberaters im Risikomanagement der Finanzverwaltung, Stbg 2011, S. 1-6.

Pieper, Fritz-Ulli: Künstliche Intelligenz: Im Spannungsfeld von Recht und Technik, InTeR 2018, S. 9-15.

Polomski, Ralf-Michael: Der automatisierte Verwaltungsakt – Die Verwaltung an der Schwelle von der Automation zur Informations- und Kommunikationstechnik, Berlin 1993.

Reichwald, Julian/Pfisterer, Dennis: Autonomie und Intelligenz im Internet der Dinge – Möglichkeiten und Grenzen autonomer Handlungen, CR 2016, S. 208-212.

Richter, Andreas/Welling, Berthold: Tagungs- und Diskussionsbericht zum 56. Berliner Steuergespräch „Die Reform der Abgabenordnung" am 21.9.2015, FR 2015, S. 1014.

Rimscha, Markus von: Algorithmen kompakt und verständlich – Lösungsstrategien am Computer, 4. Aufl., Wiesbaden 2017.

Scharf, Johannes: Künstliche Intelligenz und Recht – Von der Wissensrepräsentation zur automatisierten Entscheidungsfindung, Wien 2015.

Scharf, Johannes: Die Anforderungen an Sprachen zur Formalisierung von Verwaltungsrecht, Jusletter IT 20. Februar 2014, S. 1.

Scheiblauer, Markus: Steuerprüfung: quo vadis? (Teil 3 von 15), AFS 2013, S. 242.

Schmarbeck, Tim: Tax Compliance – Ein ganzheitlicher Ansatz für die Modernisierung des Steuervollzugs, in: Bundesministerium der Finanzen (Hrsg.), Monatsbericht des BMF – Dezember 2002, S. 57.

Schmidt, Christoph: Das modernisierte Besteuerungsverfahren in Deutschland im Vergleich zu Österreich – die verfassungsgemäße Fortentwicklung von E-Government als Herausforderung und Chance für die deutsche Finanzverwaltung, Berlin [Im Erscheinen].

Schmidt, Eckehard: Moderne Steuerungssysteme im Steuervollzug, in: Werner Widmann (Hrsg.), Steuervollzug im Rechtsstaat – 32. Jahrestagung der Deutschen Steuerjuristischen Gesellschaft e.V., Stuttgart, 10. und 11. September 2007, Köln 2008, S. 37.

Schmidt, Eckehard/Schmitt, Michael: Risikomanagement – Zaubermittel oder Bankrotterklärung der Verwaltung?, in: Rudolf Mellinghoff/Wolfgang Schön/Hermann-Ulrich Viskorf (Hrsg.), Steuerrecht im Rechtsstaat – Festschrift für Wolfgang Spindler, Köln 2011, S. 529.

Schmitt, Michael: Steuerverwaltung, in: Hanno Kube (Hrsg.), Leitgedanken des Rechts – Paul Kirchhof zum 70. Geburtstag, Heidelberg 2013, S. 1743.

Scholz, Rupert: Technisierung der Verwaltung – Steuerungs- und Kontroll-problem für den demokratischen Rechtsstaat, in: Gerhart Rudolf Baum/Hans Peter Bull/Alfred Krause/Rupert Scholz/Karl Steinbruch (Hrsg.), Technisierte Verwaltung – Entlastung oder Entfremdung des Menschen?, Bonn 1980, S. 55.

Schützler, Christian: Tax Compliance im Kooperationsverhältnis zwischen Unternehmen und Finanzverwaltung, Frankfurt/M. 2014.

Schweighofer, Erich: Rechtsdatalystik – Versuch einer Teiltheorie der Rechtsinformatik, Jusletter IT 26. Februar 2015, 1.

Seckelmann, Margrit: Leichte Sprache und Algorithmisierung als Anforde-rungen an die Gesetzessprache, in: Rudolf Fisch (Hrsg.), Verständliche Verwaltungskommunikation in Zeiten der Digitalisierung – Konzepte – Lösungen – Fallbeispiele, Baden-Baden 2020, S. 157.

Seer, Roman: Modernisierung des Besteuerungsverfahrens aus Sicht der Steuerberater und Steuerabteilungen, in: Jochen Lüdicke (Hrsg.), Jahr-buch des Bundesverbands der Steuerberater 2016, Herne 2016, S. 55.

Seer, Roman: Reform des Veranlagungsverfahrens, StuW 2003, S. 40-59.

Siegel, Thorsten: Der virtuelle Verwaltungsakt, VerwArch 2014, S. 241-261.

Staake, Marco: Werte und Normen, Baden-Baden 2018.

Stiemerling, Oliver: „Künstliche Intelligenz" – Automatisierung geistiger Ar-beit, Big Data und das Internet der Dinge – Eine technische Perspektive, CR 2015, S. 762-765.

Suck, Jendrik: Die Anlage EÜR: Zwischen Risikomanagement und Rechts-widrigkeit, DStZ 2010, S. 606-612.

Tanzer, Michael/Unger, Peter: Die „Nachbescheidkontrolle" als Institution – Wenn die Ausnahme zur Regel wird, SWK 2008, S. 947.

Thiemann, Christian: Rechtsschutz im modernisierten Besteuerungsverfah-ren, StuW 2018, S. 304-313.

Traunmüller, Roland: e-Government: Verwaltungsprozesse im Fokus der Rechtsinformatik, in: Erich Schweighofer/Thomas Menzel/Günther Kreuzbauer/Doris Liebwald (Hrsg.), Zwischen Rechtstheorie und e-Government – Aktuelle Fragen der Rechts-informatik 2003, Wien 2003, S. 79.

Trossen, Nils: Die Auswirkungen der Modernisierung des steuerlichen Ver-fahrensrechts auf den gerichtlichen Rechtsschutz, FR 2015, S. 1021.

Wachter, Christian: Recht und Rechtsinformatik in den Mühlen der Industrie 4.0 – Zur Informatisierung des Rechts, in: Erich Schweighofer/Franz Kummer/Walter Hötzendorfer/Christoph Sorge (Hrsg.), Trends und Communities der Rechtsinformatik – Tagungsband des 20. Internatio-nalen Rechtsinformatik-Symposions IRIS 2017, Wien 2017, S. 91.

Wagner, Jens: Legal Tech und Legal Robots – Der Wandel im Rechtsmarkt durch neue Technologien und künstliche Intelligenz, Wiesbaden 2018.

Waldhoff, Christian: Herausforderungen des Verfassungsstaats durch die Digitalisierung am Beispiel des Steuerrechts, in: Johanna Hey (Hrsg.), Digitalisierung im Steuerrecht – 43. Jahrestagung der Deutschen Steuerjuristischen Gesellschaft e.V. Köln, 17. und 18. September 2018, Köln 2019, S. 59.

Wischmeyer, Thomas: Regulierung intelligenter Systeme, AöR 2018, S. 1-66.

UPDATE INTERNATIONALES UND EUROPÄISCHES STEUERRECHT

Julia Sinnig

Universität Luxemburg
julia.sinnig@uni.lu

Zusammenfassung

Im Berichtszeitraum dieses Updates rief die OECD zu einem zweiten Öffentlichkeits-beteiligungsverfahren auf und erarbeitete einen präziseren Lösungsansatz zur Besteuerung digitalisierter Geschäftsmodelle, der in einer Veröffentlichung im Januar 2020 vorgestellt wurde. Auf Ebene der Europäischen Union gab es im Berichtszeitraum keine Weiterentwicklung der Richtlinienvorschläge zu einer Digitalsteuer und dem Konzept der „signifikanten digitalen Präsenz". Der EuGH urteilte am 3.3.2020 in Hinblick auf die unionsrechtliche Vereinbarkeit zweier ungarischer Umsatzsteuern. Dieses Urteil erlaubt erste Rückschlüsse bezüglich der Europarechtskonformität umsatzbasierter Steuern, wie beispielsweise auch im Berichtszeitraum eingeführte Digitalsteuern einzelner Mitgliedstaaten.

Dieser Beitrag knüpft an die Vorträge von *Jens M. Schmittmann* und der Verfasserin anlässlich der Herbstakademien 2018 in Bochum und 2019 in Bremen, sowie dem Vortrag der Verfasserin anlässlich der Herbstakademie 2017 in Heidelberg an.[1]

1 Internationales Steuerrecht: Die „einheitliche Herangehensweise" der OECD

Die Organisation für wirtschaftliche Zusammenarbeit und Entwicklung (OECD) stellt das federführende Forum zur Erarbeitung einer globalen Besteuerungsmaßnahme digitalisierter Unternehmen dar. Seit Oktober 2015

---

[1] Vgl. *Schmittmann*, Update Steuerrecht, in: Taeger, Die Macht der Daten und der Algorithmen, S. 837; *Sinnig*, Update Internationales und Europäisches Steuerrecht, in: Taeger, Die Macht der Daten und der Algorithmen, S. 825; *Schmittmann*, in: Taeger, Rechtsfragen digitaler Transformationen, S. 913; *Sinnig*, in: Taeger, Rechtsfragen digitaler Transformationen, S. 899; *Sinnig*, in: Taeger, Recht 4.0, S. 903; Vgl. auch *Schmittmann/Sinnig*, K&R 2020, S. 111 und 183; *Schmittmann/Sinnig*, K&R 2019, S. 88 und 158.

befassen sich Regierungen und Experten im Rahmen des ersten Aktionspunktes im BEPS Projekt[2] mit der Ausarbeitung einer Anpassung der internationalen Konzernbesteuerung an die Herausforderungen, die die Arbeitsweise digitalisierter Unternehmen für das durch physische Anwesenheit geprägte Steuerrecht mit sich bringen.[3] Derzeit können Unternehmensgewinne gemäß Art. 7 Abs. 1 des OECD-Musterabkommens (OECD-MA)[4] nur im Ansässigkeitsstaat des Unternehmens besteuert werden, außer wenn das Unternehmen seine Geschäftätigkeit im anderen Vertragsstaat durch eine dort gelegene Betriebstätte ausübt. In diesem Fall können die Gewinne des Unternehmens, die der Betriebstätte zuzuordnen sind, in diesem Vertragsstaat besteuert werden. Art. 5 Abs. 1 OECD-MA definiert eine Betriebstätte als „feste Geschäftseinrichtung, durch die die Geschäftstätigkeit eines Unternehmens ganz oder teilweise ausgeübt wird".

In der digitalisierten Wirtschaft wird insbesondere der Umstand als problematisch betrachtet, dass Unternehmen, die durch digitale Geschäftsaktivität Erträge erwirtschaften, in der Regel lediglich im Ansässigkeitsstaat, nicht jedoch in möglichen Quellenstaaten, besteuert werden, da sie nicht in die enge Betriebstättendefinition des Art. 5 OECD-MA fallen. Eine Anpassung der Betriebstättendefinition würde eine Auswahl an Kriterien erfordern, die einen hinreichenden Anknüpfungspunkt begründen, um die Ausübung der Besteuerungshoheit durch einen Staat zu rechtfertigen.[5]

Nachdem die OECD 2015 einen ersten Bericht zu diesen Herausforderungen veröffentlichte,[6] wurden die Verhandlungen fortgeführt; jedoch

---

[2] BEPS Aktionspunkt 1 trägt den Titel „Addressing the Tax Challenges of the Digital Economy" und führt damit das 2012 ins Leben gerufene „Base Erosion and Profit Shifting" (BEPS) Projekt der OECD an, das insgesamt 15 Aktionspunkte enthält. Diese behandeln verschiedene Steuerminderungs- und Steuerhinterziehungspraktiken, derer sich grenzüberschreitend tätige Konzerne bedienen. Resultat des Projektes ist das 2016 veröffentlichte „Mehrseitige Übereinkommen zur Umsetzung steuerabkommensbezogener Maßnahmen zur Verhinderung der Gewinnverkürzung und Gewinnverlagerung (engl. Abk.: „MLI" für „Multilateral Convention to Implement Tax Treaty Related Measures to Prevent BEPS"). Nicht alle Aktionspunkte führten jedoch zu politischem Konsens, sodass bspw. Aktionspunkt 1 bislang noch nicht im MLI aufgegriffen wurde.

[3] Vgl. *Becker/van der Ham/Mühlhausen*, BB 2019, S. 1623 (1624 f.).

[4] OECD, OECD-Musterabkommen zur Beseitigung der Doppelbesteuerung sowie der Steuerverkürzung und -umgehung auf dem Gebiet der Steuern vom Einkommen und vom Vermögen, Fassung v. 21.11.2017.

[5] Zu nennen sind hier grundlegende Steuerrechtsprinzipien, wie z.B. das Äquivalenzprinzip, das Leistungsfähigkeitsprinzip bzw. die sog. Opfertheorie, oder auch die Wirtschaftszugehörigkeit.

[6] OECD, Addressing the Tax Challenges of the Digital Economy – Action 1: 2015 Final Report, v. 5.10.2015, https://dx.doi.org/10.1787/9789264241046-en. Alle Internetquellen wurden zuletzt abgerufen am 29.6.2020.

ohne abschließende Empfehlung, wie mit diesen Herausforderungen materiellrechtlich umgegangen werden sollte.[7] Mangels Konsens der an den Verhandlungen beteiligten OECD Mitglied- und Nicht-Mitgliedstaaten wurde insbesondere keine Empfehlung zur Einführung vorläufiger Maßnahmen, wie etwa der im Jahre 2018 von der Europäischen Kommission vorgeschlagenen Digitalsteuer,[8] ausgesprochen.[9]

1.1 Das zweite Öffentlichkeitsbeteiligungsverfahren der OECD – Oktober bis November 2019

Im Jahr 2019 wurde die Fortschreitung der Verhandlungen auf Ebene der OECD durch die Veröffentlichung einer „Policy Note",[10] einem Öffentlichkeitsbeteiligungsverfahren,[11] der Veröffentlichung eines Arbeitsprogramms[12] sowie einem weiteren Öffentlichkeitsbeteiligungsverfahren[13] bezeugt. In den Berichtszeitraum fällt neben diesem zweiten Öffentlichkeits-

---

[7] OECD, Tax Challenges Arising from Digitalisation – Interim Report 2018, v. 16.3.2018, Rn. 513 u. 514, http://dx.doi.org/10.1787/9789264293083-en.

[8] Vorschlag für eine Richtlinie des Rates zum gemeinsamen System einer Digitalsteuer auf Erträge aus der Erbringung bestimmter digitaler Dienstleistungen, v. 21.3.2018, COM (2018) 148 final.

[9] OECD, Tax Challenges Arising from Digitalisation – Interim Report 2018, v. 16.3.2018, Rn. 404 u. 514.

[10] OECD, Addressing the Tax Challenges of the Digitalisation of the Economy – Policy Note, v. 29.1.2019, http://www.oecd.org/tax/beps/policy-note-beps-inclusive-fr amework-addr essing-tax-challenges-digitalisation.pdf.

[11] OECD, OECD invites public input on the possible solutions to the tax challenges of digitalization, v. 19.2.2019, http://www.oecd.org/tax/beps/oecd-invites-public-input-on-the-possible-solutions-to-the-tax-challenges-of-digitalisation.htm; OECD, Public Consultation Document: Addressing the Tax Challenges of the Digitalisation of the Economy – 13 February - 6 March 2019, v. 13.2.2019, http://www.oecd.org /tax/beps/p ublic-consultation-document-addressing-the-tax-challenges-of-the-digitalisat ion-of-the-e conomy.pdf.

[12] OECD, Programme of Work to Develop a Consensus Solution to the Tax Challenges Arising from the Digitalisation of the Economy, v. 31.5.2019, http://www.oec d.org/tax/beps /programme-of-work-to-develop-a-consensus-solution-to-the-tax-challenges-arising-fro m-the-digitalisation-of-the-economy.pdf. Vgl. hierzu auch *Greil*, DStR 2019, S. 1653; *Weggenmann/Blank/Brunnhübner*, IStR 2019, S. 769.

[13] OECD, Public Consultation Document: Secretariat Proposal for a "Unified Approach" under Pillar One – 9 October-12 November 2019, v. 9.10.2019, https://www.oecd.org/tax/b eps/public-consultation-document-secretariat-proposal-unified-approach-pillar-one.pdf.

beteiligungverfahren auch die Veröffentlichung eines „Statements" im Januar 2020,[14] das die „einheitliche Herangehensweise" (engl.: „unified approach") im Rahmen der ersten Säule des nunmehr verfolgten Zwei-Säulen-Ansatzes[15] weiter präzisiert und ein neues Arbeitsprogramm enthält.

Im zweiten Öffentlichkeitsbeteiligungsverfahren kristallisiert sich der Vorschlag zu einer „einheitlichen Herangehensweise" heraus, der eine Evolution der Ansätze der ersten Säule zur Anpassung der Nexusregeln aus den Vorarbeiten des ersten Halbjahres 2019 darstellt.[16] Ziel ist nach wie vor eine globale konsensuale Lösung, die laut OECD nicht auf Grundlage einer der im ersten Halbjahr 2019 vorgestellten drei Ansätze der ersten Säule gefunden werden könnte.[17] Vermieden werden sollen unkoordinierte, nationale Alleingänge, die zu Doppel- oder Mehrfachbesteuerung führen könnten.

Als gemeinsame Zielsetzung aller drei Vorschläge arbeitet die OECD folgende Merkmale heraus: eine Besteuerung im Nutzer- bzw. Marktstaat, die nicht auf physische bzw. materielle Präsenz abstellt; eine Abweichung vom Fremdvergleichsgrundsatz bzw. der Selbstständigkeitsfiktion der Betriebstätte; und Einfachheit, Stabilität der Steuerrechtsordnung und Rechtssicherheit.[18] Es wird eine Lösung vorgeschlagen, die auf digitalisierte, aber auch andere, verbraucherorientierte Geschäftsmodelle anwendbar sein soll.[19] Gewisse Branchen, wie z.B. die Rohstoffindustrie, sollen jedoch vom Anwendungsbereich ausgeschlossen werden. Der neue steuerliche Anknüpfungspunkt soll vor allem auf Absatz im Marktstaat abstellen, und zu diesem Zweck sollen relative Schwellenwerte eingeführt werden.[20] Der Fremdvergleichsgrundsatz dürfte i.d.R. weiterhin Anwendung finden, jedoch soll eine Zerlegungsformel (engl.: „formula based apportionment")

---

[14] OECD, Statement by the OECD/G20 Inclusive Framework on BEPS on the Two-Pillar Approach to Address the Tax Challenges Arising from the Digitalisation of the Economy, v. 31.1.2020, https://www.oecd.org/tax/beps/statement-by-the-oecd-g20-inclusive-framew ork-on-beps.htm.

[15] Vgl. *Boehle/Scholtholt*, IStR 2019, S. 919 (920-921).

[16] Vgl. *Sinnig*, Update Internationales und Europäisches Steuerrecht, in: Taeger, Die Macht der Daten und der Algorithmen, S. 825 (827). Die erste „Säule" bestand zunächst aus drei verschiedenen Vorschlägen zur Anpassung des steuerlichen Anknüpfungspunktes von Einkünften digitalisierter Unternehmen; nämlich dem „user participation approach", dem „marketing intangibles approach" und der „significant economic presence".

[17] OECD, Public Consultation Document: Secretariat Proposal for a "Unified Approach" under Pillar One – 9 October – 12 November 2019, v. 9.10.2019, Rn. 7; vgl. Fn. 16.

[18] Ebenda, Rn. 10.

[19] Ebenda, Rn. 20.

[20] Ebenda, Rn. 15.

den Grundsatz erweitern.[21] Eine gedrittelte Gewinnzurechnungsvorschrift, die pro Drittel verschiedene Faktoren in verschiedenen Staaten berücksichtigt, sorgt darüber hinaus für Rechtssicherheit und Planbarkeit.[22] Der neue Vorschlag wird nicht etwa Art. 5 OECD-MA abändern, sondern als eigenständige Vorschrift eingeführt.[23]

1.2 Das „Statement by the OECD/G20 Inclusive Framework on BEPS on the Two-Pillar Approach to Address the Tax Challenges Arising from the Digitalisation of the Economy" - Januar 2020

Das Anfang 2020 veröffentlichte „Statement" der OECD bestätigt das Ziel des zweiten Öffentlichkeitsbeteiligungsverfahrens,[24] dass eine breit angewendete Besteuerungsmaßnahme nicht nur digitalisierte, sondern auch andere Geschäftsmodelle betreffen sollte.[25] Dies resultiert aus der Feststellung, dass das Problem digitalisierter Geschäftsmodelle, die keine physische Präsenz mehr in der Nähe ihrer Kunden benötigen, um ihre Dienstleistungen zu erbringen, durchaus auch auf andere kundenorientierte Geschäftsmodelle anwendbar ist.[26]

Dieser neue steuerliche Anknüpfungspunkt umfasst demnach Unternehmen zweier Kategorien: automatisierte digitale Dienstleistungen und verbraucherorientierte (consumer-facing) Unternehmen. Zur ersten Kategorie zählen unter anderem Online-Suchmaschinen, soziale Netzwerke, Online-Vermittlungsplattformen und -Marktplätze (hier auch B2B-Geschäfte), Streaming-Dienstleister, Cloud Computing Dienstleistungen und Online Werbedienstleistungen; also automatisierte digitale Dienstleistungen, die

---

[21] Ebenda, Rn. 18.

[22] Ebenda, Rn. 15.

[23] Ebenda, Rn. 15, 22.

[24] Ebenda, Rn. 19-20.

[25] OECD, Statement by the OECD/G20 Inclusive Framework on BEPS on the Two-Pillar Approach to Address the Tax Challenges Arising from the Digitalisation of the Economy, v. 31.1.2020, Rn. 21-29.

[26] OECD, Public Consultation Document: Secretariat Proposal for a "Unified Approach" under Pillar One – 9 October – 12 November 2019, v. 9.10.2019, Rn. 22-23; OECD, Statement by the OECD/G20 Inclusive Framework on BEPS on the Two-Pillar Approach to Address the Tax Challenges Arising from the Digitalisation of the Economy, v. 31.1.2020, Rn. 18-20. Darüber hinaus ist eine Steuer, die spezifisch auf bestimmte Geschäftsmodelle abstellt, auch nicht besonders anpassungsfähig, was angesichts der rapiden Weiterentwicklung im digitalisierten Zeitalter zunehmend problematisch erscheint. Eine Abgrenzung betroffener digitalisierter Geschäftsmodelle und nicht betroffener Modelle erscheint schwierig. Fraglich ist, ob diese Abgrenzung im Falle der weitreichenderen Definition „kundenorientierter" Geschäftsmodelle tatsächlich einfacher und erfolgreicher durchgeführt werden kann.

standardisiert einer großen Anzahl von Kunden und Nutzern in verschiedenen Ländern angeboten werden.[27] Zur zweiten Kategorie zählen Unternehmen, die Güter und Dienstleistungen anbieten, die üblicherweise Endverbrauchern zu persönlichen Nutzungszwecken verkauft werden, wie z.B. Kleidung, Kosmetik, Luxusgüter, Lebensmittel oder Kraftfahrzeuge.[28] Diese Kategorie wird bestimmte Unternehmen explizit ausschließen, wie bereits im zweiten Öffentlichkeitsbeteiligungsverfahren dargelegt wurde. Eine genaue Definition der ausgeschlossenen Unternehmen legt die OECD jedoch auch in diesem „Statement" nicht vor. Stattdessen bezieht sie sich auch lediglich auf die Rohstoffindustrie und Aktivitäten der Finanz- und Versicherungsbranche.[29] Für Unternehmen, die sowohl von der neuen Besteuerungsmaßnahme betroffene als auch ausgeschlossene Dienstleistungen erbringen, sieht die OECD eine Aufteilung der jeweiligen Einkünfte und eine gesonderte steuerliche Betrachtungsweise dieser vor.[30]

Zu den Schwellenwerten, die den Anwendungsbereich des neuen steuerlichen Anknüpfungspunktes eingrenzen sollen, plant die OECD, auf den weltweiten und länderspezifischen Umsatz abzustellen.[31]

Die im Öffentlichkeitsbeteiligungsverfahren bereits vorgestellte Gewinnzuordnungsvorschrift unterscheidet drei Kategorien von Einkünften; bezeichnet als Betrag A, B und C.[32] Betrag A stellt einen Restwert dar, der von dem jeweiligen Staat besteuert wird, in dem Unternehmen den oben beschriebenen Anknüpfungspunkt haben – also ganz unabhängig ihrer physischen Präsenz in diesem Staat. Betrag B sieht ein festgelegtes Entgelt für grundlegende Vertriebs- und Marketingfunktionen des Unternehmens vor, das auf Grundlage des Fremdvergleichsgrundsatzes berechnet wird. Betrag C setzt sich aus sämtlichen überschüssigen Einkünften zusammen, die nicht von Betrag B gedeckt sind und die grundlegenden Vertriebs- und Marketingfunktionen übersteigen. Die genaue Abgrenzung zwischen den Be-

---

[27] OECD, Statement by the OECD/G20 Inclusive Framework on BEPS on the Two-Pillar Approach to Address the Tax Challenges Arising from the Digitalisation of the Economy, v. 31.1.2020, Rn. 22: „These services will cover businesses that generate revenue from the provision of automated digital services that are provided on a standardised basis to a large population of customers or users across multiple jurisdictions".

[28] Ebenda, Rn. 24-28.

[29] Ebenda, Rn. 30-32.

[30] Ebenda, Rn. 33-34.

[31] Ebenda, Rn. 35.

[32] Ebenda, Rn. 10; Vgl. auch *Bräutigam/Kellermann/Spengel*, IStR 2020, S. 281 (283-284).

trägen B und C ist noch nicht abschließend festgelegt und somit Gegenstand anhängiger Verhandlungen der OECD und Inclusive Framework Mitgliedstaaten.[33]

Das dem „Statement" angefügte Arbeitsprogramm beschäftigt sich insbesondere mit der weiteren Abgrenzung des Anwendungsbereichs des Betrags A, also dem neuen steuerlichen Anknüpfungspunkt; der Erörterung der genauen Bemessungsgrundlage; der Vermeidung von durch den neuen Anknüpfungspunkt verursachter Doppelbesteuerung; möglicher Überschneidungen der Beträge A, B und C[34] sowie Umsetzungs- und Streitschlichtungsfragen in Bezug auf das neue Besteuerungsrecht.[35]

2 Europäische Union: Aktuelles zu den RL-Vorschlägen der Europäischen Kommission, zur Rechtsprechung des EuGH und zu Digitalsteuern einzelner Mitgliedstaaten

2.1 Weiterentwicklung der RL-Vorschläge für eine Digitalsteuer und signifikante digitale Präsenz

Nachdem im März 2019 die Abwandlung der europäischen Digitalsteuer zu einer digitalen Werbesteuer nicht von allen Delegationen der Mitgliedstaaten befürwortet,[36] und somit der Vorschlag zunächst auf Eis gelegt wurde, spricht sich der Rat der Europäischen Union seither ebenfalls für eine langfristigere, globale Lösung aus.

Dementsprechend beschäftigt sich der Rat der Europäischen Union seit März 2019 mit der Ausarbeitung einer europäischen Position zu den auf OECD-Ebene geführten Verhandlungen.[37] Auch die deutsche EU-Ratspräsidentschaft priorisiert diese Ausarbeitung.[38]

---

[33] Ebenda, Rn. 76 ff.

[34] Kritisch hierzu *Boehle/Scholtholt*, IStR 2019, S. 919 (923).

[35] OECD, Statement by the OECD/G20 Inclusive Framework on BEPS on the Two-Pillar Approach to Address the Tax Challenges Arising from the Digitalisation of the Economy, v. 31.1.2020, Annex A.

[36] Rat der Europäischen Union, Rat „Wirtschaft und Finanzen", Ergebnisse vom 12.3.2019, https://www.consilium.europa.eu/en/meetings/ecofin/2019/03 /12/.

[37] Rat der Europäischen Union, Rat „Wirtschaft und Finanzen", Ergebnisse vom 21.1.2020, https://www.consilium.europa.eu/de/meetings/ecofin/2020/01 /21/.

[38] Vgl. *Fehling*, IStR 2020, S. 438 (439-440).

2.2 Rechtsprechungsübersicht: Urteile des EuGH vom 3. März 2020 zur Unionsrechtsvereinbarkeit zweier ungarischer sektoraler Umsatzsteuern

Anlässlich der DSRI-Herbstakademie 2019 wurden die Schlussanträge der Generalanwältin Kokott in der Rechtssache C-75/18 zusammengefasst, die sich mit der ungarischen Sondersteuer beschäftigt, die auf den Umsatz von Unternehmen erhoben wird, die im Bereich des Einzelhandels, der Telekommunikation und der Energielieferung tätig sind.[39] Am 12.9.2019 stellte Generalanwältin Kokott darüber hinaus ihre Schlussanträge in der Rechtssache C-482/18 vor, die sich mit der unionsrechtlichen Vereinbarkeit der ungarischen Werbesteuer, welche die Verfasserin anlässlich der Herbstakademie 2017 vorstellte, befassen.[40]

Diese Urteile könnten sich bei der Ausgestaltung und Umsetzung von Digitalsteuern von wegweisender Bedeutung zeigen, da letztere oftmals auch sektoral angewandt und auf Unternehmensumsätze statt -gewinne erhoben werden.

2.2.1 Rs. C-75/18: Ungarische Sondersteuer auf Einzelhandel, Telekommunikationstätigkeit und Energielieferung

Die Richter des EuGH folgen der Auffassung der Generalanwältin in allen Punkten. So entscheiden sie, dass die ungarische Sondersteuer auf Einzelhandel, Telekommunikationstätigkeit und Energielieferung weder gegen das europäische Primärrecht noch gegen die Mehrwertsteuersystemrichtlinie (MwStSystRL)[41] verstößt.

Im Rechtsstreit zwischen Vodafone und der ungarischen Steuerbehörde um Zahlung der ungarischen Sondersteuer wirft die Klägerin, die ungarische Tochtergesellschaft der niederländischen Vodafone Europe B.V., Fragen zur ungarischen Sondersteuer hinsichtlich ihrer grundfreiheits- und beihilferechtlichen Vereinbarkeit sowie eines möglichen Verstoßes gegen das Verbot der Einführung mehrwertsteuerähnlicher Umsatzsteuern (Art. 401 MwStSystRL) auf. Die Steuer wird mit dem Ziel der „Wiederherstellung des Haushaltsgleichgewichts (...) zulasten der Steuerpflichtigen, deren Fähigkeit, einen Beitrag zur Bestreitung der öffentlichen Lasten zu

---

[39] Schlussanträge durch GA Juliane Kokott v. 13.6.2019 – Rs. C-75/18 (Vodafone Magyarország Mobil Távközlési Zrt./Nemzeti Adó- és Vámhivatal Fellebbviteli Igazgatósága). Vgl. *Sinnig*, Update Internationales und Europäisches Steuerrecht, in: Taeger, Die Macht der Daten und der Algorithmen, S. 825 (830 ff.).

[40] Schlussanträge durch GA Juliane Kokott v. 12.9.2019 – Rs. C-482/18 (Google Ireland Limited/Nemzeti Adó-és Vámhivatal Kiemelt Adó-és Vámigazgatósága). Vgl. *Schmittmann/ Sinnig*, K&R 2020, S. 111 (114 f.); Vgl. *Sinnig*, in: Taeger, Recht 4.0, S. 903 (912 ff.).

[41] RL 2006/112/EG des Rates vom 28.11.2006 über das gemeinsame Mehrwertsteuersystem, ABl. EU L347 v. 11.12.2006, S. 1.

leisten, die allgemeine Steuerpflicht übersteigt"[42] auf Umsätze bestimmter Unternehmen erhoben.

Zu den Beihilferegeln der Artt. 107 und 108 AEUV führt der EuGH aus, dass die vorgelegte Frage des ungarischen Gerichts unzulässig sei, da die Klägerin die beihilferechtliche Vereinbarkeit einer allgemeinen Steuer anzweifelt, „die in den Staatshaushalt fließt und nicht speziell zur Finanzierung eines Vorteils für eine bestimmte Gruppe von Steuerpflichtigen verwendet wird".[43] Dementsprechend kann sich die Klägerin mit dem Ziel, sich der Zahlung der Steuer zu entziehen, nicht auf die Befreiung bestimmter Steuerpflichtiger berufen, da kein direkter Verwendungszusammenhang zwischen den durch die Steuer erhobenen Mitteln und der Befreiung bestimmter Steuerpflichtiger besteht.[44]

Auch in Hinblick auf die Vereinbarkeit der ungarischen Sondersteuer mit Art. 49 und 54 AEUV folgt der Gerichtshof den Einschätzungen der Generalanwältin und konstatiert keine Diskriminierung im Falle, dass die Steuerlast einer progressiven Umsatzsteuer hauptsächlich von Unternehmen getragen wird, „die unmittelbar oder mittelbar von Angehörigen anderer Mitgliedstaaten oder von Gesellschaften mit Sitz in einem anderen Mitgliedstaat kontrolliert werden, weil dies die umsatzstärksten Unternehmen auf dem betreffenden Markt sind".[45]

Einen Verstoß gegen Art. 401 MwStSystRL liegt laut EuGH ebenfalls nicht vor, da die ungarische Sondersteuer nicht die wesentlichen Merkmale der Mehrwertsteuer erfüllt. Insbesondere wird die Sondersteuer nicht auf jeder Produktions- und Vertriebsstufe erhoben und berechtigt nicht zum Abzug der auf der vorhergehenden Stufe bereits entrichteten Steuer.[46]

2.2.2 Rs. C-482/18: Ungarische Werbesteuer

Im Rechtsstreit zwischen Google Ireland und der ungarischen Steuerbehörde geht es um die Sanktionierung der Anmeldungsversäumnis zur Werbesteuer und weitere verfahrensrechtliche Aspekte, die laut Google Ireland gegen das europäische Primärrecht verstoßen.[47] In ihren Schlussanträgen

---

[42] EuGH, Urt. v. 3.3.2020 – C-75/18 (Vodafone Magyarország Mobil Távközlési Zrt./ Nemzeti Adó- és Vámhivatal Fellebbviteli Igazgatósága), Rn. 4.

[43] Ebenda, Rn. 29.

[44] Ebenda, Rn. 30-32.

[45] Ebenda, Rn. 56.

[46] Ebenda, Rn. 63-66.

[47] EuGH, Urt. v. 3.3.2020 – C-482/18 (Google Ireland Limited/Nemzeti Adó- és Vámhivatal Kiemelt Adó- és Vámigazgatósága), Rn. 14 ff. Gegenstand der Prüfung sind Art. 56 AEUV sowie Artt. 41 und 47 der Grundrechte-Charta.

hat Generalanwältin Kokott interessanterweise über die Vorlagefragen hinausgehend erörtert, ob die ungarische Werbesteuer mit Art. 401 MwStSyst RL vereinbar ist und ob die Abgabe, deren steuerlicher Anknüpfungspunkt hauptsächlich auf die verwandte Sprache der Dienstleistung abstellt, einen hinreichenden Territorialitätsbezug aufweist.[48] Auf diese Fragestellungen geht der EuGH jedoch nicht ein.

Der EuGH führt aus, dass die gesonderte steuerliche Anmeldepflicht, die im Rahmen der Werbesteuer für nicht-ansässige Unternehmen besteht, der Dienstleistungsfreiheit nicht entgegensteht.[49] Dem widerspricht auch nicht die Tatsache, dass ansässige Unternehmen de facto von dieser Pflicht befreit sind, da sie bereits für andere Steuern in Ungarn registriert sind.[50]

Die Sanktionierung einer versäumten Anmeldung zur Werbesteuer hingegen führt laut EuGH zu einer Ungleichbehandlung ansässiger und nicht-ansässiger Unternehmen, da lediglich nicht-ansässige Unternehmen den – im Vergleich zur allgemeinen ungarischen Steuerordnung – härteren Sanktionen der Werbesteuer unterworfen sind, da faktisch nur diese gegen die im Werbesteuergesetz vorgesehene Anmeldepflicht verstoßen können.[51] Obgleich diese Ungleichbehandlung grundsätzlich gerechtfertigt sei, verstoße die Sanktionierung jedoch gegen den Grundsatz der Verhältnismäßigkeit im engeren Sinne.[52] Somit sei das Sanktionssystem der Werbesteuer nicht mit Art. 56 AEUV vereinbar.[53]

2.3 Beispiele nationaler Digitalsteuern

2.3.1 Österreich: Digitalsteuer

Österreichs Digitalsteuergesetz[54] findet ab 1.1.2020 Anwendung auf Onlinewerbeleistungen, die im österreichischen Inland gegen Entgelt erbracht werden. Steuerpflichtig sind Unternehmen, die einen jährlichen weltweiten Umsatz von mindestens 750 Millionen Euro und inländischen Umsatz von mindestens 25 Millionen Euro durch Werbedienstleistungen erwirtschaften. Die Bemessungsgrundlage setzt sich aus Umsätzen aus im Inland erbrachten Werbedienstleistungen zusammen; der Steuersatz liegt bei 5 %.[55]

---

[48] Schlussanträge durch GA Juliane Kokott v. 12.9.2019 – Rs. C-482/18, Rn. 32-33 und 42 ff.

[49] EuGH, Urt. v. 3.3.2020 – C-482/18, Rn. 29 ff.

[50] Ebenda, Rn. 31 ff.

[51] Ebenda, Rn. 41 ff.

[52] Ebenda, Rn. 46-47 und 49 ff.

[53] Ebenda, Rn. 54.

[54] Digitalsteuergesetz (DiStG), BGBl. I Nr. 91/2019; auch: DiStG 2020-UmsetzungsV, BGBl. II Nr. 278/2019.

[55] Für weitere Informationen vgl. *Mayr*, BB 2019, S. 1245.

2.3.2 Frankreich: „Taxe sur les services numériques"

Die französische Digitalsteuer wurde am 4.7.2019 von der Nationalversammlung verabschiedet; der Senat stimmte dem Gesetz am 11.7.2019 zu.[56] Am 25.7.2019 trat das Gesetz in Kraft; die Anwendung wurde jedoch bislang ausgesetzt.[57] Die französische Steuer soll nur befristet anwendbar sein, bis eine Lösung auf Ebene der OECD gefunden sei.[58] Zu den steuerpflichtigen Leistungen zählen Online-Werbedienstleistungen und -Vermittlungsdienstleistungen. Der Steuersatz von 3 % wird auf Umsätze von Unternehmen erhoben, die steuerpflichtige Leistungen erbringen und weltweit mehr als 750 Millionen Euro mit diesen Leistungen erwirtschaften und in Frankreich mehr als 25 Millionen Euro.

2.3.3 Spanien: „Impuesto sobre Determinados Servicios Digitales"

Die spanische Regierung hat im Februar 2020 die Einführung einer Digitalsteuer beschlossen.[59] Der Gesetzentwurf liegt zur Zeit der Verfassung dieses Beitrags noch dem Parlament vor. Der Entwurf sieht eine Erhebung der Steuer auf Umsätze aus bestimmten digitalen Dienstleistungen vor: Onlinewerbung, Onlinevermittlungsaktivitäten und der Verkauf von Nutzerdaten.[60] Der Gesetzesentwurf sieht einen Steuersatz von 3 % auf Bruttoumsätze dieser digitalen Dienstleistungen vor, sofern die betroffenen Unternehmen einen Jahresumsatz von mindestens 750 Millionen Euro weltweit und von 3 Millionen Euro in Spanien erwirtschaften.

3 Zusammenfassung und Ausblick

Die OECD kommt einem konkreten Besteuerungsansatz digitalisierter Geschäftsmodelle näher. Viele Fragen, wie z.B. in Hinblick auf die Abgren-

---

[56] Loi n° 2019-759 du 24 juillet 2019 portant création d'une taxe sur les services numériques et modification de la trajectoire de baisse de l'impôt sur les sociétés, https://www.legifrance.gouv.fr/affichTexte.do;jsessionid=A399DDD07B66CB83CE3E3B9CC6B64B86.tplgfr27s_2?cidTexte=JORFTEXT000038811588&categorieLien=id.

[57] Ähnlich reagierte auch die italienische Regierung bzgl. der am 1.1.2020 formal in Kraft getretenen italienischen Digitalsteuer, vgl. *Keuper*, BB 2020, S. 471 (473).

[58] *Graßl/Koch*, IStR 2019, S. 873 (880).

[59] Congreso de los diputados, Proyecto de Ley del Impuesto sobre Determinados Servicios Digitales, Nr. 121/000001, v. 28.2.2020; *Louven*, Spanien führt Digitalsteuer ein, Handelsblatt v. 18.2.2020, https://www.handelsblatt.com/politik/international/facebook-google-und-co-spanien-fuehrt-digitalsteuer-ein-/25559366.html?ticket=ST-12872371-kggd5Ywpsxg9IgaydnuI-ap5.

[60] *Lampreave*, Spain Has Approved the Digital Service Tax: The Controversy Is Served, Kluwer International Tax Blog v. 24.2.2020, http://kluwertaxblog.com/2020/02/24/spain-has-approved-the-digital-service-tax-the-controversy-is-served/?doing_wp_cron=1594053731.7661499977111816406250#_ftn1.

zung von Einkünften, die aus einer Kombination von betroffenen und ausgeschlossenen Dienstleistungen erwirtschaftet werden, sowie der Vermeidung von Mehrfachbesteuerung, müssen jedoch noch geklärt werden. Das Ziel, bis Ende 2020 eine global umsetzbare Lösung zu finden, erscheint ambitioniert. Fraglich ist auch, inwiefern die deutsche EU-Ratspräsidentschaft in der Lage ist, die Verhandlungen auf OECD-Ebene voranzutreiben.

Die europäische Rechtsprechung setzt der Ausgestaltung nationaler Digitalsteuern insoweit Grenzen, als Sanktionen, die de facto lediglich nichtansässige Steuerzahler treffen können, der Dienstleistungsfreiheit entgegenstehen, wenn sie unverhältnismäßig hoch angesetzt werden. Darüber hinaus scheint die Rechtsprechung des EuGH wenig restriktiv im Hinblick auf nationale sektorspezifische Umsatzsteuern.

Abschließend wurden Beispiele nationaler europäischer Digitalsteuern vorgestellt, die im Berichtszeitraum verabschiedet oder vorgeschlagen wurden.

Literatur

Becker, Jan Dierk/van der Ham, Susann/Mühlhausen, Moritz: Grundfragen der Ertragsbesteuerung digitaler Geschäftsmodelle, BB 2019, S. 1623-1630.

Boehle, Marco/Scholtholt, Tobias: Gestaltungsoptionen zur gerechten Besteuerung von Digitalkonzernen, IStR 2019, S. 919-924.

Bräutigam, Rainer/Kellermann, Katharina/Spengel, Christoph: Neuordnung der Besteuerungswelt durch den „OECD Pillar One" – Bedeutungswandel der Kernbegriffe und (unlösbare?) Herausforderungen, IStR 2020, S. 281-287.

Fehling, Daniel: Schwerpunkte der deutschen EU-Ratspräsidentschaft bei den direkten Steuern, IStR 2020, S. 438-442.

Graßl, Benjamin/Koch, Reinald: Unilaterale Initiativen zur Einführung von Digitalsteuern, IStR 2019, S. 873-888.

Greil, Stefan: Die Besteuerung der digitalen Wirtschaft und Zuordnung von Besteuerungsrechten – A Brave New World, DStR 2019, S. 1653-1660.

Keuper, Daniel: Digitalsteuer – Der Trend im internationalen Steuerrecht – Teil II, BB 2020, S. 471-477.

Mayr, Gunter: Neue Digitalkonzernsteuer auf Onlinewerbung in Österreich, BB 2019, S. 1245-1248.

Schmittmann, Jens M.: Update Steuerrecht, in: Jürgen Taeger (Hrsg.), Die Macht der Daten und der Algorithmen: Regulierung von IT, IoT und KI, Tagungsband Herbstakademie 2019, Edewecht 2019, S. 837-859.

Schmittmann, Jens M.: Update Steuerrecht, in: Jürgen Taeger (Hrsg.), Rechtsfragen digitaler Transformationen – Gestaltung digitaler Veränderungsprozesse durch Recht, Tagungsband Herbstakademie 2018, Edewecht 2018, S. 913-935.

Schmittmann, Jens M./Sinnig, Julia: Aktuelle Entwicklungen im Steuerrecht in der Informationstechnologie 2017/2018 – Teil 1, K&R 2019, S. 88-95.

Schmittmann, Jens M./Sinnig, Julia: Aktuelle Entwicklungen im Steuerrecht in der Informationstechnologie 2017/2018 – Teil 2, K&R 2019, S. 158-164.

Schmittmann, Jens M./Sinnig, Julia: Aktuelle Entwicklungen im Steuerrecht in der Informationstechnologie 2018/2019 – Teil 2, K&R 2020, S. 111-116.

Schmittmann, Jens M./Sinnig, Julia: Aktuelle Entwicklungen im Steuerrecht in der Informationstechnologie 2018/2019 – Teil 1, K&R 2020, S. 183-189.

Sinnig, Julia: Die steuerrechtlichen Herausforderungen der digitalen Wirtschaft – Was passiert in Europa?, in: Jürgen Taeger (Hrsg.), Recht 4.0 – Innovationen aus den rechtswissenschaftlichen Laboren, Tagungsband Herbstakademie 2017, S. 903-915.

Sinnig, Julia: Internationale Besteuerung der digitalen Wirtschaft: EU- und OECD-Vorschläge, in: Jürgen Taeger (Hrsg.), Rechtsfragen digitaler Transformationen – Gestaltung digitaler Veränderungsprozesse durch Recht, Tagungsband Herbstakademie 2018, S. 899-912.

Sinnig, Julia: Update Internationales und Europäisches Steuerrecht, in: Jürgen Taeger (Hrsg.), Die Macht der Daten und der Algorithmen: Regulierung von IT, IoT und KI, Tagungsband Herbstakademie 2019, Edewecht 2019, S. 825-836.

Weggenmann, Hans/Blank, Alexander/Brunnhübner, Andreas: OECD Public Consultation Document/Programme of Work betreffend Vorschläge zur Besteuerung der Digitalwirtschaft – schöne neue Steuerwelt?, IStR 2019, S. 769-776.

UPDATE STEUERRECHT

Prof. Dr. Jens M. Schmittmann,
FOM Hochschule Essen

Zusammenfassung

Der Beitrag fasst die wesentlichen Entwicklungen in Legislative und Judikative im Steuerrecht zusammen, soweit sich Bezüge zum Informationstechnologierecht ergeben.[1] Er knüpft an die Beiträge des Verfassers in den Vorjahren[2] sowie den Vortrag von *Julia Sinnig* und des Unterzeichners in Bremen anlässlich der DSRI-Herbstakademie 2019 an.[3]

1 Verfahrensrecht

1.1 Neufassung der GoBD

Die „Grundsätze zur ordnungsmäßigen Führung und Aufbewahrung von Büchern, Aufzeichnungen und Unterlagen in elektronischer Form sowie zum Datenzugriff (GoBD)" vom 14.11.2014[4] haben die „Grundsätze ordnungsmäßiger DV-gestützter Buchführungssysteme (GoBS)" und die „Grundsätze zum Datenzugriff und zur Prüfbarkeit digitaler Unterlagen (GDPdU)" zusammengeführt und regeln im Einzelnen die Grundsätze, die bei der Führung von Büchern, Aufzeichnungen und Unterlagen einzuhalten sind.[5]

---

[1] Vgl. *Schmittmann/Sinnig*, Teil 1, K&R 2020, S. 111; Teil 2, K&R 2020, S. 183; *Schmittmann /Sinnig*, Teil 1, K&R 2019, S. 88; Teil 2, K&R 2019, S. 158; *Schmittmann*, K&R 2018, S. 19; *Schmittmann*, K&R 2017, S. 157; *Schmittmann*, K&R 2016, S. 28.

[2] Vgl. *Schmittmann*, Update Steuerrecht, in: Taeger, Rechtsfragen digitaler Transformationen, S. 913; *Schmittmann*, Update Steuerrecht, in: Taeger, Recht 4.0, S. 917; *Schmittmann*, Update Steuerrecht, in: Taeger, Smart World – Smart Law?, S. 1053; *Schmittmann*, Update Steuerrecht, in: Taeger, Internet der Dinge, S. 851; *Schmittmann*, Update Steuerrecht, in: Taeger, Big Data & Co, S. 841; *Schmittmann*, Update Steuerrecht, in: Taeger, Law as a Service (LaaS), S. 1053; *Schmittmann*, Update Steuerrecht, in: Taeger, IT und Internet – mit Recht gestalten, S. 873; *Schmittmann*, Update Steuerrecht, in: Taeger, Die Welt im Netz, S. 263; *Schmittmann*, Update Steuerrecht, in: Taeger, Digitale Evolution, S. 705.

[3] Vgl. *Sinnig*, Update internationales und europäisches Steuerrecht, in: Taeger, Die Macht der Daten und der Algorithmen, S. 825; *Schmittmann*, Update Steuerrecht, in: Taeger, Die Macht der Daten und der Algorithmen, S. 837.

[4] So BMF, Schreiben v. 14.11.2014 – IV A 4 – S – 0316/13/10003 DOK 2014/0353090.

[5] Vgl. im Einzelnen *Schmittmann*, K&R 2015, S. 23.

Das neue Anwendungsschreiben zu den GoBD aus dem Jahre 2019 wurde vom BMF zunächst am 11.7.2019 auf seiner Homepage veröffentlicht[6] und hatte folgende wesentliche Gliederungspunkte:

- Verantwortlichkeit
- Allgemeine Anforderungen
- Belegwesen (Belegfunktion)
- Aufzeichnung der Geschäftsvorfälle in zeitlicher Reihenfolge und in sachlicher Ordnung
- Internes Kontrollsystem (IKS)
- Datensicherheit
- Unveränderbarkeit, Protokollierung von Änderungen
- Aufbewahrung
- Nachvollziehbarkeit und Nachprüfbarkeit
- Datenzugriff
- Zertifizierung und Software-Testate
- Anwendungsregelung

Nachdem das Schreiben auf der Homepage des Bundesfinanzministeriums kurz nach Veröffentlichung nicht mehr abrufbar war, da noch Abstimmungsbedarf bestand, wurde das angepasste Schreiben am 28.11.2019 veröffentlicht.[7] Die Gliederungspunkte des Schreibens vom 11.7.2019 bleiben im Wesentlichen im Schreiben vom 28.11.2019 unverändert.[8]

Das Schreiben des BMF vom 28.11.2019 umfasst auf insgesamt 44 Seiten Ausführungen zu allgemeinen Anforderungen an die ordnungsgemäße Führung und Aufbewahrung von Büchern, Aufzeichnungen und Unterlagen in elektronischer Form sowie zum Datenzugriff. Zudem wird das Belegwesen geregelt. Die Belege in Papierform und in elektronischer Form sind zeitnah gegen Verlust zu sichern (Rn. 67). Gem. Rn. 75 ist eine erfassungsgerechte Aufbereitung der Buchungsbelege in Papierform oder die entsprechende Übernahme von Beleginformationen aus elektronischen Belegen (Daten, Datensätze, elektronische Dokumente und elektronische Unterlagen) sicherzustellen. Werden innerhalb verschiedener Bereiche des

---

[6] S. BMF, Schreiben vom 11.7.2019 – IV A 4 – S 0316/19/10003:001 DOK 2019/0592405; vgl. dazu *Herrfurth*, StuB 2019, S. 667; *Waschbusch/Schuster*, StB 2019, S. 253.

[7] Vgl. BMF, Schreiben vom 28.11.2019 – IV A 4 – S 0316/19/100003:001 DOK 2019/0962 810, BStBl 2019 I S. 1269, https://www.bundesfinanzministerium.de/Content/DE/ Down loads/BMF_Schreiben/Weitere_Steuerthemen/Abgabenordnung/2019-11-28-GoB D.pdf ?__blob=publicationFile&v=12; vgl. dazu: *Hafner*, BB 2020, S. 363.

[8] S. *Schmittmann/Sinnig*, K&R 2020, S. 183.

DV-Systems oder zwischen unterschiedlichen DV-Systemen differierende Ordnungskriterien verwendet, so müssen gem. Rn. 97 entsprechende Zuordnungstabellen (z.B. elektronische Mappingtabellen) vorgehalten werden (z.B. Wechsel des Kontenrahmens, unterschiedliche Nummernkreise in Vor- und Hauptsystem).

Das Interne Kontrollsystem (IKS) ist in Rn. 100 ff. geregelt. Zur Datensicherheit bestimmt das BMF, dass der Steuerpflichtige sein DV-System gegen Verlust (z.B. Unauffindbarkeit, Vernichtung, Untergang und Diebstahl) zu sichern und gegen unberechtigte Eingaben und Veränderungen (z.B. durch Zugangs- und Zugriffskontrollen) zu schützen hat (Rn. 103).

Die Unveränderbarkeit der Daten, Datensätze, elektronischen Dokumente und elektronischen Unterlagen kann gem. Rn. 110 sowohl hardwaremäßig (z.B. unveränderbare und fälschungssichere Datenträger) als auch softwaremäßig (z.B. Sicherungen, Sperren, Festschreibung, Löschmerker, automatische Protokollierung, Historisierungen, Versionierungen) als auch organisatorisch (mittels Zugriffsberechtigungskonzepten) gewährleistet werden.

Sind aufzeichnungs- und aufbewahrungspflichtige Datensätze, elektronische Dokumente und elektronische Unterlagen im Unternehmen entstanden oder dort eingegangen, sind sie auch in dieser Form aufzubewahren und dürfen vor Ablauf der Aufbewahrungsfrist nicht gelöscht werden. Sie dürfen daher nicht mehr ausschließlich in ausgedruckter Form aufbewahrt werden und müssen für die Dauer der Aufbewahrungsfrist gem. Rn. 119 unveränderbar erhalten bleiben (z.B. per E-Mail eingegangene Rechnungen im PDF-Format oder bildlich erfasste Belege). Dies gilt unabhängig davon, ob die Aufbewahrung im Produktivsystem oder durch Auslagerung in ein anderes DV-System erfolgt.

Art und Umfang der maschinellen Auswertbarkeit sind gem. Rn. 125 nach den tatsächlichen Informations- und Dokumentationsmöglichkeiten zu beurteilen.

Werden Handels- oder Geschäftsbriefe und Buchungsbelege in Papierform empfangen und danach elektronisch bildlich erfasst (z.B. gescannt oder fotografiert), ist das hierdurch entstandene elektronische Dokument gem. Rn. 130 so aufzubewahren, dass die Wiedergabe mit dem Original bildlich übereinstimmt, wenn es lesbar gemacht wird (§ 147 Abs. 2 AO). Eine bildliche Erfassung kann hierbei mit verschiedensten Arten von Geräten (z.B. Smartphones, Multifunktionsgeräten oder Scan-Straßen erfolgen), wenn die Anforderungen des BMF-Schreibens erfüllt sind.

Die allgemeinen Grundsätze der Nachvollziehbarkeit und Nachprüfbarkeit sind einzuhalten. Die Prüfbarkeit der formellen und sachlichen Richtigkeit bezieht sich gem. Rn. 145 sowohl auf einzelne Geschäftsvorfälle (Einzelprüfung) als auch auf die Prüfbarkeit des gesamten Verfahrens (Verfahrens- oder Systemprüfung anhand einer Verfahrensdokumentation).

Der in § 147 Abs. 6 AO geregelte Datenzugriff durch die Finanzverwaltung kann durch unmittelbaren Datenzugriff (Rn. 165), mittelbaren Datenzugriff (Rn. 166) oder Datenträgerüberlassung (Rn. 167) erfolgen.

Abschließend kommt das BMF zu dem Ergebnis, dass die Vielzahl und unterschiedliche Ausgestaltung und Kombination der DV-Systeme für die Erfüllung außersteuerlicher und steuerlicher Aufzeichnungs- und Aufbewahrungspflichten gem. Rn. 179 keine allgemeingültigen Aussagen der Finanzbehörden zur Konformität der verwendeten oder geplanten Hard- und Software zulässt.

Positivtestate zur Ordnungsmäßigkeit der Buchführung – und damit zur Ordnungsmäßigkeit DV-gestützter Buchführungssysteme – werden gem. Rn. 180 weder im Rahmen einer steuerlichen Außenprüfung noch im Rahmen einer verbindlichen Auskunft erteilt. „Zertifikate" oder „Testate" Dritter können bei der Auswahl eines Softwareproduktes dem Unternehmen als Entscheidungskriterium dienen, entfalten jedoch gem. Rn. 181 gegenüber der Finanzbehörde keine Bindungswirkung.

In der Zeit zwischen Erstveröffentlichung am 11.7.2019 und Veröffentlichung der überarbeiteten Grundsätze am 28.11.2019 galten die Grundsätze aus dem Schreiben des BMF vom 14.11.2014[9] fort.

1.2 Sammelauskunftsersuchen

Gemäß § 93 Abs. 1a S. 1 AO darf die Finanzbehörde an andere Personen als die Beteiligten Auskunftsersuchen über eine ihr noch unbekannte Anzahl von Sachverhalten mit dem Grunde nach bestimmbaren, ihr noch nicht bekannten Personen stellen. Voraussetzung für ein Sammelauskunftsersuchen ist gemäß § 93 Abs. 1a S. 2 AO, dass ein hinreichender Anlass für die Ermittlungen besteht und andere zumutbare Maßnahmen zur Sachverhaltsaufklärung keinen Erfolg versprechen.

In dem Auskunftsersuchen ist gemäß § 93 Abs. 3 S. 1 AO anzugeben, worüber Auskünfte erteilt werden sollen und ob die Auskunft für die Besteuerung des Auskunftspflichtigen oder die Besteuerung anderer Personen angefordert wird.

Eine Onlineplattform, über die private Zimmer und Wohnungen angemietet werden können, war in der Vergangenheit erfolgreich auf Auskunft

---

[9] Vgl. BMF, Schreiben v. 14.11.2014 – IV A 4 – S 0316/13/10003, BStBl. I 2014, S. 1450.

dahin in Anspruch genommen worden, welche Vermieter in einem bestimmten Stadtgebiet registriert waren.[10]

Im Zuge der sich immer weiter ausbreitenden Vermietung von Privatwohnungen z.B. über Airbnb sahen sich verschiedene Gemeinden auch veranlasst, im Zuge der Ermittlung von Zweckentfremdung von Wohnraum Auskünfte zu verlangen. Eine bayerische Gemeinde kann nicht auf der Basis des Zweckentfremdungsgesetzes vom 10.12.2007[11] und ihrer Satzung über das Verbot der Zweckentfremdung von Wohnraum vom 5.12.2017[12] Auskunft hinsichtlich aller Inserate, die man in den Suchoptionen „Unterkünfte in München" und „gesamte Unterkunft" auf dem Internetportal findet und die tatsächlich mehr als acht Wochen pro Kalenderjahr gebucht werden, verlangen. Der Bayerische Verwaltungsgerichtshof hat dazu entschieden, dass der Dienstanbieter auf der Grundlage von § 14 Abs. 2 TMG nur dann Auskunft erteilen müsse und dürfe, wenn er durch diese Vorschrift selbst zur Auskunftserteilung berechtigt wird und zusätzlich die anfragende Behörde eine korrespondierende, passgenaue spezialgesetzliche Ermächtigungsgrundlage für den Auskunftsanspruch, die Übermittlung und den Empfang der Daten ins Feld führen könne. Allein die Tatsache einer gelegentlichen, ggf. auch mehrfachen kurz- oder auch längerfristigen Vermietung oder Gebrauchsüberlassung – und sei es auch unter der ausschließlichen Verwendung eines Vornamens oder Pseudonyms ohne weitere Anschrift oder Adresse – reiche angesichts der mannigfaltigen Möglichkeiten einer vollkommen legalen (genehmigten) Nutzung ohne das Hinzutreten weiterer, eindeutig auf die Zweckentfremdung hinweisender Umstände regelmäßig nicht aus, die Annahme eines konkreten Anfangsverdachts zu rechtfertigen.[13]

1.3 Verschlüsselung

Durch das Gesetz zur Vermeidung von Umsatzsteuerausfällen beim Handel mit Waren im Internet und zur Änderung weiterer steuerlicher Vorschriften vom 11.12.2018[14] ist u.a. in § 85 a Abs. 1 S. 1 AO eine Regelung zur Verschlüsselung getroffen worden: „Übermittelt die Finanzbehörde Daten,

---

[10] Vgl. VG Freiburg, Urt. v. 22.5.2017 – 4 K 3505/16, ZD 2018, 950; vgl. *Schmittmann/Sinnig*, K&R 2020, S. 183 (184).

[11] BVBl. 2007, S. 864, zuletzt geändert durch Gesetz vom 19.6.2017, BVBl. 2017, S. 182.

[12] ABl. München 2017, S. 494.

[13] So BayVGH, Beschl. v. 20.5.2020 – 12 B 19.1648, juris.

[14] BGBl. I 2018, S. 2338 Vgl. *Schmittmann*, Steuerliches Verfahrensrecht, in: Taeger/Pohle, Computerrechts-Handbuch, Teil 90.2 Rn. 53.

die dem Steuergeheimnis unterliegen, sind diese Daten mit einem geeigneten Verfahren zu verschlüsseln; soweit alle betroffenen Personen schriftlich eingewilligt haben, kann auf eine Verschlüsselung verzichtet werden."

1.4 Verletzung von Aufzeichnungs-, Aufbewahrungs- und Vorlagepflichten im Lichte der Rechtsprechung

Wer aufzeichnungspflichtige Geschäftsvorfälle oder andere Vorgänge mit Hilfe eines elektronischen Aufzeichnungssystems erfasst, hat gem. § 146a Abs. 1 ein elektronisches Aufzeichnungssystem zu verwenden, das jeden aufzeichnungspflichtigen Geschäftsvorfall und anderen Vorgang einzeln, vollständig, richtig, zeitgerecht und geordnet aufzeichnet. Das elektronische Aufzeichnungssystem und die digitalen Aufzeichnungen sind durch eine zertifizierte technische Sicherheitseinrichtung zu schützen. Diese zertifizierte technische Sicherheitseinrichtung muss aus einem Sicherheitsmodul, einem Speichermedium und einer einheitlichen digitalen Schnittstelle bestehen. Die digitalen Aufzeichnungen sind auf dem Speichermedium zu sichern und für Nachschauen sowie Außenprüfungen durch elektronische Aufbewahrung verfügbar zu halten. Es ist verboten, innerhalb des Geltungsbereichs dieses Gesetzes solche elektronischen Aufzeichnungssysteme, Software für elektronische Aufzeichnungssysteme und zertifizierte technische Sicherheitseinrichtungen, die den beschriebenen Anforderungen nicht entsprechen, zur Verwendung gewerbsmäßig zu bewerben oder gewerbsmäßig in den Verkehr zu bringen.

Das Bundesfinanzministerium hat umfassend zu dem durch das Gesetz zum Schutz vor Manipulation an digitalen Grundaufzeichnungen vom 11.12.2016[15] eingeführten § 146a AO Stellung genommen.[16]

Es wird von der Finanzverwaltung freilich nicht beanstandet, wenn elektronische Aufzeichnungssysteme längstens bis zum 30.9.2020 noch nicht über eine zertifizierte technische Sicherheitseinrichtung verfügen.[17]

Auch wenn es in der Entscheidung primär um die Spielvergnügungssteuer in Hamburg geht, so hat der BFH doch interessante Ausführungen zu Daten in Spielgeräten gemacht: Die Finanzverwaltung darf nach Öffnung der Geräte die gespeicherten Daten mit Hilfe eines eigenen Auslesegerätes selbst feststellen. Bei den in den Spielgeräten gespeicherten Daten handelt es sich um besteuerungsrelevante Sachverhalte, von denen sich das Finanzamt Kenntnis verschaffen darf. In elektronisch gespeicherter Form seien die

---

[15] Vgl. *Tiede*, StuB 2018, S. 529.

[16] So BMF, Schreiben v. 17.6.2019 – IV A 4 – S 0316-a/18/10001 DOK 2019/0511938; vgl. *Danielmeyer*, StuB 2019, S. 589; *Schmittmann*, Update Steuerrecht, in: Taeger, Die Macht der Daten und der Algorithmen, S. 837 (844).

[17] So BMF, Schreiben v. 6.11.2019 – IV A 4 – S 0319/19/10002:001, StuB 2019, 930.

Daten nicht lesbar. Da das Recht zur Kenntnisnahme nur mit Hilfe technischer Vorrichtungen ausgeübt werden könne, folge hieraus das Recht, diese
zu nutzen. Wenn das Finanzamt diese Daten nicht auch aufzeichnen dürfte,
sei die Berechtigung zur Kenntnisnahme sinnlos. Eine Auslesung durch
den Steuerpflichtigen selbst würde dem Zweck der Nachschau, besteuerungsrelevante Sachverhalte festzustellen, zuwiderlaufen. Die Finanzbehörde könne die in den Spielgeräten aufgezeichneten Daten ernstlich nur
überprüfen, wenn sie selbst unmittelbaren Zugriff auf die in den Spielgeräten vorhandenen Daten habe. Nehme der Steuerpflichtige selbst die Auslesung vor, und erstelle er ggf. Ausdrucke der Daten, sind ein oder mehrere
Geräte zwischengeschaltet. Daraus ergeben sich Fehlerquellen, sowohl
durch unabsichtliche Programmier- oder Bedienfehler, aber auch durch bewusste Manipulation.[18]

Die Erfordernisse der Erfassung von Bareinnahmen hat der BFH wie folgt
zusammengefasst: Werden Bareinnahmen mit einer elektronischen Regist-
rierkasse erfasst, erfordert dies auch im Fall der Gewinnermittlung durch
Einnahmen-Überschussrechnung die tägliche Erstellung eines Z-Bons.
Weisen die Z-Bons technisch bedingt keine Stornierungen aus, liegt ein
schwerer formeller Fehler der Kassenaufzeichnungen vor, der die Schätzung der Besteuerungsgrundlagen nötig macht. Die Richtsatzschätzung ist
eine anerkannte Schätzungsmethode. Soweit die grundsätzliche Bedeutung
der Gewichtung der Richtsatzschätzung in einem Revisionsverfahren überprüft werden soll, bedürfe es daher im Nichtzulassungsbeschwerdeverfah-
ren auch der (umfassenden) Darlegung kritischer Literaturansichten.[19]

Welche strafrechtlichen Folgen der Vertrieb manipulierte Restaurantkas-
sen hat, zeigt ein Fall des LG Osnabrück: Nachdem das Landgericht nach
umfangreicher Beweisaufnahme über fast neun Monate zu der Überzeugung gelangt war, dass die angeklagten Brüder über ein Unternehmen in
Gelsenkirchen, dessen Geschäftsführer der ältere der Brüder war, über längere Zeit meist chinesische Restaurants in Deutschland und im europäischen Ausland mit Kassensystemen beliefert hat, die eine gezielte Manipulation der erwirtschafteten Umsätze ermöglichten, wurden diese wegen ge-
werbsmäßiger Beihilfe zur Steuerhinterziehung und Fälschung technischer
Aufzeichnungen zu Gesamtfreiheitsstrafen von knapp acht Jahren und vier
Jahren verurteilt. Die belieferten Restaurants hätten mit Hilfe der manipulierten Kassensysteme rund € 6 Mio. Steuern hinterzogen. In die Kassen
war eine spezielle Programmdatei versteckt installiert worden, mit deren
Hilfe die über den Tag eingegebenen Umsätze nachträglich verringert werden konnten. Dazu mussten die Restaurantbetreiber lediglich mittels eines

---

[18] So BFH, Urt. v. 5.11.2019 – II R 15/17, BFH/NV 2020, 468 = BB 2020, 1060.

[19] So BFH, Beschl. v. 8.8.2019 – X B 11/18, BFH/NV 2019, 1219.

Codes oder eines speziellen USB-Sticks den Manipulationsvorgang auslösen. Die zu löschenden Datensätze wurden rückstandslos vernichtet.[20]

Die Gastronomie scheint besonders anfällig für Schwarzeinkäufe zu sein, was die Finanzverwaltung regelmäßig zum Anlass nimmt, Daten aus der IT des Lebensmittel-Großhändlers auszuwerten:

„Wenn der Steuerpflichtige im Zusammenwirken mit einem Lieferanten bei diesem Schwarzeinkäufe tätigt, bei denen die Belege vernichtet und die Vorgänge im Warenwirtschaftssystem des Lieferanten storniert werden, um sie bewusst zu verschleiern, ist ein tatrichterliches Urteil hinsichtlich der Feststellung der Einzelvorgänge jedenfalls dann ausreichend begründet, wenn das FG anhand der Nachweise, die die Steuerfahndung vorgelegt hat und denen der Steuerpflichtige nicht substantiiert entgegengetreten ist, die nicht gebuchten Wareneinkäufe individualisieren kann. Die Angabe sämtlicher Einzeldaten des verschleierten Liefervorgangs (Zeitpunkt der Bestellung, Verkaufsmitarbeiter des Lieferanten, Zeitpunkt der Lieferung, empfangende Person, Zeitpunkt der Bezahlung, zahlungsempfangende Person, Zahlungsweg) ist dann nicht erforderlich. Der Steuerpflichtige kann in Fällen, in denen es der Steuerfahndung möglich ist, aus Daten eines Lieferanten in erheblichem Umfang detaillierte Unterlagen zu nicht gebuchten Warenlieferungen zu rekonstruieren, in die Situation kommen, faktisch zur Erbringung eines – denklogisch niemals lückenlos zu führenden – Negativbeweises gezwungen zu sein. Das FG muss diesen Umstand bei seiner Entscheidung, welche Anforderungen es im Einzelfall an das erforderliche Beweismaß stellt, berücksichtigen. Wenn das FG für seine Überzeugung, der Steuerpflichtige habe Schwarzeinkäufe getätigt, zahlreiche individuell auf den Betrieb des Steuerpflichtigen bezogene Umstände anführen kann, ist es aber regelmäßig nicht zu beanstanden, wenn es vom Steuerpflichtigen eine nähere Substantiierung seines schlichten Bestreitens verlangt."[21]

1.5 Gesetz zum automatischen Austausch von Informationen über Finanzkonten in Steuersachen

Auch das Gesetz zum automatischen Austausch von Informationen über Finanzkonten in Steuersachen[22] ist zu beachten. Das Gesetz gilt gem. § 1 Abs. 1 Nr. 1 FKAustG für den automatischen Austausch von Informationen über Finanzkonten in Steuersachen mit den Mitgliedstaaten der Europäischen Union sowie gem. § 1 Abs. 1 Nr. 2 FKAustG mit Drittstaaten, die

---

[20] So LG Osnabrück, Urt. v. 28.11.2019 – 2 KLs 2/19.

[21] So BFH, Beschl. v. 27.8.2019 – X B 160/18, X B 3-10/19; X B 3/19; X B 4/19; X B 5/19; X B 6/19; X B 7/19; X B 8/19; X B 9/19; X B 10/19, BFH/NV 2020, 5.

[22] Finanzkonten-Informationsaustauschgesetz (FKAustG vom 21.12.2015, BGBl. I 2015, S. 2531, zuletzt geändert durch Art. 16 des Gesetzes v. 12.12.2019, BGBl. I 2019, S. 2451.

Vertragsparteien der von der Bundesrepublik Deutschland unterzeichneten mehrseitigen Vereinbarung vom 29.10.2014 über den zuständigen Behörden über den automatischen Austausch von Informationen über Finanzkonten[23] sind und diese in ihr nationales Recht verpflichtend aufgenommen haben. Wegen der Einzelheiten kann lediglich auf die Spezialliteratur verwiesen werden.

1.6 Änderung eines Steuerbescheides

Die Änderung eines Steuerbescheides kommt gem. § 129 AO bei offenbaren Unrichtigkeiten bei dem Erlass eines Verwaltungsakts in Betracht. Eine offenbare Unrichtigkeit i. S. d. § 129 Satz 1 AO liegt vor, wenn vom Steuerpflichtigen in seiner Steuererklärung angegebene Einkünfte im Einkommensteuerbescheid nicht berücksichtigt werden, weil die Anlage S zur Einkommensteuererklärung versehentlich nicht eingescannt und die angegebenen Einkünfte somit nicht in das elektronische System übernommen wurden. Es handelt sich dabei um ein mechanisches Versehen. Ein mechanisches Versehen ist nach der Rechtsprechung des BFH nicht mehr gegeben, wenn der Sachbearbeiter eine weitere Sachverhaltsermittlung unterlässt, obwohl sich ihm auf Grund der im Rahmen des Risikomanagementsystems ergangenen Prüf- und Risikohinweise eine weitere Prüfung des Falles hätte aufdrängen müssen.[24]

2 Ertragsteuerrecht

2.1 E-Bilanz

Das Thema E-Bilanz[25] steht alljährlich auf der Agenda. Aufgrund der Bestimmung des § 5b Abs. 1 Satz 1 EStG muss der Steuerpflichtige, sofern der Gewinn nach § 4 Abs. 1 EStG, § 5 EStG oder § 5a EStG ermittelt wird, den Inhalt der Bilanz sowie der Gewinn- und Verlustrechnung nach amtlich vorgeschriebenem Datensatz durch Datenfernübertragung übermitteln.

Die Taxonomie 6.3 wurde vom Bundesfinanzministerium mit Schreiben vom 2.7.2019[26] veröffentlicht.[27] Sie gilt für alle Wirtschaftsjahre, die nach dem 31.12.2019 beginnen.

---

[23] BGBl. 2015 II, S. 1630.

[24] So BFH, Urt. v. 14.1.2000 – VIII R 4/17, NJW 2020, 1902 = DStR 2020, 1127.

[25] Vgl. *Ley*, KÖSDI 2019, 21228; *Schmittmann/Sinnig*, K&R 2020, S. 183 (186).

[26] S. BMF, Schreiben v. 2.7.2019 – IV C 6 – S 2133-b/19/10001, StuB 2019, 560 f.; vgl. zum Vorjahr *Riepolt*, StuB 2018, S. 540.

[27] Vgl. dazu *Riepolt*, StuB 2019, S. 627.

Die Veröffentlichung einer weiteren Taxonomie ist derzeit nicht ersichtlich.

2.2 Kryptowährungen im Ertragsteuerrecht

Die inzwischen fortgeschrittene Verwendung von Krypto-Währungen,[28] auch „virtuelle Währungen" genannt, z.B. sog. „Bitcoins", führt zu einer Reihe komplexer steuerlicher Fragen.[29] Entscheidend ist zunächst, ob der Steuerpflichtige seinen Gewinn durch Betriebsvermögensvergleich oder Einnahme-Überschuss-Rechnung ermittelt. An dieser Stelle kann nicht auf alle damit zusammenhängenden Fragen eingegangen werden.[30]

Nachdem zunächst das FG Berlin-Brandenburg der Auffassung war, dass die Besteuerung von Veräußerungsgewinnen bei Kryptowährungen gem. §§ 22 Nr. 2, 23 Abs. 1 Satz Nr 2 Satz 1 EStG rechtmäßig ist, weil es sich bei Bitcoins bzw. anderen virtuellen Währungen im ein immaterielles Wirtschaftsgut mit der Folge handele, dass der Verkauf von virtuellen Währungen durch einen Privaten zu Einkünften i. S. d. § 23 Abs. 1 Satz 1 Nr. 2 EStG führe, wenn zwischen Anschaffung und Veräußerung weniger als ein Jahr liege[31] nimmt nunmehr das FG Nürnberg die Position ein, dass es rechtlich zweifelhaft ist, ob Erträge aus Geschäften mit Kryptowährungen zur Steuerpflichtigen privaten Veräußerungsgewinnen führen.[32]

Bei Bitcoins handelt es sich nach überwiegender Auffassung um Wirtschaftsgüter i.S. des § 23 Abs. 1 Nr. 2 EStG.[33] Bei bilanzierenden Steuerpflichtigen sind Bestände in Kryptowährungen zu aktivieren. Welche Bi-

---

[28] Vgl. *Beck/König*, JZ 2015, S. 130; *Beck*, NJW 2015, S. 580; *Blocher*, AnwBl. 2016, S. 612; *Boehm/Pesch*, MMR 2014, S. 75; *Engelhardt/Klein*, MMR 2014, S. 355; *Goger*, MMR 2016, S. 431; *Heine*, NStZ 2016, S. 442; *Lerch*, ZBB 2015, S. 190; *Rückert*, MMR 2016, S. 295; *Schmittmann*, StuB 2018, S. 226 f.; *Simmchen*, MMR 2017, S. 162.

[29] Vgl. *Becker/van der Ham/Mühlhausen*, BB 2019, S. 1623; *Krüger*, BB 2018, S. 1887; *Schmittmann/Sinnig*, K&R 2020, S. 183, 186.

[30] Vgl. *Burchert/Böser*, DB 2018, S. 857; *Brinkmann/Meseck*, RdF 2018, S. 231; *Prinz/Ludwig*, StuB 2019, S. 257; *Lehner/Schmittmann*, Bitcoin, Bilanzen und Steuern – ein Überblick, FOM Newsbox Wirtschafts- und Steuerrecht, Ausgabe 107 vom 23.1.2018, https:// www.fom. de/forschung/kompetenzcentren/kcw/forschungsprojekte.html#!acc=fom-newsbox-wirt schafts-und-steuerrecht; *Liegmann/Farrugia-Weber*, Teil I, BB 2019, S. 2455; Teil II, BB 2019, S. 2524; *Wighardt/Krekeler*, StB 2019, S. 16; *Schmittmann/Sinnig*, K&R 2020, S. 183 (186).

[31] FG Berlin-Brandenburg, Beschl. v. 20.6.2019 – 13 V 13100/19, BB 2020, 176 m. Anm. *Bünning* = DStRE 2019, 1329; vgl. dazu *Andres/Stoffels*, NWB 2020, S. 489.

[32] So FG Nürnberg, Beschl. v. 8.4.2020 – 3 V 1239/19, DStR 2020, 1243 m. Anm. *Andres*.

[33] So FG Berlin-Brandenburg, Beschl. v. 20.6.2019 – 13 V 13100/19, DStRE 2019, 1328 = EB 2020, 176 m. Anm. *Bünning*; a. A. FG Nürnberg, Beschl. v. 8.4.2020 – 3 V 1239/19, DStR 2020, 1243 m. zust. Anm. *Andres*.

lanzposition im Einzelnen anzusprechen ist, ist nicht abschließend geklärt.[34] Es spricht einiges dafür, dass ein Ausweis unter immateriellen Vermögensgegenständen zu bilden ist.[35]

2.3 Qualifikation von Einkünften

Von entscheidender Bedeutung für die steuerliche Belastung ist die Frage, ob neben der Einkommensteuer noch Gewerbesteuer anfällt. In den vergangenen Jahren hat der BFH verschiedene Fälle entschieden, in denen es um die Abgrenzung von gewerblicher und freiberuflicher Tätigkeit in Berufen in der Informationstechnologie ging.[36]

Zu Einkünften eines externen Datenschutzbeauftragten hat der BFH dahin Stellung genommen, dass ein externer Datenschutzbeauftragter, auch wenn er zugleich als Rechtsanwalt tätig ist, keinen in § 18 Abs. 1 Nr. 1 EStG genannten Katalogberuf ausübe. Da ein Datenschutzbeauftragter ohne eine akademische Ausbildung tätig werden könne, übe er auch keine dem Beruf des Rechtsanwalts ähnliche Tätigkeit i. S. d. § 18 Abs. 1 Nr. 1 Satz 2 EStG aus. Die Tätigkeit des externen Datenschutzbeauftragten sei auch nicht den sonstigen selbständigen Tätigkeiten i. S. d. § 18 Abs. 1 Nr. 3 EStG zuzuordnen.[37]

Der BFH konstatiert, dass der Datenschutzbeauftragte zwar über umfangreiche juristische Kenntnisse im Datenschutzrecht, umfangreiche technische Kenntnis auf dem Gebiet der Computer-Hardware und der unterschiedlichen System- und Anwendersoftware, über betriebswirtschaftliche Grundkenntnisse und pädagogische Fähigkeiten und Kenntnisse verfügen müsse, allerdings sei keine mit der Ausbildung eines Rechtsanwalts vergleichbare akademische Ausbildung erforderlich.[38]

Die Konsequenz für den externen Datenschutzbeauftragten ist mehrdimensional. Zum einen fällt – sofern die Voraussetzungen im Übrigen vorliegen – zusätzlich zur Einkommensteuer noch Gewerbesteuer an.[39] Zudem

---

[34] Vgl. umfassend *Blank/Christ*, StB 2018, S. 47; *Bünning/Park*, BB 2018, S. 1835; *Schmittmann/Sinnig*, K&R 2019, S. 158 (160 ff.).

[35] So auch *Kirsch/von Wieding*, BB 2017, S. 2731 (2735).

[36] Vgl. *Schmittmann*, in: Taeger, IT und Internet – mit Recht gestalten, S. 873 (880); *Schmittmann*, K&R 2008, S. 83, 88; *Schmittmann/Sinnig*, K&R 2020, S. 183 (188).

[37] So BFH, Urt. v. 14.1.2020 – VIII R 27/17, BFH/NV 2020, 543 = BB 2020, 804 = BStBl. II 2020, 222.

[38] So BFH, Urt. v. 14.1.2020 – VIII R 27/17, BFH/NV 2020, 543 = BB 2020, 804 = BStBl. II 2020, 222 Rn. 17 f.

[39] Vgl. *Schmittmann*, in: Taeger, Law as a Service (LaaS), S. 1053 (1065).

ist der Gewerbetreibende verpflichtet, den Gewinn durch den Betriebsvermögensvergleich gem. § 4 Abs. 1 EStG zu ermitteln, was im Regelfall zu einer höheren steuerlichen Belastung führt.[40]

Um die Infizierung von Einkünften aus selbständiger Tätigkeit gem. § 18 EStG zu vermeiden, wird daher dringend empfohlen, die Tätigkeit als Datenschutzbeauftragter auf eine gesonderte Gesellschaft auszugliedern. Bei dieser fällt dann Gewerbesteuer an, was allerdings die übrigen Einkünfte des Berufsträgers (und ggfs. seiner Mitgesellschafter) aus freiberuflicher Tätigkeit unberührt lässt.

2.3.1 Umsatzsteuerrecht

2.4 Unternehmereigenschaft beim Handel auf Internetplattformen

Das Umsatzsteuerrecht knüpft zentral an den Begriff des „Unternehmers" an. Unternehmer ist gemäß § 2 Abs. 1 Satz 1 UStG, wer eine gewerbliche oder berufliche Tätigkeit selbständig ausübt. Das Unternehmen umfasst die gesamte gewerbliche oder berufliche Tätigkeit des Unternehmers, § 2 Abs. 1 Satz 2 UStG. Gewerblich oder beruflich ist jede nachhaltige Tätigkeit zur Erzielung von Einnahmen, auch wenn die Absicht, Gewinn zu erzielen, fehlt oder eine Personenvereinigung nur gegenüber ihren Mitgliedern tätig wird, § 2 Abs. 1 Satz 3 UStG.

Der BFH hat folgende Kriterien aufgestellt:[41]

* die Dauer des Tätigwerdens,

* die Intensität des Tätigwerdens,

* die Höhe der Entgelte,

* die Beteiligung am Markt,

* die Zahl der ausgeführten Umsätze,

* das planmäßige Tätigwerden und

* das Unterhalten eines Geschäftslokals.[42]

Nach der Rechtsprechung des BFH zur umsatzsteuerrechtlichen Beurteilung von Warenlieferungen im paneuropäischen Versand von Amazon gilt,

---

[40] So *Schmittmann*, in: Taeger, Law as a Service (LaaS), S. 1053 (1066).

[41] So BFH, Urt. v. 26.4.2012 – V R 2/11, BFH/NV 2012, 1285 = MMR 2012, 523 = DB 2012, 1189 = K&R 2012, 542 m. Anm. *Schmittmann* = CR 2012, 531 m. krit. Anm. *Damaschke* = jurisPR-ITR 11/2012 Anm. 6 [*Ernst*]; vgl. *Schmittmann*, K&R 2015, S. 23 (27).

[42] Vgl. *Ory/Schmittmann*, Freie Mitarbeiter in den Medien, Rn. 336; BFH, Urt. v. 18.7.1991 – V R 86/87, BStBl. II 1991, 766; BFH, Urt. v. 7.9.1995 – V R 25/94, BStBl. II 1996, 109; *Schmittmann*, K&R 2012, S. 545; *Schmittmann*, K&R 2013, S. 99 (102); *Schmittmann/Sinnig*, K&R 2020, S. 183 (188).

dass für den Fall, dass ein Verkäufer Waren über die Internetseite von Amazon im Rahmen des Modells „Verkauf durch Händler, Versand durch Amazon" (auch "fulfillment by amazon" bzw. "Paneuropäischer Versand durch Amazon") liefert, Leistungsempfänger der Warenlieferung des Verkäufers nicht Amazon, sondern der Endkunde, dem die Verfügungsmacht am Gegenstand der Lieferung verschafft wird, ist.[43]

2.5 Kryptowährungen im Umsatzsteuerrecht

Bei der Umsatzsteuer in Bezug auf Kryptowährungen sind zwei Konstellationen zu unterscheiden: die Lieferung oder sonstige Leistung gegen Entgelterbringung in Bitcoin einerseits und der Umtausch von Geld in klassischer Währung in eine Kryptowährung anderseits.[44]

Das BMF hat zu den mit Bitcoin und Umsatzsteuer zusammenhängenden Fragen umfassend Stellung genommen[45] und wir haben dazu berichtet.[46]

2.6 Steuersatz

Bei der Umsatzsteuer bestehen – ungeachtet der temporären Änderungen durch das Corona-Steuerhilfegesetz[47] sowie das Zweite Corona-Steuerhilfegesetz[48] – zwei Steuersätze.

Gemäß § 12 Abs. 1 UStG beträgt der Regelsteuersatz 19 % der Bemessungsgrundlage. In § 12 Abs. 2 Nr. 1 bis Nr. 13 UStG sind Umsätze geregelt, bei denen sich der Umsatzsteuersatz auf 7 % ermäßigt. Hier sind insbesondere von Bedeutung die Einräumung, Übertragung und Wahrnehmung von Rechten, die sich aus dem Urheberrechtsgesetz ergeben (§ 12 Abs. 2 Nr. 7 c UStG). Unter diese Regelung fallen in aller Regel Bücher und Zeitschriften.

---

[43] So BFH, Beschl. v- 29.4.2020 – XI B 113/19, DStR 2020, 1115 = StuB 2020, 485 (Ls.) mit Anm. *jh* = StE 2020, 351 (Ls.).

[44] S. *Lehner/Schmittmann*, Kryptowährungen und Umsatzsteuer, FOM Newsbox Wirtschafts- und Steuerrecht, Ausgabe 110 vom 19.3.2018, https://www.fom.de/forschung/kompetenz c entren/kcw/forschungsprojekte.html#!acc=fom-newsbox-wirtschafts-und-steuerrecht; *Schmittmann*, StuB 2018, S. 226; *Blank/Christ*, StB 2018, S. 47.

[45] BMF, Schreiben v. 27.2.2018 – III C 3 – S 7160-b/13/10001 DOK 2018/0163969, StuB 2018, 233.

[46] Vgl. *Schmittmann/Sinnig*, K&R 2019, S. 158 (161); *Schmittmann/Sinnig*, K&R 2020, S. 183 (188).

[47] Gesetz zur Umsetzung steuerlicher Hilfsmaßnahmen zur Bewältigung der Corona-Krise v. 19.6.2020, BGBl. I 2020, S. 1385.

[48] Zweites Gesetz zur Umsetzung steuerlicher Hilfsmaßnahmen zur Bewältigung der Corona-Krise v. 29.6.2020, BGBl. I 2020, S. 1512; vgl. BMF, Entwurfsschreiben v. 23.6.2020 – III C 2 S 7030/20/10009:004 DOK 2020/0610691; *Neufang/Schäfer*, BB 2020, S. 1440.

Durch das Gesetz zur weiteren steuerlichen Förderung der Elektromobilität und zur Änderung weiterer steuerlicher Vorschriften ("Jahressteuergesetz 2019") vom 12.12.2019[49] wurde der ermäßigte Steuersatz für E-Books eingeführt.[50] Nach der Neuregelung ermäßigt sich die Umsatzsteuer gemäß § 12 Abs. 2 Nr. 14 UStG für die Überlassung von Büchern in elektronischer Form mit Ausnahme der Veröffentlichungen, die überwiegend aus Videoinhalten oder hörbarer Musik bestehen. Ebenfalls sind ausgenommen Erzeugnisse, für die die Beschränkungen als jugendgefährdende Trägermedien bzw. Hinweispflichten nach § 15 Abs. 1 bis 3 und 6 JuSchG in der jeweils geltenden Fassung bestehen, sowie Veröffentlichungen, die überwiegend Werbezwecken (einschließlich Reisewerbung) dienen.[51]

2.7 Haftung des Marktplatzbetreibers

Gegenstand der Neuregelungen durch das Gesetz zur Vermeidung von Umsatzsteuerausfällen beim Handel mit Waren im Internet und zur Änderung weiterer steuerlicher Vorschriften vom 11.12.2018[52] sind insbesondere § 22f UStG (Besondere Pflichten für Betreiber eines elektronischen Marktplatzes) und § 25e UStG (Haftung beim Handel auf einem elektronischen Marktplatz)[53] sowie der Ort der Leistung nach § 3a Abs. 5 UStG.[54]

Im Zuge der Einführung dieser Regelung kam es zu Verzögerungen, insbesondere, weil die technischen Voraussetzungen noch nicht im Einzelnen gegeben waren. Das BMF hat darauf mit verschiedenen Verwaltungsanweisungen reagiert. Derzeit gelten folgende Regelungen:

- BMF, Schreiben vom 7.10.2019 – III C 5 – S 7420/19/10002:002 – Haftung für die Umsatzsteuer beim Handel mit Waren im Internet: Vordruckmuster USt 1 TK

- BMF, Schreiben vom 7.10.2019 – III C 5 – S 7420/19/10002:002 – Haftung für die Umsatzsteuer beim Handel mit Waren im Internet: Vordruckmuster USt 1 TL

---

[49] BGBl. I 2019, S. 2451.

[50] Vgl. *Schmittmann/Sinnig*, K&R 2020, S. 111 (116).

[51] Vgl. zum Hintergrund: *Schmittmann/Sinnig*, K&R 2019, S. 158 (162).

[52] BGBl. I 2018, S. 2338 Vgl. dazu: BMF, Schreiben v. 14.12.2018 – III C 3 – S 7117-j/18 /10002, https://www.bundesfinanzministerium.de/Content/DE/Downloads/BMF_Schreiben/Steuerarten/Umsatzsteuer/Umsatzsteuer-Anwendungserlass/2018-12-14-umsetzung-des-MwSt-Digitalpakets-zum-1-Januar-2019.html; vgl. dazu *Vobbe/Dietsch*, BB 2019, S. 535; *Fleckenstein-Weiland*, BB 42/2018, S. 1; *Prätzler*, StuB 2018, S. 421.

[53] Vgl. *Höink/Einemann*, BB 2019, S. 1116; *Jansen*, UR 2019, S. 481; *L'habitant*, StuB 2019, S. 111; *Prätzler*, StuB 2018, S. 769; *Schmittmann*, Update Steuerrecht, in: Taeger, Die Macht der Daten und der Algorithmen, S. 837 (838).

[54] Vgl. *Schmittmann/Sinnig*, K&R 2020, S. 111 (116).

- BMF, Schreiben vom 7.10.2019 – III C 5 – S 7420/19/10002:002 – Haftung für die Umsatzsteuer beim Handel mit Waren im Internet: Vordruckmuster 1 TM

3 Informationsfreiheits- und Transparenzrecht

Im Zuge der DSGVO wurde u.a. die Regelung des § 32a Abs. 1 AO eingeführt, der Informationspflichten der Finanzbehörde bei der Erhebung personenbezogener Daten bei betroffenen Personen regelt.[55]

Es steht in Streit, ob für Streitigkeiten hinsichtlich der Auskunftserteilung die Finanzgerichte oder die Verwaltungsgerichte zuständig sind. Macht ein Insolvenzverwalter Ansprüche geltend, so eröffnet die Bestimmung des § 32i Abs. 2 AO nicht den Weg zu den Finanzgerichten, da insoweit nicht der Steuerpflichtige selbst Auskünfte als Betroffener begehrt, sondern der Insolvenzverwalter als Dritter.[56]

Darüber hinaus hat das Bundesverwaltungsgericht dem EuGH die Frage vorgelegt, ob Art. 23 Abs. 1 lit. j DSGVO auch dem Schutz der Interessen der Finanzbehörden dient und ob die DSGVO zum Schutz eines wichtigen finanziellen Interesses eines Mitgliedstaates im Steuerbereich eine Beschränkung des Auskunftsrechts nach Art. 15 DSGVO zur Abwehr von zivilrechtlichen Insolvenzanfechtungsansprüchen gegen die Finanzbehörde erlaube.[57]

Das Bundesverwaltungsgericht hat zudem bestätigt, dass für Rechtsstreitigkeiten, die auf das Informationsfreiheitsgesetz gestützte Auskunftsansprüche des Insolvenzverwalters über Bewegungen auf den Steuerkonten des Insolvenzschuldners betreffen, der Verwaltungsrechtsweg eröffnet ist.[58]

---

[55] Vgl. *Schmittmann*, Update Steuerrecht, in: Taeger, Die Macht der Daten und der Algorithmen, S. 837 (854); *Schmittmann*, Steuerliches Verfahrensrecht, in: Taeger/Pohle, Computerrechts-Handbuch, Teil 90.2 Rn. 25.

[56] So OVG Nordrhein-Westfalen, Beschl. v. 13.6.2019 – 15 E 376/19, ZIP 2019, 1630; OVG Niedersachsen, Beschl. v. 26.6.2019 – 11 LA 274/18, ZIP 2019, 1388 = NZI 2019, 689 m. Anm. *Schmittmann*; OVG Niedersachsen, Urt. v. 20.6.2019 – 11 LC 121/17, BB 2019, 1558 = ZIP 2019, 1545.

[57] Vgl. BVerwG, Beschl. v. 4.7.2019 – 7 C 31.17, ZIP 2019, 1677; vgl. *Schmittmann*, DSB 2019, S. 183.

[58] So BVerwG, Beschl. v. 18.11.2019 – 10 B 20.19, ZInsO 2020, 719; BVerwG, Beschl. v. 28.10.2019 – 10 B 21.19, ZRI 2020, 141 = NZI 2020, 34.

4   Zusammenfassung

Nicht zuletzt im Hinblick auf die COVID-19-Pandemie und die daraus resultierenden Gesetzesänderungen, insbesondere das COVID-Abmilderungsgesetz sowie die Corona-Steuerhilfegesetze 1 und 2, waren die übrigen Gesetzesänderungen mit Bezug zur Informationstechnologie überschaubar.

Im Verfahrensrecht ist zunächst die Neufassung der GOBD zu beachten. Darüber hinaus hat die Rechtsprechung die Anforderungen an Sammelauskunftsersuchen sowie die Aufzeichnungspflichten konkretisiert.

Im Bereich des Ertragsteuerrechts kommt in die Diskussion um die steuerliche Behandlung von Guthaben in Kryptowährungen Bewegung. Zudem hat der BFH die Tätigkeit eines externen Datenschutzbeauftragten als gewerblich angesehen.

Im Umsatzsteuerrecht konkretisiert sich weiter die Unternehmereigenschaft beim Handel auf Internetplattformen sowie die Haftung des Marktplatzbetreibers. Hinsichtlich des Steuersatzes ist nunmehr gem. § 14 Abs. 2 Nr. 14 UStG die Überlassung von Büchern in elektronischer Form der Lieferung von Büchern in Papierform gleichgestellt.

Im Informations- und Transparenzrecht bleibt mit Spannung abzuwarten, wie der EuGH über die Vorlage des Bundesverwaltungsgerichts zur Auskunftserteilung an den Insolvenzverwalter nach dem IFG entscheiden wird.

Literatur

Andres, Joerg/Stoffels, Joshua: Besteuerung von Veräußerungsgewinnen bei Krypto-Assets zulässig?, NWB 2020, S. 489-493.

Beck, Benjamin/König, Dominik: Bitcoin: Der Versuch einer vertragstypologischen Einordnung von kryptographischem Geld, JZ 2015, S. 130-138.

Beck, Benjamin: Bitcoins als Geld im Rechtssinne, NJW 2015, S. 580-586.

Becker, Jan Dierk/van der Ham, Susann/Mühlhausen, Moritz: Grundfragen der Ertragsbesteuerung digitaler Geschäftsmodelle, BB 2019, S. 1623-1630.

Blank, Matthias/Christ, Ramona: Besteuerungsfragen der Blockchain-Technologie – Bestandsaufnahme und Ausblick, StB 2018, S. 47-52.

Blocher, Walter: The next big thing: Blockchain – Bitcoin – Smart Contracts, AnwBl. 2016, S. 612-618.

Boehm, Franziska/Pesch, Paulina: Bitcoins: Rechtliche Herausforderungen einer virtuellen Währung, MMR 2014, S. 75-79.

Brinkmann, Marco/Meseck, Marius: Besteuerung von Kryptowährungen in Deutschland, RdF 2018, S. 231-238.

Bünning, Martin/Park, Carina: Steuerbilanzielle Behandlung von Kryptowährungen, BB 2018, S. 1835-1838.

Burchert, Jan Ole/Böser, Fabian: Bitcoin & Co: Ertragsteuern und Kryptowährungen, DB 2018, S. 857-859.

Danielmeyer, Gregor: Der Anwendungserlass für elektronische Aufzeichungssysteme (§ 146a AO), StuB 2019, S. 589-594.

Engelhardt, Christian/Klein, Sascha: Geschäfte mit Geld, das keines ist, MMR 2014, S. 355-360.

Fleckenstein-Weiland, Barbara: „JStG 2018" – Elektronische Marktplätze als verlängerter Arm der Finanzverwaltung beim Umsatzsteuerbetrug, BB 42/2018, S. 1.

Goger, Thomas: Bitcoins im Strafverfahren – Virtuelle Währung und reale Strafverfolgung, MMR 2016, S. 431-434.

Hafner, Thomas: Neue GoBD: Kommt jetzt die Finanzverwaltung 4.0?, BB 2020, S. 363-366.

Heine, Sonja: Bitcoins und Botnetze – Strafbarkeit und Vermögensabschöpfung bei illegalem Bitcoin-Mining, NStZ 2016, S. 442-446.

Herrfurth, Jörg: GoBD-Update 2019 – Überfällige Anpassungen will das BMF maßvoll umsetzen – Anmerkungen zum Entwurf einer Neufassung der GoBD vom 11.7.2019, StuB 2019, S. 667-667.

Höink, Carsten/Einemann, Joel: Haftung der Marktplatzbetreiber für Umsatzsteuer bei Warenlieferungen über Online-Marktplätze – schafft die neue Verwaltungsanweisung wirklich Klarheit?, BB 2019, S. 1116-1123.

Jansen, Thomas: Elektronischer Marktplatz – Sein oder nicht sein ?, UR 2019, S. 481-489.

Kirsch, Hans-Jürgen/von Wieding, Fabian: Bilanzierung von Bitcoin nach HGB, BB 2017, S. 2731-2735.

Krüger, Fabian: Kryptowährungen: Gewinne aus Token – Verkäufen als Einkünfte aus privaten Veräußerungsgeschäften, BB 2018, S. 1887-1893.

L'habitant, Bruno: Zu den Aufzeichungspflichten gem. § 22f UStG und dem hierzu ergangenen BMF-Schreiben vom 17.12.2018, StuB 2019, S. 111-110.

Lerch, Marcus P.: Bitcoin als Evolution des Geldes: Herausforderungen, Risiken und Regulierungsfragen, ZBB 2015, S. 190-204.

Ley, Ursula: E-Bilanz – Eine Zwischenbilanz sowie ausgewählte Bilanzierungs- und Ausweisfragen, KÖSDI 2019, S. 21228-21240.

Liegmann, Bastian/Farrugia-Weber, Francesco: Stablecoins – Zur steuerlichen Behandlung von „tokenisierten Fiat-Währungen" – Teil I: Besteuerung der privaten Einkünfte, BB 2019, S. 2455-2461; Teil II: Gewerblicher Handel mit Stablecoins, BB 2019, S. 2524-2530.

Neufang, Bernd/Schäfer, Michael: Plädoyer für eine pragmatische Umsetzung der temporären Senkung des Umsatzsteuersatzes, BB 2020, S. 1440-1442.

Prätzler, Robert C.: Neue Umsatzsteuerregelungen für Internet-Marktplätze, StuB 2018, S. 769-776.

Prätzler, Robert C.: Umfassende Mehrwertsteuerreform für den E-Commerce 2019 und 2021, StuB 2018, S. 421-425.

Prinz, Ulrich/Ludwig, Fabian: Bitcoins, ICOs und Token – Neue Welten im Steuerbilanzrecht? – Entwicklung steuerbilanzieller Lösungen, StuB 2019, S. 257-262.

Riepolt, Johannes: E-Bilanz: Änderungen der Taxonomie 6.2, StuB 2018, S. 540-544.

Riepolt, Johannes: E-Bilanz: Änderungen der Taxonomie 6.3, StuB 2019, S. 627-630.

Rückert, Christian: Vermögensabschöpfung und Sicherstellung bei Bitcoins – Neue juristische Herausforderungen durch die ungeklärte Rechtsnatur von virtuellen Währungseinheiten, MMR 2016, S. 295-299.

Schmittmann, Jens M.: Aktuelle Entwicklungen im Steuerrecht in der Informationstechnologie 2011/2012, K&R 2013, S. 99-105.

Schmittmann, Jens M.: Aktuelle Entwicklungen im Steuerrecht in der Informationstechnologie 2013/2014, K&R 2015, S. 23-29.

Schmittmann, Jens M.: Aktuelle Entwicklungen im Steuerrecht in der Informationstechnologie 2014/2015, K&R 2016, S. 28-36.

Schmittmann, Jens M.: Aktuelle Entwicklungen im Steuerrecht in der Informationstechnologie 2015/2016, K&R 2017, S. 157-165.

Schmittmann, Jens M.: Aktuelle Entwicklungen im Steuerrecht in der Informationstechnologie 2017, K&R 2018, S. 19-27.

Schmittmann, Jens M.: Bitcoin und Steuern, StuB 2018, S. 226-227.

Schmittmann, Jens M.: Der Auskunftsanspruch des Insolvenzverwalters gegenüber der Finanzverwaltung: Luxemburg hat das letzte Wort, DSB 2019, S. 183-185.

Schmittmann, Jens M.: Update Steuerrecht, in: Jürgen Taeger (Hrsg.), Die Welt im Netz – Folgen für Wirtschaft und Gesellschaft, Tagungsband Herbstakademie 2011, Edewecht 2011, S. 263-277.

Schmittmann, Jens M.: Update Steuerrecht, in: Jürgen Taeger (Hrsg.), IT und Internet – mit Recht gestalten, Tagungsband Herbstakademie 2012, Edewecht 2012, S. 873-888.

Schmittmann, Jens M.: Update Steuerrecht, in: Jürgen Taeger (Hrsg.), Law as a Service (LaaS) – Recht im Internet- und Cloud-Zeitalter, Tagungsband Herbstakademie 2013, Edewecht 2013, S. 1053-1071.

Schmittmann, Jens M.: Update Steuerrecht, in: Jürgen Taeger (Hrsg.), BIG DATA & Co – Neue Herausforderungen für das Informationsrecht, Tagungsband Herbstakademie 2014, Edewecht 2014, S. 841-856.

Schmittmann, Jens M.: Update Steuerrecht, in: Jürgen Taeger (Hrsg.), Internet der Dinge – Digitalisierung von Wirtschaft und Gesellschaft, Tagungsband Herbstakademie 2015, Edewecht 2015, S. 851-872.

Schmittmann, Jens M.: Update Steuerrecht, in: Jürgen Taeger (Hrsg.), Smart World– Smart Law – Weltweite Netze mit regionaler Regulierung, Tagungsband Herbstakademie 2016, Edewecht 2016, S. 1053-1074.

Schmittmann, Jens M.: Update Steuerrecht, in: Jürgen Taeger (Hrsg.), Recht 4.0 – Innovationen aus den rechtswissenschaftlichen Laboren, Tagungsband Herbstakademie 2017, Edewecht 2017, S. 917-940.

Schmittmann; Jens M.: Update Steuerrecht, in: Jürgen Taeger, Rechtsfragen digitaler Transformationen – Gestaltung digitaler Veränderungsprozesse durch Recht, Tagungsband Herbstakademie 2018, Edewecht 2018, S. 913-935.

Schmittmann, Jens M.: Update Steuerrecht, in: Jürgen Taeger (Hrsg.), Die Macht der Daten und der Algorithmen: Regulierung von IT, IoT und KI, Edewecht 2019, S. 837-859.

Schmittmann, Jens M.: 90.2 Steuerliches Verfahrensrecht, in: Jürgen Taeger/ Jan Pohle (Hrsg.), Computerrechts-Handbuch, 35. EL, Juli 2020.

Schmittmann, Jens M./Sinnig, Julia: Aktuelle Entwicklungen im Steuerrecht in der Informationstechnologie 2017/2018, Teil 1, K&R 2019, S. 88-95; Teil 2, K&R 2019, S. 158-164.

Simmchen, Christoph: Blockchain (R)Evolution – Verwendungsmöglichkeiten und Risiken, MMR 2017, S. 162-165.

Sinnig, Julia: Internationale Besteuerung der digitalen Wirtschaft: EU- und OECD-Vorschläge, in: Jürgen Taeger (Hrsg.), Rechtsfragen digitaler Transformationen – Gestaltung digitaler Veränderungsprozesse durch Recht, Tagungsband Herbstakademie 2018, Edewecht 2018, S. 899-912.

Sinnig, Julia: Update internationales und europäisches Steuerrecht, in: Jürgen Taeger (Hrsg.), Die Macht der Daten und der Algorithmen: Regulierung von IT, IoT und KI, Edewecht 2019, S. 825-836.

Tiede, Kai: Neufassung des § 146 Abs. 1 AO durch das Gesetz zum Schutz vor Manipulationen an digitalen Grundaufzeichnungen, StuB 2018, S. 529-534.

Vobbe, Rainald/Dietsch, David R.: Umsatzbesteuerung des E-Commerce im Jahr 2019 und ab 2021, BB 2019, S. 535-542.

Waschbusch, Gerd/Schuster, Hannes: Neufassung der „Grundsätze zur ordnungsgemäßen Führung und Aufbewahrung von Büchern, Aufzeichnungen und Unterlagen in elektronischer Fortm sowie zum Datenzugriff (GoBD)" – Überblick und Änderungen, StB 2019, S. 253-256.

Wighardt, Nils/Krekeler, Jan: Die Besteuerung blockchainbasierter Vermögenswerte, StB 2019, S. 16-22.